교육심리학

Educational Psychology, 6ᵗʰ Edition

2 3 4 5 6 7 8 9 10 Sigma Press 20 20

Original : Educational Psychology, 6ᵗʰ Edition © 2018
        By John W. Santrock
        ISBN 978-1-259-87034-7

This authorized Korean translation edition is jointly published by McGraw-Hill Education Korea, Ltd. and Sigma Press. This edition is authorized for sale in the Republic of Korea

This book is exclusively distributed by Sigma Press.

When ordering this title, please use ISBN 979-11-6226-143-9

Printed in Korea

제 6 판

Educational Psychology

교육심리학

John W. Santrock 지음

김정섭, 강승희, 김성봉, 김진아, 윤채영, 이은주, 최현주 옮김

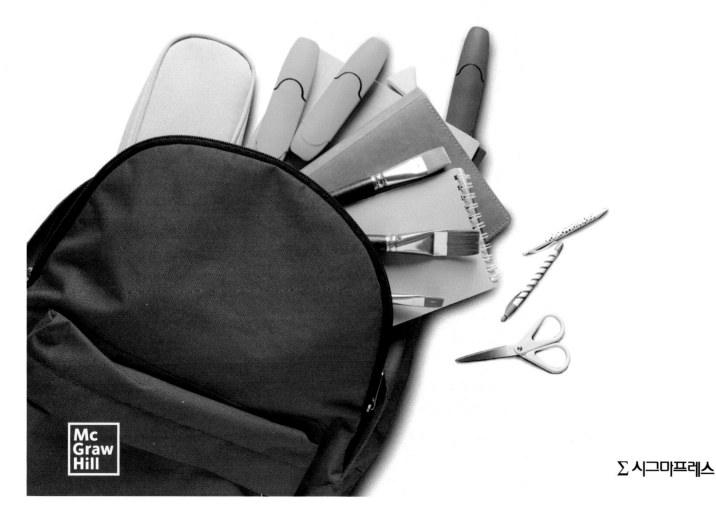

Mc
Graw
Hill

Σ 시그마프레스

교육심리학, 제6판

발행일 | 2019년 2월 20일 초판 1쇄 발행
2020년 2월 20일 초판 2쇄 발행

저 자 | John W. Santrock
역 자 | 김정섭, 강승희, 김성봉, 김진아, 윤채영, 이은주, 최현주
발행인 | 강학경
발행처 | (주)시그마프레스
디자인 | 강경희
편 집 | 이지선

등록번호 | 제10-2642호
주소 | 서울시 영등포구 양평로 22길 21 선유도코오롱디지털타워 A401~402호
전자우편 | sigma@spress.co.kr
홈페이지 | http://www.sigmapress.co.kr
전화 | (02)323-4845, (02)2062-5184~8
팩스 | (02)323-4197

ISBN | 979-11-6226-143-9

* 이 도서의 국립중앙도서관 출판예정도서목록(CIP)은 서지정보유통지원시스템 홈페이지(http://seoji.nl.go.kr)와 국가자료공동목록시스템(http://www.nl.go.kr/kolisnet)에서 이용하실 수 있습니다.(CIP제어번호 : CIP2019002916)

요약 차례

차례

© shutterstock

CHAPTER 1
교육심리학 : 효과적 교수를 위한 도구

© Ariel Skelley/Blend Images LLC RF

CHAPTER 2
인지 및 언어 발달

© omgimages/Getty Images RF

CHAPTER

3   사회적 맥락과 사회정서적 발달

© Science Photo Library/Alamy Stock Photo RF

CHAPTER

4   개인 변인

© KidStock/Blend Images/Getty Images RF

© shutterstock

© Ariel Skelley/Blend Images RF

CHAPTER
7 정보처리 접근

© KidStock/Blend Images LLC RF

CHAPTER
8 복잡한 인지 과정

© shutterstock

CHAPTER

9　사회적 구성주의 접근

© Shutterstock/wavebreakmedia RF

CHAPTER

10　동기, 교수, 학습

© Ariel Skelley/Blend Images LLC RF

CHAPTER
11 학급관리

© Ocean/Corbis RF

CHAPTER
12 표준화 시험과 학급평가

이 책은 John W. Santrock의 *Educational Psychology* 제6판을 번역한 것이다. 원서는 총 16장으로 구성되어 있으나 이 책에서는 일부 장을 삭제하거나 통합하여 전체 12장으로 구성하였다. 수정된 내용을 살펴보면, 수학, 과학, 언어, 사회 등 학습 내용과 학습을 다룬 원서의 11장은 교과교육과 중첩되는 부분이 많아 삭제하였고, 교수와 공학을 다룬 12장은 교육공학과 중첩되는 부분이 많아 삭제하였다. 그리고 사회문화적 다양성을 다룬 5장과 학습장애아와 영재를 다룬 6장을 통합하여 5장에 학습자의 다양성으로 재구성하였으며, 표준화 시험을 다룬 15장과 성적, 측정 및 평가를 다룬 16장을 통합하여 12장에 표준화 시험과 학급평가로 재구성하였다.

이 책의 가장 큰 특징은 교육심리학의 이론과 연구결과들을 소개하는 것에 그치지 않고, 이것이 교육현장에 어떻게 적용될 수 있는가에 대해 생각할 거리를 다양하게 제공하고 있다는 점이다. 독자들은 구체적으로 다음과 같은 내용을 통해 교육심리학의 실천과 적용에 대해 깊이 이해하게 될 것이다. 첫째, 각 장에는 '교사와 연계하기' 및 '학생과 연계하기'가 있다. '교사와 연계하기'에서는 그 장에서 공부할 개념이나 주제와 관련이 있는 사례를 현장 교사의 경험을 중심으로 소개하고 있다. '학생과 연계하기'에서는 유용하고 효과적인 실천 전략들을 구체적으로 살펴볼 수 있다. 또한 해당 개념과 원리가 학생들의 발달 상태에 따라 어떠한 의미가 있는지 유치원 교사, 초등학교 교사, 중학교 교사, 고등학교 교사로 세분화하여 소개하고 있는데, 동일한 교육 이론과 원리도 학생들의 발달 상태에 따라 그 적용은 달라질 것이라는 점에서 의미가 있다. 둘째, 각 장의 끝에 '교실과 연계하기'에서는 그 장의 내용과 관련이 있는 사례를 제시함으로써 공부한 내용을 교수와 학습에 어떻게 적용할 수 있는지 생각해보도록 하였다. 더불어 각 장의 끝에 제시된 '포트폴리오 활동'에서는 독립적 성찰, 연구 및 현장 경험, 협력 작업에 따라 다양한 질문이나 과제, 활동을 제시함으로써 각 장에서 공부한 내용에 대해 깊이 성찰하도록 하였다. 셋째, 이 책은 학생들이 각 장의 내용을 쉽게 이해하고 조직화할 수 있도록 곳곳에 많은 학습활동을 배치하였다. 먼저 각 장은 개요로 시작하며, 각 절마다 학습목표와 함께 학습지도를 제시하였다. 각 절의 끝에는 '복습하기, 성찰하기 그리고 연습하기'를 제시하여 핵심 주제와 내용을 복습하고, 공부한 내용을 비판적으로 성찰하며, 수업에 어떻게 적용될 수 있는지 생각해보도록 하였다. 그리고 각 절의 끝에는 공무한 내용과 관련된 자신의 개인적인 경험을 떠올리며 '자기평가'를 해보도록 함으로써 학습 내용에 개인적 의미를 부여할 수 있도록 하였다.

이 책은 교육학을 전공하는 대학생과 대학원생들, 그리고 사범대학이나 교육대학에서 교직과정을 이수하는 예비교사 학생들이 교육심리학을 공부하는 데 좋은 길잡이가 되어 줄 것이다. 특히 이 책에서 강조하고 있는 이론과 실천의 연계는 독자들이 교육심리학의 다양한 이론과 교육적 실천에 관한 이해를 넓히는 데 큰 도움이 될 것으로 기대된다.

끝으로 이 책이 출판될 수 있도록 도움을 준 ㈜시그마프레스의 모든 분들에게 깊은 감사를 드린다.

이 책의 제1판부터 제5판이 많은 인기를 받아 기분이 좋다. 개정판인 이번 제6판을 준비하는 것은 새로운 도전이자 보상이었다. 이 작업을 하는 과정에서 학생을 교육하는 것에 대해 더 많이 배웠고 학생과 강사들로부터 받은 피드백이 지속적으로 좋았기 때문에 보상이 되었다. 반면 강사들의 기대를 충족시키거나 그 이상으로 만들고자 최신 자료를 추가해야 했기 때문에 이번 개정판의 저술은 도전적인 일이었다.

이 책을 쓰면서 내가 가진 목표는 대학생들이 다음과 같이 말해주는 책을 저술하는 것이었다.

"이 책, 너무 좋아!"

"나는 수업을 할 때 이 책에서 많은 아이디어를 얻고 있어. 그리고 그 성과도 좋아."

"나는 도심 지역에서 학생을 가르치고 있어. 이 책은 매우 좋은 참고자료야. 특히 다양성과 기술에 대해 강조하고 있어서 좋아. 이 책 덕분에 내가 많이 성장했어."

이 말들은 제니퍼 홀리만-맥카시, 리처드 하벨, 그렉 힐이 내게 해준 말이다. 이들은 대학생 시절에 교육심리학 과목에서 이 책을 통해 수업을 들었고, 나중에 공립학교 교사가 되었다.

나의 또 다른 목표는 교수 및 강사 다음과 같이 말해주는 책을 저술하는 것이다.

"나는 이 책처럼 준비되어 있지 않았어. 보통 교육심리학 교재는 모두 너무 뻔하지. 사람들은 혁신적이어야 한다고 주장하지만, 결국에는 그렇지 못하고 말아. 그것과 달리 이 책은 정말 놀라워! 이 책은 달라. 이 책은 미래의 교육심리학자가 아닌 예비교사를 위해 쓰인 책이야."

"이 책을 이용하지 않은 사람들은 보지 못하는 것이 있어. 내가 퀄리티 좋은 이 책을 기쁘게 사용하고 있음을 저자에게 전달하고 싶어."

이 말들은 노스콜로라도대학교의 교육심리학과 교수인 랜디 레논과 플로리다 애틀랜틱대학교의 교수인 로버트 브라우이 내게 해준 것이다.

이론과 실천 연계하기

나는 지난 20여 년 동안 학부생들에게 교육심리학을 가르쳐왔다. 그리고 해마다 학생들에게 교육심리학 수업과 교재에서 어떤 부분을 좋아하는지와 어느 부분을 고쳐야 하는지 묻고, 학생들의 제안을 받아들여 이 책을 수정해왔다.

최근 학생들이 이 수업과 교재에 대해 나에게 말해준 것은 무엇일까? 수업 시간에 '연계'라는 주제에 대해 학생들과 대화하는 동안 이 주제가 이론과 실천을 더 잘 연계시킬 수 있다는 것이 더 분명해졌다. 연계를 강조하는 이 책은 (1) 교사와 연계하기, (2) 학생과 연계하기 : 최고의 실천, (3) 발달과 연계하기, (4) 교실과 연계하기라는 네 가지 연계를 포함한다.

교사와 연계하기

각 장은 재미있으면서도 배울 내용과 연관되는 이야기로 시작한다. 이러한 이야기들은 주로 우수한 교사들이 쓴 것이다.

학생과 연계하기 : 최고의 실천

이전 판에서는 교사와 연계하기 : 최고의 실천이라고 제목 붙이던 것을 이번 판에서는 학생과 연계하기 : 최고의 실천으로 바꾸었다. 특히 이와 관련된 자료를 제공해준 여러 우수한 교사들에게 감사드린다.

또 다른 점은 교사의 시선이 포함되어 있다는 것이다. 여기서 수상경력이 많은 수석교사들이 사용하는 전략들이 제공된다.

발달과 연계하기

발달심리학 수업을 수강하는 예비교사들이 나중에 가르칠 학생들의 발달 상태는 서로 다르다. 예비교사들은 학생들의 발달적 변화에 대해 더 잘 이해하고 그 학생들을 더 잘 가르치고 싶을 것이다. 나는 매우 뛰어난 유치원 교사, 초등학교 교사, 중학교 교사, 고등학교 교사들에게 자신들이 사용하는 최고의 실천 전략을 알려달라고 요청하였다. 이들의 말이 여러 번 등장한다.

교실과 연계하기

각 장의 끝부분에 그 장의 내용과 관련이 있는 사례가 있다. 이 사례는 그 장에서 배운 내용을 학교 현장의 수업 및 실생활 문제에 적용할 수 있는 기회를 제공한다. 사례의 끝부분에는 그 사례에 대해 성찰하고 비판적으로 검토하도록 유도하는 문항이 있다.

풍부한 수업 예시

수업 전략 및 예시가 모든 장에서 제공되어 있다. 새로운 개념을 도입할 때는 먼저 최고의 수업을 위한 전략과 예시를 제공하였다.

최신 연구 반영

제1장에서 "교육은 예술인가, 과학인가?"라고 질문하면, 대부분 "둘 다"라고 대답한다. 그러므로 제6판에서도 최근 연구결과를 충분히 반영하려고 노력하였다.

교실과 연계하기 : 사례 분석하기

시끄러운 학생

웰치 선생님은 중학교 언어미술 교사로 새로 부임하였다. 여기로 오기 전에는 학교의 행동규범을 반영한 학급관리를 개발하였다. 그는 학생들이 선생인 자신과 학급 친구들을 존중할 것이라고 예상하였다. 또한 학교의 자산과 학습 환경도 존중할 것으로 예상하였다. 더불어 또한 학생들이 자신의 손과 발 그리고 소지품을 스스로 간수할 것이라고 생각하였다. 사소한 행동적 위반행위가 있으면 말로 경고하였다. 추가로 위반할 경우 단계별로 더 심각한 결과가 발생한다. 즉 방과 후에 남도록 하거나, 교장실로 보내거나, 학부모를 부르게 된다. 웰치 선생님은 자신의 관리 계획에 흐뭇해했다. 그녀는 수업 첫날 학생들에게 이 계획을 나눠주었다. 또한 개학 첫주에 있는 연례 홈커밍 행사에서 부모에게 이 계획을 나눠주었다.

웰치 선생님이 맡은 7학년 학급 학생인 다리우스는 그가 '시끄러운 학생'이라고 말하는 학생이다. 다리우스는 사교성이 많아 수업 시간에는 공부를 하기보다 다른 학생들과 이야기를 나누며 보내는 시간이 훨씬 많다. 웰치 선생님은 다리우스의 자리를 옮겨도 보고, 한 번도 이야기하는 모습을 본 적이 없지만 어떻게 해도 다리우스의 수다는 줄어들지 않았다. 다리우스는 계속 새로운 친구를 사귀고 떠들었으며, 때로는 수업진행에 방해를 주기도 했다. 웰치 선생님은 다리우스를 여학생 옆에 앉혀도 보았지만 상황은 더욱 나빠졌다.

다리우스는 매우 사교적일 뿐 아니라 성격도 밝았다. 7학년임에도 불구하고 기하학 수업에서 수학 성적이 우수한 8학년 학생들과 함께 수업을 들었다. 이 학교에서는 이런 일은 보통 일이 아니었으며 예전에는 절대로 이런 일이 없었다. 다리우스는 기하학 수업을 맡은 자키넬리 선생님과 사이가 좋았다. 기하학 수업에서는 수업을 방해하거나 어떤 식으로도 잘못된 행동을 하지 않았다. 자키넬리 선생님은 다리우스가 다른 수업에서는 언제나 행동을 제대로 하지 않는다는 이야기를 듣고 놀랐다.

자키넬리 선생님은 웰치 선생님의 멘토가 되었다. 그녀는 웰치 선생님과 도와 수업관리 계획을 짤 수 있게 하였고, 웰치 선생님이 어려움을 겪을 때에는 고충을 들어주는 역할을 하였다. 웰치 선생님이 자신이 맡은 8학년 수업에 대해 이야기할 때, 자키넬리 선생님은 8학년 기하학 수업에 참여할 수 있는 것이 '특권이나 권리가 아니다'라고 말하였다. 나아가 그녀는 웰치 선생님에게 자신의 학생이 언제나 올바르게 행동할 것을 기대한다고 말하였다.

다음날 다리우스는 수업 시간에 평소보다 더 수다를 떨었다. 웰치 선생님은 다리우스에게 그만 떠들라고 했다. 다리우스는 입을 다물었지만 5분도 안 되어 다시 떠들기 시작했다. 다리우스가 다시 떠들기 시작하자 웰치 선생님은 다리우스 옆에서 큰 소리로 말했다. "그만해, 다리우스. 이제 네가 더 싫어 기하학 수업을 듣지 못하도록 할 거야. 너도 알겠지만 기하학 수업은 특권이지 권리가 아니야."

다리우스는 깜짝 놀랐다. 수업이 끝날 때까지 조용히 앉아 있었지만 참여는 하지 않았다. 웰치 선생님이나 다른 학생들과 눈도 마주치지 않았다. 학교를 마칠 때까지 어떻게 보내는지 몰랐다. 다리우스는 부모님께 이 일을 어떻게 설명해야 할지 난감했다.

다리우스가 엄마에게 언어미술 시간에 자신이 한 행동 때문에 기하학 수업에서 빠지게 되었다고 설명하자, 엄마는 즉시 웰치 선생님을 만나려고 다리우스의 엄마는 웰치 선생님에게 다리우스를 기하학 수업에서 제외시킨다는 것은 다리우스가 (그리고 또한 모든 학생들이) 누릴 수 있는 적절한 무상 공교육의 권리를 부정한다고 말하려고 하였다. 웰치 선생님은 자신의 주장을 굽히지 않고 학급 배치를 변경할 수 있으며 그렇게 할 것을 고집하였다.

1. 이 사례에서 무엇이 문제인가?
2. 기하학 수업에서 제외시키는 것이 다리우스에게 적절한 결과인가? 그 이유는 무엇인가?
3. 기하학 수업에서 제외시키는 것이 다리우스의 행동에 긍정적인 영향을 미칠 것이라고 생각하는가? 그 이유는 무엇인가?
4. 이번 조치가 학교에서 다리우스의 동기부여에 대해 어떤 영향을 미칠 것이라고 생각하는가?
5. 이런 상황이 웰치 선생님과 다리우스의 관계에 어떤 영향을 미칠 것이라고 생각하는가?
6. 이제 다리우스의 엄마는 어떻게 할 것 같은가?
7. 자키넬리 선생님이 이 상황을 들었을 때 어떻게 반응하겠는가?
8. 교장 선생님은 어떻게 반응하겠는가?
9. 웰치 선생님은 무엇을 해야 할까?
10. 다리우스를 조용하게 하기 위한 웰치 선생님의 전략은 어떤 특징이 있는가?
    a. 이 전략은 사소한 중재의 예이다.
    b. 이 전략은 중간 정도 중재의 예이다.
    c. 이 전략은 심각한 중재의 예이다.
    d. 이 전략은 효과적인 중재의 예이다.
11. 웰치 선생님이 다리우스의 떠드는 행동을 해결하기 위해서 할 수 있었던 가장 효과적인 방법은 무엇인가?
    a. 다리우스에게 반성문을 쓰게 한다.
    b. 다리우스의 입에 테이프를 붙인다.
    c. 나머지 시간 동안 다리우스를 친구들과 분리시킨다.
    d. 다리우스를 교장실로 보내 훈육을 받게 한다.

최신 내용과 연구 수록

이번 개정판은 2014~2017년 사이에 출판된 연구를 1,000편 이상 인용함으로써 최신 내용과 연구를 반영하고 있다. 저자 서문의 뒷부분에서 새롭게 추가한 주요 내용과 연구를 자세히 제시한다.

자문위원의 전문 내용 감수

교육심리학은 너무 방대하고 복잡한 학문이 되었다. 그래서 한 사람의 저자나 여러 명의 저자조차도 교육심리학의 모든 영역에서 정통할 수 없다. 이러한 문제를 해결하기 위해 나는 교육심리학의 각 영역에서 정통한 전문가로부터 도움을 받았다. 전문가들은 이번 개정판의 초고를 읽고 자세한 평가를 주었고 자신의 전문 영역에서는 조언까지 해주었다. 이러한 도움을 준 자문위원 덕분에 이 책의 질이 높아질 수 있었다.

학습 시스템

그 어느 때보다 요즘 대학생들은 수업 시간에 주요 아이디어를 찾는 데 어려움을 겪고 있다. 특히 교육심리학처럼 그 내용이 방대한 수업을 수강하는 학생들은 더 많은 어려움을 겪는다. 그래서 교육심리학을 위해 내가 개발한 학습 시스템은 폭넓은 학습 연계를 제공한다.

학습 시스템은 각 장의 시작 부분에서 전체 개요, 각 장의 학습목표, 각 장의 주요 절의 시작 부

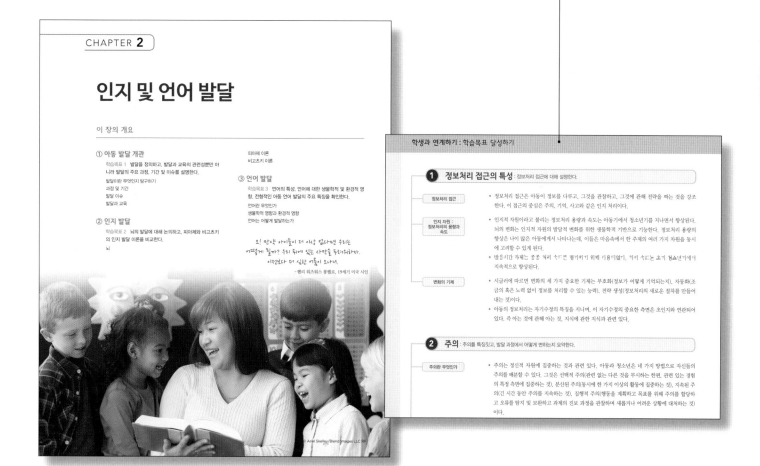

분에 있는 작은 지도, 각 절의 끝 부분에 있는 복습하기, 성찰하기 그리고 연습하기, 각 장의 끝에 요약을 담고 있는 학습과 연계하기 : 학습목표 달성하기이다.

| 이 장의 개요 | 학습목표 | 작은 지도 | 복습하기, 성찰하기 그리고 연습하기 | 학습목표 달성하기 |

학습 시스템은 각 장의 시작에서 끝까지 학생들에게 핵심 아이디어를 보여준다. 각 장은 다섯 가지 이하의 학습목표나 주요 부분만 다루고 있다. 각 절의 시작 부분에 있는 작은 지도는 학습목표와 연계되어 있다. 그리고 각 절의 끝부분에 있는 '복습하기, 성찰하기 그리고 연습하기'에서 학습목표가 다시 등장하며, 학생들은 핵심 주제를 복습하고, 자신이 읽은 것을 비판적으로 성찰하고, 자신의 수업에서 어떻게 실천할 것인지 생각하도록 요구받는다. 각 장의 끝에 있는 '학습목표 달성하기'는 학생들에게 그 장을 복습하고, 그 장의 개요와 연계시키며, 각 절에 있는 '복습하기, 성찰하기 그리고 연습하기'와 연계시키도록 돕는다.

각 장의 마지막에 포트폴리오 활동이 있다. 이 활동은 강사가 사용하기 편리하도록 세 부분으로 구성되어 있다. 독립적 성찰, 연구 및 현장 경험, 그리고 협력 작업이 그것이다.

장별 주요 변화

다음은 이 책에서 개정한 주요 장별 내용이다.

제1장
교육심리학 : 효과적 교수를 위한 도구

- 학생의 지식과 기술의 평가에 대한 내용에 공통핵심표준(Common Core Standards Initiative, 2016)을 추가하였다.
- 2015년 12월에 통과된 모든 학생의 성공을 위한 교육법(Every Students Succeeds Act)에 대해 설명하였다. 이 법안은 아동낙오 방지법을 대체하는 것으로 2017~2018학년도에 전면 시행하게 되었다. 이 법안이 학생의 성취를 평가하기 위해 시험을 완전 폐지하도록 한 것은 아니지만 다른 요인이 포함되도록 하였으며, 학생들이 치르게 되는 시험의 수를 줄였다(Rothman, 2016).
- 최근 국제교육공학협회(International Society for Technology in Education(ISTE, 2016)에서 갱신한 공학 표준에 대한 내용을 추가하였다.
- 학생들이 모니터를 바라보는 시간(TV, 컴퓨터, 스마트폰 등), 미디어 멀티태스킹과 SNS 사용 시간이 엄청나게 증가하고 있으며, 이러한 시간 사용이 어떻게 학생들의 학업적 및 사회정서적 발달에 영향을 미치는지에 대해 좀 더 심층적으로 다루었

다(Branscum & Crowson, 2016; Wu & others, 2016).
- 자기공명영상술(MRI)의 활용, 심장박동수의 측정, 코르티솔과 같은 호르몬의 측정과 같은 생리적 측정에 대한 내용을 추가하였다(Galvan & Tottenham, 2016; Jacoby & others, 2016; Johnson, 2016).
- 연구자들이 실제 유전자를 측정하는 것이 가능해지면서 어떻게 유전적 및 환경적 요인이 다양한 교육 관련 문제(예 : 지능, ADHD, 자페스펙트럼장애 등)에 영향을 미치는지 규명하는 것이 가능해지고 있음에 대한 내용을 추가하였다(Grigorenko & others, 2016; Hill & Roth, 2016).

제2장
인지 및 언어 발달

- 18~25세 사이의 청소년기와 성인기 간의 과도기적 기간으로 새로운 성인 진입기가 포함되었다(Arnett, 2012, 2015).
- 발달의 후생적 관점 및 유전자와 환경 상호작용 연구 증가에 관한 새로운 논의를 실었다(Burt, Coastworth, & Masten, 2016; Hill & Roth, 2016).
- 환경적 경험이 유전적 표현을 얼마나 수정할 수 있는지 그리고 이러한 개념을 설명하기 위해 몇 가지 예를 포함시키는 방법에 대한 새로운 논평을 담았다.
- 뇌 발달 특성에 대한 신경구성주의적 관점의 새로운 설명을 추

가하였다(de Hann & Johnson, 2016).

- 전전두엽 피질이 발달하는 동안 다른 많은 뇌 영역의 기능을 조정할 수 있다는 관점의 새로운 내용을 담았다(de Hann & Johnson, 2016).
- 변연계의 역할을 포함하는 청소년기 동안의 뇌 발달적 변화에 대한 내용이 확장되고 업데이트되었다(Monahan & others, 2016).
- 컴퓨터 클럽하우스 네트워크에 대한 최신 논의 및 학생들이 컴퓨터 작동 방식을 배우는 것의 중요성에 대한 영상을 볼 수 있는 ISTE 웹사이트 접속과 같은 컴퓨터식 사고 운동에 대한 새로운 설명이 실려 있다.
- 소셜 미디어가 청소년의 자기중심성을 증폭시키는 도구로 기능할 수 있는지에 대한 새로운 내용 및 페이스북 사용이 자기 관심을 증진시킨다는 최신 연구를 다루었다(Chiou, Chen, & Liao, 2014).
- 아동의 어휘 발달을 향상시키기 위해 캐시 허시 파섹과 동료들이 확인한 여섯 가지 원칙이 추가되었다(Harris, Golinkoff, & Hirsh-Pasek, 2011; Hirsh-Pasek & Golinkoff, 2016).
- 효과적인 읽기, 쓰기 교육을 위한 광범위한 전략을 확인할 수 있는 전국영어교사협의회 웹사이트의 소개 그리고 아동의 어휘 발달을 지원할 수 있는 공학 사용에 대한 확장되고 업데이트된 내용이 포함되었다.

제3장
사회적 맥락과 사회정서적 발달

- '아동의 학교 교육 및 성취에 대한 부모의 개입'이라는 새로운 절을 추가해, 그러한 참여가 학문적 성과에 긍정적인 영향을 주지만 저임금 가정 출신의 아동과 고임금 가정 출신의 아동 간의 상이한 학문적 성취 결과는 부모가 어떻게 개입하느냐의 문제에 달려있다는 최근의 한 연구를 소개하였다(Benner, Boyle, & Sadler, 2016).
- 이혼 배우자 간의 협력적인 아동양육이 아동의 적응 문제를 줄일 수 있음을 시사하는 최근 연구를 추가하였다(Lamela & others, 2016).
- 비행에 가담한 친구를 사귀는 청소년은 그렇지 않은 청소년에 비해 비행 시기가 빠를 뿐만 아니라 지속적으로 비행을 저지른다는 것을 시사하는 연구를 소개하였다(Evans, Simons, & Simons, 2016).

- 미국 몬테소리학교의 극적인 성장과 전 세계에 설립된 몬테소리학교 수의 추정치에 관한 정보를 업데이트하였다(North American Montessori Teachers' Association, 2016).
- 헤드스타트 프로젝트의 일관되지 않은 결과를 보여주는 최근의 연구를 포함해 그 프로젝트에 대한 새로운 논의를 추가하였다(Lee & others, 2014' Miller, Farkas, & Ducan, 2016).
- 아동이 사용하기에 적합한 교육용 앱을 평가하는 방법에 관한 캐시 허시 파섹과 동료들의 권고사항을 포함하였다(Kathy Hirsh-Pasek and her colleagues, 2015).
- 고등학교로의 진학과 관련한 제반 문제를 포함해 고등학교 교육에 대한 논의를 대폭 확장하였다.
- 여러 가지 사회적 양상이 청소년의 학문적 성공에 해가 되는 다양한 방식에 초점을 두고 있는 로버트 크로스노에의 저서 Fitting In, Standing Out(Robert Crosnoe, 2011)를 새롭게 기술하였다.
- 고등학교 탈락률에 관한 통계치(National Center for Education Statistics, 2016)를 업데이트하고, 가난한 내륙 도시와 같은 특정 상황에서 탈락률이 높은 이유에 대한 코멘트를 실었다.
- 빌과 멜린다 게이트 재단(Bill and Melinda Gates Foundation, 2016)이 현재 기금을 대고 있는 여러 가지 발의를 업데이트하였다. 이 발의에는 학생의 학습요구에 맞춘 신세대 소프트웨어 창작 및 독립적인 방식으로 학생의 학습을 돕기 위한 디지털 도구의 활용이 포함된다.
- 이주민 청소년이 과외 활동에 참여할 경우 학업성취도뿐만 아니라 등교 비율도 높아졌다는 최근의 한 연구를 다루었다(Camacho & Fuligni, 2015).
- 강력하고 긍정적인 인종적 정체성은 약물중독 및 정신병리 문제를 낮춘다는 것을 발견한 2개의 최근 연구물을 다루었다(Anglin & others, 2016; Grindal & Nieri, 2016).
- 도덕성 발달에 있어서의 정서의 역할에 대한 논의를 추가하였다.
- 도덕성 발달과 관련해 점증적으로 중요해지는 영역 이론에 관한 절을 추가하였다(Killen & Smetana, 2015; Turiel, 2015).
- 봉사학습 절에서 혈기왕성한 10대인 주웰 캐시에 관한 정보를 업데이트하였다.
- '정서 발달'이라는 새로운 주요 절을 추가해, 정서 개념, 정서 발달 방식, 아동의 정서 발달 향상을 위한 다양한 방법에 대해 기술하였다(Calkins & Perry, 2016).
- 재난과 같은 스트레스 상황에 대한 아동의 대처 능력에 관한

코멘트를 확장하였다(Ungar, 2015).

- '사회정서 교육 프로그램'이라는 새로운 절을 추가해 확산일로에 있는 두 가지 실행 프로그램인 세컨드스텝(Committee for Children, 2016)과 CASEL(2016)에 대해 기술하였다.

제4장
개인 변인

- 로버트 스턴버그의 지능에 대한 최근 정의, 즉 환경에 적응하고 그것을 조성하고 선택하는 능력에 대해 논의하였다(Robert Sternberg, 2014).
- 웩슬러 지능검사의 업데이트 버전을 소개하였다.
- 선도적인 전문가 커스틴 부처의 권고를 바탕으로 가드너의 여덟 가지 다중 지능과 관련해 교사가 활용할 수 있는 공학에 대한 논의를 업데이트 및 확장하였다.
- 지능에 있어서의 두뇌 역할에 관한 연구에서 관련 질문에 답하거나 미답으로 남겨진 문제에 대한 로버트 스턴버그의 권고를 포함하였다(Robert Sternberg, 2014).
- 정서 지능 능력을 평균 혹은 그 이상의 인지 및 성격 요인과 관련시킨 최근의 한 연구에 대해 논의하였다(Lanciano & Curci, 2014).
- 타고난 재능을 가진 아동이 그렇지 못한 아동에 비해 보다 빠르고 정확하게 정보를 처리한다는 것을 밝힌 최근의 한 연구를 다루었다(Duan, Dan, & Shi, 2013).
- 저임금 가정 출신의 아동이 중산층 이상의 가정에 입양되었을 때 그 지능점수가 12~18점 향상되었다는 것을 보여준 연구를 포함하였다(Nisbett & others, 2012).
- 1972년 이후의 53개 연구물에 대한 메타분석을 통해 IQ점수가 10년 단위로 대략 3점 높아져 왔음을 발견했으며 그러한 점수 크기는 줄어들 것 같지 않다고 보고한 최근의 연구에 대해 기술하였다(Trahan & others, 2014).
- 스탠퍼드–비네 지능검사 척도를 활용해 비라틴계 백인 학령기 전 아동과 아프리카계 미국인 아동의 연령, 성별, 부모 교육 수준을 대응시켰을 때 이들의 지능은 차이가 없었다는 최근의 연구에 대해 기술하였다(Dale & others, 2014).
- 지능과 학교 성적 간에는 .54의 정적 상관이 있음을 밝힌 최근의 메타분석을 다루었다(Roth & others, 2015).
- 아프리카계 미국인의 STEM 과목과 경력에 있어서의 낮은 대표성은 아프리카계 미국인이 비라틴계 백인에 비해 선척적으로 재능이 부족하다는 실천가들의 기대와 관련이 있다고 결론을 내린 최근의 한 분석을 다루었다(Leslie & others, 2015).
- AVID 프로그램이 고등학교 및 대학교 학생들의 학문적 성취 향상에 성공적이었다는 내용을 추가하였다(Huerta & Watt, 2015).
- 낙관적/비관적 학습 양식에 대한 새로운 절을 추가해 학문적 낙관주의의 개념과 그것의 학생 성공과의 연관성을 다루었다.
- 학습양식 이론을 지지할 과학적 증거가 불충분하다고 결론을 내린 최근 2개의 연구 검토물을 소개하였다(Cuevas, 2015; Willingham, Hughes, & Dobolyi, 2015).
- 성실성과 보다 나은 학문적 성취 및 건강과의 관련성을 다룬 최근 2개의 연구(Rosander & Backstrom, 2014; Pluess & Bartley, 2015)를 포함해 성격의 5요인(Hill & Roberts, 2016)에 대한 논의를 업데이트하였다.
- 성실성이라는 성격 특질이 학문적 성취를 가장 잘 예측하는 변인이며 그다음 예측변인은 경험에 대한 개방성이라는 내용을 추가하였다(Poropat, 2016).
- 반동 및 자기조절 측면에서 기질을 새롭게 논의하는 내용을 추가하였다(Bates & Pettit, 2015).
- 저임금 가정 출신의 유치원 아동에게 있어서 의식적인 통제 노력이 학문적 성공 기술을 예측하는 강력한 변인임을 밝힌 새로운 연구물을 소개하였다(Morris & others, 2013).

제5장
학습자의 다양성

- 중국은 여전히 집단주의적 가치로 특징지어지지만 중국에서 자주 사용되는 단어가 시간이 지나면서 점점 더 개인적 가치를 나타내고 있다는 것을 발견한 1970년부터 2008년까지의 종단 연구의 보도를 담았다(Zeng & Greenfield, 2015).
- 상향 이동한 청소년, 즉 중상층 사회경제적 지위를 가진 가정의 청소년은 중산층 가정의 청소년보다 약물 사용에 더 많이 관여할 가능성이 높으며 내재화 및 외재화 문제를 더 갖는다는 수니아 루타르와 동료들에 의한 최근 연구를 소개한다(Luthar & others, 2013).
- 프로그램에 참여한 학생들이 프로그램에 등록하지 않은 통제 집단의 학생들과의 비교에서 성적평가점평균(GPA)이 더 높았으며 고등학교를 졸업하고 대학에 입학하는 것도 더 많았다는 양적 기회 프로그램에 대한 최신 연구를 소개한다(Curtis &

Bandy, 2016).

- 빈곤층 학생들의 학교성공을 향상시키기 위한 노력으로서 2세대 빈곤 개입에 관한 새로운 내용을 다루고 있다(King, Chase-Landsdale, & Small, 2015).

- 6년에 걸쳐 시카고 저소득층 지역의 14개 학교의 3학년에서 8학년까지를 평가한 최근의 중재 프로그램(긍정적 행동 프로그램)에 대해 설명한다(Lewis & Bandy, 2016). 통제집단과 비교하였을 때, 중재 프로그램의 학생들은 폭력 관련 행동에 덜 참여하였으며 징계를 받거나 학교로부터 정학을 받은 학생도 적었다.

- 무작위 입학 추첨을 통해 높은 성취를 보이는 차터공립학교에 입학한 로스앤젤레스에 저소득층으로 거주하는 500명 이상의 9~12학년 학생들은 수학과 영어 표준화된 검사에서 더 좋은 점수를 받았으며 학교를 중퇴할 가능성도 적었다는 최근 연구를 논의한다(Wong & others, 2014).

- 2014년부터 2060년까지 미국에 있는 라틴아메리카계 및 아시아계 미국인 아동의 극적인 증가에 관한 최신 자료를 담고 있다(Colby & Ortman, 2015).

- 3학년에서 10학년에 이르는 소수민족 학생들이 그들 자신과 같은 민족의 교사에 배정받았을 때 작지만 읽기와 수학에서 긍정적 효과를 얻었다는 것을 발견한 최근 연구를 다룬다(Egalite, Kisida, & Winters, 2015).

- 장애 유형이 다른 미국 아동의 비율에 대한 최신 통계와 최신 그림 5.2를 추가하였다(National Center for Education Statistics, 2016).

- ADHD 진단을 받은 미국 아동의 비율에 대한 최신 통계를 추가하였다(American Psychiatric Association, 2013; Centers for Disease Control and Prevention, 2016).

- 도파민 수용체 유전자인 DAT 1은 ADHD 아동의 전전두엽 피질에서 피질 두께 감소와 관련된다는 최근 연구를 추가하였다(Fernandez-Jaen & others, 2015)

- 뉴로피드백(neurofeedback)이 ADHD 아동의 증상을 경감시키는 데 효과적이라는 연구를 소개한다(Zuberer, Brandeis, & Drechsler, 2015).

- 청소년의 신체활동 수준이 높은 것이 성인기 초기의 ADHD 발병률 감소와 연결된다는 최근 연구를 포함했다(Rommel & others, 2015).

- 단기 유산소 운동이 주의력 부족, 과잉행동, 충동성 등과 같은 증상 감소에 효과적이라는 최근 메타분석을 설명한다(Cerillo-

Urbina & others, 2015).

- 운동이 ADHD 아동의 실행기능 개선과 연관된다는 최근 메타분석을 소개한다(Vysniauske & others, 2016).

- 마음챙김 훈련이 ADHD 아동의 집중력을 유의하게 개선한다는 최근 메타분석을 포함한 ADHD 아동을 위한 마음챙김 훈련의 최근 관심에 대한 새로운 논의를 담고 있다(Cairncross & Miller, 2016).

- 언어장애를 이유로 미국 학교에서 특수교육 서비스를 받는 아동의 비율에 대한 최신 자료를 실었다(Condition of Education, 2015).

- 미국 내 자폐스펙트럼장애 아동에 대한 최근 추정치에 따르면 발생률이 증가되고 있다는 최근의 보도를 다루었다.

- 시각장애 아동을 위한 촉각 장치에 대해 새로운 설명을 제시한다(Pawluk & others, 2015).

- 최근 개발된 모바일 앱을 포함하여 장애 학생들의 교육 향상을 위한 교수 기술과 보조 기술의 광범위한 콘텐츠를 담은 내용을 업데이트 및 확장하였다(Butcher & Jameson, 2016).

- 일반학급에서 학교 시간의 80% 이상을 보내는 장애 아동 증가율에 대한 최신 자료를 다룬다(Condition of Education, 2015).

- 창의성과 몰입을 포함한 영재의 기준을 넓히기 위한 요구 증가에 대한 새로운 논평을 실었다(Ambrose & Sernberg, 2016a, b).

- 부모와 교사들이 영재가 아닌 초등학생들이 영재인 또래에 비해 감정적, 행동적 문제가 더 많다고 평가한 것으로 밝힌 최근 연구에 대한 논의를 추가했다(Eklund & others, 2015).

- 영재가 아닌 아동과는 다른 중요한 방법으로서 영재 아동의 정보처리 능력에 대한 새로운 설명을 담고 있다(Ambrose & Sernberg, 2016a, b).

- 영재 프로그램에 아프리카계 미국인, 라틴아메리카계 및 아메리카 원주민 아동이 적은 비율로 분포되어 있는 것에 대한 새로운 논의를 다루었다(Ford, 2014, 2015a, b; & Mills, 2015).

제6장
행동주의와 사회인지 이론

- 여전히 체벌을 허용하고 있는 미국 주의 수를 추가로 제시하였다.

- 유전적인 요인과의 상관, 상호작용 효과에 대한 고려의 중요성, 아동에 대한 체벌의 긍정적인 효과를 보고한 연구결과가 없다는 사실(Gershoff, 2013; Lailble, Thompson, & Froimson,

2015) 등 처벌에 관한 연구를 추가하면서 체벌의 효과에 대한 논쟁 내용을 확대하였다.

- 아동에 대한 체벌의 부정적 효과를 보여주는 최신 메타분석 연구(체벌과 신체 학대를 구별함)를 추가하였다(Gershoff & Grogan-Kaylor, 2016).
- 학생들의 민족 구성과 비교해 아프리카계나 라틴계 미국인 교사 비율의 격차에 대한 내용을 추가하였다(National Center for Education Statistics, 2015).
- TV 프로그램의 긍정적 모델링 효과를 다루면서 새서미 스트리트라는 TV 프로그램 시청이 인지 기술과 세계에 대한 이해, 소수집단에 대한 태도의 3개 영역에서 어린 아동들에게 긍정적인 효과가 있다는 사실을 밝힌 14개국에서 실시된 최신 메타분석 연구를 추가하였다(Mars & Pan, 2013).
- 최근 실시된 조사에서 초·중등학교 교사 중 아프리카계 미국인(1.8%)과 라틴계 미국인(1.6%)은 극히 낮은 비율밖에 되지 않는다는 내용을 추가하였다(Toldson & Lewis, 2012).
- 35개 헤드스타트 프로그램이 학업성취와 학교생활 적응에 긍정적인 효과를 미치며, 교사와의 관계를 개선시키고, 자기조절을 향상시킨다고 보고한 연구 내용을 추가하였다(Blair & Raver, 2015).
- 자기조절이 학업동기 및 학업성공, 내재화된 규범준수와 관계를 통해 직간접적으로 도덕의식을 고양한다는 연구 정보를 추가하였다(Eisenberg & others, 2014).
- 아동의 자기조절을 향상시키는 데 도움이 되는 iPad용 앱 정보를 추가하였다.

제7장
정보처리 접근

- 학령전 아동의 지속적 주의가 아동이 25세가 되었을 때 대학 졸업 확률과 큰 관련성이 있음을 보고한 최신 연구에 대한 논의를 담았다(McClelland & others, 2013).
- 미디어 멀티태스킹이 왜 아동의 학습을 방해할 수 있는가에 대한 복잡성을 구체적으로 검토한 연구의 새로운 내용을 실었다(Courage & others, 2015).
- 지속적 주의가 청소년기 동안에도 향상되는데, 이는 뇌 전두엽의 성숙과 연관되어 있다는 최신 연구에 대해 소개하였다(Thillay & others, 2015).
- www.teach-the-brain.org/learn/attention/index와 같은 아동의

주의를 향상시키기 위한 컴퓨터 연습과 게임에 대한 정보를 포함하였다.

- 질문을 끼워 넣거나 학생의 반응을 모아두는 데 용이한 공학에 대한 새로운 내용을 추가하였다(EdPuzzle and PlayPosit).
- 8세가 되었을 무렵에도 아동은 성인이 기억할 수 있는 항목의 절반을 기억할 수 있다는 아주 천천히 발달하는 작업기억에 대한 새로운 논평을 소개하였다(Kharitonova, Winter, & Sheridan, 2015).
- 더 나은 작업기억은 읽기와 수학적 성취와 같은 다양한 측면과 연관되어 있다는 2개의 최근 연구에 대해 소개하였다(Blankenship & others, 2015; Jaroslawska & others, 2016).
- 8~10세 아동의 수학 문제해결 기술을 향상시킨 작업기억 훈련 프로그램에 대한 새로운 연구를 담고 있다(Cornoldi & others, 2015).
- 아동의 언어적 작업기억은 모국어와 및 제2외국어를 학습할 때 언어의 형태론, 통사론, 문법과 관련 있다는 최근 연구에 대해 기술하였다(Verhagen & Leseman, 2016).
- 작업기억 훈련 프로그램은 1학년 아동의 듣기 이해 기술을 향상시킨다는 최신 연구를 소개하였다(Peng & Fuchs, 2016b).
- 교사에게 아동용 Cogmed 작업기억 훈련 프로그램에 대해 학습할 수 있는 곳에 대한 정보 제공 및 교실에서 사용할 수 있는 방법을 안내한다(www.cogmed.com/educators).
- 아동의 기억을 향상시키기 위한 최고의 실천에 중요한 새로운 전략을 추가했다. (1) 분산학습, (2) 연습 시험, (3) 정교화를 위한 질문이 그것이다(Dunlosky & others, 2013).
- 기억과 학습에 분산학습과 연습시험 활용은 매우 효과적이며, 정교화를 위한 질문을 중간 정도의 효과가 있다는 사실을 발견한 최근의 리뷰 연구(Dunlosky & others, 2013)를 포함했다. 이 리뷰 연구에서 형광펜 사용하기, 밑줄 긋기, 요약하기, 다시 읽기, 키워드 방법, 텍스트 학습에 이미지 사용하기 등은 효과가 낮은 것으로 나타났다.
- 아동의 마음 이론 발달에 영향을 미치는 요소에 대해 확장하고 업데이트했다. 전전두엽 피질의 발달(Powers, Chavez, Hetherington, 2015), 다양한 사회적 상호작용의 측면(Hughes & Devine, 2015)이 포함되는데, 예를 들면, 안전 애착과 마음 상태에 대한 이야기, 그리고 마음 상태에 대해 이야기를 함께 하는 손위 형제나 친구들이 있는 것 등이다.
- 주의력결핍 과잉행동장애(Mohammadzadah & others, 2016)와 단순언어장애(Nilsson & de Lopez, 2016)를 가진 아동들이 마음 이론에 결손이 있음을 보고한 최신 연구 결과를 기술했다.

제8장
복잡한 인지 과정

- 개념과 마인드맵핑 소프트웨어 정보를 추가하였고, 인스퍼레이션과 키드퍼레이션의 활용에 대한 설명을 확대하였다.

- 교실에서 활용할 수 있는 지식 구성 테크놀로지 도구에 대해 대폭 확대해 다루면서 최신 정보를 추가하였다.

- '학생과 연계하기-최고의 실천 : 아이들의 사고 향상을 위한 전략'에서 "학생들의 사고기술을 향상시키는 도구로 테크놀로지를 사용한다"는 내용을 추가하였다.

- 교사의 시선에 학생들의 학습력 향상에 도움이 되는 테크놀로지를 최대한 활용하고 있는 1학년 교사 캐시 캐시디에 대한 내용을 추가하였다.

- 지난 10여 년간 학계의 관심이 높아지고 연구도 활발히 진행되고 있는 집행기능을 중요하게 다루어야 할 주요 영역으로 추가하였다(Cassidy, 2016; Moriguchi, Chevallier, & Zelazo, 2016; Muller & Kerns, 2015).

- 초기 아동기에 집행기능은 어린 아동이 이제 막 습득하기 시작한 문해력과 어휘력 발달과 상관이 있다는 최신 연구를 추가하였다(Becker & others, 2014).

- 집행기능과 학교생활 준비도의 관계에 관한 최신 연구를 다루면서 발달적 변화에 관한 내용을 추가하였다(Willoughby & others, 2016).

- 중·후기 아동기에 집행기능은 자기통제 및 억제, 작업기억, 인지적 유연성 측면에서 발달적 변화가 있다는 내용을 추가하였다.

- 청소년기에 집행기능은 인지적 통제와 주의 통제 측면에서 발달적 변화가 있다는 내용을 추가하였다.

- 아동의 집행기능을 향상시키는 작업기억, 유산소 운동, 언어영역 활동, 상상, 일부 학교 교육과정과 같은 다양한 활동과 여러 요인에 대한 내용을 추가하였다(Bodrova & Leong, 2015; Carlson & White, 2013; Diamond, 2013; Gallant, 2016; Hilman & others, 2014; Nesbitt, Farran, & Fuhs, 2015).

- 학부모와 교사가 집행기능의 발달에 중요한 역할을 한다는 최신 연구를 추가하였다(Masten, 2016).

- 학교에서 마음챙김 훈련을 실시하는 방법을 다룬 연구(Roeser & Eccles, 2015)와 마음챙김 훈련 프로그램이 4~5학년 학생들의 인지 통제를 향상시키는 데 효과적이라고 밝힌 최신 연구(Schonert-Reishl & others, 2015)를 비롯해 마음챙김에 관한 내용을 이전보다 대폭 확대하였고 최신 내용을 다루었다.

- 마음챙김 훈련이 공립학교 교사의 스트레스를 줄이고 학교와 집에서 기분을 좋아지게 했으며 수면의 질을 향상시키는 효과가 있다고 밝힌 최신 연구 2편을 추가하였다(Crain, Schonert-Reichl, & Roeser, 2016; Taylor & others, 2016).

- 아이들의 인지 및 사회정서 발달을 향상시키는 요가나 명상, 태극권과 같은 활동을 다루는 명상과학이라는 최근 개발된 개념을 추가하였다(Roeser & Eccles, 2015).

- 대화(토론)와 실제 혹은 상황에 기반을 둔 문제나 예시가 학생의 비판적 사고기술 향상에 효과적이라고 밝힌 최신 메타분석 연구를 추가하였다(Abrami & others, 2015).

- '학생과 연계하기-최고의 실천 : 아이들의 사고 향상을 위한 전략'에서 최근 발간된 학술지인 마음챙김과 최신 출판도서인 Mindfulness for Teachers : Simple Skills for Peace and Productivity in the Classroom(Jennings, 2015)를 참고하여 마음챙김에 관한 최신 정보를 지속적으로 숙지하는 전략을 추가로 제시하였다.

- 미국 아이들의 창의적 사고가 어떻게 감소하고 있으며, 중국은 학교에서 창의적 사고에 대한 지도를 어떻게 해서 점차 강조하고 있는지에 대한 내용을 추가하였다(Gregorson, & Kaufman, Snyder, 2013; Kim. 2010; Plucker, 2010).

- 디지털 스토리텔링과 글쓰기를 활용해 아이들의 창의성을 향상시키는 내용을 추가하였다.

- 국립미술관 홈페이지와 같이 디지털 체험학습으로 학습의 전이를 향상시키는 방법을 추가하였다.

제9장
사회적 구성주의 접근

- 개별화된 학습 계획을 구성하도록 지원하는 새로운 공학 기술을 소개한다(Oppia.org).

- 읽기에 어려움을 겪는 1학년을 위한 독해력 증진 프로그램(리딩 리커버리)의 효과성에 대한 최근 연구를 포함하였다(What Works Clearinghouse, 2014).

- 동료교수 프로그램(Success for All)의 효과성과 관련하여 과학적으로 검증된 연구에 대한 내용을 추가하였다(What Works Clearinghouse, 2012).

- 영어 학습자들의 수용언어와 활자에 대한 지식을 향상시키는 동료교수 프로그램에 대한 최근 연구를 제시하였다(Xu, 2015).

- 학업성취를 증진시키는 동료교수의 효과성에 대한 최근 메타 연구를 수록하였다(Leung, 2015). 이 연구에서 중학교 학생들의 향상이 가장 컸고, 그다음은 대학생, 초등학생, 유치원 순서였다.
- IDRA의 동료교수 프로그램인 Valued Youth이 미국 및 브라질의 학업중단 감소에 기여한 영향력에 대한 자료를 추가하였다(IDRA, 2013).
- 온라인 동료교수를 촉진하는 온라인 비디오(스카이프, 구글의 행아웃 등)에 대한 논평을 실었다.
- 수학성취도 및 수학에 대한 태도에 긍정적인 영향을 미친 협동적 학습에 대한 최근 메타연구에 대해 논의하였다(Capar & Tarim, 2015).
- 협동적 학습이 강의법에 비해 5학년 학생들의 성취도 및 만족도를 증진시켰다는 최근 연구를 포함하였다(Mohammadjani & Tonkaboni, 2015).
- 협동적 학습이 전통적인 교수법에 비해 4학년 학생들의 어휘력을 향상시켰다는 최근 연구를 추가하였다(Bilen & Tavil, 2015).
- 최근 활용도가 감소하고 있는 사회적 구성주의 프로그램(Fostering a Community, School of Thought) 관련 내용을 삭제하였다.

제10장
동기, 교수, 학습

- 비통제적 관계성 지지와 만족도가 학생들의 관여도, 학습, 성취에 효과적이라는 최근 연구를 포함하였다(Linnenbrink-Garcia & Patall, 2016).
- 학생의 흥미에 영향을 미치는 맥락적 요인을 추가하였다(Linnenbrink-Garcia & Patall, 2016).
- 교정을 위한 비판적 피드백이 교육의 핵심요소라는 수정된 견해를 수록하였다.
- 최근 제안된 개념인 소속 마인드셋에 대한 새로운 논의 및 소속 마인드셋이 지니는 학업성취 및 신체적, 정신적 건강과의 관련성에 대한 내용을 수록하였다(Rattan & others, 2015).
- 소수 집단의 소속 마인드셋과 학업성취 증진 간 관련성에 대한 최근 연구를 추가하였다(Stephens, Hamedani, & Destin, 2014; Walton & others, 2014).
- 캐롤 드웩의 성장 사고방식 관련 내용을 확충하였다.

- 저소득 계층 학생들이 고소득 계층에 비해 성장 사고방식을 지니는 비율이 낮으나, 성장 사고방식이 저소득 계층 학생들의 보호요인이 된다는 최근 연구를 추가하였다(Claro, Paunesku, & Dweck, 2016).
- 저성취 학생들에게 배우고 공부하면 뇌에 긍정적인 변화가 생긴다는 사실을 알게 했을 때 성적이 상승했다는 최근 연구를 기술했다(Paunesku & others, 2015).
- 성장 사고방식이 부정적인 고정관념으로 인해 성취가 저하되는 것을 방지한다는 최근 연구를 추가하였다(Good, Rattan, & Dweck, 2012).
- 성장에 한계를 두지 않는 사고방식이 자기조절과 성취에 도움이 되었다는 종단 연구에 대한 논의를 담았다(Job & others, 2015).
- 교사가 실수로부터 배운 자신의 경험을 공유하는 것이 학생들에게 도움이 된다는 자기 효능감에 대한 새로운 논평을 수록했다.
- 예비 초등교사들이 수학 과목에 있어 여학생에게 낮은 기대를 지니고 있다는 최근 연구에 대한 논의를 담았다(Mizala, Martinez, & Martinez, 2015).
- 학부모와 교사들이 아프리카계 미국인 학생의 학업성취에 대해 여학생보다 남학생에게 낮은 기대를 갖는다는 새로운 연구 결과를 실었다(Rawley & others, 2014).
- 만족 지연에 대한 내용을 추가했다.
- 어린 아동들의 만족 지연에 대한 월터 미셸의 연구와 어린 시절 만족 지연이 이후 진로 및 신체적, 정신적 건강과 관련이 있다는 종단 연구에 대해 기술했다(Mischel, 2014; Moffitt, 2012; Schlam & others, 2013).
- 학생의 성공에 대한 학부모 및 교사의 긍정적 기대가 학생들의 교육 수준을 예측했다는 최근 연구를 추가하였다(Gregory & Huang, 2013).
- 자기손상 전략이 저성취와 관련된다는 최근 메타 연구를 포함하였다(Schwinger & others, 2014).
- 시험불안이 11학년 학생들의 학업성취를 저하한다는 최근 연구를 기술하였다(Steinmayr & others, 2016).
- 학부모의 완벽주의가 자녀의 불안 수준을 높일 수 있다는 최근 연구를 포함하였다(Affrunti & Woodruff-Borden, 2014).
- 성장 사고방식과 관련하여 자신의 동기 평가하기 활동을 추가하였다.

제11장
학급관리

- 특수 장치가 필요 없지만 다른 장치(컴퓨터, 노트북, 휴대폰 등)와 함께 사용할 수 있는 시스템을 사용하는 추세를 포함하여 학생응답 시스템의 업데이트 및 확장을 적용하였다.
- K~12 교실을 위한 최고의 학생응답 시스템 중 하나인 플리커(http://plickers.com)에 대한 새로운 설명을 담았다.
- 아프리카계 미국인 남학생들의 학교에서 징계를 받는 비율이 훨씬 높다는 것에 대한 확장되고 새로운 논평을 다룬다(Chatmon & Gray, 2015).
- 청소년이 주도한 멘토링이 시행되고 멘토가 청소년과 같은 인종집단에 속할 때 멘토링 관계가 지속될 가능성이 더 높다는 최근 연구를 소개한다(Schwartz & others, 2013). 또한 이들 연구에서 청소년이 주도한 멘토링이 지속되었을 때, 멘토링은 3년 후 교육 및 직업 성공으로 연결되었다.
- 괴롭힘과 사이버 괴롭힘에 관한 실질적 정보를 확대 및 업데이트하였다(Naidoo & others, 2016; Wang & others, 2016).
- 괴롭힘과 관련된 긍정적 및 부정적 양육 방식에 대해 최근 연구를 포함하였다(Lereya, Samara, & Wolke, 2013).
- 내재화 문제 및 자살 시도를 포함하여 괴롭힘의 부정적인 결과에 대한 최근 연구를 설명하였다(Schwartz & others, 2015; Yen & others, 2014).
- 6세에 괴롭힘을 당한 아동들이 12~3세 사이에 과도한 체중 증가를 보일 가능성이 더 높다는 것을 발견한 종단 연구를 수록하였다(Sutin & others, 2016).
- 어린 시절 괴롭힘의 희생자가 50년 후 정신건강 서비스의 사용 증가와 관련이 있다는 것을 밝힌 종단 연구를 포함하였다(Evans Lacko & others, 2016; Flannery & others, 2016).
- 사이버 괴롭힘이 전통적인 괴롭힘보다 자살 충동과 더 밀접하게 연관되어 있는 최근 연구를 소개하였다(van Geel, Vedder, & Tanilon, 2014).

- 올베우스와 같은 학교 전체에 초점을 맞춘 괴롭힘 개입은 교실 교육과정이나 사회기술 훈련과 관련된 개입보다는 더 효과적이라고 결론짓는 최근의 연구 검토에 대해 논의하였다(Cantone & others, 2015).
- 괴롭힘을 감소시키기 위해 가해자의 공감을 증가시키고 자신의 행동을 비난하는 데 초점을 둔 최근 초등학교와 중학교 교사의 개입에 대해 설명하였다. 개입이 괴롭힘을 그만두도록 가해자의 의도를 증가시키는 것은 효과적이지만 가해자를 나무라는 것은 효과가 없었다(Garandeau & others, 2016).
- Bullying Beyond the Schoolyard : Preventing and Responding to Cyberbullying이라는 최근의 서적을 포함하도록 확장되고 업데이트된 괴롭힘 개입에 관한 권고 사항을 수록하였다(Hinduja & Patchin, 2015).

제12장
표준화 시험과 학급평가

- 전통적 표준화 시험에 관심이 줄고 학교의 책무성을 묻기 위해 학년 말에 치는 시도 교육청 주관 시험에 대해 강조하는 최근 경향성을 반영하였다.
- 학년 말에 치는 일회성 시험이 가지는 문제점도 부각하였다.
- 아동낙오방지법(NCLB)을 2015년에 개정한 모든 학생의 성공을 위한 교육법(ESSA)의 내용을 포함시켰다.
- 선다형 문항이 가진 장점에 대한 수전 브룩하트(Brookhart, 2015)의 연구결과를 포함시켰다.
- 학생의 학습과 진보를 평가하기 위한 수행평가에 대한 관심이 증가하고 있는 경향을 반영하였다.
- 채점기준표(rubric)에 대한 정의를 추가하였다.
- 학생들의 작품을 이미지 파일, 비디오 파일, 오디오 파일로 바꾸어 온라인에 탑재 가능하다는 점을 반영하였다.

교육심리학 :
효과적 교수를 위한 도구

이 장의 개요

① 교육심리학 탐구

학습목표 1 교육심리학 영역에 대한 기본 아이디어를 기술한다.

역사적 배경

교수 : 예술과 과학

② 효과적 교수

학습목표 2 효과적 교사의 태도와 기술을 알아본다.

전문적 지식과 기술

전념, 동기 및 배려

③ 교육심리학 연구

학습목표 3 효과적 교사가 되기 위해 왜 연구가 중요한지, 교육심리학자와 교사는 어떻게 연구를 수행하고 평가할 수 있는지 논의한다.

연구는 왜 중요한가

연구 방법

프로그램 평가 연구, 현장 연구, 연구자로서의 교사

양적 연구와 질적 연구

나는 미래를 다룬다. 나는 교육자이기 때문이다.

-크리스타 매콜리프, 20세기 미국의 교육자이자 우주비행사

© shutterstock

교사와 연계하기 : 마거릿 메츠거

효과적 교사는 교육심리학의 원리와 교육적 연구가 학생들의 학습을 지도하는 데 도움이 됨을 알고 있다. 마거릿 메츠거 선생님은 매사추세츠의 브루클린고등학교에서 25년 넘게 영어 교사로 근무하고 있다. 그녀는 교육심리학의 기본 원리에 대한 이해를 바탕으로 교육 실습생들에게 다음과 같이 조언하였다.

'무엇'을 배울 것인가보다는 '어떻게' 배울 것인가를 강조하십시오. 학생들은 특정한 사실에 대해서 모를 수 있지만, 어떻게 배울 것인가에 대해서는 반드시 알아야 합니다. 깊이 이해하며 독서하는 방법, 아이디어를 구성하는 방법, 어려운 내용을 익히는 방법, 글쓰기를 활용하여 생각을 정리하는 방법을 가르치십시오. 졸업생 중 한 사람이 저에게 편지를 보내온 적이 있습니다. "선생님의 수업은 마치 철물점 같았습니다. 모든 연장이 제자리에 있었습니다. 몇 년이 지났어도 저는 여전히 제 머릿속의 철물점을 활용하고 있습니다…."

교수와 학습의 과정에 학생들을 참여시키고, 매일 다음과 같은 기본적 질문을 하십시오. "이 숙제에 대해 어떻게 생각합니까? 이것이 수업 내용을 학습하는 데 도움이 되었습니까? 과제가 너무 짧거나 너무 길지는 않았나요? 어떻게 하면 다음 과제를 보다 더 흥미롭게 만들 수 있을까요? 평가의 기준은 무엇이어

야 합니까?" 학생들이 자신의 학습에 대해 주인의식을 가질 수 있어야 함을 잊지 마십시오.

최근에 학습 양식과 지능에 대해 유용한 연구들이 수행되고 있습니다. 연구 논문을 읽으세요. 학생들이 반드시 스스로 생각해야 한다는 점을 잊지 마십시오. 당신이 할 일은 학생들이 어떻게 생각해야 하는지 가르치고, 필요한 연장을 제공하는 것입니다. 학생들은 자신이 얼마나 똑똑한가에 대해 끊임없이 놀라게 될 것입니다. 당신이 얼마나 똑똑한지 학생들에게 보여줄 필요가 없습니다.

신임교사 시절에 당신은 마치 의과대학의 인턴이나 법무법인의 신입 변호사처럼 많은 시간을 투자하게 될 것입니다. 다른 전문직과 마찬가지로 교사들은 외부에서 생각하는 것보다 훨씬 더 많은 시간 일합니다.

여러분은 우수한 교사가 될 수 있는 잠재력을 가지고 있습니다. 나는 다만 여러분이 시작도 하기 전에 지치지 않기를 바랍니다. 물론 교직에 익숙해질수록 여러분은 더 열심히 일하고 싶어질 것입니다

출처 : Metzger, 1996, pp. 346-351.

미리보기

이 장의 서두에서 21세기 교사이자 우주비행사 크리스타 매콜리프는 자신이 교사라는 직업을 통해 미래를 다루고 있다고 말했다. 어느 사회에서나 아이들이 미래이므로, 당신은 교사로서 미래를 다루게 될 것이다. 이 장에서는 교육심리학 영역에 대해, 그리고 당신이 학생들의 미래에 긍정적 기여를 하는 데 교육심리학이 어떠한 도움을 주는지 탐구하게 될 것이다.

학습목표 1
교육심리학 영역에 대한 기본 아이디어를 기술한다.

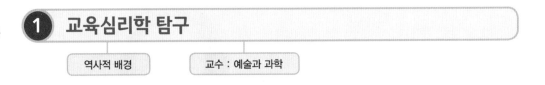

① 교육심리학 탐구

역사적 배경 　　　 교수 : 예술과 과학

심리학은 행동과 정신 과정에 관한 과학적 학문이다. **교육심리학**(educational psychology)은 심리학의 영역 중 하나로서, 교육적 장면에서 교수와 학습을 이해하는 데 관심이 있다.

역사적 배경

교육심리학은 19세기 후반, 20세기가 시작하기 직전에 심리학의 여러 개척자들에 의해 정립되었다. 교육심리학의 초기 역사에서 대표적인 개척자로 윌리엄 제임스, 존 듀이, E. L. 손다이크를 꼽을 수 있다.

윌리엄 제임스 윌리엄 제임스(William James, 1842~1910)는 최초의 심리학 교재인 심리학의 원리(*Principles of Psychology*, 1890)를 발간한 후에 'Talks to Teachers'(James, 1899~1993)라는 시리즈의 강연을 하였다. 여기서 그는 아이들을 가르치는 데 심리학을 어떻게 적용할 것인가에 대해 이야기했다. 제임스는 실험실에서 이루어지는 실험은 종종 어떻게 가르칠 것인가에 대해 알려주는 바가 많지 않다고 주장하였다. 그는 교육을 개선하기 위해서 교실에서 교수와 학습을 관찰하는 것이

교육심리학 교육적 장면에서 교수와 학습을 이해하는 데 초점을 둔 심리학 영역 중 한 분야

윌리엄 제임스　　　　　　　존 듀이　　　　　　　E. L. 손다이크

제임스, 듀이, 손다이크는 교육심리학 분야를 개척하고 정립하였다. 교육심리학에 대한 이들의 주장은 무엇인가?

(왼쪽에서 오른쪽) © Paul Thompson/FPG/Getty Images, © Hulton Archive/Getty Images; Source: The Popular Science Monthly, 1912

중요함을 강조하였다. 특히 학생들의 지식과 이해 수준보다 약간 높은 수준에서 수업을 시작하라고 조언하였다.

존 듀이　교육심리학의 영역을 형성한 두 번째 주요 인물로 존 듀이(John Dewey, 1859~1952)를 꼽을 수 있다. 그의 이론은 심리학의 실천적 적용을 강조한 원동력이었다. 1894년 시카고대학교에서 듀이는 미국 최초의 주요 교육심리학 실험실을 설립하였다. 이후 콜롬비아대학교에서 그는 혁신적 연구를 계속하였다. 존 듀이가 제안한 매우 중요한 교육적 관점은 다음과 같다. 첫째, 아동이 적극적 학습자라는 점을 강조하였다. 듀이 이전에 학생들은 자리에 조용히 앉아서 수동적으로 학습해야 했다. 반면 듀이(Dewey, 1933)는 아동이 행동함으로써 가장 잘 학습할 수 있다고 주장하였다. 둘째, 교육은 모든 아동에게 초점을 맞추어야 하며 아동의 환경 적응을 강조하였다. 듀이는 아동이 협소하게 교육받아서는 안 되며, 학교 밖 세상에 적응하는 방법을 배워야 한다고 주장하였다. 그는 특히 아동이 반성적 문제해결자가 되는 방법을 배워야 한다고 생각했다. 셋째, 모든 아동이 좋은 교육을 받을 권리가 있다고 믿었다. 19세기 후반에 이러한 민주적 이상은 매우 파격적인 주장이었다. 그 당시 교육은 일부 아동, 특히 부유한 가정의 남자 아동을 위한 것이었다는 점에서 이 주장은 매우 민주적인 이상이었다고 할 수 있다. 듀이는 남아와 여아, 다양한 사회경제적 집단과 인종집단의 아동을 포함하여 모든 아동을 위한 교육을 주장하였다.

E. L. 손다이크　세 번째 개척자로 E. L. 손다이크(E. L. Thorndike, 1874~1949)를 꼽을 수 있다. 그는 평가와 측정을 강조하였으며, 학습의 과학적 토대를 발전시켰다. 손다이크는 학교의 중요한 과업이 아동의 이성을 연마하는 것이라고 주장하였으며, 교수와 학습에 대한 과학적 연구에서 탁월한 업적을 남겼다. 손다이크는 특히 교육심리학이 과학적이어야 하며 측정에 기반을 두어야 한다는 점을 강조하였다.

다양성과 초기 교육심리학　다른 영역에서도 대부분 그렇듯 교육심리학의 초기 역사에서 가장 두드러진 인물은 제임스, 듀이, 손다이크와 같이 주로 백인 남성이었다. 1960년대에 시민법과 정책의 변화가 있기 전, 단지 소수의 유색인종 학자들이 학위를 취득하고 인종적 차별의 장벽에 맞서 자기 분야에서 연구를 수행하였다(Spring, 2014; Webb & Metha, 2017).

DIVERSITY

메이미 클라크와 케네스 클라크
다른 분야에서와 마찬가지로 교육심리학의 초기 역사에서 소수인종과 여성의 참여는 많지 않았다. 여기에서는 이러한 장벽을 극복하고 교육심리학에 기여한 학자들 중 일부를 소개하였다.
© Courtesy of Kate C. Harris

개척적인 두 아프리카계 미국인, 메이미 클라크(Mamie Clark)와 케네스 클라크(Kenneth Clark)는 아프리카계 미국인 아동의 자기개념과 정체성에 대해 연구를 수행하였다(Clark & Clark, 1939). 1971년에 케네스 클라크는 미국 심리학회의 최초 아프리카계 미국인 회장이 되었다. 1932년에 남미계 심리학자인 조지 산체스(George Sanchez)는 지능검사가 소수인종 아동에게 불리하게 문화적으로 편향되어 있음을 보여주는 연구를 수행하였다.

소수인종과 마찬가지로 여성도 고등교육의 장벽에 직면했으며, 점진적으로 심리학 연구에서 주요 학자가 되어갔다. 교육심리학의 역사에서 흔히 간과되는 인물이 레타 홀링워스(Leta Hollingworth)이다. 그녀는 지능검사에서 월등히 높은 점수를 얻은 아동을 설명하기 위해 영재(gifted)라는 용어를 처음 사용한 인물이다(Hollingworth, 1916).

행동적 접근 학습 연구에 대한 손다이크의 접근은 20세기 들어서 약 50여 년간 교육심리학을 이끌었다. 미국 심리학에서 B. F. 스키너(Skinner, 1938)의 주장은 손다이크의 관점에 기반을 두고 있으며, 20세기 중반에 교육심리학에 강력한 영향을 미쳤다. 스키너의 행동적 접근은 학습을 위한 최상의 조건을 정확히 결정하고자 한다. 스키너는 제임스나 듀이와 같은 심리학자들이 제안한 정신 과정은 관찰이 불가능하며, 따라서 과학적 연구로서의 심리학(즉 관찰 가능한 행동 및 이의 통제 가능한 조건에 대한 과학)의 적절한 주제가 될 수 없다고 주장하였다. 1950년대에 스키너(Skinner, 1954)는 학생들이 최종 학습목표에 도달할 때까지 일련의 과정에서 각 단계마다 강화를 제공하도록 구성된 프로그램 학습(programmed learning)이라는 개념을 제안하였다. 그는 개인교사(tutor)의 역할을 하며 정답을 제시한 학생에게 강화를 제공하는 학습 기계(teaching machine)를 고안하기도 하였다(Skinner, 1958).

인지적 혁명 학습의 행동적 접근에서 명시한 목표는 학급 교사들의 실제 필요와 목적 중 많은 것을 반영하지 못하였다(Hilgard, 1996). 그 반동으로 1950년대에 벤저민 블룸(Benjamin Bloom)은 기억, 이해, 종합, 평가를 포함하는 인지적 교육목표분류학을 만들고, 학생들이 이를 개발하고 활용하도록 교사가 도와야 한다고 주장하였다. 심리학의 인지적 혁명이 1980년대까지 강력한 영향을 미치며 학생들의 학습을 돕기 위해 인지심리학의 개념(기억, 사고, 추론 등)을 적용하는 열정의 시대가 도래하게 되었다. 따라서 20세기 후반기에 들어서면서 많은 교육심리학자들은 20세기 초 제임스나 듀이가 주장하였던 학습의 인지적 측면을 강조하는 관점으로 복귀하게 되었다. 여전히 인지적 접근과 행동적 접근은 모두(특히 인지적 접근) 오늘날 교육심리학의 한 부분을 차지하고 있다(Fuchs & others, 2016; Wang & others, 2016). 이 책에서는 이러한 접근들에 대해 자세히 다루게 될 것이다. 보다 최근에 교육심리학자들은 학생들의 삶의 사회심리학적 측면을 강조하고 있다. 예를 들면 사회적 맥락에서 학교를 분석하며, 교육에서 문화의 역할을 탐구하고 있다(Gauvan, 2016; Koppelman, 2017; Rowe, Ramani, & Pomerantz, 2016; Wentzel & Ramani, 2016). 우리는 이 책의 여러 장에서 교수와 학습의 사회정서적 측면을 다루게 될 것이다.

교수 : 예술과 과학

교수에 있어 교사들은 얼마나 과학적일 수 있을까? 예술이나 과학에서와 마찬가지로 많은 연습과 기술은 교사의 성공에 중요한 역할을 한다. 교육심리학은 심리학의 다양한 이론과 연구로부터 그 지식을 차용하고 있다(Graham & Taylor, 2016; Ryan & Deci, 2016). 예를 들면 장 피아제나 레프 비고츠키의 이론은 교사에게 교육 방법을 알려주려는 목적에서 확립된 것은 아니다. 그럼에도 불구하고 이 이론들은 교사들이 어떻게 교육을 실천해야 하는가에 대해 다양한 적용방안과 실천적 시사점을 담고 있다. 물론 교육심리학에는 교육심리학자들이 직접적으로 수행한 이론과 연구, 교사들의 실제적 경험도 포함되어 있다. 예를 들면, 데일 셩크(Schunk, 2016)의 자기효능감(주어진 상황이나 과제를 익히고 긍정적 결과를 산출할 수 있다는 믿음)에 대한 연구를 들 수 있다.

버지니아주 우드브릿지의 한 초등학교 교사인 카렌 머코비치가 학생들과 함께 읽기 수업을 진행하고 있다. 머코비치 선생님은 우수교사로 인정받는 영예로운 국가인증서를 가지고 있다. 그녀의 수업은 예술 및 과학과 얼마나 비슷한가?

© Margaret Thomas/The Washington Post/Getty Images

또한 교육심리학자들은 때로는 수업이 과학적 원칙에서 분리될 수 있으며, 즉흥성과 자발성이 필요하기도 하다는 점에 동의한다(Borich, 2017; Parkay, 2016).

과학적 학문으로서 교육심리학은 교수 상황에서 효과적으로 적용할 수 있는 연구 지식, 학생들의 학습에 영향을 미치는 요인에 대한 이해를 증진하는 데 도움이 되는 연구 기술을 제공하는 데 목적이 있다(Glesne, 2016). 그러나 당신의 교수는 여전히 예술로 남아있을 것이다. 연구에서 배울 수 있는 것 외에도 당신은 자신의 개인적 기술과 경험, 동료 교사들과 함께 나누며 그동안 쌓아온 지혜에 기초하여 끊임없이 교실에서 중요한 의사결정을 하게 될 것이다(Estes & Mintz, 2016).

RESEARCH

복습하기, 성찰하기 그리고 연습하기

❶ 교육심리학 영역에 대한 기본 아이디어를 기술한다.

복습하기
- 교육심리학은 어떠한 학문인가? 교육심리학의 역사에서 주요 학자는 누구이며, 이들의 주장은 무엇인가?
- 교수 실천에서 예술과 과학의 역할은 무엇이라고 생각하는가?

성살하기
- 존 듀이는 아동이 자리에 조용히 앉아서 수동적으로 학습해서는 안 된다고 주장하였다. 당신은 듀이에 동의하는가? 그 이유는 무엇인가?

연습하기
1. 스미스 선생님은 모든 아동은 교육받은 권리가 있고, 교육은 전체 아동에 초점을 맞추어야 한다고 믿고 있다. 그의 견해는 다음 중 누구의 주장과 가장 일치하는가?
   - a. 벤저민 블룸
   - b. 존 듀이
   - c. B. F. 스키너
   - d. E. L. 손다이크
2. 4명의 교사가 효과적 교수에 영향을 미치는 요인에 대해 토의하고 있다. 다음 중 가장 정확한 진술은 무엇인가?
   - a. 과학적 연구에서 얻은 정보를 적용하는 것은 효과적 교수를 하는 데 가장 중요한 요인이다.
   - b. 효과적 교사가 되는 데 교사 개인의 직접적 경험을 능가하는 것은 없다.

되돌아보기/앞날을 생각하기
자기효능감은 동기에서 중요한 역할을 한다. 제10장 '동기, 교수, 학습'과 연계해 생각해보자.

c. 과학 연구 지식, 교수 전략, 개인적 경험은 효과적 교사가 되는 데 영향을 미친다.

d. 효과적 교사가 되는 데 교사의 천부적 능력은 모든 요인을 능가한다.

정답은 '연습하기 정답' 참조

학습목표 2

효과적 교사의 태도와 기술을 알아본다.

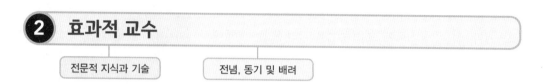

교수의 복잡성과 학생들의 다양한 개인차로 인해 모든 상황에 적용할 수 있는 만병통치약과 같이 한 가지 방법만으로 효과적 교수를 달성할 수는 없다. 교사는 반드시 다양한 관점과 전략을 익혀야 하며, 이를 적용함에 있어 유연해야 한다. 이를 위해 (1) 전문적 지식과 기술, (2) 전념, 동기 및 배려와 같은 핵심 요소를 갖추고 있어야 한다.

전문적 지식과 기술

효과적 교사들은 자신의 교과내용에 대해 능통하며, 적절한 수업 기술을 갖추고 있다(Mayer & Alexander, 2017). 이들은 목표 설정 방법, 교수 계획, 학급관리 방법에서 훌륭한 교수 전략을 가지고 있다. 이들은 다양한 수준의 능력과 문화적 배경을 가진 학생들을 동기부여하고, 이들과 의사소통하는 방법을 알고 있다. 효과적 교사들은 또한 교실에서 공학적 기술을 적절히 활용할 수 있는 능력을 갖추고 있다.

교과 관련 유능성 많은 중학교 학생들은 자신들이 희망하는 교사특성으로 교사의 교과지식을 꼽고 있다(NAASP, 1997). 효과적 교사가 되기 위해서 교과내용에 대한 깊고 유연한 개념적 이해가 반드시 필요하다(Hamilton & Duschi, 2017). 물론 교과지식은 사실, 용어, 또는 일반 개념 이상을 의미한다. 이는 아이디어를 조직하고 연결하는 능력, 사고와 논의하는 방법, 한 영역에서의 아이디어를 다른 영역으로 전환할 수 있는 능력 등을 포함한다. 교과내용에 대해 깊이 이해하고 있는 것이 유능한 교사가 되는 데 중요한 측면이라는 점은 분명하다(Anderman & Klassen, 2016; Burden & Byrd, 2016; Guillaume, 2016).

교수 전략 광범위한 수준에서 교사의 교수 방법은 구성주의적 교수법과 지시적 교수법의 두 가지 주요 접근으로 구분된다. 구성주의적 접근의 핵심은 윌리엄 제임스와 존 듀이의 교육철학에 자리하고 있다. 지시적 교수법은 E. L. 손다이크의 관점과 공통점이 있다.

구성주의적 접근(constructivist approach)은 학습자중심 접근(learner-centered approach)으로서 교사의 지도와 함께 학생이 적극적으로 자신의 지식과 이해를 구성하는 것이 중요함을 강조한다. 구성주의적 관점에서 교사는 단순히 아동의 마음에 정보를 쏟아부으려는 시도를 해서는 안 된다. 그보다는 교사의 신중한 감독, 의미 있는 지도와 더불어 아동이 자신의 세계를 탐구하고 지식을 발견하고 비판적 사고를 하도록 장려해야 한다(Robinson-Zanartu, Doerr, & Portman, 2015; Van de

구성주의적 접근 학습에 대한 학습자중심의 접근으로 교사의 안내를 받으면서 학생이 적극적으로 지식과 이해를 구성하는 개인 활동의 중요성을 강조함

Walle, Karp, & Bay-Williams, 2016). 구성주의자들은 전통적인 교육에서 아동들로 하여금 조용히 앉아서 관련이 있는 정보뿐만 아니라 관련이 없는 정보까지 단순히 암기하는 수동적 학습자가 되도록 만들었다는 점을 비판한다 (Parkay, 2016).

오늘날 구성주의자들은 학습 과정에서 **협동**을 강조한다 (Gauvain, 2016). 구성주의적 교수 철학을 가진 교사는 아동이 정보를 단순히 암기하도록 하지 않을 것이며, 학습을 지도하는 동안 학생들에게 지식을 의미 있게 구성하고 이해할 수 있는 기회를 제공할 것이다(Bendixen, 2016).

반면 **지시적 교수법**(direct instruction approach)은 구조화된 교사중심의 접근으로서 교사의 지도와 통제가 많고, 학생의 향상에 대한 교사의 기대가 높으며, 학생이 학업과제를 하는 데 최대한 많은 시간을 투자하고, 교사의 노력이 야기하는 부정적 효과를 최소화하려는 교수법이다. 지시적 교수법에서 중요한 목표는 학생들의 학습시간을 최대화하는 것이다(Borich, 2017; Joyce, Weil, & Calhoun, 2015).

학생들을 가르칠 때 구성주의적 접근과 지시적 교수법의 특징을 나타내는 것은 무엇인가?

© shutterstock

교육심리학의 일부 전문가들은 효과적 교사들이 대부분 구성주의적 접근과 지시적 교수법 중 하나에 전적으로 의존하기보다는 두 접근을 모두 사용하고 있음을 강조한다(Darling-Hammond & Bransford, 2005). 더 나아가 어떤 경우에는 구성주의적 접근이, 다른 경우에는 지시적 교수가 필요하다. 예를 들면, 읽기나 쓰기 장애가 있는 학생을 가르칠 때에는 명시적이고 지시적인 교수법을 권고한다(Berninger & other, 2015). 구성주의적 접근과 지시적 교수법 중 무엇을 선택하든 당신은 효과적 교사가 될 수 있다.

사고 기술 효과적 교사는 좋은 사고 기술의 모델이 되어야 하며, 학생들이 사고 기술을 개발할 수 있도록 지도해야 한다. 이러한 사고 기술 중 특히 **비판적 사고**(critical thinking) 기술이 중요한데, 이는 반성적이고 생산적으로 생각하며 증거를 평가하는 사고를 의미한다. 학생들이 비판적으로 사고하도록 하는 것은 쉽지 않다. 많은 학생들은 학습 자료를 수동적으로 학습하며, 심층적이고 반성적으로 사고하기보다는 기계적으로 개념을 암기하려는 습관을 가지고 있다(Sternberg & Sternberg, 2017). 비판적 사고를 하는 것은 호기심을 갖고 개방적 태도를 취하며, 동시에 무엇을 해석하는 데 있어 실수를 피하기 위해 신중함을 익미한다.

이 책에서 각 주제와 이슈에 대해 당신이 비판적 사고를 하기를 바란다. 각 장의 주요 절을 마칠 때마다 당신은 직전에 읽은 주제와 관련된 내용을 되돌아볼 수 있는 '성찰하기' 질문을 받게 될 것이다. 다음으로 비판적 사고, 추론이나 의사결정, 창의적 사고와 같은 다른 고차적 사고 과정에 대해 광범위하게 읽게 될 것이며, 학생들의 비판적 사고를 권장하기 위해 어떻게 수업을 설계해야 하는지 배우게 될 것이다.

목표 설정과 교수 계획 구성주의적 접근을 취하든 아니면 보다 전통적인 접근을 취하든 효과적 교사는 교실에서 그저 즉흥적으로 행동하지 않는다. 이들은 높은 목표를 설정하고, 이러한 목표에 도달하기 위한 계획을 세운다(Senko, 2016). 이들은 또한 성공의 구체적 기준을 설정하며, 학생들의

> **되돌아보기/앞날을 생각하기**
> 계획에 있어 교사는 학생들이 무엇을 언제, 어떠한 순서로, 왜 해야 하는지 알고 있어야 한다.

지시적 교수법 교사의 지도와 통제가 많고, 학생의 향상에 대한 교사의 기대가 높고, 학생이 학업과제를 하는 데 최대한 많은 시간을 투자하고, 교사의 노력이 야기하는 부정적 효과를 최소화하려는 구조화된 교사중심의 교수법

비판적 사고 반성적이고 생산적으로 생각하고 증거를 평가하는 사고

학습을 극대화할 수 있도록 교수를 계획하고 수업을 조직하는 데 상당한 시간을 쏟는다(Burden & Byrd, 2016). 효과적 교사는 계획을 세우면서 어떻게 하면 학습이 흥미로우면서도 도전적일 수 있을지에 대해 깊이 고민한다. 좋은 계획을 세우기 위해서 학생들이 특정 기술을 개발하고 개념을 이해하는 데 필요한 시간, 정보, 시범, 모델, 탐구 기회, 토론, 연습의 유형 등에 대해 고려해야 한다. 연구에 의하면 비록 이러한 특징이 모두 학습에 도움이 되지만, 교수 설계의 과정에서 교사는 학생들이 언제 어떠한 순서로 어떻게 해야 하는가에 대해 알고 있어야 한다(Darling-Hammond & others, 2005).

DEVELOPMENT

발달적으로 적합한 교수 실천   유능한 교사는 아동의 발달에 대해 잘 알고 있으며, 수업 자료를 어떻게 만들어야 이들의 발달 수준에 적합한지 알고 있다(Bredekamp, 2017; Morrison, 2017). 미국의 학교는 대부분 학년이나 연령에 의해 조직된다. 그러나 학년이나 연령만으로 항상 아동의 발달을 잘 예측할 수 있는 것은 아니다.

어느 학년에서든 일반적으로 2~3년의 연령차가 있으며, 때로 기술, 능력, 발달적 단계의 격차는 그 이상 벌어지기도 한다. 최적의 방식으로 개별 아동을 교수하기 위해서 발달적 경로와 진전을 이해하는 것은 대단히 중요하다(Feeney, Moravcik, & Nolte, 2016).

이 책은 아동을 가르칠 때 발달적 측면에 주의를 기울여야 함을 강조하며, 아동의 발달 수준을 고려한 교수와 학습의 예를 제시하고 있다. 앞으로 발달에 대해 제2장 '인지 및 언어 발달'과 제3장 '사회적 맥락과 사회정서적 발달'에서 깊이 다루게 될 것이다.

> **되돌아보기/앞날을 생각하기**
> 최고의 교사에게 훈육 문제가 많지 않은데, 이는 이들이 훌륭한 훈육자여서라기보다는 훌륭한 교사이기 때문이다. 제11장 '학급관리'와 연계해 생각해보자.

학급관리 기술   효과적 교사가 되는 데 있어 전체적으로 모두가 함께 일하며 주어진 과업을 지향하도록 교실을 관리하는 것이 중요하다(Emmer & Evertson, 2017). 효과적 교사는 학습에 도움이 되는 환경을 조성하고 유지한다. 최적의 학습환경을 조성하기 위해서 교사는 규칙과 절차를 정하고, 그룹을 조직하고, 학급활동을 감독하고 조율하며, 부적절한 행동을 다룰 수 있는 다양한 전략을 갖추고 있어야 한다(Emmer & Evertson, 2017; Jones & Jones, 2016).

"우리 엄마가 선생님이 대학교에서 배운 교육적 도전이 바로 저라고 선생님께 가서 이야기하래요."

동기적 기술   효과적 교사는 학생들이 스스로 동기화되고 자신의 학습에 책임감을 갖도록 도울 수 있는 전략을 가지고 있다(Kitsantas & Cleary, 2016; Soloman & Anderman, 2017; Wentzel & Miele, 2016). 교육심리학자들은 이것이 실현되기 위한 최선의 방법은 학생 개인에게 최적의 참신함과 난이도의 실제적 학습 기회를 제공하는 것임을 강조하고 있다. 학생들은 자신의 흥미와 일치하는 것을 선택할 수 있을 때 동기화된다. 효과적 교사는 학생들에게 창의적이고 심층적으로 생각할 수 있는 기회를 제공한다.

학생들이 스스로 동기화될 수 있도록 지도하는 것뿐만 아니라 학생들의 성취에 대해 높은 기대 수준을 설정하는 것도 중요하다(Schunk & DiBenedetto, 2016). 교사나 부모는 학생들의 성취에 대해 기대 수준을 높게 설정할 필요가 있다. 학생들은 열등하거나 평범한 수행에 대해 보상을 받는 경우가 너무 많으며, 그로 인해 자신의 잠재력을 충분히 발휘하지 못하게 된다. 높은 성공 기대가 설정되면, 학생들에게(특히 성취도가 낮은 학생들에게) 이러한 기대를 충족할 수 있도록 효과적 교수와 지지를 제공하는 것이 중요하다. 제10장 '동기, 교수, 학습'에서 동기에 대해 자세히 다루도록 한다.

의사소통 기술 말하기와 듣기, 언어적 의사소통의 장벽을 극복하기, 학생들의 비언어적 의사소통에 주의를 기울이기, 갈등을 건설적으로 해결하기와 같은 의사소통 기술은 교수와 분리될 수 없다(Beebe, Beebe, & Redmond, 2017; Zarefsky, 2017). 의사소통 기술은 교수에서뿐만 아니라 학부모와의 상호작용에서도 중요하다. 효과적 교사는 학생, 학부모, 행정가, 또는 다른 사람들'에게'보다는 이들'과' 대화할 때 좋은 의사소통 기술을 활용한다. 이들은 가능하면 비난하지 않으며, 공격적이고 수동적이며 타인을 조종하는 듯한 태도가 아니라 단호한 태도의 의사소통 양식을 활용한다. 효과적인 교사는 스스로 이러한 의사소통 기술을 활용할 뿐만 아니라 학생들이 이러한 의사소통 기술을 증진할 수 있도록 돕는다. 의사소통 기술이 오늘날 직장인들에게 매우 중요한 기술로 평가된다는 점에서 학생들이 의사소통 기술을 증진하도록 돕는 것은 매우 중요하다.

앰버 라킨 선생님이 5학년 학생 미야 크파가 학업 기술을 증진할 수 있도록 돕고 있다. 학생들의 개인차에 진정한 관심을 기울이기 위한 전략에는 어떤 것들이 있는가?

© Davis Turner

개인차에 더욱 관심을 기울이기 사실상 모든 교사는 교수에서 학생들의 개인차를 고려하는 것이 중요함을 알고 있지만 실제로 그렇게 하기는 쉽지 않다. 한 학급의 학생들은 지능 수준이 다양하고, 다양한 사고양식과 학습양식을 활용하며, 기질이나 성격도 다양하다(Hill & Roberts, 2016; Sternberg, 2016). 또한 한 학급에 어느 정도 영재성을 보이는 학생과 다양한 장애를 가진 학생이 있을 수도 있다(Van Tassell-Baska, 2015).

앰버 라킨이 초보교사로서 겪은 도전과 경험을 생각해보라(Wong Briggs, 2007). 교실은 이동식 가건물에 차려져 있으며, 학생들은 대부분 집이 없거나 영어를 못하거나, 장애가 있거나, 또는 공교육을 받아본 경험이 없거나, 신발을 신어본 적이 없는 난민이었다. 그러나 4년 후 라킨 선생님은 USA 투데이의 내셔널 올스타 티처로 선정이 되었으며, 학생들 대부분은 주정부가 의무적으로 시행하고 있는 '아동낙오방지법' 시험에 합격하였다. 그러나 라킨 선생님은 학생들이 시험에 합격한 것보다는 이들의 사회정서적 성장에 더욱 기뻐했다. 그 학교의 교장 선생님은 라킨 선생님에 대해 다음과 같이 말하였다. "좋은 일이 일어날 것이라는 말로 표현할 수 없는 아우라가 있었어요. 라킨 선생님은 매일 그렇게 하루를 시작하였습니다"(Wong Briggs, 2017, p. 6D).

다양한 특성을 가진 학생들을 효과적으로 가르치기 위해서는 많은 생각과 노력이 필요하다. **차별화된 수업**(differentiated instruction)은 학생들의 지식, 준비도, 흥미, 그 외 다양한 특성에서 개인차가 있음을 인식하며, 교육과정을 계획하고 수업을 할 때 이러한 차이를 반영한다(Taylor, 2015). 차별화된 수업은 학생들의 필요와 능력에 맞추어 과제를 재단할 것을 강조한다. 물론 교사가 한 수업에서 각 학생들의 필요를 반영하기 위해 20~30개의 수업지도안을 준비하는 것은 거의 불가능하다. 그러나 차별화된 수업이란 학생들을 몇 가지 유형으로 구분할 수 있는 영역이나 유사성을 발견하고, 그에 따라 20~30개 대신 3~4개 유형(수준)의 수업을 준비하는 수업이다. 제4장 '개인 변인'과 제5장 '학습자의 다양성'에서는 다양한 수준의 능력과 특성을 가진 학생들이 효과적으로 학습하도록 지도하는 데 도움이 되는 전략을 제공한다.

다양한 문화적 배경을 가진 학생들을 효과적으로 가르치기 오늘날 미국에서 5명 중 1명은 이민자 가정 출신이며, 2040년에는 3명 중 1명으로 늘어날 것으로 추정된다. 새롭게 유입되는 이민자의 약 80%는 라틴아메리카, 아시아, 카리브해 지역 출신의 유색 인종이다. 이민자의 약 75%가 스페

차별화된 수업 학생들의 지식, 준비도, 흥미 등 다양한 특성에서 개인차가 있음을 인식하며, 교육과정 계획과 교수 실천에 이러한 개인차를 반영한다.

DIVERSITY

학습자의 다양성과 관련하여 효과적 교사가
사용하는 전략에는 어떤 것들이 있는가?

© shutterstock

인어 사용 지역 출신이지만, 약 100여 개의 다양한 언어를 사용하는 학생들이 미국 학교에 들어오고 있다. 오늘날 문화 간 교류가 증가함에 따라 효과적 교사는 다른 문화적 배경을 가진 학생들에 대한 지식이 있어야 하며, 이들의 요구에 민감해야 한다(Bucher, 2015; Koppelman, 2017). 효과적 교사는 학생들이 다문화 학생들과 긍정적으로 개인적 접촉을 하도록 독려하며, 그러한 환경을 조성할 수 있는 방식에 대해 고민한다. 이들은 문화적 및 인종적 이슈에 대해 비판적 사고를 할 수 있도록 학생들을 지도하고, 편견을 차단하거나 낮추며, 자신과 다름에 대해 수용하도록 하며, 문화적 매개자의 역할을 한다(Gollnick & Chinn, 2017). 효과적인 교사는 또한 학교의 문화와 학생들의 문화(특히 학업적으로 성공적이지 않은 학생들의 문화) 간에 중재자가 될 필요가 있다(Sarraj & others, 2015).

문화와 관련하여 유능한 교사는 스스로에게 다음과 같은 질문을 던진다(Pang, 2005).

- 나는 학생들에게 영향을 미치는 문화의 힘과 복잡성에 대해 인식하고 있는가?
- 학생들에 대한 나의 기대는 문화를 반영한 것인가 아니면 편견인가?
- 나와 다른 문화권 출신의 학생들의 관점에서 학생들을 제대로 이해하고 있는가?
- 어떤 학생의 문화가 다른 학생들에게 생소할 경우, 나는 이들이 교실에서 자신의 문화를 표현할 수 있도록 가르치고 있는가?
- 나의 평가는 편견이 없으며 공정한가?

되돌아보기/앞날을 생각하기
효과적인 다문화 수업을 위한 전략은 수없이 많다. 제5장 '학습자의 다양성'과 연계해 생각해보자.

측정 지식과 기술 유능한 교사는 또한 평가 지식과 기술을 갖추고 있다. 평가는 여러 가지 측면에서 효과적으로 사용될 수 있다(Brookhart & Nitko, 2015; Popham, 2017). 수업 후에 학생들의 수행을 기록하기 위해 어떠한 평가 유형을 활용할 것인가 결정해야 할 것이다. 또한 수업 전과 수업 중에 평가를 효과적으로 활용할 필요가 있을 것이다(Chappuis & others, 2017). 예를 들면, 판구조론에 대해 수업하기 전에 교사는 학생들이 대륙, 지진, 화산과 같은 용어에 대해 얼마나 알고 있는지 판단해야 할 것이다.

수업 중 학생들에게 수업이 적당히 도전적인 수준이었는지 확인하고, 교사의 개인적 관심이 필요한 학생이 누군지 확인하기 위해 계속적으로 관찰하고 모니터링해야 할 것이다(Veenman, 2017). 또한 학생들에게 성취에 대한 피드백을 제공하기 위해 성적을 부여해야 할 것이다.

평가의 또 다른 측면으로 학생들의 성취, 교사의 지식과 기술을 평가하기 위해 주정부에서 의무적으로 시행하고 있는 시험도 있다(Popham, 2017). 연방정부의 '아동낙오방지법(No Child Left Behind, NCLB)'은 매년 학생들의 수학, 영어/언어, 과학을 평가하도록 의무화하고 있으며, 주정부가 학생들의 성공과 실패에 대해 책임지도록 하고 있다(McMillan, 2014). 최근 들어 2009년에 전국주지사협회(National Governor Association)에서는 학생들 교육에 보다 엄격한 지침을 실행하려는 노력의 일환으로 공통핵심표준(Common Core State Standard Initiative)을 채택하였다. 공통핵심표준은 각 학년마다 다양한 교과 영역에서 학생들이 반드시 개발해야 하는 기술과 알아야 할

되돌아보기/앞날을 생각하기
측정은 학습과 동기에 대한 최신 관점과 양립할 수 있어야 한다. 제12장 '표준화 시험과 학급평가'와 연계해 생각해보자.

것을 명시하고 있다(Common Core State Standards Initiative, 2016).

미국 교육에서 가장 최근의 법안 발의는 '모든 학생의 성공을 위한 교육법(Every Student Succeeds Act, ESSA)'으로서 2015년 12월에 법안이 통과되었으며, 2017~2018학년도에 전면 시행하게 되었다(Rothman, 2016). 이 법안은 아동낙오방지법을 대체하는 것으로 표준화 시험을 완전히 없애는 것이 아니라 수정하는 과정에 있다. ESSA는 3~8학년까지 읽기와 쓰기를 매년 평가하고, 그 후 고등학교에서 한 번 더 평가하도록 한다. 새로운 법안은 또한 주정부가 학생의 성취에 대해 학교의 책무성을 평가하는 데 활용하였던 시험의 비중이 축소되는 것을 허용한다. 그리고 학교의 성공을 평가할 때 학교는 학생 참여와 같은 비학업적 요인을 반드시 최소 한 번 이상 사용해야 한다.

새 법안에서는 또한 주정부와 지역 교육청이 성취 수준이 낮은 학교를 계속해서 혁신하며, 이들 학교가 영어 학습자, 소수인종 학생, 장애 학생들과 같이 오랫동안 저성취를 보인 학생들에게 더 나은 교육을 제공하기 위해 지속적으로 노력하는지 감독하도록 하고 있다. 또한 주정부와 지역 교육청은 공통핵심표준을 비롯한 주정부의 표준에서 다소 벗어날 수는 있을지라도, 도전적인 학업 표준을 달성할 것을 요구하고 있다.

NCLB로 인해, 그리고 보다 최근에는 공통핵심표준과 ESSA로 인해 표준에 맞추어져야 하는 정도 또는 소위 **표준 기반 수업**(standard-based instruction)은 교육심리학과 미국 교실에서 주요 이슈가 되었다. 초점은 수월성의 표준을 정하고, 학생들이 외부의 표준화 시험을 통과할 수 있도록 하는 데 무엇이 필요한지 결정하는 데 맞추어져 있다(McMillan, 2014). '아동낙오방지법', 공통핵심표준, '모든 학생의 성공을 위한 교육법'에 대한 보다 많은 정보는 제12장 '표준화 시험과 학급평가'에서 제공된다.

교사가 되기 전에 당신의 교과 관련 지식과 수업 기술은 당신을 고용한 주정부에 의해 평가될 것이다. 대부분의 주정부는 예비교사가 가르칠 준비가 되어 있는지 평가하기 위해 PRAXIS™ 시험을 활용한다. 연습하기 문제는 이 시험에 대비하는 데 도움이 되는 다양한 정보를 담고 있다.

공학적 기술 공학이 반드시 학생들의 학습 능력을 증진하는 것은 아니지만 학습에 도움이 될 수는 있다(Maloy & others, 2017; Roblyer, 2016). 교육에서 공학적 기술(technological skill)이 효과적으로 활용되기 위해서는 교육 지도자들의 비전과 지지, 학습을 위한 기술 활용에 능숙한 교사, 교과 내용 표준과 교육과정 자원, 학습을 위한 기술 활용의 효과성 평가, 적극적이고 구성적인 학습자로서의 아동을 강조함 등의 조건이 충족될 필요가 있다(ISTE, 2007).

학생들은 공학적 기술에 대한 지식을 갖추고 있으며 교실 수업에 컴퓨터를 적절히 활용하는 교사로부터 혜택을 받는다(Lever-Duffy & McDonald, 2015; Maloy & others, 2017). 교사의 공학적 기술과 컴퓨터 활용은 기술적 전문성과 컴퓨터 관련 기술이 중시되는 미래의 직업세계에 대비해야 하는 학생의 필요를 고려하는 등 학생들의 학습 욕구와 일치해야 한다(Aleven & others, 2017). 또한 효과적인 교사는 장애 학생들의 학습을 지원할 수 있는 다양한 보조 장비에 대한 지식을 갖추고 있다(Marchel, Fischer, & Clark, 2015).

TECHNOLOGY

최근에 국제교육공학협회(International Society for Technology in Eduction, ISTE, 2016)는 학생들을 위한 공학 표준을 갱신하였는데, 다음과 같은 내용이 포함되어 있다.

- **유능한 학습자**(empowered learner). 학생들은 학습목표에 도달하기 위해 적극적으로 공학을 활용한다.

교실에서 공학을 활용하는 데 중요한 점은 무엇인가?

© shutterstock

- 디지털 시민(digital citizen). 학생들은 공학을 사용함에 있어 윤리적이며 책임감을 보여준다.
- 지식 구성자(knowledge constructor). 학생들은 지식을 구성하고 창의적이며 유의미학습을 하기 위해 다양한 자원과 디지털 도구를 활용한다.
- 혁신적 디자이너(innovative designer). 학생들은 문제를 해결하기 위해 공학을 다양하게 활용하며 이러한 문제에 대해 유용하고 창의적인 해결방안을 모색한다.
- 컴퓨터 사고자(computational thinker). 학생들은 문제를 해결하고 검증하기 위해 공학을 활용하는 전략을 개발한다.
- 창의적 의사소통자(creative communicator). 학생들은 목표를 달성하기 위해 디지털 도구를 활용함에 있어 창의적으로 생각하고 효과적으로 의사소통한다.
- 국제적 협력자(global collaborator). 학생들은 지역적 및 국제적으로 다른 사람들과 연결됨으로써 자신의 학습을 증진하고 시야를 넓히기 위해 공학을 활용한다.

더 나아가 아동과 청소년이 모니터를 바라보는 시간(TV 시청이나 비디오 게임, 스마트폰이나 컴퓨터 사용 등)이 상당하며, 이러한 시간이 학생들의 학업성취뿐만 아니라 건강에 미치는 부정적 영향에 대한 우려가 커지고 있다(Branscum & Crowson, 2016; Calvert, 2015; Wu & others, 2016). 또한 미디어 멀티태스킹이 엄청나게 증가하고 있고, 이것이 아동과 청소년이 학업과 관련이 없는 미디어에 접속해 있는 동안 학업과제에 집중하는 능력을 손상시킬 것에 대한 우려도 있다(Cain & others, 2016; Courage & others, 2015). 또한 학생들이 SNS에 상당한 시간을 쓰고 있는 점, 이것이 사이버 괴롭힘의 가해자나 피해자가 되는 등 이들의 학업이나 사회정서적 발달에 미치는 영향에 대한 우려가 있다(Fisher, Gardella, & Teurbe-Tolon, 2016; Marino & others, 2016; Slkie, Fales, & Moreno, 2015).

전념, 동기 및 배려

효과적인 교사가 되기 위해서 전념, 동기 및 배려가 필요하다. 여기에는 학생에 대한 배려와 긍정적인 태도가 포함된다.

초보 교사들은 종종 효과적 교사가 되기 위해 엄청난 양의 시간과 노력을 투자해야 한다고 말한다. 어떤 초보 교사는, 심지어 경력 교사 중에서는, 학기 중에는 개인적인 시간 여유가 전혀 없다고 말하곤 한다. 교실에서 가능한 모든 시간을 활용할 뿐만 아니라 저녁과 주말에도 시간을 투자하지만 모든 일을 처리하기에 시간이 부족하다고 느낀다.

이러한 부담과 압박에 직면하게 되면 교사는 좌절감을 느끼고 부정적 태도를 가지며 틀에 박힌 행동을 하기 쉽다. 효과적 교사가 이러한 힘든 순간을 견딜 수 있는 것은 전념과 동기의 덕분이라고 할 수 있다. 효과적 교사는 자신이 해낼 수 있다는 자신감이 있고, 부정적 정서로 인해 자신의 동기가 약해지도록 내버려두지 않으며, 긍정적 태도와 열정을 가지고 수업에 임한다(Anderman & Klassen, 2016; Fives & Buehl, 2016). 이러한 특성은 전염성이 있어서 교실은 학생들이 머물고 싶은 공간으로 변모하게 된다.

그렇다면 교사들이 교육을 향한 긍정적 태도와 지속적인 열정을 갖게 되는 원동력은 무엇인가? 다른 분야에서와 마찬가지로 성공은 성공을 낳는다. 자신이 개별 학생들의 삶에 변화를 이끌어냈던 때를 잘 알고 있는 것이 중요하다. 이 책의 훌륭한 자문가 중 한 분이며 플로리다 애틀랜틱대학교의 교육학 교수인 칼로스 디아즈가 그의 고등학교 영어 교사였던 오펠 선생님에 대해 이야기한 내용을 생각해보자.

지금까지도 나는 특정 단어(결핍, 해소)를 볼 때마다 애틋한 마음으로 오펠 선생님의 단어와 어휘를 떠올린다. 교사로서 그녀는 매우 온화하고 흐트러짐이 없었으며, 언어의 힘과 문학의 아름다움에 대해 열정적이었다. 내가 영문학을 공부하기로 결정하고 교수와 작가가 되는 데 전부는 아닐지라도 그녀의 영향이 컸다. 이러한 특징을 모두 모아서 나의 학생들에게 그대로 이식할 수 있으면 좋겠다.

여러분이 더 좋은 교사가 될수록 일을 하면서 느끼는 보람은 커질 것이다. 그리고 더 많은 성취와 존경을 받을수록 교육에 전념하는 것에 대해 더 긍정적인 마음을 갖게 될 것이다. 이 점을 기억하면서, 여러분을 가르쳤던 예전 교사들에 대해 생각해보라. 일부 교사들은 훌륭했으며, 매우 긍정적인 이미지를 남겼을 수 있다. 13~17세의 1,000여 명의 학생들을 대상으로 한 전국조사에서 학생들은 가장 중요한 교사의 자질로 유머감각, 흥미로운 수업, 교과에 대한 지식을 꼽았다(NAASP, 1997). 중학교 학생들이 최악의 교사의 특성으로 꼽은 것 중 가장 빈도가 높은 것은 지루한 수업, 내용을 명확히 설명하지 않는 것과 학생을 편애하는 것이었다. 최고의 교사 및 최악의 교사에 대해 학생들이 갖고 있는 이미지를 반영하는 교사의 다양한 특성을 그림 1.1에 제시하였다.

유머감각과 진정한 열정이 교사로서 여러분의 장기적 전념에 미치는 영향에 대해 생각해보라. 또한 그림 1.1에서 교사의 배려와 관련된 특성에 주목하라. 효과적 교사는 학생들을 배려하고 이들을 종종 '나의 학생들'이라고 지칭한다. 이들은 진심으로 학생들과 함께하고 싶어 하며 그들의 학습을 돕는 데 헌신적이다. 동시에 이들은 교사의 역할과 학생의 역할을 구별한다. 효과적 교사는 학생들을 배려할 뿐만 아니라 학생들이 타인의 감정을 고려하고 타인을 배려할 수 있도록 지도한다.

여러분을 가르쳤던 예전 교사들이 보여주었던 최고 및 최악의 특성에 대해 생각하면서 자기평가 1을 해보자. 최고의 교사에게 필요한 태도를 탐색하는 데 자기평가를 활용하라.

최고의 교사의 특징	전체(%)	최악의 교사의 특징	전체(%)
1. 유머를 사용함	79.2	1. 지루하고 따분한 수업	79.6
2. 흥미로운 수업	73.7	2. 내용을 면확히 설명치 않음	63.2
3. 교과에 대한 지식	70.1	3. 학생들을 편애함	52.7
4. 내용을 명확히 설명함	66.2	4. 태도가 나쁨	49.8
5. 학생을 돕는 데 시간 사용	65.8	5. 학생들에게 너무 많은 것을 기대함	49.1
6. 학생들을 공정하게 대함	61.8	6. 학생들과 관계가 소원함	46.2
7. 학생들을 성인으로 대함	54.4	7. 숙제가 너무 많음	44.2
8. 학생들과 관계가 좋음	54.2	8. 너무 엄격함	40.6
9. 학생들의 감정을 고려함	51.9	9. 도움 또는 개인적 관심을 주지 않음	40.5
10. 학생들을 편애하지 않음	46.6	10. 통제력 부재	39.9

그림 1.1 **최고의 교사 및 최악의 교사에 대한 학생들의 이미지**

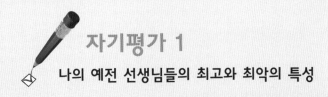

자기평가 1

나의 예전 선생님들의 최고와 최악의 특성

그림 1.1을 살펴보면서 학생들이 자신의 최고의 교사와 최악의 교사로 꼽은 특성들 중 놀라운 점이 있었는가? 최고의 특성으로 꼽은 것 중에서 가장 놀란 다섯 가지 특성은 무엇인가? 최악의 특성으로 꼽은 것 중에서 가장 놀란 다섯 가지 특성은 무엇인가?

　이제 당신의 예전 선생님들의 최고와 최악의 특성 다섯 가지에 대해 생각해보자. 목록을 작성하면서 그림 1.1에 제시된 특성에 한정하지 말자. 또한 각 특성을 작성한 후에 이러한 특성을 반영하는 몇 가지 예를 적어보자.

나의 예전 선생님들의 다섯 가지 최고의 특성

특징	이러한 특징을 반영하는 상황의 예
1. _____	_____
2. _____	_____
3. _____	_____
4. _____	_____
5. _____	_____

나의 예전 선생님들의 다섯 가지 최악의 특성

특징	이러한 특징을 반영하는 상황의 예
1. _____	_____
2. _____	_____
3. _____	_____
4. _____	_____
5. _____	_____

학생과 연계하기 : 최고의 실천
효과적 교사가 되기 위한 전략

1. **효과적 교수를 위해 여러 개의 모자를 바꿔 쓸 필요가 있다.** 교과 관련 지식이 충분하다면 당연히 훌륭한 수업을 하게 된다고 착각하기 쉽다. 그러나 효과적 교사가 되기 위해서 매우 다양한 기술이 필요하다. 아래에 제시한 '교사의 시선'에서 초등학교 4∼6학년을 가르치는 수전 브래드번 선생님이 효과적 수업을 하기 위해 어떻게 다양한 기술을 적용하고 있는지 생각해보라.

교사의 시선 : 거북이 여사

수전 브래드번 선생님(왼쪽)과 웨스트매리안초등학교 학생들
© Alan Marler/AP Images

수전 브래드번은 4∼6학년 교사이다. 그녀는 학생들이 연구를 수행하고 전시회를 열 수 있는 학교 박물관을 만들었다. '바퀴 위에서'라는 이름을 단 이동식 박물관으로서, 학생들은 다른 교실이나 다른 지역사회로 카트를 옮겨 다닐 수 있었다. 선생님은 여기서 받은 상금을 다른 지역의 학교로 이동식 박물관을 확장하는 데 사용하였다. 선생님이 거북이와 다른 동물들에 관심이 있었기 때문에 거북이 여사라는 별명이 생겼다. 브래드번 선생님은 학생들과 함께 인근의 섬으로 3일간의 현장학습을 가서 화석을 찾고 해안 생태를 연구하였다. 학생들은 자신들이 직접 작성한 시와 예술을 담은 달력을 판매하였고, 그 수익금을 우림 지역이 파괴되지 않도록 하는 데 사용하였다.

2. **조망 수용(perspective taking)을 한다.** 가능한 한 최고의 교사가 되고 싶다면 학생들이 학업적 및 개인적으로 발전하기 위해 여러분에게 원하는 것이 무엇일지 생각해보라. 또한 여러분이 어떻게 학생들을 지각하는지, 학생들은 여러분을 어떻게 지각하는지에 대해 성찰해보라.

3. **효과적 교사의 특징의 목록을 작성하고 꾸준히 갱신한다.** 목록을 보고, 교육 실습생과 초보 교사, 또는 경력 교사가 되는 과정을 지나면서 효과적 교사가 되는 데 도움이 될 만한 영역으로 추가할 것이 있는지 생각해보라. 때때로 이것을 정리하면서 여러분은 그동안 한두 가지 영역에 소홀했으며, 자기 개발을 위한 시간이 필요함을 느끼게 될 것이다.

4. **전념하며 동기화된 상태를 계속 유지한다.** 효과적 교사가 되기 위해서는 매우 어렵고 힘든 상황에서도 배우려는 동기와 전념이 필요하다(Anderman & Klassen, 2016). 좌절을 극복하고, 언젠가 직면하게 될 어려운 시간에 맞서기 위해 효과적인 대처 기술을 익혀라. 아동을 배려하는 긍정적 태도와 깊은 전념은 좋은 교사가 되기 위한 핵심 요인임을 기억하라.

복습하기, 성찰하기 그리고 연습하기

❷ 효과적 교사의 태도와 기술을 알아본다.

복습하기
- 효과적 교사가 되는 데 필요한 전문 지식과 기술은 무엇인가?
- 교사가 전념하고 동기화되는 것이 왜 중요한가?

성찰하기
- 장기적으로 교사에게 가장 보람 있는 것은 무엇일까?

연습하기

1. 수전 선생님은 수업지도안을 작성하고 학생평가의 기준을 개발하고 수업 자료를 준비하는 데 상당한 시간을 쓰고 있다. 교사의 어떤 기술을 보여주는 것인가?
   - a. 학급관리
   - b. 의사소통
   - c. 발달적으로 적절한 수업 실천
   - d. 목표 설정과 수업관리

2. 교직 첫해의 중반을 보내고 있는 마르셀로 선생님은 자신의 직업에 대해 좌절감을 느끼고 있다. 부정적 태도가 증가하고 있고, 이러한 태도는 점차 다른 상황으로 퍼져나가고 있다. 효과적 교사가 되기 위해 다음 중 무엇을 해야 하는가?
   - a. 학급관리와 의사소통
   - b. 전념과 동기
   - c. 기술과 다양성
   - d. 교과 관련 유능감과 개인차

정답은 '연습하기 정답' 참조.

학습목표 3
효과적 교수를 위해 왜 연구가 중요한지,
교육심리학자와 교사는 어떻게 연구를 수
행하고 평가할 수 있는지 논의한다.

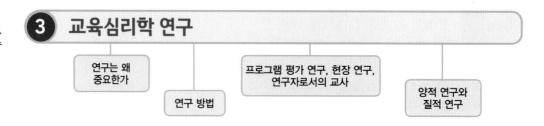

연구는 교수에 대한 중요한 정보를 제공해준다. 여기에서는 왜 연구가 중요하며, 어떻게 연구를 하는지, 그리고 어떻게 교사–연구자가 될 수 있는지에 대해 탐구할 것이다.

연구는 왜 중요한가

RESEARCH

가장 좋은 스승은 경험이라는 말이 있다. 직접적 경험, 교사나 행정가, 전문가로부터 얻은 간접적 경험을 통해 여러분은 더 좋은 교사가 될 것이다. 한편 연구는 학생을 가르치는 최선의 방법에 대한 타당한 정보를 제공해줌으로써 여러분이 더 좋은 교사가 되는 데 도움을 줄 것이다(Smith & Davis, 2016).

우리는 개인적 경험으로부터 많은 지식을 얻는다. 우리는 자신이 관찰한 것을 일반화하고, 흔히 오래 기억에 남는 장면을 마치 절대적 '진리'인 것처럼 생각한다. 그러나 이러한 결론은 얼마나 타당한가? 우리는 자신이 보고 들은 것을 잘못 해석하기도 하고, 제대로 관찰하지 못하는 실수를 범하기도 한다. 우리가 타인에게 오해를 받았던 것만큼 우리도 타인을 오해했던 적이 많았을 것이다. 단지 개인적 경험에 의존하여 수집된 정보는 완벽히 객관적이기 어렵다.

우리는 개인적 경험뿐만 아니라 권위자나 전문가로부터 정보를 얻는다. 교직생활을 하면서 여러분은 학생들을 가르치는 '최고의 방법'에 대한 여러 권위자나 전문가의 조언을 듣게 될 것이다. 그러나 권위자나 전문가들의 조언이 항상 일치하지는 않는다. 한 전문가로부터 최고의 읽기 수업 방법에 대해 들었지만, 다음 주에는 다른 전문가가 다른 방법을 제안하는 것을 듣게 될 수 있다. 어떤 노련한 교사가 학생들을 어떻게 대해야 하는지 말해주지만, 또 다른 경험이 많은 교사는 정반대의 방법을 제안하기도 한다. 누구의 제안을 따를지 어떻게 결정할 것인가? 명확한 해답을 찾는 한 가지 방법은 해당 주제에 대한 연구들을 살펴보는 것이다.

그림 1.2 과학박물관에서 부모가 아들과 딸에게 과학에 대해 설명해주는 시간
과학박물관에서 자연 관찰한 연구에 의하면, 부모는 딸보다 아들에게 과학을 설명하는 데 3배 이상의 시간을 할애하였다(Crowley & others, 2001). 이러한 경향은 어머니나 아버지 모두 동일하였으며, 특히 아버지에게서 두드러졌다.

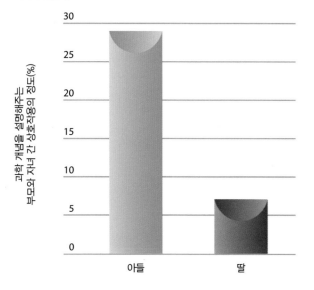

연구 방법

정보(데이터)를 수집하는 것은 연구의 중요한 측면이다. 예를 들어 정기적으로 비디오게임을 하는 것이 학습에 집중하기 어렵게 하는지, 아침식사를 하는 것이 수업에 집중하는 데 도움이 되는지, 또는 휴식 시간을 늘리는 것이 결석을 줄이는지 알아보고 싶은 경우, 교육심리학 연구자들이 선택할 수 있는 정보수집 방법은 매우 다양하다(Gliner, Morgan, & Leech, 2017; Trochim, Donnelly, & Arora, 2016).

교육심리학에서 정보를 수집하기 위해 사용하는 방법은 기본적으로 기술적 방법, 상관적 방법 및 실험적 방법의 세 가지로 구분된다.

기술적 연구 기술적 연구(descriptive research)의 목적은 행동을 관찰하고 기록하는 데 있다. 예를 들면, 교육심리학자는 학생들이 교실에서 얼마나 공격적인지 관찰하거나, 교사들이 특정 교수 전략에 대해 어떠한 태도를 갖고 있는지에 대해 인터뷰할 수 있다. 기술적 연구는 그 자체로 어떤 현상의 원인이 무엇인지 입증할 수는 없지만 사람들의 행동과 태도에 대한 중요한 정보를 제공한다 (Boynton, 2017).

관찰 우리는 항상 무엇인가를 보고 있다. 그러나 두 학생이 상호작용하는 것을 우연히 또는 무심하게 보는 것은 과학적인 연구에서 사용되는 관찰과 다르다. 과학적 관찰은 대단히 체계적이다. 과학적 관찰을 한다는 것은 무엇을 관찰해야 하는지 알고 있고, 편견 없는 방식으로 관찰해야 하며, 자신이 본 것을 정확히 기록하고 분류하고, 관찰한 내용을 효과적으로 전달해야 함을 의미한다 (Jackson, 2016; Salkind, 2017).

일반적으로 관찰을 기록하기 위해 속기나 기호를 사용한다. 그밖에 비디오 카메라, 특별 코딩지, 일방향 거울, 또는 컴퓨터 등을 사용하기도 한다. 관찰은 실험실에서 할 수도 있고 자연적 상황에서 할 수도 있다(Babbie, 2017). **실험실**(laboratory)은 현실의 복잡하고 다양한 요인이 배제된 통제 상황이다. 일부 교육심리학자들은 자신들이 소속된 대학의 실험실에서 연구를 수행한다. 실험실 연구는 많은 요인을 통제할 수 있는 장점이 있지만 인위적이라는 비판을 받기도 한다.

자연 관찰(naturalistic observation)은 현실 세계의 행동을 관찰한다. 교육심리학자들은 교실, 박물관, 운동장, 놀이터, 집, 이웃 등과 같은 자연적 상황에서 개인의 행동을 관찰한다. 과학박물관에서 부모와 자녀 간 대화에 초점을 두고 자연 관찰을 수행한 연구가 있다(Crowley & others, 2001). 부모는 과학박물관에서 각기 다른 전시관을 관람하는 동안 딸에 비해 아들과 설명적 대화를 3배 정도 많이 하는 것으로 나타났다(그림 1.2 참조). 또 다른 연구에서 고졸 이상의 학력을 가진 멕시코계 미국인 부모는 그보다 낮은 학력의 멕시코계 미국인 부모에 비해 과학박물관에서 자녀들과 더욱 많은 대화를 하는 것으로 나타났다(Tennebaum & others, 2002).

참여 관찰(participant observation)에서 관찰자-연구자는 활동이나 상황에 참여자가 되어 관찰하게 된다(McMillan, 2016). 참여 관찰자는 특정 맥락에 참여하여 관찰하면서 자신들이 본 것을 틈틈이 기록한다. 관찰자는 흔히 며칠, 몇 주, 혹은 몇 개월에 걸쳐 관찰을 하고 기록한다. 예를 들면, 특별한 이유 없이 교실에서 어려움을 겪고 있는 학생들을 연구하기 위해 교사는 그 학생을 틈틈이 관찰할 계획을 세우고, 그의 행동을 관찰하고, 그 당시 교실에서 무슨 일이 벌어지고 있는지 관찰하고 그 내용을 기록한다.

각 학교급에 따라 교실에서 어떻게 참여 관찰을 해야 하는지에 대해 교사들이 권고하는 전략을 제시하면 다음과 같다.

유치원 교사 우리는 하루 종일 아동의 활동에 주목하고 관찰하고 기록합니다. 유치원 수준에서 아동에 대해 기록하는 것은 쉽지 않아요. 왜냐하면 당신이 열중해서 바라보고 기록하는 것을 본 아동은 호기심에 여러 가지 질문을 하거나 지나치게 불안해하며 교사에게 "저 좀 보세요"와 같은 말을 하기 때문입니다. 그러나 학년이 올라갈수록 아동은 기록에 익숙해지며 질문을 덜 하게 되고, 그에 따라 보다 정확하게 그들의 욕구를 살펴볼 수 있게 됩니다.

－발레리 고햄, 키디쿼터스사

실험실 현실 세계의 복잡한 요인 중 많은 부분이 배제된 통제된 연구 장소

자연 관찰 실험실이 아니라 실제 세계에서 수행되는 관찰

참여 관찰 연구자가 교실활동이나 교실상황에 적극적으로 참여하는 동안에 이루어지는 관찰

초등학교 교사 저는 보통 3~5명 정도의 비슷한 수준의 독서 그룹을 만납니다. 그룹의 수준에 맞는 읽기 자료와 글을 사용하죠. 수업이 진행됨에 따라 저는 그룹이나 개인이 개념을 이해하거나 어려워하거나, 또는 배움이 일어나는 순간이 포착될 때마다 재빨리 기록합니다. 이러한 기록은 나중에 제가 특정 내용이나 개념을 다시 수업을 할지, 새로운 개념이나 자료로 넘어갈지, 또는 원래 계획했던 것 대신 다른 것으로 대체할지 등을 결정할 때 도움이 됩니다.

–수전 프롤리히, 클린턴초등학교

중학교 교사 종종 준비 없이 늦게 수업에 들어오는 학생이 있었습니다. 저는 계속해서 그 학생을 관찰하고 기록하면서 언제 그 학생이 준비 없이 또는 늦게 오는지 정리하여 차트를 만들었죠. 기록을 잘 관리한 덕분에 저는 그 학생이 제 수업 직전에 체육 수업이 있는 경우 늦는 것을 알게 되었습니다. 저는 그 학생이 수업 자료를 준비해서 제 수업에 올 수 있는 시간이 확보될 수 있도록 그 학생 및 체육 선생님과 함께 해결방안을 모색했습니다.

–케이시 마스, 에디슨중학교

고등학교 교사 제 수업의 실험 시간에 저는 학생이 언제 과제에 집중하지 않으며, 과제 대신에 무엇을 하는지(예 : 음악을 듣거나 친구와 잡담을 하거나 등) 기록한 차트를 가지고 있습니다. 패턴이드러나면 학생들에게 차트를 가지고 그들의 행동 패턴을 보여주며 이야기합니다. 고등학생은 과제에 집중하지 않을 때 주의를 받는 것보다 그래프와 데이터를 더 잘 이해하는 경향이 있습니다. 차트는 긍정적 환경을 조성하는 데 있어 학생들을 제지하고 주의를 주는 것보다 더 효과적입니다.

–샌디 스완슨, 메노모니폴즈고등학교

면접과 설문지 때로 학생이나 교사에 대한 정보를 얻는 가장 신속하고 효과적인 방법은 그것에 대해 직접 물어보는 것이다. 교육심리학자들은 학생과 교사의 경험, 신념, 정서 등에 대해 알아보기 위해 인터뷰나 설문지를 활용한다. 인터뷰는 전화나 인터넷과 같은 방법을 활용하기도 하지만, 대부분의 경우 면대면으로 진행이 된다. 설문지는 문서의 형태로 개인에게 주어지는 경우가 일반적이지만, 우편이나 인터넷 등 다양한 방법으로 전달될 수도 있다.

좋은 인터뷰와 설문지는 구체적이고 명확하며, 모호하지 않은 질문을 하며, 응답자의 응답이 진실한지 확인할 수 있는 방법을 활용한다(Leary, 2017). 그러나 인터뷰와 설문지에도 문제는 있다. 중요한 제한점 중 하나는 많은 사람들이 사회적으로 바람직한 응답을 한다는 점이다. 즉 사람들은 진실로 자신이 생각하고 느끼는 것을 표현하기보다는 자신이 생각하기에 사회적으로 인정받을 수 있으며 바람직해 보이는 방식으로 응답하는 경향이 있다. 따라서 솔직한 답변을 이끌어내는 노련한 면접 기술과 질문은 정확한 정보를 확보하는 데 매우 중요하다(Kazdin, 2017). 면접과 질문지의 또 다른 문제는 응답자들 중 일부가 그저 솔직하지 않다는 점이다.

표준화 검사 **표준화 검사**(standardized test)는 시행과 채점의 절차가 동일하다. 표준화 검사는 다양한 영역에서 학생들의 적성이나 기술을 측정한다. 표준화 검사는 한 학생의 수행을 같은 연령, 같은 학년의 다른 학생들과 비교하는 것이 가능하다. 표준화 검사에는 지능검사, 성취도검사, 성격

표준화 검사 검사를 실시하고 채점하기 위한 절차가 엄격히 정해져 있는 검사. 다양한 영역에서 연령이나 학년이 같은 학생들 간의 비교가 가능하다.

검사, 적성검사 등 다양한 검사가 있다(Gregory, 2016; Mills & Gay, 2016). 이러한 검사는 연구에 필요한 성과점수(결과변인)를 제공하고, 심리학자나 교사가 개별 학생에 대한 의사결정을 하는 데 도움이 되는 정보를 제공하며, 학교 간, 지역 간, 국가 간 비교를 할 수 있도록 한다.

표준화 검사는 또한 현대 교육심리학의 주요 이슈, 즉 **책무성(accountability)**에 대해 중요한 역할을 한다. 여기서 책무성이란 학생의 수행에 대해 교사와 학생이 책임을 지는 것이다(Popham, 2017). 앞서 제시한 바와 같이 교사와 학생 모두 책무성 노력의 일환으로 표준화 검사를 점점 더 많이 치르게 된다. 미국 정부의 '아동낙오방지법'은 그 중심 항목으로 책무성을 담고 있다. 2005년에 모든 주정부는 3학년부터 8학년까지 언어, 수학에 대한 표준화 검사를 의무화했으며, 2007년에 과학 성취도 검사가 추가되었다.

생리적 측정 아동과 청소년의 발달 연구에서 생리적 측정을 활용하는 연구가 점차 증가하고 있다(Johnson, 2016). 활용도가 증가한 생리적 측정으로 기능적 자기공명영상술(fMRI)을 꼽을 수 있다. fMRI는 전자기파를 활용하여 사람의 뇌 조직과 생화학적 활동의 이미지를 생성한다(de Haan & Johnson, 2016; Galvan & Tottenham, 2016). 심장 박동수는 아동의 인지, 집중, 기억 발달의 지표로 활용되고 있다(Kim, Yang, & Lee, 2015). 더 나아가 심장 박동수는 억제, 불안, 우울과 같은 정서적 발달의 다양한 발달지표로 활용되기도 한다(Blood & others, 2015).

아동과 청소년의 발달 연구에 호르몬 수준이 활용되기도 한다. **코르티솔(cortisol)**은 스트레스 수준과 관련된 호르몬으로서 기질, 정서적 반응성, 또래관계, 아동의 정신병리 연구에 활용된다(Jacoby & others, 2016). 사춘기가 시작되면서 혈액 내 특정 호르몬의 수준이 증가한다. 이러한 호르몬의 특성을 결정하기 위해 연구자들은 청소년 자원자로부터 채득한 혈액 샘플을 분석하기도 한다.

더 나아가 아동과 청소년의 발달에 영향을 미치는 유전적 및 환경적 요인에 대한 연구가 증가하고 있다(Hill & Roth, 2016). 실제 유전자를 측정하는 것이 점차 가능해지면서 특정 유전자 또는 유전자의 조합이 지능, ADHD, 자폐장애 등 교육과 관련된 문제에 어떠한 영향을 미치는지 연구하게 되었다(Grigorenko & others, 2016).

사례 연구 **사례 연구(cast study)**는 한 개인에 대한 심층적 고찰이다. 사례 연구는 종종 한 개인의 삶에서 독특한 환경이 실제적 또는 윤리적 이유로 재연될 수 없을 때 활용된다. 예를 들면, 브랜디 바인더의 사례 연구를 생각해보자(Nash, 1997). 그녀는 6세 때 악성 뇌전증 진단을 받고 두뇌의 대뇌피질의 오른쪽을 제거하는 수술을 받았다. 브랜디는 오른쪽 뇌의 통제를 받는 신체의 왼쪽 근육에 대한 통제력을 완전히 상실하였다. 그러나 다리 들기에서부터 수학과 음악 연습에 이르기까지 몇 년에 걸친 치료를 받은 브랜디는 17세에 우등생이 되었다. 그녀는 일반적으로 오른쪽 뇌와 연결되어 있는 음악과 예술을 좋아했다. 물론 왼팔 사용을 회복하지는 못하였으므로 100% 회복이라고 볼 수는 없다. 그러나 그녀의 사례 연구를 통해 인간의 뇌는 보완(보상)할 수 있는 방법을 찾아낸다는 것을 알 수 있다. 브랜디의 놀라운 회복은 또한 왼쪽 뇌가 논리적 사고의 유일한 원천이며, 오른쪽 뇌는 창의력의 원천이라는 고정관념과 상반된 증거를 보여주는 것이었다. 브랜디의 사례가 보여준 바와 같이 인간의 뇌는 주요 기능에 의해 완벽히 분리되는 것이 아니다.

브랜디 바인더는 두뇌의 반구 유연성과 탄력성의 증거이다. 악성 뇌전증으로 인해 대뇌피질의 오른쪽을 제거했음에도 불구하고 브랜디는 17세에 일반적으로 '우뇌형' 활동으로 알려진 다양한 활동에 참여했다. 그녀는 음악과 예술을 사랑했으며, 아래 사진에서 그림을 그리고 있다.

© Brandi Binder

비록 사례 연구가 인간의 삶에 대한 극적이고 심층적인 그림을 제공하지만, 이를 해석할 때 주의를 기울일 필요가 있다. 사례 연구는 대부분의 사람들에게서 보기 어려운 매우 독특한 일련의 경험과 유전적 구성을 다루는 경우가 많다. 이러한 이유로 연구결과는 통계적 분석이 어려우며 다른 사람들에게 일반화하기 어렵다.

문화기술적 연구 문화기술적 연구(ethnographic study)는 특정 문화나 민속 집단의 행동에 대한 심층적 기술과 해석으로 구성되며 참여자의 직접적인 관여를 포함한다(Jachyra, Atkinson, & Washiya, 2015). 이러한 유형의 연구는 자연적 상황에서의 관찰과 면접을 포함한다. 문화기술적 연구는 대부분 장기 프로젝트이다.

한 문화기술적 연구에서 학교가 언어적 소수집단을 위해 교육개혁을 실행하는 정도에 대해 연구하였다(U.S. Office of Education, 1998). 높은 표준(standard)을 설정했는지, 교육 방식을 재구성했는지 알아보기 위해 많은 학교에서 심층 관찰과 면접을 실시하였다. 집중 평가를 위해 일부 학교를 선정하였다. 이 연구에서 적어도 해당 학교가 언어적 소수집단 학생들의 교육을 증진하기 위해 필요한 개혁을 하고 있다는 결론을 내렸다.

관심집단 연구 관심집단(focus group)은 어떤 집단 상황에서 사람들을 면담하는 것을 포함하며, 대부분의 경우에 특정 이슈나 주제에 대한 정보를 얻는 데 목적이 있다(Nel, Romm, & Tiale, 2015). 관심집단은 일반적으로 5~9명으로 구성되며, 집단 촉진자가 일련의 개방형 질문을 한다. 관심집단은 중학생들을 위해 새로 도입한 방과 후 프로그램의 효과, 또는 새로 개발된 웹사이트와 같은 프로그램이나 서비스의 가치를 측정하기 위해 활용될 수 있다.

개인 저널과 일기 자신의 활동에 대한 양적 측면(예 : 얼마나 자주 인터넷을 활용하는지)이나 질적 측면(예 : 특정 주제나 이슈에 대한 자신의 신념이나 태도)을 문서화하기 위해 개인 저널(journal)이나 일기를 쓰도록 할 수 있다. 연구자들은 개인 저널이나 일기를 직접 쓰도록 요청하는 대신 디지털 오디오나 비디오를 제공하는 방법을 활용할 수 있다.

상관 연구 상관 연구(correlational research)의 목적은 2개 이상의 사건이나 특성 간의 관계의 강도를 기술하는 데 있다. 상관 연구는 두 사건의 관계가 강할수록 하나로부터 다른 하나를 예상할 수 있다는 점에서 유용하다(Gravetter & Wallnau, 2017 ; Levin, Fox, & Forde, 2015). 예를 들면, 관여적이지 않으며 허용적인 수업과 학생들의 낮은 자기통제력 간에 관련이 있음을 발견하였다면, 이는 관여적이지 않으며 허용적인 수업이 학생들의 낮은 자기통제력의 원인 중 하나라는 점을 시사한다.

상관관계는 그 자체로 인과관계를 의미하는 것은 아니다(Heiman, 2015 ; Howell, 2017). 상관 연구의 결과는 허용적 수업이 필연적으로 학생들의 자기통제력을 낮추었음을 의미하는 것은 아니다. 그럴 수도 있지만, 또한 학생들의 낮은 자기통제력으로 인해 교사들이 절망하게 되어 교실을 통제하려는 노력을 하지 않게 되었을 수도 있다. 또한 다른 요인들, 예컨대 유전, 빈곤, 부적절한 양육 등이 허용적 수업과 낮은 학생 자기통제력 간의 관계를 유발했을 수도 있다. 그림 1.3은 이러한 상관 자료의 다양한 해석 가능성을 제시하고 있다.

문화기술적 연구 민속집단 또는 문화집단에서의 행동을 심층적으로 서술하고 해석하는 연구로, 연구대상 집단의 삶에 직접 참여하는 것을 포함한다.

상관 연구 두 가지 이상의 사건이나 특성들 간의 관계의 강도를 기술하는 연구

관찰된 상관 : 허용적 수업이 증가할수록
아동의 통제력이 감소한다.

이러한 상관에 대한 해석

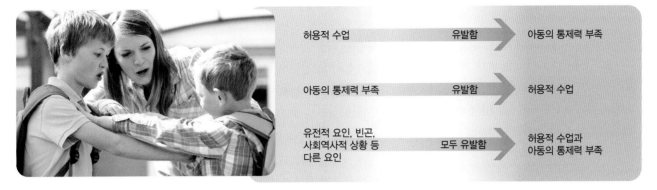

허용적 수업 → 유발함 → 아동의 통제력 부족

아동의 통제력 부족 → 유발함 → 허용적 수업

유전적 요인, 빈곤, 사회역사적 상황 등 다른 요인 → 모두 유발함 → 허용적 수업과 아동의 통제력 부족

그림 1.3 상관 자료의 가능한 설명
A와 B 간 상관에 기초하여 A가 B의 원인이라고 해석할 수 없다. B가 A의 원인일 가능성도 있고, 제3의 알려지지 않은 변인이 A와 B 간 상관의 원인일 가능성도 있다.

© shutterstock

실험 연구 교육심리학자는 **실험 연구**(experimental research)를 통해 행동의 원인을 결정할 수 있다. 실험 연구에서 교육심리학자들은 실험을 하게 되는데, 여기서 실험이란 신중하게 준비된 절차로서 연구하고자 하는 행동에 영향을 미칠 것으로 보이는 요인들은 조작되고 나머지 요인들은 모두 동일하게 유지된다(McMillan, 2016). 만약 한 요인이 조작되었을 때 연구하고자 하는 행동이 변화하면 조작된 요인이 행동이 변화를 유발한 것으로(원인이 된다고) 본다. 원인은 조작된 사건이다. 효과는 조작으로 인해 변화된 행동이다. 실험 연구는 원인과 결과가 성립되는 신뢰할 수 있는 유일한 방법이다. 상관 연구는 요인의 조작을 하지 않기 때문에 원인을 규명할 수 있는 신뢰할 만한 방법이 아니다(Gravetter & Forzano, 2016).

실험 연구에는 최소한 1개의 독립변인과 1개의 종속변인이 있다. **독립변인**(independent variable)은 실험에서 조작되어 피험자에게 영향을 미치는 실험 요인이다. 독립이라는 말은 이 변인이 다른 요인과 관계없이 독립적으로 변화할 수 있음을 의미한다. 예를 들면, 또래 교수(peer tutoring)가 학업성취에 미치는 효과에 대해 알아보기 위해 실험을 한다고 가정해보자. 이 예에서 또래 교수의 양과 유형은 독립변인이 될 수 있다.

종속변인(dependent variable)는 실험에서 측정되는 요인으로서, 독립변인이 조작됨에 따라 변화할 수 있다. **종속**이란 말은 종속변인의 값이 실험에서 독립변인을 조작함으로써 참여자에게 무슨 일이 있었는가에 종속되어 있음을 의미한다. 또래 교수 연구에서 종속변인은 학업성취이다. 학업성취를 측정하는 방법은 다양하지만, 여기서는 전국 수준의 표준화 성취도검사의 점수를 측정한다고 가정해보자.

실험에서 독립변인은 실험집단(들)과 통제집단(들)에게 주어진 차별화된 경험으로 구성된다. **실험집단**(experimental group)은 이들의 경험이 조작된 집단이다. **통제집단**(control group)은 비교집단으로서 실험집단과 모든 것은 동일하고 조작된 요인만 다르게 처치된 집단이다. 통제집단은 조작된 조건의 효과를 비교할 수 있는 기저선(baseline)의 역할을 한다. 또래 교수 연구에서 한 집단의 학생들에게는 또래 교수를 제공하고(실험집단), 다른 집단의 학생들에게는 또래 교수를 제공하지 않는 것이다(통제집단).

실험 연구 인과관계를 파악할 수 있는 연구. 실험에서 연구하려는 행동에 영향을 준다고 여겨지는 요인은 소작하고 나머지 요인들은 동일하게 유지되도록 한다.

독립변인 실험에서 조작되어 피험자에게 영향을 주는 요인

종속변인 실험에서 측정되는 변인

실험집단 실험에 참여하는 집단으로 계획적으로 조작된 경험을 하게 된다.

통제집단 실험에서 조작된 요인을 제외하고는 실험집단과 모든 점에서 동일한 경험을 한다.

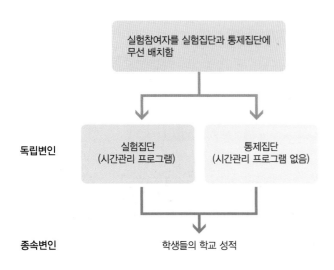

그림 1.4 시간관리가 학생들의 성적에 미치는 효과에 대한 연구에 적용될 수 있는 실험 연구 전략

실험 연구의 또 다른 중요 원칙은 **무선 배치**(random assignment)이다. 연구자는 실험참여자들을 통제집단과 실험집단에 무작위로 배치한다. 이렇게 함으로써 두 집단 간에 이전부터 있던 어떠한 차이가 실험결과에 영향을 미칠 가능성을 낮출 수 있다. 또래 교수 연구에서 무선 배치를 함으로써 두 집단이 연령, 가정 배경, 초기 성취도, 지능, 성격, 건강 등에서 다를 가능성을 낮출 수 있다.

또래 교수와 학업성취에 대한 실험 연구를 요약하면, 학생들은 각각 무작위로 두 집단 중 하나에 배치된다. 그리고 한 집단(실험집단)에는 또래 교수를 제공하고, 다른 집단(통제집단)에는 제공하지 않는다. 독립변인은 실험집단과 통제집단이 받는 차별화된 경험(또래 교수 제공 여부)이다. 또래 교수를 마친 후 학생들은 국가 수준의 표준화 성취도검사(종속변인)를 치르게 된다. 그림 1.4에서 시간관리와 학생의 성적에 적용될 수 있는 실험 연구를 제시하였다.

프로그램 평가 연구, 현장 연구, 연구자로서의 교사

지금까지 연구 방법에 대해 논의하는 동안 일반적 교육실천에 대한 지식과 이해를 증진하는 데 사용될 수 있는 방법에 대해 주로 알아보았다. 동일한 연구 방법이 보다 구체적인 목표를 가진 연구, 예를 들면 특정 교육 전략이나 프로그램이 얼마나 효과적인지 알아보는 것과 같은 연구에 적용될 수 있다. 이처럼 보다 협소한 목적의 연구에 프로그램 평가, 현장 연구, 연구자로서의 교사 등이 있다.

프로그램 평가 연구 프로그램 평가 연구(program evaluation research)는 특정 프로그램의 효과에 대한 의사결정을 위한 연구이다. 이는 종종 특정 프로그램의 배치나 유형에 초점을 맞춘다. 프로그램 평가 연구는 흔히 특정 학교나 교육 시스템에 대한 질문에 맞춰져 있으며, 연구결과를 다른 상황에 일반화하려는 의도는 없다. 프로그램 평가 연구에서는 다음과 같은 연구 문제를 다룰 수 있다.

- 2년 전에 시작한 영재 프로그램은 학생들의 창의적 사고와 학업성취도에 긍정적 효과가 있는가?
- 1년 동안 시행한 교육 프로그램은 학생들의 학교에 대한 태도를 개선하였는가?
- 학교에서 시행한 두 가지 독서 프로그램 중에서 학생들의 읽기 능력을 증진하는 데 더 효과적인 것은 무엇인가?

현장 연구 현장 연구(action research)는 특정 교실이나 학교의 문제를 해결하고 교육 전략을 개선하며, 특정 상황에서 의사결정을 하는 데 사용된다(Hendrick, 2017; Kayaoglu, 2015; Rowell & others, 2015). 현장 연구는 한 학교나 몇몇 학교, 또는 몇몇 학급에서 교육실천을 즉각적으로 개선하는 데 목적이 있다. 현장 연구는 교육심리학자보다는 교사나 행정가에 의해 수행된다. 현장 연구자들은 편견이나 잘못된 해석을 피하기 위해 연구나 관찰을 최대한 체계적으로 이행하려는 노력을 기울이는 등, 앞서 기술한 과학적 연구의 가이드라인을 따르게 될 것이다(Hendricks, 2017). 현장 연구는 학교 수준에서 이루어질 수도 있으며, 몇몇 교사나 행정가 집단과 같이 보다 제한된 상황에서 수행될 수 있다. 또는 한 사람의 교사가 한 교실에서 수행할 수도 있다.

무선 배치 실험 연구에서 참가자를 무작위로 실험집단이나 통제집단에 배치하는 것

프로그램 평가 연구 특정 프로그램의 효과에 대한 의사결정을 위한 연구

현장 연구 학급이나 학교에서 주어진 문제를 해결하기 위해, 교수 전략이나 다른 교육적 전략을 향상시키기 위해, 또는 특정한 상황에서 의사결정하기 위해 사용되는 연구

연구자로서의 교사   **연구자로서의 교사**(teacher-as-researcher)라는 개념은 교사-연구자(teacher-researcher)로도 불리며, 학급 교사가 자신의 교수 실천을 개선하기 위해 직접 연구를 수행함을 의미한다. 정보를 수집하기 위해 교사-연구자는 참여 관찰, 면접, 사례 연구와 같은 방법을 사용한다. 일반적으로 많이 활용되는 기술은 임상면접으로서, 여기서 교사는 학생들이 편안함을 느끼도록 하며, 신념과 기대를 이야기하며, 위협적이지 않은 방식으로 질문을 한다. 학생과 임상면접을 하기 전에 교사는 어떤 질문을 할 것인지 준비하고 있어야 한다. 임상면접을 통해 특정 이슈나 문제에 대한 정보를 얻을 수 있을 뿐만 아니라 학생들이 어떻게 생각하고 느끼는가에 대해 알게 된다.

참여관찰 외에도 교사는 학생들과 임상면접을 하거나, 학생들의 가정환경에 대해 대화를 하거나, 학생의 행동에 대해 학교심리학자들의 자문을 구할 수 있다. 이러한 교사-연구자로서의 일에 기초하여, 교사는 학생들의 행동을 개선할 수 있는 개입 전략을 마련할 수 있게 될 것이다.

따라서 연구 방법에 대한 학습은 교육심리학자들이 수행한 연구를 이해하는 데 도움이 될 뿐만 아니라 실천적인 이점도 있다. 교육심리학 연구에 대해 더 많이 알수록 교사-연구자의 역할을 더욱 효과적으로 잘 수행하게 될 것이다(Thomas, 2005).

양적 연구와 질적 연구

지금까지 다양한 연구 방법에 대해 기술하였으므로, 이제 연구를 분류하는 방법인 양적 연구와 질적 연구에 대해 살펴보자(Glesne, 2016; McMillan, 2016). **양적 연구**(quantitative research)는 특정 주제에 대한 정보를 얻기 위해 수학적 계산을 사용한다. 실험 연구나 상관 연구는 양적 연구에 속한다. 앞서 기술했던 관찰, 면접, 설문조사, 표준화 검사의 대부분이 그러하듯이 수집된 자료를 분석하기 위해 통계분석을 활용할 경우 이를 양적 연구라고 한다. **질적 연구**(qualitative research)는 면접이나 사례 연구, 문화기술적 연구, 개인적 저널이나 일기와 같이 기술적 자료를 활용하여 정보를 수집하며, 이러한 정보를 통계적으로 분석하지 않는다.

최근에는 교육심리학에서 **혼합 방법 연구**(mixed methods research)에 대한 관심이 증가하고 있다(McMillan, 2016). 혼합 방법 연구란 여러 가지 연구 설계와 방법을 혼합하는 것으로, 예를 들면, 양적 연구와 질적 연구를 모두 활용할 수 있다. 연구자는 실험설계를 활용하여 자료를 통계적으로 분석하며(양적), 동시에 특정 주제에 대해 더욱 심층적인 정보를 얻기 위해 관심집단이나 사례 연구(질적)를 활용할 수 있다.

연구 설계와 측정의 여러 가지 측면을 살펴보았으니 이제 연구가 어떻게 교실에서 교사가 사용하는 전략에 영향을 미치는지 알아보자. 이것을 알아보기 위해 다음과 같이 각 학교급의 교사에게 자신의 수업이 어떻게 연구의 영향을 받았는지 기술하도록 요청했다.

유치원 교사   두뇌 연구는 생후 초기 몇 년 동안에 엄청난 양의 학습이 일어나며, 질적으로 우수한 초기 아동기 교육과 보육이 아동의 학업 및 이후의 장기적 성공에 엄청난 영향을 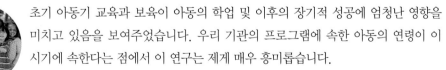 미치고 있음을 보여주었습니다. 우리 기관의 프로그램에 속한 아동의 연령이 이 시기에 속한다는 점에서 이 연구는 제게 매우 흥미롭습니다.

－하이디 카우프만, 메트로웨스트 YMCA 아동돌봄 및 교육 프로그램

연구자로서의 교사   교사-연구자라고도 불린다. 이 개념은 학급교사가 자신의 교수실천을 향상시키기 위해 스스로 연구를 수행하는 것을 가리킨다.

양적 연구   특정 주제에 대한 정보를 얻기 위해 수학적 계산을 사용한다.

질적 연구   면접, 사례 연구, 개인적 저널이나 일기와 같이 기술적 자료를 활용하여 정보를 수집하며, 이러한 정보를 통계적으로 분석하지 않는다.

혼합 방법 연구   다른 종류의 연구 설계나 방법을 혼합하여 수행하는 연구

초등학교 교사 새로운 유치원 읽기 교육과정을 채택할 때 우리는 평가 조사를 하고 데이터를 수집하였으며, 가장 효과적인 읽기 교육에 관한 연구를 읽었고, 교육청의 기대뿐만 아니라 우리 학교의 비전에 맞는 정책과 교육 방법을 찾아내기 위해 협력적으로 작업했습니다.

－헤더 졸닥, 리지우드초등학교

중학교 교사 저는 학습과 두뇌 학회에 참석하고 관련 학술 논문과 책을 읽었습니다. 이러한 자료는 초기 청소년기에 상당한 변화가 있는 중학교 학생들의 두뇌 발달을 이해하는 데 도움이 되었습니다. 이러한 이해는 학급관리 방식에 영향을 미쳤고, 차별화된 교수를 제공할 수 있도록 했으며, 학생들의 다양한 학습양식과 욕구를 이해하고 다루는 데 도움을 주었습니다.

－케런 아브라, 세크리드하트학교

고등학교 교사 제 교육 방식에 가장 큰 영향을 미친 사람은 교사의 가르침에 대해 가르쳐준 낸시 아트웰 선생님입니다. 학생들이 독서를 좋아하게 만드는 방법에 대한 그녀의 조언은 실제적이고 단순하지만 매우 효과적입니다. 즉 학생들이 읽는 것을 읽으며, 학생들에게 책에 대해 이야기함으로써 책을 홍보하고, 학생들에게 당신이 읽고 있는 모습을 보여주며, 그들이 읽을 때 당신도 읽으며, 교실에서 독서 시간을 주고, 학생들이 쉽게 책에 접근할 수 있도록 하며, 교실에서 새로운 책에 대해 토론할 때 열정적이고 활기찬 모습을 보여주라는 것입니다. 학년 초에 독서를 싫어하는 학생은 한 반의 대부분을 차지하며, 이제 독서 시간이라고 말하면 신음소리를 내며 곁눈질을 합니다. 그러나 단 몇 주 만에 매일 독서 시간이 있으면 좋겠다고 말하게 됩니다.

－제니퍼 해터, 브레멘고등학교

학생과 연계하기 : 최고의 실천
효과적 교사-연구자가 되기 위한 전략

1. 주별 학습지도안을 준비할 때 학생들을 떠올리며 당신이 교사-연구자의 역할을 함으로써 누가 혜택을 받을지 생각해본다. 지난 주 수업을 돌이켜보면 어떤 학생은 수행이 곤두박질쳤고 어떤 학생은 매우 우울해 보였음을 알게 될 것이다. 그 학생들을 생각하면서 왜 그들에게 그러한 문제가 있는지 알아보기 위해 관찰이나 임상면담 기술을 활용할 것을 고려해볼 수 있다.

2. 교육 연구 방법 강좌를 수강한다. 이를 통해 어떻게 연구를 수행하는가에 대해 더 많이 이해하게 될 것이다.

3. 교사-연구자 기술에 대해 더 많이 배우기 위해 인터넷 자료나 도서관을 활용한다. 어떻게 노련한 임상면담자가 될 수 있는지, 체계적이고 편견 없는 관찰자가 될 수 있는지에 대한 정보를 찾을 수 있을 것이다.

4. 누군가(예 : 동료교사)에게 당신의 수업을 관찰해달라고 부탁하고, 특정 연구 문제를 해결할 수 있는 전략을 마련할 수 있도록 도움을 요청한다.

복습하기, 성찰하기 그리고 연습하기

❸ 효과적 교사가 되기 위해 왜 연구가 중요한지, 교육심리학자와 교사는 어떻게 연구를 수행하고 평가할 수 있는지 논의한다.

복습하기
- 교육심리학에서 연구는 왜 중요한가?
- 연구의 유형에는 어떤 것이 있는가? 상관 연구와 실험 연구의 차이는 무엇인가?
- 효과적 수업과 직접적 관련이 있는 연구는 무엇인가? 교실 연구를 위해 교사는 어떤 방법을 활용할 수 있는가?
- 질적 연구와 양적 연구의 특징은 무엇인가?

성찰하기
- 유치원부터 고등학교까지의 기간 동안 만났던 교사들 중에서 자신의 교수법이 얼마나 효과적인지에 대한 현장 연구를 하는 것이 도움이 되었을 것으로 생각되는 교사가 있는가? 어떠한 현장 연구 문제와 방법이 교사에게 유용하였을까?

연습하기
1. 다음 중 가장 과학적인 것은 무엇인가?
   - a. 체계적 관찰
   - b. 개인적 경험
   - c. 개인의 의견
   - d. 기자가 쓴 책

2. 맥마흔 선생님은 학생들이 매일 얼마나 많은 시간을 학습에 활용하는지 알아보고 싶었다. 이를 위해 교실에서 학생들을 신중히 관찰하고 학습 행동을 기록하였다. 어떤 연구 방법을 활용한 것인가?
   - a. 사례 연구
   - b. 실험
   - c. 실험실 실험
   - d. 자연 관찰

3. 사이먼 선생님은 학교의 건강교육 프로그램이 청소년 임신을 감소시키는 데 얼마나 효과적인지 알아보는 업무를 맡았다. 어떤 연구 방법을 활용한 것인가?
   - a. 현장 연구
   - b. 실험 연구
   - c. 프로그램 평가
   - d. 교사-연구자

4. 넬슨 선생님은 왜 학생들이 숙제를 하지 않고 쌓아두고 있는지 알아보기 위해 질적 연구를 활용하고 싶다. 이러한 문제에 대한 정보를 얻기 위해 어떤 연구 방법을 활용한 것인가?
   - a. 실험 연구
   - b. 상관 연구
   - c. 문화기술적 연구
   - d. 관찰 정보의 통계적 분석

정답은 '연습하기 정답' 참조

학급 결정

황 선생님은 초등학교 4학년을 가르치고 있다. 그녀의 학급에는 16명의 여학생과 10명의 남학생으로 총 26명의 학생들이 있다. 이들은 인종적으로나 경제적으로 출신 배경이 다양할 뿐만 아니라 성취 수준도 매우 다양하다. 2명은 영재로 확인되었으며, 3명은 학습장애 진단을 받았다. 전반적으로 학급은 협동적이며 학습욕구가 있다.

황 선생님의 학교 교육청은 최근 개념을 이해하고 수학적 원칙을 실제 상황에 적용하는 것을 강조하는 새로운 수학 교육과정을 도입하였다. 황 선생님은 새로운 교육과정을 인정하지만 동시에 걱정도 있다. 많은 학생들이 아직 기본적 수학 지식을 이해하지 못하고 있다. 황 선생님은 학생들이 이러한 기본적 수학 지식을 잘 알지 못하면 수학 원리를 이해하기 어려우며, 이러한 원리를 적용하기도 어려울 것이라고 걱정하고 있다. 선생님은 또한 이로 인해 학생들이 좌절하게 되고 수학에 대한 흥미와 동기가 감소하게 될 것을 적정하고 있다.

과거에 황 선생님은 플래시카드나 연습문제지, 컴퓨터 프로그램과 같은 반복 연습법(drill-and-practice)을 통해 학생들이 기본 개념을 익히도록 했다. 그녀는 이러한 수업 방법에 익숙하고 이러한 방법이 학생들이 필요한 개념을 익히는 데 효과가 있다고 믿고 있다.

교장 선생님께 이러한 걱정을 이야기했지만, 새로운 교육과정 프로그램이 수학의 기본 개념을 익히는 데 효과가 있음이 확인되었다는 교육청의 공문을 받았다는 답변을 들었다. 그러나 황 선생님은 여전히 새로운 교육과정에 대해 회의적이다. 선생님은 학생들에게 좋은 방법으로 가르치고 싶은 열망이 강하지만, 무엇이 과연 그러한 방법인지 확신이 없다. 그래서 선생님은 무엇이 학생들에게 더 도움이 되는지, 새로운 교육 방법인지 아니면 그녀의 전통적 방법인지 결정하기 위해 학급 연구를 수행해야겠다고 결심하였다.

1. 이러한 연구를 수행하려면 어떠한 점을 고려해야 하는가?
2. 어떤 유형의 연구가 가장 적절한가?
   a. 사례 연구
   b. 상관 연구
   c. 실험 연구
   d. 자연 관찰
3. 그 이유는 무엇인가?
4. 만약 선생님이 두 가지 교육과정의 결과를 비교하였다면, 무엇이 독립변인이 되는가?
   a. 기본 수학 개념과 관련된 학생 성취
   b. 통제집단
   c. 실험집단
   d. 어떤 교육과정이 적용되었는지
5. 만약 황 선생님이 두 가지 교육과정의 결과를 비교하는 실험 연구를 하였다면 종속변인은 무엇인가?
   a. 기본 수학 개념과 관련된 학생 성취
   b. 통제집단
   c. 실험집단
   d. 어떤 교육과정이 적용되었는지
6. 황 선생님은 어떻게 자신의 연구에 착수해야 하는가?

학습과 연계하기 : 학습목표 달성하기

① 교육심리학 탐구 : 교육심리학 영역에 대한 기본 아이디어를 기술한다.

역사적 배경

- 교육심리학은 교육 상황에서 교수와 학습의 이해를 전문으로 하는 심리학의 한 분야이다.
- E. L. 손다이크와 마찬가지로 윌리엄 제임스와 존 듀이는 교육심리학의 주요 개척자이다. 윌리엄 제임스는 교육을 개선하기 위해서 교실 관찰의 중요성을 강조하였다. 듀이가 제안한 교육심리학의 주요 개념 중에는 다음과 같은 것이 있다. 아동은 적극적 학습자이며, 모든 아동을 교육해야 하며, 환경에 대한 아동의 적응을 강조하며, 모든 아동이 유능한 교육을 받을 권리가 있다. E. L. 손다이크는 학습의 과학적 기초의 주창자로서 학교는 아동의 추론 능력을 연마해야 한다고 주장하였다.
- 인종적, 성별 장벽으로 인해 초기 교육심리학 역사에서 소수인종 학자와 여성 학자는 별로 없다.
- 20세기 중반에 스키너의 행동주의, 1980년대까지 강력한 영향을 미친 인지적 혁명과 같은 역사

적 발전이 있었다. 또한 최근에는 문화적 맥락을 포함하여 아동의 삶에서 사회정서적 측면에 대한 관심이 확대되고 있다.

교수 : 예술과 과학

- 교수는 과학, 예술과 관련이 있다. 예술의 측면에서 숙련되고 경험이 많은 실천은 효과적 교수에 기여한다. 과학의 측면에서 심리학적 연구로부터 얻은 정보는 유용한 아이디어를 제공한다.

---

2 효과적 교수 : 효과적 교사의 태도와 기술을 알아본다.

전문적 지식과 기술

- 효과적 교사는 교과 관련 지식이 풍부하며, 효과적 교수 전략을 사용하고, 좋은 사고 기술을 활용할 뿐만 아니라 학생들이 그러한 사고 기술을 개발할 수 있도록 학생들을 지도한다. 또한 다양한 인종적·문화적 집단과 함께 일하며, 목표 설정과 계획, 동기화, 의사소통, 측정, 기술과 같은 영역에서 필요한 기술을 갖추고 있다.

전념, 동기 및 배려

- 효과적인 교사가 되기 위해서 전념, 동기 및 배려가 필요하다. 여기에는 학생에 대한 배려와 긍정적인 태도가 포함된다. 교사들이 부정적인 태도를 갖게 되면 학생들은 이를 쉽게 알아차리며 이로 인해 학습에 해를 입을 수 있다.

---

3 교육심리학 연구 : 효과적 교사가 되기 위해 왜 연구가 중요한지, 교육심리학자와 교사는 어떻게 연구를 수행하고 평가할 수 있는지 논의한다.

연구는 왜 중요한가

- 개인적 경험과 전문가로부터 얻은 정보는 효과적 교사가 되는 데 도움이 된다.
- 연구로부터 얻은 정보는 매우 중요하다. 이것은 당신이 다양한 전략을 구분하고, 무엇이 가장 효과적이고 무엇이 가장 비효과적인지 결정하는 데 도움이 된다. 연구는 개인적 경험에만 의존하여 판단할 때 범할 수 있는 오류를 제거하는 데 도움이 된다.

연구 방법

- 교육심리학의 다양한 측면과 관련된 정보를 획득하는 데 활용될 수 있는 방법은 많다. 연구 자료의 수집 방법은 기술적, 상관적, 실험적으로 구분할 수 있다.
- 기술적 방법에는 관찰, 면접, 질문지, 표준화 검사, 생리적 측정, 사례 연구, 문화기술적 연구, 관심집단, 개인적 저널과 일기 등이 있다.
- 상관 연구의 목적은 둘 혹은 그 이상의 사건이나 특성 간의 관계의 정도를 기술하는 데 있다. 상관관계와 인과관계가 같지 않다는 점은 매우 중요한 원칙이다.
- 실험 연구는 행동의 원인을 밝히기 위한 것이며, 인과관계를 규명할 수 있는 신뢰할 수 있는 유일한 방법이다. 실험을 하는 것은 적어도 하나의 독립변인(조작된, 영향을 미치는, 실험 요인)이 하나 이상의 종속변인(측정된 요인)에 미치는 영향을 알아보는 것을 포함한다. 실험은 참여자를 하나 또는 그 이상의 실험집단(이들의 경험이 조작됨)과 하나 또는 그 이상의 통제집단(조작된 요인을 제외하고는 실험집단과 동일한 방식으로 처리된 비교집단)에 무선 배치하는 것을 포함한다.

프로그램 평가 연구, 현장 연구, 연구자로서의 교사

- 프로그램 평가 연구의 목적은 특정 프로그램의 효과를 평가하는 데 있다.
- 현장 연구는 특정 학급이나 사회적 문제를 해결하거나, 교수 전략을 개선하거나, 특정 상황에서

의사결정을 내리기 위해 활용된다.
- 연구자로서의 교사(교사-연구자)는 자신의 교육실천을 개선하기 위해 교실 연구를 수행한다.

- 양적 연구는 특정 주제에 대한 정보를 얻기 위해 수학적 계산을 활용한다. 실험 연구와 상관 연구는 양적 연구에 속한다.
- 질적 연구는 면접, 사례 연구, 문화기술적 연구와 같이 기술적 자료를 활용하여 정보를 수집하며, 이러한 자료를 통계적으로 분석하지 않는다.
- 혼합 방법 연구는 여러 가지 연구설계와 방법을 혼합하는 것이다.

양적 연구와
질적 연구

주요 용어

교육심리학(educational psychology)
구성주의적 접근(constructivist approach)
독립변인(independent variable)
무선 배치(random assignment)
문화기술적 연구(ethnographic study)
비판적 사고(critical thinking)
사례 연구(case study)
상관 연구(correlational research)

실험실(laboratory)
실험 연구(experimental research)
실험집단(experimental group)
양적 연구(quantitative research)
연구자로서의 교사(teacher-as-researcher)
자연 관찰(naturalistic observation)
종속변인(dependent variable)
지시적 교수법(direct instruction approach)

질적 연구(qualitative research)
차별화된 수업(differentiated instruction)
참여 관찰(participant observation)
통제집단(control group)
표준화 검사(standardized test)
프로그램 평가 연구(program evaluation research)
현장 연구(action research)
혼합 방법 연구(mixed methods research)

포트폴리오 활동

이제 여러분은 이 장에서 다룬 개념들을 모두 이해하였을 것이다. 여러분의 사고 수준을 향상시키도록 다음 연습문제를 풀어보자.

독립적 성찰

1. **교수에 대한 긍정적 관점** 이 장의 서두에 당신은 교육자이자 우주비행사인 크리스타 매콜리프의 "나는 미래를 다룬다. 나는 교육자이기 때문이다"는 말을 읽었다. 창의적 사고의 모자를 쓰고 교수의 긍정적 측면을 묘사하는 한두 가지 짧은 문장을 생각해보자.
2. **교사로서 당신의 목적** 아래의 질문에 대해 생각해보고 자신의 생각에 따라 대답해보라. 어떤 유형의 교사가 되고 싶은가? 어떠한 강점을 갖기 원하는가? 극복할 필요가 있는 단점은 무엇인가? 작성한 내용을 당신의 포트폴리오에 담거나, 봉투에 넣어 봉인한 후 교사가 된지 한두 달 후에 열어보라.

3. **도전을 준비하기** 당신이 가르치게 될 학년을 생각해보고, 그 학년에서 어떤 점이 도전적일 수 있을지 한 가지 이상 생각해보라. 그러한 도전을 어떻게 대처할 것인지 작성해보자.

연구 및 현장 경험

4. **학술적 논문과 대중적 출판물을 비교하라** 교육심리학에 대한 정보는 전문 학술지뿐만 아니라 잡지나 신문에도 있다. 전문서적이나 학술지의 논문을 찾아보고, 같은 주제로 신문이나 잡지의 기사를 찾아보라. 전문서적이나 학술지의 논문은 잡지나 신문에서 설명하는 것과 어떻게 다른가? 이러한 비교를 통해 무엇을 배울 수 있는가? 당신의 결론을 정리하고 논문을 잘 보관하라.

CHAPTER **2**

인지 및 언어 발달

이 장의 개요

① 아동 발달 개관

학습목표 1 **발달을 정의하고, 발달과 교육의 관련성뿐만 아니라 발달의 주요 과정, 기간 및 이슈를 설명한다.**

발달이란 무엇인지 탐구하기
과정 및 기간
발달 이슈
발달과 교육

② 인지 발달

학습목표 2 **뇌의 발달에 대해 논의하고, 피아제와 비고츠키의 인지 발달 이론을 비교한다.**

뇌

피아제 이론
비고츠키 이론

③ 언어 발달

학습목표 3 **언어의 특성, 언어에 대한 생물학적 및 환경적 영향, 전형적인 아동 언어 발달의 주요 특징을 확인한다.**

언어란 무엇인가
생물학적 영향과 환경적 영향
언어는 어떻게 발달하는가

> 오! 만약 아이들이 더 이상 없다면 우리는
> 어떻게 될까? 우리 뒤에 있는 사막을 두려워하자.
> 이전보다 더 심한 어둠이 오나니.
>
> -헨리 워즈워스 롱펠로, 19세기 미국 시인

교사와 연계하기 : 도넨 폴슨

이 장에서는 레프 비고츠키의 사회문화적 인지 이론의 발달에 대해서 배울 것이다. 비고츠키가 강조한 학습자 공동체의 공동 작업은 도넨 폴슨의 교실에서 확인할 수 있다. 도넨은 솔트레이크시티의 워싱턴초등학교에서 근무하고 있는데, 이 학교는 함께 배우는 것의 중요성을 강조하는 혁신학교이다(Rogoff, Turkanis, & Bartlett, 2001). 이곳에서는 성인뿐만 아니라 아동들도 학습 활동을 계획한다. 학생들은 학교에서 하루 종일 소집단으로 학습한다.

도넨은 학생, 교사, 부모가 아이들 학습에 도움이 되는 공동체로 활동하는 학교에서 일하는 것을 좋아한다(Polson, 2001). 학기가 시작되기 전, 도넨은 다가올 해를 준비하기 위해 각 가정에서 부모들과 만나 부모가 교실 수업에 언제 기여할 수 있는지를 결정한다. 매달 교사-학부모 회의에서 도넨과 부모는 교육과정을 계획하고 아동의 진전에 대해 토론한다. 그들은 아이들의 학습을 촉진시키기 위해 사용할 수 있는 지역사회 자원에 대해 브레인스토밍을 한다.

많은 학생들이 도넨에게 그녀와의 수업 경험이 자신의 발전과 학습에 중요한 도움이 되었다고 말한다. 예를 들면, 루이자 마가리안은 도넨의 수업에서의 경험이 고등학교에서 다른 학생들과 함께 일을 하는 데 어떻게 도움을 주었는지 생각했다.

그룹에서 책임을 지는 것에서 아이들은 문제에 대처하고, 서로에게 경청하며 다른 견해를 이해하려고 노력하는 법을 배운다. 그리고 그룹 활동을 원활하게 돕는 방법과 사람들이 자신이 하는 일에 관심을 갖도록 하는 방법을 배운다. 고등학교에서 학생 잡지의 공동편집자로서 나는 다른 학생들과 함께 일하기 위해 인내심을 가지고 일을 빨리 끝내고 싶은 나의 열정을 조절해야 한다. (Rogoff, Turkanis, & Bartlett, 2001, pp. 84-85)

도넨 폴슨의 이야기가 보여주듯이, 인지 발달 이론은 혁신적인 교육 프로그램의 기초를 형성할 수 있다.

미리보기

아동의 발달 형태를 살펴보면, 아동을 더 잘 이해할 수 있다. 이 장은 발달에 관한 두 가지의 주요 특징 중 하나로서 아동의 인지 및 언어 발달에 중점을 둔다. 이 주제를 더 자세히 살펴보기 전에 발달에 관한 몇 가지 기본적인 아이디어를 알아볼 필요가 있다.

학습목표 1
발달을 정의하고, 발달과 교육의 관련성뿐만 아니라 발달의 주요 과정, 기간 및 이슈를 설명한다.

① **아동 발달 개관**

| 발달이란 무엇인지 탐구하기 | 과정 및 기간 | 발달 이슈 | 발달과 교육 |

20세기 스페인 태생의 미국 철학자 조지 산타야나는 "아동은 다른 차원에 있다. 그들은 한 세대에 속해 있으며, 자신의 감정을 적절히 표현한다"고 말했다. 그 발달의 차원이 무엇인지 알아보자.

DEVELOPMENT

발달이란 무엇인지 탐구하기

아동 발달을 왜 연구해야 할까? 교사로서 당신은 매년 교실에서 만나는 새로운 아동들에게 책임이 있다. 아동 발달에 대해 더 많이 배울수록, 어느 정도 수준에서 아동을 가르치는 것이 적절한지 더 잘 이해할 수 있을 것이다.

심리학자들이 개인의 '발달'에 대해 말할 때 그것은 어떤 의미를 갖는가? **발달**(development)은 임신의 순간부터 시작하여 전생애 동안에 계속되는 생물학적·인지적·사회정서적 변화의 패턴이다. 대부분의 발달은 쇠퇴(죽음)도 포함하지만 주로 성장과 관련이 있다.

과정 및 기간

발달 임신의 순간부터 시작하여 전생애 동안에 계속되는 생물학적·인지적·사회정서적 변화의 패턴이다. 대부분의 발달은 쇠퇴(죽음)도 포함하지만 주로 성장과 관련이 있다.

아동 발달의 패턴은 생물학적·인지적·사회정서적인 여러 과정의 산물이기 때문에 복잡하다. 발달은 기간의 관점에서도 설명할 수 있다.

PEANUTS : © United Features Syndicate, Inc.

생물학적·인지적·사회정서적 과정 생물학적 과정은 아동의 신체 변화를 유발하며, 뇌 발달, 신장과 체중 증가, 운동 기술 그리고 사춘기 호르몬 변화의 기초가 되며, 유전이 큰 역할을 한다.

　인지 과정은 아동의 사고, 지능 및 언어 변화를 포함한다. 인지 발달 과정은 성장하는 아동이 시를 암기하고, 어떻게 수학 문제를 해결할지 생각하고, 창의적인 전략을 세우거나, 의미 있게 연결된 문장을 말할 수 있게 한다.

　사회정서적 과정은 다른 사람들과의 관계, 감정 변화, 성격 변화를 포함한다. 자녀에 대한 부모의 양육, 또래에 대한 소년의 공격적 행동, 소녀의 주장성 발달, 좋은 성적을 받은 후에 느끼는 청소년의 기쁨은 모두 사회정서적 발달의 결과이다.

　생물학적·인지적·사회정서적 과정은 상호 밀접히 관련된다. 부모의 손길에 반응하여 웃는 아이를 생각해보자. 이 반응은 생물학적 과정(접촉의 신체적 특성과 그것에 대한 반응), 인지 과정(의도적 행동을 이해하는 능력), 사회정서적 과정(긍정적인 정서적 느낌을 반영하고, 다른 사람들과 긍정적인 방식으로 소통하는 데 도움이 되는 미소 지음)에 따라 달라진다. 급속히 떠오르고 있는 다음의 두 분야는 생물학적·인지적·사회정서적 과정 간의 관련성을 탐구한다.

- 발달인지신경과학은 발달, 인지 과정 및 뇌 사이의 관련성을 탐구한다(de Haan & Johnson, 2016). 이 장의 후반부에서 뇌 발달 변화와 아동의 사고 발달 변화에 나타나는 연관성에 대해 배우게 될 것이다.
- 발달사회신경과학은 사회정서적 과정, 발달 및 뇌 사이의 관련성을 연구한다(Decety & Cowell, 2016; Monahan & others, 2016). 이 장의 후반부에서 뇌 발달 변화와 위험을 감수하는 청소년의 행동 및 또래 관계에 대해 배우게 될 것이다.

발달 기간 우리는 일반적으로 기간의 관점에서 발달을 조명함으로써 발달을 조직화하고 이해한다. 가장 널리 사용되는 발달 기간 분류체계는 유아기, 초기 아동기, 중기 및 후기 아동기, 청소년기, 초기 성인기, 중기 및 후기 성인기이다.

　유아기는 생후 18개월에서 24개월까지를 말하며, 성인에게 전적으로 의존하는 시기이다. 언어 발달, 상징적 사고, 감각 운동 통합, 사회 학습과 같은 많은 활동이 이 시기에 시작된다.

　초기 아동기(때로 '학령전기'라고 불림)는 유아기 말부터 약 5세까지이다. 이 기간 동안 아동은 스스로 할 수 있는 것이 많아지고, 학교 생활에 필요한 기술(지시를 따르고, 문자 익히는 방법 배우기)을 발달시킬 수 있으며, 또래들과 많은 시간을 보낸다. 1학년은 일반적으로 초기 아동기의 마지막 연령이다.

아이들은 우리가 살면서
보지 못할 시대에
우리가 남겨둔 유산이다.

－아리스토텔레스,
기원전 4세기 그리스 철학자

DEVELOPMENT

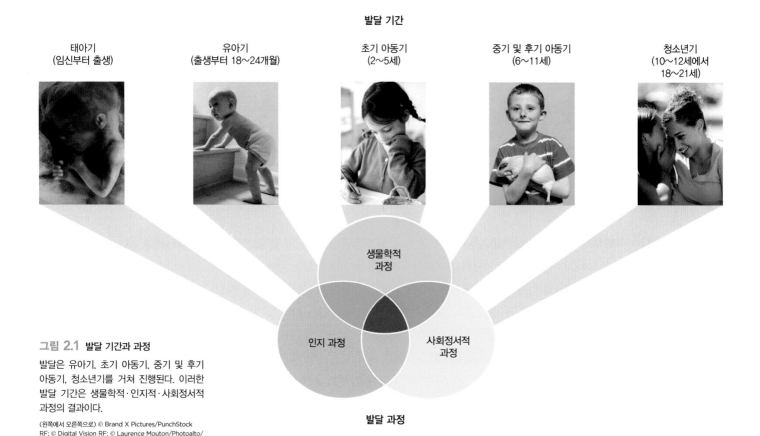

발달 기간

태아기
(임신부터 출생)

유아기
(출생부터 18~24개월)

초기 아동기
(2~5세)

중기 및 후기 아동기
(6~11세)

청소년기
(10~12세에서
18~21세)

생물학적
과정

인지 과정

사회정서적
과정

발달 과정

그림 2.1 발달 기간과 과정

발달은 유아기, 초기 아동기, 중기 및 후기
아동기, 청소년기를 거쳐 진행된다. 이러한
발달 기간은 생물학적·인지적·사회정서적
과정의 결과이다.

(왼쪽에서 오른쪽으로) ⓒ Brand X Pictures/PunchStock
RF; ⓒ Digital Vision RF; ⓒ Laurence Mouton/Photoalto/
PictureQuest RF; ⓒ Stockbyte RF; ⓒ SW Productions/
Getty Images RF

중기 및 후기 아동기(때로 '초등학년 시기'라고 함)는 약 6세에서 11세까지이다. 아동은 읽기, 쓰기, 수학의 기본 기술을 습득하고, 성취에 좀 더 관심을 가지며, 자기 통제력이 커진다. 이 시기 아동은 가족의 범위를 넘어 더 넓은 사회적 세계와 더 많이 상호작용한다.

청소년기는 아동기부터 성인기에 이르는 발달 기간으로, 10~12세 사이에 시작하여 10대 후반에 끝난다. 청소년기는 신장과 체중 증가, 성적 기능의 발달을 포함한 급격한 신체적 변화로 시작된다. 청소년은 독립을 강하게 추구하고 자신의 정체성을 찾는다. 청소년의 사고는 더욱 추상적·논리적이며 이상적이 된다.

21세기에 들어서서 성인 진입기(emerging adulthood)라는 용어가 언급되었는데, 이 시기는 약 18~25세 사이에 발생하는 과도기적 기간을 말한다(Arnett, 2006, 2012, 2015). 성인 진입기의 특징은 실험과 탐색이다. 이 시기에 많은 개인은 자신이 원하는 진로 경로는 무엇인지, 정체성은 무엇인지, 그리고 선택하고 싶은 생활방식(예 : 독신, 동거 또는 결혼)에 대해 계속 탐구한다.

성인 발달 기간에 대해 기술하였지만, 이 책의 논의는 아동과 청소년 시기를 중점으로 할 것이다. 아동과 청소년 시기의 발달은 그림 2.1에 발달 과정(생물학적, 인지적 및 사회정서적)과 함께 제시되어 있다. 인간 발달의 기간은 이러한 과정들이 상호작용하여 나타난다.

발달 이슈

발달론자들이 많은 연구를 했음에도 불구하고 발달 과정에 영향을 미치는 요인의 상대적 중요성과 발달 기간들이 어떻게 관련되어 있는지에 대한 논쟁은 계속되고 있다. 아동 발달 연구에서 가장 중요한 논쟁점은 본성과 양육, 연속성과 불연속성 그리고 조기 경험 및 후기 경험이다.

본성과 양육   본성과 양육 논쟁(nature-nurture issue)은 발달이 주로 본성에 의해 영향을 받는지, 아니면 양육에 의해 영향을 받는지에 대한 논쟁이다(Belsky & Pluess, 2016). 본성은 유기체의 생물학적 유전을 말하고, 양육은 유기체의 환경적 경험을 말한다. 오늘날 발달이 본성 또는 양육 하나에 의해서만 설명될 수 있다고 주장하는 사람은 거의 없지만, 본성 지지자는 생물학적 유전이 발달에서 가장 중요한 역할을 한다고 주장하는 반면, 양육 지지자는 환경적 경험이 가장 중요한 영향이라고 주장한다.

본성 지지자들에 따르면 환경의 범위는 광대할 수 있지만, 성장과 발달에 진화론적이고 유전적 청사진이 있어 발달에서 공통점이 나타난다(Audesirk, Audesirk, & Byers, 2017; Buss, 2015). 우리는 말하기 전에 걷고, 두 단어 앞에 한 단어를 말하며, 유아기에는 빠르게 성장하고 초기 아동기에는 덜 성장하며, 사춘기에는 성 호르몬이 급격히 증가한다. 심리적으로 취약하거나 불리한 극한 환경은 발달을 저해할 수 있지만, 본성 지지자들은 유전적으로 준비된 경향성이 발달에 주는 영향을 강조한다.

반면 다른 심리학자들은 발달에서 양육 혹은 환경적 경험의 중요성을 강조한다(Burt, Coatsworth, & Masten, 2016). 경험은 개인의 생물학적 환경(영양, 운동, 의료, 약물 및 물리적 사고)에서 사회적 환경(가족, 동료, 학교, 지역사회, 미디어 및 문화)까지 전범위에 걸쳐 있다(Gonzales & others, 2016; Pianta, 2016).

후생적 관점(epigenetic view)은 발달을 유전과 환경 사이의 지속적인 양방향 상호작용의 결과라고 말한다. 후생적 관점을 반영하는 한 예를 살펴보자. 아기는 수정 시에 부모 양쪽의 유전자를 물려받는다. 아동기 동안, 영양, 스트레스, 학습, 보육 및 격려와 같은 환경적 경험은 유전적인 활동과 행동을 직접 유발하는 신경계의 활동을 수정할 수 있다. 따라서 유전과 환경은 아동의 지능, 기질, 건강, 읽기 능력 등을 위해 함께 작동하거나 협력한다(Moore, 2015).

그렇다면 매력적이고 인기 있으며 지적인 소녀가 고등학교 3학년 회장으로 선출된다면, 그녀의 성공은 유전 때문일까 혹은 환경 때문일까? 물론, 그 답은 "둘 다"이다. 유전과 환경의 상대적인 기여도는 수량화할 수 없다. 즉 우리는 본성의 이러저러한 백분율과 경험의 이러저러한 백분율로 우리가 누구인지를 말할 수 없다. 수정이나 출생의 순간 단 한 번에 완전한 유전적 발현이 일어난다고 말하는 것은 옳지 않다. 그 이후에도 세상 속에서 유전적 유산이 얼마나 멀리까지 우리를 데려갈 수 있는지는 지켜볼 문제이다. 유전자는 다양한 환경에서 전생애 동안 단백질을 생성하지만, 그러한 환경이 얼마나 척박한지 혹은 영양분이 많은지에 따라서 단백질을 생성하지 않기도 한다.

발달심리학자 데이비드 무어(Moore, 2013, 2015)의 관점에 의하면 행동하게 하는 생물학적 시스템은 매우 복잡하지만, 오해의 소지가 있게 너무나 자주 지나치게 단순화된 방식으로 설명되었다. 그러므로 비록 유전적 요인이 행동과 심리적 과정에 명확하게 기여하지만, 이때의 표현형은 발달 맥락에 따라 결정된다. 무어(Moore, 2013, 2015)의 관점에서 볼 때 눈 색깔, 지능, 성취, 성격 또는 기타 특성에 대한 '유전자'를 이야기하는 것은 오해의 소지가 있다. 무어는 콘서트홀의 공기 분자를 경이로운 교향곡 연주 감상과 연결시키는 것이 어려운 것과 마찬가지로, DNA 분자를 통해 인간 행동을 완전히 이해할 수 있을 것이라는 도약을 기대하지 말라고 했다.

청년기의 폭력과 어떻게든 관련이 있는 유전자 집단이 있다고 잠시 상상해보자(이 상상은 그러

*아이들은 아직
파악하지 못한 것,
계속 변하는 무언가가
되기 위해 바쁘다.*

—앨러스테어 레이드, 20세기 미국 시인

본성과 양육 논쟁 본성은 유기체의 생물학적 유전을 가리키고, 양육은 환경적 영향을 말한다. '본성' 지지자들은 생물학적 유전이 발달에 가장 중요한 영향을 미치는 것이라고 주장하고, '양육' 지지자들은 환경적 경험이 가장 중요하다고 주장한다.

후생적 관점 발달을 유전과 환경 사이의 지속적인 양방향 상호작용적이라고 보는 관점

한 결합에 대해 전혀 모르기 때문에 가설적이다). 이 유전자 혼합물을 가지고 다니는 청소년은 사랑하는 부모, 영양가 있는 음식, 많은 책, 그리고 많은 유능한 교사로 이루어진 세상을 경험할지도 모른다. 또는 청소년들의 세계에는 부모의 무관심, 총성과 범죄가 일상적으로 발생하는 동네, 부적절한 학교 교육 등이 포함될 수 있다. 이러한 환경 중 청소년기의 유전자가 범죄를 유발시킬 환경은 어느 쪽인가?

아동은 발달하면서 자신의 유전자와 환경에 완전히 좌우되는가? 그들의 유전과 환경적 경험은 발달에 전반적으로 영향을 미친다(Raeff, 2017). 하지만 아동은 자신의 유전과 그들이 경험하는 환경의 결과일 뿐만 아니라 환경을 변화시킴으로써 독특한 발달 경로를 만들 수 있다.

> 실제로 우리는 우리 세계의 창조물이자 창조자이다. 우리는 … 우리의 유전과 환경의 산물이다. 그럼에도 불구하고 … 미래를 형성하는 흐름은 우리의 현재 선택을 통해 진행된다. … 마음은 중요하다. … 우리의 희망, 목표, 그리고 기대는 우리 미래에 영향을 미친다. (Myers, 2010, p. 168)

연속성과 불연속성 연속성과 불연속성 논쟁(continuity-discontinuity issue)은 발달이 점진적인 누적적 변화(연속성)인지, 아니면 구별되는 별개의 단계(불연속성)인지에 관한 것이다. 대부분의 경우 양육 지지자는 보통 묘목이 참나무로 성장하는 것과 같이 발달을 점진적이고 연속적인 과정으로 설명한다. 본성 지지자는 발달을 애벌레에서 나비로의 변화와 같은 일련의 뚜렷한 단계로 설명한다.

먼저 연속성을 생각해보자. 아동이 말하는 첫 단어는, 겉보기에는 갑작스럽고 불연속적인 사건이지만, 실제로는 몇 주, 몇 개월간의 성장과 연습의 결과이다. 또 다른 갑작스럽고 불연속적인 사건으로 보이는 사춘기는 실제로 수년에 걸쳐 점진적으로 일어나는 과정이다.

불연속성의 관점에서 볼 때 각 개인은 양적으로 다른 변화가 아니라 질적으로 다른 일련의 단계를 거치는 것으로 기술된다. 아동은 세상에 대해 추상적으로 생각할 수 없다가 어느 시점이 되면 가능하게 된다. 이는 양적이고 연속적인 변화가 아니라 발달에서의 질적이고 불연속적 변화이다.

조기 경험과 후기 경험 조기 경험과 후기 경험 논쟁(early-later experience issue)은 조기 경험(특히 유아기)과 후기 경험 중 어느 것에 의해 아동 발달이 결정되는지에 관한 논쟁이다. 즉 유아가 해로운 환경을 경험한다면, 그 경험은 나중에 긍정적인 환경에 의해 극복될 수 있을까? 아니면 조기 경험이 유아에게는 첫 번째의 전형적 경험으로 결정적이기 때문에 나중에 더 나은 환경이 제공되어도 극복될 수 없는 것인가?

조기 경험과 후기 경험 논쟁은 역사가 오래 되었으며, 발달론자들 사이에서 여전히 뜨겁게 논쟁 중이다(Kuhn, Lindenberger, 2016). 일부 발달론자들은 생후 1년 또는 그 정도의 기간 동안 따뜻한 양육적 보살핌을 경험하지 않는다면, 최적의 발달은 어려울 것이라고 주장한다(O'Connor, 2016). 이와 달리 후기 경험 옹호론자들은 아동은 발달 과정에서 영향을 잘 받으므로, 후기의 민감한 보살핌도 이전의 세심한 보살핌만큼 중요하다고 주장한다(Masten, 2016).

발달 문제 평가 대부분의 발달론자들은 본성과 양육, 연속성과 불연속성, 조기 경험과 후기 경험에 관해 극단적 입장을 취하는 것은 현명한 일이 아님을 인정한다. 발달은 모든 본성 또는 모든 양육, 모든 연속성 또는 모든 불연속성, 그리고 모든 조기 경험 또는 모든 후기 경험에 의해 이루어

연속성과 불연속성 논쟁 발달이 점진적인 누적적 변화(연속성)인지, 아니면 구별되는 별개의 단계(불연속성)인지에 관한 문제

조기 경험과 후기 경험 논쟁 조기 경험(특히 유아기)과 후기 경험 중 어느 것에 의해 아동 발달이 결정되는지에 관한 논쟁

지는 것이 아니다. 그러나 이 요인들이 발달에 주는 영향력에 논쟁은 여전히 뜨겁다(Grigorenko & others, 2016).

분열된 발달 발달이 영역에 따라 고르지 못한 상황

발달과 교육

도입 장에서 우리는 발달에 적합한 교수 실제에 참여하는 것이 왜 중요한지에 대해 간략하게 설명했다. 우리는 이 중요한 주제에 대해 좀 더 알아보고, 분열된 발달의 개념에 대해 논의할 것이다.

발달에 적합한 교육은 아동의 발달 수준에 비해 너무 어려워서 스트레스를 받거나, 너무 쉬워서 지루해지지 않는 수준에서 이루어진다(NAEYC, 2009). 발달에 적합한 교수에 나타나는 어려움 중 하나는 수업에서 만나게 되는 학생들은 연령 차이가 좀 나며, 능력과 기술 면에서도 다양하다는 것이다. 유능한 교사는 이러한 발달상의 차이를 알고 있다. 유능한 교사는 학생들을 '우등반', '평균', '열등반'으로 구분하는 대신, 학생들의 발달과 능력은 복잡하며, 아동들은 종종 여러 기술에서 동일한 역량을 보이지 않는다는 점을 인식한다.

분열된 발달(splintered development)은 발달이 영역 전반에 걸쳐 고르지 않은 상황을 말한다 (Horowitz & others, 2005). 한 학생은 수학 능력은 뛰어나지만 글쓰기 능력은 좋지 않을 수 있다. 다른 학생은 언어 영역 내에서 언어 구사 능력은 뛰어나지만, 읽기와 쓰기 능력은 좋지 않을 수 있다. 또 다른 학생은 과학은 잘하지만 사회성이 부족할 수 있다.

지적으로는 뛰어나지만 사회정서적 발달은 그보다 훨씬 더 어린 아동 수준에 있는 학생들은 특별한 어려움을 겪는다. 예를 들어, 한 학생은 과학, 수학, 언어에 뛰어나지만 정서적으로는 미성숙할 수 있다. 그 아이는 친구가 없을 수도 있고, 친구들에게 무시당하거나 거부당할 수도 있다. 이 학생은 자신의 감정을 조절하고 보다 적절한 사회적 방식으로 행동하는 법을 배울 수 있는 교사를 만나면 많이 좋아질 것이다.

이 장과 다음 장에서 발달을 공부하면서 유의할 점은 교수와 학습을 위한 최적의 수준을 이해하는 데 우리가 살펴본 발달 변화가 어떻게 도움을 줄 수 있는가이다. 예를 들어 아동이 발달적으로 읽기 준비가 되기 전에 읽으라고 강요하는 것은 좋은 전략이 아니지만, 그들이 읽기 준비가 되었을 때 읽을거리는 적절한 수준으로 제시되어야 한다.

되돌아보기/앞날을 생각하기
발달에 적합한 교육을 위한 새로운 지침이 있다. 제3장 '사회적 맥락과 사회정서적 발달'과 연계해 생각해 보자.

복습하기, 성찰하기 그리고 연습하기

① 발달을 정의하고, 발달과 교육의 관련성뿐만 아니라 발달의 주요 과정, 기간 및 이슈를 설명한다.

복습하기
- 발달의 본질은 무엇인가?
- 아동 발달에 상호작용하는 광범위한 세 가지 과정은 무엇인가? 아동은 출생에서 청소년기 말기 사이에 어떤 기간을 거쳐가는가?
- 발달의 주요 이슈는 무엇인가? 이 이슈들에 대해 어떤 결론을 내릴 수 있는가?
- 발달의 개념은 '적합한' 학습이라는 개념에 어떤 영향을 미치는가?

성찰하기
- 당신이 가르치려는 아동들의 연령에서 인지 과정이 사회정서적 과정에 미칠 수 있는 영향에 대한 예를 들어보자.

그다음 사회정서적 과정이 이 연령 집단의 인지 과정에 어떻게 영향을 미치는지 예를 들어보자.

연습하기

1. 헉스타비 선생님은 학부모-교사 단체에서 발달에 대해 이야기하고 있다. 다음 중 그가 발달의 예가 아니라고 설명할 가능성이 가장 큰 것은 무엇인가?
   a. 사춘기의 변화
   b. 기억력 향상
   c. 우정의 변화
   d. 수줍음을 타는 유전적 경향
2. 할레 선생님은 3학년을 가르친다. 그녀가 가장 크게 관심을 갖는 발달 기간은 언제인가?
   a. 유아기
   b. 초기 아동기
   c. 중기 및 후기 아동기
   d. 청소년기
3. 피아제는 아동이 일련의 인지 발달 단계를 거친다고 주장했다. 반면에 스키너는 단순히 시간이 지날수록 더 많은 것을 배운다고 강조했다. 이들의 의견 차이가 두드러지는 발달 논쟁은 무엇인가?
   a. 연속성과 불연속성
   b. 조기 경험과 후기 경험
   c. 본성과 양육
   d. 생물학적 및 사회정서적 발달
4. 알렉산더의 점수는 표준화된 수학 성취도 검사에서 항상 전국 최고 수준이다. 반면에 읽기 성취도 검사 점수는 대략 평균 수준이다. 이것은 무엇의 예인가?
   a. 발달에 적합한 교육
   b. 조기 발달과 후기 발달
   c. 본성과 양육
   d. 분열된 발달

정답은 '연습하기 정답' 참조

학습목표 2
뇌의 발달에 대해 논의하고 피아제와 비고츠키의 인지 발달 이론을 비교한다.

② 인지 발달

뇌　　피아제 이론　　비고츠키 이론

20세기 미국의 시인 메리앤 무어는 마음은 '매력적인 것'이라고 말했다. 이 매력적인 것이 어떻게 발달하는지에 대해 많은 심리학자들이 관심을 가져왔다. 첫째로 우리는 뇌 발달에 대해 높아지고 있는 관심을 탐구하고 그다음, 두 가지의 중요한 인지 이론인 피아제와 비고츠키 이론에 대해 살펴볼 것이다.

뇌

얼마 전까지만 해도 과학자들은 뇌가 연결되는 방식은 유전자가 기본적으로 결정하기 때문에 정보 처리를 담당하는 뇌 세포들은 환경적 경험에서 오는 입력이 거의 혹은 전혀 없어도 세포 스스로 발달한다고 생각했다. 이러한 관점에 따르면 당신의 유전자가 어떠한 뇌를 제공했는지 간에 당신은 기본적으로 유전자에 의해 결정된다. 그러나 뇌에 대한 그러한 관점은 잘못된 것으로 드러났다. 뇌는 가소성이 있으며, 뇌 발달은 아동이 참여하는 상황과 경험에 따라 달라진다는 사실이 명확해졌다(de Hann & Johnson, 2016; Goddings & Mills, 2017).

점점 더 인기를 끌고 있는 **신경구성주의적 견해**(neuroconstructivist view)에 따르면, (1) 생물학적 과정(예 : 유전자)과 환경적 경험(예 : 부유하거나 빈곤한)이 뇌 발달에 영향을 미친다. (2) 뇌

신경구성주의적 견해 뇌 발달이 생물학적 과정과 환경적 경험 모두에 의해 영향을 받는다는 것을 강조한다. 즉 뇌는 가소성을 가지며 경험에 의존하며, 뇌 발달은 인지 발달과 밀접하게 연관되어 있다.

는 가소성이 있고 경험에 의존한다. 그리고 (3) 뇌 발달은 인지 발달과 밀접하게 관련되어 있다. 이러한 요인들은 인지 기능의 구성에 제약을 가하거나 혹은 발달시킨다 (Karmiloff-Smith, 2017; Monahan & others, 2016). 다시 말하면 아동이 무엇을 하는가에 따라 그들의 뇌 발달은 달라질 수 있다.

뉴런과 뇌 영역의 발달 뇌의 신경 말단의 수와 크기는 최소한 청소년기에 이르기까지 계속 증가한다. 뇌 크기의 성장의 일부는 **수초화**(myelination), 즉 뇌 안의 많은 세포들을 수초(myelin sheath)로 감싸는 과정의 결과이다(그림 2.2 참조). 수초화는 신경계를 통해 정보가 이동하는 속도를 증가시킨다(Fields, 2015). 주의를 집중하는 데 중요한 역할을 하는 뇌 영역에서의 수초화는 약 10세경에 완성된다. 이것이 교육에 주는 함의는 아동이 유아기에는 주의를 기울이고 집중을 오랫동안 유지하는 것이 어려울 수 있지만, 그들의 주의력은 초등학교를 다니면서 향상된다는 것이다. 청소년기는 추론과 사고 작용을 담당하는 뇌의 전두엽에서 발생하는 수초화가 가장 광범위하게 증가하는 시기이다 (Galvan & Tottenham, 2016).

세포 수준에서 뇌 발달의 또 다른 중요한 측면은 뉴런(신경세포) 사이의 연결이 극적으로 증가한다는 것이다. 시냅스는 뉴런들 사이의 작은 간격으로, 이곳에서 뉴런들 간 연결이 이루어진다. 연구자들은 시냅스 연결에서 흥미로운 점을 발견했다. 그것은 시냅스들의 연결은 앞으로 사용될 수에 비해 거의 2배로 만들어진다는 것이다(Huttenlocher & Dabholkar, 1997). 사용된 연결부는 더 강해지고 살아남지만, 사용되지 않은 연결부는 다른 경로로 교체되거나 사라진다. 신경과학 용어로 표현하자면, 이러한 연결은 '가지치기' 된다. 그림 2.3은 뇌의 시각, 청각 및 전두엽 피질 영역에서 시냅스의 극적인 성장과 그 후의 가지치기를 생생하게 보여주고 있다. 이러한 영역들은 학습, 기억 및 추론과 같은 고차적 인지 기능에 중요한 역할을 한다. **전전두엽 피질**(prefrontal cortex, 고등 수

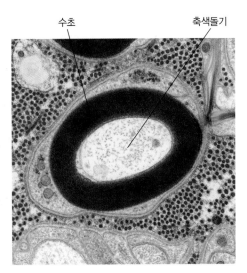

수초 　　　　　　　　축색돌기

그림 2.2 유수 신경섬유
갈색으로 나타나 있는 수초가 축색돌기(흰색)를 싸고 있다. 이것은 전자현미경으로 신경섬유를 1만 2,000배 확대하여 볼 수 있게 만든 이미지이다. 수초화는 뇌 발달에 어떠한 역할을 하는가?

© Steve Gschmeissner/Science Source

DEVELOPMENT

수초화 정보가 신경계를 통과하는 속도를 높이기 위해 수초로 뇌의 많은 세포를 감싸는 과정

전전두엽 피질 전두엽의 가장 위쪽에 위치한 곳으로 추론, 의사결정 및 자기 통제에 관여한다.

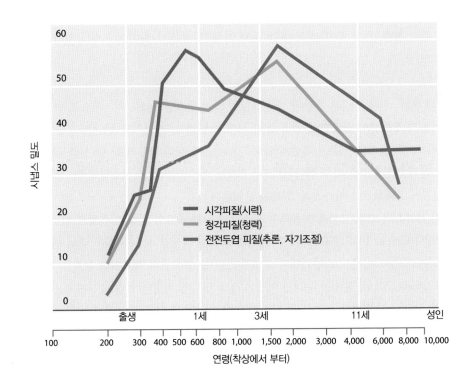

- ━━ 시각피질(시력)
- ━━ 청각피질(청력)
- ━━ 전전두엽 피질(추론, 자기조절)

시냅스 밀도 (y축)

출생　1세　3세　11세　성인

100　200　300　400　500　600　800　1,000　1,500　2,000　3,000　4,000　6,000　8,000　10,000

연령(착상에서 부터)

그림 2.3 유아기에서 성인기에 이르기까지 인간 뇌에 존재하는 시냅스의 밀도
이 그래프는 뇌의 세 영역, 즉 시각피질, 청각피질, 전전두엽 피질의 시냅스 밀도의 극적인 증가와 가지치기 과정을 보여준다. 시냅스 밀도는 뉴런들 사이의 연결 강도에 대한 중요 지표로 여겨진다.

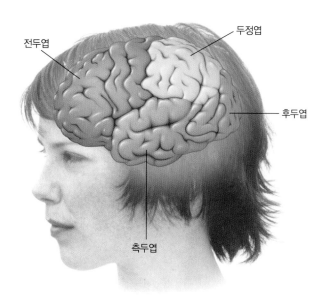

그림 2.4 뇌 안에 있는 4개의 엽
뇌의 4개 엽(전두엽, 후두엽, 측두엽, 두정엽)의 위치가 제시되어 있다.

준의 사고와 자기 조절이 발생하는 곳)의 시냅스가 성인의 밀도 수준으로 만들어지는 것은 청소년기 중반에서 후기에 이르러서야 가능하다.

그림 2.4는 뇌의 4개 엽(lobe)의 위치를 보여준다. 방금 언급한 것처럼 전전두엽 피질(전두엽의 가장 위쪽 부분)의 성장은 청소년기 동안 지속된다. 측두엽(언어 처리)과 두정엽(공간 위치)의 빠른 성장은 6세에서부터 사춘기까지 나타난다.

중기와 후기 아동기의 뇌 발달 뇌의 총용량은 중기와 후기 아동기 말까지 안정화되지만, 뇌의 다양한 구조와 영역에서의 중요한 변화는 뇌 성장이 둔화됨에 따라 계속해서 나타난다(Wendelken & others, 2016). 특히 전전두엽 피질을 포함하는 뇌의 경로와 회로는 중기와 후기 아동기에 계속 증가한다. 전전두엽 피질의 이러한 변화는 아동의 주의, 추론, 인지 조절의 향상과 관련이 있다(Monahan & others, 2016).

발달인지신경과학 분야의 선도적 연구자들은 전전두엽 피질은 발달하는 동안 다른 뇌 영역의 기능을 조정할 가능성이 있다고 제안했다(de Hann & Johnson, 2016). 이러한 조직적 역할의 일부로, 전전두엽 피질은 전전두엽 피질을 포함하는 신경망 및 연결을 촉진할 수 있다. 이 관점에서 보면 전전두엽 피질은 문제해결에 가장 효과적인 신경 연결을 조직화한다.

변화하는 뇌와 아동 발달 사이의 관련성은 일부 뇌 영역의 활성화를 포함하는데, 일부 영역은 활성화 시 증가하고 다른 영역은 감소한다(de Hann & Johnson, 2016). 아동이 중기 아동기와 후기 아동기를 거쳐감에 따라서 일어나는 활성 양상의 변화 중 한 가지는 확산되어 있는 넓은 영역에서 더욱 초점화되며 국소적인 영역으로의 이행이다. 이러한 변화는 뇌 영역 중 사용되지 않는 부분은 시냅스 연결점을 소실하며, 사용되는 영역은 추가적인 연결을 생성하게 되는 시냅스 '가지치기'로 특징지어진다. 초점화된 활성화의 증가는 향상된 인지적 수행과 연관되는데, 특히 수많은 영역에 대한 유연하면서도 효과적인 조절과 관련되는 인지조절과 연관된다(Durston & others, 2006). 이러한 영역에는 주의 집중, 간섭 사고 감소, 운동 동작 억제, 경쟁 선택 사이의 전환 유연성 등이 포함된다(Casey, 2015).

뇌량 좌반구와 우반구를 연결하는 뇌의 한 부분

변연계 정서와 보상을 경험할 수 있는 뇌 영역

청소년기의 뇌 발달 신체의 다른 부분과 마찬가지로 뇌는 청소년기에도 지속적으로 변화한다. 우리는 이미 아동과 청소년이 성장함에 따라 뉴런 사이의 연결이 '가지치기'된다는 점을 지적한 바 있다. 이 가지치기의 결과로 사춘기 후반의 아동은 어린 아동보다 "더 적고, 더 선택적이며, 더 효과적인 뉴런 간의 연결을 가능하게 한다"(Kuhn, 2009). 이 가지치기는 청소년이 참여하는 활동에 따라 신경 연결이 강화되거나 사라질 수 있음을 보여준다.

과학자들은 fMRI 뇌 스캔 방법을 이용하여 청소년의 뇌가 중요한 구조적 변화를 겪는다는 것을 최근에 발견했다(Crone, 2017; Monahan & others, 2016). 뇌신경 섬유가 좌우 대뇌 반구를 연결하는 **뇌량**(corpus callosum)은 청소년기에 두꺼워지며, 이는 청소년의 정보처리 능력을 향상시킨다(Chavarria & others, 2014). 앞에서 우리는 어린 시절 전전두엽 피질의 발달이 진전되는 것에 대해 설명하였지만, 전전두엽 피질은 성인이 될 때까지(대략 18~25세 혹은 그 이후까지도) 완전히 성숙해지지 않는다(Steinberg, 2015a, b).

하부 피질의 수준까지 내려가면 감정을 느끼고 보상을 경험하는 변연계가 있다. **변연계**(limbic

되돌아보기/앞날을 생각하기
뇌와 지능이 관련 있다는 사실이 확인됨으로써 이 분야에 대한 관심이 급등했다. 제4장 '개인 변인'과 연계해 생각해보자.

system)는 전전두엽 피질보다 훨씬 일찍 성숙해지며, 청소년기 초기에 거의 완전하게 발달된다(Monahan & others, 2016). 특히 정서와 관련된 변연계 구조는 **편도체**(amygdala)이다. 그림 2.5는 뇌량, 전전두엽 피질, 변연계, 그리고 편도체의 위치를 보여주고 있다.

이 분야의 선도적인 연구자인 찰스 넬슨(Nelson, 2011)은 청소년이 매우 강한 감정을 나타낼 수는 있지만, 그들의 전전두엽 피질은 이러한 격정을 조절할 수 있는 수준까지 충분히 발달한 상태가 아니라고 지적했다. 이는 위험하고 충동적인 행동에 브레이크를 가하는 뇌 영역이 청소년기에는 아직 만들어지고 있는 중임을 의미한다. 청소년기의 감정과 인지 발달에 대한 다음의 해석을 한번 보자. 강한 감정과 동기를 조절하는 인지 능력을 '운전 기술'로 본다면, 청소년기는 운전 기술은 상대적으로 미숙한 상태에서 매우 속도가 빠른 '터보 엔진을 장착한' 차를 운전하는 것과 같다(Dahl, 2004, p. 18). 이러한 발달상의 괴리가 청소년기의 위험 행동이나 다른 문제들이 증가하는 이유가 될 것이다(Steinberg, 2015a, b).

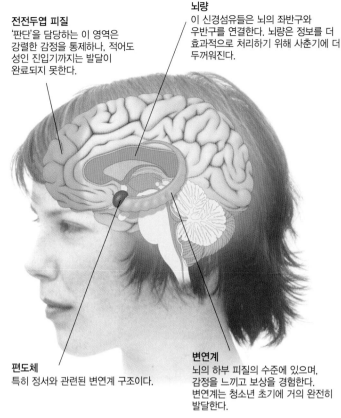

전전두엽 피질
'판단'을 담당하는 이 영역은 강렬한 감정을 통제하나, 적어도 성인 진입기까지는 발달이 완료되지 못한다.

뇌량
이 신경섬유들은 뇌의 좌반구와 우반구를 연결한다. 뇌량은 정보를 더 효과적으로 처리하기 위해 사춘기에 더 두꺼워진다.

편도체
특히 정서와 관련된 변연계 구조이다.

변연계
뇌의 하부 피질의 수준에 있으며, 감정을 느끼고 보상을 경험한다. 변연계는 청소년 초기에 거의 완전히 발달한다.

그림 2.5 청소년의 뇌 변화
전전두엽, 변연계, 편도체, 그리고 뇌량

편재화 대뇌피질(뇌의 가장 위쪽 부분)은 2개의 반구로 나누어진다(그림 2.6 참조). **편재화**(lateralization)란 뇌의 좌반구와 우반구의 기능이 따로 구분되어 특수화되는 것을 말한다(Francks, 2016). 손상되지 않은 뇌를 가진 사람들은 뇌의 일부 영역의 기능이 특수화된다. 뇌의 두 반구에 관한 가장 광범위한 연구는 언어에 관한 것이다. 대부분의 사람들에게 언어와 문법은 좌반구에 집중되어 있다. 하지만 모든 언어 처리가 좌반구에서 이루어지는 것은 아니다(Moore, Brendel, & Fiez, 2014). 예를 들어, 다른 문맥에서의 적절한 언어 사용, 언어의 정서적인 표현을 평가하기 그리고 많은 유머와 같은 언어의 형태를 이해하는 것은 우반구와 관련이 있다(Godfrey & Grimshaw, 2016). 또한 사고나 뇌전증(간질) 수술, 혹은 기타 이유로 좌반구의 많은 부분이 소실되면, 많은 경우 우반구가 언어처리 능력을 향상시키기 위해 스스로 기능을 재구성할 수 있다(Xing & others, 2016).

좌반구와 우반구의 기능상의 차이 때문에 사람들은 일반적으로 한쪽 반구가 우세하다는 것을 암시하기 위해 '좌뇌형'과 '우뇌형'이라는 문구를 사용한다. 안타깝게도 이 이야기의 많은 부분은 매우 과장된 것이다. 예를 들어, 비전문가와 대중매체는 일반적으로 좌뇌가 논리적이고 우뇌가 창의적이라고 주장함으로써 뇌 반구의 특수화에 대해 과장한다. 그러나 논리적이고 창의적인 사고와 같은 가장 복잡한 기능은 일반인의 경우 뇌 양측의 소통을 필요로 한다. 뇌를 연구하는 과학자들은 좌뇌형, 우뇌형과 같은 용어가 알려진 것보다 더 복잡하기 때문에 이 용어들을 사용할 때 매우 신중하다.

가소성 우리가 앞에서 보았듯이 뇌는 가소성을 갖는다(de Haan & Johnson, 2016; Nagel & Scholes, 2017). 아동의 경험은 뇌가 발달하는 방식에 영향을 끼친다. 학생들을 최적의 학습 환경에 참여하게 함으로써, 그들의 뇌 발달을 자극할 수 있다.

편도체 뇌에서 정서를 담당하는 기관

편재화 뇌의 각 반구의 기능 특수화

그림 2.6 인간 뇌의 2개의 반구
인간 뇌의 2개 반구는 이 사진에서 명확히 나타난다.

© Arthur Glauberman/Science Source

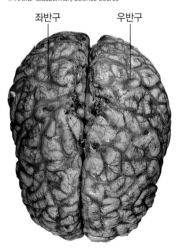

좌반구   우반구

(a)

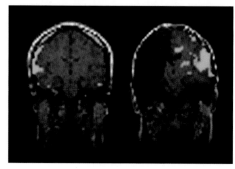

(b)

그림 2.7 뇌 반구의 가소성

(a) 14세의 미하엘 레바인. (b) 미하엘의 우반구는 정상 뇌의 좌반구 영역에서 담당하는 언어 기능을 대체하기 위해 재조직되었다. 그러나 우반구는 좌반구만큼 충분하지 않으며, 뇌의 더 많은 영역이 언어 처리에 관여한다.

© The Rehbein Family

미하엘 레바인의 놀라운 사례는 뇌의 가소성을 설명해준다. 미하엘이 5세일 때 그는 통제 불가능한 발작을 경험하기 시작했다. 하루에 많게는 400번의 발작을 일으켰다. 의사는 발작을 일으키는 그의 좌뇌를 제거하는 것이 유일한 해결책이라고 말했다. 미하엘은 첫 번째 수술을 7세 때 했다. 그리고 또 다른 수술은 10세 때 했다. 회복은 느렸지만, 그의 우뇌가 재조직되기 시작했고, 결국 뇌의 좌반구에서 일반적으로 발생하는 말하기와 같은 기능을 우뇌에서 할 수 있게 되었다(그림 2.7 참조). 미하엘과 같은 사람들은 성장하고 있는 뇌의 놀라운 가소성과 뇌 조직의 손상에 적응하고 회복하는 능력에 대한 생생한 증거이다.

뇌와 아동 교육 불행하게도 매우 자주 언급되고 있는 아동 교육에 대한 뇌 과학의 영향은 추측에 근거한 것이며, 신경과학자들이 뇌에 대해 알고 있는 것과는 거리가 멀다(Busso & Pollack, 2015; Gleichgerrcht & others, 2015). 우리는 신경과학과 뇌 교육 간의 관련성이 명확하지 않음을 알기에 좌뇌가 발달된 사람이 더 논리적이며, 우뇌가 발달된 사람이 더 창의적이라는 과장 광고를 보지 않아도 된다(Sousa, 1995).

신경과학과 뇌 교육 사이에 자주 활발하게 언급되고 있는 또 다른 관련성은 결정적이고, 민감한 시기(생물학적 기회)가 있다는 것으로, 이때 학습은 발달 단계의 후반기보다 더 쉽고, 더 효과적이고 더 잘 유지된다. 그러나 뇌 발달과 학습에 대한 몇몇 전문가들은 결정적 시기에 대한 관점이 과장되었다고 결론지었다. 한 선도적인 신경과학자는 심지어 아동의 뇌가 어릴 때 많은 양의 정보를 획득하지만, 대부분의 학습은 10세 이후의 시냅스 형성이 안정화된 후에 일어날 가능성이 크다고 교육자들에게 말하였다(Goldman-Rakic, 1996).

뇌 발달과 관련된 주요 쟁점은 "뇌에서 일어나는 생물학적 변화가 먼저인가? 아니면 이러한 변화를 자극하는 경험이 먼저인가?"이다(Lerner, Boyd, & Du, 2008). 청소년이 또래압력(peer pressure)에 저항했을 때 대뇌연결은 더 많이 형성되고 전전두엽 피질이 두꺼워진다는 연구를 생각해보자(Paus, & others, 2008). 과학자들은 뇌 변화가 먼저 일어나는지, 아니면 뇌 변화가 또래, 부모 및 다른 사람들과의 경험의 결과인지의 여부를 아직 결정하지 못했다. 다시 한번 우리는 아동과 청소년 발달 연구에 매우 유명한 본성과 양육 논쟁을 만나게 된다.

우리는 빠르게 증가하는 뇌 발달 연구를 교육에 적용할 때 어떤 지식을 활용할 수 있을까? 현재의 지식에 근거하여 다음과 같은 결론을 내릴 수 있다.

- 교육 경험을 포함한 조기 경험과 후기 경험은 모두 뇌 발달에 매우 중요하다. 청소년기 동안 뇌에서 세포와 구조적 수준에서 중요한 변화가 계속 발생한다.
- 뉴런 사이의 시냅스 연결은 아동과 청소년이 체험한 학습 경험의 결과로 인해 극적으로 변화할 수 있다. 뉴런 사이의 연결은 아동이 주의 집중, 기억, 읽기, 쓰기, 수학공부를 하면서 생각할 때 사용된다. 사용되지 않는 연결은 다른 경로로 대체되거나 사라진다.
- 뇌의 가장 높은 수준의 발달(사고, 추론, 결정과 같은 중요한 인지 과정이 발생하는 전전두엽 피질)은 최소한 성인 진입기 동안 계속 진행된다(Monahan & others, 2016). 전전두엽 피질에서의 이러한 발달은 확산에서 보다 초점화되는 쪽으로 이동하며, 정보처리의 효율성을 증진시킨다(de Haan &

Johnson, 2016). 전전두엽 피질의 활성화가 더욱 집중됨에 따라 인지 조절이 증가한다. 이것은 아동이 커가면서 배우는 동안 주의력을 효과적으로 집중시키고 집중을 방해하는 것들을 무시할 수 있음을 보여주는 예이다.

- 아동이 성장하면서 전전두엽 피질의 초점 활성화가 증가함에도 불구하고 청소년기의 뇌 변화는 인지 조절력 증대에 어려움이 있음을 보여준다. 청소년기의 감정 처리와 관련된 변연계와 편도체의 조기 성숙, 그리고 더 길게 이루어지는 전전두엽 피질의 발달은 청소년기의 위험 감수 행동에 관여하는 경향성과 감정 조절의 어려움에 대해 설명해준다(Monahan & others, 2016).

- 뇌 기능화는 특정 경로를 따라 발생하며, 기능의 통합과 관련 있다. 이 분야를 선도하는 전문가인 커트 피셔와 메리 헬렌 이모르디노양(Fischer & Immordino-Yang, 2008)은 다음과 같이 말하였다.

뇌 발달에 대한 연구는 아동 교육에 어떻게 적용되는가?
© Corbis/Age Fotostock RF

심지어 발전의 초창기에 있는 교육 신경과학에서도 확인할 수 있는 한 가지 사실은 아동이 특정한 다양한 경로를 따라서 학습하지만 구분지어진 행동을 하거나 구분지어진 사고를 하지는 않는다는 것이다. 한편에서 아동은 역사나 수학처럼 내용에 의해 구분되는 경로를 따라서 학습하지만, 다른 한편으로는 그러한 경로들을 연결하기도 한다.

스키마 피아제 이론에서 지식을 조직하는 정신적 표상 혹은 행동

읽기는 뇌의 기능이 특정 경로를 통해 어떻게 발생하는지, 그리고 어떻게 통합되는지를 보여주는 훌륭한 예이다. 선생님으로부터 수업 시간에 크게 읽으라는 지시를 받은 아동을 생각해보자. 아동의 눈으로부터 입력된 정보는 뇌로 전달된 다음, 많은 뇌 시스템을 통과하여 흑백의 패턴을 글자, 단어 및 연상을 위한 코드로 변환한다. 출력은 아이의 입술과 혀를 통해 메시지 형태로 나타난다. 뇌 시스템이 언어 처리가 가능한 방식으로 조직되기 때문에 아동은 언어적 재능을 가질 수 있다.

이러한 결론은 아동기와 청소년기의 교육이 아동 및 청소년의 학습과 인지 발달에 도움이 될 수 있음을 시사한다(Monahan & others, 2016). 이 책의 나머지 부분에서 적절한 경우에 뇌 발달 및 아동 교육의 발달과 관련된 연구를 기술할 것이다.

뇌 발달에 대한 연구는 아동 교육에 어떻게 적용되는가?
© Rubberball Productions/Getty Images RF

피아제 이론

시인 노아 페리가 물었다. "누가 아이의 생각을 알 수 있는가?" 그 누구보다도, 유명한 스위스 심리학자 장 피아제(Jean Piaget, 1896~1980)는 알고 있었나.

인지 과정 아동은 세상에 대한 지식을 구성할 때 어떤 과정을 사용하는가? 피아제는 이 과정이 다음의 측면에서 특히 중요하다는 것을 강조했다. 바로 스키마(도식), 동화와 조절, 조직화 그리고 평형화이다.

스키마 피아제(Piaget, 1954)는 아동이 세상에 대한 이해를 구성하려 할 때, 발달 중인 뇌는 스키마(schema)를 생성한다고 말했다. 이것들은 지식을 구성하는 정신적 표상이거나 행동이다. 피아제의 이론에서 행동 스키마(신체 활동)는 유아기의 특징이며, 정신적 스키마(인지 활동)는

그림 2.8 동화와 조절

동화는 사람들이 기존의 스키마에 새로운 정보를 통합할 때 발생한다. 이 8세 아동은 처음에 망치와 못에 대한 자신의 도식적 지식에 기초하여 망치와 못을 어떻게 사용할까?

조절은 사람들이 새로운 정보에 맞게 그들의 스키마를 조정할 때 발생한다. 이 아동은 그림을 성공적으로 걸려고 노력하는 동안 망치와 못에 대한 자신의 도식을 어떻게 조정할까?

아동기에 발달한다. 영아의 스키마는 빨기, 보기 및 쥐기와 같이 사물에 대해서 수행할 수 있는 간단한 동작으로 구성된다. 좀 더 큰 아동은 문제를 해결하기 위한 전략과 계획이 포함되는 스키마를 가지고 있다. 예를 들면, 6세 아동은 크기와 모양 또는 색으로 사물을 분류하는 전략이 포함된 스키마를 가지고 있을 것이다. 성인기에 이르기까지 우리는 자동차를 운전하는 방법부터 예산을 균형 있게 짜는 방법, 공정성의 개념에 이르기까지 상당한 양의 스키마를 구성한다.

동화와 조절 아동이 자신의 스키마를 어떻게 사용하고 적응하는지 설명하기 위해, 피아제는 동화와 조절이라는 두 가지 개념을 제시했다. **동화**(assimilation)는 아동이 새로운 정보를 기존의 스키마에 통합시킬 때 일어난다. **조절**(accommodation)은 아동이 새로운 정보와 경험에 맞게 그들의 스키마를 조정할 때 발생한다.

망치와 못을 들고 벽에 그림을 걸려는 8세 아동을 생각해보자. 아동은 한 번도 망치를 사용해본 적이 없지만, 다른 사람들이 망치질하는 것을 관찰하고 나서 망치라는 것은 손에 쥐어야 하고, 못을 박기 위해 손잡이를 휘둘러야 하는데, 그것도 대개 여러 번 휘둘러야 한다는 사실을 깨닫게 된다. 이 각각의 것을 인식하고, 아동은 자신이 이미 가지고 있는 스키마에 자신의 행동을 맞춘다(동화). 하지만 망치가 무거워서 아동은 머리 부분에 가깝게 잡는다. 그리고 망치를 너무 세게 흔들면 못이 구부러지기 때문에 망치질의 세기를 조절한다. 이러한 조정은 아동이 세상에 대한 자신의 개념 일부분을 변경할 수 있음을 반영한다(조절). 이 예에서 동화와 조절이 모두 필요했던 것처럼, 아동 사고에 도전이 되는 많은 상황에서 동화와 조절이 필요하다(그림 2.8 참조).

조직화 피아제가 말하기를, 아동은 세상을 이해하기 위해 인지적으로 자신의 경험을 조직한다. 피아제의 이론에서 **조직화**(organization)는 분절된 행동과 사고를 상위 시스템으로 집단화한 것이다. 지속적인 조직화는 발달의 고유한 특성이다. 망치를 사용하는 방법에 대해 막연한 생각을 가지고 있는 아동은 다른 도구를 사용하는 방법에 대해서도 모호한 생각을 가질 수 있다. 각각의 사용법을 배운 후에, 그는 자신의 지식을 조직화하면서 각 사용법을 연결한다.

평형화와 발달 단계 평형화(equilibration)는 아동이 생각(사고)의 한 단계에서 다음 단계로 어떻게 전환되는지 설명하기 위해 피아제가 제시한 메커니즘이다. 그 전환은 아동이 인지 갈등을 경험하거나 또는 세상을 이해하기 위해 노력할 때 일어나는 불균형으로 인해 일어난다. 결국 아동은 갈등을 해결하고 사고의 균형, 즉 평형화에 도달하게 된다. 피아제는 인지 변화를 일으키기 위해 동화와 조절이 함께 작용하기 때문에 인지 평형 상태와 불균형 상태 사이에 상당한 이동이 있음을 지적했다. 예를 들어, 어떤 아동이 액체가 다른 모양의 용기에 부어졌기 때문에 단순히 액체의 양이 변한다고 믿는 경우(예 : 짧고 넓은 용기에서 길고 좁은 용기로) 그 아동은 '나머지' 액체가 어디서 나왔는지, 실제로 마실 액체가 더 많이 생긴 것인지와 같은 문제로 혼란스러울 수 있다. 아동은 결국 자신의 사고가 더욱 발달됨에 따라 이 혼란을 해결할 것이다. 일상 속에서 그 아동은 이러한 반증들, 그리고 모순과 끊임없이 직면하게 된다.

동화 피아제 이론의 개념으로 새로운 정보를 기존의 지식(스키마)에 통합하는 것

조절 피아제 이론의 개념으로 새로운 정보와 경험에 맞추기 위해 기존의 스키마를 조정하는 것

조직화 피아제 이론의 개념으로 분절된 행동과 사고를 더 잘 기능하는 고등 인지 체계로 묶는 것. 여러 항목을 집단화하고 배열하여 범주로 나누는 것

평형화 아동이 사고의 한 단계에서 다음 단계로 어떻게 전환되는지 설명하기 위해 피아제가 제시한 메커니즘. 그 전환은 아동이 인지 갈등을 경험하거나 또는 세상을 이해하기 위해 노력할 때 일어나는 불균형으로 인해 일어난다. 결국 아동은 갈등을 해결하고 사고의 균형, 즉 평형화에 도달하게 된다.

감각운동기	**전조작기**	**구체적 조작기**	**형식적 조작기**
유아는 자신의 감각 경험과 신체 운동을 통합함으로써 세상에 대한 이해를 구성한다. 유아는 출생에서 이 단계의 마지막에 있는 상징적 사고의 출현까지 반사적이고, 본능적 행동을 한다.	아동은 단어와 이미지로 세상에 대해 표상하기 시작한다. 이 단어와 이미지들은 상징적 사고의 증가를 반영하며 감각적 정보와 물리적 행동의 결합을 넘어선다.	아동은 구체적 사건에 대해 논리적으로 추론할 수 있으며 대상들을 여러 집합으로 분류할 수 있다.	청소년들은 더 추상적이고, 이상적이며, 논리적인 방식으로 추론한다.

 출생~2세

 2~7세

7~11세

11세~성인기

그림 2.9 피아제 인지 발달의 4단계

(왼쪽에서 오른쪽으로) © Stockbyte/Getty Images RF; © BananaStock/PunchStock RF; © image100/Corbis RF; © Purestock/Getty Images RF

동화와 조절은 아동을 더 높은 단계로 이끈다. 피아제에게 변화를 위한 동기는 평형에 대한 내적 탐색이다. 오래된 스키마가 조정되고 새로운 스키마가 발달됨에 따라 아동은 오래된 스키마와 새로운 스키마를 조직화하고 재구성한다. 마침내 재구성된 그 조직은 기존의 조직과 근본적으로 다르다. 즉 새로운 사고방식인 것이다.

따라서 피아제 이론에 의하면, 이러한 과정의 결과로 개인은 4단계의 발달을 거치게 된다. 세상을 이해하는 다른 방식은 한 단계를 다른 발달 단계보다 더 발전시킨다. 한 단계에서 인지하는 방식은 다른 단계의 그것과 비교하면 질적으로 다르다. 즉 아동이 한 단계에서 추론하는 방식은 그들이 다른 단계에서 추론하는 방식과는 다르다.

피아제의 발달 단계 피아제 단계는 연령과 관련되어 있으며 각기 다른 사고방식으로 구성된다. 피아제는 인지 발달의 4단계를 제안했다. 감각운동기, 전조작기, 구체적 조작기 그리고 형식적 조작기이다(그림 2.9 참조).

DEVELOPMENT

감각운동기 출생에서 2세까지 지속되는 **감각운동기**(sensorimotor stage)는 피아제의 발달 단계에서 첫 번째 단계이다. 이 단계에서 유아는 자신의 감각 경험(보는 것과 듣는 것)과 신체 운동(뻗기, 만지기)을 통합함으로써 세상에 대한 이해를 구성한다. 이러한 이유로 감각운동기라는 용어가 사용될 수 있다. 이 단계의 초기에 유아는 세상에 적응하기 위한 반사적인 동작 패턴보다는 조금 더 많은 것을 보여준다. 이 단계가 끝날 때, 아동은 훨씬 더 복잡한 감각운동 패턴을 보여준다.

전조작기 전조작기(preoperational stage)는 피아제 단계의 두 번째 단계이다. 약 2~7세 사이에 나타나며, 감각운동기보다는 더욱 상징적이지만 조작적 사고는 포함하지 않는다. 논리적이라기보다 더욱 직관적이며 자기중심적인 사고를 한다.

전조작적 사고는 상징적 기능과 직관적 사고의 두 가지 하위 단계로 세분화될 수 있다. **상징적 기능 하위 단계**(symbolic function substage)는 대략 2~4세 사이에 발생한다. 이 하위 단계에서 어

감각운동기 피아제 인지 발달 단계의 첫 번째 단계로, 출생에서 2세까지 지속된다. 이 단계에서 유아는 자신의 감각 경험과 신체 운동을 통합함으로써 세상에 대한 이해를 구성한다.

전조작기 피아제 단계의 두 번째 단계. 대략 2~7세까지 지속되며, 상징적 사고는 증가하지만, 조작적 사고는 아직 나타나지 않는다.

상징적 기능 하위 단계 전조작적 사고의 첫 번째 하위 단계로, 눈에 보이지 않는 대상을 표상하는 능력이 발달하고, 상징적 사고가 증가하고, 자아중심성이 나타난다.

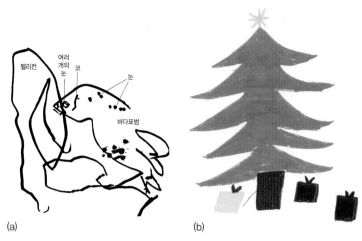

(a)   (b)

그림 2.10 아동의 그림에 나타난 인지 발달 변화
(a) 3.5세 아동의 상징적 그림. 아이는 그림 중간에 바다표범에게 입을 맞추고 있는 펠리컨이
있다고 말했다. (b) 11세 아동의 그림은 더 정돈되었고, 더 현실적이지만, 덜 독창적이다.

린 아동은 눈에 보이지 않는 대상을 정신적으로 표상할 수 있는 능력을 얻는다. 이것은 아동의 정신세계를 새로운 차원으로 확장시킨다. 확장된 언어의 사용과 가상놀이의 출현은 초기 아동기 동안 나타나는 상징적 사고가 증가하였음을 보여준다. 어린 아동은 사람, 집, 자동차, 구름 그리고 세상에 대한 여러 다른 측면을 표상하기 위해 낙서로 표현하기 시작한다. 어린 아동은 현실을 그다지 고려하지 않기 때문에, 그림은 기발하며 독창적이다(Winner, 1986).

세 살 반 정도 되는 아이가 자신이 막 그린 낙서를 보면서 그것을 바다표범에게 입을 맞추고 있는 펠리컨이라고 묘사했다(그림 2.10a 참조). 초등학교에 들어가면 아동의 그림은 더 현실적이고, 정돈되며, 명확해진다(그림 2.10b 참조).

어린 아동이 이 시기에 뚜렷한 진전을 보인다 해도 그들의 전조작적 사고는 여전히 중요한 한계를 가지고 있다. 바로 자기중심성이다. **자기중심성**이란 자기 자신의 관점과 다른 사람의 관점을 구별 할 수 없음을 말한다. 피아제와 바벨 인헬더(Piaget & Inhelder, 1969)는 초기에 세 산 모형을 고안하여 어린 아동의 자기중심성을 연구했다(그림 2.11 참조). 아이는 산 모형 주위를 돌면서 다른 각도에서 보았을 때 산들이 어떻게 보이는지 확인한다. 아이는 또 산위에 다른 물체들이 있는 것도 볼 수 있다. 그리고 나서 아이는 산이 놓여 있는 테이블의 한쪽에 앉혀진다. 실험자는 인형을 테이블 주위의 여러 위치로 옮긴다. 각각의 위치에서 아이는 인형이 바라보고 있는 배경을 담은 정확한 사진을 골라야 한다. 전조작기 아동은 종종 인형이 보고 있는 배경이 아닌 자신이 앉아 있으면서 볼 수 있는 풍경 사진을 선택한다.

전조작기에 발생하는 다른 인지 변화는 무엇일까? **직관적 사고 하위 단계**(intuitive thought substage)는 전조작기의 두 번째 하위 단계이다. 이 시기는 약 4~7세 사이에 나타난다. 이 단계에서 아동은 원시적인 추론을 사용하기 시작하며, 모든 종류의 질문에 대한 답을 알고 싶어 한다. 피아제는 이 단계를 '직관적(intuitive)'이라고 했는데, 왜냐하면 아동은 자신의 지식과 이해에 대해서는 확신을 하지만, 자신이 알고 있는 것을 어떻게 알게 되었는지는 알지 못하기 때문이다. 다시 말해서 전조작기 아동이 어떤 것을 안다고 말하는 것은 이성적 사고의 결과가 아니다.

직관적 사고 하위 단계 전조작기 사고의 두 번째 하위 단계로서, 약 4~7세 사이에 나타난다. 아동은 원시적인 추론을 사용하기 시작하며 모든 종류의 질문에 대한 답을 알고 싶어 한다. 이 시기 아동은 자신의 지식에 대해 확신을 가지고 있으나, 자신이 알고 있는 것을 어떻게 알게 되었는지는 알지 못한다.

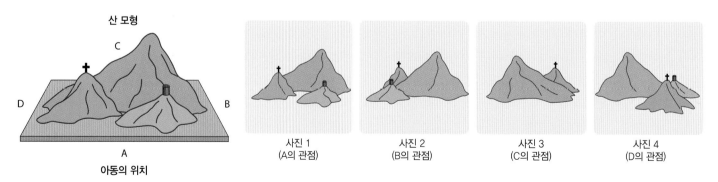

그림 2.11 피아제의 세 산 모형 과제
왼쪽 끝에 있는 산 모형은 A에서 바라보는 아이의 시각을 보여준다. 제시된 4개의 사각형은 4개의 다른 관점에서 산을 보여주는 A, B, C, D 모형의 사진이다. 실험자는 B의 위치에서 산이 보이는 사진을 확인하라고 한다. 사진을 정확하게 확인하기 위해 B의 위치에 앉아 있는 사람의 관점을 알아야 한다. 언제나 전조작적 방식으로 사고하는 아동은 이 과제를 수행할 수 없다. B의 위치에서 산이 보이는 것을 고르라고 할 때, 정확한 관점인 사진 2를 선택하는 대신 사진 1을 선택한다. 이 사진은 A 위치의 관점, 즉 아동 자신의 관점이다.

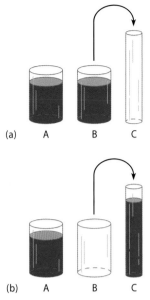

그림 2.12 피아제의 보존 개념 과제

비커 실험은 아동이 조작적으로 사고할 수 있는지를 확인하기 위해 고안된 피아제의 유명한 검사로서, 정신적으로 가역적 행위를 할 수 있는지, 그리고 물질의 보존을 보여줄 수 있는지를 위해 고안되었다. (a) 2개의 동일한 비커를 아동에게 보여준 후 실험자는 B의 액체를 C 비커에 붓는다. C는 A나 B보다 더 길고 좁은 비커이다. (b) 아동에게 이 2개의 비커(A와 C)의 액체가 같은 양인지 묻는다. 전조작기 아동은 '아니다'라고 대답한다. 좀 더 액체가 많은 비커를 가리키라고 하면, 전조작기 아동은 길고 좁은 비커를 가리킨다.

이러한 많은 전조작적 사고의 예시들은 **중심화**(centration)라고 불리는 사고의 특징을 보여주는데, 이것은 주의를 한 가지 측면에 맞추고 나머지 측면은 고려하지 않는 것을 말한다. 중심화는 전조작기 아동의 보존, 즉 사물의 외양이 바뀌더라도 사물의 어떤 특성은 그대로 유지된다는 개념의 결핍을 명확하게 나타낸다. 예를 들어, 용기 모양에 관계없이 일정량의 액체가 그대로 유지된다는 것은 성인에게는 분명한 사실이다. 하지만 아동에게 이는 분명한 사실이 전혀 아니다. 그들은 용기의 모양은 간과하고 오히려 용기에 담겨 있는 액체의 높이에 집중한다. 이런 유형의 **보존**(conservation) 과제(피아제의 가장 유명한 과제)에서 한 아동에게 2개의 동일한 비커가 주어지며, 각각은 같은 높이의 액체로 채워진다(그림 2.12 참조). 아동에게 2개의 비커 안의 액체가 같은 양이냐고 물었을 때, 아이는 보통 그렇다고 대답한다. 그다음 한 비커 안에 있던 액체를 더 길고 좁은 세 번째 비커에 붓는다. 아이에게 이제 더 길고 좁은 비커 안에 있는 액체가 원래의 두 번째 비커에 남아 있던 액체와 같은 양이냐고 묻는다. 7세 혹은 8세 이하의 아동은 아니라고 답한다. 그들은 비커의 높이 또는 너비를 참조하여 그들의 답을 합리화한다. 7~8세 이상의 아동은 대부분 그렇다고 대답한다. 그들은 다음과 같이 자신의 대답에 대한 합리적인 이유를 말한다. "만약에 당신이 다시 그 액체를 원래 비커에 붓는다면, 두 비커 안의 액체의 양은 똑같을 것입니다."

피아제의 관점에서 액체보존 과제에서 실패하는 것은 그 아동이 전조작기에 있음을 나타낸다. 이 실험 단계를 통과한다는 것은 아동이 **구체적 조작기**에 있음을 말한다.

피아제에 따르면, 전조작기 아동은 또한 **조작**(operation)이라고 불리는 것을 수행할 수 없다. 피아제의 이론에서 조작은 현재의 상태에서 이전의 상태로 되돌리는, 즉 가역적 과정의 정신적 표상이다.

비커 과제와 마찬가지로 학령전 아동은 행동을 되돌린다는 것이 행동이 시작된 원래의 상태로 되돌아가는 것임을 이해하는 데 어려움을 겪는다. 다음의 두 예시는 피아제의 조작 개념을 이해하는 데 도움이 된다. 어린 아동은 아마도 4+2=6이라는 것은 알지만 그 역인 6-2=4라는 것은 이해하지 못할 것이다. 혹은 한 학령전 아동이 매일 친구 집에 갈 때는 걸어서 가지만, 다시 자신의 집으로 돌아갈 때는 차를 타고 온다고 가정해보자. 만약 그 아이에게 집으로 돌아올 때 걸어서 오

중심화 전조작적 사고의 특징으로, 다른 모든 측면은 고려하지 않고 하나의 특징에 주의를 집중(중심화)하는 것

보존 피아제 이론의 구체적 조작기에 발달하는 개념으로, 사물의 외양이 바뀌더라도 그것의 어떤 특성은 그대로 유지된다는 개념

라고 해본다면, 그는 아마 한 번도 걸어서 집에 와본 적이 없기 때문에 돌아오는 길을 모른다고 할 수도 있다.

몇몇 발달론자들은 피아제가 보존 개념의 발현을 정확하게 예측했다고 믿지 않는다. 예를 들어, 로첼 겔만(Gelman, 1969)은 학령전 아동에게 보존 과제의 관련된 측면에 주의를 기울이도록 훈련시켰다. 이것은 실제로 그들의 보존 기술을 향상시켰다.

또한 아동은 보존 개념을 습득하는 데 상당한 차이를 보인다. 연구자들은 50%의 아동이 6~9세 때 질량보존의 개념을 발달시키고, 4~9세 아동 중 50%는 길이보존 개념을 가지고 있으며, 7~9세 아동 50%는 면적에 대한 보존 개념이 있으며, 그리고 50%의 아동은 8~10세가 될 때까지 무게의 보존 개념을 획득하지 못함을 발견했다(Horowitz & others, 2005; Sroufe & others, 1992).

전조작기의 아동에게 나타나는 또 다른 특징은 질문을 많이 한다는 것이다. 빗발치는 질문 공세는 대략 3세 때 시작된다. 5세쯤이 되면 "왜요?"라는 질문으로 주변에 있는 어른을 지치게 만든다. "왜"라는 질문은 사물이 왜 그런지를 알아내기 위해 아동의 관심이 나타났다는 신호이다. 다음의 예는 4~6세의 아동이 묻는 질문의 예이다(Elkind, 1976).

"당신은 왜 이렇게 컸죠?"

"모두가 아기였을 때는 엄마는 누가 되나요?"

"왜 낙엽은 떨어져요?"

"해는 왜 빛나죠?"

구체적 조작기 구체적 조작기(concrete operational stage)는 피아제의 인지 발달 단계에서 세 번째 단계로, 대략 7~11세 사이에 일어난다. 구체적 조작기 아동은 조작적으로 생각하며, 직관적 사고가 사라지고 논리적으로 사고한다. 논리적 추론이 직관적인 추론을 대체하지만, 구체적인 상황에서만 논리적으로 사고할 수 있다. 분류 기능도 나타나지만 추상적인 문제는 해결할 수 없다.

구체적 조작은 실제적이고 구체적인 대상에 관련된 가역적인 정신적 활동이다. 또한 아동이 사물의 단일 속성에 초점을 맞추기보다는 여러 특성을 고려할 수 있게 한다. 구체적 조작기 아동은 이전에 신체적으로만 할 수 있었던 것을 정신적으로도 할 수 있게 되며, 가역적 사고가 가능해진다.

학생과 연계하기 : 최고의 실천
전조작기 아동에게 도움이 되는 전략

방금 읽은 것처럼, 어린 아동들은 좀 더 큰 아동과는 다르게 생각한다. 다음은 어린 아동의 사고를 성장시킬 수 있는 효과적인 전략이다.

1. *아동에게 비교를 하게 한다.* 더 크고, 더 길고, 더 넓고, 더 무겁고, 더 길다와 같은 개념을 활용한다.
2. *아동에게 배열(배치)하는 조작 경험을 제공한다.* 예를 들어 길고 짧은 줄을 긴 순서대로 또는 반대 순서로 한 줄로 세우도록 한다. 나비의 진화 사진이나 옥수수 콩이 돋아나는 사진 혹은 동물과 식물의 생활주기에 대한 다양한 예를 보여준다.
3. *아동이 원근감을 가지고 장면을 그리도록 한다.* 그림 속의 물체를 그들이 풍경을 볼 때 그 물체가 놓여 있는 같은 위치에 있게 보이도록 그리게 하라.

예를 들어 아동이 들판의 끝에서 말을 보게 된다면 그들은 그림에서도 같은 위치에 말을 그려야 한다.
4. *경사가 있는 평면이나 언덕을 만들어본다.* 그리고 아동에게 여러 크기의 구슬을 평면 아래로 구르게 한다. 아동에게 각각 다른 크기의 구슬이 얼마나 빨리 경사의 끝부분에 도달하는지 비교하게 한다. 이것은 아동의 속도 개념 이해를 도와줄 것이다.
5. *아동에게 결론을 내릴 때 그 답의 합리적인 이유를 말하게 한다.* 예를 들어, 아동이 짧고 넓은 용기에 있던 액체를 길고 좁은 용기에 넣는 것이 액체의 용량을 변하게 한다고 대답한다면 "왜 그렇게 생각하니?" 혹은 "이걸 다른 친구에게 어떻게 증명할 수 있겠니?"라고 물어본다.

중요한 구체적 조작은 사물을 여러 다른 하위 범주로 분류하거나 나누고, 그들의 상호 연관성을 고려하는 것이다. 4세대 가계도에 대한 추론은 아동의 구체적인 조작 기능을 보여준다(Furth & Wachs, 1975).

그림 2.13에 있는 가계도는 할아버지(A)에게 3명의 자녀(B, C, D)가 있음을 말해준다. 또 세 자녀에게는 각각 2명의 아이(E부터 J)가 있다. 그리고 그 아이들 중 1명(J)은 3명의 아이(K, L, M)가 있다. 구체적 조작기의 사람들은 이 분류를 이해한다. 예를 들어 그들은 J라는 사람이 동시에 아빠, 형제, 그리고 손자가 될 수 있음을 이해한다. 하지만 전조작기 아동은 이해하지 못한다.

몇몇 피아제 이론의 과제는 아동이 어떤 종류 사이에 나타나는 관계성을 추론하게 하는데, 그중 하나가 **서열화**(seriation)이다. 서열화는 어떤 양적 차원(예 : 길이)에 따라 순서대로 배열하는 능력을 포함하는 구체적 조작이다. 학생들이 서열화를 할 수 있는지 알아보기 위해 선생님은 무작위로 8개의 서로 다른 길이의 막대기를 테이블 위에 올려놓는다. 그리고 선생님은 학생들에게 그 막대기들을 길이에 따라 배열하라고 시킨다. 많은 어린 학생들은 8개의 막대기를 모두 바르게 배열하기보다는 '큰' 막대기 혹은 '작은' 막대기로 분류해 결과적으로 2개 혹은 3개의 그룹이 되게 한다. 그들이 사용하는 또 다른 잘못된 전략은 막대기의 윗부분만 똑같은 길이로 맞추고 밑부분은 무시해버리는 것이다. 구체적 조작 사고를 하는 사람들은 막대기를 배열할 때 바로 앞의 막대기보다는 길어야 하고 그다음에 오는 막대기보다는 짧아야 함을 동시에 이해한다.

이행성(transitivity)은 관계에 대해 유추하고 논리적으로 결합할 수 있는 능력과 관련이 있다. 제1의 사물과 제2의 사물 사이에 관계가 있고 제2의 사물과 제3의 사물 사이에 관계가 있다면, 제1과 제3의 사물 사이에도 관계가 성립된다. 예를 들어, 길이가 다른 3개의 막대기(A, B, C)를 생각해보자. A는 가장 길고 B는 중간 길이이며 C는 가장 짧다. 아동은 만약 A가 B보다 길고, B가 C보다 길다면 A가 C보다 길다는 것을 알 수 있을까? 피아제의 이론에 따르면, 구체적 조작기 아동은 구별할 수 있지만 전조작기의 아동은 그렇지 않다.

형식적 조작기　대략 11세에서 15세까지 나타나는 **형식적 조작기**(formal operational stage)는 피아제의 인지 단계에서 네 번째 단계이며 마지막 단계이다. 이 단계에서 개개인은 구체적인 경험에 대한 추론을 넘어 좀 더 추상적이고 관념적이며 논리적인 방식으로 생각한다.

형식적 조작기 사고의 추상적인 관념은 언어적인 문제를 해결할 때 명확해진다. 구체적 조작기 사고를 하는 아동은 A가 B이고 B가 C이면 A가 C라는 논리적 추론을 하기 위해 구체적인 요소인 A, B 그리고 C를 보아야 한다. 이와 달리 형식적 조작기 사고를 하는 아동은 이 문제가 언어로 제시되어도 바로 해결할 수 있다. 형식적 사고의 추상적인 특성에 수반되는 것은 가능성에 대해 이상화하고 상상하는 능력이다. 이 단계에서 청소년은 자기 자신과 다른 사람들이 바라는 이상적인 것에 대한 확장된 추론도 하게 된다. 이러한 이상주의적인 사고는 판타지 형태로 표현될 수 있다. 많은 청소년은 새로 발견된 이상과 그것들을 실행하는 방법에 대한 문제에서 조급해한다. 청소년은 더욱 추상적이고 이상적으로 사고하는 동시에 또한 더욱 더 논리적으로 사고하기 시작한다. 형식적 조작기 사고를 하는 사람으로서, 그들은 오히려 더 과학자에 가깝게 생각한다. 그들은 문제를 해결하기 위한 계획들을 고안해내고, 체계적으로 문제해결을 검증한다. 피아제의 용어인 **가설 연역적 추론**(hypothetical-decuctive reasoning)은 청소년이 문제를 해결하기 위해 가설을 발전시키고

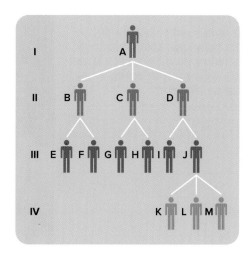

그림 2.13 분류

4세대 가계도(I에서 IV까지) : 전조작기 아동은 4세대를 분류하는 데 어려움을 겪는다. 구체적 조작기 아동은 가족들을 수직적, 수평적 그리고 사선으로도 분류할 수 있다. 예를 들어, 구체적 조작기의 아동은 어떤 가족 구성원은 동시에 아들, 형제, 아빠가 될 수 있음을 이해할 수 있다.

시열회　어떤 양적 치원에 따라 치례대로 배열하는 능력과 관련 있는 구체적 조작

이행성　관계에 대해 유추하고 논리적으로 결합할 수 있는 능력

형식적 조작기　피아제의 네 번째 인지 발달 단계로, 대략 11~15세 사이에 나타나며, 이들의 사고는 좀 더 추상적이고, 관념적이며 논리적이 된다.

가설 연역적 추론　피아제의 형식적 조작기의 개념으로, 청소년은 문제해결을 위해 가설을 만들고 결론에 체계적으로 도달할 수 있다는 개념

청소년의 가설적으로 추론하고 이상과 실제를 평가하는 능력은 그들을 교육 향상시키기와 관련된 시위에 참여하게 할 것이다. 청소년의 가설 연역적 추론 및 이상적 사고와 같은 새로운 인지 능력에 매력적일 수 있는 다른 요인은 무엇인가?

© Jim West/Alamy

결론에 체계적으로 도달한다는 것을 말한다. 형식적 조작기 사고를 하는 아동은 선택된 질문과 평가로 그들의 가설을 신중하게 검증한다. 대조적으로 구체적 조작기 아동은 이미 무시된 아이디어에 고집 세게 집착하면서, 가설과 잘 선택된 가설 검증 사이의 관계를 이해하지 못한다.

자기중심성의 어떤 형태는 청소년기에도 마찬가지로 나타난다(Elkind, 1978). 청소년 자기중심성은 청소년이 자신에게 관심이 있는 만큼 다른 사람들도 그들에게 관심이 있다고 믿는 청소년의 신념에 반영되어 나타나는 강화된 자아의식이다. 청소년 자기중심성은 또한 개인적인 독특함을 포함한다. 그것은 눈에 띄고 조명을 받기를 원하는 욕구를 포함한다. 자기중심성은 보통의 청소년에게 나타나는 것으로, 고등학생 때보다 중학생 때 더 흔하게 볼 수 있다. 그러나 일부 개인의 경우 청소년기 자기중심성은 자살 생각, 약물 사용, 성관계 중 피임약 사용 실패 등의 무모한 행동의 원인이 될 수 있다. 자기중심성은 일부 청소년들로 하여금 스스로 불사신과 같다는 생각을 하게 한다.

학생과 연계하기 : 최고의 실천
구체적 조작기 아동에게 도움이 되는 전략

당신이 배운 것처럼 대부분의 초등학교 아동은 구체적 조작기 수준에서 생각한다. 그들의 사고 과정은 어린 아동뿐만 아니라 청소년의 사고와도 다르다. 다음의 예시들은 구체적 조작기에 있는 아동의 사고를 발달시킬 수 있는 효과적인 방법이다.

1. 학생들로 하여금 개념과 원리를 발견하도록 한다. 학생들이 학습 내용에 집중할 수 있도록 학습하고 있는 것이 무엇인지에 관해 질문한다. 학생이 질문에 대한 답을 바로 말하지 않게 한다. 학생에게 먼저 생각하고 대답하도록 한다.

2. 아동을 조작적 과제에 참여시킨다. 여기에는 덧셈, 뺄셈, 곱셈, 나눗셈, 배열

하기, 서열화 및 가역성이 포함된다. 이 과제를 위해 나중에는 수학 기호를 가르칠 수 있겠지만, 구체적인 자료를 사용한다.

3. 학생들이 분류 구조의 오름차순 및 내림차순 개념을 연습하는 활동을 계획한다. 학생들이 크기 순서대로 다음을 열거하게 한다(가장 큰 것에서 가장 작은 것으로). 예를 들면, 애틀랜타시, 조지아시, 미국, 서반구, 지구를 순서대로 열거하기 등이다.

4. 면적, 무게 및 부피 보존 개념이 필요한 활동을 한다. 서로 다른 영역에서 학생들이 보존 개념을 획득하는 데 상당한 차이가 있음을 깨달아야 한다.

5. 학생들이 문제를 해결할 때 학생들이 답에 대해 이유를 제시하도록 계속 요청한다. 이는 학생들이 결론의 타당성과 정확성을 확인하는 데 도움을 준다.

그러나 많은 청소년은 자신들을 무적이라고 생각하지 않는다
는 연구 결과들은 자기중심성으로 인해 청소년이 스스로를 무
적으로 생각한다는 개인적 우화의 정확성에 대해 의문을 제기
하였다(Fischoff & others, 2010). 일부 연구에 따르면, 청소년
들은 자신을 무적이라고 생각하지 않으며, 일찍 죽는 경험에 상
처를 받은 것으로 나타났다(Reyna & Rivers, 2008). 페이스북
과 같은 소셜 미디어는 청소년 자기중심성을 증폭시키는 도구
로 사용될 수 있을까? 최근 연구에 따르면, 페이스북 사용이 실
제로 자기에 대한 관심을 증가시키는 것으로 나타났다(Chiou,
Chen, & Liao, 2014).

나는 최근에 교사들에게 피아제의 인지 단계를 학급에 적용
하는 방법을 설명해달라고 요청했다. 다음은 그들의 의견이다.

청소년 자기중심성의 특징은 무엇인가?
© moodboard/Getty Images RF

유치원 교사 전조작기에 있는 유치원생에게 노래를 가르칠 때, 저는 파워포인트 슬라이드를 사용
합니다. 슬라이드에는 노래의 모든 단어가 들어 있거나 혹은 핵심 단어만 포함되
어 있으며, 슬라이드 테두리에 노랫말에 맞는 클립 아트와 그림이 포함되어 있습
니다.

－코니 크리스티, 애노어초등학교(학령전 프로그램)

초등학교 교사 제가 맡은 2학년 과학 수업에서 저는 다음과 같은 방법을 사용하여 학생들이 구체
적 사고에서 좀 더 추상적 사고를 하도록 도와줍니다. 아동에게 과제를 주고 어떤 일이 일어날지
토론하게 했습니다(예 : 물체가 가라 앉거나 뜬다. 거기에 무언가가 추가되었을 때 결과가 변경된
다). 그런 다음, 실제로 관찰하게 하여 이론이나 아이디어가 발전될 수 있도록 합
니다. 아동이 상황을 관찰하고 보았던 것을 설명할 때, 그들은 쉽게 구체적인 것에
서 더 추상적인 단계로 이동할 수 있습니다. 이런 저런 방법이 학생들에게 효과가
있어도, 그것을 자주 반복해야 합니다.

－재닌 귀다 포트레, 클린턴초등학교

중학교 교사 저는 7학년 학생들에게 교실 수업을 실제 생활에 적용한 사례를 공유하라고 합니다.
그들은 추가 점수를 얻을 수 있지만, 학생들은 점수보다는 실제 생활에 적용한 사례를 공유하는 것
에 더 관심이 있어 보입니다. 예를 들어, 진보주의(progressivism)에 대한 단원을 마치고, 어떤 학생
은 집에서 어떻게 컴퓨터로 온라인에 접속해서 다르푸르 난민들을 돕기 위해 기부
한 일을 공유했습니다. 원래 그는 이 돈으로 새로운 기타를 구입할 계획이었습니
다. 이 학생은 100년 전 진보주의 시대의 사회행동주의 이론을 오늘날의 삶에 적
용했습니다. 이 학생의 행동은 피아제의 형식적 조작기의 특징을 보여줍니다.

－마크 포드니스, 배미지중학교

고등학교 교사 저의 고등학교 예술반 학생들은 (창의력을) 개발하고 만들어내며
탐구하고 문제를 해결하고, 그들에게 제시된 도전적인 해결책을 수행하는 창의성
경진대회에 참여합니다. '국제 학생 창의력 올림피아드' 대회에서 학생들은 겉으
로 보기에는 불가능한 과제를 해결하기 위해 아이디어와 해결책을 브레인스토밍

학생과 연계하기 : 최고의 실천
형식적 조작기 학생들에게 도움이 되는 전략

방금 배운 것처럼 청소년은 아동과 다른 차원에서 생각한다. 다음은 형식적 조작기의 청소년을 위한 효과적인 전략이다.

1. 많은 청소년이 완전한 형식적 조작기에 있지 않음을 알아야 한다. 따라서 이전의 구체적 조작기 아동 교육에 적용했던 교수 전략이 여전히 많은 초기 청소년에게 적용된다. 다음의 '교사의 시선'에 나타나 있는 것처럼, 조지아주 밀러마그넷고등학교 수학교사인 제리 홀은 교육과정이 너무 형식적이고 너무 추상적일 때 학생들의 머리를 그냥 지나쳐버릴 것이라고 강조했다.

교사의 시선: 피아제 이론을 지침서로

나는 아동이 수학을 배우도록 돕는 지침으로 피아제의 발달 이론을 활용한다. 6~8학년 아동은 인지 과정에서 구체적 단계에서 추상적 단계로 옮겨가고 있다. 따라서 나는 가르칠 때 학생들이 개념을 이해하도록 돕기 위해 다른 방법을 사용하려고 한다. 예를 들어, 분수 원(fraction circle)을 사용하여 학생들이 분수를 더하고 빼거나, 곱하고, 나누는 방법을 이해하도록 돕고, 학생들은 알고리즘에 능숙해질 때까지 이것을 사용해야 한다. 나는 방법을 그냥 가르치거나 훈련을 시켜서 연습하도록 하기보다는 학생들이 스스로 규칙을 발견하는 실제

경험에 통합시키려고 노력한다. 수학 규칙 뒤에 있는 이유를 이해하는 것이 개념을 더 잘 이해할 수 있는 방법임을 학생들이 아는 것은 매우 중요하다.

2. 문제를 제시하고 학생들에게 그것을 해결하는 방법에 대한 가설을 세우도록 권유한다. 예를 들어, 교사는 "소녀가 친구가 없다고 상상해봐. 그녀는 어떻게 해야 하겠니?"라는 질문을 할 수 있다.
3. 문제를 제시하고 접근 가능한 몇 가지 방법을 제안한다. 그런 다음, 학생들이 접근 방법을 평가하도록 자극하는 질문을 한다. 예를 들어, 강도를 조사하는 몇 가지 방법을 설명하고 학생들에게 가장 좋은 방법과 이유에 대해 평가하도록 한다.
4. 학생들이 수행할 프로젝트와 조사를 고안한다. 학생들에게 데이터를 어떻게 수집할 것이며, 수집한 데이터를 어떻게 분석할 것인지 주기적으로 질문한다.
5. 학생들이 리포트를 쓸 때 위계적인 개요를 만들어보게 한다. 그들이 일반적이고 구체적인 관점에서 자신의 글을 조직하는 방법을 이해했는지 확인한다. 형식적 조작기의 추상성으로 인해 교사는 이 단계의 학생들에게 은유를 사용하게 할 수 있다.

해야 하는 도전을 받았습니다. 이 행사에 참여한 결과, 그들은 세계 챔피언이라는 타이틀과 함께 주와 지역에서 우승을 했습니다.

—데니스 피터슨, 디어리버고등학교

TECHNOLOGY

피아제, 구성주의, 그리고 공학 구성주의의 기본 아이디어는 학생들이 정보와 지식을 적극적으로 구성할 때 가장 잘 배울 수 있다는 것이다. 피아제의 이론은 강한 구성주의의 관점이다. 일찍이 아동의 학습에 공학을 적용한 시모어 페퍼트(Papert, 1980)는 피아제와 5년간 연구하였으며, 피아제의 구성주의 관점에 기초하여 컴퓨터용 로고 프로그래밍 언어를 개발하였다. '로고 거북'이라고 명명된 작은 로봇이 구성주의적 해결 방법으로 아동이 문제를 해결하도록 이끌었다. 오늘날 그 토대가 구성주의에 있다고 주장하는 다양한 프로그램이 전 세계의 학교에서 사용되고 있다. 다양한 학년의 학생들을 위한 로봇 키트의 예를 들자면, BeeBots(www.bee-bot.us)는 매우 어린 아동조차도 프로그래밍할 수 있는 자율운동 프로그램이다. Dash(www.makewonder.com/dash)와 Finch(www.finchrobot.com)는 프로그래밍 앱과 언어의 쌍으로 만들어진 프로그램이다. Cubelets(www.modrobotics.com/cubelets)는 빛, 소리, 움직임 및 기타 환경 신호에 반응하도록 프로그래밍할 수 있는 센서 기반 블록이다. Arduino(www.arduino.cc)는 더 나이가 있는 아동에게 적합한데, 센서를 사용하는 로봇(로보틱스)을 만드는 프로그램이다.

구성주의 사고를 지지하는 다른 공학기술로는 아동을 위한 온라인 프로그래밍과 커뮤니케이션 공간인 Scratch(http://scratch.mit.edu) 그리고 인터넷을 통해 연결된 컴퓨터 클럽 컨소시엄인 컴퓨터 클럽 하우스 네트워크(www.computerclubhouse.org)가 있다. 이것은 저소득 지역사회의 10~18세 사이의 아동을 위한 것으로, 성인 멘토와 창의적이며 안전한 학교 밖 학습 환경을 제공하기 위

해 만들어졌다. 이 분야의 중요한 발전은 컴퓨터 사고 운동인데, 21세기에 기능하기 위하여 컴퓨터가 어떻게 작동되는지 학생들이 이해할 필요가 있음을 강조한다(https://www.iste.org/explore/articleDetail?articleid=152 참조).

피아제의 이론 평가하기 피아제의 주요 공헌은 무엇인가? 그의 이론은 시간이 흘러도 옳다는 평가를 받는가?

공헌점 피아제는 발달심리학 분야의 대가이다. 아동의 인지 발달에 대해 이루어진 오늘날의 연구를 보면 우리는 그에게 빚을 지고 있다고 말할 수 있다. 우리는 동화와 조절, 대상영속성, 자기중심성, 보존, 가설 연역적 추론을 포함하여 그의 대가다운 개념으로 채워진 긴 목록에 대해 공부하였다. 윌리엄 제임스, 존 듀이와 함께 우리는 또한 아동을 능동적인 구성주의적 사고가라고 보는 현재의 시각에 대해서도 피아제의 공헌이 크다.

피아제는 또한 아동을 관찰하는 것에 관한 한 천재였다. 그의 세심한 관찰은 아동이 행동하고 세상에 적응하는 법을 발견할 수 있는 독창적인 방법을 우리에게 보여주었다. 피아제는 우리에게 인지 발달에서 찾을 수 있는 중요한 것을 보여주었다. 그는 또한 아동이 어떻게 자신의 경험을 자신의 스키마(인지적 틀)에 맞추는지, 또 동시에 자신의 스키마를 경험에 맞게 어떻게 조정하는지 보여주었다.

전 세계 100개의 컴퓨터 클럽하우스 중 하나의 클럽 하우스에 있는 아이들. 컴퓨터 클럽 하우스는 저소득 지역의 학생들에게 자신의 아이디어를 탐구하고 그러한 기술을 발달시키는 데 공학 기술을 창의적으로 사용할 수 있는 기회를 제공한다.

© Dennis M. Sabangan/EPA/Alamy

비판 피아제 이론은 도전을 받아왔으며, 다음과 같은 영역에서 질문이 제기되었다.

- **아동의 능력 평가.** 아동의 일부 인지 능력은 피아제의 생각보다 더 일찍 발현되며 다른 인지 능력은 생각보다 나중에 발생한다(Monahan & others, 2016; Quinn & Bhatt, 2016). 피아제는 수의 보존 개념이 7세가 되어야 나타난다고 생각했지만, 3세 때에도 나타난다는 것이 증명되었다. 어린 아동은 피아제가 생각한 것처럼 한결같이 이것보다 '먼저' 또는 저것보다 '먼저'(전인과적, 전조작적)이지 않다(Flavell, Miller, & Miller, 2002). 다른 인지 능력은 피아제의 생각보다 더 늦게 발현될 수 있다. 많은 청소년이 여전히 구체적 조작기 방식으로 생각하거나 이제 막 형식적 조작기를 숙달하기 시작한다(Kuhn, 2009).
- **단계.** 인지 발달은 피아제가 구상한 단계 그대로 나뉘어 있지 않다(Müller & Kerns, 2015). 피아제는 단일의 사고 구조로 단계들을 상상했다. 하지만 몇몇 구체적 조작기의 개념은 동시에 나타나지 않는다. 예를 들어 아이들은 교차 분류를 배우면서 동시에 보존 개념을 배우지 않는다.
- **아동이 더 높은 수준에서 추론하도록 훈련하기.** 전조작기와 같은 인지 단계에 있는 일부 아동은 높은 인지 단계(예 : 구체적 조작기)에서 추론하도록 훈련받을 수 있다. 하지만 피아제는 이러한 훈련이 아동이 성숙해진 상태에서 상위 단계로 전환하지

피아제와 그의 가족들. 피아제의 세 자녀(루시엔느, 로랑, 자클린)에 대한 세심한 관찰은 피아제가 인지 이론을 발달시키는 데 기여하였다.

© Archives Jean Piaget, Geneva

논리 과학과 수학에서 유능한 교사를 만나 훌륭한 교육을 받는 것은 조작적 사고 발달을 촉진시키는 중요한 문화적 경험이다. 피아제는 아동의 인지 발달에서 학교 교육과 문화의 역할을 과소평가하였을까?

© Monkey Business Images/Shutterstock RF

되돌아보기/앞날을 생각하기
정보처리 접근은 아동이 정보를 처리하기 위해 점진적으로 용량을 증진시킨다는 점을 강조한다. 제7장 '정보처리 접근'과 연계해 생각해 보자.

DEVELOPMENT

신피아제 이론가 피아제가 몇 부분에서는 옳았지만 그의 이론은 상당한 개정이 필요하다고 믿는 발달심리학자들. 그들은 주의, 기억, 전략을 통한 정보처리를 강조한다.

근접 발달 영역(ZPD) 비고츠키의 용어로, 아동이 혼자 힘으로 완수하기는 너무 어렵지만 성인이나 숙련된 아동의 안내와 도움을 받아 학습할 수 있는 과제의 범위

비계설정 학습을 돕기 위한 지원의 수준을 변경하는 기법, 학생의 현재 수행 수준에 맞추어 교사나 더 유능한 또래가 안내나 지원의 양을 조절하는 것

않는다면 단지 피상적이며 비효과적이라고 주장했다(Gelman & Opfer, 2004).

- **문화와 교육.** 문화와 교육은 피아제가 생각한 것보다 아동 발달에 더 큰 영향을 미친다(Gauvain, 2016). 예를 들면, 아동이 보존 기능을 습득하는 나이는 그들이 속한 문화가 얼마나 적절한 연습을 제공하는지와 관련이 있다(Cole, 2006). 유능한 교사는 아동이 더 높은 차원의 인지 단계로 갈 수 있도록 학습 경험을 안내해줄 수 있다.

여전히 일부 발달심리학자들은 피아제의 이론을 버려서는 안 된다고 생각한다. 이러한 **신피아제 이론가**(neo-Piagetians)들은 피아제가 일부 옳았지만 그의 이론은 일부 수정이 필요하다고 주장한다. 신피아제 이론가들은 주의, 기억, 전략을 통해 아동이 어떻게 정보를 처리하는지 강조한다(Case, 2000). 그들은 특히 아동의 사고를 보다 정확하게 이해하기 위해서는 전략에 대한 지식, 즉 아동이 특정 인지 과제를 포함하여 정보를 얼마나 신속하고 자동적으로 처리하는지, 그리고 인지 문제를 보다 작고 정확한 단계로 나누는 지식들이 필요하다고 강조했다(Fazio, DeWolf, & Siegler, 2016).

이런 비판에도 불구하고 피아제의 이론은 매우 중요한 이론이다. 우리가 다음에 볼 수 있듯이, 그의 이론을 아동 교육에 적용할 수 있는 방법은 많다.

비고츠키 이론

피아제 이론 외에도 아동의 인지에 초점을 맞춘 또 다른 주요 발달 이론이 러시아의 비고츠키에 의해 개발되었다. 비고츠키의 이론에 따르면 아동의 인지 발달은 그들이 사는 문화적 맥락에 의해 형성된다(Gauvain, 2016; Holzman, 2017; Yasnittsky & Van der Veer, 2016).

근접 발달 영역 아동의 인지 발달에 대한 사회적 영향, 특히 교수(교육)의 중요성에 대한 비고츠키의 신념은 그의 근접 발달 영역 개념에 반영되어 있다. **근접 발달 영역**(zone of proximal development, ZPD)은 비고츠키의 용어로, 아동이 혼자 힘으로 완수하기는 너무 어렵지만 성인이나 숙련된 아동의 안내와 도움을 받아 학습할 수 있는 과제의 범위를 말한다. 따라서 ZPD의 하한선은 아동이 독립적으로 수행하여 도달하게 된 기술의 수준이다. 상한선은 유능한 교사의 도움을 받아 아동이 수행할 수 있는 추가적인 수준이다(그림 2.14 참조). ZPD는 성숙 과정에 있는 아동의 인지 능력을 파악하여 더 숙련된 사람의 도움을 받을 경우에 한해서 성취될 수 있다.

근접 발달 영역에서 가르친다는 것은 이 장의 앞부분에서 설명한 발달에 적합한 교수의 개념을 반영한다. 그것은 "학생들이 속해 있는 발달 과정, 그리고 준비가 된 상태를 활용하는 것이다. 또한 학생들이 준비되기를 기다리는 것이 아니라, 발달 준비를 할 수 있도록 가르치는 것"임을 인식하는 것이다(Horowitz & others, 2005, p. 105).

비계설정 ZPD의 개념과 밀접하게 연결된 것은 **비계설정**(scaffolding)의 개념이다. 비계설정은 지

학생과 연계하기 : 최고의 실천
피아제 이론을 아동 교육에 적용하기 위한 전략

이 장에서 피아제의 이론을 각기 다른 인지 발달 단계에 있는 아동을 가르치는 데 적용하는 방법을 배웠다. 다음은 아동 교육에 도움이 되는 일반적인 피아제 이론에 기초한 다섯 가지 전략이다.

1. *구성주의적 접근을 시도한다.* 피아제는 아동이 능동적일 때와 스스로 문제의 해결책을 찾아낼 때 가장 잘 학습한다고 강조했다. 피아제는 아동을 수동적인 그릇으로 취급하는 교육 방법에 반대했다. 피아제 관점의 교육적 함의는 모든 과목에서 학생들이 기계적으로 외우거나 맹목적으로 교사를 흉내 내는 것보다는 내용을 곰곰이 생각하고, 논의하고 발견하는 것을 통해 가장 잘 학습한다는 것이다.

2. *학습을 지시하기보다 촉진한다.* 효과적인 교사는 학생들이 실제로 해보면서 배울 수 있는 상황을 만든다. 이러한 상황은 학생들의 사고와 발견을 촉진시켜준다. 교사는 학생들이 이해를 더 잘하도록 돕기 위해 학생들의 말을 듣고, 학생들을 지켜보고, 학생들에게 질문해야 한다. 그들은 학생들의 사고를 자극할 수 있는 질문을 하고, 학생들이 대답에 대해 설명하게 한다. 다음의 '교사의 시선'에 나타나 있는 것처럼, 수전 란슬벤 선생님은 학생들의 학습을 촉진하기 위해 상상력이 풍부한 수업 상황을 조성한다.

교사의 시선 : 학생의 사고와 발견 촉진하기

수전 란슬벤 선생님은 텍사스의 코퍼스 크리스티에서 9학년과 10학년 영어를 가르친다. 그녀는 학생들의 반성적 사고와 발견을 자극하는 교실 상황을 만든다. 수전은 학생들이 문장을 도식화하는 것에 더 많은 관심을 갖도록 하기 위해 문법 축구를 만들었으며, 학생들이 시를 쓰는 방법을 더 잘 이해할 수 있도록 돕기 위해 노래가사를 해석하도록 했다. 학생들이 처음 셰익스피어를 접할 때, "그들은 로미오와 줄리엣에서 자신이 가장 좋아하는 대사를 해석해서 그림으로 그린다"(출처 : Wong Briggs, 2004, p. 7D).

3. *아동의 지식과 사고 수준을 고려한다.* 학생들은 머리를 비운 채 수업을 듣지 않는다. 그들은 공간, 시간, 양 그리고 인과성을 포함하여 물리적 세계와 자연 세계에 대해 많은 생각을 가지고 있다. 이러한 생각들은 성인의 생각과는 다르다. 그러므로 교사는 학생이 하는 말을 해석하고 학생의 수준에 가까운 화법으로 답해야 한다.

영어 수업을 하고 있는 수전 란슬벤 선생님
© Billy Calzada

4. *학생의 지적 건강을 증진한다.* 피아제가 미국에 강연하러 왔을 때. 다음과 같은 질문을 받았다. "우리 아이를 더 높은 인지 단계에 좀 더 빨리 도달하게 하려면 어떻게 해야 하죠?" 그는 이 질문을 다른 나라에 비해 미국에서 너무 자주 받았다. 그래서 이것을 미국 질문이라고 불렀다. 피아제는 아동의 학습에서 성숙은 자연스럽게 이루어져야 하고, 아동 발달을 너무 일찍 성취하도록 밀어붙여서는 안 된다고 믿었다.

5. *교실을 탐험과 발견의 장이 되게 한다.* 교사가 피아제의 관점을 도입할 때, 실제 교실은 어떤 모습일까? 몇몇 1학년과 2학년 수학 교실이 좋은 예를 제공한다(Kamii, 1985, 1989). 교사는 학생들이 직접 탐험하고 발견하는 것을 강조한다. 교실은 우리가 생각하는 전형적인 교실보다 덜 구조화되어 있다. 워크북과 미리 정해진 과제는 수업에 사용되지 않는다. 대신에 교사는 학생들이 (수업) 활동에 대한 흥미를 가지고 있는지 그리고 자연스럽게 활동에 참여하는지를 관찰하여 학습 과정을 결정한다. 예를 들어, 수학 수업은 그날의 점심 식사비를 계산하거나 학생들 사이에 음식을 나누어주는 것과 같은 내용으로 구성될 수도 있다. 가끔은 수학적 사고를 촉진시키기 위해 교실에서 게임이 많이 사용된다.

원 수준을 변경하는 것과 관련된다. 수업 시간 동안 더 숙련된 사람(교사나 더 나은 또래)이 학생의 현재 수행에 맞도록 도움의 양을 조설한다(Wilkinson & Gaffney, 2016). 학생이 새로운 과제를 배우고 있을 때, 숙련된 사람은 직접 교수를 사용할 수도 있다. 학생의 능력이 향상됨에 따라 도움은 줄어들게 된다. 비계설정은 학생들이 근접 발달 영역의 상한선을 달성하도록 돕는 데 종종 사용된다.

면밀한 질문을 하는 것은 학생들의 학습에 비계의 역할을 하고, 보다 정교한 사고 능력을 발달시키는 데 도움이 되는 훌륭한 방법이다. 교사는 학생에게 "그것에 대한 예는 무엇일까?", "왜 그렇게 생각하니?", "자, 다음에 해야 할 일은 무엇일까?", "어떻게 저것들과 연결할 수 있을까?"와 같은 질문을 할 수 있다. 시간이 지남에 따라 학생들은 이러한 종류의 면밀한 질문을 내면화하고 자신의 과제에 대한 점검이 향상되기 시작한다(Horowitz & others, 2005).

상한선
유능한 교사의 도움을 받아
아동이 수행할 수 있는
추가적인 수준

근접 발달 영역(ZPD)

하한선
아동이 독립적으로
수행하여 문제를
해결하게 되는 수준

그림 2.14 비고츠키의 근접 발달 영역
비고츠키의 근접 발달 영역에는 하한선과 상한선이 있다. ZPD 내에서의 과제는 아동이 혼자서 해결하기에는 매우 어렵다. 아동은 성인이나 좀 더 숙련된 또래의 도움이 필요하다. 아동이 언어적 설명 혹은 논증을 경험하면 그들은 기존의 정신 구조에 있는 정보를 조직화하여 결국에는 그 기술이나 과제를 혼자서 수행할 수 있게 된다.

© Jose Luis Pelaez, Inc./Blend Images/Getty Images RF

비계설정을 성공적으로 사용하는 많은 교사들은 교실을 돌아다니면서 학생들에게 '적시'에 도움을 주거나 또는 수업 전반에 걸쳐 형성된 오개념을 감지한 다음, 그 오개념을 바로잡기 위해 논의를 한다. 또 교사는 아동에게 '문제와 씨름할 시간'을 주고 더 이상 진전이 없다는 것이 관찰될 때 아동을 도와준다(Horowitz & others, 2005, pp.106-107).

언어와 사고 비고츠키의 관점에서 언어는 아동 발달에 중요한 역할을 한다. 비고츠키에 따르면 아동은 사회적 의사소통을 위해서 또 그들이 과제를 해결할 때 도움을 받기 위해서 말을 이용한다. 덧붙여서 비고츠키(Vygotsky, 1962)는 어린 아동이 자신의 행동을 계획하고, 안내하고, 점검하기 위해 언어를 사용한다고 주장했다. 이러한 자기조절(self-regulation)을 위한 언어 사용은 사적 언어(private speech)로 불린다. 예를 들어, 어린 아동은 자신이 가지고 놀고 있는 장난감이나 해내려고 하는 일에 대해 큰 소리로 스스로에게 말을 한다. 퍼즐을 맞출 때, 아이는 "이 조각은 맞지 않아. 저 퍼즐조각으로 한 번 해봐야겠어"라고 말할 수 있다. 몇 분 후 아이는 "이 퍼즐은 어려워"라고 말한다. 피아제에게 사적 언어는 자기중심적이고 미성숙한 것이지만, 비고츠키의 경우 사적 언어는 초기 아동기 동안 사고의 중요한 도구이다(Alderson-Day & Fernyhough, 2014).

비고츠키는 언어와 사고가 처음에는 서로 독립적으로 발전하다가 후에 통합된다고 말했다. 그는 모든 정신 기능이 외적 또는 사회적 기원을 가지고 있다고 강조했다. 아동은 자신의 생각을 내면화하기 전 다른 사람들과 의사소통하기 위해 언어를 사용해야 한다. 아동은 외적에서 내적 언어로 옮겨가기 전 오랜 기간 외부와 의사소통하고 언어를 사용해야 한다. 이 전환기는 3~7세 사이에 발생하며 혼잣말하는 것을 포함한다. 한참 후에 혼잣말은 아동의 제2의 본성이 되며, 말로 표현하지 않고 행동할 수 있다. 이때가 되면 아동은 자신의 자기중심적 언어를 내적 언어의 형태로 내면화하고, 이 내면화된 언어는 그들의 사고가 된다.

비고츠키는 사적 언어를 사용하는 아동은 그렇지 않은 아동보다 사회적인 능력이 좀 더 뛰어나며, 사적 언어는 사회적으로 의사소통을 보다 더 잘하기 위한 조기 전환을 의미한다고 말했다. 비고츠키는 어린 아동이 혼잣말을 할 때 언어를 사용하여 행동을 조정하고 자신을 스스로 이끌어나간다고 하였다.

피아제는 혼잣말이 자기중심적이며 미성숙함을 반영한다고 주장했다. 그러나 연구자들은 사적 언어가 아동 발달에 긍정적인 역할을 한다는 비고츠키의 견해를 지지했다(Winsler, Carlton, & Barry, 2000). 연구자들은 과제가 어려울 때, 실수를 한 후에, 어떻게 진행해야 하는지 모를 때 아동은 사적 언어를 더 많이 사용한다는 것을 발견하였다(Berk, 1994). 그들은 또한 사적 언어를 사용하는 아동이 사적 언어를 사용하지 않는 아동보다 더 집중력 있고 학업성취가 좋다는 것을 발견했다(Berk & spuhl, 1995).

나는 최근 교사들에게 비고츠키의 이론을 교실에 적용하는 방법에 대해 질문했다. 비고츠키에 대한 교사들의 응답을 읽은 후, 교사들이 서술한 피아제의 이론을 교실에서 적용하는 방법과 이 응답을 서로 비교해볼 수 있을 것이다.

유치원 교사 학령전 아동에게 음악을 가르칠 때 저는 사적 언어를 사용하여 아동이 생소한 리듬을 배울 수 있게 도와줍니다. 예를 들어, 어린 학생들이 아프리카 드럼에서 새로운 리듬 패턴을 배울

때, 학생들은 8분 음표와 4분 음표 리듬이 너무 어려워서 그 박자를 세지 않습니다. 대신 저는 아동이 박자를 배우도록 하기 위해 리듬 패턴을 반복하게 하는 특정 단어를 제시하거나, 새로운 리듬과 딱 맞아 떨어지는 자신만의 단어를 찾아내도록 합니다. 이러한 방법은 아동들의 음악 리듬에 대한 이해력을 향상시킵니다.

                                                               –코니 크리스티, 애노어초등학교(학령전 프로그램)

초등학교 교사 학생들의 근접 발달 영역을 극대화하는 한 가지 방법은 유연한 모둠 활동입니다. 유연한 모둠 활동에서 모둠은 기본적으로 필요나 관심 등에 따라 자주 변경됩니다. 예를 들어 반 전체 그룹, 소그룹, 동질 그룹, 이질 그룹과 같이 다양한 모둠 형태를 사용합니다. 모둠 구성원 및 모둠

형태의 다양성으로 인해 모든 학생은 자신의 근접 발달 영역 내에서 교육을 받을 수 있습니다. 이 말은 학생들이 어떤 영역에서는 자신의 수준에 적합한 수준일 수 있고, 다른 영역에서는 자신의 수준보다 높은 수준, 또 다른 영역에서는 자신의 수준보다 낮은 수준의 모둠에 포함될 수 있다는 의미입니다. 요점은 유연한 모둠 활동을 통해 학생들에게 학습에 필요한 다양한 수준의 교수를 제공 할 수 있다는 것이죠.

                                                               –수전 프롤리히, 클린턴초등학교

중학교 교사 학생들에게 새로운 기술을 가르칠 때, 그들이 새로운 기술을 습득하는 동안 제가 학생들과 가까운 거리를 유지하는 것은 매우 중요합니다. 학생들에게 도움이 필요하

면, 저는 새로운 기술을 습득하는 데 도움이 될 수 있는 몇 가지 방법으로 학생들에게 다가갑니다. 이 방법은 여러 단계로 이루어진 과제를 수행할 때 특히 효과적입니다.

                                                               –케이시 마스, 에디슨중학교

고등학교 교사 미술 실력이 뛰어난 학생과 독립적으로 학습하는 학생은 수업 시간에 항상 적극적으로 참여하는데, 특히 다른 학생들의 근접 발달 영역을 극대화하도록 도와줄 때, 예술가로서 자신

의 기술을 발달시킬 때 그러합니다. 예를 들어 도자기 수업에는 도자기 물레질에 대해 많은 지식과 기술을 갖춘 뛰어난 학생들이 있는데, 그들은 물레로 도자기 작업을 처음 해보는 1학년 학생들을 도와줍니다. 저는 보충교육이 필요한 다른 학생들에게 유능한 학생들이 도움을 줄 수 있게 합니다.

                                                               –데니스 피터슨, 디어리버고등학교

우리는 피아제와 비고츠키의 이론의 많은 아이디어와 그 이론이 아동 교육에 어떻게 적용될 수 있는지에 대해 논의하였다. 그들의 이론을 수업에 어떻게 적용할 수 있는지 알아보기 위한 **자기평가 1**을 완성해보자.

비고츠키 이론 평가하기 비고츠키 이론과 피아제 이론은 어떻게 다른가? 두 이론 모두 구성주의 이론이지만, 비고츠키는 **사회적 구성주의 접근**(social constructivist approach)을 취하고 있다. 이것은 학습

사회적 구성주의 접근 학습에 대한 사회적 맥락을 강조하며 지식은 상호작용하는 동안에 구성된다는 것을 강조한다. 비고츠키의 이론이 여기에 해당된다.

되돌아보기/앞날을 생각하기
협력 학습과 인지적 도제는 비고츠키의 사회적 구성주의 접근을 반영한다. 제9장 '사회적 구성주의 접근과 연계해 생각해보자.

비고츠키 이론의 공헌점과 비판은 무엇인가?

© Beau Lark/Glow Images RF

자기평가 1

피아제와 비고츠키 이론을 수업에 적용하기

내가 가르치려고 하는 학년은 _____학년이다.

피아제

현재 학년 수준의 아동을 교육하고 이해하는 데 가장 도움이 되는 피아제 이론의 개념

개념	예시

비고츠키

현재 학년 수준의 아동을 교육하고 이해하는 데 가장 도움이 되는 비고츠키 이론의 개념

개념	예시

학생과 연계하기 : 최고의 실천

비고츠키 이론을 아동 교육에 적용하기 위한 전략

비고츠키의 이론은 많은 교사들이 받아들여 교육에 성공적으로 적용되고 있다 (Adams, 2015; Hmelo-Silver & Chinn, 2016). 교육자들이 비고츠키 이론을 적용할 수 있는 몇 가지 방법은 다음과 같다.

1. *아동의 ZPD를 평가한다.* 피아제와 마찬가지로 비고츠키는 형식적이고 표준화된 시험이 아동의 학습을 평가하는 최상의 방법이라고 생각하지 않았다. 오히려 비고츠키는 평가가 아동의 근접 발달 영역을 결정하는 데 초점을 맞추어야 한다고 주장했다. 숙련된 도우미가 교수활동을 시작할 수 있는 최적의 수준을 결정하기 위해 다양한 난이도의 과제를 아동에게 제공한다.

2. *아동의 근접 발달 영역을 교수활동에 사용한다.* 교수활동은 근접 발달 영역의 상한선을 향하여 시작되어야 한다. 그래서 아동은 도움을 받아 목표에 도달하고 더 높은 수준의 기술과 지식으로 이동할 수 있다. 충분한 도움을 제공한다. "내가 무엇을 도와줄까?"라고 물어볼 수도 있다. 또는 간단히 아동의 의도와 시도를 관찰하고 필요한 경우에 도움을 제공한다. 아이가 주저할 때 격려한다. 그리고 그 아이가 그 기술을 연습하도록 격려한다. 아동의 연습을 지켜보며 평가하거나 혹은 아동이 무엇을 해야 할지 잊어버렸을 때, 아동에게 도움을 줄 수 있다. '교사의 시선'에서 근접 발달 영역의 중요성을 강조한 존 마호니 선생님의 교수법에 관해 읽을 수 있을 것이다.

교사의 시선 :
근접 발달 영역을 찾기 위해 대화하고 개념 재구성하기

존 마호니 선생님은 워싱턴 D.C.의 고등학교에서 수학을 가르치고 있다. 마호니 선생님의 관점에서 보면, 학생들이 수학 과목에서 성공을 하도록 안내하는 방법은 협력적이며 동시에 개인적이다. 그는 학생들이 차후에도 스스로 문제를 해결할 수 있도록 돕기 위해 개념을 재구성하는 동안 수학에 관해 대화하도록 한다. 마호니 선생님은 또한 학생들에게 수학 문제에 대한 해답을 결코 제공하지 않는다. 한 학생이 마호니 선생님에 대해 "선생님은 스스로 생각하도록 만들거예요"라고 말했다. 그의 시험은 항상 학생들이 그냥 보는 문제가 아니라 해결책을 찾기 위해 충분한 지식을 활용해야 하는 문제가 포함되어 있다(출처 : Wong Briggs, 2005).

3. *숙련된 또래를 교사로 활용한다.* 아동의 학습을 돕는 데 중요한 역할을 하

는 것은 성인들만이 아님을 기억한다. 같은 또래의 더 숙련된 아동의 지원과 지도를 받는 것 또한 유익하다(Gredler, 2009). 이제 막 읽기를 시작한 아이와 읽기를 잘 하는 아이를 짝지어주는 것이 예가 될 수 있다.

4. *아동의 사적 언어 사용을 확인하고 격려한다.* 유치원 시기에 문제를 해결할 때 외적으로 드러나게 혼잣말을 하는 것에서부터 초등학교 시기에는 문제를 해결할 때 사적으로 혼잣말을 하는 발달 변화에 대해 인식한다. 초등학생 시기 동안에 아동이 혼잣말을 스스로 조절하고 내면화하도록 한다.

5. *의미 있는 맥락에서 교수활동을 한다.* 오늘날 교육자들은 추상적으로 자료를 제시하는 것에서 벗어나 실제 환경에서 학습을 체험할 수 있는 기회를 학생들에게 제공한다. 예를 들어 학생들은 수학 공식을 그냥 암기하는 대신에 실생활이 함축되어 있는 수학 문제를 푼다.

6. *비고츠키의 발달 이론으로 교실을 변형시킨다.* 마음의 도구(Tools of the Mind)는 비고츠키 이론에 근거한 교육과정으로, 문화적 도구와 자기 조절, 근접 발달 영역, 비계설정, 사적 언어, 공유된 활동, 중요한 활동으로서의 놀이를 발달시키는 데 특별한 관심을 기울인다(Hyson, Copple, & Jones, 2006). 그림 2.15는 어린아이의 작문 실력을 향상시키기 위해 마음의 도구에서 비계설정이 어떻게 사용되었는지를 보여준다. 마음의 도구 교육과정은 엘레나 보드로바와 데보라 레옹(Bodrova & Leong, 2007)에 의해 만들어졌으며, 200개가 넘는 교실에서 시행되고 있다. 마음의 도구 프로그램을 경험한 아동은 대부분 어려운 생활환경, 예를 들어 빈곤하거나 또는 집이 없거나, 부모에게 마약 문제가 있는 등의 어려운 조건 때문에 위험한 환경에 있는 아동이다.

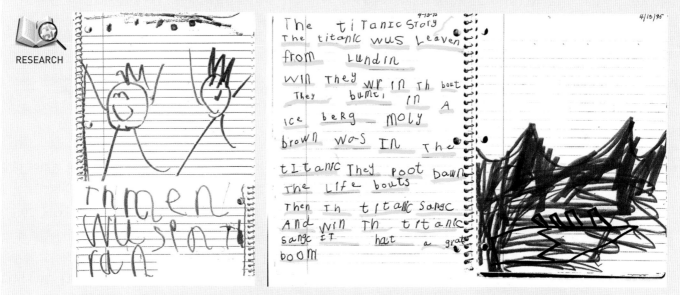

그림 2.15 마음의 도구에서 5세 소년이 두 달 동안의 비계설정 과정을 통해 보여준 글쓰기의 발전
(a) 5세의 애런이 비계설정 글쓰기 기법 사용 전에 스스로 쓴 일기. (b) 비계설정 글쓰기 기법을 사용한 두 달 후의 애런의 일기

의 사회적 맥락과 사회적 상호 작용을 통한 지식의 구성을 강조한다.

피아제에서 비고츠키로 넘어가면서 개인에서 협력, 사회적 상호작용, 사회문화적 활동으로 개념적 변화도 수반되었다(Holzman, 2017; Yasnitsky & Van der Veer, 2016). 피아제의 인지 발달의 종착점은 형식적 조작 사고이다. 비고츠키 이론의 경우 특정 문화권에서 가장 중요한 것으로 간주되는 기술이 무엇인지에 따라 최종 목표가 다를 수 있다. 피아제의 경우 아동은 기존의 지식을 변형, 조직 및 재조직함으로써 지식을 구성한다. 비고츠키의 관점에서 아동은 사회적 상호작용을 통해 지식을 구성한다.

교수활동에 대한 피아제 이론의 함의는 아동이 자신의 세상을 탐구하고 지식을 발견할 수 있는 지원이 필요하다는 것이며, 비고츠키 이론의 교수활동에 대한 주된 함의는 학생들이 교사와 숙련된 또래들과 함께 배울 수 있는 많은 기회가 필요하다는 것이다. 피아제와 비고츠키 이론 모두에서, 교사는 학습의 감독자 및 제작자가 아닌 촉진자와 안내자로서의 역할을 한다. 그림 2.16은 비고츠키와 피아제의 이론을 비교한 것이다.

	비고츠키	피아제
사회문화적 맥락	강한 강조	약한 강조
구성주의	사회적 구성주의자	인지적 구성주의자
단계	일반적인 발달 단계가 제시되지 않음	단계에 대한 강한 강조(감각운동기, 전조작기, 구체적 조작기, 형식적 조작기)
핵심 개념	근접 발달 영역, 언어, 대화, 문화 도구	도식, 동화, 조절, 조작, 보존, 분류
언어의 역할	주된 역할, 언어는 사고를 형성하는 데 강력한 역할을 한다.	언어는 최소한의 역할을 한다. 인지 발달은 언어 발달에 선행된다.
교육적 관점	교육은 아동이 문화 도구를 배우도록 돕는 중심적인 역할을 한다.	교육은 단지 이미 발현된 아동의 인지 기능을 향상시킨다.
교수적 함의	교사는 감독이 아니라 촉진자이자 안내자이다. 아동이 교사와 숙련된 또래들과 함께 배울 수 있는 많은 기회를 만들어야 한다.	마찬가지로 교사를 감독이 아닌 촉진자 및 안내자로 간주한다. 아동이 자신의 세상을 탐험하고 지식을 발견할 수 있도록 지원해야 한다.

그림 2.16 비고츠키와 피아제 이론 비교

(왼쪽) © A.R. Lauria/Dr. Michael Cole, Laboratory of Human Cognition, University of California, San Diego; (오른쪽) © Bettmann/Getty Images RF

비고츠키의 이론 역시 비판을 받는다. 일부 비평가들은 비고츠키가 연령과 관계된 변화에 대해 충분히 구체적이지 않다고 지적했다(Gauvain, 2016). 다른 비판은 사회정서적 능력의 변화가 인지 발달에 어떻게 기여하는지 비고츠키가 적절하게 기술하지 못하고 있다는 것이다(Guavain, 2016). 사고에서의 언어의 역할을 지나치게 강조한다는 점도 비판을 받는다. 또한 비고츠키가 협력과 안내를 강조하는 것은 잠재적으로 위험요인이 될 수도 있다. 이것은 부모가 너무 강압적이고 통제하는 경우에 촉진자로서 부모가 지나치게 과한 도움을 제공할 수도 있는 위험을 말한다. 뿐만 아니라, 어떤 아동은 게을러지거나 혼자 힘으로 어떤 일을 할 수 있는 경우에도 도움을 기대할 것이다.

우리는 인지 발달 영역의 두 거인, 즉 피아제와 비고츠키의 견해에 초점을 맞추었다. 그러나 정보처리 이론 또한 아동의 인지 발달을 이해하는 데 중요한 관점이 되었다(Fazio, De Wolf, & Siegler, 2016; Fuchs & others, 2016). 이 이론은 정보가 어떻게 정신에 들어가는지, 정보가 어떻게 저장되고 변형되는지, 그리고 문제해결 및 추론과 같은 정신 활동을 수행하기 위해 정보가 어떻게 인출되는지를 강조한다. 또한 아동이 어떻게 정보를 자동적이면서 신속하게 처리하는지에 중점을 둔다. 정보처리는 다른 장에서 광범위하게 다루어질 것이기 때문에 여기서는 간략하게 언급한다.

복습하기, 성찰하기, 연습하기

❷ 뇌 발달에 대해 논의하고, 피아제와 비고츠키의 인지 발달 이론을 비교한다.

복습하기
- 뇌는 어떻게 발달하고 이 발달은 아동 교육에 어떤 영향을 미치는가?
- 피아제가 인지 단계를 설명하기 위해 사용한 네 가지 주요 아이디어는 무엇인가? 아동은 어떠한 단계의 인지 발달을 거치는가? 그의 견해에 대한 비판은 무엇인가?
- 비고츠키 이론의 본질은 무엇인가? 비고츠키의 이론은 교육에 어떻게 적용될 수 있으며, 피아제의 이론과 어떻게

비교되는가? 비고츠키의 이론에 대한 비판은 무엇인가?

성찰하기

* 당신은 자신을 형식적 조작기의 사고가라 생각하는가? 아니면 아직도 가끔 구체적 조작기의 사고가라 느껴지는가? 예를 들어보자.

연습하기

1. 샌더는 16세의 소년으로 과속 운전을 하거나 운전 중에 술을 마시는 것과 같은 많은 위험요소를 가지고 있다. 뇌에 대한 최근 연구에 따르면 샌더의 위험한 행동의 원인은 다음 중 무엇인가?
   a. 해마가 손상되었다.
   b. 전전두엽 피질이 아직 발달 중이다.
   c. 뇌의 편재화가 완성되지 않았다.
   d. 수초화가 완료되었다.

2. 곤잘레스 선생님은 1학년을 가르친다. 다음의 곤잘레스의 교육 전략 중 피아제가 가장 지지할 것 같은 전략은 무엇인가?
   a. 먼저 수학 풀이를 어떻게 하는지 보여주고 학생들이 모방하게 한다.
   b. 어휘를 가르치기 위한 플래시 카드를 만든다.
   c. 표준화 검사로 학생들의 읽기 능력을 평가한다.
   d. 학생들의 사고와 발견을 촉진하는 상황을 만든다.

3. 굴드 선생님이 가르치는 4학년 학생들은 백분율, 소수 및 분수 간의 관계에 대해 학습하고 있다. 굴드 선생님은 학생들에게 분수를 십진수로 변환한 다음 백분율로 변환하도록 하는 과제를 준다. 크리스토퍼는 선생님이나 또래들로부터 도움을 받지 않고 이 과제를 수행할 수 있다. 비고츠키는 크리스토퍼에게 주어진 이 과제에 대해 뭐라고 말할 수 있는가?
   a. 이 과제는 크리스토퍼의 근접 발달 영역 내에 있기 때문에 적절하다.
   b. 이 과제는 크리스토퍼의 근접 발달 영역보다 위에 있기 때문에 적절하지 않다.
   c. 이 과제는 크리스토퍼의 근접 발달 영역보다 아래에 있기 때문에 적절하지 않다.
   d. 이 과제는 크리스토퍼의 근접 발달 영역 내에 있기 때문에 적절하지 않다.

정답은 '연습하기 정답' 참조

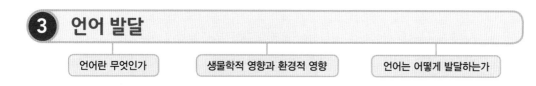

③ 언어 발달

| 언어란 무엇인가 | 생물학적 영향과 환경적 영향 | 언어는 어떻게 발달하는가 |

학습목표 3
언어의 특성, 언어에 대한 생물학적 및 환경적 영향, 전형적인 아동 언어 발달의 주요 특징을 확인한다.

아동의 일상생활에서 언어가 얼마나 중요한지 한번 생각해보자. 다른 사람들과 이야기하고, 다른 사람들의 말을 듣고, 읽고 쓰기 위해 언어가 필요하다. 언어는 과거의 사건을 자세히 묘사하고 미래를 계획하는 것을 가능하게 한다. 언어는 우리가 한 세대에서 다음 세대로 정보를 전달하게 해주고 풍부한 문화유산을 만들게 해준다.

언어란 무엇인가

언어(language)는 구어체, 문어체, 또는 기호를 포함하는 상징체계에 기초한 의사소통의 형식이다. 언어는 공동체에서 사용하는 단어들(어휘)과 그것들을 다양화하고 결합하기 위한 규칙들(문법과

언어 구어, 문어, 기호를 포함하는 상징체계에 기초한 의사소통의 한 형식

구문론)로 구성되어 있다.

모든 언어에는 몇 가지 공통적인 특성이 있다(Clark, 2017; Hoff, 2015). 여기에는 무한 생성 및 조직 규칙이 포함된다. 무한 생성성은 한정된 일련의 단어와 규칙을 사용하여 끝없는 의미의 문장을 생성하는 능력이다.

우리가 '규칙'이라고 말할 때, 그 의미는 언어가 질서 정연하며, 그 규칙들은 언어가 작용하는 방식을 묘사한다(Berko Gleason & Ratner, 2009). 언어에는 다섯 가지 규칙이 있다. 그것은 음운론, 형태론, 구문론, 의미론, 화용론이다.

음운론 모든 언어는 기본적인 소리로 구성되어 있다. **음운론**(phonology)은 사용되는 소리와 그것들이 어떻게 결합될 수 있는지를 포함하는 언어의 소리 체계이다. 예를 들어, 영어는 *sp*, *ba* 및 *ar*의 소리를 가지지만, 소리 배열 *zx*와 *qp*는 발생하지 않는다.

음소는 언어에서 소리의 기본 단위로서, 의미에 영향을 미치는 소리의 최소 단위이다. 영어에서 음소의 좋은 예는 /k/로, *ski*(스키)라는 단어에서 *k*로 표현되는 소리와 *cat*(고양이)라는 단어에서 *c*로 표현된 소리이다. /k/소리는 이 두 단어에서 약간 다르고, 아랍어와 같은 몇몇 언어에서는 이 2개의 소리는 별개의 음소이다.

형태론 **형태론**(morphology)은 단어 형성과 관련 있는 의미의 단위를 말한다. 형태소는 의미의 최소 단위이다. 그것은 더 작은 의미 있는 부분으로 나눌 수 없는 단어거나 단어의 일부이다. 영어의 모든 단어는 하나 이상의 형태소로 이루어져 있다. 어떤 단어는 하나의 형태소(예 : *help*)로 구성되는 반면, 다른 단어는 하나 이상의 형태소로 구성된다(예 : *helper*는 두 형태소, *help*+*er*로 구성되며, 형태소 −*er*의 의미는 '사람'으로, 이 경우에는 '도와주는 사람'을 의미한다). 따라서 모든 형태소가 그 자체로 단어가 되는 것은 아니다. 예를 들어, *pre*−, −*tion*, −*ing*는 형태소이다.

음운론을 지배하는 규칙이 한 언어에서 발생할 수 있는 소리 배열을 기술하는 것과 같이 형태론의 규칙은 의미 있는 단위(형태소)가 단어로 결합될 수 있는 방법을 설명한다(Clark, 2017). 형태소는 시제 표시(예 : *she walks*와 *she walked*), 그리고 숫자(예 : *she walks*와 *they walk*) 표시와 같이 문법적으로 많은 작업을 한다.

구문론 **구문론**(syntax)은 단어들을 결합하여 적절한 구와 문장을 형성하는 방식과 관련된다(Los, 2015). 만약 누군가가 당신에게 "밥은 톰을 때렸다(Bob slugged Tom)" 또는 "톰에 의해 밥은 얻어맞았다(Bob was slugged by Tom)"라고 말하면, 당신은 각 경우마다 누가 때렸고, 맞았는지 알 수 있다. 왜냐하면 당신은 이 문장 구조에 대한 구문적 이해가 있기 때문이다. 또한 "You didn't stay, did you?"라는 문장은 문법적 문장이지만, "You didn't stay, didn't you?"라는 문장은 적절하지 않고 모호하다.

의미론 **의미론**(semantics)은 단어와 문장의 의미를 말한다. 모든 단어는 일련의 의미론적 특징이나 의미와 관련된 필요한 속성을 가지고 있다. 예를 들어, 소녀와 여성은 많은 의미적 특징을 공유하지만, 나이에 관해서는 의미론적으로 다르다.

단어들이 문장에서 사용될 수 있는 방식에는 의미론적 제한이 있다(Clak, 2017; Duff, Tomblin & Catts, 2015). '자전거가 소년에게 사탕을 사라고 말했다(The bicycle talked the boy into buying a

음운론 언어의 소리 체계

형태론 단어 형성과 관련 있는 의미의 단위

구문론 적절한 구와 문장을 형성하기 위해 단어들이 결합되어야 하는 방식

의미론 단어와 문장의 의미

candy bar)'는 문장은 구문론적으로는 옳지만 의미론적으로
는 적절하지 않다. 이 문장은 자전거는 말을 하지 않는다는
우리의 의미론적인 지식에 위배된다.

화용론 마지막 언어 규칙은 여러 다른 맥락에서 언어를
적절히 사용하는 **화용론**(pragmatics)을 포함한다(Clark,
2014). 화용론은 많은 영역을 포괄한다. 토론에서 차례대로
말할 때, 당신은 화용론에 대한 지식을 보여주고 있는 것이
다. 적절한 상황(예 : 교사와 이야기할 때)에서 예의 바른 언
어를 사용하거나 혹은 재미있는 이야기를 말할 때에도 영어
의 화용론을 적용한다.

화용론적 규칙은 복잡할 수 있으며 문화마다 다르다. 만
약 당신이 일본어를 공부한다면, 다양한 사회적 수준의 사
람들, 그리고 당신과 다양한 관계를 가진 사람들과 대화하
는 것에 대한 수많은 화용론적 규칙을 만나게 될 것이다.

생물학적·환경적 영향은 모두 아동의 언어
발달에 중요한 역할을 담당한다.

© Corbis PunchStock RF

생물학적 영향과 환경적 영향

유명한 언어학자 노암 촘스키(Chomsky, 1957)는 인간은 어떤 시간, 그리고 어떤 방법으로든 언어
를 배우기 위해 미리 준비되어 있다고 주장했다. 일부 언어학자들은 언어가 생물학적 근거를 가지
고 있다는 강력한 증거로, 아동이 받아들이는 언어 입력이 매우 다양함에도 불구하고, 전 세계에서
언어를 습득하는 방식에는 상당한 유사점이 있음을 제시한다(Hickok & Small, 2016).

생물학의 영향에도 불구하고 아동은 확실히 사회적인 접촉이 없는 곳에서는 언어를 배우지 못한
다(Pace, Hirsh-Pasek & Golinkoff, 2016). 아동은 완전한 생물학적 언어학자도 아니고 완전한 언어
의 사회적 건축가도 아니다. 아무리 개와 대화를 하더라도 개는 말을 배우지 못한다. 왜냐하면 개
에게는 아동과 같은 생물학적 언어 능력이 없기 때문이다. 하지만 불행하게도 일부 아동은 매우 훌
륭한 역할 모델과 상호작용이 있음에도 불구하고 훌륭한 언어 기술을 발달시키지 못한다. 상호작
용론자의 관점은 언어 발달에서 생물학과 경험 모두의 영향을 강조한다. 즉 아동은 양육자가 상호
작용할 때 언어를 배우기 위해 생물학적으로 준비되어 있다(Harley, 2017). 학교 안팎에서 단순 훈
련과 연습이 아닌 언어 발달을 격려하는 것이 중요하다. 언어 발달은 단지 화자를 정확하게 모방하
여 말을 하는 것으로 보상을 받는 단순한 문제가 아니다. 아동은 부모와 교사가 대화에 적극적으
로 참여하고, 그들에게 질문을 하고, 지시 언어보다는 상호작용적 언어를 강조할 때 도움이 된다
(Hirsh-Pasek & others, 2015; Pace & others, 2016).

언어는 어떻게 발달하는가

언어 발달에서 주요한 발달 시점(단계)은 무엇인가? 우리는 유아기, 초기 아동기, 중기 및 후기 아
동기, 그리고 청소년기에서 이 단계들을 검토할 것이다.

화용론 여러 다른 맥락에서 적절한 언어 사용

DEVELOPMENT

유아기 언어 습득은 유아기의 여러 단계를 지나면서 발전한다(Cartmill & Goldin-Meadow, 2016). 이 책의 주요 초점이 유아기보다는 아동기와 청소년기에 맞춰져 있기 때문에, 우리는 유아기에 나타나는 많은 언어 단계 중 몇 가지만 설명할 것이다. 옹알이(babbling)는 첫해 중반에 일어나며, 유아는 보통 대략 10~13개월에 첫 단어를 말한다. 18~24개월이 되면, 유아는 보통 두 단어를 함께 묶기 시작한다. 이 두 단어 단계에서 유아는 의사소통에서 언어의 중요성을 빨리 파악하여, "그곳에 책(Book there)", "내 사탕(My candy)", "엄마 산책(Mama walk)", 그리고 "아빠 줘(Give papa)"와 같은 문구를 만들어낸다.

초기 아동기 두 단어 단계를 끝낸 아동은 다소 빠르게 세 단어, 네 단어, 다섯 단어를 조합할 수 있다. 단일 명제를 표현하는 단순한 문장에서 복잡한 문장으로의 전환은 2~3세 사이에 시작하여 초등학교 시기까지 지속된다(Bloom, 1998).

언어 규칙 체계 초기 아동기 동안 우리가 앞에서 보았던 음운론, 형태론, 구문론, 의미론과 화용론의 다섯 가지 규칙 체계의 변화를 살펴보도록 하자. 음운론의 관점에서 보면, 대부분의 학령전 아동은 점진적으로 단어의 소리에 민감해진다. 그들은 운율을 알아차리고, 시를 좋아하며, 하나의 소리를 다른 소리로 대체하여(예 : *bubblegum, bubblebum, bubbleyum*) 재미있는 이름을 만들어내기도 하고, 문장에서 각 음절을 구분하기도 한다.

아동이 두 단어 발화로 넘어가면서, 그들이 형태론적인 규칙을 알고 있다는 명확한 증거가 있다. 아동은 복수와 명사의 소유 형태를 사용하기 시작한다(*dogs*와 *dog's*). 그리고 동사에 적절한 어미를 붙이고(대상이 3인칭 단수일 때 *−s*, 과거 시제 *−ed*와, 현재진행 시제 *−ing*), 전치사(*in*과 *on*)와 관사(*a*와 *the*), 그리고 동사의 여러 형태("*I was going to the store*")를 사용한다. 사실 그들은 이러한 규칙을 과잉 일반화하여, 규칙을 따르지 않는 단어에도 적용한다. 예를 들어 학령전 아동의 경우 'feet' 대신 'foots' 또는 'went' 대신 'goed'라고 말하기도 한다.

형태론적 규칙에 대한 아동의 이해는 아동 언어 연구가 장 베르코(Berko, 1958)의 고전적 실험의 주제가 되었다. 베르코는 유치원과 1학년 아동에게 그림 2.17에 제시된 카드를 주었다. 실험자가 카드에 적힌 단어를 큰 소리로 읽는 동안, 아동은 그 카드를 보게 했다. 그리고 나서 아동에게 비어 있는 단어를 채워보도록 했다. 이것이 쉽게 들릴 수도 있지만, 베르코는 아동이 올바른 단어를 기억하는 능력뿐만 아니라, 형태론적 규칙의 영향을 받는 문장의 마지막을 정확하게 말하는 능력에도 관심이 있었다. *Wugs*는 그림 2.17에 있는 카드에 대한 정확한 응답이다. 비록 아동의 대답이 완벽하게 정확하지는 않았지만, 우연보다는 더 잘하였다. 더욱이 그들은 복수 형태의 명사를 사용하여 형태론적 규칙에 대한 지식을 보여 주었을 뿐만 아니라["2개의 wugs가 있어(there are two wugs)"], 3인칭 단수와 과거 시제의 동사 형태, 그리고 명사의 소유격에 대한 규칙도 보여주었다. 베르코의 연구는 아동이 규칙을 따르고 있을 뿐만 아니라 그들이 들은 것에서 규칙을 끌어내고, 규칙들을 새로운 상황에 적용할 수 있음을 발견하였다.

학령전 아동은 또한 통사론의 규칙을 배우고 적용한다(Clark, 2017). 두 단어 단계를 넘어 발전한 후 아동은 단어가 어떻게 배열되어야 하는지에 대한 복잡한 규칙에 점점 더 숙달되고 있는 모습을 보인다. "Where is Daddy going?" 또는 "What is that

그림 2.17 베르코의 어린 아동의 형태론적 규칙 이해에 대한 연구에 사용된 자극

장 베르코(Berko, 1958)의 연구에서 어린 아동에게 'wug'와 같은 것이 적힌 카드들을 보여주었다. 그리고 아동에게 정확하게 말하면서 빈칸의 단어를 채우도록 했다. 이 카드에서의 정답은 'wugs'이다.

This is a wug.

Now there is another one.
There are two of them.
There are two _____.

boy doing?" 같은 *wh-*의문문을 생각해보자. 이러한 질문을 적절하게 하기 위해서 아동은 *wh-*의 문문과 긍정문(예 : "Daddy is going to work" 그리고 "That boy is waiting on the school bus") 간 의 두 가지 중요한 차이점을 알아야 한다. 첫째, *wh-*로 시작되는 단어가 문장의 시작 부분에 반드 시 있어야 한다. 둘째, 조동사는 반드시 도치되어야 한다. 즉 문장의 주어와 자리바꿈이 되어야 한 다. 어린 아동은 *wh-*단어를 어디에 두어야 하는지는 빨리 배우지만, 조동사-도치 규칙을 배우는 데는 더 오랜 시간이 걸린다. 따라서 학령전 아동은 "Where Daddy is going?" 그리고 "What that boy is doing?"이라고 질문할 수도 있다.

6세 아동의 말하기에 나타난 어휘는 8,000~1만 4,000단어 사이에 있다. 아동이 12개월이 되었 을 때 단어 학습이 시작되었다고 가정하면, 1~6세 사이에 하루 5~8개 비율로 새로운 단어를 학습 했다고 볼 수 있다.

단어 학습이 최적으로 발생하려면 어떻게 해야 하는가? 이에 대해 캐시 허시 파섹과 로베르타 골 란코프(Harris, Golinkoff, & Hirsh-Pasek, 2011; Hirsh-Pasek & Golinkoff, 2016)는 어린 아동의 어휘 발달에 도움이 되는 여섯 가지 핵심 원칙을 강조한다.

1. 아동은 가장 자주 듣는 단어를 배운다. 아동은 부모, 교사, 형제자매, 또래와의 상호작용을 통해 단어를 배우며, 책을 통해서도 단어를 배운다. 특히 아동이 모르는 단어를 만나게 되면 언어 발달에 도움이 된다.

2. 아동은 그들의 흥미를 끄는 사물과 사건에서 단어를 배운다. 부모와 교사는 어린 아동이 흥미를 느 끼는 맥락에서 단어를 경험하게 할 수 있다. 재미있는 또래 상호작용은 이점에서 특히 도움이 된다.

3. 아동은 수동적인 맥락보다 반응적이고 상호작용적 맥락에서 단어를 더 잘 배운다. 아동은 교대로 해보 는 기회, 함께 집중하는 경험, 그리고 성인과의 긍정적이고 민감한 사회적인 맥락을 경험함으 로써 최적의 단어 학습에 필요한 비계설정을 만나게 된다. 아동이 수동적 학습자일 때 덜 효 과적으로 단어를 배운다.

4. 아동은 의미 있는 맥락에서 단어를 가장 잘 배운다. 어린 아동은 새로운 단어들을 맥락과 분리되어 배우기보다는 통합된 맥락에서 더 효과적으로 배운다.

5. 아동은 단어 의미에 대해 명확하게 알게 될 때 가장 잘 배운다. 부모와 교사가 아동이 이해하지 못하 는 단어에 민감하고 단어 의미에 대한 힌트를 정교하게 제공하고 지원해주면, 아동은 부모와 교사가 새로운 단어를 빠르게 말하고, 아동이 의미를 이해하는지 여부를 모니터링하지 않는 부모의 아동보다 단어를 더 잘 배운다.

6. 아동은 문법과 어휘를 고려할 때 단어를 가장 잘 배운다. 많은 단어와 다양한 언어 자극을 경험하는 아동은 어휘를 풍부하게 습득하게 되고 문법에 대해 더욱 잘 이해하게 된다. 많은 경우 어휘 발달과 문법 발달은 관련되어 있다.

아동의 어휘 발달을 지원하기 위한 공학기술 사용에 효과적인 전략은 무엇인가? 컴퓨터는 아동 의 어휘 발달을 도와줄 수 있다. 북 앱(book app)과 전자책은 종종 어리거나 읽기에 어려움이 있는 독자들에게 도움이 될 수 있는 '소리 내어 읽기' 기능이 있다. 또한 학생들의 독서센터 순환 방문, 읽기 과제 또는 선택 시간 동안 컴퓨터를 사용할 수 있다. 만약 교사가 학생들이 새로운 단어를 계 속 기억할 수 있는 방법을 계획한다면 새로운 단어를 배우는 것이 강화될 수 있다. 예를 들어, 학생 들은 나중에 참고하기 위해 포트폴리오에 새로운 단어들을 기록할 수 있다.

TECHNOLOGY

또한 교사는 아이패드, 태블릿 또는 강의실 컴퓨터 스테이션을 사용하여 어휘 발달을 지원하는 청취센터를 만들 수 있다. 오디오북은 인쇄 자료를 보충하기 위해 사용될 수 있고, 학생들이 이야기의 극적인 내용을 듣거나 학생들의 흥미를 돋우기 위해 사용될 수 있다. 특히 오디오북은 특별한 도움이 필요한 학생들에게 도움이 될 수 있다. 공학 기술을 통해 교사는 읽기 및 쓰기 교육을 위해 놀랄 만큼 많은 전략을 사용할 수 있다. 예를 들어, 전국영어교사협의회에서는 중요한 자료를 웹사이트 http://www.readwritethink.org에 제공한다.

의미론에서 어린 아동이 이룬 놀라운 발전 외에도 화용론의 상당한 변화 역시 초기 아동기에 발생한다. 6세 아이는 2세 아이보다 말하기를 아주 잘한다. 학령전에 이루어지는 화용론의 몇 가지 변화는 무엇인가? 약 3세가 되면 아동은 물리적으로 눈에 보이지 않는 대상에 대해 이야기하는 향상된다. 즉 그들은 대치(displacement)로 알려진 언어 특성에 대한 지식을 향상시킨다. 아동은 '바로 지금'에서 점점 벗어나게 되고, 물리적으로 눈에 보이지 않는 대상뿐만 아니라 과거에 일어났거나 미래에 일어날 수 있는 일들에 대해서도 이야기할 수 있다. 학령전 아동은 내일 점심에 무엇을 먹고 싶은지 말해줄 수 있는데, 이는 유아기의 두 단어 단계에서는 불가능했던 것이다. 학령전 아동은 또한 여러 다른 사람들에게 다른 방식으로 말할 수 있게 된다.

되돌아보기/앞날을 생각하기
교사는 학생들이 더 나은 독자와 작가가 되기 위한 많은 인지적 전략을 채택하도록 지도할 수 있다.

RESEARCH

부모가 어린 자녀에게 제공할 수 있는 효과적인 조기 문해 경험은 무엇인가?

© Jose Luis Pelaez Inc./Blend Images/Getty Images RF

초기 문해 미국 아동의 읽고 쓰는 능력에 대한 관심은 읽고 쓰는 것에 대한 긍정적 지향이 어린 시기에 발달될 수 있기를 희망하면서, 학령전과 유치원 아동의 경험에 대한 신중한 연구로 이어졌다(Beaty & Pratt, 2015). 부모와 교사들은 어린 아동에게 문해 기술 발달을 위한 지원 환경을 제공할 필요가 있다(Vukelich & others, 2016). 아동은 넓은 범위의 흥미로운 듣기, 말하기, 쓰기 및 읽기 경험에 적극적으로 참여해야 한다(Tompkins, 2015).

아동이 구두 언어, 읽기, 쓰기에 대해 이미 알고 있는 것에 기초하여 교수가 이루어져야 한다. 또한 문해와 학업적 성공의 초기 선행 요인에는 언어 기술, 음운론적 및 구문론적 지식, 문자 식별 및 독서의 즐거움이 포함된다.

학령전 아동에게 책을 효과적으로 사용하기 위한 전략에는 어떤 것들이 있는가? 엘렌 갤린스키(Galinsky, 2010)는 최근 다음과 같은 전략을 강조했다.

- 책을 사용하여 어린 아동과 대화를 시작한다. 책에 등장하는 인물들의 상황을 생각해보게 하고 등장인물의 생각이나 느낌을 상상해보게 한다.
- 무엇을, 왜 질문을 사용한다. 어린 아동에게 이야기에서 다음에 무슨 일이 일어날지 말하게 하고, 그것이 일어났는지를 확인하게 한다.
- 아동에게 이야기에 내해 질문하도록 격려한다.
- 언어 놀이를 할 수 있는 책을 선택한다. 운율이 있는 책, 알파벳에 관한 창의적인 책은 종종 어린 아동에게 흥미를 느끼게 한다.

중기 및 후기 아동기 아동은 학교에 들어가면서 새로운 기술을 습득하여 읽고 쓰는 것을 배울 수 있다. 여기에는 물리적으로 눈에 보이지 않는 것들에 대해 이야기하는 경우가 증가하고, 단어가 무엇인지 배우고, 소리에 대해 인식하고 말하는 법을 배우는 것이 포함된다. 아동은 또한 알파벳 원리를 배우는데, 이는 알파벳 문자가 언어의 소리를 나타냄을 의미한다.

어휘력의 발달은 초등학생 시기 동안 대부분의 아동에게 놀랄 만큼 빠른 속도로 계속된다. 5년 동안 단어를 배운 후에도, 6세 아동은 속도를 늦추지 않는다. 일부 추정에 따르면, 미국의 초등학생들이 하루에 22단어라는 경외심을 불러일으키는 속도로 이동하고 있다고 한다. 평균적으로 미국 12세 아동은 대략 5만 단어의 말하기 어휘를 발달시킨다.

아동기 중기와 아동기 후기 동안 정신적 어휘가 조직되는 방식에 변화가 생긴다. 어떤 단어를 들었을 때 머리에 떠오르는 첫 번째 단어를 말하라는 질문을 받았을 때, 학령전 아동은 일반적으로 문장 속의 단어를 따라가는 단어를 말한다. 예를 들어, 개(dog)에 대해 반응하라고 했을 때, 아동은 "짖어요(barks)"라고 말하거나, 먹다(eat)는 단어에 "점심(lunch)"으로 반응할 수도 있다. 약 7세가 되면, 아동은 자극 단어와 같은 단어로 반응하기 시작한다. 예를 들어, 한 아이는 개(dog)라는 단어에 "고양이(cat)" 또는 "말(horse)"로 응답할 수 있다. 먹다(eat)이라는 단어에 그들은 "마시다(drink)"라고 말할 수 있다. 이는 아동이 이제 어휘를 말하기의 일부로 범주화하기 시작했다는 증거이다.

중기 및 후기 아동기동안 아동이 만들어내는 언어 발달은 무엇인가?

© Ariel Skelley/Blend Images/Corbis RF

아동이 어휘를 늘려감에 따라 범주화 과정은 더욱 쉬워진다. 아동의 어휘력은 6세 때 평균 1만 4,000단어에서 11세 때까지 평균 약 4만 단어로 증가한다.

아동은 문법에서 비슷한 발전을 보인다. 초등학생 시기 동안 아동의 논리적 추론과 분석 기술에서의 향상은 아동이 비교격('더 짧고', '더 깊은')과 주격('만약 당신이 대통령이라면…')을 적절히 사용하는 것과 같은 언어 구조를 이해하도록 돕는다. 초등학생 시기 동안 아동은 "엄마에게 키스한 소년은 모자를 썼다(The boy who kissed his mother ore a hat)"와 같은 복잡한 문법을 이해하고 사용하는 것이 점점 더 쉬워진다. 그들은 또한 좀 더 서로 결합된 방식으로 언어를 사용하고, 연결된 담론을 만들어낸다. 그들은 서술적 묘사, 정의하기 그리고 이해할 수 있는 이야기를 만들어내기 위해 문장을 서로 관련시킬 수 있게 된다. 아동은 이런 것들을 쓰기 전에 구두로 말할 수 있어야 한다.

초등학생 시기 동안 어휘와 문법에서의 이러한 발전은 전치사가 무엇인지를 아는 것이나 언어의 소리에 대해 토론하는 것과 같은 언어에 대한 지식인 **초언어적 의식**(metalinguistic awareness)의 발달과 함께 나타난다. 초언어적 의식은 아동에게 "자신의 언어에 대해 생각하고, 단어가 무엇인지 이해하고, 심지어 그것을 정의하게 한다"(Berko Gleason, 2009, p. 4). 이는 초등학생 시기에 상당한 정도로 향상된다. 초등학교에서 단어를 정의하는 것은 또한 교실 담화에 정기적으로 나타나고

초언어적 의식 언어에 관한 지식

아동은 주어, 동사와 같은 문장의 구성 요소에 대해 공부하고 이야기하면서 구문론을 향상시킨다.

아동은 또한 문화적으로 적절한 방식으로 언어를 사용하는 방법을 이해하는 데 발전을 이룬다. 청소년기에 들어가면서 대부분의 아동은 일상적 맥락에서 언어 사용에 대한 규칙, 즉 말하기에 적절하고 부적절한 것이 무엇인지 알게 된다.

청소년기 청소년기의 언어 발달에는 점점 더 정교한 단어의 사용이 포함된다(Berka Gleason, 2009). 추상적인 사고를 발달시킴에 따라 청소년은 한 문장에서 한 단어가 수행하는 기능을 분석하는 데 아동보다 훨씬 더 잘한다.

청소년은 단어를 사용하여 더욱 미묘한 능력을 발달시키기도 한다. 그들은 은유를 이해하는 데 장족의 발전을 하는데, 이것은 서로 다른 것들 간에 내포된 비교이다. 예를 들어, 개인은 협상 불가 입장을 표현하기 위해 "모래에 선을 긋는다", "정치적 운동은 단거리 경주가 아니라 마라톤"이라고 말한다. 그리고 청소년은 어리석음, 비웃음, 재치를 사용하여 어리석음이나 사악함을 드러내는 **풍자**를 더 잘 이해하고 사용할 수 있게 된다. 캐리커처는 풍자의 예이다. 또한 더 발달된 논리적 사고는 약 15~20세 사이의 청소년이 복잡한 문학 작품을 이해할 수 있게 해준다.

대부분의 청소년은 아동보다 훨씬 더 훌륭한 작가이기도 하다. 그들은 글을 쓰기 전에 아이디어를 조직하는 데 더 뛰어나며, 글을 써가면서 일반적인 것과 특수한 것을 구별하는 데 더 뛰어나다. 그리고 이치에 맞는 문장을 함께 묶고, 글쓰기를 도입, 본론 그리고 결론으로 조직하는 것을 더 잘한다.

나는 최근 교사들에게 수업 시간에 아동과 청소년의 언어 발달을 확장하거나 발달시키기 위해 어떤 전략을 사용하는지 물어보았다. 그들의 대답은 다음과 같다.

DEVELOPMENT

유치원 교사 제가 가르치는 학령전 학생들은 종종 음악을 듣고 나서 그들이 들은 것을 그들만의 말로 설명합니다. 저는 이 기회를 그들이 말한 것을 확장하여 음악 어휘를 넓히기 위해 사용합니다. 예를 들어, 음악을 듣고 있는 한 아이는 "저음을 들었다"라고 말할 수 있습니다. 그러면 저는 "어떤 악기가 그런 낮은 음조를 만들었을 거라고 생각하니?" 하고 반응합니다.

－코니 크리스티, 애노어초등학교(학령전 프로그램)

초등학교 교사 저는 종종 오리건주 동부에서 자란 어린 시절의 경험을 5학년 학생들에게 풍부하고 생생하게 들려줍니다. 이렇게 수업을 하는 순간 학생들은 가장 많은 관심을 기울입니다. 저는 가끔 이런 이야기들을 컴퓨터에 쓰고 교실에 있는 스크린에 투사합니다. 그리고 나서 학생들과 그 이야기와 사용된 언어, 예를 들어, 직유, 은유, 비유적 표현에 대해서 토론합니다. 우리는 그룹으로 이

야기를 수정하고 편집하며 강점과 약점을 토론합니다. 그런 다음 학생들에게 비슷한 주제를 주고 글을 쓰도록 합니다. 이러한 지식의 전달은 학생들을 즐겁게 하고, 새로운 작문 방법에 노출시키며, 그 순간 무언가가 어떻게 향상될 수 있는지 알게 합니다.

－크레이그 젠슨, 쿠퍼마운틴초등학교

중학교 교사 7학년 학생들과 교실에서 토론하는 동안 저는 의도적으로 그들이 "그게 무슨 뜻인가요?"라고 묻게 하는 낯선 단어들을 사용합니다. 예를 들어, 최근 수업 시간에 존 D. 록펠러에 대

해 이야기할 때, 저는 "자선가가 되고 싶은 사람이 얼마나 되나요?"라고 물었습니다. 저는 학생들이 새로 배운 단어를 집에서 사용하고, 그들이 어떻게 그 단어를 대화에 사용하였는지 수업에서 이야기하게 합니다. 이것은 어휘를 재미있게 만드는 간단한 방법입니다.

─마크 포드니스, 배미지중학교

고등학교 교사 우리 고등학교 학생들은 종종 제가 잘 모르는 속어를 사용합니다. 이런 일이 일어날 때 저는 학생들에게 그 단어의 의미가 무엇인지를 묻고 단어를 자세히 말해주기를 원한다고 정중히 말합니다. 이러한 대화는 종종 학생들이 직장, 교실, 집에서 사용할 수 있는 적절한 단어에 대해 대화하게 됩니다(그리고 저도 무언가를 배웁니다!).

─샌디 스완슨, 메노모니폴즈고등학교

학생과 연계하기 : 최고의 실천
다양한 발달 단계에서의 어휘 발달을 위한 전략

의미론적 발달에 대한 논의에서 우리는 많은 아동이 초기, 중기 및 후기의 아동기, 그리고 청소년기를 거치면서 만들어내는 엄청난 어휘의 증가에 대해 기술하였다. 그러나 아동의 어휘에는 상당한 개인차가 있으며, 좋은 어휘는 학교 성공에 중요한 방식으로 영향을 미친다(Pan & Uccelli, 2009). 아동의 어휘를 증진시키기 위해 공학 기술을 사용하는 것에 대해 이전에 기술하였던 것과 더불어 교실에서 사용할 수 있는 다른 전략이 있다.

학령전과 유치원
1. 어린 아동에게 읽어주는 책에 있는 새로운 단어를 설명한다.
2. 교실 안에 있는 모든 것의 이름을 말하고 설명한다.
3. 아동과의 일상 대화에서 아이들이 알지 못할 단어를 소개하고 그 단어를 정교화한다. 이러한 활동은 높은 학년 수준에서도 사용할 수 있다.

초등학교, 중학교, 고등학교
1. 학생들이 어휘 지식에 심각한 결함이 있는 경우 집중적으로 어휘를 가르친다.
2. 원칙적으로 한 번에 10단어 이상을 소개하지 않는다.
3. 학생들에게 다양한 맥락에서 단어를 사용할 수 있는 기회를 준다. 이러한 맥락에는 소리 내어 읽기, 문장 빈칸 채우기, 읽고 답하기 활동이 포함될 수 있다(학생들은 목표 어휘 단어가 포함된 주제에 관한 짧은 정보 기사를 읽고, 기사에 대한 질문에 답한다).
4. 글쓰기는 학생들이 단어의 의미를 적극적으로 처리하도록 도와줄 수 있다. 예를 들어, 학생들에게 제시된 어휘 단어를 사용하여 글을 쓸 수 있도록 주제를 준다.

출처 : Curtis & Longo, 2001.

복습하기, 성찰하기 그리고 연습하기

❸ 언어의 특성, 언어에 대한 생물학적 및 환경적 영향, 전형적인 아동 언어 발달의 주요 특징을 확인한다.

복습하기
- 언어란 무엇인가? 음운론, 형태론, 구문론, 의미론, 화용론 등 음성 언어의 다섯 가지 특징을 설명한다.
- 인간이 언어 학습에 '미리 정해졌다'라는 생각을 뒷받침해주는 증거는 무엇인가? 어떤 증거가 환경적 요인의 중요성을 뒷받침하는가?
- 아동은 언어를 배우는 과정에서 어떤 단계를 겪으며, 이러한 단계들의 일반적인 연령은 어떻게 되는가?

성찰하기
- 교사는 당신의 언어 숙달을 어떻게 장려했고 또는 좌절시켰는가? 당신의 언어 기술을 확장하기 위해 가장 많이 한 경험은 무엇인가?

연습하기

1. 조시는 어휘를 많이 발달시켰다. 다음 중 이를 반영하는 언어 체계는 무엇인가?
   a. 의미론
   b. 화용론
   c. 구문론
   d. 형태론

2. 인간과 접촉 없이 고립되어 양육된 아동은 차후 언어에 노출될 때도 거의 극복하지 못하는, 극단적이고 오래 지속되는 언어 결함을 보인다. 이 증거는 언어 발달의 어떤 측면을 뒷받침하는가?
   a. 생물학적
   b. 환경적
   c. 상호작용주의적
   d. 실용적

3. 타마라는 그녀가 본 그녀 주변 위를 날고 있는 새들에 대해 이야기하고 있다. 그녀는 "우리는 거위 떼를 보았어요"라고 말했다. 타마라의 언어 발달이 나이에 걸맞는 것이라면 타마라는 몇 살 인가?
   a. 2세
   b. 4세
   c. 6세
   d. 8세

정답은 '연습하기 정답' 참조

교실과 연계하기 : 사례 분석하기

독후감

존슨 선생님은 미국 정부에 관한 수업을 듣는 고등학교 3학년 학생들에게 학기 중에 '어떤 것이든, 정부나 정치 시스템과 관련이 있는' 책을 두 권씩 읽고, 선택한 책 각각에 대해 간략한 보고서를 쓰도록 했다.

교실 안의 한 학생인 신디는 조지 오웰의 '1984'와 '동물농장(Animal Farm)'을 읽었다. '1984'는 어떤 초기의 정치적 결정에 따라 1984년의 '미래'에 일어날 수 있는 일에 관한 책이다. 본질적으로 세계는 '빅 브라더'가 양방향 TV와 같은 화면을 통해 모든 행동을 모니터하는 끔찍한 장소로 변한다. 사소한 규칙 위반은 심각하게 처벌된다. 동물농장은 돼지와 개와 같은 다양한 농장 동물들로 등장인물들이 묘사되는 정치 체제에 대한 단편 소설이다. 신디는 두 권의 책을 모두 다 즐겁게 읽었고, 학기 중간이 되기 전에 두 권의 책을 끝냈다. 그녀의 보고서는 소설에 담긴 상징성과 현 정부에 대한 함축적 의미를 반영한 통찰력 있는 보고서였다.

신디의 친구인 루시는 첫 번째 책 읽는 것을 마지막 순간까지 미루어 왔다. 그녀는 신디가 정부에 대한 독서를 즐겼다는 것과 보고서를 마쳤다는 것을 알았다. 루시는 신디에게 독서 과제를 완수하기 위해 읽을 수 있는 '얇은 책'을 알고 있는지 물었다. 신디는 '동물농장'의 사본을 친구에게 빌려주었다. 그러나 루시는 그 책을 읽기 시작하면서, 신디가 왜 이 책을 자신에게 주었는지 궁금해졌다. 그것은 과제의 요구사항에 전혀 부합하지 않는 것 같았다.

첫 번째 보고서 제출 마감 하루 전에 존슨 선생님은 그 소녀들의 이야기를 들었다. 루시는 신디에게 "나는 이해가 안 돼. 그건 돼지와 개에 관한 이야기잖아"라고 불평했다.

신디는 다음과 같이 말하였다. "그들이 정말 농장 동물들이라고 생각해서는 안 돼. 이 이야기는 공산주의의 서약과 공산주의가 정권을 잡았을 때 소비에트 연방에서 일어난 일에 대한 것이야. 멋진 이야기야! 모르겠어? 이 돼지들은 러시아 혁명 동안에 황제를 전복시킨 공산주의 정권을 상징해. 그들은 모든 사람의 평등에 관하여 온갖 종류의 서약을 했어. 그 당시 아프고 굶주린 국민들은 그들이 힘들어하는 동안 부유한 권력자들이 모든 것을 지배하는 것에 신물이 났기 때문에, 혁명 세력과 함께했어. 일단 황제가 제거되자, 공산주의자들은 새로운 정부를 수립했지만 모든 것을 통제하고 서약을 지키지 않았어. 이 책에서 돼지들이 집으로 들어와 두 다리로 걷기 시작한 것을 기억하니? 그것은 공산주의 지도자들이 황제와 똑같이 행동하기 시작했을 때와 같은 것이라 볼 수 있어. 그들은 심지어 이 이야기 속의 비밀 경찰, 즉 개들을 만들기도 했잖아. 그들이 다른 동물들을 어떻게 괴롭혔는지 기억해? 소비에트 연방의 비밀 경찰처럼 말이야."

루시는 "아직도 이해가 안 돼. 어떻게 돼지나 개가 공산주의자나 경찰이 될 수 있지? 그들은 그냥 동물이잖아"라고 말했다.

신디는 말도 안 된다는 표정으로 친구를 바라보았다. 어떻게 그녀는 이 책을 이해하지 못할까? 이 책은 너무 분명한데 말이다.

1. 피아제의 이론을 바탕으로 신디가 왜 이 책을 이해했는지 설명하라.

2. 피아제의 이론을 토대로 루시가 왜 이 책을 이해하지 못했는지 설명하라.

3. 존슨 선생님은 루시의 이해를 돕기 위해 무엇을 할 수 있을까?

4. 존슨 선생님은 루시가 책을 급하게 읽을 필요가 없게, 이 과제를 어떻게 다르게 제시할 수 있을까?

5. 피아제의 인지 발달 단계 중 신디가 있는 단계는 무엇인가?
   a. 감각운동기
   b. 전조작기
   c. 구제적 조작기
   d. 형식적 조작기

   그렇게 생각한 이유를 설명하라.

6. 피아제의 인지 발달 단계 중 루시가 있는 단계는 무엇인가?
   a. 감각운동기
   b. 전조작기
   c. 구체적 조작기
   d. 형식적 조작기

   그렇게 생각한 이유를 설명하라.

1 아동 발달 개관 : 발달을 정의하고, 발달과 교육의 관련성뿐만 아니라 발달의 주요 과정, 기간 및 이슈를 설명한다.

발달이란 무엇인지 탐구하기

- 발달은 임신에서 시작하여 일생 동안 계속되는 생물학적·인지적·사회정서적 변화의 패턴이다. 대부분의 발달은 결국에는 쇠퇴(죽어가는 것)를 포함하지만 성장과 관련이 있다.
- 아동의 발달에 대해 더 많이 배울수록, 어느 정도 수준에서 아동을 가르치는 것이 적절한지 더 많이 이해할 수 있을 것이다. 아동기는 성인기의 기초를 제공한다.

과정 및 기간

- 아동 발달은 종종 상호 관련된 생물학적·인지적·사회정서적 과정의 산물이다.
- 발달 기간에는 유아기, 초기 아동기, 중기 및 후기 아동기, 그리고 청소년기가 포함된다.

발달 이슈

- 주요 발달 논쟁에는 본성과 양육, 연속성과 불연속성 그리고 조기 경험과 후기 경험을 포함한다.
- 본성과 양육 논쟁은 발달이 주로 본성(생물학적 영향)에 의해 영향을 받는지, 아니면 양육(환경적 영향)에 의해 영향을 받는지에 초점을 둔다. 유전과 환경이 발달에 미치는 영향이 광범위할지라도, 인간은 환경을 변화시켜 독특한 발달 경로를 만들 수 있다.
- 일부 발달론자는 발달을 연속적(점진적, 누적 변화)으로 설명하고, 다른 발달론자는 불연속적(갑작스러운 단계의 계열)으로 설명한다.
- 조기 경험과 후기 경험 논쟁은 조기 경험(특히 유아기)이 후기 경험보다 발달에 더 중요한지 여부에 초점을 둔다.
- 대부분의 발달론자들은 본성–양육, 연속성–불연속성 그리고 조기 경험–후기 경험 논쟁에 대한 극단적인 입장이 현명하지 못함을 알고 있다. 이러한 의견 일치에도 불구하고 이러한 쟁점들에 대한 논쟁은 계속되고 있다.

발달과 교육

- 발달에 적합한 교육은 아동의 발달 수준에 비해 너무 어려워서 스트레스를 받거나, 너무 쉬워서 지루해하는 것이 아닌 수준에서 이루어진다.
- 분열된 발달은 영역 전반에 걸쳐 상당한 불균형적 발달이 있을 때 발생한다.

2 인지 발달 : 뇌의 발달에 대해 논의하고, 피아제와 비고츠키의 인지 발달 이론을 비교한다.

뇌

- 성장에서 특히 중요한 부분은 뇌와 신경계의 발달이다.
- 손과 눈의 협응과 관련된 수초화는 약 4세까지 완성되지 않으며, 주의 집중과 관련된 수초화는 약 10세까지 완성되지 않는다.
- 뇌 연결의 실질적인 시냅스 가지치기가 일어나며, 성인 수준의 시냅스 연결 밀도는 청소년기의 어느 시점까지 도달되지 않는다.
- 뇌의 여러 영역은 다른 속도로 성장한다. 중기와 후기 아동기의 뇌 변화는 향상된 주의력, 추론 및 인지 조절에 반영된 전전두엽 피질의 기능 향상을 포함한다. 중기와 후기 아동기 동안 전전두

엽 피질에서 더 적은 확산과 더 많은 집중 활성화가 일어나는데, 이것은 인지 조절의 향상과 관련이 있다.

- 최근에 연구자들은 초기에 발달하는 변연계와 정서를 담당하는 편도체의 발달 그리고 후기에 발달하는 추론과 사고를 담당하는 전전두엽 피질의 발달 사이에 괴리를 발견했다. 그들은 뇌의 이러한 변화가 청소년들의 위험을 감수하는 행동과 성숙한 판단의 부족을 설명하는 데 도움이 될 수 있다고 주장한다. 청소년기 동안의 뇌 변화는 또한 뇌량을 두꺼워지게 한다.
- 일부 언어 및 비언어 기능에서 편재화가 발생하지만, 많은 경우에 기능은 2개의 반구 모두에 관련된다.
- 뇌에는 상당한 가소성이 있으며, 아동이 경험하는 학습 환경의 질이 뇌 발달에 영향을 미친다.
- 신경과학과 교육 사이의 관련성은 너무 자주 과장되어 왔다. 최근의 연구에 기초하여 우리가 알게 된 것은 아동기와 청소년기의 교육적 경험이 뇌 발달에 영향을 미칠 수 있다는 것이다.

피아제 이론

- 장 피아제는 스키마, 동화와 조절, 조직화 및 평형화와 같은 중요한 과정을 포함하는 아동의 인지 발달에 대한 주요 이론을 제안했다.
- 피아제의 이론에서 인지 발달은 네 가지 단계로 전개된다. 감각운동기(출생에서 약 2세), 전조작기(약 2~7세), 구체적 조작기(약 7~11세) 그리고 형식적 조작기(약 11~15세)이다. 각 단계는 질적인 발전이다.
- 감각운동기 유아는 자신의 감각 경험과 신체 운동을 통합함으로써 세상에 대한 이해를 구성한다.
- 비록 아동이 아직 중요한 정신 작용을 숙달하지 못했다 하더라도 사고는 전조작기에서 더욱 상징적이다. 전조작기에는 상징적 기능과 직관적 사고 단계가 포함된다. 자기중심성과 중심화는 제약 요소이다.
- 구체적 조작기 아동은 조작을 수행할 수 있으며, 논리적 사고는 추론이 명확하거나 구체적인 예에 적용될 수 있을 때 직관적인 사고를 대체한다. 분류, 서열화 및 이행성은 구체적 조작기의 중요한 능력이다.
- 형식적 조작기에서 사고는 보다 추상적이고 이상적이며 논리적이다. 가설 연역적 추론이 중요해진다. 청소년의 자기중심성은 많은 청소년의 특징이다.
- 우리에게 피아제는 능동적인 구성주의자로서의 아동을 보는 현재의 시각뿐만 아니라 많은 훌륭한 개념을 남겨주었다. 그의 견해에 대한 비판은 아동의 능력, 단계, 더 높은 인지 수준에서 추론하는 아동의 훈련, 그리고 아동이 어떻게 배우는지에 대해 충분히 정확하지 못했다는 신피아제 이론의 비판에 초점을 맞추고 있다.

비고츠키 이론

- 레프 비고츠키는 인지 발달에 대한 또 다른 주요 이론을 제안했다. 비고츠키의 관점은 인지 기능이 발달적으로 해석되어야 하고, 언어에 의해 중재되어야 하며, 사회적 관계와 문화에 기원한다는 점을 강조한다.
- 근접 발달 영역은 비고츠키의 용어로 아동이 혼자서 하기에는 너무 어렵지만 성인과 숙련된 아동의 지도와 도움을 받아 학습할 수 있는 과제의 범위를 말한다.
- 비계설정은 비고츠키 이론에서 중요한 개념이다. 그는 또한 언어가 인지를 이끌어내는 데 중요한 역할을 한다고 주장했다.
- 비고츠키의 아이디어를 교육에 적용하는 방법은 아동의 근접 발달 영역 및 비계설정을 사용하는

것, 교사로서 숙련된 또래를 활용하는 것, 아동이 사적 언어를 사용하는 것을 모니터하고 장려하는 것, 근접 발달 영역을 정확하게 평가하는 것 등이 있다. 이러한 실행은 교실을 변화시키고 교육을 위한 의미있는 맥락을 조성할 수 있다.

- 피아제와 마찬가지로 비고츠키는 아동이 적극적으로 세상에 대한 이해를 구축한다고 강조했다. 피아제와 달리 그는 인지 발달 단계를 제안하지 않았으며, 아동은 사회적 상호작용을 통해 지식을 구성한다는 점을 강조했다. 비고츠키의 이론에서 아동은 문화가 제공하는 도구에 의존하며, 이는 아동이 발달해야 하는 기능을 결정한다. 일부 비평가들은 비고츠키가 사고에서 언어의 역할을 지나치게 강조했다고 말한다.

---

③ 언어 발달 : 언어의 특성, 언어에 대한 생물학적 및 환경적 영향, 전형적인 아동 언어 발달의 주요 특징을 확인한다.

언어란 무엇인가

- 언어는 구어, 문어, 또는 기호를 포함하는 상징체계에 기초한 의사소통의 형식이다.
- 인간의 언어는 무한 생성된다. 모든 인간의 언어는 음운론, 형태론, 구문론, 의미론과 화용론의 조직 규칙을 가지고 있다. 음운론은 언어의 소리 체계이며, 형태론은 단어 형성에 관련된 의미의 단위를 말하며, 구문론은 단어가 수용 가능한 문구와 문장을 형성하기 위해 결합되어야 하는 방식을 포함하고, 의미론은 단어와 문장의 의미를 나타내며, 화용론은 다른 맥락에서 언어의 적절한 사용을 말한다.

생물학적 영향과 환경적 영향

- 아동은 그들과 양육자가 상호작용할 때 언어를 배울 수 있도록 생물학적으로 준비되어 있다. 몇몇 언어학자들은 언어의 생물학적 기초에 대한 가장 확실한 증거는 환경 경험에서 큰 차이가 있음에도 불구하고 전 세계의 아동이 거의 동일한 연령대의 언어 단계에 도달한다는 것이다.
- 하지만 아동은 사회적 공백 속에서는 언어를 배우지 못한다. 아동은 부모와 교사들이 그들을 대화에 적극적으로 참여시키고, 질문을 하고, 이야기를 나눌 때 도움이 된다. 요컨대 생물학과 경험은 상호 작용하여 언어 발달을 일으킨다.

언어는 어떻게 발달하는가

- 언어 습득은 단계를 거쳐 발전한다. 옹알이는 약 3~6개월, 첫 단어는 10~13개월, 두 단어 말은 18~24개월에 발생한다.
- 아동은 두 단어 이상의 말을 넘어서면서, 장 베르코의 연구에서 밝혀진 것처럼 형태론적인 규칙을 알고 있음을 입증할 수 있다. 또한 아동은 유아기에 음운론, 구문론, 의미론, 화용론을 발전시킨다.
- 어린 아동의 조기 문해력 향상 경험은 아동이 학교 교육을 받는 데 필요한 언어 능력을 갖게 될 가능성을 높여준다.
- 어휘력 발달은 초등학생 시기 동안 극적으로 증가하며, 초등학생 시기가 끝날 때까지 대부분의 학생들은 적절한 문법 규칙을 적용할 수 있다. 또한 초언어적 의식 역시 초등학교 시기에 발달한다.
- 청소년기의 언어 변화는 단어의 효과적인 사용을 포함한다. 은유, 풍자 및 성인 문학작품을 이해하는 능력 향상과 쓰기에서의 향상을 포함한다.

주요 용어

가설 연역적 추론(hypothetical-deductive reasoning)

감각운동기(sensorimotor stage)

구문론(syntax)

구체적 조작기(concrete operational stage)

근접 발달 영역(zone of proximal development, ZPD)

뇌량(corpus callosum)

동화(assimilation)

발달(development)

변연계(limbic system)

보존(conservation)

본성과 양육 논쟁(nature-nurture issue)

분열된 발달(splintered development)

비계설정(scaffolding)

사회적 구성주의 접근(social constructivist approach)

상징적 기능 하위 단계(symbolic function substage)

서열화(seriation)

수초화(myelination)

스키마(schema)

신경구성주의적 견해(neuroconstructivist view)

신피아제 이론가(neo-Piagetians)

언어(language)

연속성과 불연속성 논쟁(continuity-discontinuity issue)

음운론(phonology)

의미론(semantics)

이행성(transitivity)

전전두엽 피질(prefrontal cortex)

전조작기(preoperational stage)

조기 경험과 후기 경험 논쟁(early-later experience issue)

조절(accommodation)

조직화(organization)

중심화(centration)

직관적 사고 하위 단계(intuitive thought substage)

초언어적 의식(metalinguistic awareness)

편도체(amygdala)

편재화(lateralization)

평형화(equilibration)

형식적 조작기(formal operational stage)

형태론(morphology)

화용론(pragmatics)

후생적 관점(epigenetic view)

포트폴리오 활동

이제 여러분은 이 장에서 다룬 개념들을 모두 이해하였을 것이다. 여러분의 사고 수준을 향상시키도록 다음 연습문제를 풀어보자.

독립적 성찰

1. **아동과 의사소통하기** 언젠가 자신이 가르칠 것으로 예상되는 아동의 일반적인 나이를 선택한다. 피아제의 인지 발달 이론에 따라 그 아이의 특징적인 사고방식의 목록을 작성한다. 자신의 어린 시절을 기반으로 그 아이와 관련된 다른 특성을 열거한다. 그런 다음 자신의 현재 사고 방식에 대한 두 번째 목록을 만든다. 두 목록을 비교한다. 당신과 아동은 중요한 인지적 방법에서 어떤 차이가 있는가? 당신이 아동과 의사소통을 시작할 때 당신은 어떤 사고방식을 조정해야 하는가? 당신의 생각을 간단히 요약하라.

2. **형식적 조작기 사고의 이점** 구체적 조작기의 방식보다는 형식적 조작기의 방식으로 사고하는 것은 학생들의 학습 기술 향상에 어떤 도움을 주는가?

3. **언어 발달** 이 장에서 읽은 아동의 언어 발달과 관련된 가장 유용한 아이디어는 무엇인가? 당신의 아이디어를 포트폴리오에 적어두고 교실에서 이 아이디어를 구현하는 방법을 설명하라.

연구 및 현장 경험

4. **전뇌적인 사고** 학습을 위한 '좌뇌'와 '우뇌' 활동을 장려하는 교육 기사를 잡지나 인터넷에서 찾는다. 간단한 보고서로 신경과학 및 뇌 교육에 관해 이번 장에서 읽은 내용을 토대로 기사를 비판하라.

사회적 맥락과
사회정서적 발달

이 장의 개요

① 현대 이론

학습목표 1 사회정서적 발달에 대한 두 가지의 현대적 관점인 브론펜브레너의 생태학적 이론과 에릭슨의 생애발달 이론에 대해 기술한다.

브론펜브레너의 생태학적 이론
에릭슨의 생애발달 이론

② 발달의 사회적 맥락

학습목표 2 가족, 또래, 학교의 사회적 맥락이 사회정서적 발달과 어떻게 연결되는지 논의한다.

가족
또래
학교

③ 사회정서적 발달

학습목표 3 아동의 사회정서적 발달의 양상인 자기존중감, 정체성, 도덕성, 정서 발달에 대해 설명한다.

자기와 정체성
도덕성 발달
정서 발달

궁극적으로 발달의 이면에 있는 힘은 삶이다.
—에릭 에릭슨, 20세기 유럽에서 태어난 미국 심리치료사

© omgimages/Getty Images RF

교사와 연계하기 : 캐런 애브라

아동 삶의 사회적·정서적 맥락은 아동의 학습 능력에 영향을 준다. 캐런 애브라는 샌프란시스코에서 초등학교 5학년 아이들을 가르치고 있다. 그녀의 반 아이 줄리에는 아주 조용한 편이다. 너무 조용해서 토론수업을 할 때 속삭이듯 반응한다. 쓰라린 이혼을 경험한 그 아이의 부모는 자기 아이가 치료를 필요로 한다는 것에 동의했다.

줄리에의 학업성취도는 매우 낮았다. 필요 이상으로 공부를 하지 않으려 해서 시험 점수가 낮았다. 이 문제로 아이 엄마는 어느 날 저녁 학교를 방문했다. 그리고 아이 아빠는 그다음 날 아침 학교를 방문해 교사 캐런과 상담하였다. 그 주가 끝날 무렵 교사 캐런은 줄리에와 이야기를 나누었는데, 아이는 공포에 질린 모습이었다. 다음은 아이와의 대화에 대한 교사의 코멘트이다.

나는 마음속에 몇 가지 목표를 품고 있었다. 줄리에는 자기가 착한 학생이며, 사랑을 받고 있으며, 어른들이 지속적으로 책임을 져야 하며, 그 아이 자신이 비밀을 숨기거나 간직할 필요가 없음을 알 필요가 있었다. 나는 엄마가 학교에 온 것은 우리 모두가 줄리에에 대해 관심이 있고 그래서 도울 필요가 있음을 알고 있기 때문이라고 아이에게 말해주었다. 그리고 부모가 줄리에를 아주 많이 사랑하고 있다고 말해주었고, 그 아이도 그 사실을 알고 있는지 물었다(줄리에와 나는 어느 누구도 완벽하지 않으며 문제가 전혀 없는 어른은 없다는 것에 동의했다). 나는 어떤 튜터가 줄리에의 공부를 도울 것이라고도 설명하였다. … 그리고 내가 그 아이를 많이 사랑한다고 했으며 수업 시간 때 좀 더 적극적이면 좋겠다고 말했다.

줄리에의 변화는 하룻밤 사이에 일어나지 않았지만 점차 자신에 찬 미소를 띠며 나와 눈 맞춤 하기 시작했다. 수업 시간 때 더 큰 목소리로 말하였고 쓰기 노력도 향상되었다. 줄리에게 최고의 달은 줄리에의 치료사와 튜터를 동시에 볼 수 있는 달이었다. 당연 그 아이의 성적은 롤러코스터 같았다. 학년 말이 되자 그 아이는 다음과 같이 코멘트하였다. "저나 엄마는 제가 지지받고 자신감을 느낄 때 제가 가장 잘할 수 있다는 것을 알았어요." 이는 열한 살의 아이에게는 값진 통찰이다.

미리보기

이혼은 아동의 학업에 큰 영향을 미칠 수 있는 여러 가지 사회적 맥락의 한 양상이다. 나중에 이 장에서 우리는 이혼이라는 주제를 검토하고 아동이 자신의 부모 이혼에 대처할 수 있도록 도움을 받을 수 있는 교수 전략을 다룰 것이다. 우리는 아동의 발달이 동료, 친구, 교사의 연속적인 파도에 의해 어떻게 영향을 받는지뿐만 아니라 부모가 어떻게 아동의 삶을 보살피는지 탐색할 것이다. 아동의 작은 세계는 학교에 입학하고 처음보는 많은 사람들과 관계를 맺으면서 확대된다. 이 장 후반부에서 우리는 이러한 사회적 세계를 공부하면서 아동의 사회정서적 발달에 대해 살펴볼 것이다.

학습목표 1
사회정서적 발달에 대한 두 가지의 현대적 관점인 브론펜브레너의 생태학적 이론과 에릭슨의 생애발달 이론에 대해 기술한다.

⌐ ‑ ‑ ‑ ‑ ‑ ‑ ‑ ‑ ‑ ‑ ‑ ‑ ┐
되돌아보기/앞날을 생각하기
또한 반두라의 사회인지 이론은 사회적 맥락의 중요성을 강조한다. 제6장 '행동주의와 사회인지 이론'과 연계해 생각해보자.

① 현대 이론

| 브론펜브레너의 생태학적 이론 | 에릭슨의 생애발달 이론 |

아동의 사회정서적 발달을 다룬 이론은 많다. 이 장에서 우리는 두 가지 주요 이론인 브론펜브레너의 생태학적 이론과 에릭슨의 생애발달 이론에 초점을 둘 것이다. 이 두 이론을 선택한 이유는 이 이론들이 아동이 발달하는 사회적 맥락(브론펜브레너)과 아동의 사회정서적 발달의 주요 변화(에릭슨)를 포괄적이면서도 심도 있게 다루고 있기 때문이다. 나중에 이 책에서 우리는 사회정서적 발달과 관련한 다른 이론들(행동주의 이론과 사회인지 이론)에 대해서도 논의할 것이다.

DEVELOPMENT

브론펜브레너의 생태학적 이론

생태학적 이론은 유리 브론펜브레너(Urie Bronfenbrenner, 1917~2005)에 의해 개발되었는데, 아동이 사는 사회적 맥락과 아동 발달에 영향을 미치는 사람들에 주된 초점을 둔다.

생태학적 이론 브론펜브레너의 이론에 따르면, 발달은 미시체계, 중간체계, 외체계, 거시체계, 시체계라는 다섯 가지의 환경체계에 의해 영향을 받는다.

다섯 가지 환경 체계 브론펜브레너(Bronfenbrenner, 1995; Bronfenbrenner & Morris, 2006)의 **생태학적 이론**(ecological theory)은 그 범위가 가까운 개인 간 상호작용에서 광범위한 문화적 영향에 이르는 환경 체계인 미시체계, 중간체계, 외체계, 거시체계, 시체계를 식별한다(그림 3.1 참조).

미시체계(microsystem)는 개인이 상당한 시간을 함께 보내는 가족, 동료, 학교, 이웃과 같은 환경이다. 이 체계에서 개인은 부모, 교사, 동료, 타인과 직접적인 상호작용을 한다. 브론펜브레너에게 있어 학생은 수동적으로 경험하는 존재가 아니라 타인과 상호작용하고 도우면서 미시체계를 구성하는 능동적인 존재이다.

중간체계(mesosystem)는 미시체계 간의 연계와 관련된다. 예컨대, 가족 경험과 학교 경험 간, 가족과 동료 간의 연동과 같은 것이다. 우리는 나중에 이 장에서 가족과 학교 간의 연계에 대해 더 다룰 것이다.

외체계(exosystem)는 능동적인 역할을 하지 않는 상황에서의 학생 자신의 경험이 즉각적인 맥락에서 자신과 교사의 경험에 영향을 줄 때 작동한다. 예컨대, 어떤 지역의 학교와 공원관리자를 생각해보자. 관리자는 학교, 공원, 레크레이션 시설, 도서관의 질을 결정하는 데 큰 역할을 하면서 아동의 발달을 조력할 수도 있고 방해할 수도 있다.

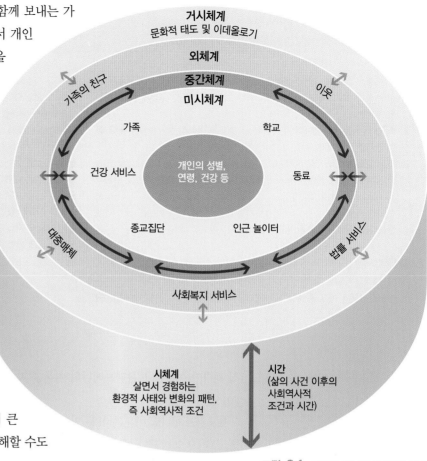

그림 3.1 **브론펜브레너의 생태학적 발달 이론**
브론펜브레너의 생태학적 이론은 미시체계, 중간체계, 외체계, 거시체계, 시체계라고 하는 다섯 가지 생태 체계를 기술한다.

거시체계(macrosystem)는 보다 폭넓은 문화와 관련된다. 문화는 아동 발달에 있어서의 인종적·사회경제적 요인의 역할을 포괄하는 매우 광의적 용어이다. 다시 말해 문화는 학생과 교사가 경험하는 가장 광범위한 맥락으로서, 사회적 가치와 관습을 강화하는 역할을 한다(Shiraev & Levy, 2010). 예를 들어 어떤 문화(예 : 중국과 이란의 농촌)에서는 전통적인 성역할이 강조된다.

시체계(chronosystem)는 학생 발달의 사회적·역사적 조건을 포함한다. 예컨대, 오늘날 아동의 삶은 여러 측면에서 그 부모나 조부모가 어린 시절에 경험했던 삶과는 다르다(Schaie & Willis, 2016). 요즘 아동은 과거에 비해 보호를 더 필요로 하고, 컴퓨터를 사용하고, 과거 도회지나 시골 혹은 교외와는 완전 판판인 탈집중화된 도시에 분산되어 성장하고 있다.

브론펜브레너의 이론 평가하기 브론펜브레너의 이론은 최근 몇 년 동안 인기를 얻어왔다. 그의 이론은 미시적 수준과 거시적 수준 모두에서 사회적 맥락을 체계적으로 검토할 수 있는 몇 가지 이론적 틀 가운데 하나를 제공하며, 협소한 장면에 초점을 두는 행동주의 이론과 보다 넓은 장면을 분석하려는 인류학적 이론 간의 간극을 메꾸는 역할을 한다. 그리고 아동의 상이한 삶의 맥락이 어떻게 서로 연결되어 있는지를 보여주는 도구적 역할을 해왔다. 우리가 방금 논의한 바와 같이 교사들은 종종 교실에서뿐만 아니라 학생들의 가족, 이웃, 동료 집단에서 무슨 일이 벌어지고 있는지를 고려할 필요가 있다.

여기서 유의할 점은 브론펜브레너(Bronfenbrenner, 2000)가 자신의 이론에 생물학적 영향력을 보탠 후 그것을 **생물생태학적** 이론이라고 명명했다는 것이다. 그럼에도 불구하고 생태학적·환경

DIVERSITY

학생과 연계하기 : 최고의 실천
브론펜브레너의 이론에 기초한 아동 교육

1. 많은 환경 체계와 영향에 붙박여 있는 아동에 대해 생각한다. 그 체계와 영향은 학교, 교사, 부모, 형제자매, 지역사회, 이웃, 친구, 미디어, 종교, 문화를 포함한다.
2. 학교와 가족 간의 연계에 주목한다. 공식적·비공식적 봉사활동을 통해 이런 연계를 구축하라.
3. 아동 발달에 있어서의 지역사회, 사회경제적 지위, 문화의 중요성을 인식한다. 이와 같은 광범위한 사회적 맥락은 아동 발달에 큰 영향을 미친다(Gonzales & other, 2016; Zusho, Daddino, & Garcia, 2016). '교사의 시선'에서 뉴욕시에 있는 그래머스유치원 원감인 유안니타 커튼은 자기 학생들을 위한 지역사회의 가치를 다음과 같이 기술하고 있다.

교사의 시선 :
지역사회는 학생들을 위한 학습 기회와 지지로 가득 차 있다

지역사회 활용은 매우 중요하다. 뉴욕시는 기회로 가득 차 있다. 나는 인근에

있는 장애인 도서관과 밀착해 함께 작업할 수 있었다. 도서관 직원들은 아동을 위해 학교에 오디오 서적을 제공하고 특수장비를 아이들이 사용할 수 있도록 임대해주는 위대함을 보여주어 왔다. 현장 견학으로 인근 소방서를 여러 차례 이용해왔다. 특히 소방대원들은 다양한 장애를 가진 학생들을 잘 돌봐주었다. 또한 소방대원들은 학교를 여러 차례 방문했는데, 이런 방문은 아동에게는 매우 흥미로운 것이었다. 그들이 아동에게 보여준 인내심은 놀라운 것이었다. 나는 또한 많은 대학이 학교에 물품을 보내주고 교육 실습생들이 우리 학교를 방문해준 것에 고무되었다. 연휴 동안 해즈브로 장난감 회사의 기부 덕택에 몇몇 학생과 가족은 특별한 연휴를 보낼 수 있었다. 우리 학생들은 우리가 거주하고 있는 뉴욕시 지역 공동체에서 돋보였다. 이로 인해 우리 이웃들은 교직원과 학생들을 알게 되었고, 보다 안전한 환경을 창출할 수 있었다.

적 맥락이 여전히 브론펜브레너의 이론을 지배하고 있다(Haines & others, 2015; Orrock & Clark, 2016).

브론펜브레너의 이론은 아동 발달에 있어서의 생물학적·인지적 요소에 거의 주목하지 않았다는 점, 그리고 피아제나 에릭슨의 이론적 초점인 단계적인 발달적 변화를 심도 있게 다루지 않았다는 점에서 비판을 받아왔다.

DEVELOPMENT

에릭슨의 생애발달 이론

에릭슨(Erick Erickson, 1902~1994)의 이론은 학생들의 발달과 관련한 사회적 맥락과 그들의 삶에 중요한 사람들에 대한 브론펜브레너의 분석을 보완하면서 인간 발달을 여러 단계로 나누어 제시한다. 생애에 대한 그의 관점부터 살펴보자.

여덟 가지 인간 발달 단계 에릭슨(Erickson, 1968)의 이론에 따르면 인간의 성장 발달은 8단계로 이루어진다(그림 3.2 참조). 각 단계마다 발달 과제가 있으며, 개인이 그 과제를 성공적으로 수행하지 못하면 위기에 처하게 된다. 에릭슨에게 있어 그 위기는 파국적이 아니라 취약성을 강화하고 잠재성을 높이는 전환점이다. 다시 말해 개인이 위기를 성공적으로 해결하면 할수록 그만큼 더 심리적으로 건강해진다는 것이다. 한편 각 단계는 긍정적인 측면과 부정적인 측면 모두를 지니고 있다.

에릭슨의 첫 번째 심리사회적 단계는 신뢰 대 불신(trust versus mistrust)으로서 생애 초기에 이루어진다. 신뢰 발달은 따뜻하고 양육적인 돌봄을 필요로 한다. 그 긍정적 결과는 편안한 느낌과 공포의 최소화이다. 불신은 유아를 부정적으로 대하거나 무시할 때 발달한다.

두 번째 심리사회적 단계는 자율성 대 수치심과 의심(autonomy versus shame and doubt)으로서 영아기 후기와 걸음마 시기에 이루어진다. 양육자를 신뢰하는 유아는 자기 행동이 자신의 것임을 발견하기 시작한다. 또한 자신의 독립을 주장하고 자신의 의지를 실현하려 한다. 유아를 과도하게

제한하거나 처벌할 경우 수치심과 의심을 품게 된다.

세 번째 단계는 주도성 대 죄의식(initiative versus guilt)으로서 약 3~5세의 아동기 초기에 해당한다. 어린 아동은 경험의 세계가 확장됨에 따라 이전에 비해 더 많은 도전에 직면하게 된다. 이 도전에 대처하기 위해 아동은 활동적이며 유목적적인 행동을 하게 되며, 이를 통해 주도성이 발달한다. 책임감을 갖지 못하거나 불안감이 과도하게 강제되면 불편한 죄의식을 갖게 된다.

네 번째 단계는 근면성 대 열등감(industry versus inferiority)으로서 대략 초등학생 시기(6세~사춘기 혹은 청소년 초기)에 해당한다. 초등학교에 들어가면서 아동의 에너지는 지식과 지적 기술을 습득하는 쪽으로 이동한다. 이 시기에 열등감, 비생산성, 무능함이 발달하면 위험하게 된다.

다섯 번째 단계는 정체성 대 정체성 혼란(identity versus identity confusion)으로서 청소년기에 해당한다. 청소년은 자신이 누구이며, 어떤 존재이며, 삶의 목표는 무엇인가에 대해 질문하고 답을 찾으려고 한다. 또한 새로운 많은 역할과 어른의 신분(예 : 직업과 낭만)과 직면하게 된다. 청소년이 건강한 정체성을 습득하기 위해서는 다양한 경로를 탐색하도록 허용할 필요가 있다. 다양한 역할을 적절하게 탐색하지 않고 긍정적인 미래 경로를 개척하지 않은 청소년은 정체성 혼란을 경험할 수 있다.

여섯 번째는 친밀감 대 고립감(intimacy versus isolation)으로서 20~30대의 성인 초기에 해당한다. 이 시기의 발달 과제는 타인과 긍정적으로 친밀한 관계를 맺는 것이다. 이 단계의 위험은 낭만을 함께 즐길 수 있는 파트너나 친구와 친밀한 관계를 맺지 못하고 사회적으로 고립되는 것이다.

일곱 번째는 생산성 대 침체성(generativity versus stagnation)으로서 40~50대의 중년기에 해당한다. 생산성은 뭔가 긍정적인 것을 다음 세대에 전달하는 것을 의미한다. 이것은 양육과 가르치기를 포함할 수 있는데, 이를 통해 성인은 후세대가 유용한 삶을 영위하도록 조력한다. 침체성이란 후세대를 돕기 위해 어떤 것도 하지 않은 느낌이다.

여덟 번째는 통합성 대 절망감(integrity versus despair)으로서 60대 이후 죽음까지의 성인 후기에 해당한다. 고령의 사람은 무엇을 했는지를 성찰하면서 그간의 삶을 검토한다. 회고적 평가가 긍정적이면 통합성이 발달한다. 즉 자신의 삶을 긍정적으로 통합된 가치 있는 것으로 조망한다. 이와 달리 부정적으로 회고되면 절망하게 된다.

최근 교사들에게 에릭슨의 이론을 교실에 어떻게 적용할 것인지 물었다. 다음은 이에 대한 교사들의 코멘트이다.

에릭슨과 예술가인 아내 요안의 사진. 에릭슨은 20세기에 가장 유명한 발달 이론의 하나를 만들었다. 에릭슨의 이론에서 당신은 어떤 단계적 특징을 갖는가?

© Jon Erikson/The Image Works

에릭슨의 단계	발달 시기
통합성 대 절망감	성인 후기(60대 이후)
생산성 대 침체성	성인 중기(40~50대)
친밀감 대 고립감	성인 초기(20~30대)
정체성 대 정체성 혼란	청소년기(10~20세)
근면성 대 열등감	아동기 중반 및 후반
주도성 대 죄의식	아동기 초기(학령기 전, 3~5세)
자율성 대 수치심과 의심	유아기(1~3세)
신뢰 대 불신	유아기(생애 초기)

그림 3.2 에릭슨의 여덟 가지 인간 발달 단계

인간이 여러 발달 단계를 거친다는 말에서 얻을 수 있는 시사점은 무엇인가?

유치원 교사 에릭슨 이론의 주도성 대 죄의식 단계는 우리 반 아이들이 1년 내내 더욱 책임감을 갖

도록 기대된다는 점에서 우리 반의 특징을 잘 보여줍니다. 아동에게 문을 닫는 사람, 줄을 맞추는 사람, 메신저와 같이 그날 해야 할 '임무'가 할당됩니다. 또한 교실 규칙과 학칙을 준수할 것이 기대됩니다. 불행하게도 교실 규칙을 어기거나 자신의 책무를 다하지 못했다고 느끼는 아동은 죄의식을 느끼는 것 같습니다.

-미시 댄글러, 서버번힐즈학교

초등학교 교사 에릭슨 이론의 근면성 대 열등감 단계는 제 반 학생들에게 잘 적용되는 것 같습니다. 이 단계의 학생들은 배우려는 에너지로 넘칩니다. 그러나 학생들이 배움에 실패할 경우 무능하다고 느낄 수 있습니다. 이 단계의 학생들을 가르치는 교사로서 유념해야 할 것은 그들에게 성공할

기회를 주는 것이 중요하다는 점입니다. 예컨대, 유치원 수준을 보이는 학생에게 2학년 수준의 독서를 요구한다면 그 학생은 무능하다는 느낌을 가질 것입니다. 저는 학생 수준에 맞춰 독서와 철자법을 가르치고 있습니다. 학생의 독서 수준에 맞는 자료를 읽고 배우게 해서 자신감을 키워주려고 하고 있습니다.

-수전 프롤리히, 클린턴초등학교

중학교 교사 에릭슨의 정체성 대 정체성 혼란 단계는 초등학교 6학년 학생들에게 뚜렷이 나타납니다. 너무도 많은 학생들이 자기존중감의 하락을 경험합니다. 이를 다루기 위해 저는 종종 그들에게 교사의 역할을 하도록 합니다. 즉 제 지도하에 교실에서 교사의 다양한 활동을 대신 수행하도록 하

며, 하루 교사로 학생에게 자격을 부여할 때는 종종 동료 학생들의 선택에 맡깁니다. 교실 활동에 참여하는 것을 주저하는 학생에게는 점심을 같이하자고 합니다. 식사를 하면서 저는 수업에 참여하면서 가질 수 있는 어떤 두려움이나 걱정을 극복하는 방법에 대해 단계적으로 설명해줍니다.

-마거릿 리어던, 포칸티코힐즈학교

고등학교 교사 고등학교 교사는 정체성 대 정체성 혼란 단계에 있는 학생을 인간으로서 존중하면서 다루는 것이 특히 중요하다고 생각합니다. 학생들의 사소한 말다툼이나 감정을 숨기는 것에 두눈을 부릅뜨는 교사들을 많이 알고 있습니다. 교사 역시 과거에 학생과 똑같이 다투었으며 그런 다툼이 어른이 되는 데 도움이 되었다는 사실을 기억할 필요가 있습니다. 이러한 사실은 제가 교육실습생으로서 학생들을 가르칠 때 아주 명료해졌습니다. 교생실습을 갔던 학교 건물은 제 학창시절

의 것과 매우 흡사했습니다. 교문을 들어서는 순간 저는 턱에 난 여드름투성이와 화장실에서 흘렸던 눈물들을 경험했습니다. 불현듯 저는 라이오넬 리치의 댄스곡에 귀 기울이며 제가 좋아하는 존이 내 이름을 불러주기를 갈망하는 불안한 소녀였습니다.

-제니퍼 해터, 브레멘고등학교

에릭슨의 이론 평가하기 에릭슨의 이론은 몇 가지 삶의 핵심적인 사회적·정서적 과제들을 포착하고 그것들을 발달적 틀에 위치시키고 있다(Kroger, 2015). 그의 정체성의 개념은 청소년 후기 학생과 대학생을 이해하는 데 특히 도움이 된다. 그의 이론 전반은 인간 발달에 대한 우리의 관점을 아동기에만 국한시키지 않고 일생으로 진일보시키는 데 결정적인 힘이었다.

에릭슨 이론에 대한 비판이 없는 것은 아니다(Cote, 2015). 어떤 전문가들은 그의 단계들이 너무 경직되어 있다고 지적한다. 생애 발달 연구의 선구자인 버니스 뉴가튼(Neugarten, 1988)의 지적에 의하면 정체성, 친밀성, 독립성과 많은 다른 양상의 사회적·정서적 발달은 한 줄에 꿰어진 구슬처럼 깔끔하게 포장된 연령 간격과 같은 것이 아니다. 오히려 그것들은 우리 삶 전반에 걸쳐 중요한 이슈들이다. 에릭슨의 몇 가지 단계(특히 정체성 대 정체성 혼란)에 대한 많은 연구가 수행되어 왔지만, 그의 이론 전반을 검토한 과학적 자료는 없다. 다시 말해 그의 여덟 가지 단계가 항상 그의 제안처럼 질서정연하게 제때에 일어나는지의 여부에 대해서는 검증되지 않았다. 예컨대 어떤 개인(특히 여성)인 경우 친밀감에 대한 관심은 정체성에 앞서거나 동시에 발달하기도 하는데, 이는 에릭슨의 이론과 어긋나는 것이다.

학생과 연계하기 : 최고의 실천
에릭슨 이론에 기초한 아동교육 전략

1. *어린 아동의 주도성을 고취한다.* 학령기 전 아동과 아동 초기 교육 프로그램에는 세상을 탐험할 충분한 자유가 포함되어야 한다. 이 시기의 아동에게는 자신이 참여하는 활동의 일부를 선택하는 것이 허락되어야 한다. 특정 활동을 하려는 아동의 요구가 합당하면 그 요구는 존중되어야 한다. 아동의 상상력을 자극하는 흥미로운 재료를 제공하라. 이 단계의 아동은 노는 것을 좋아한다. 놀이는 아동의 사회정서적 발달에 유익할 뿐만 아니라 인지적 성장에 중요한 매개체이다. 특히 또래와의 사회적 놀이와 판타지 놀이를 격려하라. 장난감과 재료를 사용한 후에는 제자리에 두도록 하는 책임감을 갖도록 도와라. 비난은 가능한 억제해 아동의 죄의식과 불안감이 발달하지 않도록 하라. 아동 발달에 적합한 과제를 제공해 실패가 아닌 성공을 위한 활동과 환경을 구조화하라. 예컨대 학문적인 지필과제를 위해 장시간 앉게 함으로써 어린 아동을 좌절시키지 말라.

2. *초등학교 아동의 근면성을 증진시킨다.* 교사는 아동의 근면성 발달에 특별한 책무성을 지니고 있다. 에릭슨이 바랐던 것은 바로 아동이 배움에 열정적일 수 있는 분위기를 교사가 제공하는 것이었다. 초등학교 아동은 배움을 갈망한다. 대부분의 아동은 호기심과 과제 숙달동기에 빠진 채 초등학교에 도착한다. 에릭슨의 관점에 따르면 교사가 이 숙달동기와 호기심에 자양분을 주는 것이 중요하다. 학생에게 도전감을 주도록 하되 그것에 의해 압도되지 않도록 하라. 학생에게 생산적이 되도록 단호하게 요구하되 너무 비판적이어서는 안 된다. 특히 정직한 실수에 대해 인내해야 하며, 모든 학생이 많은 성공을 할 수 있는 기회를 담보하라.

3. *청소년의 정체성 탐색을 자극한다.* 학생의 정체성은 다차원적임을 인식하고 그러한 차원에 관한 에세이를 쓰도록 하라. 여기에 포함되는 예를 들면 직업 목표, 지적 성취와 같은 것이다. 그리고 취미, 스포츠, 음악과 같은 영역에 대한 관심, 자신이 누구이며 삶을 어떻게 살아갈 것인가에 대한 탐색이 포함된다. 다양한 경력을 가진 사람들을 초대해 학생들과 대화하도록 하라. 당신이 몇 학년을 가르치느냐와 상관없이 그렇게 할 수 있다. 종교적·정치적·이데올로기적 이슈에 대한 논쟁을 경청하고 독서하게 함으로써 학생들이 독자적으로 사고하고 자유롭게 표현하도록 격려하라. 이는 그들의 상이한 관점을 검토하도록 자극할 것이다.

4. *에릭슨의 8단계의 렌즈를 통해 교사로서의 당신의 삶을 검토한다.* 교사로서 당신의 성공적인 생애는 당신 정체성의 핵심적인 양상일 수 있다. 파트너, 한 사람 이상의 친구, 다른 교사 혹은 멘토와 긍정적인 관계를 개발하라. 이들 모두는 교사로서 당신의 정체성을 크게 보상하고 강화할 수 있다.

5. *에릭슨의 여러 단계에 있는 몇 가지 특징으로부터 혜택을 받는다.* 유능한 교사는 신뢰하고, 주도성을 보여주며, 성실하며, 숙달감의 모델이 되며, 다음 세대에 뭔가 유의미한 것을 기여하도록 동기화되어 있다. 예비교사로서 당신은 에릭슨의 생산성에 걸맞는 자질을 충분히 갖고 있을 것이다.

'교사의 시선'에서 미네소타 이스트 그랜드 폭스에 있는 어느 중학교의 교사인 테레제 올레니작은 학교 첫날 학생들의 정체성에 대한 사고를 자신이 어떻게 격려하는지에 대해 기술하고 있다.

교사의 시선 : 청소년의 정체성 탐색에 예술 활용하기

나의 7학년 학생들은 수업 첫날 교실규칙 목록을 읽을 것을 기대하고 수업에 들어온다. 나는 종이 아트지, 낡은 잡지, 풀을 나눠주고 종이 쪼가리로 학생들 자신에 대해 말하도록, 다시 말해 자화상을 만들도록 함으로써 그들을 놀라게 한다. 학생들은 창의적이며 열정적이며 흥분되어 지체 없이 자신의 정체성에 초점을 두고 작업을 시작한다. … 이 오프닝 프로젝트를 마친 후 학생들은 자신의 창조적 표현이 허락되고 고무되었다는 것을 알고 편안해한다. 반면 나는 그들의 많은 태도 변화와 그것들을 표현하고 싶은 욕구를 보다 잘 이해할 수 있다.

복습하기, 성찰하기 그리고 연습하기

① 사회정서적 발달에 대한 두 가지의 현대적 관점인 브론펜브레너의 생태학적 이론과 에릭슨의 생애발달 이론에 대해 기술한다.

복습하기

- 브론펜브레너의 다섯 가지 환경 체계는 무엇인가? 그의 이론에 대한 비판은 무엇인가?
- 에릭슨의 여덟 가지 단계는 무엇인가? 그의 이론에 대한 비판은 무엇인가?

성찰하기

- 당신은 에릭슨의 이론을 활용해 자신의 사회정서적 발달이 얼마나 잘 기술될 수 있다고 생각하는가?

연습하기

1. 다음 중 어떤 것이 가장 좋은 미시체계의 예인가?
    a. 아이크의 부모는 그의 행동을 면밀히 감찰한다. 부모는 항상 그가 어디에 있으며 누구와 있는지 알고 있다.
    b. 아이크의 부모는 그의 성적에 대해 우려를 표명한다. 부모는 학부모–교사 회합에 참석하고 사친회(PTA)에 가입해 있다. 그리고 보호자로서 현장 견학에 따라간다.
    c. 아이크는 교회에 정기적으로 나가며 매주 종교학교에 가서 견진성사를 준비 중이다.
    d. 아이크는 공학에 아주 능하다. 부모는 종종 그에게 전기 장치를 프로그램화해줄 것을 요청한다. 이렇게 하는 이유는 부모는 어린 시절에 그런 장치들을 다룬 적이 없었기 때문이다.

2. 로저스 선생님은 초등학교 4학년 학생들을 가르치고 있다. 주에서 요구하는 학업성취도 검사에서 잘하는 것이 중요하다는 것을 잘 알고 있어 그녀는 그들에 대한 기대가 높다. 종종 일부 학생들은 그녀의 수업 자료를 이해하지 못해 좌절한다. 이럴 경우 그녀는 이해를 돕기보다는 그냥 밀고 나간다. 그러고 나서 학생들의 과제 수행에 좌절하며 경고하기도 한다. 이 교사의 수업 방식은 에릭슨의 관점에서 어떻게 기술할 수 있을까?
    a. 로저스 선생님의 수업 방식은 초등학생의 근면성 증진 필요성과 밀접하게 관련되어 있다. 그녀의 높은 기대는 아동들이 성공하도록 동기화시킬 것이다.
    b. 로저스 선생님의 수업 방식은 초등학생의 요구, 즉 자신이 누구인지를 발견하고 정체성을 확립하려는 요구와 밀접하게 관련되어 있다.
    c. 로저스 선생님의 수업 방식은 초등학생의 근면성을 증진시키는 대신 열등감을 느끼도록 할 것이다.
    d. 로저스 선생님의 수업 방식은 학생들의 주도성을 키울 것이다. 학생들은 자신의 일을 주도함으로써 그녀의 높은 기대에 부응할 것이다.

정답은 '연습하기 정답' 참조

학습목표 2
가족, 또래, 학교의 사회적 맥락이 사회정서 발달과 어떻게 연결되는지 논의한다.

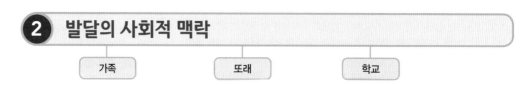

② 발달의 사회적 맥락

가족   또래   학교

브론펜브레너의 이론에서 아동 삶의 사회적 맥락은 발달에 큰 영향을 미친다. 아동이 많은 시간을 보내는 가족, 또래, 학교라는 세 가지 맥락을 살펴보자.

가족

아동은 다양한 가정에서 성장하지만 거의 모든 가정의 부모는 아동의 학문적 성취와 학교에 대한 태도를 지지하고 자극하는 데 중요한 역할을 한다(Rowe, Ramani, & Pomerantz, 2016). 학부모가 교육에 두는 가치는 아동이 학교에서의 성공 여부를 결정할 수 있다. 부모는 아동의 학교 성취에 영향을 미칠 뿐만 아니라 학교 밖 활동을 결정한다. 아동이 스포츠, 음악과 같은 활동에 참여할지의 여부는 부모가 그런 활동을 승인하고 참여를 고무하는 정도에 의해 크게 영향을 받는다(Wigfield & others, 2015).

양육 방식 부모의 아동 양육 방식과 그것이 아동에게 미치는 영향을 이해할 필요가 있다. 최선의 아동 양육 방식이 있는가? 양육 관련 권위자인 다이아나 바움린드(Baumrind, 1971, 1996)는 있다고 생각한다. 그녀의 주장에 따르면 부모는 처벌적이거나 냉담해서는 안 되며, 오히려 부모는 아동을 위한 규칙을 개발해야 함과 동시에 지지적이며 양육적이어야 한다. 그녀 자신의 연구를 포함해 수백 개의 연구가 그녀의 관점을 지지하고 있다(Steinberg, 2014). 바움린드는 부모의 아동 양육 방식을 다음 네 가지 범주로 대별한다.

- **독재적 양육**(authoritarian parenting)은 제한적이며 처벌적이다. 독재적인 부모는 자녀가 자신의 지시를 따르고 존중하도록 강제한다. 확고한 경계를 설정해 아동을 통제하며 언어적 교환은 거의 허용하지 않는다. 예컨대 "그것을 내가 하는 식으로 해라. 의논은 없다!"고 한다. 이런 부모의 아동은 종종 사회적으로 무능한 방식으로 행동한다. 사회적 비교에 대해 걱정하고 활동을 주도하지 못하며 빈약한 의사소통 기술을 보이는 경향이 있다.
- **권위적 양육**(authoritative parenting)은 아동의 독립성을 격려하지만 여전히 행동에 제약을 가하고 통제한다. 이런 유형의 부모는 폭넓은 언어적 의사소통을 허락하며 양육적이며 지지적이다. 이런 부모의 아동은 종종 사회적으로 유능한 방식으로 행동한다. 그리고 자기의존적이며, 만족감을 지연시키고, 또래와 어울리며, 높은 자기존중감을 보여주는 경향이 있다. 이런 긍정적인 결과 때문에 바움린드는 권위적 양육을 강력하게 지지한다.
- **방임적 양육**(neglectful parenting)은 아동의 삶에 부모가 개입하지 않는 양육 방식이다. 이런 부모의 아동은 자신과는 다른 부모의 삶의 방식이 자신의 삶보다 더 중요하다는 느낌을 발달시킨다. 이런 아동은 종종 사회적으로 무능한 방식으로 행동한다. 자기통제력이 약하며, 일을 독립적으로 잘 처리하지 못하며, 성취 동기도 높지 않다.
- **허용적 양육**(indulgent parenting)은 아동에게 큰 관심을 보이지만 아동 행동에 거의 제한을 두지 않는 양육 방식이다. 이런 부모는 종종 아동이 바라는 것은 무엇이든지 하도록 허용한다. 양육적 지지와 무제한의 조합이 창의적이고 자신감 있는 아이로 만들 것이라고 믿기 때문이다. 그 결과 아동은 대개 사신의 행동을 통제하는 법을 배우지 못한다. 이런 부모는 아동의 전인적 발달을 고려하지 못하고 있다.

권위적 양육의 혜택은 인종, 사회경제적 지위, 가족 구성의 경계를 넘어설까? 몇 가지 예외가 발견되어 왔지만 연구에 따르면 권위적 양육에 따른 아동의 유능성은 광범위한 인종집단, 사회계층, 문화, 가족 구조에 걸쳐 발견되고 있다(Steinberg, 2014).

그럼에도 불구하고 연구자들의 발견에 따르면 어떤 인종집단인 경우 독재적 양육 방식은 바움린드가 예견한 것보다 아동에게 긍정적인 결과를 낳을 수도 있다. 다시 말해 독재적 양육 방식은 문화적 맥락에 따라 상이한 의미와 상이한 효과를 가질 수도 있다는 것이다(Clarke-Stewart & Parke, 2014).

독재적 양육 제한적이고 처벌적인 양육 방식으로 부모와 아동 간에 언어적 상호작용이 거의 없다. 이 유형은 아동의 사회적 무능과 관련된다.

권위적 양육 아동의 독립성을 고취하면서도 그 행동을 제한하고 통제하며 방대한 언어적 상호작용을 하는 긍정적인 양육 방식으로서, 아동의 사회적 유능과 관련된다.

방임적 양육 부모가 아동과 거의 시간을 함께하지 않는 비참여적 양육 방식. 아동의 사회적 무능과 관련된다.

허용적 양육 부모의 참여가 있지만 아동의 행동에 거의 제한을 두지 않는 양육 방식. 아동의 사회적 무능과 관련된다.

DIVERSITY

예컨대 아시아계 미국인 부모는 간혹 독재적이라고 기술되기도 하는, 전통적으로 아시아적인 아동 양육의 실제를 종종 고수한다. 많은 아시아계 미국인 부모는 아동의 삶에 상당한 통제력을 행사한다. 그런데 루스 차오(Chao, 2005, 2007)의 주장에 따르면, 많은 아시아계 미국인 부모가 사용하는 이런 방식은 독재적 양육이라는 지배적 통제와는 다르며, 그런 통제가 오히려 아동의 삶에 대한 관심과 참여를 반영하는 일종의 훈련으로 가장 잘 개념화되며, 아시아계 미국인 아동의 높은 학문적 성취는 이런 방식의 부모가 제공하는 '훈련'의 결과일 수도 있다는 것이다.

아동의 학교 교육과 성취에 대한 부모의 개입　학생은 부모가 자신의 학교 교육과 성취에 개입할 때 학교에서 더 잘 해내는가? 1만 5,000명 이상의 5학년 학생을 대상으로 했던 최근의 한 연구를 보면, 보다 높은 수준의 부모의 학교 참여와 보다 높은 수준의 부모의 교육적 기대가 청소년들의 보다 높은 누적 평균 점수와 관련이 있었으며, 그들이 고등학교 졸업 후 약 8년 동안의 보다 높은 교육적 성취와도 관련이 있었다(Benner, Boyle, & Sadler, 2016). 또한 이 연구에서 부모의 학교 참여는 낮은 사회경제적 지위를 갖는 가정의 학생들에게 특히 혜택이 있는 반면, 보다 높은 수준의 부모의 학문적 충고는 높은 사회경제적 지위 가정의 학생들에게 보다 큰 학문적 성취와 관련이 있었다.

공동양육　공동양육이란 부부가 함께 아이를 기르는 것이다. 부부 간의 빈약한 조정, 한쪽 부모의 빈약함, 협력과 따뜻함의 결손, 부부 간 단절은 아동을 문제 상황으로 모는 위험 조건들이다(Galdiolo & Roskam, 2016; Goldberg & Carlson, 2015).

사회 변화에 따른 가족의 변화　점점 더 많은 아동이 이혼 가정, 입양 가족, 부모 모두 집 밖에서 일하는 가정에서 자라고 있다. 이혼이 만연해짐에 따라 그 숫자를 믿기 어려울 정도의 많은 아동이 한부모 가정에서 성장하고 있다. 미국은 어떤 다른 산업국가보다도 높은 비율의 한부모 가정을 가지고 있다(그림 3.3 참조). 오늘날 미국 아동 4명 중 대략 1명이 18세쯤에 재혼 가정의 일원이 된다. 또한 6~17세의 아동을 둔 부모 3명 중 1명 이상이 일터에 나가고 있다.

일하는 부모　노동은 양육에 긍정적 영향과 부정적 영향 모두 낳을 수 있다(O'Brien & others, 2014; Veira & others, 2016). 최근 연구에서 시사하는 바에 따르면, 부모의 노동의 질이 부모 중 한 사람이나 둘 다 집 밖에서 일하는지의 여부보다 아동 발달에 더 큰 영향을 미친다(Clarke-Stewart & Parke, 2014). 앤 크라우터(Crouter, 2006)는 최근에 부모가 자신의 직장에서의 경험을 집으로 가져오는 방식을 기술하였다. 그녀의 결론에 따르면 장시간의 초과 근무, 스트레스가 많은 일, 작업의 자율성 결핍과 같은 빈약한 작업 조건을 가진 부모가 이들에 비해 더 나은 작업 조건을 가진 부모보다 집에서 더 짜증을 내고 보

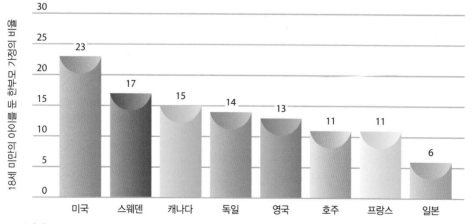

그림 3.3 여러 나라의 한부모 가정의 비율

다 덜 효과적으로 양육에 참여하는 경향이 있다. 일관된 발견은 일하는 어머니의 아동(특이 여아)이 성에 대한 고정관점이 약하고 성역할에 대해 보다 공리주의적 견해를 지닌다는 것이다(Goldberg & Lucas-Thompson, 2008).

이혼 가정의 아동 이혼 가정의 아동은 이혼하지 않은 가정의 아동에 비해 빈약한 적응력을 보인다(Arkes, 2015; Weaver & Schofield, 2015). 그럼에도 불구하고 이혼 가정 아동 대부분이 심각한 적응 문제를 지니는 것은 아니라는 (Ahrons, 2007) 사실에 명심하라.

결혼이나 이혼 자체가 아니라 결혼 갈등이 아동에게 미칠 수 있는 부정적인 결과에 유념하라(Cummings & Miller, 2015; Cummings & Valentino, 2015; Davies, Martin, & Sturge-Apple, 2016; Jouriles, McDonald, & Kouros, 2016). 이혼 가정 아동이 경험하는 많은 문제는 이혼하기 전부터 다시 말해 부모가 자주 심하게 싸울 때부터 시작된다. 그러므로 이혼 가정 아동이 어떤 문제를 보일 때 그것은 단지 이혼이 아니라 이혼으로 이끄는 결혼 갈등에 기인하는 것일 수도 있다(Brock & Kochanska, 2016).

이혼이 아동에 미치는 영향은 이혼 시기의 아동의 나이와 강점 및 약점, 보호 유형, 사회경제적 지위, 이혼 후 가족 기능에 따라 복잡하다(Demby, 2016; Elam & others, 2016). 지지체계(친척, 친구, 가사도우미)의 활용, 양육권을 가진 부모와 이전 배우자 간의 지속적인 긍정적 관계, 재정적 요구 충족 능력, 양질의 학교 교육은 아동이 이혼이라는 스트레스 상황에 적응하는 것을 돕는다(Alba-Fisch, 2016; Lansford, 2013). 최근 연구의 발견에 따르면 이혼한 배우자 간의 협력적인 공동양육은 아동의 보다 적은 적응 문제를 갖는 것과 관련이 있었다(Lamela & others, 2016).

E. 마비스 헤더링턴(Hetherington, 1995, 2006)의 연구는 이혼 가정 아동의 성장에 학교 교육의 중요성을 기술하고 있다. 초등학교 전반에 걸쳐 이혼 가정 아동이 최고의 학업성취와 가장 적은 문제를 보인 것은 양육 환경과 학교 환경 모두가 권위적일 때였다(바움린드의 범주화에 따름). 이혼 가정에서 한 부모만이 권위적일 때 권위적인 학교는 아동의 적응을 향상시켰다. 가장 부정적인 양육 환경은 부모 어느 누구도 권위적이지 않을 때였다. 가장 부정적인 학교 환경은 무질서하며 방임적인 것이었다.

학교와 가정의 연결 아동이 초등학교와 중학교에 다님에 따라 부모와 함께 하는 시간이 줄어든다 해도 부모는 자녀 발달에 지속적으로 큰 영향을 미친다(Clark & others, 2015). 자녀 스스로 보다 큰 책임을 떠맡음에 따라 부모는 문지기로서 봉사하며 안내할 수 있다(Kobak & Kerig, 2015). 부모는 특히 아동의 학문적 성취를 지지하고 자극하는 데 중요한 역할을 한다(Rowe, Ramani, & Pomerantz, 2016). 부모가 교육에 부여하는 가치는 아동의 학교 수행에 영향을 미칠 수 있다.

이혼 가정 아동과 관련한 우려에는 어떤 것이 있는가?
© Purestock/PunchStock RF

아동의 학교 교육과 학업성취에 영향을 미치는 부모의 영향력에는 어떤 것들이 있는가?
© Digital Vision/Getty Images RF

부모는 아동의 학교 성취에 영향을 미칠 뿐만 아니라 아동의 학교 밖 활동에 대한 결정도 내린다(Vandell & others, 2015). 아동이 스포츠, 음악과 같은 활동에 참여할지의 여부는 부모가 그런 활동을 승인하고 참여를 격려하는지의 여부에 의해 큰 영향을 받는다(Wigfield & others, 2015).

노련한 교사는 학부모가 아동의 교육에 참여하는 것이 중요하다는 것을 잘 알고 있다(Chang, Choi, & Kim, 2015). 아무리 높은 수준의 교육을 받은 부모일지라도 모든 부모는 자기 자녀의 교육에 생산적으로 참여하는 방법에 대해 매년 교사로부터의 안내를 필요로 한다. 한 가지 예로 교육 전문가인 조이스 엡스타인(Epstein, 2001, 2009)의 설명에 따르면, 거의 모든 부모는 자기 아이가 학교에서 성공을 바라며, 담임교사, 다른 학교와 구 지도자로부터 자기 아이가 최고의 잠재력을 발휘하도록 돕는 방법에 대한 명쾌하고 유용한 정보를 원한다. 예컨대 부모는 "오늘 학교 어땠어?"라고 자녀에게 물을 때가 있다. 누구나 예상할 수 있듯 자녀의 대답은 "좋았어요" 혹은 "괜찮아요"로 끝이다. 이런 부모에게 다음과 같이 질문하도록 안내할 필요가 있다. 즉 "오늘 쓴 내용을 나에게 읽어줄 수 있니?" 혹은 "오늘 수학 시간에 배운 것을 내게 보여줄 수 있니?" 혹은 다른 내용 영역에서의 작업과 프로젝트에 대해 이와 비슷하게 질문을 직접 할 수 있도록 안내되어야 한다. 학생으로 하여금 아이디어를 나누고 성공을 축하하는 대화나 숙제는 학교와 관련한 부모와 아동 간의 긍정적인 상호작용을 향상시킬 것이다.

효과적인 학교–가족–지역사회 파트너십과 프로그램 개발을 위한 방법을 알아보려면 존스홉킨 대학교에 있는 학교파트너십 국가네트워크(National Network of Partnership Schools, NNPS)의 웹사이트 www.pepartnership.org를 참고하라. 특히 'In the Spotlight'라는 항목을 잘 살펴보라. 교사는 또한 여러 공학을 활용해 부모가 자녀의 교육 및 활동에 지속적으로 연계되도록 할 수 있다. 예컨대 온라인 블로그 활용, 트위터나 인스타그램에 글 올리기, 이메일이나 개인적인 텍스트 메시지 활용하기 등을 통해 부모와 의사소통할 수 있다. 이 모든 것은 부모가 자기 자녀의 학교 교육에 대해 잘 알고 참여하는 것을 담보할 수 있는 훌륭한 방법이 될 수 있다.

최근 상이한 학교 수준의 교사들에게 부모(혹은 보호자)를 자녀의 학교 교육에 참여시키는 방법에 대해 제안해달라고 주문하였다. 다음은 그 반응들이다.

유치원 교사 학부모는 우리의 교실 공동체에서 없어서는 안 될 존재입니다. 교사는 학부모의 협조와 참여 없이는 성공적일 수 없습니다. 우리는 지속적인 대화, 필요할 경우 집에 전화하기, 주간 소식지, 이메일, 학부모–교사 회의, 저녁을 제공하는 매달의 워크숍을 통해 부모를 참여시키고 있습니다.

－발레리 고햄, 키더쿼터스사

초등학교 교사 모든 학부모가 교실에서 봉사할 수 있는 여력이 있는 것은 아닙니다. 그래서 저는 학부모가 자녀 학교 교육에 참여할 수 있는 대안적 방법을 제공하고 있습니다. 예컨대 저는 학부모에게 가끔 교실 수업 때 사용할 재료를 집에서 준비하도록 요청합니다. 덧붙여 매달 숙제로 학부모와 자녀가 함께 달력을 만들도록 합니다. 그리고 달력 뒷장에 학부모가 자녀와 함께 작업하면서 아이에 대해 배운 것과 아이를 도운 방식을 쓰도록 합니다.

－헤더 졸닥, 리지우드초등학교

중학교 교사 제 팀은 학부모와 매일 의사소통하기 위해 공학을 활용합니다. 우리는 점수, 숙제, 매일 공지사항을 온라인으로 알립니다. 또한 학생들에게 일정표를 활용해 숙제와 놓친 작업 등을 적도록 합니다. 우리는 아동에 대한 근심거리가 있으면 학부모와 접촉하지만 아동에 관한 긍정적인 뉴스를 가지고도 접촉합니다.

-마크 포드니스, 배미지중학교

고등학교 교사 저는 집에서 1.6킬로미터 떨어진 작은 지역에서 가르치고 있습니다. 제 핵심 전략은 사람들의 눈에 가능한 한 내가 잘 띄도록 하는 것입니다. 다시 말해 저는 제 집 가까운 곳이 아닌 학교 근처의 식료품 가게나 약국을 가려고 합니다. 학교 주변에서 쇼핑을 하다 보면 제 학생이

작업하거나 학부모가 쇼핑하는 것을 종종 목격할 수 있는데, 이는 저에 대한 학부모의 접근 가능성을 높여줍니다. 또한 학교 운동회, 시합, 체육대회에 참가하려고 애씁니다. 이렇게 하는 이유는 제 얼굴에 친숙한 학부모가 학부모-교사 간담회에 더 잘 참석하는 경향이 있다고 생각하기 때문입니다.

-제니퍼 해터, 브레멘고등학교

학생과 연계하기 : 최고의 실천
학교-가족-지역사회 연결 전략

조이스 엡스타인은 초등학교, 중학교, 고등학교 어디에서나 포괄적으로 학교-가족-지역사회의 파트너십 개발에 활용할 수 있는 여섯 가지 참여 유형을 식별했다. 이 유형의 활동은 목표 지향적이며 연령에 적합하도록 만들어진 것이다. 구체적으로 살펴보면 다음과 같다.

1. *가족에 조력한다.* 학교는 학부모에게 아동 양육 기술에 관한 정보, 가족 지지의 중요성, 아동 및 청소년의 발달, 가정 맥락을 제공함으로써 학년 수준에 적합한 학습을 강화할 수 있다. 교사는 학교와 가족을 연결하는 중요한 연결망으로서 아동의 기본적인 욕구가 가정에서 충족되고 있는지 알아차릴 수 있다.
2. *학교 프로그램과 아동의 진전에 대해 가족과 효과적으로 의사소통한다.* 이 전략은 학교에서 가정 그리고 가정에서 학교로의 의사소통 모두를 포함한다. 학부모-교사 회의를 포함해 학교가 하는 여러 가지 일에 학부모가 참여하도록 격려하라. 학부모 모임 시간은 학부모가 참석하기 편한 시간으로 잡아라. 교사만이 아니라 학부모도 알 수 있는 활동을 개발하도록 힘써라.
3. *학부모가 자원봉사자가 되도록 격려한다.* 자원봉사자의 기술이 교실 요구에 맞도록 힘써라. 어떤 학교의 학부모는 교육을 계획하거나 교사를 돕는 데 폭넓게 참여한다. 학부모는 학생과 마찬가지로 다양한 재능과 능력을 가지고 있는데, 이는 '교사의 시선'에서 미시간의 리지우드초등학교 교사 헤더 졸닥의 코멘트에 반영되어 있다.

교사의 시선 : 학부모 참여 격려하기
학부모의 교실 지원을 격려하려면 학부모가 학교 환경에 대해 편하게 느끼는 수준이 다양하다는 사실을 이해하는 것이 중요하다. 학부모가 교실에 다양한

방식으로 참여해 교실을 지지할 수 있는 다양한 기회를 준비하라. 바쁜 스케줄과 업무 혹은 자신의 경험상 불편했던 학교 경험을 가진 학부모일지라도 기회가 주어지면 얼마든지 교실 밖에서 현장 견학을 돕거나 학교 프로젝트를 위한 물품을 준비할 수 있을 것이다. 단계별로 학부모와 보다 편안한 관계를 맺는 일은 학부모가 자원봉사자가 되도록 격려하는 데 중요한 요소이다.

4. *가족이 집에서 아동의 학습 활동에 참여하도록 한다.* 숙제, 교육과정 관련 활동, 의사결정을 함께 내리도록 하라. 앱스타인(Epstein, 1998)은 '상호작용적 숙제(interactive homework)'라는 용어를 만들고 학생이 부모에게 도움을 구하러 가는 프로그램을 설계하였다. 그의 접근을 사용하는 한 초등학교의 교사들은 매주 알림사항을 통해 학부모들에게 과제의 목적에 대해 알리고 안내하고 코멘트를 구한다.
5. *학교의사결정에 가족을 참여시킨다.* 사친회(PTA/PTO[1]), 위원회, 자문위원회, 기타 학부모 조직에 학부모를 초대할 수 있다. 위스콘신 시골 지역에 있는 앤트와초등학교에서 교사와 학부모는 각자 음식을 조금씩 싸가지고 모여 학교 및 구의 교육목표, 연령에 적합한 학습, 아동훈육, 시험실시에 대해 함께 논의한다.
6. *지역사회 동맹을 만든다.* 지역사회 사업체, 기관, 대학, 기타 집단의 작업과 자원을 상호 연계되도록 도와서 학교 프로그램, 가족실천, 학생의 배움을 강화하라(Epstein, 2009). 학교는 가족에게 도움이 되는 지역사회 프로그램과 서비스에 대해 주의를 환기시킬 수 있다.

---

1 Parent-Teacher Organization

또래

가족과 교사 외에 나이와 성숙 수준이 비슷한 또래 역시 아동의 발달과 학교 교육에 큰 영향을 미친다(Kindermann, 2016; Wentzel & Muenks, 2016). 예컨대, 연구자들의 발견에 따르면 다른 아동과 잘 놀고 최소한 1명의 친한 친구를 가진 아동이 전환기의 첫 학년에 적응을 잘 하고 성취도도 높고 정신건강도 양호하다(Ladd, Birch, & Buhs, 1999). 또래집단의 가장 중요한 기능의 하나는 가족 밖 세상에 대한 정보와 비교의 원천을 제공하는 것이다.

DEVELOPMENT

또래 지위 발달론자들은 다섯 가지 유형의 또래 지위를 식별한다. 즉 인기 있는 아동, 평범한 아동, 무시되는 아동, 거부되는 아동, 논란이 되는 아동이다.

자신이 인기가 있는지에 대해 걱정하는 아동이 많다. 인기 있는 아동(popular child)은 종종 최고의 친구로 지목되며 그/그녀를 싫어하는 또래가 거의 없다. 인기 있는 아동은 강화물을 내놓으며, 신중하게 경청하고, 또래와의 공개적인 의사소통 경로를 유지하며, 행복하고, 자기답게 행동하며, 열정을 보이며, 타인을 걱정하며, 자신감이 넘치되 자만하지 않는다(Hartup, 1983). 평범한 아동(average child)은 또래로부터의 긍정적인 지목과 부정적인 지목이 반반이다. 무시되는 아동(neglected child)은 최고의 친구로 거의 지목되지 않지만 또래들이 싫어하는 것도 아니다. 거부되는 아동(rejected child)은 누군가의 최고의 친구로 거의 지목되지 않으며 또래들이 아주 싫어한다. 논란이 되는 아동(controversial child)은 누군가의 최고 친구로 종종 지목되기도 하지만 또래들이 싫어하기도 한다.

거부되는 아동은 무시되는 아동보다 종종 심각한 적응 문제를 가지며, 공격적일 때 특히 그렇다(Rubin & others, 2016). 사교기술 개입 프로그램은 이런 아동의 사회적 수용과 자기존중감을 증진시키고 우울과 불안을 감소시키는 데 성공적이었다(DeRosier & Marcus, 2005). 학생들은 그 프로그램에 8주 동안 일주일에 한 번(50~60분) 참여하였다. 프로그램 내용은 정서를 관리하는 방법,

또래와 관련해 아동이 갖는 지위에는 어떤 것들이 있는가?

© Paul/Getty Images RF

친사회적 기술을 향상시키는 방법, 보다 의사소통을 잘 하는 방법, 타협하고 협상하는 방법으로 되어 있었다.

특수한 또래 관계의 문제는 괴롭힘과 관련되어 있다(Espelage & Colbert, 2016). 학급관리를 다루는 장(제11장 참조)에서 우리는 괴롭힘을 다루는 전략을 제시할 것이다.

우정 우정은 아동의 학교에 대한 태도와 교실에서의 성공 방식에 영향을 미친다(Wentzel & Muenks, 2016). 우정의 중요성은 2년 동안의 종단 연구를 통해 이해되었다(Wentzel, Barry, & Caldwell, 2004). 1~2명의 친구를 가진 학생들에 비해 친구가 없는 6학년 학생들은 친사회적인 행동(협동, 공유, 타인 조력)이 부족했고, 점수가 낮고, 정서적 어려움을 호소했다(우울, 낮은 안녕감). 2년 뒤인 8학년이 되었을 때 6학년 때 친구가 없던 학생들은 계속해서 보다 높은 수준의 정서적 고통을 보였다.

학생과 연계하기 : 최고의 실천
아동의 사회적 기술 향상 전략

모든 교실에는 사회적 기술이 빈약한 아동이 있을 것이다. 1~2명은 거부되는 아동일지 모르며 무시되는 아동도 있을 것이다. 다음은 아동의 사회적 기술 향상에 유용한 몇 가지 전략이다.

1. *거부되는 아동이 또래를 지배하려고 하는 대신 또래의 말에 경청하는 법을 배우도록 돕는다.*
2. *무시되는 아동이 긍정적인 방식으로 또래의 관심을 끌고 유지하도록 도와준다. 이 전략을 개발하기 위해 무시되는 아동은 질문하고, 따뜻하고 친절한 방식으로 경청하고, 또래의 관심과 관련해 자신에 대해 이야기하도록 할 수 있다. 또한 무시되는 아동이 보다 효과적으로 집단에 참여할 수 있도록 작업하라.*
3. *사회적 기술이 낮은 아동에게 그 기술을 향상시키는 방법에 대한 지식을 제공한다. 6~7학년을 대상으로 했던 한 연구에서 친구를 적절히 사귀는 전략은 물론 부적절하게 사귀는 전략에 대한 지식은 또래 수용과 정적 상관이 있었다(Wentzel & Erdley, 1993).*

적절한 전략에 대한 지식은 다음과 같은 것을 아는 것이 포함된다

- 누군가에게 좋아하는 활동에 대해 묻고 함께하자고 요청하는 것과 같이 상호작용을 주도하는 방법에 대해 안다.
- 깔끔하고 친절하며 배려하는 것이 중요하다는 것을 안다.
- 예의를 갖추고 타인이 말해야만 할 것을 경청함으로써 타인에 대한 존경심을 보여주는 것이 필요함을 안다.

부적절한 전략에 대한 지식은 다음과 같은 것을 아는 것이 포함된다

- 공격적이며, 존경심을 보이지 않으며, 사려심이 부족하고, 타인의 감정을 해치며, 험담하고, 헛소문을 퍼뜨리며, 타인을 당황하게 하고 비난하는 것이 좋지 않은 생각이라는 것을 안다.
- 자신을 부정적으로 말하며, 자기중심적이며, 질투하며, 불평불만하며, 항상 화를 내는 것이 좋지 않음을 아는 것이다.
- 싸우고, 상대방에게 고함치고, 남을 괴롭히거나 조롱하고, 정직하지 않고,

사회적 기술 향상에 적절한 혹은 부적절한 전략에는 어떤 것들이 있는가?
© Image Source/PunchStock RF

학교 규칙을 어기고, 마약을 하는 것과 같은 반사회적 행동을 하지 않는 것을 안다.

4. *학생들과 함께 또래에 관한 적절한 책을 읽고 토론하며 지지적 게임과 활동을 고안한다. 이 전략과 관련된 책들을 어린 아동을 위한 당신의 교육과정의 주제 단원에 포함하라. 또래 관계와 우정에 대한 책을 만들어 더 나이가 많은 아동과 청소년들이 사용할 수 있도록 하라.*

RESEARCH

친구를 사귀는 것은 발달에 도움이 되지만, 모든 우정이 항상 그런 것은 아니라는 사실에 유념할 필요가 있다. 학문적 지향의 사회적 기술이 있는 지지적인 친구를 사귀는 것은 발달에 도움이 된다 (Choukas-Bradley & Prinstein, 2016). 그러나 어떤 유형의 친구는 발달에 해로울 수 있다. 예컨대 최근의 한 연구에서 밝혀진 바에 따르면 비행을 저지르는 친구를 둔 아동은 일찍 그리고 지속적으로 비행을 저지른다(Evans, Simons, & Simons, 2016).

학교

아동은 학교라는 작은 사회의 구성원으로서 여러 해를 보낸다. 이 작은 사회는 아동의 사회정서 발달에 지대한 영향을 미친다. 이 사회적 세계는 아동의 발달에 따라 어떻게 변화하는가?

학교의 사회적·발달적 맥락의 변화 사회적 맥락은 아동기 초기, 초등학생 시기, 청소년기를 거치면서 달라진다(Minuchin & Shapiro, 1983). 아동기 초기 장면은 보호적인 환경이며, 그 경계는 교실이다. 이 제한적인 사회적 맥락에서 어린 아동은 1~2명의 교사와 상호작용한다. 그 교사는 대개 여성으로서 아동의 삶에 강력한 영향력을 미치는 존재이다. 어린 아동은 또한 단짝과 함께 혹은 소집단으로 또래와 상호작용한다.

초등학교 교실은 아동기 초기 교실보다 사회적 단위로서 경험될 가능성이 더 크지만 여전히 아동의 주된 사회적 맥락이다. 교사는 여전히 권위적 상징으로서 교실 분위기, 사회적 상호작용 조건, 집단 기능의 속성에 큰 영향을 미친다. 물론 또래집단이 이전에 비해 더 중요해지며, 우정에 더 큰 관심을 보이게 된다.

DEVELOPMENT

아동이 중학교와 고등학교로 진학함에 따라 학교 환경의 범위는 넓어지고 더욱 복잡해진다 (Wigfield, Tonks, & Klauda, 2016). 이제 사회적 장은 교실이라기보다는 학교 전체가 된다. 이 시기의 청소년들은 보다 폭넓은 문화적 배경 출신의 교사나 또래와 보다 폭넓은 관심사를 놓고 상호작용한다. 이 시기에는 남성 교사가 더 많다. 청소년들의 사회적 행동의 무게 중심은 또래, 과외 활동, 클럽, 지역사회로 이동한다(Vandell & others, 2015). 중학교 학생들은 이전에 비해 학교를 하나의 사회적 체계로 인식하며 그것에 순응하거나 도전하는 동기를 가질 수도 있다.

아동기 초기 교육 어린 아동에 대한 교육 방식에는 다양한 변이가 있다(Burchinal & others, 2015). 그러나 점점 더 많은 교육 전문가들은 아동기 초기 교육이 발달에 적합해야 한다고 주장하고 있다 (Feeney, Moravcik, Nolte, 2016; Morrison, 2017).

발달적으로 적합한 교육 앞선 장들에서 우리는 발달적으로 적합한 교수 실제에 참여하는 것이 중요성을 기술했다. 여기서 우리는 발달적으로 적합한 실제(developmentally appropriate practice, DAP)라는 주제를 확장해 출생부터 8세까지의 아동에게 발달적으로 적합한 교육 실제에 대해 논의한다. **발달적으로 적합한 교육**(developmentally appropriate education)은 아동의 독특성(개별적 적합성)뿐만 아니라 연령층 내에서 전형적인 발달에 대한 지식에 기반을 두고 있다. 교육에 있어서의 DAP는 아동으로 하여금 능동적인 학습자가 되도록 격려하는 그리고 아동의 관심과 능력을 반영하는 장면을 창출하는 것이 중요함을 강조한다. DAP의 바람직한 결과에는 비판적으로 사고하기, 협력해 작업하기, 문제해결하기, 자기조절 기술 발달시키기, 학습 즐기기가 포함된다. DAP에서 강

되돌아보기/앞날을 생각하기
발달적으로 적합한 실제는 아동의 발달 수준에 비해 너무 어려워서 스트레스를 주는 상황뿐만 아니라 너무 쉬워서 지루한 상황에서도 일어나지 않는다. 제1장 '교육심리학 : 효과적 교수를 위한 도구'와 연계해 생각해보자.

발달적으로 적합한 교육 아동의 전형적인 발달 패턴(연령 적합성)과 아동의 개별적 독특성(개인적 적합성)에 초점을 두는 교육

조하는 것은 학습 내용이라기보다는 학습 과정이다(Bredekamp, 2017). 어린 아동 교육을 위한 국가위원회(National Association for the Education of Young Children, NAEYC)는 2009년에 가장 최근의 발달적으로 적합한 지침을 발표한 바 있다.

발달적으로 적합한 교육 실제는 어린 아동의 발달을 향상시키는가? 일부 연구자들의 발견에 따르면 발달적으로 적합한 교실에 있는 어린 아동은 발달적으로 부적절한 교실에 있는 아동에 비해 스트레스를 덜 받고, 공부 습관이 나으며, 보다 창의적이며, 사회적 기술도 좋은 경향이 있다(Hart & others, 2003; Stipek & others, 1995). 그러나 모든 연구에서 발달적으로 적합한 교육의 긍정적 효과가 통계적으로 유의한 결과를 보인 것은 아니다(Hyson, Copple, & Jones, 2006). 발달적으로 적합한 교육의 결과를 일반화시키기 어려운 이유를 들자면, 프로그램의 특성이 다르고 발달적으로 적합한 교육이라는 개념이 아직 명료하지 않다는 점이다. 이 개념에 대한 최근의 변화는 사회문화적 요인, 교사의 능동적 참여, 학문적 기술이 강조되는 방식과 그 기술을 가르치는 방식에 더 주목해왔다(NAEYC, 2009).

몬테소리 접근 몬테소리학교는 마리아 몬테소리(Maria Montessori, 1870~1952)의 교육철학을 모방한 것이다. 몬테소리는 이탈리아 물리학자였다가 교육자로 변신해 20세기 초 영유아 교육에 혁신적인 접근 방식을 고안한 인물이다. 그녀의 접근은 미국의 사립학교, 특히 아동 초기 프로그램을 운영하는 학교에서 널리 채택되어 왔다.

몬테소리 접근(Montessori approach)은 하나의 교육철학이다. 이 접근은 아동에게 활동을 선택할 자유와 자발성을 크게 부여한다. 또한 아동의 바람대로 한 활동에서 다른 활동으로 이동하는 것을 허용한다. 교사는 지시자가 아니라 촉진자 역할을 한다. 또한 아동에게 지적 활동을 하는 방법을 보여주고, 교육과정 재료를 흥미롭게 탐색할 수 있는 방법을 시연하고, 아동이 도움을 구하면 도와준다(Cossentino, 2008; Lillard, 2017). 몬테소리학교에서 특히 강조하는 점은 어린 아동으로 하여금 의사결정을 내리고, 시간을 효과적으로 관리하는 자기조절적 문제해결자가 되도록 격려한다는 것이다(Hyson, Copple, & Jones, 2006). 미국에서 몬테소리학교의 수는 최근 몇 년 사이에 놀라울 정도로 늘었다. 1959년에 1개였던 학교가 1970년에는 355개, 2016년에는 4,500개이다. 2016년 현재는 세계적으로 대략 2만 개의 학교가 있다(North American Montessori Teachers' Association, 2016).

몬테소리 접근을 선호하는 발달론자들도 있지만, 이 접근이 아동의 사회적 발달을 무시한다는 비판론자들도 있다. 예컨대 몬테소리가 독립심과 인지적 기술의 발달을 조장하지만, 교사와 아동 간 그리고 또래 간의 언어적 상호작용을 소홀히 한다는 것이다. 또한 상상놀이를 제한하고 자기교정적 자료에 과도하게 의존하다 보니 창의적이며 수용적인 다양한 학습양식을 적절하게 허용하시 못한다는 비판도 있다(Goffin & Wilson, 2001).

아동기 초기 교육에서의 논란 아동기 초기 교육에 대한 현재의 논란에 교육과정이 포함된다(Bredekamp, 2017; Feeney, Moravcik, & Nolte, 2016). 한쪽에는 아동중심의 구성주의를 옹호하는 사람들이 있다. 이는 NAEYC에서 강조하는 입장으로서, 발달적으로 적합한 실제를 따르는 노선이다. 다른 쪽에는 학문적인, 직접적인 수업 접근을 옹호하는 사람들이 있다.

현실에서 질 높은 아동기 초기 교육 프로그램 상당수가 학문적 접근과 구성주의적 접근 모두를 취하고 있다. 그러나 릴리안 카츠(Katz, 1999)와 같은 많은 교육 전문가들은 학문적 접근에 대해

몬테소리 접근 활동 선택과 이동에 있어 아동에게 상당한 자유와 자발성을 부여하는 교육철학

대단히 성공적인 인터넷 검색 엔진인 구글의 창시자인 캐리 페이지와 세르게이 브린은 몬테소리학교에서의 자신들의 초기 몇 년 동안의 경험이 성공의 주요인이라고 말했다(International Montessori Council, 2006). 바바라 월터드와의 인터뷰(ABC News, 2005)에서 그들은 자기주도적인 학습과 스스로 학습을 시작하는 법을 몬테소리학교에서 배웠다고 했다. 또한 그들은 몬테소리 경험으로 말미암아 스스로 생각하고 자신들의 관심사를 자유롭게 개발할 수 있었다고 했다.

© Kim Kulish/Corbis/Getty Images

걱정한다. 즉 이 접근은 어린 아동에게 성취를 너무 강조하고 능동적으로 지식을 구성할 기회를 제공하지 않는다는 것이다. 유능한 아동기 초기 프로그램은 인지적 발달에만 초점을 두지 않고 인지발달 그리고 사회정서 발달에 초점을 두어야 한다(NAEYC, 2009).

DIVERSITY

저소득층 가정 아동을 위한 아동기 초기 교육 1960년대 초 헤드스타트 프로젝트가 설계되어 저소득층 가정 아동에게 제공함으로써 학교 성공에 중요한 기술과 경험을 습득하도록 하였다. 이 프로젝트는 오늘날 연방정부기금으로 사회적으로 불이익을 당하는 아동에게 지속적으로 제공하는 미국 최대의 서비스 프로그램이다.

양질의 헤드스타트 프로그램에서 학부모와 지역사회는 긍정적인 방식으로 참여한다. 교사는 아동의 발달에 대해 잘 알고 발달적으로 적합한 실제를 사용한다.

RESEARCH

그러나 이 프로젝트의 결과는 일관적이지 않다(Miller, Farkas, & Ducan, 2016). 최근의 한 연구 결과에 의하면 1년 동안 제공하는 이 프로젝트는 초기 수학, 초기 독서, 어휘 수용력에서 보다 높은 성취와 상관이 있음이 밝혀졌다(Miller & others, 2014). 최근의 다른 연구에서는 이 프로젝트에서 가장 훌륭한 결과를 보인 아동은 초기의 낮은 인지적 능력을 가진, 부모의 교육 수준이 가장 낮은, 매주 20시간 이상 이 프로젝트에 참여한 아동이었다(Lee & others, 2014). 초등학교에서 어떤 프로그램의 초기 효과가 곧 사라지는 것을 우리는 종종 목도한다.

초등학교로 전환 아동은 초등학교로 전환하면서 새롭고도 중요한 타인들과 상호작용하면서 관계를 발전시킨다. 학교는 아동에게 자기감(sense of self)이 형성될 수 있는 풍부한 아이디어의 원천을 제공한다.

초등학교 저학년 학급과 관련해 특히 유념해야 할 점은 아동에게 부정적인 피드백을 자주 하면 발달에 악영향을 미친다는 사실이다. 필자는 과거 초등학교 1학년 때 담임 선생님을 생생하게 기억하고 있다. 불행하게도 그분은 절대 웃지 않았다. 교실의 독재자였고, 학습(혹은 학습 결손)은

즐거움이나 열정보다는 공포에 기초해 진행되었다. 다행히 필자는 나중에 보다 따뜻하고 학생친화적인 선생님들을 경험하였다.

아동의 자기존중감은 초등학교를 졸업할 때보다는 시작할 때 더 높다(Blumenfeld & others, 1981). 그 이유는 아동이 학교를 다니는 동안 너무 많은 부정적 피드백을 경험하고 줄곧 너무 많은 비난을 받았기 때문일까? 우리는 다른 장들에서 아동학습에서의 강화 및 처벌의 역할과 교실관리에 대해 더 다룰 것이다.

교사는 초등학교를 포함해 모든 수준의 학교 교육에서 중요한 역할을 한다(Borich, 2017; Wentzel, 2016). 유아부터 3학년에 이르기까지의 일련의 연구에서 긍정적인 교사와 아동의 관계는 긍정적인 결과와 크게 관련되었다(Howes & Ritchie, 2002). 이 연구에서 예전에 돌봐주었던 사람과 분명한 신뢰가 형성되어 있지 않았던 아동조차도 현재 교사와의 긍정적인 관계를 통해 이전의 부정적 관계를 보상할 수 있었다고 지적하고 있다. 교사와 따뜻하고 긍정적인 관계를 갖는 아동은 학교에 대해 보다 긍정적인 태도를 지녔으며, 학습에 보다 열정적이었고, 더 높은 학업성취도를 보였다(Martin & Collie, 2016).

최근 시장에는 아동이 배움과 성취를 돕기 위한 '교육용 앱'의 수가 놀라울 정도로 급증해왔다. 최근의 한 분석에서 허시 파섹과 동료들(Hirsh-Pasek & others, 2015)은 교사와 학부모가 아동에게 도움이 되는 앱을 선택하는 것과 관련해 다음과 같이 권고하였다.

TECHNOLOGY

- 벨이나 휘파람 소리와 같은 것이 많아 아동을 혼란하게 하는 앱보다는 교육적 작업에 지속적으로 참여하도록 지원하는 앱을 선택하라.
- 아동에게 단순 정보를 제공해 무엇을 할지 말해주는 앱이 아니라 아동 스스로 정보를 발견하도록 격려하고 안내하며 탐색하게 하는 앱을 선택하라.
- 타인과의 상호작용을 회피하게 하는 앱이 아니라 대화와 토론을 통해 사회적 상호작용을 이끌 가능성이 있는 앱을 찾아라.

청소년의 학교 교육 청소년의 학교 교육과 관련해 특별히 관심을 두어야 할 세 가지는 첫째, 중학교나 고등학교로의 전환, 둘째, 어린 청소년을 위한 효과적인 학교 교육, 셋째, 고등학교의 질이다. 많은 학생이 중학교나 고등학교로 전환하면서 어려움을 겪는데, 그 이유는 무엇인가?

RESEARCH

중학교로의 전환 이 전환기에 학생들의 스트레스가 높은데, 그 이유는 이 시기가 여타의 발달적 변화와 중첩되기 때문이다(Wigfield & others, 2015). 학생들은 사춘기에 접어들고 신체 이미지에 대해 더욱 관심을 갖게 된다. 사춘기의 호르몬 변화는 성적인 문제에 대한 관심을 한층 자극한다. 부모와 더욱 독립하게 되며 또래들과 더 많은 시간을 보내고 싶어 한다. 이전의 보다 작고 개인적이었던 교실에서 보다 크고 몰개성적인 학교로의 전환을 도모해야 한다. 성취에 대해 더욱 진지하게 되며 좋은 점수를 받기 위해 보다 경쟁적이게 된다.

초등학교에서 중학교로 이동하면서 학생들은 **승자현상**(top-dog phenomenon)을 경험한다. 이는 최고 지위(초등학교에서는 가장 나이가 많고 힘이 센 학생이었다)에서 가장 낮은 지위(중학교에 입학하면서 가장 어리고 작고 힘이 약한 학생이 된다)로 이동하는 것을 말한다. 이 전환기에 학교에서 학생들을 보다 지지하고, 이름도 자주 불러주고, 안정적이며 정돈된 환경을 만들어주면 그들의 적응력은 향상된다(Fenzel, Blyth, & Simmons, 1991).

중학교로 전환하면서 나타나는 긍정적인 양상도 있다. 즉 학생들은 성숙함을 느끼고, 선택과목 수도 많아지고, 또래와 시간을 보내면서 마음에 맞는 친구들을 찾을 기회를 더 많이 갖고, 부모의 직접적인 감독으로부터 벗어나 독립심을 더욱 즐길 수 있다는 것이다. 또한 학문적 작업에 의해 보다 지적으로 도전을 받을 수도 있을 것이다.

어린 청소년을 위한 효과적인 학교 중학교가 고등학교에 물을 탄 버전이라고 우려하는 교육자와 심리학자들이 있다. 다시 말해 중학교가 고등학교의 교육과정과 과외활동 스케줄을 모방하고 있다는 것이다. 비판가들은 중학교에서는 어린 청소년의 생물학적·심리적 발달의 폭넓은 개인차를 반영하는 활동을 제공해야 한다고 주장한다. 20세기가 끝날 무렵 카네기 재단(Carnegie Foundation, 1989)은 미국의 중학교를 아주 부정적으로 평가하는 보고서를 냈다. 그 결론은 대부분의 어린 청소년이 대규모의 인간미 없는 학교에 다녔으며, 현실과 유관적합성이 부족한 교육과정으로 배웠고, 학교의 성인을 거의 신뢰하지 않았으며, 건강관리와 상담에 대한 접근이 부족했다는 것이다. 그리고 다음과 같이 권고하였다. 즉 국가는 보다 작은 규모의 '공동체'나 '건물'을 만들어 대규모 중학교의 비인간적 속성을 줄이고, 학생 대 상담사의 비율을 낮추고(수백 명의 학생 대 1명의 상담사가 아니라 10대 1로), 학부모와 지역사회 지도자가 학교에 참여하고, 새로운 교육과정을 개발하며, 교사는 보다 유연하게 설계된 교육과정 블록으로 팀티칭을 해서 여러 학문을 통합함과 동시에 보다 다양한 학교 프로그램으로 학생의 건강과 체력을 증진시키면서 건강관리가 필요한 학생을 공적으로 도와야 한다. 거의 30년이 흐른 지금 전문가들의 발견에 따르면, 미국 중학교가 청소년을 보다 효과적으로 교육하려면 대대적으로 재설계될 필요가 여전히 있다는 것이다(Roeser, 2016; Soloman & Anderson, 2017).

미국 고등학교의 질 높이기 미국 중학교 교육과 마찬가지로 미국 고등학교 교육에 대해서도 걱정한다(Eccles & Roeser, 2015; Simpkins, Fredricks, & Eccles, 2015). 비판가들은 성공 기대와 학습

표준이 너무 낮은 고등학교가 많다고 힘주어 지적한다. 또한 이들은 수동성을 조장하는 고등학교가 비일비재하다고 지적하며, 학생의 정체성 확립을 위한 다양한 경로를 학교가 창출해야 한다고 주장한다. 많은 학생들이 읽고, 쓰고, 셈하는 기술이 부족한 채 고등학교를 졸업하고 있다. 이 중 많은 학생들은 대학에 입학해서 보충 수업을 받아야 한다. 일부 학생들은 고등학교에서 중도 하차해 식견 있는 시민은 고사하고 취업에 필요한 적절한 기술을 갖추지 못하고 있다.

고등학교로의 전환은 중학교로의 전환과 마찬가지로 여러 문제를 노정시킬 수 있다. 이런 문제에 포함되는 것들로 다음을 들 수 있다(Eccles & Roeser, 2015). 즉 흔히 고등학교는 중학교보다 규모가 커서 보다 관료적이고 비인간적이며, 학생과 교사가 서로 알 수 있는 기회가 많지 않아 불신을 낳을 수 있으며, 교사는 학생의 흥미를 고려한 내용을 가르치기 경우가 드물다는 것이다. 이러한 경험은 학생의 학습 동기를 해칠 가능성이 높다.

사춘기의 시작이라고 단정할 수 있는 요인에는 어떤 것들이 있는가?
© Corbis RF

로버트 크로스노(Crosnoe, 2011)의 최근 책인 *Fitting In, Standing Out*은 미국 고등학교와 관련한 또 하나의 핵심 문제, 즉 청소년들의 삶의 부정적인 사교적 측면이 그들의 학문적 성취를 어떻게 약화시키는가 하는 문제를 조명하였다. 그의 견해를 빌면 청소년들은 순응을 요구하는 또래집단 문화에 함몰된다. 고등학교는 교육을 받는 곳이지만 현실적으로 많은 청소년들에게 있어 고등학교는 또래 관계라는 사교계를 탐색하는 장으로서, 교육과 학문적 성취를 가치롭게 여길 수도 있고 그렇지 않을 수도 있다. 적응에 실패한 청소년, 특히 비만이나 동성애 청소년은 낙인찍힌다. 이런 문제를 줄이기 위해 크로스노는 학교 상담 서비스를 확대하고, 과외 활동을 늘리고, 학부모 모니터를 강화할 것을 권고한다.

20세기 후반과 21세기 초반의 수십 년 동안, 미국 고등학교 학생의 중도 탈락률은 줄어들었다(National Center for Education Statistics, 2016). 1940년대에는 미국의 16~24세 청소년 중 절반 이상이 탈락했다. 1990년쯤 그 비율은 12%로 줄었다. 2014년에는 6.5%로 더욱 줄었다. 라틴아메리카 청소년의 탈락률은 21세기 초 이후 상당히 줄어들어 왔으나(2000년 28%에서 2010년 15%, 2014년 12%) 여전히 높다. 2014년 아시아계 미국인 청소년의 탈락률이 가장 낮았으며(1%), 비라틴계 백인 청소년(5%), 아프리카계 청소년(7%), 라틴계 청소년(12%) 순으로 낮았다(National Center for Education Statistics, 2016).

DIVERSITY

RESEARCH

성별에 따라 미국 청소년의 학교 중도 탈락률은 차이가 있는데, 2012년 여학생이 남학생의 탈락률보다 높다(7.3% 대 5.9%; National Center for Education Statistics, 2014). 라틴계 청소년의 경우 그 탈락률은 12.7% 대 11.3%를 보이고 있으며 이 차이는 최근 몇 년 동안 상당히 줄어든 것이다.

미국 원주민 청소년들에 대한 국가 자료는 부적절하다. 왜냐하면 통계치가 간헐적으로 그리고/혹은 소표본에서 수집되었기 때문이다. 그러나 이들의 탈락률이 가장 높을 것 같은 몇 가지 지표가 있다. 또한 방금 기술한 미국 학교 평균 탈락률은 저소득의 내륙 도시 지역의 매우 높은 탈락률이 고려되지 않은 것이다. 예컨대 디트로이트, 클리블랜드, 시카고 같은 도시의 탈락률은 50%보다 높다. 또한 이보다 앞에서 인용한 백분율은 16~24세 청소년에 해당된다. 4년 내에 고등학교를 졸업하지 않은 학생들을 고려해 탈락률을 계산한다면 그 비율은 훨씬 더 높을 것이다. 그러므로 고등학교 탈락률을 고려할 때 연령, 고등학교를 마치는 연수, 인종, 성, 학교 위치 등을 포함한 다양한 맥락을 검토하는 것이 중요하다.

학생들은 다양한 이유로 탈락한다(Dupere & others, 2015). 한 연구에서 학교가 싫거나 추방되거나 유예와 같이 학교 관련 이유가 탈락률의 50% 정도를 설명하였다(Rumberger, 1995). 탈락률의 20%는 경제적 이유로 학교를 떠났다(라틴계 학생인 경우 40%였다). 여학생 중 3분의 1은 임신이나 결혼과 같은 개인적 이유로 탈락했다.

한 연구에서 검토한 바에 따르면, 탈락률을 낮출 수 있는 가장 효과적인 프로그램에는 초기 읽기 개입, 튜터링, 상담, 멘토링이 포함되어 있다 (Lehr & others, 2003). 이외에 보호적 환경과 관계 창출을 강조하고, 블록 스케줄링(block scheduling)을 활용하고, 공동체 서비스 기회를 제공하는 것도 탈락률을 낮출 수 있을 것이다.

학교와 관련한 아동의 어려움을 초기에 알아채고 긍정적인 방식으로 학교에 다니도록 하는 것은 고등학교 탈락률 감소를 위해 중요한 전략이다(Crpsnoe, Bonazzo, & Wu, 2015). 빌과 멜린다 게이트 재단(Bill and Melinda Gates Foundation, 2008, 2016)은 탈락률이 높은 학교의 탈락률 감소를 위한 노력에 기금을 대고 있다. 이 재단의 후원을 받는 프로그램에서 강조되고 있는 한 가지 전략은 탈락 위험에 처한 학생에게 고등학교를 졸업할 때까지 동일한 교사를 배치하는 것이다. 그 취지는 동일한 교사가 학생을 보다 잘 알고 있어 학생과의 관계를 향상시키며, 졸업할 때까지 모니터하고 안내할 수 있지 않겠냐는 데 있다. 이 재단은 최근(Gates Foundation, 2016) 학생의 학습 요구에 맞춘 신세대의 코스웨어 개발뿐만 아니라 학생이 독립적으로 학습할 수 있는 디지털 도구와 면대면 수업을 혼합하려는 노력에 주도적으로 참여하고 있다.

과외활동 참여 또한 학교 탈락률을 낮추는 것과 관련된다(Eccles & Roeser, 2015). 미국 학교 청소년들의 과외활동에 대한 선택의 폭은 넓다. 성인의 통제하에 진행되는 과외활동은 전형적으로 방과 후에 이루어지며 학교나 지역사회에 의해 후원된다. 과외활동의 예로 스포츠, 연구모임, 밴드, 드라마, 봉사집단과 같은 것을 들 수 있다. 연구자들의 발견에 따르면 과외활동에 참여하는 것은 탈락률 감소 외에 보다 높은 점수, 보다 나은 대학 진학률, 보다 높은 자기존중감, 우울, 비행, 물질 남용의 감소와 관련이 있다(Simpkins, Fredrick, & Eccles, 2015). 청소년들은 한 가지 과외활동에 참여하는 것보다 여러 개의 과외활동에 참여하는 것으로부터 더 많은 혜택을 받는다. 또한 과외활동 연수가 길수록 긍정적인 발달과 강한 상관이 있다(Mahoney, Parente, & Zigler, 2010). 최근 연구에서 밝혀진 바, 과외활동에 참여한 이주민 학생들의 학업성취도는 물론 학교 참여도 역시 높아졌다(Camacho & Fuligni, 2015).

물론 과외활동의 질이 중요할 것이다. 청소년의 긍정적인 발달을 도모할 수 있는 양질의 과외활동에 포함되는 요소들을 들자면, 유능하고 지지적인 성인 멘토, 학교와의 연계성, 도전감과 유의미한 활동의 기회, 기술 향상 기회 등을 제공하는 것이다(Mahoney, Parente, & Zigler, 2010).

② 가족, 또래, 학교의 사회적 맥락이 사회정서적 발달과 어떻게 연결되는지 논의한다.

복습하기

- 바움린드가 제안한 다섯 가지 양육 방식은 무엇이며, 어떤 방식이 가장 효과적일 것 같은가? 일하는 부모, 이혼, 재혼 가정과 같은 가족의 양상은 아동의 발달과 교육에 어떻게 영향을 미치는가? 어떤 방식으로 학교와 가정의 연계가 강화될 수 있는가?
- 또래는 어떻게 정의되며, 다섯 가지의 또래 상태란 무엇인가? 특정 또래 상태에 부착된 위험은 무엇인가? 문제가 되는 우정은 어떤 것인가?
- 상이한 수준의 교육으로의 이동, 즉 아동기 초기 교육, 초등학교로의 전환, 중등교육의 특징과 핵심 양상에는 어떤 것이 있는가?

성찰하기

- 당신은 어떤 유형의 양육 방식을 목격하고 경험했는가? 그것이 가진 효과는 무엇인가?

연습하기

1. 다음 중 어떤 교사가 학부모로 하여금 아동 교육에 적절하게 참여시키는 것을 가장 잘할 것 같은가?
   a. 바스틴 선생님은 학부모가 요청하면 매주 아동의 진전 노트를 가정으로 보낸다. 그리고 학기말 회의에 학부모를 초대하며, 어떤 아동이 학교에서 심각한 문제에 처하면 그 부모와 접촉한다.
   b. 워싱턴 선생님은 학기가 시작되기 전에 학부모와 접촉한다. 학부모 회의를 주재해 아동과 부모의 기대에 대해 토론하고 관련 질문에 답한다. 자원봉사자들에게는 교실에서 도와주고 현장 견학 시 보호자로 동행해주길 요청한다. 그리고 학문적·사교적 정보를 포함하고 있는 아동의 진전보고서를 매주 가정으로 발송한다.
   c. 제퍼슨 선생님은 학부모에게 아동의 독립성이 개발될 필요가 있는데, 이 독립성은 아동이 학교에서 주변을 맴돌면서 교육과정을 방해한다면 길러지지 않는다고 말한다.
   d. 허난데즈 선생님은 매년 두 차례 학부모–교사 회의를 주재하며, 아동이 학교에서 학업에 뒤처지거나 어떤 문제를 야기하면 이메일로 부모에게 알린다. 그리고 이따금씩 아동이 두드러진 향상을 보이거나 특별한 것을 성취할 경우에도 이메일을 보낸다.

2. 사무엘은 4학년으로 또래에 비해 덩치는 크지만 그다지 성숙하지 않다. 그는 자신에 대한 어떤 비평이 건설적이든 그렇지 않든 상관없이 그것에 매우 민감하다. 누군가 그를 놀리면 종종 울음을 터트린다. 또래를 놀리다 거꾸로 놀림을 받는 일이 흔하다. 사무엘에게 가장 적합해 보이는 또래 상태는 다음 중 어느 것인가?
   a. 논란을 일으키는 아동
   b. 무시되는 아동
   c. 인기 있는 아동
   d. 거부되는 아동

3. 다음 중 어떤 것이 3학년 아동에게 발달적으로 가장 적합한 선구자의 삶에 대한 단원의 예일까?
   a. 존슨 선생님은 수업 시간에 아동에게 선구자의 일상적 삶에 대해 독서하게 하고 실제 그 시기의 통나무집을 만들어 이해를 도우려 한다. 교실을 돌아다니면서 필요할 경우 도움을 주며, 아동이 어떤 모양을 만들면 그 이유에 대해 묻기도 하면서 모든 아동이 작업에 참여하도록 한다.
   b. 링컨 선생님은 수업 시간에 선구자의 삶에 대해 모든 아동이 각기 다른 책을 읽도록 하고 그에 대한 보고서를 쓰게 한다. 아동은 자기 책상에 조용히 앉아 보고서를 작성한다. 링컨 선생님은 가끔 말을 하거나 멍하니 앉아 있는 아동을 꾸짖는다.
   c. 루스벨트 선생님의 수업은 선구자의 삶에 대한 책을 아동이 돌아가면서 큰 소리로 읽는 것으로 시작된다. 아동은 한 문단씩 차례대로 읽으며, 다 읽은 후 그 내용에 대한 시험을 치른다.
   d. 실버 선생님은 선구자의 삶에 대해 직접 가르친다. 서부로 이주한 이유, 운송 방식, 땅을 다져 통나무집을 짓는 것을 순서대로 가르친다. 금요일에 실버 선생님은 선구자의 삶에 대해 시험을 치르게 할 것이다.

정답은 '연습하기 정답' 참조

학습목표 3
아동의 사회정서적 발달의 양상인 자기존중감, 정체성, 도덕성, 정서 발달에 대해 설명한다.

③ 사회정서적 발달

자기와 정체성	도덕성 발달	정서 발달

살아있는 자기는
하나의 목적만을 갖는다.
즉 자신만의 완성에 이르는
것이다. 나무가 꽃을 피우고,
새가 봄의 아름다움이 되고,
호랑이가 강력한 눈빛을 지니는
완성과 같은 것이다.

–D. H. 로렌스, 20세기 영국 작가

지금까지 우리는 학생의 사회정서적 발달에 영향을 미치는 세 가지의 중요한 사회적 맥락인 가족, 또래, 학교에 대해 살펴보았다. 여기서 우리는 학생 개인에게 보다 초점을 두어 학생의 자기와 정체성, 도덕성, 정서 발달을 탐색한다.

자기와 정체성

20세기 이탈리아 극작가 유고 베티에 따르면, 아동이 '나(I)'라고 말할 때 그것은 타인과 혼동되지 않는 무언가 독특한 것을 의미한다. 심리학자들은 '나'를 자기(self)라고 종종 언급한다. 자기의 중요한 양상 두 가지는 자기존중감과 정체성이다.

자기존중감 **자기존중감**(self-esteem)은 개인의 자신에 대한 총체적 관점이다. 또한 이것은 자기가치감(self-worth) 혹은 자기이미지(self-image)로 언급되기도 한다. 예컨대 자기존중감이 높은 아동은 자신을 단지 사람이 아니라 좋은 사람으로 지각할 것이다.

RESEARCH

많은 학생의 경우 낮은 자기존중감의 시기는 잠시 왔다 간다. 그러나 지속적으로 낮은 자기존중감을 보이는 일부 학생의 경우 보다 심각한 다른 문제들로 전이된다. 지속적으로 낮은 자기존중감은 낮은 성취, 우울, 섭식장애, 비행과 관련이 있다(Harter, 2016). 뉴질랜드의 한 종단 연구에서 11세, 13세, 15세 학생들의 자기존중감, 적응성, 유능성을 사정하고 이들이 26세가 되었을 때 그것들을 사정하였다(Trzesniewski, others, 2006). 그 결과 보다 빈약한 정신적·신체적 건강, 보다 나쁜 경제적 전망, 보다 높은 수준의 범죄 행동의 특징을 갖는 성인은 보다 적응적이고 유능한 성인에 비해 청소년기의 자기존중감이 낮았을 가능성을 보여주었다.

자기존중감 자기이미지와 자기가치로 불리며, 개인의 자신에 대한 총체적 개념

낮은 자기존중감이라는 문제의 심각성은 그 자체의 속성뿐만 아니라 다른 조건들에도 달려있다. 낮은 자기존중감이 학교전환(예 : 중학교로의 전환)의 어려움과 겹치게 될 때 문제는 더욱 악화될 수 있다.

학교에서의 수행은 아동의 자기존중감과 어떻게 연계되는가?

© Fabrice Lerouge/SuperStock RF

연구자들의 발견에 따르면 자기존중감은 아동의 발달과 함께 달라진다(Harter, 2016). 한 연구에서 소년과 소녀 모두 아동기에 자기존중감이 높았으나 청소년 초기에 크게 떨어진 것으로 나타났다(Robins & others, 2002). 청소년기 동안 소녀의 자기존중감은 소년의 그것보다 2배로 떨어졌다(그림 3.4 참조). 다른 연구들에서 발견한 바에 따르면 여자 청소년은 남자 청소년보다 자기존중감이 낮았으며, 이는 부적응과 상관이 있었다(McLean & Breen, 2009). 그러나 그림 3.5에서 주목할 점은 여자 청소년의 자기존중감 저하에도 불구하고 자기존중감 평균 점수(3.3)는 척도 평균(3.0)보다 높았다는 것이다.

자기존중감의 변이들은 발달의 제양상과 관련이 있다(Hill, 2015; Park & Park, 2015). 예컨대 한 연구의 발견에 의하면 자기존중감이 낮은 청소년은 자기존중감이 높은 청소년에 비해 낮은 수준의 정신건강, 신체건강, 성인으로서의 경제적 전망을 보였다(Trzesniewski others, 2006). 그러나

자기존중감에 관한 연구 상당수가 경험적 연구라기보다는 **상관관계 연구**이다. 상관관계는 인과관계와 다르다는 것을 명심하라. 그러므로 만일 어떤 연구에서 아동의 낮은 자기존중감과 낮은 학업성취 간의 상관이 있다면 그 낮은 학업성취가 낮은 자기존중감의 원인일 수 있지만 역으로 낮은 자기존중감이 낮은 학업성취의 원인일 수도 있다.

사실상 학교 수행과 자기존중감 간에는 중간 수준의 상관만이 있으며, 이는 높은 자기존중감이 더 나은 학교 수행을 낳는 것은 아님을 시사하고 있다(Baumeister & others, 2003). 학생들의 자기존중감을 높이기 위한 모든 노력이 그들의 학교 수행 향상을 가져온 것은 아니다(Davies & Brember, 1999).

학생의 자기존중감은 종종 학문, 운동, 신체적 외모, 사회적 기술과 같은 다양한 영역에 걸쳐 상이할 수 있다(Harter, 2016). 그러므로 어떤 학생은 학문적 자기존중감은 높지만 운동, 외모, 사교 기술과 같은 영역에서는 낮을 수 있다. 학문적 영역 내에서 조차 어떤 과목(예 : 수학)에서는 높지만 다른 과목(예 : 영어)에서는 낮을 수도 있다.

최근에 교사들에게 학생들의 자기존중감을 증진시키기 위해 교실에서 사용하는 전략이 무엇인지 물었다. 다음은 그들이 추천하는 전략들이다.

유치원 교사 우리 유치원생들은 자신의 훌륭한 행동과 작업에 대해 스티커, 스탬프, 보상 증표를 받을 때 진짜 위대하다고 느낍니다. 덧붙이자면, 매주 아동은 집에서 특별한 아이템을 가지고 와서 교실에서 토론하며 왜 그 아이템이 자신에게 중요한지 말하도록 요구됩니다.

– 미시 댄글러, 서버번힐즈학교

초등학교 교사 2학년 아동들의 자기존중감 향상을 돕기 위해 저는 그들이 틀린 것이 아닌 제대로 하는 것에 초점을 둡니다. 아동에게 "아냐, 그것은 맞지 않아"라고 말하기보다는 답을 수정하도록 조종합니다. 또한 질문을 반복하거나 다시 말함으로써 비위협적인 환경 속에서 재시도할 수 있는 기회를 줍니다. 저는 앉거나 숙여서 아동의 눈높이 수준에 맞추는데, 이렇게 하면 그들의 두 눈을 똑바로 볼 수 있습니다. 이런 전략은 어린 학생들이 단지 학습자로서만이 아니라 한 인간으로서 중요하며, 가치 있는 수업의 일부라는 느낌을 갖도록 하는 데 도움이 됩니다.

– 재닌 귀다 포트레, 클린턴초등학교

중학교 교사 저는 언젠가 시험과 퀴즈 실력이 부족한 학생을 가르친 적이 있습니다. 시험이 있을 때마다 그 학생은 절망하며 자기 이름을 되뇌었습니다. 질문에 답할 수 없었기 때문이었죠. 그러나 그 학생의 그림 솜씨는 탁월했습니다. 저는 그의 그림 기술을 활용해 자기존중감을 높여주려고 하였습니다. 예컨대, 수업 과제를 위해 어떤 다이어그램이 필요할 때면 반드시 그의 도움을 구했습니다. 나는 그가 놀라운 예술적 능력을 지니고 있으며 누구나 강점과 약점을 가지고 있고 시험을 치르는 문제를 작업하는 것은 강점과 약점을 강화하고 보강하는 데 중요하다고 말하곤 하였습니다. 또한 제 자신의 몇 가지 약점에 대해 그리고 그것을 향상시키기 위해 제가 어떻게 하는지 말해주고, 그림 그리기를 포함해 몇 가지의 게임을 만들어 그의 퀴즈 공부를 도왔습니다. 이로 인해 그의 자기존중

그림 3.4 청소년기의 자기존중감 하락
한 연구에 따르면 청소년기에 남자든 여자든 자기존중감이 하락하지만 여자 청소년이 남자 청소년에 비해 자기존중감이 크게 떨어진다고 한다(Robins & others, 2002). 그림에서 자기존중감 점수는 5점 척도에서 평균을 보여주는 것이며, 점수가 높을수록 자기존중감이 높음을 의미한다.

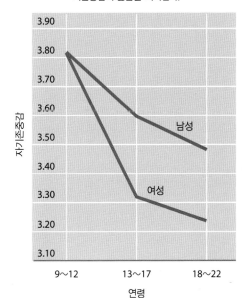

정체성 혼미 개인이 유의미한 대안을 탐색
도 헌신도 하지 않는 정체성 상태

정체성 상실 헌신은 하지만 유의미한 대안
을 탐색하지 않는 정체성 상태

감이 하룻밤 사이에 높아지지는 않았지만 학년 말쯤 그는 자기 작업의 프로듀서가 되었으며, 이전
만큼 낙담하지 않았습니다.

–케이시 마스, 에디슨중학교

고등학교 교사 저는 학생들에게 크고 분명하게 칭찬을 하며, '패배자'라고 명명된 아이들을 별도
로 만나 '독자', '문법 여왕', '학교 최고의 논객'으로 재명명하는 것을 좋아합니다. 이런 명명이

우습게 보일지 모르나 나의 학생들은 칭찬 밑에서 꽃을 피웁니다. 저는 또한 어떤
학생에게 하는 제 칭찬이 학생들이 들어본 유일한, 참으로 집에서조차 들어본 적
이 없는 칭찬일 수도 있음을 기억하고 있습니다. 칭찬은 학생들의 교실 수행에서
의 자기존중감을 높일 뿐만 아니라 일반적으로 성공감과 자신감을 갖게 합니다.

–제니퍼 해터, 브레멘고등학교

DEVELOPMENT

정체성 발달 자기의 또 하나의 중요한 양상은 정체성이다. 청소년기의 가장 중요한 이슈는 정체성
발달과 관련이 있다는 에릭 에릭슨(Erikson, 1968)의 주장에 대해 우리는 이 장 초반부에서 살펴보
았다. 청소년은 정체성과 관련해 "나는 누구인가? 나는 대체 어떤 존재인가? 내 삶을 어떻게 살아
갈까?"와 같은 질문을 하며 그 답을 찾으려 한다. 아동기에는 이런 질문을 거의 하지 않지만 고등
학교나 대학 시절에 이르면 자주 한다(Waterman, 2015).

정체성 상태 캐나다 연구자 제임스(Marcia, 1980, 1998)는 에릭슨의 정체성 개념을 분석한 후 탐
험과 전념을 구분하는 게 중요하다고 결론지었다. **탐험**(exploration)은 유의미한 대안적 정체성을
검토하는 것과 관련된다. **전념**(commitment)은 어떤 정체성에 개인적으로 투자하고 그 정체성이 어
떤 것이든 그것에 머문다는 의미이다.

탐험과 전념의 정도에 따라 개인은 다음 네 가지의 정체성 중 한 가지 상태로 분류된다(그림 3.5
참조).

- **정체성 혼미**(identity diffusion)는 개인이 위기를 아직 경험한 적이 없을 때(다시 말해 유의미한
  대안을 탐색한 적이 없을 때) 혹은 어떤 전념도 한 적이 없을 때 발생한다. 이런 상태의 개인은
  직업과 이념을 아직 선택하지 않았을 뿐만 아니라 그런 문제에 별반 관심도 없는 경향이 있다.
- **정체성 상실**(identity foreclosure)는 개인이 전념을 했지만 위기를 경험한 적이 없을 때 발생한
  다. 이 상태는 부모가 대개 독재적인 태도로 청소년 자녀에게 전념을 물려주었을 때 가장 흔히
  발생한다. 이런 환경의 청소년은 자신만의 접근, 이념, 직업을 탐색할 적절한 기회를 가지지
  못한다.

정체성 상태

직업과 이념의 위치	정체성 혼미	정체성 상실	정체성 유예	정체성 성취
위기	X	X	O	O
전념	X	O	X	O

그림 3.5 마르샤의 네 가지 정체성 상태

학생과 연계하기 : 최고의 실천
아동의 자기존중감 향상 전략

오늘날 너무 많은 아동과 청소년이 공허하고 무의미한 칭찬을 받고 자라고 있으며, 그 결과 자기존중감이 부풀려지고 있다는 우려가 있다(Graham, 2005; Stipek, 2005). 다시 말해 요즘 아동과 청소년은 평범하거나 심지어는 빈약한 수행에도 과하게 칭찬을 받으며, 그 결과 경쟁과 비판을 다루는 데 어려움을 겪을 수 있다는 것이다.

아동의 자기존중감을 건설적으로 높여주는 것이 가능하다. 다음 네 가지 전략을 고려하라(Bednar, Wells, & Peterson, 1995; Harter, 2006).

1. 낮은 자기존중감의 원인과 자신에게 중요한 유능성 영역을 식별한다. 이는 결정적으로 중요한 전략이다. 아동의 낮은 자기존중감은 낮은 학업성취도 탓인가? 가족 갈등 혹은 빈약한 사회적 기술 탓인가? 학생들의 자기존중감이 가장 높을 때는 스스로 중요하다고 느끼는 영역에서 유능하게 수행할 때이다. 그러므로 자기존중감이 낮은 학생이 가치 있게 여기는 유능성 영역을 찾아보라.
2. 정서적 지지와 사회적 승인을 제공한다. 거의 모든 교실마다 부정적 평가를 너무 많이 받는 아동이 있다. 이런 아동은 학대하고 비하하며 끊임없이 깎아내리는 가정 출신일 수 있다. 혹은 이전 교실에서 부정적 피드백을 과도하게 경험했을 수도 있다. 당신의 정서적 지지와 사회적 승인은 이들이 스스로를 더 가치 있게 여기도록 돕는 데 큰 영향을 미칠 수 있다. '교사의 시선'에서 샌프란시스코의 한 중학교 교사 주디 로건은 정서적 지지 제공의 중요성을 강조한다.

교사의 시선 : 경청하기, 설명하기, 지지하기
좋은 교사는 적극적으로 자기 학생의 입장에 서 있어야 한다고 나는 믿는다.

이 말은 학생들이 하는 모든 것을 지지해야 한다는 뜻이 아니라 내가 그들의 최고를 요구하고 그들 자신이 최고가 되도록 기꺼이 돕는다는 뜻이다. 또한 내가 판단이나 비판 없이 경청하고, 설명하며, 지지하고, 허용하면서 객관적으로 학생들을 바라볼 필요가 있다는 뜻이다. 아동기에서 성인기로 가는 청소년기의 인생 경로는 매우 상처받기 쉬운 여행이다. 또한 이 시기는 종종 학생은 물론 가족에게도 힘든 시간이다. 훌륭한 부모나 사랑스러운 가족을 둔 청소년일지라도 때때로 반항하고 아동기에는 너무도 안락한 보금자리로 느꼈던 가정환경에 시시콜콜 따져 묻는 게 '일'이다. 청소년은 누구나 가족 이외의 자신의 비밀을 털어놓을 수 있는 성인을 필요로 한다.

3. 아동의 성취를 도와준다. 성취는 아동의 자기존중감을 향상시킬 수 있다. 참된 학문적 기술을 직접 가르치면 아동의 성취가 향상되면서 자기존중감도 높아진다. 아동에게 뭔가를 성취할 수 있다고 말하는 것으로 충분하지 않을 때가 많다. 단지 말이 아니라 학문적 기술을 아동 스스로 개발하도록 도와야 한다.
4. 아동의 대처 기술을 개발시킨다. 자기존중감이 낮은 아동의 경우 호의적이지 못한 자기평가는 부정, 기만, 회피를 유발한다. 이런 유형의 스스로 만든 비승인은 아동 스스로를 부적절한 인간으로 느끼게 할 수 있다. 그러나 아동이 어떤 문제에 직면했을 때 그것을 현실적으로, 정직하게, 비방어적으로 대처하게 되면 자기존중감은 높아질 수 있다.

- **정체성 유예**(identity moratorium)는 개인이 위기 속에 있으나 전념이 없거나 미약할 때 발생한다.
- **정체성 성취**(identity achievement)는 개인이 위기를 겪고 전념할 때 이루어진다.

정체성을 더 고려하기 위해 **자기평가 1**을 완성하라. 이를 통해 당신은 마르샤의 정체성 상태를 당신 삶의 상이한 정체성 영역에 적용할 수 있을 것이다.

인종적 정체성 인종적 정체성은 자기(self)에 대한 지속적인 양상이다. 이 양상은 멤버십 관련 태도 및 느낌과 더불어 인종집단에 대한 멤버 의식을 포함한다. 소수인종 청년들이 접촉하는 환경 또한 그들의 정체성 발달에 영향을 미친다(Azmitia, 2015). 미국의 많은 소수인종 청년들은 빈곤 지역에 살고 있고, 마약, 갱, 범죄에 노출되어 있으며, 학교에서 이탈하거나 실직한 청년이나 성인들과 상호작용한다. 이들의 긍정적인 정체성 개발에 대한 지지는 드물다. 이런 환경의 청년들을 위한 프로그램은 긍정적인 정체성 발달에 중요하게 기여할 수 있다.

연구자들은 또한 긍정적인 인종 정체성이 소수인종 청소년들의 긍정적 결과와 관련이 있음을 지속적으로 발견해왔다(Ikram & others, 2016; Updegraff & Umaña-Taylor, 2015). 최근 한 연구에서 인종집단에 대한 자부심과 강력한 인종 정체성을 갖는 것은 청소년들의 보다 낮은 약물 사용과 관련이 있었다(Grindal & Nieri, 2016). 그리고 또 하나의 최근 연구에 따르면 인종집단에 강한 소속

정체성 유예 대안을 탐색하는 과정에 있지만 아직 헌신을 하지 않는 상태

정체성 성취 유의미한 대안을 탐색하고 헌신하는 상태

DIVERSITY

RESEARCH

DEVELOPMENT

자기평가 1

당신은 지금 어디에 있는가? 당신의 정체성 탐험하기

당신의 정체성과 마찬가지로 학생들의 정체성도 상이한 차원으로 구성되어 있다. 당신이 이 체크리스트를 완성해보면 자신은 물론 당신의 미래 학생들의 상이한 정체성 양상에 대해 보다 나은 감각을 얻을 수 있을 것이다.

정체성 요소	정체성 상태			
	혼미	상실	유예	성취
직업적 정체성				
종교적 정체성				
성취적/지적 정체성				
정치적 정체성				
성적 정체성				
젠더 정체성				
관계 정체성				
라이프스타일 정체성				
인종적 정체성과 문화적 정체성				
개인 특성				
관심사				

만일 당신이 어떤 영역에서 정체성 '혼미'나 '상실'에 체크했다면, 그 영역에서 '유예' 정체성으로 이동하기 위해 무엇을 할 필요가 있는지 잠시 생각할 시간을 가지고 그것을 당신의 포트폴리오에 적어라.

감을 갖고 연결되는 것은 정신병적 문제를 완화하는 보호기능을 한다(Anglin & others, 2016).

도덕성 발달

아동의 자아감과 정체성의 발달에 따라 도덕성도 발달된다. **도덕성 발달**(moral development)은 사람들 간 상호작용에 대한 규칙과 인습의 문제이다. 우선 우리는 도덕성 발달에 대한 로렌스 콜버그의 인지 발달 이론을 기술할 것이며, 그리고 나서 보다 최근에 제안된 도덕성 발달 영역 이론을 탐색할 것이다.

콜버그의 이론 로렌스 콜버그(Kohlberg, 1976, 1986)는 도덕성 발달이 주로 도덕적 추론과 관련되며 단계적으로 이루어진다고 강조하였다. 그는 일련의 도덕적 딜레마에 대한 아동, 청소년, 성인(주로 남자)의 관점에 대해 면담한 후 자신의 이론을 만들었다. 수준과 단계로의 진전에 대한 이해에 있어서의 핵심적인 개념은 도덕성이 보다 내면화되고 성숙해진다는 것이다. 즉 도덕적 결정이나 가치의 이유가 나이가 더 어렸을 때 부여했던 외적이거나 추상적인 이유를 넘어서기 시작한다는 것이다. 콜버그의 단계들을 좀 더 살펴보자.

콜버그의 1수준 : 전인습적 추론 전인습적 추론(preconventional reasoning)은 콜버그 이론에서 가장 낮은 수준의 추론으로 두 단계로 되어 있다. 즉 처벌과 복종 지향(1단계)과 개인주의, 도구적 목적, 교환(2단계)이다.

- 1단계 : 처벌과 복종 지향은 콜버그의 도덕성 발달의 첫 단계이다. 이 단계의 도덕적 사고는 종종 처벌과 관련된다. 예를 들어 아동이나 청소년은 어른이 복종하라고 하니까 복종한다.
- 2단계 : 개인주의, 도구적 목적, 교환의 단계이다. 이 단계의 개인은 자기 이익을 추구하지만 동시에 타인도 그렇게 하도록 허용한다. 그러므로 옳은 것은 동등한 교환과 관련된다. 서로 좋은 게 좋은 것이라는 식이다.

콜버그의 2수준 : 인습적 추론 인습적 추론(conventional reasoning)은 두 번째 혹은 중간 수준이다. 개인은 특정한 기준(내적)을 준수하지만 그것은 부모나 사회의 법과 같은 타인의 기준(외적)이다. 인습적 추론 수준은 두 단계로 되어 있다. 즉 상호 개인 간 기대, 관계, 개인 간 순응(3단계)과 사회 체제 도덕성(4단계)이다.

- 3단계 : 상호 개인 간 기대, 관계, 개인 간 순응의 단계이다. 이 단계의 개인은 도덕적 판단의 기초로서 타인에 대한 신뢰, 돌봄, 충성을 중시한다. 이 단계의 아동과 청소년은 부모로부터 자신이 '착한 소녀/소년'으로 여겨지길 기대하며 부모의 도덕적 기준을 종종 채택한다.
- 4단계 : 사회 체제 도덕성(social systems morality)의 단계이다. 이 단계의 도덕적 판단은 사회 질서, 법, 정의, 의무를 이해하는 것에 기초한다. 예컨대 이 단계의 청소년은 공동체가 효과적으로 작동하려면 그 구성원들이 준수하는 법에 의해 보호될 필요가 있다고 말할 것이다.

콜버그의 3수준 : 후인습적 추론 후인습적 추론(postconventional reasoning)은 콜버그 이론의 세 번째이자 가장 높은 수준이다. 이 수준의 도덕성은 보다 내적이다. 후인습적인 도덕성 수준은 두 단계로 되어 있다. 즉 사회 계약 혹은 효용, 개인의 권리(5단계)와 보편적 윤리 원칙(6단계)이다.

- 5단계 : 사회 계약 혹은 효용과 개인의 권리라는 단계이다. 이 단계의 개인은 가치, 권리, 원칙이 법을 떠받치거나 초월한다고 추론한다. 어떤 사람은 인간의 기본 인권과 가치를 보존하고 보호하는 정도의 측면에서 실정법과 사회체제의 타당성을 평가하고 검토한다.
- 6단계 : 보편적 윤리의 원칙은 콜버그의 도덕성 발달의 여섯 번째로 최고 단계이다. 이 단계의 개인은 보편적 인권에 기초해 도덕적 기준을 발달시켰다. 법과 양심 간의 갈등과 직면했을 때 그 결정이 자신의 위험과 관련될지라도 양심에 따르려 한다.

도덕성 발달 사람들 간 상호작용에 대한 규칙 및 인습과 관련한 발달

전인습적 추론 콜버그 이론에서 가장 낮은 수준. 이 수준에서의 도덕성은 종종 보상과 처벌에 초점이 맞추어진다. 전인습적 추론에서의 두 단계는 처벌과 복종 지향(1단계)과 개인주의, 도구적 목적, 교환(2단계)이다.

인습적 추론 콜버그의 도덕성 발달에서 두 번째인 중간 단계. 이 수준에 있는 개인은 특정 기준을 준수하지만(내적) 그 기준은 부모나 사회의 법과 같은 것이다(외적). 인습적 수준은 상호 개인 간 기대, 관계, 개인 간 순응(3단계)과 사회 체제 도덕성(4단계) 두 단계로 되어 있다.

후인습적 추론 세 번째 단계인 최고의 도덕 수준. 이 수준에서 도덕성은 보다 내적이다. 후인습적 수준은 사회 계약 혹은 효용, 개인의 권리(5단계), 보편적 윤리 원칙(6단계)으로 되어 있다.

콜버그는 도덕성 발달이 인지 발달에 기초한다고 주장한 도발적인 이론가이다. 그 이론의 본질은 무엇인가?

Harvard University Archives, UAV 605.295.8, Box 7, Kohlberg

1수준	2수준	3수준
전인습적 수준 비내면화	**인습적 수준 중간 정도의 내면화**	**후인습적 수준 완전한 내면화**
1단계 타율적 도덕성	**3단계 상호 개인 간 기대, 관계, 개인 간 순응**	**5단계 사회적 계약 혹은 효용, 개인의 권리**
개인은 자신의 이익을 추구하지만 타인도 그렇게 하도록 허락한다. 옳은 것은 동등한 교환과 관련된다.	개인은 도덕적 판단을 위한 기초로서 타인에 대한 신뢰, 돌봄, 충성을 중시한다.	개인은 가치, 권리, 원리가 법을 떠받치거나 초월한다고 추론한다.
2단계 개인주의, 목적, 교환	**4단계 사회 체제 도덕성**	**6단계 보편적 윤리의 원리**
아동이 복종하는 이유는 어른이 복종하라고 말하기 때문이다. 도덕적 결정은 처벌의 두려움에 기초한다.	도덕적 판단은 사회 질서, 법, 정의, 의무에 대한 이해에 기초한다.	보편적 인권에 기초해 도덕적 판단을 한다. 법과 양심 간의 딜레마에 봉착했을 때, 인간적이며 개별화된 양심에 따른다.

그림 3.6 콜버그의 3수준 6단계의 도덕성 발달

콜버그의 주장에 따르면 사람들이 나이를 먹음에 따라 여러 단계를 거치기 때문에 어느 단계에서나 자신의 도덕적 추론을 발달시킨다.

RESEARCH

캐럴 길리건. 도덕성 발달에 대한 그녀의 관점은 어떠한가?

© Dr. Carol Gilligan

콜버그의 3수준 6단계와 각 단계의 예를 그림 3.6에 요약했다. 콜버그 이론에 대한 연구들에 따르면, 종단적 자료는 각 단계가 나이와 관련됨을 보여주며, 어느 누구도 마지막 두 단계인 5~6단계, 특히 6단계에 도달한 사람은 거의 없다(Colby & others, 1983). 9세 이전의 대부분의 아동은 전인습적 수준에서 도덕적 딜레마에 대해 추론한다. 초기 청소년기에 이르면 인습적 수준에서 추론할 가능성이 더 높다.

콜버그는 인지 발달에서의 기저의 변화들이 보다 진전된 도덕적 사고를 촉진한다고 강조하였다. 또한 그는 아동이 여러 단계를 거치면서 도덕적 사고를 구성한다고 하였다. 다시 말해 도덕성을 위한 문화적 규범을 단지 수동적으로 수용하지 않는다는 것이다. 어떤 아동의 도덕적 사고는 그 아동보다 한 수준 높은 단계에서 추론하는 타인과 의논하면서 진전될 수 있다고 주장했다. 그리고 서로 주고받는 또래 관계는 서로에게 역할을 떠맡는 기회를 주기 때문에 보다 진전된 도덕적 사고를 가져온다고 하였다.

콜버그에 대한 비판 콜버그의 도발적인 이론은 적지 않은 도전을 받아왔다(Narváez, 2015, 2016; Roseth, 2016; Turiel, 2015). 주요 비판은 도덕적 사고가 도덕적 행동을 항상 예견하는 것은 아니라는 것이다. 다시 말해 그의 이론이 도덕적 사고를 너무 중시한 나머지 도덕적 행동을 소홀히 다루었다는 것이다. 도덕적 추론이 부도덕한 행동의 은신처가 될 때가 있다. 은행 자금을 횡령한 사람들이나 미국 대통령들은 가장 고귀한 도덕적 덕목을 공공연하게 지지하지만 실제 행동은 부도덕한 것으로 드러나는 경우가 있다. 어느 누구도 정의로운 것을 알지만 잘못을 저지르는 콜버그의 6단계 사상가의 나라를 바라지 않는다.

다른 비판 노선은 콜버그 이론이 너무 개인주의적이라는 것이다. 캐럴 길리건(Gilligan, 1982, 1998)은 정의의 관점과 돌봄의 관점을 구분한다. 콜버그의 관점은 **정의의 관점**(justice perspective)으로, 독자적으로 도덕적 판단을 하는 개인의 권리에 초점을 둔다. **돌봄의 관점**(care perspective)은 연계성 측면에서 인간을 바라본다. 관계와 타인에 대한 관심을 강조한다. 길리건은 콜버그가 돌봄 관점을 경시했다고 지적했는데, 아마 그 이유는 그가 남성이었고 그의 연구 대부분이 남성에 대한 것이었으며 그가 남성지배적인 사회에 살았던 데 있을 것이다.

6~18세까지의 많은 여성과 면담을 한 결과, 길리건과 동료들(Gilligan, 1992; Gilligan & others, 2003)은 여성이 일관되게 인간적 관계 측면에서 도덕적 딜레마를 해석하며 그 해석은 타인을 주목하고 경청하는 것에 기초하고 있음을 발견하였다. 몇몇 연구자들은 일부 여성의 도덕적 지향은 타인 돌봄에 더 초점을 두고 있지만, 도덕적 사고에 있어 전반적인 젠더 차이는 작다고 결론지었다(Blakemore, Berenbaum, & Liben, 2009).

콜버그는 정서가 도덕적 추론에 부정적 영향을 미친다고 주장하였다. 그러나 정서가 도덕적 판단에 중요한 역할을 한다는 것을 시사하는 증거가 점증하고 있다. 연구자들의 발견에 따르면, 전전두엽 피질의 특정 영역에서 손상을 입은 사람은 자신의 도덕적 판단에 정서를 통합할 능력이 상실됐음을 발견했다(Damasio, 1994). 그런 사람은 옳고 그름에 대한 직관적 느낌을 잃어버렸기 때문에 어떤 행동을 취해야 할지 제대로 결정할 수 없고 도덕적 이슈와 관련한 선택을 하는 데 어려움을 겪는다는 것이다. 건강한 사람들을 대상으로 한 연구 또한 개인이 하는 도덕적 결정이 전전두엽 피질과 소뇌의 편도체에서의 정서적 강도 및 활성과 관련 있음을 보여주었다(Shenhav & Greene, 2014).

영역 이론 도덕성 발달 영역 이론(domain theory of moral development)에 따르면 상이한 영역의 사회적 지식과 추론이 있다. 이 이론에서 도덕 영역과 사회인습 영역을 구분하는 것이 특히 중요하다. 영역 이론에서 아동과 청소년의 도덕 영역과 사회인습 영역은 그들이 상이한 형태의 사회적 경험을 이해하고 다루려는 시도로부터 출현한다(Killen & Smetana, 2015; Turiel, 2015).

사회인습적 추론(social conventional reasoning)은 사회적 합의에 의해 행동을 통제하고 사회체제 유지를 위해 확립된 인습적 규칙에 초점이 있다. 그 규칙 자체는 임의적이다. 이를 테면 수업 시간 때 말하기 전에 손을 들고, 학교에서 학생들이 한 계단씩 오르내리고, 운전하다 정지 수신호에 멈추는 것과 같은 것이다. 이를 어기면 제재가 따른다. 물론 이 규칙들은 동의에 의해 바뀔 수 있다.

이와 대조적으로 도덕적 추론은 도덕성의 윤리적 문제와 규칙에 초점이 있다. 인습적 규칙과 달리 도덕적 규칙은 임의적이지 않다. 그것은 의무적이고 널리 수용되며 다소 비정한 것이다(Turiel, 2015). 거짓말, 사기, 절도, 타인에 대한 물리적 손상과 관련된 규칙이 도덕적 규칙이다. 왜냐하면 이런 규칙을 위반하는 것은 윤리적 표준을 욕되게 하는 것이기 때문이다. 이 표준은 사회적 동의나 인습과는 별개로 존재한다. 도덕적 판단은 정의의 개념과 관련되는 반면 사회인습적 판단은 사회 조직의 개념이다. 도덕적 규칙을 어기는 것은 대개 인습적 규칙을 어기는 것보다 심각하다.

영역 이론은 콜버그의 접근에 대한 중대한 도전이다. 왜냐하면 콜버그는 사회적 인습은 보다 높은 도덕적 세련으로 가는 중간 역이라고 주장했기 때문이다. 영역 이론 지지자들에게 있어 사회인습적 추론은 후인습적 추론보다 수준 낮은 어떤 것이라기보다는 오히려 그 도덕적 실타래(moral thread)로부터 해체될 필요가 있는 어떤 것이다(Killen & Smetana, 2015).

속이기 학생의 도덕성 발달에 대한 교사의 관심은 학생의 속임수 여부와 속았다는 것을 알았을 때 학생을 어떻게 다룰 것인가에 있다(Ding & others, 2014). 학문적 속임의 형태는 다양할 수 있다. 표절, 시험 도중 부

학생들은 왜 속이는가? 속이는 것을 막기 위해 교사는 어떤 전략을 취할 수 있는가?

© Image Source RF

나눔을 배우는 것은 이타주의의 중요한 양상이다. 학생의 이타성을 가일층 고취시키기 위해 교사가 할 수 있는 방법에는 어떤 것들이 있는가?

© Photodisc/Getty Images

정행위, 돈 주고 과제하기, 실험 결과 조작과 같은 것이다. 2006년 조사에 의하면 중학교 학생 중 60%가 과거 1년 동안 학교 시험에서 부정행위를 했다고 응답했으며, 이 중 3분의 1이 과거 1년 동안 인터넷 정보를 표절했다고 한다(Josephson Institute of Ethics, 2006).

학생들은 왜 속일까? 학생들이 제시하는 이유를 들자면 높은 성적을 받고 싶은 압박, 시간 부족, 성공할 능력이 없다는 자의식, 보잘 것 없는 가르침, 흥미 부족, 속여도 들켜서 처벌받을 가능성이 희박하다는 인식이다(Stephens, 2008). 높은 성적을 받고 싶은 압박의 경우, 학생의 목표가 단순히 높은 점수를 얻는 것이라면 속일 가능성이 더 클 것이다. 반면 그 목표가 학습 자료를 마스터하는 것이라면 그 가능성은 더 적을 것이다. 성공할 능력이 없다는 자의식의 경우, 학생이 자기 능력에 대해 의심을 품고 실패하는 것에 대한 불안이 있으면 속일 가능성이 있다. 속임수로 붙잡혀 처벌받을 가능성이 낮다는 지각의 경우, 학생은 속이지 않음으로써 낙제 점수를 받는 것보다 속임으로써 좋은 점수를 얻으려 할 때의 위험 부담이 더 나은 것으로 본다(Anderman & Anderman, 2010). 빈약한 교수의 경우, 학생이 교사가 무능하고 공정하지 않으며 잘 돌보아주지도 않는다고 지각할 때 속일 가능성이 높다(Stephens, 2008).

그간의 오랜 연구를 통해 보면 학생의 속임수에는 상황의 힘도 작용하고 있음을 알 수 있다(Hartshorne & May, 1928-1930; Anderman & Anderman, 2010). 예컨대 시험 동안 엄격한 감독이 없을 때, 친구들도 속이고 있음을 알 때, 다른 한 학생이 속이다 걸린 것을 알았을 때, 점수가 공개될 때 학생들이 속일 가능성은 더 높다(Carrell, Malmstrom, & West, 2008).

학문적 속임을 줄이기 위한 예방조치 전략을 들자면, 속임이란 무엇이며 그 결과가 어떤지 확실히 알게 하기, 시험을 치르는 동안 학생의 행동을 면밀히 모니터하기, 학문적 고결성에 참여함으로써 도덕적이고 책임감 있는 개인이 되는 것이 중요함을 강조하기 등이 있다. 학문적 고결성 촉진을 위해 많은 대학에서는 자기책무성, 공정성, 신뢰, 장학금을 강조하는 신사도 정책(honor code policy)을 제도화해왔다. 그러나 이런 정책을 개발한 중학교는 거의 없다. 학문적 고결성 국제센터(www.academicintegrity.org/icai/home.php)에는 학교의 학문적 고결성 정책 개발을 돕는 데 필요한 방대한 자료가 있다.

친사회적 행동 친사회적 행동의 구성요소에는 타인의 복지와 권리에 대해 관심 갖기, 타인에 대해 걱정하고 동정하기, 타인에게 혜택을 주는 방식으로 행동하기가 있다. **친사회적 행동**(prosocial behavior)은 편협한 자기 이익을 초월해 타인의 관점을 존중하는 것과 관련된다. 가장 순수한 형식의 친사회적 행동은 타인 조력에 대한 비이기적 관심인 **이타주의**(altruism)에 의해 동기화된다(Eisenberg, Spinrad, & Knafo-Noam, 2015).

나눔을 배우는 것은 친사회적 행동의 중요한 양상이다. 나눔이란 사회적 관계라는 의무의 일부이자 옳고 그름의 문제와 관련된다는 믿음을 아동이 개발하는 것은 중요하다. 아동은 물론 아동과 상호작용하는 사람 또한 감사를 경험함으로써 혜택을 받는다. 여기서 **감사**(gratitude)란 특히 친절하거나 도움이 되는 어떤 것을 행하는 누군가에 대해 고마움을 느낀다는 의미이다.

젠더 차이는 친사회적 행동을 특징짓는다. 여성은 자신을 보다 친사회적이고 동정적으로 볼 뿐만 아니라 남성에 비해 보다 친사회적인 행동에 참여한다(Eisenberg & Spinrad, 2016; Eisenberg, Spinrad, & Knafo-Noam, 2015).

이타주의 이기심 없이 다른 사람을 도우려는 마음

감사 다른 사람이 베푼 친절과 도움에 대한 반응으로 고마움을 느끼는 것

학생과 연계하기 : 최고의 실천
아동의 친사회적 행동 증진 전략

학부모와 교사는 아동에게 친사회적 행동 모델을 제공하고, 그런 행동에 참여하도록 함으로써 친사회적 행동을 증진하는 데 중요한 역할을 할 수 있다. 예를 들어 교사는 다음과 같이 할 수 있다(Eisenberg, Fabes, & Spinrad, 2006; Eisenberg, Smith, & Spinrad, 2016; Eisenberg & Spinrad, 2016; Eisenberg, Spinrad, & Knafo-Noam, 2015; Wittmer & Honig, 1994).

1. 아동으로 하여금 자신의 행동에 책임을 지고 타인을 친절하고 존경하는 마음을 가지고 대하도록 격려한다.
2. 타인에 대해 조력하고 협력적이며 관심을 보이는 모델이 되어 아동 내면에서 이런 행동이 일어나도록 격려한다. 예를 들어, 아동이 스트레스를 받을 때 위로해주는 교사의 행동을 본 아동은 그 행동을 모방할 것이다.
3. 타인의 요구에 대한 고려를 가치 있게 여기고 강조하는 것은 아동이 보다 조력적인 행동에 참여하도록 고무한다.
4. 아동의 친사회적 행동 참여에 대해 얼마나 기쁜지 말해준다. "좋아" 혹은 "괜찮은데"라고 단순히 말하는 것을 넘어 친사회적 행동을 구체적으로 말해주어라. 예를 들어 "네가 도움이 되는 구나" 혹은 "네가 타인을 돕고 싶은 마음으로 나누었구나"라고 말해주는 것이다.
5. 이타주의 조성을 위한 학급 및 학교 프로젝트를 개발한다. 아동에게 타인을 도울 수 있는 프로젝트의 예를 생각하도록 하라. 그 프로젝트는 학교의 뜰 청소, 빈국 아동에게 편지쓰기, 궁핍한 개인을 위한 장난감

그림에서 도움을 주는 소녀와 같이 아동의 친사회적 행동을 격려하기 위해 교사는 무엇을 할 수 있는가?
© Steve Hix/Somos/Corbis RF

이나 음식 모으기, 양로원 방문 동안 노인과 친구하기 같은 것이 포함될 수 있을 것이다.

도덕 교육 학생의 보다 나은 도덕적 가치를 개발하도록 교육할 수 있는 최선의 방식이 있는가? 도덕 교육은 교육계의 뜨거운 감자이다(Narvarez, 2014; Roseth, 2016; Turiel, 2015). 여기서 우리는 도덕 교육에 대한 최초의 분석 가운데 하나를 검토하고 몇 가지 현대적 관점을 살필 것이다.

잠재적 교육과정 존 듀이는 선구적인 교육심리학자의 한 사람이다. 듀이(Dewey, 1993)는 학교에 특정한 도덕교육 프로그램이 없을 때조차 도덕교육이 '잠재적 교육과정'을 통해 이루어지고 있음을 인지하였다. 다시 말해 학교 및 교실 규칙, 교사 및 학교 행정가의 도덕적 지향, 교과 자료에 숨겨진 **잠재적 교육과정**(hidden curriculum)을 통해 도덕적 분위기가 전달된다는 것이다. 교사는 윤리적 혹은 비윤리적 행동의 모델이다(Sanger, 2008). 학교에서의 교실 규칙과 동료 관계는 속이기, 거짓말하기, 훔치기, 타인 고려하기에 대한 태도를 전달한다. 이런 규칙과 규정을 통해 학교 당국은 학생들에게 모종의 가치 체계를 주입하고 있다.

인성교육 현재 50개 주 중 40개 주에는 인성교육과 관련한 명령들(mandates)이 있다. 이는 **인성교육**(character education)에 대한 직접적인 접근으로서 비도덕적 행동에 참여해 자신이나 타인을 해치는 학생을 예방하기 위한 기본 도덕 이해 교육과 관련된다(Annas, Narváez, & Snow, 2016). 그 논점은 거짓말하기, 훔치기, 속이기와 같은 행동은 잘못된 것이라는 것을 학생들은 교육을 통해 배

잠재적 교육과정 듀이의 개념으로서 특정한 도덕교육 프로그램이 없이 모든 학교에서 은밀하게 전달되는 도덕적 분위기

인성교육 도덕교육에 대한 직접적인 접근으로서, 학생들에게 기본적인 도덕적 소양을 가르쳐 비도덕적인 행동이나 타인에 대해 해를 끼치지 않도록 하는 내용으로 구성된다.

가치 명료화 사람들에게 삶의 목적이 무엇이며 그것을 위해 어떤 작업을 할 것인지를 명료화하도록 돕는 도덕교육적 접근. 학생들은 자신의 가치를 정의하고 타인의 가치를 이해하도록 격려된다.

인지적 도덕교육 도덕적 추론이 발달함에 따라 학생들은 민주주의와 정의와 같은 것을 존중해야 한다는 신념에 기초를 두는 도덕교육적 접근. 콜버그의 이론은 인지적 도덕교육을 위한 다양한 노력의 기초 역할을 한다.

워야 한다는 것이다(Narváez, 2015, 2016). 인성교육 접근에 따르면 모든 학교에는 학생들에게 명료하게 전달되는 명시적인 도덕률(moral code)이 있고, 이를 어긴 사람은 누구나 제재를 받아야 한다. 속이기 같은 특정 행동과 관련한 도덕적 개념에서의 가르침은 사례와 정의, 교실 토론과 역할극, 적절한 행동을 한 학생에 대한 보상과 같은 형태를 취할 수 있다. 보다 최근에 인성교육 관련 측면으로 수용되어온 것은 학생으로 하여금 돌봄 관점을 개발하도록 격려하는 것이 중요하다는 것이다(Noddings, 2008). 돌봄 관점은 학생에게 도덕적 일탈 행위 억제를 단순히 가르치는 것이 아니라 타인의 감정 고려하기, 타인에게 민감하기, 타인 돕기와 같은 친사회적 행동 개입의 중요성에 대한 교육을 지지한다. 비판가들은 일부 인성교육 프로그램이 학생을 너무 수동적이며 무비판적이게 한다고 주장한다.

가치 명료화 가치 명료화(value clarification)란 개인으로 하여금 자신의 삶이 무엇을 위해 존재하며 무엇을 위해 일할 가치가 있는지 명료화하도록 돕는 것을 의미한다. 이 접근에서 학생은 자신의 가치를 정의하고 타인의 가치를 이해하도록 격려된다. 가치 명료화는 학생에게 자신의 가치가 무엇이어야 한다는 것을 말하지 않는다는 점에서 인성교육과는 다르다. 가치 명료화 연습에는 정답과 오답이 없다. 가치 명료화는 학생 개인에게 맡겨진다. 가치 명료화를 옹호하는 사람들에 따르면 가치 명료화는 탈가치적이다. 그러나 비판가들은 논란의 소지가 있는 가치 명료화의 내용은 공동체 기준을 해칠 뿐만 아니라 가치 명료화의 상대주의적 속성은 수용된 가치를 해치고 도덕적으로 올바른 행동을 강조하는 데 실패한다고 주장한다.

인지적 도덕교육 인지적 도덕교육(cognitive moral education)의 접근이 기초하고 있는 신념은 학생들이 자신의 도덕적 추론이 발달함에 따라 민주주의나 정의와 같은 이상을 가치 있게 여기는 것을 배워야 한다는 것이다. 콜버그 이론은 많은 인지적 도덕교육 프로그램의 기초가 되어 왔다. 전형적인 프로그램에서 고등학생들은 한 학기 동안의 장기 코스에서 만나 여러 가지 도덕적 이슈에 대해 토론한다. 교사는 수업의 감독이라기보다는 촉진자로서 행동한다. 이렇게 하는 이유는 학생들이 협동, 신뢰, 책임감, 공동체와 같은 것에 대해 보다 진전된 개념을 발달시킬 것이라는 희망 때문이다(Enright & others, 2008).

콜버그는 생을 마감할 즈음 학교의 도덕적 분위기가 그가 처음에 구상했던 것보다 중요하다는 것을 인식했다(Kohlberg, 1986). 예를 들어, 한 연구에서 콜버그 이론에 기초한 한 학기 동안의 장기 도덕교육은 세 군데의 민주주의적 학교에서 도덕적 사고를 진전시키는 데 성공적이었지만 다른 세 군데의 권위주의적 학교에서는 그렇지 않았다(Higgins, Power, & Kohlberg, 1983).

학생의 시선

주웰 캐시, 10대 다이나모

주웰 캐시(옆자리에 어머니가 앉음)는 어느 지역사회 센터에서 개최된 범죄 감시 회합에 참석하고 있다.
© Matthew J. Lee/The Boston Globe/Getty Images

주웰 캐시는 보스턴에 있는 한 주택보호지역에서 아빠 없이 엄마 밑에서 자랐다. 보스턴라틴아메리카고등학교 학생 시절 그녀는 그 학교의 학생권익위원회 일원으로서 아동들을 모니터하고, 여성 쉼터에서 자원봉사를 하였으며, 2개의 극단을 관리하면서 춤도 추었으며, 주변의 여러 활동을 감시하는 단원이었다. 보스턴 글로브 신문 기자와의 인터뷰에서 그녀는 다음과 같이 말하였다. "저는요, 어떤 문제를 보면 '어떻게 변화시킬까?' … '세상 모든 짊을 내가 다 짊어질 순 없지만 노력은 할 수 있어' … '앞으로 나아가고는 있지만 사람들이 나와 분명하게 동행하도록 하고 싶어'라고 혼잣말을 합니다"(Silva, 2005, pp. B1, B4). 성인기에 이른 요즘 그녀는 공공 상담 집단과 함께 작업하고 있으며 멘토이자 지역사회 조직가로서 타인을 지속적으로 돕고 있다.

봉사학습 봉사학습(service learning)은 지역사회에 대한 사회적 책무성과 봉사 정신을 기르기 위한 교육 형식이다. 봉사학습에 참여하는 학생들은 개인교사 역을 하거나, 노인 조력하기, 병원에서 일하기와 같은 활동을 한다. 다시 말해 아동돌봄센터에서 일손을 거들거나 공터를 청소해 놀이터로 만드는 일을 한다. 봉사학습의 중요한 목표의 하나는 학생들이 보다 덜 자기중심적이게 되고 타인을 돕기 위해 동기화되도록 하는 것이다(Eisenberg, Spinrad, & Knafo-Noam, 2015; Roseth, 2016). 다음 두 가지 조건이 충족될 때 봉사학습은 보다 효과적이다(Nucci, 2006). 첫째, 학생들에게 참여 활동에 대한 선택권을 부여하고, 둘째, 그 활동에 대한 성찰 기회를 제공할 때이다.

봉사학습은 교육을 지역사회 속으로 가져간다. 청소년 자원봉사자들은 외향적이며, 타인에 헌신적이며, 높은 수준의 자기 이해를 지니는 경향이 있다(Eisenberg, Spinrad, & Knafo-Noam, 2015).

연구자들은 봉사학습이 여러 가지로 청소년들에게 혜택을 준다는 것을 발견했다(Hart, Matsuba, & Atkins, 2014). 봉사학습을 통해 그들이 나아지는 예들을 들자면, 학교에서의 높은 성적, 목표 설정 능력 향상, 자기존중감 향상, 타인을 위해 차이를 만들어낼 수 있는 감각의 개선, 미래에도 봉사할 가능성이 높아짐과 같은 것이다(Benson & others, 2006). 4,000명 이상의 고등학생을 대상으로 했던 한 연구에서 밝혀진 바에 따르면, 개인적으로 봉사학습에 참여한 청소년들의 학업 성적이 향상되었으며, 조직에서 봉사학습을 한 청소년들의 경우는 시민의식이 높아졌다(Schmidt, Shumow, & Kackar-Carm, 2007). 그리고 어떤 연구에서는 학생들이 봉사학습 프로그램 참여의 혜택을 몸소 깨달았다고 한다. 다시 말해 아프리카계 미국인 청소년의 74%와 라틴계 청소년의 70%가 봉사학습 프로그램이 학교탈락 억제에 상당한 효과가 있을 것이라고 응답했다(Bridgeland, DiIulio, & Wulsin 2008).

최근 교사들에게 학생들의 도덕적 발달, 가치, 동료들과의 친사회적 행동을 높이기 위해 어떤 전략을 사용하는지 물었는데, 다음과 같이 권고하였다.

유치원 교사 학령기 전 아동과 함께 우리가 설정하는 한 가지 친사회적 규칙은 싸움에 대한 무관용입니다. 그러나 화가 난 아동이 당장 하고 싶은 행동은 때리는 것이기 때문에 이 개념을 가르치기 어려운 아이들도 있습니다. 때리기를 다루는 한 가지 방법은 아동에게 자기통제를 부단히 가르치는 것입니다. 예를 들어 우리는 아이들에게 다음과 같이 말합니다. "복도를 걸어갈 때 우리는 자신의 신체를 통제하고 있고 그 몸을 특정 방향으로 걸어가도록 할 수 있어요."

－발레리 고햄, 키디쿼터스사

초등학교 교사 저의 5학년 학생들은 매년 적어도 두 번 지역사회봉사 프로젝트에 참여합니다. 올해 우리는 현장 견학으로 오리건 음식은행에 갔습니다. 학생들은 오리건에 있는 배고픈 가족들을 돕기 위해 각자가 할 수 있는 것이 무엇인지 배운 후 음식은행에서 해야 할 과업을 맡았습니다. 우리는 대략 726킬로그램의 당근을 포장했습니다. 이것은 57가족이 먹을 정도의 분량이었습니다. 그 일은 힘들었지만 학생들은 그 결과들을 보았고 자신에 대해 좋은 감정을 느꼈습니다.

－크레이그 젠슨, 쿠퍼마운틴초등학교

중학교 교사 7학년 학생들이 역사를 공부할 때 저는 "만일 ～한다면 여러분은 어떻게 하겠나요?"와 같은 도덕적 딜레마 형식의 질문을 던지고 토론시키는 것을 좋아합니다. 교사는 학생들의 일상

RESEARCH

봉사학습 지역사회에 대한 사회적 책무성과 봉사를 촉진하는 데 초점을 두는 교육의 한 형식

적 삶과 관련해 무수히 많은 질문을 던질 수 있습니다. 예를 들어, 로버트 E. 리는 자기 주 혹은 국가에 충성해야 하는지 결정해야 했습니다. 이 수업에서 나는 다음과 같은 질문을 던졌습니다. "여러분의 충성심이 검증된 적이 있나요? 만일 그렇다면 여러분은 어떤 결정을 내렸습니까?" 이런 질문은 열띤 토론을 만들며 학생들에게 자신의 가치와 도덕에 대해 생각해보도록 합니다.

–마크 포드니스, 배미지중학교

고등학교 교사 저는 가끔 제 도덕적 딜레마를 학생들과 함께 토론합니다. 그리고 그 딜레마를 교실 주제로 엮어 역할극을 하도록 합니다. 예를 들어, 저는 언젠가 제 어린 딸이 월마트 선반에서 유아용 음식이 든 병을 움켜쥐고 자기 카시트에 넣은 것에 대해 이야기한 적이 있습니다. 집에 도착해 아이를 카시트에서 들어 올릴 때까지 저는 아이가 한 행동을 모르고 있었습니다. 가격은 37센트에 불과했지만 저는 그것을 마트에 돌려주었습니다. 저는 공리주의와 현대언어연맹(Modern Language Association, MLA) 인용 스타일에 대해 토론할 때 이 이야기를 학생들과 나누면서 정직의 중요성을 강조합니다.

–제니퍼 해터, 브레멘고등학교

정서 발달

삶에 정서가 없다고 상상해보라. **정서**(emotion)는 삶의 색깔이자 음악이며, 사람들을 한데 묶는 끈이기도 하다. 정서란 어떤 느낌이나 감정을 말한다. 정서는 개인이 자신에게 중요한, 특히 자신의 안녕에 중요한 어떤 상태에 있거나 그것과 상호작용할 때 일어난다.

　우리가 정서에 대해 생각할 때 문득 떠오르는 것은 격한 분노나 황홀감과 같은 몇 가지의 극적인 느낌이다. 그러나 그것은 또한 어떤 새로운 상황에 놓였을 때의 불편함이나 어머니가 아기를 안았을 때의 만족감과 같이 미묘한 것일 수도 있다. 심리학자들은 여러 가지 방식으로 정서의 범위를 폭넓게 분류하지만, 대부분의 분류는 정서를 긍정적 혹은 부정적인 것으로 대별한다. 긍정적 정서에는 열정, 즐거움, 사랑, 부정적 정서에는 불안, 분노, 죄의식, 슬픔과 같은 것이 있다.

정서 발달 이제 정서 발달이 어떻게 이루어지는지 그리고 교사가 학생의 긍정적 정서 발달을 어떻게 안내하고 지지할 수 있는지 탐험해보자.

아동기 초기 2~4세의 아동은 자신의 정서를 기술하기 위해 사용하는 용어의 수를 부단히 늘린다(Lewis, 2016). 또한 이 시기 동안 아동은 느낌의 원인과 결과에 대해 배운다.

　아동이 4~5세가 되면 정서에 대해 성찰할 수 있는 능력이 커짐을 보여준다. 또한 동일한 사건이 사람에 따라 상이한 느낌을 방출할 수 있음을 이해하기 시작한다. 나아가 사회적 기준을 충족시키기 위해 자신의 정서를 관리할 필요가 있다는 의식의 증대를 보여준다(Eisenberg, Spinrad, & Valiente, 2016). 그리고 5세쯤이 되면 대부분의 아동은 도전적인 환경이 만든 정서를 정확히 식별하고 일상적 스트레스 대처에 활용할 수 있는 전략을 기술할 수 있다(Blair, Raver, & Finegood, 2016; Cole, 2016).

　어린 아동의 정서에 대한 이해력을 향상시키기 위해 설계된 한 가지 프로그램의 예로 정서기반

정서 특히 자신의 복지와 관련해 중요한 상호작용을 할 때 느끼는 개인의 감정

아동기 중후반기에 중요한 정서 발달의 양상에는 어떤 것들이 있는가?

(왼쪽) © Ableimages/Getty Images; (오른쪽) © Hero Images/Getty Images RF

예방프로그램(Emotion-Based Prevention Program, EBP; Izard & others, 2008)이 있다. 이 프로그램은 교실에서 교사가 진행하는 정서 코스와 정서 개인지도 및 코칭 교사와의 대화 그리고 교실에서 배운 레슨을 강화하는 교사의 메시지로 구성되어 있다. 교실에서 교사는 아동에게 자신의 정서 표현에 라벨을 붙이거나 시연하도록 요구하고, 어떤 느낌이 그들로 하여금 그렇게 표현하도록 했는지에 대해 생각을 나누고, 상이한 정서와 그 강도를 표현한 것을 비교하고, 동료들에 대한 정서를 표현하거나 행동으로 보이도록 요청한다. 최근 연구에서 발견한 바에 따르면, EBP는 헤드스타트 프로젝트 대상 아동의 정서 지식을 향상시켰을 뿐만 아니라 부정적 정서 표현 및 내면화 행동을 줄이는 데 효과적이었다(Finion & others, 2015).

중기 아동기와 후기 아동기 중기와 후기 동안 많은 아동은 자신의 정서 이해 및 관리에 두드러진 진전을 보여준다(Calkins & Perry, 2016). 그러나 스트레스 상황을 경험할 때 그렇듯이 아동의 대처 능력은 경우에 따라 도전을 받을 수 있다. 다음은 아동기 중기와 후기 동안에 발달하는 중요한 정서적 변화이다(Denham, Bassett, & Wyatt, 2015; Kuebli, 1994; Thomson, 2015).

- 초등학생 시기 동안 아동은 부정적인 정서 반응을 억제하거나 숨기는 능력에서 두드러진 향상을 보여준다. 이 시기의 아동은 의도적으로 자신의 정서를 숨길 때가 있다. 예컨대 자기와 놀아주지 않는 친구에 대한 슬픈 느낌을 부모에게 말하지 않기로 작심한다.
- 이 시기 동안 아동은 느낌의 방향을 재설정하기 위해 자기주도적 전략을 사용하기도 한다. 즉 정서적 경험에 대해 보다 성찰하고 자신의 정서적 삶과 대처하기 위한 전략을 개발한다. 또한 주의를 산만하게 하는 정서를 인지적 수단을 이용해 보다 효과적으로 관리할 수 있다. 오후에 있을 생일파티로 매우 흥분할 수 있을 법도 하지만 학교 공부에 집중하는 아이가 그러한 예이다.
- 또한 이 시기 아동은 진정한 의미의 공감 능력을 개발한다. 예를 들어 운동장에서 아파하는 아이를 본 두 소녀가 아이에게 달려가 도와도 되냐고 물을 수 있다.

청소년기 청소년기를 정서 혼란기이라고 쓴 역사는 길다(Hall, 1904). 청소년들이 항상 '질풍노도'의 상태에 있지는 않지만, 청소년 초기에 그들의 정서 변화가 극심하다(Rosenblum & Lewis,

2003). 어린 청소년들은 한 순간에 세상 최고에 있다가도 금세 쓰레기 더미 속에 있을 수 있다. 그들의 정서적 강도는 그것을 촉발한 사태에 비해 심한 경우가 많다(Morris, Cui, & Steinberg, 2013). 어린 청소년들은 느낌을 표현하는 방법을 몰라 크게 풍해 있을 수도 있다. 아주 작은 도발이나 아무런 도발이 없는데도 부모나 형제자매에게 폭발할 수 있는데, 이는 자신의 감정을 타인에게 전가하려는 방어기제 반응일 수도 있다. 어떤 청소년인 경우 그러한 정서적 스윙은 심각한 문제를 반영할 수 있다. 청소년기 여학생은 특히 우울증에 빠지기 쉽다(Nolen-Hoeksema, 2011). 그러나 변덕스러움(moodiness)은 청소년 초기의 정상적 양상이며, 따라서 성인들은 대부분의 청소년이 이런 변덕스러운 시기를 거쳐 유능한 성인이 된다는 사실을 인지하는 것이 중요하다.

사회정서 교육 프로그램 점점 더 많은 사회정서 교육 프로그램(social-emotional education program)이 아동과 청소년 삶의 다양한 양상을 향상시키기 위해 개발되어 왔다. 그런 프로그램 중에는 아동위원회(Committee for Children, 2016)가 만든 세컨드 스텝 프로그램과 CASEL(Collaborative for Academic, Social, and Emotional Learning, 2016)이 있다. 많은 사회정서 교육 프로그램은 어린 청소년을 주 대상으로 하고 있지만, 세컨드 스텝은 학년 전 아동부터 8학년까지, CASEL은 학년 전 아동부터 12학년까지 활용될 수 있다.

- 세컨드 스텝은 학년 전 아동부터 8학년에 이르기까지 세 가지의 사회정서 학습 측면에 초점을 두고 있다. 즉 (1) 학년 전 : 아동의 주의를 향상시키고 행동을 통제하도록 돕는 자기 조절 및 수행 기능 기술, (2) 유치원~5학년 : 친구 사귀기, 정서에 대한 자기 조절, 문제해결, (3) 의사소통 기술, 스트레스 대처하기, 문제 행동 개입 회피를 돕기 위한 의사결정이다.
- CASEL은 다섯 가지의 핵심적인 사회정서 학습 영역을 목표로 하고 있다. 즉 (1) 자각(예 : 자기 정서와 그 정서가 행동에 영향을 미치는 방식 인식하기), (2) 자기 관리(예 : 자기 통제, 스트레스 대처하기, 충동 통제), (3) 사회적 각성(예 : 관점 취하기 및 공감), (4) 관계 기술(예 : 긍정적 관계 개발하기 및 다양한 배경 출신의 개인들과 효과적으로 의사소통하기). (5) 책임감 있는 의사결정(예 : 윤리적 행동에 참여하기 및 자기 행동의 결과 이해하기)이다.

DEVELOPMENT

스트레스 대처하기 봉사학습 및 통합 윤리교육의 중요한 주제는 학생으로 하여금 타인을 돕도록 하는 것이다. 그런데 역으로 학생이 도움을 필요로 할 때가 있다. 스트레스 사태를 경험할 때 특히 그렇다(Brenner, 2016; Masten, 2016). 아동은 나이를 먹음에 따라 보다 정확하게 스트레스 상황을 평가하고 자신이 그것에 대해 어느 정도 통제력을 가지고 있는지 결정한다. 더 나이를 먹으면서 아동은 스트레스 상황에 대해 더 많은 대안을 만들며 보다 많은 인지적 대처 전략을 활용한다(Saarni & others, 2006). 다시 말해 이전에 비해 의도적으로 스트레스를 덜 받는 쪽으로 생각하고 스트레스 상황에 대한 지각을 재구조화거나 변형하는 것을 더 잘한다. 예를 들어, 어린 아동은 교실에 도착했을 때 선생님이 반기지 않으면 매우 실망할 수 있지만, 보다 나이가 많은 아동은 "선생님이 다른 일로 바빠서 나를 반기지 않는군" 하고 상황을 재구조화해 사고할 수 있다.

열 살쯤이 되면 대부분의 아동은 이런 인지 전략을 사용해 스트레스에 대처할 수 있다(Saarni, 1999). 그러나 비지지적이거나 혼란스럽고 트라우마적인 특징을 보이는 가정의 아동은 스트레스에 압도돼 그런 전략을 사용하지 못할 수 있다(Frydenberg, 2008).

특히 재앙은 아동의 발달을 해치며 부적응 문제를 야기할 수 있다. 재앙을 경험하는 아동은 종

2001년 9.11 테러나 2005년 카트리나 허리케인과 같은 트라우마 사건과 같은 것에 아동이 대처하도록 돕기 위해 교사가 활용할 수 있는 효과적인 전략에는 어떤 것들이 있는가?

(왼쪽) © Spencer Platt/Getty Images; (오른쪽) © Michael Rieger/FEMA

종 기민한 스트레스 반응, 우울, 공황장애, 외상후 스트레스장애를 보인다(Sullivan & Simonson, 2016). 재앙에 따른 이런 문제들을 야기하는 아동의 비율은 가용한 지지뿐만 아니라 재앙의 속성이나 심각도와 같은 요인들에 달려있다. 2001년 9월 11일 뉴욕과 워싱턴시의 세계무역센터에 대한 테러리스트 공격과 2012년 12월 코네티컷 샌디훅에서의 초등학교 학생과 교사를 향한 총기 난사 사건을 계기로 아동들의 그런 스트레스 사태에 대처하는 방법에 대한 특별한 관심을 불러일으켰다. 여러 가지 대처 기술을 개발한 아동은 재앙과 트라우마에 직면해도 잘 적응하고 기능할 가능성이 아주 높다(Ungar, 2015).

다음은 학생들이 스트레스 사태에 대처하는 것을 돕기 위해 교사가 사용할 수 있는 몇 가지 방법이다(Gurwitch & others, 2001, pp. 4-11).

- 아동에게 안전하다는 것을 분명히 확신시켜라(필요할 경우 여러 차례).
- 아동에게 사태를 다시 말하도록 허용하고 참을성 있게 경청하라.
- 어떤 혼란스러운 느낌에 대해 이야기하도록 격려하고 그런 느낌은 스트레스 사태 후 정상적임을 분명히 인식시켜라.
- 공포 상황에 다시 노출되거나 트라우마를 상기하지 않도록 아동을 보호하라. 예를 들어 아동 면전에서 사태에 대해 토론하는 것으로 그쳐라.
- 발생한 사태를 잘못 이해하지 않도록 유념하면서 사태에 대한 식별력을 키워라. 예를 들어 어린 아동들은 "자책하고, 일어나지도 않은 일을 믿고, 학교에 테러리스트들이 있다고 생각할 수 있다. 아동으로 하여금 사태에 대한 현실적 이해력을 개발하는 것을 부드럽게 도와라"(p. 10).

지금까지 우리는 주로 일반적 패턴에 초점을 두고 학생들의 발달에 대해 살펴보았다. 개인 변이 장에서 우리는 학생들의 지능 및 여타의 특성과 관련한 차이를 탐험할 것이다.

복습하기, 성찰하기 그리고 연습하기

❸ 아동의 사회정서적 발달의 양상인 자기존중감, 정체성, 도덕성, 정서 발달에 대해 설명한다.

복습하기

• 자기존중감이란 무엇이며, 학생의 자기존중감 향상을 위한 방법에는 어떤 것들이 있는가?

• 도덕성 발달이란 무엇인가? 콜버그는 도덕성 발달을 몇 수준으로 식별했으며, 그의 이론에 대한 비판 세 가지는 무엇인가?

• 정서란 무엇인가? 그것은 어떻게 개발되는가? 아동의 스트레스 대처를 어떻게 도울 수 있는가?

성찰하기

• 당신이 가르칠 예정인 아동의 도덕성 발달 수준은 어떠할 것 같은가? 그 수준은 교실에서 학생들 간의 관계를 다루려는 방식에 대한 당신의 접근에 어떻게 영향을 미칠 것 같은가?

연습하기

1. 다음 중 어떤 것이 교사가 학생의 자기존중감과 성취에 가장 긍정적인 영향을 미칠 수 있다고 보는가?

   a. 과제를 쉽게 냄으로써

   b. 동료로부터 부정적 피드백을 종종 받는 아동을 그런 피드백을 하는 동료와 함께 작업하게 해서 사회적 승인을 조장하도록 도움으로써

   c. 아동에게 적절할 학습 전략을 가르쳐 성공하도록 도움으로써

   d. 좌절하지 않도록 아동의 문제에 개입함으로써

2. 마리카는 자말이 요스케의 과자를 가져가는 것을 본다. 잠시 후 마리카는 요스케가 자말이 좋아하는 펜을 가져가 복수하는 것을 본다. 마리카는 이 사태를 교사에게 보고하지 않는다. 공정한 교환이라고 생각해서이다. 콜버그에 따르면 마리카는 어떤 도덕성 발달 단계에 있는가?

   a. 1단계   b. 2단계

   c. 3단계   d. 4단계

3. 델가도 선생님은 어느 지역의 3학년 교사이다. 어떤 사람이 인근의 한 상점에서 고객들을 향해 총을 난사했다. 그녀의 학생들은 그 소식과 그 사람이 아직 붙잡히지 않았다는 사실에 매우 불안했다. 거위치와 동료들(Gurwitch & others, 2001)에 따르면 다음 중 어떤 것이 델가도 선생님이 할 수 있는 최선인가?

   a. 발생한 사건과 그것이 학교에서 야기할 수 있는 두려움에 대해 학생들이 이야기하도록 허용한다.

   b. 학생들이 불안하지 않도록 총기 난사에 대한 대화를 불허한다.

   c. 적절한 비상 절차에 대한 간략한 토론을 포함해 학교는 안전하다는 것을 학생들에게 확신시킨다.

   d. 총기 난사의 원인을 잘못 이해하지 않도록 학생들의 설명을 경청한다.

정답은 '연습하기 정답' 참조

교실과 연계하기 : 사례 분석하기

싸움

마호니 선생님이 가르치는 학교를 포함해 많은 학교에서는 폭력 예방 전략으로써 인성교육을 강조하고 있다. 그 기본 생각은 학생들의 공감을 높이고 괴롭힘, 놀림, 위협과 같은 행동을 허용하지 않기 위함이다. 마호니 선생님은 5학년 학급 교육과정에 인성교육을 포함시켜왔다. 그러나 그녀의 많은 학생들, 특히 남학생들은 그녀가 제거하려고 했던 바로 그런 행동을 지속적으로 보이고 있다.

학급에는 산타나와 루크라는 축구부 소속 학생 2명이 있다. 이 둘은 운동장에서 는 서로의 재능을 인정하면서도 종종 언쟁을 벌인다. 화요일 밤 연습 때 산타나는 루크에게 팀 규칙을 어겼다며 "형편없는 놈!"이라고 말한다. 루크는 산타나가 한 경기에 빠지는 것을 원치 않는다. 그 주말에 거친 팀과 맞설 때 그가 필요하다는 것을 인정하기 때문이다.

목요일 수업 때 루크는 프로젝트 조직에 사용할 카드를 산타나가 훔쳤다고 비난한다. 루크는 몹시 화가 났다. 산타나 또한 분노하며 훔치지 않았다고 주장한다. 잠시 후 산타나는 그 카드가 마루에 있는 것을 발견하곤 루크에게 주며, "망할 놈의 카드들이 여기 있군. 봐! 내가 훔친 게 아니잖아!"라고 말한다.

루크는 화가 나서 "좋아! 그런데 이것들이 어떻게 이렇게 죄다 찌그러졌냐? 한 대 맞을래?"라고 말한다.

"좋아! 한 판 할까?"하고 산타나는 비웃듯 묻는다. 옆에서 작업하던 두 소년이 싸우는 소리를 듣고 한몫 거든다.

"그래! 서로 엉덩이 걷어 차!" 하고 그랜트가 말한다.

"산타나가 이길 것 같은데!" 하고 피터가 맞장구다.

산타나는 "내일 오후 수업 끝나 공원에서 보자! 보자구!!!" 하고 말한다.

루크는 "그래 임마!!!" 하고 응수한다.

그날 저녁 둘은 축구 연습 중이다. 다음 날 일어날 싸움에 대해 아무런 말이 없다.

금요일 아침 산타나의 엄마는 마호니 선생님에게 전화로 루크가 때리겠다고 위협해서 아들이 학교 가는 것을 두려워하고 있다고 말한다. 마호니 선생님은 걱정하며 그 상황을 잘 다루어야 함을 깨닫는다. 루크의 엄마 또한 교장에게 그 상황을 말한다. 그런데 산타나의 엄마가 교사와 교장에게 말한 것은 단지 루크가 자기 아들을 때리겠다고 위협했다는 것이다. 그녀는 왜 그런지 몰랐고 이유가 중요하다고 생각하지 않았다. 아들을 보호하고 상대방이 처벌받기를 원했다.

그날 아침 루크의 엄마는 다른 목적으로 학교에 있었다. 교장이 그녀를 멈춰 서게 하고는 산타나 엄마에게 루크가 때리려 한다는 이유로 학교 가는 것이 두렵다

고 말한 것을 전달했다. 루크가 그를 위협했다는 산타나 측의 이야기를 듣자마자 루크의 엄마는 교장에게 "잘 이해가 안 되는 상황이네요. 루크는 매우 충동적인 아이라 산타나를 때리고 싶었다면 그 즉시 그랬을 겁니다. 날을 잡아 싸움을 계획하는 아이가 아니에요"라고 말했다. 그녀는 성급하게 결론을 짓기 전에 루크와 이야기하고 싶고, 마호니 선생님과 교장이 양측 소년과 관련 아동의 이야기를 더 들어볼 것을 요구했다.

마호니 선생님과 교장이 루크 엄마의 요구에 따라 상담실에서 진상을 조사한 결과는 당신이 읽은 그대로이다. 마호니 선생님과 교장은 다음 날 루크에게 '올해 세 번 사고를 쳤다'는 이유로 일주일 정학 처분을 내렸다. 산타나는 아무런 처벌 없이 이를 드러내 웃으며 상담실을 떠났다.

1. 이 사례의 이슈는 무엇인가?
2. 당신이 가지고 있는 정보에 기초해볼 때 이 두 소년은 어떤 도덕성 발달 단계에 있다고 생각하는가? 각 소년의 자기감과 정서 발달에 대해 어떻게 생각하는가?
3. 소년의 엄마들에 대해 당신이 무엇을 말할 수 있는가?
4. 루크가 받은 처벌에 대해 어떻게 생각하는가? 당신이라면 이 상황을 어떻게 다루겠는가?
5. 이 일이 두 소년의 향후 관계에 어떤 영향을 미칠 것이라고 생각하는가? 이 일은 학교에 대한 그들의 태도에 어떻게 영향을 미칠 것 같은가?

학습과 연계하기 : 학습목표 달성하기

 현대 이론 : 사회정서적 발달에 대한 두 가지의 현대적 관점인 브론펜브레너의 생태학적 이론과 에릭슨의 생애발달 이론에 대해 기술한다.

브론펜브레너의 생태학적 이론

- 브론펜브레너의 생태학적 이론은 환경체계가 아동의 발달에 어떻게 영향을 미치는지 설명하려 한다. 브론펜브레너는 다섯 가지 환경체계인 미시체계, 중간체계, 외체계, 거시체계, 시체계를 기술했다. 그의 이론은 미시적 환경과 거시적 환경을 포함하는 몇 가지 체계적 분석 가운데 하나이다. 비판가들은 그의 이론이 생물학적이며 인지적인 요소를 제대로 주목하지 못했다고 지적한다. 또한 발달의 단계적 변화를 적절히 다루지 못했다고 비판한다.

에릭슨의 생애발달 이론

- 에릭슨의 생애발달 이론은 인간의 발달을 8단계로 설명하며, 각각은 특정 유형의 도전이나 딜레마에 초점을 두고 있다. 그 단계들이란 신뢰감 대 불신감, 자율성 대 수치감 혹은 의심, 주도성 대 죄책감, 근면성 대 열등감, 정체성 대 정체성 혼란, 친밀감 대 고립감, 생산성 대 침체성, 통합감 대 절망감이다. 그의 이론은 사회정서 발달을 이해하는 데 중요한 기여를 해왔다. 물론 일부 비판가들은 그 단계들이 너무 경직적이며 단계의 계열성을 지지하는 연구가 부족하다고 지적한다.

2 **발달의 사회적 맥락** : 가족, 또래, 학교의 사회적 맥락이 사회정서적 발달과 어떻게 연결되는지 논의한다.

가족

- 바움린드는 양육 방식을 권력적, 권위적, 방임적, 허용적 양식 네 가지로 기술하였다. 권위적 양육은 아동의 사회적 유능성과 관련 있으며 가장 효과적인 양육 방식인 듯하다.
- 아동은 부모의 공동양육에 의해 더 큰 혜택을 받는다. 부모가 하는 일의 속성은 양육의 질에 영향을 미칠 수 있다.
- 많은 요인이 이혼 가정 아동의 적응과 관련이 있다.
- 학교와 가정 간 연계의 중요한 양상은 양육 개입에 초점을 두고 있다. 학교와 가정의 파트너십 조장에 포함되는 예를 들면, 가정을 지원하기, 학교 프로그램 및 학생 진전에 대해 효과적으로 가족과 의사소통하기, 부모의 자원봉사를 격려하기, 가족이 집에서 아동의 학습 활동에 참여하기, 학교 결정에 가족을 포함시키기, 지역사회 협동을 조정하기가 있다.

또래

- 또래란 비슷한 연령이나 성숙 수준을 갖는 아동을 말한다. 부모는 아동의 또래 세계에 여러 가지 방식으로 영향을 준다. 또래 관계는 아동의 유능한 사회정서 발달과 관련된다.
- 아동은 다섯 가지 또래 지위, 즉 인기 있는, 평범한, 거부되는, 무시되는, 논란이 되는 지위 중 하나를 가질 수 있다. 거부되는 아동은 무시되는 아동에 비해 종종 더 심각한 적응 문제를 갖는다.
- 우정은 학생의 사교 관계에서 중요한 양상이다. 친구가 있는 학생은 그렇지 않은 학생에 비해 보다 친사회적인 행동에 참여하며 성적도 좋고 정서적으로도 덜 고통을 받는다.

학교

- 학년기 전부터 고등학교에 이르기까지 학교는 사회적 발달 맥락을 변화시키는 것과 관련이 있다. 아동기 초기 장면은 1~2명의 교사에 의한 보호적 환경이며, 교사는 대개 여성이다. 초등학교에서 또래집단은 이전에 비해 더욱 중요해진다. 중학교에서 사교의 장은 학교 전체로 확대되며 사교 체계는 더욱 복잡해진다.
- 아동기 초기 교육과정은 혼란스러운 특징을 보인다. 일각에서는 발달적으로 적합한 아동중심의 구성주의 프로그램을 지지하는 사람이 있는가 하면 다른 일각에서는 수업주의, 즉 학문중심 접근을 주장한다. 몬테소리 접근은 아동기 초기 프로그램으로 그 인기가 점증해왔다.
- 헤드스타트는 저임금 가정 출신 아동을 위한 조기아동교육으로 제공되어 왔다. 양질의 헤드스타트 프로그램은 교육적 중재에 효과적이지만, 그 프로그램을 받은 학생 중 40% 이상에게 비효과적인 것 같다. 특히 걱정되는 점은 많은 초등학교 저학년 교실이 부정적 피드백에 주로 의존하고 있다는 것이다.
- 중학교로 진학하면서 많은 학생들이 스트레스를 경험할 수 있는데, 이는 이 시기에 그들이 신체적, 인지적, 사회정서적 변화를 극심하게 경험하기 때문에 그렇다.
- 미국 중학교 개선을 위한 많은 권고가 있어 왔다. 또한 점점 더 많은 교육 전문가가 미국 고등학교에서 실제적인 변화가 있어야 한다고 믿고 있다. 과외 활동 참여는 청소년에게 많은 긍정적 성과를 내고 있다.

③ 사회정서적 발달 : 아동의 사회정서적 발달의 양상인 자기존중감, 정체성, 도덕성, 정서 발달에 대해 설명한다.

자기와 정체성

- 자기 가치 혹은 자기 이미지라고 언급되기도 하는 자기존중감은 개인의 자신에 대한 총체적 개념이다. 자기존중감은 영역에 따라 다를 때가 종종 있으며, 청소년기에 그 차이가 더 커 보인다. 학생의 자기존중감 증진을 위한 네 가지 열쇠는 (1) 낮은 자기존중감의 원인 및 학생에게 중요한 유능성의 영역을 식별하고, (2) 정서적 지지 및 사회적 승인을 제공하며, (3) 학생의 성취를 돕고, (4) 학생의 대처 기술을 개발하는 것이다.
- 마르샤의 제안에 따르면 청소년은 네 가지의 정체성 상태 중 하나에 있다(이 상태는 청소년이 탐색해오거나 대안적 경로를 탐색하는 맥락과 전념해온 맥락에 기초하고 있다). 그 네 가지는 정체성 혼미, 정체성 상실, 정체성 유예, 정체성 성취이다.
- 인종적 정체성은 소수인종 학생에게는 중요한 차원의 정체성이다.

도덕성 발달

- 도덕성 발달은 사람들 간의 상호작용에 대한 규칙 및 인습과 관련된다.
- 콜버그가 강조한 바에 따르면 도덕성 발달에 대한 이해의 핵심은 도덕적 추론이며, 이는 단계별로 펼쳐진다. 그는 도발적인 도덕성 추론 이론을 개발했다. 그에 따르면 도덕성 추론 발달은 전인습적, 인습적, 후인습적이라는 3수준과 6단계로 되어 있으며, 각 단계는 두 수준으로 나뉜다. 콜버그는 각 단계가 연령과 관련이 있다고 주장했다. 콜버그에 대한 두 가지의 주요 비판은 (1) 도덕적 행동에 충분한 주의를 주지 않았으며, (2) 그의 이론이 개인에게 과도한 힘을 부여하고 타인과의 관계성에 대해서는 소홀했다는 것이다. 이와 관련해 길리건은 콜버그 이론이 남성지향적인 정의의 관점이라고 주장한다. 그녀의 주장에 따르면 도덕성 발달에 있어 필요한 것은 여성지향의 돌봄의 관점이다.
- 도덕성 발달 영역 이론에 따르면 상이한 영역의 사회적 지식과 추론이 있다. 이 이론에서 도덕적 추론과 사회인습적 추론 간에는 매우 중요한 차이가 있다.
- 학문적 속임이 만연해 있고 그것은 다양한 방법으로 발생할 수 있다. 오랜 연구의 역사가 시사하는 바에 따르면 학생의 속임수 여부는 상황의 힘이다. 친사회적 행동의 중요한 한 측면은 이타주의, 즉 타인을 도움에 있어서의 비이기적 관심이다. 나눔과 감사는 친사회적 행동의 두 가지 양상이다. 잠재적 교육과정은 모든 학교가 가지고 있는 도덕적 분위기이다. 세 가지 유형의 도덕교육은 인성교육, 가치 명료화, 인지적 도덕교육이다. 봉사학습은 학교에서 그 중요성이 더욱 커지고 있다.

정서 발달

- 정서는 느낌이나 감정에 대한 것으로, 개인이 자신에게 중요한, 특히 자기 안녕에 중요한 어떤 상태나 상호작용 속에서 발생한다. 정서 이해에 있어서의 중요한 변화는 아동기 초중기와 후반기 그리고 청소년기에 걸쳐 펼쳐진다.
- 아동은 나이를 먹음에 따라 보다 다양한 대처 전략과 인지 전략을 사용한다. 교사는 학생이 테러 공격이나 허리케인과 같은 스트레스 사태에 대처할 수 있는 효과적인 전략을 개발하도록 도울 수 있다. 그런 전략의 예로 안심시키기, 혼란스러운 느낌에 대해 이야기하도록 격려하기, 일어난 것을 이해하도록 돕기와 같은 방법을 들 수 있다.

주요 용어

가치 명료화(values clarification)
감사(gratitude)
권위적 양육(authoritative parenting)
도덕성 발달(moral development)
도덕성 발달 영역 이론(domain theory of moral development)
독재적 양육(authoritarian parenting)
돌봄의 관점(care perspective)
몬테소리 접근(Montessori approach)
발달적으로 적합한 교육(developmentally appropriate education)

방임적 양육(neglectful parenting)
봉사학습(service learning)
사회인습적 추론(social conventional reasoning)
생태학적 이론(ecological theory)
이타주의(altruism)
인성교육(character education)
인습적 추론(conventional reasoning)
인지적 도덕교육(cognitive moral education)
자기존중감(self-esteem)
잠재적 교육과정(hidden curriculum)
전인습적 추론(preconventional reasoning)

정서(emotion)
정의의 관점(justice perspective)
정체성 상실(identity foreclosure)
정체성 성취(identity achievement)
정체성 유예(identity moratorium)
정체성 혼미(identity diffusion)
허용적 양육(indulgent parenting)
후인습적 추론(postconventional reasoning)

포트폴리오 활동

이제 여러분은 이 장에서 다룬 개념들을 모두 이해하였을 것이다. 여러분의 사고 수준을 향상시키도록 다음 연습문제를 풀어보자.

독립적 성찰

1. **학생의 사회정서 욕구 충족** 당신이 가르칠 나이의 학생들을 생각하라. 그들 대부분은 에릭슨의 단계 중 어디에 있을 것 같은가? 브론펜브레너의 이론은 그런 연령의 학생들에게 중요한 자원에 대해 제안하는 게 있는가? 있다면 그것은 무엇인가? 그의 체계는 학생들에게 특정한 도전들을 제공하고 있는가? 혹은 교사로서 당신이 학생들의 성공을 촉진시킬 수 있는 방식을 제시하고 있는가? 이런 질문에 대한 당신의 생각을 포트폴리오로 만들어라.

연구 및 현장 경험

2. **가정과 학교 연계** 인근 학교 교사들과 면담하면서 그들이 가정과 학교 간의 연계를 조성하기 위해 하는 방식에 대해 알아보라. 유치원 교사, 초등학교 교사, 중학교 교사, 고등학교 교사와 꼭 이야기를 나누어본 후 발견한 것을 요약하라.

협력 작업

3. **학교에서 도덕교육의 역할** 인성교육, 가치 명료화, 인지적 도덕교육 중 당신이 가장 선호하는 접근은 무엇이며, 그 이유는 무엇인가? 특정한 도덕교육 프로그램을 학교에서 제공할 의무가 있는가? 소집단을 구성해 당신의 관점에 대해 토론한 후 도덕교육에 관한 당신의 관점을 반영하는 간략한 진술문을 기술하라.

개인 변인

이 장의 개요

개인은 상이한 방식으로 자신의 삶을 살아간다.

–토머스 헉슬리, 19세기 영국 생물학자

교사와 연계하기 : 시피 랜더

미주리 세인트루이스에 있는 H. F. 앱스타인 히브리아카데미에서 근무하는 1학년 교사 시피 랜더는 교실에서 하워드 가드너(Gardner, 1983, 1993)의 다중지능 접근을 활용한다. 가드너의 주장에 따르면 단일 유형의 일반적 지능은 없으며 최소한 여덟 가지의 지능 유형이 있다.

랜더(Landa, 2000, pp. 6-8)는 다중지능 접근이 아동에게 접근하는 최선의 방법이라고 믿는다. 왜냐하면 아동은 많은 상이한 종류의 능력을 지니고 있기 때문이라는 것이다. 랜더는 다음과 같이 말한다.

교사로서의 나의 역할은 불과 몇 년 전에 비해 크게 달라졌다. 더 이상 나는 교실 전면에 서서 학생들을 가르치지 않는다. 나는 교사의 역할을 교실 전면에 서서 호령하는 것이 아니라 학습 촉진자라고 본다. 내 교실의 책상들은 정렬되어 있지 않다. … 학생들은 협력학습 집단센터에서 바쁘게 작업하는데, 이를 통해 그들은 대인관계 지능을 발달시킬 수 있는 기회를 얻고 있다.

학생들은 자신의 "신체운동 지능을 이용해 쓰기학습 때 문자 모양을 만들고 있다. … 또한 이 지능을 이용해 배우고 있는 모음들을 움직이며, 읽기 시작할 때 그것들을 문자로 엮어낸다."

랜더의 진술에 따르면 "자기이해 지능은 전통적 교실에서는 종종 무시되는 지능

© Shiffy Landa

이다." 그녀의 교실에서 학생들은 "그 센터에서 자신의 작업을 마친 후 평가지를 완성한다. 자신의 작업을 평가하고 자신만의 포트폴리오를 만들어" 거기에 자신의 진전을 볼 수 있도록 작품을 간직한다.

랜더는 교실에서 다중지능 접근을 하고 있었기 때문에 이에 대해 학부모에게 교육할 필요성을 인식하고 '교사와 학부모 연계를 위한 학부모교육 수업'을 만들었다. 이 수업을 통해 정기적으로 만나 비디오를 시청하고 다중지능에 대해 이야기하고 다중지능을 교실에 도입하는 방식에 대해 토론한다. 또한 학부모에게 주간 뉴스레터를 보내 다중지능 관련 주 활동과 학생 진전에 대해 알린다.

미리보기

시피 랜더의 교실 기법은 이 장에서 탐험할 여러 지능의 하나인 하워드 가드너의 다중지능 이론에 기반을 두고 있다. 당신은 사람들이 일반 지능을 갖느냐 혹은 여러 개의 특정한 지능을 갖느냐에 대한 열띤 논쟁이 있음을 보게 될 것이다. 이 장에서 지능은 여러 가지 주제의 하나일 뿐이다. 다시 말해 우리는 이 장에서 인성과 기질뿐만 아니라 학습 및 사고 양식에 대해서도 검토할 것이다. 이 모든 주제에 공통적인 핵심은 학생들의 개인적 변인과 그 변인을 고려하기 위한 교사의 전략이다.

학습목표 1
지능이란 무엇이며, 그것을 어떻게 측정하며, 다중지능 이론, 지능의 신경과학, 교육자들이 사용하는 지능과 관련한 몇 가지 논란과 이슈에 대해 토론한다.

1 지능

| 지능이란 무엇인가 | 지능검사 | 다중지능 이론 | 지능의 신경과학 | 지능에 대한 논란과 이슈 |

지능은 우리의 가장 자랑스러운 소유물 중의 하나이다. 그러나 가장 똑똑한 사람들조차 지능의 개념을 어떻게 정의하고 측정할 것인지에 대한 합의점에 이르지 못하고 있다.

지능이란 무엇인가

지능이라는 용어는 심리학자에게는 어떤 의미인가? 어떤 전문가는 지능을 문제해결력으로 기술한다. 또 다른 전문가는 경험으로부터 적응하고 배우는 능력으로 기술한다. 심지어 어떤 전문가는 지능이 창의성과 대인 간 기술과 같은 특징을 포함하고 있다고 주장한다.

지능과 관련해 난감한 점은 신장, 몸무게, 나이와 달리 그것을 직접 측정할 수 없다는 데 있다. 우리는 누군가의 두피를 벗겨 그 사람이 얼마나 똑똑한지 볼 수 없다. 사람이 수행하는 지적 행위를 연구하고 비교함으로써 간접적으로만 지능을 평가할 수 있다.

지능의 주요 구성요소는 기억과 사고의 인지적 과정과 유사하다. 이에 대해서는 다른 장들에서 보다 자세히 논의될 것이다. 이 인지적 과정을 기술하는 방법이나 지능에 대한 토론 방식은 우리가 개인차나 사정의 개념을 어떻게 이해하느냐에 따라 달라질 것이다. 개인차는 개인의 독특하고 안정적이며 일관된 특성이다. 지능에 있어서의 개인차는 일반적으로 지능검사로 측정되어 왔다. 이 검사는 피검사자의 타인에 대한 추론 능력이 어느 정도인지를 우리가 알 수 있도록 설계된 것이다.

우리는 우리의 **지능**(intelligence)을 문제를 해결하고 경험으로부터 적응해 배울 수 있는 능력으로 정의할 것이다. 그러나 이 광의적 정의조차도 모든 사람을 만족시키지는 못할 것이다. 당신이 곧 알게 되겠지만 로버트 스턴버그(Sternberg, 2012, 2016a, b)는 실제적 노하우가 지능의 일부로 간주되어야 한다고 제안한다. 그의 관점에 따르면 지능은 단점을 보강하는 전략 개발은 물론 선택을 신중하게 판단하고 사리분별 있게 행동하는 것을 포함한다. 스턴버그(Sternberg, 2014)는 또한 최근에 지능을 환경에 적응하고 환경을 형성하고 환경을 선택할 수 있는 능력으로 기술하였다. 환경에 적응함에 있어 만일 개인이 그 환경이 최선의 것이 아니라는 것을 알면 그것을 변화시켜 자신의 기술과 욕구에 보다 적합하도록 만든다. 이와 대조적으로 레프 비고츠키의 이론에 비추어 지능을 정의한다면 보다 능숙한 개인들로부터의 도움과 함께 문화적 도구를 사용할 수 있는 능력이 포함되어야 할 것이다. 지능이란 매우 추상적이며 광의적 개념이기 때문에 여러 가지 방식으로 정의되는 것은 놀랄 일이 아니다.

지능검사

이 절에서 우리는 개별 지능검사에 대해 기술한 다음 집단 지능검사를 살펴볼 것이다.

개별 지능검사 오늘날 개인적 차원에서 처방되는 두 가지 주요 지능검사는 스탠퍼드-비네 검사와 웩슬러 검사이다. 곧 알게 되겠지만 비네의 초기 버전이 최초로 개발된 지능이다.

비네 검사 1904년 프랑스 교육부는 심리학자 알프레드 비네에게 학교에서 공부하기 어려운 학생을 식별하는 방법을 고안해 달라고 요청했다. 학교 관료들은 정규 수업에서 혜택을 받지 못하는 학생들을 특수학교에 배치해 과밀학급 문제를 해결하고 싶어 했다. 비네와 그의 제자 테오필 시몽은 이 요청에 따라 지능검사를 개발하였다. 이 검사는 1905년 척도로 불린다. 이 척도는 30문항으로 되어 있으며, 누군가의 귀를 만지는 능력에서부터 기억을 통해 그림을 그리고 추상적 개념을 정의하는 능력까지 검사한다.

비네는 **정신연령**(mental age, MA)이라는 개념을 개발했다. 이것은 타인과 관련한 개인의 정신적 발달 수준이다. 1912년 윌리엄 스턴은 **지능지수**(intelligent quotient, IQ)라는 개념을 만들었다. 이것은 개인의 정신연령을 생활연령(chronological age, CA)으로 나누고 100을 곱한 것이다. 즉 IQ = MA/CA×100이다.

정신연령이 생활연령과 동일할 경우 그 사람의 IQ는 100이다. 정신연령이 생활연령보다 높으면 IQ는 100보다 높다. 예컨대 8세의 정신연령을 가진 6세 아동의 IQ는 133이다. 정신연령이 생활연령보다 낮으면 IQ는 100보다 낮다. 예를 들어 5세의 정신연령을 가진 6세 아동의 IQ는 83이 된다.

비네검사는 지능에 대한 이해의 진전을 지능검사로 통합하기 위해 여러 차례 개정되어 현재 스탠퍼드-비네 검사(Stanford-Binet tests)로 불린다(스탠퍼드대학교에서 개정해왔기 때문에 이렇게 불

되돌아보기/앞날을 생각하기
비고츠키의 사회구성주의 접근은 지능이 보다 능숙한 개인들과의 상호작용을 통해 구성된다고 강조한다. 이러한 주장은 그의 근접 발달 영역이라는 개념에 반영되어 있다. 제2장 '인지 및 언어 발달'과 연계해 생각해보자.

알프레드 비네는 학교에서 어떤 아동이 수업으로부터 혜택을 받을 수 있는지 결정하기 위한 척도를 만들어달라는 프랑스 정부의 요청을 받고 최초의 지능검사를 만들었다.

© Universal History Archive/Getty Images

되돌아보기/앞날을 생각하기
흔히 지능검사에서 130점 이상이면 영재 아동으로 분류된다. 제5장 '학습자의 다양성'과 연계해 생각해보자.

지능 문제해결 기술이며, 경험으로부터 적응해 배울 수 있는 능력

정신연령(MA) 타인에 대한 개인의 정신발달 수준

지능지수(IQ) 정신연령(MA)을 생활연령(CA)으로 나누고 100을 곱한 값

그림 4.1 정상 곡선과 스탠퍼드-비네 지능검사

IQ 점수의 분포는 정상분포에 근접한다. 대부분의 사람들은 중간 점수 범위에 속한다. 양극단의 고저 점수가 매우 드물다는 것에 유념하라. 3분의 2 이상의 점수가 84에서 116 사이에 놓인다. 50명 중 1명 정도만이 132보다 높은 IQ를 가지며, 50명 중 1명 정도만이 68보다 낮은 IQ 점수를 갖는다.

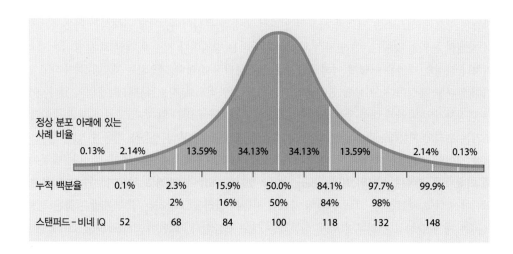

정상 분포 아래에 있는 사례 비율

	0.13%	2.14%	13.59%	34.13%	34.13%	13.59%	2.14%	0.13%

누적 백분율	0.1%	2.3%	15.9%	50.0%	84.1%	97.7%	99.9%
		2%	16%	50%	84%	98%	
스탠퍼드-비네 IQ	52	68	84	100	118	132	148

정상분포 양극단에 분포한 극소수의 점수들을 제외한 대부분의 점수가 중앙에 분포하는 좌우대칭의 분포

린다). 이 검사를 다양한 배경을 가진 많은 사람들에게 적용한 연구자들은 스탠퍼드-비네 검사 점수가 정상분포에 근접함을 발견했다(그림 4.1 참조). 표준화 시험과 학급평가에 관한 장(제12장 참조)에서 보다 충분히 기술되겠지만 **정상분포**(normal distribution)는 양극단에 분포한 극소수의 점수들을 제외한 대부분의 점수들이 중앙에 분포하는 좌우대칭의 분포이다(평균치, 중앙치, 최빈치가 같음).

현재의 스탠퍼드-비네 검사는 2세부터 성인에 이르기까지 개별적으로 처치된다. 이 검사에는 다양한 항목이 포함되어 있는데, 그중에는 언어적 반응과 비언어적 반응을 요구하는 것도 있다. 예를 들어 6세 아동의 전형적인 수행 수준을 반영하는 항목은 미로에서 길을 찾는 비언어적 능력뿐만 아니라 오렌지, 봉투와 같이 적어도 6개 단어를 정의하는 언어적 능력을 포함하고 있다. 성인의 평균적인 수행 수준을 반영하는 항목은 **부적절한**, 간주하기와 같은 단어를 정의하고 속담을 설명하고 나태와 게으름을 비교하는 것과 같은 것을 포함하고 있다.

현재의 스탠퍼드-비네 버전은 5판이다. 5판으로 수정·보완되기 전 4판에 추가된 중요한 사항은 다섯 가지 영역의 인지적 능력(유연한 추론, 지식, 양적 추론, 시공간적 추론, 작업기억)과 두 가지 영역의 지능에 대한 분석이다(Bart & Peterson, 2008). 다섯 가지 영역의 인지적 능력은 유연한 추론(추상적 사고), 지식(개념적 정보), 양적 추론(수학 기술), 시공간적 추론(시각적 형태 및 공간적 층에 대한 이해), 작업기억(새로운 정보 소환)이다. 스탠퍼드-비네 검사 5판에서 사정하는 지능의 두 가지 양상은 언어적 지능과 비언어적 지능이며, 일반적으로 총점을 가지고 지적 능력을 가늠한다. 스탠퍼드-비네 검사는 여전히 학생의 지능 사정을 위해 가장 널리 활용되는 검사의 하나이다.

웩슬러 검사 학생의 지능 사정을 위해 널리 활용되는 다른 검사로 심리학자 데이비드 웩슬러가 개발한 웩슬러 검사가 있다. 이 검사는 2년 6개월부터 7년 3개월 연령의 아동을 측정하기 위한 웩슬러 유아용 지능검사 4판(Wechsler Preschool and Primary Scale of Intelligence-Fourth Edition, WPPSI-IV), 6세부터 16세의 아동 및 청소년을 위한 웩슬러 아동용 지능검사 5판(Wechsler Intelligence Scale for Children-Fifth Edition, WISC-V), 웩슬러 성인용 지능검사 4판(Wechsler Adult Intelligence Scale-Fourth Edition, WAIS-IV)으로 되어 있다.

웩슬러 검사는 IQ 총점과 여러 하위검사 점수를 제공할 뿐만 아니라 여러 가지 총합 지수를 산출해준다(예 : 언어이해력 지수, 작업기억 지수, 처리속도 지수). 하위 검사 및 총합 점수를 통해 검

사자는 아동의 장단점 영역을 빠르게 결정할 수 있다. 그림 4.2에 웩슬러 하위검사 중 3개가 있다.

스탠퍼드-비네 검사나 웩슬러 검사와 같은 지능검사는 개인적 차원에서 시행된다. 어떤 심리학자는 개별 지능검사를 검사자와 피검사자 학생 간의 구조적 상호작용으로 접근한다. 이는 심리학자에게 학생의 행동을 표집할 수 있는 기회를 제공한다. 검사 동안 검사자는 라포 형성의 기초가 되는 편안함, 학생의 열정과 관심, 불안이 학생의 수행을 방해하는지의 여부, 학생의 좌절에 대한 인내 수준을 관찰한다.

집단 지능검사 학생에게 개별적으로 지능검사를 할 수도 있지만 집단 상황에서 학생들의 지능을 검사할 수도 있다. 집단 지능검사의 예로 로지-손다이크 지능검사(Lorge-Thondike Intelligence Tests)와 오티스-레넌 학교능력검사(Otis-Lennon School Ability Test, OLSAT)를 들 수 있다. 집단검사는 개별검사에 비해 편리하고 경제적이다. 그러나 단점도 있다. 대규모 집단을 검사할 때 검사자는 라포를 형성하거나 학생의 불안 수준을 결정할 수 없는 등의 문제에 봉착할 수 있다. 대규모 집단검사 상황에서 학생들은 지시자의 말을 이해하지 못할 수도 있고, 다른 학생들에 의해 방해받을 수도 있다.

이와 같은 한계 때문에 집단검사를 통해 학생에 관한 중요한 결정을 할 때는 항상 학생의 능력에 관한 다른 정보가 보충되어야 한다. 이 점은 집단검사에 비해 신뢰성이 높다고 할 수 있는 개별검사인 경우도 마찬가지다. 많은 학생들이 학교에서 대집단으로 지능검사를 받고 있는 상황에서 특히 유념할 점은 지적으로 무능한 학생들을 위한 수업이나 영재 학생들

언어적 하위 척도

> **유사성**
> 아동은 논리적이며 추상적으로 사고함으로써 사물의 유사한 방식에 대한 여러 가지 질문에 답해야 한다.
>
> 예 : "사자와 호랑이는 어떤 면에서 유사한가?"
>
> **이해력**
> 이 하위 척도는 개인의 판단과 상식을 측정하기 위해 설계된 것이다.
>
> 예 : "은행에 저축하는 것의 장점은 무엇인가?"

비언어적 척도

> **블록 설계**
> 아동은 여러 색의 블록 세트를 조합해 검사자가 보여주는 설계에 맞추어야 한다.
> 시각-운동 조정, 지각적 조직, 공간적으로 시각화하는 능력이 사정된다.
>
> 예 : "왼쪽에 있는 4개의 블록을 사용해 오른쪽의 패턴으로 만들어라."

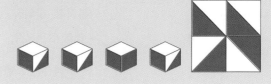

그림 4.2 아동용 웩슬러 지능검사 5판(WISC-Ⅴ)
시뮬레이션 항목들은 웩슬러의 아동용 지능검사 5판의 항목들과 유사하다. 웩슬러는 11개의 하위척도, 즉 6개의 언어적 척도와 5개의 비언어적 척도를 포함하고 있다. 이 하위 척도 중 3개가 이 그림에 있다.

학생과 연계하기 : 최고의 실천
지능검사 점수 해석 전략

심리검사는 도구이다(Anastasi & Urbino, 1997). 어떤 도구와 마찬가지로 지능검사의 효과성은 사용자의 지식, 기술, 진정성에 달려있다. 망치는 아름다운 부벽 선반을 만드는 네 사용될 수도 있고 문을 부수는 데도 사용될 수 있다. 심리검사 역시 선용될 수도 있고 악용될 수도 있다. 다음은 교사가 부정적인 방식으로 학생의 지능에 대한 정보를 사용하는 것을 피하는 데 도움이 될 수 있는 IQ에 관한 몇 가지 주의사항이다.

1. *IQ 점수에 기초해 학생에 대한 부당한 고정관념과 부정적 기대를 갖지 않는다.* IQ에 기초해 포괄적인 일반화가 만들어지는 경우가 비일비재하다. 어느 가을 학교 등교 둘째 날에 당신이 여러 교사와 함께 휴게실에 있다고 상상해보자. 당신은 당신의 학생 중 한 남학생을 언급하고, 다른 교사는 지난해에 그가 자신의 반이었다고 말한다. 그 교사는 그가 진짜 열등생이었고 IQ 검사 점수는 83이었다고 말한다. 교실에서 가르치려고 할 때 이 정보를 무시하는 것이 힘들까? 아마 그럴 것이다. 그러나 그가 낮은 IQ 점수를 획득

했기 때문에 많은 시간을 투자해 그를 가르쳐도 소용없을 것이라는 기대를 버리는 것이 중요하다(Weinstein, 2004). IQ 검사는 항상 현재 수행에 대한 측정으로 간주되어야 한다. 그것은 고정된 잠재력이 아니다. 선수한 변화와 풍부한 환경적 경험을 통해 학생의 지능은 높아질 수 있다.

2. *IQ 검사를 주요한 혹은 유일한 특성의 유능성으로 사용하지 않는다.* 높은 IQ가 인간의 궁극적 가치는 아니다. 교사는 학생의 지적 유능성을 언어적 기술뿐만 아니라 창의적 기술이나 실제적 기술과 같은 영역에서도 고려할 필요가 있다.

3. *전체 IQ 점수의 의미를 해석할 때 특히 유의한다.* 지능이란 여러 영역으로 구성된다고 생각하는 것이 보다 현명하다. 많은 교육심리학자가 강조하는 바에 따르면 상이한 지능 영역에서의 학생의 강점과 약점을 고려하는 것이 중요하다. 웩슬러 검사와 같은 지능검사는 그러한 강점과 약점에 대한 정보를 제공할 수 있다.

을 위한 수업 배치와 관련한 결정을 내릴 때 집단검사에만 의존해서는 안 된다는 것이다. 학생 능력에 관한 방대한 양의 관련 정보를 검사 상황 밖에서 수집한 후 결정해야 한다.

삼원지능 이론을 개발한 R. J. 스턴버그
© Robert J. Sternberg

다중지능 이론

지능을 일반 능력으로 보는 것이 바람직한가? 아니면 여러 특정 능력으로 생각하는 것이 보다 적절한가? 심리학자들은 20세기 초부터 이 질문에 대해 생각해왔으며 지금도 갑론을박 중이다.

스턴버그의 삼원 이론 로버트 J. 스턴버그(Sternberg, 1986, 2004, 2010, 2012, 2013, 2014, 2015a, 2016a, b)의 **삼원지능 이론**(triarchic theory of intelligence)에 따르면 지능에는 세 가지 형태가 있다. 즉 분석적 지능, 창의적 지능, 실제적 지능이다. 분석적 지능은 분석하고 판단하고 평가하고 비교하고 대조하는 능력을 포함한다. 창의적 지능은 창조하고 설계하고 발명하고 독창적으로 만들고 상상하는 능력으로 되어 있다. 실제적 지능은 사용하고 응용하고 실행하고 실천하는 능력에 초점이 있다.

분석적, 창의적, 실제적 지능의 의미를 이해하기 위해 이 세 가지 유형의 지능을 반영하는 사람의 예를 살펴보자.

- 라티샤는 스탠퍼드–비네와 같은 전통적인 지능검사에서 높은 점수를 받은 스타급의 사고분석가이다. 라티샤의 분석적 지능은 전통적으로 지능이라고 불려왔던, 그리고 흔히 지능검사에 의해 사정되는 능력과 흡사하다.
- 토드는 최고의 점수를 받지는 않았지만 통찰력 있고 창의적인 마인드를 가지고 있다. 스턴버그에 따르면 토드가 탁월성을 보이는 사고 유형은 창의적 지능이다.
- 마지막으로 에마누엘이다. 전통적인 IQ 검사의 점수는 낮지만 실제 삶의 문제에 대한 해결책을 빠르게 식별하며, 세계가 작동하는 방식에 대한 지식을 쉽게 습득한다. 에마누엘의 '세상 물정에 밝음'과 실제적인 노하우가 스턴버그가 부르는 실제적 지능이다.

스턴버그(Sternberg, 2015a, 2016a, b)에 따르면, 학생이 어떤 지능 패턴을 가지느냐에 따라 학교생활에서 차이를 보인다. 높은 분석 능력을 가진 학생은 전통적 학교에서 선호되는 경향이 있다. 이런 학생은 교사가 수업한 후 시험을 치르는 수업에서 잘하는 경향이 있다. 그리고 대개 좋은 점수를 받으며, 전통적인 IQ 검사와 SAT에서 뛰어나며, 경쟁력 있는 대학으로 진학한다.

창조적 지능이 높은 학생은 수업에서 우수한 성과를 보이지 않을 때가 있다. 창의적으로 똑똑한 학생은 과제물 수행 방식에 대한 교사의 기대에 순응하지 않을 때도 있다. 자신만의 독특한 답을 해 교사에게 질책당하거나 낮은 점수를 받는 경우도 있다.

창의적 지능이 높은 학생과 마찬가지로 실제적으로 똑똑한 학생은 학교 요구에 잘 순응하지 못한다. 그러나 교실 밖에서는 잘하는 경우가 많다. 두드러지지 않은 학교 기록에도 불구하고 사교술이 뛰어나고 상식이 풍부해 성공적인 관리자나 기업가의 자질을 보인다.

스턴버그(Sternberg, 2015a, 2016a, b)는 단순히 분석적이거나 창의적이거나 실제적인 과제는 거의 없다고 강조한다. 예컨대, 학생이 독후감을 쓰려면 책의 주제를 분석하고, 보다 잘 쓸 수 있는 방법에 대한 창의적인 생각을 하고, 책의 주요 내용이 인

"넌 지혜롭지만 나무에 대해선 잘 몰라."

간의 삶에 어떻게 응용될 수 있을 것인지에 대해 고민해야 한다는 것이다. 스턴버그의 주장에 따르면 학생들이 교실 수업을 통해 이 세 가지 유형의 지능 모두를 배울 수 있는 기회를 갖는 것이 중요하다.

스턴버그(Sternberg, 2016c)는 지혜(wisdom)가 실제적 지능은 물론 학문적 지능과도 관련된다고 주장한다. 그의 견해를 빌면 지혜를 위해서는 학문적 지능이 필요하지만 충분하지 않을 때도 많다. 삶의 현실에 대한 실제적 지식 또한 지혜를 위해 필요하다는 것이다. 스턴버그는 자기 관심과 타인의 관심 그리고 맥락 간의 균형이 공공의 선을 창출한다고 본다. 그러므로 현명한 개인은 단지 자신만을 돌보지 않으며 관련된 특정 맥락은 물론 타인의 요구와 관점을 고려한다. 스턴버그는 지혜를 사정하기 위해 개인에게 다양한 개인 내, 개인 간, 맥락적 관심을 조명함으로써 문제를 해결할 수 있는 과제를 제시한다. 또한 그는 그러한 지혜의 측면을 학교에서 가르쳐야 한다고 강조한다(Sternberg, 2016c).

가드너의 여덟 가지 마음의 틀   앞에서 교사와 연계하기를 통해 이 장을 소개하면서 잠시 살펴보았지만 하워드 가드너(Gardner, 1983, 1993, 2002)는 여러 가지 특정한 유형의 지능, 즉 마음의 틀이 있다고 주장한다. 강점을 반영되는 직업의 예와 함께 그것들을 소개하면 다음과 같다(Campbell, Campbell, & Dickinson, 2004).

- 언어적 기술. 어휘로 사고하고 언어를 사용해 의미를 표현하는 능력(작가, 저널리스트, 연설가)
- 수학적 기술. 수학적 조작 능력(과학자, 엔지니어, 회계사)
- 공간적 기술. 삼차원적 사고 능력(건축가, 예술가, 항해사)
- 신체운동적 기술. 사물을 조작하고 신체적으로 능숙한 능력(외과의사, 공예가, 댄서, 운동선수)
- 음악적 기술. 음의 고저, 멜로디, 리듬, 음조에 대한 민감성(작곡가, 음악가, 음악치료사)
- 자기이해 기술. 자신을 이해하고 자신의 삶을 효과적으로 지시하는 능력(신학자, 심리학자)
- 대인관계 기술. 타인을 이해하고 타인과 효과적으로 상호작용하는 능력(성공적인 교사, 정신건강 전문인)
- 자연주의 기술. 자연의 패턴을 관찰하고 자연 체계 및 인간이 만든 체계를 이해하는 능력(농부, 식물학자, 생태학자, 조경사)

가드너의 주장에 따르면 지능의 각 형태는 그 지능과 관련된 두뇌의 손상에 의해 파괴될 수 있으며, 독특한 인지적 기술을 포함하고 있다. 그리고 개인에 따라 특정 영역에서는 탁월하지만 다른 영역에서는 그렇지 않는 독특성을 보일 수 있다. 이른바 '백치천재'가 있을 수 있다는 것이다.

가드너는 실존주의 지능을 아홉 번째 지능으로 추가할 것을 여러 차례 고민한 적이 있다. 이 지능은 삶의 의미에 관한 관심 및 추론과 관련된다(McKay, 2008). 그러나 아직 그것을 지능의 한 형태로 추가하지 않고 있다.

가드너는 자신의 모델을 교육에 적용하는 것을 승인해왔지만 몇 가지 오류를 목도하고 다음과 같이 경고하고 있다(Gardner, 1998).

- 모든 교과를 여덟 가지 지능에 부합하도록 여덟 가지 상이한 방식으로 효과적으로 가르칠 수 있다고 가정할 이유는 없다. 이렇게 하려는 시도는 노력 낭비일 수 있다.

하워드 가드너가 어린 청소년들과 함께 작업하고 있는 모습. 그는 지능이란 여덟 가지의 기술, 즉 언어적, 수학적, 공간적, 신체운동적, 음악적, 자기이해, 대인관계, 자연주의 기술을 포함한다는 관점을 개발하였다.

© Steve Hansen/The Life Images Collection/Getty Images

- 특정 유형의 지능을 적용하는 것만으로 충분하다고 가정하지 말라. 예컨대, 신체운동적 지능의 측면에서 행해지는 마구잡이식의 근육 운동은 인지적 기술을 배양하는 것과 무관하다.
- 아동이 특정 유형의 지능과 관련한 활동을 하는 동안 다른 유형의 지능을 배경 활동으로 활용하는 것이 유용하다고 믿을 이유는 없다. 예컨대 학생들이 수학 문제를 푸는 동안 배경음악을 듣는 것은 이 이론을 잘못 적용한 예일 수 있다.

공학을 활용해 지능의 각 영역에서의 학습을 촉진할 수 있다(Dickinson, 1998, pp. 1-3).

- 언어적 기술. 컴퓨터는 학생들이 작곡할 때 수정하거나 다시 작곡하는 데 도움이 되며, 보다 훌륭한 보고서 작성에도 유용하다. 이메일, 채팅, 메신저 같은 여러 가지 의사소통 수단을 통해 학생들은 자신의 언어적 기술을 연습하고 향상시킬 수 있는 기회를 가질 수 있다. 웹출판, 블로그 작성, 클라우드 기반 툴, 비디오 제작, 팟캐스트는 서류나 프레젠테이션을 수정하는 데 매우 유용할 수 있다.
- 논리수학적 기술. 어떤 능력을 지닌 학생이든 즉각적인 피드백을 제공하고 반복연습을 넘어서는 흥미로운 소프트웨어 프로그램을 통해 효과적으로 배울 수 있다. *Mathematica*(www.wolfram.com/procucts/mathematica/index.html)와 같은 공식 조작 소프트웨어, 아이튠즈와 안드로이드 플레이스토어에서 가용한 모바일 장치용 수학 앱들은 학생들의 논리수학적 기술 향상에 도움을 줄 수 있다. 오류에 대해 유용한 피드백을 제공하는 앱이나 절차적 실제를 제공하는 것 이외의 개념적 지식을 목표로 하는 앱을 찾아보라.
- 공간적 기술. 학생들은 컴퓨터를 통해 자료를 보고 조작할 수 있다. 또한 가상현실 공학을 통해 시공간적 기술을 연습할 수 있는 기회를 가질 수 있다.

구글 카보드(Google Carboard)는 저렴하게 가상현실 공학을 교실로 통합하는 방법이다. 3D 인쇄에 대한 가용성 또한 확대되고 있어 개별 학교뿐만 아니라 구나 지역의 도서관과 대학에서도 그것을 손쉽게 이용할 수 있는 날도 머지않아 보인다. 3D 인쇄를 통한 물리적 조작은 공간적 추론 능력 향상에 도움이 될 것이다.

- 신체운동적 기술. "컴퓨터를 조작하려면 눈과 손을 잘 조정해서 키보드와 마우스를 사용해야 한다. 이런 활동의 운동을 통해 학생들은 학습에 적극 참여할 수 있다. 닌텐도 Wii(http:www.nintendo.com/wii)는 학생들의 신체운동적 기술 향상에 유용하다.
- 음악적 기술. 애플 컴퓨터의 GarageBand(www.apple.com/mac/garageband) 소프트웨어는 음악적 기술 연습에 유용하다. 또한 거기에는 애플과 안드로이드를 위한 다양한 앱이 있어 음악을 창조하고 기록해 재생할 수 있다.
- 대인관계 기술. 학생들이 짝을 이루거나 소집단으로 컴퓨터를 사용하면 이해력이 높아지면서 학습의 속도를 높일 수 있다. 긍정적인 학습경험은 각자의 발견을 공유하고 서로의 문제해결을 돕고 협동하면서 프로젝트 수행할 때 일어날 수 있다.
- 자기이해 기술. 공학은 일련의 사고를 아주 깊이 탐색하는 수단을 제공한다. 자기이해 기술을 위한 공학적 지원의 예를 들면 비디오 회합, 건설적인 온라인 코멘트, 네티켓과 함께 연습하는 것을 들 수 있다.
- 자연주의 기술. 전자공학은 과학적 조사나 탐구는 물론 여러 가지 자연주의 활동을 촉진할 수 있다. 예를 들어 국립지질온라인(National Geographic Online)을 통해 학생들은 저명한 탐험

가나 사진가들과 함께 가상탐험을 할 수 있다. 또한 학생들이 현장에서 자료를 수집하고 온라인으로 제출함으로써 과학에 공헌하도록 하는 몇 가지 매력적인 프로젝트도 있다. 예를 들어 Project Feederwatch(http://feederwatch.org), Bumble Bee Watch(www.bumblebeewatch.org), Roadkill Survey(www.dventurescience.org/roadkill.html) 같은 것이다.

최근 교사들에게 가드너의 다중지능 이론을 교실에서 어떻게 적용하는지 물었다. 이에 대해 다음과 같이 추천하고 있다.

유치원 교사 학령기 전 아동들은 저마다 상이한 기술과 욕구를 지니고 있습니다. 예컨대 공을 튀겨 네트에 토스하는 것과 같은 신체 활동에 아주 능숙하지만 셈하는 법을 배우는 것과 악전고투하는 여자 아동이 있습니다. 그녀의 셈하기 기술을 향상시키기 위해 우리는 그녀가 볼을 몇 번 튀겼는지 그리고 볼이 네트에 몇 번 들어갔는지 세도록 했습니다.

―하이디 카우프만, 메트로웨스트 YMCA 아동돌봄 및 교육 프로그램

초등학교 교사 학생에게 선택권을 부여할 필요가 있습니다. 교실에서 정기적으로 돌아다니는 것을 좋아하는 아이, 마루에 주저앉는 것을 좋아하는 아이, 칠판에 쓰는 것을 좋아하는 아이가 있습니다. 의자에 조용히 앉아 방해받는 것을 싫어하는 아이도 있습니다. 수업을 받거나 질문을 받았을 때 파트너와의 대화를 통해 학습이 강화되는 아이도 있지만, 교사로부터의 냉정한 자극을 필요로 하는 아이도 있습니다. 저는 종종 최종 과제물에 대해 학생들이 선택하도록 합니다. 예를 들어, 구두 발표, 그림 제시, 에세이나 시, 파워포인트 슬라이드 가운데 원하는 것을 선택하도록 합니다.

―케런 아브라, 세크리드하트초등학교

중학교 교사 집단 프로젝트는 가드너의 이론을 교실에 통합할 수 있는 훌륭한 기회를 제공합니다. 저는 학생들이 읽고, 예술 활동을 하고, 수학을 하고, 창조적으로 사고하고, 대중 앞에서 말하기와 같은 것을 요구하는 집단프로젝트 개발에 힘씁니다. 이런 다양한 기술을 포함하면 학생들은 자신의 개별학습 스타일에 맞게 지식을 표현할 수 있습니다.

―케이시 마스, 에디슨중학교

고등학교 교사 저는 학생들에게 프로젝트 수행 방법에 대해 선택할 권한을 종종 부여합니다. 예를 들어, 학생들은 프로젝트를 예술작품이니 글쓰기니 시연으로 완성할 수 있습니다. 이렇게 하면 학생들은 자신이 가장 좋아하는 방식으로 프로젝트를 수행할 수 있습니다.

―제니퍼 해터, 브레멘고등학교

우리는 가드너의 다중지능 개념에 대한 여러 가지 생각을 살펴보았다. 그의 여덟 가지 유형의 지능에서의 당신의 감정과 약점을 **자기평가** 1을 활용해 평가해보라.

정서지능 정서를 정확하고 적절히 표현하고, 정서 및 정서적 지식을 이해하고, 자신과 타인의 정서와 느낌을 감찰하고 식별하며, 이렇게 해서 얻은 정보를 통해 자신의 사고와 행동을 안내할 수 있는 능력

정서지능 가드너와 스턴버그의 이론 모두 자기와 타인을 이해하고 세상과 더불어 살아가는 능력과 관련한 한 가지 이상의 범주를 포함하고 있다. 가드너 이론에서 그 범주는 대인관계 지능과 자기이해 지능이며, 스턴버그의 경우는 실제적 지능이다. 대인관계, 자기이해, 실제적 측면의 지능을 강조하는 다른 이론가들은 이른바 정서지능에 초점을 두고 있다. 이 지능은 EQ 감성지능(*Emotional Intelligence*)이라는 대니얼 골먼(Goleman, 1995)의 저서로 인해 인기를 얻었다.

정서지능의 개념은 피터 살로베이와 존 메이어(Salovey & Mayer, 1990)에 의해 처음 개발되었다. 이들은 **정서지능**(emotional intelligence)을 정서를 정확하고 적응적으로 감지하고 표현하며(예 : 타인의 관점 수용), 정서와 정서적 지식을 이해하고(예 : 우정이나 다른 관계에서 정서가 하는 역할 이해), 느낌을 이용해 사고를 촉진하며(예 : 창조적 사고와 연동되는 긍정적인 무드 속에 있기), 자신 및 타인의 정서를 조절하는(예 : 자기 분노 통제) 능력으로 개념화한다.

정서지능의 개념에 대한 높은 관심은 계속되고 있다(Boyatzis & others, 2015 ; Conn, Fisher, & Rhee, 2016 ; Fernandez-Berrocal & Checa, 2016). 최근 연구에서 밝혀진 바에 따르면 정서지능은 인지나 인성 요인보다 높은 학문적 성취와 관련이 있다(Lanciano & Curci, 2014). 그러나 비판가들의 주장에 따르면 정서지능은 지능의 개념을 너무 확대하고 제대로 측정되거나 연구되지 않았다(Humphrey & others, 2007).

학생과 연계하기 : 최고의 실천
가드너의 다중지능 실행 전략

가드너의 다중지능 이론은 지속적으로 아동 교육에 응용되고 있다. 다음은 그의 여덟 가지 유형의 지능과 관련해 교사가 활용할 수 있는 몇 가지 전략이다(Campbell, Campbell, & Dickinson, 2004).

1. *언어적 기술.* 아동에게 글을 읽어준 후 다시 아동이 당신에게 글을 읽어주라고 하라. 아동과 함께 도서관과 서점을 방문하라. 아동이 읽은 책의 이야기를 요약하고 다시 말하도록 하라.
2. *수학적 기술.* 아동과 함께 논리게임을 하라. 아동이 숫자에 대해 생각하고 구성하는 것을 고취하는 상황을 지속적으로 찾아라. 아동과 함께 컴퓨터실험실, 과학박물관, 전자전시회 같은 곳으로 현장 견학을 하라.
3. *공간적 기술.* 아동에게 여러 가지 창의적인 재료를 사용하도록 하고, 예술박물관이나 아동이 몸소 체험할 수 있는 박물관으로 데려가고, 아동과 함께 걷는 것을 지속하라. 교실로 돌아왔을 때 아동이 방문한 곳을 그림으로 그리게 하거나 경험지도를 만들도록 하라.
4. *신체운동적 기술.* 아동에게 신체활동의 기회를 제공하고, 참여하도록 격려하며, 뛰어놀 수 있는 실내외 공간을 제공하고, 댄스활동에 참여하도록 격려하라.
5. *음악적 기술.* 악기를 연주할 수 있는 기회를 제공하고, 음성과 도구를 사용해 음악과 리듬을 함께 만들 수 있는 기회를 만들어주고, 콘서트에 데려가라.
6. *자기이해 기술.* 자기 취미와 흥미를 가지도록 격려하고, 자신의 느낌에 귀를 기울이고 그에 대한 민감한 피드백을 주며, 자신의 생각이나 경험에 대해 지속적으로 일기나 스크랩북에 쓰도록 하라.
7. *대인관계 기술.* 집단작업을 격려하고, 의사소통 기술 개발을 돕고, 함께 놀 수 있는 단체게임을 제공하라.
8. *자연주의자 기술.* 교실에 자연주의 학습센터를 만들고, 자연산책이나 나무 입양과 같은 실외 자연주의 활동에 참여시키고, 식물지나 동물지를 수집해 분류하도록 하라. '교사의 시선'에서 고등학교 영어 교사 요안나 스미스는 자신이 가드너의 다중지능 이론을 교실에 어떻게 적용했는지 기술하고 있다.

교사의 시선 : 어떤 유형의 지능을 사용해 프로젝트를 하고 싶은지 학생에게 선택권 주기

나는 1년 내내 다양한 과제를 제공함으로써 가드너의 여덟 가지 마음의 틀을 활용하려고 애쓴다. 프로젝트에 따라 '어떤 유형의 지능'을 활용할 것인지 학생들에게 선택권을 종종 부여한다. 예컨대 첫 학기 말에 학생들은 자신이 선택한 책에 기초해 교실 밖에서 독서 프로젝트를 한다. 책의 줄거리와 등장인물에 맞게 프로젝트를 만들도록 한다. 즉 학생들은 등장인물의 관점에서 독백을 하고, 가족나무를 만들고, 주제곡 CD를 만들고, 책에 나온 장면을 직접 시연하거나 테이프로 듣게 한다. 이런 유형의 프로젝트는 항상 성공적이다. 왜냐하면 이런 프로젝트는 학생들이 자신만의 방식이나 마음의 틀로 자신의 지식을 표현할 것인지를 선택하도록 허용되기 때문이다.

자기평가 1

가드너의 여덟 가지 지능 유형에 기초해 자신을 평가하기

다음 항목을 읽고 4점 척도에 당신을 평정하라. 각 항목의 평균점수는 당신의 기술 수준을 보여준다. 나와 전혀 다르면 1점, 다소 다르면 2점, 다소 비슷하면 3점, 많이 비슷하면 4점을 준다.

	1	2	3	4

언어적 사고력

1. 나는 SAT의 언어 부분과 같은 언어검사에 능숙하다.

2. 나는 능숙한 독자이며 다독한다.

3. 도전적인 언어적 문제해결을 좋아한다.

논리수학적 사고력

4. 나는 매우 논리적으로 사고하는 사람이다.

5. 나는 과학자처럼 사고하는 것을 좋아한다.

6. 수학은 내가 좋아하는 과목의 하나이다.

공간적 기술

7. 나는 사물과 배치를 다른 각도로 시각화하는 데 능숙하다.

8. 나는 공간 및 위치 지도를 머릿속에서 만들어내는 능력을 가지고 있다.

9. 내가 원했다면 건축가가 되었을 것이다.

신체운동적 기술

10. 나의 손과 눈의 조정력은 탁월하다.

11. 나는 스포츠에 탁월하다.

12. 나는 내 신체를 이용해 춤과 같은 것으로 표현하는 데 능숙하다.

음악적 기술

13. 나는 한 가지 이상의 악기를 잘 연주한다.

14. 나는 음악에 대한 좋은 '귀'를 가지고 있다.

15. 나는 노래를 잘 만든다.

자기이해를 위한 통찰 기술

16. 나는 내 자신을 잘 알며 내 자신에 대한 긍정적인 관점을 지니고 있다.

17. 나의 생각과 느낌은 조화롭다.

18. 나는 좋은 대처 기술을 가지고 있다.

타인분석을 위한 통찰 기술

19. 나는 '독심술'에 아주 능하다.

20. 나는 다른 사람들과 협력을 잘한다.

21. 나는 잘 듣는 사람이다.

	1	2	3	4
22. 나는 자연의 패턴을 관찰하는 것에 능하다.				
23. 나는 자연 환경에서 사물을 식별하고 분류하는 데 탁월하다.				
24. 나는 자연 체계 및 인간이 만든 시스템을 이해하고 있다.				

점수화 및 해석

여덟 가지 지능 유형별로 평균점수를 기입했는가? 어떤 영역의 지능에서 강점과 약점을 보이는가? 여덟 가지 영역 모두에서 강하거나 약할 가능성은 적을 것이다. 각기 영역에서의 강점과 약점을 알면 당신은 학생을 가르칠 때 어떤 영역에서 강한지 혹은 약한지를 이해하는 데 도움이 될 것이다. 만일 필자가 음악적 기술을 가르쳐야 한다면 큰 어려움을 겪을 것이다. 그것에 재능이 없기 때문이다. 그러나 필자는 상당히 좋은 운동 기술을 가지고 있다. 과거 한때 필자는 테니스를 치면서 코치 생활을 한 적이 있다. 만일 당신이 가드너의 몇 가지 영역에서 능숙하지 않다면 그리고 그런 영역에서 학생들을 가르쳐야 한다면, 지역사회에서 당신을 도와줄 수 있는 자원봉사자들을 구해보라. 학교 차원에서 은퇴한 사람들을 초청하는 일은 그다지 어렵지 않을 것이다. 초청된 사람들 대부분은 자신이 뛰어난 영역(들)에서 학생들의 기술 향상을 돕는 것에 기뻐할 것이다. 이런 초청은 또한 지역사회와 학교의 연계를 통해 '세대 간 거리감'을 좁히는 데 유용한 전략이 될 것이다.

아동은 한 가지 지능을 갖는가 아니면 여러 가지 지능을 갖는가 그림 4.3은 가드너, 스턴버그, 살로베이 및 메이어의 관점을 비교해 제시한 것이다. 유의할 것은 가드너가 다른 관점들에 의해 심도 있게 다루어지지 않는 많은 유형의 지능을 포함하고 있다는 점 그리고 스턴버그가 독특하게 창조적 지능을 강조하고 있다는 점이다. 이와 같은 여러 가지 다중지능 이론이 시사하는 바는 적지 않다. 즉 무엇이 인간의 지능과 능력을 구성하는지에 대해 보다 폭넓게 사고하도록 자극해왔으며(Moran & Gardner, 2006), 교육자들로 하여금 여러 가지 상이한 영역에서 학생들을 가르치는 프로그램을 개발하도록 동기화시켜왔다(Winner, 2006).

다중지능 이론들 역시 많은 비판을 받고 있다. 예컨대 이 이론들을 지지할 수 있는 연구 기반이 아직 형성되어 있지 않다는 것이다. 특히 가드너의 분류가 인위적이라고 주장하는 사람이 있다. 즉 음악적 기술이 지능의 한 유형을 대표한다면 체스 지능, 프로 권투선수 지능 등 얼마든지 있을 수 있지 않겠냐는 것이다. 많은 심리학자들은 여전히 *g*(일반 지능)의 개념을 지지하고 있다(Burkhart, Schubiger, & van Schaik, 2016; Checa & Fernandez-Berrocal, 2015; Shakeshaft & others, 2015). 예를 들어, 지능 전문가인 나단 브로디(Brody, 2007)의 주장에 의하면 한 가지 유형의 지적 작업에 탁월한 사람은 다른 지적 작업에도 탁월할 가능성이 높다. 그러므로 숫자 목록을 잘 암기하는 사람은 언어적 문제해결이나 공간적 배치를 잘 한다는 것이다. 이 일반 지능에는 추상적 추론이나 사고 능력, 지식 습득 능력, 문제해결력이 포함된다.

일반 지능의 개념을 지지하는 사람들은 일반 지능이 학교나 직업에서의 성공을 더 잘 예언한다고 주장한다(Deary & others, 2007). 예컨대, 일반 지능검사 점수는 검사 당시나 이후에도 학교 성적, 성취도 검사 수행과 실질적으로 관련이 있다(Cucina & others, 2016; Kyllonen, 2016; Strentze, 2007)는 것이다. 최근 240개의 독립적인 샘플과 10만 명 이상의 개인에 대해 메타분석을 실시한 결과 지능과 학교 성적 간에는 .54의 정적 상관이 있었다(Roth & others, 2015).

가드너	스턴버그	살로베이/메이어
언어적 수학적	분석적	
공간적 운동 음악적	창조적	
대인관계 자기이해	실제적	정서
자연주의		

그림 4.3 지능에 대한 스턴버그, 가드너, 살로베이/메이어의 관점 비교

지능검사는 직무수행과 중간 정도의 상관이 있다(Lubinski, 2009). 일반 지능을 측정하기 위해 설계된 검사에서 높은 점수를 받을 개인은 상대적으로 높은 임금과 일류직장에 들어가는 경향이 있다(Lubinski, 2009). 그러나 일반 IQ 검사는 직업 성공 변인의 4분의 1 정도만 예언하며, 나머지는 동기나 교육과 같은 다른 변인으로 귀인된다(Wagner & Sternberg, 1986). 더욱이 IQ와 성취 간의 상관은 직무연한이 늘수록 줄어들고 있는데, 이는 업무 경험이 많아짐에 따라 수행 능력도 나아지기 때문으로 보인다(Hunt, 1995).

일반 지능이 있다고 주장하는 일부 전문가들이 내린 결론은 개인에게 독특한 지적 능력 또한 있다는 것이다(Brody, 2007). 요컨대, 지능을 일반 능력, 특정 능력, 혹은 이 둘 다로 개념화하는 게 정확한 것인지의 여부를 놓고 여전히 논쟁 중이다(Sternberg, 2016a, b). 스턴버그(Sternberg, 2016a, b)는 전통적인 IQ 검사들이 사정하는 분석적 사고에 해당하는 *g*가 있다는 것을 수용하면서도 그 측정 범위가 너무 협소하다고 지적한다.

RESEARCH

지능의 신경과학

오늘날 두뇌에 대한 방대한 연구가 진행되면서 지능의 신경학적 기초에 대한 관심이 더욱 커지고 있다(Deary, 2012; Santarnecchi, Rossi, & Rossi, 2015). 지능과 관련한 두뇌의 역할을 탐색하기 위한 질문의 예들을 들면 다음과 같다. 두뇌가 크면 지능이 높은가? 지능은 뇌의 특정 영역에 위치하는가? 두뇌의 정보처리 속도는 지능과 관련이 있는가?

두뇌가 더 큰 사람이 더 똑똑한가? MRI 스캔을 통해 두뇌 총량을 분석한 결과 두뇌 크기와 지능 간에는 중간 정도의 상관(약 1.3~1.4)이 있었다(Carey, 2007; Luders & others, 2009).

지능은 뇌의 특정 영역과 관련되는가? 과거에는 전두엽이 지능의 소재지일 것이라는 것에 크게 의심하지 않았다. 오늘날 일부 전문가들은 지능과 관련된 높은 수준의 사고 기술이 전전두엽 피질과 연관된다고 집요하게 주장한다(Santarnecchi, Rossi, & Rossi, 2015; Sternberg & Sternberg, 2016). 그러나 최근 일부 연구자들의 발견에 따르면 지능은 보다 폭넓은 두뇌 영역에 분포하고 있다(Lee & others, 2012). 뇌영상 연구에서 밝혀진 가장 두드러진 발견은 전두엽과 두정엽에 관여하는 신경망 분포가 넓을수록 지능이 높다는 것이다(Margolis & others, 2013; 그림 4.4 참조). 최근 연구에서 밝혀진 바에 따르면 전두두정망(frontoparietal network)이 인지를 통제하고 그 망 밖의 두뇌 영역들과 연계시키는 역할을 한다(Cole & others, 2012). 알버트 아인슈타인의 두뇌 크기는 평균적이었다. 그러나 수학이나 공간 정보를 활발하게 처리할 때 그의 전두엽 영역의 두뇌는 평균보다 15% 컸다(Witelson, Kigar, & Harvey, 1999). 보다 높은 지능과 관련이 있어온 다른 두뇌 영역들은 (전두엽/두정엽망보다 덜 중요한 수준이지만) 소뇌뿐만 아니라 측두엽과 후두엽을 포함하고 있다(Luders & others, 2009).

연구자들은 최근에 지능이 전두엽과 두정엽에 있는 분포된 신경망 분포와 관련이 있음을 발견했다. 또한 소뇌뿐만 아니라 측두엽과 후두엽 또한 선두엽/두정엽망보다 그 정도는 약하지만 지능과 연관되어 있음을 발견하였다. 현재 동의하는 바는 지능이 전두엽과 같은 특정 영역

그림 4.4 지능과 두뇌
연구자들은 최근에 지능이 전두엽과 두정엽에 있는 분포된 신경망 분포와 관련이 있음을 발견했다. 또한 소뇌뿐만 아니라 측두엽과 후두엽 또한 전두엽/두정엽망보다 그 정도는 약하지만 지능과 연관되어 있음을 발견하였다. 현재 동의하는 바는 지능이 전두엽과 같은 특정 영역에 위치하기보다는 두뇌 영역 전반에 걸쳐 분포되어 있을 가능성이 높다는 것이다.

© ER Productions/Getty Images RF

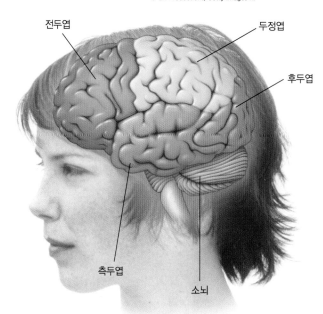

전두엽
두정엽
후두엽
측두엽
소뇌

에 위치하기보다는 두뇌 영역 전반에 걸쳐 분포되어 있을 가능성이 높다는 것이다.

지능의 신경과학에 대한 검토는 또한 신경학적 속도가 지능에 미치는 영향에 관한 연구로 이어졌다(Waiter & others, 2009). 이 가능한 연계에 대해서는 연구결과가 일관되지 않지만, 최근 한 연구에서 영재 아동이 일반 아동에 비해 보다 빠르고 정확하게 정보처리를 한다는 것을 발견했다(Duan, Dan, & Shi, 2013).

공학의 발전으로 수십 년 후에는 두뇌의 기능에 대한 보다 정밀한 연구가 가능할 것으로 보이며, 그렇게 되면 우리는 지능에 있어서의 두뇌 역할에 대해 보다 명확한 결론을 얻게 될 것이다. 이런 연구를 진행하면서 우리가 유념할 것은 앞에서 논의했던 두뇌 크기와 지능 간의 연계성을 포함해 유전과 환경 모두가 두뇌와 지능 간의 연계 가능성과 관련이 있음을 탐색하는 일이다. 또한 로버트 스턴버그(Sternberg, 2014)가 최근에 결론지은 바, 지능에서의 두뇌 역할에 대한 연구는 "왜 어떤 사람은 악수하는 것을 사회적으로 똑똑한 것으로 간주하고 또 어떤 사람은 그렇게 간주하지 않는가?"와 같은 질문에 답하기보다는 "두뇌의 어떤 측면이 단어 목록 학습과 관련되는가?"와 같은 질문에 답하는 것이 보다 효과적이라는 것이다.

지능에 대한 논란과 이슈

지능을 둘러싼 다양한 논란이 있다. 지능을 결정함에 있어 자연이 더 중요한가? 아니면 양육이 더 중요한가? 지능검사는 문화적으로 편파적인가? IQ 검사는 아동을 특정한 학교 교육 트랙에 배치하는 데 활용되어도 좋은가?

되돌아보기/앞날을 생각하기
자연과 양육이라는 이슈는 발달심리학자들의 주요 이슈의 하나이다. 제2장 '인지 및 언어 발달'과 연계해 생각해보자.

자연과 양육 **자연과 양육 이슈**(nature-nurture issue)에는 발달은 자연적으로 이루어지느냐 아니면 양육에 의해 이루어지는가에 대한 논쟁이 포함된다. 자연은 개인의 생물학적 유전, 양육은 환경적 경험을 말한다.

'자연'을 지지하는 사람들은 지능은 주로 유전되며 환경적 경험은 그 발현에 최소한의 역할만 할 뿐이라고 주장한다. 자연과 양육이라는 이슈에 대한 최근 관점은 지능은 복합적인 특질을 갖고 있어 유전적으로 어떤 부위가 발달하느냐에 따라 지능의 발달 가능성이 결정되며, 따라서 지능의 실제적 발달은 유전 이상의 것을 요구한다는 것이다.

RESEARCH

오늘날 대부분의 전문가들은 환경 또한 지능에 중요한 역할을 한다는 것에 동의한다(Grigorenko & others, 2016; Sternberg 2016a, b). 이것이 의미하는 바는 아동의 환경을 풍요롭게 하면 학업 성취를 높이고 고용에 필요한 지식 요건을 향상시킬 수 있다는 것이다. 크레이그 라미와 동료들(Ramey & others, 1988)의 발견에 따르면, 열악한 환경에 처한 아동일지라도 출생 후 초기 5년 정도 양질의 교육적인 아동 돌봄을 받은 결과 지적 수준이 유의하게 높아졌다. 이 조기 개입의 긍정적 효과는 그런 아동들이 13세와 21세가 되었을 때의 지능과 성취에서도 뚜렷하게 나타났다(Ramey, Ramey, & Lanzi, 2009). 그리고 리처드 니스벳과 동료들(Nisbett a & others, 2012)이 수행한 연구 역시 지능에 대한 환경의 영향을 지지하였다. 즉 저임금 가정의 아동을 중산계급 이상의 가정에 입양했을 때 IQ 점수가 12~18점 증가함을 발견하였다.

환경이 지능에 미치는 영향을 지지하는 또 하나의 주장에는 세계적으로 지능점수가 과거에 비해 향상되었다는 것이 포함된다. 지능검사 점수가 너무도 빨라 높아져왔기 때문에 1900년대 초에는 평균적 지능으로 간주되었던 사람들의 비율은 오늘날에는 평균 이하로 간주될 것이다(Flynn,

자연과 양육 이슈 발달이 주로 자연(유기체의 생물학적 유전)에 의해 영향을 받느냐 아니면 양육(환경적 경험)에 의해 영향을 받는가에 대한 논쟁과 관련된다.

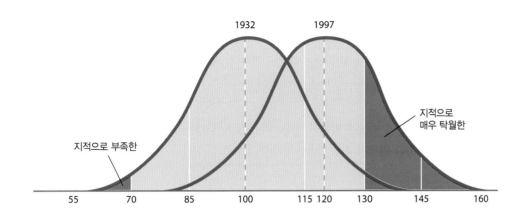

그림 4.5 플린 효과
스탠퍼드–비네 검사로 지금의 미국 아동을 측정하면 더 똑똑해 보인다. 1932년에 측정한 집단 점수는 절반은 100 이하이고 절반은 그 이상인 종 모양의 곡선에 위치한다. 연구가 보여주는 바에 따르면 오늘날 아동이 그 검사를 받는다면 1932년 척도상에서 절반은 120이 넘을 것이다. 그들 중 극소수만이 좌측 끝의 '지적으로 부족한' 범주에 속할 것이며, 대략 25%의 아동이 '매우 우수한' 범주에 속할 것이다.

1999, 2007, 2011, 2013; 그림 4.5 참조). 만일 오늘날의 대표적인 아동 표집에 1932년에 사용되었던 스탠퍼드–비네 검사를 적용한다면 그 표집의 25%가 매우 탁월한 것으로 정의될 것이다. 일반적으로 3% 미만의 인구에 부여되는 것과 비교해보면, 이 25%는 놀라운 수치일 것이다. 이러한 증가는 비교적 단기간에 이루어졌기 때문에 그 원인을 유전이라기보다는 사람들에게 노출되는 정보량과 보다 높은 비율의 교육을 받은 인구와 같은 환경적 요인으로 돌릴 수 있을 것이다. 1972년 이후 수행된 53개의 연구에 대해 최근 메타분석을 실시한 결과 IQ 점수가 그해 이후 10년마다 대략 3점씩 높아져 왔으며, 이러한 경향은 지속될 가능성이 크다(Trahan & others, 2014). 단기간에 걸쳐 지능검사에 있어서의 이와 같은 범세계적인 증가를 **플린 효과**(Flynn effect)라고 하는데, 이는 연구를 통해 이 효과를 발견한 제임스 플린의 이름을 차용한 것이다.

학교 교육에 대한 연구들 또한 지능에 미치는 교육의 효과를 보여주는데(Sternberg, Jarvin, & Grigorenko, 2009), 대규모의 아동이 장기간 동안 형식적 교육이 박탈되고 그 결과로 낮은 지능을 보일 때 그 효과가 극대화된다.

학교 교육 및 지능에 대한 연구들을 분석한 연구(Ceci & Williams, 1997)의 결론은 학교 교육과 지능은 상호 영향을 준다는 것이다. 다시 말해 고등학교를 마친 사람들은 중도 탈락한 사람들보다 지적이라는 것이다. 이것은 아마도 더 똑똑한 사람들이 학교에 더 오랫동안 남았거나 아니면 학교 교육이라는 환경적 영향이 그들의 지능에 영향을 미쳤기 때문일 것이다.

연구자들은 빈약한 지능 때문에 위기에 처한 아동의 초기 환경을 조작하는 데 보다 큰 관심을 갖고 있다(Ducan, Magnuson, & Votruba-Drzal, 2015; Wadsworth & others, 2016). 그리고 그 관심의 초점은 교정보다는 예방이다. 많은 저임금 부모는 자식에게 지적으로 자극적인 환경을 제공하는 데 어려움이 있다. 이이를 보다 민감하게 돌보고 보다 나은 교사가 되도록 교육하는 부모교육 프로그램은 양질의 아동돌봄 프로그램과 같은 지원 서비스와 마찬가지로 아이의 지적 발달에 기여할 수 있을 것이다(Bredekamp, 2017; Morrison, 2017).

DEVELOPMENT

자연과 양육의 효과를 무 자르듯 양분하는 것은 지극히 어렵다. 이는 심리학자 윌리엄 그리노(Greenough, 1997, 2000)의 말대로 "자연과 양육 중 어떤 게 더 중요한가?"라고 묻는 것은 직사각형에게 있어 "그 길이가 중요한가 아니면 넓이가 중요한가?"라고 질문하는 것과 같다. 특정한 유전자가 지능의 일반적 수준을 증진시키는지 아니면 제한하는지 우리는 여전히 알지 못한다. 그런 유전자가 존재한다면 그것은 분명 아동의 능력 발달을 증진하는 것처럼 보이는 가족이나 환경에 처한 아동이나 비지지적으로 보이는 가족이나 환경에 처한 아동 모두에서 발견될 것이다. 유전적 배경에 상관없이 '온갖 혜택을 받으며' 성장하는 모든 아동이 높은 지능이나 성공을 보장받는 것은 아니다. 그런 혜택을 당연한 것으로 간주할 경우 특히 그럴 것이다. 역으로 그런 혜택을 받지 못한 아동일지라도 지능이 낮거나 실패하는 것만도 아니다. 아동이 가족과 함께 가용한 기회를 최대한 이용한다면 특히 그럴 것이다.

인종과 문화 인종에 따라 지능은 차이가 있는가? 전통적인 지능검사는 편파적인가? 그렇다면 우리는 문화적으로 공정한 지능검사를 개발할 수 없는가?

DIVERSITY

인종 비교 미국에서 아프리카나 라틴계 가정의 아동은 백인 가정 출신의 아동보다 표준화 지능검사에서 점수가 낮다(Yeung, 2012). 아프리카계 학동은 백인 학동에 비해 표준화 지능검사 점수에서 대략 10~15점 낮다(Brody, 2000). 그러나 이는 **평균점수**라는 것에 유의하라. 약 15~25%의 아프리카계 학동은 백인 학동의 절반보다 점수가 높으며, 많은 백인들은 대부분의 아프리카계 미국인들보다 점수가 낮다. 그 이유는 아프리카계 미국인들과 백인들의 점수 분포가 중첩되기 때문이다.

아프리카계 미국인들이 사회적·경제적·교육적 기회를 획득함에 따라 아프리카계 미국인들과 백인들 간의 표준화 지능검사에서의 차이는 좁혀지기 시작했다(Ogbu & Stern, 2001). 최근 한 연구에서 검토한 결론에 따르면, 아프리카계 미국인들과 비라틴계 백인들 간의 IQ 차이는 최근 몇 년 사이에 상당히 축소되어 왔다(Nisbett & others, 2012). 이 차이는 아프리카계 미국인들과 백인 학생들이 초·중학교에 비해 환경적 차이를 덜 경험하는 대학에서 특히 작다(Myerson & others 1998). 또한 열악한 아프리카계 미국인 가정 출신의 아동이 상대적으로 혜택을 더 누리는 중산층 가정에 입양되었을 때 지능점수는 낮은 사회경제적 지위의 아동보다는 높고 중산층 아동의 전국 평균점수와는 비슷하다(Scarr & Weinberg, 1983). 더욱이 스탠퍼드-비네 지능검사를 활용한 최근의 한 연구에서는 학령 전 비라틴계 백인과 아프리카계 아동의 전반적인 지적 능력은 연령, 성, 가족 교육 수준과 대응시켰을 때 아무런 차이를 발견하지 못했다(Dale & others, 2014). 그럼에도 불구하고 최근의 한 연구에서 내린 결론에 따르면 STEM(과학, 공학, 엔지니어링, 수학) 과목과 경력에서의 아프리카계 미국인의 낮은 대표성은 이들이 비라틴계 백인보다 선천적으로 재능이 부족하다는 현장의 기대와 관련이 있다(Leslie & others, 2015).

문화적 편파와 문화적으로 공정한 검사 초기의 많은 지능검사는 문화적으로 편파적이어서 시골보다는 도시에 있는 아이, 저임금 가정보다는 중산층 가정 출신의 아동, 소수인종보다는 백인 아동에게 유리하였다(Miller-Jones, 1989). 초기 검사들의 표준은 배타적으로 비라틴계 백인 중산층 아동에 기초하고 있었다. 오늘날의 지능검사는 문화적 편파를 줄이려고 한다(Merenda, 2004).

RESEARCH

지능검사 수행에 미칠 수 있는 잠재적인 영향으로 **고정관념 위협**(stereotype threat)이 있을 수 있다. 이는 누군가의 행동이 자신의 집단에 대한 부정적인 고정관념을 확인하는 것은 아닌가 하는 불안이다(Pennington & others, 2016; Scott & Rodriquez, 2015; Steele & Aronson, 2004; Spencer, Logel, & Davies, 2016; Suad Nasir, Rowley, & Perez, 2016). 예컨대, 아프리카계 미국인이 지능검사를 받을 때 "흑인은 지적으로 열등하다"는 오랜 고정관념을 확인하는 것은 아닌가 하는 불안을 경험할지 모른다. 이러한 고정관념 위협이라는 경험을 확인한 연구들이 있다(Appel & Kronberger, 2012; Wasserberg, 2014). 예컨대 아프리카계 미국인 학생들은 표준화 검사에서 자신이 평가되고 있음을 인지하면 빈약한 수행을 보였다. 반면 그들이 점수가 산출되지 않는다고 생각하면 백

고정관념 위협 누군가의 행동이 자신의 집단에 대한 부정적인 고정관념을 확인하는 것은 아닌가 하는 불안

인 학생 못지않은 수행을 하였다(Aronson, 2002). 물론 이러한 고정관념 위협에 따른 검사점수의 차이를 설명하는 정도가 과장 되었다는 비판도 있다(Sackett, Borneman, & Connelly, 2009).

문화적으로 공정한 지능검사(culture-fair test)는 문화적 편파를 방지할 목적의 지능 검사이다. 문화적으로 공정한 검사는 두 유형으로 개발되었다. 그 하나는 모든 사 회적·경제적·인종적 배경 출신의 사람에 게 친숙한 질문을 포함하고 있다. 예컨대, 아동에게 새와 개는 어떻게 다른가 물을 수 있다. 이는 거의 모든 아동이 새와 개에 친숙하다는 가정에 기초하고 있다. 다른 하나는 언어적 질문을 전혀 하지 않는 유

고정관념 위협은 소수인종 학생들의 표준화 검사 수행에 어떻게 개입될까?

© Image Source/Alamy RF

형이다. 널리 사용되는 문화적으로 공정한 검사의 하나는 레이븐의 진보적 매트릭스 검사(Raven's Progressive Matrices Test)이다. 이처럼 문화적 공정성을 기하기 위한 검사들이 설계되었지만, 교육 을 더 많이 받은 사람들이 그렇지 않은 사람들에 비해 여전히 높은 지능검사 점수를 받고 있다.

문화적으로 공정한 검사를 만드는 것이 왜 그렇게 어려운가? 대부분의 검사는 지배적인 문화적 사고에 비추어 중요한 것을 반영하는 경향이 있다(Zhang & Sternberg, 2012). 시간제한이 있는 검 사는 시간에 관심이 없는 집단에게는 불리한 편파를 지닐 것이다. 언어가 다를 경우 동일한 단어일 지라도 집단에 따라 그 의미가 다를 수 있다. 그림조차 편파를 낳을 수 있다. 일부 문화에서는 그림 과 사진에 대한 경험이 상대적으로 부족하기 때문이다. 동일 문화권에서조차 집단에 따른 상이한 태도, 가치, 동기는 지능검사 수행에 영향을 줄 수 있다. 문화적으로 공정한 검사를 만듦에 있어서 의 이와 같은 어려움 때문에 로버트 스턴버그는 문화적으로 공정한 검사란 없으며, **문화적 편파 축소 검사**(culture-reduced test)만이 있을 수 있다고 결론짓는다.

능력별 집단구성과 트랙킹 논란이 되는 또 하나의 이슈는 학생의 지능검사 점수로 능력집단을 구 성하는 것이 더 많은 교육적 혜택을 가져올 것인가이다. 능력별 집단구성은 두 유형으로 교육에 적 용되어 왔다. 즉 학급 간과 학급 내 능력별 집단구성이다.

학급 간 능력별 집단구성(트랙킹) 학급 간 능력별 집단구성(between-class ability grouping), 즉 **트 랙킹**(tracking)은 학생의 능력이나 성취에 기초해 집단을 나누는 것이다. 트랙킹은 학생 조직을 위 한 방법으로 오랫동안 사용되어 왔으며, 특히 중학교에서 그렇다. 트랙킹에 대한 긍정적인 관점은 그것이 집단 내 학생들의 기술 격차를 좁혀 보다 용이한 교수가 가능하다는 점, 그리고 능력이 상 대적으로 부족한 학생들이 보다 재능이 있는 학생들의 진도를 '방해'하는 것을 막을 수 있다는 점 을 들 수 있을 것이다.

전형적인 학급 간 집단구성은 학생들을 대학 준비 트랙과 일반 트랙으로 나누는 것이다. 이 두 트랙 내에서도 능력에 따라 집단을 더 세분화할 수 있다. 대학 준비생을 위해 수학 수업을 두 수준

문화적으로 공정한 지능검사 문화적 편파로 부터 자유로운 지능검사

학급 간 능력별 집단구성(트랙킹) 반을 편성 할 때 학생의 능력이나 성취도를 기준으로 삼 는 방법

무학년(무연령) 프로그램 학급 간 능력별 집단구성의 한 가지 변형으로 여기서 학생들은 나이나 학년 수준과 상관없이 특정 교과에서 능력에 따라 집단화된다.

조플린 계획 독서 수업을 위한 표준 무학년 프로그램

RESEARCH

으로 나누어 집단을 구성하는 것이다. 교과 영역 내에서 학생 수준에 따라 나눌 수도 있다. 예컨대 어떤 학생은 고급 수학 집단과 중급 영어 집단에서 공부할 수 있다.

트랙킹에 대한 비판가들의 주장에 따르면, 트랙킹은 낮은 수준의 집단에 배치된 학생에게 낙인 효과가 있다(Banks, 2014). 예컨대 그런 학생 집단이 '열등생'이나 '돌대가리' 집단으로 불릴 수 있다. 또한 비판가들은 낮은 집단 수준의 교실에는 교사도 덜 노련하고 자료도 상대적으로 부족하고 학생들에 대한 기대 수준도 낮을 수 있다고 주장한다. 나아가 비판가들은 보다 수준 높은 트랙에는 소수인종과 열악한 배경 출신의 학생들이 상대적으로 적기 때문에 트랙킹이 인종이나 사회경제적 기회에 따른 학생 분리 수단으로 악용될 수 있다고 강조한다(Banks, 2014). 이런 식의 트랙킹은 사회에서의 분리를 학교 안에서 실제 재연하는 것과 진배없다는 것이다. 탈트랙킹 논자들의 주장에 따르면 평균 혹은 그 이상의 학생들은 능력별 집단구성으로부터 실제적 혜택을 받지 못한다.

트랙킹이 학생에게 해롭다는 비판가들의 주장을 지지하는 연구는 없는가? 연구자들이 발견한 바에 따르면 트랙킹은 낮은 수준에 속한 집단의 성취를 손상시키는(Kelly, 2008) 반면, 높은 수준의 집단(재능 프로그램에 참여하는 학생들)에게 혜택을 주는 것 같다. 또한 연구자들은 "'트랙 상승'을 통해 보다 엄격한 교육과정에 노출된 학생들이 '트랙 하강'을 통해 덜 도전적인 수업 코스를 제공받을 때보다 더 많은 것을 배운다"는 것을 발견했다(Blanks & others, 2005, p. 239).

학급 간 능력별 집단구성의 한 가지 변형은 **무학년(무연령) 프로그램**[nongraded (cross-age) program]으로, 여기서 학생들은 나이나 학년 수준과 무관하게 특정 교과에서 능력별로 집단화된다 (Fogarty, 1993). 이 유형의 프로그램은 특히 중학교 1~3학년에서 널리 활용된다. 예컨대, 비슷한 수학 능력을 가진 중학교 1~3학년 학생들을 한 반으로 구성할 수 있다. **조플린 계획**(Joplin plan)은 무학년 독서수업 표준 프로그램이다. 이 계획에서는 비슷한 독서 수준을 갖는 중학교 2학년, 3학년, 고등학교 1학년 학생들이 한 반으로 구성된다.

우리는 앞에서 트랙킹이 낮은 수준의 학생 집단에게 부정적인 영향을 미칠 수 있다고 하였다. 실제 트랙킹을 한다고 하면 낮은 성취의 학생들에게 학문적 수행을 향상시킴으로써 트랙을 바꿀 수 있는 기회를 제공하는 것이 특히 중요하다. 샌디에이고 구 공립학교에서 진행하는 개별 결정을 통

샌디에이고에 있는 개별 결정을 통한 진전(AVID) 프로그램에 참여한 학생들. 이들은 낮은 트랙에 놓이기보다는 엄격한 코스에 등록해 성공하도록 돕기 위한 지원을 받고 있다. 이 학생들은 어떤 유형의 지지를 받는가?

© John Fletcher/The Asheville Citizen-Times/AP Images

한 진전(Advancement Via Individual Determination, AVID) 프로그램은 낮은 성취의 학생들을 위한 지지를 제공하고 있다. 이런 학생들을 낮은 트랙에 배치하는 대신 엄격한 코스에 등록시켜 성취하도록 돕는다. 포괄적인 지원 서비스 체계를 통해 성공을 지지하는 것이다. 예컨대 이 프로그램의 결정적인 측면인 학생들에게 노트필기 기술, 질문하기 기술, 사고기술, 의사소통 기술을 가르치는 일련의 워크숍을 통해 지지한다. 참여 학생들은 또한 스터디 그룹으로 묶여 과제물에 대해 서로 질문하면서 명료화하는 것을 돕도록 촉구된다. 상당수가 AVID 출신인 대학생들이 역할 모델, 코치, 동기부여자로서 봉사한다. AVID 학교의 선도 교사들은 다양한 학문적 배경 출신의 학교 상담사 및 교사 팀을 감독한다. 최근 몇 년 사이에 AVID 학교에서의 학생 탈락률은 3분의 1 이상 줄었다. 더욱 놀라운 사실은 AVID 졸

업생 중 99%가 대학에 입학했다는 것이다. 그 덕인지 다양한 형태의 AVID 프로그램이 미국 학교에서 만들어져 왔다. 연구자들의 발견에 따르면 그런 프로그램들은 학생들의 고등학교 및 대학교에서의 성취에 긍정적인 영향을 미치고 있다(Griffen, 2013; Huerta & Watt, 2015; Huerta, Watt, & Butcher, 2013).

요컨대, 트래킹은 특히 낮은 능력 수준의 학생을 집단화함으로써 발생되는 문제 때문에 여전히 논란의 대상이다. 너무도 종종 단일집단 IQ 검사 점수가 학생들을 특정 트랙에 위치시키는 데 활용되고 있다. 연구자들은 집단 IQ 검사가 학생들이 특정 교과 영역에서 얼마나 잘할 것인지를 알 수 있는 예측변인이 아님을 발견했다(Garmon & others, 1995).

학급 내 능력별 집단구성 학급 내 능력별 집단구성(within-class ability grouping)은 학생들의 능력을 고려해 학급 내에서 둘 혹은 세 집단으로 학생들을 배치하는 것과 관련된다. 전형적인 학급 내 능력별 집단구성은 초등학교 교사가 학생들의 독서 기술에 기초해 여러 독서 집단으로 학생들을 배치하는 경우이다. 예컨대, 2학년 교사는 비슷한 독서 능력 수준을 가진 3학년 학생들로 제1집단, 2학년 학생들로 제2집단, 1학년 학생들로 제3집단을 구성해 독서 프로그램을 운영할 수 있다. 이와 같은 학급 내 집단구성은 중학교보다는 초등학교에서 더 흔하다. 가장 많이 활용되는 교과 영역은 독서이며, 그다음은 수학이다. 많은 초등학교 교사가 학급 내 능력별 집단구성을 여러 형식으로 전략적으로 활용하고 있지만, 이 전략을 지지하는 명확한 연구는 없다.

학급 내 능력별 집단구성 학급 내에서 학생들의 능력차를 고려해 둘 혹은 세 집단으로 학생들을 배치

학생과 연계하기 : 최고의 실천
트래킹 활용 전략

당신이 읽은 바와 같이 트래킹을 활용할 때 주의할 게 많다. 다음은 교사가 학교에서 트래킹을 통해 가르칠 때 채택할 수 있는 몇 가지 전략이다.

1. 학생을 능력별로 집단화할 때 집단 IQ 검사 점수보다는 특정 교과 영역에서 학생의 지식과 잠재력을 측정한 수치를 활용한다.
2. 집단에게 '낮은', '중간', '높은'이라고 꼬리표를 다는 것을 피한다. 또한 집단비교를 하지 않는다.
3. 능력별 집단구성을 2개 이상 하지 않는다. 이 보다 집단 수가 많으면 집중해서 수업을 할 수 없다.

4. 능력별 집단구성을 학생 수행에 대한 점검과 변화의 목적으로 고려한다. 학생들의 수행을 신중하게 감찰하고, 저수준 집단 학생이 적절한 진전을 하면 고수준 집단으로 이동시켜라. 고수준 집단 학생의 수행이 빈약하면 그 집단이 그 학생에게 적절한지 평가하고 그 학생의 수행 향상을 위해 필요한 지지를 제공하라.
5. 특히 성취 수준이 낮은 학생들을 위한 트래킹에 대해 대안은 없는지 검토한다. 이 책 전반에 걸쳐 우리는 AVID 프로그램에서 사용되는 것과 같은 성취 수준이 낮은 학생들을 위한 수업 전략이나 지지 서비스를 기술할 것이다.

복습하기, 성찰하기 그리고 연습하기

① 지능이란 무엇이며, 그것을 어떻게 측정하며, 다중지능 이론, 지능의 신경과학, 교육자들이 사용하는 지능과 관련한 몇 가지 논란과 이슈에 대해 토론한다.

복습하기
- 지능이라는 개념이 의미하는 바는 무엇인가?
- 비네와 웩슬러가 지능 분야에 공헌한 바는 무엇인가? 개별 지능검사와 집단 지능검사에 대한 찬반론에는 어떤 것이 있는가?

- 스턴버그의 삼원지능 이론이란 무엇인가? 가드너의 '마음의 틀'이라는 체계는 무엇인가? 메이어, 살로베이, 골먼이 말하는 정서지능이란 무엇인가? 각 이론은 교육과 어떻게 관련되는가? 지능이 일반지능으로 혹은 다중지능으로 더 잘 개념화되는지에 대해 어떤 측면에서 논란이 있는가?
- 두뇌는 지능과 어떻게 연관되는가?
- 지능과 관련한 세 가지 논란은 무엇인가?

성찰하기

- 당신이 처음으로 어떤 아동들을 가르칠 것이고 그들의 지능검사 점수를 손에 넣었다고 가정해보자. 당신은 그 점수 보기를 주저할 것인가? 그렇다면/그렇지 않다면 그 이유는 무엇인가?

연습하기

1. 다음 중 어느 것이 최고로 높은 지능의 지표인가?
   a. IQ 검사에서의 105점
   b. 링컨의 게티스버그 연설 암송하기
   c. 피드백을 받은 후 과제 재실행 시 동일한 실수 반복하지 않기
   d. 높은 성적 받기

2. 수잔은 자기 학교의 재능 프로그램에 참여할 자격이 있는지 결정하기 위해 오티스-레넌 학교능력검사(OLSAT)를 받았다. 그녀가 받은 125점 점수에 기초하면 자격 미달이다. 다음 중 어떤 것이 이 선발 절차와 관련해 타당한 진술인가?
   a. 개별검사였기 때문에 라포가 형성되었으며, 불안이 수행을 방해하지 않았다. 그러므로 점수에 기초한 자격 미달 결정은 지지되어야 한다.
   b. 집단검사였기 때문에 라포가 형성되지 않았고, 불안이 그녀의 수행을 방해했다고 할 수 있다. 그러므로 그 결정은 지지되어서는 안 된다. 더 많은 정보가 필요하다.
   c. 점수가 평균보다 충분히 높으므로 재능 프로그램에 포함되어야 한다.
   d. 점수가 평균 수준에 불과하므로 재능 프로그램에 포함되어서는 안 된다.

3. 다음 중 어떤 학생이 스턴버그의 실제적 지능의 전형인가?
   a. 놀라운 과학 논픽션을 쓰는 야말
   b. '위대한 개츠비(The Great Gatsby)'의 복잡한 상징을 아주 잘 이해하는 산드라
   c. 학교에서 가장 탁월한 운동 재능을 보이는 마크
   d. 남들과 가장 잘 어울리며 상대방의 정서 '읽기'를 잘하는 수잔

4. 다음 중 어떤 것이 현재 알려진 지능에서의 두뇌 역할을 가장 잘 진술하는가?
   a. 아동의 전체 두뇌 크기는 지능과 강한 상관이 있다.
   b. 지능은 두뇌 영역 전반에 걸쳐 분포되어 있을 것이다.
   c. 지능은 거의 전적으로 두뇌의 전두엽에 위치해 있다.
   d. 두뇌와 지능에 관한 가장 일관된 발견은 보다 높은 지능은 보다 낮은 양의 회백질과 관련이 있다는 것이다.

5. 다음 중 어떤 진술이 지능에 있어서의 자연과 양육이라는 이슈에 대한 현재의 연구에 가장 부합하는가?
   a. 지능은 대개 유전적이므로 학생의 지능을 향상시킬 여지는 거의 없다.
   b. 지능은 유전과 환경 모두에 의해 영향을 받기 때문에 학생들에게 풍부한 교실 환경을 제공함으로써 지능을 향상시킬 수 있다.
   c. 학교 교육을 더 많이 받은 학생들은 그렇지 않은 학생들에 비해 지능검사에서 높은 점수를 받는 경향이 있으며, 이는 환경이 유전보다 지능에 더 중요함을 시사한다.
   d. 최근 가파르게 높아지는 지능점수는 지능이 유전에 의해 주로 결정됨을 시사한다.

정답은 '연습하기 정답' 참조

② 학습 및 사고 양식

| 충동적/성찰적 양식 | 심오한/표면적 양식 | 낙관적/비관적 양식 | 학습 및 사고 양식에 대한 비판 |

학습목표 2
학습 및 사고 양식을 기술한다.

지능은 능력의 문제이다. **학습 및 사고 양식**(learning and thinking style)은 능력이 아니라 선호하는 능력을 사용하는 방식이다(Sternberg, 2015c). 사실상 교사들은 당신에게 아동이 놀라우리만큼 다양한 방식으로 학습 및 사고에 접근한다는 것을 말해줄 것이다. 교사들의 학습 및 사고 양식 또한 다양하다. 우리 중 어느 누구도 단 하나의 학습 및 사고 양식을 가지고 있지 않다. 우리 각각은 다양한 양식의 프로파일을 가지고 있다. 개인들은 너무도 다르기 때문에 교육자와 심리학자들은 글자 그대로 수백 가지의 학습 및 사고 양식을 제안해왔다.

학습 및 사고 양식을 다 다루기에는 그 범위는 너무 광대하다. 여기서는 세 세트의 양식(충동적/성찰적, 심오한/표면적, 낙관적/비관적)을 소개하고 그에 대한 몇 가지 비판을 다룬다.

학습 및 사고 양식 자신의 능력을 사용하는 방법에 관한 개인적 선호도

충동적/성찰적 양식 충동적으로 빠르게 행동하는 사람의 인지양식과 답의 정확성을 생각하기 위해 더 많은 시간을 보내는 사람의 인지양식

충동적/성찰적 양식

충동적/성찰적 양식(impulsive/reflective style)은 개념적 속도로 언급되기도 한다. 이 양식은 잽싸고 충동적으로 행동하거나 충분한 반응 시간을 갖고 답의 정확성에 대해 성찰하는 경향과 관련된다(Kagan, 1965). 충동적인 학생은 성찰적인 학생보다 실수를 저지를 때가 더 많다.

충동과 성찰에 대한 연구가 보여주는 바에 따르면 성찰적인 학생은 충동적인 학생에 비해 구조화된 정보 기억하기, 독해 및 텍스트 해석, 문제해결 및 의사결정과 같은 과제를 더 잘한다(Jonassen & Grabowski, 1993).

성찰적인 학생은 또한 충동적인 학생에 비해 자신만의 학습목표를 설정하고 관련 정보에 집중할 가능성이 더 높다. 일반적으로 성찰적인 학생은 상대적으로 높은 수행 기준을 갖는다. 성찰적인 학생이 충동적인 학생에 비해 학교에서 효과적으로 학습하고 공부도 더 잘한다는 강력한 증거가 있다.

충동적/성찰적 양식에 대해 생각할 때 유념할 점은 비록 대부분의 아동이 충동적일 때보다 성찰적일 때 더 잘 배우지만, 아주 빠르면서도 정확하게 학습하고 의사결정을 내리는 아동도 있다는 것이다. 오답이 아니라면 빠른 반응은 문제가 되지 않는다. 또한 문제에 대해 부단히 반추하다 보니

되돌아보기/앞날을 생각하기
"자기조절은 자신의 생각, 느낌, 행동을 스스로 만들고 감찰함으로써 바라는 목표에 이르려 한다는 점에서 학습의 핵심적 측면이다"라는 인식이 점증하고 있다. 제6장 '행동주의와 사회인지 이론'과 연계해 생각해보자.

학생과 연계하기 : 최고의 실천
충동적 아동에 대한 작업 전략

당신의 교실에는 충동적인 아동이 있을 것이다. 다음과 같은 전략을 통해 그들의 충동성을 완화시킬 수 있다.

1. 누가 충동적인지 수업 시간에 모니터한다.
2. 충동적인 학생과의 대화를 통해 답하기 전에 충분히 생각할 시간을 갖도록 한다.
3. 학생들이 어떤 새로운 정보와 작업할 때 그것에 라벨을 붙이도록 격려한다.

4. 교사로서 반성적 양식의 모델이 된다.
5. 수행에 대한 기준을 학생들 스스로 높게 설정하도록 도와준다.
6. 충동적인 학생이 보다 성찰적인 시간을 갖기 시작하는 시점을 알아차린다.
7. 학생들 스스로 충동성을 줄이기 위한 계획을 만들도록 안내한다.

심오한/표면적 양식 학생이 학습 자료에 접근할 때 그 자료의 의미를 이해하도록 돕는 방식(심오한 양식)과 단지 학습할 필요가 있는 것으로 안내하는 방식(표면적 양식)

과제를 완수하는 데 어려움을 겪는 성찰적인 아동도 있음에 유의하라. 이 경우 교사는 반추적인 성향을 억제시켜 보다 적시에 문제해결에 이르도록 격려할 수 있다. 제6장에서 행동주의 접근과 사회인지적 접근을 다루면서 학생이 스스로 행동을 조절하도록 돕기 위한 여러 가지 전략을 더 논의할 것이다.

> **되돌아보기/앞날을 생각하기**
> 암기 측면에서 예측해볼 때 보다 깊은 정보처리는 얕은 정보처리보다 암기에 도움이 된다. 제7장 '정보처리 접근'과 연계해 생각해보자.

심오한/표면적 양식

심오한/표면적 양식(deep/surface style)은 학생의 학습 자료 접근 방식과 관련된다. 학생들은 자료의 의미를 스스로 이해하기 위해 깊게 공부하려 하는가(심오한 양식) 아니면 단지 배울 필요가 있다고 생각해 표피적으로 공부하려 하는가?(표면적 양식)(Marton, Hounsell, & Entwistle, 1984) 표면적 양식으로 학습에 접근하는 학생은 배운 것을 보다 큰 개념적 틀과 연계시키는 데 실패할 것이다. 이런 학생은 수동적 방식으로 학습하는 경향이 있으며 종종 정보를 기계적으로 암기한다. 심오한 학습자는 배운 것을 적극적으로 구성하고 암송할 필요가 있는 것에 의미를 부여하는 경향이 더 강하다. 그러므로 심오한 학습자는 학습에 대한 구성주의적 접근을 한다. 또한 자기동기적인 학습을 할 가능성이 더 크다. 반면 표면적인 학습자는 점수나 교사로부터의 긍정적인 피드백과 같은 외적 보상 때문에 학습이 동기화될 가능성이 더 높다(Snow, Como, & Jackson, 1996).

최근 교사들에게 학생의 학습 및 사고 양식에 영향을 주기 위해 그들이 활용하는 전략을 식별해줄 것을 요청한 바 있다. 다음은 이에 대한 그들의 권고사항들이다.

유치원 교사 취학 전 아동들은 어떤 질문에 매우 열성적으로 대답하거나 활동에 참여하는 경향이 강한데, 이는 그들이 종종 교사의 귀에 들릴 정도로 상대방에게 말을 건다는 의미이기도 합니다.

학생과 연계하기 : 최고의 실천
표면적 학습자가 보다 깊게 사고하도록 돕기 위한 전략

당신이 가르치는 교실에는 충동적인 아동뿐만 아니라 표면적인 아동도 있을 것이다. 다음은 표면적인 학습자를 보다 깊게 사고하는 학습자로 바꾸는 데 효과적인 몇 가지 전략이다.

1. 학생들을 모니터해 누가 표면적인 학습자인지 결정한다.
2. 학생들과 함께 단순 암기를 넘어서는 것의 중요성에 대해 토론한다. 학생들이 지금 배우고 있는 것을 과거에 배운 것과 연계하도록 격려하라.
3. 학생들에게 정보를 보다 큰 틀과 맞추도록 하는 질문을 하고 과제를 내준다. 예를 들어, 학생들에게 특정 국가의 수도를 대라고 단순히 요구하는 대신, 수도를 방문한 적이 있는지, 그 경험은 어땠는지, 미국의 여러 도시가 어떤 지역에 위치해 있으며 그 크기는 어느 정도인지 물을 수 있다.
4. 표피를 단순히 긁는 것이 아니라 깊게 정보를 처리하는 모델이 된다. 주제를 깊이 탐색하는 당신의 모습을 보여주고, 학생들과 함께 토론하는 정보가 보다 큰 아이디어망과 어떻게 연결되는지에 대해 이야기하라.
5. 준비된 듯 거침없는 대답이 예상되는 질문을 피하라. 학생들에게 깊은 정보처리를 요구하는 질문을 하라. 수업 내용은 학생들의 기존 관심과 효과적으로 연결되도록 하라. '교사의 시선'에서 미네소타중학교 여교사 테레제 올레니작은 중요한 자료를 얼버무리고 넘어가지 않도록 하기 위해 학생에

게 완급을 조절하는 방법을 어떻게 습득시키는지에 대해 기술하고 있다.

교사의 시선 : 세세한 것에 주목하기
7학년 학생들은 자신이 선호하거나 사용하는 지능에 상관없이 서두른다. 나는 종종 학생들의 완급조절을 돕기 위한 기술을 가르치고 과제 완수를 서두르다 놓칠 수 있는 세부적인 것들을 수집한다.

내가 사용하는 한 가지 방법은 우선 전체 학생들에게 선정한 주제에 관한 글을 소중한 마음가짐으로 조용히 읽도록 한다. 그런 다음 학생들에게 글의 세부 내용을 칠판에 적도록 한다. 학생들이 열정적으로 손을 들면 한 사람씩 차례대로 호명해 적도록 한다. 이렇게 하는 것은 학생들로 하여금 소속감을 갖고 세부 목록을 만드는 데 기여한다는 느낌을 갖게 할 수 있다. 목록이 다 만들어진 후 학생들과 함께 그것을 면밀히 검토해보면 그들이 발견한 정보의 깊이에 놀랄 때가 있다. 누군가 대충 넘어가 놓쳤던 모호한 항목을 학생들이 발견했을 때 서로에게 완급조절의 필요성을 느끼게 하면서 계획에 없던 동료 튜터링이 일어난다. 마지막으로 소집단을 구성해 요약 및 예시를 포함하는 최종 보고서를 만들게 한다.

우리에게 열정적인 학생들이 있다는 것은 늘 행복한 일이지만, 우리는 그들에게 호명되기를 참을성 있게 기다리고 질문에 답하기 전에 시간을 들이라고 가르칠 필요도 있습니다.

-미시 댄글러, 서버번힐즈학교

초등학교 교사 우리는 '생각 시간'이라는 절차를 활용해 학생들이 질문에 답하기 전에 신호에 따라 성찰할 시간을 적절히 갖게 합니다. 그리고 우리는 생각-짝-나눔 절차를 통합해 모든 학생에게 질문에 대해 생각할 기회를 주고, 짝과 그 생각을 공유하도록 하죠. 저는 또한 짝이 말한 것을 다시 상대방에서 말하도록 해서 경청 기술을 익히도록 합니다.

-헤더 졸닥, 리지우드초등학교

중학교 교사 저는 차별화된 학습기회를 제공해 모든 학생의 학습 양식에 맞추려고 노력합니다. 예컨대, 재능이 있는 학생들은 광대한 연구 작업을 독립적으로 할 수 있고, 공학을 즐기는 학생들은 파워포인트 발표로 연구 프로젝트를 완성하도록 허용합니다. 그림 그리기나 창의적인 프로젝트 개발을 즐기는 학생들에게는 현장 프로젝트를 하도록 합니다.

-펠리시아 피터슨, 포칸티코힐즈학교

고등학교 교사 예술교사로서 저는 교실에서 개방 및 수용의 태도를 조장하는데, 이는 학생들의 학습 증진에 도움이 됩니다. 학생들이 자신의 생각이 존중받고 경청된다는 것을 느낄 때 두려움 없이 어떤 것이라도 하려는 의지를 보입니다.

-데니스 피터슨, 디어리버고등학교

낙관적/비관적 양식

낙관적/비관적 양식(optimistic/pessimistic style)은 미래에 대해 긍정적(낙관적) 혹은 부정적(비관적) 전략을 갖는 것과 관련된다. 마틴 셀리그만(Seligman, 2007)은 자신의 저서 **마틴 셀리그만의 낙관적인 아이**(The Optimistic Child)에서 부모, 교사, 코치가 아동에게 낙관주의를 불어넣을 수 있는 방법을 기술하였다. 그의 주장에 따르면 낙관주의는 아동이 보다 탄력적이고 덜 우울하며 보다 학문적으로 성공하도록 하는 데 도움이 된다.

청소년에 관한 한 연구의 예측에 따르면, 낙관적 사고 양식은 부정적이고 잠재적으로 드라우마적인 생활 사태를 경험한 개인들의 자살 충동을 줄인다(Hirsch & others, 2009). 또 다른 한 연구에서 드러난 바에 따르면, 낙관적 사고 양식의 청소년은 비관적 청소년에 비해 우울증이 발생할 위험성이 낮았다(Patton & others, 2011).

관심의 초점이 학문적 낙관성이라는 개념을 수업에 적용하는 쪽으로 이동해왔다(Sezgin & Erdogan, 2015). 이 개념이 강조하는 바는 교사가 다음과 같이 믿을 때 학생의 긍정적인 학문적 성과가 일어난다는 것이다. 첫째, 교사가 학생의 학문적 성취에서 차이를 만들 수 있다고 믿을 때, 둘째, 그 성취 목표를 달성함에 있어 학생과 학부모가 협력할 수 있다고 신뢰할 때, 셋째, 학생들이 어려움에 직면했을 때 문제를 극복하고 회복탄력적일 수 있다고 믿을 때이다(Hoy, Hoy, & Kurtz,

낙관적/비관적 양식 미래에 대해 긍정적(낙관적) 혹은 부정적(비관적) 기대를 갖는 것과 관련된다.

2008). 연구자들은 학문적 낙관주의가 학생의 학문적 성공과 연동되어 있음을 발견해왔다(Fahey, Wu, & Hoy, 2010; Gurol & Kerimgil, 2010; Hoy, Tarter, & Hoy, 2006).

학습 및 사고 양식에 대한 비판

학습 양식이나 사고 양식의 개념에 대한 비판 수준은 대동소이하다. 학습 및 사고 양식에 대한 연구자들의 조사에서 밝혀진 바에 따르면, 이 두 양식에 대해 공통적으로 가해지는 비판은 다음 세 가지로 대별할 수 있다. 첫째, 양식의 낮은 신뢰성(양식을 사정할 때의 일관성 결여), 둘째, 양식의 낮은 타당성(사용되는 검사가 사정되는 양식을 제대로 측정하고 있는지), 셋째, 혼란스러운 양식의 정의(Peterson, Rayner, & Armstrong, 2009)이다. 최근 두 연구에서 검토한 결과 이러한 비판은 지지되었으며, 학습 양식 이론에 대한 과학적 지지가 부족하다는 것이 밝혀졌다(Cuevas, 2015; Willingham & others, 2015).

그럼에도 불구하고 일부 교육자들은 학습 및 사고 양식의 개념의 유용성을 믿고 있다. 여기서 논의된 세 세트의 양식인 충동적/성찰적, 심오한/표면적, 낙관적/비관적 양식을 선택한 이유는 이것들이 여타의 양식에 비해 학생의 학습을 보다 효과적으로 돕는 데 유의미하게 적용될 가능성이 더 크기 때문이다.

복습하기, 성찰하기 그리고 연습하기

② 학습 및 사고 양식을 기술한다.

복습하기
- 학습 및 사고 양식이란 어떤 의미인가? 충동적/성찰적 양식을 기술하라.
- 심오한/표면적 양식의 특징은 무엇인가?
- 낙관적/비관적 양식이란 무엇인가?
- 학습 및 사고 양식에 대한 비판에는 어떤 것이 있는가?

성찰하기
- 이 절에서 제시된 학습 및 사고 양식의 측면에서 당신 자신이나 당신이 잘 아는 누군가를 기술하라.

연습하기
1. 가르시아 선생님은 학생들에게 소설의 몇 구절을 읽게 한 다음 30분을 주고 그 핵심을 기술하도록 한다. 다음 중 어떤 학생이 이 과제를 잘 할까?
   - a. 충동적 사고 양식의 학생
   - b. 성찰적 사고 양식의 학생
   - c. 실제적 지능을 가진 학생
   - d. 평균 지능을 가진 학생
2. 다음 중 어떤 질문이 심오한 사고 양식을 격려할까?
   - a. 1/2의 역함수는 무엇인가?
   - b. 가장 작은 소수는 무엇인가?
   - c. 당신은 요리법에 나온 음식의 절반을 만들기 위해 얼마나 많은 밀가루를 사용하겠는가?
   - d. 덧셈은 뺄셈의 반대라고 말하는데 그 의미는 무엇인가?
3. 다음 중 어떤 교사가 학생들에게 가장 긍정적인 결과를 가져올까?
   - a. 역경에 직면했을 때 회복탄력적인 능력이 있다고 믿는 홀 선생님
   - b. 학생들의 성과가 달라질 수 있다는 것에 그다지 자신감이 없는 윙클 선생님

c. 목표 달성을 위해 학부모와 협력하는 것을 탐탁지 않게 생각하는 오버튼 선생님

d. 교실에서 직면한 자신의 문제를 극복할 수 있다고 확신하지 못하는 콘스탄틴 선생님

정답은 '연습하기 정답' 참조

③ 성격과 기질

학습목표 3
성격과 기질의 본질을 규정한다.

우리는 아동의 인지에 있어서의 개인적 변인을 인식하는 것이 중요함을 이해했다. 아동의 성격과 기질에서의 개인적 변인에 대한 이해 또한 중요하다.

성격 세계에 적응하는 방식을 특징짓는 개인의 독특한 사고, 정서, 행동

성격

우리는 성격에 대해 항상 진술하고 있으며 특정 유형의 성격을 가진 사람과 어울리기를 선호한다. 성격이 의미하는 바를 검토해보자.

성격(personality)은 개인의 독특한 사고, 정서, 행동이며 세상에 적응하는 방식이다. 잠시 당신 자신에 대해 생각해보라. 당신의 성격은 어떤가? 외향적인가 아니면 수줍어하는가? 사려 깊은가 아니면 돌보는 것을 좋아하는가? 우호적인가 아니면 적대적인가? 이런 질문들이 성격과 관련된 일부 특징이다.

성격 특질은 청소년기에 얼마나 안정적인가? 일부 연구자들이 발견한 바에 따르면, 성인기에 비해 청소년기의 성격은 안정적이지 않다(Roberts, Wood, & Caspi, 2008). 청소년기 성격에 있어 보다 큰 변화의 정도는 새로운 정체성의 탐색과 관련이 있을 것이다.

성격의 5요인 개방성, 성실성, 외향성, 친화성, 신경증(정서적 안정성)

DEVELOPMENT

성격의 5요인 지능과 마찬가지로 심리학자들은 성격의 주요 차원을 식별하는 데 관심이 있다 (Engler, 2009). 일부 성격 연구자들은 **성격의 5요인**(Big Five factors of personality)을 식별했다고 주장한다. 즉 성격의 주요 차원을 기술하기 위한 '초특성(supertrait)' 사고에는 개방성(openness), 성실성(conscientiousness), 외향성(extraversion), 친화성(agreeableness), 신경성(neuroticism, 정서적 안정성)이 있다(그림 4.6 참조). 이 특질의 두문자를 따면 *OCEAN*이 된다.

그림 4.6 성격의 5요인
각 상자는 좁은 의미로 보면 이외에 더 있을 수 있는 특질과 특징을 포괄하는 '초특질'을 대표한다. 두문자 OCEAN을 기억하면 성격의 5요인을 기억하는 데 도움이 될 것이다.

개방성	성실성	외향성	친화성	신경성 (정서적 안정)
• 상상적 혹은 실제적	• 조직적 혹은 비조직적	• 사교적 혹은 은둔적	• 마음이 부드러운 혹은 무자비한	• 차분한 혹은 걱정하는
• 다양성 혹은 판에 박힌 일에 대한 관심	• 주의 깊은 혹은 부주의한	• 재미를 즐기는 혹은 침울한	• 신뢰하는 혹은 의심하는	• 안정된 혹은 불안정한
• 독립적 혹은 순응적	• 훈육된 혹은 충동적	• 애정적 혹은 억제적	• 도움을 주는 혹은 비협조적인	• 자족적 혹은 자기 연민의

RESEARCH

성격의 5요인이 중요하다는 증거가 시사하는 바에 따르면, 이 요인들은 건강, 지능, 인지 기능, 성취, 일, 관계성과 같은 아동, 청소년, 성인의 삶의 중요한 측면과 관련이 있다(Hill & Roberts, 2016).

아동기와 청소년기의 성격의 5요인 연구에서의 주요 발견은 성실성이 적응 및 경쟁력의 주요 예측요인으로 등장한 것이다(Hill & Roberts, 2016). 최근 여러 분석을 통해 내린 결론은 성실성이 학문적 성취를 예견할 수 있는 가장 중요한 성격 요인이다(Poropat, 2016). 예컨대 최근의 한 연구에서 드러난 바에 따르면 16세의 성실성이 19세의 학문적 성취를 예측했다(Rosander & Backstrom, 2014). 또한 다른 한 연구에서 높은 성실성의 학생들은 공부를 회피하거나 지연할 가능성이 상대적으로 낮았다(Klimstra & others, 2012). 더욱이 또 다른 최근 연구에서 7세의 성실성은 50세에 흡연할 가능성이 더 낮았다는 것과 상관이 있었다(Pluess & Bartley, 2015).

두 번째로 강력한 학문적 성취를 예측하는 성격 요인은 경험에 대한 개방성이다(Poropat, 2016). 경험에 대한 성실성 및 개방성은 초등학교보다는 중학교에서의 학문적 성취와 더 상관이 높은 반면 경험에 대한 개방성은 초등학교에서의 학문적 성공과 더 강한 상관이 있다(Poropat, 2016).

성격의 5요인은 학생들의 성격 특질에 대한 사고의 틀을 제공할 수 있다. 학생들의 정서적 안정성, 외향성 혹은 내향성, 경험에 대한 개방성, 친화성, 성실성 수준은 다양할 것이다.

개인과 상황 간 상호작용 인성을 개념화하기 위해서는 단지 인성이나 성격만이 아니라 관련 상황의 측면도 고려하는 것이 최선이라는 관점

개인과 상황 간 상호작용 학습 및 사고 양식을 논의하면서 한 학생의 양식은 학습하거나 사고하는 주제에 따라 다를 수 있음을 시사했다. 성격 특질도 마찬가지이다. **개인과 상황 간 상호작용**(person-situation interaction)이라는 개념에 따르면, 개인의 성격을 특징짓는 최선의 방법은 성격 특질이나 특성 측면만이 아니라 관련 상황 측면에서도 가능하다. 연구자들의 발견에 따르면 학생들은 어떤 상황에는 머물기를 선택하지만 또 어떤 상황은 회피한다고 한다(Carver & Scheier, 2017).

교실에 외향적인 학생과 내향적인 학생이 있다고 가정하라. 개인과 상황 간 상호작용 이론에 따르면, 만일 당신이 학생들이 처한 상황을 고려하지 않는다면 누가 최선의 적응을 보여줄지 예측할 수 없다. 이 이론은 외향적인 학생이 다른 학생과 협력할 것을 요구받았을 때 그리고 내향적인 학생이 독립적으로 과제를 수행할 것이 요구되었을 때 가장 잘 적응할 것이라고 예측한다. 이와 비슷하게 외향적인 학생은 파티에서 많은 사람과 어울릴 때 그리고 내향적인 학생은 혼자나 어떤 친구와 함께 사적인 장면에 있을 때 보다 행복할 가능성이 있을 것이다.

요컨대, 성격 특질이 모든 상황에서 특정한 방식으로 학생을 행동하게 한다고 생각하지 말라는 것이다. 맥락 혹은 상황이 문제이다(Friedman & Schustack, 2016). 다양한 성격 특성을 갖는 학생들이 가장 편하게 느끼는 것처럼 보이는 상황을 감찰하고, 그런 상황에서 학습할 수 있는 기회를 제공하라. 어떤 학생의 특정한 성격 특질이 학업에 해가 된다면(예 : 너무도 내향적이어서 집단작업을 두려워하는 학생이 있을 수 있다) 그 학생의 변화 노력을 지지할 수 있는 방법을 찾아야 한다.

매우 성실한 한 청소년이 일과표를 조직하면서 자신의 시간을 효과적으로 활용하는 방법을 계획하고 있다. 성실성의 특징에는 어떤 것들이 있는가? 그 특징은 청소년의 유능성과 어떻게 연계되는가?

© Corbis RF

기질

기질은 성격은 물론 학습 및 사고 양식과 긴밀한 상관관계가 있다. **기질**(temperament)이란 개인의 행동 양식이자 독특한 반응 방식이다. 사람에 대해 따뜻하게 반응하는 사람이 있는가 하면 야단법석을 떨며 짜증내는 사람이 있는데, 이것이 기질적 차이를 보여주는 한 예이다.

기질을 정서적 반동과 자기조절을 향한 소인(disposition)이라는 측면에서도 기술할 수 있다(Bates & Pettit, 2015). 반동(reactivity)은 긍정적 혹은 부정적 정서 상황에 개인이 반응하는 속도 및 강도와 관련된다. 자기조절(self-regulation)은 개인이 자신의 정서를 통제하는 정도와 관련된다.

기질 분류   기질을 연구하는 학자들은 나름대로 그것을 분류할 수 있는 최선의 방식을 제시해 왔다. 가장 잘 알려진 분류 방식은 알렉산더 체스와 스텔라 토머스가 제안한 것이다(Chess & Thomas, 1977; Thomas & Chess, 1991). 이들의 결론에 따르면 기질에는 다음과 같이 세 가지 기본 양식 혹은 군집이 있다.

- **순한 아동**(easy child)은 대개 긍정적인 무드 속에 있으며 유아기 때 일상적인 일을 재빨리 계획하고 새로운 경험에 쉽게 적응한다.
- **까다로운 아동**(difficult child)은 부정적으로 반응하고 자주 울며 비정기적으로 일상적인 일을 계획하고 변화 수용에 늦다.
- **더딘 아동**(slow-to-warm-up child)은 활동 수준이 낮고 다소 부정적이며 낮은 강도의 무드를 보인다.

체스와 토머스는 자신들의 종단 연구에서 연구 대상 아동의 40%가 순한 아동으로, 10%가 까다로운 아동으로, 15%가 더딘 아동으로 분류됨을 발견했다. 연구자들이 발견한 바에 따르면 이 세 가지 기질의 기본 군집은 아동기 전반에 걸쳐 비교적 안정적이다. 힘든 기질, 즉 통제하기 어려운 기질은 아동을 위기 상황에 처하게 할 수 있다.

RESEARCH

기질을 분류하는 또 다른 방식은 수줍어하고 의기소침하고 소심한 아동과 사교적이고 외향적이고 대범한 아동 간의 차이에 초점을 두고 있다. 제롬 카겐(Kagan, 2002, 2010, 2013)은 낯선 사람(동료나 어른)에 대한 부끄러움을 **낯선 사람 억제**(inhibition to the infamiliar)라는 기질 범주로 폭넓게 분류한다.

메리 로스바트와 존 베이츠(Rothbart & Bates, 2006)는 다음 세 가지의 폭넓은 차원이 여러 연구자가 기질 구조를 특징짓기 위해 발견한 것을 가장 잘 대표한다고 강조한다. 그 차원을 기술하면 다음과 같다(Rothbart, 2004, p. 495).

- **외향/정열**(extraversion/surgency)은 접근, 유쾌함, 활동성, 미소 짓기, 웃음을 포함한다. 카겐의 비억제적 아동이 이 범주에 적합하다.
- **부적 정서**(negative affectivity)는 '두려움, 좌절, 슬픔, 불편함'으로 구성된다. 이런 아동은 쉽게 우울해지며 종종 짜증내며 운다. 카겐의 억제적인 아동이 이 범주에 적합하다.
- **의식적 통제**(effortful control, 자기조절)은 기질의 중요한 차원이다. 의식적 통제가 높은 유아는 너무 강렬해지는 것으로부터 오는 각성을 억제하는 능력을 보이며, 자신을 누그러뜨리기 위한 전략을 가지고 있다. 이와 대조적으로 의식적 통제가 낮은 아동은 종종 자신의 각성을 통제하지 못하며 쉽게 약이 오르고 강한 정서적 반응을 보인다. 미국과 중국에서 학령기 아동에 대한

기질 개인의 독특한 행동 양식이자 반응 방식

순한 아동 일반적으로 긍정적인 분위기 속에 있고 하루 일과를 빠르게 계획하며 새로운 경험에 쉽게 적응하는 기질 양식

까다로운 아동 부정적으로 반응하는 경향이 있고 자주 울고 불규칙적인 생활을 하며 새로운 경험 수용에 느린 기질 양식

더딘 아동 활동 수준이 낮고 다소 부정적이며 낮은 정서적 반응을 보이는 기질 양식

학생과 연계하기 : 최고의 실천
다양한 기질의 아동을 가르치기 위한 전략

다음은 학생의 기질과 관련한 몇 가지 교수 전략이다(Keogh, 2003; Sanson & Rothbart, 1995).

1. *개별성에 주목하고 존중한다*(Sanson & Rothbart, 1995). 교사는 학생 개개인의 신호와 욕구에 민감할 필요가 있다. 훌륭한 수업 목표는 학생들의 기질에 의존해야 하며, 그렇게 할 때 그 목표 성취는 잘 이루어질 것이다.
2. *학생들의 환경 구조를 고려한다*(Sanson & Rothbart, 1995). 북적거리고 시끄러운 교실은 '순한' 아동에 비해 '까다로운' 아동에게 더 큰 문제가 될 때가 많다. 두려워하고 철회적인 아동은 그렇지 않은 아동에 비해 더 천천히 새로운 맥락으로 들어갈 때 혜택을 받는 경우가 많다.
3. *'까다로운' 아동이라는 꼬리표를 달고 패키지 프로그램을 적용함으로써 발생할 수 있는 문제를 인식한다*(Sanson & Rothbart, 1995). 상대적으로 가르치기 힘든 아동이 왕왕 있음을 인식하면 도움이 된다. 특정 기질을 다루는 방법에 대한 조언 또한 유용할 수 있다. 그러나 특정 특성이 참으로 '까다로운'지의 여부는 그것의 환경적 적합성에 달려있으며, 그렇기 때문에 이 문제를 전적으로 아동 탓으로 돌릴 필요는 없다. 아동을 '똑똑하다' 혹은 '덜 똑똑하다'로 명명하는 것과 마찬가지로 '까다로운' 아동으로 명명하는 것은 자기 충족적 예언이 될 위험성이 있다. 또한 항상 유념할 점은 기질이란 어느 정도 수정 가능하다는 것이다(Sanson & Rothbart, 2002).

다음은 교실에서 까다로운 아동을 다루는 데 효과적인 몇 가지 전략이다(Keogh, 2003).

• 학생의 문제 상황을 예측하려는 노력을 통해 충돌과 힘겨루기를 피한다. 만일 학생이 분규적 행동에 개입할 경우 즉시 중재하라.
• 교실의 물리적 맥락을 평가하라. 힘든 아동이 앉은 위치와 그 옆에 누가 앉아 있는지를 파악하고 분규적 행동 완화 방법을 위한 단서를 찾는다.

• 어떤 활동에 앞서 소비되는 줄서기 시간을 최소화하면 힘든 아동의 분규적 시간을 줄일 것이다.
4. *수줍어하고 더딘 학생을 위한 효과적인 전략을 사용한다*. 수줍어하고 더딘 아동은 교실에서 문제를 야기할 가능성이 낮기 때문에 방임되기 쉽다는 것에 유념하라. 다음은 이런 아동을 돕기 위한 몇 가지 전략이다(Keogh, 2003).

• 아동을 집단 활동에 즉시 투입하지 말고 자발적으로 참여할 때까지 기다린다. 만일 장기간 동안 집단 참여에 소극적이라면 격려하되 강요해서는 안 된다.
• 아동의 기질을 염두에 두고 작업 동료를 배치한다. 예컨대 강렬하고 까다로운 아동과 짝짓지 말라.
• 아동이 시작하는 것을 주저하는 것처럼 보이는 활동을 시작하도록 도와준다. 그리고 이런 활동을 하는 동안 도우미 역할을 하라.

5. *문제를 가진 아동이 스스로 정서를 통제해 행동을 조절하도록 도와준다*. 이와 관련해 당신은 다음과 같이 할 수 있다.

• 아동과 상호작용할 때 당신의 정서를 통제한다. 아동은 힘든 상황을 다루는 당신의 방식을 관찰하고 모방할 것이다.
• 당신이 아동의 정서 조절을 안내할 수 있는 능력을 가진 중요한 사람임을 인식한다. 아동의 좌절과 흥분을 누그러뜨리는 데 도움이 되는 말을 스스로에게 하도록 가르쳐라. 예를 들어, 분노 조절에 어려움을 갖는 아동은 스스로 사태를 흥분시키는 것으로부터 비껴가는 기술을 배우거나 잠시 멈추어 몇 차례 심호흡하는 법을 배울 수 있다.

한 연구에서 밝혀진 바에 따르면, 두 문화에서 저수준의 의식적 통제는 거짓말, 속임수, 불복종, 과도한 공격성과 같은 외현화 문제와 관련이 있었다(Zhou, Lengua, & Eang, 2009). 또한 최근 한 연구에서 드러난 바, 의식적 통제는 저임금 출신 가정 유치원 아동의 학문적 성공 기술을 예측하는 강력한 요인이었다(Morris & others, 2013).

의식적 통제 양식과 같은 아동의 기질 발달에는 개인차가 있다(Bates, 2012a, b). 예를 들어 의식적 통제력을 높이고 획득하기 위해서는 두뇌 전두엽의 성숙이 필수적이지만, 이와 무관하게 의식적 통제력이 발달하거나 그렇지 않은 아동이 있다. 아동에게 있어서의 이러한 개인차가 기질을 특징짓는 핵심이다(Bates & Pettit, 2015).

체스와 토머스 그리고 로스바트와 베이츠와 같은 기질 분류에 있어서 중요한 점은 아동이 '까다로운' 혹은 '부적 정서'와 같이 한 차원의 기질을 지니는 것으로 생각하는 것은 경계해야 할 고정관념이라는 것이다. 다시 말해 아동의 기질 분류 시도 시 바람직한 전략은 기질이 복합적인 차원으로 구성되어 있다고 생각하는 것이다(Bates, 2012a, b). 예를 들어, 외향적이고 부적 정서를 거의 보이지 않고 자기조절을 잘하는 아동이 있는가 하면, 내향적이고 부적 정서를 거의 보이지 않고 자기조절 수준이 낮은 아동이 있을 수 있다는 것이다.

DEVELOPMENT

적합도 개인의 기질과 개인이 대처해야 하는 환경적 요구 간의 매치, 즉 **적합도**(goodness of fit)는 아동의 적응에 중요할 수 있다. 일반적으로 의식적 통제, 관리 능력, 친화성이라는 기질적 특징은 역경을 완화시키는 효과가 있는 반면, 부적 정서는 그 효과를 증대시킨다(Bates & Pettit, 2015).

적합도 아동의 기질과 아동이 대처해야 하는 환경적 요구 간의 조화

복습하기, 성찰하기 그리고 연습하기

❸ 성격과 기질의 본질을 규정한다.

복습하기
- 성격의 개념이 의미하는 바는 무엇인가? 성격의 5요인은 무엇인가? 인간과 환경 간의 상호작용이라는 생각이 성격에 시시하는 바는 무엇인가? 순한 아동, 까다로운 아동, 더딘 아동을 기술하라. 이 세 가지와 달리 분류할 수 있는 기질의 범주가 있는가? 아동의 기질을 잘 고려할 수 있는 교수 전략이 있다면 무엇인가?

성찰하기
- 성격의 5요인의 측면에서 자신에 대해 기술하라. 고등학교를 졸업할 때까지 당신이 받은 교육에서 교사들은 당신의 성격 강점과 약점을 어떻게 인식했다고 생각하는가? 만일 그들이 당신을 보다 잘 알았더라면 상황이 달라졌을까?

연습하기
1. 마리아는 외향적이고 상냥하며 놀이를 좋아하는 아동이다. 개인과 환경 간의 상호작용이라는 개념에 따르면 다음 중 어떤 것이 마리아의 특징이라고 보는가?
   a. 마리아는 세부 지향적인 과제를 독립적으로 하는 것을 즐긴다.
   b. 마리아는 다른 학생들과 상호작용하는 것과 관련된 과제 작업을 좋아한다.
   c. 마리아는 한 구석에서 혼자 읽는 것을 선호한다.
   d. 마리아는 자신의 충동을 통제하는 법을 배울 필요가 있다.
2. 스탠턴은 도전적인 학생이다. 좌절할 경우 참지 못해 벌컥 화를 내며 수업을 방해할 때가 많다. 교사는 그를 다루는 데 어려워하고 있다. 이 어려움을 돕기 위해 다음 중 어떤 충고가 가장 좋겠는가?
   a. 교사는 그를 다룸에 있어서 자신의 좌절을 보여주어야 한다. 왜냐하면 그는 자신의 행동이 남에게 미치는 영향을 깨달으면 스스로 행동을 통제할 것이기 때문이다.
   b. 그가 좌절에 대해 보다 적응적인 반응을 관찰할 수 있도록 교사는 그에게 침착해야 한다.
   c. 그가 화를 낼 때마다 교사는 그를 교실 밖으로 내보내야 한다.
   d. 교사는 급우들이 그의 행동을 모방하지 않도록 그를 급우들과 분리해서 혼자 작업하도록 해야 한다.

정답은 '연습하기 정답' 참조

교실과 연계하기 : 사례 분석하기

워크숍

워싱턴 선생님과 동료 로자리오 선생님은 아동의 학습 양식 맞게 수업을 적용하는 것에 관한 워크숍에 참석해왔다. 제이콥슨 선생님과 동료 한센 선생님은 다중지능 이론을 수업에서 적용하는 것에 관한 워크숍에 참석해왔다. 이 네 선생님은 교무실에서 만나 자신들이 배운 것에 대해 이야기를 나누고 있다.

워싱턴 선생님은 "맞아요! 이 자료를 보면 가만히 앉아 내가 설명하는 것을 듣고 싶어 하는 학생들이 있는가 하면 보다 적극적으로 참여하고 싶은 학생들도 있는 이유를 잘 알 수 있어요. 조는 분명 기업 간부 유형입니다. 그 애는 강의를 좋아합니

다. 반면 마사는 법조인 유형임에 틀림없어요. 그 애는 프로젝트를 좋아하고 내가 조언하려 하면 견디기 어려워해요"라고 말했다.

"아닙니다. 전 그렇게 생각하지 않습니다"라고 제이콥슨 선생님이 말했다. "제 생각에는 조는 언어적 지능이 뛰어나요. 그래서 선생님의 강의를 잘 이해하는 겁니다. 그 애는 글쓰기도 잘해요. 마사는 손으로 일 처리하는 것을 좋아합니다. 공간 지능과 신체운동적 지능

이 더 높아요."

워싱턴 선생님이 다음과 같이 응수했다. "아닙니다. 아녜요. 그 아이들의 차이는 학습 양식을 보면 훨씬 잘 설명됩니다. 이 자료에 나와 있잖아요."

이때 워싱턴 선생님은 로자리오 선생님과 함께 참석했던 워크숍 자료집을 제이콥슨 선생님에게 보여준다. 한센 선생님도 이에 질세라 제이콥슨 선생님과 함께 참석했던 워크숍 자료를 들이댄다. 네 선생님은 자료를 서로 비교해본다. 그들 각자는 자료에 있는 도식으로 학생들을 인식하고 있다. 사실 그들은 동일한 학생을 각기 자료의 도식대로 인식할 수 있다.

이때 다른 피터슨과 다비 선생님이 교무실로 들어온다. 이 두 분은 다니고 있는 대학원 수업에 매우 흥분해 있다.

피터슨 선생님은 다음과 같이 말했다. "아시겠지만, 제가 교수방법론을 고려할 때 성격에 대해 한 번도 생각한 적이 없었습니다. 마사의 교실 행동이 아주 끔찍한 것은 당연해 보입니다. 그 학생은 저의 도식으로 보면 너무 충동적이에요."

제이콥슨 선생님은 화들짝 놀라며 다음과 같이 물었다. "선생님 말씀은 이제 우리가 학생의 성격에 맞추어 교실을 각색해야 한다는 것입니까?"

한센 선생님 또한 발끈한다. "이런! 다 알았다고 생각했는데…. 이전처럼 IQ만 고

려하면 다 되는 줄 알았는데. 이젠 이 모든 것을 고려해서 수업해야 합니까? 우리 반 아이가 25명입니다. 모든 학생의 개인차를 어떻게 다 감안한단 말입니까? 25명의 수업 계획을 만들 수 있다고 생각하세요? 아마 학생 개개인의 프로파일을 만들고 그것에 기초해 집단을 구성해야 할 겁니다. 선생님들 생각은 어떠신지요?"

1. 이 사례의 이슈는 무엇인가?
2. 교사는 학생들의 강점, 학습 양식, 성격에 맞게 수업을 어느 정도 각색해야 하는가?
3. 당신은 교실에서 학생들의 강점, 학습 양식, 성격과 같은 개인차를 수용하기 위해 무엇을 할 것인가?
4. 이외에 수용해야 할 개인차가 있는가? 있다면 어떻게 할 것인가?
5. 제이콥슨 선생님은 다음 중 어떤 이론에 근거해 조와 마사에 대해 코멘트하고 있는가?
   a. 가드너의 여덟 가지 마음의 틀
   b. 일반 지능
   c. 스턴버그의 삼원지능 이론
   d. 비고츠키의 사회문화 이론

학생과 연계하기 : 학습목표 달성하기

 1 **지능** : 지능이란 무엇이며, 그것을 어떻게 측정하며, 다중지능 이론, 지능의 신경과학, 교육자들이 사용하는 지능과 관련한 몇 가지 논란과 이슈에 대해 토론한다.

지능이란 무엇인가

- 지능은 문제해결 및 적응 기술과 경험으로부터의 학습 능력으로 구성된다. 지능에 대한 관심은 종종 개인차와 사정에 초점을 두어 왔다.

지능검사

- 비네와 시몽이 최초의 지능검사를 개발했다. 비네는 정신연령이라는 개념을 개발하였고, 스턴은 MA/CA×100으로서의 IQ 개념을 만들었다. 스탠퍼드-비네 점수는 정상분포에 근접해 있다.
- 웩슬러 검사 또한 지능 사정을 위해 널리 사용된다. 이 검사들은 IQ 총점과 많은 하위 척도 및 요인 지수를 산출한다.
- 집단검사는 개별검사에 비해 처치가 용이하고 경제적이지만 단점도 많다(예 : 검사자가 피검사자와의 라포를 형성할 기회의 부족, 다른 학생들로부터의 방해). 학생들에게 집단검사 실시를 결정했을 때는 항상 다른 관련 정보로 집단검사의 결과를 보충해야 한다. 이 점은 개별검사도 마찬가지이다.

다중지능 이론

- 스턴버그의 삼원지능 이론에 따르면 지능은 분석적 지능, 창조적 지능, 실제적 지능이라는 세 가지 형태로 온다.
- 가드너의 주장에 따르면 여덟 가지 지능 유형 혹은 마음의 틀이 있다. 즉 언어적, 수학적, 공간적, 신체운동적, 음악적, 자기이해, 대인관계, 자연주의 지능이다.
- 정서지능의 개념은 살로베이와 메이어에 의해 처음 개발되었다. 골먼은 자신의 저서 EQ 감성지능에서 정서지능의 개념을 대중화시켰다. 메이어, 살로베이, 골먼이 강조하는 바에 따르면 지능은

능력 있는 사람이 되는 중요한 측면이다.

- 다중지능 이론 접근은 교사로 하여금 학생의 능력에 대해 보다 넓게 생각하도록 자극함으로써 많은 시사점을 준다. 그러나 몇 가지 점에서 비판을 받아왔다. 즉 지능으로 분류되어서는 안 되는 기술들이 포함되어 있으며, 그 접근들을 지지할 과학적 연구 근거가 부족하다는 것이다. 일반 지능을 지지하는 사람들은 일반지능이 학업이나 직무수행을 합리적으로 예언한다고 주장한다.

지능의 신경과학

- 뇌영상의 발달에 따라 뇌와 지능 간의 관계를 발견하려는 관심이 높아져 왔다. 전체 뇌 크기와 지능 간에는 중간 정도의 상관이 있음이 밝혀졌다. 최근 연구는 전두엽과 두정엽에 분포된 신경망과 지능 간의 관계를 밝혔다.

지능에 대한 논란과 이슈

- 지능과 관련해 세 가지 논란과 이슈가 있다. 첫째, 지능 생성에 유전과 환경이 어떻게 상호작용하는가라는 유전과 양육의 문제, 둘째, 지능검사가 문화 및 인종 집단에 공정하게 적용되고 있는가 하는 문제, 셋째, 학생들을 능력에 따라 집단을 구성해야 하는지의 문제이다. 특히 유념할 것은 지능검사가 고정된 잠재력이라기보다는 현재의 수행 지표라는 것이다.

② 학습 및 사고 양식 : 학습 및 사고 양식을 기술한다.

충동적/성찰적 양식

- 양식은 능력이 아니다. 오히려 그것은 선호하는 능력 사용 방식이다. 개인마다 상이한 학습 및 사고 양식이 있다.
- 충동적/성찰적 양식을 개념적 속도라고도 한다. 이 이분법은 잽싸고 충동적으로 행동하려는 경향과 답의 정확성을 기하기 위해 시간을 들여 반응하고 반성하는 경향과 관련된다.

심오한/표면적 양식

- 심오한/표면적 양식은 자료의 의미를 이해하는 데 도움이 되는 방식으로 학습에 접근하는 것(심오한 양식)과 단순히 필요해서 배우려는 욕구(표면적 양식)의 정도와 관련된다. 심오한 학습자는 학습에 대한 자기동기화 및 구성주의적 접근을 취할 가능성이 상대적으로 크고, 표면적 학습자는 외적 보상 때문에 학습 동기가 일어날 가능성이 더 높다.

낙관적/비관적 양식

- 낙관적/비관적 양식은 미래에 대해 긍정적(낙관적) 혹은 부정적(비관적) 전망을 갖는 것과 관련된다. 낙관적이라 함은 비관적인 것에 비해 보다 회복탄력성이 높고 덜 우울하며 학문적 성공 가능성이 더 크다는 것과 관련된다. 학문적 낙관주의라는 개념에 대한 관심도 커왔는데, 이 또한 학생들의 학문적 성취와 관련이 있다.

학습 및 사고 양식에 대한 비판

- 비판은 (1) 낮은 학습 신뢰도, (2) 낮은 학습 타당도, (3) 혼란스러운 양식의 정의와 관련된다.

③ 성격과 기질 : 성격과 기질의 본질을 규정한다.

성격

- 성격은 개인이 세상에 적응하는 방식을 특징짓는 차별적인 사고, 정서, 행동을 말한다.
- 심리학자들은 성격의 5요인으로 개방성, 성실성, 외향성, 친화성, 신경성(정서적 안정성)을 식별했다. 이 요인들은 학생의 성격 특성에 대한 사고의 틀을 교사에게 제공한다. 성실성 요인은 아

동과 청소년의 발달에 중요한 요인임을 연구를 통해 점증적으로 보여주어 왔다.

- 개인과 상황 간 상호작용이라는 개념은 개인의 성격을 특징짓는 최선의 방식이 특질만이 아니라 특질 및 관련 상황의 측면을 고려해야 함을 시사한다.
- 기질은 개인의 행동 양식과 독특한 반응 방식이다.

기질

- 체스와 토머스의 주장에 따르면 세 가지의 기본적인 기질 양식 혹은 군집이 있다. 즉 순한 아동(일반적으로 긍정적인 분위기 속에 있는), 까다로운 아동(부정적으로 반응하고 쉽게 우는), 더딘 아동(낮은 활동 수준, 다소 부정적인)이 그것들이다. 까다로운 기질은 아동을 위험 상황에 놓이게 할 수 있다.
- 상기의 것과는 다른 기질 범주화는 카겐(낯선 사람 억제)과 로스바트와 베이츠[외향/열정, 부적 정서, 의식적 통제(자기조절)]에 의해 제안되었다.
- 학생의 기질을 고려해 교육하려는 교사는 학생의 개별성에 주목하고 존중할 수 있다. 즉 학생의 환경 구조를 고려하고, 학생을 '까다롭다'고 명명하는 것과 관련한 문제를 인식하고, 까다로운 아동, 수줍어하고 더딘 아동, 정서 조절에 어려움을 갖는 아동의 특성을 고려해 효과적으로 교실을 운용하는 것이다.

주요 용어

개인과 상황 간 상호작용(person-situation interaction)
고정관념 위협(stereotype threat)
기질(temperament)
까다로운 아동(difficult child)
낙관적/비관적 양식(optimistic/pessimistic style)
더딘 아동(slow-to-warm-up child)
문화적으로 공정한 검사(culture-fair test)
비학년(무연령) 프로그램[nongraded (cross-age) program]

삼원지능 이론(triarchic theory of intelligence)
성격(personality)
성격의 5요인(Big Five factors of personality)
순한 아동(easy child)
심오한/표면적 양식(deep/surface style)
자연과 양육 이슈(nature-nurture issue)
적합도(goodness of fit)
정상분포(normal distribution)
정서지능(emotional intelligence)
정신연령(mental age, MA)

조플린 계획(Joplin plan)
지능(intelligence)
지능지수(intelligence quotient, IQ)
충동적/성찰적 양식(impulsive/reflective style)
학습 간 능력별 집단구성(트래킹)[between-class ability grouping(tracking)]
학급 내 능력별 집단구성(within-class ability grouping)
학습 및 사고 양식(learning and thinking style)

포트폴리오 활동

이제 여러분은 이 장에서 다룬 개념들을 모두 이해하였을 것이다. 여러분의 사고 수준을 향상시키도록 다음 연습문제를 풀어보자.

독립적 성찰

1. 가드너 이론에 맞춰 당신의 지능 프로파일을 평가하라. 가장 강한 당신의 마음의 틀은 무엇인가? 스턴버그의 세 가지 영역에서 당신이 가장 강하다고 느끼는 지능은 무엇인가? 자신을 평가하라.

연구 및 현장 경험

2. 학생들의 상이한 학습 및 사고 양식에 대해 여러 교사와 인터뷰하라. 학생들의 상이한 학습 및 사고 양식을 수용하기 위해 사용하는 교수 전략을 인터뷰를 통해 물어보고 그 개요를 기술하라.

3. 당신 반 학생 5~6명을 집단으로 구성한 후 한 학생에게 자신의 성격 및 기질 특성을 식별하도록 하라. 다른 학생들에게도 차례로 그렇게 하도록 하라. 식별한 것을 모두 제출하게 한 후 서로 어떻게 다르고 비슷한지 토론하라. 당신의 성격과 기질을 수업 방식에 적용하는 방식은 어떠한가? 그 경험에 대해 기술하라.

CHAPTER 5

학습자의 다양성

이 장의 개요

① 문화와 민족성

학습목표 1 아동 교육에 있어서 문화, 사회경제적 지위, 민족적 배경의 다양성을 어떻게 고려해야 하는지에 대해 논의한다.

문화
사회경제적 지위
민족성

② 다문화 교육

학습목표 2 다문화 교육을 촉진하기 위한 몇 가지 방법을 설명한다.

학생에게 권한 부여하기
문화적으로 관련 있는 교수
쟁점 중심의 교육
다양한 인종집단 아동들 간의 관계 개선하기

③ 장애 아동

학습목표 3 다양한 장애 유형에 대해 설명한다.

학습장애
주의력결핍 과잉행동장애

지적장애
신체장애
감각장애
말과 언어장애
자폐스펙트럼장애
정서행동장애

④ 장애 아동과 관련된 교육 문제

학습목표 4 장애 아동을 위한 법적 제도와 기술 발전을 설명한다.

법적 측면
기술

⑤ 영재 아동

학습목표 5 영재의 의미를 정의하고 영재 아동 교육의 접근법에 대해 논의한다.

특징
본성/양육과 영역 특수적 영재성
영재 아동 교육

우리는 모든 인간의 재능이 필요하며, 성별, 인종, 계급,
민족적 기원과 같은 인위적 장벽으로 누구의 능력도 무시할 수 없다.

–마거릿 미드, 20세기 미국 문화인류학자

교사와 연계하기 : 마거릿 롱워스 & 베르나 롤린스 헤이즈

마거릿 롱워스는 수년간 고등학교에서 가르쳐 왔고, 올해의 교사로 선정되었다. 그녀는 최근에 중학교로 이동하게 되었고, 현재 플로리다주 세인트루시에 있는 웨스턴중학교에서 국어 과목을 가르치고 있다. 사회문화적 다양성을 고려해서 부모를 위해 '친화적인(user friendly)' 학교를 만드는 것이 교사에게 중요하다고 믿고 있다.

많은 부모(소수민족의 유색인종 부모)는 학교에 매우 겁을 먹고 있다. 그래서 학교와 가정 간의 장벽을 깨기 위해서 나는 부모에게 교육을 통해 학업과 삶의 기술을 개발할 수 있도록 돕는 기회를 제공하였다. 또한 특별교육 수업, 영재 수업, 언어 프로그램, 장학제도에 대해서 이야기를 나누었고, 아이들을 학교에 두도록 그들을 격려하였다. 결과적으로 그들은 학교에서 일어난 여러 가지 사건에 대해 물어볼 만큼 자신감을 얻었다. 이 부모들 중 많은 사람이 교장 및 지도 상담사와 관계가 좋아졌고 학교 관계자와 자유롭게 이야기할 수 있게 되었다.

베르나 롤린스 헤이즈는 미시간주 입실랜티 소재의 커뮤니티 학교에서 언어예술을 가르치고 있으며, 소위 가르치기 힘들다는 아동을 잘 가르치는 것으로 정평이 나 있다. 그녀는 이러한 학생들을 대상으로 사용할 수 있는 가장 좋은 전략은 그들에게 무엇이 필요한지를 알아내고, 어떻게 이를 제공할지를 결정하며, 그것이 효과가 있는지를 끊임없이 평가하는 것임을 알았다.

잭은 신체장애 아동을 위한 특수학급의 학생이었다. 잭은 태어날 때부터 다리가 꼬였고, 뇌성마비, 발작, 기타 두뇌손상이 있었다. 잭은 또한 집중시간이 비교적 짧았다. 침을 흘리고 단조롭고 큰 소리로 말하고 흥분하면 말을 더듬으며 운동조절을 제대로 하지 못해서 글씨를 알아볼 수 없기 때문에, 사람들은 잭에게 지적장애가 있다고 생각했다.

나는 잭이 성공에 필요한 모든 것을 갖추고 있다는 것을 확인하는 과정을 포함하는 전략을 세웠다. 잭이 침을 흘리면 나는 티슈를 주면서 미리 정한 대로 입을 닦으라고 일깨워주었다. 잭은 침착한 상태에서는 부드럽게 말할 수 있었고 말을 더듬지도 않았다. 잭이 너무 크게 말할 때는 내가 헛기침을 할 것이고, 너무 흥분해서 차분하게 말하지 못할 때에는 "천천히 말하기"라고 말해서 신호를 주기로 서로 약속하였다. 쪽지 시험을 볼 때 컴퓨터를 사용하였고, 과제를 완성하는 데 시간이 조금 더 걸렸지만, 실제생활에 참여하는 것을 좋아했고, 자존감이 증가하면서 집중시간도 향상되었다.

교실에서 다양한 학습자와의 관계를 개선시킬 수 있는 열쇠는 이해를 위해 노력하는 것이다. 다른 사람의 관점을 이해하는 것은 그들과 함께 시간을 보내면서 그들이 어떻게 생각하고 느끼는지 그들을 알고자 하는 노력이 필요하다.

© Margaret Longworth

미리보기

우리는 다양한 배경, 관습, 가치가 있는 다문화 세계에 살고 있다. 마거릿 롱워스의 이야기는 교사가 지역사회에서 어떻게 가교 역할을 하느냐에 따라 학생들의 삶과 교육 지향성을 향상시킬 수 있는지를 보여준다. 베르나 롤린스 헤이즈는 자신의 학급에 있는 중복장애 아동을 가르치고 특수교육 교사와 협력할 수 있는 최상의 방법을 찾아야 하는 과제를 보여주고 있다. 이 장에서 우리는 교사가 다양한 문화적·사회경제적·민족적 배경을 가진 아동들을 교육할 수 있도록, 이들을 위한 교실을 적절하게 만드는 방법을 포함한 여러 가지 방법을 탐구할 것이며, 이와 더불어 다양한 유형의 장애 아동과 또 다른 면에서 특별한 아동, 즉 영재 아동에 대해 공부할 것이다.

학습목표 1
아동 교육에 있어서 문화, 사회경제적 지위, 민족적 배경의 다양성을 어떻게 고려해야 하는지에 대해 논의한다.

1 문화와 민족성

| 문화 | 사회경제적 지위 | 민족성 |

워싱턴 D.C. 근처 버지니아주 페어팩스 카운티 학교의 학생들은 182개 지역에서 왔고, 100개 이상의 언어를 사용한다. 페어팩스 카운티 학교가 다소 극단적인 사례일지라도 그들은 미국 학교에 온 선구자이다. 많은 학교에서 대다수의 학생은 소수민족 출신이며, '소수민족'이라는 현재의 용어 정의에 이의를 제기하고 있다. 이 절에서 우리는 문화, 사회경제적 지위 그리고 민족성 측면에서 다양성을 탐구할 것이다.

문화

문화(culture)는 행동 양식, 신념 그리고 세대를 거쳐 전해 내려오는 특정 집단 사람들의 행동 양식, 신념 및 기타 모든 산물을 말한다. 이들 산물은 수년에 걸쳐 사람들과 환경의 상호작용에서 발생된 결과이다(Samovar & others, 2017). 문화집단은 미국만큼 클 수도 있고 고립된 아마존 부족만큼 작을 수도 있다. 그 크기가 어떻든 간에 집단의 문화는 그 구성원들의 행동에 영향을 준다(Cole & Tan, 2015; Holloway & Jonas, 2016; Matsumoto & Juang, 2017).

심리학자 도널드 캠벨과 동료들(Brewer & Campbell, 1976; Campbell & LeVine, 1968)은 모든 문화의 사람들이 그들 문화에서 일어나는 것은 '당연한' 그리고 '옳은' 것이고 다른 문화에서 일어나는 것은 '이상한' 그리고 '옳지 않은' 것이라고 믿는 것은 종종 그들 문화집단에는 우호적으로, 다른 문화집단에는 적대적인 방식으로 행동하게 한다는 것을 발견하였다.

문화를 연구하는 심리학자와 교육자는 한 문화에서 발생한 일을 하나 또는 그 이상의 다른 문화에서 일어나는 것과 비교하는 것에 흥미를 가진다(Qu & Pomerantz, 2015; Rowe, Ramani, & Pomerantz, 2016). 여러 나라에서 남성은 여성에 비해 교육을 받을 수 있는 기회가 더 많았고, 다양한 직업을 추구할 수 있는 자유가 더 많았으며, 성생활에 있어서도 제한을 덜 받았다(UNICEF, 2016). **비교문화 연구**(cross-cultural study)는 사람들이 비슷한 정도와 특정 문화에 특정한 정도의 행동에 대한 정보를 제공하는 비교를 포함하고 있다(Chen & Liu, 2016). 예를 들면, 한 연구에서는 7학년 초부터 8학년 말까지, 미국 학생들은 학업에 가치를 덜 두었으며, 학교 성공 동기가 감소된다는 것을 발견하였다(Wang & Pomerantz, 2009). 반대로 중국 청소년들은 이 시기에 학업에 두고 있는 가치가 변하지 않았으며, 학업 성공 동기도 지속되었다.

개인주의와 집단주의 문화 문화의 차이를 설명하는 한 가지 방법은 개인주의와 집단주의를 포함한다(Kormi-Nouri & others, 2015). **개인주의**(individualism)는 집단 목표보다는 개인에게 우선순위를 부여하는 일련의 가치를 말한다. 개인주의 가치는 좋은 감정을 느끼는 것, 개인적 명예를 획득하는 것 그리고 독립심을 확립하는 것을 포함한다. **집단주의**(collectivism)는 집단을 지지하는 일련의 가치로 구성되어 있다. 개인 목표는 집단의 통일성, 집단구성원의 상호의존성 그리고 조화로운 관계를 유지하기 위한 부수적인 것이다(Masumoto & Juang, 2017). 미국, 캐나다, 영국 그리고 네덜란드 같은 여러 서구의 문화는 개인주의로 설명되고 있다. 중국, 일본, 인도 그리고 대만과 같은 여러 동양의 문화는 집단주의라고 일컫고 있다. 멕시코 문화는 미국 문화보다 더 강한 집단주의적 특징을 가지고 있다. 하지만 미국은 중국계 미국인과 멕시코계 미국인처럼 여러 집단주의적 하위문화를 갖고 있다. 1970~2008년에 실시된 최근 연구에서 중국은 여전히 집단주의적 가치로 특징지어지지만 중국에서 자주 사용되는 단어가 시간이 지나면서 점점 더 개인적 가치를 나타내고 있다는 것을 발견하였다(Zeng & Greenfield, 2015).

최근 분석에서 아동의 자율성을 효과적으로 발달시키기 위해 필요한 것으로 개인주의 문화의 부모 신념을 반영하

DIVERSITY

RESEARCH

되돌아보기/앞날을 생각하기
중국, 일본 그리고 대만 학생들은 수학 성취에서 항상 미국 학생들보다 뛰어났다. 싱가포르와 홍콩 학생들은 최근 미국 학생들보다 보다 읽기 성취도가 훨씬 좋았다. 제12장 '표준화 시험과 학급평가'와 연계해 생각해보자.

문화 세대를 거쳐 전해 내려오는 특정 집단 사람들의 행동 양식, 신념 및 기타 모든 산물

비교문화 연구 한 문화에서 일어나는 일과 하나 이상의 다른 문화에서 일어나는 일을 비교하는 연구. 그들은 사람들이 비슷한 정도와 특정 문화에 특정한 정도의 행동에 대한 정보를 제공한다.

개인주의 집단 목표보다는 개인에게 우선순위를 부여하는 일련의 가치

집단주의 집단을 지지하는 일련의 가치

개인주의와 집단주의 문화 간에 어떠한 차이가 있는가? 이 문화권 학생들을 가르치기 위한 어떤 교수 전략이 있는가?

© shutterstock

동아시아와 미국의 아동은 어떻게 다르게 시간을 보내고 있는가?

© shutterstock

는 네 가지 가치를 제안하였다. 잠재력을 최대한 발휘하도록 구성된, (1) 개인적인 선택, (2) 내적 동기, (3) 자기존중감, (4) 자기최대화이다(Tamis-LeMonda & others, 2008). 이 분석은 또한 집단주의 문화의 부모 신념을 반영하는 세 가지 가치를 제안하였다. (1) 가족 및 기타 친밀한 관계와의 연결, (2) 보다 큰 집단으로 지향, (3) 존경과 복종이 그것이다.

개인주의와 집단주의 문화의 개념에 관해 비평가들은, 특히 세계화가 확대됨에 따라 이들 용어가 너무 광범위하고 단순하다고 주장하고 있다(Kagitcibasi, 2007). 문화적 배경에 관계없이 한 인간으로 충분히 발달시키기 위해서는 긍정적인 자기 인식과 다른 사람들과의 연결성 둘 다 필요하다. 캐럴린 타미스르몬다와 동료들(Tamis-LeMonda & others, 2008, p. 204)에 의한 분석에서 많은 가정에서 아이들은 개인주의적 또는 집단적주의 가치, 사고 및 행동을 일관되게 지지하는 환경에서 양육되지 않는다고 강조하고 있다. 오히려 많은 가정에서 아동들이 조용하고 자기주장이 강하며, 공손하고 호기심이 많으며, 겸손하고 자신 있으며, 독립적인, 의존적인, 다정하기를 기대하거나 또는 상황, 현재 있는 사람들, 아동의 연령, 사회정치 및 경제체제에 따라 준비된다는 것이다.

청소년의 시간 사용에 대한 문화 간 비교 문화가 개인주의인지 또는 집단주의인지를 조사하는 것과 더불어 또 다른 중요한 문화 간 비교는 아동과 청소년이 시간을 어떻게 보내는지를 포함한다(Larson, 2014; Larson & Dawes, 2015; Larson, Wilson, & Rickman, 2009). 리드 라슨과 수만 베르마(Larson & Verma, 1999)는 미국, 유럽 및 동아시아의 청소년이 학교와 마찬가지로 일, 놀이 및 발달 활동에 시간을 어떻게 사용하고 있는지 연구하였다. 미국 청소년은 동아시아 청소년이 학업을 하는 데 쓰는 시간의 60% 정도만 사용하고 있었으며, 이는 주로 미국 청소년이 숙제를 덜 하기 때문이다. 미국 청소년은 또한 다른 선진국의 청소년보다도 유급노동을 하는 데 더 많은 시간을 쓰고 있었다. 또한 미국의 청소년은 다른 산업화된 나라의 청소년보다도 더 자유로웠다. 미국 청소년은 동아시아의 25~35% 그리고 유럽의 35~45%와 비교했을 때 깨어 있는 시간의 약 40~50%(여름방학 제외)를 자유재량 활동을 하며 시간을 보내고 있었다. 이 추가적인 자유재량 시간이 미국 청소년에게 불이익이 될지 이익이 될지는 물론 그들이 이를 어떻게 사용하느냐에 따라 달려있다.

미국 청소년의 대부분은 미디어를 이용하거나, 종종 친구들과 함께, 비구조화된 여가활동을 하며 시간을 보내고 있었다. 미국 청소년은 또한 동아시아 청소년보다 스포츠, 취미 및 단체와 같은 자발적인 구조화된 활동에 더 많은 시간을 사용하고 있었다.

리드 라슨(Larson, 2007, 2014)에 따르면, 미국 청소년이 최적의 발달을 위해 비구조화된 시간을 너무 갖는지도 모른다는 것이다. 청소년이 자신의 시간을 가지고 무엇을 할지 선택할 수 있게 되면, 그들은 대체로 어슬렁 거리거나 TV 시청하기와 같은 비도전적인 활동을 한다. 기분전환과 사회적 상호작용이 청소년에게 중요한 측면이라 할지라도 일주일의 상당한 시간을 비도전적 활동으로 소비하는 것이 발달을 촉진할 것 같지는 않다. 특히 어른이 청소년에게 책임감을 심어주고, 도전하게 하고, 활동에 유능한 지도를 해줄 수만 있다면 구조화된 자발적 활동이 비구조화된 시간보다 청소년의 발달에 더 많은 약속을 제공할지 모른다(Larson & Dawes, 2015).

RESEARCH

DEVELOPMENT

TECHNOLOGY

사회경제적 지위

사회경제적 지위(socioeconomic status, SES)는 직업, 교육, 경제적 특성이 비슷한 사람들을 집단화한 것을 말한다. 사회경제적 지위는 확실히 불평등을 내포하고 있다. 일반적으로 사회 구성원들은 (1) 명성이 다른 직업, 즉 어떤 개인은 다른 사람보다 더 높은 지위의 직업을 더 쉽게 접근할 수 있는 기회를 갖는다. (2) 교육적 성취도의 차이, 즉 어떤 개인은 다른 사람보다 더 좋은 교육에 접근할 수 있는 기회를 갖는다. (3) 다양한 경제적 자원 그리고, (4) 지역사회 기관에 영향을 미치는 다양한 수준의 권력을 갖는다. 자원을 통제하고 사회의 보상에 참여하는 능력에 있어서의 이러한 차이가 불평등한 기회를 만든다(McLoyd, Purtel, & Hardaway, 2015; Roche, 2016; Wadsworth & others, 2016). 사회경제적 차이는 "가족 내외에서 물질적·인간적·사회적 자본에 대한 대리권"이다(Huston & Ripke, 2006, p. 425). 미국에서 사회경제적 지위는 교육에 중요한 영향을 미친다. 사회경제적 지위가 낮은 사람은 대개의 경우 교육 수준이 낮고 학교나 여타 지역사회 기관(학교와 마찬가지로)에 영향을 줄 힘이 적으며, 높은 사회경제적 지위를 지닌 사람들에 비해 경제적 자원이 적다.

바니 맥로이드(오른쪽)은 아동 및 청소년 발달에서 빈곤, 민족성 및 실업에 대한 여러 가지 중요한 조사를 실시하고 있다. 그녀는 경제적 스트레스 요인이 종종 교육의 유용성과 성취 노력에 대한 아동과 청소년의 믿음을 감소시킨다는 것을 발견하였다.

© Vonnie C. McLoyd, Ph.D.

RESEARCH

되돌아보기/앞날을 생각하기
미국과 동아시아 학생 간 비교는 학습과제에 소요되는 시간을 포함하여, 수학 교육에서 차이점을 보여준다.

부모의 사회경제적 지위는 아동이 생활하고 있는 이웃과 그들이 다니고 있는 학교와도 연관된다(Murry & others, 2015). 그러한 차이는 아동의 학교 성공과 적응에도 영향을 미칠 수 있다(Crosnoe & Benner, 2015).

지금까지 우리는 저소득층 가정의 많은 학생들이 직면하는 문제에 중점을 두었다. 하지만 수니야 루타르와 동료들의 연구(Ansary, McMahon, & Luthar, 2012, 2016; Luthar, 2006; Luthar, Crossman, & Small, 2015)에서는 부유한 가정의 아동들 또한 문제에 직면한다는 것을 발견하였다. 루타르가 연구한 부유한 가정의 청소년들은 약물 남용에 있어 더 많은 영향을 받았다. 게다가 그녀의 연구에서 부유한 여자 청소년은 높은 학업적 성공을 달성하려고 하기 때문에, 부유한 가정의 남자 청소년이 여자 청소년보다 더 적응에 어려움을 겪고 있다는 것을 발견하였다. 루타르와 동료들(Luthar, Barkin, & Crossman, 2013)은 또한 상향 이동한 청소년, 즉 중상층 가정의 청소년은 중산층 가정의 청소년보다 약물 사용에 더 많이 관여할 가능성이 높으며, 내재화 및 외재화 문제를 더 갖는다는 것을 발견하였다.

낮은 사회경제적 배경의 학생 교육하기 빈곤한 아동은 집과 학교에서 자주 학습이 손상될 수 있는 문제에 직면하게 된다(Gardner, Brooks-Gunn, & Chase-Lansdale, 2016; Tran, Luchters, & Fisher, 2016). 아동기의 빈곤한 환경에 대한 검토에서 경제적으로 더 유리한 아동과 비교했을 때, 빈곤한 아동은 다음과 같은 불행을 경험한다고 결론 내리고 있다(Evans, 2004). 더 많은 가족과의 충돌, 폭력, 혼란, 가정으로부터 이탈, 더 적은 지적 자극, 더 많은 TV 시청, 열악한 학교와 아동보호시설, 그들의 활동에 더 적게 참여하는 부모, 더 많이 불결하고 혼잡스러운 시끄러운 집, 그리고 더 많이 위험하고 타락한 이웃이 그것이다.

빈곤한 환경의 아동이 다니는 학교는 주로 고소득층의 아동이 다니는 학교보다 더 적은 자원을 갖고 있다. 저소득층 지역의 학생들은 더 낮은 성취도, 더 낮은 졸업률, 그리고 더 낮은 대학진학

사회경제적 지위(SES) 직업, 교육, 경제적 특성이 비슷한 사람들의 집단화

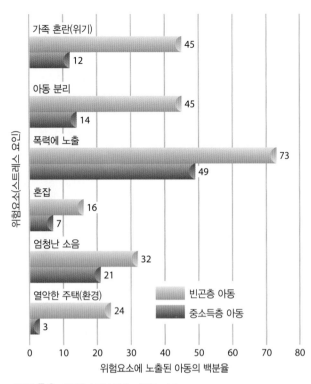

가족 혼란(위기) — 45 / 12
아동 분리 — 45 / 14
폭력에 노출 — 73 / 49
혼잡 — 16 / 7
엄청난 소음 — 32 / 21
열악한 주택(환경) — 24 / 3

위험요소(스트레스 요인)

0 10 20 30 40 50 60 70 80
위험요소에 노출된 아동의 백분율

빈곤층 아동
중소득층 아동

그림 5.1 빈곤층과 중소득층 아동들 간의 여섯 가지 스트레스 요인
최근 한 연구는 빈곤층과 중소득층 아동 간의 여섯 가지 스트레스 요인에 대한 제시를 분석하였다. 빈곤층 아동은 이 스트레스 요인을 마주할 가능성이 훨씬 더 높았다.

사우스 브롱크스에서 성장하고 있는 아동이 직면하고 있는 문제점은 무엇인가?

© Andy Levin/Science Source

률을 보이는 경향이 있다. 학교 건물과 교실은 주로 오래됐고 붕괴되었으며, 부실하게 유지되고 있다. 또한 고소득층 지역의 학교보다는 경험이 적은 선생님이 배치될 가능성이 있다. 저소득층 지역의 학교는 또한 기계적 암기학습을 더 장려하는 반면에 고소득층 지역의 학교는 아동의 사고 기술을 개선시킬 수 있도록 가르치고 있다. 결국 저소득층 지역의 많은 학교가 학생들에게 효과적인 학습에 도움이 되지 않는 환경을 제공하고 있다.

야만적 불평등(*Savage Inequalities*)에서 조너선 코졸(Kozol, 1991)은 빈곤한 아동이 지역과 학교에서 직면하고 있는 몇 가지 문제를 생생하게 기술하였다. 예를 들어, 코졸은 98% 아프리카계 미국인으로 구성된 일리노이주, 세인트루이스의 동부 지역에는 분만 서비스도 없고, 보통의 쓰레기통도 없었으며, 일자리도 없는 것을 관찰하였다. 주택의 블록은 파손된 채 해골 같은 건물들로 이루어져 있었다. 거주자들은 인근의 몬산토 화학 회사의 화학 공해를 들이마시고 있었다. 심한 하수오물은 반복적으로 집안으로 들어오고 있었다. 아동의 영양실조는 흔한 일이었다. 폭력에 대한 두려움이 현실이었다. 거리의 문제인 하수오물이 때때로 들어오면서 학교 또한 넘쳐 흘렀다. 교실과 복도는 오래돼서 위험했으며, 체육시설은 불충분했다. 교사들은 분필과 종이를 다 써버렸고, 과학실은 30~50년은 시대에 뒤쳐져 있었다.

코졸은 세인트루이스의 동부 지역과 같은 장소를 방문한 누군가는 짧은 시간이어도 완전히 충격받아 도망갈 것이라고 말했다. 코졸은 저소득층 지역의 아동과 학교는 많이 불공평한 경험을 할지라도 이 아동과 가정은 용감함을 포함한 많은 장점을 가지고 있다고 언급하였다. 그러한 빈곤한 환경의 부모는 아동을 위해 더 효과적인 교사와 더 좋은 기회를 갖기 위한 방법을 더 열심히 추구할지 모른다.

빈곤층 아동의 학업성취도를 높이기 위해 2세대 교육 개입에 대한 관심이 증가하고 있다(Gardner, Brooks-Gunn, & Chase-Lansdale, 2016; Sommer & others, 2016). 예를 들어, 아동이 빈곤에서 벗어나도록 돕기 위한 최근에 대규모 노력은 아스펜연구소(Aspen Institute, 2013; King, Chase-Lansdale, & Small, 2015)가 실시한 2세 교육 개입이다. 개입의 초점은 교육(어머니의 고등교육 증가와 유아 교육의 질을 개선하는 것), 경제적 지원(주택, 운송, 재정교육, 건강보험, 음식지원), 그리고 사회자본(친구와 이웃을 포함한 동료지원, 지역사회와 종교적 조직에 참여, 학교와 직장의 연결)이다.

되물림이 빈곤층 아동과 청소년에게 필연적인 것은 아니다(Philipsen, Johnson, & Brooks-Gunn, 2009). 저소득 환경에 살고 있는 청소년을 위한 긍정적 방향은 보살핌을 주는 멘토와 함께하는 것이다. 포드 재단에 의해 설립된 양적 기회 프로그램(Quantum Opportunities Program)은 1년 내내 지속적으로 지도하는 노력을 4년간 실시하였다(Carnegie Council Adolescent Development, 1995). 그 학생들은 빈곤율이 높은 고등학교 9학년에 재학 중이며, 소수민족이었으며, 공적 지원을 받는 가정의 출신이었다. 4년 동안 매일, 멘토는 그 학생들에게 지속적인 지원, 안내, 그리고 구체적인 도움을 제공하였다.

양적 기회 프로그램은 학생들에게 세 가지 유형의 활동에 참여할 것을 요구하였다. (1) 읽기, 쓰기, 수학, 과학과 사회 공부를 포함한 학교 시간 이외의 학업 관련 활동, 또래 교사, 그리고 컴퓨터 기술 훈련, (2) 초등학생 가르치기, 지역 청소하기 그리고 병원 자원 봉사하기, 집과 도서관 돌보기를 포함한 지역사회 서비스 프로젝트, (3) 생활 기술 훈련하기, 대학과 직업 계획하기를 포함한 문화적 강화와 개인적 발달 활동이다. 프로그램에 대한 헌신의 대가로 학생들은 참여, 수료 그리고 장기 계획을 격려하는 금전적 포상을 제공받았다. 양적 기회 프로젝트에서는 멘토가 있는 학생과 멘토가 없는 통제집단을 비교하였다. 멘토가 있는 학생들의 63%가 고등학교를 졸업하였지만, 통제집단은 오직 42%만 졸업하였다. 멘토가 있는 학생의 42%는 현재 대학에 입학하였지만, 통제집단은 오직 16%만 입학하였다. 게다가 통제집단 학생들은 멘토가 있는 학생보다 2배나 많은 식비지원제도 또는 복지를 받을 가능성이 높았으며 더 많이 구속되었다. 이 프로그램은 확실히 빈곤의 되물림과 그에 따른 부정적 결과를 극복하도록 하는 잠재력을 갖고 있었다.

초기의 양적 기회 프로그램이 더 오래 지속되지는 못하였지만, 아이젠하워 재단(Eisenhower Foundation, 2010)은 앨라배마, 사우스 캐롤라이나, 뉴햄프셔, 뉴멕시코, 버지니아, 매사추세츠, 미시시피, 오리건, 메릴랜드, 워싱턴 D.C., 위스콘신에서 양적 기회 프로젝트를 모사하고 있다. 양적 기회 프로그램에 대한 최근 검토에서 프로그램에 참여한 학생들이 프로그램에 등록하지 않은 통제집단 학생들과의 비교에서 성적평가점평균(GPA)이 더 높았으며, 고등학교를 졸업하고 대학에 입학하는 비율도 더 많았다(Curtis & Bandy, 2016).

최근 연구에서 3학년에서 8학년까지 6년에 걸쳐 시카고의 저소득층 학생들을 대상으로, 14개 도시에 있는 긍정 행동 프로그램(Positive Action program)의 효과를 평가하였다(Lewis & Bandy, 2016). 긍정 행동 프로그램은 자아개념, 자기통제와 책임감, 신체 및 정신적 건강, 정직, 다른 사람들과 사이좋게 지내기, 그리고 자기개선을 위해 끊임없이 노력하기에 중점을 둔 K~12 교육과정으로 구성되어 있다. 그 프로그램은 학교의 분위기를 광범위하게 개선하기 위해 교사, 상담자, 가족, 그리고 지역사회 훈련과 활동을 포함하고 있다. 긍정 행동 프로그램을 실시하지 않은 통제집단의 학교와 비교하였을 때, 그 프로그램의 학생들이 폭력 관련 행동에 덜 참여하였으며 징계를 받거나 학교로부터 정학을 받은 학생도 적었다.

또 다른 최근 연구에서는 로스앤젤레스에 저소득층으로 거주하는 500명 이상의 9~12학년 학생들이 무작위 입학 추첨을 통해 높은 성취를 보이는 차터공립학교에 입학하였다(Wong & others, 2014). 차터공립학교에 다니지 않는 통제집단의 학생들과 비교하였을 때, 차터공립학교에 다니는 학생들은 수학과 영어 표준화된 검사에서 더 좋은 점수를 받았으며 학교를 중퇴할 가능성도 적었다.

*The Shame of the Nation*에서 조너선 코졸(Kozol, 2005)은 특히 소수민족 아동이 많이 집중되어 있는 도심의 빈곤 지역에 있는 아동에 대한 많은 미국 학교의 자원의 불충분한 질과 부족을 비판하였다. 코졸은 빈곤한 학생들을 위해 자신의 인디애나폴리스 교실에 신발 상자를 비치해두었던 안젤라 라이블리와 같은 교사를 높이 평가하였다.

© Michael Conroy/AP Images

RESEARCH

워싱턴 D.C.의 카버센터의 양적 기회 프로그램에 아동들이 참여하고 있다.

© shutterstock

학생과 연계하기 : 최고의 실천
빈곤층 아동을 가르치기 위한 전략

질 나카무라는 그녀의 학생인 애슐리 조던과 함께 그녀의 가정 방문을 즐기고 있다.

© The Jordan Family and Courtesy of Jill Nakamura

앞서 살펴보았듯이 빈곤층 아동은 학교에서 도전에 직면한다. 빈곤층 아동을 가르치기 위한 몇 가지 효과적인 전략은 다음과 같다.

1. *사고와 언어 기술을 향상시킨다.* 만일 당신이 저소득층 지역의 학교에서 가르치고 있다면, 아동의 사고와 언어 기술을 향상시킬 수 있도록 돕는 것을 목표로 해야 한다. '교사의 시선'에서 볼 수 있듯이 캘리포니아주 프레즈노에 1학년 교사로 있는 질 나카무라의 교실에서는 이것이 중요한 목표이다.

교사의 시선 : 최상위 빈곤층 학교의 학생을 위한 매일하는 방과 후 독서모임

질 나카무라는 최상위 빈곤층 지역에 위치하고 있는 학교에서 가르치고 있다.

그녀는 학년 초에 학생들과 관계를 형성하고 부모와 협력관계를 맺기 위한 노력으로 가정방문을 한다. "그녀는 읽기 성적이 낮은 학생들을 위해 매일 방과 후 독서 모임을 열고 있다. … 참여를 원하지 않는 학생들은 부모가 말해줄 것을 요구했다." 최근(2004)에 그녀는 "학생들의 독서 비율을 29%에서 76%로, 학년 수준 또는 그 이상으로 올렸다"(Wong Briggs, 2004, p. 6D).

2. *과잉훈육은 하지 않는다.* 빈곤과 다른 요인이 안전과 훈육을 유지하기 어렵게 만들기 때문에 훈육과 아동의 자유 사이에서 실행 가능한 절충을 찾으려고 노력해야 한다. 우리는 학급관리에 관한 장(제11장 참조)에서 학급 규칙에 대해 더 이야기할 것이다.

3. *학생의 동기부여를 최우선으로 한다.* 저소득 환경에 있는 많은 아동은 부모의 높은 성취기준을 경험해보지 못했기 때문에 학습에 대한 동기가 부족하다. 아동이 학습할 수 있도록 동기부여 하는 데 특별히 더 주의를 기울여야 한다. 우리는 동기, 교수, 학습에 관한 장(제10장 참조)에서 이들 주제를 더 이야기할 것이다.

4. *부모를 지원하고 협력하는 방법에 대해 생각해본다.* 빈곤한 지역의 많은 부모가 자녀에게 많은 학업 감독이나 도움을 제공할 수 없다고 인식하고 있다. 부모가 교육받는 것을 지원하고 도움줄 수 있는 방법을 찾는다.

5. *빈곤한 지역사회의 재능 있는 사람들을 끌어들이는 방법을 찾는다.* 빈곤한 지역의 부모는 교사가 전혀 기대하지 않는 방식으로 재능이 있고, 배려심이 많고, 반응적인 사람들일 수 있다는 것을 인식해야 한다. 대부분의 빈곤한 지역사회에는 고정관념을 깨는 지혜와 경험이 있는 사람들이 있다. 이러한 사람을 찾아내어 교실에서 아동의 학습을 지원하고, 견학 여행에도 동행하고, 학교를 더 매력적으로 만들도록 도와달라고 봉사를 요청하는 부탁을 한다.

6. *저소득층 아동의 장점을 관찰한다.* 이런 환경에 있는 많은 아동이 상당히 미개발의 지식을 가지고 학교에 들어오며, 교사는 그러한 풍요로움에 접근할 수 있다. 예를 들어, 대중교통을 사용하는 방법에 대해 상당한 지식을 가지고 있을 수 있지만, 반면에 고소득층 가정의 아동은 자동차로만 이동할 수 있다.

민족성

DIVERSITY

민족성이라는 단어는 '국가'라는 의미를 가진 그리스 단어에서 나왔다. **민족성**(ethnicity)은 문화유산, 국적, 인종, 종교, 및 언어와 같은 특성의 공유된 형태를 말한다. 모든 사람은 하나 또는 그 이상의 민족집단의 구성원이며, 미국뿐만 아니라 사실상 모든 지역에서 다른 민족적 배경을 가진 사람들 간의 관계는 종종 편견과 충돌로 채워진다.

이민 미국 문화의 변화하는 태피스트리는 미국 시민들의 변화하는 민족 균형보다 더 분명하지 않다(Gollnick & Chinn, 2017; Schaefer, 2015). 상대적으로 소수민족의 높은 이민율은 미국 인구의 소수민족 비율이 증가되는 데 기여하고 있다. 2014년에 18세 또는 그보다 어린 아동들의 62%가

민족성 문화유산, 국적, 인종, 종교, 및 언어와 같은 특성의 공유된 형태

비라틴아메리카계 백인이었으며, 이 숫자는 44% 감소된 것으로 예상되고 있다(Colby & Ortman, 2015). 2014년 미국에서 17%가 라틴아메리카계였지만 2060년에는 그 숫자가 29%로 증가할 것으로 예상되고 있다. 아시아계 미국인 아동의 소수민족 집단이 가장 빠르게 증가될 것으로 예상되고 있다. 2014년에 5%가 아시아계 미국인이었으며, 2060년에는 9%까지 성장할 것으로 기대되고 있다. 아프리카계 미국인 아동의 백분율은 2014년부터 2016년까지 약간 증가할 것으로 기대되고 있다(12.4%에서 13%).

소수민족 학교가 급속히 증가되면서 대다수 공립학교의 교사는 비라틴아메리카계 백인이었다. 2011~2012년에 이들 교사의 82%가 비라틴아메리카계 백인이었으며, 82%가 라틴아메리카계였고, 72%가 아프리카계 미국인이었다(Maxwell, 2014).

소수민족 학생들은 소수민족 집단의 사람에게 교육을 받을 때 더 학업적으로 성공하는가? 최근 연구에서 3~10학년에 이르는 아프리카계 미국인과 비라틴아메리카계 백인 학생들이 읽기 수업에 자신과 같은 민족의 교사를 배정받았을 때, 그리고 아프리카계 미국인, 아시아계 미국인, 비라틴아메리카 백인 학생들이 수학 수업에 자신과 같은 민족의 교사를 배정받았을 때, 작지만 읽기와 수학에서 긍정적 효과를 얻었다는 것을 발견하였다(Egalite, Kisida, & Winters, 2015). 낮은 수행을 보이는 아프리카계 미국인과 비라틴아메리카계 백인 학생들은 특히 자신의 민족성과 일치하는 교사를 만났을 때 이득을 얻었다.

(위) 12개 나라에서 온 이민자 아동이 2009년 6월 11일 뉴욕 퀸스에 있는 미국 시민권 행사에 참여하고 있다. 미국의 이민자 아동은 어떤 특징이 있는가? (아래) 텍사스 리오 그랜드 밸리에서 온 라틴아메라카계 이민자들. 과달라하라, 멕시코에서 온 이민자들이 미국에서 직면하게 되는 문화 적응과 교육 도전은 어떤 것이 있는가?

(위) © Mario Tama/Getty Images (아래) © Alison Wright/National Geographic Creative/Alamy

인종집단에 대한 중요한 점은 그것이 다양하다는 것이다(Koppelman, 2017). 여기에 많은 예가 있다. 멕시코계 미국인과 쿠바계 미국인은 라틴아메리카계지만, 미국으로 이민 온 이유는 서로 다르며, 사회경제적 배경이 다양한 출신으로, 서로 다른 관습을 공유하고, 그리고 미국에서 서로 다른 고용률 유형을 경험하고 있다. 푸에르토리코에서 태어난 사람들은 미국 시민으로 태어났으며, 그들이 미국에서 살고 있는 것과 관계없이 이민자가 아니라는 점에서 미국으로 이민 온 라틴계 사람들과 구별된다. 미국 정부는 현재 각각 다른 가치와 특성을 가진 독특한 조상 배경을 가지고 있는 511개의 다른 미국 인디언 부족을 인정하고 있다.

아사아계 미국인은 중국, 일본, 필리핀, 한국, 동남아시아 사람들을 포함하고 있으며, 각 집단은 고유한 조상과 언어를 가지고 있다. 아시아계 미국인의 다양성은 그들의 교육적 성취에 반영되어 있다. 어떤 사람들은 높은 수준의 교육을 받는다. 많은 다른 사람들은 교육을 거의 받지 못한다. 예를 들어, 한국계 미국인 남성의 90%는 고등학교를 졸업하였지만, 베트남 남성은 오직 71%만 졸업하였다. 아시아계 미국인의 다양성은 종종 간과되는데, 왜냐하면 많은 아시아계 미국인들이 학교 성취에 매우 성공적이고, 건강에 위험을 감수하지 않으며, 비행 행위에 관여하지 않기 때문이다. 이러한 특징 때문에, 그들은 '소수민족의 모델'로서 언급되고 있다. 하지만 많은 아시아계 미국인 학생들은 외로움, 불안 그리고 우울을 포함한 적응 문제를 경험하고 있다(Sue, Sue, & Sue, 2016, 2017).

아시아계 미국인과 멕시코계 미국인과 같이 최근 10년 동안 미국으로 이주한 많은 가정이 자신의 가족에 대한 책임과 의무가 강한 집단주의 문화를 갖고 있다(Fuligni & Tsai, 2015). 가족에 대한 책임과 의무가 부모의 일을 돕고 가족의 복지에 기여하는 형태를 취할 수 있게 했는지 모른다. 이것은 종종 건설, 원예, 청소 및 레스토랑과 같은 서비스 및 육체 노동에서 발생한다. 많은 이민자 학생들은 영어권인 바깥 세상에서 가족을 위해 번역가 및 협상가로서 역할을 한다. 아시아계 미국인과 라틴아메리카계 가정은 비라틴아메리카계 백인 가정보다도 가족에 대한 의무와 책임을 더 많이 강조하고 있다.

민족성과 학교 교육적 차별이 미국의 유색인종 아동에게 여전히 이루어지는 것이 현실이다(Bank, 2014). 아프리카계 미국인과 라틴아메리카계 학생들의 거의 3분의 1은 90% 이상이 소수민족 집단 출신으로, 일반적으로 자신과 같은 소수민족 집단의 학교에 다니고 있다. 다른 인종집단의 학생들의 학교 경험은 또한 다른 방식으로 출발한다(Banks, 2015). 예를 들어, 아프리카계 미국인과 라틴아메리카계 학생은 비라틴아메리카계 백인 또는 아시아계 미국인 학생보다 학업, 대학 진학준비 프로그램에 덜 등록하였고, 교정이나 특별교육 프로그램에는 더 등록하였다. 아시아계 미국인 학생들은 다른 인종집단의 학생들보다 고등학교에서 고등 수학과 과학의 과정을 더 이수했다. 아프리카계 미국인 학생들은 라틴아메리카, 미국 원주민, 또는 백인보다도 학교에서 정학당할 확률이 2배나 높았다. 소수의 유색인종이 미국 최대의 학군에 속하는 대다수의 학생들을 구성하고 있다. 하지만 미국 학교 교사의 90%가 비라틴아메리카계 백인이었으며 소수민족의 교사 비율은 심지어 앞으로 더 낮아질 것으로 추정된다.

게다가 저소득 배경 학생들의 학교가 고소득 배경 학생들의 학교보다 자원이 더 적은 것처럼, 소수민족 배경 학생들의 학교가 비라틴아메리카계 백인의 배경 학생들의 학교보다 주로 더 적은 자원을 갖고 있었다(Zusho, Daddino, & Garcia, 2016). 예를 들어, 연구에서 캘리포니아에 있는 소수민족 학교의 학생들이 교재, 물품, 컴퓨터와 같은 교육 자원을 접할 기회가 더 적었으며, 비라틴아메리카계 백인학교의 학생들보다도 검증되지 않은 교사들이 5배 정도는 더 많다는 것을 발견하였다(Oakes & Saunders, 2002; Shields & others, 2001).

*In The Shame of the Nation*에 조너선 코졸(Kozol, 2005)은 11개 주 도시의 저소득층 지역에 있는 60개의 미국 학교를 방문했다고 기술하고 있다. 그는 소수민족 인구가 80~90%인 많은 학교를 보았고, 많은 가난한 소수민족 학생들에게 학교차별이 여전히 존재한다고 결론지었다. 코졸은 어질러진 교실, 복도, 화장실, 부족한 교재와 물품, 자원 부족과 같은 방금 요약한 불평등을 보았다. 또한 교사들이 주로 학생들에게 반복적으로 암기하는 자료, 특히 높은 사고를 수행하는 것보다는 의무적 시험을 위한 준비를 가르치는 것을 보았다. 또한 교사들이 교실을 통제하기 위해 자주 위협적인 훈육 전략을 사용하는 것을 관찰하였다.

편견, 차별 그리고 선입견 코졸이 기술한 많은 소수민족 아이들의 부정적 학교 경험에는 편견, 차별 그리고 선입견이 내포되어 있다(Marks & others, 2015). **편견**(prejudice)은 어떤 집단에 속하는 다수의 사람들이 개인에게 갖는 근거 없는 부정적 태도이다. 편견을 갖는 집단은 민족성, 성별, 나이 또는 실제로 탐지 가능한 또 다른 차이에 의해 정의될 수 있다. 우리가 여기서 중점에 두고 있는 것은 유색인종 집단에 대한 편견이다

편견과 차별을 반대하는 사람들은 종종 대조적인 견해를 갖고 있다. 어떤 사람들은 최근 몇 년간의 시민권의 진보를 가치 있게 평가하고 칭찬하였다. 다른 사람들은 미국 학교와 다른 기관들을 비판하고 있는데, 그 이유는 많은 형태의 차별과 편견이 여전히 존재한다고 결론을 내리기 때문이다(Bucher, 2015).

편견 어떤 집단에 속하는 다수의 사람들이 개인에게 갖는 근거 없는 부정적 태도

다양성과 차이 역사적·경제적·사회적 경험은 다양한 인종집단 간의 편견과 정당한 차이를 만들어낸다. 특정 민족 또는 문화 집단에 살고 있는 개인은 그 문화의 가치에 적응한다. 그들의 행동이 나와 다를 수 있지만 그들에게는 기능적일 수 있다. 이러한 차이를 인식하고 존중하는 것은 다문화의 다양한 세상에서 지낼 수 있는 중요한 측면이다. 또한 모든 인종집단의 또 다른 중요한 차원이 다양성이라는 점을 상기해야 한다. 미국 문화뿐만 아니라 미국 문화 내의 모든 민족집단도 다양하다.

복습하기, 성찰하기 그리고 연습하기

❶ **아동 교육에 있어서 문화, 사회경제적 지위, 민족적 배경의 다양성을 어떻게 고려해야 하는지에 대해 논의한다.**

복습하기

- 문화란 무엇인가? 개인주의와 집단주의 문화는 어떤 차이가 있는가? 미국의 청소년들은 유럽과 동아시아의 청소년들과 비교해 어떻게 시간을 보내는가?
- 사회경제적 지위란 무엇인가? 저소득 가정 출신의 아동은 학교생활에서 어떤 어려움을 겪기 쉬운가?
- 민족성은 아동의 학교생활에 어떠한 연관성을 지니게 되는가?

성찰하기

- 교육의 맥락에서 출신 민족의 차이는 무조건 부정적인 것인가? 미국의 교실 환경을 배경으로 긍정적일지도 모를 차이들을 떠올려보자.

연습하기

1. 미국 중서부 지역에서 자란 오스틴은 멕시코, 한국, 베트남, 인도, 파키스탄, 폴란드 그리고 체코에서 온 이민자 출신의 학생들로 구성된 고등학교에서 수학을 가르치고 있다. 오스틴은 종종 실내 활동으로 순위를 다투는 게임들을 도입하곤 하는데, 게임하는 동안 교실 앞에 위치한 화이트보드에서 문제를 풀어야 하는 일이 종종 발생한다. 어떤 학생들은 이러한 게임들에 푹 빠져 즐기는 것처럼 보이는 반면 어떤 학생들은 문제를 풀 수 없다는 이유로 당황한다. 이들은 특히 오스틴이 이들에게 도움이 되는 방향으로 지적을 하는 경우 더더욱 당황한다. 가장 그럴듯한 설명으로 이 게임들을 즐기지 못하는 학생들은 ＿＿＿＿＿＿.

   a. 훌륭한 선수가 아니다.   b. 자존감이 낮다.
   c. 집단주의적인 문화에서 성장했다.   d. 개인주의적인 문화에서 성장했다.

2. 샐리 부모의 소득 수준이 다양한 학교에 다니고 있고 현재 3학년이다. 샐리의 가정형편은 가난한 편이며 샐리가 속한 학급의 4분의 1이 가난한 형편의 학생들이다. 또 다른 4분의 1 정도가 경제적으로 부유한 부모를 두고 있고 나머지 절반 정도는 소득 수준이 중류층에 해당한다. 샐리의 담임인 로버츠는 샬롯테의 웹사이트 내용에 의거해 디오라마(조각 형상과 실물 크기의 오브제들이 있는 풍경 재현) 프로젝트를 학생들이 진행하도록 했다.

   이 학급 내에 좀 더 부유한 편에 속한 가네샤는 큰 구두 상자에 정교한 디오라마를 구성해냈다. 플라스틱으로 만들어진 동물들과 자그마한 인형들을 디오라마에 배치했고 상자 내부를 공예용 스틱들로 채워 넣어 헛간과 같은 느낌을 주었으며 가느다란 낚싯줄을 이용해 거미줄을 만들었다.

   샐리는 이 책을 읽으면서 내용을 충분히 이해했고 읽는 내내 재미있어 했지만 샐리의 디오라마는 가네샤의 디오라마와 비교했을 때 빈약했다. 우선 샐리는 디오라마로 이용할 구두 상자가 없었기 때문에 가게에서 발견한 낡은 상자를 이용했다. 샐리는 플라스틱 동물들을 살 수 있는 형편이 아니었기 때문에 종이를 이용해 동물들을 만들었다. 샐리는 낡은 구두끈을 이용해 거미줄을 만들었다.

   샐리는 가네샤의 디오라마 옆에 놓인 자신의 디오라마를 바라보았을 때 거의 울 듯한 표정이 되었다. 샐리는 로버츠가 가네샤의 디오라마를 입에 침이 마를 정도로 칭찬했을 때 울음을 터뜨렸다. 로버츠는 어떻게 다르게 행동했어야 했을까?

   a. 로버츠는 프로젝트를 시작하기 전에 학생들에게 소득의 차이를 설명했어야 했다.

    b. 로버츠는 학생들이 디오라마가 아니라 기존에 해오던 독후감을 쓰도록 해야 했다.

    c. 로버츠는 학생들에게 재료를 주고 이 재료들로 디오라마를 만들어오도록 해야 했다.

    d. 로버츠는 가네샤의 디오라마가 아닌 샐리의 디오라마를 칭찬했어야 했다.

3. 로버트는 다양한 민족 출신의 학생들로 구성된 학교에서 교사로 일하고 있다. 로버트가 교사가 되기로 결심한 이후 로버트는 이런 학교에서 가르치는 것이 그의 목표가 되어 왔다. 그는 소수민족 출신의 아이들을 돕고 싶었던 것이다. 그래서 그는 그의 반 아이들 모두가 학급 활동들을 잘 수행하고 구성원들이 소속감을 느낄 수 있도록 많은 노력을 기울이고 있다. 가끔 로버트는 점심 가져오는 것을 잊었거나 학생 식당에서 점심을 살 여유가 없는 학생들에게 점심을 사줄 정도로 학생들에게 따뜻하고 배려가 깊은 교사이다. 로버트는 본인이 생각하기에 주류의 학생들과 비교해 평균 정도에 지나지 않는 수행성과를 내온 소수자 출신의 학생들을 칭찬하곤 한다. 로버트가 잘 못하고 있는 점은 어떤 것일까?

    a. 로버트는 수행 기준을 양육으로 대신하고 있다.

    b. 로버트는 학생 모두에게 더욱 양육적인 환경을 제공해야 한다.

    c. 학생 모두에게 점심을 제공하든지 아니면 아예 하지 말아야 한다.

    d. 소수민족 출신의 학생들에게 너무 높은 기준을 설정하고 있다.

정답은 '연습하기 정답' 참조

학습목표 2
다문화 교육을 촉진하기 위한 몇 가지 방법을 설명한다.

2 다문화 교육

| 학생에게 권한 부여하기 | 문화적으로 관련 있는 교수 | 쟁점 중심의 교육 | 다양한 인종집단 아동들 간의 관계 개선하기 |

다문화 교육이 미국을 민권 지도자인 고 마틴 루서 킹이 꿈꾸던 것과 비슷하게 만드는 데 기여할 수 있기를 희망한다. 바로 아동이 피부 색깔에 의해 판단되는 것이 아니라 그들이 가진 특징에 의해 판단되는 국가 말이다.

다문화 교육(multicultural education)은 다양성을 중요시하고 다양한 문화집단의 관점을 통상적인 기준으로 포함하는 교육이다. 이를 지지하는 사람들은 유색인종의 아동이 권한을 부여받아야 하며, 다문화 교육이 모든 학생에게 도움이 될 수 있다고 믿는다(Bank, 2014, 2015). 다문화 교육의 중요한 목표는 모든 학생을 위한 동등한 교육적 기회이다. 이것은 주류 학생과 소수 집단의 학생 간에 학업성취에 차이를 좁히고자 하는 것을 포함하고 있다.

다문화 교육은 1960년대의 시민권 운동과 여성 및 유색인종에 사람들에 대한 평등과 사회 정의에 대한 요구에서 비롯되었다(Gollinick & Chinn, 2017). 다른 분야와 마찬가지로 다문화 교육은 사회경제적 지위, 민족성 및 성별과 관련된 쟁점을 포함하고 있다. 그러나 다문화 교육의 추세가 인종만을 초점으로 삼는 것이 아니라 사회경제적 지위, 성별, 종교, 장애, 성적 태도 및 다른 유형의 차이를 포함하는 것이다(Koppleman, 2017). 현대 다문화 교육에 대한 또 다른 중요한 점은 많은 사람들이 그것이 유색인종 학생을 위해 준비한 것이라고 생각한다는 것이다. 그러나 비라틴아메리카계 백인 학생을 포함하여 모든 학생이 다문화 교육의 도움을 받을 수 있다.

사회 정의는 다문화 교육의 근본적인 가치 중 하나이기 때문에, 편견 감소와 평등 교육은 핵심 내용이다(Bank, 2014, 2015). 편견 감소는 다른 사람에게 갖는 부정적인 고정 관념의 시각을 없애기

다문화 교육 다양성을 중요시하고 다양한 문화집단의 관점을 통상적인 기준으로 포함하는 교육

위해 교사가 교실에서 수행하는 활동을 말한다. **평등 교육**은 남학생과 여학생 모두에게 그리고 다양한 소수민족 집단에게 적합한 자료와 학습전략을 포함하도록 하는 교수과정의 수정을 말한다.

만약 다문화 교육과 관련된 어떤 종류의 준비를 하거나 수업을 한다면 당신과 학생들에게 도움이 될 것이다. 예를 들어, 수학과 과학 교사의 연구에서 "교사가 가르치는 분야의 학위를 갖고 있고 다문화 교육, 특수교육 및 영어 개발에 관한 준비를 했을 때"(Wenglinksy, 2000) 학생들의 성취도가 향상되는 것으로 드러났다(Bank & others, 2005, p. 233).

다문화 교육의 전문가 제임스 뱅크스(Banks, 2014)는 다문화 학교가 어떤 특징이 있는지 기술하고 있다. 만일 학교에서 다문화 교육을 실시하고자 한다면 존재해야 한다고 생각하는 몇 가지 특징은 다음과 같다.

만약 학교가 다문화 교육을 실천한다면 무엇을 갖추어야 하는가?

© shutterstock

- **학교 직원의 태도, 신념, 그리고 행동.** 학교 직원은 모든 학생에게 높은 기대와 그들이 학습하는 것을 도우려는 열의를 가져야 한다.
- **교육과정.** 다문화 교육은 학생들이 다양한 민족과 사회경제적 집단의 다양한 관점에서 사건, 개념 및 문제를 인식할 수 있도록 학습과정을 구성한다.
- **교육 자료.** 교과에 많은 편견이 존재하고 있고 그 자료를 학습하고 있다. 이러한 편견이 유색인종, 제2언어 소수자, 여성 및 저소득층의 경험을 소외시킨다. 다문화 학교에서 교육 자료는 다양한 인종과 문화집단의 배경과 경험을 나타낸다.
- **학교 문화와 잠재적 교육과정.** 잠재적 교육과정은 명시적으로 가르치는 것은 아니지만 그럼에도 불구하고 학생들에게 제시되고 있고 학습되는 교육과정이다. 다양성에 대한 학교의 태도가, 가령 학교 게시판에 있는 사진, 학교 직원의 인종 구성, 다양한 배경의 학생들이 징계 받는 공정성과 같이 미묘한 방식으로 나타날 수 있다. 다문화 학교에서 잠재적 교육과정의 메시지가 다양성의 긍정적 측면을 반영하도록 학교 상황이 바뀌고 있다.
- **상담 프로그램.** 다문화 학교의 상담 프로그램은 다양한 배경의 학생들이 효과적으로 직업을 선택할 수 있도록 안내하고 학생들이 이러한 선택을 추구할 수 있는 적절한 과정을 수강하도록 돕는다. 학교의 상담자는 다양한 학생이 꿈에 도전하고 그 꿈에 도달할 수 있는 전략을 제공한다.

최근에 교사들을 대상으로 교실 내 급우들의 다양성을 어떻게 포용하고 독려하는지에 관해 질의를 실시했다. 그들은 다음과 같은 답변을 했다.

유치원 교사 교실 내 모든 영역에 여러 언어로 쓰인 다문화 책들과 포스터와 더불어 그 밖의 물건들이 다양하게 포진하도록 꾸몄습니다. 예컨대, 옷들과 인형들 그리고 음악들이 그러한데 이들 모두 다양한 문화를 표현하고 있습니다. 식사 시간과 간식 시간에 아이들에게 제공하는 음식들 또한

다양한 민족과 문화에서 나온 요리법을 기초로 한 것들입니다. 이야기 시간에는 부모들이 다른 언어로 읽어준 다음 아이들이 이해할 수 있도록 해석해줍니다. 우리의 철학은 다양성을 굳이 가르칠 필요가 없다는 것입니다. 다양성은 이미 존재하는 것이니까요.

–발레리 고햄, 키디쿼터스사

권한 부여 사람들에게 성공할 수 있는 지적 대처 기술을 제공하여 보다 더 공정한 세상을 만드는 것

초등학교 교사 저는 2학년을 대상으로 한 통합 ESL(제2외국어로서의 영어) 과정을 가르치고 있습니다. 학년 초가 되면 교실 커뮤니티를 형성하고 칠판에 세계 포스터를 붙인 다음 학생들이 모두 이를 인식할 수 있게끔 공을 들입니다. 그리고 "We are the children…We are the World"라는 표제를 붙입니다. 아이들 각각의 사진을 찍고 아이들이 태어난 나라들을 순서대로 표시해놓고 있습니다. 세계와 서로의 문화적 배경을 알아나가고 배워 나가면서 많은 지형과 사회 연구의 자료로 이를 학년 내내 사용합니다.

－엘리자베스 프라셀라, 클린턴초등학교

중학교 교사 학생들이 복도와 식당에서 서로를 별명으로 부르는 것을 종종 듣곤 합니다. 저는 이러한 행동을 그냥 지나치기보다는 교육의 기회로 삼아 학생들에게 다른 사람을 별명으로 부르는 것이 왜 잘못된 일인지 이유를 설명하죠. 또한 수업 시간을 이용해 다른 종교와 함께 문화 단체들이 지니고 있는 신념과 관습들에 대해 알려주곤 합니다. 저는 우리 학교의 유니티 클럽의 고문으로 활동하고 있으며 다른 문화들을 보여주며 교내 다양성을 독려하고 있습니다. 예컨대 이 클럽에서는 최근 각 나라의 국기가 교내에서 보여질 수 있도록 전시 공간인 특수 게시판을 만들었습니다.

－케이시 마스, 에디슨중학교

고등학교 교사 우리 학교 학생의 삼분의 일이 미국 원주민입니다. 교사인 저는 도자기, 비드 공예, 자작나무 바구니, 바늘 장식 공예, 블랙 애쉬 바스켓 등을 비롯한 미국 원주민의 여러 예술 작품 유형들에 대한 내용을 알려줍니다. 모든 학생은 미국 원주민 메디슨 휠(medicine wheel)과 더불어 다 양한 상징들, 즉 색깔, 방향 그리고 동물들에 대해 알게 됩니다. 학생들은 미국 원주민인지 여부에 관계없이 모두 자신이 속한 고유의 문화에 맞게 메디슨 휠을 직접 만들어봅니다. 따라서 학생들이 만든 모든 메디슨 휠은 독특하고 이것이야말로 교내 다양성을 말해줍니다.

－데니스 피터슨, 디어리버고등학교

학생에게 권한을 부여하는 것에는 무엇이 있는가?

© shutterstock

학생에게 권한 부여하기

권한 부여(empowerment)라는 용어는 사람들에게 성공할 수 있는 지적 대처 기술을 제공하여 보다 더 공정한 세상을 만드는 것을 말한다. 1960년에서 1980년까지 다문화 교육은 학생들에게 권한 부여하기와 소수민족 문화 집단이 교육과정이나 교과서에 더 제시되는 것에 관심이 있었다. 권한 부여하기는 오늘날 다문화 교육의 중요한 주제가 되고 있다(Gollnick & Chinn, 2017). 이러한 관점에서 학교는 학생들에게 다양한 민족 및 문화 집단의 경험, 투쟁, 비전에 대해 학습할 기회를 주어야 한다(Koppleman, 2017). 이것이 소수민족 학생들의 자존감을 높여주고, 편견을 감소시키며, 더 평등한 교육 기회를 제공할 것이라는 희망이다. 이는 백인 학생들이 소수민족 집단에 대해 더 알게 되도록 도울 것이며, 유색인종의 학생들이 환경 내에서 다양한 관점을 개발할 것이라는 희망 또한 있다.

뱅크스(Banks, 2014)는 미래의 교사들에게 그들이 다른 집단에 의해 소외

되었다고 느꼈던 상황에 대해 짧은 에세이를 쓰게 하는 것이 도움이 될 수 있다고 제안한다. 사실상 모든 사람이 소수집단이든 또는 다수 집단이든 어떤 시점에서 이런 상황과 같은 유형의 경험을 하게 된다. 뱅크스는 이러한 에세이를 쓴 후에는 사회문화적 다양성의 문제를 더 이해하려는 입장에 있어야 한다고 강조한다.

문화적으로 관련 있는 교수

문화적으로 관련 있는 교수는 다문화 교육에서 중요한 측면이다(Gollnick & Chinn, 2017). 이것은 학습자의 문화적 배경과 연결되도록 노력하는 것이다. 다문화 교육 전문가들은 효과적인 교사는 문화적으로 관련된 것을 가르쳐야 된다는 것을 알고, 이를 교육과정에 포함시킨다고 강조하고 있다. 왜냐하면 이것이 더 효과적으로 가르칠 수 있게 하기 때문이다(Koppelman, 2017). 몇몇 연구자들은 일부 소수민족 집단의 학생들이 다른 학생들보다 교육적인 일을 더 어렵게 만드는 방식으로 행동한다는 것을 발견하였다. 예를 들어, 재키 어바인(Irvine, 1990)과 재니스 헤일벤슨(Hale-Benson, 1982)은 아프리카계 미국인 학생들은 표현을 더 잘하고 에너지가 높다는 것을 관찰하였다. 그들은 학생들이 이런 식으로 행동할 때 필기시험을 치르도록 요구하기보다는 프레젠테이션을 할 수 있는 기회를 주는 것이 좋은 전략일 수 있다고 권한다. 다른 연구자들은 많은 아시아계 미국인 학생들이 유럽계 미국인 학생들보다도 시각적 학습을 더 선호한다는 것을 발견하였다(Litton, 1990). 따라서 이들 학생에게는 교사가 3차원 모델, 그래픽 조직자(graphic organizer), 사진, 차트, 칠판에 쓰기를 더 사용하는 것이 좋다.

학생들이 살고 있고 부모가 일하는 지역사회에 들어가면 그들의 민족적·문화적 배경에 대한 이해가 향상될 수 있다(Banks, 2014; Gollnick & Chinn, 2017). 지식기금 접근(fund of knowledge approach)은 교사가 학생들의 가정을 방문하고 학생들의 가족 구성원과 사회적 관계를 발달시키는 것이 그들 문화와 민족적 배경을 더 배우게 되어 이 지식을 그들을 가르치는 데 통합시킬 수 있다고 강조하고 있다(Moll & González, 2004). 이러한 접근을 통해서 교사는 학생 가정의 직업, 이해관계, 그리고 지역사회 특징에 대해 더 배울 수 있다. 지식기금 접근의 예로는 학생들에게 부모의 목공 기술이 기하학과 어떻게 관련되어 있는지, 그리고 학생들이 교실 밖에서 접하는 언어 유형이 교사가 가르치는 데 어떻게 도움이 될 수 있는지를 이해하도록 안내하는 것을 포함하고 있다. 연구자들은 지식기금 접근을 사용하였을 때 라틴계 학생들의 학업적 수행이 개선되었다는 것을 발견하였다(González, Moll, & Amanti, 2005). 지식기금 접근은 학생들의 학교와 지역사회 간에 가교 역할을 하고 있다.

교사는 소수민족 집단과 저소득 배경의 학생에게 높은 성취 기대를 가져야 하며, 그들을 엄격한 학업 프로그램에 참여시킬 필요가 있다(Zusho, Daddino, & Garcia, 2016). 높은 성취 기대와 엄격한 학업 프로그램이 문화적으로 관련 있는 교수와 지역사회의 관계와 결합되었을 때, 소수민족과 저소득 배경의 학생들에게 많은 도움이 될 수 있다. 캘리포니아 학생들에 관한 한 연

문화적으로 관련 있는 교수는 다문화 교육에서 중요한 측면이다. 문화적으로 관련 있는 교수의 한 가지 측면은 부모의 생활과 직업이 있는 지역사회로 들어가는 것을 포함하고 있다. 여기 교사는 새크라멘토의 수잔 앤서니 선생님이 초등학교 다니는 학생들의 가정을 방문하고 있다.

© Renée C. Byer

직소 교실 서로 다른 문화적 배경을 가진 학생들이 공통의 목표에 도달하기 위해 과제의 서로 다른 부분을 협력해서 하는 것

구에서 4년간의 평가에 따르면 지역사회 기반을 둔 작문, 학습 및 학업 자문 그리고 지역사회 지도자들과의 시간을 포함하고 있는 엄격한 학업 프로그램에 참여한 라틴계 학생들은 프로그램에 참여하지 않은 학생들보다 대학에 지원하거나 대학에 진학할 확률이 거의 2배나 높다는 것을 발견하였다(Gandara, 2002).

쟁점 중심의 교육

DIVERSITY

쟁점 중심의 교육 또한 다문화 교육의 중요한 측면이다. 이 접근에서는 학생들이 평등과 사회적 정의를 포함한 쟁점을 체계적으로 조사하도록 가르쳤다. 그들은 그것의 가치를 명확히 할 뿐만 아니라 대안과 결과를 조사하였다. 쟁점 중심의 교육은 사회적 맥락과 사회정서적 발달에 관한 장(제3장 참조)에서 논의한 도덕 교육과 밀접한 관련이 있다.

일부 학생들이 고등학교에서의 점심(식사) 정책에 관심을 가질 때의 상황을 생각해보자(Pang, 2005). 연방정부에서 보조받는 프로그램의 학생들은 카페테리아에서 가난하다고 '꼬리표가 붙여진' 특별한 줄을 이용할 것을 강요받고 있다. 많은 저소득층 학생들은 그런 점이 창피하고 당황스러워서 점심식사를 하지 않고 가버렸다. 학생들은 교사에게 그들에게 일어난 일에 대해 알렸고, 교사와 학생이 함께 행동 계획을 개발하였다. 그들은 이 계획을 교육청에 제출하였고, 그 영향을 받은 10개의 고등학교에서 점심(식사) 줄 정책을 개정하였다.

> **되돌아보기/앞날을 생각하기**
> 가치 명료화는 도덕 교육을 위한 여러 접근법 중의 하나이다. 제3장 '사회적 맥락과 사회정서적 발달'과 연계해 생각해보자.

다양한 인종집단 아동들 간의 관계 개선하기

DIVERSITY

다수의 전략과 프로그램이 다양한 인종집단 아동들 간의 관계를 개선하는 데 이용될 수 있다. 우선 우리는 가장 강력한 전략 중 하나를 논의할 것이다.

직소 교실 사회심리학자 엘리엇 애런슨이 오스틴에 있는 텍사스대학교 교수로 재직 중일 때 학교 시스템은 교실에서 증가하는 인종적 긴장을 줄이기 위한 아이디어를 위해 그에게 연락했다. 애런슨(Aronson, 1980)은 서로 다른 문화적 배경을 가진 학생들이 공통의 목표에 도달하기 위해 과제의 서로 다른 부분을 협력해서 하는 것을 포함하는 **직소 교실**(jigsaw classroom)의 개념을 개발하였다. 애런슨은 **직소**라는 용어를 사용하였다. 왜냐하면 그는 이 기술을 학생들이 직소 퍼즐을 완성하기 위해 서로 다른 조각들을 함께 협력하며 맞추어 나가는 것과 비슷하다고 보았기 때문이다.

이 작업은 어떻게 이루어지는가? 반 학생으로 몇 명의 백인, 아프리카계 미국인, 라틴아메리카인, 아메리카 원주민, 아시아계 미국인이 있다고 생각해보자. 그 수업은 조셉 퓰리처의 삶에 관계된 것이다. 이 수업은 인종 구성과 성취라는 측면에서 가능한 동등하게 섞어놓은 집단으로, 각 6명의 학생으로 구성된 그룹으로 나누어져 있다. 퓰리처의 삶에 대한 수업은 6개 부분으로 나누어지고, 각 집단의 6명에게 한 파트가 할당된다. 그 부분은 퓰리처의 가족이 미국에 어떻게

직소 교실은 어떤 특징은 있는가?
© shutterstock

오게 되었는지, 퓰리처의 어린 시절, 그의 초기 직업 등과 같은 퓰리처의 전기에서 나온 구절들이다. 각 집단의 모든 학생에게 그 부분을 공부하도록 할당된 시간이 주어졌다. 그 이후에 각 구성원이 집단 안에서 자신의 부분을 가르치도록 하였다. 학습은 동일한 목표에 도달하고자 하는 학생들의 상호의존성과 협력에 달려있다.

때때로 직소 교실 전략은 학생들을 위한 상위 목표 또는 공통 과제를 만드는 것으로 설명되고 있다. 팀 스포츠, 드라마 제작, 그리고 음악 공연은 학생들이 협력적으로, 그리고 종종 매우 열정적으로 상위목표에 도달하도록 참여시키는 상황의 또 다른 예이다.

© GlobalLab Project

다른 문화적 배경을 가진 사람들과의 긍정적·개인적 접촉 접촉 자체만으로는 항상 관계를 개선할 수 없다. 예를 들어, 소수민족 학생들을 자주 비라틴아메리카계 백인 학교로 강제 버스통학을 시킨다고 해서 또는 반대의 경우에도 편견이 줄어들지 않았으며, 다른 인종 사이의 관계도 개선되지 않았다(Frankenberg & Orfield, 2007). 중요한 것은 학생들이 학교에 도착한 후에 일어나는 문제이다. 관계는 학생들이 서로 자신들의 개인적인 걱정, 성공, 실패, 대처 전략, 관심 등에 대하여 이야기할 때 향상된다. 학생들이 자신에 관한 개인적인 정보를 밝혔을 때 단순히 집단의 구성원으로서보다는 개인으로서 더 알게 될 수 있다. 개인 정보를 공유하게 되면 이러한 발견을 자주 하게 된다. 다른 배경을 가진 사람들이라도 같은 희망, 걱정, 감정을 많이 공유하고 있다. 개인 정보를 공유하게 되면 집단 내/외로, 그리고 우리/그들이라는 장벽을 깨는 데 도움이 될 수 있다.

사회적 조망수용 능력 학생들은 다른 사람들의 관점을 보는 데 도움이 되는 연습과 활동으로 민족(인종) 간의 관계를 개선시킬 수 있다. 하나의 연습으로 학생들에게 2개의 독특한 문화집단의 적절한 행동을 배우게 한다(Shirts, 1997). 그다음에 두 집단은 이러한 행동에 따라 서로 상호작용하게 한다. 결과적으로 그들은 걱정과 불안감을 경험하게 된다. 이 연습은 학생들이 예전과는 매우 다른 방식으로 행동하는 사람들과 문화적인 환경에서 오는 문화 충격을 이해할 수 있도록 고안되었다. 학생들은 또한 편견이나 차별을 포함하는 이야기를 쓰거나 연극을 연기하도록 권장받을 수 있다. 이런 방식으로 학생들은 문화적으로 자신과 다른 학생의 '입장이 되어 보기(step into shoes)'를 함으로써 평등한 대우를 받지 못한 것이 어떤 것인지를 느껴보게 한다. 세계 각지의 사람들을 공부하는 것은 또한 학생들이 다른 관점을 이해할 수 있도록 한다. 사회 과목에서 학생들은 특정 문화권의 사람들이 왜 자신의 관습과 다른 관습을 가지고 있는지 물어볼 수 있어야 한다.

편견 감소시키기 아동들이 자신 이외의 다른 민족집단의 사람을 존중하는 것을 일찍 배우게 되면 더 도움을 받을 수 있다. 예를 들어, 초기 아동기에 교사는 아동과의 상호작용에서 민족우월감이나 차별에 관한 암시를 직접적으로 직면시켜줄 필요가 있다.

루이스 더만 스파크스와 반편견 교육과정 특별대책반(Derman-Sparks & Anti-Bias Curriculum Task Force, 1989)은 어린 아동의 편견을 줄이거나 다루거나 심지어 제거하는 데 도움이 되는 여러 가지 도구를 제작하였다.

제임스 코머가 자신의 지역 공동체 팀 접근 방식을 구현한 학교에 다니는 일부 도심 지역의 아프리카계 미국인 학생들과 함께 제시되고 있다.

© Chris Volpe Photography

다음은 교사에게 권장되는 몇 가지 반편견 전략이다.

• 다양한 민족과 문화 집단의 아동의 이미지를 보여준다. 이 다양성을 반영하는 학생들을 위한 책을 선택한다.
• 민족적·문화적 이해를 장려하는 놀이 자료와 활동을 선택한다. 다양한 배경을 가진 틀에 박히지 않는 역할과 가족을 설명하기 위해 극적인 놀이를 사용한다.
• 학생들과 고정관념을 갖고 타인을 차별한 것에 대해 이야기한다. 민족이나 인종 때문에 어떤 아이도 놀림을 당하거나 배제될 수 없다는 것을 분명히 한다.
• 부모와 아동이 편견을 어떻게 발달시키는지에 대해 토론하고, 학급의 민족적 편견을 줄이기 위한 노력을 부모에게 알린다.

관용 증가시키기 다양한 민족집단의 사람에 대한 관용과 존중의 발달은 다문화 교육의 중요한 측면이다(Gollnick & Chinn, 2017). '관용 가르치기 프로젝트(Teaching Tolerance Project)'는 학교가 백인 아동과 유색인종 아동 간에 문화적 이해와 관계를 개선할 수 있는 자원과 자료를 제공하는 것이다(Heller & Hawkins, 1994). 미국에 있는 모든 공립학교와 사립학교에 배포되는 1년에 두 번 나오는 *Teaching Tolerance* 잡지는 www.tolerance.org/magazine/subscribe를 통해 접속함으로써 무료 복사본을 얻을 수 있다. 이 잡지의 목적은 관용을 가르치기 위한 견해를 공유하고 자원을 제공하는 것이다. 초등학교 교사의 경우, 'different and same' 비디오와 자료(www.fredrogers.org 참조)는 아동이 더 관대해지도록 도울 수 있다.

학생과 연계하기 : 최고의 실천
다문화 교육을 위한 최고의 실천과 전략

우리는 이미 다양한 민족적·문화적 배경을 가진 사람과 아동 간의 관계에 도움이 될 수 있는 많은 아이디어에 대해 논의했다. 더 나아가 다문화 교육 지침에는 다문화 교육 전문가인 제임스 뱅크스(Banks, 2006, 2008)의 이러한 권장사항이 포함되어 있다.

1. *교재와 교실의 상호작용에서 인종차별적 내용에 민감해야 한다.* 인종차별에 대해 더 많이 배울 수 있는 좋은 자료로는 폴 키벨(Kivel, 1995)의 책 *Uprooting Racism*이 있다.
2. *다른 민족집단에 대해 더 많이 배워야 한다.* 다양성 전문가 카를로스 디아즈(Diaz, 2005)에 따르면, 교사 자신이 '다문화적 지식이 있다'고 생각할 때 교사는 학생들에게 다양성에 대해 깊이 있게 그리고 비판적으로 생각하도록 격려할 수 있다는 것이다. 그 이외에도 디아즈는 교사는 다양성을 시작하고 싶지 않는 '복잡하고 성가신 문제'로 보려는 경향이 있다고 말하고 있다. 왜냐하면 그들은 이것을 설명하기 위한 배경이 부족하기 때문이다. 다문화 지식을 증가시키기 위해서는 미국 민족의 역사와 문화에 관한 서적을 적어도 한 권 이상 읽어야 한다. *Cultural Diversity and Education*(2015)은 민족집단에 대한 역사적 묘사가 포함된 뱅크스의 책 가운데 하나이다.

3. *학생들의 민족적 태도를 인식해야 한다.* 학생들의 문화적 견해에 민감하게 반응한다. '교사의 시선'에서 네브래스카주 험프리 소재의 고등학교 교사 캐스 퓨처는 학생들의 편견을 감소시키기 위한 몇 가지 전략을 설명하고 있다.

교사의 시선 :
네브래스카주의 라틴아메리카계 학생에 대한 편견을 줄이려는 노력
네브래스카주의 육류가공 산업은 우리 지역에 많은 라틴아메리카계 사람들을 데려왔다. 나는 학생들이 부모의 영향으로 자신에 대해 확실히 부정적인 태도를 가지고 있음을 발견했다. 그들의 편견을 깨도록 돕기 위한 나의 노력은 데이비드 거터슨의 '삼나무에 내리는 눈(*Snow Falling on Cedars*)'을 상급생에게 가르치는 것이다. 소설은 푸젯 사운드에서 시작되고 제2차 세계대전 동안의 일본 이민자들을 다루고 있지만, 나는 학생들에게 라틴아메리카계에 대한 편견에 주목할 수 있는 유사점을 지닌 토론 질문을 다루었다. 내가 편견의 정도를 측정할 방법은 없지만, 교육과 인식이 문제를 줄이는 데 핵심적인 단계라고 생각한다.

4. 서적, 영화, 비디오테이프, 녹음을 이용해 민족적 관점을 묘사해야 한다. 뱅크스(Banks, 2003)의 책 *Teaching Strategies for Ethnic Studies*는 이러한 것 중 많은 부분을 설명한다. '교사의 시선'을 통해서 미네소타주 뉴울름의 4학년 교사 마를린 웬들러는 이와 관련하여 그녀의 교수 전략을 설명하고 있다.

교사의 시선 :
소수민족이 어떻게 대우받는지 보여주는 문학 활용하기

나는 학생들에게 그들과 다른 사람들이 때때로 부당하게 대우를 받는 것에 대한 이해를 돕기 위해 문학을 사용한다. 1월에 나는 사회과 수업에서 미국 동남부에 초점을 맞추고 반 전체 수업에서 *Meet Addy and Mississippi Bridge*를 읽음으로써 언어 예술을 통합하였다. 마틴 루서 킹의 날에 우리는 그의 자서전을 읽었다. 우리는 제2차 세계대전 당시에 '별을 헤아리며(*Number the Stars*)'를 통해 유대인들이 어떻게 대우받았는지에 대해 조금 엿볼 수 있었다. 우리는 안네 프랑크에 대해 더 많이 배우는 데도 또한 관심이 있었다. 이 소수민족들이 어떻게 대우를 받았는지 읽을 때, 아이들은 모든 사람들이 서로 다른 것보다 비슷하다는 것을 충분히 이해하게 된다.

5. 다양한 문화 자료를 선택할 때 학생의 발달 수준을 고려해야 한다. 유아나 초등학교 교실에서는 학습 경험을 특별하고 구체적이게 한다. 뱅크스는 소설이나 자서전이 특히 이 학생들에게 문화적 개념을 소개하기 위한 좋은 선택이라고 강조하고 있다. 이들 수준의 학생들은 유사점, 차이점, 선입관, 차별과 같은 그러한 개념은 배울 수 있지만 민족주의 같은 개념을 배우기에는 발달상으로 준비가 되어 있지 않다.

6. 모든 학생을 긍정적 방식으로 인지하고 그들의 민족과 관계없이 그들에게 높은 기대를 가져야 한다. 모든 학생은 교사가 그들에게 높은 성취 기대를 갖고 있고 학습에 대한 노력을 지원해줄 때 가장 잘 배운다. 우리는 동기, 교수, 학습에 관한 장(제10장 참조)에서 학생의 성취에 대한 높은 기대의 중요성에 대해 더 많은 것을 이야기할 것이다.

7. 대부분의 부모는 민족성에 상관없이 아이들의 교육에 관심이 있고 그들이 학교에서 성공하기를 원한다는 것을 인식해야 한다. 하지만 많은 유색인종 부모가 차별을 경험했기 때문에 학교에 대해 여러 가지 감정을 가지고 있다는 것을 이해해야 한다. 부모를 자녀 교육에 더 많이 관여시키고 자녀 학습의 파트너로 보는 긍정적인 방법을 생각해본다.

복습하기, 성찰하기 그리고 연습하기

❷ 다문화 교육을 촉진하기 위한 몇 가지 방법을 설명한다.

복습하기

• 다문화교육이란 무엇인가? 학생에게 '권한 부여하기'의 목표는 무엇인가?
• 문화적으로 관련성이 있는 교육이란 무엇인가?
• 쟁점 중심 교육은 무엇인가?
• 교사들은 어떻게 상이한 민족집단의 아동 간에 관계를 개선할 수 있는가?

성찰하기

• 다문화 교육 측면에서 이전의 교사들이 해왔던 것과 어떤 차별성을 두고 싶은가?

연습하기

1. 소니아 니에토에 따르면 학생들을 고무시키는 데 가장 효과적인 최상의 교육 사례는 다음 중 어느 것인가?
   a. 편견과 차별에 대한 토론을 피한다.
   b. 제2외국어를 비라틴계 백인 학생들 모두에게 가르친다.
   c. 다문화 주제에 관한 강좌를 매주 연다.
   d. 모든 학생이 문화를 밀도 있게 공부하도록 한다.

2. 다음 중 문화적으로 연관성이 있는 교육을 가장 잘 사례화한 항목은?
   a. 링컨 선생님은 교실 내에서 인종이나 민족과 관련한 토론을 전부 금기시하며 이를 학생들의 교육에 불필요한 것이라고 생각한다.
   b. 피터 선생님은 성별과 민족 및 사회경제적 지위에 따라 학생들에 대한 기대치가 다르다.
   c. 웰치 선생님은 소수민족 출신 학생들에게 특별한 호의를 보인다.
   d. 패터슨 선생님은 본인이 학생들과 다른 배경 출신이라는 점을 염두에 두고 학생들의 문화를 더욱 잘 이해하기 위해 지역사회에서 시간을 보낸다.

3. 다음 중 어느 항목이 이슈 중심적인 교육을 잘 표현하는 사례인가?
   a. 드로자 선생님의 학생들이 역사 공부를 하면서 모든 그룹에 대한 공정성은 물론 장기적인 사회적 영향의 측면
      에서 사건들을 바라본다.
   b. 팽 선생님의 학생들은 역사적인 사실과 함께 역사적인 사건이 주류 문화에 끼친 영향을 논의한다.
   c. 브로드하우스 선생님의 학생들은 여러 이슈들을 토론할 기회들을 가지며 토론에서 이긴 학생들이 지닌 견해는
      언제나 브로드하우스 교사의 견해와 같다.
   d. 타라 선생님의 학생들은 이번 금요일에 문화행사를 가질 예정이다.
4. 미들스브로우고등학교는 인종적 긴장과 갈등이 상당한 학교로 다양한 민족 출신의 학생들로 구성되어 있다. 다양
   한 민족으로 구성된 그룹에서 공부해야 하는 학생들은 종종 다투며 협력 관계를 가지지 못한다. 이번 학년 동안
   여러 건의 인종 관련한 폭력 사건이 발생했다. 이러한 내용을 기반으로 볼 때 다양한 민족 출신의 학생들 간 관계
   를 가장 많이 개선할 것 같은 사례는 다음 중 무엇인가?
   a. 학생들에게 다양한 민족들의 역사와 이들이 끼친 공헌들에 관한 책을 읽게 하고 여러 민족의 학생들을 섞은 상
      태에서 이 주제를 가지고 교실에서 토론한다.
   b. 교실과 함께 프로젝트 그룹에 여러 민족의 학생들을 섞어 서로를 알도록 하고 갈등이 줄어들도록 한다.
   c. 학생들이 스스로 결정을 내릴 수 있는 나이라고 판단하여 학생들이 동일한 민족 그룹끼리 어울리도록 허용한다.
   d. 민족 출신 배경을 아예 고려하지 않음으로써 학생들이 민족적 차이에 덜 민감하도록 한다.

정답은 '연습하기 정답' 참조

학습목표 3
다양한 장애 유형에 대해 설명한다.

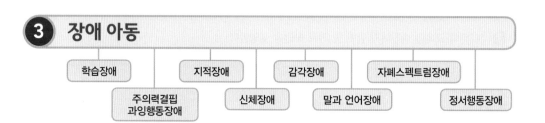

③ 장애 아동

학습장애 | 지적장애 | 감각장애 | 자폐스펙트럼장애
주의력결핍과잉행동장애 | 신체장애 | 말과 언어장애 | 정서행동장애

미국의 모든 아동 중에서 3~21세의 12.9%가 2012~2013학년도에 특수교육 또는 관련 서비스를
받았으며, 이는 1980~1981년 이후 3% 증가된 것이다(Condition of Education, 2015). 그림 5.2
는 2012~2013학년도에 연방 프로그램의 서비스를 받은 5개의 대규모 학생 집단을 보여주고 있다
(National Center for Education Statistics, 2016).

교육자들은 장애 자체가 아닌 사람을 강조하기 위해 '장애아(disabled children)'보다는 '장애
아동(children with disabilities)'이라는 표현을 점점 더 많이 사용하고 있다. 또한 장애가 있는 개
인의 학습과 기능 수행에 대해 사회로부터 부과된 장애를 표현하기 위해 '장애상태(handicapping
condition)'라는 표현이 여전히 사용되고 있지만, 장애가 있는 아동에게 더 이상 '장애인(handi-
capped)'이라고 말하지 않는다. 예를 들어, 휠체어를 사용하는 아동이 욕실, 교통수단 등에 적절히
접근할 수 없을 때, 이것을 장애상태라고 한다.

학습장애

바비의 2학년 교사는 바비의 철자가 엉망이라고 불평한다. 여덟 살인 팀은 읽기를 어려워하고 단어
의 의미가 이해가지 않을 때가 많다고 한다. 알리샤는 말은 잘하지만 수학 문제의 정답을 계산하는

데에 상당한 어려움을 겪는다. 이 학생들 각각은 학습장애가 있다.

특징과 확인 1997년에 미국 정부는 학습장애를 정의하였고, 2004년에 약간의 수정을 거쳐 그 정의를 다시 승인하였다. 다음은 어떤 아동에게 학습장애가 있는지 여부를 판단하기 위한 정부의 정의이다. **학습장애**(learning disability)가 있는 아동은 구두언어나 문자언어의 이용이나 이해를 수반하는 학습에 어려움이 있으며, 이 어려움은 듣기, 생각하기, 읽기, 쓰기, 철자 등에서 나타날 수 있다. 학습장애는 또한 수학을 하는 데 어려움을 수반할 수도 있다. 학습장애로 분류되려면 학습 문제가 주로 시각, 청각 또는 운동 장애나 지적장애, 정서장애 또는 환경적·문화적 또는 경제적 불이익에서 초래된 것이 아니어야 한다.

1970년대 중반부터 1990년대 초반까지 미국 학생 중에 특수교육 서비스를 받는 학생의 비율이 급격이 증가하였다(1976~1977의 1.8%에서 1994~1995년에는 12.2%로 증가; National Center for Education Statistics, 2008). 일부 전문가들은 이런 극적인 증가가 허술한 진단 방식과 과잉진단을 반영한다고 말한다. 이들은 교사들이 종종 약간의 학습 문제가 있는 아동에게 학습장애가 있다고 성급하게 판단해버리고, 이 문제가 비효율적인 교육에 있을 것이라는 점을 인식하지 못한다고 한다. 다른 전문가들은 '학습장애'가 있다고 간주되는 아동의 수가 증가한 것은 정당한 근거가 있다고 말한다(Hallahan, Kauffman, & Pullen, 2015).

학습장애로 간주되는 남아는 여아의 약 3배 정도이다. 이런 성차에 대한 설명으로는 남아의 생물학적 취약성이 더 크다는 것과 **추천 편향**(referral bias, 즉 남아는 행동 방식 때문에 교사가 치료를 추천할 가능성이 더 많다는 것)이 있다.

대부분의 학습장애는 평생 지속된다. 학습장애가 없는 아동에 비해 학습장애가 있는 아동은 학업성적이 저조하고, 중퇴율이 높으며, 취업률과 중등 이후의 학업 성적이 낮을 가능성이 더 많다(Berninger, 2006). 학습장애가 있는데 집중적인 지원을 받지 않고 일반학급에서 공부하는 학생은 장애가 없는 학생, 심지어 학업성취가 낮은 학생들의 학업 능력에도 도달하는 경우가 거의 없다(Hocutt, 1996). 하지만 문제를 겪음에도 불구하고 학습장애가 있는 많은 아동이 정상적인 삶을 살면서 생산적으로 일한다(Heward, Alber-Morgan, & Konrad, 2017).

아동의 학습장애 여부를 진단하는 일은 쉽지 않을 때가 많다(Smith & others, 2016). 연방정부의 지침은 지침에 불과하기 때문에 학습장애를 정의하고 진단을 실행하는 것을 결정하는 일은 각 주 정부 또는 주 안에 있는 학교에 맡겨진다. 같은 학생이 한 학교에서는 학습장애가 있는 것으로 진단되어 서비스를 받는가 하면, 다른 학교에서는 학습장애로 진단되지 않고 서비스를 받지 않는다. 이런 경우 부모는 때로 진단을 받기 위해 혹은 받지 않기 위해 다른 교육구로 이사를 가기도 한다.

학습장애가 있을 수 있다는 최초의 파악은 담임교사를 통해 이루어진다. 학습장애가 의심되는 경우 교사는 전문가와 상의한다. 전문가로 이루어진 간학문적 팀이 학생의 학습장애 여부를 판단하는 데 가장 적합하다. 개별적인 심리평가(지능 관련)와 교육평가(현재의 성취도 등)가 필요하다(Hallahan, Kauffman, & Pullen, 2015). 더불어 시각운동 기술, 언어 및 기억력 검사도 사용할 수 있다.

읽기, 쓰기, 및 수학 장애 아동이 학습장애를 겪는 가장 보편적인 학업 분야는 읽기, 쓰기, 수학과 관련된 문제이다.

장애	공립학교 아동의 비율
학습장애	4.6
말과 언어장애	2.7
자폐성장애	1.0
지적장애	0.9
정서장애	0.7

그림 5.2 특수교육 서비스를 받는 미국의 장애 아동

2012~2013학년도에 대한 수치이며, 아동의 수와 비율이 가장 높은 다섯 가지 범주를 나타내고 있다. 학습장애와 주의력결핍 과잉행동장애 모두 학습장애 범주로 합친 것이다(National Center for Education Statistics, 2016).

되돌아보기/앞날을 생각하기
점점 더 많은 전문가들이 음운론 교육에서 직접적 교수가 읽기 학습의 핵심 측면이라고 결론 내리고 있다.

학습장애 구두언어나 문자언어의 이용이나 이해를 수반하는 학습에 있어서 어려움. 이 어려움은 듣기, 생각하기, 읽기, 쓰기, 철자 등에서 나타날 수 있다. 학습장애는 또한 수학을 하는 데 어려움을 수반할 수도 있다. 학습장애로 분류하기 위해서는 학습 문제가 주로 시각, 청각 또는 운동 장애나 지적장애, 정서장애, 또는 환경적·문화적 또는 경제적 불이익에서 초래된 것이 아니어야 한다.

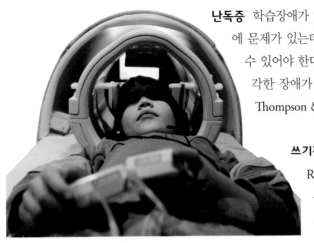

그림 5.3 뇌 스캔과 학습장애
학습장애와 관련된 뇌 경로를 조사하기 위해 MRI 뇌 스캔을 사용하는 연구가 증가하고 있다. 여기서는 난독증이 있는 9세 패트릭 프라이스를 보여주고 있다. 패트릭이, 아이들에게 친숙한 성처럼 보이도록 커튼으로 위장한 MRI 스캐너를 통과하고 있다. 스캐너 내부에서 아동은 사실상 움직이지 않고 누워있어야 하고, 단어와 기호가 화면에 깜박이면 다른 버튼을 클릭하여 식별하도록 요구받는다.

© Manuel Balce Ceneta/AP Images

난독증 학습장애가 있는 아동 중 80%가 읽기에 어려움이 있다. 이러한 아동은 음운론적 기술에 문제가 있는데, 음운론 기술은 소리와 문자가 조합하여 단어를 만드는 방식을 이해할 수 있어야 한다. 또한 이들은 이해에 문제가 있을 수 있다. 읽고 철자를 쓰는 능력에 심각한 장애가 있는 사람은 **난독증**(dyslexia)이 있는 것이다(Hulme & Snowling, 2015; Thompson & others, 2015).

쓰기장애 **쓰기장애**(dysgraphia)는 글씨 쓰기가 어려운 학습장애이다(Berninger, Richards, & Abbott, 2015; Dohla & Heim, 2016). 쓰기장애가 있는 아동은 쓰기가 매우 느리며, 그들이 쓴 글씨는 사실상 거의 알아볼 수가 없고, 소리와 글자를 짝짓는 능력이 없기 때문에 철자 오류가 매우 많을 수 있다(Berninger & others, 2015). 한 연구에 의하면 남아는 여아보다 쓰기장애가 더 많다고 한다(Berninger & others, 2008).

난산증 발달성 산술장애(developmental arithmetic disorder)라고도 하는 **난산증**(dyscalcula)은 수학 연산에 문제가 있는 학습장애이다(Kucian & von Aster, 2015; Rapin, 2016). 미국의 초등학생 중 2~6%가 이 장애가 있는 것으로 추정된다(National Center for Learning Disabilities, 2006). 연구자들은 수학연산 장애가 있는 아동은 종종 작동기억, 시각적 인지, 시공간 능력 등의 기능 결함과 같은 인지 및 신경 심리학적 결손이 있다는 것을 발견하였다(Mammarella & others, 2015). 아동은 읽기 및 수학 장애를 모두 가질 수 있으며, 작동기억의 결함과 같이 두 유형의 장애를 특징적으로 나타나는 인지적 결함이 있다(Siegel, 2003).

RESEARCH

원인과 개입 전략 학습장애의 정확한 원인은 아직도 확인되지 않았다. 하지만 몇 가지 가능한 원인이 제안되고 있다. 학습장애를 일으키는 특정한 유전적 요인은 알려지지 않았지만, 학습장애는 부모 중 한 사람이 난독증이나 난산증과 같은 장애를 갖고 있는 가족에서 발생하는 경향이 있다. 또한 일부 학습장애는 태아기의 발달 또는 출산 중에 발생할 수 있다. 예를 들어 연구자들은 학습장애가 출생 시 저체중이고 조산아인 아동에게 유병률이 더 많다는 것을 발견하였다(Jarjour, 2015).

연구자들은 또한 학습장애에 수반될 수 있는 두뇌 영역을 밝히기 위해 자기공명장치(MRI) 등과 같은 두뇌영상기법을 이용하였다(Shaywitz, Morris, & Shaywitz, 2008; 그림 5.3 참조). 이 연구는 학습장애가 단일의 특정 뇌 위치에 있을 가능성은 거의 없음을 보여주었다. 학습장애는 여러 뇌 영역의 정보를 통합하거나 뇌 구조 및 기능의 미묘한 어려움으로 인해 발생할 수 있다(National Institutes of Health, 1993).

학습장애가 있는 아동을 위한 개입은 읽기 능력에 초점을 맞추는 경우가 많다(Bursuck & Damer, 2015; Reid & others, 2009). 유능한 교사가 일정한 기간에 걸쳐서 집중적으로 교육을 하면 많은 아동에게 도움이 될 수 있다(Del Campo & others, 2015). 아동의 읽기 기술 향상과 읽기에 수반된 두뇌 영역을 변화시키려면 조기에 개입을 하거나 집중 읽기 지도가 필요할 때가 많다(Lyytinen & others, 2015).

최근에 교사들에게 학습장애 아동을 어떻게 대하는지 물어보았다. 그들은 다음과 같은 답변을 했다.

난독증 읽고 철자를 쓰는 능력의 심각한 장애

쓰기장애 글씨 쓰기가 어려운 학습장애

난산증 발달성 산술장애로 알려져 있으며, 수학 계산에 어려움을 수반하는 학습장애

유치원 교사 학습장애 아동을 수용하기 위해서 우리는 공작테이블에서 작업하는 시간에 이런 아동을 교사 옆에 앉게 하였고, 다음 작업으로 이동할 때 더 많은 신호를 보내어 모든 학생이 다음 활동으로 이동할 시간을 알도록 하고, 시각적 체험학습 수업을 준비하였습니다. 학

교에 다양한 장애가 있는 학생이 있어서, 장애아동의 학습에 도움이 될 뿐 아니라 '전형적으로' 발달하는 아동이 자기와 같지 않은 다른 사람들을 받아들이는 데도 도움이 됩니다.

-발레리 고햄, 키디쿼터스사

초등학교 교사 학습장애의 형태와 정도는 다양하며 모든 학생이 자신의 잠재력을 충분히 발휘하려면 적응이 필요합니다. ADHD 학생에게 도움이 되는 적응은 난독증이 있는 학생들에게 도움이 되는 적응이 아니거든요. 제가 수업에서 사용하는 적응과 수정 중에는 시각 자료, 시범 보이기, 그

래픽 조작자, 기억력 보조장치 등이 있습니다. 학습장애가 있는 학생들 중에는 한 가지 감각으로 정보를 학습하는 데 어려움을 겪는 학생이 많습니다. 따라서 수업을 하는 중에 더 많은 감각을 동원하면, 아동이 학습을 하게 될 가능성이 더 많아집니다.

-셰인 슈워츠, 클린턴초등학교

중학교 교사 학습장애 아동을 다룰 때 나는 정리에 도움을 주고(각 폴더를 다른 색으로 표시한 노트북을 제공), 높은 기대감을 갖고 구조화된 교실 환경을 제공하며, 학생과 특정

한 장애에 대해 개별적으로 터놓고 이야기를 하며, 일관성이 있는 수업방식과 일정을 유지하며(학습장애가 있는 학생은 변화에 적응을 잘하지 못하는 경우가 많음), 매일의 일정을 간단하게 설명해줍니다.

-펠리시아 피터슨, 포칸티코힐즈학교

고등학교 교사 고등학생의 경우 학습장애 아동을 사려가 깊고 도움이 될 만한 동료와 짝을 지어주

는 것이 대단히 효과적이었습니다. 때로는 그 동료가 상대방 학생에게 예상되는 것과 그 학생에게 도움을 주는 방법을 스스로 알도록 해야 할 때가 있습니다. 저는 또한 시험이나 퀴즈를 위해 시간을 추가로 주는 것처럼, 책을 녹음해서 주는 것이 학습장애 학생의 정보 습득에 도움이 된다는 것을 알았습니다.

-샌디 스완슨, 메노모니폴즈고등학교

학생과 연계하기 : 최고의 실천
학습장애 아동을 다루기 위한 전략

1. *학습장애 아동의 요구를 수업 시간에 고려한다.* 각 수업의 목적을 명확하게 진술한다. 그것을 칠판에 또는 OHP를 사용하여 시각적으로 제시해준다. 지시사항을 분명히 한다. 그리고 그들을 구두로 설명한다. 추상적 개념을 설명하기 위해 구체적인 예를 사용한다.
2. *시험이나 과제를 조절해서 제공한다.* 이것은 이 아동이 알고 있는 것을 보여줄 수 있도록 학업적 환경의 변화를 의미한다. 조절은 아동이 입증해야 하는 학습량을 변경하는 것을 포함하지 않는다. 일반적으로 알려진 조절은

아동에게 큰 소리로 지시문을 읽게 하는 것, 중요한 단어를 강조하는 것(밑줄 치기, 또는 세 가지 질문 중 두 가지 답하기)을 포함하고 있으며, 불시에 시험 보기, 그리고 과제에 대한 추가시간 제공하기가 있다.
3. *수정한다.* 이 전략은 과제 자체를 바꾸는 것으로, 아동의 자신감과 성공을 격려하기 위한 노력으로 다른 아동의 과제와 다른 점을 강조한다. 난독증이 있는 아이에게는 구두 보고서를 요구하는 반면에 다른 아동은 서면 보고서를 요구하는 것이 수정의 예이다.

4. *조직 및 학습 기술을 향상시킨다.* 많은 학습장애 아동은 좋은 조직 기술을 갖고 있지 않다. 교사나 부모는 그들에게 장단기 일정을 지키도록 장려하고 매일 해야 할 일의 목록을 작성하게 한다. 프로젝트는 각 부분에 대한 단계 및 기한을 사용하여 구성요소로 나눈다.
5. *읽기와 쓰기 기술을 함께 다룬다.* 앞서 언급했듯이 학습장애의 가장 흔한 유형은 읽기 문제를 포함하고 있다. 읽기 문제가 있는 아동은 종종 천천히 읽으므로 수업 외의 읽기 과제에는 사전 통지를 더 주고 수업 중 읽기에는 더 많은 시간을 준다. 쓰기 결함을 갖고 있는 많은 학습장애 아동에게 컴퓨터를 사용하게 하는 것은 쓰기 과제를 더 빨리 그리고 능숙하게 쓰도록 도와준다는 것을 발견하였다. 따라서 반드시 컴퓨터를 사용하여 과제를 할 수 있는 기회를 제공해야 한다. '교사의 시선'에서 학습장애가 있는 아동을 다루기 위해 만들어진 2학년 선생님의 독특한 전략에 대해 읽을 수 있다.

© Kathryn Cantrell, Courtesy of Nancy Downing

교사의 시선 : '우이 롱'이라는 캐릭터 만들기

아칸소주 리틀록에 소재한 돈 R. 로버츠 초등학교의 교사 낸시 다우닝은 교육에 대해 다감각 접근법(multisensory approach)을 선택하였다. 이 방법은 낸시가 학습장애가 있는 학생을 가르치면서 개발한 것이다. 낸시는 학생들이 즐겁게 학습할 수 있도록 발음법, 수화, CM송 등을 이용하여 다운펠드 음운론(Downfeld Phonics)을 만들었다. 모음규칙을 설명하기 위해서 우이 롱['우이(uey)'는 단모음에 대한 기호임]이라는 캐릭터를 개발하였다.

6. *학습장애 아동에게 독립성을 심어주고 잠재력을 최대한 발휘하도록 도전시킨다.* 학습장애 아동을 위해 지원과 서비스를 제공하는 것뿐만 아니라 또한 책임감과 독립성을 갖도록 안내하는 것이 중요하다. 교사들은 학습장애 아동에게 그들이 할 수 있는 모든 것을 해보도록 도전시킬 필요가 있다. 우리는 이 장의 뒷부분에서 장애 아동이 잠재력을 발휘할 수 있도록 도전하는 것이 얼마나 중요한지에 대해 더 많은 이야기를 할 것이다.
7. *학습장애 아동을 위한 전략으로 제공되는 모바일 기기용 애플리케이션에 익숙해지고, 부모에게도 추천한다.*

다음을 참고하라.

- www.weareteachers.com/blogs/post/2012/12/17assistive-technology-in-the-classroom. 이 사이트에는 모바일 장치와 함께 사용할 수 있는 7개의 보조 응용프로그램이 나열되어 있다.
- www.readingrockets.org/article/assistive-technology-kids-learning-disabilities-overview. 학습장애가 있는 학생의 부모는 이 사이트를 사용하여 자녀의 장애와 관련된 응용 프로그램을 찾을 수 있다.

우리가 기술한 일곱 가지 교수 전략은 학습장애 아동에게 다른 학생들보다 불공평한 이득을 주려는 의도가 아니라, 단지 동등하게 학습할 기회를 제공하고자 하는 것이다. 학습장애 아동의 요구와 다른 학생들의 요구의 균형을 맞추는 것은 도전적인 과제이다.

TECHNOLOGY

주의력결핍 과잉행동장애(ADHD) 아동이 일정한 기간 동안 다음 중 한 가지 이상의 행동을 일관적으로 보이는 장애. (1) 주의력 부족, (2) 과잉행동, (3) 충동성

주의력결핍 과잉행동장애

매튜는 주의력결핍 과잉행동장애가 있으며, 외적 증상은 상당히 전형적이다. 매튜는 선생님의 지시에 귀를 기울이는 데 어려움이 있으며 쉽게 주의가 산만해진다. 한 번에 몇 분 이상 가만히 앉아 있지 못하고, 그의 글씨는 엉망이다. 엄마는 매튜가 한시도 가만히 있지 않는다고 한다.

특징 **주의력결핍 과잉행동장애**(attention deficit hyperactivity disorder, ADHD)는 아동이 일정한 기간 동안 (1) 주의력 부족, (2) 과잉행동, (3) 충동성 중 한 가지 이상의 행동을 일관적으로 보이는 장애이다. ADHD 진단을 내리려면 이러한 특징이 아동기 초기에 시작되어야 하고, 이러한 특징이 아동을 약화시키게 만들어야 한다.

주의력이 없는 학생은 한 가지 일에 집중을 하지 못하고 몇 분만 지나도 일에 싫증을 느낄 수 있다. 한 연구에 의하면 주의집중을 지속하지 못하는 문제는 ADHD 아동에게서 나타나는 가장 보편적인 유형의 주의력 문제라고 한다(Tsal, Shalev, & Mevorach, 2005). 과잉행동 아동은 신체활동 수준이 높고, 거의 항상 움직이고 있는 것처럼 보인다. 충동적인 아동은 자신의 반응을 제어하기 어

되돌아보기/앞날을 생각하기
지속적인 주의는 일정 기간 동안 주의를 유지하는 능력이다. 지속적인 주의는 인지 발달의 매우 중요한 측면이다. 제7장 '정보처리 접근'과 연계해 생각해보자.

렵고 행동하기 전에 제대로 생각하지 못한다. ADHD 아동의 보이는 특징에 따라 (1) 주로 주의력이 부족한 ADHD, (2) 주로 과잉행동/충동성을 가진 ADHD, (3) 부주의와 과잉행동/충동성을 모두 가진 ADHD로 구분할 수 있다.

진단과 발달상태 ADHD로 진단과 치료를 받는 아동의 수는 상당히 증가하고 있으며, 어떤 추정에 의하면 1990년대에 2배가 되었다고 한다. 미국정신의학회(American psychiatric Association, 2013)의 *DSM-5* 매뉴얼에 있는 보고에 따르면 전체 아동 중 5%가 ADHD라고 하지만, 실제 지역사회 표본에서의 추정치는 이보다 높다. 예를 들어 미국 질병통제예방센터(Centers for Disease Control and Prevention, 2016)는 ADHD가 4~17세 아동에게서 지속적으로 증가하여 2003년에 8%에서 2007년에는 9.5%가 되었으며, 2016년에는 11%가 되었다고 한다. 미국 질병통제예방센터에 따르면 미국 남아의 13.2%와 미국 여아의 5.6%가 ADHD 진단을 받은 적이 있다고 한다.

하지만 ADHD 진단 증가에 대해서는 논란이 있다(Lewis, Wheeler, & Carter, 2017; Turnbull & others, 2016). 전문가들은 이러한 증가가 주로 ADHD에 대한 인식 증가로 인한 것이라고 한다. 또 어떤 전문가들은 많은 아동이 다양한 참고사항을 바탕으로 전문가의 집중적인 판단을 받는 것 없이 ADHD 진단을 받고 있다고 우려한다.

학습장애와는 달리 ADHD는 학교 팀에서 진단을 받아야 하지 않는데, 그 이유는 ADHD가 특정한 진단기준을 가진 정신과적 장애(*DSM-IV*)의 분류에 속하기 때문이다. 비록 일부 학교 팀에서는 아동에게 ADHD 진단을 내리기는 하지만, 그 방식이 부정확하고 학교와 교사에게 법적 문제를 안겨줄 수 있다. 학교 팀이 ADHD 진단을 내리지 말아야 하는 한 가지 이유는 ADHD가 다른 아동기 장애와 구분하기가 어려우며, 정확하게 진단을 하려면 소아 정신과 의사 등과 같이 이 장애의 전문가가 판단을 해야 하기 때문이다.

ADHD 징후가 취학 전에도 나타나는 경우가 종종 있지만, 초등학생이 될 때까지는 ADHD 아동으로 분류되지 않는다. 제도권 교육에서의 학업 및 사회적 요구가 증가할 뿐 아니라 행동 통제에 대한 엄격한 기준으로 인해 ADHD 문제가 드러날 때가 많다. 초등학교 교사는 일반적으로 이런 유형의 아동이 독자적인 작업, 앉아서 하는 작업의 완성, 정리 작업 등에서 이려움을 겪는다고 보고한다. 불안과 주의 산만함 또한 종종 주목된다. 이러한 문제는 반복적이거나 어려운 과제를 할 때 또는 아동이 지루하게 생각하는 과제(워크시트 작성 또는 과제 수행 등)를 할 때 어려움을 겪는다고 한다.

ADHD 아동이 사춘기 동안에 개선된다고 생각해왔지만, 그렇지 않은 것으로 나타났다. 통계에 따르면 ADHD이 감소하는 경우는 청소년의 3분의 1 정도에 불과하다고 한다. 이러한 문제는 성인기까지 지속된다고 인식되고 있다(Fritz & O'Connor, 2016; Marshall & others, 2016).

원인과 치료 ADHD의 정확한 원인은 아직 밝혀지지 않았다. 하지만 여러 가지 원인이 제시되었다(Turnbull & others, 2016). 어떤 아동은 부모로부터 ADHD가 발생할 경향을 물려받기도 한다

ADHD를 가진 많은 아동들은 다른 아동에게 종이비행기를 던지는 이 아동과 같은 충동적인 행동을 보인다. 만약 여러분이 선생님이고 교실에서 이런 일이 일어난다면 여러분은 어떻게 이 상황을 다루겠는가?

© Jupiterimages RF

DEVELOPMENT

(Gallo & Posner, 2016). 또 어떤 아동은 출생 전이나 출생 후 발달 중에 뇌 손상을 입어 ADHD가 나타나기도 한다(Chiang & others, 2015). ADHD의 초기 원인이 될 수 있는 것 중에는 흡연, 음주 노출, 출생 전 발달상에서 산모의 높은 스트레스 및 출생 시 저체중이 있다(Obel & others, 2016; Say & others, 2016).

DEVELOPMENT

학습장애와 같이 뇌영상 기법의 발달로 ADHD에 있어서 뇌의 역할에 대해 더 잘 이해하게 되었다(Berger & others, 2015; Wolfers & others, 2016). 한 연구에 의하면 대뇌피질의 최대 두께는 ADHD가 없는 아동(7.5세에 최대)보다 ADHD 아동이 3년 늦게(10.5세에 최대) 나타난다(Shaw & others, 2007). 이런 지연은 주의집중 및 계획에 있어서 특히 중요한 두뇌 전전두엽 피질 영역에서 더욱 두드러지게 나타난다(그림 5.4 참조). 연구자들은 또한 세로토닌과 도파민 등 다양한 신경 전달물질의 역할이 ADHD에 미칠 수 있는 영향을 탐구하고 있다(Zhong, Lju, & Yan, 2016). 최근 연구에 의하면 도파민 수용체 유전자인 DAT 1은 ADHD 아동의 전전두엽 피질에서 피질두께 감소와 관련되었다(Fernandez-Jaen & others, 2015).

RESEARCH

앞서 설명한 두뇌발달 지연은 실행 기능과 연결된 영역에서 이루어진다. ADHD 아동에 대한 연구에서 점차 많은 관심을 받는 것은, 이들이 필요 시 행동 억제, 작업기억, 효과적인 계획 등과 같이 실행 기능을 수반하는 수행과제에 어려움을 겪는다는 점이다(Craig & others, 2016; Dovis & others, 2015). 연구자들은 또한 ADHD 아동의 마음 이론(theory of mind)이 부족하다는 것을 발견하였다(Mary & others, 2016).

RESEARCH

리탈린이나 애더럴(리탈린보다 부작용이 적음) 같은 각성제는 ADHD 아동의 집중력 개선에 도움을 주었지만, ADHD가 없는 아동과 동일한 수준까지 집중력을 개선시키지 못하는 것이 일반적이다(Brams, Mao, & Doyle, 2009). 연구자들은 약물(리탈린 등)과 행동관리를 결합하는 것이 약물만 복용하거나 행동관리만 하는 것보다 ADHD 아동의 행동을 더 잘 개선한다는 것을 발견하였지만, 모든 경우에 그런 것은 아니다(Centers for Disease Control and Prevention, 2016).

교사는 ADHD 약물이 올바른 복용량 수준에서 처방되었는지 여부를 모니터링하는 데 중요한 역할을 한다. 예를 들어 ADHD 약을 복용하는 학생이 오전에는 학업과제를 완수하지만, 오후에 용량이 떨어지면서 주의집중을 하지 못하거나 과잉행동을 하는 경우가 다반사이다.

비평가들은 많은 의사들이 경미한 형태의 ADHD가 있는 아동에게 각성제를 성급하게 처방하고 있다고 주장한다. 또한 2006년에 미국 정부는 ADHD를 치료하기 위해서 사용하는 각성제가 심혈관계에 위험을 안겨줄 수 있는 것에 대해 경고하였다.

최근에 연구자들은 세 가지 유형의 두뇌, 인지 및 신체 훈련이 ADHD 증상을 경감시켜줄 수 있는 가능성을 탐구하였다. 첫째 뉴로피드백(neurofeedback)은 ADHD 아동의 주의력을 개선시킬 수 있다(Zuberer, Brandeis, & Drechsler, 2015). 뉴로피드백은 심리적 반응에 대해 더 잘 인식하게 함으로써, 실행 통제가 주로 발생하는 두뇌 전전두엽 피질의 통제를 더 잘할 수 있도록 한다.

둘째, 마음챙김 훈련(mindfulness training)도 ADHD 아동의 ADHD 증상을 감소시키는 것으로 나타났다(Anderson & Guthery, 2015). 마음챙김 훈련은 특별히 순간적인 경험에 집중하도록 하는 데 초점을 맞추며, 요가, 명상, 태극권 같은 활동을 포함한다. 최근 메타분석에서는 마음챙김 훈련이 ADHD 아동의 집중력을 유의하게 개선한다고 결론을 내렸다(Cairncross & Miller, 2016).

셋째, 운동이 ADHD 아동을 치료할 수 있는 가능성에 대한 연구가 이루어지고 있다(Pan & others, 2016). 최근 연구에서 청소년의 신체활동 수준이 높은 것이 성인기 초기의 ADHD 발병률 감소와 연결되었다(Rommel & others, 2015). 또한 최근 메타분석에서는 단기 유산소 운동이 주의

그림 5.4 ADHD 아동의 뇌 발달에서 대뇌 피질의 최대 두께가 지연됨

주 : 가장 큰 지연은 전전두엽 피질에서 이루어진다.

전전두엽 피질　　　전전두엽 피질

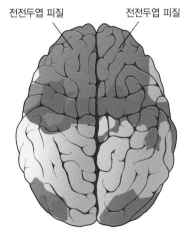

■ 2년 이상 지연(지체)
■ 2년 이내 지연

력부족, 과잉행동, 충동성 등과 같은 증상 감소에 효과적이라고 결론을 내렸다(Cerillo-Urbina & others, 2015). 최근의 또 다른 메타분석에서는 운동이 ADHD 아동의 실행 기능 개선과 연관된다고 결론을 내렸다(Vysniauske & others, 2016).

최근에 ADHD으로 진단을 받은 학생들을 어떻게 대하고 있는지 교사들에게 질문하였다. 다음은 이들이 추천한 내용이다.

유치원 교사 ADHD가 있는 우리 원아들은 매우 구조화된 환경에서는 매우 잘 해내고 있습니다.

ADHD 아동이 교실의 다른 아동과 동일한 대우를 받지만, 우리는 이들이 충분한 신체활동을 할 수 있도록 신경을 쓰며 때로는 생각을 집중하도록 시간을 추가로 주고 심호흡을 하여 마음을 차분히 가라앉히도록 합니다. 필요하다면 소아과 의사의 처방에 따라 명상의 시간을 주기도 합니다.

–미시 댄글러, 서버번힐즈학교

초등학교 교사 자주 휴식(학생에게 무언가를 교무실로 가져가도록 하거나 무언가를 치우게 하는 것 등)을 주는 것이 아동에게 잠깐 움직이고 다시 집중할 수 있는 기회가 됩니다. 2학년의 경우 우리는 수업 사이에 혹은 많은 학생들이 '몸을 들썩이고 싶어 하는 상태'일 때 노래도 하고 움직이는 게임도 합니다. 이러한 게임/노래는 일어나서 움직이고 노래를 하거나 웃도록 하고, 스트레칭을 하

며 몸을 인식할 수 있도록 하여, ADHD 아동이 집중하는 데 도움이 될 수 있습니다. 또한 저는 아동이 바닥에 누워서 작업을 하거나 책상 옆에 서서 작업을 해도 집중에 도움이 된다면 이를 문제 삼지 않습니다. 아동이 다른 사람을 귀찮게 하지 않고 자기 과제를 완성하고 있는 한 아무런 문제가 되지 않습니다.

–재닌 귀다 포트레, 클린턴초등학교

중학교 교사 ADHD 학생을 상대하려면 조직과 계획이 필요합니다. 한 ADHD 학생이 교실에서

전략적 위치에 앉아 있습니다. 저는 보통 한곳을 골라 그곳에서 학생들이 자유롭게 일어나서 필요하면 돌아다닐 수 있도록 합니다. 또한 이 학생들이 제가 쉽게 다가갈 수 있는 곳에 앉도록 합니다. 그리고 지시를 명확하게 하고 그 학생에게 지시를 반복하게 해서 제 말을 듣고 있을 뿐 아니라 이해할 수 있도록 합니다.

–케이시 마스, 에디슨중학교

고등학교 교사 제가 안고 있는 가장 큰 어려움 중 하나는 치료를 받지 않는 ADHD 학생을 상대하는 것입니다. 제가 하는 일은 ADHD 학생들을 앞줄에 앉히는 것입니다. 옆으로 걸어가면서 학생

의 어깨를 건드리거나 책상을 부드럽게 두들겨서 학생의 주의를 환기시킬 수 있습니다. 제가 교실을 돌아다닐 때에는 해당 학생의 자리로 되돌아가거나 조용히 지시를 다시 말해달라고 요청합니다. 과제노트를 점검해서 과제사항이 정확하게 기재되었는지 점검합니다. 물론 부모와 이야기를 나누는 것도 매우 중요하죠.

–제니퍼 해터, 브레멘고등학교

학생과 연계하기 : 최고의 실천
ADHD 아동을 다루기 위한 전략

1. 아동의 자극적인 약물치료가 효과적으로 작용하는지 모니터한다.
2. 수업을 할 때나 숙제를 지시할 때 설명을 반복하고 단순화한다.
3. 특수교육 자원교사를 참여시킨다.
4. 명확한 기대를 분명히 말하고 아동에게 즉각적인 피드백을 제공한다.
5. 진전에 대해 긍정적인 피드백을 제공하는 것과 같은 검증되고 효과적인 행동 관리 전략을 사용한다. 우리는 행동주의와 사회인지 이론에 관한 장(제6장 참조)에서 상당히 자세하게 이들 접근을 논의할 것이다.
6. 교사의 지시와 구조를 제공한다. 많은 경우에 있어서 구조화된 학습 환경은 ADHD 아동에게 도움이 된다. '교사의 시선'에서는 고등학교 영어교사 조안나 스미스 선생님이 ADHD를 가진 학생들을 수용하기 위해 교실을 어떻게 배치하는지 설명하고 있다.

교사의 시선 :
ADHD 아동들에게 도움이 되도록 교실을 구조화하기

나는 그들을 맨 앞줄에 앉히고, 지시를 명백히 하며, 더 큰 과제를 보다 더 작게 나누고, 필요한 정보는 칠판에 판서하고, 그것이 어디에 있는지 정확하게 가르쳐주며, 남는 시간에 시험을 보고(계획을 구체화) 학생들을 자주 확인하였을 때 이 학생들을 성공시킬 수 있다는 것을 알았다. 이런 빈번한 접촉은 학생이 어떻게 지내는지 알 수 있게 해주고, 얼마나 이해했는지, 그리고 그에게 마음놓고 이야기할 수 있는 좋은 기회를 주는지 알게 해주었다.

7. 학생들에게 일어나서 돌아다닐 수 있는 기회를 제공한다.
8. 과제를 더 작은 단위로 나눈다.

되돌아보기/앞날을 생각하기
스탠퍼드-비네 검사와 웩슬러 검사는 개인에게 실시하는 지능검사 중에서 가장 널리 사용되고 있는 두 가지이다. 제4장 '개인 변인'과 연계해 생각해보자.

지적장애 18세 이전에 발생하는 질병으로 낮은 지능(일반적으로 전통적으로 시행되는 지능검사에서 70점 미만)과 일상생활에 적응의 어려움을 수반한다.

지적장애

지적장애가 있는 아동이 일반학급에서 수업을 받는 사례가 점차 늘어나고 있다. 지적장애의 가장 두드러진 특징은 부적절한 지적 기능이다(Kaderavek, 2015). 지능을 평가하기 위한 공식적인 검사가 개발되기 훨씬 전에는 지적장애가 있는 사람은 학습과 자기 돌봄에 있어서 나이에 부합하는 기술이 부족한 것을 보고 판단하였다. 지능검사가 개발된 이후에 지적장애가 경미한지 또는 심각한지를 나타내는 수치가 지정되었다. 경미한 지적장애가 있는 아동은 일반학급에서 수업을 할 수 있고, 심각한 지적장애가 있는 아동은 그러한 환경에서 수업을 받을 수가 없다.

낮은 지능 외에도, 적응 행동의 결함과 초기 증상이 지적장애의 정의에 포함되었다(Green, Landry, & Iarocci, 2016). 적응 기술은, 예를 들어 옷 입기, 화장실 가기, 먹기, 자기통제 및 또래 상호작용 등과 같은 자기돌봄과 사회적 책임에 필요한 기술을 포함한다. 정의에 따르면, **지적장애**(intellectual disability)는 18세 이전에 발생하는 질병으로 낮은 지능(일반적으로 전통적으로 시행되는 지능검사에서 70점 미만)과 일상생활에 적응의 어려움을 수반한다. 지적장애 진단을 받는 아동의 경우는 오랫동안 정상 기능을 수행하다가 사고나 기타 유형의 두뇌 손상에 의해 중단된 이후에 나타나는 것이 아닌, 낮은 IQ와 낮은 적응성이 아동기에 분명히 나타나야 한다.

지적장애의 분류와 유형 그림 5.5에서 볼 수 있듯이 지적장애는 경도, 중등도, 중도, 최중도로 구분된다. 지적장애 아동의 89%가량이 경도에 해당한다. 청소년 후기에 경도 지적장애가 있는 사람은 대략 6학년 수준에서 학업 기술을 발달할 것으로 예상된다. 성인기에는 직업을 갖고 지원적인 감독을 받으면서 또는 그룹홈에 거주하면서 스스로 생활할 수 있다. 중도 지적장애가 있는 사람은 지원이 더 많이 필요하다.

학급에 지적장애 학생이 있다면, 그 학생의 장애 정도는 경도일 가능성이 있다. 중도 지적장애를 가진 아동은 뇌성마비, 뇌전증, 청각장애, 시각장애 또는 중추신경계에 영향을 미치는 기타 선천적 대사 이상 등의 신경학적 합병증의 징후도 보일 가능성이 더 많다(Terman & others, 1996).

그림 5.5 지능지수(IQ)에 의한 지적장애의 분류

지적장애 유형	IQ 범위	백분율
경도	55~70	89
중등도	40~54	6
중도	25~39	4
최중도	25 이하	1

간헐적	'필요할 때' 지원이 제공된다. 이들은 수명 전환기(예 : 실직이나 심각한 의료 위기)에 일회성 또는 단기 지원을 필요로 할 수 있다. 간헐적 지원은 낮은 또는 높은 강도로 제공될 수 있다.
제한적	지원이 시간에 따라 집중적이고 비교적 일관성이 있다. 시간 제한적이지만 간헐적이지는 않다. 보다 적은 직원이 요구되며, 집중적 지원보다는 비용을 절감할 수 있다. 이러한 지원은 학교에서 성인기로의 변화에 관련된 적응에 필요한 것이다.
확장적	지원은 적어도 일부 환경(예 : 가정 또는 직장)에 정기적으로 개입(예 : 매일)하는 것이 특징이며, 시간제한(예 : 확장된 가정생활 지원)이 없다.
전반적	지원은 일관되고 매우 집중적이며 환경에 따라 제공된다. 그들이 생명을 유지하고자 하는 본성과 관련된 것일 수 있다. 지원에는 일반적으로 다른 지원 범주보다 더 많은 직원과 개입이 포함된다.

그림 5.6 지적장애의 지원 수준에 따른 분류

출처 : *Intellectual Disability: Definition, Classification, and Systems of Supports* by David L. Coulter, p. 26. Copyright © 1992 by American Association on Intellectual Developmental Disabilities. Reproduced with permission of American Association on Intellectual Developmental Disabilities in the format Textbook via Copyright Clearance Center.

다운증후군 아동. 어떠한 요인이 아동을 다운증후군으로 발달시키는가?

© Realistic Reflections RF

　대부분의 학교시스템은 경도, 중등도, 중도, 최중도의 분류를 여전히 사용하고 있다. 하지만 IQ를 기반으로 한 이러한 분류는 기능 수행에 대한 완벽한 예측요인이 되지 못하기 때문에, 새로운 분류 시스템은 아동이 최고 수준으로 기능을 하기 위하여 필요한 지원 수준을 근거로 한다 (Hallahan, Kauffman, & Pullen, 2015). 그림 5.6에서 볼 수 있듯이 사용된 범주는 간헐적 지원, 제한적 지원, 확장적 지원, 전반적 지원이다.

DEVELOPMENT

결정요인　유전적 요인, 뇌손상, 환경적 요인은 지적장애의 주요 결정요인이다. 유전적 요인부터 살펴보자.

유전적 요인　지적장애에 있어서 가장 흔하게 파악되는 형태는 **다운증후군**(Down syndrome)으로, 유전학적으로 전해진다. 다운증후군 아동은 염색체가 46개가 아닌 47개이다(Lewanda & others, 2016). 이들은 얼굴이 둥글고, 두개골이 평평하며, 눈꺼풀 위에 피부주름이 하나 더 있고, 입술이 튀어나오고, 팔다리가 짧으며, 운동 및 정신 장애가 있다. 추가 염색체가 있는 이유는 밝혀지지 않았지만, 남성의 정자나 여성의 난자의 건강 상태가 연관될 수 있다. 18~38세 여성은 이보다 나이가 적거나 많은 여성보다 다운증후군 아동을 출산할 가능성이 현저히 낮다. 다운증후군은 700명 출생에 1명 정도로 나타난다. 아프리카계 미국인 아동은 다운증후군을 갖고 태어나는 경우가 매우 드물다.

　아동의 가족과 전문가들로부터 조기 개입과 집중적인 지원을 받음으로써 많은 다운증후군 아동이 독립적으로 성인으로 성장할 수 있다(Skotko & others, 2016). 다운증후군 아동은 경도에서 중도에 이르는 범주의 지적장애에 속할 수 있다.

DEVELOPMENT

뇌손상과 환경적 요인　뇌손상은 발작, 감염, 환경적 위험으로 인해 발생할 수 있다(Pisani & Spagnoli, 2016). 임신부가 풍진, 매독, 대상포진, AIDS 등에 감염되면 아동의 지적장애를 초래할

다운증후군 추가적인 염색체(47개)로 인해 유전학적으로 전해지는 지적장애의 형태

학생과 연계하기 : 최고의 실천
지적장애 아동을 다루기 위한 전략

학년 동안 지적장애 아동 교육의 주요 목표는 직업 기술뿐만 아니라 읽기나 수학과 같은 기초교육 기술을 제공하는 것이다(Boyies & Contadino, 1997). 지적장애 아동에게 최고의 학습 경험을 제공하기 위한 몇 가지 긍정적인 교육 전략이 있다.

1. 지적장애 아동에게 개인적 선택을 연습시키고 가능하면 자기결정에 참여하도록 한다.
2. 아동의 정신 기능 수준을 항상 명심한다. 지적장애 아동은 그 반에 있는 다른 학생들보다도 상당히 낮은 정신 기능 수준에 있을 것이다. 만약 어떤 수준에서 교육을 했는데 아동이 효과적으로 반응하지 않는다면, 보다 낮은 수준으로 이동한다.
3. 아동의 필요에 맞게 교육을 개별화한다.
4. 다른 장애 아동과 마찬가지로 개념에 대한 구체적인 예를 제시한다. 지시를 명료하고 간단하게 한다.

5. 아동에게 배운 것을 연습할 기회를 준다. 단계를 여러 번 반복하게 하고 개념이 획득될 때까지 계속해서 학습시킨다.
6. 아동의 학습에 대해 긍정적 기대를 가진다. 지적장애 아동은 학업성취가 낮다는 사고의 함정에 빠지기 쉽다. 학습을 극대화하기 위한 목표를 세운다.
7. 지지될 수 있는 자원을 찾는다. 보조교사를 이용하고 지적장애 아동을 교육하는 데 도움이 될 수 있는 세심한 은퇴자와 같은 자원봉사자를 모집한다. 그들은 일대일 교육의 양을 늘리는 데 도움을 줄 수 있다.
8. 응용행동분석 전략 사용을 고려한다. 몇몇 교사는 이들 전략이 아동의 자기옹호, 사회적, 그리고 학업적 기술을 향상시킬 수 있게 한다고 말한다. 만일 이들 전략을 사용하는 것에 관심이 있다면, 파울 알베르토와 앤 트라우트먼의 '교사를 위한 응용행동분석(Applied Behavior Analysis for Teacher, 2017)'과 같은 자료를 참고한다. 응용행동분석에 포함된 정확한 단계는 지적장애 아동에게 정적 강화를 효과적으로 사용하도록 도울 수 있다.

수 있다. 뇌막염과 뇌염은 아동기에 발생할 수 있는 감염이다. 이는 두뇌에 염증을 일으켜 지적장애를 초래할 수 있다. 지적장애를 초래하는 환경적 위험으로는 머리에 타격, 영양실조, 중독, 출산 시 손상, 임산부의 알코올 중독 또는 과음 등이 있다(Alexander, Dasinger, & Intapad, 2015).

신체장애

아동의 신체장애는 뇌성마비 등과 같은 지체장애와 경련장애가 있다. 신체장애가 있는 많은 아동은 특수교육과 관련 서비스(이동, 물리치료, 학교보건 서비스, 심리 서비스 등)가 필요하다.

지체장애 **지체장애**(orthopedic impairment)는 근육, 뼈 또는 관절 문제로 인해 움직임의 제한과 동작 제어 불능 등을 수반한다. 이 문제의 심각성은 매우 다양하다. 지체장애는 출생 전 또는 출생 시 문제로 인해 초래되거나 아동기의 질병 또는 사고로 인해 발생할 수 있다. 적응기기와 의료기술의 도움으로, 많은 지체장애 아동이 교실에서 잘 기능한다(Lewis, Wheeler, & Carter, 2017).
　　뇌성마비(cerebral palsy)는 근육협응 부족, 흔들림, 또는 불확실한 말 등을 수반하는 장애이다. 뇌성마비의 가장 흔한 요인은 출생 시 산소부족이다. 특히 특수컴퓨터가 뇌성마비 아동의 학습을 도울 수 있다.

경련장애 가장 보편적인 경련장애(seizure disorder)는 **뇌전증**(epilepsy)로, 이는 감각운동 발작이나 동작 경련이 반복적으로 나타나는 것이 특징인 신경학적 장애이다(Berg & others, 2014). 발작을 경험한 아동은 일반적으로 한 가지 이상의 항경련제로 치료를 받으며, 이런 약은 발작 감소에 효과적이지만 항상 발작을 예방하는 것은 아니다(Mudigoudar, Weatherspoon, & Wheless, 2016).
　　발작이 없는 경우 뇌전증 학생은 정상적인 행동을 보인다. 경련장애가 있는 학생이 있다면, 발작 중에 아동을 관찰하고 돕는 절차에 대해 알고 있어야 한다.

지체장애 근육, 뼈 또는 관절 문제로 인해 움직임의 제한과 동작 제어 불능

뇌성마비 근육협응 부족, 흔들림, 또는 불확실한 말 등을 수반하는 장애

뇌전증 감각운동 발작이나 동작 경련이 반복적으로 나타나는 것이 특징인 신경학적 장애

감각장애

감각장애(sensory disorder)는 시각 및 청각 장애를 포함한다. 시각장애는 교정렌즈의 필요, 저시력, 교육적 맹 상태를 포함한다. 청각장애 아동은 청각장애를 타고나거나 발달 중에 청력 손실을 겪을 수 있다.

시각장애 심각한 시각 문제가 있어서 시각장애로 분류된 학생의 비율은 적다(1,000명 중 1명 정도). 이러한 학생은 저시력이거나 맹 학생을 포함한다. 저시력 아동의 시력은 교정렌즈를 착용한 상태에서 20/70과 20/200 사이(잘 알려진 스넬렌 척도에 의하면, 20/20이 정상)의 시력을 갖는다. 저시력 아동은 큰 활자 책이나 일반책을 확대경을 이용하여 읽을 수 있다. **교육적 맹**(educationally blind) 학생은 자신의 시력을 이용하여 학습을 할 수 없고 청각이나 촉각으로 학습할 수밖에 없다. 학생 3,000명 중 대략 1명이 교육적 맹이다. 교육적 맹인 여러 학생은 지능이 정상이고 적절한 지원 및 학습 보조도구를 이용하여 학업을 무리 없이 수행할 수 있다. 3D 인쇄는 시각장애 학생을 위한 중요한 기술적 지원을 제공하고 있다. 또한 촉각장치(촉각을 이용)는 시각장애 학생의 학습과 탐색을 향상시켜주고 있다(Nam & others, 2012; Pawluk & others, 2015).

시각장애 아동을 교육할 때 중요한 과제는 아동이 가장 잘 학습할 수 있는 양식(예 : 촉각이나 청각)을 결정하는 것이다. 교실 앞자리에 앉히면 시각장애 아동에게 도움이 될 경우가 많다.

TECHNOLOGY

청각장애 청각장애는 아동의 학습에 심각한 장애가 될 수 있다. 선천적으로 청각장애가 있거나 생후 몇 년 안에 심각한 청각손실을 입게 되면 정상적으로 말과 언어를 발달시킬 수 없다. 청각장애가 있는 아동 중에서 아직 그 장애가 발견되지 않은 아동이 있을 수도 있다. 학생이 말하는 사람(화자)을 향해 한쪽 귀를 돌리거나, 무언가를 반복해달라고 자주 요청하거나, 지시를 따르지 않거나, 귀의 통증과 감기 및 알레르기를 자주 호소하는 학생이 있다면 청각사(audiologist)와 같은 전문가에게 청각 평가를 받도록 할 것을 고려해야 한다.

많은 청각장애 아동이 일반적인 수업 이외에도 추가 교육을 받는다. 청각장애가 있는 아동에 대한 두 가지 범주의 교육적 접근법이 있는데, 입과 손을 활용하는 방법이다. **입**을 활용하는 **방법**은 입술 모양 읽기, 음성 읽기(읽기를 가르치기 위해 시각적 단서 의존), 그리고 아동의 잔존 청력을 이용하는 방법을 포함한다. **손**을 사용하는 **방법**은 수화(sign language)와 지문자(finger spelling)이다. 수화는 손동작으로 단어를 상징하는 방식이다. 지문자는 손과 손가락으로 각 단어의 '자음과 모음을 표시'하는 것이다.

학생과 연계하기 : 최고의 실천
청각장애 아동을 다루기 위한 전략

1. 인내심을 가진다.
2. 보통으로 말한다(너무 느리지도 또는 너무 빠르지 않게).
3. 소리치지 않는다. 도움이 안 된다. 분명히 말하는 것이 더 도움이 된다.
4. 주의 산만과 환경 소음을 줄인다.
5. 말하려고 하는 학생과 마주한다. 왜냐하면 학생들이 당신의 입술을 읽고 당

신의 몸짓을 볼 필요가 있기 때문이다.
6. 녹음된 교재를 갖고 있는지 확인한다. 반세기 넘게 블라인드 앤드 디스렉식(Blind & Dyslexic)의 녹음도서는 시각, 지각, 또는 그 밖의 장애 아동의 교육적 진보에 기여하고 있다. 9만 권 이상의 이들 오디오와 컴퓨터로 된 책은 무료로 이용할 수 있다.

언어치료사 샤리아 펠티에가 어린 아동의 언어와 의사소통 기술을 향상시키는 것을 돕고 있다. 아동이 가질 수 있는 다양한 종류의 언어 문제는 무엇인가?

© Sharla Peltier

말과 언어장애

말과 언어장애(speech and language disorder)는 많은 말 문제(조음장애, 음성장애, 유창성장애)와 언어 문제(정보를 수용하고 생각을 표현하는 데 따르는 어려움)를 포함한다(Owens, Farinella, & Metz, 2015).

특수교육 서비스를 받는 모든 아동 중 21%가량이 말 또는 언어장애를 갖고 있다(Condition of Education, 2015).

조음장애   **조음장애**(articulation disorder)는 발음을 정확하게 할 수 없는 장애이다(Bauman-Waengler, 2016). 6~7세 아동의 발음은 여전히 오류가 있을 수 있지만, 8세에는 오류가 없어야 한다. 조음장애가 있는 아동은 또래나 교사와의 의사소통이 어렵거나 부끄럽다고 생각한다. 따라서 이 아동은 질문을 하지 않거나, 토론에 참여하지 않거나, 또래와의 소통을 피할 수 있다. 조음장애는 언어치료로 개선되거나 해결될 수 있지만, 이 과정은 몇 달 또는 몇 년이 걸린다(Bernthal, Bankson, & Flipsen, 2017).

음성장애   **음성장애**(voice disorder)는 쉬거나, 거칠거나, 지나치게 크거나, 지나치게 높거나 낮은 말소리로 나타난다. 구개파열이 있는 아동에게는 음성장애가 나타나는 경우가 많아 이들의 말소리를 이해하기가 힘들다. 아동이 지속적으로 이해하기 어렵게 말을 하면, 그 아동을 언어치료사에게 의뢰해야 한다.

유창성장애   **유창성장애**(fluency disorder)는 보통 '말더듬(stuttering)'이라고 불리는 것을 수반하는 경우가 많다. 더듬거림은 아동의 말에 돌발적인 더듬기, 지연 또는 반복이 있는 경우에 나타난다. 많은 아동은 더듬거림 때문에 불안해져서 상황을 더 악화시킨다. 언어치료가 권장된다(Bernthal, Bankson, & Flipsen, 2017).

언어장애   **언어장애**(language disorder)는 아동의 수용 또는 표현 언어의 상당한 장애를 포함한다. **수용언어**(receptive language)는 언어의 수용 및 이해를 수반한다. **표현언어**(expressive language)는 자신의 생각을 표현하고 다른 사람과 소통하기 위한 언어를 사용하는 것을 수반한다. 언어장애는 상당한 학습 문제를 초래할 수 있다(Owens, Farinella, & Metz, 2015). 언어치료사의 치료는 언어장애 아동의 개선을 초래할 수 있지만, 보통 문제가 제거되지는 않는다. 언어장애는 원하는 정보를 얻기 위해 적절하게 질문을 만드는 것, 구두지시를 따르는 것, 특히 대화가 빠르고 복잡할 때 그 대화를 따라가는 것, 문장을 이해하고 단어를 정확하게 사용하는 것 등에서의 어려움을 포함한다.

단순언어장애(specific language impairment, SLI)는 다른 신체적·감각적 혹은 정서적 장애가 없는 언어발달 문제를 수반한다(Kaderavek, 2015; Swanson, 2016). 어떤 경우 이 장애를 **발달언어장애**(developmental language disorder)라고 한다.

SLI 아동은 문장을 이해하고 단어를 사용하는 데 문제가 있다. 5세 아동의 SLI에 대한 한 가지 지표는 동사를 완벽하게 이해하지 못한다는 것이다. 이들은 보통 동사시제에서 −s를 탈락시키고 (예 : "She walks to the store" 대신에 "She walk to the store") 'be'나 'do' 동사 없이 질문을 만든다 ("Does he live there?"라고 묻는 대신 "He lives there?"). 이러한 특징은 단순언어장애 아동이 하는 말이 자기보다 2세 정도 어린 아동의 말처럼 들리게 만든다.

말과 언어장애 여러 말 관련 문제(조음장애, 음성장애, 유창성장애)와 언어 관련 문제(정보를 수용하고 생각을 표현하는 데 따르는 어려움)

조음장애 발음을 정확하게 할 수 없는 문제

음성장애 쉬거나, 거칠거나, 지나치게 크거나, 지나치게 높거나 낮은 말소리를 산출하는 장애

유창성장애 보통 '말더듬'으로 언급되는 것을 수반하는 장애

언어장애 아동의 수용 또는 표현 언어의 장애

수용언어 언어의 수용 및 이해

표현언어 자신의 생각을 표현하고 다른 사람과 소통하기 위한 언어를 사용하는 능력

단순언어장애(SLI) 다른 신체적·감각적 혹은 정서적 장애가 없는 언어발달 문제를 수반한다. 어떤 경우 이 장애를 발달언어장애라고 한다.

SLI을 조기에 파악하는 것은 중요하며 5세에 정확하게 파악할 수 있고, 어떤 경우는 이보다 빠르게 할 수 있다. 개입으로는 정확한 발성의 예를 보여주고, 대화 중에 아동의 부정확한 말을 다른 말로 표현해주며, 읽기 지도를 하는 것 등이 있다. 부모는 또한 SRI를 가진 아이를 언어병리학자에게 보내기를 원할 수도 있다.

되돌아보기/앞날을 생각하기
구문은 단어가 허용되는 구와 문장을 만들도록 결합되는 방식을 포함하는 언어 시스템이다. 제2장 '인지 및 언어 발달'과 연계해 생각해보자.

자폐스펙트럼장애

자폐스펙트럼장애(autism spectrum disorders, ASD)는 전반적 발달장애(pervasive developmental disorder)라고도 하는데, 그 범위는 **자폐성장애**(autistic disorder)이라고 하는 중증 장애에서부터 아스퍼거 증후군(Asperger syndrome)이라고 하는 경증 장애까지 다양하다. 자폐스펙트럼장애는 사회적 상호작용, 언어 및 비언어 의사소통, 반복적 행동에서의 문제점을 특징으로 한다(Bernier & Dawson, 2016; Boutot, 2017; Wheeler, Mayton, & Carter, 2015). 이러한 장애가 있는 아동은 또한 감각경험에 대해서도 비전형적 반응을 보인다(National Institute of Mental Health, 2016). 자폐스펙트럼장애는 종종 1~3세 아동에게서도 발견된다.

자폐스펙트럼장애 유병률에 대한 최근 추정치에 따르면 발생률이 급격히 증가하고 있거나 점차 더 많이 발견되고 있음을 알 수 있다. 몇십 년 전에는 아동 2,500명당 1명 수준에 불과하였는데, 2002년에는 아동 150명당 1명 정도이고(Centers for Disease Control and Prevention, 2007), 2008년에는 아동 88명당 1명 수준으로 나타난다(Centers for Disease Control and Prevention, 2012). 가장 최근 조사에서 자폐스펙트럼장애가 여아의 경우보다 남아에게서 5배 정도로 나타나고, 이 장애가 있는 3~21세의 8%가 특수교육 서비스를 받고 있었다(Condition of Education, 2015).

자폐성장애(autistic disorder)은 중증의 발달자폐스펙트럼장애로, 생후 3년 안에 발병하며, 사회관계에서의 결함, 비정상적인 의사소통, 제한적이고 반복적이며 전형적인 행동 패턴 등을 포함한다.

아스퍼거 증후군(Asperger syndrome)은 비교적 경증의 스펙트럼장애로 아동은 비교적 구두언어 기술이 양호하며, 비언어적 언어 문제가 경증이고, 관심사와 관계의 범위가 제한적이다(Boutot, 2017; Helles & others, 2015). 아스퍼거 증후군 아동은 종종 집착적이고 반복적인 루틴을 유지하며 특정 주제에 대해 몰입한다. 예를 들어, 야구경기 점수나 유튜브 동영상에 집착할 수 있다.

자폐스펙트럼장애의 원인은 무엇인가? 최근에는 자폐성장애가 두뇌 구조와 신경전달물질의 이상이 특징으로 하는 뇌 기능장애라는 데 의견이 모아졌다(Conti & others, 2015). 최근 관심사는 자폐성장애의 핵심 요인으로 뇌 영역 간의 연결성 부족에 초점을 맞추고 있다(Fakhoury, 2015). 유전적 요인 역시 자폐스펙트럼장애의 발달에서 일정한 역할을 할 가능성이 있지만(Ning & others, 2015), 가족사회화가 자폐성장애를 유발한다는 증거는 없다. 지적장애가 몇몇 자폐 아동에게서 나타나기는 하지만, 평균 또는 평균 이상의 지능을 갖는 자폐 아동도 있다(Memari & others, 2012).

구조화가 잘 이루어진 교실, 개별화 교육, 소그룹 지도 등이 자폐 아동에게 도움이 될 수 있다(Simmons, Lanter, & Lyons, 2014). 행동수정 기법도 자폐 아동의 학습에

자폐스펙트럼장애(ASD) 전반적 발달장애라고도 하는데, 그 범위는 자폐성장애라고 하는 중증 장애와 아스퍼거 증후군이라고 하는 경증 장애까지 다양하다. 이들 장애 아동은 사회적 상호작용, 언어 및 비언어 의사소통, 그리고 반복적 행동의 문제를 특징으로 한다.

자폐성장애 중증의 발달자폐스펙트럼장애로 생후 3년 안에 발병하며, 사회관계에서 결함, 비정상적인 의사소통, 제한적이고 반복적이며 전형적인 행동 패턴 등을 포함한다.

아스퍼거 증후군 비교적 경증의 스펙트럼장애로, 아동은 비교적 구두언어 기술이 양호하며, 비언어적 언어 문제가 경증이고, 관심사와 관계의 범위가 제한적이며, 그리고 종종 집착적이고 반복적인 루틴을 유지한다.

RESEARCH

자폐스펙트럼장애의 특징은 무엇인가?
© shutterstock

공격적이고 통제불능인 행동을 보이는 학생
들의 특징은 무엇인가?

© shutterstock

효과적일 수 있다(Wheeler, Mayton, & Carter, 2015; Zirpoli, 2016).

정서행동장애

대부분의 아동은 학령기 중에 종종 정서 문제를 겪는다. 몇몇 아동은 너무 심각하고 지속적인 문제를 가지고 있어서 정서행동장애로 분류된다(Hallahan, Kauffman, & Pullen, 2015). **정서행동장애**(emotional and behavioral disorder)는 개인 또는 학교 문제와 관련된 관계성, 공격성, 우울, 두려움, 기타 부적절한 사회정서적 특징을 수반하는 심각하고 지속적인 문제로 구성된다. 장애가 있고 개별화된 교육 계획을 요구하는 아동의 약 6%가 이 분류에 속한다(Condition of Education, 2015). 남아가 여아보다 이 장애가 있을 가능성이 3배나 높다.

정서행동장애를 설명하기 위해서 다양한 용어를 사용하였는데, 예를 들면 정서장애, 행동장애 및 부적응 아동 등이 있다. **정서장애**(emotional disturbance, ED)라는 용어는 최근에 개별화된 학습 계획 수립을 필요로 하는 이러한 유형의 문제를 가진 아동을 설명하는 데 사용되고 있다. 하지만 비평가들은 이 범주가 명확하게 규정되지 않았다고 주장한다.

공격적, 통제불가 행동   심각한 정서장애를 가진 것으로 분류된 학생 중에는 파괴적, 공격적, 반항적 또는 위험한 행동을 하여 교실에서 퇴출된 학생도 있다. 여아보다는 남아가 이럴 가능성이 훨씬 더 많으며, 중산층이나 고소득층 가정보다 저소득층 가정 출신일 가능성이 더 많다(Powers, Bierman, & Coffman, 2016). 이러한 아동이 일반학급으로 되돌아오면, 일반학급교사와 특수교육교사 또는 상담자는 이들이 효과적으로 적응하고 학습할 수 있도록 많은 시간을 투자해야 한다.

사회적 맥락과 사회정서적 발달에 관한 장(제3장 참조)에서 우리는 거부를 당하는 아동과 아동의 사회적 기술 향상에 대해 논의하였다. 우리가 거기에 제기한 많은 논평과 권고는 심각한 정서장애를 가진 아동에게도 적용된다. 또 다른 장에서 우리는 정서행동 문제를 보이는 아동을 효과적으로 상대하기 위한 전략과 계획에 대해 더 많이 논의할 것이다.

되돌아보기/앞날을 생각하기

거부당한 아동은 드물게 누군가의 가장 친한 친구로 지명되기도 하고 또한 동료들이 적극적으로 싫어하기도 한다. 제3장 '사회적 맥락과 사회정서적 발달'과 연계해 생각해보자.

교사들은 싸움, 괴롭힘, 그리고 교사에 대한 적대감을 다루기 위해 효과적인 전략을 이용할 수 있다. 제11장 '학급관리'와 연계해 생각해보자.

우울, 불안, 두려움   어떤 학생들은 정서 문제를 내부로 돌린다. 이들의 우울, 불안 또는 두려움은 그 정도가 심해지고 기간이 길어져서 학습 능력이 상당히 저하된다. 모든 학생이 때때로 우울감을 느끼지만, 대부분 몇 시간이나 며칠이 지나면 낙담과 우울한 기분은 극복된다. 하지만 일부 아동의 경우 부정적인 기분이 더 심각하고 더 오래 지속된다. 우울은 기분장애의 유형 중 하나로 자신이 무가치하다고 생각하고, 앞으로 사정이 나아질 가능성이 없다고 생각하며, 장기간 무기력하게 행동하게 한다. 아동이 2주 이상 이러한 징후를 보인다면, 우울증이 있을 가능성이 있다. 식욕이 떨어지거나 잠을 제대로 자지 못하는 것도 우울증과 연관이 있다.

우울은 아동기보다 청소년기에 나타날 가능성이 훨씬 많으며 남아보다 여아의 발병률이 훨씬 높다(Salk & others, 2016). 우울증 전문가들은 이런 성차는 여러 가지 요인으로 인하여 발생할 가능성이 있다고 한다. 여성은 자신의 우울한 기분을 반추하고 이를 증폭시키는 반면, 남성은 부정적인 기분에서 벗어나려는 경향이 있으며, 청소년기에 여아들의 자기상(self-image)이 남아들의 자아상보다 더 부정적인 경우가 많으며, 여성 성취에 대한 사회적 편견이 관련되어 있을 수 있다(Schwartz-Mette & Rose, 2016).

정서행동장애 개인 또는 학교 문제와 관련된 관계성, 공격성, 우울, 두려움, 기타 부적절한 사회정서적 특징을 수반하는 심각하고 지속적인 문제 우울은 내면을 향하기 때문에 공격적이고 밖으로 표출되는 행동보다 발견되지 못할 가능성이 훨씬 많다. 아동이 우울을 겪고 있다고 생각되면, 그 아동이 학교 상담교사를 만날 수 있도록 한다 (Kauffman & Landrum, 2009).

불안(anxiety)은 모호하고 매우 불쾌한 두려움과 걱정을 수반한다. 아동이 인생의 도전에 직면했을 때 걱정하는 것은 정상이지만, 어떤 아동은 매우 강력하고 장기간의 불안을 가지고 있어서 학교 성적에 큰 타격을 입는다(Griffiths & Fazel, 2016). 어떤 아동은 또한 학습을 방해할 수 있는 개인 또는 학교와 관련된 두려움을 갖기도 한다. 아동이 눈에 띄는 또는 상당한 두려움을 보여주면, 그 아동에게 학교 상담가를 만나보도록 한다. 불안에 대한 더 많은 정보는 동기, 교수, 학습에 관한 장(제10장 참조)에 나와 있다.

되돌아보기/앞날을 생각하기
학생들의 높은 불안 수준을 줄이기 위한 많은 프로그램이 개발되었다. 제10장 '동기, 교수, 학습'과 연계하라.

DEVELOPMENT

복습하기, 성찰하기 그리고 연습하기

❸ 다양한 장애 유형에 대해 설명한다.

복습하기

- 학습장애의 정의는 무엇인가? 공통적인 학습장애에는 무엇이 있는가? 학습장애는 어떻게 구분되는가? 학습장애를 가장 잘 치료할 수 있는 방법은 무엇인가?
- 주의력결핍 과잉행동장애란 무엇인가? 주의력결핍 과잉행동장애의 특징 중 교사가 알아야 할 중요한 측면은 무엇인가?
- 지적장애의 본질은 무엇인가?
- 교사가 만나기 쉬운 신체장애 유형은 무엇인가?
- 아동에게서 흔히 나타나는 시각 및 청각 감각장애는 무엇인가?
- 조음, 음성, 유창성 그리고 언어장애 간의 차이에는 무엇이 있는가? 자폐스펙트럼장애의 특징은 무엇인가?
- 정서 및 행동 장애의 주요 유형에는 무엇이 있는가?

성찰하기

- 가르칠 대상인 아동 집단의 연령을 감안할 때 가르치는 데 있어 가장 어려울 것으로 생각되는 장애는 무엇인가? 이러한 장애를 배워나감에 있어 무엇에 중점을 두어야 한다고 생각하는가?

연습하기

1. 마티는 4학년이다. 지능 검사에 따르면 마티는 평균에서 평균을 웃도는 지능을 지니고 있다. 그러나 읽기와 사회 과목, 철자, 그리고 과학 과목에서 마티의 점수는 아주 저조한 편이다. 반면 수학 점수는 아주 높고 작문 실력 또한 상당한 편이다. 성적을 볼 때 마티의 읽기 수준은 초급 수준이다. 마티가 큰 소리로 읽을 때면 발음과 문자를 매칭 시키는 부분에 어려움이 있음을 알 수 있다. 마티에게 의심되는 장애는 _____이다.
   - a. ADHD
   - b. 난산증
   - c. 난독증
   - d. 쓰기장애
2. 다음에 나온 교실 환경 중 ADHD 학생들이 학업을 수행하는 데 가장 도움이 될 만한 환경은 무엇인가?
   - a. 산만한 방식으로 환경이 조성되어 있어 무엇인가에 집중할 수 있는 기간이 아주 짧은 칼스터 선생님의 학급
   - b. 정리정돈이 잘되어 있고 분명한 성취 요건이 제시되어 있는 도지 선생님의 학급. 컴퓨터 게임과 체육 활동으로 수업 내용을 보충하는 경우가 종종 있다.
   - c. 장시간 동안 조용히 앉아 있어야 하고 앉아서 따로 수업하는 분위기인 앨버트 선생님의 학급
   - d. 직접 선택한 과목을 공부하고 진행 상황과 행동과 관련해 간헐적으로 피드백을 받는 분위기인 피시 선생님의 학급
3. 마드는 비라틴계 백인 학생으로서 경미한 수준의 지적장애를 안고 있다. 인지 결함을 비롯해 마드의 모터 기술은 저조하다. 마드의 팔과 다리는 평균보다 짧은 편이다. 마드의 얼굴은 둥근형이며 눈꺼풀 위에 피부가 한 겹 더 접혀 있다. 혀는 삐죽 나와 있다. 마드가 지닌 지적 장애의 원인이 가장 될 만한 것은 무엇인가?

a. 다운증후군   b. 태아 알코올 증후군

c. 약체 X증후군   d. 임신 중 산모 질환

4. 마크는 윌시 선생님의 랭귀지-아트 클래스에 다니고 있는 중학생이다. 윌시 선생님은 마크가 종종 창문 밖을 응시하는 모습을 보곤 한다. 가끔 그녀가 마크의 이름을 부르면 마크는 다시 그녀에게도 주의를 돌렸다가 다시 수초 동안 창문 밖을 계속 응시하고 윌시 선생님의 질책에도 무관심한 것처럼 보인다. 이렇게 집중하지 못한 결과 마크의 학점은 아주 저조하다. 마크가 집중하지 못하는 이유로 가장 그럴듯한 설명은?

a. ADHD   b. 결신발작 장애

c. 강직-강대 발작   d. 뇌성마비

5. 아미엘의 1학년 담임 선생님은 아미엘이 소리를 많이 내고 책을 그의 얼굴에 바짝 갖다 대는 모습에 주목한다. 아미엘이 앓고 있는 질환으로 가장 유력한 것은?

a. 신체장애   b. 말과 언어장애

c. 감각장애   d. 자폐스펙트럼장애

6. 캐리의 3학년 담임인 브라운 선생님은 캐리가 수업 중 질문에 대답할 때마다 좌절감을 느끼곤 했다. 캐리는 대답을 하기까지 시간이 아주 오래 걸렸다. 캐리의 문장 구조는 다른 학생들에 비해 뒤떨어졌으며 엉뚱해 보이는 대답을 하곤 했다. 브라운 선생님이 의심해야 하는 캐리의 질환은 _____이다.

a. 조음장애   b. 표현언어장애

c. 수용언어장애   d. 단순언어장애

7. 마이크는 평균 이상의 지능을 지닌 7학년생이다. 마크의 언어 표현 기술은 좋은 편이지만 다른 또래 친구들과 상호작용을 하지 않는다. 마이크는 다른 사람들과의 접촉을 피하기는 하지만 친구가 1명 있으며 그의 어머니와 도우미에게는 반응을 잘하는 편이다. 일상적인 패턴이 갑자기 깨지지 않는 한 학업 수행도 곧잘 하는 편이다. 마이크는 특히 수학과 함께 숫자와 관계있는 것이면 무엇이든 잘 즐기는 편이다. 마이크는 메이저 야구 경기의 스타팅 라인업의 평균 배팅 점수를 모조리 암기하고 있었다. 마이크가 앓고 있을 가능성이 가장 높은 질환은 _____이다.

a. 자폐성장애   b. 아스퍼거 증후군

c. 행동장애   d. 단순언어장애

8. 다음 중 중도 정서장애를 앓고 있을 확률이 가장 높은 학생은?

a. 7학년에서 가장 인기가 좋은 질은 다소 인기가 없는 여자아이들에게 가끔 불쾌한 언어를 구사한다.

b. 8학년인 케빈은 대부분의 과목에서 좋은 점수를 받지만 같은 학급의 또래 친구들과 어울리는 데 어려움이 있으며 셰익스피어 소네트를 모두 암기했다.

c. 해리엇은 6학년 학생으로서 ADHD를 지니고 있지만 약물로 잘 조절이 되고 있다.

d. 많은 과목에서 성적이 좋지 못한 7학년 학생인 마크는 자주 화를 내며 폭력적인 행동을 노출한다.

정답은 '연습하기 정답' 참조

학습목표 4
장애 아동을 위한 법적 제도와 기술 발전을 설명한다.

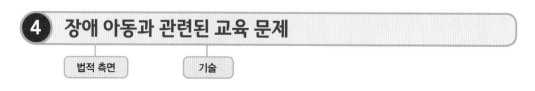

④ 장애 아동과 관련된 교육 문제

> 법적 측면   기술

공립학교는 가능한 한 최소 제한 환경에서 장애가 있는 모든 아동에게 서비스를 제공해야 하는 것이 법적으로 요구된다. 우리는 장애 아동을 다루기 위한 법적 측면을 탐구하고 장애 아동을 교육하는 데 있어서 기술의 역할을 살펴볼 것이다.

법적 측면

1960년대 중반에서 1970년대 중반 사이에 입법부, 연방법원 및 미 의회는 장애 아동을 위한 특수교육권을 제정했다. 그 이전에는 대부분의 장애 아동은 입학이 거부되거나 학교에서 부적절한 대우를 받았다. 1975년 의회는 모든 장애 학생이 무상의 적절한 공교육을 받고 이러한 교육을 시행하는 데 도움이 되는 기금 제공을 규정한 **공법 94-142**(Public Law 94-142), 전(全) 장애 아동교육법(Education for All Handicapped Children Act)을 제정했다.

경도 지적장애를 가진 아동과 마찬가지로 점점 더 장애 아동을 일반 학급에서 가르치고 있다. 장애 아동 교육의 법적 측면은 무엇인가?
© shutterstock

장애인교육법(IDEA) 1990년 공법 94-142는 **장애인교육법**(Individuals with Disabilities Education Act, IDEA)으로 거듭났다. IDEA는 1997년에 개정되었고, 그 후 2004년에 재인가를 받아 장애인교육향상법(Individuals with Disabilities Education Improvement Act)으로 명칭이 바뀌었다. IDEA는 모든 장애 아동을 위한 서비스의 광범위한 요건을 상세하게 규정하였다(Heward, Alber-Morgan, & Konrad, 2017). 여기에는 평가, 자격 결정, 적절한 교육, 개별화 교육 계획(IEP) 및 최소 제한 환경(LRE)에서의 교육이 포함되어 있다(Smith & others, 2016).

장애가 있다고 간주되는 아동에 대해 평가를 실시하여 IDEA에 따른 서비스의 수혜 대상 여부를 판단한다. 학교가 특수교육 프로그램을 미리 계획하고, 해당 아동에게 이용 가능한 공간을 제공하는 것은 금지되어 있다. 다시 말해 학교는 서비스가 필요하다고 판단되는 모든 아동에게 적절한 교육 서비스를 제공해야 한다(Turnbull & others, 2016).

학교에서 특수교육 서비스를 제공하기 시작하기 전에 아동은 장애 여부에 대한 평가와 진단을 받아야 한다. 하지만 평가에 오랜 시간이 소요될 수 있기 때문에, 다양한 형태의 사전 참조 개입(prereferral intervention)이 다수의 학교에서 이루어지고 있다. 학부모는 평가 과정에 참여하도록 초청을 받아야 한다. 학부모의 요청이 있거나 재평가가 필요함을 나타내는 상황이 발생하는 경우 최소 3년에 한 번씩(때로는 매년) 재평가가 요구된다. 학교의 평가에 동의하지 않는 학부모는 독립적인 평가를 받을 수 있으며, 해당 학교는 그러한 평가를 특수교육 서비스 제공 시 고려해야 한다. 평가 결과 아동이 장애가 있고 특수교육 서비스를 받을 필요가 있다고 판단되는 경우 해당 학교는 그 아동에게 적절한 서비스를 제공해야 한다.

IDEA는 장애 학생이 **개별화 교육 계획**(individualized education plan, IEP)을 제공받도록 규정한다. IEP는 장애가 있는 학생을 위해 특별히 고안된 프로그램을 상세히 설명하는 서면 진술서이다. 일반적으로 IEP는 (1) 아동의 학습 능력과 연관이 있어야 하며, (2) 아동의 개인적 필요를 충족시키기 위해 특별히 만들어져야 하고 다른 아동에게 제공되는 것을 복사한 것이 아니어야 하며, (3) 교육 혜택을 제공할 수 있도록 설계되어야 한다.

IDEA에는 장애 아동의 부모와 관련된 여러 규정이 있다. 여기에는 학교가 제안하고 있는 행동에 대해 부모에게 통지를 보내야 하고, 부모가 아동의 배치 또는 개별화 교육 계획에 관한 회의에 참석할 수 있도록 하는 요구사항이 있으며, 학교의 결정에 대해 공정한 평가자에게 이의를 제기할 권리가 있다는 규정이 포함되어 있다.

IDEA는 1997년 개정되었다. 이 개정안에는 긍정적 행동 지원 및 기능적 행동 평가가 포함되어 있다.

공법 94-142 모든 장애 학생이 무상의 적절한 공교육을 받고, 이러한 교육을 시행하는 데 도움이 되는 기금 제공을 규정한 전 장애 아동교육법

장애인교육법(IDEA) 평가, 자격 결정, 적절한 교육, 개별화 교육 계획(IEP) 그리고 최소 제한 환경(LRE)에서의 교육을 포함한, 모든 장애 아동을 위한 서비스의 광범위한 요건을 상세하게 규정한 것이다.

개별화 교육 계획(IEP) 장애 학생을 위해 특별히 고안된 프로그램을 상세히 설명한 서면화된 진술

긍정적 행동 지원(positive behavioral support)은 아동의 중요한 행동 변화를 얻기 위해 긍정적 행동 개입을 문화적으로 적절히 적용하는 데 중점을 둔다. '문화적으로 적절한'이란 아동의 독특하고 개별적인 학습 이력(사회, 지역사회, 역사, 성별 등)을 고려함을 의미한다. 긍정적 행동 지원은 장애가 있는 아동을 다루는 데 있어 바람직하지 못한 행동을 처벌하기보다는 바람직한 행동을 칭찬할 것을 강조한다.

기능적 행동 평가(functional behavioral assessment)는 결과(행동의 목적), 선행사건(행동을 일으키는 요소) 및 배경사건(행동이 발생하는 상황)을 판단하는 것을 포함한다. 기능적 행동 평가는 관찰되는 상황에서 행동을 이해하고 적절하고 효과적인 긍정적인 행동 개입을 유도하는 것을 강조한다.

IDEA의 2004년 재인가를 받은 버전의 주요 특징은 IDEA를, 장애 학생을 포함하여 모든 학생의 학업성취도를 향상시키기 위해 고안된 정부의 아동낙오방지(No Child Left Behind, NCLB) 법안과 연계시킨다는 점이다. IDEA와 NCLB 모두 장애 학생 대부분이 교육진척도에 대한 일반적인 평가의 대상에 포함되도록 규정하고 있다. 이러한 연계에는 대부분의 장애 학생이 학업성취도에 대한 표준화된 시험을 치르고, 장애가 없는 학생들과 동등한 수준으로 달성하도록 규정하는 것이 포함되어 있다. 이와 같은 기대가 합리적인지 여부는 의문의 여지가 있다(Hallahan, Kauffman, & Pullen, 2015). 장애 학생을 위한 대안적인 평가와 주정부가 장애 학생을 교육하기 위하여 지시, 평가, 책임을 개선하는 데 도움을 주기 위한 자금 제공이 IDEA의 2014년 재인가 버전에 포함되어 있다.

되돌아보기/앞날을 생각하기
아동낙오방지법은 주정부가 매년 다양한 과목으로 학생들을 평가할 것을 요구하는 연방 정부의 법안이다. 제1장 '교육심리학 : 효과적인 교수를 위한 도구' 및 제12장 '표준화 시험과 학급평가'와 연계해 생각해 보자.

최소 제한 환경(LRE)   IDEA에 따라서 장애 아동은 **최소 제한 환경**(least restrictive environment, LRE)에서 교육을 받아야 한다. 이는 장애 아동은 장애가 없는 아동이 교육을 받는 환경과 최대한 유사한 환경에서 교육을 받도록 한다는 것이다. 또한 학교는 일반학급에서 장애 아동을 교육시키려는 노력을 해야 한다. **포함**(inclusion)이라는 용어는 특수교육을 필요로 하는 아동을 일반학급에서 정규수업을 받도록 하는 것을 의미한다. 2014년 미국 장애 학생의 61%가 학교 수업 시간의 80%를 일반학급에서 보냈다. 1990년에는 그 비율이 33%에 불과했다(Condition of Education, 2015).

최소 제한 환경은 해당 아동의 장애 정도에 달려있다(Smith & others, 2016). 학습장애 또는 언어장애가 있는 일부 아동은 일반학급에서 수업을 받을 수 있지만, 중도의 청각 및 시각 장애 아동은 별도의 교실이나 학교에서 수업을 받을 필요가 있을 수 있다(Lewis, Wheeler, & Carter, 2017).

지난 20년 동안 장애 아동 교육에 있어 협력적 팀 구성을 주장하는 사람들이 점차 증가하고 있다(Hallahan, Kauffman, & Pullen, 2015). **협력적 팀 구성**을 통해 다양한 전문 지식을 가진 사람들이 상호작용하여 아동을 위한 서비스를 제공한다. 연구자들은 협력적 팀 구성이 교사의 기술 및 태도를 향상시킬 뿐만 아니라 종종 아동에게 도움이 되고 있음을 발견했다(Snell & Janney, 2005).

이론상으로 협력적 팀 구성은 계획 및 의사결정에 대한 공동의 책임을 장려한다. 또한 다양한 전문지식을 갖춘 교육자들이 전통적인 교육 방식에 대한 효과적인 대안을 마련할 수 있도록 한다. 협력적 팀 구성을 이용하면, 많은 아동이 일반학급에 계속 남아있게 되고 일반학급 교사는 아동 교육에 적극적으로 개입하게 된다.

장애 아동에 관한 많은 법적 변화는 매우 긍정적이었다. 수십 년 전에 비해 현재 많은 아동이 훨씬 더 전문적이고 우수한 서비스를 받고 있다. 많은 아동을 위해 서비스를 수정 또는 보충하여 일반학급에 포함시키는 것이 적절하다(Heward, Alber-Morgan, & Konard, 2017). 그러나 일부 특수교육 전문가들은 장애 아동을 가르치기 위해 포함교육을 적용하는 노력이 어떤 경우에 있어 너무

최소 제한 환경(LRE) 장애가 없는 아동이 교육을 받는 환경과 최대한 유사한 환경에서 교육을 받도록 하는 것

포함 특수교육을 필요로 하는 아동을 일반학급에서 정규수업을 받도록 하는 것

지나치다고 주장한다. 예를 들어, 제임스 카우프만과 동료들(Kauffman, Hallahan, & Pullen, 2015; Kauffman, McGee, & Brigham, 2004)은 장애 아동을 너무 자주 포함시키는 것이 그들에게 항상 이득이 되는 것이 아닌 일반학급에서 단지 수용만 하고 있는 것이 된다고 말한다. 그들은 항상 완전 포함을 하기보다는 오히려 일반학급 밖에서 특수교육과 같은 선택사항을 허용하는 보다 더 개별화된 접근 방식을 옹호한다. 카우프만과 동료들(Kauffman & others, 2004, p. 620)은 장애 아동이 자신의 잠재력을 최대한 발휘하기 위해서는 특별 훈련을 받은 전문가들의 서비스가 필요함을 인정하고 있다. 그들에게는 때때로 학습을 가능하게 하기 위해 교과과정이나 적응을 변경할 필요가 있다. 하지만 사람들은 장애 학생이 일반학생과 다르지 않을 거라고 생각하는 척하면서 이들을 가볍게 생각한다. 장애 학생이 무언가를 하는 법을 배우거나 또는 다른 방식으로 하는 법을 배워야 하는 경우, 이들이 추가적인 노력을 기울일 필요가 없을 것이라고 생각하는 동일한 오류를 범한다. 정규교육과 마찬가지로 특수교육의 중요한 측면은 장애 학생이 잠재력을 최대한 발휘할 수 있도록 이들을 자극하는 것이어야 한다.

특수교육에 관한 한 가지 우려사항은 특수교육 프로그램 및 수업에 소수민족 배경을 지닌 학생들이 균등하지 않은 비율로 포함된다는 점이다. 미 교육부(U.S. Department of Education, 2000)는 특수교육 프로그램 및 수업에 소수민족 학생들을 균등하지 않은 비율로 포함되는 것에 대해 다음과 같은 세 가지 사항을 우려하고 있다. (1) 학생이 서비스를 받지 못하거나 자신의 필요에 비해 불충분한 서비스를 받을 수 있으며, (2) 학생이 잘못 분류되거나 부적절한 낙인이 찍힐 수 있고, (3) 특수교육 수업에 배치하는 것이 차별의 한 형태일 수 있다.

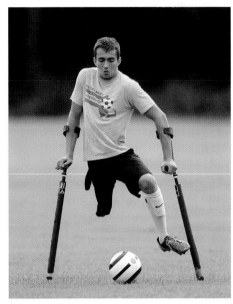

엉덩이와 오른쪽 다리 없이 태어난 니코 칼라브리아는 매사추세츠주 콩코드에서 축구 연습 중에 공을 드리블하고 있다. 그는 이미 그의 체급에서 주 최고의 레슬러 중 한 사람이 되었으며 아프리카의 가장 높은 산꼭대기를 성공적으로 등반했다.

© Matt Stone/Boston Herald/AP Images

기술

1997년에 개정된 장애인교육법(IDEA)은 장애 학생들이 무상의 적절한 교육을 받을 필요가 있는 경우 이들에게 기술 장비와 서비스를 제공할 것을 규정하고 있다(Dell, Newton, & Petroff, 2017).

장애 학생의 교육 향상을 위해 사용할 수 있는 두 가지 유형의 기술은 교수 기술과 보조 기술이 있다. 교수 기술(instructional technology)은 교실에서 학생들의 학습 요구를 수용하기 위해 혁신적인 교수법과 더불어 다양한 유형의 하드웨어 및 소프트웨어를 포함한다(Luiselli & Fischer, 2016). 현재 장애 학생에게 사용되는 교수 기술의 예로는 모바일 장치용 소프트웨어, 웹사이트 및 앱이 있다(Butcher & Jameson, 2016).

보조 기술(assistive technology)은 장애 학생이 자신이 속한 환경 안에서 제 역할을 할 수 있도록 돕기 위해 고안된 다양한 서비스와 장치로 구성된다(Marchel, Fischer, & Clark, 2015). 그 예로는 통신보조장치, 대체 컴퓨터 키보드 및 적응 스위치 등이 있다. 다음은 보조 기술에 관한 우수한 웹사이트이다.

- www.unicef.org/disabilities/files/Assistive-Tech-Web.pdf
- www.edutopia.org/article/assistive-technology-resources

에듀토피아(Edutopia) 사이트는 신체 및 학습장애 아동을 위한 유용한 일련의 자원을 갖추고 있다.

TECHNOLOGY

학생과 연계하기 : 최고의 실천
일반학급 교사로서 장애 아동을 다루기 위한 전략

1. 각 아동에게 개별화 교육 계획(IEP)을 실시한다.
2. 장애 아동을 가르치는 방법에 대한 지원과 교육을 강화하도록 학교가 장려한다. '교사의 시선'에서는 6학년 교사인 미셸 에반스는 자원 인력과의 관계와 학생들을 다루기 위한 몇 가지 전략을 설명한다.

교사의 시선 : 장애 아동을 다루기 위한 전략
지원 및 자원 인력은 매우 중요하다. 부모, 학생 및 관계자들과의 소통은 필수적이다. 학급 전체와도 반드시 의사소통한다. 나는 각 학생이 성취감을 느끼기를 원하기 때문에, 학습목표에 대한 다양한 수준의 숙달 또는 참여를 만들었다.

한 뇌성마비 학생이 정신적 장애와 여타 문제로 어려움을 겪고 있었다. 그 여학생은 종종 단기 기억상실을 경험했다. 그 여학생과 함께 앉아 이야기를 나누는 동안 나는 그 여학생이 단어, 이야기 등을 그대로 흉내 내기를 좋아한다는 것을 알게 되었다. 그 여학생의 손은 약했지만 글쓰기가 손에 도움이 되었다. 부모는 그녀가 할 수 있는 것은 무엇이든 하기를 원했다. 그녀가 모방하기와 글쓰기를 좋아하는 것을 이용하여 결국엔 수학 사실과 철자법을 읽혔다. 나는 학급의 모든 학생을 위해 긍정적인 태도를 갖도록 하는 시 한 편을 암송하도록 내주었다. 몇몇 학생들은 내가 제시한 시가 암송하기에는 너무 어려운 것이라고 불평을 늘어놓았다. 그 여학생은 그 시를 수차례 흉내 내어 그 숙제를 내준 지 3일 만에 수업 중 학생들 앞에서 완벽하게 암송했다. 그 여학생이 처음으로 시를 암송하자 나는 학생들의 불평이 눈 녹듯 사라지는 것을 볼 수 있었다. 부모는 자녀가 암송을 해내는 모습을 지켜보게 되었다. 그 여학생이 암송을 끝낼 무렵 교실에서 눈물을 흘리지 않는 사람이 없었다. 그 여학생은 우리에게 많은 것을 가르쳐주었다.

3. 학급 내 장애 아동의 유형에 대해 더 잘 알아야 한다. *Exceptional Children, Teaching Exceptional Children, Journal of Learning Disabilities* 등과 같은 교육 저널을 읽고 장애 아동에 대한 최신 정보를 파악한다. 특수아동, 지적장애, 학습장애, 정서행동 장애와 같은 주제에 대하여 대학교 또는 평생학습 교육 강좌의 수업을 수강한다.
4. *장애 아동이라고 표찰하는 것에 대해 조심해야 한다.* 아동의 학습장애를 설명하기 위해 장애 아동이라는 표찰을 사용하는 함정에 빠지기 쉽다. 예컨대, 래리가 읽기에 문제가 있는 이유를 알 수 없거나 아직 밝혀지지 않은 상태에서 교사는 "래리는 학습장애 때문에 읽기에 어려움을 겪고 있어요"라고 말할 수 있다. 또한 그러한 낙인은 해당 아동이 상당히 향상된 후에도 계속 남아있기 마련이다. 지적장애 및 학습장애와 같은 용어는 장애에 대한 설명적인 표찰이라는 점을 기억해라. 장애 아동의 학습 개선을 위한 최선의 조건이 무엇인지 또한 변하지 않는 표찰보다는 이들의 진전을 위해 어떤 도움을 주어야 하는지에 대해 항상 생각한다.
5. *장애가 있는 아동은 장애가 없는 아동에게 혜택을 주는 많은 동일한 교수 전략에서 혜택을 받을 수 있으며, 그 반대의 경우도 마찬가지라는 것을 기억해야 한다.* 여기에는 배려하고, 수용하며 인내심을 갖는 것이 포함된다. 즉 학습에 대한 긍정적인 기대 갖기, 아동이 학습 능력뿐 아니라 사회성 및 의사소통 기술 갖도록 돕기, 장애 아동이 잠재력을 최대한 발휘하도록 자극하기 등이 그 예에 속한다.
6. *장애가 없는 아동이 장애 아동을 이해하고 수용하도록 도와야 한다.* 장애가 없는 아동에게 장애 아동에 관한 정보를 제공하고 긍정적인 방식으로 상호작용할 수 있는 기회를 마련한다. 또래교수 및 협동학습 활동은 장애가 없는 아동과 장애 아동 간의 긍정적 상호작용을 장려하는 데 사용될 수 있다. 사회적 구성주의 접근에 관한 장(제9장 참조)에서 이러한 활동에 대해 더 논의할 것이다.

복습하기, 성찰하기 그리고 연습하기

❹ **장애 아동을 위한 법적 제도와 기술 발전을 설명한다.**

복습하기
- IDEA란 무엇인가? IEP와 LRE와는 어떤 관련이 있는가? 포함교육에 대한 최근의 견해는 무엇인가?
- 교수 기술과 보조 기술의 차이점은 무엇인가?

성찰하기
- 장애 아동 교육에 있어서 가장 큰 도전과제는 무엇이라고 생각하는가?

연습하기
1. 제니는 중도의 학습장애를 앓고 있다. 그녀는 지난 2년간 그래왔던 것처럼 현재도 자신의 학교 특수교육 교실에서 수업을 받고 있다. 제니와 그녀의 학급친구들은 학습 도움실에서도 점심식사를 한다. 학습 도움실에 있는 학생들은 매우 다른 능력과 장애를 지니기 때문에 각자 다른 작업을 하고 있다. 제니가 다니는 학교의 일반교사들이 제니를 가르치는 데 필요한 기술을 갖추고 있지 못하기 때문에 이러한 배치가 이루어졌다. 따라서 제니는 그 학교의 유일한 특수교사가 있는 학습 도움실에 배치받았다. 이러한 배치로 인해 발생하는 법적 문제는 무엇인가?

a. 제니의 IEP는 진단을 명시하지 않는다.

b. 제니는 최소 제한적 환경에서 수업을 받지 않고 있다.

c. 제니의 배치는 최소 6개월에 한 번씩 재고할 필요가 있다.

d. 기능적 행동 평가는 기술의 사용을 고려하지 않았다.

2. 아젤은 뇌성마비를 앓고 있다. 이 학생의 교사는 아젤의 학습을 용이하게 하기 위해 대체 컴퓨터 키보드를 발견했다. 이 교사는 어떤 기술을 사용하고 있는가?

a. 교수 기술

b. 컴퓨터 보조 교육

c. 보조 기술

d. 복잡한 하이퍼미디어

정답은 '연습하기 정답' 참조

⑤ 영재 아동

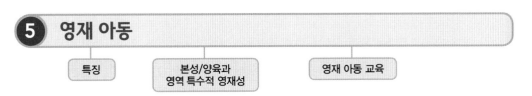

특징　｜　본성/양육과 영역 특수적 영재성　｜　영재 아동 교육

학습목표 5
영재의 의미를 정의하고 영재 아동 교육의 접근법에 대해 논의한다.

앞으로 논의할 최종 유형의 예외성은 지금까지 설명한 장애와는 전혀 다르다. **영재 아동**(children who are gifted)은 예술, 음악 또는 수학과 같은 일부 영역에서 평균 이상의 지능(일반적으로 IQ 130 이상으로 정의됨) 그리고 혹은 우수한 재능을 지닌다. 학교에서 영재 아동의 입학 기준은 일반적으로 지능과 학업 적성을 기반으로 한다(Molinero & others, 2016). 하지만 창의성과 몰입(전념) 등과 같은 요소가 포함되도록 입학 기준을 확대하라는 요구가 점점 증가하고 있다(Ambrose & Sternberg, 2016a, b). 미국 정부는 영재성을 판단하는 다섯 가지 분야로 지적, 학업적, 창의적, 시각/공연 예술, 리더십을 제시하고 있다.

일부 비평가들은 '영재 프로그램(gifted program)'을 받고 있는 너무나 많은 아동이 사실상 특정 영역에서 영재는 아니었으며, 단지 다소 밝고, 대개가 협조적이며 주로 비라틴계 백인인 경우가 많았다고 주장한다. 이들에 따르면, 단지 똑똑한 보통 아동에 지나지 않는 수많은 아동들을 영재로 포장하고 있다는 것이다(Winner, 2014).

전반적으로 IQ 점수로 정의되는 일반 지능은 많은 주정부가 아동의 영재 프로그램 배치 여부를 판단하는 데 있어 중요한 기준이 되고 있지만, 지능 개념은 점점 더 가드너의 다중지능과 창의성과 같은 견해를 포함하는 쪽으로 변화하고 있다. 그 결과 배치 결정은 앞으로 IQ 기준에서 벗어날 수 있다(Ambrose & Machek, 2015; Olszewski-Kubilius & Thomson, 2015).

되돌아보기/앞날을 생각하기
로버트 J. 스턴버그는 창조적 사고가 전통적인 표준화된 지능검사에 의해 측정된 지능과 다른 형태의 지능으로 간주되어야 한다고 주장한다. 제4장 '개인 변인' 및 제8장 '복잡한 인지 과정'과 연계해 생각해보자.

특징

창의성과 영재성 전문가인 엘렌 위너(Winner, 1996)는 영재 아동을 특징짓는 기준을 세 가지로 구분해 설명했다.

1. **조숙함.** 영재 아동은 자신의 선천적 또는 후천적 재능을 이용할 기회가 주어졌을 때 조숙함을 보인다. 이들은 또래 아동들보다 이른 시기에 어떤 영역을 습득하기 시작한다. 이들은 영재가

영재 아동 예술, 음악 또는 수학과 같은 일부 영역에서 평균 이상의 지능(일반적으로 IQ 130 이상으로 정의됨) 및/또는 우수한 재능을 지닌 아동

2세 때 미술 신동이었던 알렉산드라 네치타는 펜과 잉크를 사용하여 몇 시간째 그림책에 색칠을 했다. 그녀는 인형이나 친구들에게는 관심이 없다. 5세 쯤에는 수채화 물감을 사용하였다. 그녀는 학교에서, 집에 돌아오자마자 그림을 그리기 시작했다. 1994년 여덟 살의 나이에 그녀는 자신의 작품을 처음으로 공개적으로 전시하였다. 그 후 몇 년 동안 5피트×9피트 크기의 캔버스에 빠르고 충동적으로 작업하였으며, 수백 개의 그림을 완성했고 그중 일부는 각각 10만 달러에 판매되었다. 10대 때 것처럼 알렉산드라는 계속해서 밤낮 없이 열정적으로 그림을 그리는 것을 보여주고 있다. 그녀는 단지 자신이 좋아하는 일을 하는 것뿐이라고 말하고 있다. 영재 아동의 특징은 무엇인가?

© Koichi Kamoshida/Newsmakers/Getty Images

아닌 아동에 비해 자신의 영역을 더 수월하게 학습한다. 영재 아동은 특정 영역 또는 영역에서 타고난 탁월한 능력을 갖고 있기 때문에, 비록 이 선천적인 조숙함이 확인되고 강화되어야 할지라도 대부분의 경우 조숙함을 보인다.

2. 관습에 구애받지 않음. 영재 아동은 영재가 아닌 아동과 비교하여 질적으로 다른 방식으로 학습한다. 다른 방식으로 나아가는 한 가지 방식은 영재 아동은 영재가 아닌 또래들에 비해 무언가를 배울 때 성인에게서 도움 또는 비계설정을 덜 필요로 한다. 영재 아동은 종종 명확한 지시를 받아들이기 거부한다. 이들은 또한 종종 스스로 발견하고 자신들이 영재성을 보이는 영역에서 독특한 방식으로 문제를 해결해나간다. 다른 영역에서는 평범 또는 평범 이하의 수준을 보일 수 있다.

3. 숙달에 대한 열정. 영재 아동은 자신이 우수한 능력을 보이는 분야를 이해하도록 동기화된다. 열정적이고 집요한 관심과 날카로운 집중력을 보인다. 이들은 부모가 시켜야 하는 아동이 아니다. 이들은 높은 수준의 내재적 동기를 지니고 있다.

영재 아동이 두각을 드러내는 네 번째 영역은 정보처리 능력이다. 연구자들이 영재 아동이 영재가 아닌 또래 아동에 비해 학습 속도가 빠르고, 정보를 보다 더 신속하게 처리하며, 추리력이 더 뛰어나고, 보다 효과적인 전략을 사용하고, 자신들의 이해도를 더 잘 관찰한다는 점을 발견했다(Ambrose & Sternberg, 2016a).

연구에서는 또한 영재들이 그렇지 않은 사람들에 비해 좀 더 조숙하고, 정서 문제가 적으며, 긍정적인 가정환경에서 성장한다는 결론을 뒷받침한다. 일례로, 한 최근 연구에서는 부모와 교사들이 영재가 아닌 초등학생이 영재인 또래에 비해 더 많은 정서적·행동적 위험을 지니고 있다는 점이 확인되었음을 제시하였다(Eklund & others, 2015). 이 연구에 따르면, 영재 아동이 문제를 겪는 경우 그러한 문제들은 부적절한 행동이나 높은 수준의 공격성과 같은 외재화된 문제보다는 분노나 우울과 같은 내재화된 문제가 될 가능성이 높았다.

본성/양육과 영역 특수적 영재성

아동 교육에 있어서 두 가지 중요한 쟁점은 다음과 같다. (1) 본성의 재능과 양육된 재능은 영재성에 어떤 역할을 하는가? (2) 어느 정도로 영재성이 영역 특수적인가?

RESEARCH

본성/양육 영재성은 유전이나 환경의 산물인가? 둘 다 가능성이 있다(Duggan & Friedman, 2014). 영재는 정규교육을 시작하기 전 또는 시작할 때 아주 어린 나이에 특정 영역에서 뛰어난 능력의 조짐을 보였다. 이는 영재성에 있어서 타고난 능력이 중요함을 시사한다. 하지만 연구자들은 또한 예술, 수학, 과학, 스포츠 분야에서 세계적 수준의 위치에 있는 사람들이 모든 가족의 든든한 지원을 받고 있고 수년간 훈련과 연습을 거듭하고 있음을 발견했다(Bloom, 1985). 의도적인 연습은 특정 영역에서 전문가가 된 사람들의 중요한 특징이다. 일례로, 한 연구에 따르면 최고의 음악가들은 성공을 거두지 못한 음악가들에 비해 2배가량 더 많이 의도적 연습을 한 것으로 나타났다(Ericsson, Krampe, & Tesch-Romer, 1993).

영역 특수적 영재성 아주 뛰어난 영재성을 보이는 사람들은 많은 영역에서 영재성을 보이는 것은

DEVELOPMENT

아니며, 영재성에 관한 연구는 영역 특수적 발달 궤적에 점점 더 중점을 두고 있다(Winner, 2014). 개인이 영재성을 보이는 영역이 대개 어린 시절에 드러난다. 따라서 어린 시절의 어느 시점에서 영재 예술가 또는 수학자가 될 아동은 해당 영역에서 탁월함을 보이기 시작한다. 영역 특수적 영재성에 관하여 소프트웨어 천재이자 마이크로소프트 설립자이며 세계적 부호 중 한 사람인 빌 게이츠(Gates, 1998)는, 무언가를 잘 해낼 때 당신이 모든 분야에서 잘 해낼 것이라고 생각 충동을 억제해야 할 수도 있다고, 조언했다. 빌게이츠는 자신이 소프트웨어 개발 분야에서 큰 성공을 거두었기 때문에 사람들은 자신이 천재성을 발휘할 수 없는 영역에서도 탁월할 것으로 기대한다고 말했다.

영재 아동 교육

점점 더 많은 전문가들은 미국의 영재 아동 교육에 상당한 점검이 필요하다고 주장한다(Ambrose & Sternberg, 2016a, b; Winner, 2014). 자극이 부족한 영재 아동은 파괴적 행동을 보이고, 수업에 빠지고, 성취에 흥미를 잃을 수 있다. 때때로 이들은 장난감을 가지고 혼자 놀며, 수동적이 되고 학교에 무관심한 상태가 된다. 교사들은 영재 아동이 높은 기대치를 설정하고, 이에 도달하도록 자극할 필요가 있다.

영재 아동을 위한 네 가지 프로그램 방안은 다음과 같다(Hertzog, 1998).

- **특별수업.** 역사적으로 볼 때 특별수업은 영재 아동을 교육하는 일반적인 방식이다. 정규 학교 수업 일에 열리는 특별수업은 '풀아웃(pullout)'라고 불린다. 일부 특별수업은 방과 후, 토요일 또는 여름에 열린다.
- **일반 교실 환경에서의 촉진 및 심화.** 여기에는 유치원 조기 입학, 월반(이중 승급이라고도 함), 단축과정(telescoping, 한 해에 2개의 학년을 마침), 우수반 배치, 교과별 촉진 및 자기보속 학습(Cloud, 2007)이 포함될 수 있다. 교육과정 압축은 교사가 영재 아동에게 필요하지 않다고 판단하는 교육과정의 일부를 건너뛰는 가속의 변형된 한 형태이다.
- **멘토 및 도제식 프로그램.** 이는 영재 아동에게 동기를 부여하고, 이들을 자극시키고, 효과적으로 교육하기 위해 중요하지만 많이 활용되지 않는 방식이다.
- **일/학업 및/또는 지역사회 서비스 프로그램.** 교육개혁을 통해 과거에는 개별 영재 프로그램의 영역이었던 많은 전략이 일반학급으로 유입되고 있다. 여기에는 문제중심학습에 중점을 두며, 아동이 프로젝트를 수행하고, 포트폴리오를 만들고, 비판적 사고를 갖도록 하는 것이 포함된다. 일반학급의 모든 아동 교육에 대한 강조와 결합하여, 많은 학교에서는 현재 일반학급의 영재 아동을 자극시키고 이들에게 동기를 부여하려고 노력하고 있다. 일부 학교는 또한 방과 후 수업, 토요 프로그램, 멘토 도제식 프로그램, 일/학업 또는 지역사회 서비스 프로그램을 제공한다. 따라서, 교내 및 교외에서 다양한 기회가 제공된다.

조셉 렌줄리(Renzulli, 1998)가 개발한 학교 전체 심화학습 모형(Schoolwide Enrichment Model, SEM)은 학교 전체 개선에 중점을 둔 영재 아동을 위한 프로그램이다. 렌줄리는 심화학습을 학교 전체에 강조하면 영재 아동뿐만 아니라 영재가 아닌 아동, 일반학급 및 특수학급 교사 모두에게 긍정적 결과가 나타날 수 있다고 주장한다. 학교 전체 심화학습이 강조되면, '우리'와 '그들' 사이에 놓인 장벽이 종종 줄어들고 일반학급 교사들은 가장 영재성을 보이는 아동에게 교육과정 압축을 더욱 적극적으로 사용하게 된다. 특수학급 교사들은 고립감을 느끼지 않고 마치 한 팀의 구성원처럼 느끼기 시작하는데, 특히 일반학급 교사들과 협력하여 학급 전체에 심화학습을 수행할 때 더더욱 그러하다. 이와 같이 SEM의 중요한 목표는 영재 학생과 그렇지 않는 학생 모두의 결과를 향상시키고 일반학급과 특수학급 교사의 기여 및 관계를 개선하는 것이다(Reis & Renzulli, 2014).

수많은 전문가들은 영재 아동이 사회적으로 고립되고 학급에서 자극이 부족한 경우가 너무나 흔하다고 주장한다(Winner, 2014). 이러한 아동이 괴롭힘을 당하거나 '괴상한' 또는 '괴짜'라고 낙인찍히는 경우는 드문 일이 아니다. 정말 재능이 있는 아동은 비슷한 능력을 가진 학생들과 함께 공부할 기회가 없는 학급 내의 유일한 아동을 말한다. 많은 유명 인사들은 학교가 너무나 지루했고 자신이 교사보다 더 아는 게 많았다는 등 학교에 대한 부정적인 경험을 가지고 있음을 보고한다(Bloom, 1985). 위너(Winner, 2006)는 모든 아동을 위한 수준이 향상되면 미국 교육에 도움이 될 것이라고 지적한다. 일부 아동이 여전히 자극이 부족할 때, 위너는 그러한 학생들에게 특히 탁월한 능력을 보이는 영역의 고급반 수업을 듣도록 권유한다. 일례로, 일부 특히 조숙한 학생들을 자신의 전문 분야의 대학 수업을 수강하게끔 하는 것이다. 마이크로소프트의 창업자인 빌 게이츠의 예를 들어 보면, 그는 13세에 대학 수학 강의를 듣고 컴퓨터 보안 시스템을 해킹했다. 유명 첼리스트 요요마는 15세에 고등학교를 졸업하고 뉴욕에 있는 줄리어드 음대에 진학했다.

일부 교육자들은 영재 아동의 교육 강화를 희생하면서 학교에서 뒤처지는 학생들의 성취도를 높이고자하는 연방정부의 아동낙오방지법으로 인해 영재 아동에 대한 충분치 못한 교육이 더욱 악화되고 있다는 결론을 내린다(Clark, 2008). 아동낙오방지법의 시대에 영재 아동이 소홀히 다루어지는 것을 우려하는 일부 사람들은 학교가 학생들의 재능을 육성하기보다는 학생들의 결핍을 파악하는데 더 많은 시간을 할애한다고 주장한다(Cloud, 2007). 예를 들어, 미국 학교들은 지적장애 아동을 교육하는 데 연간 80억 달러를 지출하는 반면, 영재 아동에게 지출하는 금액은 고작 8억 달러에 불과하다. 많은 경우 미국의 교육은 가장 재능이 뛰어난 젊은 인재들의 잠재적 기여를 허비하고 있다는 비판이 나오고 있다(Cloud, 2007).

마지막 우려사항은 영재 프로그램에 아프리카계 미국인, 라틴아메리카계 및 아메리카 원주민의 아동이 적은 비율로 분포되어 있다는 것이다(Ford, 2012, 2014, 2015a, b; Mills, 2015). 적은 비율로 분포되는 이유의 상당 부분은, 비라틴아메리카계 백인과 아시아계 미국인 아동과 비교했을 때, 이들의 시험 점수가 낮기 때문이다. 이런 낮은 점수의 원인은 시험 편향과 어휘력 및 독해력과 같은 언어 능력을 개발할 기회가 더 적기 때문일 수 있다(Ford, 2012, 2014, 2015a, b).

최근에 교사들이 영재 학생을 어떻게 대하고 있는지 물어보았다. 그들은 다음과 같은 답변을 했다.

유치원 교사 영재로 여겨지는 미취학 아동에게 하루 종일 완수해야 할 좀 더 도전적인 프로젝트와 더 많은 책임을 부여합니다. 또한 학부모에 연락해 자녀의 장점을 자극할 과외 활동에 관한 전략과 제안을 제시합니다.

－미시 댄글러, 서버번힐즈학교

초등학교 교사 영재 학생들을 다룰 때에는 그 아이들은 더 많은 일이 필요한 것이 아니라 그들을 자극시킬 일이 필요하다는 점을 기억하는 것이 중요합니다. 또한 아무리 재능이 있는 학생일지라도 이들이 무언가를 잘못 이해하지 않았는지 파악하기 위해 항시 이들의 작업을 점검할 필요가 있습니다.

－에스터 린드블룸, 쿠퍼마운틴초등학교

중학교 교사 학급에 있는 영재 학생들을 지루하게 하지 않는 것이 중요합니다. 예를 들어, 영재 아동이 남북 전쟁의 원인과 영향에 대해 배우는 데 이미 이들이 알고 있는 정보를 수업에서 다루는 경우, 그 당시 있었던 사람들에 대한 저널을 만들어보도록 합니다.

－케이시 마스, 에디슨중학교

고등학교 교사 영재학생들은 고유의 문제를 안고 있습니다. 이 학생들은 한 단계 더 높은 수준으로 자극을 받을 필요가 있지만, 이들은 또한 자신들만큼 재능을 갖지 못한 다른 학생들도 그들 나름의 가치가 있다는 사실을 받아들일 필요가 있습니다. 학급의 대표적인 예를 들어보겠습니다. 학급 전체 18명의 학생 중에서 1명은 풀지 못하는 수학이나 과학 문제가 전혀 없을 정도로 가장 뛰어난 학생이며, 또 다른 1명은 발작장애를 앓고 있는 학생이며, 또 3명은 소년원에 가느라 수업에 빠진 학생들입니다. 이들은 3년이란 시간을 함께 하면서 서로의 차이와 팀워크 활동을 존중하

도록 노력했으며 학급별 대항에서 우승하기도 했습니다. 다양한 능력을 가진 학생들이 함께 공부하게 하고 학교 또는 학급의 일부라는 것을 느끼게 하는 데 관계가 중요합니다. 교사들은 이러한 일이 가능하도록 신뢰를 구축할 필요가 있습니다.

－샌디 스완슨, 메노모니폴즈고등학교

학생과 연계하기 : 최고의 실천
영재 아동을 다루기 위한 전략

영재 아동을 다루기 위한 몇 가지 추전 전략은 다음과 같다(Colangelo, Assouline & Gross, 2004, pp. 49-50).

1. 아동이 학문적으로 발달했다는 점을 인정한다.
2. 아동을 새로운 도전으로 인도하고 학교가 긍정적인 경험인지 확인한다. 영재 교사인 마거릿(페그) 캐글이 실시한 몇 가지 방식을 접하고 싶다면, '교사의 시선'을 참고한다.

교사의 시선 : 영재 학생에게 수학을 가르치는 데 열성 쏟기

마거릿 캐글은 캘리포니아주 채츠워스 소재의 로렌스중학교에서 7~8학년 영재 학생에게 수학을 가르치고 있다. 그녀는 영재 학생들에게 지적인 도전을 감수하도록 자극을 줄 것을 적극 주장한다. 협력을 촉진하기 위해 그녀는 종종 학생들에게 4명씩 그룹을 지어 함께 힘을 합쳐보도록 한다. 13세의 마들렌 루이스는 "제가 한 가지 방식으로 뭔가를 이해하지 못하면 선생님은 다른 방식으로 설명해주시고 다른 학생들이 그것을 이해할 때까지 계속 이야기해주실

마거릿 캐글은 캘리포니아주 채츠워스 소재의 로렌스중학교 에서 7~8학년 영재 학생들에게 수학을 가르치고 있다.
© Scott Buschman

거예요"라고 말했다. 마거릿은 수학을 가르치는 일에 열정을 품고 학생들에게 수학이 얼마나 아름다운 학문인지 보여줌으로써 새로운 세계를 열어주는 것이 중요하다고 강조한다(출처 : Wong Briggs, 2007, p. 6D).

3. 영재성은 대부분 영역 특수적이라는 점을 기억한다. 한 학생이 모든 영역에서 영재성을 보일 것이라고는 기대하지 않는다.
4. 아동이 촉진될 준비가 되었는지에 대한 정확한 평가를 모니터한다.
5. 아동이 적절하게 도전받을 수 있는 방법에 대해 부모와 논의한다.
6. 영재 아동을 위한 자원을 배우고 사용한다. 대표적인 예로 미국 코네티컷대학교 영재교육센터와 아이오와대학교의 벨린블랭크센터가 있다. *Gifted Child Quarterly and Gifted Child Today* 저널과 *Giftedness and Talent in the 21st Century*와 같은 영재 아동에 관한 서적 등이 있다(Ambrose & Sternberg, 2016a).

⑤ 영재의 의미를 정의하고 영재 아동 교육의 접근법에 대해 논의한다.

복습하기

- 재능이 있다는 정의는 무엇인가? 영재 프로그램에 대한 어떤 비판이 있는가? 영재 아동에게는 어떤 특성이 부여되는가?
- 본성/양육, 발달적 변화 그리고 영역 특수성이 재능에 어떤 역할을 하는가?
- 학생들을 교육하는 데 필요한 선택 사항은 무엇인가?

성찰하기

- 재능이 뛰어난 학생 여럿이 당신의 학급에 있다고 가정해보자. 이 사실이 문제를 일으킬 가능성이 아예 없다고 할 수 있는가? 이런 문제가 일어나지 않도록 어떤 조치를 취할 수 있겠는가?

연습하기

1. 라슨 선생님은 유치원에서 일하는데 이곳에는 그녀를 계속해서 놀라게 하는 학생이 하나 있다. 그 아동은 수년간 어떤 아동도 가지고 놀아본 적이 없는 미 합중국 주들로 구성된 퍼즐을 가지고 놀게 해달라고 요청했다. 그 교사는 이 아동이 노련한 솜씨로 적당한 자리에 퍼즐 조각을 놓는 것을 관찰했고 그럴 때마다 주 이름을 말하는 것을 보았다. 얼마 안 있어 이 아동은 다른 또래 아동들에게 각 주의 이름, 수도 그리고 퍼즐에서 그 주가 있는 위치 등을 알려주고 있었다. 그 학교의 학습센터를 방문하는 자리에서 이 아동은 8학년 수준에 맞춰 제작된 여러 국가의 국기들이 포함된 책을 찾아달라고 요구했다. 이 선생님은 처음에 본능적으로 이 아동의 요청을 거절하고자 했지만 대신 그 책에 대한 질문을 이 아동에게 던졌다. 그러자 이 아동은 "나도 내가 다 읽을 수는 없다는 것을 알아요. 그래도 국가의 이름 정도는 읽을 수 있고 국기들에 대해 더 알고 싶어요. 내가 얼마나 많이 알고 있는지 볼래요?"라고 대답했다. 이 아동은 책을 뒤지더니 대부분의 국기를 정확히 구분했다. 이 아동이 보여주는 재능은 어떤 특징이 있는가?
   - a. 수적 능력, 잘 발달된 사회성, 그리고 영재성
   - b. 언어 능력, 집중력, 완전히 알고자 하는 열정
   - c. 읽기 수준이 높음, 독자적인 행동 경향, 완전히 알고자 하는 열정
   - d. 영재성, 독자적인 행동 경향, 완전히 알고자 하는 열정

2. 로베르트는 수학에는 재능이 있으나 사회 과목과 영어는 그렇지 않다. 로베르트의 재능이 가진 특징을 가장 잘 설명해주는 것은?
   - a. 양육보다는 자연의 원인이 크다.   b. 영역 특수적
   - c. 계획된 연습을 반영한다.   d. 영역 일반적

3. 라슨 선생님의 학급에 있는 유치원 학생(item 1)은 수행 능력의 향상을 꾸준히 보였다. 4학년이 되었을 때 이 학생은 k-8의 지오그래피 비(geography bee)에 나가 3등을 했다. 그다음 2년 연속 이 학생은 우승을 했다. 7학년이 되어 이 학생은 드디어 처음으로 지구과학 과목을 수강했다. 이 과목에서 그는 C를 받았다. 이 학생은 현재 배우고 있는 내용은 이미 다 알고 있던 내용이고 "새로운 내용을 알고 싶으며 이미 알고 있는 낡은 쓰레기는 더 이상 듣고 싶지 않다"고 부모에게 불평했다. 라슨 선생님은 지도 워크시트를 완성하는 것을 무척 강조했으며 이를 그는 무척 빠르고도 성의 없는 방식으로 완성했다. 이 학생은 종종 교실 분위기를 망치곤 했다. 라슨 선생님은 이 상황을 어떻게 다뤄야 하는가?
   - a. 라슨 선생님은 교실 분위기를 망친 책임을 물어 이 학생에게 벌을 주어야 한다. 이 학생은 모든 작업이 재미가 있는 것은 아니라는 점을 이해하여 다른 학생들과 똑같은 숙제를 계속 이행해야 한다.
   - b. 이 학생은 이미 과목의 내용을 완전히 이해하고 있으므로 라슨 선생님은 교과 내용을 압축적으로 요약해서 진행해야 한다. 이 학생에게 난이도 있는 과제가 주어지면 분위기를 망치는 행동은 줄어들 것이다.
   - c. 라슨 선생님은 학생에게 같이 수업을 진행해줄 것을 요청할 수 있다.
   - d. 라슨 선생님은 이 학생이 무성의한 방식으로 제출한 과제를 나머지 학생들에게 부정적인 사례로 보여주어야 한다.

정답은 '연습하기 정답' 참조

지금은 어떤가?

학년이 시작되기 전에, 이네즈 선생님은 신입 유치원생의 부모와 함께 '친목모임'을 갖는다. 이렇게 하는 이유는 원아들이 유치원에서 하게 될 활동과 자신의 교육철학 및 기대사항, 첫날에 원아들을 학교로 데려오는 절차 등에 대해 설명하고자 하는 것이었다. 그녀는 학부모들에게 질문과 우려사항을 말해달라고 하였다. 당연히 부모들에게는 걱정거리와 대답이 필요한 질문들이 있다.

학부모들이 흔히 말하는 몇 가지가 있다.

"조이는 아직도 오후에 낮잠을 자는데. 아침반으로 바꿔주시면 안 될까요?"

"애슐리는 천식이 심각해요. 천식발작이 오면 흡입기를 닫아야 하는데, 사용하는 방법을 아시나요?"

"스티브가 오랫동안 가만히 앉아 있지를 못해요. 아이들이 많이 돌아다니도록 하시나요?"

"알렉스는 나이에 비해 많이 빠른 편이에요. 알렉스에게 자극을 주실 수 있으신가요?"

"아만다도 빠른 편이에요." "티미도 그래요." "피터는 더딘 것 같아요. 말을 잘 못 해요."

이네즈 선생님은 각 사람의 걱정과 질문을 신중히 듣고 부모들을 안심시켜주었다. "아이들이 제 반에서 한 해 동안 잘 보낼 수 있도록 최선을 다하겠습니다. 아이들은 모두 서로 다르고 배우는 속도도 천차만별이니, 아이가 좀 빠르거나 늦다고 걱정하실 필요가 없어요. 모두 잘 해낼 거라고 생각합니다." 저녁이 되어 학교를 떠나면서 그녀는 자기 아이가 남들보다 빠르다고 생각하는 부모들이 많은 것을 생각하니 절로 웃음이 나왔다. 해마다 자기 아이가 자라서 아인슈타인이 될 것이라고 확신하는 부모가 3분의 1 정도였다.

별다른 일 없이 학년이 시작되었다. 이네즈 선생님은 자유시간을 이용하여 아이들을 관찰하였다. 원아들 사이에서 명백한 차이가 없지만, 특히 뛰어난 아이도 찾을 수 없었다. 아마 하만과 로완은 예외가 될 것이다. 이 아이들은 집중력이 부족하고 가만히 앉아 있지를 못해서 이야기 시간에 방해가 되기 시작했다. 이네즈 선생님은 부모들에게 이 아이들이 ADHD가 있을 수 있다는 것을 알리고 검사를 추천할 것을 메모하였다. 알렉스를 비롯하여 검사 대상이 될 수 있는 학생들이 또 있었다. 이네즈 선생님은 애슐리의 흡입기 사용법을 익혔지만, 아직까지 이를 사용할 일이 없었다.

매일 수업을 시작할 때마다 이네즈 선생님은 크게 X 표시를 하여 그 달 달력에서 날짜를 하나씩 지웠다. 그런 다음 칠판에 그 날의 날씨를 설명하는 문장을 썼다. "오늘은 맑고 덥다." 그런 다음 학생들에게 문장을 읽어주어 단어 연상을 할 수 있게 하였다.

"오늘은 맑고 따뜻해요." 알렉스가 큰 소리로 말했다. "선생님이 그렇게 쓰시지 않았어요. 선생님은 오늘이 맑고 덥다고 쓰셨어요." 이네즈 선생님은 깜짝 놀랐다. 이후 자유시간에 그녀는 알렉스에게 옆에 앉으라고 하였다. 알렉스는 퍼즐을 간절하게 바라보았지만, 마지못해 말을 들었다. "알렉스, 이 책을 읽어줄래?"

"예." 알렉스는 이렇게 대답하고는 술술 읽어내려 갔다.

"집에 이 책이 있니?" 이네즈가 물어보았다.

알렉스 : "예. 다른 책들도 많아요."

이네즈 선생님 : "이 책은 어떠니? 이 책도 읽었니?"

알렉스 : "아뇨."

이네즈 선생님 : "그럼 이 책을 읽어줄 수 있겠니?"

알렉스 : "좋아요. 하지만 그다음에는 퍼즐을 갖고 놀아도 되죠?"

이네즈 선생님 : "물론이지."

알렉스는 이네즈 선생님에게 책을 읽어주었는데, 몇 개의 단어만 빠뜨렸다. 그런 다음 퍼즐로 달려가서 놀고, 블록을 쌓았다가 넘어뜨리고 트럭을 가지고 놀았다. 다음날 달력 시간에 이네즈 선생님은 반 학생들에게 물었다. "오늘이 이 달의 15일째 되는 날이고, 이 달에 30일이 있다면, 남은 날이 며칠인지 어떻게 찾을 수 있을까?"

아이들이 소리를 쳤다. "선생님이 X를 치지 않은 날들을 세면 알 수 있어요."

"좋아." 이네즈 선생님이 말했다.

알렉스는 어리둥절한 표정이었다. "무슨 문제가 있니?" 이네즈 선생님이 물었다.

"그냥 뺄셈을 하면 되지 않나요?" 알렉스가 반문했다.

1. 이 사례에서는 무엇이 문제인가?
2. 부모가 자기 자녀에게 뛰어난 부분이 있다고 생각하는 것을 이네즈 선생님이 우습게 보는 이유는 무엇이라고 생각하는가?
3. 이네즈 선생님은 자기가 판단하기에 ADHD가 있을 것이라고 생각하는 학생들의 부모에게 어떻게 다가가야 한다고 생각하는가?
4. 이네즈 선생님이 아동을 대상으로 검사를 받을 것을 권하는 것이 적절한가? 그렇다면, 혹은 그렇지 않다면 그 이유는 무엇인가? 그녀가 이 검사를 위해 특정한 의사를 추천하는 것이 적절한가? 그 이유는 무엇인가?
5. 알렉스가 이미 읽기와 뺄셈을 할 줄 안다면, 이미 숙달했을 다른 기술이 있는가? 그렇다면 어떤 기술일 수 있을까? 이것이 유치원에서 알렉스의 경험에 어떻게 영향을 미칠 것인가?
6. 이네즈 선생님은 어떻게 이에 대처해야 하는가?
7. 알렉스에 대해 다음 중 어떤 내용이 참일 가능성이 가장 많은가?
   a. 알렉스는 유창성장애가 있다.
   b. 알렉스는 학습장애이다.
   c. 알렉스에게 ADHD가 있다.
   d. 알렉스는 영재이다.

1 **문화와 민족성** : 아동 교육에 있어서 문화, 사회경제적 지위, 민족적 배경의 다양성을 어떻게 고려해야 하는지에 대해 논의한다.

문화

- 문화란 세대를 거쳐 전해 내려오는 특정 집단 사람들의 행동 양식, 신념 및 기타 모든 산물을 의미한다. 그 산물이란 오랜 세월에 걸쳐 사람들과 환경의 상호작용에서 발생한다.
- 문화는 개인주의(집단의 목표보다는 개인의 목표에 우선순위를 부여하는 일련의 가치를 지님) 또는 집단주의(해당 집단을 뒷받침하는 일련의 가치를 지님) 문화로 분류된다. 많은 서양 문화는 개인주의적인 반면, 많은 동양 문화는 집단주의적이다.
- 미국 청소년은 유럽 및 동아시아의 청소년에 비해 학교수업과 숙제를 하는 데 더 적은 시간을 보내고 유급 노동에 더 많은 시간을 할애하며 더 많은 자유재량의 시간을 갖는다. 미국 청소년들이 그들에게 주어진 많은 자유재량 시간에 무엇을 하는지에 대한 우려가 제기되고 있다.

사회경제적 지위

- 사회경제적 지위(SES)는 경제적·교육적·직업적 특성에 따라 사람을 분류한 것이다. 사회경제적 지위가 낮은 사람과 중간 정도인 사람을 구분하는 것에 가장 중점을 두고 있다. 사회경제적 지위가 낮은 사람은 대개의 경우 교육 수준이 낮고 학교와 여타 지역사회 기관에 영향을 줄 영향력이 적으며 높은 사회경제적 지위를 지닌 사람들에 비해 경제적 자원이 적다.

민족성

- 학교 인구에서 유색인종이 차지하는 비중이 점차 늘어나고 있다. 학교 차별은 여전히 유색인종 교육의 한 요소이다. 아프리카계 미국인 학생 및 라틴계 학생은 비라틴계 백인 학생과 아시아계 미국인 학생보다 대학 진학준비 과정에 등록할 확률이 적다.
- 역사적·경제적·사회적 경험은 인종집단 간의 합법적 차이를 만들어내며, 이러한 차이를 인식하는 것이 중요하다. 하지만 비라틴계 백인을 주류 집단과 비교할 때 소수민족의 입장에서 보면 그러한 차이는 결손으로 인식되는 경우가 아주 흔하다. 각 문화집단 내에 존재하는 광범위한 다양성을 인식하는 것이 중요하다.

2 **다문화 교육** : 다문화 교육을 촉진하기 위한 몇 가지 방법을 설명한다.

학생에게 권한 부여하기

- 다문화 교육은 다양성을 중요시하고 다양한 문화집단의 관점을 통상적인 기준으로 포함한다.
- 사람들에게 성공할 수 있는 지적 대처 기술을 제공하여 보다 더 공정한 세상을 만드는 권한 부여는 오늘날 다문화 교육의 중요한 측면이다. 권한 부여에는 학생들에게 다양한 민족 및 문화 집단의 경험, 투쟁, 비전에 대해서 배울 수 있는 기회를 제공하는 것이 포함된다. 권한 부여가 소수민족 학생의 자존감을 증진시키고, 편견을 줄이며, 더 많은 평등한 교육 기회를 제공할 것이라는 바람이 있다.

문화적으로 관련 있는 교수

- 문화적으로 관련 있는 교수는 다문화 교육의 중요한 측면이다. 이는 학습자의 문화적 배경과의 연계를 목적으로 한다.

쟁점 중심의 교육

- 쟁점 중심의 교육은 다문화 교육의 중요한 측면이기도 하다. 이 접근 방식에서 학생들은 평등과 사회 정의 등의 문제를 체계적으로 검토하도록 교육을 받는다.

다양한 인종집단 아동들 간의 관계 개선하기

- 다양한 인종집단 아동들 간의 관계를 개선하기 위한 전략 관련 아이디어에는 직소 교실(다양한 문화적 배경을 가진 학생들이 공동의 목표를 달성하기 위하여 한 프로젝트의 각기 다른 부분을 수행함으로써 협력하도록 하는 것), 긍정적인 개인적 접촉, 관점수용, 관용증가, 팀으로서 학교와 지역사회 발전 등이 있다.

3 장애 아동 : 다양한 장애 유형에 대해 설명한다.

학습장애

- 3~13세의 미국 아동 중 13%가 특수교육 또는 관련 서비스를 받고 있는 것으로 추정된다. '장애아(disabled children)'보다는 '장애 아동(children with disabilities)'이라는 용어가 사용되며, 장애가 있는 아동을 더 이상 '장애인(handicapped children)'이라고 하지 않는다.
- 특수교육을 받는 아동 중 대다수가 학습장애 아동이다. 학습장애가 있는 아동은 구두언어나 문자언어의 이해나 사용을 수반하는 학습에 있어서 어려움을 겪으며, 듣기, 생각하기, 읽기, 쓰기, 철자 등에서 어려움이 나타날 수도 있다. 학습장애는 또한 수학공부의 어려움을 수반할 수도 있다.
- 학습장애로 분류되려면 학습문제가 주로 시각, 청각 또는 운동 장애나 지적장애, 정서장애 또는 환경적·문화적·경제적 불이익에서 초래된 것이 아니어야 한다. 남아는 여아보다 학습장애가 3배 정도 많다.
- '학습장애'가 있는 아동의 경우 가장 보편적인 학업 문제는 읽기, 쓰기, 수학이다. 난독증은 읽기와 철자 능력에 심각한 장애가 있는 것이다. 쓰기장애는 손으로 글씨를 쓰는 것에 있어서 어려움을 수반하는 학습장애이다. 난산증은 수학연산의 어려움을 수반하는 학습장애이다.
- '학습장애'의 범주에 대해서는 논란이 있다. 어떤 비평가는 학습장애의 진단이 과도하게 많다고 하고, 또 어떤 비평가는 그렇지 않다고 한다. 특히 경미한 형태일 때 진단하기가 어렵다. 학습장애가 있는 아동을 처음으로 파악하는 사람은 교사이다. 교사는 파악한 아동을 전문가에게 보내 평가를 요청한다. 학습장애의 다양한 원인이 제시되었다. 학습장애를 위한 여러 개입은 읽기 능력에 초점을 맞추며 독해 능력 향상 등과 같은 전략을 포함한다. 설계가 잘된 개입의 성공조차도 그 성공 여부는 교사의 훈련과 능력에 좌우된다.

주의력결핍 과잉행동장애

- ADHD는 아동이 주의력 부족, 과잉행동, 충동성 등 세 가지 영역 중 한 가지 이상에서 꾸준히 문제를 보이는 장애이다. ADHD 진단을 위해서는, 특징이 아동기 초기에 나타나야 하고, 이러한 특징이 아동을 쇠약하게 만들어야 한다. ADHD의 징후가 아동기 초기에 나타났다고 하더라도 ADHD 진단은 종종 초등학교 시절까지 발생하지 않는다.
- 많은 전문가들은 ADHD 학생의 학습과 적응을 돕기 위해서 학업, 행동, 의학적 개입을 결합할 것을 권장한다. ADHD는 학교 팀이 진단할 것으로 예상되지 않는데, 정확한 진단을 내리려면 심리전문의 등과 같은 전문가들의 평가가 필요하기 때문이다. 교사들은 ADHD 약이 적절한 용량으로 처방되었는지를 관찰하고, 특수교육 교사를 참여시키며, 행동조절 전략을 사용하고, 구조와 교사지시를 제공하는 것이 중요하다. ADHD 증상을 감소시키기 위해 최근 이루어진 다른 노력으로는 뉴로피드백, 마음챙김 훈련, 운동 등이 있다.

| 지적장애 |

- 지적장애는 18세 이전에 발생하는 질병으로 낮은 지능(개별적으로 실시한 지능검사에서 보통 70점 미만)과 일상생활에서의 적응 곤란을 수반한다.
- 지적장애는 주로 IQ 점수를 바탕으로 하여 경도, 중등도, 중도, 최중도 등 네 가지 범주로 구분된다. 최근에는 지원이 필요한 정도를 기반으로 한 분류체계가 지지를 받고 있다. 지적장애의 결정요인은 유전적 요인(다운증후군의 경우), 두뇌손상(AIDS를 포함하여 여러 가지 감염에서 발생할 수 있음), 환경적 위해요소 등을 포함한다.

| 신체장애 |

- 학생들에게 있을 수 있는 신체장애 중에는 정형외과적 손상(뇌성마비 등)과 발작장애(뇌전증 등)가 있다.

| 감각장애 |

- 감각장애는 시각 및 청각 장애를 포함한다.
- 시각장애는 저시력과 교육적 맹 상태를 포함한다. 시력이 낮은 아동은 큰 활자 책을 읽거나, 돋보기를 사용하여 일반적인 책을 읽을 수 있다. 교육적 맹 학생은 학습에서 시각을 사용할 수 없고 대신에 청각과 촉각에 의지한다. 중요한 과제는 시각장애가 있는 학생이 최적의 학습을 할 수 있는 양식(예 : 촉각 또는 청각)을 판단하는 것이다. 이러한 학생의 학습을 도울 수 있는 기술적인 장치도 많다.
- 청각장애가 있는 학생을 위한 교육 전략은 두 가지 주요 범주, 즉 구두와 수작업을 이용하는 것이다. 총체적 의사소통 접근법에서 한 학생을 대상으로 두 가지 접근법을 모두 사용하는 추세가 증가하고 있다.

| 말과 언어장애 |

- 말과 언어 장애는 여러 가지 말하기 문제(조음장애, 음성장애, 유창성장애 등)와 언어의 문제(수용 및 표현 언어에서의 어려움)를 포함한다. 조음장애는 단어를 정확하게 발음하는 데 있어서의 문제이다. 음성장애는 지나치게 쉬거나, 크거나, 높거나 낮은 말소리로 나타난다. 구개파열이 있는 아동에게 음성장애가 흔하게 나타난다. 유창성장애는 종종 우리가 흔히 말하는 '더듬거림'을 수반한다.
- 언어장애는 아동의 수용 또는 표현 언어에 있어서 상당한 장애를 수반한다. 수용언어는 언어의 수용 및 이해를 수반한다. 표현언어는 자신의 생각을 표현하고 다른 사람과 의사소통을 하기 위하여 언어를 사용하는 것을 수반한다. 단순언어장애(SLI)는 아동에게 나타날 수 있는 또 다른 유형의 말 및 언어장애로 문장에서 단어를 이해하거나 사용하는 것에서 문제가 나타난다.

| 자폐스펙트럼장애 |

- ASD는 일반적인 심각한 형태의 자폐성장애뿐 아니라 아스퍼거 증후군을 포함하여 광범위한 자폐장애를 가리키는 용어로 점차 널리 사용되고 있다.
- 자폐성장애는 생애 첫 3년 안에 발병하는 심각한 자폐스펙트럼장애로 사회관계 및 의사소통에서의 이상을 수반한다. 또한 반복적인 행동이 특징적으로 나타난다. 현재는 자폐성장애가 뇌의 생물학적 기능장애를 수반한다는 것에 의견이 모아진다.

| 정서행동장애 |

- 정서행동장애는 개인 및 학교 문제와 관련된 관계성, 공격성, 우울, 두려움, 기타 부적절한 사회정서적 특징을 수반하는 심각하고 지속적인 문제로 구성된다.
- 정서장애(ED)라는 용어는 최근 이런 범주의 장애를 설명하기 위해서 사용되었지만, 이 용어의 사용에 대해서는 비판이 있다. 공격적이고 통제 불가능한 행동이 심각한 경우 학생을 교실에서 격리시킨다. 이러한 문제는 여아보다 남아에게서 훨씬 더 특징적으로 나타난다. 우울, 불안, 두려움 등 문제를 내면화하는 경우는 남아보다 여아에게서 나타날 가능성이 훨씬 많다.

4 장애 아동과 관련된 교육 문제 : 장애 아동을 위한 법적 제도와 기술 발전을 설명한다.

법적 측면

- 장애 아동을 위한 교육권은 1960년대 중반에 제정되었다. 1975년에 의회는 공법 94-142, '장애 아동교육법'을 제정하여 모든 아동에게 적절한 공교육을 무상으로 실시할 것을 의무화하였다. 공법 94-142는 '장애인교육법(IDEA)'으로 거듭나서, 모든 장애 아동을 위한 서비스의 광범위한 요건을 상세하게 규정하였다. 장애가 있다고 간주되는 아동에 대해 평가를 실시하여 수혜 대상 여부를 판단한다.

- IDEA는 장애 아동의 부모와 관련된 여러 규정이 있다. IDEA는 1997년에 개정되었고, 그 후 2004년에 재인가를 받아 '장애인교육향상법'으로 명칭이 바뀌었다. 2004년 버전은 특별히 '아동낙오방지(NCLB)' 법령과의 연계성에 중점을 두었다. 동 법령은 장애 아동이 장애가 없는 학생과 동일하게 전반적인 교육기준과 성과를 충족시킬 수 있다고 기대할 수 있는가 하는 문제를 제기하였다.

- IEP는 장애 아동을 위한 맞춤형 프로그램 계획이다. 이 계획은 (1) 아동의 학습 능력과 연관이 있어야 하며, (2) 개인별 맞춤형으로 다른 아동에게 제공되는 계획을 따라 하지 않아야 하며, (3) 교육의 혜택을 제공할 수 있도록 설계되어야 한다.

- 최소 제한 환경(LRE)은 IDEA에 포함되어 있다. LRE는 장애 아동은 장애가 없는 아동이 교육을 받는 환경과 최대한 유사한 환경에서 교육을 받아야 한다고 명시한다. 이런 IDEA의 규정은 일반학급에서 장애 아동을 교육시키려는 노력의 법적 근거를 제공한다. **포함**은 장애 아동을 일반학급에서 정규수업을 받도록 하는 것을 의미한다. 포함이 늘어나는 추세다. 아동의 학업과 사회적 성공은 그들이 어디에 배치되었느냐보다 그들이 받는 교육의 질에 달려있다.

기술

- 교수 기술은 교실에서 아동의 요구를 수용하기 위해 혁신적인 교수법과 더불어 다양한 하드웨어 및 소프트웨어를 포함한다. 보조 기술은 장애 아동이 자신이 속한 환경 안에서 제 역할을 할 수 있도록 돕기 위한 다양한 서비스와 장치로 구성된다.

5 영재 아동 : 영재의 의미를 정의하고 영재 아동 교육의 접근법에 대해 논의한다.

특징

- 영재는 지능이 평균 이상(보통 IQ 130 이상)이며 미술, 음악, 수학 등과 같은 일정한 영역에서 탁월한 재능을 가진 아동이다. 일부 비평가들은 영재 프로그램에 단지 다소 밝고, 대게 협조적이며, 주로 비라틴계 백인인 너무나 많은 아동이 포함되어 있다고 주장한다. 위너는 영재 아동에게 세 가지 주요 특징이 있다고 설명하였다. 즉 조숙하고, 관습에 구애받지 않으며, 숙달에 대한 열정이 있다.

본성/양육과 영역 특수적 영재성

- 영재성은 유전과 환경의 결과일 수 있다. 발달적 변화가 영재성의 특징이다. 영재의 성취를 위해 의도적인 연습이 중요할 때가 많다. 점차 영역 특수적 영재성이 강조되고 있다.

영재 아동 교육

- 영재 아동이 이용할 수 있는 교육 프로그램은 특별수업('풀아웃' 프로그램), 촉진, 심화, 멘토 및 도제식 프로그램뿐 아니라 일/학업 또는 지역사회 서비스 프로그램 등이 있다.

- 영재 아동이 일반학급에서 교육을 받는 경우가 증가하고 있다. 그래서 전문가들은 일반학급에

서 기준을 높힌다면, 비록 아직 자극이 부족한 아동에게 멘토링이나 추가적인 교육과 같은 프로그램이 필요할지라도, 영재 아동에게 도움이 될 것이라고 권고한다. 한 가지 우려는 아동낙오방지법이 학생의 결핍에 집중함으로써 영재 아동의 교육을 저해한다는 점이다.

주요 용어

개별화 교육 계획(individualized education plan, IEP)
개인주의(individualism)
공법 94-142(Public Law 94-142)
권한 부여(empowerment)
난독증(dyslexia)
난산증(dyscalcula)
뇌성마비(cerebral palsy)
뇌전증(epilepsy)
다문화 교육(multicultural education)
다운증후군(Down syndrome)
단순언어장애(specific language impairment, SLI)
말과 언어장애(speech and language disorder)
문화(culture)

민족성(ethnicity)
비교문화 연구(cross-cultural study)
사회경제적 지위(socioeconomic status, SES)
수용언어(receptive language)
쓰기장애(dysgraphia)
아스퍼거 증후군(Asperger syndrome)
언어장애(language disorder)
영재 아동(children who are gifted)
유창성장애(fluency disorder)
음성장애(voice disorder)
자폐성장애(autistic disorder)
자폐스펙트럼장애(autism spectrum disorder, ASD)
장애인교육법(Individuals with Disabilities Education Act, IDEA)

정서행동장애(emotional and behavioral disorder)
조음장애(articulation disorder)
주의력결핍 과잉행동장애(attention deficit hyperactivity disorder, ADHD)
지적장애(intellectual disability)
지체장애(orthopedic impairment)
직소 교실(jigsaw classroom)
집단주의(collectivism)
최소 제한 환경(least restrictive environment, LRE)
편견(prejudice)
포함(inclusion)
표현언어(expressive language)
학습장애(learning disability)

포트폴리오 활동

이제 여러분은 이 장에서 다룬 개념들을 모두 이해하였을 것이다. 여러분의 사고 수준을 향상시키도록 다음 연습문제를 풀어보자.

독립적 성찰

1. **교실 내 문화적 이해 강화** 미국 역사 과목에서 서부를 향한 개척 운동과 관련한 사회적 문제들을 가르치고 있는데 한 학생이 "인디언들은 성질이 나빠서 백인 거주민들에게 적대감을 드러냈다"는 인종적 편견이 가득한 말을 했다고 gk자. 당신이라면 이 상황을 어떻게 다루겠는가? 이 상황에서 선택할 전략을 설명해보자.

2. **장애 아동과 관련한 학교와 집의 긍정적인 연계 강화** 부모의 역할을 수행하고 있다고 가정해보자. 먼저 학교에서 당신의 아이에게 장애가 있다는 통지를 보냈다고 생각해보자. 아래 질문에 대한 답을 작성해보자. (1) 부모로서 어떤 기분이 들 것 같은가? (2) 부모로서 교사에게 어떤 질문을 던지고 싶은가? (3) 이제 교사의 역할을 하고 있다고 생각해보자. 이러한 질문들에 당신이라면 어떻게 답하겠는가?

연구 및 현장 경험

3. **학생 주도 다문화 교육 포럼(Equity in Action)** 다양한 민족의 학생들로 구성된 교실들에서 가르쳐지고 있는 학습 주제들을 관찰해본다. 성별에 따라 학생들을 대하는 교사의 태도가 달랐는가? 그렇다면 어떻게 달랐는가? 출신 민족에 따라 학생들을 대하는 교사들의 태도가 달랐는가? 그렇다면 어떻게 달랐는가? 관찰한 내용을 기술해보자.

4. **장애인 포용** 초등학교와 중학교 그리고 고등학교 교사들을 대상으로 장애 아동을 포용하고 교육하는 것이 지닌 다른 측면들에 대해 인터뷰를 해보자. 장애를 지닌 학생들에게 가장 효과적으로 작용한 전략은 무엇이었는지 물어보자. 더불어 포용 정책이 가져오는 가장 어려운 난제들은 무엇인지 물어보자. 인터뷰 내용을 요약·정리한다.

협력 작업

5. **다양성 계획** 교실에 3~4명 정도의 학생들이 있는 가운데 앞으로 학급에 도입할 다양성 목표 목록을 구체적으로 생각해본다. 더불어 이번 장에서 언급한 바와 같이 여러 민족이 섞인 환경과 같이 긍정적인 다양성 경험을 학생들이 할 수 있도록 도움이 될 만한 진취적인 활동들을 생각해본다. 다양성 목표들과 활동들을 요약해본다.

6. **재능 있는 학생들을 대상으로 한 기술 자원** 학급 내의 3~4명의 학생과 함께 재능 있는 학생들에게 도움이 될 만한 것으로 생각되는 소프트웨어 프로그램들을 생각해내고 이를 목록으로 작성한다. 이러한 소프트웨어에 해당하는 좋은 사례가 *Journal of Electronic Learning*이다. 이 목록과 상세 내용을 작성해보자.

행동주의와 사회인지 이론

이 장의 개요

배움은 자연스러운 기쁨이다.
－아리스토텔레스, 기원전 4세기 그리스 철학자

교사와 연계하기 : 루스 시드니 차니

루스 시드니 차니 선생님은 35년 경력의 교사이다. 루스 선생님은 학생들이 보이는 바람직한 행동에 정적 강화를 하는 반응적 교실이라는 교수학습 방법을 개발해왔다. 다음은 학생들에게 학습을 강화하는 데 대한 루스 선생님의 의견이다(Charney, 2005; pp 1-2).

교사는 관찰한 학생들의 행동을 강화한다. 교사는 학생들이 가진 구체적 개인 특성에 주목하고, 학생들이 학습하면서 보이는 행동과 노력을 관찰하게 된다. 교사는 학생이 지난주 치른 수학 시험에서 두 문제를 맞혔지만, 이번 주에 치른 시험에서 다섯 문제를 맞춘 것을 칭찬하며, 글쓰기가 향상되거나, 또래 간 규칙을 지키며 활동을 잘한 것을 칭찬한다.

교사는 학생들이 학급규칙을 잘 따르고, 수업 시간에 보이는 좋은 수업태도를 알아차리고 강화한다. 교사는 학생들이 배웠던 새로운 기술을 쓰거나, 최근 형성된 좋은 행동을 할 때 강화한다.

학생들이 보이는 바람직한 행동을 강화하는 방법의 예는 다음과 같다.

- 선생님은 헥터와 마주치자, 헥터가 합창단에서 단독 공연을 준비하고 있는 것을 기억하고 "오늘이 바로 그날이네, 그렇지?" 하고 속삭이듯 말한다. 헥터는 교사를 보고 웃으며, 하이파이브를 하고 지나간다.
- 선생님은 교실로 들어오는 데일라에게 "정말 멋진데! 새 부츠 맞지?" 하고 물었다.
- "친구에게 영어 단어와 숙어를 가르쳐줘서 고마워. 네가 잘 가르쳐줘서 친구가 이 단원의 주요 영어 단어와 숙어를 알게 된 것을 선생님은 알고 있어."
- "오늘은 줄을 서는 시간이 훨씬 단축되었네. 너희도 알고 있지?"
- "오늘은 집중해서 수학 문제를 잘 푸는구나. 집중을 상당히 잘하던데!"
- "오늘 교실 정리정돈을 잘해줘서 고마워. 칠판도 정리가 잘 되어 있고, 연필꽂이에 연필도 가지런히 꽂혀있고, 바닥에 있던 종이도 말끔히 치웠네."
- "아주 흥미로운 방법으로 문제를 해결하면서 그 프로젝트를 잘 마무리했구나."

미리보기

학생들이 학습을 잘하도록 하는 것이 학교의 주요 기능이라는 데 거의 모든 사람이 동의한다. 하지만 최선의 학습 방법이 무엇인지에 대해서는 개인마다 이견이 있을 수 있다. 이 장에서는 학습이 무엇인지 살펴보고, 행동주의 학습 이론에 대해 살펴볼 것이다. 그런 다음 행동주의 원리가 교육에 어떻게 적용되는지 알아볼 것이다. 마지막으로 사회인지 이론을 살펴볼 것이다.

학습목표 1
학습에 대해 정의하고, 학습의 다섯 가지 이론적 접근에 대해 설명한다.

① **학습이란 무엇인가**

학습과 학습이 아닌 것   학습에 대한 접근

학습은 교육심리학의 핵심 주제이다. 학교의 기능에 대한 물음에 대부분 '학생들이 배우도록 돕는 것'이라고 답할 것이다.

학습과 학습이 아닌 것

아이들은 처음 컴퓨터 사용 방법을 배우는 과정에서 실수를 하지만, 일정 시간이 지나면서 점차 컴퓨터를 효율적으로 사용하는 행동을 익히게 된다. 아이들은 컴퓨터를 사용하지 못하던 상태에서 잘 사용하는 상태로 점차 변해간다. 배운 방법이나 기술은 잘 잃어버리지 않는다. 이는 자동차 운전하는 법을 배우는 것과 같은 이치이다. 일단 자동차 운전하는 법을 익히면, 운전을 할 때마다 운전하는 법을 처음부터 다시 배울 필요가 없다. 따라서 **학습**(learning)은 경험을 통해 습득하는 행동과 지식, 사고 기술의 비교적 영구적인 변화라고 정의할 수 있다.

인간이 알고 있는 모든 것을 학습에서 획득한 것은 아니다. 인간은 선천적인 능력을 가지고 있다. 예를 들어, 음식을 삼키거나 큰소리에 움찔하거나 사물이 눈앞에 아주 가까이 있으면 눈을 깜빡이는 것은 학습된 것이 아니다. 그러나 인간이 습득한 행동 대부분을 선천적으로 타고난 것은 아니다. 컴퓨터를 새로운 방식으로 사용하거나 주어진 문제를 해결하려고 열심히 노력하거나 더 괜

학습 경험을 통해 얻은 행동, 지식, 사고 기술의 비교적 영구적인 변화

찮은 질문을 하거나, 더 논리적으로 답을 하거나 타인의 이야기를 집중해서 듣는 것은 학습 경험으로 습득한 것이다.

학습은 그 범위가 넓다(Powell, Honey & Symbaluk, 2017). 학습에는 학업적 행동과 비학업적 행동이 포함된다. 학습은 학교를 비롯해 아이들이 경험할 수 있는 모든 곳에서 일어난다.

학습에 대한 접근

지금까지 여러 학습 이론이 제안되었다. 그중 행동주의와 인지주의 이론을 살펴보자.

행동주의 이 장에서는 가장 먼저 **행동주의** 학습 이론을 살펴보도록 하자. **행동주의**(behaviorism)는 행동이 정신 과정이 아닌 관찰 가능한 경험으로 설명되어야 한다는 입장이다. 행동주의자에게 행동은 인간이 하는 모든 언어적 행동과 비언어적 행동으로 직접 보거나 들을 수 있는 것이다. 예를 들어, 포스터를 그리고 있는 학생, 학생에게 무언가를 설명하는 선생님, 한 학생이 다른 학생을 지목하는 것 등이다. 심리학자들은 **정신 과정**(mental process)을 개인이 경험하지만 관찰할 수 없는 사고, 정서, 동기로 정의한다. 사고와 정서, 동기는 직접 볼 수는 없지만, 실재하는 것이다. 정신 과정에는 아이들이 최고의 포스터를 제작할 방법을 구상하는 것, 선생님이 학생의 노력을 좋게 생각하는 것, 학생 스스로 행동을 통제하려는 내적 동기가 포함된다.

행동주의자에게 이런 사고나 정서, 동기는 직접 관찰할 수 없기 때문에 행동주의에서 다룰 적절한 주제로 보지 않는다. 행동주의자는 사고와 정서, 동기의 존재를 부인한다기보다 정신 과정이 행동에 대해 설명하는 데 필요하지 않은 것으로 본다. 고전적 조건화와 조작적 조건화에서는 **연합학습**(associative learning)을 강조하며 두 사건이 관련되거나 연합되어 학습을 구성한다고 보고 있다(Domjan, 2015). 예를 들어, 학생이 기분 좋은 사건, 즉 학생이 좋은 질문을 하면 선생님이 미소를 짓는 것과 학교에서 배우는 것을 연합시켜 연합학습이 일어난다.

인지주의 인지는 사고를 의미한다. 심리학은 점차 인지적인 접근을 취하기 시작하다가 20세기 말에는 사고에 더 관심을 두게 되었다. 인지는 오늘날에도 계속해서 강조되고 있으며, 학습에 대한 여러 이론에 기반이 되고 있다(Ashcraft & Radvansky, 2016; Sternberg, 2016a, b). 이 책에서는 네 가지 인지학습 이론(사회인지 이론, 정보처리 이론, 인지적 구성주의, 사회적 구성주의)을 다룬다. 사회인지 이론에서는 인지 요소인 행동, 환경, 그리고 개인이 어떻게 상호작용해 학습에 영향을 미치는지 강조한다. 사회인지적 접근은 이 장 뒷부분에서 다룰 것이다(Bandura, 2012, 2015). 두 번째 접근인 **정보처리 이론**은 집중, 기억, 사고, 그리고 다른 인지적 과정을 통해 어떻게 아이들이 정보를 처리하는지에 초점을 둔다(Siegler, 2016a, b). 세 번째 접근인 인지적 구성주의는 아동의 지식과 이해의 인지적 구성을 강조한다(Grenell & Carlson, 2016). 네 번째 인지적 접근인 **사회적 구성주의**는 지식과 이해를 만들어내기 위한 타인과의 협력에 초점을 둔다(Gauvain, 2016).

이 책에서는 네 가지 인지 이론과 행동주의 이론을 합쳐 모두 다섯 가지 주요 학습 이론을 다룬다. 즉 행동주의와 사회인지 이론, 정보처리 이론, 인지적 구성주의, 그리고 사회적 구성주의이다. 이 모든 이론을 기반으로 우리는 아이들이 어떻게 학습하는지 이해하게 된다. 다섯 가지 학습이론에 대한 요약이 그림 6.1에 제시되어 있다.

학생들은 적절한 학습 환경이 주어질 때 최선의 방식으로 학습할 수 있다. 학습 환경이 구체적인

되돌아보기/앞날을 생각하기
피아제의 이론은 인지적 구성주의 이다. 비고츠키의 이론은 사회적 구성주의이다. 제2장 '인지 및 언어 발달'과 제10장 '사회적 구성주의 접근'과 연계해 생각해보자.

행동주의 행동은 정신 과정이 아닌 관찰 가능한 경험으로 설명되어야 한다는 관점

정신 과정 타인에게 관찰되지 않는 사고와 정서, 동기

연합학습 두 가지 사건이 연결되거나 연합되어 있는 학습

행동주의	사회인지 이론	정보처리 이론	인지적 구성주의	사회적 구성주의
경험이 강조됨. 특히 강화와 처벌이 학습과 행동의 결정 요인	인지 요인인 행동, 환경, 그리고 개인이 학습의 결정 요인	집중, 기억, 사고, 그리고 다른 인지 과정을 통해 정보가 처리되는 과정을 강조	지식과 이해의 인지적 구성을 강조	지식과 이해를 산출하기 위한 타인과의 협력을 강조

그림 6.1 주요 학습 이론

학습목표와 학생들의 배경지식과 선행지식, 학습 상황과 적절히 조화를 이룰 때, 학생들은 최상의 교육을 받을 수 있다. 따라서 교사는 기본적인 학습원리를 이해하고, 그 원리를 어떻게 적용하는지 알고 있어야 한다. 이것이 전제 되면 학생들의 요구가 학습 환경에서 다양한 학습목표를 달성할 수 있다(Bransford & others, 2005; Yasnitsky & Van der Veer, 2016).

복습하기, 성찰하기 그리고 연습하기

❶ 학습에 대해 정의하고, 학습의 다섯 가지 이론적 접근에 대해 설명한다.

복습하기
- 학습이란 무엇인가? 학습이 아닌 행동에는 어떤 것이 있는가?
- 행동주의는 무엇인가? 네 가지 주요 인지학습 이론은 무엇인가?

성찰하기
- 여러분은 어떻게 학습하는가? 여러분의 학습 행동을 생각해보고 그 행동을 어떻게 습득했는지 설명하라.

연습하기
1. 다음 중 심리학에서 정의하는 학습의 적절한 예가 아닌 것은?
    - a. 글쓰기
    - b. 코골기
    - c. 수영하기
    - d. 설거지하기
2. 젤러 선생님은 학생들이 표현하지 않으면 제대로 배웠다고 생각하지 않는다. 젤러 선생님에게 학습은 학생들이 제출하는 과제, 수업 시간 질문에 답하기, 그 밖에 학생들이 수업 시간에 보이는 행동이다. 젤러 선생님의 생각에 가장 부합하는 학습 이론은 무엇인가?
    - a. 인지주의
    - b. 행동주의
    - c. 사회인지 이론
    - d. 조건화 이론

정답은 '연습하기 정답' 참조

학습목표 2
고전적 조건화와 조작적 조건화를 비교·분석한다.

❷ 행동주의 학습 이론

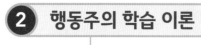

고전적 조건화   조작적 조건화

행동주의는 경험과 행동의 연합을 강조한다. 첫 번째로 다루는 행동주의 이론은 고전적 조건화이다.

고전적 조건화

고전적 조건화(classical conditioning)는 유기체가 자극을 연결 혹은 연합시키는 것을 배우는 학습의 한 종류이다. 고전적 조건화에서는 중립 자극(예 : 힐끗 쳐다보기)이 의미 있는 자극(예 : 음식)과 연합되면 유사한 반응을 보이는 능력이 습득된다. 고전적 조건화는 이반 파블로프(Pavlov, 1927)가 고안한 이론이다. 파블로프의 고전적 조건화를 완전히 이해하기 위해 우리는 두 가지 자극과 두 가지 반응을 알아야 한다. 즉 무조건 자극(unconditioned stimulus, UCS), 무조건 반응(unconditioned response, UCR), 조건 자극(conditioned stimulus, CS), 그리고 조건 반응(conditioned response, CR)이다.

고전적 조건화 과정이 그림 6.2에 요약되어 있다. 무조건 자극(UCS)은 이전에 학습되지 않은 반응을 만들어내는 자극이다. 파블로프의 실험에서 음식이 무조건 자극이었다. 무조건 반응(UCR)은 무조건 자극(UCS)에 의해 자동적으로 나타나는 학습되지 않은 반응이다. 파블로프의 실험에서는 음식에 대한 반응으로 개의 침이 분비되는 것이 무조건 반응(UCR)이었다. 조건 자극(CS)은 이전에는 중립 자극이었으나 무조건 자극과 연합된 후 조건 반응을 이끌어내는 자극이다. 파블로프의 실험에서 조건 자극은 개가 음식을 먹기 전 발생한 소리, 이를테면 개에게 음식을 주려고 들어오면서 문을 닫는 소리 같은 것이다. 조건 반응(CR)은 무조건 자극과 조건 자극이 연합된 후 일어나는 조건 자극에 대한 학습된 반응이다.

고전적 조건화는 교실에서 일어나는 학생들의 긍정적이고 부정적인 경험이 될 수 있다. 학교생활이 학생들을 즐겁게 하는 가장 좋아하는 노래와 고전적 조건화되어 교실이 안전하고 즐거운 장소라 여길 수 있다. 예를 들어, 한 학생이 반 친구들과 노래를 부르며 좋은 감정을 느끼기 전 그 노래는 중립 자극이었다.

고전적 조건화 중립 자극이 의미 있는 자극과 연합되어 유사 반응을 일으키는 능력을 얻게 되는 연합학습의 한 형태

그림 6.2 파블로프의 고전적 조건화
파블로프는 실험에서 중립 자극(종소리)을 무조건 자극(음식)이 주어지기 직전에 제공했다. 중립 자극은 무조건 자극과 연합되어 조건 자극이 되었다. 이후 조건 자극(종소리)은 그 자체로 개의 타액을 분비하게 했다.

조건화 이전

| 무조건 자극 → 무조건 반응 | | 신경 촉진 → 반응 없음 | |
| 음식 | 개의 타액 | 종소리 | 타액 없음 |

조건화

| 신경 촉진 + | 무조건 자극 → 무조건 반응 |
| 종소리 | 음식 | 개의 타액 |

조건화 이후

| 조건 자극 → 조건 반응 |
| 종소리 | 개의 타액 |

무조건 자극
교사의 비난

무조건 반응
걱정, 불안
조건 반응

조건 자극
시험

그림 6.3 교사의 비난과 시험이 연합된 고전적 조건화

© Elizabeth Crews

학생들은 교사의 비난과 교실을 연합하여 교실을 두려운 곳으로 생각할 수 있다. 이때 교실은 두려움에 대한 조건 자극이 되는 것이다. 조건화는 시험불안과도 관련이 있다. 예를 들어, 한 학생이 시험 점수를 잘 받지 못해 교사로부터 꾸중을 듣게 되면 불안을 느끼게 된다. 이러한 경험으로 그 학생은 시험과 불안을 연합하게 된다. 따라서 시험은 불안을 야기하는 조건 자극이 된다(그림 6.3 참조).

학생의 건강 문제도 고전적 조건화와 관련 있다(Chance, 2014). 천식이나 두통, 고혈압과 같은 질병 증세도 고전적 조건화로 인한 것일 수 있다. 일반적으로 건강 문제는 스트레스로 인한 것이다. 그러나 사실 특정 자극, 예를 들어 부모나 교사로부터 받는 강한 비난이 생리 반응에 대한 조건 자극이 되는 것이다. 그러한 생리 반응이 빈번하게 일어나게 되면 건강 문제가 된다. 교사가 한 학생을 지속적으로 비난하면, 그 학생은 그로 인해 두통, 근육 경직 등 건강 이상 증세를 보일 수 있다. 수업 시간에 이루어지는 학습 활동이나 과제와 같이 교사와 관련된 무엇이든 그 학생의 스트레스를 유발할 수 있으며, 이후 두통이나 다른 생리 반응과 연합될 수 있다.

일반화, 변별, 소거 파블로프는 다양한 자극에 대한 개의 반응을 연구하는 과정에서 개에게 고기 가루를 주기 전 종을 울렸다. 무조건 자극인 고기 가루와 연합되면서 종소리는 조건 자극이 되었고, 개의 타액이 분비되었다. 시간이 흐른 뒤 파블로프는 개가 호각소리와 같은 다른 소리에도 반응한다는 사실을 알게 되었다. 소리가 종소리와 비슷할수록 개는 더 많이 반응했다. 고전적 조건화에서 **일반화**는 조건 자극과 유사한 새로운 자극이 유사한 반응을 일으키는 것이다. 교실 상황의 예로, 학생이 생물 시험에서 낮은 점수를 받아 교사의 비난을 받았다. 그 이후 이 학생은 화학 시험을 준비하면서 지나치게 긴장하게 된다. 생물과 화학은 서로 유사한 과학 과목이기 때문이다. 즉 이 학생은 생물 시험에서 불안을 느끼게 되어 화학 시험에도 그 불안이 영향을 미친 것이다.

고전적 조건화에서 **변별**은 한 유기체가 특정 자극에는 반응하고 다른 자극에는 반응하지 않는 것이다. 변별을 만들어내기 위해 파블로프는 다른 소리를 차단하고 종소리만 들려준 후 개에게 음식을 주었다. 이후 개는 종소리에만 반응하게 되었다. 과학 시험을 치를 때 불안을 느끼는 학생이 영어나 역사 시험에는 불안을 전혀 느끼지 않을 수 있다. 그 이유는 과학과 영어, 역사는 상이한 특성을 가진 과목이기 때문이다.

고전적 조건화에서 소거는 무조건 자극(UCS)이 없는 상태에서 조건 반응(CR)이 약해지는 것이다. 파블로프는 개에게 종을 여러 번 울리고 나서도 음식을 전혀 주지 않았다. 결국 개는 종소리에 반응해 침을 분비하지 않았다. 이와 마찬가지로 특정 시험에 긴장하는 학생이 그 시험에서 좋은 성적을 거두면 긴장이 감소된다.

체계적 둔감법 부정적 사건과 연합된 걱정과 스트레스는 고전적 조건화로 없앨 수 있다. **체계적 둔감법**(systematic desensitization)은 고전적 조건화에 기반을 둔 방법으로, 한 개인이 점점 더 불안해 지는 상황을 일련의 과정으로 시각화하면서 편안함과 연합시켜 불안을 감소시키는 방법이다. 한 학생이 수업 시간에 발표하는 것에 아주 불안을 느낀다고 가정해보자. 체계적 둔감법의 목표는 그 학생이 대중 앞에서 편안하게 발표하는 것이다. 체계적 둔감법을 적용하여 발표에서 느끼는 불안감 대신 조용한 해변을 거니는 편안함과 연합하게 한다. 학생은 발표 2주 전, 그리고 일주일 전, 4일

체계적 둔감법 고전적 조건화에 기반을 둔 방법으로, 불안을 느끼는 상황을 순차적 과정으로 시각화하면서 편안함과 연합하여 불안을 감소시키는 방법

전, 이틀 전, 하루 전, 발표 당일 아침, 발표할 교실에 들어가며, 교단 앞으로 나오며, 그리고 발표를 하는 과정을 연속적으로 시각화함으로써 체계적 둔감법을 연습한다.

체계적 둔감법은 역조건화와 관련 있다(Rajiah & Saravanan, 2014). 학생이 머릿속으로 그리는 편안한 감정(UCS)은 편안함을 만들어낸다(UCR). 그 학생은 불안을 일으키는 신호(CS)를 편안함과 연합한다. 편안함은 불안과 양립할 수 없다. 체계적 둔감법을 적용하는 초반에는 불안을 적게 일으키는 신호와 편안함을 연합하고, 발표 2주 전부터 발표 전까지 점차 그 강도를 높이면서 모든 불안을 일으키는 신호에 편안함을 느끼도록 하는 것이다(CR).

교사는 수업에서 발표를 두려워하거나 발표불안을 보이는 학생들을 자주 접하게 된다. 교사는 이런 학생에게 체계적 둔감법을 적용하여 학생이 불안을 편안함으로 대체해가는 유익한 경험을 하도록 한다. 예를 들어, 교사도 학생들 앞에서는 편안하게 말을 하면서 교사연수에서 발표를 요청받으면 긴장할 수 있다. 전문상담사나 정신건강전문가들은 체계적 둔감법을 적용해 학생들이 발표불안을 극복하도록 하는 데 성공했다고 밝히고 있다. 만약 여러분이 체계적 둔감법을 적용해보고자 한다면, 혼자서 하는 것보다 교내 상주하는 학교심리학자의 지원을 받는 것을 추천한다.

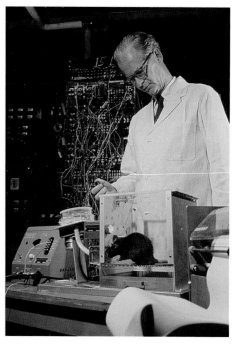

행동 연구소에서 조작적 조건화에 대한 연구를 하고 있는 B. F. 스키너. 실험 쥐는 스키너 상자에 있다.
© Nina Leen/The Life Picture Collection/Getty Images

고전적 조건화에 대한 평가　고전적 조건화는 학습에 대한 몇 가지 측면을 이해하도록 한다(Domjan, 2015). 고전적 조건화는 중립 자극이 어떻게 학습되지 않은 무조건 반응과 연합하는지 잘 보여준다(Poulos & Thompson, 2015). 특히 고전적 조건화는 학생들이 느끼는 걱정과 불안을 이해하는 데 도움이 된다. 그러나 고전적 조건화는 왜 학생들이 시험준비를 열심히 하는지, 또는 왜 학생들이 지리보다 역사를 더 좋아하는지, 어떻게 학생들이 자발적으로 행동하게 되는지 설명하지 못한다. 이러한 측면은 조작적 조건화와 관련 있다.

조작적 조건화

조작적 조건화(operant conditioning) 혹은 **도구적 조건화**(instrumental conditioning)는 행동의 결과가 같은 행동이 다시 일어날 가능성을 변하게 하는 학습 형태이다. 조작적 조건화는 B. F. 스키너(Skinner, 1938)가 제시한 행동주의 관점의 핵심이라고 할 수 있다. 행동의 결과(보상과 처벌)는 유기체의 행동에 영향을 준다.

강화와 벌　**강화**(reinforcement), 즉 **보상**(reward)은 행동이 일어날 가능성을 높이는 결과이다. 반면 **처벌**(punishment)은 행동이 일어날 가능성을 감소시키는 결과이다. 예를 들어, 교사는 한 학생에게 "잘했어. 나는 네가 쓴 글이 아주 우수하다고 생각해"라고 말한다. 만약 그 학생이 더욱 노력해서 더 나은 글을 쓴다면, 교사의 칭찬이 그 학생의 글쓰기 행동을 강화, 혹은 보상한 것이라고 볼 수 있다. 만약 한 학생이 수업 중 질의한 대답에 교사가 인상을 찌푸렸고 이후 그 학생이 더 이상 질문에 대답하지 않았다면, 교사가 인상을 찌푸린 것이 그 학생의 대답을 처벌한 것이 된다.

행동을 강화하는 것은 그 행동을 더 많이 하게 하는 것이다(Domjan, 2015). 강화에는 정적 강화와 부적 강화가 있다. **정적 강화**(positive reinforcement)는 반응의 빈도를 증가시킨다. 교사의 칭찬이 학생의 글을 쓰는 행동을 증가시킨 예와 같이 행동 반응에 보상 자극이 제공되는 것이다. 유사

조작적 조건화　행동 결과가 같은 행동이 일어날 가능성을 변화시키는 학습형태

강화(보상)　행동이 일어날 가능성을 높이는 결과

처벌　행동이 일어날 가능성을 감소시키는 결과

정적 강화　반응에 보상 자극이 수반되어 반응의 빈도가 증가하는 원리에 근거한 강화

정적 강화

행동:
학생이 좋은 질문을 한다.

결과:
교사는 학생을 칭찬한다.

이후 행동:
학생은 좋은 질문을 더 자주 한다.

부적 강화

행동:
학생이 숙제를 제때 제출한다.

결과:
교사는 학생에게 훈계하지 않는다.

이후 행동:
학생은 점차 숙제를 제때 제출한다.

처벌

행동:
학생은 수업 저해 행동을 하며 교사의 수업 진행을 방해한다.

결과:
교사는 학생을 훈계한다.

이후 행동:
학생은 더 이상 수업 저해 행동으로 교사의 수업 진행을 방해하지 않는다.

그림 6.4 강화와 처벌
강화에는 정적 강화와 부적 강화가 있다는 점을 기억하자. 정적 강화와 부적 강화는 행동을 증가시킨다. 반면 처벌은 행동을 감소시킨다.

(왼쪽에서 오른쪽으로) © Daniel Laflor/Getty Images RF; © Hero/Corbis/Glow Images RF; © Wstend61/Getty Images RF

한 예로 학부모-교사 간담회에 참석한 학부모들에게 참석을 해준 것에 긍정적인 피드백을 하는 것은 학부모들이 다음 간담회에도 참석하도록 독려하는 것이 된다.

정적 강화와 달리 **부적 강화**(negative reinforcement)는 반응이 있은 후 혐오 자극이나 불쾌 자극이 감소되어 그 반응의 빈도를 증가시키는 것이다. 예를 들어, 아버지는 아들에게 숙제를 하라고 잔소리를 한다. 그리고 아들이 숙제를 해야 할 때마다 아버지는 같은 잔소리를 반복한다. 결국 아들은 아버지가 하는 잔소리에 지쳐 숙제를 하게 된다. 아들이 숙제를 하는 행동이 아버지의 잔소리라는 불쾌 자극을 없애는 것이다.

정적 강화와 부적 강화의 차이를 기억하는 방법은 정적 강화에서는 긍정적인 요인이 추가된다는 것이다. 반면 부적 강화에서는 부정적인 요인을 제거해 긍정적인 상황을 만들어주는 것이다. 부적 강화와 처벌은 혼동되기 쉽다. 이러한 용어를 정확히 익히기 위해서 부적 강화는 반응이 일어날 가능성은 **증가**시키는 반면, 처벌은 반응을 일으킬 가능성을 **감소**시킨다는 점을 기억하자. 그림 6.4에 정적 강화, 부적 강화, 그리고 처벌의 개념 요약과 그 예가 제시되어 있다.

일반화, 변별, 소거 고전적 조건화에서 일반화와 변별, 소거를 다루었다. 이는 조작적 조건화에서도 중요한 개념이다(Miltenberger, 2016). 고전적 조건화에서 일반화는 조건 자극과 유사 자극이 유사한 조건 반응을 이끌어내는 것을 의미하였다. 조작적 조건화에서 일반화는 유사 자극에 같은 반응을 보이는 것이다. 특히 흥미로운 것은 행동이 한 상황에서 다른 상황으로 **일반화**되는 것이다. 예를 들어, 교사가 영어 관련 좋은 질문을 한 학생을 칭찬할 경우, 이 자극이 역사나 수학, 그 밖에 다른 과목 수업에서도 학생이 열심히 공부하도록 일반화되는 것이다.

고전적 조건화에서 변별은 다른 자극이 아닌 특정 자극에만 반응하는 것이었다. 조작적 조건화에서 **변별**은 자극 혹은 주변 사건을 구분하는 것이다. 예를 들어, 학생이 선생님의 책상에 놓인 '수학'이라고 표시된 바구니가 오늘 수업할 수학 학습지를 둘 곳인 것을 알게 되면, '영어'라고 표시

부적 강화 반응 후 혐오 자극이나 불쾌 자극이 제거되어 반응의 빈도가 증가한다는 원리에 근거한 강화

된 다른 바구니가 오늘 수업할 영어 과제를 제출하는 곳이라는 사실도 알게 된다. 이것은 당연하게 여겨질 수 있으나, 학생들을 둘러싼 주변 환경에는 이러한 변별 자극들로 넘쳐나기 때문에 이 사실을 아는 것은 중요하다. 학교 환경에서 볼 수 있는 '떨어져 서세요', '여기 줄을 서세요' 같은 표지판도 변별 자극의 한 예이다.

조작적 조건화에서 소거는 이전에 강화된 반응에 더 이상 강화하지 않자 반응이 감소하는 것이다. 교실 상황에서는 교사가 관심을 기울이던 것에 더 이상 관심을 주지 않을 경우, 소거가 일어난다. 예를 들어, 학생이 다른 학생을 괴롭힐 때 교사는 즉시 가해 학생에게 다가가 주의를 주게 되는데, 이런 교사의 관심이 가해 학생의 행동을 강화시킬 수 있다. 이런 상황이 주기적으로 일어난다면, 그 학생은 다른 학생을 괴롭히는 행동이 교사의 관심을 받는 좋은 방법이라고 여기게 될 수 있다. 이럴 경우 교사가 그 학생에게 관심을 보이지 않으면, 더 이상 다른 학생을 괴롭히는 행동을 보이지 않을 수 있다.

복습하기, 성찰하기 그리고 연습하기

❷ 고전적 조건화와 조작적 조건화를 비교·분석한다.

복습하기
- 고전적 조건화는 무엇인가? 무조건 자극(UCS), 무조건 반응(UCR), 조건 자극(CS), 조건 반응(CR)은 무엇인가? 고전적 조건화에서 일반화, 변별, 소거, 체계적 둔감법은 무엇인가?
- 조작적 조건화는 무엇인가? 강화와 처벌의 유형을 설명하라. 조작적 조건화에서 일반화, 변별, 소거는 무엇인가?

성찰하기
- 여러분이 느끼는 감정이 고전적 조건화나 조작적 조건화, 혹은 둘 다의 결과라고 생각하는가? 이 부분에 대해 구체적으로 설명하라.

연습하기
1. 실비아는 학급에서 열린 영어단어 완성 퀴즈에 참여하게 되었다. 킴 선생님이 *mortgage*라는 단어를 적어보라고 말했다. 실비아는 "*t*를 잊으면 안 돼. *t*를 잊지 마"라고 마음속으로 되새긴다. "M-O-R-T-A-G-E"라고 실비아가 말했다. 킴 선생님은 "안타깝게도 오답이야"라고 말씀하셨다. 교실 뒤에 있던 친구 중 하나가 작은 소리로 "저 잘 난척쟁이가 한 문제 틀렸네. 거봐, 별로 똑똑하지도 않으면서"라며 비웃자 다른 학생 몇 명이 킥킥대며 웃었다. 실비아는 속상해 울면서 교실 밖으로 뛰쳐나갔다. 그러고 나서 실비아는 영어단어 완성 퀴즈에 참여하는 것을 두려워하게 되었다. 고전적 조건화 이론에 따르면, 이 상황의 조건 자극은 무엇인가?
   - a. 실비아의 대답에 킴 선생님이 오답이라고 말한 것
   - b. 다른 학생들의 웃음
   - c. *mortgage*라는 단어
   - d. 영어단어 완성 퀴즈

2. 테일러는 4학년이다. 테일러는 농담하는 것을 좋아해 가끔 선생님을 놀리기도 한다. 어느 날 테일러는 바트 선생님을 '방구쟁이 바트 선생님'이라고 불렀다. 바트 선생님은 그 즉시 테일러의 행동을 꾸짖었다. 바트 선생님은 테일러를 방과 후에 남게 해 그 행동에 대해 이야기했다. 하지만 학급에 있던 다른 친구들은 바트 선생님에게 테일러가 지어준 별명이 웃기다고 생각해 테일러에게 별명을 잘 지어주었다고 이야기했다. 다음 날 테일러는 바트 선생님을 그 별명으로 놀렸다. 조작적 조건화 이론에 따르면, 테일러는 그 전날 방과 후에 남아 바트 선생님과 면담을 했지만, 그 별명으로 바트 선생님을 계속 놀린 이유는 무엇인가?
   - a. 테일러는 그 행동을 오랜 기간 지속했기 때문이다.
   - b. 테일러의 그 행동은 반 친구들로부터 정적 강화되었기 때문이다.
   - c. 테일러의 그 행동은 바트 선생님으로부터 부적 강화되었기 때문이다.
   - d. 테일러는 그 행동으로 인해 바트 선생님으로부터 처벌받았기 때문이다.

정답은 '연습하기 정답' 참조

학습목표 3
교육에 응용행동분석을 적용한다.

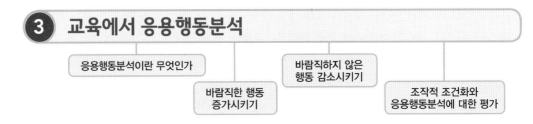

③ 교육에서 응용행동분석

응용행동분석이란 무엇인가

바람직한 행동 증가시키기

바람직하지 않은 행동 감소시키기

조작적 조건화와 응용행동분석에 대한 평가

"일단 제가 자극에 정확히 반응하는 법만 터득하면 이 일을 죽 먹기나 다름없이 쉽게 처리하면서 제가 원하는 바나나 역시 전부 얻게 될 것입니다."

© Jack Ziegler/The New Yorker Collection/www.cartoonbank.com

조작적 조건화는 실험실에서만 이루어지는 것이 아니라 교실과 가정, 기업체, 심리치료실, 병원, 그 밖의 실제 생활하는 환경 내에서 빈번히 사용되고 있다(Spiegler, 2016). 이제 교사가 응용행동분석을 적용해 학생들의 행동과 학습을 어떻게 향상시킬 수 있는지를 살펴보자.

응용행동분석이란 무엇인가

응용행동분석(applied behavior analysis)은 인간의 행동을 변화시키는 조작적 조건화 원리를 적용한 것이다. 다음 세 가지 목적으로 응용행동분석이 교육 분야에서 사용된다. 첫째, 바람직한 행동을 증가시킨다. 둘째, 행동을 촉구하고 조성한다. 셋째, 바람직하지 않은 행동을 감소시킨다(Alberto & Troutman, 2017). 응용행동분석은 순차적인 과정으로 적용된다. 응용행동분석은 일상의 관찰에서 시작되어 변화가 필요한 특정 목표 행동을 정하고, 선행 조건을 관찰하는 과정으로 이루어진다. 그리고 나서 행동 목표가 정해지고, 특정 강화나 처벌이 선정되고, 행동관리 프로그램이 실시되고, 적용된 프로그램의 성패를 평가하는 순차적 과정을 따른다(Miltenberger, 2016).

바람직한 행동 증가시키기

되돌아보기/앞날을 생각하기
응용행동분석은 효과적으로 학급관리를 하는 데 효과적이다. 제11장 '학급관리'와 연계해 생각해보자.

학생의 바람직한 행동을 증가시키기 위한 여섯 가지 조작적 조건화 전략은 다음과 같다. 첫째, 효과적인 강화물 선택하기, 둘째, 강화물을 즉시 제공하고 행동과 강화물의 유관성 인식시키기, 셋째, 최상의 강화계획 선정하기, 넷째, 행동 계약하기, 다섯째, 효과적인 부적 강화 사용하기, 여섯째, 촉구와 행동조성 사용하기이다.

효과적인 강화물 선택하기 모든 학생이 모든 강화물을 똑같이 받아들이는 것은 아니다. 응용행동분석에서는 교사가 어떤 학생에게 어떤 강화물이 가장 효과적인지 알고 있어야 하는데, 즉 이는 특정 강화물의 사용을 각 학생에게 맞게 개별화하는 것이다. A학생에게는 최상의 강화물이 칭찬일 수도 있지만, B학생에게는 가장 좋아하는 활동을 하는 것이고, C학생에게는 일주일간 임시반장이 되는 것이며, D학생은 인터넷을 검색하게 하는 것일 수 있다. 각 학생에게 가장 효과적인 강화물이 무엇인지 파악하기 위해 이전에 다른 교사가 어떻게 동기부여를 했는지(강화 이력)를 검토해보거나 학생이 원하지만 쉽게 할 수 없거나 자주하지 못하는 것이 무엇인지 확인하고, 강화물의 가치를 학생이 어느 정도로 생각하고 있는지를 알아볼 필요가 있다. 응용행동분석가는 학생들에게 어떤 강화물이 가장 좋은지 직접 물어볼 것을 권한다. 그리고 학생들이 식상함을 느끼지 않도록 독창

응용행동분석 인간의 행동을 변화시키기 위해 조작적 조건화 원리를 적용하는 것

적인 강화물을 선택할 것을 권한다. 또한 응용행동분석가들은 칭찬이나 특권 부여받기(privileges) 등과 같은 사회적 강화물을 사탕이나 스티커, 돈과 같은 물질적 강화물보다 더 사용하도록 추천한다.

교사들이 빈번히 사용하는 강화물은 다양한 활동이다. 심리학자인 데이비드 프리맥의 이름을 딴 **프리맥의 원리**(Premack principle)는 빈번히 일어나는 행동이 빈번히 일어나지 않는 행동을 촉진하는 데 사용되는 것이다. 프리맥의 원리는 초등교사가 학생들에게 "쓰기 수행활동을 다 하면, 게임이나 컴퓨터를 하게 해줄 거예요"와 같이 지시하는 방식으로 적용된다(단, 학생들이 컴퓨터나 게임하는 것을 쓰기 수행활동보다 더 좋아할 경우). 프리맥의 원리는 전체 학급을 대상으로도 사용된다. 교사는 학급 학생들에게 "여러분 전원이 금요일까지 과제를 제출하면, 다음 주에 현장체험학습을 가기로 해요"라고 할 수 있다.

강화물을 즉시 제공하여 행동과 강화의 유관성 인식하기 강화물이 효과적으로 활용되려면 교사는 학생이 특정 행동을 하는 즉시 강화물을 주어야 한다. 응용행동분석가들은 교사가 '만약 ~한다면'이라는 표현을 학생들에게 자주 사용하도록 권한다. 예를 들어, 교사는 "토니야, 만약 수학 문제 10개를 다 풀면 나가서 놀아도 좋아"라고 말할 수 있다. 토니는 교사의 말을 듣고 강화물을 얻기 위해 무엇을 해야 하는지 명확히 알게 된다. 응용행동분석가는 학생들의 행동과 유관되는 강화물을 제공하는 것이 중요하다고 강조한다. 즉 학생이 바라는 보상을 얻기 위해 행동하게 해야 한다는 것이다. 만약 토니가 수학 문제 10개를 다 풀지 않았는데 교사가 바깥에서 놀게 허락하면 유관성이 성립되지 않는 것이다.

강화물은 제공하는 시기가 중요한데, 학생이 특정 행동을 하는 즉시 강화물을 제공하는 것이 가장 효과적이다. 이런 경험을 통해 학생은 행동과 보상 간에 유관성이 있음을 깨닫게 된다. 만약 학생이 특정 행동을 했는데(수학 10문제를 정오가 되기 전에 마쳤는데) 교사가 오후 늦게까지 놀이시간을 주지 않으면 학생은 행동과 보상 간의 유관성을 이해하기 어려울 것이다.

최상의 강화계획 선정하기 지금까지 살펴본 예는 연속 강화를 전제로 한 것이다. 즉 학생들은 반응을 할 때마다 강화된다. 연속 강화에서 학생들은 아주 빠르게 학습하지만, 강화가 중단되면(교사가 칭찬을 하지 않으면), 소거 또한 급속히 일어난다. 교실 상황에서 연속 강화는 찾아보기 힘들다. 25~30여명이 되는 학생을 지도하는 교사가 학생들이 적절한 반응을 보일 때마다 일일이 칭찬할 수 없기 때문이다.

부문 강화는 일정 시간이나 횟수에 따라 일어나는 반응을 강화하는 것이다. 스키너(Skinner, 1957)는 **강화계획**(schedules of reinforcement)이라는 개념을 개발했는데, 강화계획은 언제 학생의 반응이 강화될지 결정이 되어 있는 부분적 강화 시간표와 같은 것이다. 주요 강화계획 네 가지는 고정비율 강화계획, 변동비율 강화계획, 고정간격 강화계획, 변동간격 강화계획이다.

고정비율 강화계획(fixed-ratio schedule)에서 행동은 정해진 반응 횟수를 채운 후 강화되는 것이다. 예를 들어, 교사가 모든 반응에 칭찬하는 것이 아니라 네 번째로 바람직한 반응을 했을 때 칭찬을 할 수 있다. **변동비율 강화계획**(a variable-ratio schedule)에서 행동은 평균 몇 회 이후에 강화되지만 예측할 수 없는 주기로 지속된다. 예를 들어, 교사는 매 다섯 번째 반응을 했을 때 칭찬할 수 있지만 그러한 모든 반응 중에 두 번째로 옳은 반응을 했을 때 칭찬을 해주거나, 여덟 번째 반응을 했을 때 혹은 일곱 번째 반응을 했을 때 아니면 세 번째 반응을 했을 때도 칭찬하는 것을 의미한다. 간격

프리맥의 원리 빈번히 일어나지 않는 행동을 빈번히 일어나는 행동으로 촉진하는 원리

강화계획 언제 반응이 강화될 것인지 결정하는 부분 강화계획

행동 계약 강화계획내용을 서면으로 작성하는 것

계획은 강화 경과시간에 의해 결정되게 된다. **고정간격 강화계획**(fixed-interval schedule)에서는 일정 시간이 지난 후에 첫 번째로 적절한 반응에서 강화시켜주는 것이다. 예를 들어, 교사는 매주 퀴즈를 내고 2분이 경과한 후 학생이 한 첫 번째 좋은 질문을 칭찬할 수 있다. **변동간격 강화계획**(variable-interval schedule)에서 반응은 유동적인 시간의 흐름에 따라 강화된다. 이러한 강화계획에서 교사는 3분 경과 후, 15분 경과 후, 7분 경과 후, 그리고 얼마간 시간이 흐른 후 학생이 한 질문을 칭찬할 수 있다. 변동간격 강화계획의 예는 학생이 예상치 못한 때에 돌발 질문을 던지는 것이다.

학생들에게 강화계획은 어떤 효과가 있는가? 학습 초반에는 부분 강화보다 연속 강화가 학습속도를 더 높일 수 있다. 즉 학생들이 특정 행동을 처음 학습할 때 연속적으로 강화해주는 것이 더 효과적이다. 반면 부분 강화는 연속 강화와 비교해 행동을 더 꾸준히 하도록 하고 소거가 덜 일어나도록 한다. 또한 학생들이 특정 행동을 완전히 익히고 나면, 부분 강화가 연속 강화보다 더 효과적이다.

학생들은 고정 강화계획에서 변동 강화계획보다 덜 꾸준히 행동을 하며, 그 행동의 소거를 더 빠르게 보인다. 변동간격 강화계획에서 학생들은 가장 꾸준한 반응을 보여준다. 변동간격 강화계획에서는 학생들의 반응속도는 느리지만 꾸준한 반응을 보이게 되는데, 이는 언제 보상이 주어질지 예측할 수 없기 때문이다. 변동간격 강화계획의 예는 갑작스럽게 돌발퀴즈를 내는 것이다. 만약 교사가 학생들이 예측할 수 있는 시기에 퀴즈를 낸다면(예 : 매주 금요일), 학생들은 특정 행동을 안 하다가 반응시기가 다 되어서 그 행동을 하는 패턴을 보여주게 된다. 이것은 고정간격 강화계획의 패턴과 같은 것이다. 즉 학생들은 주중에 열심히 공부하지 않다가 금요일이 다가오면 퀴즈를 잘 보기 위해 노력할 것이다. 따라서 교사의 목표가 학생들이 반응하는 속도를 꾸준히 증가시키는 것이라면, 변동 강화계획, 특히 변동간격 강화계획을 적용하는 것이 가장 목표에 부합한 방법일 것이다. 그림 6.5는 강화계획에 따른 반응 패턴을 보여준다.

행동 계약하기 **행동 계약**(contracting)은 계약할 강화계획의 내용을 서면으로 작성하는 것이다. 문제가 생겨 학생들이 약속한 책임을 다하지 않을 때, 교사는 학생들이 동의한 계약서를 참고하도록 할 수 있다. 응용행동분석가는 서면으로 작성된 행동계약서가 학생과 교사에게서 나온 아이디어의 최종 결과물이라는 점을 강조한다. 행동계약서는 '만약 ~한다면'과 같은 문장으로 작성되고, 교사와 학생의 서명이 있어야 하며, 서명한 날짜도 쓰여 있어야 한다. 교사와 학생은 행동계획서에 ＿＿＿＿＿, ＿＿＿＿＿, ＿＿＿＿＿한 바람직한 행동을 함으로써 좋은 시민이 될 것임을 동의하는 내용을 작성해야 한다. 행동계약서 내용 중 교사가 학생이 바람직한 행동을 하면 ＿＿＿＿＿한 보상을 주기로 교사가 동의하는 내용도 포함되어야 한다. 교사는 이 계약의 당사자가 아닌 다른 학생을 증인으로 세워 서명을 하게 할 수 있다.

효과적으로 부적 강화 사용하기 부적 강화에서 반응의 빈도가 증가하는데, 이는 반응이 혐오 자극이나 불쾌 자극을 없애기 때문이다(Alberto & Troutman, 2017). "토머스, 친구들과 포스터를 만들기 전에 제자리에 앉아서 과제부터 마무리 지어야 한다"고 교사가 지도할 수 있는데, 이때 교사는 처벌을 사용하는 것이다.

그림 6.5 강화계획

이 도표에서 각 '-' 표시는 강화 전달시기를 가리킨다. 비율 강화계획(강화가 반응의 횟수와 연관)은 간격 강화계획보다 높은 비율로 반응한다(강화는 경과한 시간과 관련). 보상의 예측 가능성은 예측 가능한(고정된) 강화계획이 예측 불가능한(변동 가능한) 강화계획보다 더 높은 반응 비율을 보인다는 점에서 중요하다.

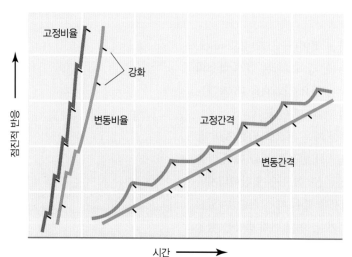

토머스가 과제를 마치게 되었을 때, 부적 강화는 처벌 결과(친구들과 포스터를 만들지 못하는 것)를 없애면서 사용하는 것이다.

다만 부적 강화를 사용하는 데 몇 가지 부작용이 있을 수 있다. 교사가 부적 강화 전략을 사용하면 학생들이 짜증을 낼 수 있고, 교실을 뛰쳐나가거나 물건을 던지는 등 난폭한 행동을 보이기도 한다. 이러한 부작용은 학생이 교사가 시키는 일을 충분히 할 만한 능력이나 기술이 없거나 부족하다고 생각할 때 일어날 수 있다.

촉구와 행동조성 사용하기 조작적 조건화에서도 언급되었듯 변별은 자극과 주변 환경에서 일어난 사건 간 차이를 구별하는 것이다. 학생들은 자극과 사건에서 강화의 차이를 구별하도록 학습할 수 있다. 교사가 교실 상황에서 사용할 수 있는 차별화된 강화에는 촉구와 행동조성이 있다(Alberto & Troutman, 2017).

촉구 촉구(prompt)는 반응이 나타나기 직전, 반응이 일어날 가능성을 높여주는 자극이나 단서를 추가로 제공하는 것이다. 영어교사는 'w-e-r-e'이라고 적힌 단어카드를 들고 'was가 아니라'라고 강조하면서 구어 촉구(verbal prompt)를 사용하게 된다. 미술교사는 물감 위에 '수채화용'이라는 라벨을 붙이고, 다른 물감 위에 '유화용'이라는 라벨을 붙여 촉구를 사용한다. 이런 촉구는 학생이 행동을 계속해나갈 수 있게 한다. 학생들이 올바른 반응을 지속적으로 보이게 되면, 더 이상 촉구는 필요치 않게 된다.

교사의 지시문은 촉구로 사용된다(Alberto & Troutman, 2017). 예를 들어, 미술시간이 끝날 무렵 교사는 "이제 곧 국어수업을 할 시간이야"라고 알려준다. 학생들이 미술활동을 마치지 못하고 있으면, 교사는 촉구를 사용한다. "자, 이제 미술도구를 정리하고 국어교실로 이동하자"라고 말한다. 교사가 학생들에게 조용히 교실을 이동할 수 있게 줄을 서라는 힌트를 주어 촉구를 사용할 수 있다. 촉구는 학급게시판을 통해 학급규칙을 계속해서 상기시키거나 과제 마감기한을 알려주거나, 학급회나 동아리 모임 장소를 알려주는 등 다양하게 사용된다. 또한 촉구는 학생이 작은 목소리로 말을 해 들리지 않을 때 교사가 손을 귀에 갖다 대면서 들리지 않는다는 제스처를 보이는 것처럼 시각적으로 제공될 수 있다.

행동조성 교사는 촉구를 사용하면서 학생들이 바람직한 행동을 할 것으로 기대한다. 하지만 학생들이 그런 바람직한 행동을 할 능력이 충분하지 않은 경우도 있다. 이런 상황에서 행동조성이 필요하다. **행동조성**(shaping)은 특정 목표 행동에 맞는 연속적인 유사 행동을 강화해나가면서 새로운 행동을 익히도록 하는 것이다. 초반에는 특정 목표 행동과 유사한 반응을 보이더라도 강화한다. 점차 목표 행동과 더 유사한 행동에 강화하며, 결국 학생이 목표 행동을 수행하면 그 목표 행동을 강화한다.

예를 들어, 학생이 수학 시험에 매번 50점 이하 점수를 받는 상황이라면 교사는 학생이 수학시험에 100점을 받는 것을 목표로 하지만, 처음에는 100점까지 득점하는 과정에 나타나는 행동에 계속적으로 강화한다. 교사는 학생이 60점, 70점, 80점, 90점 그리고 100점을 받았을 때 강화물(예 : 특정 권한)을 제공한다.

행동조성은 교실 상황에서 교사에게 중요한 도구가 될 수 있다. 그 이유는 학생 대부분이 학습 목표를 성취하는 과정에 강화를 필요로 하기 때문이다(Chance, 2014). 행동조성은 학생들이 시간

촉구 반응이 나타나기 직전 반응이 일어날 가능성을 높여주는 자극이나 단서를 추가로 제공하는 것

행동조성 특정 목표 행동에 맞는 연속적인 유사 행동을 강화하면서 새로운 행동을 가르치는 것

과 끈기를 요하는 학습과제를 수행할 때 도움이 된다. 그러나 행동조성은 다른 정적 강화나 촉구가 별 효과를 보이지 않는 상황에서 사용하는 것이 적절하다. 그리고 인내를 가지고 끈기 있게 적용해야 한다. 행동조성은 특정 목표 행동이 형성되는 과정에 수많은 세부 단계를 거쳐야 하므로 이러한 모든 과정이 충분한 시간을 두고 점진적으로 일어나도록 해야 한다.

바람직하지 않은 행동 감소시키기

교사가 학생들이 보이는 바람직하지 않은 행동(친구 놀리기, 학급 토의시간에 발언기회 독차지하기, 교사에게 무례하게 굴기)을 감소시키려면 어떻게 해야 하는가? 응용행동분석가인 파울 알베르토와 앤 트라우트먼(Alberto & Troutman, 2017)은 다음과 같은 절차에 따를 것을 제안하였다.

1. 차별화된 강화를 사용하라.
2. 강화를 종료하라(소거).
3. 바람직한 자극을 제거하라.
4. 혐오 자극을 제공하라(처벌).

따라서 첫 번째 단계에서 교사는 차별화된 강화를 사용한다. 처벌은 제일 마지막 수단으로 사용해야 하며, 항상 적절한 행동에 대한 정보를 학생이 인식하도록 해야 한다.

차별화된 강화를 사용하라 차별화된 강화를 사용하는 데 있어 교사는 좀 더 바람직한 행동에 강화하거나 학생이 이미 하고 있는 행동과 양립할 수 없는 행동을 하게 한다. 예를 들어, 교사는 학생이 컴퓨터를 사용해 게임을 하는 것보다 학습 활동을 하는 것을 강화하며, 수업저해 행동을 하는 것보다 수업태도가 좋을 때 강화하며, 과제를 늦게 제출할 때보다 마감기한에 맞춰 제출하는 것을 강화한다.

강화를 종료하라(소거) 강화를 종료하는 전략은 학생의 부적절한 행동에서 정적 강화를 철회하는 것이다. 많은 부적절한 행동은 정적 강화, 특히 교사로부터 관심받기로 인해 예기치 못한 방향으로 유지된다. 응용행동분석가는 교사가 학생에게 잘못된 부분을 지적하거나 비난하거나 언성을 높이는 것을 학생이 교사의 관심으로 받아들이면 정적 강화가 되어 부적절한 행동이 강화될 수 있다고 지적한다. 교사들 상당수가 이런 학생들의 부적절한 행동에 너무 지나친 관심을 쏟고 있는 건 아닌지 제대로 판단하지 못하고 있다. 좋은 전략은 누군가에게 교실 상황을 관찰하도록 하고, 교사가 학생들에게 사용하는 강화 패턴을 분석해 차트로 만드는 것이다(Alberto & Troutman, 2017). 교사가 학생의 바람직하지 않은 행동에 지나친 관심을 기울이고 있으면, 학생의 바람직한 행동으로 관심의 초점을 바꾸어야 한다. 부적절한 행동에 관심을 두지 않는 것과 적절한 행동에 주의를 기울이는 것이 균형을 이루어야 한다. 예를 들어, 교사가 학생의 수업저해 행동에는 관심을 보이지 않고, 학급토의에서 대화를 독점하던 그 학생이 다른 학생에게 발언 기회를 줄 때 그 학생의 개선된 행동을 칭찬해주어야 한다.

바람직한 자극을 제거하라 교사가 먼저 제시된 두 가지 방법을 사용했지만 효과가 없을 수 있다. 세 번째로 시도해볼 방법은 학생에게서 바람직한 자극을 모두 제거하는 것이다. 이 목표를 달성하는 데 필요한 두 가지 전략은 '타임아웃'과 '반응대가'이다.

타임아웃 바람직한 자극을 제거하는 데 교사가 일반적으로 사용하는 전략은 **타임아웃**(time-out)이다. 즉 정적 강화에서 학생을 멀찍이 떨어뜨리는 것이다. 예를 들어, 교사는 제자리에 앉지 않거나, 교사에게 소리치며 대드는 학생에게 타임아웃을 사용할 수 있다.

반응대가 두 번째로 바람직한 자극을 제거하는 방법은 **반응대가**(response cost)를 활용하여 정적 강화에서 학생을 멀찍이 떨어뜨리는 것인데, 이렇게 함으로써 그 학생은 특정 권한을 잃게 된다. 예를 들어, 학생이 부적절한 행동을 하면 교사는 쉬는 시간 중 10분을 뺏거나 학급 모니터요원 역할을 다른 학생에게 맡길 수 있다. 이런 반응대가는 벌칙이나 벌금과도 관련이 있다. 타임아웃과 마찬가지로 반응대가는 언제나 학생의 긍정적 행동을 증가시키는 데 사용되어야 한다.

최근 교사들이 교실에서 응용행동분석을 어떻게 활용하고 있는지 문의한 바 있다. 그에 대한 응답은 다음과 같다.

이 학생은 바람직하지 않은 행동으로 타임아웃을 수행하고 있다. 타임아웃의 특성은 무엇인가?
© Ableimages/Getty Images RF

유치원 교사 응용행동분석은 바람직하지 않은 행동을 하는 유아들에게 타임아웃을 하는 방법으로 주로 적용됩니다. 예를 들어, 유아가 자유 활동 시간에 장난감을 던지거나 다른 아이를 때리거나 예의 바르지 못한 언행을 하면, 그 행동이 왜 적절하지 못한지 설명하고 타임아웃 하도록 합니다. 그 아이는 다른 아이들로부터 떨어진 곳에 놓여 있는 의자에 앉아 있어야 하며, 자유 시간 5분을 잃게 됩니다. 그 결과, 그 아이는 나쁜 행동이 용인되지 않는다는 것을 배우게 됩니다.

–미시 댕글러, 서버번힐즈학교

초등학교 교사 초등학교 2학년 학생들은 물리적 보상과 사회적 보상(교사의 미소나 관심)을 선호합니다. 그리고 수업에서는 개별 및 모둠별 보상을 적절히 섞어 제공하면 효과적입니다. 예를 들어, 학생들에게 학년 초 '칭찬활동지'를 나눠줍니다. 저는 학생들이 바람직한 행동을 할 때마다 학급 친구들 앞에서 공개적으로 칭찬합니다. 그 학생은 칭찬활동지에 '잘했어요' 스티커를 붙이게 되며, 학급의 다른 학생들도 좋은 행동으로 칭찬스티커를 받을 수 있다는 것을 보고, 칭찬받은 학생의 행동을 모방하기 시작합니다. 칭찬스티커는 없어지지 않도록 잘 관리해야 하며, 학생들은 교사에게 칭찬을 요구해서는 안 됩니다. 칭찬활동지가 칭찬스티커로 다 채워지면 보상이 제공됩니다. 칭찬활동지에 칭찬스티커를 다 채운 학생은 상품상자에서 원하는 학용품을 고를 수 있습니다. 처음에는 이런 방법이 행동주의 조건화 방법에 불과했지만, 점차 학생들이 원하는 것이 보상획득에서 칭찬받기로, 그다음에 긍정적인 관심받기로, 결국 옳은 일을 하는 것으로 빠르게 변하고 있는 것을 보게 됩니다.

–재닌 귀다 포트레, 클린턴초등학교

중학교 교사 저는 중학생에게 큰 보상을 주려고 하지 않습니다. 저는 학급에서 바람직하지 못한 행동을 하는 학생은 대가를 바라지 않고 행동을 통제하는 법을 터득해야 한다고 생각합니다. 저는 부정적인 행동 대신 긍정적인 행동을 하는 학생에게 더 책임 있는 역할을 줍니다. 예를 들어,

타임아웃 학생을 정적 강화를 주는 상황에서 빼내는 것

반응대가 바람직하지 못한 행동을 한 사람에게서 긍정적 강화물을 빼앗는 것

학생과 연계하기 : 최고의 실천
타임아웃 사용 전략

타임아웃을 사용하는 데 다음과 같은 방법을 적용해볼 수 있다.

1. *학생을 교실에 머무르게 하되, 정적 강화에 접근하는 것을 차단한다.* 이런 전략은 학생이 사소한 문제를 일으켰을 때 흔히 사용된다. 교사는 그 학생에게 몇 분간 책상에 엎드려 있거나, 수업 활동에 참여하지 못하게 하면서 다른 학생들이 정적 강화를 받는 것을 지켜보게만 한다. 다음에 제시된 '교사의 시선'에서는 유치원 교사인 로즈메리 선생님이 사용한 타임아웃 사용 방법을 소개한다.

교사의 시선 : 평화 구역
아이들의 크고 작은 분쟁을 중재하는 것은 언제나 어려운 일이다. 내가 담임을 맡고 있는 유치원생이 권력다툼을 하면, 유치원생들은 내가 중재자가 되기를 바란다. 나는 아이들 스스로 타협점을 찾는 것이 더 유익할 것이라고 판단했다. 소유권에 대한 계획을 세우는 일은 모두가 받아들일 수 있는 일이다. 이를 달성하기 위해, 나는 교실 구석에 의자 2개를 가져다 두었다. 의자 위에 '평화 구역'이라는 표식을 붙여 두었다. 그리고 아이들 사이에 다툼이 생기면, 그 학생들을 교실 구석으로 보냈다. 아이들은 서로 무릎이 거의 맞닿을 때까지 붙어 앉아 서로 마주 본다. 아이들이 해결해야 할 일은 협상에서 '평화 계획'을 도출해내는 것이다. 서로 계획에 동의하면, 아이들은 나에게 온다. 나는 계획을 들어보고 승인하거나, 적절치 않으면 다시 계획하도록 돌려보낸다. 처음에는 이렇게 하는 데 시간이 다소 걸렸으나, 아이들이 말다툼을 하는 데 시간을 쏟는 것이 스스로에게 불이익이 된다는 것을 깨달으면서 점차 더 빨리 해결점을 찾게 되었다. 아이들이 협상력을 길러가는 것을 보는 것은 기쁜 일이다.

2. *타임아웃이 효과적으로 사용되기 위해서는 학생이 벗어나게 된 상황이 정적 강화가 되고 학생이 위치하게 된 상황에는 정적 강화가 제거되어야 한다.* 예를 들어, 학생을 교실에서 나가 복도에 서 있게 했는데 다른 반 학생들이 그 학생에게 와서 말을 시키고 이야기를 나누게 되면 타임아웃 사용에 의도된 목적을 달성하지 못할 것이다.
3. *타임아웃을 사용할 때, 학생이 보인 어떤 행동의 결과로 타임아웃을 하게 됐는지 분명히 숙지시켜야 한다.* 예를 들어, 학생에게 "너는 친구의 학습지를 찢었지, 그러니까 5분 동안 타임아웃이야"라고 말해야 한다. 학생과 언쟁을 하거나 그 학생이 왜 타임아웃을 할 수 없는지 그 사유를 들어줘서는 안 된다. 필요할 경우 그 학생을 타임아웃 장소로 데리고 간다. 또다시 행동을 부적절하게 하면, 그 행동의 잘못된 점을 다시 언급하고 타임아웃을 반복한다. 학생에게 타임아웃하라고 했는데, 학생이 고함을 치거나 책상을 탁치거나 하는 과격한 행동을 하면 타임아웃 시간을 더 늘린다. 정적 강화를 경험할 수 있는 기회를 박탈한 시간이 끝날 때 타임아웃도 종료되도록 한다. 타임아웃 동안 학생이 얼마나 잘 행동했는지 언급해서는 안 된다. 그저 그 학생을 이전에 하던 활동을 다시 하도록 해야 한다.
4. *학생이 타임아웃을 하고 있지 않을 때, 긍정적인 행동에 대해 정적 강화를 한다.* 정규 수업 시간에 학생의 긍정적인 행동에 강화하라. 예를 들어, 학생이 수업저해 행동으로 교실 밖으로 나가게 되었다면, 교사는 수업 시간에 수행과제를 집중해서 하는 것을 칭찬해줄 수 있다.
5. *각 타임아웃 시간을 기록한다.* 타임아웃 기록은 효과적이고 윤리적으로 타임아웃을 사용하게 할 것이다.

좋은 행동을 하는 학생에게 종이와 연필을 학급 친구들에게 나누어주는 일이나 교무실에 우편함을 체크하거나, 수업 후 컴퓨터 전원을 켜고 끄는 일 등 학급에서 책임 있는 역할을 더 맡기는 겁니다. 학생들은 책임감을 보일 수 있는 역할을 좋아하고 학급에 중요한 업무를 하는 데 제가 그 학생들에게 의지하고 있다는 것을 기쁘게 생각합니다.

–펠리시아 피터슨, 포칸티코힐즈학교

고등학교 교사 저는 고등학생들에게 기대치를 명확히 정해둡니다. 예를 들어, 수업 시작종이 울리면 학생들은 교실에 들어와서 수업준비를 하고 있어야 한다고 말합니다. 학생들은 수업에 늦으면 수업 활동에 제대로 참여하지 못하고 수행과제를 마무리하지 못해 성적이 좋지 않을 수 있다는 것을 곧 깨닫게 됩니다. 수업을 정시에 시작해 늦게 오는 학생들이 수업 시작을 결정하지 않게 하는 것이 중요합니다.

–샌디 스완슨, 메노모니폴즈고등학교

혐오 자극을 제공하라(처벌) 사람들 대부분은 혐오(불쾌) 자극을 처벌과 연관시킨다. 교사가 학생에게 화가 나 언성을 높이며 훈계하거나 부모가 아이를 때리는 것이 처벌이다. 그러나 이미 처벌의 개념에서 언급했듯이, 혐오 자극은 바람직하지 않은 행동이 감소하는 경우에만 처벌이 된다. 모든 혐오 자극이 처벌로 효과적인 것은 아니다. 그 이유는 바람직하지 않은 행동이 감소하지 않을뿐더러 시간이 지나면서 오히려 바람직하지 않은 행동이 증가되기도 하기 때문이다.

교사가 흔히 사용하는 혐오 자극은 언어적 징계이다. 교사와 멀리 떨어진 교실 맨 뒤 학생보다 가까이 있는 학생에게 주로 사용되며, 눈살을 찌푸리거나 응시하는 비언어적 징계와 함께 사용하는 것이 효과적이다. 바람직하지 않은 행동한 직후에 잘못이 무엇인지 명료하게 이야기하면 징계는 더 효과적이다. 그런 언어적 징계는 소리를 지르는 방법으로 해서는 안 되는데, 소리를 지르는 것은 교실을 소란스럽게 하고 학생들에게 감정조절이 안 되는 교사로 비춰지게 하기 때문이다. 그 대신 학생의 눈을 맞추며 "그 행동을 그만해"라

학생을 꾸짖을 때 사용할 수 있는 효과적인 전략은 무엇인가?

© Chris Schmidt/Getty Images RF

고 분명히 말하는 것만으로도 바람직하지 않은 행동을 멈추는 데 충분하다. 다른 전략은 그 학생을 학급 친구들이 모두 보는 데서 혼을 내는 것보다 따로 불러서 개별적으로 훈계하는 것이다.

스웨덴과 같은 대다수 국가에서 학생들이 교장이나 교사로부터 받는 체벌을 금지해왔다. 그러나 2015년 미국 19개 주가 체벌을 허용하고 있으며, 미국 남부에서는 이런 경향이 더 만연해 있다. 11개국 대학생을 대상으로 실시한 조사에서 미국과 캐나다 대학생이 체벌에 대해 더 우호적인 입장을 보였다(Curran & others, 2001; Hyman & others, 2001; 그림 6.6 참조). 미국 모든 주에서 부모가 가하는 체벌이 합법이다. 또한 미국 부모 중 70~90%가 자녀에게 가벼운 체벌을 하고 있는 것으로 예상된다(Straus, 1991). 3~4세 유아 자녀를 둔 부모 대상 미국의 국가통계조사에서 부모 중 26%가 자주 아이의 엉덩이를 가볍게 때리는 체벌을 하고 있으며, 67%의 부모는 자녀에게 소리치며 훈계하고 있는 것으로 나타났다(Regalado & others, 2004).

미국 학교에서 저소득층 다문화 가정 출신 남학생들이 체벌을 가장 많이 받는다. 심리학자들과 교육자들은 어떠한 경우에도 학생에 대한 체벌이 가해지면 안 된다고 주장한다.

신체적 혹은 다른 형태든 의도된 처벌로 혐오 자극을 사용하는 것은 많은 문제를 야기할 수 있다.

- 특히 교사가 소리를 지르거나 고함치며 훈계하는 과도한 처벌을 사용하면, 교사는 학생들에게 스트레스 상황을 어떻게 통제하지 못하는지 그대로 보여주는 모델이 되는 것이다.
- 처벌은 학생들이 두려움과 분노를 느끼거나 회피하게 한다. 스키너의 가장 큰 고민이 바로 처벌이 뭔가를 회피하는 법을 가르치는 것이었다. 예를 들어, 엄격한 교사가 싫어 학생이 등교거부를 할 수 있다.
- 처벌을 받는 학생들은 벌을 받고 난 후 장시간 동안 너무 흥분되고 불안해서 해야 할 일을 집중해서 하지 못한다.
- 처벌을 통해 학생들은 해야 할 것이 아니라 해서는 안 되는 것을 배우게 된다. 교사가 처벌을 줄 때 "아니야, 그건 옳지 않아"라고 하면서 "그럼 이렇게 해보지 그러니"라고 긍정적인 피드백을 함께 제공하는 것이 효과적이다.
- 처벌은 강화로 작용할 수 있다. 학생들은 잘못된 행동으로 교사의 관심을 받으면 학급 친구들의 이목을 끌 수 있다는 사실을 알게 된다.
- 처벌은 폭력적일 수 있다. 부모가 자녀를 훈계할 때, 폭력을 행사하려는 의도가 전혀 없지만 부모는 화가 나서 자녀들이 폭력적이라 느낄 정도로 훈계하게 된다. 미국 50개 주에서 교사는 아동학대가 의심되면 경찰이나 지역 아동보호기관에 신고할 수 있다. 교사는 아동학대 혐의 신고에 관한 주법과 교육청 지침을 숙지하고 있어야 한다.

되돌아보기/앞날을 생각하기

독재적(권위주의적) 부모 양육은 통제적이고 엄격하다. 이는 권위주의적인 학습경영 방식에도 똑같은 모습으로 나타난다. 권위주의적인 부모양육과 학급경영 방식 모두 권위적인(자율적이면서 명확한 규율이 있는) 양육이나 학습경영보다 비효율적이다. 제3장 '사회적 맥락과 사회정서적 발달' 및 제11장 '학급관리'과 연계해 생각해보자.

그림 6.6 국가별 체벌에 대한 입장

체벌에 대한 입장을 평가하는 데 5점 척도가 사용되었다. 1점에 가까울수록 체벌사용에 반대하는 입장을 보이며, 5점에 가까울수록 체벌사용에 찬성하는 입장을 보이는 것을 나타낸다.

국가	평균점수(5점척도)
캐나다	3.14점
미국	3.13점
한국	3.00점
말레이시아	2.90점
영국	2.68점
핀란드	2.34점
그리스	2.26점
독일	2.13점
스페인	2.05점
아르헨티나	1.96점
스웨덴	1.35점

아이들의 발달에 미치는 처벌의 효과에 대한 논쟁은 계속되고 있다(Ferguson, 2013; Gershoff, 2013; Gershoff & Grogan-Kaylor, 2016; Laible, Thompson, & Froimson, 2015; Theunissen, Vogels, & Reijneveld, 2015). 처벌에 관한 논쟁 중 하나는 가벼운 처벌과 가혹한 처벌의 구별에 대한 것이다. 26개 선행 연구를 분석한 결과, 가혹한 체벌을 사용하는 것은 대안적으로 반성문을 쓴다거나 과제를 주는 처벌에 비해 비우호적인 것으로 결론지어졌다(Larzelere & Kuhn, 2005). 처벌에 대한 종단 연구는 거의 없었으며, 가벼운 처벌과 가혹한 처벌을 구별하는 연구도 거의 이루어진 바 없다. 최근 가벼운 수준 체벌과 신체 학대를 구별하여 살펴본 메타분석 연구에서 신체에 주어지는 처벌은 아이들에게 해로운 영향을 미치는 것으로 나타났다(Gershoff & Grogan-Kaylor, 2017).

RESEARCH

하지만 처벌에 관한 연구는 성격 특성과 관련이 있어 원인이 되는 요인을 발견하기 어렵다. 부모와 자녀의 상호영향을 강조하는 호혜적 사회화 개념도 고려되어야 한다. 연구자들은 아동의 초기 행동 문제와 장기간 부모가 가한 체벌과 상관이 있음을 밝힌 바 있다(Laible, Thompson, & Froimson, 2015). 그럼에도 불구하고 다수의 부모교육 전문가는 체벌이 아이들에게 해로우므로 사용하지 말아야 한다고 결론짓고 있다.

최근 선행 연구들을 분석한 결과, 처벌에 대한 연구로 유명한 엘리자베스 게르소프(Gershoff, 2013)는 체벌지지자들은 체벌이 아이들에게 긍정적인 영향을 준다는 증거를 전혀 제시하지 못하고 있지만, 많은 연구에서 체벌이 주는 부정적인 결과는 반복적으로 검증되고 있다고 결론을 내렸다. 그리고 분명한 점은 체벌이 학대가 되면 아동 발달에 치명적인 악영향을 미칠 수 있다는 것이다. 이것에 대해서는 이 장 뒷부분에서 다시 다루겠다(Cicchetti & Toth, 2015, 2016).

처벌 사용과 관련해 마지막으로 알아야 할 것은 교사가 학생들이 보이는 잘못된 행동보다 잘하는 행동을 관찰하는 데 수업 시간을 더 할애해야 한다는 것이다. 교사는 학생들이 보이는 좋은 행동보다 수업저해 행동에 지나치게 관심을 가진다. 매일 교사는 평소 눈에 띄지 않았던 학생들의 좋은 수업 행동을 관찰하는 데 초점을 두어야 한다.

되돌아보기/앞날을 생각하기
학급관리에 대한 새로운 경향은 학생이 자기조절을 하도록 지도하고 외적으로 덜 통제하는 것을 강조하고 있다. 제11장 '학급관리'와 연계해 생각해보자.

조작적 조건화와 응용행동분석에 대한 평가

조작적 조건화와 응용행동분석은 교수법에 많은 기여를 해왔다(Alberto & Troutman, 2017). 행동 결과를 강화하고 처벌하는 것은 교사와 학생들 삶의 일부이다. 교사는 성적평가를 하고, 칭찬하고 훈계하며 웃고 인상을 찌푸린다. 그러한 행동 결과가 학생의 행동에 어떤 영향을 주는지에 대해 배우는 것은 교사로서 능력을 함양시키는 것이다. 행동주의 기법이 효과적으로 사용되면 학급관리에 도움이 될 것이다. 특정 행동에 대한 강화는 학생들의 수행을 증진시키고 다루기 힘든 학생들도 바람직한 행동을 더 많이 하도록 할 수 있다.

조작적 조건화와 응용행동분석을 비판하는 학자들은 행동의 외적 통제를 지나치게 강조하고 있다고 주장한다. 학생들이 스스로 행동을 통제하고 내적으로 동기를 부여하는 것이 더 나은 전략이라고 주장한다. 일부 비평가들은 행동을 변화시키는 것은 보상이나 처벌이 아니라 특정 행동을 하여 보상을 받거나 처벌을 받을 것이라는 신념과 기대라고 보기도 한다(Schunk, 2016). 다시 말해, 이런 행동주의 이론은 학습 시 나타나는 인지 과정을 적절히 다루지 못하고 있다(Aschcraft & Radvansky, 2016). 비평가들은 또한 조작적 조건화가 적절하게 사

조직적 조건화와 응용행동분석이 효과적으로 사용되면 학급관리에 어떻게 도움이 될까? 이런 접근에 대한 비판은 무엇인가?

© Fuse/Corbis/Getty Images RF

용되지 않아서 나타날 수 있는 잠재적 윤리 문제를 지적한다. 이는 교사가 먼저 강화 전략을 고려하지 않고 바로 처벌을 주는 경우나 바람직한 행동에 대한 정보를 학생에게 알리지 않고 처벌을 줄 때 나타날 수 있다. 그리고 또 다른 비판점은 교사가 응용행동분석에 시간을 너무 많이 할애해 학생들의 행동에만 관심을 보이면 교과학습 시간이 충분치 않을 수 있다는 것이다. 학급관리를 다루는 장(제11장 참조)에서 학생의 행동에 관해 더 논의해보도록 하자.

복습하기, 성찰하기 그리고 연습하기

❸ **교육에 응용행동분석을 적용한다.**

복습하기

- 응용행동분석은 무엇인가?
- 바람직한 행동을 증가시키는 여섯 가지 방법은 무엇인가?
- 바람직하지 않은 행동을 감소시키는 네 가지 방법은 무엇인가?
- 조작적 조건화와 응용행동분석이 효과적으로 사용된 것과 비효과적으로 사용된 것에는 무엇이 있는가?

성찰하기

- 바람직한 행동을 증가시키는 여섯 가지 방법이 교육환경에 어떻게 적용되는지 여러분이 경험한 예를 들어 각각 설명하라.

연습하기

1. 교육에 적용된 응용행동분석에 해당되지 않는 것은 무엇인가?
   a. 바람직하지 않은 행동을 반성하도록 한다.   b. 바람직한 행동을 증가시킨다.
   c. 촉구와 행동조성을 사용한다.   d. 바람직하지 않은 행동은 감소시킨다.

2. 샌더스 선생님은 학생들이 쉬는 시간이 끝나면 조용히 수업준비를 하기 바란다. 학생들은 수업 시간이 시작되어도 시끄럽게 떠들고 있어 조용히 시키는 것이 어려울 때가 있다. 학생들이 수업이 시작되면 조용히 수업에 집중해야 한다는 것을 상기시키기 위해 샌더스 선생님은 교실 등 스위치를 껐다 켜는 것을 반복한다. 그러면 학생들은 바로 조용해지고 수업에 집중하기 시작한다. 응용행동분석에 따르면, 샌더스 선생님이 교실 등 스위치를 껐다 켰다 하는 것은 무엇인가?
   a. 촉구   b. 처벌
   c. 강요   d. 행동조성

3. 시드는 수업에 골칫거리가 되는 학생이다. 시드는 수업에서 조용히 해야 할 때 큰 소리로 떠든다. 또한 교사의 허락도 없이 자리에서 일어나 돌아다닌다. 시드는 가끔 수업 진행을 방해하기도 한다. 마린 선생님은 타임아웃을 사용해 시드가 수업저해 행동을 할 때마다 교실 밖 복도에 서 있게 한다. 하지만 시드는 계속 수업저해 행동을 한다. 한번은 마린 선생님이 시느가 타임아웃을 질하고 있는지 보려고 복도로 갔더니 다른 반 친구와 축구공을 발로 주고받고 있었다. 왜 타임아웃은 시드에게 효과적이지 않은가?
   a. 마린 선생님이 시드에게 혐오 자극을 적절히 주지 않았다.
   b. 마린 선생님이 차별적인 강화를 효과적으로 사용하지 않았다.
   c. 시드는 교실에 있는 것이 강화를 받는 것으로 보고 있다.
   d. 시드는 복도에 있는 것이 강화를 받는 것으로 보고 있다.

4. 응용행동분석 방법에 대해 비판하는 사람들은 응용행동분석 방법이 교실에 적용될 때 생기는 문제점을 지적한다. 그 문제점은 무엇인가?
   a. 학생들에게 신체 학대를 야기할 수 있다.   b. 효과적이지 않을 것이다.
   c. 학업 시간을 빼앗을 것이다.   d. 행동의 외적 통제를 강조할 것이다.

정답은 '연습하기 정답' 참조

학습목표 4
사회인지 이론에 대해 요약·정리한다.

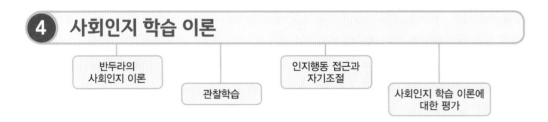

4 사회인지 학습 이론

반두라의 사회인지 이론 · 관찰학습 · 인지행동 접근과 자기조절 · 사회인지 학습 이론에 대한 평가

앨버트 반두라, 사회인지 학습 이론의 창시자
© Dr. Albert Bandura

되돌아보기/앞날을 생각하기
성격 5요인은 외향성, 개방성, 친화성, 성실성, 신경성(정서적 안정성)이다. 제4장 '개인 변인'과 연계해 생각해보자.

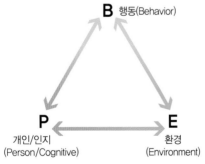

그림 6.7 반두라의 사회인지 이론
반두라의 사회인지 이론에서는 행동, 환경, 개인/인지적 요인의 상호작용을 강조한다.

사회인지 이론 행동과 사회적 요인, 인지적 요인 모두가 학습에 중요한 기능을 한다고 반두라가 주창한 이론

학생이 가지는 생각이 태도와 학습에 영향을 미치기 때문에 인지 학습 이론이 제안되어 왔다. 이 장에서는 사회인지 이론을 필두로 몇 가지 사회인지적 접근에 대해 살펴보고자 한다. 이 이론은 행동주의에서 발전되어 점차 인지적 성격을 띠게 된다(Spiegler, 2016).

반두라의 사회인지 이론

사회인지 이론(social cognitive theory)은 학습에서 행동뿐 아니라 사회적 요인과 인지적 요인이 하는 역할도 중요하다는 것을 보여준다. 인지적 요인에는 학생이 가지는 성공에 대한 기대가 있으며, 사회적 요인에는 학생들이 부모가 보이는 성취 행동을 관찰하는 것이 있다. 사회인지 이론은 점차 교실에 적용 가능한 전략을 설명하는 주요 근거가 되고 있다(Schunk, 2016).

앨버트 반두라(Bandura, 1986, 1997, 2001, 2009, 2012, 2015)는 사회인지 이론을 주창한 학자이다. 반두라는 학생이 학습하는 과정에 인지적으로 경험을 재현하거나 재구성한다고 설명한다. 반면 조작적 조건화에서는 연합이 환경에서 얻은 경험과 행동의 관계에서만 일어난다고 것으로 보았다.

반두라는 행동, 개인/인지, 환경의 세 가지 주요 요소로 구성된 **상호결정주의 모형**을 개발하였다. 그림 6.7과 같이 이 요소들은 상호작용하여 학습에 영향을 준다. 즉 환경적 요소가 행동에 영향을 주고, 행동은 환경에 영향을 주고, 개인(인지) 요소는 행동에 영향을 주는데, 이 상호작용은 반복된다. 반두라는 개인(person)이라는 용어를 사용했지만, 필자는 반두라가 설명한 개인 요소가 인지적인 성격이 강하므로, 이를 개인/인지(person/cognitive)라는 용어로 바꿔 사용하였다. 반두라는 개인 요소를 인지적인 측면보다는 성격이나 기질적 특성으로 설명한다. 그런 요소는 내성적이거나 외향적이며, 활동적이거나 비활동적이고, 편안하거나 불안하고, 친화적이거나 비친화적인 것을 의미할 수 있다. 인지적 요소에는 기대, 신념, 태도, 전략, 사고, 지능이 포함된다. 감정의 자기 조절이나 기질 같은 정의적 요소는 개인/인지적 요소에 포함된다.

고등학생 손드라가 보이는 성취 행동에서 반두라의 모형은 어떻게 작용되는지 생각해보자.

- **인지는 행동에 영향을 준다.** 손드라는 문제해결 방법을 깊이 있고 논리적으로 생각하는 인지 전략을 수립한다. 인지 전략은 성취 행동을 개선한다.
- **행동은 인지에 영향을 준다.** 손드라가 공부를 하는 행동이 좋은 성적을 받도록 했고, 결과적으로 자신의 능력에 긍정적으로 기대하게 하고 자신감(인지)을 갖게 했다.
- **환경은 행동에 영향을 준다.** 손드라가 다니는 학교는 효율적인 노트필기 방법과 시간관리 방법, 시험치기 전략을 학생들에게 알려주는 학습기술 프로그램을 개발하여 손드라를 예비 연구에 참여시켰다. 학습기술 프로그램은 손드라가 성취 행동을 향상시키는 데 도움이 되었다.
- **행동은 환경에 영향을 준다.** 학습기술 프로그램은 손드라의 반에 있는 많은 학생들의 성취 행동 향상에 성공적인 것으로 나타났다. 학생들의 향상된 성취 행동이 계기가 되어 해당 프로그램

을 확대 실시하여 손드라의 학교에 다른 모든 고등학생이 참여하게 되었다.
- **인지는 환경에 영향을 준다.** 교장과 교사들의 기대와 계획이 학습기술 프로그램을 도입할 수 있도록 하였다.
- **환경이 인지에 영향을 준다.** 학교는 학생들과 학부모들의 학습기술 향상 지원하는 도서와 사료를 대출해주는 지원센터를 개설하였다. 지원센터에서는 학생들에게 학습기술 튜터링 서비스도 제공한다. 손드라와 부모는 센터에서 자료를 대출하고 튜터링 서비스를 받는다. 지원받은 자료와 서비스는 손드라의 사고기술을 증진시킨다.

반두라의 사회인지 이론에서 개인/인지 요인은 중요한 역할을 한다. 반두라(Bandura, 2009, 2015)가 가장 최근에 강조한 개인/인지 요소는 자기효능감이다. **자기효능감**(self-efficacy)은 개인이 그 상황을 통제할 수 있으며 긍정적인 결과를 얻을 수 있다는 신념이다. 반두라(Bandura, 2009, 2010c)는 자기효능감이 행동에 강력한 영향을 준다고 주장한다. 예를 들어, 자기효능감이 낮은 학생은 좋은 시험 점수를 받을 수 있다고 믿지 않기 때문에 공부를 하려고 하지 않는다. 자기효능감은 제10장 '동기, 교수, 학습'에서 더 자세히 설명할 것이다.

다음으로 반두라의 관찰학습 과정에 대해 살펴볼 것이다. 관찰학습 과정은 반두라 이론의 또 다른 학문적 주요 개념이다. 관찰학습에 관해 읽으면서 개인/인지 요소가 어떻게 관여되는지 주목해서 보자.

관찰학습

관찰학습(observational learning)은 타인을 관찰하여 기술, 전략, 신념을 습득하면서 학습하는 것이다. 관찰학습은 모방과 관련이 있지만, 모방에 국한된 것은 아니다. 학습은 모델이 된 행동을 똑같이 모방하는 것이 아니라 관찰자가 창의적인 방식으로 적용하는 일반적 형태나 전략이다. 관찰로 학습 패턴을 익히는 능력은 사소한 시행착오를 없애준다. 많은 경우 관찰학습은 조작적 조건화보다 적은 시간이 걸린다.

그림 6.8 반두라의 관찰학습 모형
반두라의 관찰학습 모형에는 주의, 파지, 운동재생산, 동기화의 네 가지 과정이 있다.
© Jeffry W. Myers/Getty Images

관찰학습 과정 반두라(Bandura, 1986)는 관찰학습에서 네 가지 핵심 과정을 기술하는데, 그것은 주의, 파지, 운동재생산, 동기화이다(그림 6.8 참조).

- **주의**(attention). 학생이 모델의 행동을 생산하기 전, 학생은 그 모델이 하는 행동과 말에 주의를 기울여야 한다. 모델에게 주의를 기울이면서 그 모델의 성격 특성에 영향을 받는다. 예를 들어, 따뜻하고 힘이 있고 독특한 사람은 차갑고 힘이 없어 보이며 평범한 사람에 비해 더 주의를 끈다. 학생들은 높은 지위에 있는 모델에게 낮은 지위에 있는 모델보다 더 관심을 보인다. 대부분의 경우 교사는 학생들에게 높은 지위의 모델이다.
- **파지**(retention). 모델의 행동을 재생산하기 위해 학생들은 정보를 부호화하여 기억하고 그 정보를 인출할 수 있어야 한다. 그 모델이 보였던 모습에 대한 간단한 언어로 표현하거나 생생한 이미지를 만드는 것은 학생들의 파지(기억저장)에 도움이 된다. 예를 들어, 교사는 수학 문

되돌아보기/앞날을 생각하기
교사의 자기효능감은 학생들의 학습질에 미치는 영향이 크다. 제10장 '동기, 교수, 학습'과 연계해 생각해보자.

되돌아보기/앞날을 생각하기
주의의 네 가지 형태는 선택, 분리, 유지, 실행이다. 제7장 '정보처리 접근'과 연계하여 생각해보자.

되돌아보기/앞날을 생각하기
기억작업은 정보의 부호화, 저장, 인출로 진행된다. 제7장 '정보처리 접근'과 연계해 생각해보자.

자기효능감 개인이 상황을 통제해 긍정적인 결과를 얻을 수 있다는 신념

관찰학습 타인을 관찰하여 기술, 전략, 신념을 습득하면서 학습하는 것

그림 6.9 반두라의 보보인형 실험 : 공격성의 관찰학습

(왼쪽) 성인 모델이 보보인형을 공격하고 있다. (오른쪽) 공격적 행동을 관찰한 유치원생이 그 행동을 모방한다.

© Dr. Albert Bandura

제 푸는 방법을 시범을 보이며 "내가 이 문제를 푸는 정확한 방법을 보여 줄게요. 여러분은 첫 번째 단계에서는 이렇게 하고, 이것이 두 번째 단계이고, 이것이 세 번째 단계예요"라고 말한다. 다른 학생의 감정을 배려하는 것이 중요하다는 것을 보여주는 알록달록한 캐릭터가 등장하는 동영상을 보여주는 것이 교사가 학생들에게 그냥 말로 이렇게 하라고 말하는 것보다 기억이 더 잘될 것이다. 그런 알록달록한 캐릭터는 아동 대상 프로그램인 새서미 스트리트의 인기 비결이다. 학생들의 파지는 교사가 생생하고 논리적이며 분명한 시연을 보여줄 때 향상될 것이다.

- **운동재생산(production).** 학생들은 모델에 주의를 기울이고, 보았던 것을 기억으로 부호화하게 된다. 하지만 운동 능력에 한계가 있기 때문에 그 모델의 행동을 재생산할 수 없다. 열세 살 남학생은 농구선수인 르브론 제임스와 골프 선수인 미셸 위가 운동 기술을 완벽하게 구현하는 것을 매체로 시청하고, 유명 피아니스트나 예술가를 관찰하지만 그런 전문가들의 운동 능력을 재생산할 수 없다. 학생들을 가르치고 코치하고 연습시킴으로써 학생들의 운동기능은 증진된다.

- **동기화(motivation).** 학생들은 모델의 언행에 주의를 기울이고, 기억에 정보를 저장하고, 그 행동을 실행하는 행동 기술도 가지고 있지만, 모델이 한 행동을 재생산하기 위해 충분히 동기화된 것은 아니다. 반두라(Bandura, 1965)의 보보인형 실험에서 그 모델이 처벌받는 것을 본 아이들이 처벌 받은 모델의 공격적 행동을 재생산하지 않았다(그림 6.9 참조). 하지만 강화물이나 인센티브(스티커, 음료)를 받는 것을 관찰하게 되자 그 모델의 행동을 모방하였다.

반두라는 관찰학습이 일어나는 데 강화물이 꼭 필요한 것은 아니라고 주장한다. 그러나 아이가 바람직한 행동을 재생산하지 않는 경우 다음 네 가지 종류 강화물이 효과적이다. (1) 모델에게 보상을 준다. (2) 아이에게 보상을 준다. (3) 아이에게 "좋아, 해냈어!" 또는 "그래, 이 모든 것을 잘하고 있어. 계속 열심히 하다 보면 나머지도 잘 해낼 수 있을 거야"와 같은 자기강화하는 말을 하도록 가르친다. (4) 어떻게 그 행동으로 강화 결과를 얻을 수 있는지 보여준다.

학급에서 모델 학생들의 삶에서 교사는 중요한 모델이 될 것이다. 학생들은 매일 교사의 행동을 셀 수 없이 많이 관찰할 것이다. 교사는 교육적 목적으로 시범을 보이면서 관찰학습을 적용하게 된다. 교사는 학생들에게 문제해결 방법을 설명하고 보여주면서 학습과제를 잘 완수하도록 한다. 예를 들어, 교사는 서술형 과제의 개요를 작성 방법을 보여주거나 파워포인트 프레젠테이션을 보여줄 수 있다. 또한 학생들은 모델을 관찰함으로써 더 반성적이고 비판적으로 사고할 수 있다.

학생들은 교실에서 교사의 행동을 관찰학습할 뿐 아니라 부모, 멘토, 또래를 포함한 많은 모델을 관찰하면서 배우게 된다. 학생들은 특히 유능하고 권위 있는 인물의 행동을 주의 깊게 보고 배우려는 경향이 있다(Schunk, 2016). 예를 들어, 교사는 유명 프로 운동선수를 수업에 초청해 독서를 하고 학교생활을 성실히 하는 것이 얼마나 중요한지 이야기하는 시간을 마련할 수 있다. 그 운동선수의 위상 덕분에 학생들은 운동선수의 말에 주의를 기울이며 권유하는 행동을 하려는 동기가 고취될 수 있다.

그리고 또래가 교실에서 중요한 모델이 될 수 있다(Wentzel & Muenks, 2016). 학생이 또래친구가 학업과 학교생활을 모범적으로 잘 해내는 것을 관찰하고, 특히 그 또래친구가 그 학생이 좋아하거나 선망하는 대상이면, 학교생활을 성실히 잘하려는 그 학생의 자아효능감도 높아질 것이다.

켄 브리스코는 미국 콜로라도주 오로라시에 있는 멘토이다. 이 사진에서 켄 브리스코는 폭력조직에 가담할 가능성이 있는 잠재적 위험군인 8학년 학생을 멘토링하고 있다.

© Helen H. Richardson/The Denver Post/Getty Images

교실에서 아이들과 청소년들이 관찰하고 상호작용하는 모델에 대해 고민할 점은 민족이나 성별 다양성이 부족한 것이다. 최근 수십 년간 미국 학교에 재학 중인 학생들은 점차 민족적으로 다양해졌지만, 교사들은 비라틴계 백인 여성이 대부분이다. 2012년 약 18%의 미국 공립학교 학생들이 아프리카계 미국인이었지만, 교사들 중 7%만 아프리카계 미국인이었다(National Center for Education Statistics, 2015). 그 시기에 미국 공립학교 학생 중 24%가 라틴계였지만, 라틴계 교사의 비율은 8%에 불과했다. 대다수 미국 공립학교에는 여전히 소수민족 출신 교사가 부재한 상태이다.

2012년 76%의 공립 초·중등학교 교사가 여성이었으며, 24%가 남성이었다(National Center for Education Statistics, 2015). 남교사 중 약 10%가 초등학교 교사였으며, 절반가량이 중학교 교사였다(이들 중 상당수가 추가 수당으로 운동부 코치 겸직). 그리고 1.8%의 초등 및 중학교 교사가 아프리카계 미국인 남성이었고, 1.6%가 라틴계 남교사였다(Toldson & Lewis, 2012).

DIVERSITY

RESEARCH

민족 배경을 고려하지 않고, 지역사회에서 학생들에게 맞는 멘토를 찾아보자. 특히 저소득층 가정 학생들과 주변에 좋은 롤모델이 부족한 학생에게 맞는 멘토를 찾아보자. 예를 들어, 3 대 1 멘토링 프로그램의 목표는 소수민족 출신 남학생 1명을 소수민족 출신 롤모델 3명과 연결시켜 주는 것이다. 멘토링 프로그램은 미국 달라스 세인트루크 교회 담임목사 자크 홈스의 설교에 여러 아프리카계 미국인 남성들이 도전을 받아 시작되었다. 그 설교에서 레버렌드 홈스는 교인들에게 자녀와 좋은 롤모델이 없는 지역사회 아이들을 더욱 관심을 가지고 보살펴줄 것을 당부했다. 남성 200명과 4~18세 남학생 100명이 3 대 1 멘토링 프로그램에 참여하였다. 자녀가 있는 프로그램 참여자도 다수가 되었다. 레너드 베리는 의사이며, 아들 2명과 딸 1명을 자녀로 두고 있다. 베리는 홈스목사의 설교를 듣고 과외 학습과 다양한 스포츠 및 문화 행사로 구성된 멘토링 프로그램에 정기적으로 참여한다. 멘토는 아이들과 휴스턴에 있는 존슨우주센터에 방문하기도 한다. 여러분과 장래 여러분 학생들 삶의 모델과 멘토 역할을 평가하도록 **자기평가 1**을 작성해보자.

최근 교사들이 교실에서 관찰학습을 어떻게 활용하고 있는지 문의한 바 있다. 그에 대한 응답은 다음과 같다.

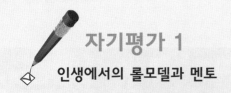

자기평가 1

인생에서의 롤모델과 멘토

좋은 롤모델과 멘토와의 만남은 개인이 발달하고 잠재력을 완전히 발휘하는 데 중요하다. 첫째, 여러분의 삶에서 중요한 역할을 한 롤모델과 멘토의 영향력을 평가하라. 둘째, 여러분이 가르칠 학생들에게 되고 싶은 롤모델의 유형에 대해 생각해보자. 셋째, 여러분은 어떻게 다른 롤모델과 멘토를 학생들의 삶에 통합시켜 받아들이게 할 것인지 아이디어를 생각해보자. 넷째, 여러분의 교육 멘토는 누구일지 탐색해보자.

나의 롤모델과 멘토

여러분의 삶에서 가장 중요한 롤모델과 멘토를 나열해보자. 그리고 여러분의 발달에 좋은 모델링과 멘토링이 어떤 의미를 주었는지 기술해보자.

롤모델과 멘토   **기여점**

1. _____   _____

2. _____   _____

3. _____   _____

4. _____   _____

5. _____   _____

내가 가르칠 학생들을 위해 되고 싶은 롤모델 유형

여러분이 가르칠 학생들에게 롤모델이 되는 데 가장 중요하다고 생각하는 특성과 태도에 대해 기술하라.

1. _____   _____

2. _____   _____

3. _____   _____

4. _____   _____

5. _____   _____

나는 어떻게 롤모델과 멘토들을 담임학급에 받아들일 것인가?

여러분이 가르칠 수학, 영어, 과학, 음악 과목 등 학생들의 일상에서 롤모델과 멘토를 소개하기 위한 체계적 계획을 세워보자.

_____

_____

나의 교육멘토는 누구일까? 나의 이상적 교육멘토는 어떤 사람인가?

여러분이 교사가 되었을 때 교육 멘토가 되었던 사람을 떠올릴 수 있는가? 만약 그렇다면, 그 사람에 대해 기술해보라.

_____

여러분의 이상적인 교육 멘토는 어떤 사람인가?

_____

_____

유치원 교사 유치원생들은 비공식적 관찰을 하는 데 많은 시간을 보내며, 타인을 모방하고 그 사람과 비슷한 결과를 얻을 수 있는지 알고 싶어 합니다. 예를 들어, 교사가 아이들에게 복도에서 뛰지 말고 걸어가야 한다고 말하고, 복도에서 뛰지 않고 걸어가는 아이에게 칭찬해주면, 뛰어다니던 아이들이 속도를 줄여 걸어가면서 자신도 교사에게 칭찬받기를 바랍니다.

–하이디 카우프만, 메트로웨스트 YMCA 아동돌봄 및 교육 프로그램

초등학교 교사 저는 초등학교 학생들이 관찰과 경험으로 적절한 행동을 배운다고 생각합니다. 학급 규칙을 학년 초에 정하고 학생들과 합의합니다. 나는 효과적인 학습 행동을 하는 모델이 되고, 학생들이 그 행동을 하면 알아채고, 학습 기술을 가르치며, 학생들이 보인 좋은 행동기술을 언급하며 매 수업을 마칩니다.

–케런 아브라, 세크리드하트초등학교

중학교 교사 저는 중학교 1학년 학생들에게 관찰학습을 늘 적용합니다. 저는 학생들과 토의를 할 때 뿐 아니라 제가 기대하는 바를 학생들에게 보여줄 때 학생들이 제가 기대하는 것을 이해한다고 확신합니다. 예를 들어, 제가 학년 초에 체크리스트를 만들어 학생들의 수행을 평가하고 진보 정도를 점검합니다. 그리고 나서 우리는 개별과 그룹별로 체크리스트를 보고 학업수행을 개선할 수 있는 방법이나 달성하고 싶은 목표에 도달하기 위해 필요한 행동에 대해 의논합니다.

–케이시 마스, 에디슨중학교

TECHNOLOGY

고등학교 교사 고등학교 미술 교사로서 저는 시각적이고 실습이 가능한 창의적인 장소에서 일할 수 있어서 운이 좋은 편입니다. 일대일 실습이나 그룹별 혹은 학급 단위 강의나 실습을 하면서 학생들은 미술기법을 관찰하며 배웁니다.

–데니스 피터슨, 디어리버고등학교

DEVELOPMENT

미디어에서 롤모델 : 새서미 스트리트 프로그램의 예 아이들은 미디어에서 보여주는 수많은 모델에 노출되어 있다. 그래서 이런 경험은 바람직해야 한다. 새서미 스트리트라는 미국 TV 프로그램은 유익한 교육 프로그램으로, 아이들에게 좋은 관찰 교육 기회를 많이 제공한다. 이 프로그램은 1969년부터 방영되기 시작해 여전히 인기리에 방송되고 있다. 새서미 스트리트가 주는 중요한 교훈은 학습은 흥미로워야 하고 즐거움을 주는 것이어야 한다는 것이다. 최근 14개국 실시된 메타분석 연구에서 새서미 스트리트 TV 프로그램을 시청하는 것이 인지적 기술, 세상에 대한 이해, 사회적 추론과 소수집단을 대하는 태도에 있어 긍정적인 결과를 보인다고 밝히고 있다(Mares & Pan, 2013).

'새서미 스트리트'에서 얻을 수 있는 교육적 시사점은 무엇인가?

© Scott J. Ferrell/Congressional Quarterly/Alamy

인지행동 접근과 자기조절

조작적 조건화는 여러 응용 방법이 생겨나고 다양한 실제 환경에 적용되게 되었으며, 인지행동적 접근에 대한 관심도 그러한 응용 방법을 생성하도록 하였다. 기원전 5세기경, 중국 철학자인 공자는 "사람에게 물고기를 주면

학생과 연계하기 : 최고의 실천
관찰학습을 적용한 효과적인 전략

1. *여러분이 교사로서 어떤 유형의 모델로 학생들에게 보여질 것인지 생각해본다.* 매일 몇 시간씩 학생들은 여러분의 말과 행동을 보고 듣게 될 것이다. 학생들은 여러분 주변에 머물면서 많은 정보를 받아들이게 될 것이다. 학생들은 여러분은 좋고 나쁜 습관, 높거나 낮은 교사의 기대 수준, 열정적이거나 무력한 교사 태도, 통제되거나 통제되지 않은 스트레스 대처방식, 양성평등 혹은 양성차별적 태도, 그 밖의 많은 교사의 행동을 배우게 될 것이다. 좋은 전략은 교사가 학생들이 습득하기를 바라는 행동을 하는 것이다.

2. *새로운 행동을 시범 보이고 가르쳐준다.* 시범이란 교사가 학생들의 관찰학습 대상이 되는 것이다. 수학 문제 풀이, 읽기, 쓰기, 논리적으로 생각하기, 분노조절이나 신체운동기술 등 뭔가 하는 법을 시범으로 보여주는 것은 교사가 흔히 사용하는 교수법이다. 예를 들어, 교사가 문장을 어떻게 다이어그램으로 그리고, 방정식 문제를 푸는 전략을 사용하고, 농구공을 골대에 넣는 방법을 시범을 보일 것이다. 시범을 보일 때 교사는 학생들이 학습 상황에서 보이는 세부 정보에 주의를 기울이도록 지도해야 한다. 그리고 교사의 시범은 명확해야 하며 논리적 절차에 따라 이루어져야 한다.

3. *또래친구를 효과적인 모델이 되게 하는 방법을 생각해본다.* 교사는 교실에서 유일한 모델이 아니다. 학생들은 또래의 좋고 나쁜 습관과 높거나 낮은 목표의식 등을 배우게 된다. 학생들은 높은 지위를 가진 모델을 모방할 때 더 의욕적이라는 사실을 명심하라. 학생들보다 나이가 많은 상급학생들이 동학년 또래보다 더 높은 지위를 가진 대상이다. 그래서 성적이 우수한 상급학생이 교사가 학급학생들이 습득하기 바라는 행동을 어떻게 하는지 보여주는 것은 좋은 전략이 된다. 능력 수준이 낮거나 학업수행을 잘 하지 못하는 학생에게는 열심히 공부하여 결국 좋은 학습 행동을 하게 된 성취속도가 느린 학생이 좋은 모델이 될 수 있다. 또래협력과 또래튜터링은 제9장 '사회적 구성주의 접근'에서 더 다루도록 하겠다.

4. *멘토가 좋은 모델이 될 수 있는 방법에 대해 생각해본다.* 교사와 학생은 멘토로부터 많은 도움을 받는다. 멘토는 존경할 만한 인물이고, 유능한 모델이 되며 함께 작업하면서 학생들이 목표를 달성할 수 있도록 하는 사람이다. 일주일에 몇 시간 동안 멘토와 학생이 함께 있는 것만으로도 학생들의 삶은 달라질 것이다. 특히 학생의 부모가 좋은 롤모델이 되지 못한 경우에 더 그러할 것이다. 교사로서 여러분의 잠재적 멘토는 경험이 많은 교사일 것이다. 그 교사는 같은 학교에 근무하고 있으며 여러분이 대처해나가야 할 같은 문제와 이슈를 다루어본 경험이 풍부한 대상일 것이다.

5. *어떤 초대강사가 학생들에게 좋은 모델이 될지 평가해본다.* 초대강사의 특강을 교사와 학생들의 일상적인 교실 분위기를 전환할 계기를 삼자. 학생들에게 의미 있는 말과 시범을 보여줄 수 있는 대상을 초청하자. 가드너의 다중지능 이론을 떠올려보자. 교사가 학생들에게 충분히 좋은 모델이 되지 못한 영역(신체운동, 음악, 미술 등)이 있다면 그 분야에 전문성이 있는 지역사회 인사를 초청할 수 있다. 모델이 될 대상을 교실에 초청해 그들이 가지고 있는 전문적 기술을 보여주고 이야기를 나눠보는 시간을 갖는다. 초청강연을 계획하기 힘든 상황이라면, 학생들이 좋은 모델이 일하는 현장에 가서 보고 실습도 해볼 수 있는 현장체험학습을 계획해보자. '교사의 시선'에서는 4학년 학급교사가 좋은 롤모델을 교실로 초청한 사례가 제시되어 있다.

교사의 시선 : 판사님이 오십니다

우리 지역 지방법원 판사는 청소년 행동 문제를 근절하는 데 예방적 역할을 하도록 임무를 부여받고 있다. 6~7명 소그룹으로 구성된 지역사회 주민들과 동행해 판사가 초등학교 4학년 교실에 방문해 학교폭력에 대한 역할극을 보여주었다. 역할극은 학교버스에서 한 학생이 전체 학생들로부터 놀림을 받는 내용이었다. 그리고 역할극에서 한 학생이 나서서 그 집단따돌림 행동을 그만두게 하는 장면이 이어졌다. 학생들은 역할극에서 학교폭력을 당하게 되면 어떤 조치를 취해야 하며, 학교폭력 가해학생을 어떻게 도울 수 있는지 배우게 되었다. 판사의 학교방문은 학생들에게 좋은 인상을 남기게 되었다.

6. *아이들은 TV나 동영상, 디지털 자료를 시청하면서 모델을 관찰하게 된다.* 학생들은 TV 프로그램이나 동영상, 영화를 보거나 수업 시간과 컴퓨터, 모바일 기기에서 디지털 자료를 접하게 되면서 모델을 관찰하게 된다. 관찰학습의 원리가 이런 미디어에도 적용된다. 예를 들어, 학생이 높은 지위나 낮은 지위에 있는 미디어 속 모델을 매력적이거나 지루하다고 받아들인다면, 이런 관찰학습은 어느 정도 영향을 미칠 수 있다.

TECHNOLOGY

그를 하루만 먹일 수 있으나, 물고기 낚는 법을 가르치면 그를 일생동안 먹일 것이다"라고 했다. 인지행동적 접근과 자기조절에 대해 읽으면서 공자의 통찰을 되새겨보기 바란다.

인지행동적 접근 인지행동적 접근(cognitive-behavioral approach)은 학생들이 외적 요인에 의해 통제받기보다 행동을 자기 스스로 관찰하고, 관리하고, 조절하는 것을 강조하는 것이다. 이것이 인지행동수정(cognitive behavior modification; Spiegler, 2016)이다. 인지행동적 접근은 행동에 대한 사고의 영향을 강조하는 인지심리학과 행동을 변화시키는 기법을 강조하는 행동주의 모두에 이론적 기반을 두고 있다. 인지행동적 접근은 학생들이 가진 오개념을 바꾸고, 대처기술을 함양하도록 하며 자기통제력을 향상시키고, 자기성찰을 권장한다(Miltenberger, 2016).

자기교수법(self-instructional method)은 행동을 스스로 교정하는 것을 목표로 하는 인지행동적 기법이다. 자기교수법은 사람들이 자기 자신에게 말한 것을 바꿔나가도록 하는 것이다.

인지행동적 접근 개인이 외적 요인에 의해 통제받는 것이 아니라 행동을 자기 스스로 관찰하고, 관리하고, 조절하여 행동을 변화시키는 것

자기교수법 자신의 행동을 스스로 교정하는 것을 목표로 하는 인지행동적 기법

　고등학생이 대학수학능력평가를 앞두고 극도로 불안해하고 긴장하는 상황을 가정해보자. 학생은 스스로에게 긍정적으로 말하면서 기운을 낼 수 있다. 다음은 학생과 교사가 그런 스트레스 유발 상황을 좀 더 효과적으로 대처할 수 있게 하는 자기대화 전략이다(Meichenbaum, Turk, & Burstein, 1975).

- 불안이나 스트레스에 대비한다. "내가 무엇을 해야 하지?" "이것에 대처하도록 계획을 짜야겠어." "나는 그저 내가 할 일만 생각하겠어." "걱정하지 말자. 걱정해봤자 아무 소용이 없잖아." "나는 쓸 수 있는 전략이 많아."
- 불안이나 스트레스에 직면하며 대처한다. "도전을 기꺼이 받아주지." "한 번에 하나씩 해나가다 보면 될 거야." "이것을 잘 처리할 수 있어. 편안히 마음먹고, 심호흡을 하고, 내가 가진 여러 전략 중 하나를 써보자." "스트레스에 대해 생각하지 말자. 그저 내가 해야 할 일만 생각하자."
- 위기 순간에 감정조절을 한다. "난 무엇을 해야 하지?" "내가 점점 더 불안해한다는 것을 인식하고 있어. 난 그저 내 자신만 잘 다스리면 돼." "불안해지면, 잠시 하던 일을 멈추고, 계속해서 내가 할 일에만 집중하는 거야."
- 자기강화를 한다. "잘했어, 해냈어." "그걸 잘 해결했어." "거봐. 내가 잘 해낼 줄 알았어." "내가 해냈다는 것을 보여줄 때까지 조금만 더 참고 견디자."

　많은 사례에서 사용된 전략은 부정적인 자기대화를 긍정적으로 바꾸는 것이다. 예를 들어, 한 학생이 자기 자신에게 "난 이 일을 내일까지 결코 마무리 못 할 거야"라고 말한다. 이 자기대화는 다음과 같이 긍정적인 내용으로 대체될 수 있다. "그래 어려울 수 있어. 그렇지만 해낼 수 있을 것 같아." "이 일을 스트레스받는 일이 아니라 도전으로 생각하자." "정말 열심히 하면, 내일까지 마무리할 수 있을 거야." 또 다른 사례로 학급 토론에 참여하는 학생은 "다른 친구들이 전부 나보다 더 많이 아는데 내가 뭘 말할 수 있겠어?"라는 부정적인 생각을 다음과 같이 긍정적으로 바꿀 수 있다. "나도 다른 친구들만큼은 말할 수 있어." "내 아이디어는 다를지 모르지만, 그래도 좋은 아이디어야." "조금 긴장해도 괜찮아. 마음을 편히 가지고 말을 시작해보자." 그림 6.10은 한 5학년 학급 학생들이 다른 사람의 의견을 듣거나, 계획하거나 작업을 하거나 점검하는 동안 어떻게 자기대화를 할지 숙지하기 위해 제작한 포스터이다.

　긍정적 자기대화는 교사와 학생이 잠재력을 최대한 발휘할 수 있게 한다. 이와 반대로 부정적인 생각은 자기충족적 예언이 된다. 할 수 없다고 생각하기 때문에 하지 않는다. 부정적 자기 대화가 여러분에게 문제가 된다면, 일과 중 짬이 날 때 다음과 같이 자문해보라. "지금 내가 자신에게 무슨 말을 하고 있지?" 여러분이 스트레스를 받을 수 있는 상황이라고 생각할 때가 자기대화를 살펴보기 가장 좋은 시간이다. 그리고 학생들의 자기대화도 관찰해보자. 학생이 "난 이거 못 해", 혹은 "나는 너무 느려서 이것을 못 끝낼 거야"라고 하는 말을 들으면, 그 부정적 자기대화를 긍정적인 것으로 대체하도록 함께 시간을 보내주자.

　인지행동주의자는 학생들이 자신의 행동을 관찰하여 점검하면서 행동을 개선한다고 설명한다(Schunk, 2016). 이를 위해 학생들이 자신의 행동을 기록하고 차트로 만들도록 할 필요가 있다. 필자는 이 책을 쓰면서, 각 장이 정리된 차트를 벽에 붙여두었다. 나는 각 장에 집필하는 데 시간이 얼마나 소요될지 계획하였다. 각 장을 마무리할 때마다 체크를 하고 마무리한 날짜를 기입했다. 이와 유사하게 교사는 학생들이 마무리해야 할 과제와 읽어야 할 교재, 마감을 엄수해야 하는 리포트

포스터 1. 들으면서

1. 이게 말이 되나?
2. 이해하고 있나?
3. 잊어버리기 전에 질문하자.
4. 집중하자.
5. 선생님이 지시하는 것을 할 수 있나?

포스터 2. 계획하면서

1. 모든 자료를 준비했나?
2. 내가 이 일을 해낼 수 있다는 것은 친구들에게 밝힌 적이 있나?
3. 먼저 조직화부터 해야지.
4. 어떤 순서로 할 것인가?
5. 나는 이 일에 대해 잘 알고 있어.

포스터 3. 작업하면서

1. 충분히 빠른 속도로 작업을 하고 있나?
2. 교제하는 이성친구는 그만 쳐다보고 다시 작업에 집중하자.
3. 시간이 얼마나 남았나?
4. 그만두고 처음부터 다시 시작해야 하나?
5. 이 일은 어렵지만, 난 충분히 해낼 수 있어.

포스터 4. 점검하면서

1. 모든 일을 마쳤는가?
2. 무엇을 다시 점검해야 하나?
3. 이 작업결과가 만족스러운가?
4. 빠진 단어는 없나?
5. 다 끝냈고, 스스로 조직적으로 해냈어. 그렇지만, 내가 지나치게 낙관적으로 생각했었나?

그림 6.10 5학년 학급에서 효과적인 자기대화법을 숙지하기 위해 제작한 포스터

출처 : From Brenda H. Manning and Beverly D. Payne, *Self-Talk for Teachers and Students*, "Four posters developed by a fifth grade class," p. 125, © 1996. Reproduced by permission of Pearson Education, Inc.

자기조절학습 학습목표를 달성하기 위해 사고, 감정, 행동을 자기 스스로 생성하고 유지하며 점검하는 것

등을 기록하여 자신의 수행 진척 상황을 관찰하게 할 수 있다. 교사는 자기점검표를 교실 벽에 붙여둘 수도 있다. 기록이 공개되는 것이 학생들 간 부정적으로 사회적 비교를 하게 하여 학생들의 스트레스를 유발할 수 있다고 교사가 판단되면, 대신에 노트 같은 학생들의 사적인 자료에 기록하게 하고 교사가 주기적으로 검사하는 것이 더 나은 전략일 수 있다.

자기점검은 좋은 학습개선 전략이며, 교사가 학생들을 효율적으로 학습하도록 지원할 수 있는 전략이다. 자기평가 2를 하면서, 여러분은 학생들에게 자기점검이 주는 장점을 알게 될 것이다.

자기조절학습 교육 심리학자들은 점점 더 자기조절학습의 중요성에 대해 지지하고 있다(Kitsantas & Cleary, 2016). **자기조절학습**(self-regulatory learning)은 학습목표를 달성하기 위해 사고, 감정, 행동을 자기 스스로 생성하고 유지하며 점검하는 것이다. 이러한 목표는 학업적 측면이거나(문해력을 향상시키는 것, 더 조직적인 글을 쓰는 것, 곱셈하는 법 배우기, 관련 질문하기), 사회정서적인 측면(분노 조절하기, 또래들과 잘 지내기)일 수도 있다(McClelland, Diaz, & Lewis, 2016; McClelland, Wanless, & Lewis, 2016).

아이들은 나이가 들면서 자기조절 능력이 향상된다(Miele & Scholer, 2016). 향상된 자기조절 능력은 뇌의 전전두엽 피질의 발달과 관련 있다(Blair, Raver, & Finegood, 2016).

자기조절학습자는 어떤 특성을 보이는가? 다음은 자기조절학습자가 보이는 특성이다(Winne, 2001, 2005).

- 더 많은 지식을 습득하려는 목표를 정하고 동기를 유지한다.
- 자신이 어떤 감정을 주로 느끼는지 알고 있으며, 정서조절 전략을 가지고 있다.
- 주기적으로 목표달성 과정을 점검한다.
- 지금까지 보인 진보 수준을 기반으로 전략을 다듬거나 수정한다.
- 예상되는 어려움을 평가하고 필요 시 조정 방안을 마련한다.

자기조절은 학교 적응에 중요한 측면이다(Blair & Raver, 2015). 미국 35개 헤드스타트 프로그램과 연계되어 있는 시카고 학교적응 프로젝트에서 학생들은 교사와의 관계가 증진되고 자기조절 수준이 향상된 긍정적인 결과를 보였다(Jones, Bub, & Raver, 2013).

연구자들은 또한 학업성취 수준이 높은 학생들이 대개 자기조절학습자라는 사실을 밝혀냈다(Schunk, 2016). 예를 들어, 학업성취 수준이 낮은 학생들에 비해 학업성취 수준이 높은 학생들은 더 구체적인 학습목표를 세우고, 더 많이 학습 전략을 사용하며, 더 자주 학습 과정을 점검하고 더 체계적으로 학습목표 성취 과정을 평가한다.

자기조절은 또한 학생들과 청소년들이 옳고 그름을 판단하고 도덕의식을 가져 양심적으로 성장하게 하는데, 청소년기뿐 아니라 이후 인생 전반까지 영향을 주는 것으로 알려져 있다. 예를 들어, 선행 연구에서 자기조절이 내재화된 규범 준수와 직접 상관을 가지면서 동기/성공을 거쳐 간접적 관계도 보이는 것으로 밝히고 있다(Eisenberg & others, 2014).

교사와 튜터, 멘토, 상담사, 부모는 학생들이 자기조절학습자가 되도록 지원할 수 있다. 베리 지머맨, 세바스찬 보너, 로버 코바치(Zimerman, Bonner & Kovach, 1996)의 연구에서 자기조절 수준이 낮은 학생들이 여러 단계 전략을 사용하는 학생으로 변모할 수 있는 모형을 개발하였다. 이 모

자기평가 2

자기 점검

자기 점검(self-monitoring)은 여러분과 여러분이 가르치는 학생에게 유익하다. 성적이 우수한 많은 학습자들이 정기적으로 성취 수준을 자기 점검을 하여 프로젝트를 마무리하거나 학업 기술을 발전시켜가거나 시험과 수행평가를 잘 치르기 위해 얼마나 노력하고 있는지 확인한다. 다음 한 달간 여러분이 수강하고 있는 교육심리학 과목을 여러분이 얼마나 공부하고 있는지 학습 시간을 스스로 점검해보자. 좋은 성적을 거두기 위해 교수자 대부분이 학생들이 수업이나 과제, 프로젝트에 쓰는 시간을 제외하고 매 수업 시간 전에 혼자서 2~3시간씩 공부할 것을 권한다(Santrock & Halonen, 2009). 여러분이 공부 시간을 자기점검 해보면, 학생으로 공부기술을 향상시켜 나가는 것이 얼마나 중요한지 느끼게 될 것이다. 교사라면, 이 점검 양식을 학생들에게 과제로 낼 수 있을 것이다. 반두라의 사회인지학습 이론에서 자기효능감은 여러분이 어떤 일이든 완수하여 좋은 결과를 얻을 것이라는 신념과 관련되어 있다는 사실을 명심하자. 자기효능감을 평가하는 한 가지 방법은 앞으로 치를 형성평가나 시험에서 받게 될 점수를 예상해보게 하는 것이다. 다음 형성평가나 시험에서 받고 싶은 점수나 성적을 정해보자. 그러고 나서 매번 공부를 할 때 여러분이 바라는 점수에 대한 자기효능감을 3점 척도로 매겨보자. (1점 = 자신이 거의 없다. 2점 = 보통이다. 3점 = 매우 자신 있다)

학습시간 자기점검 양식

학습 내용							
날짜	한 일	시작시간	종료시간	어디서?	누구와?	방해요인	자기효능감 수준

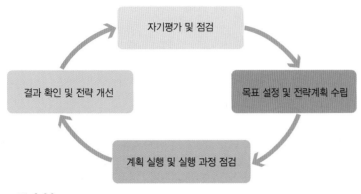

그림 6.11 자기조절학습 모형

RESEARCH

형은 (1) 자기평가 및 점검, (2) 목표 설정 및 전략계획 수립, (3) 계획 실행 및 실행 과정 점검, (4) 결과 확인 및 전략 개선이 순환되는 구조로 되어 있다(그림 6.11 참조).

지머맨과 동료들은 역사 과목 공부를 못하는 중학교 1학년 학생이 처한 문제 상황에 자기조절 모델을 적용했던 사례를 소개한다. 1단계에서 학생은 학업 상황을 자기평가하고 꼼꼼히 학습 진척 정도를 기록하면서 시험준비를 한다. 교사는 학생에게 학습진행 상황을 기록하여 진척 정도를 점검하는 학습지침을 알려준다. 몇 주 후 학생은 기록표를 교사에게 제출하고, 역사 시험 점수가 낮은 것이 역사 교과서가 어려워 내용을 이해하지 못하고 있기 때문이라는 사실을 기록표를 근거로 파악해낸다.

2단계에서 학생은 독해력을 향상시킨다는 목표를 정하고, 목표달성을 위한 계획을 세운다. 교사는 목표를 작은 단위로 쪼개 하위목표로 세분화하도록 하는데, 이를테면 교과서를 읽으며 중심 문장을 찾고, 문단들로 나열되어 있는 교과서 내용을 이해하는 구체적인 목표를 세운다. 교사는 학생에게 전략을 알려주는데, 그것은 각 문단 첫 번째 문장을 더 집중해서 읽고 이해하며, 나머지 문장들이 첫 번째 제시된 중심 문장을 뒷받침하는 내용이므로 쭉 훑어보도록 한다. 또 다른 지원방법은 가능한 상황이라면, 교사는 학생에게 교과서를 읽고 이해하도록 지도하는 보조교사의 방과 후 수업이나 또래 튜터링을 하게 하는 것이다.

3단계에서 학생은 그 계획을 실행하고, 실행 과정을 점검한다. 처음에 학생은 교사나 튜터의 도움을 받아 독해에서 중심 문장을 찾고 내용을 이해할 것이다. 교사나 튜터의 피드백은 학생 혼자서 더 효과적으로 독해 수준을 점검하도록 한다.

4단계에서 학생은 학습결과를 평가하여 독해력이 개선되었는지 점검한다. 무엇보다 중요한 것은 독해력 향상이 역사시험에서 나은 점수를 받는 데 영향을 주었느냐이다.

자기평가에서 중심 문장을 파악하는 전략이 학생의 독해력 신장에 일정 부분만 영향을 주었고, 단지 첫 번째 문장이 핵심 문장인 두괄식 문단에서만 가능했다는 점이 밝혀졌다. 그래서 교사는 학생에게 좀 더 수준이 높은 전략을 사용해 보도록 권했다. 그림 6.12는 교사가 어떻게 과제에 자기조절 모형을 적용했는지 보여준다.

자기조절의 개념을 발전시키는 데 모델링이나 자기효능감과 같은 많은 요소의 영향을 받게 된다(Bandura, 2012, 2015). 지머맨의 4단계 모형을 토대로 모델링이 어떻게 자기조절 기술을 함양하는 데 효과적인 전략이 되며, 자기효능감이 어떻게 읽기와 쓰기 실력을 향상시키는지 생각해보자(Schunk & Zimmerman, 2006). 모델이 계획 수립, 효과적인 시간관리, 생산적인 학습환경 조성, 사회적 자원 활용을 하는 데 자기조절 기술이 필요하다. 예를 들어, 학생들은 교사가 효과적인 시간관리 전략을 사용하고, 적절한 원리를 말로 설명하는 것을 관찰하게 된다. 모델을 관찰하면서 학생들은 그들도 계획을 잘 세울 수 있고, 시간을 효과적으로 관리할 수 있겠다고 믿게 된다. 그리하여 학생들은 학업적 자기조절에 필요한 자기효능감을 가지게 되고, 이런 활동들에 참여할 동기를 고취할 수 있게 된다.

자기효능감은 학생들이 과제를 선택하고, 더 노력하며, 끈기를 가지고 성취를 하도록 하는 데 영향을 준다(Bandura, 2012, 2015). 자신의 학습 능력을 의심하는 학생들에 비해 자기효능감이 높은 학생들은 기술을 습득하거나 과제를 해야 할 때 바로 과제를 시작하고, 더 열심히 노력하며, 어려

1. 자기평가 및 점검

- 교사는 학생들에게 활동지를 나눠주고 학습 시 나타나는 상세한 부분을 스스로 관찰하고 점검하도록 한다.
- 교사는 학생들에게 매일 자기점검 기술을 길러나갈 수 있도록 과제를 내주고, 얼마나 그 방법을 잘 습득했는지 평가하는 형성평가를 매주 치루게 한다.
- 며칠 후, 교사는 학생들이 과제를 또래와 교환해 또래친구가 과제의 정확성과 자기점검의 효과성을 평가해보도록 한다. 그러고 나서 교사는 과제를 걷어와 점수를 매기고 또래친구가 작성한 제안점을 검토한다.

2. 목표 설정 및 전략계획 수립

- 점검과 교사의 첫 과제평가 이후 일주일이 지나고 교사는 학생들에게 자신이 가지고 있는 학습 전략의 강점과 약점을 생각해보도록 한다. 교사는 학습 전략과 학습 성과가 상관이 있다는 점을 강조하며 설명한다.
- 교사와 또래친구들은 학생들이 학습효과를 개선하기 위해 사용하면 좋을 구체적인 전략을 추천해준다. 학생들은 추천받은 전략을 사용하거나 새로운 전략을 만들어 사용한다. 이때쯤 교사는 학생들에게 구체적인 목표를 세우도록 한다.

3. 계획 실행 및 실행 과정 점검

- 학생들은 새로운 전략을 실제 어느 정도 실행하는지 점검한다.
- 교사의 역할은 새로운 학습 전략에 대해 공개적으로 의견을 나누도록 하는 것이다.

4. 결과 확인 및 전략 개선

- 교사는 학생들이 얼마나 효과적으로 새로운 전략을 사용하고 있는지 평가할 기회를 계속해서 제공한다.
- 교사는 학생들이 자기조절학습 주기를 각 단계별로 검토하여 자신의 자기조절학습 방법을 요약하도록 한다. 그리고 교사는 학생들이 이겨나가야 할 고비나 어려움과 이 과정에서 얻게 된 자신감을 학생들과 논의한다.

그림 6.12 과제에 자기조절학습 모형을 적용하기

움에 직면해도 더 오래 끈기 있게 하여 높은 수준에서 목표한 바를 달성한다. 자기효능감이 목표달성에 아주 많이 영향을 미치지만, 자기효능감이 유일한 영향 요인은 아니다. 자기효능감이 높지만, 필요한 지식과 기술이 부족하면 만족스러운 과업 수행을 이끌어내지 못할 수 있다. 자기효능감과 목표 설정, 계획 수립, 자기조절에 대해서는 제10장 '동기, 교수, 학습'에서 더 살펴보도록 하자.

학생들에게 자기조절학습자가 되도록 지도하는 교사는 학생들이 잘 교육받고 사회에 기여하는 시민이 되도록 자신의 행동에 책임을 져야 한다는 교훈도 함께 전달한다. 학생들이 자신의 행동에 책임을 져야 하며, 잘 교육받은 사람으로서 사회적으로 기여하는 시민이 되어야 한다는 메시지를 전달한다. 자기조절학습이 전달하는 또 다른 교훈은 학습은 학생이 자발적이고 전념해서 참여해야 하는 개인적 경험이라는 것이다. 다음 웹사이트에서는 학생들이 자기조절력을 향상시킬 수 있는 아이패드용 앱을 제공하고 있다. www.selfregulation-station.com/sr-ipad-app을 참고하라.

TECHNOLOGY

학생과 연계하기 : 최고의 실천
학생들이 자기조절 학습자가 되도록 하는 전략

다음은 학생들이 자기조절학습을 하도록 지도하는 데 효과적인 전략이다.

1. *학생들이 자기조절학습자가 되도록 점진적으로 지도한다.* 학생들이 자기조절학습자가 되도록 지도하는 데 다소 시간이 걸리며, 상당한 점검과 지도, 동기부여를 하는 교사의 역할이 요구된다. 학업성취 수준이 높은 학생들은 학습부진 학생들에 비해 이미 자기조절을 이미 잘하고 있을 수 있다. 교사는 모든 학생이 자기조절학습 기술을 배워 도움을 얻겠지만, 학습부진 학생들은 자기조절학습 기술을 익히는 데 더 많은 지도가 요구되고 시간도 더 걸린다는 사실을 알고 있어야 한다.

2. *학생들이 학급에서 하게 되는 학습경험을 도전적이고 흥미롭게 한다.* 학생들은 학습이 지루하고 흥미가 없으면, 자기조절학습자가 될 가능성이 줄어든다. 학생들에게 읽어야 할 책 한 권을 정해주는 것보다 다양하고 재미있는 책을 선정해주고, 그 책을 읽어보도록 하는 것이 독서에 동기부여를 하게 하는 것이다. 학생들이 스스로 선택하는 것은 학생이 학습에 투자하는 시간과 노력을 증가시켜 자기조절 수준도 증가되도록 한다.

3. *학생들이 자기조절을 할 수 있는 사고와 행동 지침을 제공한다.* 필요하다면, "30분간 계획작성을 하는 것은~"과 "매일 잠시 멈춰 목표달성 과정에서 어디까지 진척이 있는지 점검해보도록 해"라고 구체적인 지침을 줄 수 있다. 추천하는 다른 방법은 학생들이 학습 상황에서 나타나는 강점과 약점을 성찰하도록 하고, 주변에 도움이나 효과적인 방법을 찾아보도록 하는 것이다(All Kinds of Minds, 2009).

4. *지머맨과 동료들(Zimmerman & others, 1996)이 추천하는 여러 활동을 경험해볼 수 있는 기회를 학생들에게 제공한다.* 즉 현재 학습 상태를 자기평가하고 학습성과를 개선시킬 목표를 설정하고 목표달성 계획을 수립하고, 계획을 실행하고 목표달성 과정을 점검하고 결과를 확인하고 전략을 개선하는 학생참여 프로젝트를 마련하라. 학생들의 학습성과를 관찰하고 점검하며, 이런 학습 활동을 할 정도의 능력이 있다고 격려하라.

5. *자기조절학습 모델이 된다.* 학생들에게 효과적인 자기조절 전략을 말로 설명하고, 교사는 학습에서 자기조절을 어떻게 사용하는지 이야기하라.

6. *학생들이 자기조절만 하는 것이 아니라 자기조절과 효율적인 학습 전략을 통합해야 한다는 사실을 명심한다.* 학생들은 자신이 하고 싶은 모든 것을 자기조절할 수 있으나 학생들이 노하우를 습득하지 못하면 자기조절은 크게 도움이 되지 않을 수 있다.

사회인지 학습 이론에 대한 평가

사회인지적 접근은 교육에 큰 기여를 했다(Bandura, 2012, 2015; Spiegler, 2016). 행동주의자들이 가진 과학적 관심과 그들이 강조한 주의 깊은 관찰을 유지하면서 사회 및 인지적 요소가 포함된 학습을 강조하여 이론 기반을 크게 확장하였다. 학습은 상당 부분 유능한 모델을 보고 듣고, 그 모델이 하는 행동을 모방하면서 일어난다. 사회인지적 접근에서 자기교수와 자기대화, 자기조절학습에 대해 강조함으로써 타인에 의해 통제된 학습에서 자신이 학습에 책임을 지도록 하는 학습으로 전환되는 중요한 계기를 마련하였다(Miltenberger, 2016). 이런 자기실행 전략은 학생들의 학습을 상당히 개선할 수 있다.

사회인지적 접근이 아이들을 교육하는 데 기여한 점은 무엇인가? 이 접근에 대한 비판점은 무엇인가?

© Rebecca Emery/Getty Images RF

사회인지적 접근에 대한 비평가들은 다양한 분야에 있다. 일부 인지 이론가들은 사회인지적 접근이 지나치게 행동과 외현적 요인에 초점을 두고 있어, 사고, 기억, 및 문제해결과 같은 인지적 과정이 실제 어떻게 일어나는지 구체적인 내용을 충분히 제시하지 못하고 있다고 지적한다. 발달 이론가들은 사회인지적 접근이 학습에서 순차적인 변화를 연령과 관련해 제시하지 못하고 있다는 점에서 비발달적이라고 비판한다. 물론 사회인지 이론은 주로 학습과 사회적 행동에 대한 이론이므로, 발달적 측면을 깊이 있게 다루지 않는 것은 사실이다. 그러나 이 이론을 비발달적이라고 낙인찍는 것은 옳은 지적이 아니다. 또한 인본주의자들은 사회인지 이론가들이 자존감과 돌봄, 지지적 관계에 대해 충분히 관심을 가지지 않았다고 비판한다. 이런 모든 비판들은 스키너의 조작적 조건화와 같은 행동주의에서도 계속해서 지적되어 왔던 것이다.

복습하기, 성찰하기 그리고 연습하기

❹ 사회인지 이론에 대해 요약·정리한다.

복습하기

- 그림 6.7에서는 반두라의 사회인지 이론을 어떻게 요약하는가? 반두라가 제시한 자기효능감은 무엇인가?
- 반두라의 관찰학습 모형은 무엇인가?
- 자기교수법의 주요 내용은 무엇인가? 자기조절학습에는 무엇이 포함되는가?
- 사회인지 이론이 기여한 바는 무엇이며, 어떤 비판을 받고 있는가?

성찰하기

- 여러분의 일상에서 자기교수법과 자기조절학습법이 어떻게 사용되고 있는지 실제 예를 들어 설명해보자. 이런 방법들은 얼마나 효과적인 편인가? 지금 사용하는 것보다 더 자주 사용해야 하는가? 이런 질문에 대해 설명해보자.

연습하기

1. 머시는 수학과제를 뚫어져라 보기만 하고, 문제를 풀지 않는다. "이런 문제따위 풀어서 뭐하겠어?"라며 한숨을 쉰다. "어차피 맞추지도 못할 건데"라고 한다. 반두라의 사회인지 이론에 따르면, 머시가 한 말을 어떻게 설명하는 것이 가장 설득력이 있는가?
   a. 머시는 수학 문제를 푸는 데 필요한 언어 능력이 부족하다.
   b. 머시는 자기효능감이 낮다.
   c. 머시는 지나친 수학불안이 있다.
   d. 교사는 수학과제에 대해 머시가 알아듣도록 충분히 질책을 하지 않았다.

2. 매트는 고등학교 농구 팀 스타선수이다. 매트가 소속된 팀은 올해 매우 좋은 성적을 내고 있는데 매트가 큰 활약을 했기 때문이다. 이는 매트를 매우 인기 있는 학생이 되게 했다. 한 시즌의 절반이 끝날 무렵, 매트는 머리를 삭발하기로 했다. 곧 농구 팀의 다른 학생들도 모두 머리를 삭발하기 시작했다. 이것이 붐이 되어 학교 학생들이 점차 삭발을 했다. 2월 말에는 남학생 중 30%가 삭발을 했다. 반두라의 사회인지 이론에 따르면, 이러한 학생들의 행동을 어떻게 설명할 수 있는가?
   a. 매트는 아주 인기 있는 롤모델이다.
   b. 매트는 처벌받지 않았다.
   c. 매트는 정적 강화되었다.
   d. 매트의 자기효능감이 높아졌다.

3. 고등학교 2학년인 마샤는 시험불안이 높은 편이다. 마샤는 성적 반영비율이 높은 기말고사 같은 시험에 대해 매우 걱정을 한다. 마샤는 시험을 매우 두려워해 공부했던 내용을 몽땅 잊어버리는 경험을 자주 한다. 인지행동수정 방법을 사용해 교사는 마샤가 시험불안에 어떻게 대처하도록 할 수 있는가?
   a. 마샤가 자신에게 맞는 불안관리 전략을 개발하고 자기교수 전략을 사용하도록 한다.
   b. 마샤에게 독해 학습 기술을 가르쳐준다.
   c. 마샤가 시험을 잘 치르면 어떤 좋은 결과가 있는지 생각해보도록 한다.
   d. 마샤가 시험 볼 학습자료를 완전히 익힐 때까지 공부하도록 한다.

4. 사회인지 이론이 행동주의를 기반으로 발전했다는 것은 사회인지 이론이 (   )를 강조하고 있기 때문이다. (   )에 들어갈 것은 무엇인가?
   a. 성격
   b. 자기효능감
   c. 태도
   d. 주의 깊은 관찰

정답은 '연습하기 정답' 참조

결과

포터 선생님이 담임을 맡고 있는 4학년 학생 애덤은 성격이 매우 밝고 명랑하지만, 수업저해 행동을 자주 하는 편이다. 어느 날 국어 수업 시간, 애덤은 주변에 있는 친구에게 큰소리로 수다를 떨고 있었다. 애덤은 친구에게 농담을 하고 깔깔대며 웃었다. 포터 선생님은 애덤이 곧 장난을 그만할 것이라고 생각하고, 애덤의 행동을 무시하기로 했다. 하지만 애덤은 수업저해 행동을 그만두지 않았다. 오히려 애덤의 행동은 점점 더 과도해지고 있었다. 그래도 포터 선생님은 애덤의 행동을 무시했다. 곧 애덤이 너무 시끄럽게 떠들어 다른 수업까지 방해하는 것을 우려해 포터 선생님은 애덤을 따끔하게 말로 질책하였다.

애덤은 이후 잠시 조용히 있다가 곧 다시 시끄럽게 떠들고 수업진행을 방해하였다. 또다시 포터 선생님은 애덤을 훈계하면서 계속 이렇게 수업을 방해하면 교무실에 보낼 것이라고 말했다. 결국 애덤의 행동은 더 거칠어졌고, 포터 선생님은 애덤을 교무실에 보냈다. 애덤이 교무실에 들어서자 교무실에는 많은 사람들이 있었다. 우편물을 가지러 온 교사, 수업 자료를 인쇄하고 있는 교사, 학교 자원봉사를 신청하러 온 사람들, 아파서 조퇴 신청을 하러 온 학생, 교사의 심부름을 온 학생, 애덤처럼 훈계 목적으로 온 다른 학생 등이 교무실에 있었다. 교감은 애덤을 의자에 앉도록 권했고, 애덤을 그 자리에 앉았다. 교감은 교무실에 오는 사람과 이미 애덤이 왔을 때 있던 사람들과 대화를 나눴다. 애덤이 교무실에 온 지 30분 후, 다시 교실로 돌아갈 수 있었다. 애덤은 하교를 할 때까지 문제없이 잘 행동했고, 포터 선생님은 안심이 되었다.

다음 날 학생들은 글의 한 문단을 작성하는 수행활동을 하고 있었는데 애덤이 또다시 수업진행을 방해하였다. 애덤은 시끄럽게 떠들며 농담을 하고는 눈물이 나올 정도로 배를 잡고 웃더니, 급기야 종이비행기를 교실에서 날렸다. 포터 선생님은 애덤을 훈계하였고 그 행동을 그만하라고 했으나 말을 듣지 않자 교무실로 보냈다. 여전히 교무실은 북적이고 있었다.

그 후 2주간, 애덤을 하루도 빠짐없이 수업을 방해한다는 사유로 교무실에 보내졌는데, 그때는 늘 글쓰기 수행활동 시간이었다. 포터 선생님은 너무 난처하고 당혹스러웠다. 포터 선생님을 더 당혹스럽게 하는 일이 생겼는데, 3일 만에 학급 전체 학생들이 애덤처럼 수업 시간 소란을 피우고 수업을 방해하는 행동을 해 교무실에 보내질 정도로 행동이 나빠진 것이다.

행동주의 학습 이론의 원리와 정확한 용어를 사용해 다음 질문에 답하라.

1. 이 사례의 주요 문제는 무엇인가?

2. 그런 결과에도 왜 애덤을 계속해서 수업을 방해했을까?

3. 애덤이 배운 것이 무엇이었나?

4. 왜 다른 학생들은 애덤이 보이는 수업방해 행동에 동참했는가?

5. 이제 포터 선생님은 무엇을 하면 좋을까?

6. 포터 선생님이 문제발생 초기 애덤의 수업방해 행동을 무시했을 때, 무엇을 하려 했던 걸까?
   a. 포터 선생님은 그 행동을 강화하지 않으면서 소거하려고 한 것이다.
   b. 포터 선생님은 그 행동을 부적 강화하려고 한 것이다.
   c. 포터 선생님은 그 행동을 정적 강화하려고 한 것이다.
   d. 포터 선생님은 그 행동을 처벌하려고 한 것이다.

7. 애덤의 목표가 글쓰기 과제를 하지 않는 것이었다면, 다음 중 조작적 조건화의 관점에서 그 결과를 가장 잘 설명하는 것은 어느 것인가?
   a. 애덤은 그 행동에 부적으로 강화되었고, 혐오 자극은 제거되었다.
   b. 애덤은 그 행동에 정적으로 강화되었고, 유쾌 자극이 제공되었다.
   c. 애덤은 그 행동에 처벌을 받았고, 유쾌 자극은 제거되었다.
   d. 애덤은 그 행동에 처벌을 받았고, 혐오 자극이 제공되었다.

학습과 연계하기 : 학습목표 달성하기

1 **학습이란 무엇인가** : 학습에 대해 정의하고, 학습의 다섯 가지 이론적 접근에 대해 설명한다.

| 학습과 학습이 아닌 것 |

| 학습에 대한 접근 |

- 학습은 경험을 통해 습득되는 행동과 지식, 사고기술에 대한 비교적 영구적인 변화이다. 학습에 눈을 깜빡이거나 침을 삼키는 것처럼 선천적으로 타고난 행동은 해당되지 않는다.

- 행동주의는 행동이 정신 과정이 아닌 관찰 가능한 경험으로 설명되어야 한다는 입장이다. 고전적 조건화와 조작적 조건화는 연합학습을 강조하는 행동주의 이론이다.

- 심리학은 20세기 말 점차 인지적 접근을 취하기 시작하다가 인지는 오늘날에도 계속해서 강조되고 있다. 이는 네 가지 인지학습 이론(사회인지 이론, 정보처리 이론, 인지적 구성주의, 사회적 구성주의)에 영향을 주었다. 사회인지 이론에서는 인지 요소인 행동, 환경, 그리고 개인(인지)이

어떻게 상호작용해 학습에 영향을 미치는지 강조한다. 정보처리 이론은 집중, 기억, 사고, 그리고 다른 인지적 과정을 통해 어떻게 아이들이 정보를 처리하는지에 초점을 둔다. 인지적 구성주의는 아이들의 지식과 이해의 인지적 구성을 강조한다. 사회적 구성주의는 지식과 이해를 만들어 내기 위한 타인과의 협력에 초점을 둔다.

2 행동주의 학습 이론 : 고전적 조건화와 조작적 조건화를 비교 · 분석한다.

고전적 조건화

- 고전적 조건화에서는 유기체가 자극을 연결 혹은 연합시키는 것을 배운다. 중립 자극(예 : 힐끗 쳐다보기)이 의미 있는 자극(예 : 음식)과 연합되면 유사한 반응을 보이는 능력을 습득하게 된다. 고전적 조건화는 다음과 같은 요인과 관련 있다. 무조건 자극(UCS), 조건 자극(CS), 무조건 반응(UCR), 그리고 조건 반응(CR)이 그것이다.
- 고전적 조건화에는 일반화와 변별, 소거가 있다. 일반화는 조건 자극과 유사한 새로운 자극이 유사한 반응을 일으키는 것이다. 변별은 한 유기체가 특정 자극에는 반응하고 다른 자극에는 반응하지 않는 것이다. 소거는 무조건 자극(UCS)이 없는 상태에서 조건 반응(CR)이 약해지는 것이다.
- 체계적 둔감법은 고전적 조건화에 기반을 둔 방법으로, 한 개인이 점점 더 불안해지는 상황을 순차적 과정으로 시각화하면서 편안함과 연합시켜 불안을 감소시키는 방법이다. 고전적 조건화는 자발적 행동보다 비자발적 행동에 대한 설명에 더 적합하다.

조작적 조건화

- 조작적 조건화(도구적 조건화)는 행동의 결과가 같은 행동이 다시 일어날 가능성을 변하게 하는 학습 형태이다. 조작적 조건화의 대표 학자는 B. F. 스키너이다.
- 강화(보상)는 행동이 일어날 가능성을 높이는 결과이다. 처벌은 행동이 일어날 가능성을 감소시키는 결과이다. 정적 강화에서는 칭찬 같은 보상 자극을 제공하여 반응의 빈도를 증가시킨다. 부적 강화에서는 반응이 있은 후 혐오 자극이나 불쾌 자극이 감소되어 그 반응의 빈도를 증가시킨다.
- 조작적 조건화에도 일반화, 변별, 소거가 있다. 일반화는 유사 자극에 같은 반응을 보이는 것이다. 변별은 자극 혹은 주변 사건을 구분하는 것이다. 소거는 이전에 강화된 반응에 더 이상 강화되지 않고 반응이 감소하는 것이다.

3 교육에서 응용행동분석 : 교육에 응용행동분석을 적용한다.

응용행동분석이란 무엇인가

바람직한 행동 증가시키기

- 응용행동분석은 인간의 행동을 변화시키는 조작적 조건화 원리를 적용한 것이다.
- 바람직한 행동을 증가시키는 전략에는 '효과적인 강화물 선택하기', '강화물을 즉시 제공하고 행동과 강화물의 유관성 인식시키기', '최상의 강화계획 선정하기', '행동 계약하기', '효과적인 부적 강화 사용하기', '촉구와 행동조성 사용하기'가 있다.
- 프리맥의 원리는 빈번히 일어나는 행동이 빈번히 일어나지 않는 행동을 촉진하는 데 사용되는 것이다. 응용행동분석가는 학생들의 행동과 유관되는 강화물을 제공하는 것이 중요하다고 강조한다. 즉 강화는 특정 행동을 하자마자 즉시 제공되어야 하고, 학생들은 보상을 얻기 위해 특정

행동을 해야 한다. '만약 ~한다면' 이라는 표현은 학생들이 보상을 얻기 위해 무엇을 해야 하는지 명확히 인지시키는 데 사용된다.

- 스키너는 강화계획이라는 개념에 대해 설명한 바 있다. 교실 상황에 적용되는 강화는 대부분 부분 강화이다. 스키너는 네 가지 부분 강화계획(고정비율 강화계획, 변동비율 강화계획, 고정간격 강화계획, 변동간격 강화계획)을 설명한다. 행동 계약은 강화계획의 내용을 서면으로 작성하는 것이다. 부적 강화는 학생들의 바람직한 행동을 증가시키지만, 자기조절 기술이 부족한 학생들에게 사용 시 주의를 요한다. 촉구는 바람직한 반응이 일어나게 할 가능성을 높여주는 자극이나 단서를 추가로 제공하는 것이다. 행동조성은 특정 목표 행동에 맞춰 연속적인 유사 행동을 강화해나가면서 새로운 행동을 익히도록 하는 것이다.

바람직하지 않은 행동 감소시키기

- 바람직하지 않은 행동 감소에는 차별화된 강화 사용, 강화 종결, 바람직한 자극 제거, 혐오 자극 제공이 있다.

- 차별화된 강화를 사용하는 데 있어 교사는 좀 더 바람직한 행동에 강화하거나 학생이 이미 하고 있는 행동과 양립할 수 없는 행동을 하게 한다.

- 강화를 종료하는 전략은 학생의 부적절한 행동에서 정적 강화를 철회하는 것이다. 많은 부적절한 행동은 교사가 관심을 보임으로써 유지되므로, 교사가 관심을 보이지 않음으로써 바람직하지 않은 행동을 감소시킬 수 있다.

- 바람직한 자극을 제거하는 데 가장 널리 사용되는 전략은 타임아웃이다. 두 번째로 바람직한 자극을 제거하는 전략은 반응대가를 활용하여 정적 강화에서 학생을 멀찍이 떨어뜨리는 것인데, 이렇게 함으로써 그 학생은 특정 권한을 잃게 된다.

- 혐오 자극은 바람직하지 않은 행동이 감소하는 경우에만 처벌이 된다. 교실에서 흔히 사용되는 혐오 자극은 언어적 징계이다. 처벌은 최후의 수단이 되어야 하며, 바람직한 반응에 대한 강화와 유관지어 사용되어야 한다. 교실에서 체벌은 허용되어서는 안 된다.

조작적 조건화와 응용행동 분석에 대한 평가

- 행동주의 기법이 효과적으로 사용이 되면 교사는 학급관리에 도움이 될 것이다. 비평가들은 행동주의 기법이 행동의 외적 통제를 지나치게 강조하고 내적 통제를 충분히 고려하지 못한다고 비판한다. 그리고 인지적 요소를 무시함으로써 학생들의 풍요로운 삶의 상당 부분이 배제되고 있다고 주장한다. 또한 비평가들은 조작적 조건화가 적절하게 사용되지 않아서 나타날 수 있는 잠재적 윤리 문제를 지적한다. 또 다른 비판점은 교사가 응용행동분석에 시간을 너무 많이 할애해 학생들의 행동에만 관심을 보이면서 교과학습 시간이 충분하지 않을 수 있다는 것이다.

④ 사회인지 학습 이론 : 사회인지 이론에 대해 요약·정리한다.

반두라의 사회인지 이론

- 앨버트 반두라는 사회인지 이론을 주창한 학자이다. 반두라의 상호결정주의 모형은 행동, 개인/인지, 환경의 세 가지 주요 요소로 구성된다. 반두라가 가장 최근에 강조한 개인/인지 요소는 자기효능감으로, 개인이 그 상황을 통제할 수 있으며 긍정적인 결과를 얻을 수 있다는 신념이다.

관찰학습

- 관찰학습은 타인을 관찰하여 기술, 전략, 신념을 습득하면서 학습하는 것이다. 반두라는 관찰학습에서 네 가지 핵심 과정을 기술하는데, 그것은 주의, 파지, 운동재생산, 동기화이다. 관찰학습은 교실과 다양한 매체 등 아이들의 삶을 둘러싼 환경에서 다양한 방식으로 일어난다.

인지행동 접근과 자기조절	

- 자기교수법은 개인이 스스로 행동수정을 지시하는 인지행동기법이다. 많은 사례에서 학생들이 사용하고 있는 긍정적 자기진술로 수정하도록 권한다. 인지행동주의 학자들은 학생들이 스스로 행동점검을 하여 수행을 개선할 수 있다고 주장한다.
- 자기조절학습은 학습목표를 달성하기 위해 사고, 감정, 행동을 스스로 생성하고 유지하며 점검하는 것이다. 학업성취 수준이 높은 학생들은 대부분 자기조절학습자이다. 자기조절학습 모형에는 자기평가와 자기점검, 목표 설정, 체계적 계획수립, 계획실행, 결과평가, 전략수정이 있다. 자기조절은 학교적응에서 중요한 측면이다. 자기조절학습의 중요한 점은 학생들을 자신의 학습에 대한 책임을 부여하는 학습 주체로 본다는 것이다.

사회인지 학습 이론에 대한 평가	

- 사회인지적 접근은 행동에 인지와 사회적 요소를 포함시키면서 학습 영역을 상당히 확장시켰다. 유능한 모델의 모습을 보고 하는 말을 듣고 그 모델이 한 것을 모방하면서 엄청난 양의 학습이 이루어진다.
- 인지행동적 접근에서는 자기교수, 자기 대화, 자기조절학습을 강조하는데, 이는 타인에 의해 통제를 받던 수동적 학습자를 스스로 학습을 관리하는 주체적 학습자로 전환하는 데 중요한 계기를 마련하였다.
- 사회인지적 접근에 대한 비평가들은 여전히 행동과 외현적 요인을 지나치게 강조하여 사고와 같은 인지 과정이 어떻게 일어나는지에 대한 세부 정보를 충분히 제시하지 못하고 있다고 비판한다. 또 다른 사회인지적 접근에 대한 비판점은 비발달적이며(사회인지적 접근 지지자들은 부정하지만) 자존감과 온정성(warmth)에 대해 설명이 충분하지 않은 것이다.

주요 용어

강화계획(schedules of reinforcement)
강화(보상)[reinforcement(reward)]
고전적 조건화(classical conditioning)
관찰학습(observational learning)
반응대가(response cost)
처벌(punishment)
부적 강화(negative reinforcement)
사회인지 이론(social cognitive theory)
연합학습(associative learning)

응용행동분석(applied behavior analysis)
인지행동적 접근(cognitive-behavioral approach)
자기교수법(self-instructional method)
자기조절학습(self-regulatory learning)
자기효능감(self-efficacy)
정신 과정(mental process)
정적 강화(positive reinforcement)
조작적 조건화(operant conditioning)
체계적 둔감법(systematic desensitization)

촉구(prompt)
타임아웃(time-out)
프리맥의 원리(Premack principle)
학습(learning)
행동 계약(contracting)
행동조성(shaping)
행동주의(behaviorism)

포트폴리오 활동

이제 여러분은 이 장에서 다룬 개념들을 모두 이해하였을 것이다. 여러분의 사고 수준을 향상시키도록 다음 연습문제를 풀어보자.

독립적 성찰

1. **자기조절학습 계획 설정** 르티샤는 고등학생이지만, 고등학생에게 필요한 수준의 자기조절 기술을 가지고 있지 않아 학업 문제를 겪고 있다. 르티샤는 계획적이거나 조직적이지 않고 학습 전략이 부족하며 효율적이지 못한 시간관리를 하고 있다. 지머맨의 4단계 전략을 사용해 르티샤에게 맞는 효과적인 자기조절학습 프로그램을 설계해보자.

연구 및 현장 경험

2. **'새서미 스트리트'와 사회인지 학습 이론** 미국에서 제작된 어린이 프로그램 '새서미스트리트'에서는 여러 가지 효과적인 기술을 사용해 아이들의 이목을 집중시키고 학습하도록 한다. '새서미스트리트' 한 회분을 시청하고, 그 내용을 분석하라. 여러분이 시청한 프로그램에는 어떤 기술이 사용되었는가? 여러분이 예비교사로서 수업에 적용할 만한 더 추가할 기술에는 무엇인지 설명해보자.

협력 작업

3. **바람직하지 않은 행동 감소시키기** 3~4명이 팀을 형성해 다음에 제시된 학생들이 보이는 바람직하지 못한 행동에 대해 논의해보자. 여러분은 다음 행동 빈도를 줄이고자 한다. 각 행동을 줄이는 최선의 전략은 무엇일까? 팀원과 여러분이 생각한 전략을 논의하고 서로 비교해보자.
   (1) 가끔 욕설이나 비속어를 말하는 앤드루
   (2) 질문을 하면 자신을 귀찮게 그만하라고 하는 샌디
   (3) 다른 친구들의 과제를 엉망으로 만드는 매트
   (4) 교사가 수업을 진행하고 있을 때 다른 학생들 주변을 돌아다니며 끊임없이 시끄럽게 떠드는 레베카

CHAPTER 7

정보처리 접근

이 장의 개요

마음이란 매혹적인 것이다.
–마리안느 무어, 20세기 미국 시인

© Ariel Skelley/Blend Images RF

교사와 연계하기 : 로라 빅포드

로라 빅포드는 캘리포니아 오하이의 노르도프고등학교에서 영어부의 부장을 맡고 있다. 그녀는 최근에 학생들의 생각을 북돋는 방식에 대해 말한 바 있다.

나는 가르친다는 것은 생각하는 방식을 가르치는 것과 동일하다고 생각한다. 비판적 사고를 고취하는 데 있어서, 문학은 그 자체로 꽤 큰 도움이 되지만 여전히 우리는 안내자로서의 역할을 해내야 한다. 우리는 좋은 질문을 던져야 하며 학생들에게 스스로 질문을 하거나 토론이나 대화를 하는 것의 가치를 보여주어야 한다. 문학을 읽는 것이나 문학에 대해 논의하는 것에 더해서, 학생들을 비판적으로 사고하도록 이끄는 가장 좋은 방법은 그들에게 글을 쓰도록 하는 것이다. 우리는 일기나 격식체 에세이, 편지글, 사실에 기반을 둔 보고서, 신문기사, 연설문, 혹은 다른 격식 있는 구두 발표문 등 항상 다양한 방식의 글쓰기를 한다. 우리는 학생들에게 생각이나 글쓰기에서 단지 피상적인 면만을 다루는 지점을 지적해주어야 한다. 나는 이러한 순간을 '치고 달아나기(히트 앤 런)'라고 부른다. 학생들의 그러한 모습을 볼 때 저는 종이에 창문을 하나 그린다. 나는 학생들에게 이 창문을 통해 더 깊게 들어가고, 더 정교화하고, 더 명확히 할 수 있는 '기회의 창문'이라고 말해준다. 많은 학생들은 이렇게 생각하도록 자극하지 않는다면 이러한 방식의 사고를 하지 않는다.

나는 또한 항상 초인지 전략을 사용한다. 즉 학생들이 아는 것에 대해 알게 되도록 돕는다. 이러한 전략은 프로젝트의 어떤 부분을 끝냈을 때 학생들에게 배웠던 것에 대해 말해보도록 한다거나 새로운 프로젝트나 활동을 하게 된다면 어떤 것을 알게 될지 미리 논의해보도록 하는 것을 포함한다. 나는 또한 생각이 떠오를 때마다 학생들이 스스로의 생각을 살펴볼 수 있도록 독서 일지를 지참하도록 한다. 예를 들어, 학생들은 읽은 것에서 한 구절을 발췌하여 그에 대해 논평을 할 수 있다. J. D. 샐린저의 '호밀밭의 파수꾼(The Catcher in the Rye)'의 한 구절을 공부하면서 한 학생은 이와 같이 쓸 수도 있다. "저는 한번도 홀든 콜필드가 생각했던 방식으로 삶에 대해 생각해본 적이 없습니다. 아마도 저

© Laura Johnson Bickford

는 그가 보는 방식과는 다르게 세상을 보는 것 같습니다. 그는 항상 너무 우울감에 빠져 있습니다. 저는 그렇지 않아요. 샐린저는 항상 비탄에 빠져 있는 사람이 어떤 사람인지 무척이나 잘 보여줍니다. 어떻게 그렇게 할 수 있을까요?" 덧붙여 나는 학생들에게 스스로에 대해 점수를 매기는 것을 통해 배운 것에 대해 생각해볼 수 있도록 한다. 올해에 한 학생은 제게 독자로서 성장하는 것에 대한 가장 통찰력 있는 말을 해주었는데, 일찍이 본 적이 없던 것이었다. 그녀는 다음과 같이 썼다. "저는 책을 읽을 때 더 이상 단순하게 생각하지 않아요." 나는 그 학생이 그러한 생각의 중요성이나 그러한 변화를 이루어낸 방법을 완전히 이해하는지를 알지는 못한다. 학생들이 스스로의 성장을 바라보는 것은 마법과도 같은 일이다.

미리보기

이 장의 서두에 나타난 로라 빅포드 선생님의 사례를 통해 우리는 인지 학습의 주요 측면인 초인지적 전략을 교사가 어떻게 사용했는지 알 수 있다. 초인지적 전략은 이 장의 주요 주제로 살펴보게 될 것이며, 아울러 우리는 교수 상황에 정보처리 접근을 적용한다는 것이 어떤 의미인지를 탐색하게 될 것이다. 또한 인지의 세 가지 중요한 측면인 주의, 기억, 그리고 전문성에 대해 살펴보게 될 것이다

학습목표 1
정보처리 접근에 대해 설명한다.

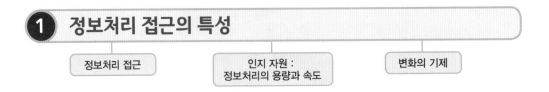

① 정보처리 접근의 특성

| 정보처리 접근 | 인지 자원 : 정보처리의 용량과 속도 | 변화의 기제 |

아동은 얼마나 유능할까? 학습에 대한 정보처리 접근의 지지자는 아동이 매우 유능하다고 생각한다. 아동은 제시된 정보에 주의를 기울이고, 그것으로 무언가를 하려고 한다. 그들은 기억하기 위한 전략을 발달시키고, 개념을 형성한다. 그리고 추론하며 문제를 해결한다. 이러한 중요한 기술은 이 절의 주제이다.

정보처리 접근

정보처리 접근(information-processing approach)은 아동이 정보를 조작하고, 점검하고, 정보에 대한 전략을 세우는 점을 강조한다. 이 접근의 핵심은 주의, 기억 그리고 사고와 같은 인지적 과정이다(Bauer & Larkina, 2016; Casey & others, 2016; Reynolds & Romano, 2016). 정보처리 접근에 따르면, 아동은 점진적으로 증대되는 정보처리 능력을 발달시키는데, 이를 통해 더욱 더 복잡해지는 지식과 기술을 습득할 수 있게 된다(Mayer & Alexander, 2017; Siegler, 2016a, b; Siegler & Braithwaite, 2017).

행동주의와 연합주의 학습 모델은 1950~1960년대까지 심리학의 지배적 세력이었는데, 이 시기에 많은 심리학자는 기억이나 사고와 같은 정신 과정을 언급하지 않고서는 아동의 학습을 설명할 수 없음을 인정하기 시작하였다. 인지심리학이란 용어는 정신 과정에 대한 탐구를 통해 행동을 설명하고자 했던 접근법을 일컫는 말이 되었다(Gluck, Mercado, & Myers, 2016). 수많은 요인이 인지심리학의 발전을 촉진했음에도 불구하고 컴퓨터의 발달보다 더 중요한 것은 없었다. 1940년대 후반에 존 폰 노이만에 의해 개발된 최초의 현대식 컴퓨터는 살아있지 않은 기계가 논리적 조작(작업)을 수행할 수 있음을 보여주었다. 이는 어떠한 정신 작용은 컴퓨터에 의해 수행될 수도 있음을 시사하였고, 동시에 우리에게 인간의 인지가 기능하는 방식을 말해주는 것이기도 했다. 인지심리학자들은 인지와 뇌 간의 관계를 설명하기 위해 컴퓨터에 비유한다. 물리적인 뇌는 컴퓨터의 하드웨어에 비유되며, 인지는 컴퓨터의 소프트웨어에 비유된다. 컴퓨터와 소프트웨어가 뇌와 인지적 활동을 설명하기 위한 완벽한 비유는 아니지만, 이러한 비교는 아동의 마음을 활발한 정보처리 시스템으로 생각하게 해주었다.

인지 자원 : 정보처리의 용량과 속도

아동이 성장하고 성숙해감에 따라, 그리고 아동이 세상을 경험할수록 그들의 정보처리 능력은 향상된다. 이러한 변화는 정보처리 역량과 정보처리 속도 두 부분에서 향상이 나타나기 때문인 것으로 보인다. 이러한 두 특성은 인지 자원이라고 불리우는데, 기억과 문제해결 능력에 중요한 영향을 끼치는 것으로 언급되고 있다.

생물학적 측면과 세상에 대한 경험은 인지 자원의 향상에 기여한다. 인지 자원에 대한 생물학적 기반은 뇌 변화를 통해 제공된다. 아동이 성장하고 성숙해감에 따라 전두엽의 변화와 같은 뇌 구조의 변화와 뉴런 수준에서의 변화가 나타난다. 이때 뉴런 간 연결에서 과잉생성 후 가지치기는 작지만 더욱 강한 연결을 생성하게 된다(de Haan & Johnson, 2016). 또한 수초화(뉴런의 축색돌기를 수초로 덮는 과정)는 뇌에서 일어나는 전기 자극의 전달 속도를 증가시켜준다. 수초화 과정은 성인기까지 지속된다(Monahan & others, 2016).

대부분의 정보처리 심리학자는 용량의 증가가 정보처리 과정을 개선한다고 주장한다(Ashcraft & Radvansky, 2016; Siegler, 2016a, b). 예를 들어, 아동의 정보처리 용량이 증가함에 따라 아동은 어떤 주제나 문제를 다룰 때 다양한 차원을 동시에 고려할 수 있게 되는데, 이는 더 어린 아동이 오직 한 가지 차원에만 집중

정보처리 접근 아동이 정보를 조작하고, 점검하고, 정보에 대한 전략을 세우는 과정을 설명하는 인지적 접근 방법. 이 접근의 핵심은 주의, 기억 그리고 사고와 같은 인지적 과정이다.

되돌아보기/앞날을 생각하기
뉴런 간의 시냅스 연결은 사용되는 것보다 거의 2배 정도 만들어진다. 사용되는 결합은 더욱 강해지며 생존하게 된다. 사용되지 않는 결합은 다른 (신경) 경로로 대체되거나 사라진다. 이를 제2장 '인지 및 언어 발달'과 연계해 생각해보자.

기억과 문제해결에 중요한 영향을 주는 인지 자원의 두 가지 특성은 무엇인가?
© Beau Lark/Glow Images RF

하는 경향을 보이는 것과는 다른 결과이다. 청소년이 되면 미국의 헌법제정자들의 다양한 경험이 어떻게 미국의 헌법 공표와 독립선언에 영향을 줄 수 있었는가에 대해 논의할 수 있다. 초등학생들은 헌법제정자들의 삶과 같이 단순한 사실에만 관심을 기울일 것이다.

처리 속도의 기능은 무엇인가? 아동이 정보를 처리하는 속도는 그들이 특정 정보를 가지고 무엇을 할 수 있는가에 영향을 끼친다. 만약 어떤 청소년이 마트에서 사려고 하는 물품의 가격을 속으로 합산해보려고 한다면, 그 청소년은 개별 물품들의 가격을 잊어버리기 전에 계산을 할 수 있어야 한다. 아동의 정보처리 속도는 사고 능력과 관련되어 있다(Chevalier & others, 2015). 예를 들어, 아동이 일련의 단어들을 말하는 속도는 아동이 저장하고 기억할 수 있는 단어 수에 영향을 준다. 일반적으로 빠른 정보처리는 인지적 과제에서 더 나은 수행과 관련된다. 그러나 다소 느린 정보처리 속도를 보완할 수 있는 효과적인 전략이 있다.

연구자들은 처리 속도를 평가하기 위한 많은 방법을 고안해왔다. 예를 들어, 처리 속도는 반응-시간 과제(reaction-time task)를 통해 평가될 수 있는데, 이 과제에서 피험자들은 어떤 빛과 같은 특정 자극을 보자마자 버튼을 눌러야 한다. 혹은 피험자들은 컴퓨터 화면에 있는 상징들을 글자나 숫자와 연결해야 한다.

DEVELOPMENT

그러한 과제들을 완료하는 속도가 아동기 전반에 걸쳐 급격하게 향상된다는 증거는 매우 많다(Ferrer & others, 2013). 예를 들어, 8~13세 아동을 대상으로 한 연구에서는 처리 속도가 연령에 따라 증가하고 있으며, 처리 속도에서의 발달적 변화가 먼저 일어나고 그다음 작업기억 용량의 증가가 발생하는 것으로 나타났다(Kail, 2007).

정보처리의 속도 증가가 경험에 기인하는지 혹은 생물학적 성숙에 의한 것인지에 대해서는 논란의 여지가 있다. 경험은 명백히 중요한 역할을 담당한다. 아동일 때보다 청소년일 때 얼마나 더 빨리 간단한 수학 문제를 풀 수 있는지, 그리고 제2외국어를 사용할 때보다 모국어를 사용할 때 얼마나 더 빨리 정보를 처리할 수 있는지를 생각해본다면 쉽게 알 수 있다. 생물학적 성숙은 수초화의 영향을 받는 것으로 보인다.

변화의 기제

로버트 시글러(Siegler, 1998, 2016a, b)에 따르면, 아동의 인지 기능에 동시에 작용하여 변화를 일으키는 세 가지 기제는 부호화, 자동화, 그리고 전략 구성이다.

부호화(encoding)는 정보가 기억에 저장되는 과정을 일컫는다. 아동의 인지 기능의 변화는 관련 정보를 부호화하고 무관한 정보를 무시하는 능력에 영향을 받게 된다. 예를 들어, 4세 아동에게 필기체 s는 인쇄된 s와는 매우 다른 모양을 띠는 것으로 인식된다. 그러나 10세 아동은 두 글자가 모두 알파벳 s라는 관련 사실을 부호화할 수 있으며, 모양에 나타난 사소한 차이는 무시할 수 있게 된다.

자동화(automaticity)는 적은 노력이나 혹은 전혀 노력을 들이지 않고도 정보를 처리하는 능력을 말한다. 연습을 통해 아동은 증가하는 정보를 자동적으로 부호화할 수 있게 된다. 예를 들어, 아동이 읽는 방법을 제대로 습득하게 된다면, 한 단어를 이루는 글자를 각각 나누어 고려하지 않게 된다. 대신에 아동은 단어 전체를 부호화하게 된다. 일단 특정 과제가 자동화되면, 의식적인 노력을 필요로 하지 않는다. 결과적으로 정보처리가 점점 더 자동화됨에 따라 우리는 더욱 빨리 과제를 수행하고, 하나 이상의 과제를 동시에 다룰 수 있게 된다. 만약 단어를 자동적으로 부호화하지 않고

부호화 정보가 기억 속으로 들어가는 과정

자동화 정보를 적은 노력이나 혹은 거의 노력하지 않고 처리하는 능력

각 단어를 이루는 개별 글자에 집중하여 이 페이지를 읽는다면 얼마나 많은 시간이 걸릴지 상상해 보자.

전략 구성(strategy construction)은 정보처리를 위한 새로운 절차를 생성하는 것이다. 예를 들어, 아동의 읽기는 이전에 읽은 것을 검토하기 위해 주기적으로 멈추기 전략을 개발하였을 때 더욱 효과적이 된다. 효과적인 전략 목록을 개발하고 이 중 특정 학습과제에 사용할 최선의 전략을 선택하는 것은 효과적인 학습자에게 요구되는 매우 중요한 측면이다(Bjorklund, 2012).

앞서 언급한 변화의 기제에 덧붙여 아동의 정보처리는 자기 수정(self-modification)으로 특징지을 수 있다(Siegler, 1998, 2016a, b). 즉 아동은 이전의 상황에서 학습한 것을 활용하여 새로운 상황에 적절하게 반응할 수 있다. 예를 들어, 개나 고양이와 친숙한 아동이 동물원에 가서 사자나 호랑이를 난생 처음으로 보게 된다면, 그 아동은 새로운 지식을 포함하기 위해 기존에 가지고 있던 '동물' 개념을 수정하게 된다. 이러한 자기 수정의 일부는 '앎에 대해 아는 것'을 의미하는 **초인지**(metacognition)에 의해 영향을 받게 된다(Flavell, 2004; Guerten, Lejeune, & Meulemans, 2016; Sobel & Letourneau, 2016). 초인지의 한 예로는 아동이 읽은 것을 가장 잘 기억하는 최선의 방법에 대해 아는 것을 들 수 있다. 아동은 읽었던 것을 자신의 삶과 어떠한 방식으로라도 연결 지을 때 더 잘 기억할 수 있다는 것을 알고 있을까? 시글러가 정보처리를 인지 발달에 적용한 연구에 따르면, 아동이 초인지 전략을 개발할 때 자신의 인지 발달에 적극적으로 참여한다.

전략 구성 정보처리를 위한 새로운 절차의 생성

초인지 인지에 관한 인지, 혹은 '아는 것에 대해 아는 것'

복습하기, 성찰하기 그리고 연습하기

❶ 정보처리 접근에 대해 설명한다.

복습하기
- 정보처리 접근이란 무엇인가?
- 두 가지 주요한 인지 자원은 무엇이며, 그 자원들은 아동의 정보처리의 발달적 변화에 어떠한 방식으로 기여하는가?
- 정보처리 접근에서 다루는 주요한 변화의 기제는 무엇인가?

성찰하기
- 학습 능력과 관련하여 컴퓨터를 닮고 싶다고 느낀 적이 있는가? 혹은 당신이 정보처리의 모든 측면에서 컴퓨터보다 더 낫다고 생각하는가? 이에 대해 설명해보자.

연습하기
1. 정보처리는 다음 중 어느 것과 가장 밀접하게 관련되어 있는가?
   a. 행동주의 b. 인지심리학
   c. 사회인지 이론 d. 생태학 이론
2. 정보처리 접근에 따르면, 15세 아동은 10세 아동보다 더 빨리 계산할 수 있는데, 그 이유는 무엇인가?
   a. 15세 아동의 뇌는 더욱 많은 시간 발달하였고, 15세 아동은 숫자와 관련된 경험이 훨씬 많다.
   b. 15세 아동은 정적 강화와 부적 강화의 경험을 더 많이 가지고 있다.
   c. 15세 아동의 뇌는 기존의 연결 중 많은 것을 소실하였으며, 수초 탈락을 겪었다.
   d. 15세 아동은 암기 기술을 더욱 오랜 시간 발달시켰다.
3. 파크스 선생님은 학생들이 단순한 수학적 사실에 대해서 시간을 들여 생각할 필요 없이 곧 바로 알기를 원한다. 그래서 파크스 선생님은 2학년 학생들과 더하기나 빼기 빙고, 메스비 게임(학생을 위한 수학 게임 프로그램), 그리고 카드 게임과 같은 수학 게임을 한다. 파크스 선생님이 학생들과 이러한 게임을 하는 목적은 무엇인가?
   a. 수학적 사실 지식에 대한 학생들의 자동화를 발달시켜주기 위해서

b. 전략 구성을 장려하기 위해서
c. 부호화 기술을 촉진시키기 위해서
d. 자기 인식과 같은 초인지 전략을 개발하기 위해서

정답은 '연습하기 정답' 참조

학습목표 2
주의를 특징짓고, 발달 과정에서 어떻게 변화하는지 요약한다.

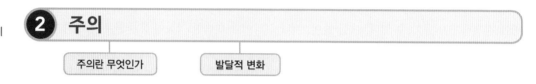

2 주의

주의란 무엇인가　　　발달적 변화

주의 정신 자원을 한데로 모으는 것

선택적 주의 부적절한 경험은 무시하면서 관련 있는 경험의 특정한 측면에 집중하는 것

분산된 주의 한 번에 한 가지 이상의 활동에 주의를 기울이는 것

지속적 주의 긴 시간 동안 주의를 기울이는 것으로 각성 상태라고도 불린다.

집행적 주의 행동을 계획하고 목표에 주의를 집중하여 오류를 감지하고 수정하는 것, 과제의 진행 점검하기, 새롭거나 어려운 상황에 대처하기 등과 같은 일련의 과정을 포함한다.

세상은 우리가 인지해야만 하는 수많은 정보를 담고 있다. 주의는 무엇이며 어떤 효과를 가지는가? 발달 과정에서 주의는 어떻게 변화하는가?

주의란 무엇인가

주의(attention)는 정신 자원을 한데로 모으는 것이다. 주의는 야구공을 치는 것에서부터 책을 읽거나 숫자를 더하는 것에 이르기까지 많은 과제에서 인지적 처리를 향상시킨다(Rothbart & Posner, 2015). 아동이 성인처럼 어느 한 순간에 오직 한정된 양의 정보에만 주의를 집중할 수 있다고 하더라도 아동은 상이한 방식으로 주의력을 할당한다(Reynolds & Romano, 2016). 심리학자들은 이러한 종류의 할당을 선택적 주의, 분산된 주의, 지속적 주의, 그리고 집행적 주의로 명명한다.

- **선택적 주의**(selective attention)는 부적절한 경험은 무시하면서 관련 있는 경험의 특정한 측면에 집중하는 것이다. 사람들로 가득 찬 방이나 시끄러운 식당에서 많은 목소리 중 특정 목소리에 집중하는 것은 선택적 주의의 예이다.
  - **분산된 주의**(divided attention)는 한 번에 한 가지 이상의 활동에 주의를 기울이는 것이다. 만약 책을 읽고 있으면서 음악을 듣는다면, 분산된 주의를 행하고 있다고 말할 수 있다.
  - **지속적 주의**(sustanined attention)는 긴 시간 동안 주의를 기울이는 것으로, 각성 상태라고도 불린다. 조금의 중단도 없이 처음부터 끝까지 이 장을 읽게 된다면 지속적 주의가 사용되었다고 말할 수 있다. 최근의 연구는 학령전 아동의 지속적 주의가 아동이 25세가 되었을 때 대학을 졸업할 확률과 큰 상관이 있다고 밝히고 있다(McClelland & others, 2013).
  - **집행적 주의**(executive attention)는 행동을 계획하고 목표에 주의를 집중하여 오류를 감지하고 수정하기, 과제의 진행 점검하기, 새롭거나 어려운 상황에 대처하기 등과 같은 일련의 과정들을 포함한다. 집행적 주의의 예는 10쪽짜리 역사 리포트를 쓰는 동안 미리 제시된 인지적 과제를 성공적으로 수행하기 위해 주의력을 효율적으로 활용하는 것을 들 수 있다.

아동과 청소년의 멀티태스킹에 요구되는 주의는 무엇인가?

© apomares/Getty Images RF

분산된 주의력에 관한 최근의 연구 중 많은 수는 아동과 청소년의 멀티태스킹을 주요 주제로 삼고 있는데, 때때로 이는 단순히 두 가지 활동을 수행하는 중에 일어나는 분산된 주의뿐만 아니라 세 가지 활동 혹은 그 이상의 활동 간에 나타나는 주의도 포함한다(Courage, 2015). 멀티태스킹이 증가하게 된 주요 원인은 바로 다양한 전자 매체가 유용해졌기 때문이다. 많은 아동과 청소년은 다양한 전자 매체를 자유자재로 사용할 수 있다. 청소년들이 문자 메시지를 주고받거나 인터넷 검색을 하면서 혹은 노래 목록을 훑어보면서 동시에 해야 할 과제를 수행하기 위해 주의를 분산시키는 것은 특별한 일이 아니다. 이러한 종류의 멀티태스킹은 이로울까 아니면 해로울까? 최근의 연구에 따르면 학습과제(읽기나 수업 듣기 등)를 수행하는 동시에 전자 기기(인터넷 검색이나 문자 메시지 보내기)를 사용하는 것은 일반적인 경우에는 학습자들을 산만하게 만들고 많은 과제의 수행 수준을 낮추는 것으로 나타났다(Courage & others, 2015).

지속적 주의와 집행적 주의 또한 인지 발달의 매우 중요한 측면이다. 아동과 청소년이 더욱 많은 시간을 들여 완수해야 하는, 더욱 크고 점점 복잡해져 가는 과제를 다루게 됨에 따라, 그들의 지속적 주의력은 과제를 성공시키는 데 매우 중요한 요인이 된다. 집행적 주의의 발달은 복잡한 학술적 과제를 효과적으로 다루는 데 필요한 조절력이 빠르게 향상된다는 것이다(Rothbart & Posner, 2015).

DEVELOPMENT

발달적 변화

주의에 있어서 몇 가지 주요한 변화가 아동기에 나타난다(Ristic & Enns, 2015). 아동이 주의를 집중할 수 있는 시간은 그들의 연령이 증가함에 따라서 함께 증가해간다. 막 걸음마를 뗀 아기의 경우에는 산만하게 돌아다니면서 한 활동에서 다른 활동으로 주의를 전환하고, 단일 대상이나 사건에 집중하는 시간이 매우 짧은 것으로 보인다. 반면에 학령전 아동의 경우에는 한 번에 30분 정도 텔레비전을 시청할 수 있다.

RESEARCH

주의를 조절하고 유지하는 학령전 아동의 능력은 이후 아동기 동안의 학습 준비도 및 학업성취와 관련이 있다(Rothbart & Posner, 2015). 예를 들어, 1,000명 이상의 아동을 대상으로 한 연구의 결과, 54개월(4.5세) 때의 주의 지속력이 아동의 (학업성취와 언어기술을 포함) 학습 준비도와 연관되는 것으로 드러났다(NICHD Early Child Care Research Network, 2005). 또 다른 연구에서는 5세 때의 더 높은 주의력이 9세 때의 더 높은 수준의 학업성취와 관련이 있었다(Razza, Martin & Brooks-Gunn, 2012). 지속적 주의는 5~6세부터 11~12세까지 향상되며, 이렇게 향상된 주의는 인지 과제에 대한 더 나은 수행과 관련된다(Betts & others, 2006). 최근의 한 연구는 지속적 주의가 청소년기 동안에도 향상된다고 밝히고 있다. 청소년기에서의 지속적 주의 향상은 뇌 전두엽의 성숙과 연관되어 있다(Thillay & others, 2015).

주의 조절은 아동기 동안에 중요한 변화를 보인다(Ristic & Enns, 2015). 외부 자극은 학령전 아동의 주의의 대상을 결정하는 듯이 보인다. 명백하거나 눈에 띄는 대상은 학령전 아동의 주의를 끌게 된다. 예를 들어, 현란하고 매력적이게 보이는 어릿광대가 문제해결의 방향을 제시한다고 가정해보자. 학령전 아동은 광대에게 주의를 집중하며 방향은 무시하는 듯이 보이는데, 이는 아동이 환경의 두드러지는 특징에 강하게 영향을 받기 때문이다. 6~7세 이후에 아동은 방향과 같이 문제해결이나 과제 수행과 관련 있는 특징에 더 많은 주의를 집중하게 된다. 따라서 더 성장한 아동은 환경 속 가장 눈에 띄는 자극에 지배되는 대신에, 가장 중요한 자극으로 주의를 돌릴 수 있게 된다.

> **되돌아보기/앞날을 생각하기**
> 연구자들은 7~30세 사이에 전전두엽 피질에서 초점활성화가 증가하고 있음을 발견하였다. 제2장 '인지 및 언어발달'과 연계해 생각해보자.

DEVELOPMENT

이러한 변화는 주의력에 대한 인지적 조절로의 전환을 반영하는데, 이제 아동은 덜 충동적으로 행동하고 더 많이 숙고할 수 있게 된다.

문제해결과 관련 있는 정보에 대한 주의력은 초등학교와 중등학령기를 거침에 따라 점진적으로 증대된다. 청소년기에 관련 없는 정보를 처리하는 일은 줄어들게 된다.

DEVELOPMENT

아동이 성장함에 따라 선택적 주의와 분산된 주의를 활용할 수 있는 아동의 능력 또한 향상된다. 연령이 높은 아동과 청소년은 더 어린 아동에 비해 주의의 전환이 필요한 과제를 더욱 잘 수행한다. 예를 들어, 좋은 이야기를 쓰는 일은 단어의 철자나 문법을 지키는 일, 문단을 구성하는 일, 통일성을 유지하며 이야기를 전달하는 일 등의 다양하게 상충하는 과제들 속에서의 주의 전환을 필요로 한다. 아동은 또한 동시에 두 가지 일을 하는 능력을 발달시키게 된다. 예를 들어, 어떤 연구에 따르면 12세 아동은 두 가지 과제를 포함한 상황(분산된 주의)에서 주의를 할당하는 데 있어 8세 아동보다 현저하게 높은 성취를 보였고, 20세 아동보다는 약간 낮은 수준의 성취를 보였다(Manis, Keating & Morrison, 1980). 분산된 주의에 대한 이러한 향상은 인지 자원(향상된 정보처리 속도 혹은 용량을 통한)의 증대, 자동화의 증대, 혹은 자원을 조정하는 기능의 향상에 의한 것으로 보인다.

RESEARCH

개인적 차이 또한 아동을 특징짓는데, 어떤 아동의 경우에는 주의력결핍 과잉행동장애(ADHD)로 분류될 만큼 심각한 주의력 문제를 안고 있기도 하다. 한 연구에서는 아동기에서의 주의력 문제가 청소년기가 끝날 즈음에 나타나는 정보처리의 어려움과 관련되어 있다고 밝히고 있다(Friedman & others, 2007). 이 연구에서는 주의력 문제(부주의, 혼란, 충동성, 과잉행동)가 있는 7~14세의 아동은 17세가 되었을 때 작업기억이나 반응 억제에서 어려움을 갖게 된다고 보고하고 있다.

최근에 교사들에게 수업 중에 학생들이 주의를 집중할 수 있도록 어떤 식으로 도움을 주는지 물은 적이 있다. 그들의 답변은 다음과 같다.

유치원 교사 아주 어린 아동의 경우에는 단지 주의 지속 시간만을 향상시키게 됩니다. 이런 아동을 돕기 위해서 우리는 놀이 시간에서 공부 시간으로의 전환을 위해 노래나 도구를 자주 사용하죠.

자료가 제시되었을 때 우리는 아동의 이름을 부르고 질문을 던지는데, 이렇게 함으로써 아동이 새롭게 제시된 대상에 관심을 가지게 됩니다. 이야기 시간 동안에 우리는 아동에게 지속적으로 동기부여를 하고 아동이 이야기에 집중할 수 있도록 과장된 몸짓을 사용하고 책에서 나타난 인물들의 목소리를 흉내 냅니다.

–발레리 고햄, 키디쿼터스사

초등학교 교사 제가 맡은 4학년 학생들이 집중한 상태로 있을 수 있도록 저는 이야기 속 인물이 되어봅니다. 예를 들어, 카우보이 왕자 버바(*Bubba, the Cowboy Prince*)를 읽을 때, 저는 카우보이 모자를 쓰고 말투를 다르게 합니다. 저는 "이 부분은 오늘 숙제에 나올 거야"라든가 "이 부분은 시험에 나올 거야"라고 말하는 것이 학생들의 주의를 집중시킨다는 걸 압니다.

–셰인 슈워츠, 클린턴초등학교

중학교 교사 제가 맡은 학생들은 특히 서로에게 가르쳐보라고 했을 때 집중을 유지합니다. 즉 저는 학생들에게 번갈아가며 교사의 역할을 해보라고 합니다.

–케이시 마스, 에디슨중학교

고등학교 교사 고등학교 학생들은 수업에서 제시되는 정보나 사건이 자신들의 실제 생활과 얼마나 관련되는지를 알 때 더 집중합니다. 예를 들어, 식인성 질환(food-borne illness)이라는 주제는 대부분의 학생들에게 지루한 것입니다. 그러나 제가 어느 현지 식당에서 치킨 샐러드를 먹고 살모넬라 식중독에 걸려서 며칠 동안 매우 고생했던 경험을 이야기하면, 학생들은 살모넬라 식중독, 그것의 원인과 예방 그리고 증상과 관련된 주제에 더 많은 흥미를 갖게 됩니다.

–샌디 스완슨, 메노모니폴즈고등학교

학생과 연계하기 : 최고의 실천
주의 집중에 도움이 되는 전략

교실에서 수행해야 할 업무가 많고 학생 수 또한 많으므로, 학생들로 하여금 주의와 같은 정보처리 기술을 향상시킬 수 있도록 하기 위한 노력은 간과되기 쉽다. 다음은 학생들의 주의력을 향상시킬 수 있는 효과적인 전략이다.

1. *학생들이 주의를 최대한 집중할 수 있도록 하고 분산을 최소화한다.* 아동이 어떤 것을 기억해야 할 때 주의를 집중하는 것이 얼마나 중요한지에 대해 아동들과 함께 이야기해본다. 또한 아동에게 어떤 대상에 최대한의 주의를 집중할 수 있도록 하는 활동을 제공한다. 예를 들어, 헝가리와 같은 나라에서는 유치원생들도 주의를 향상시키도록 고안된 활동에 참여한다(Mills & Mills, 2000; Posner & Rothbart, 2007). 그러한 활동 중 한 활동에서 교사가 아동들로 둘러싸인 원의 중심에 위치하며 아동들은 교사의 시선이 어떠한 방향으로 움직이는지를 파악해야 한다. 다른 활동에서는 아동들이 일종의 stop-go 활동('무궁화 꽃이 피었습니다'와 같은 활동)에 참여하게 되는데 북소리나 어떤 정해진 수의 리듬과 같은 신호가 들리면 아동들은 활동을 멈춘다.

2. *신호나 몸짓을 활용하여 어떤 대상이 중요하다는 것을 알린다.* 이러한 전략에는 목소리 높이기, 어떤 것을 강조해서 반복하기, 어떤 개념을 칠판이나 슬라이드에 적기 등이 포함된다.

3. *학생들이 주의를 기울여야 할 때 활용할 수 있는 자신만의 신호나 문구를 만들도록 한다.* 이러한 것들은 시기에 따라서 다양할 수 있다. '경보', '집중', '조준'과 같이 학생들에게 선택할 수 있을 만한 옵션을 제공해준다. 학생들이 스스로 집중하고 있지 않다고 느낄 때면 즉각적으로 그러나 정확하게 이러한 단어들을 스스로에게 말하게 한다.

4. *학습을 흥미롭게 만든다.* 지루함은 학생들에게 쉽게 찾아올 수 있으며, 만약 그렇게 된다면 주의력은 약해진다. 학생들의 흥미에 맞도록 개념을 연관시키는 것은 학생들의 주의력을 향상시킨다. 다른 말로 하면, 교사가 가르치는 것들은 학생들의 삶과 관계된 것이어야 한다. 교실에 새롭고, 흥미롭고, 놀라운 활동을 불어넣어야 한다. 유전과 노화에 관한 생물학 활동을 "여러분은 100살까지 살 수 있을까요?" 혹은 "언젠가 사람이 400살까지 살날이 올까요?"와 같은 질문들로 시작해보라. 다양한 주제를 소개하기 위해 이러한 질문을 생각해본다면 학생들은 자신의 삶과 관계된 것들에 더 잘 집중할 것이다.

5. *수업의 진행속도에 변화를 주기 위한 노력의 일환으로 매체와 기술을 효과적으로 사용한다.* 비디오와 텔레비전 프로그램은 그 자체가 줌인(zoom-in)이거나 화면에 반짝이는 화려하고 선명한 이미지이며 한 장면에서 다음 장면으로 전환시키는 기술과 같이 주의를 유발하는 요소로 이루어져 있다. 수

TECHNOLOGY

업의 진행속도에 변화를 주고 학생들의 주의력을 증대시키는 데 도움을 줄 수 있는 적절한 비디오나 TV 프로그램을 찾아본다. 불행하게도 너무나 많은 교사들은 단순히 학생들을 조용히 시키기 위해서만 비디오를 보여주는데, 이를 통해 학습이 촉진되지는 않는다. 만약 교과과정이 제대로 구성되어 있지 않다면, 교사가 어떤 '마술'이나 '특수효과'를 사용하는지는 중요하지 않다. 학생이 효과적으로 학습하지는 않을 것이다. 당신이 사용하는 매체나 기술이 효과적인 학습을 촉진시키는 유의미한 방식으로 학생들의 주의를 끌 수 있도록 해야 한다. 또한 새로운 기술은 질문을 던지거나 학생들의 반응을 더욱 얻기 쉽게 해준다(예 : https://edpuzzle.com과 www.playposit.com 참조).

컴퓨터를 활용한 활동은 최근에는 학생들의 주의를 향상시키는 방향으로 발전해왔다(Rothbart & Posner, 2015). 예를 들어, 한 연구에 따르면 유료 프로그램인 Captain's Log(뇌 훈련)의 주의 활동은 1학년 학생의 주의력 관련 문제를 완화시키는 데 효과적이다(Rabiner & others, 2010). 시각과 청각 주의력을 훈련시키는 데 초점이 맞춰진 10개의 활동이 이 연구에서 활용되었는데, 한 활동에서는 학생이 이전에 화면에 나타난 그림과 동일한 그림이 화면에 나타났을 때 스페이스 바를 눌러야 한다. 다른 활동에서는 학생이 이전에 제시된 물체의 위치를 기억해야 한다. 이 프로그램의 더 높은 단계로 가기 위해 학생은 제시되는 활동이 더욱 어려워짐에 따라 더 긴 시간 동안 주의를 유지해야 한다.

RESEARCH

6. *학습을 즐겁게 만들기 위해서 활발한 학습에 집중한다.* 다양한 활동, 초청 연사, 현장 학습 그리고 많은 다른 활동들은 학습을 더욱 즐거운 것으로 만들고, 학생들의 지루함을 덜고 주의력을 증대시키는 데 효과적이다. '교사의 시선'에서 중학교 영어교사이자 연극교사인 린 아이러스가 어떻게 게임이 전 학년에서 이루어지는 학습에 재미를 더할 수 있는지 말해준다.

교사의 시선 : 지루한 활동을 활동적인 학습 게임으로 바꾸기

나는 가장 지루한(학습 활동지나 교과서에서 볼 수 있는) 활동이 활동적인 학습 게임으로 바뀔 수 있다는 사실을 알아냈다. 내가 가르치는 7학년 학생들이 영어 수업에서 가장 좋아하는 게임은 'sit-set, rise-raise(앉아-놓아, 일어나-들어)'이다. 학생 2명을 2개의 책상 바로 옆에 있는 의자에 앉힌 뒤에 각각의 책상에 책을 한 권씩 올려놓는다. 내가 "일어나"라고 이야기하면 학생들은 일어나고, "들어"라고 이야기하면 학생들은 책을 들게 된다. "앉아"라고 이야기

학생들은 린 아이러스가 만든 여러 활발한 학습 게임 중 하나에 참여하면서 타동사를 배우고 있다.

© St. James the Apostle School, Glen Ellyn

하면 학생들은 앉게 되고, "놓아"라고 이야기하면 학생들은 책을 책상 위에 놓게 된다. "일어나"라고 했을 때 한 학생은 일어나고 다른 학생은 책을 들게 되면 책을 든 학생은 탈락하게 되고 그 학생과 같은 팀인 다른 학생으로 교체되게 된다. 혹은 만약 학생들이 둘 다 일어나게 되면 더 빨리 일어난 학생은 남

고 늦게 일어난 학생은 다른 학생으로 교체된다. 학생들은 이 게임을 좋아하고 이 과정에서 일반적으로 쉽게 혼동되는 2개의 단어 간의 차이점을 학습할 수 있다.

이 게임은 학생들을 육체적으로 참여시키는 것의 효율성을 알려주었다. 나는 종, 타이머, 팀을 활용한 수십 개의 다른 게임을 개발하였다. 이러한 게임은 학생들이 교실을 뛰어다니게 하고 종을 울리게 하기도 하고, 어떤 단어가 명사인지 형용사인지 말하는 것을 통해 상대편을 이기게 만들기도 한다. 거의 모든 학습 활동이나 거의 모든 교과서의 활동은 어떤 것을 더하기만 하면 체육 활동 게임으로 바뀔 수 있다. 그리고 중학교 학생들은 신체적이면서 머리를 쓰는 활동에서 더 많은 것을 배운다.

7. 학생들에게 너무 많은 정보를 제공하지 않는다. 우리는 '정보 과부화' 사회에 살고 있다. 너무 많은 정보가 너무 빨리 제시된다면 학생들은 주의를 기울이기 어렵다.
8. 주의력에서 학생들 간의 개인차를 파악한다. 어떠한 학생들은 주의를 기울이는 데 심각한 어려움을 겪고 있다. 어떤 자료를 제시할 때 이러한 사실을 반드시 고려해야 한다. 활동을 시작하게 전에 교실을 둘러보면서, 학생들이 뛰놀고 있는 놀이터 쪽으로 열려있는 창문과 같은 집중을 방해할 가능성이 있는 요소들을 파악해야 한다. 창문을 닫고 커튼을 쳐서 그러한 방해요소를 제거해야 한다.

복습하기, 성찰하기 그리고 연습하기

❷ 주의를 특징짓고 발달 과정에서 어떻게 변화하는지 요약한다.

복습하기

• 주의란 무엇인가? 주의를 할당할 수 있는 네 가지 방법은 무엇인가?
• 주의는 아동기와 청소년기 동안 어떻게 발달하는가?

성찰하기

• 당신은 초등학교 교사이고, 한 학생이 학습과제를 수행하기 위해 주의를 지속시키는 데 어려움이 있다고 가정해보자. 이 학생이 주의를 지속시킬 수 있도록 어떤 전략을 사용해볼 수 있을까?

연습하기

1. 샘슨 선생님은 1학년 학생들을 가르친다. 한 그룹의 학생들을 가르치는 동안에 그녀는 때때로 어떠한 방식으로라도 개입을 하면서 학급의 나머지 학생들의 행동을 주시해야 한다. 때로는 한번에 3명 혹은 4명의 학생을 가르치게 되는데, 각각의 학생들에게 필요한 것은 모두 다르다. 이런 상황이 조금도 그녀를 당황시키지는 않는다. 다른 학생의 신발끈을 메어주고 나머지 학생들의 행동을 어떤 어려움도 없이 주시하는 동시에, 그녀는 한 학생과 대화를 할 수 있다. 샘슨 선생님은 어떤 기술에 숙달한 것일까?

    a. 분산된 주의   b. 선택적 주의
    c. 지속적 주의   d. 개인적 주의

2. 마크는 한 대상에서 다른 대상으로 재빨리 주의를 전환한다. 어떤 대상이 더 화려하고 더 시끄러울수록 마크의 주의는 그쪽으로 더 이끌리는 듯하다. 마크는 그 어떤 대상에 대해서라도 몇 분 이상 집중하지는 않는다. 이 내용으로부터 유추해보았을 때, 마크는 어떤 연령대에 속할까?

    a. 영유아기   b. 미취학 아동기
    c. 초등학령기   d. 청소년기

정답은 '연습하기 정답' 참조

기억이란 무엇인가   부호화   저장   인출과 망각

학습목표 3
기억을 부호화, 저장, 그리고 인출과 관련
지어 논의한다.

20세기 극작가 테네시 윌리엄스는 삶이란 너무나도 빨리 지나가버려 붙잡지 못하는 현재의 한 순간을 제외하고는 전부 기억뿐이라고 말한 적이 있다. 그렇다면 기억이란 무엇일까?

기억이란 무엇인가

기억(memory)은 시간이 지나도 정보를 보유하는 것을 말한다. 교육심리학자들은 어떠한 방식으로 정보가 초기에 기억 속으로 들어가고 부호화되는지, 어떠한 방식으로 정보가 부호화된 이후에도 유지되고 저장되는지, 그리고 어떠한 방식으로 차후에 있을 어떤 목적을 위해서 정보가 발견되고 인출되는지에 대해 연구한다. 기억은 연속성 속에 스스로 뿌리를 내린다. 기억 없이는 어제 일어난 일과 오늘의 삶에서 일어나고 있는 일을 연결 짓지 못한다. 오늘날 강조되어야 하는 것은 아동이 어떠한 방식으로 기억에 무언가를 더하는가가 아니라 어떠한 방식으로 적극적으로 기억을 구성하는가이다(Howe, 2015).

기억에 대한 우리의 논의는 부호화, 저장, 그리고 인출에 초점을 맞출 것이다. 이러한 과정과 관련지어서 기억에 대해 생각해보는 것은 기억에 대한 이해를 도울 수 있을 것이다(그림 7.1 참조). 기억이 기능하기 위해서는, 아동은 반드시 정보를 받아들이고, 저장하거나 표상하고, 그리고 이후의 어떤 목적을 위해 그것을 인출할 수 있어야 한다.

앞에서 보았겠지만 **부호화**는 정보가 기억 속으로 편입되는 과정을 말한다. 그리고 **저장**은 시간이 경과해도 정보를 보유하는 것을 뜻하며, 인출은 정보를 어떤 저장고로부터 끄집어내는 것을 뜻한다. 지금부터 더욱 자세하게 이 세 가지 주요한 정신 활동을 살펴보도록 하자.

부호화	저장	인출
정보를 기억 속으로 편입시키기	시간이 지나도 정보를 보유하기	저장되어 있는 정보를 끄집어내기

그림 7.1 **기억에서의 정보처리**
이 장에서 기억의 다양한 측면에 대해서 읽는 동안 다음과 같은 세 가지 주요한 정신 활동(혹은 작용)과 관련하여 기억의 조직 방식을 생각해보자.

부호화

주의는 부호화 과정의 핵심적 측면이다(Schneider, 2015). 주의를 집중함으로써 아동은 교사의 말에 귀 기울이거나, 숙제를 하거나, 책을 읽거나, 글을 쓰거나, 영화를 보거나 음악을 들으며, 혹은 친구들과 이야기할 때, 정보를 기억 속으로 부호화시킬 수 있다. 부호화는 주의뿐만 아니라 시연, 심층 처리, 정교화, 이미지 구성, 조직화와 같은 수 많은 과정들로 이루어져 있다.

시연 **시연**(rehearsal)은 어떤 정보가 기억 속에 머무는 시간을 증가시키기 위해서 정보를 계속 의식적으로 반복하는 것이다. 예를 들어, 친한 친구와 점심 약속을 잡을 때 당신은 날짜와 시간을 되뇌거나 반복하여 생각하게 된다. "그래, 수요일 1시 반." 시연은 짧은 시간 동안 품목 목록을 부호화하고 기억할 때 가장 효과적이다. 일주일 후에 볼 시험을 위해 공부할 때처럼 오랜 시간 동안 정보를 기억하고 있어야 할 때는 시연보다 다른 전략이 더욱 효과적이다. 시연은 오랜 시간 동안 정

기억 시간이 지나도 정보를 보유하는 것으로 부호화, 저장, 그리고 인출을 포함한다.

시연 시연은 어떤 정보가 기억 속에 머무는 시간을 증가시키기 위해서 정보를 계속 의식적으로 반복하는 것

정보의 거미줄

저는 기억을 만드는 이유가 다른 사람들과 나누기 위해서라고 생각해요. 특히나 친한 친구나 가족들과 말이죠. 만약 기억을 나누지 않는다면, 기억은 거미줄로 뒤덮인 뇌 속에 가만히 있게 될 거라 생각해요. 만약 크리스마스에 대한 좋은 기억이 있는데 그 기억을 나눌 사람이 없다면, 기억이 무슨 소용이 있겠어요?

7학년 학생
미시간주 입실란티 웨스트중학교

보를 유지하는 데 있어서는 그다지 효과적이지 못한데, 시연이 정보에 어떤 의미를 부여하지 않는 단순한 기계적 암기와 관련되기 때문이다. 기억을 의미 있는 방식으로 구성한다면 더 잘 기억할 수 있다. 다음 부분에서 보게 되겠지만, 주어진 자료를 더욱 깊이 있게 처리하고 정교화할수록 더욱 잘 기억할 수 있게 된다.

심층 처리　시연이 장기기억을 위한 정보의 부호화에 효과적이지 않다는 발견에서부터 시작하여, 퍼거스 크리아크와 로버트 록하트(Criak & Lockhart, 1972)는 정보가 다양한 수준에서 처리될 수 있다는 제안을 하였다. 그들이 말한 **처리수준 이론**(levels of processing theory)은 기억의 처리가 표층 수준에서 심층 수준에 이르기까지 연속선상에서 일어나며, 심층 처리는 표층 처리보다 더 잘 기억하도록 한다. 표층 처리는 표층적 수준에서 자극의 감각적 혹은 물리적 특징을 분석하는 것을 의미한다. 이는 인쇄된 글자의 선이나 각도 그리고 곡선을 감지하는 일, 혹은 발화된 단어의 주파수나 지속 시간 그리고 크기를 감지하는 일을 포함한다. 중간 정도의 처리 수준에서는 자극을 인식하여 자극에 어떤 이름을 붙이게 된다. 예를 들어,

네 발을 가지고 있고 짖을 수 있는 대상이 있다면 그 대상을 개로 인식하게 된다. 그리고 가장 심층적 수준에서는 정보의 의미와 관련하여 정보를 의미론적으로 처리하게 된다. 예를 들어, 아동이 *boat*(배)라는 글자를 보게 된다면, 표층 수준에서는 글자의 모양에 신경 쓰게 될 것이고, 중간 수준에서는 글자의 특징에 대해 생각하게 될 것이고[예 : *coat*(코트)라는 단어와 운율을 형성함], 마지막으로 심층 수준에서는 아동이 아버지와 함께 배를 타고 낚시를 하러 갔을 때를 생각하게 될 것이며, 그런 종류의 배를 생각할 것이다. 연구자들은 개인이 정보를 심층 수준에서 처리할 때 더욱 잘 기억할 수 있다는 사실을 밝혀낸 바 있다(Abbassi & others, 2015; Soravia & others, 2016).

정교화　인지심리학자들은 더 나은 부호화를 위해서는 단순히 심층 수준에서 처리하는 것 이외에 더 많은 것들이 필요하다는 사실을 알게 되었다. 그들은 개인이 정보를 부호화함에 있어서 **정교화**(elaboration)를 사용할 때, 기억이 더욱 효과적이게 형성된다는 사실을 발견했다(Ashcraft & Radvansky, 2016). 정교화는 부호화에 수반되는 정보처리의 광범위함을 뜻한다. 그러므로 민주주의의 개념을 학생들에게 제시할 때, 학생들이 민주주의에 대한 좋은 예시를 떠올릴 수 있다면 더욱 잘 기억하게 될 것이다. 예시를 떠올리는 일은 정보를 정교화하기에 좋은 방법이다. 예를 들어, 자기참조는 정보를 부호화하기 위한 효과적인 방법이다. 만약 학생들이 공평함의 개념을 기억해야 할 때, 학생들에게 개인적으로 경험하였던 공평함이나 불공평함에 대한 개인적 예시를 더욱 많이 떠올려보라고 한다면, 학생들은 그 개념을 더욱 잘 기억하게 될 것이다.

　정교화의 사용은 발달 과정에서 변화한다(McDonnell & others, 2016). 청소년들은 아동보다 더욱 빈번하게 자발적으로 정교화를 사용하는 경향이 있다. 초등학생들은 학습과제를 수행할 때 정교화 전략을 사용하는 법을 배울 수 있지만, 이후의 다른 학습과제를 수행할 때 전략을 사용하는 경향은 청소년에 비해 더욱 낮게 나타난다. 그럼에도 언어적 정교화는 어린 초등학생에게도 효과적인 기억 전략이다. 한 연구에서 실험설계자들은 2학년 학생과 5학년 학생들에게 주요 단어에 대

처리수준 이론　기억의 처리가 표층 수준에서 심층 수준에 이르기까지 연속선상에서 일어나며, 심층 처리는 표층 처리보다 더 잘 기억한다는 이론

정교화　부호화와 관련이 있으며 정보를 깊고 광범위하게 처리하는 것

DEVELOPMENT

RESEARCH

한 의미 있는 문장을 구성하도록 하였다(예 : 카트가 주요 단어라면 "우체부가 카트에 편지를 담아 두었다"; Pressley, Levin & McCormick, 1980). 2학년과 5학년 학생들은 단어를 포함한 의미 있는 문장을 구성하였을 때가 단어와 단어의 정의만 제시되었을 때보다 주요 단어를 더욱 잘 기억하였다.

정교화가 부호화에서 잘 기능하는 이유 중 하나는 정교화를 통해 기억 부호가 특수해지기 때문이다(Hofmeister & Vasishth, 2014). 이름이나 경험 그리고 지질학에 관한 사실과 같은 정보를 기억하기 위해서 학생들은 그들의 장기기억에 있는 많은 부호(code)들 중에서 이러한 정보를 포함하고 있는 부호를 찾아내야 한다. 찾기 과정은 기억된 부호가 특수할 때 더욱 쉬워진다. 아동이 만나게 되는 상황은 사람이 많은 공항에서 친구를 찾는 것과 다르지 않다. 만약 친구의 키가 190센티미터이며 머리색이 빨갛다면 더욱 평범한 특징을 가지고 있는 친구보다 찾기가 더욱 쉬울 것이다. 그리고 더욱 많은 정보가 저장될수록 여러 다른 기억들 속에서 어떤 기억을 구분해내는 일은 더욱 쉬워질 것이다. 예를 들어, 어떤 학생이 달려가는 차에 다른 학생이 치이는 것을 목격하게 된다면, 단순히 그 차가 빨간색 차라고 기억할 때보다 그 차가 2005년산 빨간 폰티악 차이며, 옅은 색 창문을 가지고 있다고 의식적으로 기억할 때 훨씬 기억을 잘할 수 있을 것이다.

이미지 구성 우리가 어떤 것에 대한 이미지 혹은 상을 구성할 때, 우리는 정보를 정교화하게 된다. 예를 들어, 당신의 가족이 대부분의 일생을 보낸 집이나 아파트에 몇 개의 창문이 있었는지 한번 생각해보자. 우리 중 이러한 정보를 기억하는 사람은 거의 없지만, 만약 그 집의 방에 대한 정신적 이미지를 재구성하게 된다면 아마도 답을 찾을 수 있을 것이다.

알란 파이비오(Paivio, 1971, 1986, 2013)는 정보가 다음과 같은 두 가지 방식, 즉 언어 부호이거나 혹은 이미지 부호 중 한 방식을 통해 저장된다고 주장한다. 예를 들어, 어떤 그림을 그 제목을 통해(최후의 만찬, 언어 부호) 기억할 수도 있고, 혹은 정신적 이미지를 통해 기억할 수도 있다. 파이비오는 이미지 부호가 더 상세하고 더 특징적일수록, 그 정보가 더 잘 기억될 수 있다고 주장한다.

RESEARCH

연구자들은 언어적 정보를 기억할 때, 이미지화를 하도록 하는 것은 어린 아동을 대상으로 하였을 때보다 연령대가 조금 더 높은 아동을 대상으로 하였을 때 더욱 효과적임을 보고하였다(Schneider, 2004). 한 연구에서 1~6학년 아동에게 다음과 같은 20여 개의 문장을 기억하도록 제시하였다(예 : "화가 난 새가 하얀 개를 향해 소리를 질렀다" 그리고 "그 경찰관은 바람이 부는 날에 서커스 텐트에 페인트 칠을 했다"; Pressley & others, 1987). 실험에 참여한 아동들은 무작위적으로 이미지화 조건에 놓이기도 했고(각각의 문장에 대한 그림을 머릿속으로 생각하도록 하기), 통제 조건(아동들은 단순히 열심히 하라는 말만을 들었다)에 놓이기도 했다. 이미지화를 통한 지도는 어린 아동(1~3학년)보다 연령대가 높은 아동(4~6학년)을 대상으로 하였을 때 더욱 효과적이었다. 연구자들은 어린 초등학생들은 문장과 같은 언어 사료를 기억할 때 이미지화를 사용하는 것보다 그림을 기억할 때 이미지화를 더욱 잘 사용할 수 있다는 사실을 밝히기도 했다(Schneider & Pressley, 1997).

조직화 학생들이 어떤 정보를 부호화할 때 그 정보를 조직화한다면, 정보에 대한 기억은 더욱 향상된다(Schneider, 2015). 부호화 과정에서 조직화의 중요성을 이해하기 위해서 다음 활동을 해보자. 1년 열두 달의 영어 이름을 최대한 빨리 기억해보자. 얼마만큼의 시간이 걸렸는가? 어떤 순서로 기억을 하였는가? 당신은 아마도 몇 초 정도 걸렸을 것이며 원래의 순서대로(January, February,

FRANK & ERNEST © Thaves/Dist. by United Feature Syndicate, Inc.

March, April 등) 기억했다고 답할 것이다. 그렇다면 열두 달을 알파벳 순서대로 기억해보도록 하자. 실수는 하지 않았는가? 시간은 얼마나 걸렸는가? 원래의 순서대로 기억하는 것과 알파벳 순서로 기억하는 것 사이에는 명백한 차이가 있었을 것이다. 따라서 학생들에게 기억을 더욱 의미 있는 방식으로 조직하는 것의 중요성을 이해시키기 위해서 이 활동을 사용한다면 무척 효과적이다.

어떤 정보를 조직화된 방식으로 제시할 때, 학생들은 그 정보를 더욱 잘 기억할 수 있다. 이는 특히나 그 정보가 위계적으로 조직되어 있거나 그 정보의 개요가 함께 제시된다면 더욱 명백해진다. 또한 만약 학생들로 하여금 정보를 조직화하도록 한다면, 조직화에 대한 어떠한 언급이 없을 때보다 학생들은 정보를 더욱 잘 기억할 것이다(Mandler, 1980).

청킹(chunking)은 여러 정보를 모아서 하나의 단위로 기억될 수 있도록 정보들을 계층적으로 묶거나 모으는 것을 말하는데, 이는 매우 효과적인 조직화 전략이다. 청킹은 많은 양의 정보를 더욱 의미 있고 더 다루기 쉽게 만듦으로써 효과적으로 기능한다. 예를 들어, 다음과 같은 말들을 생각해보자. *hot, city, book, forget, tomorrow, smile.* 이 말들을 잠시 동안 기억해보고 한번 글로 써보도록 하자. 만약 6개의 단어를 모두 기억한다면 30개의 알파벳 문자를 머릿속에 담아두는 데 성공한 것이다. 하지만 30개의 문자를 기억하는 것은 무척이나 힘든 일이었을 것이다. 그 단어들을 청킹하는 것은 그 단어들에 의미를 부여해준다.

저장

아동이 정보를 부호화한 후에는 그 정보를 보유하거나 혹은 저장해야 한다. 아동은 어떠한 정보는 1초도 안 되는 시간 동안만 기억하며, 어떤 정보의 경우에는 30초 동안 기억하며 그리고 다른 정보는 수 분 동안, 수 시간 동안, 수년 동안 혹은 평생 기억한다. 각각의 상이한 시간에 대응하는 세 종류의 기억은 감각기억(몇 분의 1초에서부터 몇 초 동안 유지), 단기기억(대략 30초 동안 유지), 그리고 장기기억(일생 동안 유지)으로 나눌 수 있다.

DEVELOPMENT

감각기억 감각기억(sensory memory)은 외부 세계로부터 들어온 정보를 처리하지 않은 상태로 매우 짧은 시간 동안만 저장하며, 이는 어떤 학생이 시각적·청각적, 혹은 다른 감각적 자극에 노출되는 시간보다 크게 길지 않다.

학생들은 짧은 메아리가 지속되는 시간과 같이 최대 몇 초 동안 소리에 대한 감각 정보를 기억할 수 있다. 그러나 시각적 이미지에 대한 학생들의 감각 정보는 0.25초 정도만 지속된다. 감각 정보는 매우 잠깐 동안만 지속되기 때문에, 학생들은 어떠한 감각 정보가 사라지기 전에 중요한 감각 정보에 주의를 기울이는 것을 중요하게 생각해야 한다.

단기기억 단기기억(short-term memory)은 제한된 용량을 가진 기억 체계이다. 이때 정보가 시연되거나 다른 방식으로 처리되지 않는다면 길어야 30초 동안만 유지된다. 감각기억과 비교해본다면, 단기기억은 그 용량에 있어서는 제한적이지만 상대적으로 더 오랜 시간 동안 지속된다. 조지 밀러

청킹 여러 정보가 하나의 단위로 기억될 수 있도록 정보를 계층적으로 묶거나 모으는 것

감각기억 외부 세계로부터 들어온 정보를 처리하지 않은 상태로 매우 짧은 기간 동안 보관하는 기억

단기기억 제한된 용량을 가진 기억 체계. 이때 정보가 시연되거나 다른 방식으로 처리된다면 그 정보는 더 오래 기억되지만, 그렇지 않을 경우에는 30초 동안만 유지된다.

(Miller, 1956)는 단기기억의 제한된 용량에 큰 관심을 보였는데, 이에 대해서 다음과 같은 인상적인 제목의 논문을 한 편 쓰게 되었다. '마법의 숫자 7, + 혹은 − 2.' 밀러는 많은 과제에서 학생들이 외부의 도움 없이 기억할 수 있는 정보의 양에는 한계가 있다는 점을 지적하였는데, 일반적으로 그 한계는 7 ± 2의 범위에 있다.

7 ± 2 현상에 대해 가장 널리 인용되는 예시는 **기억 범위**(memory span)이다. 이는 딱 한 번 제시된 여러 숫자를 오차 없이 기억을 할 수 있는 숫자의 개수이다. 누군가가 기억할 수 있는 숫자의 개수는 연령에 따라 달라진다. 한 연구에서 밝힌 바에 의하면, 기억 범위는 2세 때는 2개였다가 7세 때는 5개로 증가하며 12세 때는 6~7개로까지 늘어난다(Dempster, 1981; 그림 7.2 참조). 많은 대학생들은 8~9개의 숫자를 기억할 수 있다. 하지만 이는 어디까지나 평균일 뿐이며 개인차가 크다는 것을 명심하고 있어야 한다. 예를 들어, 7세 아동 중 다수는 6~7개에 미치지 못하는 기억 범위를 가지고 있지만, 다른 7세 아동은 8개나 그 이상의 기억 범위를 가지고 있다.

단기기억과 관련해서 영국의 심리학자인 앨런 배들리(Baddeley, 2000, 2007, 2012, 2013)는 과제를 수행하는 동안에 일시적으로 정보를 저장하는 체계로 **작업기억**(working memory)을 제안하였다. 작업기억은 세 부분으로 나누어진다. 작업기억은 우리가 의사결정하고, 문제를 해결하고, 읽거나 들은 언어를 해석할 때 정보를 조작하고 배열하고, 구성하도록 해주는 정신적 작업대라고 할 수 있다. 이때 주목해야 할 사실은 작업기억이 정보가 장기기억으로 넘어가기 이전까지만 수동적으로 정보를 담고 있는 단순한 창고가 아니라는 사실이다. 오히려 작업기억은 아주 능동적인 기억 체계이다(Logie & Cowan, 2015).

그림 7.3은 작업기억에 대한 배들리의 관점과 작업기억을 구성하는 세 가지 요소를 보여준다. 음운 루프, 시공간 작업기억, 그리고 중앙 집행자이다. 이러한 요소를 쉽게 이해하자면 집행자(중앙 집행자)와 2명의 조수(음운 루프와 시공간 작업기억)로 이해할 수 있다.

- **음운 루프**는 발화를 통해 전달된 언어 정보를 짧은 시간 동안 저장하는 데 특화되어 있다. 음운 루프에는 다음과 같이 2개의 분리된 요소가 포함되어 있다. 우선 몇 초 이내에 사라지게 되는 청각 부호가 있으며, 음운 저장소 내에서 단어들을 반복할 수 있게 하는 시연이 있다.
- **시공간 작업기억**은 시각적 형상을 포함한 시각적이며 공간적인 정보를 저장한다. 음운 루프와 마찬가지로 시공간 작업기억의 용량은 제한적이다. 음운 루프와 시공간 작업기억은 독립적으로 기능하는데, 우선 음운 루프 내에서는 숫자들을 시연할 수 있는 데 반해서 시공간 작업기억에서는 글자들을 공간적으로 배열할 수 있다.
- **중앙 집행자**는 음운 루프와 시공간 작업기억에서 오는 정보뿐만 아니라 장기기억에서 오는 정보까지도 통합한다. 배들리의 관점에서 보면 중앙 집행자는 주의, 계획, 그리고 행동을 조직하는 데 중요한 역할을 한다. 또한 중앙 집행자는 어떤 정보와 어떤 사건들에 주의를 집중해야 할지 또 어떤 것들을 무시해야 할지 결정하는 관리자와 같은 역할을 한다. 중앙 집행자는 정보처리 전략이나 문제해결 전략도 선택한다. 작업기억을 이루는 다른 두 요소(음운 루프와 시공간 작업기억)와 마찬가지로 작업기억의 용량은 제한되어 있다.

작업기억은 점진적으로 발달한다. 8세가 되었을 무렵에도 아동은 성인이 기억하는 것의 절반 정도를 기억할 수 있다(Kharitonovoa, Winter, & Sheridan, 2015). 작업기억은 아동 발달의 여러 측면과 관련되어 있다(Bigorra & others, 2016; Gerst & others,

기억 범위 한 번 제시된 여러 숫자를 오차 없이 기억을 할 수 있는 숫자의 개수

작업기억 우리가 의사결정하고, 문제를 해결하고, 읽거나 들은 언어를 해석할 때 정보를 조작하고 배열하고, 구성하도록 해주는 정신적 작업대

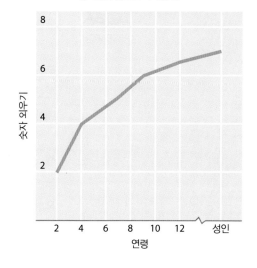

그림 7.2 기억 범위의 발달적 변화
한 연구에 의하면 기억 범위가 2세 때는 2개였다가 7세 때는 5개로 증가하며(Dempster, 1981), 12세에 이르면 평균적으로 6.5개로 증가하는 것으로 나타났다.

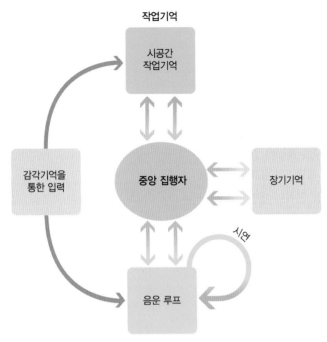

그림 7.3 배들리의 작업기억 모형
배들리의 작업기억 모형에서는 작업기억이 3개의 주요한 요소로 이루어져 있다. 음운 루프, 시공간 작업기억, 그리고 중앙 집행자이다. 음운 루프와 시공간 작업기억은 중앙 집행자가 기능하도록 돕는 조수로서의 역할을 수행한다. 감각기억으로부터 오는 입력은 음운 고리로 가게 되는데, 이때 발화에 대한 정보가 저장되며 시연이 일어난다. 또한 감각기억으로부터 오는 입력은 시공간 작업기억으로도 가게 되며, 시각적 형상을 포함한 시각적·공간적 정보가 저장된다. 작업기억은 용량이 제한된 체계이며, 이곳에 저장된 정보는 짧은 시간 동안만 보존된다. 작업기억은 장기기억으로부터 정보를 끌어오며 더 긴 시간 동안의 저장을 위해 장기기억으로 정보를 전송하기도 하는 등 장기기억과도 상호작용하게 된다.

2016). 예를 들어, 더 발달된 작업기억을 가진 아동은 읽기에 대한 이해나, 수학적 기술, 문제해결 능력에 있어서 덜 발달된 작업기억을 가진 아동보다 훨씬 향상된 능력을 보여준다(Swanson, 2016).

다음과 같은 최근의 연구들은 아동이 여러 영역에서 수행을 향상시키는 데 영향을 미치는 작업기억의 중요성을 보여주고 있다.

- 언어적 작업기억은 7~11세의 아동이 오랜 시간 지속되는 활동에 참여할 때, 이들에게 제시되는 지시 사항을 따를 수 있는 능력에 큰 영향을 미친다(Jaroslawska & others, 2016).
- 더 나은 작업기억을 가진 아동은 수학적 유창성, 계산, 읽기 유창성, 문어 이해력과 같은 영역에서 더 높은 지적 성취를 하였다(Blankenship & others, 2015).
- 아동의 언어적 작업기억은 모국어 및 제2외국어를 학습할 때 언어의 형태론, 통사론, 문법 학습과 관련이 있다(Verhagen & Leseman, 2016). 그러나 아동의 언어적 작업기억은 어휘력 발달과는 관련이 없다.

- 4학년 때 작업기억 훈련 프로그램(CogMed)을 받은 아동은 2년 후 6학년이 되었을 때, 일반적인 교육만을 받은 대조군 아동에 비해 수학과 읽기에서 더 높은 성취를 보였다(Soderqvist & Bergman, 2015). CogMed 작업기억 향상 프로그램에 대해 더 알아보고 싶거나 교실에서 사용하는 방법이 궁금하다면 www.cogmed.com/educators를 참고하라.
- 작업기억 훈련 프로그램은 8~10세 아동의 수학 문제해결 기술을 향상시켰다(Cornoldi & others, 2015).
- 작업기억 훈련 프로그램은 1학년 아동의 듣기 이해 기술을 향상시켰다(Peng & Fuchs, 2016).

청소년의 작업기억은 아동의 작업기억보다 더 나을까? 한 연구에서는 그렇다고 말한다(Swanson, 1999). 이 연구에서는 청소년과 아동의 언어적 작업기억과 시공간 작업기억에 대한 수행력을 조사하였다. 작업기억은 과제의 종류에 상관없이 8세에서 24세에 이르는 동안에 크게 향상되었다. 따라서 청소년기는 작업기억 향상에서 중요한 발달 단계임을 알 수 있다.

RESEARCH

장기기억　장기기억(long-term memory)은 방대한 양의 정보를 비교적 영구적이라 할 수 있을 만큼 오랜 기간 동안 정보를 저장하는 기억 유형이다. 일반적인 인간의 장기기억 용량은 상당히 크며, 개개인이 정보를 인출하는 효율성 역시 매우 인상적이다. 가끔 방대한 저장고에서 필요로 하는 정보를 찾는 데 짧은 순간만 있으면 된다. 우리 자신의 장기기억을 한번 생각해보자. 게티즈버그 연설은 누가 썼는가? 1학년 때의 담임 선생님은 누구인가? 우리는 이런 종류의 무수히 많은 질문에 대해서 즉시 답할 수 있다. 물론 모든 정보가 장기기억에서 이렇게 쉽게 인출되는 것은 아니다.

장기기억　많은 양의 정보를 비교적 영구적인 방식으로 오랜 기간 저장하는 기억 형태

앳킨슨과 쉬프린 기억 모형　기억에 관한 모형으로 감각기억, 단기기억, 장기기억이라는 세 단계의 기억을 포함하는 기억 모형

세 단계 기억 저장소 모형　우리가 지금까지 살펴본 기억이 3단계로 이루어져 있다는 개념은 리처드 앳킨슨과 리처드 쉬프린(Atkinson & Shiffrin, 1968)에 의해서 발전되었다. **앳킨슨-쉬프린 기억 모형**(Atkinson-Shiffrin model)에 따르면, 기억은 순차적으로 감각기억 단계, 단기기억 단계, 그리고 장기기억 단계를 거친다(그림 7.4 참조). 우리가 살펴본 것처럼 많은 정보는 소리나 시각에 대한

감각기억 단계 그 이상으로 나아가지는 못한다. 이러한 정보는 오직 짧은 시간 동안만 유지된다. 그러나 어떤 정보들은, 특히나 우리가 주의를 기울이는 정보들은 단기기억으로 전달되어 30초 정도 동안 저장될 수 있다(혹은 시연을 통해 더 오래 저장될 수도 있

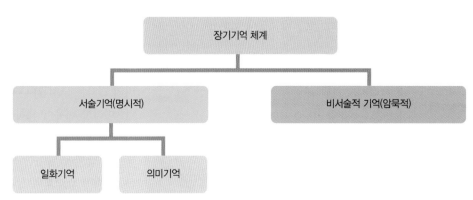

그림 7.4 앳킨슨과 쉬프린 기억 모형

이 모형에서 감각 자극은 감각기억으로 들어간다. 주의집중 과정을 통해서 정보는 시연이 없는 경우 30초가량 유지되는 단기기억으로 이동한다. 정보가 장기기억 저장소로 이동하게 되면 그 정보는 일생 동안 인출될 수 있다.

다). 앳킨슨과 쉬프린은 시연을 통해 단기기억에서 정보가 오래 유지될수록 그 정보가 장기기억으로 들어갈 확률 또한 높아진다고 주장한다. 그림 7.4에서 볼 수 있듯이 장기기억의 정보는 단기기억에서 인출될 수도 있다.

기억을 연구하는 현대의 몇몇 학자들은 앳킨슨-쉬프린 기억 모형이 지나치게 단순하다고 생각한다(Bartlett, 2015). 그들은 기억이 앳킨슨과 쉬프린이 제안한 방식대로 항상 적절하게 짜여진 세 단계의 순서로 기능하지는 않는다고 주장한다. 예를 들어, 이 현대의 학자들은 작업기억이 단순히 장기기억에서 정보를 인출하는 것 이상으로 훨씬 더 유연한 방식으로 장기기억의 정보를 사용한다는 점을 강조한다. 이러한 문제에도 불구하고 이 모형은 기억의 구성요소를 개괄적으로 설명한다는 점에서 유용하다.

장기기억의 내용 기억이 유지되는 정도에 따라 기억 유형을 다양하게 구분할 수 있는 것과 마찬가지로 기억은 내용에 의해서도 구분될 수 있다. 장기기억의 경우 현대 심리학자들은 그림 7.5(Bartlett, 2015)에서 묘사되어 있는 내용 간의 위계 관계를 인정한다. 이 위계에서 장기기억은 서술기억과 절차기억이라는 하위 형태로 나누어진다. 서술기억은 또다시 일화기억과 의미기억으로 나누어진다.

서술기억과 절차기억 서술기억(declarative memory)은 언어로 소통이 가능한 구체적인 사실이나 사상에 대한 의식적 기억을 말한다. 서술기억은 '무엇을 아는 것'과 관련되며, 최근에는 '명시적 기억'이라고도 한다. 학생들이 표현하는 서술기억의 예는 목격한 사건 말하기, 기본적인 수학 공식 설명하기 등이다. 그러나 학생들은 서술기억을 사용하기 위해 꼭 말을 할 필요는 없다. 학생들이 그냥 앉아서 어떤 경험을 떠올려도 그들의 서술기억은 기능하는 것이다.

절차기억(procedural memory)은 기능이나 인지 작용의 형태를 띤 비서술적 지식이다. 절차기억은 의식적으로 기억될 수 없는데, 적어도 구체적인 사실이나 사상의 형태로 기억될 수 없다. 이것이 불가능한 것은 아니지만, 절차기억을 언어적으로 말하는 것을 어렵게 만든다. 절차기억은 때로는 '방식을 아는 것'이라 불리며 '암묵적 기억'이라고도 묘사된다. 학생들이 춤을 추거나 자전거를 타거나 혹은 컴퓨터 키보드로 타자를 치고 있을 때, 그들의 절차기억은 기능하고 있는 것이다. 학생들이 의식적으로 생각하지 않고 문법적으로 올바른 문장을 말하는

서술기억 언어로 소통이 가능한 구체적인 사실이나 사상에 대한 의식적 기억

절차기억 기능이나 인지작용의 형태로 존재하는 비서술적 지식. 절차기억은 최소한 구체적 사건이나 사상의 형태의 정보를 말할 때처럼 의식적으로 말해질 수는 없다.

그림 7.5 장기기억의 내용 분류

장기기억 체계
├─ 서술기억(명시적)
│   ├─ 일화기억
│   └─ 의미기억
└─ 비서술적 기억(암묵적)

일화기억 생활 사건이 언제 어디서 일어났는지에 관한 정보를 저장한 기억

의미기억 어떤 개인이 과거에 대한 경험과는 무관하게 가지고 있는 세상에 대한 일반적 지식

네트워크 이론 기억에서 정보가 어떻게 조직되고 연결되는지를 설명하는 이론. 이 이론은 기억 네트워크에서 교점을 강조

경우에도 절차기억은 기능한다고 볼 수 있다.

일화기억과 의미기억 인지심리학자인 엔델 툴빙(Tulving, 2000)은 서술기억을 **일화기억**(episodic memory)과 의미기억으로 구분했다. 일화기억은 생활에서 겪은 사건이 일어난 장소나 시간에 대한 기억을 의미한다. 처음으로 학교에 간 날, 점심을 같이 먹은 사람, 지난주에 학교에 온 손님이 누구인지 등은 모두 학생의 일화기억이라 할 수 있다.

의미기억(semantic memory)은 세상에 대한 개인의 일반적 지식을 의미한다. 의미기억에는 다음과 같은 것이 포함된다.

- 학교에서 배운 지식 유형(예 : 기하학 지식)
- 다양한 분야의 전문 지식(예 : 15세의 숙련된 체스선수의 경우에는 체스에 대한 지식)
- 단어의 의미, 유명인, 중요한 장소, 그리고 일반 사실에 대한 일상적 지식[예 : *pertinacious*(끈질긴)이라는 단어의 의미나, 넬슨 만델라가 누구인지에 대한 지식]

의미기억은 개인이 과거에 대한 경험과는 무관하다. 예를 들어, 학생들은 리마가 페루의 수도라는 사실은 기억하겠지만 언제 어디서 배웠는지는 전혀 생각하지 못할 것이다. 그림 7.6은 일화기억과 의미기억의 특징을 비교하고 있다.

기억 속의 정보 표상하기 학생들은 기억 속의 정보를 어떻게 표상하는가? 세 가지 이론이 이런 물음을 제기하였다. 네트워크 이론, 스키마 이론, 퍼지 흔적 이론이 그것이다.

네트워크 이론 **네트워크 이론**(network theory)은 기억에서 정보가 어떻게 조직되고 연결되는지를 설명하는 이론이다. 네트워크 이론은 기억 네트워크에서 교점(node)을 강조한다. 이때 교점이란 어떤 이름표(label) 혹은 어떤 개념에 상응한다고 할 수 있다. '새'라는 개념을 생각해보자. 초기의 네트워크 이론 중 어떤 이론은 기억의 표상이 위계적으로 배열되는 것으로 묘사하였다. 예를 들면, 더욱 구체적인 개념(예 : '카나리아')이 더욱 추상적인 개념('새')의 하위에 속하는 방식처럼 위계적으로 조직되어 있다고 보았다. 그러나 그러한 위계적 네트워크는 기억 표상이 실제 작용하는 방식을 정확하게 묘사하기에는 지나치게 정제된 것으로 밝혀졌다. 예를 들어, 학생들은 "카나리아는 새 인가요?"라는 질문에 답을 할 때보다 "타조는 새인가요?"라는 질문에 답을 할 때 더 많은 시간을 필요로 했다. 따라서 오늘날의 기억 연구자들은 기억 네트워크가 생각보다 더욱 불규칙하고 비정형화되어 있다고 예상하고 있다(Ashcraft & Radvansky, 2016). 카나리아와 같은 전형적인 새는 비전형적인 새인 타조보다 새라는 범주의 교점 혹은 중심에 더욱 가까이 위치해 있다.

그림 7.6 **일화기억과 의미기억의 차이점**
이러한 특징은 일화기억과 의미기억의 주된 차이점으로 제안되었다.

특징	일화기억	의미기억
단위	사건, 일화	사실, 사상, 개념
조직	시간	개념
감정	더 중요함	덜 중요함
인출 과정	의식적	자동적
인출 결과	"나는 기억해"	"나는 알아"
교육	무관함	관련됨
지능	무관함	관련됨
법정 증거	법정에서 인정	법정에서 인정되지 않음

스키마 이론 장기기억은 책으로 가득 찬 도서관에 비유된다. 즉 우리의 기억은 도서관이 책을 보관하는 것처럼 정보를 저장한다는 것이다. 이러한 비유에 의하면 학생들이 정보를 인출하는 방식은 도서관에서 책을 찾아 대출하는 방식과 비슷하다. 그러나 장기기억에서 정보를 인출하는 방식은 도서관 비유처럼 정확하게 이루어지지는 않는다. 우리가 스스로의 장기기억 저장고 속을 철저하게 조사할 때 항상

우리가 원하는 정확한 '책'을 찾는 것은 아니며, 혹여 우리가 원하는 책을 찾아냈다고 해도 온전히 남아있는 것은 몇 페이지 밖에 안 될 수도 있다. 이 경우 우리는 나머지 부분을 재구성해야 한다.

스키마 이론(schema theory)은 우리가 정보를 재구성할 때, 그 정보를 마음속에 이미 존재해 있는 정보에 맞춘다고 주장한다. **스키마**(schema)는 한 개인의 마음속에 이미 있는 정보(개념, 지식, 사상에 관한 정보)이다. 구체적인 사실을 인출한다고 가정하는 네트워크 이론과 달리 스키마 이론은 장기기억 속에서 정보를 찾는 일이 항상 정확한 것은 아니라고 주장한다. 우리는 보통 원하는 것을 정확하게 찾지 못하며, 나머지는 우리 스스로가 재구성해야 한다. 어떤 정보를 인출해야 할 때, 우리는 분절된 기억들 사이의 간격을 정확한 사실들 그리고 동시에 부정확한 사실들로 채워야 한다.

우리는 모든 종류의 정보에 대한 스키마를 가지고 있다(Gluck, Mercado, & Myers, 2016). 만약 학급의 아동에게 어떤 이야기라도 좋으니 들려주고 학생들에게 무엇을 들었는지 적어보라고 하면 다양한 버전이 나올 것이다. 즉 학생들은 이야기의 모든 세세한 부분을 기억하지는 않으며, 스스로의 생각을 가미하여 이야기를 재구성한다. 프랑스에서 열차사고를 겪게 된 두 남자와 두 여자에 관한 이야기를 아동에게 들려준다고 가정해보자. 한 학생은 아마도 등장인물들이 비행기 사고로 죽게 되는 이야기를 재구성해낼 것이며, 다른 학생은 세 남자와 세 여자에 관해 이야기할 것이며, 또 다른 학생은 그 사고가 독일에서 있었다고 말할 수 있다. 기억의 재구성과 왜곡은 법정 증인들에게서 가장 잘 나타난다. 형사재판에서 실제 일어난 일에 대한 사람들의 변이된 기억은 우리가 과거에 대해서 정확한 이미지를 갖는 대신 오히려 그러한 과거를 재구성한다는 것을 단적으로 보여준다.

요약하면 스키마 이론은 사람들이 항상 컴퓨터처럼 기계적으로 정보를 저장하고 인출하지는 않는다는 사실을 정확하게 말해준다. 마음이 현실에 대한 인상을 부호화하고 저장하는 한 사건은 왜곡될 수 있다.

각본(script)은 특정한 상황에 대한 스키마이다. 각본은 물리적 특성들, 사람들 혹은 전형적으로 발생하는 것들에 대한 정보를 포함한다. 이러한 종류의 정보는 학생이나 교사가 주변에서 일어나는 일들을 파악해야 할 때 유용하게 이용될 수 있다. 미술 활동에서 각본을 사용한다면, 학생들은 그려야 하는 것, 옷 위에 작업복을 입는 것, 사물함에서 종이와 물감을 가져와야 한다는 것, 그리고 그림을 다 그렸을 때 붓을 깨끗하게 해야 하는 것 등에 대해 기억할 수 있다. 예를 들어, 미술 수업에 늦게 온 학생도 그 수업에 대한 각본을 가지고 있기 때문에 무엇을 어떻게 해야 하는지 잘 알고 있을 것이다.

퍼지 흔적 이론 개인이 기억을 재구성하는 방법에 대한 또 다른 설명은 바로 **퍼지 흔적 이론**(Fuzzy-trace theory)이다. 이 이론에 의하면, 개인은 정보를 부호화할 때 두 가지 유형으로 기억을 표상한다. 그것은 축어적 기억 흔적과 요점 흔적이다. (1) 축어적 기억 흔적(verbatim memory trace)은 상세한 세부사항으로 이루어져 있다. (2) 퍼지(요점) 흔적은 어떤 정보의 중심 아이디어를 말한다(Brainerd & others, 2006, 2015; Brainerd & Reyna, 2014). 예를 들어, 어떤 학생이 새 10마리, 고양이 6마리, 개 8마리, 토끼 7마리가 있는 애완동물 가게에 대한 정보를 제시받았다고 생각해보자. 아동은 두 가지 다른 종류의 질문을 받는다. (1) 축어적 질문 "애완동물 가게에는 고양이가 몇 마리가 있나요? 6마리인가요, 8마리인가요?" (2) 요점 질문, 예를 들면 "애완동물 가게에는 고양이가 많나요, 개가 많나요?" 연구자들은 학령전 아동의 경우에는 요점 정보보다 축어적 정보를 더 잘 기억하는 경향이 있지만 초등학생의 경우에는 요점 정보를 더 잘 기억하는 경향이 있음을 발견하였다(Brainerd & Reyna, 2014). 퍼지 흔적 이론에서 학령기 아동이 요점 정보를 더 많이 이용한다

스키마 이론 우리가 새로운 정보를 구성할 때 그 정보를 마음속에 있던 기존의 정보에 맞춘다는 이론

스키마 사람의 마음속에 이미 존재하는 정보로, 개념, 지식, 사건에 대한 정보를 포함한다.

각본 특정한 상황에 대한 스키마

퍼지 흔적 이론 기억은 (1) 축어적 기억 흔적과, (2) 퍼지(또는 요점) 흔적이라는 두 가지 유형의 기억 표상을 고려함으로써 가장 잘 이해될 수 있다고 보는 이론. 이 이론에 따르면, 나이가 많은 아동이 어린 아동보다 기억을 더 잘하는 이유는 정보의 요점을 유출해냄으로써 만들어진 퍼지 흔적을 이용하기 때문이다.

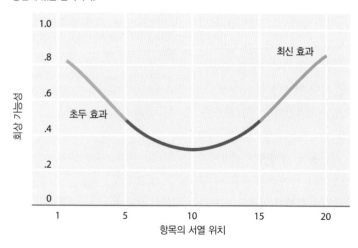

서열 위치 효과 중간에 위치한 항목보다 시작 부분과 끝 부분에 위치한 항목을 더 잘 회상한다는 이론

부호화 특수성 원리 부호화나 학습 과정 중에 형성된 연합이 효과적인 인출 신호로 기능할 수 있다는 이론

는 사실은 아동의 기억이 향상되었음을 보여주는 것이다. 왜냐하면 퍼지 흔적은 축어적 흔적보다 망각될 확률이 더 적기 때문이다.

인출과 망각

학생들은 정보를 부호화하고 기억 속에 그 정보를 표상한 뒤, 그 정보들 중 일부를 인출해낼 수도 있고 동시에 일부 정보를 망각할 수도 있다. 학생들의 정보 인출에 영향을 주는 요인에는 어떤 것이 있을까?

인출 우리의 정신적 '데이터 뱅크'에서 정보를 인출할 때, 우리는 적절한 정보를 찾기 위해서 기억 저장소를 탐색한다. 부호화에서처럼 이러한 탐색은 자동화되어 있을 수도 있고, 노력이 필요할 때도 있다. 예를 들어, 학생에게 이번 달이 몇 월인지 묻는다면, 그 학생은 즉시 대답할 것이다. 그러나 두 달 전에 학교에 강연하러 왔던 연사의 이름을 물어본다면, 인출 과정은 더 큰 노력이 필요할 것이다.

목록에서 어떤 항목이 차지하고 있는 위치도 그 항목이 얼마나 쉽게 혹은 어렵게 기억될 것인지에 영향을 미친다. **서열 위치 효과**(serial position effect)에 따르면, 중간에 위치한 항목보다 시작 부분과 끝 부분에 위치한 항목을 더 잘 회상한다. 학생에게 튜터링을 어디서 받을 수 있는지에 대한 정보를 준다고 가정해보자. 아마도 이런 식으로 말하게 될 것인데 "모킹버드에서 왼쪽으로 꺾은 뒤 센트럴에서 오른쪽으로 가고 다시 빌보아에서 왼쪽으로 그리고 샌드스톤에서 왼쪽으로 마지막으로 파크사이드에서 오른쪽으로 가면 돼", 학생은 "빌보아에서 왼쪽으로"라는 말보다 "모킹버드에서 왼쪽으로" 그리고 "파크사이드에서 오른쪽으로"라는 말을 더 잘 기억할 것이다. **초두 효과**(primacy effect)는 목록의 시작 부분에 있는 항목을 더 잘 기억한다는 것이며, **최신 효과**(recency effect)는 목록의 끝 부분에 항목이 더 잘 기억된다는 것을 말한다.

그림 7.7은 최신 효과가 초두 효과보다 좀 더 강하게 작용하는 전형적인 서열 위치 효과를 보여준다. 서열 위치 효과는 목록에만 적용되는 것이 아니라 상황에도 적용된다. 일주일 동안 역사수업을 하고 그다음 월요일에 역사 질문을 한다면, 학생들은 지난 주 금요일에 배운 내용을 가장 잘 기억할 것이며, 지난주 수요일에 이야기한 내용을 가장 기억하기 어려워할 것이다.

인출에 영향을 주는 또 다른 요인은 기억을 자극할 때 사람들이 사용하는 단서의 특성이다 (Schneider, 2015; van Lamsweerde, Beck, & Johnson, 2016). 학생들은 효과적인 단서를 만드는 방법을 학습할 수 있다. 예를 들어, 학생이 두 달 전 교실을 방문한 손님의 이름을 기억하는 것에 대한 어떤 '블록(block)'을 가지고 있다면, 학생은 알파벳의 각 철자를 통해 이름을 생각해내려고 할 것이다. 만약 정확한 이름을 용케 발견하게 된다면, 그 학생은 그 사실을 인지하게 될 것이다.

인출을 이해하기 위해 고려해야 하는 또 다른 사항은 **부호화 특수성 원리**(encoding specificity principle)이다. 이 원리는 학습이나 부호화 과정 중에 형성된 연합이 효과적인 인출 단서가 된다는 것이다. 예를 들어, 13세 아동이 테레사 수녀에 대한 정보

그림 7.7 서열 위치 효과
한 개인이 많은 수의 단어를 기억해야 할 때, 마지막으로 기억된 단어가 가장 잘 회상되며, 그다음으로는 처음에 기억된 단어가 회상되며, 가장 회상이 잘 되지 않는 단어는 중간에 있는 단어이다.

를 부호화했다고 생각해보자. 테레사 수녀는 알바니아 태생으로 생의 대부분을 인도에서 보냈으며 천주교 수녀가 되었다. 그리고 캘커타 거리에서 사람들이 고통받고 죽는 모습을 보면서 안타까워했으며, 가난하고 고통받는 이들을 도운 인도주의적 공로로 노벨평화상을 수상했다. 학생이 테레사 수녀에 대한 정보를 기억하려고 할 때 인출 신호로 **노벨상, 캘커타, 인도주의** 등과 같은 단어를 사용할 수 있다. 부호화 특수성에 대한 개념은 우리가 이전에 논의했던 정교화와도 양립 가능하다. 정보를 부호화하는 데 아동이 더 많은 정교화를 사용할수록 정보는 더 잘 기억될 것이다. 부호화 특수성과 정교화는 부호화와 인출의 상호관련성이 얼마나 큰지를 말해준다.

그러나 인출의 또 다른 측면은 인출 과제 그 자체의 특성이다. 회상은 빈칸 채우기나 에세이 과제를 할 때처럼 이전에 학습한 정보를 인출해야 하는 기억 과제이다. 재인(recognition)은 선다형 문제를 해결해야 할 때처럼 학습한 정보를 확인할 때 필요한 기억과제이다. 많은 학생들은 선다형 과제를 더 좋아하는데, 그 과제에 좋은 인출 단서들이 제공되기 때문이다. 빈칸 채우기나 에세이 쓰기에서는 인출 단서가 제공되지 않는다.

망각 한 유형의 망각은 우리가 앞서 논의한 단서와 연관된다. **단서 의존 망각**(cue-dependent forgetting)은 효과적인 인출 단서의 부족으로 인해 발생하는 인출의 실패이다. 단서 의존 망각은 어떤 학생이 필요한 정보를 알고 있다고 생각했을 때에도 왜 그 정보를 인출하지 못하는지를 설명해준다. 예를 들어, 만약 당신이 교육심리 수업에서 검사에 대하여 공부하고 있으며, 인출에서 회상과 재인 간의 차이에 대한 질문을 받는다면, '빈칸 채우기'라는 단서나 '선다형'이라는 단서를 가지고 있을 때 더욱 기억을 잘 할 수 있을 것이다.

단서 의존 망각의 원리는 우리가 어떤 기억을 저장소에서 소실하는 이유가 그 기억을 잊어버렸기 때문이 아니라 그 정보를 기억하는 동안 다른 정보가 개입하기 때문이라는 **간섭 이론**(interference theory)과도 상응한다. 어떤 학생이 생물학 시험을 준비하고 나서 그 이후에 있을 역사 시험을 준비하였고, 생물학 시험을 쳤다면, 역사에 대한 정보는 생물학 정보를 기억하는 것으로 간섭받았을 것이다. 따라서 간섭 이론이 함의하는 것은 만약 한 과목 이상의 시험공부를 해야 하는 경우 마지막에 봐야 할 시험을 제일 마지막에 공부해야 한다는 것이다. 즉 앞의 생물학 시험을 치르는 경우에는 역사 시험공부를 먼저하고 생물학 시험 공부를 나중에 하는 것이 훨씬 더 효과적일 것이다. 이러한 전략은 우리가 이전에 논의했던 최신 효과와도 유사하다.

망각의 또 다른 원인은 바로 기억 소멸이다. **소멸 이론**(decay theory)에 따르면, 새로운 학습은 신경 화학적 '기억 흔적'을 만드는 것이고, 이러한 흔적은 결국에는 사라지고 없어진다는 이론이다. 그러므로 소멸 이론에 따르면 시간의 경과가 망각의 원인이다.

다양한 기억은 각기 다른 속도로 소멸된다. 어떤 기억들은 생생한 상태로 오랜 기간 동안 유지되는데, 특히 정서적 연관성을 가질 때 그러하다. 우리는 이러한 '섬광기억(flahsbulb memory)'을 상당히 정확하게 그리고 생생하게 기억할 수 있다. 예를 들어, 당신이 겪었거나 목격하였던 교통사고, 고등학교 졸업식 날 밤, 어렸을 때의 낭만적인 경험, 9.11 테러가 있던 날 당신은 어디에 있었는지, 언제 9.11 테러에 대해 듣게 되었는지를 생각해보자. 아마 당신은 이러한 사건이 일어난 후 수년이 지난 후에도 이 사건들에 대한 정보를 인출할 수 있을 것이다.

최근에 교사들에게 학생들의 기억을 어떻게 향상시키고 있는지에 대해 물어본 적이 있다. 다음은 선생님들의 답변이다.

단서 의존 망각 효과적인 인출 단서의 부족으로 인해 발생하는 인출의 실패

간섭 이론 우리가 망각하는 것은 기억 저장고에서 기억을 실제로 잃기 때문이 아니라 우리가 기억하기 위해 노력하는 도중에 다른 정보가 들어오기 때문이라고 설명하는 이론

소멸 이론 새로운 학습은 신경화학적 '기억 흔적'을 만드는 것이고, 이러한 흔적은 결국에는 사라지고 없어진다는 이론. 소멸 이론에 따르면 시간의 경과가 망각의 원인이다.

유치원 교사   반복은 학령전기 아동이 기억할 수 있도록 도와줍니다. 예를 들어, 한 주의 주제를 가지고 그 주의 단어에 집중합니다. 아동은 일주일 내내 동일한 단어를 쓰게 됩니다. 아동은 그 단어에 연관된 이야기를 듣게 되며, 그 주에 집중해서 공부한 단어로 시작하는 물건을 가져 와서 발표합니다.

—미시 댄글러, 서버번힐즈학교

초등학교 교사   제가 가르치는 학생들에게 효과적으로 작용하는 전략은 바로 제퍼디 게임(Jeopardy game, 퀴즈 게임의 일종)이며, 수학, 문법, 과학, 사회과학, 그리고 유명한 이야기와 같은 범주들을 사용합니다. 학생들은 이 게임에 흥미가 있으며, 주제에 집중하게 됩니다. 학생들이 올바른 답을 맞추면 점수를 얻게 되는데, 이 점수로 학급에서 일어나는 어떤 활동에 특권을 얻을 수 있습니다.

—크레이그 젠슨, 쿠퍼마운틴초등학교

중학교 교사 저는 7학년 학생들의 기억을 향상시키기 위해서 자가 시험을 사용합니다. 수업 중에 한 필기를 참고하여, 학생들은 직접 퀴즈와 문제를 만들게 됩니다. 문제는 종이의 한쪽 면에 적히 게 되고, 해답은 다른 쪽 면에 적히게 됩니다. 학생들은 공부할 때 답이 아닌 문제를 봅니다. 이러한 접근법은 학생들이 더 잘 기억할 수 있도록 할 뿐만 아니라 시험 불안에도 도움이 됩니다. 왜냐하면 학생들은 시험을 치기 전에 문제 유형을 파악할 수 있기 때문입니다.

—마크 포드니스, 배미지중학교

고등학교 교사 저는 운율을 맞추는 것이나 춤과 같이 기억에 도움이 되는 도구들이 학생들의 정보 기억에 큰 도움이 된다는 사실을 발견하였습니다. 놀랍게도 말도 안 된다고 할 수도 있겠지만, 제가 가르치는 고등학생들은 이러한 기술을 사용해 정보를 기억합니다.

—제니퍼 해터, 브레멘고등학교

학생과 연계하기 : 최고의 실천
학생들의 기억을 향상시키기 위한 전략

교사가 학생들의 기억술을 함께 향상시키려 할 때 주의를 기울이는 학생들은 큰 도움을 얻을 수 있다. 다음에 제시하는 것은 교사가 학생들의 기억술을 향상시키려 할 때 사용할 수 있는 효과적인 전략이다.

1. *아동이 자료를 기억해야 할 때 그 자료를 암기하기보다는 이해하도록 한다.* 아동이 어떤 정보를 단순히 시연하거나 암기할 때보다 그 정보를 이해할 때, 그 정보는 긴 시간이 지나도 기억이 유지된다. 시연은 정보를 단기기억으로 부호화할 때에는 도움이 되지만, 장기기억으로부터 정보를 인출해야 할 때는 효율적이지 못하다. 아동에게 정보를 제시할 때 그들이 그 정보를 이해하고, 의미를 부여하며, 정교화할 수 있도록, 그리고 그 정보를 개인화(personalize)할 수 있도록 해야 한다. 아동에게 기억해야 할 개념이나 아이디어를 제시하고, 그러한 개념이나 아이디어들이 개인적 경험이나 개인적

의미와 어떻게 연결될 수 있는지 물어본다. 아동이 개념을 정교화하는 연습을 많이 하게 되면, 그 정보를 보다 깊게 처리하게 될 것이다.

2. *가르쳐야 하는 정보를 제시할 때는 다양하게 반복을 해야 하며, 초기에 그리고 빈번하게 다른 연합 요소와 관련지어야 한다.* 기억 발달을 연구하는 패트리샤 바우어(Bauer, 2009)는 아동이 학습하고 있는 정보의 응고화와 재응고화를 위해 두 가지 방법을 사용할 것을 제안한다. 기억 저장소 내에서의 연합의 수를 확대하기 위해 학습되는 주제를 다양하게 제공하기, 그리고 기억 저장소 내에 있는 연합 네트워크를 확장하기 위해 관련짓기를 제공하기이다. 두 가지 전략 모두 저장소로부터 정보가 인출되는 경로를 확장시킨다.

3. *학생들로 하여금 기억하는 것을 조직화할 수 있도록 도와준다.* 아동이 여러 정보를 위계적으로 조직화하면 그 정보들을 더욱 잘 기억할 수 있다. 구조

화가 필요한 자료들을 배열하고 재조직화할 수 있도록 연습시켜야 한다.

4. *기억 전략을 가르친다.* 기억술은 정보를 기억하는 데 도움을 주는 도구이다. 기억 전략은 이미지를 포함할 수도 있고 단어들을 포함할 수도 있다 (Homa, 2008). 다양한 종류의 기억술은 다음과 같다.

- 장소법. 아동은 기억해야 할 요소에 대한 이미지를 형성하며 마음속으로 친숙한 장소를 떠올려 그 장소에 이러한 이미지들을 저장한다. 집의 방이나 거리의 가게는 기억 전략에서 흔히 사용되는 장소이다. '교사의 시선'에서 로즈메리 무어 선생님은 철자를 가르치기 위해서 비슷한 아이디어를 사용했던 경험을 묘사하고 있다.

교사의 시선 : 마음의 눈으로 단어를 바라보기

대부분의 아동은 단어의 철자를 꽤 쉽게 기억하지만, 일부 학생들은 이와 관련해 어려움을 겪는다. 나는 할 수 있는 한 이 학생들을 돕고 싶었고, 그래서 저는 메모장에 철자를 써넣어 그 메모장들을 무작위 순서로 그리고 다양한 방향으로(수직으로, 대각선으로, 거꾸로 뒤집어서, 교실의 뒤편에) 두었다. 한 주 동안 철자쓰기 숙제를 하거나 활동을 할 때, 만약 학생들이 어려움을 겪는다면, 언제든 단어 메모장을 보고 참고할 수 있다. 메모장은 금요일에 시험을 치기 전에 없었지만, 각각의 단어를 부를 때마다 학생들이 그 단어의 메모가 있었던 곳으로 시선을 돌리는 것을 알 수 있었다. 나는 학생들이 단어를 마음의 눈으로 보았다고 믿는다. 그리고 학생들의 철자 쓰기 성적은 눈에 띄게 좋아졌다.

- 두문자어 : 이 전략은 기억해야 할 단어들의 앞 글자만을 따서 새로운 단어를 만드는 것이다. 예를 들어, HOMES라는 글자는 다음과 같은 5대호를 기억하기 위한 단서로 사용될 수 있다. Huron, Ontario, Michigan, Erie, Superior가 그것이다.
- 키워드 방법 : 이미지를 사용하는 또 다른 기억술로는 키워드 방법이 있는데, 이 방법에서는 생생한 이미지가 중요한 단어와 결부된다. 이러한 방법은 외국어 단어나 미국의 주와 주도, 그리고 미국 대통령의 이름과 같은 것을 가르칠 때에 활용되어 실질적 효과를 보았다. 예를 들어, 메릴랜드의 주도가 아나폴리스라는 것을 가르칠 때, 2개의 사과가 결혼하는 것을 상상하게끔 하여 메릴랜드와 아나폴리스를 연결짓게 할 수 있다 (Levin 1980; 그림 7.8 참조).

5. *아동을 가르칠 때 기억과 관련된 언어를 사용해야 한다.* 교사들은 아동의 기억을 촉진할 수 있는 기억 관련 언어 사용에 있어서 매우 다른 차이가 난다. 1학년 학급의 교사들을 관찰한 최근의 연구에서 오른스테인과 연구자들 (Ornstein, Coffman, & Grammer, 2007; Ornstein & others, 2010)은 관찰 시간 동안 교사들이 전략을 제안하거나 초인지적 질문(사고에 대한 사고)을 사용하는 일이 거의 없다는 사실을 발견하였다. 이 연구에서 저성취 학생들이 '기억술을 효과적으로 사용하는' 교사, 즉 기억 관련 정보를 수업 중에 빈번히 사용하는 교사의 학급에서 수업을 받는 경우, 학생들의 성취가 증가하는 모습을 보였다 (Ornstein, Coffman & Grammer, 2007).

RESEARCH

그림 7.8 키워드 방법

아동이 주도를 기억하는 것을 돕기 위해서 키워드 방법이 사용되었다. 키워드 방법의 특별한 요소는 심적 이미지의 사용이다. 예를 들어, 아동에게 아나폴리스가 메릴랜드의 주도임을 기억하게 하기 위해서 아동은 사과 2개가 결혼하고 있는 모습을 상상함으로써 사과(apple)를 아나폴리스와 그리고 결혼(marry)을 메릴랜드와 연상시킬 수 있다.

6. *학생들이 분산학습(distributed practice)을 하도록 지도한다.* 분산학습이란 학생들이 긴 시간 동안 이루어지는 학습 활동에서 학습을 분산하여 하는 계획을 세우는 것을 뜻한다. 학생들은 시험을 치르기 직전까지 학습을 미루는 경향이 있다. 벼락치기식 학습은 전혀 공부하지 않는 것보다는 낫지만, 학생들은 시험 볼 내용을 분산하여 학습할 때 더욱 효과적으로 학습할 수 있다(Dunlosky & others, 2013).

7. *학생들에게 연습 시험을 제공하고 스스로를 점검해보도록 한다.* 연습 시험의 활용은 학생들이 답을 알고 있는 경우에는 학습해야 할 내용에 대해 스스로 문제를 만들어보게 하는 것, 교과서의 매 단원 마지막에 있는 문제를 풀어보게 하는 것, 그리고 교사들이 만들거나 혹은 인터넷에서 참고한 문제를 풀어보게 하는 것 등을 포함한다(Dunlosky & others, 2013).

8. *학생들이 정교화를 위한 질문(laborative interrogation)을 하도록 장려해야 한다.* 이러한 질문은 어떤 사실이나 정보의 일부분이 왜 정확한지 혹은 사실인지에 대한 설명을 포함한다(Dunlosky & others, 2013). 학생들은 학습 상황에서 '왜'라는 질문을 스스로 던짐으로써 큰 가르침을 얻을 수 있다.

최근의 리뷰 연구에서 존 던로스키와 동료들(Dunlosky & others, 2013)은 분산 학습과 연습 시험이 학생들이 어떤 내용을 기억하게 하는 데 매우 효과적이라는 사실을 발견했다. 그들은 또한 정교화를 위한 질문이 학생들의 학습이나 기억에 있어서 중간 정도의 효과를 가진다는 사실을 발견했다. 이 리뷰 연구에서 형광펜 사용하기, 밑줄 긋기, 요약하기, 다시 읽기, 키워드 방법 사용하기, 텍스트 학습에 이미지 사용하기 등과 같은 방법은 효과가 낮은 것으로 나타났다.

복습하기, 성찰하기 그리고 연습하기

❸ 기억을 부호화, 저장, 인출과 관련지어 논의한다.

복습하기

- 기억이란 무엇인가? 기억이 작동하기 위해서는 무엇이 필요한가?
- 시연, 심층 처리, 정교화, 이미지 구성, 그리고 조직화의 5개 과정은 부호화에 어떻게 관여하는가?
- 기억을 구성하는 세 가지 시간 단위는 무엇인가? 장기기억의 내용은 어떻게 설명될 수 있는가? 장기기억의 내용이 기억 속에서 표상되는 방식을 설명하는 세 가지 이론은 무엇인가? 특정 기억을 인출하기 더 어렵거나, 혹은 더 쉽게 만드는 요소는 무엇인가? 망각에 대한 이론에는 어떠한 것이 있는가?

성찰하기

- 기억에 관한 우리의 논의 가운데서 어떤 원리와 전략이 당신이 가르치는 과목과 학년 수준에 적절하겠는가?

연습하기

1. 나탈리는 생일파티에서 '기억' 게임을 하고 있다. 천으로 덮인 15개의 물건이 담겨있는 쟁반이 준비된다. 천이 벗겨지고, 아동은 물건을 30초 동안 기억한다. 이후 아동은 기억한 물건을 적는다. 가장 많은 수의 물건을 정확히 기억한 아동이 1등을 하게 된다. 나탈리는 물건 중 5개가 머리와 관련된 것임을 알았다. 즉 빗, 솔, 샴푸, 머리핀, 머리끈이 있었다. 나탈리는 5개의 다른 물건은 학용품이라는 사실을 알게 된다. 즉 연필, 펜, 자, 보드마커, 그리고 풀이 있었다. 마지막 5개의 물건은 규칙으로 묶이지는 않는 것 같다. 나탈리는 종류별로 묶을 수 있었던 물건들을 기억하는 데는 문제가 없다. 그녀는 오직 2개의 다른 항목만을 기억한다. 나탈리가 사용하고 있는 전략은 무엇인가?
   a. 청킹
   b. 이미지 구성
   c. 정교화
   d. 시연

2. 왓킨스 선생님은 학생들의 기억술을 시험해보기 위해서 학생들에게 무의미 단어들을 읽어주고 할 수 있는 한 최대한 많이 회상하게 하였다. 베로니카는 5개의 단어를 기억할 수 있었다. 만약 베로니카가 그녀와 동년배 학생들이 수행하는 만큼 기억했다면, 베로니카는 몇 살이겠는가?
   a. 4세
   b. 7세
   c. 12세
   d. 17세

3. 땅콩버터잼 샌드위치를 어떻게 만드는지 상세히 설명해달라고 하였을 때, 마리아는 몇 단계를 생략한다. 샌드위치를 만들어달라고 할 때, 마리아는 아무런 문제없이 만든다. 마리아가 샌드위치를 만드는 방법을 알면서도 상세하게 그 과정을 설명할 수 없는 이유는 무엇인가?
   a. 절차기억을 언어로 옮기는 것은 어렵기 때문이다.
   b. 마리아가 그 과정을 장기기억에 부호화하지 않았기 때문이다.
   c. 일화기억을 의미기억으로 옮기는 것은 어렵기 때문이다.
   d. 마리아의 일화기억이 불완전하기 때문이다.

4. 매디슨 선생님은 학생들이 미국의 모든 주도를 알기를 원한다. 학생들의 기억을 돕기 위해서 매디슨 선생님은 각각의 주도가 알파벳 순서로 제시되는 노래를 만들어 학생들에게 가르친다. 그의 학생 중 대부분은 별 어려움 없이 이 노래를 배운다. 심지어 학생들에게 주도를 써야 하는 문제를 제시하는 경우에 어떤 학생들은 노래를 부르기까지 한다. 그러나 주도가 빈칸으로 되어 있는 미국 지도를 주고 빈칸을 채워 넣으라고 하면, 학생들은 성공적으로 빈칸을 채워 넣지 못한다. 왜 학생들은 주도의 이름은 기억하지만 그 위치는 기억하지 못하는 것일까?
   a. 매디슨 선생님이 학생들에게 가르쳤던 노래와 같은 기억술은 자료를 기억하는 데 효과적이지 못하다.
   b. 매디슨 선생님이 학생들에게 가르쳤던 노래와 같은 기억술은 단서 의존 망각이 일어날 확률을 높이게 된다.
   c. 매디슨 선생님이 학생들에게 가르쳤던 노래와 같은 기억술은 서열 위치 효과를 증가시킨다.
   d. 매디슨 선생님이 학생들에게 가르쳤던 노래와 같은 기억술은 단순 암기와 관련되어 있으며 다른 기억 과제로까지 일반화되지 않는다.

정답은 '연습하기 정답' 참조

4 **전문성**

전문성과 학습　　전문성 습득　　전문성과 교수

앞 부분에서 우리는 기억의 다양한 측면에 대해 생각해보았다. 어떤 주제에 대한 새로운 정보를 기억하는 우리의 능력은 그 주제에 대해서 이미 알고 있는 지식에 의해 크게 좌우된다. 예를 들어, 학생이 도서관에 있을 때 보았던 것을 말하는 능력은 도서관에 관해 이미 알고 있는 것들에 의해 큰 영향을 받는다. 이때 이미 알고 있는 것들로서는 특정한 주제에 대한 책이 어디에 있는지 혹은 책을 어떻게 대출하는지 등이 포함된다. 만약 학생이 도서관에 대해 아는 바가 거의 없다면, 도서관에 무엇이 있는지를 말하는 일을 훨씬 더 어렵다고 느낄 것이다.

이전의 내용 지식이 새로운 자료를 기억하는 능력에 기여하는 바는 특정한 지식 영역의 전문가가 가지고 있는 기억과 초보자가 가지고 있는 기억을 비교해볼 때 명백하게 드러난다(Ericsson, 2014; Ericsson & others, 2016; Gong, Ericsson, & Moxley, 2015). 전문가는 초보자(새로운 내용 영역을 이제 막 배우기 시작한 사람)와 대비되는 사람이다. 전문가는 특정 전문 영역에 대한 놀랄 만한 기억을 보여준다(Baer, 2015). 아동이 성인보다 잘 기억하지 못하는 한 가지 이유는 대부분의 영역에서 아동이 전문적이지 못하기 때문이다.

전문성과 학습

전문가의 행동과 정신 과정을 연구하는 일은 학습자들을 더욱 효율적인 학습자가 되도록 지도하는 데 통찰을 제공해준다(Cianciolo & Sternberg, 2016; Neumann, Lotze, & Erickhoff, 2016). 전문가가 하는 일은 정확히 무엇인가? 국립연구위원회(National Research Council, 1999)에 따르면 전문가는 다음과 같은 사항에서 초보자보다 더 낫다고 볼 수 있다.

- 정보의 특징과 유의미한 패턴을 감지하는 일
- 더 많은 내용 지식을 축적하고 특정 주제에 대한 이해를 바탕으로 지식을 조직화하는 일
- 큰 노력을 들이지 않고 지식의 중요한 측면을 인출해내는 일
- 어떠한 접근법을 새로운 상황에 적용하는 일
- 효과적인 전략을 사용하는 일

우리는 전문가가 쉽게 사용하는 기술을 배우고 활용하는 방법을 학생들에게 가르치는 데 도움이 될 다양한 방법을 살펴볼 것이다.

정보의 특징과 유의미한 패턴을 감지하는 일　전문가는 초보자가 간과할 수도 있는 문제의 중요한 측면과 맥락을 인식하는 데 있어 초보자보다 뛰어나다(Bransford & others, 2006). 이러한 '주의적' 이점은 학습을 시작하는 상황에서 전문가를 초보자보다 유리한 상황에 있게 한다. 전문가들은 또한 전문 영역에서의 어떤 정보에 대해 더 뛰어난 회상력을 가지고 있다. 앞서 이야기했던 청킹 과정은 전문가들이 더 뛰어난 회상을 하는 데 사용하는 한 가지 방법이다. 예를 들어, "체스 마스터는 유의미한 정보를 청킹으로 인식하는데, 이는 그들이 보는 것을 기억하는 데 영향을 끼친다. 어떠한 영역에 대한 위계적이며 조직화된 구조를 파악하지 못하는 초보자들은 이러한 청킹 전략을

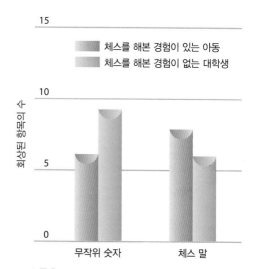

그림 7.9 숫자와 체스 말에 대한 기억

RESEARCH

사용할 수 없다"(National Research Council, 1999, p. 21).

아동이 아는 것이 많고 역량을 가지고 있는 영역에서 그들의 기억력은 가끔 놀라울 정도이다. 사실상 해당 영역에서 초보자인 성인의 기억력을 뛰어넘는 경우도 빈번하다. 이러한 사실은 10세 체스 전문가 아동을 대상으로 한 연구에서 찾아볼 수 있다(Chi, 1978). 이 아동들은 훌륭한 체스선수였지만 다른 영역에서는 특별히 더 뛰어나지 않았다. 대부분의 10세 아동들과 마찬가지로 숫자에 대한 기억력은 성인의 기억력보다 좋지 않았다. 그러나 그 아동들은 체스판 위의 말의 위치를 기억하는 데 있어서는 체스를 처음 접해본 대학생들보다 월등했다(그림 7.9 참조).

경험이 풍부한 교사들은 신임 교사가 인지하지 못하는 특징이나 패턴을 인식할 수 있다(National Research Council, 1999, pp. 21, 25). 예를 들어, 어떤 연구에서는 경험이 풍부한 교사들과 신임 교사들에게 동시에 여러 사건이 일어나고 있는 교실 수업 상황을 녹화한 3개의 영상(왼편, 오른편, 중앙 부분)을 보여주었는데, 이때 그 사건들에 대한 이해도는 전문가 교사와 신임 교사 간에 큰 차이가 있었다(Sabers, Cushing, & Berliner, 1991). 경험이 풍부한 교사 중 한 사람은 다음과 같이 말하였다. "왼쪽 모니터에서 학생들이 종이에 필기를 하고 있는데, 이는 학생들이 이전에 비슷한 학습 자료를 받아본 적이 있다는 것을 보여주고 있어요. 이런 상황에서 이전에 접해본 학습 자료를 활용하는 것은 꽤나 유용한데, 학생들은 이미 그런 학습 자료의 양식에 익숙해 있기 때문이죠." 반면 드물지만 한 신임 교사는 다음과 같이 대답하였다. "볼 게 정말 많네요."

조직화와 지식의 깊이 전문가의 지식은 초보자의 지식에 비해 중요한 아이디어나 개념을 중심으로 조직되어 있다(National Research Council, 1999). 이러한 방식으로 전문가들은 초보자에 비해 지식을 더욱 깊이 있게 이해할 수 있다(Bransford & others, 2006).

특정 영역의 전문가는 일반적으로 그 분야의 초보자에 비해 더욱 정교화된 정보망을 가지고 있다(그림 7.10 참조). 그들이 기억 속에 표상하는 정보는 더 많은 교점을 가지고 있으며, 더 많이 연결되어 있고, 더 위계적으로 조직되어 있다.

이러한 사실이 교육에 시사하는 바는, 기존 교육과정이 학생들이 더 의미 있는 방식으로 지식을 조직화하는 일을 어렵게 만든다는 것이다. 이러한 어려움은 특히나 다음 주제로 넘어가기 전에 단순히 사실을 피상적으로 훑기만 하고 넘어갈 때 발생한다. 이러한 상황에서 학생들은 깊이 있게 주

그림 7.10 전문가나 초보자에 의해 정보가 조직화되는 방식의 예

(a) 전문가의 지식은 수년간의 경험에 기초하고 있는데, 작은 정보라도 다른 작은 정보들과 연결되어 있다. 이러한 상황에서 작은 정보는 더욱 일반적인 범주로 묶이게 된다. 또한 이러한 범주는 더욱 일반적인 지식의 범주에 놓이게 된다. 점선은 신호로 사용되는데, 이것은 여러 요소를 이어주는 일종의 연상 장치로 활용된다. 이 장치는 하위 범주에 놓인 정보들을 연결해주며, 전문가의 마음속에서 일종의 지름길과 같은 역할을 한다. (b) 초보자의 지식은 전문가의 지식에 비해서 훨씬 덜 연결되어 있으며, 지름길이나 위계도 거의 없다.

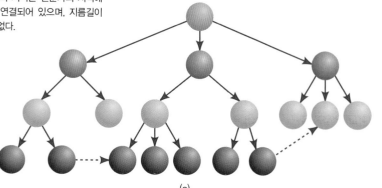

(a)

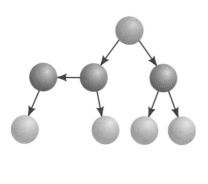

(b)

제를 탐구할 시간을 갖지 못하며, 무엇이 중요한지를 인지하고 아이디어를 조직화하는 시간을 갖지 못하게 된다. 이러한 종류의 피상적 학습은 어떤 과목에서라도 일어날 수 있지만 특히 사실들을 강조하는 역사나 과학 교과에서 빈번하게 발생한다(National Research Council, 1999).

능숙한 인출 적절한 정보의 인출은 많은 노력을 필요로 할 수도 있고 거의 노력 없이 능숙하게 할 수도 있다. 전문가는 정보를 거의 노력을 들이지 않고 자동적으로 인출하며 반면에 초보자들은 정보를 인출하는 데 많은 노력을 한다(Ericsson & Moxley, 2013).

노력이 필요 없는 인출은 의식적 집중을 비교적 덜 하게 된다. 학생이 한번에 주의를 집중할 수 있는 정보의 양은 제한적이기 때문에, 과제의 한 측면에서 일어나는 정보처리가 비교적 쉽게 이루어진다면 과제의 다른 측면에 집중할 수 있는 여유가 생기게 된다.

읽는 데 능숙한 사람과 그렇지 않은 독자를 생각해보자. 읽는 데 능숙한 사람은 문장과 문단에 어떤 단어들이 있는지 빠르게 인지할 수 있으며, 이는 그들이 읽고 있는 부분을 이해하는데 집중할 수 있게 해준다. 그러나 단어를 해석할 능력이 부족한 사람들은 그렇게 능숙하게 읽지 못한다. 따라서 그들은 단어를 해석하는 데 상당한 집중력과 시간을 들여야 하는데, 이는 단락을 이해하는 데 필요한 시간을 제한시키게 된다. 따라서 학생들에게 인지적 과제를 유능하게 수행할 때 필요한 능숙함(유창성)을 발달시켜주어야 한다.

적응적 전문성 전문성과 관련한 논의에서 고려해야 하는 중요한 측면 중 하나는 사람들이 새로운 상황에 더 유연하게 그리고 적응적으로 대처할 수 있도록 돕기 위해서는 어떤 방식으로 지식을 구조화하는 것이 더 나은가 하는 것이다(National Research Council, 1999, p. 33). 적응적인 전문가는 새로운 상황에서 고정된 형태로 반응하는 것이 아니라 더욱 유연하게 행동할 수 있다(Ericsson, 2014). *Preparing Teachers for a Changing World*(Darling-Hammond & Bransford, 2005, p. 3)라는 책의 주요한 주제 중 하나는 교사들을 효율적인 평생학습에 준비되어 있는 적응적인 전문가들로 만드는 것이다. 이를 통해 교사들은 지식과 기술을 지속적으로 확장시킬 수 있다. 따라서 융통성 있는 전문가 집단의 특징을 지닌 교사들은 학생들의 학습을 증진시키기 위해 중요한 아이디어나 실천적 측면들을 숙고하는 데 있어 개방적이며 유연하다.

사실상 혁신과 효율성은 적응적 전문성이라는 어떠한 모델을 구성하는 2개의 주요 축이다(Bransford & others, 2006). 효율성이라는 특징을 지닌 전문가들은 어떤 것을 설명하거나 문제를 해결해야 할 때 능숙한 방식으로 정보를 빠르게 인출하고 적용할 수 있다. 혁신적인 특징을 지닌 전문가는 최소한 단기간 동안에라도 효율성이라는 개념에서 벗어나서 기존의 판에 박힌 일을 잊어버릴 수 있다. 혁신은 어떤 개인이 기존에 행하던 방식을 없애고 그에 대해 새롭게 생각할 때 일어난다.

이 모델에서 적응적 전문가들은 효율성과 혁신성을 균형 있게 지니고 있다(Bransford & others, 2006). 예를 들어, 교사가 학생들에게 수학 계산을 빠르게 하는 방법을 가르치고 있다면 효율성이 기능하고 있는 것이다. 하지만 이러한 효율성은 학생들이 새로운 수학 문제를 해결해야 할 때 학생들의 역량을 제한하게 될 것이다. 이렇게 효율성을 강조하는 교사가 어떤 것에 대한 이해와 그 적용 방식에 초점을 맞추어 가르치게 된다면 혁신이 일어나고 있는 것이다. 교사가 가르치는 새로운 기술들은 학생들이 새로운 수학 문제를 만났을 때, 그들의 역량을 증진시킬 것이다.

적응적 전문가는 다른 이들로부터 학습하려는 동기가 높다. 이때 일어나는 학습이 교사가 기존에 가지고 있는 방식이나 실제를 더욱 효율적으로 만드는 것이라면 그 학습은 그렇게 어렵지는 않을 것이다. 그러나 방금 본 것처럼 적응적 전문성은 기존의 방식이나 실제 등을 가끔은 대체하고 변형시켜야 하는 혁신과도 관련되는데, 이는 결코 쉬운 일이 아니다. 만약 당신이 다른 유능한 교사들로부터 피드백을 받는다면, 비록 그들의 접근법이 당신의 접근법과 다르다 해도 당신의 교수 능력은 향상될 것이다. 이러한 일은 당신의 수업 녹화 영상을 피드백을 제공해줄 수 있는 다른 교사와 함께 시청할 때나 혹은 다른 동료 교사를 수업에 불러서 피드백을 받을 때 일어날 것이다.

요컨대 적응적 전문성은 뛰어난 교사에게 필요한 필수적 측면 중 하나이다. 지식이 많으며 다양한 학생들의 요구를 충족시켜주기 위해 다양한 방법론, 실천법, 전략을 적절히 적용시키는 데 능숙한 교사는 학생들을 높은 수준의 학습과 성취로 안내하게 될 것이다.

전략   전문가는 그들의 전문 분야에 있는 정보를 이해하고 그 정보를 증진시키는 데 효율적인 전략을 사용할 수 있다(Ericsson & others, 2016; Gong, Ericsson, & Moxley, 2015). 이 장의 앞부분에서 우리는 학생들이 정보를 기억하는 데 사용할 수 있는 다양한 전략을 살펴본 바 있고, 이 장의 후반부에서 우리는 그러한 전략을 초인지의 논의 속에서 더욱 깊이 있게 살펴볼 것이다.

패트리샤 알렉산더(Alexander, 2003)는 특정한 영역(영어, 생물학, 혹은 수학)에서 전문 지식의 초기 단계를 묘사하기 위해 순응(acclimation)이라는 용어를 사용하였다. 이 단계에서 학생들은 제한적이고 분절된 지식을 가지고 있는데, 이러한 지식들은 정확하거나 부정확한 정보의 차이 그리고 적절하거나 무관한 정보 간의 차이를 감지할 능력을 제한시키게 된다. 학생들로 하여금 순응 단계를 넘어서도록 하기 위해서는, 교사는 학생들이 무엇이 중심적인 정보이며, 무엇이 부차적인 정보인지, 그리고 무엇이 정확하며 근거가 명확한 정보인지, 또한 무엇이 정확하지 않은 정보인지를 판단할 수 있도록 해야 한다. 알렉산더(Alexander, 2003)의 관점에서 학생들은 순응 단계를 넘어서는 데 필요한 전략을 이미 갖춘 채 교실에 오지 않는다. 교사는 학생들이 효율적인 전략을 학습하고 그러한 전략을 적절한 상황에서 활용할 수 있도록 해야 한다. 이런 상황에서 학생들은 그러한 전략의 가치를 경험할 수 있다. 또한 학생들은 당면한 문제를 해결하기 위해서 변화하도록 하고, 여러 전략을 동시에 사용할 수 있도록 격려되어야 한다.

분산시키기와 응고화 학습   교사는 이전에 배운 것을 주기적으로 복습하는 것의 중요성에 대해서 학생들에게 이야기해야 한다. 시험을 준비하는 아동은 단순히 시험을 위해 벼락치기를 할 때보다 학습 내용을 좀 더 오랜 기간에 걸쳐 분산시킬 때 더 효율적으로 공부할 수 있다. 벼락치기는 깊이 있다기보다는 얕은 방식으로 처리되는 단기기억을 형성한다. 시험 직전에는 최종적으로 집중적 준비를 하는 것이 마지막 순간에 모든 것을 배우려 하는 것보다는 훨씬 낫다.

좋은 공부 전략은 무엇인가?

© RubberBall Productions RF

스스로 질문하기   아동이 읽었던 것이나 어떤 활동에 대해 스스로 질문을 던질 때 아동은 인출해야 하는 정보와 관련된 연상의 수를 증가시킨다. 최소한 초등학교 중학년 정도가 되어도 자가 질문 전략은 아동의 기억에 도움이 될 수 있다. 예를 들어, 아동이 책을 읽을 때, 아동에게 주기적으로 멈추어 다음과 같은 질문을 스스로 해보도록 할 수 있다. "내가 방금 읽은 것의 의미는 무엇일까?" "왜 이것은 중요할까?" "내가 방금 읽은 것의 개념에 해당되는 예로는 무엇이 있을까?" 학생은 수업을 듣는 도중이거나 연사가 와서 강연을 할 때, 혹은 비디오를 볼 때도 동일한 자가 질문 전략을 사용할 수 있다. 학생에게 경험했던 것에 대해 질문하는 일을 주기적으로로 상기시켜준다면, 그 경험을 훨씬 잘 기억할 수 있을 것이다.

효과적으로 필기하기 수업에서나 혹은 교과서를 보면서 필기를 잘하는 것은 학습에 도움이 된다 (Halonen & Santrock, 2013). 아동에게 어떤 전략도 제시하지 않고, 필기를 하도록 할 때, 그들은 간략하며 비조직적인 방식으로 필기를 하는 경향을 보인다. 그들이 어떤 것을 적을 때, 그것은 바로 앞에 들었던 것을 있는 그대로 옮겨 쓰는 것에 불과하다. 아동에게 필기 연습을 시키고, 필기를 평가해야 한다. 아동이 필기를 할 때 들은 것을 단순히 옮겨 적지 않도록 해야 한다. 이렇게 하는 것은 쉽지 않은 일이지만 이렇게 하지 않는다면, 아동은 교사가 말한 것에 대해 큰 그림을 그리지 못하게 된다. 다음은 몇 가지 효과적인 필기 전략이다.

- 요약하기. 짧은 시간 동안 어떤 내용을 듣게 하고 발화자가 그 시간 동안 전달하려고 하는 주된 아이디어를 적어보도록 한다. 그리고 아동이 더 긴 시간 동안 무언가를 듣고 또 다른 아이디어를 적도록 해보면서 이를 반복해야 한다.
- 개요 작성하기. 아동에게 발화자가 말한 것에 대한 개요를 어떻게 작성해야 하는지 보여준다. 예를 들어, 처음 나오는 제목에 주된 아이디어를 포함시키고, 두 번째 제목은 첫 번째 제목의 하위 주제를 적고, 세 번째 제목으로 두 번째 제목의 하위 주제를 적도록 해야 한다.
- 개념지도 사용하기. 아동이 개념지도를 그릴 수 있도록 도와준다. 이때 개념지도란 개요와는 비슷하지만 더 조직화된 방식으로 정보를 시각적으로 묘사하는 것을 말한다(제8장 '복잡합 인지 과정' 참조).

지금까지 언급한 3개의 필기 전략(요약하기, 개요 작성하기, 개념지도 사용하기)은 아동으로 하여금 어떤 정보가 기억해야 하는 가장 중요한 정보인지 판단할 수 있게 해준다. 개요와 개념지도는 또한 아동이 정보를 위계적으로 배열하는 것을 돕는데, 이러한 방식을 통해 학습의 중요한 주제가 강조될 수 있다. 이러한 방식은 조직화되었을 경우 가장 효과적으로 작동한다.

학습 시스템 사용하기 책으로부터 배운 정보를 기억하는 것을 돕기 위해 다양한 체계가 개발되었다. 초기에 개발된 체계 중 하나는 *SQ3R*이라고 불리는데, *S*(Survey, 조사하기), *Q*(Question, 질문하기), *R*(Read, 읽기), *R*(Recite, 암송하기), *R*(Review, 복습하기)로 구성되어 있다. 더욱 최근에 고안된 체계는 *PQ4R*로 불리는데, *P*(Preview, 예습하기), *Q*(Question, 질문하기), *R*(Read, 읽기), *R*(Reflect, 생각하기), *R*(Recite, 암송하기), *R*(Review, 복습하기)을 뜻한다. 따라서 PQ4R 체계에서는 추가적인 단계인 생각하기가 SQ3R에 더해진다. 초등 고학년부터 학생들은 PQ4R 체계를 연습함으로써 큰 도움을 얻을 수 있다. 이 체계는 학생들이 더욱 의미 있는 방식으로 정보를 조직하고, 그에 대해 질문하고 생각해보고, 그리고 복습하게 함으로써 도움을 준다. 다음은 PQ4R 체계의 각 단계에 대한 좀 더 상세한 내용이다.

- 예습하기. 학생들에게 개념의 전반적인 조직을 파악할 수 있도록 제시된 자료를 간략하게 살펴보게 한다. 주요 주제와 이후에 학습할 하위 주제를 파악하기 위해서 큰 제목을 보도록 한다.
- 질문하기. 자료를 읽을 때 자료에 대한 질문을 스스로 던져보게끔 학생들을 독려한다.
- 읽기. 학생들이 자료를 읽도록 한다. 학생들이 능동적인 독자가 되도록 격려해야 한다. 그들이 읽고 있는 것에 푹 빠지도록 해야 하며, 저자가 말하는 바를 이해하도록 노력하게 한다. 이러한 과정은 학생들이 단순히 글자만을 읽고 그 어떤 중요한 것도 파악하지 못하는 수동적 독자

가 되지 않게 해준다.

- **반성적으로 생각하기.** 자료를 읽는 도중에 가끔씩 멈추어 생각해봄으로써 학생들은 자료의 더욱 큰 의미를 파악할 수 있다. 학생들이 학습의 이러한 과정에서 분석적인 태도를 갖도록 해야 한다. 학생들이 어떤 자료를 읽은 뒤에 책에 나온 주요한 개념으로 어떤 것들이 있는지 알게 하고, 표면적인 것이 아닌 그 개념들의 이면을 이해하도록 해야 한다. 이 단계는 정보의 적용이나 그 정보에 대한 해석을 생각해보는 데 좋은 기회를 제공하며, 그러한 정보를 학생의 장기 기억에 이미 있는 정보와 관련을 맺게 해준다.

- **암송하기.** 이 단계는 아동이 자료를 기억하고 있는지 그리고 그 자료를 재구조화했는지를 스스로 검사해보는 것과 관련된다. 아동이 자료에 대한 여러 가지 질문을 해보고, 그에 대해 대답하게 한다.

- **복습하기.** 학생들이 자료를 검토해보고 그들이 알고 있는 것과 모르고 있는 것을 평가해보도

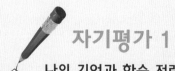

자기평가 1

나의 기억과 학습 전략은 얼마나 효과적인가?

효과적인 기억과 학습 전략을 활용하고 있는 교사는 이러한 전략을 사용하지 않는 교사들과 비교해 학생들에게 이러한 전략을 전달하고 전략의 올바른 사용을 보여줄 확률이 높다. 스스로의 기억법과 학습 전략에 관한 문항에 솔직하게 답해보자. 다음과 같은 등급으로 스스로 점수를 매겨보자. (1 = 전혀 그렇지 않다, 2 = 거의 그렇지 않다, 3 = 보통이다, 4 = 거의 그렇다, 5 = 항상 그렇다) 그리고 점수의 합을 구해보자.

	1	2	3	4	5
1. 나는 시간 관리를 잘하며 계획을 잘 세운다.					
2. 나는 주의를 집중하고 방해되는 요소를 최소화하는 데 능숙하다.					
3. 단순히 자료를 기계적으로 암기하기보다는 이해하려고 애쓴다.					
4. 내가 읽은 것이나 수업 활동에 대해서 스스로에게 질문해본다.					
5. 수업에서나 교재 읽는 중에 필기를 잘한다.					
6. 주기적으로 내가 했던 필기를 복습한다.					
7. 기억 전략을 사용한다.					
8. 나는 매우 조직적으로 정보를 부호화한다.					
9. 학습한 것을 공고히 하기 위해 학습을 분산해서 한다.					
10. 효과적인 인출 단서를 사용한다.					
11. PQ4R이나 그와 비슷한 학습 방법을 사용한다.					

점수화 및 해석

총점수가 50~55점이라면 효과적인 기억법과 학습 전략을 사용하고 있다. 총점수가 45~49점이라면 꽤 효과적인 기억법과 학습 전략을 사용하고 있다. 총점수가 45점 미만이라면 기억법과 학습 전략을 개선하는 데 노력해야 한다.

효과적인 기억법과 학습 전략에 대해 더 알고 싶다면, *Your Guide to College Success*(Santrock & Halonen, 2009)라는 책이 도움이 될 것이다. 또한 효과적인 기억법과 학습 전략을 개발하는 것과 관련해 더 많은 자료를 얻고 싶다면 대학의 학습지원센터를 방문해보는 것도 좋을 것이다. 그곳의 전문가들이 큰 도움을 줄 것이다.

록 해야 한다. 이 단계에서 학생들은 그들이 기억하지 못하고 있거나 잘 알지 못하는 자료를 다시 읽고 공부해야 한다.

효과적인 기억법과 학습 전략을 적절하게 사용하고 있는지를 평가하기 위해서 **자기평가** 1을 해보자.

전문성 습득

누군가가 전문가가 되는지, 혹은 되지 않는지를 결정하는 요소는 무엇인가? 동기와 연습은 누군가를 전문가 수준에 올려놓을 수 있을까? 아니면 전문성은 상당한 재능을 요구하는 것일까?

연습과 동기 한 가지 관점은 특정한 유형의 연습(의도적 연습)이 전문가가 되는 데 필요하다는 것이다. 의도적 연습은 개인에게 적당한 수준의 어려움으로 느껴지며 생산적인 피드백과 반복의 기회를 제공하는 연습과 관련된다(Ericsson, 2014).

RESEARCH

음악대학의 바이올린 연주자를 대상으로 한 연구에 따르면 학생이 의도적 연습을 수행하는 정도가 어떤 학생이 초보자인지 전문가인지를 구분한다(Ericsson, Krampe, & Tesch-Romer, 1993). 일류 바이올린 연주자들은 18세까지 평균 7,500시간의 의도적 연습을 수행하였으며, 그보다 못한 바이올린 연주자들은 5,300시간의 의도적 연습을 수행하였다. 많은 사람들이 전문가가 되기를 포기하게 되는데, 그 이유는 수년에 걸친 광범위한 의도적 연습에 필요한 노력을 하지 못하기 때문이다.

광범위한 의도적 연습은 상당한 동기를 필요로 한다. 긴 시간 동안 연습할 정도로 동기가 부여되지 않은 학생들은 특정 분야에서 전문가가 될 확률이 낮다. 예를 들어, 모든 종류의 일에 불평하거나 인내하지 못하는 학생, 그리고 수학 문제를 푸는 연습을 수년 동안 지속하지 못하는 학생은 수학 분야의 전문가가 되지 못한다.

재능 전문성을 연구하는 많은 심리학자들은 전문성이 의도적 연습이나 동기뿐만 아니라 재능도 필요하다는 사실을 강조한다(Hunt, 2006; Sternberg & Sternberg, 2016).

수많은 능력(예 : 음악적 능력이나 운동 능력)은 유전적 요인의 영향을 받는 듯이 보인다(Santos & others, 2016; Seesjarvi & others, 2016). 예를 들어, 모차르트가 그렇게 훌륭한 작곡가가 될 수 있었던 이유가 단순히 그가 오랜 시간을 연습했기 때문일까? 르브론 제임스가 훌륭한 농구선수가 될 수 있었던 이유가 단순히 그의 동기 때문일까? 많은 재능 있는 사람들이 그들처럼 훌륭해지려고 노력하지만 보통밖에 안 되는 모습만 보여주고 이내 포기하고 만다. 분명히 유전은 중요하다. 그럼에도 모차르트와 제임스가 만약 동기부여가 되어 있지 않았다거나 의도적 연습을 게을리하였다면 그들의 분야에서 전문성을 발전시키지는 못하였을 것이다. 재능만으로 전문가가 되지는 못하는 것이다.

전문성과 교수

특정 영역(예 : 물리학이나 역사 혹은 수학)에서 전문가가 된다는 말이 다른 사람들을 가르치는 데 능숙해진다는 뜻은 아니다(Bransford & others, 2006). 사실상 "전문성은 이따금 교수활동에 있어

한 유능한 교사가 학생의 학습을 모니터하고 있다. 유능한 교사의 특성은 무엇인가?

© Russell Illig RF

서 방해가 되기도 하는데, 전문가들이 학생들에게 무엇이 쉽고 무엇이 어려운지를 망각하기 때문이다"(National Research Council, 1999, p. 32).

교육학적 내용 지식 어떤 교육자는 전문성에 필요한 내용 지식과 전문성을 효과적으로 가르치는 데 필요한 교육학적 내용 지식을 구분하고 있다. 교육학적 내용 지식은 학생들이 어떤 영역을 학습하려 할 때 유발되는 일반적인 어려움에 대한 생각과 관련된다. 즉 어떤 영역을 이해하기 위해서 반드시 학생들이 따라야 하는 과정, 그리고 학생들이 겪는 어려움을 해결하기 위해 도움을 줄 수 있는 전략이 포함된다.

전문성 있는 교사는 학생들의 학습 상황을 제대로 관찰하고 학생들의 성취 정도를 능숙하게 평가한다. 그들은 또한 학생들이 겪을 것으로 예상되는 문제와 학생들의 선행지식에 대해 잘 알고 있으며, 이를 사용하여 적절한 수준에서 학생들을 가르치며 새로운 지식을 더욱 의미 있게 만들 수 있다. 일부 교육심리학자는 학생들을 가르치는 데 필요한 교육학적 내용 지식이 없을 경우 전문성이 없는 교사는 단순히 교과서의 내용에만 의존한다고 말한다. 교과서의 내용에는 학습 상황에 놓여 있는 학생들이 교육학적으로 필요한 것이 무엇인지에 대한 정보는 없다(Brophy, 2004).

복습하기, 성찰하기 그리고 연습하기

④ 전문가가 생각하는 방식을 통해서 학습에 대한 교훈을 도출한다.

복습하기
- 학습 상황에서 초보자는 하지 않지만 전문가가 하는 것으로는 무엇이 있는가?
- 전문가가 되기 위해서는 어떠한 것이 필요한가?
- 교과에 대한 경험만으로도 훌륭한 교사가 될 수 있는가? 다른 것으로는 무엇이 필요한가?

성찰하기
- 당신이 조금이라도 전문성이 있다고 생각되는 분야를 하나 선택해본다. 그 영역에서 당신의 학습 능력과 초보자의 학습 능력을 비교해본다.

연습하기
1. 이 책의 사례 연구는 교육심리학을 전공하는 학생들이 관련된 정보를 얻고 전문성을 개발할 수 있도록 고안되었다. 각 사례 연구의 첫 번째 질문은 학생들에게 무엇이 문제인지를 파악하도록 한다. 이 책의 저자는 각 사례에 대한 이러한 질문을 이미 염두에 두고 있는 것처럼 보이는데, 그 이유는 이 책의 저자가 다음을 이해했기 때문이다.
   a. 학생들로 하여금 배운 것을 견고하게 하는 일은 중요하다.
   b. 학생들이 어떤 정보가 중심적이고 어떤 정보가 부차적인지를 파악하는 것은 중요하다.
   c. 학습에 있어서 효율성과 혁신 사이의 균형을 맞추는 것은 중요하다.
   d. 학생들이 능숙한 인출 기술을 개발하는 데에는 큰 도움이 필요하다.
2. 라이언은 축구 팀에서 가장 최고의 선수이다. 라이언의 코치는 그를 꿈의 선수라고 생각하는데, 라이언이 너무나도 열심히 연습하기 때문이다. 처음에 어떤 기술을 배웠을 때 라이언이 다른 선수들보다 잘하는 경우는 드물지만, 다음 연습 시간이 되면, 라이언은 그 기술을 거의 숙달하게 된다. 한번은 라이언이 코너킥을 통해 점수를 얻고 싶다고 생각한 적이 있다. 라이언은 찾을 수 있는 모든 축구공을 가져와서 하나씩 골대를 향해 슛을 날렸다. 모든 공

을 다 찬 뒤에는 다시 공을 가져와서 다시 연습했다. 그는 오후 내내 연습을 했으며, 학교가 끝나고 최소 한 시간은 연습을 했다. 다음 경기에서 라이언이 코너킥을 통해 점수를 얻는 모습을 보고 코치는 너무 놀랐다. 라이언이 축구에서 전문성을 개발할 수 있었던 이유는 무엇인가?

a. 광범위한 의도적 연습을 했기 때문이다.

b. 선천적 재능을 타고났기 때문이다.

c. 훌륭한 코치를 만났기 때문이다.

d. PQ4R 방법을 사용했기 때문이다.

3. 윌리엄스는 이전에 대학에서 역사를 가르치던 교수였고, 지금은 고등학교에서 미국사를 가르치고 있다. 그는 그가 했던 연구와 그가 썼던 글에 대해 학생들과 논의하고 학생들에게 어떻게 역사가들이 과거의 사실을 알아냈는지를 말해줌으로써 수업을 생기 있게 만들고자 했다. 한 달간의 수업이 끝나고, 그는 학생들이 수업 논의 시간 때 매우 혼란스러워하고 있으며 사실관계를 묻는 시험에서도 지지부진한 것을 알게 되었다. 이러한 상황이 유발된 이유는 윌리엄스에게 무엇이 부족했기 때문인가?

a. 전문적 내용 지식
b. 교육학적 내용 지식
c. 초인지
d. 신호 기반 지식

정답은 '연습하기 정답' 참조

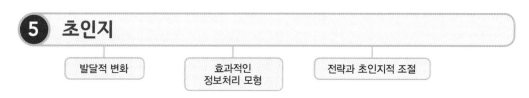

⑤ 초인지

발달적 변화 | 효과적인 정보처리 모형 | 전략과 초인지적 조절

학습목표 5
초인지의 개념을 설명하고, 아동의 초인지를 증진시키기 위한 방법을 알아본다.

지금까지 이 장에서 우리는 학생들의 주의력과 기억력을 향상시키는 방법뿐만 아니라 학생들이 초보자인 상태에서 전문가인 상태로 변화할 수 있는 가능성을 높일 수 있는 전략을 포함하여 그들이 학습하는 과정에서 정보를 처리하는 능력을 향상시키도록 돕는 여러 방법에 대해 검토했다. 학생들로 하여금 정보를 더 효율적으로 처리하도록 돕는 또 다른 방법은 학생들이 자신의 마음이 어떻게 정보를 처리하는지에 대해 아는 것을 점검하도록 독려하는 것이다(Sobel & Letourneau, 2015). 이 장의 시작 부분에서 읽었던 것처럼 이는 인지에 관한 인지 혹은 "아는 것에 관해 아는 것"(Flavell, 2004)과 관련된 초인지를 포함한다. 초인지적 지식과 초인지적 활동은 구분될 수 있다. 초인지적 지식은 한 개인의 현재 혹은 최근의 생각을 살펴보고 숙고해보는 것과 관련되어 있다. 초인지적 지식은 과제, 개인의 목적 혹은 그 자신과 관련된 지식과 같은 사실적 지식을 포함하며, 또한 문제해결을 위한 특정 절차가 언제, 어떻게 사용되는지와 같은 전략적 지식과도 연관되어 있다. 초인지적 활동은 학생들이 문제해결과 목적을 지닌 사고를 하는 동안 자신들의 사고 전략을 의식적으로 적용하고 이용할 때 발생한다.

초인지는 아동으로 하여금 많은 학문적 과제를 더 효과적으로 해결할 수 있도록 한다(Lai & others, 2015). 또한 초인지적 기술은 학생들의 문제해결을 위해서 교육되어 왔다(Koenig & others, 2015). 수학 문제 풀이와 관련된 30번의 일상적 수업에 관한 한 연구에서 교사는 성취도가 낮은 학생들이 단어의 의미를 모를 때, 문제해결에 필요한 모든 정보를 얻지 못했을 때, 문제를 특정 단계들로 구분하는 방법을 모를 때, 혹은 계산을 어떻게 해야 할지 모를 때 그들을 지도하였다(Cardelle-Elawar, 1992). 30일간의 수업 이후에 이러한 초인지적 훈련을 받은 학생들은 수학에서 더 나은 성취도를 보였고, 수학에 더 긍정적 태도를 보였다.

아동 사고의 전문가인 디에나 쿤(Kuhn, 2009)은 초인지는 학생들로 하여금, 특히 중·고등학교 수준에서 그들이 더 나은 비판적인 사고가 되도록 하는 교육에서 더 크게 강조되어야 한다고 주장한다. 그녀는 학생들이 세상을 알도록 하는 1차적 인지 기술(지금까지 비판적 사고 프로그램에서 중요하게 강조되어 왔던 것)과 자기 자신(그리고 타인)에 대한 앎과 관련된 2차적 인지 기술을 구분한다.

발달적 변화

아동기의 초인지는 어떻게 변화하는가? 청소년기 동안 초인지에 더 큰 변화가 생기는가?

DEVELOPMENT

아동기 많은 연구들은 아동의 초기억 혹은 기억이 작동하는 방법에 대한 지식에 초점을 맞춰왔다. 최근 수십 년 동안 인간 마음의 작동 방법에 대한 아동의 이론에 관심이 높아졌다.

초기억 일반적으로 5~6세의 아동은 친숙한 항목이 그렇지 않은 항목보다 더 배우기 쉽다는 것을 알고 있으며, 긴 목록보다는 짧은 목록이 배우기 쉽고, 재인이 회상보다 더 쉽고, 망각은 시간이 지날수록 더 발생한다는 것을 알고 있다(Lyon & Flavell, 1993). 하지만 다른 한편으로 어린 아동의 초기억은 제한적이다. 그들은 연관되어 있는 항목은 그렇지 않은 것보다 기억하기 쉽고, 이야기의 핵심을 기억하는 것이 정보를 그대로 기억하는 것보다 쉽다는 것을 이해하지는 못한다(Kreutzer & Flavell, 1975). 5학년이 되어서야 학생들은 이야기의 요점 회상이 축어록 회상보다 더 쉽다는 것을 이해한다.

RESEARCH

또한 학령전 아동은 자신의 기억 능력을 과장하여 생각한다. 예를 들어, 한 연구에서 대다수의 학령전 아동은 10개의 항목이 적힌 목록에서 10개를 회상해낼 수 있다고 예상했다. 시험이 진행되었을 때, 어린 아동 중 누구도 이 과제를 해내지 못했다(Flavell, Friedrichs, & Hoyt, 1970). 아동은 초등학교에 들어가면서 자신의 기억력을 좀 더 현실적으로 평가한다(Schneider & Pressley, 1977).

학령전 아동은 또한 "이것의 예를 생각하는 게 도움이 될 거야"와 같은 기억 단서의 중요성을 거의 인식하지 못한다. 7~8세 정도의 아동은 기억을 위한 단서의 중요성을 더 잘 인식한다. 일반적으로 아동이 갖고 있는 자신의 기억력과 자신의 기억 과제에서의 수행 능력을 평가하는 기술에 대한 이해력은 초등학교 저학년에는 상대적으로 부족하지만, 11~12세경이 되면 상당한 정도로 향상된다(Bjorklund & Rosenblum, 2000).

마음 이론 어린아이라고 할지라도 인간 마음의 특성에 대해 궁금해한다(Hughes & Devine, 2015; Lane & others, 2016; Wellman, 2015). 아동은 자신의 정신 과정과 타인의 정신 과정을 인식하는 데 참조하는 **마음 이론**(theory of mind)을 가지고 있다. 마음 이론에 대한 연구들은 아동을 "타인의 생각, 감정, 표현에 대해 이해하고, 설명하고 예측하기 위해 노력하는 사고가"로 여긴다(Harris, 2006, p. 847). 연구자들은 아동의 마음 이론이 인지 과정 및 장애와 관련되어 있음을 점차 발견하고 있다. 예를 들어, 3세 때의 마음 이론 능력이 5세 때의 더 높은 수준의 초기억과 연관되어 있다(Lockl & Schneider, 2007). 또한 연구자들은 자폐 아동이 마음 이론의 발달, 특히 타인의 신념과 감정을 이해하는 것에 어려움을 겪는다는 사실을 발견하였다(Kana & others, 2015). 최근 연구

마음 이론 자신과 타인의 정신 과정에 대한 인식

에서 ADHD 아동(Mohammadzadeh & others, 2016)과 단순언어장애 아동(Nilsson & de Lopez, 2016)이 마음 이론에 결손이 있음을 입증하였다.

언어 발달은 아동이 유년기를 보내면서 마음 이론이 보다 반성적인 특성을 지니도록 하는 데 중요한 역할을 하는 것으로 보인다(Meins & others, 2013). 연구자들은 아동의 언어 기술의 차이를 통해 마음 이론 과제의 수행력을 예측할 수 있음을 발견하였다(Hughes & Devine, 2015).

아동의 마음 이론 발달에 영향을 미치는 여러 요소에는 전전두엽 피질 기능의 발달(Powers, Chavez & Heatherton, 2015), 가상놀이에 참여하는 것(Kavanaugh, 2006), 다양한 사회적 상호작용의 측면(Hughes & Devine, 2015)이 포함된다. 아동의 마음 이론을 발달시키는 사회적 상호작용에는 아동과 함께 마음 상태에 대한 이야기를 하는 부모와 안전하게 애착을 형성하고 있는 것(예 : "네가 가진 그 생각은 좋은 거야" 혹은 "그의 생각이 무엇인지 이야기해볼래?"와 같은 것; Laranjo & others, 2010), 그리고 마음 상태에 대해 이야기할 수 있는 손위 형제나 친구들을 갖는 것(Hughes & others, 2010)이 포함된다.

DEVELOPMENT

아동의 마음 이론은 아동기에서 청소년기로 넘어가면서 변화한다.

- **2~3세.** 이 시기에는 아동이 3종류의 정신 상태를 이해하기 시작한다. (1) 지각, (2) 감정, (3) 욕구이다. **지각** : 아동은 다른 사람이 보는 것은 그 앞에 놓여 있는 것이며, 그것이 자신의 눈 앞에 있는 것은 아니라는 사실을 깨닫는다. **감정** : 아동은 긍정적인 감정(예 : 행복)과 부정적인 감정(예 : 슬픔)을 구분할 수 있다. 아동은 "토미는 슬퍼"라고 말할 수 있다. **욕구** : 아동은 누군가가 무언가를 원하면, 그 누군가는 그것을 얻기 위해 노력할 것임을 이해한다. 아동은 "나는 엄마를 원해"라고 말할 수 있다. 아동은 사고, 지식, 신념과 같은 인지 상태와 관련된 것을 말하기보다 더 일찍, 그리고 더 자주 욕구에 대해 말한다(Rakoczy, Warneken, & Tomasello, 2007). 2~3세의 아동은 욕구가 행동과 단순한 감정에 연관되는 방식을 이해한다(Harris, 2006). 예를 들어, 아동은 사람들은 원하는 것을 찾으려 할 것이고, 만약 그것을 얻는다면 행복하겠지만, 그것을 얻지 못한다면 그것을 계속해서 찾을 것이고, 슬픔과 분노를 느낄 수 있음을 이해한다.

- **4~5세.** 이 시기 아동은 마음이 대상과 사건을 정확하거나 혹은 부정확하게 표상할 수 있음을 이해하게 된다. 사람들이 잘못된 신념(사실이 아닌 신념)을 가질 수 있다는 지각은 대다수의 5세 아동에게 발달한다(Wellman, Cross, & Watson, 2001). 잘못된 신념에 관한 한 연구에서 어린 아동에게 반창고 상자를 보여주고 안에 무엇이 들어 있는지를 물었다(Jenkins & Ashington, 1996). 아동에게 놀랍게도 그 상자 안에는 연필이 들어있었다. '그 상자를 본 적 없는 아동에게 이 상자 안에 무엇이 들어있을지 질문을 던질 경우 그 아동은 그 안에 무엇이 있을 것이라고 생각할까?'라는 질문을 했을 때, 3세의 아동은 일반적으로 "연필"이라고 답했다. 하지만 4~5세의 아동은 상자 안을 보지 못한 다른 아동의 잘못된 신념을 예상하고 웃으면서 "반창고"라고 답하는 경향이 강했다. 아동의 사고에 대한 이해는 초기 아동기에는 몇 가지 한계를 갖는다(Bianco, Lecce, & Banerjee, 2016). 그들은 가끔 정신 활동이 발생할 수 있는 상황을 과소평가한다. 예를 들어, 그들은 조용히 앉아 있거나, 책을 읽고 있거나, 혹은 말하고 있는 사람의 정신 활동을 이해하지 못한다(Flavell, Green, & Flavell, 1995).

RESEARCH

- **아동기 중기와 후기.** 초기 아동기를 넘어서면 아동은 단순히 마음 상태의 이해만이 아니라 마음 그 자체를 깊게 공감할 수 있게 된다(Wellman, 2011, 2015). 이 시기까지 아동은 마음을 지식의 적극적인 구성자나 혹은 처리센터로 보지 못한다(Flavell, Green, & Flavell, 1998). 중기와

후기 아동기에 그들은 믿음이 거짓이 될 수도 있음을 이해하는 데에서 믿음과 마음이 '해석의 문제'임을 이해하는 쪽으로 발전한다. 즉 같은 사건도 다양한 해석이 가능하다는 인식을 하게 된다(Carpendale & Chandler, 1996).

- **청소년기.** 청소년기에는 초인지에서 중요한 변화가 발생한다(Kuhn, 2009). 아동과 비교해보 았을 때 청소년들은 학습과제에서 요구되는 것을 효과적으로 충족시키기 위해 인지적 자원을 관리하고 점검하는 능력이 향상된다. 향상된 초인지 능력은 더 효과적인 인지 기능과 학습을 가능하게 한다.

청소년은 자신들을 위해 사용 가능한(정보처리 속도, 용량, 자동화의 향상을 통해 얻는) 자원을 아동보다 더 많이 가지고 있고, 아동에 비해 그 자원을 활용하는 것에 더 숙련되어 있다. 더욱이 청소년은 메타 수준의 전략에 대해 더 잘 이해하고 있다. 즉 사용할 최선의 전략을 알고 있으며, 그리고 학습과제를 수행할 때 이것을 언제 사용할지에 대해 알고 있다(Kuhn, 2009). 다음으로 우리는 학생들이 학교에서의 성공을 향상시킬 수 있는 효과적인 방법으로 전략 사용의 중요성을 강조하는 모형을 검토할 것이다.

효과적인 정보처리 모형

마이클 프레슬리와 동료들(Pressley, Borkowski, & Schneider, 1989; Schneider & Pressley, 1997)은 효과적인 정보처리 모형이라고 명명한 초인지 모형을 개발하였다. 이 모형은 다수의 상호작용하는 요 인에서 유발되는 능숙한 인지를 강조한다. 이 요인에는 전략, 내용지식, 동기, 초인지가 포함된다. 그들은 아동이 다음의 3단계로 효과적인 인지를 지니게 된다고 주장한다.

1. 아동은 특정 전략을 사용하는 것을 부모나 교사들로부터 배운다. 연습을 통해서 아동은 특정 지식을 학습하기 위한 특정 전략의 특징과 장점에 대해 배우게 된다. 가정과 학교에서 아동을 지적으로 더욱 자극하게 되면, 아동이 사용하기 위해 배우게 되는 특정 전략의 수는 더욱 많아진다.

2. 교사는 수학과 같은 특정 영역에서 나타나는 다양한 전략의 유사점과 차이점을 보여주어야 한다. 이는 학생들로 하여금 다양한 전략의 공통점을 볼 수 있게 해준다. 이러한 방식은 더 나은 관계적 지식을 만들어준다.

3. 이 단계에서 학생들은 전략 사용으로 인한 일반적 이익을 인지하게 되고, 이러한 인지 단계에서 일반 전략 지식이 생성된다. 학생들은 성공적인 학습 성과가 그들이 평가, 선택, 점검 전략을 사용하면서 (초인지 지식과 활동) 해냈던 노력의 결과임을 알게 된다.

전략과 초인지적 조절

프레슬리와 동료들(Pressley, 1983, 2007; Pressley & Harris, 2006; Pressley & Hilden, 2006)의 관점에 따르면, 교육의 핵심은 학생들이 문제해결에 필요한 풍부한 전략 목록을 배우도록 도와야 한다는 것이다. 뛰어난 방식으로 사고하는 사람들은 일상적으로 전략을 사용하고, 문제해결을 위해 효율적으로 계획을 세운다. 또한 이들은 전략을 언제, 어디에 사용해야 하는지를 안다(전략에 관한 초인지적 지식). 전략을 언제 어디서 사용해야 하는지를 이해하는 것은 종종 학습자가 학습 상황을 점검한 결과이다.

프레슬리와 동료들은 효과적인 전략에 대해 수업을 받았을 때 학생들은 종종 이전에는 직접 사용해본 적 없던 전략을 적용할 수 있게 되었다고 말한다. 학생들은 교사가 적절한 전략을 선보이고 전략의 과정을 말로 명확히 설명한다면 전략에 대해 잘 배우게 된다. 그렇게 하면 학생들은 그 전략을 자동적으로 사용할 수 있을 때까지 교사의 피드백에 의해 안내되고 지지를 받으면서 나중에 전략을 수행하게 된다. 전략을 적용하는 것에 대해 지도할 때, 그 전략을 사용하는 것이 학생들에게 어떻게 도움이 되는가를 설명하는 것도 좋은 생각이다. 그렇지만 이러한 접근에는 발달적 한계가 존재한다. 예를 들어, 어린 아동의 경우 종종 정신적 이미지를 능숙하게 활용할 수 없다.

학생들이 단순히 새로운 전략을 수행해보는 것만으로는 전략을 계속 사용하거나 그 전략을 새로운 상황에 적용하기는 어렵다. 효과적인 유지와 전이를 위해서 학생들이 시험이나 다른 평가에서의 수행을 비교함으로써 이전 전략의 사용에 대비되는 새로운 전략의 효과를 점검하도록 이끌어야 한다(Harris & others, 2008). 프레슬리는 "한번 해봐. 너는 이것을 좋아할 거야"라고 말하는 것은 불충분하고, 대신에 "한번 해보고 비교해봐"라고 말해야 한다고 주장한다.

초인지의 중요한 측면중 하나는 학생 스스로 얼마나 과제를 잘 수행하는지 관찰하는 것이다(Fiorella & Mayer, 2015). 이것은 학생이 시험을 위해 충분히 공부를 하지 않았다거나 혹은 어떤 부분을 더 잘 이해하기 위해 책의 특정 부분을 다시 읽을 필요가 있음을 인지하게 되는 것을 포함한다. 잘못 관찰하는 것은 일반적인 현상이다. 예를 들어, 초등학생들은 종종 실제 상황보다 시험에 더 잘 준비되어 있다고 생각하는 경우가 있고, 그들이 실제로 텍스트 자료를 이해하고 있는 것보다 훨씬 잘 이해하고 있다고 생각한다. 한 가지 전략은 잘못 관찰하고 있는 학생에게 자신이 얼마나 완벽히 이해하고 있는지를 평가하기 위해 연습 시험과 질문을 만들어보게 하는 것이다.

전략을 효과적으로 활용하는 방법을 배우는 데는 종종 시간이 걸린다. 초기에 전략을 실행하는 방법을 배우는 데는 시간이 걸리며, 교사의 안내와 지지가 필요하다. 연습을 통해서 학생들은 전략을 더 빠르고 더 능숙하게 실행하는 법을 배운다. **연습**은 학생들이 효과적인 전략을 자동적으로 사용할 수 있을 때까지 반복적으로 사용해본다는 의미이다. 전략을 효과적으로 사용하기 위해서 학생들은 장기기억에 전략이 기억되어 있어야 하는데, 이는 상당한 연습을 통해 가능해진다. 또한 학습자들은 전략을 사용하도록 동기화될 필요가 있으며, 학생들이 조직화와 같은 전략을 배워 그것을 효과적으로 사용하기까지는 많은 시간이 필요하다는 점을 염두에 두고 있어야 한다. 교사는 학생들이 효과적인 전략을 포기하는 것은 아닌지, 혹은 그들에게 도움이 되지 않는 전략을 계속 사용하고 있는 것은 아닌지를 알아야 한다.

아동은 기억과 문제해결에서 한 가지 전략을 사용하는가, 아니면 다수의 전략을 사용하는가? 그들은 종종 하나 이상의 전략을 사용한다. 대부분의 아동은 여러 개의 대안적 전략을 만들어내고, 문제해결을 위해 여러 접근을 검토해보고, 어떤 전략이 언제, 어디서 효과적인지를 알게 되면서 더욱 발전한다. 몇몇 인지심리학자들이 심지어 어린 아동도 다양한 전략을 실행하도록 격려해야 한다고 주장하기는 하지만, 이는 특히 초등학교 중학년 이상의 아동에게 더 적합하다(Siegler, 2016a, b).

프레슬리와 동료들(Pressley & others, 2001, 2003, 2004)은 상당한 기간 동안 교사에 의한 전략 수업과 초·중등학교 교실에서 학생들이 사용하는 전략을 관찰하였다. 그들은 교사들의 전략 지도

초인지적 조절을 향상시키기 위한 전략은 무엇인가?

© image 100 RF

가 학생들이 효과적으로 전략을 사용하는 방법을 배우기 위해 요구되는 것보다 훨씬 완벽하지도 못하고, 집중적이지도 않다는 결론을 내렸다. 그들은 학생들이 능숙한 전략적 학습자가 될 수 있는 더 많은 기회를 제공하기 위해 교육이 재구성될 필요가 있다고 주장했다.

전략에 관한 마지막 부분은 많은 전략이 사전지식과 관련이 있다는 것이다. 예를 들어, 학생들은 어떤 항목이 어느 범주에 속하는지를 정확하게 알지 못하면, 항목의 목록을 조직화하는 전략을 적용하지 못한다. 전략에서 사전 지식의 중요성은 전문가가 초보자에 비해서 어떻게 더 많은 효과적인 전략을 사용하는지에 관한 앞선 논의에서 강조한 것과 매우 유사하다.

학생과 연계하기 : 최고의 실천
학생들이 전략을 사용하도록 돕기 위한 지침

다음은 교사가 학생들에게 전략을 발달시키고 사용할 수 있도록 지도하는 데 필요한 몇 가지 효과적인 방법이다(Pressley, 1983, 2007; Pressley & McCormick, 2007).

1. *전략이 문제해결의 중요한 측면임을 인식한다.* 효과적인 학습 성과를 위해 학생들의 지식과 전략에 대한 인식을 살펴야 한다. 많은 학생들은 좋은 전략을 사용하지 않고, 전략이 그들의 학습에 도움이 될 수 있다는 사실을 인지하지 못한다. 그리고 학생들이 전략을 배우고 난 후, 중요한 요소를 잃어버릴 때, 이 전략을 축소하고 단축하려는 경향을 보인다. 그러므로 덜 효과적인 방향으로 전략을 수정하는 학생들을 관찰해야 한다.
2. *학생들에게 효과적인 전략을 시범 보인다.*
3. *학생들에게 전략을 연습해볼 기회를 많이 준다.* 학생들이 전략을 연습할 때 안내해주고 지지를 보여준다. 학생들이 전략을 독자적으로 사용할 때까지 피드백을 제공한다. 피드백을 할 때 전략이 언제, 어디에서 가장 유용한지 알려준다.
4. *학생들로 하여금 새로운 전략이 갖는 효율성을 과거의 전략과 비교해서 검토해보게 한다.*
5. *학생들이 효과적인 전략을 사용하는 방법을 배우기 위해서는 상당한 시간이 필요함을 기억한다.* 인내심을 가지고 학생들이 지루한 배움의 경험을 하는 동안 계속해서 지지해준다. 학생들이 새로운 전략을 자동적으로 사용할 수 있게 계속해서 반복하도록 격려한다.
6. *학생들이 그 전략을 사용하기 위한 동기가 필요함을 이해한다.* 학생들은 항상 전략을 사용하도록 동기 부여된 상태가 아니다. 특히 학생들의 동기에 중요한 것은 전략이 그들에게 성공적인 학습 성과를 가져줄 것이라는 기

대이다. 또한 학생들이 효과적인 전략 학습을 목표로 설정한 경우에도 도움이 된다. 그리고 학생들의 학습 성과가 그들이 들인 노력에 의한 것임을 알게 되면, 학습은 더욱 향상된다. 동기, 교수, 학습에 관한 장(제10장 참조)에서 학생들의 동기를 높이기 위한 다양한 방법이 제공되므로 참고할 수 있다. 이를 통해 당신은 학생들에게 전략을 사용하도록 동기를 부여할 수 있을 것이다.
7. *아동이 다양한 전략을 사용하도록 격려한다.* 대부분의 아동은 다양한 전략을 사용해보면서, 어떤 전략이 언제 어디서 잘 작동하는지 발견할 수 있다.
8. *전략 교육에 관해 더 많이 읽는다.* 2개의 훌륭한 자료로 *Best Practices in Literacy Instruction*(Gambrell, Morrow & Pressley, 2007)과 논문 'Cognitive strategies instruction: From basic research to classroom instruction'(Pressley & Harris, 2006)이 있다. 두 자료 모두 어떻게 학생들의 전략 사용을 향상시킬 수 있는지에 관해서 도움이 되는 많은 아이디어들을 담고 있다. 온라인 자료 중에서도 좋은 자료가 있다. (1) http://iris/peabody.vanderbilt.edu/module/srs(전략 지도를 위한 무료 온라인 상호작용 훈련), (2) http://cehs.unl.edu/secd/teaching-strategies(로버트 레이드의 전략지도와 관련된 우수 웹사이트)를 참고하라.
9. *학생들의 생각이 다양한 내용 영역으로 확장될 수 있도록 질문한다.* 이러한 질문에는 "교정이 글쓰기를 하는 데 어떻게 도움이 되는가?", "글을 읽을 때 주기적으로 멈추고 이제까지의 내용이 뭐였는지 이해하려고 노력하는 과정이 왜 중요한가?", "이 함수를 배우는 목적은 무엇인가?"와 같은 것이 포함된다.
10. *학업성취도가 낮거나 장애를 가진 학생들은 독립적인 전략 사용을 위해서 더 많은 시간과 지원이 필요함을 인식한다.*

복습하기, 성찰하기 그리고 연습하기

⑤ 초인지의 개념을 설명하고, 아동의 초인지를 증진시키기 위한 방법을 알아본다.

복습하기
- 초인지 능력에서 어린 아동과 좀 더 나이 많은 아동은 어떻게 비교되는가?
- 프레슬리와 동료들의 효과적인 정보처리 모형에 따르면, 능숙한 인지에 영향을 주는 상호작용 요인은 무엇인가?
- 아동이 초인지 전략과 자기조절을 배우도록 어떻게 도와줄 수 있을까?

성찰하기

• 효과적인 정보처리 모형의 3단계가 어떻게 아동에게 가르쳐야 하는 주제의 일부가 될 수 있는가? 학생들에게 교육할 주제를 선택하고 그것을 예로 설명해보라.

연습하기

1. 샤말라의 삼촌은 그녀에게 막 속임수를 썼다. 삼촌은 그녀에게 땅콩 캔처럼 보이는 캔을 보여줬다. 하지만 그녀가 캔을 열었을 때, 장난감 뱀이 그녀를 향해 튕겨져 나왔다. 샤말라는 그 속임수가 매우 재미있다고 생각하고 이것을 바로 오빠에게 사용했다. 삼촌은 그녀에게 오빠가 캔 안에 무엇이 들어있을 것이라고 예상하는지 물어보았고, 그녀는 킥킥 웃으며 답했다. "땅콩이요, 하지만 오빠는 놀라지 않을 거예요." 이것은 샤말라의 어떤 발달의 예시인가?

   a. 문제의 다른 측면에 집중을 나눌 수 있는 능력　　　b. 문제해결 기술

   c. 초기억 기술　　　　　　　　　　　　　　　　　　d. 마음 이론

2. 마블은 수학 문제를 푸는 전략에 대해 배웠지만, 그것을 역사시험 공부나 철자퀴즈 공부에는 사용하지 않았다. 효과적인 정보처리 모형에 따르면, 마블의 초인지 발달을 위해 다음 단계에서 해야 하는 것은 무엇인가?

   a. 역사 공부를 위한 특정 전략을 선생님께 물어본다.

   b. 전략을 수학에 사용함으로써 얻을 수 있는 이점을 부모에게 물어본다.

   c. 다양한 전략의 공통된 특징을 이해한다.

   d. 효과적인 학습이 전략의 사용을 통해 가능하다는 것을 배운다.

3. 퀸턴 선생님은 다음 역사 시험에 도움이 될 것이라는 기대를 하고 학생들에게 교과서 읽기를 위한 PQ4R 전략을 가르쳤다. 학생들 대다수는 성적이 향상되었다. 퀸턴 선생님은 성적 향상에도 불구하고 다수의 학생들이 PQ4R 전략을 계속 사용하지 않는다는 것에 실망했다. 학생들의 행동에 대해 가장 개연성 있는 설명은 무엇인가?

   a. 학생들은 PQ4R 전략을 사용했을 때의 결과를 이전의 전략과 비교하지 않았다.

   b. 학생들은 PQ4R 전략을 효과적으로 사용하는 데 필요한 배경지식을 가지고 있지 않다.

   c. 학생들은 그 전략을 효과적으로 사용하기 위한 충분한 연습을 하지 않았다.

   d. 학생들은 그 전략을 사용하기 위한 전문성을 발달시키지 않았다.

정답은 '연습하기 정답' 참조

교실과 연계하기 : 사례 분석하기

시험

조지는 다음주에 8학년 역사 시험이 있다. 그는 용어, 이름, 사실을 기억하는 데 상당한 어려움을 겪고 있다. 최근 시험에서 그는 셔먼 장군을 월남전 영웅으로, 사이공을 일본의 수도로 생각했다. 역사적 날짜들은 매우 혼란스러워서 그것을 기억하려는 시도조차 하지 못하였다. 게다가 조지는 철자에도 어려움을 겪고 있다.

시험은 50개의 객관식 시험 문항(선다형, 진위형, 빈칸 채우기)과 2개의 에세이 문항으로 구성될 것이다. 일반적으로 조지는 글쓰기 문항을 더 잘한다. 그는 확실하지 않은 이름을 의도적으로 생략하고 항상 날짜를 누락시킨다. 그는 때로 사실과 생각들을 혼동하기도 하고, 단어의 철자를 잘못 적어 감점당하기도 한다. 객관식 시험 문항에서 그는 진짜 문제를 갖고 있다. 대개 하나 이상의 정답이 그에게 맞는 것처럼 보인다. 종종 그는 자신이 옳다고 확신하고 시간이 지나서야 자신이 실수했음을 안다.

최근의 시험 전에 조지는 정보 기억에 도움을 주는 기억 장치를 만들려고 노력했다. 그는 글자의 앞머리를 따서 HOMES(Huron, Ontario, Michigan, Erie, Superior)와 같이 사용했다. 비록 그가 두문자어는 잘 기억했지만, 각각의 문자가 무엇을 의미하는지를 떠올려내지 못했다. 그 결과 시험지가 두문자어로 가득 차 있었다. 다음에 한 친구가 조지에게 개념도 사용을 제안했다. 이 친구는 조지에게 그녀가 직접 사용하기 위해 만들어낸 개념도를 빌려주었다. 조지는 그것이 매우 복잡하고 혼란스럽게 보였다. 조지는 그것이 무엇을 의미하는지조차 알지 못했다. 그것은 그에게 전혀 쓸모가 없었다.

조지는 자신이 이 수업의 시험을 통과하기 위해서 진지하게 도움을 받을 필요가 있다고 생각했다. 조지가 당신에게 자료를 배우도록 도와달라고 요청했다.

1. 이 사례에서 문제는 무엇인가?

2. 조지는 어떤 유형의 학습에서 어려움을 겪고 있는가?

3. 조지에게 좀 더 쉬운 학습은 어떤 유형인가?

4. 인지적 정보처리 접근의 주요 원리를 활용하여 조지를 위한 학습기술 프로그램을 만들어보자.

① **정보처리 접근의 특성** : 정보처리 접근에 대해 설명한다.

정보처리 접근

인지 자원 :
정보처리의 용량과
속도

변화의 기제

- 정보처리 접근은 아동이 정보를 다루고, 그것을 관찰하고, 그것에 관해 전략을 짜는 것을 강조한다. 이 접근의 중심은 주의, 기억, 사고와 같은 인지 처리이다.

- 인지적 자원이라고 불리는 정보처리 용량과 속도는 아동기에서 청소년기를 지나면서 향상된다. 뇌의 변화는 인지적 자원의 발달적 변화를 위한 생물학적 기반으로 기능한다. 정보처리 용량의 향상은 나이 많은 아동에게서 나타나는데, 이들은 마음속에서 한 주제의 여러 가지 차원을 동시에 고려할 수 있게 된다.

- 반응시간 과제는 종종 처리 속도를 평가하기 위해 사용되었다. 처리 속도는 초기 청소년기에서 지속적으로 향상된다.

- 시글러에 따르면 변화의 세 가지 중요한 기제는 부호화(정보가 어떻게 기억되는지), 자동화(조금의 혹은 노력 없이 정보를 처리할 수 있는 능력), 전략 생성(정보처리의 새로운 절차를 만들어 내는 것)이다.

- 아동의 정보처리는 자기수정의 특징을 지니며, 이 자기수정의 중요한 측면은 초인지와 연관되어 있다. 즉 아는 것에 관해 아는 것, 지식에 관한 지식과 관련 있다.

② **주의** : 주의를 특징짓고, 발달 과정에서 어떻게 변하는지 요약한다.

주의란 무엇인가

발달적 변화

- 주의는 정신적 자원에 집중하는 것과 관련 있다. 아동과 청소년은 네 가지 방법으로 자신들의 주의를 배분할 수 있다. 그것은 선택적 주의(관련 없는 다른 것을 무시하는 한편, 관련 있는 경험의 특정 측면에 집중하는 것), 분산된 주의(동시에 한 가지 이상의 활동에 집중하는 것), 지속된 주의(긴 시간 동안 주의를 지속하는 것), 집행적 주의(행동을 계획하고 목표를 위해 주의를 할당하고 오류를 탐지 및 보완하고 과제의 진보 과정을 관찰하며 새롭거나 어려운 상황에 대처하는 것)이다.

- 멀티태스킹, 즉 여러 가지 과업을 한번에 처리하는 것은 분산된 주의의 대표적인 예로, 이것은 아동이나 청소년들이 도전적인 과제를 해야할 때 해로운 영향을 미칠 수 있다.

- 가장 두드러진 자극은 학령전 아동의 주의를 끌어당기는 경향이 있다. 6~7세 이후에 주의의 조절은 더 인지적으로 변화된다. 선택적 주의는 아동기에서 청소년기를 지나면서 향상된다.

3 **기억** : 기억을 부호화, 저장, 그리고 인출과 관련지어 논의한다.

기억이란 무엇인가

- 기억은 오랜 시간 동안의 정보 보유이며, 부호화, 저장, 인출을 포함한다.

부호화

- 일상 언어에서 부호화는 주의와 학습에 관련이 매우 많다. 시연, 심층 처리, 정교화, 이미지 구성, 조직화 등은 부호화에 관련된 과정으로, 이는 정보가 기억으로 들어가는 기제이다. 시연은 정보가 기억 속에 남을 수 있는 시간을 늘려준다. 심층 처리에서 정보는 의미론적으로, 즉 의미의 관점에서 처리된다. 정교화는 정보처리의 광범위함과 관련 있다. 이미지 구성은 정보를 정교화하는 데 도움을 주며, 정보가 조직화된 방식으로 제시되면 더 쉽게 기억된다.

저장

- 기억이 다양해지는 한 가지 방법은 시간 프레임, 즉 감각기억, 단기기억, 장기기억과 관련된다. 일종의 정신적 작업대라고 할 수 있는 작업기억에 대한 관심이 증가하고 있다.

- 앳킨슨-쉬프린 기억 모형은 기억이 3단계 배열, 즉 감각기억, 단기기억, 장기기억과 관련 있다고 주장한다. 장기기억은 다양한 유형의 내용을 포함한다.

- 많은 현대의 심리학자들은 장기기억의 내용에 위계가 있음을 인정한다. 장기기억은 서술기억과 절차기억으로 구분되며, 서술기억은 일화기억과 의미기억으로 세분화된다. 서술기억(명시적 기억)은 특정한 사건이나 사실과 같은 정보의 의식적 기억을 의미한다. 절차기억(암묵적 기억)은 무언가를 어떻게 해야 할지와 관련된 인지 작용과 기술에 대한 지식을 말한다. 이러한 지식은 언어적으로 의사소통하기 어렵다. 일화기억은 삶이 언제, 어디를 살아가고 있는지에 관한 정보를 저장하는 것이다. 의미기억은 세상에 대한 일반적인 지식이다.

- 정보가 어떻게 표상되는지에 대한 세 가지 주된 접근법은 네트워크 이론(정보가 어떻게 조직되고 연결되는지에 초점을 두는 이론으로, 기억 네트워크의 교점을 강조), 스키마 이론(학생들이 종종 정보를 재구성하여 그것을 기존의 스키마에 맞추는 것을 강조하는 이론), 퍼지 흔적 이론(기억은 두 가지의 표상 기억을 고려함으로써 가장 잘 이해된다고 주장하는 이론)이다. 퍼지 흔적 이론은 (1) 축어적 기억 흔적, (2) 퍼지 기억 흔적 혹은 요점으로 구성되어 있다. 이 이론에서 더 나이 많은 아동의 더 나은 기억은 정보의 요점을 추출함으로써 만들어지는 퍼지 흔적의 결과이다. 대본은 상황이나 사건에 대한 스키마이다.

인출과 망각

- 인출은 서열 위치 효과에 영향을 받으며(목록의 중간이 아닌 시작이나 마지막에 있는 항목을 더 잘 기억함), 또한 인출 단서들의 효과성, 부호화 특수성, 인출 과제(회상이나 재인)에 영향을 받는다.

- 망각은 단서 의존적 망각(효과적 인출 단서 사용의 실패), 간섭 이론(우리가 기억하려고 노력하는 도중에 다른 정보가 들어오기 때문), 소멸(시간에 따른 정보의 손실)로 설명할 수 있다.

4 **전문성** : 전문가가 생각하는 방식을 통해서 학습에 관한 교훈을 도출한다.

전문성과 학습

- 전문가의 다섯 가지 중요한 특징은 다음과 같다. (1) 초보자는 간과할 수 있는 정보의 특징과 유의미한 패턴에 주목한다. (2) 주제에 관해 깊게 이해하는 방식으로 조직화된 내용 지식을 많이 가지고 있다. (3) 거의 노력하지 않고 지식의 중요한 측면을 인출할 수 있다. (4) 새로운 상황에 그들의 접근법을 적용한다. (5) 효율적인 전략을 사용한다.

전문성 획득

- 전문가가 되는 데 필요한 것은 의도적인 연습과 동기, 그리고 재능이다.

전문성과 교수

- 특정 영역에서 전문가가 되는 것이 다른 사람에게 그것을 잘 배울 수 있게 해준다는 의미는 아니다. 특정 주제를 효과적으로 가르치기 위해서는 교육학적 내용 지식이 필요하다.

5 **초인지** : 초인지의 개념을 설명하고, 아동의 초인지를 증진시키기 위한 방법을 알아본다.

발달적 변화

- 아동의 초인지는 초등학교 시기에 많이 성장한다. 5세의 대다수의 아동은 사람들이 잘못된 믿음을 가질 수 있다는 것을 이해하고, 아동기 중기와 후기에는 사람들이 적극적으로 지식을 구성한다는 것을 이해한다. 청소년기에는 초인지에서 상당한 개인차가 있지만, 청소년들은 학습과제의 요구를 효과적으로 충족시키기 위해 자원을 관찰하고 운영하는 능력이 향상된다.

효과적인 정보처리 모형

- 마이클 프레슬리와 동료들에 의해 개발된 효과적인 정보처리 모형은 능숙한 인지가 전략, 내용 지식, 동기, 초인지를 포함한 몇 가지의 상호작용 요인의 결과임을 강조한다.

전략과 초인지적 조절

- 프레슬리와 동료들의 관점에서 교육의 핵심은 학생들이 문제를 해결할 수 있는 풍부한 전략 목록을 배우도록 돕는 것이다. 대부분의 아동은 다양한 전략을 사용하는 것과 어떤 것이, 언제, 어디서 잘 작동하는지를 찾아내는 것에서 도움을 얻을 수 있다. 예를 들어, 교사는 학생들에게 전략을 시범 보일 수 있고, 다양한 내용 영역에서 학생들이 생각할 수 있도록 도와주는 질문을 할 수도 있다.

주요 용어

각본(script)
간섭 이론(interference theory)
감각기억(sensory memory)
기억(memory)
기억 범위(memory span)
네트워크 이론(network theory)
단기기억(short-term memory)
단서 의존 망각(cue-dependent forgetting)
마음 이론(theory of mind)
부호화(encoding)
부호화 특수성 원리(encoding specificity principle)
분산된 주의(divided attention)

서술기억(declarative memory)
서열 위치 효과(serial position effect)
선택적 주의(selective attention)
소멸 이론(decay theory)
스키마(scema)
스키마 이론(schema theory)
시연(rehearsal)
앳킨슨-쉬프린 모형(Atkinson-Shiffrin model)
의미기억(semantic memory)
일화기억(episodic memory)
자동화(automaticity)
작업기억(working memory)

장기기억(long-term memory)
전략 구성(strategy construction)
절차기억(procedural memory)
정교화(elaboration)
정보처리 접근(information-processing approach)
주의(attention)
지속적 주의(sustained attention)
집행적 주의(executive attention)
처리 수준 이론(levels of processing theory)
청킹(chunking)
초인지(metacognition)
퍼지 흔적 이론(fuzzy trace theory)

포트폴리오 활동

이제 여러분은 이 장에서 다룬 개념들을 모두 이해하였을 것이다. 여러분의 사고 수준을 향상시키도록 다음 연습문제를 풀어보자.

독립적 성찰

1. **전문 지식 발달시키기** 당신이 알고 있는 전문가에 대해 생각해보자. 당신의 부모님이나 교수자는 그들의 영역에서 전문가라고 할 수 있는가? 그들은 어떻게 전문가가 되었다고 생각하는가? 또한 그들이 전문가가 되는 데 얼마 정도의 시간이 걸렸는가? 전문가는 조직화, 기억에 어떠한 전략을 사용하며, 그들의 지식과 기술의 활용을 위해 어떠한 전략을 사용한다고 생각하는가? 전문가가 정보를 처리하는 방법에 대해 당신이 알고 있는 것에 기초하여 답해보라.

연구 및 현장 경험

2. **학생들의 주의 사로잡기** 유치원, 초등학교, 중학교, 고등학교 교실을 관찰하고,

교사가 학생들의 주의를 어떻게 유지하는지에 집중하라. 교사의 전략은 얼마나 효과적인가? 당신은 학생들의 주의를 끌기 위해서 다른 일을 하겠는가?

협력 작업

3. **기억력을 향상시키기 위한 전략** 교실에서 3~4명의 학생을 소집단으로 구성하여 기억과 학습 전략을 개발하기 위한 좋은 방법이 무엇인지 브레인스토밍하게 한다. 당신이 다른 학년에 있는 아동과 청소년에게 어떻게 다른 활동을 할 수 있는지 토의해보라. 예를 들어, 몇 살이 되어야 학생은 효과적인 필기 전략을 배우기 시작하는가? 공들여 필기하기 어려운 너무 어린 아동에게 게임 같은 활동은 필기와 지속적 기록의 개념 그리고 가치에 대해 배우게 하는가? 결론을 적어보라.

복잡한 인지 과정

이 장의 개요

① 개념 이해

학습목표 1 개념 이해와 개념 형성을 위한 교수 전략을 설명한다.

개념이란 무엇인가
개념 형성 촉진하기

② 사고

학습목표 2 다양한 사고 유형과 사고의 교수 전략에 대해 설명한다.

사고란 무엇인가
집행기능
추론
비판적 사고
의사결정
창의적 사고

③ 문제해결

학습목표 3 체계적으로 문제를 해결해나간다.

문제해결 단계
문제해결의 걸림돌
발달적 변화
문제기반 학습과 프로젝트기반 학습

④ 전이

학습목표 4 전이에 대해 정의하고, 교사로서 전이를 향상시킬 수 있는 방법을 설명한다.

전이는 무엇인가
전이의 유형

나는 생각한다. 고로 존재한다.

–르네 데카르트, 17세기 프랑스 철학자이자 수학자

© KidStock/Blend Images LLC RF

교사와 연계하기 : 메릴린 위리

메릴린 위리는 캘리포니아주 맨해튼 비치에 있는 미라코스타고등학교 12학년 영어 교사이다. 메릴린 선생님은 1999년 미국에서 올해의 교사로 선정되어 백악관 환경 만찬에 초대받는 영광을 누린 바 있다. 다음은 주립학교의장협의회에서 작성한 보고서에 기술된 메릴린 선생님의 교육방식에 대한 내용이다.(2005, pp. 1-3).

메릴린 선생님의 삶에 대한 열정은 교실에 그대로 전달된다. 그녀는 자신의 삶에 대해 "그것은 마치 제 경험을 모티브로 하여 붓으로 표현한 그림과 같아요"라고 말한다. 그녀에 따르면 교사들이 가진 사명감과 삶에 대한 열정이 얼마나 많은 학생들의 삶을 더 나은 방향으로 바꿀 수 있는지 교사들은 잘 인식하지 못하고 있다.

메릴린 선생님의 교육철학은 학습행위를 받아들이고 축하해주는 것에 중점을 두고 있다. 그녀는 교사가 학생들 스스로 지식을 찾고 왜 그리고 어떻게 그런지 대답을 찾는 데 동기를 부여해야 한다고 말한다. 교사로서 그녀의 가장 중요한 목표는 학생들이 깊이 생각하면서 읽고 쓰게 하는 것이다. 또한 교수 전략은 학생들이 쓰기 기술을 활용해 대화를 촉진하고 집단토의에서 찬반토론을 하도록 하는 것이다.

이전에 메릴린 선생님의 수업을 들었던 학생 메리안나는 메릴린 선생님의 지적 탐구심과 삶에 대한 열정은 학생들에게 아주 좋은 롤모델이 된다고 말했다. 메릴린 선생님은 하는 모든 일에서 학생들의 말을 경청하고 학생들의 아주 깊은 생각에 관심을 가지고 있다는 것을 분명히 보여주었다. 메리안나는 또한 메

릴린 선생님이 글에서 자신의 소신을 밝히고 삶의 목적을 발견하면서 더 자신 있게 자기를 표현할 수 있도록 도와주었다고 밝혔다.

12학년 교실에서 수업 중인 메릴린 위리 선생님

© Ken Lubas/Los Angeles Times/Getty Images

미리보기

이 장에서는 학생들이 깊이 있게 사고하는 방법에 대해 살펴볼 것이다. 사고의 다양한 유형과 교사가 학생들에게 개념 이해와 문제해결, 학습한 내용을 다른 상황으로 전이하는 복잡한 인지 과정에 어떻게 개입하게 할 수 있는지 살펴보고자 한다.

학습목표 1
개념 이해와 개념 형성을 위한 교수 전략을 설명한다.

① 개념 이해

개념이란 무엇인가   개념 형성 촉진하기

개념 이해는 학습에서 핵심적인 부분이다. 주요 교수 목표는 학생들이 개별 사실을 단순히 암기하는 것이 아니라 교과목에 제시된 핵심 개념을 이해하도록 지도하는 것이다. 많은 경우 교사가 학습 주제를 깊이 있게 다루고, 관련 개념에 대한 적절하고 흥미로운 예시를 주면 학생들은 개념 이해를 잘할 수 있다. 다음에서 살펴보겠지만 개념은 사고로 형성된 집합체이다.

개념이란 무엇인가

개념(concept)은 사물과 사건, 상징적 대상에 대한 공통 속성이 집합된 것이다. 개념은 정보를 단순화하고, 요약하며 조직화한다(Quinn, 2016; Quinn & Bhatt, 2016).

개념이 없는 세상을 상상해보자. 우리는 개별 사물 각각을 독특하게 볼 것이고, 전혀 일반화를 할 수 없을 것이다. 개념이 없으면 우리는 사소한 문제도 공식화하지 못하고, 문제를 해결할 수 없을 것이다. 개념은 학생들이 세상을 이해하게 한다. '책'이라는 개념에 대해 생각해보자. 학생이

개념 공통 속성에 기초한 사물과 사건, 특성의 사고 집합

책은 의미 있는 순서로 글과 그림이 표준 규격 종이에 인쇄되어 양장된 것이라는 사실을 모른다면, 새 책을 볼 때마다 무엇인지 알아내야 할 것이다. 즉 개념은 우리가 새로운 정보를 접할 때마다 처음부터 그 정보를 다시 이해해야 하는 수고를 덜어준다.

개념은 기억 과정을 보조해 더 효율적으로 기능하게 한다. 학생들은 여러 사물을 한 개념으로 종합하기 때문에 그 개념을 기억하고 그 개념의 특성을 인출할 수 있다. 교사가 수학 과제를 내는 상황에서 교사는 수학이란 무엇인지, 혹은 과제란 무엇인지 세부사항에 대해 굳이 설명할 필요가 없다. 학생들은 관련 정보에 대해 기억하고 있을 것이다. 이런 방식으로 개념은 기억을 되살려 더 효율적으로 의사소통하도록 한다. 교사가 "자, 이제 미술 시간이다"라고 하면 학생들은 교사 말의 의미를 알아챌 것이

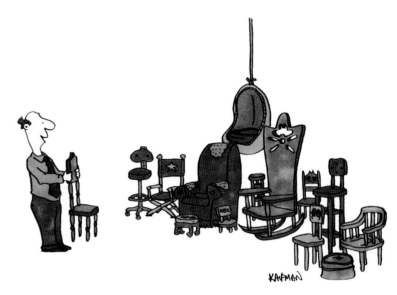

"여러분, 주목해주세요. 새로운 가족 구성원을 소개할게요."

© Jeff Kaufman/The New Yorker Collection/www.cartoonbank.com

다. 교사는 미술이 무엇인지 장황하게 설명하지 않아도 된다. 따라서 개념은 학생들이 정보를 단순화시키고 요약하게 하여 기억과 의사소통, 시간 활용의 효율성을 높여준다.

학생들은 주변 세계의 대상과 사건을 직접 경험하면서 개념을 형성한다. 예를 들어, '만화'라는 복잡한 개념을 구성하면서 아이들은 처음에는 TV 만화부터 접하고, 이후 만화책을 보고, 결국 시사풍자 만화도 읽게 된다. 그리고 학생들은 사물을 의미하거나 표상하는 상징을 접하면서 개념을 형성한다. 예를 들어, 단어나 수학공식, 그래프, 그림은 상징이다.

어떤 개념은 비교적 단순하고 명확하며 구체적이지만, 어떤 개념은 복잡하고 모호하고 추상적이다. 단순하고 명확하며 구체적인 개념은 쉽게 사회적 합의를 도출할 수 있다. 예를 들어, 사람들 대부분은 '아기'의 의미에 쉽게 동의한다. 그러나 '젊은'이나 '늙은'의 의미에 일치된 의견을 수렴하는 데 시간이 걸릴 수 있다. 어떤 것이 과일인지보다 어떤 것이 사과인지에 대해 더 쉽게 합의된다. 경제 몰락이나 물리학의 끈 이론과 같이 어떤 개념은 특히 복잡하고, 모호하며 추상적이다.

개념 형성 촉진하기

교사는 학생들이 개념을 이해하고 효과적으로 형성하도록 다양한 방법으로 지도한다. 그 과정은 개념 특성을 이해하면서 시작된다.

개념 특성에 대해 배우기 개념 형성에서 핵심 특성이나 특질, 특징에 대해 배우는 것은 중요하다 (Quinn & Bhatt, 2016). 이는 한 개념을 구성하는 요소를 정의하고, 다른 개념과 차이점을 밝히는 것이다. 앞서 언급했던 '책' 예시에서 핵심 특성은 종이뭉치라는 점과 종이 한쪽 끝을 모아 제본된 점, 수많은 단어와 그림이 의미 있는 순서로 인쇄된 점이다. 크기와 색깔, 길이 같은 다른 특징은 '책' 개념을 정의하는 핵심 특성이 아니다. 그리고 '공룡'이라는 개념의 결정적 특성을 생각해보자. 결정적 특성은 멸종되고 파충류라는 것이다. '공룡'의 개념에서 멸종이라는 특성은 중요하다.

개념을 정의하고 예를 제시하기 개념을 가르칠 때 그 개념을 명확하게 정의하고 신중하게 선택한

좋은 예를 제시하는 것은 중요하다. 규칙예시 전략(rule-example strategy)은 개념을 가르치는 효과적인 방법이다(Tennyson & Cocchiarella, 1986). 이 전략은 4단계로 되어 있는데, 그 내용은 다음과 같다.

1. **개념을 정의한다.**   개념의 정의에서 그 개념을 상위 개념과 연계해 개념의 핵심 특성이나 특징을 밝힌다. 상위 개념은 그 개념이 속해 있는 더 큰 범주이다. 즉 **공룡** 개념의 핵심 특성을 명시할 때, '공룡'이 속한 더 큰 범주는 파충류이다.

2. **정의에서 용어를 분명히 설명한다.**   핵심 특성이나 특질은 잘 설명되어야 한다. 즉 '공룡' 개념에서 핵심 특성을 기술하는 과정에 학생들이 파충류가 무엇인지(파충류는 알을 낳는 척추동물로 비늘이나 각질판으로 덮여 있으며 폐로 숨을 쉰다) 이해하는 것은 중요하다.

3. **핵심 특성이나 특질을 보여주는 예를 제시한다.**   공룡과 관련해 트리케라톱스나 아파토사우르스, 스테고사우르스 같은 다른 종류의 공룡에 대한 예를 들거나 설명을 할 수 있다. 개념은 뱀이나 도마뱀, 악어, 거북이 같은 공룡 이외 다른 파충류에 대한 예를 들어주면 더 분명해질 수 있다. 개념을 설명하는 예를 들면서 예로 적절치 않은 것도 함께 언급하는 것은 개념 형성에 좋은 교수 전략이다. 교사는 복잡한 개념을 가르치거나 기초 수준 학습자를 가르칠 경우에는 예를 충분히 들어주어야 한다.

4. **예를 추가로 제시한다.**   학생들에게 개념을 분류하거나 분류체계를 설명하고 개념에 대한 예를 스스로 만들어보도록 한다(Rawson, Thomas, & Jacoby, 2015). 티라노사우르스, 오르니톨레스테스, 디메트로돈 같은 다른 공룡의 예를 들어주거나 학생들이 스스로 예를 더 찾아보도록 한다. 그리고 개와 고양이, 고래같이 공룡에 속하지 않은 예를 떠올려보도록 한다.

> **되돌아보기/앞날을 생각하기**
> 학생들은 이미지를 구성하면서 정보를 정교화하는 데 정교화는 학생들의 기억을 돕는다. 제7장 '정보처리 접근'과 연계해 생각해보자.

위계적 분류화와 개념도   분류화는 일단 개념이 분류되면 그 분류의 일원으로 공통 특질과 특성을 가지기 때문에 중요하다(Slutsky, 2015). 예를 들어, 학생들은 트리케라톱스가 공룡이라는 사실을 몰랐더라도, 공룡은 파충류이고 트리케라톱스가 공룡이라는 사실을 알면 트리케라톱스가 파충류라는 것을 추론할 수 있다. 학생들은 트리케라톱스가 공룡이라는 사실을 알면 트리케라톱스가 공

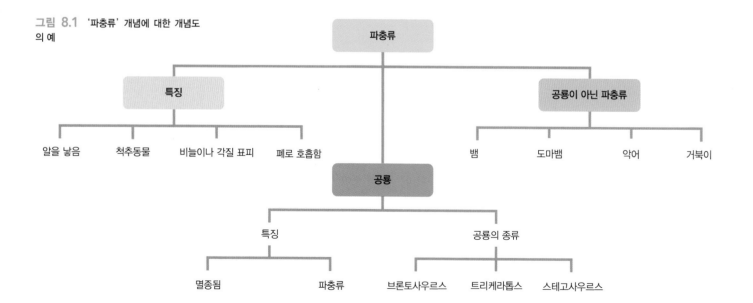

그림 8.1 '파충류' 개념에 대한 개념도의 예

켄트주립대학교 부속 교육용 테크놀로지 AT&T 교수지원센터에 소속된 대학생이 키드퍼레이션에서 개발한 개념도를 보여주고 있다.

© Research Center for Educational Technology, Kent State University

룡의 특징(파충류이다)을 가진다고 추론할 수 있다.

개념도(concept map)는 개념의 관계와 위계구조를 시각적으로 표상한 것이다. 학생들은 개념의 특성과 특질에 대한 도식을 작성하면서 해당 개념을 배울 수 있다(Jin & Wong, 2015). 개념도에는 상위 범주에 개념이 있고, 그 개념에 대한 예와 적절치 않은 예도 포함된다(Tzeng, 2014). 개념도의 시각적인 측면은 기억에서 이미지를 사용하는 것과 관련 있다. 교사는 학생들과 함께 개념도를 작성하거나 개별 활동이나 모둠 활동으로 학생들이 개념도를 만들어보도록 한다. 그림 8.1은 '파충류' 개념에 대한 개념도의 예이다.

교사는 수업에 활용 가능한 다양한 개념도 소프트웨어 프로그램에 접속할 수 있다. 'Inspiration and Kidspiration(www.inspiration.com)'은 참고할 만한 개념도 소프트웨어 프로그램이다. 위키피디아에도 교사가 교육용으로 사용할 수 있는 개념도 소프트웨어 리스트가 제공되고 있다(http://en.wikipedia.org/wiki/List_of_concept-_and_mind_mapping_software 참조).

TECHNOLOGY

가설 검증 가설은 정확성을 증명해야 하는 구체적 가정과 예측이다. 무엇은 개념이고 무엇은 아닌지 가설을 설정해보는 연습이 학생들에게 도움이 될 수 있다. 가설 설정은 왜 어떤 대상은 개념에 속하고 다른 대상은 그 개념에 속하지 않는지에 대한 규칙을 생각해보는 것이다. 교사가 학생들에게 가설을 설정하는 연습을 하도록 어떻게 지도할 수 있는지 예를 통해 살펴보자. 교사는 여러 가지 도형을 학생들에게 보여준다. 도형 하나의 개념을 선택한 후(예: '원'이나 '녹색 원'), 학생들에게 선택한 개념이 무엇인지 가설을 수립해보게 한다. 학생들은 선택한 도형과 관련한 질문을 하고 반례를 제거하면서 그 개념에 대해 제로 상태로 만들어간다. 역할을 바꿔 학생들이 개념을 선택하고, 다른 학생들이 하는 질문에 답을 하도록 한다. 교사는 정확한 개념을 정의하는 가장 효율적인 전략을 학생들과 개발해볼 수 있다.

원형 대응 **원형 대응**(prototype matching)은 어떤 대상이 범주에 속하는지 여부를 그 범주를 대표하는 대상(원형)과 비교해 결정하는 것이다(Rosch, 1973). 어떤 대상이 원형과 유사할수록 그 대상

되돌아보기/앞날을 생각하기
개념도 그리기 외에도 요약은 정보를 배우고 기억하는 데 효과적인 전략이다. 제7장 '정보처리 접근'과 연계해 생각해보자.

개념도 개념의 연계성과 위계구조를 시각적으로 표상한 것

원형 대응 어떤 항목이 그 범주에 속하는지 여부를 가장 대표 항목인 원형과 비교해 결정하는 것

그림 8.2 학생들에게 개념에 대한 가설을 만들어보게 하기

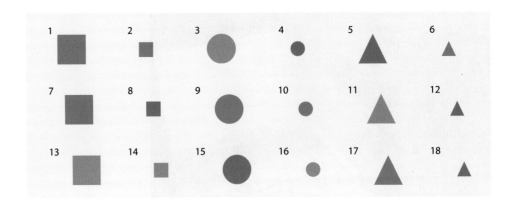

은 그 범주에 속할 가능성이 높아지고, 덜 유사할수록 그 범주에 해당하지 않을 가능성이 높다. 예를 들어, 한 학생이 축구선수는 덩치가 크고 근육질인 공격수라는 개념을 가지고 있다. 공격수는 골키퍼보다는 축구선수에 대한 원형에 더 맞는 예이다. 그 학생은 어떤 사람이 '축구선수' 범주에 속하는지 결정할 때 골키퍼 이미지를 가진 사람보다 공격수 이미지에 가까운 사람을 선택할 가능성이 높다. 이와 유사한 사례로 참새는 타조나 펭귄보다 더 전형적인 새로 여겨진다. 그럼에도 불구하고 한 범주에 속하는 대상들은 매우 다양하며 그 범주에 속하는 특성을 가지고 있다.

새에 대한 개념은 다양한 종류의 새를 포함한다. 이 새들 중 어느 것이 가장 전형적인 새라고 할 수 있는가?

(왼쪽) © Digital Zoo/Getty Images RF; (가운데) © Photodisc/Getty Images RF; (오른쪽) © Digital Zoo/Getty Images RF

학생과 연계하기 : 최고의 실천
개념 형성 지도 전략

1. 규칙예시 전략을 사용한다. 이 전략은 4단계로 되어 있다. (1) 개념을 정의한다. (2) 개념 정의에서 용어를 분명히 설명한다. (3) 핵심 특성이나 특징을 보여주는 예를 제시한다. (4) 예를 추가로 제시하고 학생들에게 개념을 분류하거나 그 분류체계를 설명하거나 그 개념에 대한 예를 스스로 만들어보도록 한다.

2. 개념에 해당하는 것과 해당하지 않는 것을 함께 제시해본다. '만화' 개념을 생각해보자. 학생들은 '시'가 웃기고 재미있다고 해도 만화는 아니라는 사실을 안다. 교사가 '삼각형' 개념을 가르치면서 학생들에게 '삼각형'의 특징을 열거해보도록 할 수 있다(예 : 삼면, 기하학적 모양, 크기나 색깔과 상관없음, 변의 길이는 다를 수 있음 등). 그리고 학생들에게 삼각형이 아닌 다른 도형의 예(원, 정사각형, 직사각형 등)도 적어보도록 한다.

3. 개념을 분명히 정의하고 구체적인 예를 제시해본다. 교사는 새로운 개념을 어떻게 설명할지 충분히 고민해야 하는데, 특히 가르칠 개념이 추상적이라면 최선의 지도 방법이 무엇일지 더 고민하게 될 것이다. 새로운 개념은 되도록 명확히 설명해야 한다. 학생들이 '탈 것'에 대한 개념을 이해해야 한다면 학생들에게 예를 들어보도록 할 수 있다. 학생들은 '승용차'나 '트럭', '버스'를 말할 것이다. '썰매'나 '보트' 같은 다른 예를 들면서 개념의 범위를 이해하도록 한다.

4. 학생들이 선행 개념과 새 개념을 연계해보도록 한다. 제7장 '정보처리 접근'에서 노트필기의 개요작성 전략을 다루었다. 학생들이 이 전략을 익혔다면, 개념도 작성법을 쉽게 이해할 수 있다. 왜냐하면 개념도 작성법이 위계적 조직화 측면에서 개요작성과 연관이 있기 때문이다.

5. 학생들이 개념도를 만들어보도록 지도한다. 개념의 위계적 조직화는 개념 특성을 일반적인 것에서 세부적인 것으로 이해하는 데 도움이 된다. 위계적 조직화는 기억에 도움이 된다.

6. 학생들이 개념에 대한 가설을 수립해보도록 한다. 가설 설정은 학생들이 사고하고 전략을 개발하는 데 도움이 된다. 교사는 학생들과 함께 개념이 무엇인지 결정하는 데 가장 효과적인 전략을 개발해본다.

7. 학생들이 원형 대응을 경험해보도록 한다. 학생들이 다른 개념에 대해 생각해보고 난 후 개념의 원형 대응이 무엇인지 질문하라. 그러고 나서 학생들에게 무엇이 개념의 원형 대응에 해당하지 않는지 질문한다.

8. 학생들이 개념을 잘 이해했는지 점검하고, 다른 상황에 개념을 적용해보도록 한다. 학생들이 개념을 암기하는 데 그치지 않도록 해본다. 그 대신 학생들에게 개념이 다른 상황에서 어떻게 적용되는지 질문해본다. 예를 들어, 공정성의 개념을 배우면서 학생들에게 공정성이 어떻게 일상생활을 원활하게 하는지 물어볼 수 있다.

복습하기, 성찰하기 그리고 연습하기

❶ 개념 이해와 개념 형성을 위한 교수 전략을 설명한다.

복습하기
- 개념은 무엇이며, 사고를 하는 데 왜 필수적인가?
- 학생들이 효과적으로 개념을 형성하도록 하는 지도 방안에는 무엇이 있는가?

성찰하기
- 3세 아이에게 '미술'의 개념은 무엇인가? 그리고 10세와 16세 학생, 미술 전문가가 가진 미술의 개념은 무엇인가? 그런 변화는 어떻게 일어나는가?

연습하기
1. 다음 중 상위 개념으로 가장 적절한 예는 무엇인가?

    a. 콜리   b. 개

    c. 셰퍼드   d. 푸들

2. 페로티 선생님은 학생들에게 '새'에 대한 개념을 이해시키고자 한다. 페로티 선생님은 새의 특성석 특성인 날개 외에 새가 가진 다른 특성에 대해 학생들과 이야기를 나눈다. 그러고 나서 페로티 선생님은 날지 못하지만 새인 타조나 날지만 새가 아닌 곤충과 박쥐의 예를 들면서 새와 관계없는 특성을 주제로 토의한다. 마지막에 학생들은 전형적인 새는 어떻게 생겼는지 주제로 토의한다. 결국 학생들은 가장 전형적인 새는 참새라는 결론을 내린다. 페로티 선생님은 학생들에게 동물 목록을 나눠주고, 목록에 적힌 동물을 참새와 비교하면서 새인지 아닌지 판단해보도록 한다. 페로티 선생님은 이 과제에서 개념 형성의 어떤 전략을 사용하고 있는가?

    a. 개념도 작성   b. 가설 검증

    c. 원형 대응   d. 연관 개념 이해

정답은 '연습하기 정답' 참조

학습목표 2
다양한 사고 유형과 사고의 교수 전략에 대해 설명한다.

2 사고

사고란 무엇인가	집행기능	추론	비판적 사고	의사결정	창의적 사고

학생의 시선

생각하는 방

최근 나는 북부 캘리포니아 어펙스에 사는 초등학교 2학년이 된 손녀 조단 보울스와 이야기를 나눈 적이 있다. 나는 손녀에게 2학년 수업은 어떤지 물어보았다.

손녀는 이렇게 답했다. "늘 하던 것과 비슷한 것 같아요. 그런데 제가 일주일에 한 번 듣는 새로운 수업이 있어요. 그 수업은 생각하는 방에서 해요."

그러고 나서 나는 손녀가 거기서 무엇을 배우는지 물었다.

조단은 "그 수업에서 선생님은 제가 바로 결론을 내리지 않도록 가르쳐줘요. 그리고 엄마는 그 수업을 좋아하시는 것 같아요"라고 대답했다.

사고한다는 것은 어떤 의미인가? 교사는 학생의 사고력 신장을 위해 무엇을 할 수 있을까? 이 장에서는 이런 주요 질문에 대한 답을 모색해 보자.

사고란 무엇인가

사고(thinking)는 기억에 있는 정보를 조작하고 변형하는 것이다. 우리는 개념을 형성하고, 추론하고, 비판적으로 사고하고, 의사를 결정하고, 창의적으로 사고하고, 문제를 해결한다. 학생들은 해변에서 휴가를 보내거나 컴퓨터 게임에서 이기는 방법과 같이 구체적인 주제에 대해 생각해볼 수 있다. 그리고 학생들은 자유나 정체성의 의미와 같은 좀 더 추상적인 주제에 대해서도 생각해볼 수 있다. 학생들은 과거(지난달에 무슨 일이 있었는지)와 미래(2030년에는 자신의 삶이 어떨지)에 대해 생각해볼 수 있다. 또한 학생들은 현실(다음 수학 시험에서 어떻게 하면 더 좋은 성적을 낼 수 있는지)과 환상(엘비스 프레슬리를 만나거나 화성에 우주선이 착륙하면 어떨지)에 대해서도 생각해볼 수 있다.

집행기능

최근 아동의 집행기능 발달에 대한 관심이 높아지고 있다. **집행기능**(executive function)은 뇌의 전전두엽 피질의 발달과 연관되어 있는 여러 고등인지 과정을 모두 포함하는 포괄적 개념이다 (Cassidy, 2016; Groppe & Elsner, 2016; Moriguchi, Chevallier, & Zelazo, 2016). 집행기능은 목표 지향적 행동을 하고 자기통제를 훈련하기 위해 자신의 사고를 관리하는 것이다(Griffin, Freund, & McCardle, 2015; Muller & Kerns, 2015). 정보처리 접근에 관한 장(제7장 참조)에서 우리는 최근 관심을 모으고 있는 집행적 주의와 작업기억에 대해 살펴본 바 있는데, **집행적 주의**와 **작업기억** 모두 집행기능이 관장하는 것이다.

RESEARCH

초기 아동기에 집행기능은 특히 인지적 억제(올바르지 않은 습성화된 행동을 억제하는 것)와 인지적 유연성(다른 과제나 주제로 주의를 돌리는 것), 목표 설정(친구들과 함께 장난감 가지고 놀거나 날아오는 공을 잡는 기술을 익히는 것), 만족지연(나중에 더 큰 보상을 기대하고 즉각적 만족이나 보상을 포기하는 능력)에 있어 발달이 일어난다(Casey & others, 2016). 초기 아동기를 거치면서 자극에 바로 반응하던 영아가 집행기능의 특징인 유연하고 목표 지향적인 문제를 해결할 수 있는 아동으로 변화해간다(Zelazo & Muller, 2011).

연구자들은 미취학 시기에 나타나는 집행기능의 발달이나 손상이 수학 능력과 언어 발달, 학교생활 준비도와 관계가 있다는 사실을 밝혀냈다(Blair & Raver, 2015). 최근 한 연구에서 집행기능을 사용하는 기술은 유치원에서 아동이 보이게 될 수학성취도를 예측할 수 있다고 밝혔다(Fuhs & others, 2014). 어린 아동을 대상으로 실시된 또 다른 최신 연구에서 집행기능은 어린 아동이 이제 막 습득하기 시작한 문해력 및 어휘력 발달과 상관이 있다고 보고했다(Becker & others, 2014). 그

사고 개념을 형성하고, 추론하고, 비판적으로 생각하고, 의사결정하고, 창의적으로 생각하고, 문제를 해결하기 위해 기억에서 정보를 조작하고 변형하는 것

집행기능 뇌의 전전두엽 피질의 발달과 연관되어 있는 여러 고등인지 과정을 모두 포함하는 포괄적 개념. 집행기능은 목표 지향적 행동을 하고 자기통제를 훈련하기 위해 자신의 사고를 관리하는 것도 포함한다.

리고 다른 연구결과에서 집행기능의 발달이 느린 어린 아동들은 학교생활 준비도가 더 낮은 것으로 나타났다(Willoughby & others, 2016).

중·후기 아동기에 집행기능은 어떻게 발달하는가? 그리고 아동의 학교에서 성취와 집행기능의 발달은 어떻게 관련되는가? 최근에 아델 다이아몬드와 캐슬린 리(Diamond & Lee, 2011)가 4~11세 아동의 인지 발달과 학교에서의 성공에서 집행기능의 역할이 가장 중요하다고 결론 내리며 강조했던 역할은 다음과 같다.

* 자기제어/억제. 아동은 학습과제를 집중해서 꾸준히 하고 반복해서 나타나는 올바르지 않는 습성화된 행동을 억제하며 지금 충동적으로 무엇인가를 하고 나중에 후회하지 않도록 자기통제를 발달시켜나가야 한다.
* 작업기억. 아동은 학교나 학교 밖에서 생활하면서 알게 되는 엄청난 정보를 효율적으로 처리하는 효과적인 작업기억이 필요하다.
* 유연성. 아동은 다른 전략과 관점을 고려하는 유연한 사고가 필요하다.

아동의 집행기능을 향상시키는 다양한 활동과 여러 요인이 밝혀졌다. 집행기능을 향상시키는 활동의 예로 작업기억을 향상시키는 게임 기반 컴퓨터 훈련(CogMed, 2013), 어휘 서열화와 언어 표제화, 이중언어 사용과 같은 언어 영역 활동(Nesbitt, Farran, & Fuhs, 2015), 유산소 운동(Hilman & others, 2014), 자기조절을 위한 비계설정(예 : Tools of the Mind 프로그램; Bodrova & Leong, 2015), 마음챙김 훈련(Gallant, 2016), 상상(Carlson & White, 2013), 일부 학교 교육과정(예 : 몬테소리 교과과정; Diamond, 2013)이 있다.

학부모와 교사 및 또래친구는 집행기능의 발달에 중요한 역할을 한다. 앤 마스텐과 동료들(Masten, 2013, 2014a, b, 2016; Masten & Cicchetti, 2016; Masten & Labella, 2016; Masten & others, 2008)은 집행기능과 양육 기술은 극빈층 아동의 성공적인 학교생활과 상관이 있다는 사실을 밝혀냈다. 마스텐은 집행기능과 좋은 양육 기술이 상관이 있다고 보고 있다. 마스텐은 좋은 집행기능을 가진 아이 주변에 자기조절을 잘하는 어른이 있다고 보고하고 있다. 부모는 아이들을 지지하는 롤모델이 되며 이런 기술 습득을 위한 비계를 설정해주는 역할을 한다. 그리고 최근 연구에서 초기 아동기가 시작될 무렵 경험한 또래 문제(예 : 학교폭력과 왕따)가 이후 아동기에 집행기능 저하와 상관이 있다고 밝히고 있다(Holmes, Kim-Spoon & Deater-Deckard, 2016). 또한 이 연구에서 집행기능이 우수할 경우 이후 아동기에 또래 문제를 경험할 가능성이 감소된다고 밝히고 있다.

저명한 청소년 인지 발달 전문가인 디아나 쿤(Kuhn, 2009)은 청소년기에 가장 중요한 인지적 변화는 집행기능의 발달이라고 주장한다. 특히 쿤은 그러한 변화의 핵심적인 측면이 인지적 통제의 향상이라고 생각한다. 인지적 통제는 주의 조절하기, 방해되는 생각 덜 하기, 인지적으로 유연해지기(Carlson, Zelazo & Faja, 2013)를 포함하는 다양한 영역의 효과적인 통제와 관련이 있다. 인지적 통제는 청소년기와 성인 초기까지 계속해서 향상된다(Casey, 2015; Casey, Galvan & Somerville, 2016).

다음과 같은 상황에서 청소년들이 항상 인지적 통제를 할 필요가 있는지 생각해보자(Galinsky, 2010).

* 과제수행을 방해하는 생각이나 환경의 영향으로 인해 집중이 분산되지 않고 가장 효과적인 방

귀납적 추론 구체적인 것에서 일반적인 것
으로 하는 추론

법으로 해야 할 과제에 매달려 부단히 노력하기

- 하지 말 걸 그랬다고 1~2분 후 바로 후회할 말을 불쑥 내뱉지 않기 위해 말하거나 행동하기 전 잠시 멈추고 생각하기
- 자신의 행동을 억제하고, 지루하지만 중요한 일을 하려고 '내가 이 일을 마치려면 자기관리를 해야 해'라고 혼잣말을 하면서 재미있는 일 대신에 지루하지만 중요한 일을 하기

주의통제는 청소년기 학습과 사고에 핵심적인 부분이다. 청소년의 주의를 산만하게 하는 방해 요소는 외부 환경(예 : 수업 시간 수업 내용에 집중하고 있는데 다른 친구들이 떠드는 상황, 수업 중 노트북이나 PC를 켜서 페이스북에 친구요청을 보는 상황)에서 오거나 마음의 갈등을 일으키는 충동적인 생각에 의한 것이다. 특히 걱정과 자기의심, 충동, 정서에 의존하는 생각과 같은 자기 지향적 사고는 깊이 생각을 하면서 해야 하는 과제에 집중하는 데 방해가 된다.

추론

추론은 결론을 내리려고 귀납법과 연역법을 사용하는 논리적 사고이다(Ricco, 2015). 먼저 귀납적 추론에 대해 살펴보자.

RESEARCH

귀납적 추론 **귀납적 추론**(inductive reasoning)은 구체적인 것에서 일반적인 것으로 추론하는 것이다. 즉 귀납적 추론은 사례 몇 개를 관찰하고 그 사실만으로 그 범주의 모든 사례에 대한 결론을 도출(개념 형성)하는 것이다(Hawkins, Hayes, & Heit, 2016). 연구자들은 귀납적 추론 기술이 학업 성취를 예측하는 변인이라는 사실을 밝혀냈다(Cracolice & Busby, 2015; Murawska & Zollman, 2015).

교실에서 찾을 수 있는 귀납적 추론을 활용하는 예시에는 무엇이 있는가? 영어 수업에서 어떤 학생이 에밀리 디킨슨의 시 몇 편을 읽고 결론을 도출해 에밀리 디킨슨의 시에 대한 전반적인 특성을 파악하는 과제를 해야 한다면 귀납적 추론을 하는 과제를 받은 것이다. 어떤 학생이 수학 수업에서 배운 개념 하나를 경영이나 과학 같은 다른 상황에도 적용되는지 질문을 받았다면 이번에도 귀납적 추론을 하는 과제를 받은 것이다. 교육심리학 연구는 표본으로 추출된 연구대상을 통해 표본이 추출된 모집단 전체에 대한 결론을 내린다는 점에서 귀납적이라 할 수 있다. 과학자들은 연구 주제에 대한 결론을 도출하는 명백한 증거로 한 연구결과 하나만 제시하지 않고 연구결론에 대한 신뢰성을 높이기 위해 다수 연구결과를 제시하는데, 이것 역시 귀납적이라고 볼 수 있다.

RESEARCH

사실 귀납적 추론에서 중요한 점은 반복 관찰이다. 반복 관찰로 유사 경험에 대한 정보가 축적되면서 반복적 패턴이 발견되고 그 반복적 패턴에 의해 더 정확한 결론을 도출하게 된다. 이런 귀납 추론의 특성을 알아보기 위해 연구자들은 동시 발생하는 두 사건 중 하나만 근거로 귀납적 추론이 정당화될 수 있는지 검증하였다(Kuhn, Katz, & Dean, 2004). 두 사건이 동시에 같은 장소에서 발생했다면 우리는 다른 요인이 개입될 가능성이 있는데도 불구하고 한 사건이 다른 사건의 원인이라는 결론을 내린다. 예를 들어, 어떤 부모가 다음과 같은 결론을 내릴 수 있다. "해리는 내 딸에게 나쁜 영향을 끼치고 있어. 내 딸 샤론은 해리를 만나기 전에는 전혀 술을 마시지 않았어." 해리가 원인일 수 있지만, 그 사건은 우연히 동시에 발생했을 수 있다. 물론 반복적으로 관찰

된 근거가 있다면(예 : 해리와 데이트를 했던 모든 이성에게 음주 문제가 있을 경우) 그 주장은 더 설득력을 가진다.

그리고 검정색 뱀 한 마리를 관찰하고 있던 아이가 "모든 뱀은 검정색이야"라고 결론을 내린다고 가정해보자. 그 아이의 사촌이 최근에 구입한 애완용 뱀에 대한 이메일을 보냈고, 그 아이는 그 애완용 뱀이 분명 검은색일 것이라는 결론을 내린다. 하지만 그 아이는 이 세상에 사는 모든 뱀을 관찰한 것이 아니라(사실 이 사례에서는 한 마리만 관찰했을 뿐이다) 세계에 분포하는 뱀 모집단 중에서 아주 적은 수의 표본만 본 것이다. 물론 그 아이가 회색 뱀이나 흰색 뱀을 보게 되면 그 생각을 바꿔야 할 것이다. 귀납적 추론의 결과로 도출된 결론은 결코 분명하지 않으며 그런 결론을 도출할 수 있는 가능성만 어느 정도 있는 것이다. 그러나 귀납은 결론을 부정하는 결정적 증거를 제공할 수 있다. 예를 들어 그 아이가 노란색 뱀을 보게 되면, "모든 뱀은 검은색"이라는 주장이 거짓이라는 것이 증명되는 것이다.

귀납적 결론으로 전체에 대해 확신할 수 없다는 점을 알아야 한다. 즉 귀납적 결론은 결론이 아닐 수도 있다. 귀납적 결론은 아주 그럴듯하지만, 표본 단 하나로 전 모집단을 전부 보여줄 수 없는 것처럼 오류 가능성이 항상 있다(Kuhn, 2009). 교사는 학생들이 양질의 정보에 근거해 결론을 도출하도록 지도하면서 학생들의 귀납적 추론을 향상시킬 수 있다. 학생들은 근거에서 제시된 것 보다 결론이 더 명백한 것으로 생각하거나 결론을 과장해 말하기도 한다.

이제 귀납적 추론의 다른 측면인 기본적인 유추에 대해 살펴보자. **유추**(analogy)는 서로 다른 것들 사이에 있는 유사성이다. 유추는 학생들이 새로 배울 개념을 이미 배운 개념과 비교해보면서 새로 배우는 개념에 대해 더 잘 이해하도록 한다.

유추 유형 중 하나는 형식적 추론으로 네 부분으로 되어 있다. 첫 두 부분은 동일하거나 유사한 점을 찾는 것이고 뒤에 두 부분은 그것 간의 관계를 찾는 것이다. 다음의 예를 유추로 풀어보자. 베토벤은 음악이며 피카소는 _____이다. 이 문제의 정답은 '미술'이다. 정답을 도출하기 위해 여러분은 베토벤과 음악 간의 관계를 추론해야 하며(전자가 후자를 만들었다), 이 관계를 피카소에 적용해야 한다(피카소는 무엇을 만들었나).

아동과 청소년은 귀납적 추론을 얼마나 잘하는가? 청소년은 아동에 비해 유추와 단일 사례로 결론을 도출하는 거짓이 포함된 귀납적 추론 등 여러 측면에서 월등하지만, 성인 초기 청년만큼 월등하지는 못하다(Kuhn, 2009).

연역적 추론 **연역적 추론**(deductive reasoning)은 귀납적 추론과는 반대로 일반적인 것에서부터 구체적인 것으로 하는 추론이다. 그림 8.3은 귀납적 추론과 연역적 추론의 차이를 시각적으로 보여준다.

여러분은 퍼즐이나 수수께끼를 풀면서 연역적 추론을 한다. 여러분이 일반적 규칙을 배워 그 규칙이 어떻게 어떤 상황에는 적용되고 다른 상황에서는 적용 안 되는지 이해하면, 연역적 추론을 하는 것이다(Johnson-Laird, 2008). 연역적 추론은 초기 규칙이나 가정이 참이면, 결론은 참이라는 점에서 항상 분명하다. 교육자들과 심리학자들은 가설을 예측하는 데 이론과 직관을 사용한 후 더 관찰하면서 이 가설을 검증하는데, 이 과정에서 연역적 추론을 사용하고 있는 것이다.

지식과 추론이 대립되는 경우처럼 연역적 추론에 대한 다양한 측면이 연구되어 왔다. 청소년기를 거치면서 개인은 점차 추론되는 전제가 거짓이라도 연역적으로 추론할 수 있게 된다(Kuhn, 2009). 다음 연역적 추론 문제에 대해 생각해보자.

유추 서로 다른 것들 사이에 존재하는 유사성을 찾아서 만드는 비유

연역적 추론 일반적인 것에서 구체적인 것으로 하는 추론

귀납적 추론
구체적

일반적

연역적 추론
일반적

구체적

그림 8.3 귀납적 추론과 연역적 추론
위에 제시된 피라미드는 구체적인 것에서 일반적인 것으로 진행되는 귀납적 추론을 나타내며, 아래 제시된 거꾸로 된 피라미드는 일반적인 것에서 구체적인 것으로 진행되는 연역적 추론을 나타낸다.

모든 농구 선수는 오토바이 운전자이다. 모든 오토바이 운전자는 여성이다.

이 두 문장이 참이라고 가정할 때, 다음 문장이 참인지 거짓인지 결정하라.

모든 농구 선수는 여성이다.

DEVELOPMENT

아동은 그런 결론이 전제에서 도출된 타당한 연역적 추론이라는 결론을 거의 내리지 않는다. 청소년 초기에서부터 성인 초기에 걸쳐 개인은 지식과 추론이 대립되는 경우에도 정확한 결론을 내리는 능력이 향상되어 간다. 즉 이 시기를 거치면서 사람들은 "전제의 진실 여부와는 별개로 추론"할 수 있다(Kuhn & Franklin, 2006).

비판적 사고

현재 심리학자와 교육자는 완전히 새로운 개념이 아닌 비판적 사고에 상당히 많은 관심을 보이고 있다(Bonney & Sternberg, 2017). **비판적 사고**(critical thinking)는 반성적이며 생산적으로 생각하고 증거를 평가하는 사고이다. 이 책의 모든 장에 제시되어 있는 '반성하기' 질문에 답하려면 비판적 사고가 필요하다.

"맙소사, 생각을 좀 해보라고!
왜 그 고양이가 너한테 잘 해줄 것 같니?"
© Sam Gross/The New Yorker Collection/www.cartoonbank.com

마음챙김 엘렌 랭거(Langer, 1997, 2005)에 따르면, 마음챙김은 비판적 사고의 핵심이다. **마음챙김**(mindfulness)은 삶에서 일상적인 활동이나 과제를 하는 동안에 정신적으로 깨어 있고 현재에 초점을 두고 인지적으로 융통성이 있는 상태이다. 마음챙김이 있는 학생은 자신이 살아가는 상황에 대해 적극적으로 자각한다(Bostic & others, 2015; Roeser, 2016).

마음챙김이 있는 학생은 새로운 아이디어를 만들고, 새로운 정보에 개방적이며, 여러 관점을 인식하고 있다. 반면 마음챙김이 없는 학생은 오래된 아이디어를 고수하고, 수동적인 행동을 하며, 한 가지 관점만으로 실행한다. 마음챙김이 없는 학생은 정확한 정보인지 의심하지 않고 읽거나 들은 정보를 받아들인다. 마음챙김이 없는 학생은 상황과 관점의 변화 가능성을 고려하지 않는 경직된 사고방식을 고수한다. 랭거는 좋은 질문을 하는 것이 마음챙김에서 중요하다고 강조한다. 그리고 학습의 결과보다는 과정에 초점을 맞추는 것이 중요하다고 강조한다. 예를 들어, 트리샤는 이번 주 초에 치른 수학 시험에서 좋은 점수를 받지 못했다. 트리샤는 수학시험을 망쳤다는 생각만 하고 있을 수 있다. 트리샤가 마음챙김을 하게 되면, 왜 수학 시험을 망쳤는지 평가하고 다음 시험에서 더 좋은 결과를 얻으려면 어떻게 변해야 하는지 생각해보게 된다.

RESEARCH

최근 로버트 로저와 동료들(Roeser, 2016; Roeser & Eccles, 2015; Roeser & others, 2014; Roeser & Zelazo, 2012; Zelazo & Lyons, 2012)은 학교에서 연령에 맞는 활동으로 마음챙김 훈련을 함으로써 아이들이 매 순간 일어나는 경험에 대해 더 많이 반성적으로 생각하게 되어 자기조절 수준이 향상될 수 있다고 제안했다(Roeser, 2016; Roeser & Eccles, 2015). 예를 들어, 최근 연구에서 마음챙김과 타인돌봄 훈련 프로그램이 4~5학년 학생들의 인지 통제 수준을 향상시키는 데 효과적이라고 밝혀졌다(Schonert-Reichl & others, 2015). 다른 연구에서도 마음챙김 훈련이 미취학 아동의 집중력과 자기조절(Poehlmann-Tynan & others, 2016), 초등학생의 성취 수준(Singh & others, 2016), 스트레스 상황에서 초등학생의 대처 전략(Dariotis & others, 2016), 그리고 청소년의 정서와 성취 수준(Bennett & Dorjee, 2016)을 향상시킨다고 밝히고 있다.

비판적 사고 반성적이며 생산적으로 생각하고 증거를 평가하는 사고

마음챙김 삶에서 일상적인 활동이나 과제를 하는 동안 정신적으로 깨어 있고 현재에 초점을 두고 인지적으로 융통성이 있는 상태. 마음챙김이 있는 학생은 자신이 살아가는 상황에 대해 적극적으로 자각한다.

또한 최근 보고된 연구 두 편에서도 마음챙김 기반으로 실시된 프로그램이 공립학교 교사의 스트레스를 완화하고 학교와 집에서 기분을 좋아지게 했으며 수면의 질을 향상시켜 삶의 질이 개선되는 효과를 보였다고 보고하였다(Crane, Schonert-Reichl, & Roeser, 2016; Taylor & others, 2016).

마음챙김 외에도 요가, 명상, 태극권과 같은 활동은 아동의 인지 및 사회정서 발달에 효과가 있는 것으로 알려져 있다. 이런 활동을 간학문적 용어인 **명상과학**(contemplative science)으로 분류하기도 한다. 명상과학 연구는 얼마나 다양한 유형의 심리신체 훈련이 아동의 발달을 향상시킬 수 있는지에 대해 주로 이루어지고 있다(Roeser & Eccles, 2015; Zelazo & Lyons, 2012).

교실에서 비판적 사고　마음챙김 외에도 교사가 수업 계획에 포함해 학생의 비판적 사고를 함양할 수 있는 몇 가지 방법을 다음에 제시한다.

- 무슨 일이 일어났는지만 묻지 말고 '어떻게', '왜' 일어났는지도 물어본다.
- 가정된 '사실'을 검증하면서 그 사실을 지지할 증거가 있는지 확인한다.
- 지나치게 감정적으로 주장하지 말고 논리적인 방식으로 주장한다.
- 정답이나 원인이 하나 이상 될 수 있다는 사실을 인지한다.
- 질문에 대한 여러 답안을 비교해 어느 것이 가장 적절한 답인지 판단한다.
- 다른 사람이 말하는 것을 바로 사실로 받아들이지 말고 검증하고 의문을 가진다.
- 새로운 아이디어나 정보를 만들 수 있도록 이미 알고 있는 사실에 대해 다시 질문해보고 심사숙고해본다.

재클린과 마틴 브룩스(Brooks & Brooks, 1993, 2001)는 학생들이 비판적으로 생각하도록 가르치는 학교가 거의 없다고 우려한다. 그들은 학교에서 학생들이 교사가 가르쳐준 방식을 모방해 문제의 정답을 찾는 데 너무 많은 시간을 소모하고 있어 학생들이 새로운 아이디어를 창출하고 이미 내린 결론을 다시 생각해보면서 사고를 확장해나가도록 하지 못하고 있다고 주장한다. 또한 교사가 학생들에게 분석하고 추론하고 연계하고 통합하고 비판하고 창의적으로 만들고 평가하고 다시 생각하도록 하지 않고 암송하고 정의하고 기술하고 설명하고 나열하라고 너무 많이 요구하고 있다고 보고 있다.

학생들이 비판적으로 생각하도록 하는 방법은 어떤 문제에 대해 양측 입장이 나뉘는 논쟁 여지가 있는 주제나 기사를 주고 토론하게 하는 것이다. 몇몇 교사는 학생들이 이런 비판적 사고 유형의 논의나 토론을 하는 것이 예의 바르지 못하거나 정중하지 못하다고 여겨 기피하기도 한다(Winn, 2004). 하지만 학생들이 논쟁이나 토론에서 서로 대립되는 의견을 접하면서 그 주제에 대해 깊이 생각하게 되고 그 문제를 해결하려는 동기가 고취되어 비판적 사고가 증진된다(Kuhn, 2009). 이런 상황에서 교사의 견해를 제시하는 것을 삼가게 되면 학생들은 더 자유롭게 주제에 대한 여러 관점과 문제에 대한 다른 입장을 탐색할 수 있어 도움을 얻는다.

또한 최근 메타분석 연구에서 학생의 비판적 사고 기술 향상에 대화나 토론이 도움이 된다는 사실이 밝혀졌다. 특히 교사가 토론 주제나 이슈를 제시하고 반 전체 토론을 하거나 모둠별로 토론을 할 때 모두 학생의 일반적 비판적 사고 기술 향상에는 도움이 되는 것으로 밝혀졌다(Abrami & others, 2015). 그리고 관련 문헌을 메타분석한 결과, 학생들의 비판적 사고 기술은 학생들이 실제 혹은 상황에 기반을 둔 문제나 예시를 경험할 때, 특히 사고가 문제해결에 적용될 때 향상되는 것으로 나타났다.

학생들이 비판적으로 사고하도록 하는 것은 늘 쉬운 일은 아니다(Bonney & Sternberg, 2016). 많은 학생들이 지적인 노력을 기울여 좀 더 복잡한 문제에 대해 사고하기보다 문제에 맞는 정답을 암기하는 수동적인 학습 태도에 익숙해진 상태로 수업에 참여한다. 교사는 학생들이 한 가지 이슈나 질문, 문제에 초점을 두고 생각해보는 과제를 수행하도록 함으로써 비판적 사고 능력을 촉진시킬 수 있다.

청소년기의 비판적 사고   아동기에 독해 기술이나 수리 기술 같은 기본적인 학습 기술이 충분히 발달되지 않은 상태에서 청소년기에 비판적 사고 기술은 발달되지 않는다. 기본적인 학습 기술이 부족한 청소년은 성장 가능한 수준까지 청소년기 사고력이 충분히 발달될 수 없다. 이 시기 다른 청소년은 비판적인 사고의 발달에 중요한 전환기를 맞게 된다(Khun, 2009). 청소년기에 비판적 사고력 향상을 촉진하는 여러 인지적 변화가 일어난다(Keating, 1990). 그 내용은 다음과 같다.

- 정보처리 속도와 정보처리 자동화, 정보처리 능력이 향상되어 인지 자원을 다른 목적으로 자유롭게 활용할 수 있다.
- 다양한 영역에 더 많은 지식이 축적된다.
- 새로운 지식을 통합하여 구성하는 능력이 향상된다.
- 계획하고 대안을 생각하고, 인지적으로 점검하는 전략과 절차를 더 폭넓고 자발적으로 사용한다.

TECHNOLOGY

테크놀로지와 비판적 사고   학생들의 비판적 사고 기술을 향상시키는 데 활용할 수 있는 테크놀로지가 더 많이 개발되고 있다. 데이비드 조나센(Jonassen, 2006, 2010)은 교육에서 활용할 수 있는 최고 테크놀로지 중 하나로 학생들이 컴퓨터 소프트웨어 프로그램 활용해 공부하는 내용에 대해 비판적으로 사고하는 것이라고 주장한다. 조나센은 그런 컴퓨터 소프트웨어를 '마인드 툴'이라고 명명하며, 마인드 툴이 학생들이 지식을 생성하고 수업 내용에 대해 추론하는 데 비계를 설정하는 역할을 한다고 보고 있다. 조나센은 마인드 툴을 의미론적 조직화 도구, 역동적 모형화 도구, 정보해석 도구, 대화 및 협력 도구와 같은 몇 개 범주로 분류한다.

의미론적 조직화 도구는 데이터베이스와 개념도식화 도구와 같이 학생들이 공부하고 있는 정보를 조직하고 분석하고 시각화하는 것을 지원하는 기능을 한다. 예를 들어 기후에 대해 공부하고 있는 학생들이 기후와 인구의 상관관계에 대한 가설을 검증하기 위해 글로벌 데이터베이스를 검색할 수 있다. 인스퍼레이션 앤 키즈스퍼래이션(Inspiration and Kidspiration)은 K~12학년 학생용 개념도식화 도구로 비교적 저렴하고 손쉽게 사용할 수 있다(www.inspiration.com 참조). 이런 개념도식화 도구의 장점 중 하나는 아직 책을 잘 읽지 못하거나 영어를 배우고 있는 학생들이 내용을 잘 이해할 수 있도록 시각화된 개념도를 제시할 수 있다는 점이다. 이런 도구는 PC에서 소프트웨어로 사용 가능하며 아이폰이나 아이패드 애플리케이션으로 구매할 수도 있다.

역동적 모형화 도구는 학생들이 개념 간 연계성을 탐색할 수 있도록 지원한다. 이런 도구에는 스프레드시트, 전문가 시스템, 시스템 모형화 도구와 마이크로월드가 있다. 예를 들어 스프레드시트는 수학 수업에서 학생들이 숫자 간 수학적 관계를 알아볼 수 있도록 지원하는 기능이 있다. 마이크로월드에는 유전자 조합과 같은 실제 세상에서 일어나는 현상을 시뮬레이션하는 기능이 있다. PhET 시뮬레이션은 현상을 시뮬레이션하고 관계를 탐색하는 기능이 있다.

켄트주립대학교 부속 교육용 테크놀로지 AT&T 교수지원센터에서 학생들이 집과 정원 디자인 소프트웨어를 활용해 에너지 효율성이 높은 집을 설계하면서 에너지에 대해 공부하고 있다.

© Research Center for Educational Technology, Kent State University

켄트주립대학교 부속 교육용 테크놀로지 AT&T 교수지원센터 유치원생들이 로고 로봇 거북이를 프로그래밍하면서 패턴을 탐색하고 있다.

© Research Center for Educational Technology, Kent State University

정보 해석 도구는 학습자가 정보에 접근하고 정보를 해석하는 데 도움이 된다. 그런 도구에는 시각화와 지식을 구성하는 도구가 있다. 예를 들어 시각화 도구는 복잡한 현상을 시각적 모형으로 보여줘 그 현상을 이해하는 데 도움이 된다. 지식 구성 도구에는 웹 개발, 온라인 도구, 비디오 편집이나 웹디자인 프로그램이 있다. 이런 지식 구성 도구는 학생들이 다양한 형태로 지식을 구축하는 데 비계설정의 기능을 한다. 다음은 몇 가지 좋은 지식 구축 도구의 예를 열거한 것이다.

- 개념/지식을 보여주기 위해 그림에 주석을 단다.
- 고에니메이트(GoAnimate)와 같은 온라인 도구를 활용해 애니메이션 동영상을 제작한다.
- 교육용 위블리(Weebly)나 구글앱 같은 온라인 프로그램을 활용해 웹사이트를 개발한다.
- 휴(HUE) 애니메이션 소프트웨어나 마이크리에이트(MyCreate) 앱 같은 구성 및 디지털 캡쳐 프로그램을 활용해 스톱모션 영화를 제작해본다.

마지막으로 다양한 디지털화된 대화 및 협력 도구에는 이메일, 온라인 토의, 채팅, 화상채팅, 블로그가 있다. 이런 도구를 활용해 학생들은 상호작용하고 전 세계 전문가와 학생들이 협력할 수 있다. 예를 들어 학생들은 외국어를 공부해 원어민과 컴퓨터를 활용해 대화할 수 있다.

최근 교사들에게 어떻게 학생들의 비판적 사고를 향상시키고 있는지 물어보았다. 다음은 그 실문에 대해 교사들이 응답한 내용이다.

유치원 교사 제가 미취학 아동의 비판적 사고 기술 계발을 위해 사용하는 방법은 아이들에게 미스터리 상자에 가장 좋아하는 물건 하나를 넣게 하는 것입니다. 상자에 물건을 넣은 아이는 학급 친구들에게 그 상자 안에 무엇이 있는지 힌트 3개를 주면서 설명해줍니다. 그리고 학급 친구들은 그 상자에 무엇이 있는지 답을 맞힐 때까지 계속 추측합니다. 이 활동은 모든 학생에게 이 상자에 가장 좋아하는 물건을 넣을 기회가

돌아갈 때까지 순서를 바꿔가며 진행합니다.

－미시 댄글러, 서버번힐즈학교

초등학교 교사 비판적 사고 성향 중 핵심이 지적 용기를 가지는 것입니다. 저는 2학년 학생들에게 다음과 같은 질문을 하면서 지적 용기를 가르칩니다. "너희 주변 사람 모두가 '이러저러한' 것이

맞다고 믿고 있다면 왜 그 사실을 부정하기 어려울까?" 혹은 "언제가 누군가의 의견에 반대하기 좋은 때인가?", "왜 사람들은 질문을 받거나 의심을 받으면 화를 낼까?" 같은 질문을 합니다. 이런 질문은 학생들이 가진 생각의 틀을 깨는 데 도움이 됩니다.

－엘리자베스 프라셀라, 클린턴초등학교

중학교 교사 저는 칠판에 "무엇이 ~에 중요한가?"라는 질문을 쓰고 늘 의문을

갖게 합니다. 6학년 사회 수업에서 특정 주제를 다루면서 그 질문을 합니다. 그리고 학생들이 역사적 사건을 다루는 기사를 써보도록 하고, 그 사건이 일어나지 않았다면 오늘날 세상이 어떻게 바뀌었을지 논의해보도록 합니다.

－케이시 마스, 에디슨중학교

고등학교 교사 우리는 심리학 수업을 듣는 학생들이 '성격 스크랩북'을 만들어보도록 합니다. 성

격 스크랩북에는 그 학생의 성격검사 결과와 검사결과에 대한 분석보고서가 정리되어 있습니다. 학생들은 "나는 누구인가?"라는 제목으로 자신에 대한 이해와 자신의 성격 발달을 다시 생각해보는 기말과제 리포트를 작성합니다. 학생들은 일반적인 성격검사의 효과에 대해 평가하고 비판할 수도 있습니다.

－조셉 말리, 사우스벌링턴고등학교

학생과 연계하기 : 최고의 실천
아이들의 사고 향상을 위한 전략

20세기 독일 독재자인 아돌프 히틀러는 사람들 대부분이 생각을 하지 않기 때문에 권력을 가진 사람들은 운이 좋다고 말한 바 있다. 교육은 학생들이 더 깊이 사고하는 사람이 되도록 돕는 기능을 해야 한다. 모든 교사가 그 목표에 공감하지만, 그 목표를 달성하는 방법을 모든 학교에서 활발히 실행하고 있는 것은 아니다. 다음은 학생들이 더 깊이 사고하는 사람이 되도록 지원하는 몇 가지 지침이다.

1. *학생들이 스스로 생각을 구성하도록 돕는 가이드가 된다.* 여러분은 학생들을 위해 대신 생각해줄 수 없으며, 그렇게 해주어서도 안 된다. 하지만 여러분은 학생들이 자신의 생각을 구성하도록 돕는 좋은 가이드가 될 수 있으며, 그렇게 되어야 한다. 다음은 학생들이 스스로 사고를 구성하도록 지원할 때 교사가 따라야 할 몇 가지 지침이다(Brooks & Brooks, 1993, 2001).

해야할 일
- 학생들이 하는 질문을 가치 있게 여긴다.
- 학생들을 세계에 관한 새로운 이론을 가진 사고하는 사람으로 여긴다.

- 학생들의 관점을 탐색한다.
- 학생들의 초기 반응을 정교화시켜나간다.
- 학생들의 지적 호기심을 길러준다.

하지 말아야 할 일
- 학생들의 머리가 비었다고 생각하거나 교사의 역할이 학생들 머릿속에 정보를 넣어주는 일이라고 생각한다.
- 지나치게 교재와 워크북 중심으로 수업한다.
- 학생의 학습 수준을 질문에 정답을 찾는 방식으로만 평가한다.

2. *사고를 촉진하는 질문을 한다.* 여러분의 교수 전략을 분석하는 방법 중 하나는 강의식 수업을 하고 사실 확인형 질문을 하면서 그와 함께 사고 촉진형 질문도 하는지 확인하는 것이다(Stemberg & Spear-Swirling, 1996). 강의식 교수법을 사용하는 교사는 정보를 강의 형태로 제시한다. 강의식 교수법은 프랑스 시민혁명을 일으킨 요인과 같은 정보체계를 빨리 전달하는 데

효과적인 접근법이다. 사실 확인형 질문은 교사가 학생들에게 사실 정보를 설명해야 하는 질문을 주로 하는 것이다. 이런 질문은 새로 획득한 정보를 강화하거나 학생들이 가진 내용 지식을 점검할 때 사용할 수 있는 가장 좋은 방법이다. 예를 들어 교사는 "프랑스 시민혁명은 언제 일어났지요? 프랑스 시민혁명 발발 당시 프랑스 왕과 왕비는 누구였습니까?"라고 질문할 수 있다. 사고 촉진형 질문은 교사가 사고를 촉진하고 토론을 이끌어내는 질문을 하는 것이다. 예를 들어 교사는 "프랑스와 미국의 시민혁명을 비교해봅시다. 두 혁명은 어떤 점에서 비슷한가요? 그리고 어떤 점에서 차이가 있나요?"라고 질문할 수 있다.

여러분은 가르칠 때 가능한 사고 촉진형 질문을 하려고 하자. 사고 촉진형 질문은 학생들이 어떤 주제에 대해 더 깊이 있게 이해하도록 한다. 교사의 시선에서 알란 헤스크비츠 선생님이 어떻게 학생들이 더욱 독립적이고 창의적으로 생각하도록 지도하는지 사례를 살펴보자.

알란 헤스크비츠 선생님이 중학생 시몬 알라르콘과 트레이시 블로지스와 함께 동물 뼈와 그 동물뼈가 어떤 동물의 것인지 살펴보고 있다.

© Alan Haskvitz

교사의 시선 : 학생이 지적으로 위험을 감수하도록 지도하기

캘리포니아주 월넛시에 있는 수잔느중학교에서 사회 과목을 가르치는 알란 헤스크비츠 선생님은 수행하면서 배워야 한다고 생각하고 있으며, 학생들이 지역사회를 발전시키도록 동기부여를 하는 것이 중요하다고 믿고 있다. 알란 선생님이 가르치는 학생들은 로스앤젤레스 카운티가 채택한 투표 지침을 다시 작성했고, 주정부청사에 가뭄에 잘 견디는 조경 조성을 촉구하는 법을 통과시키려고 로비 활동을 했으며, 도시 전체에 벽에 그려진 낙서를 줄이도록 하는 조치를 마련하기도 했다. 알란 선생님은 수천 개가 넘는 교수 자료를 www.reacheverychild.com에 링크해 게시하고 있다. 그는 학생들이 독립적으로 생각하는 사람이 되고 지적으로 위험을 감수하는 사람이 되라고 독려한다. 또한 학생들이 이상적인 섬을 만들어보게 하고 그 섬에는 정부에서부터 지형까지 모든 것이 어떤지 토론해보도록 한다(출처 : Briggs, 1999; Educational Cyber Playground, 2006).

3. 사고력을 향상시킬 수 있는 좋은 롤모델을 제시한다. 효과적으로 사고하는 것을 보여줄 수 있는 롤모델을 지역사회에서 찾아보고, 그런 인사를 학교로 초청해 학생들과 이야기를 나눌 수 있는 기회를 제공할 수 있다. 그리고 지역사회에 조성된 환경 여건을 활용해 박물관과 대학, 병원, 기업체에 학생들이 현장견학을 가서 사고가 뛰어난 지역인사를 만나서 관찰하고 소통할 수 있는 기회를 마련할 수 있다.

4. 교사가 학생들에게 사고 롤모델이 된다. 교사는 스스로 적극적이고 끊임없이 질문하도록 노력한다. 이 장에서 다룬 사고에 관한 내용을 숙지한다. 사고 전략을 활용해 학생들에게 사고 기술에 있어 좋은 롤모델이 되도록 노력한다.

5. 사고에 대한 최신 정보를 항상 습득하려고 한다. 교사가 된 이후로도 계속해서 발전하고 있는 효과적인 사고 기술 교수법을 적극적으로 배우려고 노력해야 한다. 다음 10년간 학생들의 사고 기술을 향상시킬 새로운 테크놀로지 프로그램이 등장할 것이다. 사고를 다루는 교육 관련 논문을 읽고 전문 학회에 참석하자. 예를 들어 학생과 교사 모두에게 도움이 되는 마음챙김 훈련의 발전에 관심을 가져야 한다. 최근 *Mindfulness*라는 새로운 학술지가 창간되어 마음챙김에 대한 최신 정보를 제공하고 있다. 그리고 최근에 발간된 *Mindfulness for Teachers: Simple Skills for Peace and Productivity in the Classroom*이라는 저서는 패트리샤 재닝스(Jennings, 2015)가 쓴 것으로 교실에서 사용할 수 있는 효과적인 마음챙김 전략을 소개하고 있다.

6. 학생들의 사고 기술을 향상시키는 도구로 테크놀로지를 사용한다. 온라인 출판과 소셜 미디어와 같은 다양한 테크놀로지는 21세기를 사는 학습자들이 세상과 더 효과적으로 상호작용하고 소통하도록 지도하는 도구로 활용될 수 있다.

교사의 시선 : 학생이 학습에 테크놀로지를 의미 있게 활용하게 하기

캐나다 서스캐처원주 무스조시에서 1학년 교사로 재직 중인 캐시 캐시디 선생님은 학생들의 학습 능력을 향상하는 데 사용할 수 있는 테크놀로지를 최대한 활용하고 있다. 캐시 선생님이 교육에 활용하는 테크놀로지에는 블로그활동, 스카이프와 트위터가 있다. 그녀는 학생들을 가르치는 일 외에도 최근 쓴 e북인 *Connected from the Start*를 포함해 여러 권의 책을 출간하였고, 학회에서 정기적으로 발표도 하고 있다. 캐시 선생님이 교실에서

캐시 캐시디 선생님이 테크놀로지를 활용해 1학년 수업을 하고 있다.

© Kathy Cassidy

어떻게 테크놀로지를 활용하는지에 대한 자세한 정보는 http://kathycassidy.com를 참고하라.

의사결정

여러분이 삶을 살아가면서 내리게 되는 모든 결정에 대해 생각해보자. 나는 몇 학년에게 무슨 과목을 가르쳐야 하나? 대학 졸업 직후 대학원에 진학을 해야 하나 아니면 우선 직업을 구해야 하나? 결혼을 해서 가정을 꾸리기 전 직업에서 어느 정도 경력을 쌓아둬야 하는 것 아닌가? 집을 매매를 하는 게 좋은가 아니면 전세로 사는 게 좋은가? **의사결정**(decision making)은 대안을 평가하고 그 중에서 선택하는 것이다.

　연역적 추론에서 사람들은 결론을 도출하기 위해 분명한 규칙을 사용한다. 우리가 결정을 할 때 규칙은 결코 분명하지 않으며 여러 결정의 결과에 대한 제한된 지식만 알고 있다. 게다가 중요한 정보가 없기도 하고 우리가 알고 있는 모든 정보를 신뢰하지 못할 수 있다.

의사결정에 있어 편향과 결함　의사결정 연구에서 주로 성과가 나타난 연구 영역은 의사결정의 질에 영향을 주는 편향과 결함이 많은 발견법(어림법)에 관한 것이다. 다수 사례에서 우리가 가진 의사결정 전략은 다양한 문제를 다루는 데 효과가 있다. 그러나 우리는 사고를 하는 데 특정 결함을 가지기 쉽다(Stanovich, 2013). 흔히 보이는 사고결함으로는 확증편향, 신념고수, 과신편향, 사후과대확증편향이 있다. 우리가 이런 잠재된 결함을 인식하면서 의사결정은 개선된다.

되돌아보기/앞날을 생각하기
뇌의 전전두엽 피질은 의사결정과 같은 고차원적 사고를 하는 중요한 영역인데, 청소년기에는 완전히 발달되지 않은 상태이다. 제2장 '인지 및 언어 발달'과 연계해 생각해보자.

확증편향　**확증편향**(confirmation bias)은 우리의 생각을 반박하는 정보가 아니라 지지하는 정보를 찾아 사용하려는 경향성이다. 학생은 의사결정을 하면서 특정 접근 방식이 효과적이라는 이전부터 가지고 있는 신념이 있을 수 있다. 학생은 그 접근 방식을 검증해보고 어떤 경우에는 그 접근방식이 효과가 있다는 것을 알게 된다. 학생은 그 접근 방식이 적절하지 않은 많은 사례를 더 탐색해보지 않고 그 접근 방식이 잘 맞는다는 결론을 내린다.

　우리는 의견과 일치하지 않는 입장보다는 의견에 확신을 주는 입장을 찾아 귀담아듣는 경향이 있다. 이를 테면, 여러분이 선호하는 특정 교수법이 강의식 교수법일 수 있다. 이런 경우 여러분은 학습자 주도 협력적 문제해결 교수법을 사용하는 교사보다 강의식 교수법을 사용하는 교사에게 찾아가 조언을 구하려는 경향을 보일 수 있다.

DEVELOPMENT

신념고수　**신념고수**(belief perseverance)는 확증편향과 아주 관련이 있는 것으로, 반대 증거가 있음에도 불구하고 신념을 바꾸지 않고 고수하려는 경향성이다. 사람들은 일단 옳다고 믿게 된 생각이나 전략을 떨쳐내는 데 어려움을 겪는다(Stanovich, 2013). 마돈나에 대해 생각해보자. 우리는 마돈나가 열광적으로 재미를 쫓는 스타라는 믿음을 고수하기 때문에 마돈나의 엄마 역할에 대해 생각하는 것이 어려울 수 있다.

　신념고수의 또 다른 예는 대학생들이 흔히 겪는 문제와 관련 있다. 대학생들은 고등학교에서 시험 전날 밤 벼락치기를 하는 전략으로 좋은 성적을 받은 경험이 있을 수 있다. 대학에서 학기 내내 꾸준히 공부하는 새로운 전략을 받아들이지 않는 학생은 성적이 좋지 않을 수 있다.

의사결정　대안을 평가해 그중에서 선택하는 것

확증편향　우리의 생각을 반박하는 정보가 아니라 지지하는 정보를 찾아 사용하려는 경향성

신념고수　반대 증거가 있음에도 불구하고 신념을 바꾸지 않고 고수하려는 경향성

과신편향　과거 경험이나 가능성에 비추어볼 때 실제 가져야 할 신뢰성보다 더 큰 신뢰를 가지는 경향성

과신편향　**과신편향**(overconfidence bias)은 일어날 만한 가능성이나 이전 경험에 기초해 의사결정을 하거나 판단하는 경향성이다. 사람들은 치명적인 질병에 걸린 사람이 얼마나 오래 살지, 어떤 사업이 파산할 가능성이 있는지, 법정에서 피고의 유죄판결 가능성이나 어떤 학생이 대학생활을 잘할지와 같은 문제에 대해 과신한다. 사람들은 객관적인 통계 자료에 기초해 예측하기보다 자신의 판

단을 더 신뢰한다.

발론과 동료들(Vallone & others, 1990)이 수행한 연구에서 대학생들을 대상으로 내년에 자신의 모습이 어떨지 질문하였다. 응답자들은 수강한 과목의 수강취소 여부, 투표 여부, 교제하는 이성과 이별여부와 관련된 질문에 응답했다. 연말에 그 예측이 맞는지 확인하였다. 그 결과 예측했던 것보다 더 많이 수강취소를 했고 투표를 하지 않았으며 교제하는 이성과 결별한 경우가 더 많은 것으로 나타났다.

사후과대확증편향 사람들은 미래에 일어날 일에 대해 과신할 뿐 아니라(과신편향) 과거 수행을 과대평가하는 경향도 보인다. **사후과대확증편향**(hindsight bias)은 결과를 보고 난 뒤에 그 사건을 정확히 예측했다고 잘못 말하는 경향성이다.

필자가 이 장을 집필할 무렵은 야구 시즌이 개막했던 때였다. 여러 도시에 사는 많은 사람들이 자신이 응원하는 팀이 월드시리즈에 진출할 것으로 예측했다. 10월이 되면 팀들 중 상당수가 월드시리즈 진출에 실패할 것이고, 그러면 그 사람들이 "거 봐, 내가 우리 팀은 좋은 성적을 내지 못할 거라고 했잖아"라고 말할 것이다.

청소년기 의사결정 청소년기는 친구 선택, 데이트 상대의 선택, 성관계 여부, 즉각적인 만족을 택할지 추후 더 좋은 결과를 대가로 만족지연을 택할지, 대학진학 여부 등 의사결정이 많아지는 시기이다(Reyna & Zayas, 2014). 청소년들은 의사결정 능력이 얼마나 뛰어날까? 나이가 많은 청소년이 어린 청소년보다 의사결정 능력이 우수하며, 어린 청소년이 아동에 비해 의사결정 능력이 우수한 편이다.

사람들은 흥분해 있을 때보다 차분할 때 의사결정을 더 잘 하며, 특히 청소년은 더 그런 편이다(Steinberg, 2015a, b). 따라서 차분할 때 현명하게 의사결정을 잘하는 청소년이더라도 흥분된 상황에서는 현명하지 못한 결정을 내릴 수 있다.

사회적 환경은 청소년의 의사결정에서 핵심적인 역할을 한다. 예를 들어, 청소년은 약물이나 다른 비행 유혹을 쉽게 접할 수 있는 상황에서 비행 위험이 있는 선택을 할 가능성이 높아진다(Steinberg, 2015a, b). 최근 연구에서 비행위험이 높은 상황에서 또래와 어울릴 경우 청소년은 비행위험이 높은 선택을 할 가능성이 높아지는 것으로 밝혀졌다(Silva & others, 2016). 시뮬레이션 운전 과제를 제시하여 위험감수 관련 연구에서 또래가 함께 있는 상황은 청소년이 위험하게 운전하는 결정을 할 가능성을 50%까지 증가됐지만, 성인에게는 영향을 미치지 않았다(Gardner & Steinberg, 2005). 또래의 존재가 뇌의 보상 시스템인 도파민 경로를 활성회시킨다는 연구자들의 주장도 있다(Monahan & others, 2016; Smith & others, 2015).

청소년의 의사결정을 설명하는 주장으로 **이중처리 모형**(dual-process model)이 있다. 이중처리 모형에서 의사결정은 서로 경쟁하는 분석적 시스템과 실험적 시스템의 두 가지 인지적 시스템에 의해 영향을 받는다(Reyna, Weldon & McCormick, 2015). 이중처리 모형에서 실제 경험을 점검하고 관리하는 실

RESEARCH

사후과대확증편향 사실이 밝혀진 후에 그 사건을 정확히 예측했었다고 잘못 말하는 경향성

이중처리 모형 의사결정은 서로 경쟁적인 분석과 실험의 두 가지 시스템에 의해 영향을 받는데, 이중처리 모형에서 실험적 시스템은 실제 경험을 점검하고 관리하여 청소년의 의사결정에 도움을 준다.

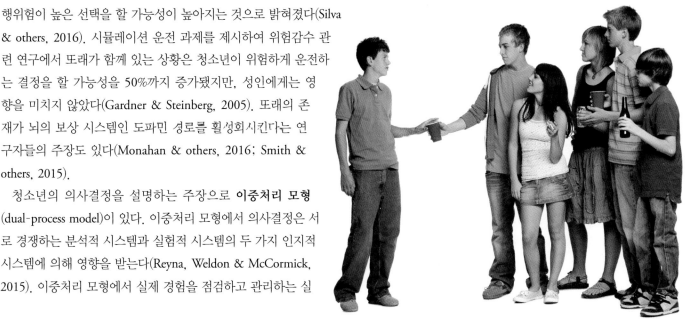

정서와 사회적 환경은 청소년의 의사결정에 어떻게 영향을 미치는가?

© Rubberball Productions/Getty Images RF

학생과 연계하기 : 최고의 실천
효과적인 의사결정 전략

1. *여러 결과의 득실을 따져본다.* 여러분은 이런 전략을 활용해 도움이 얻는 여러 상황을 경험하게 될 것이다. 예를 들어, 여러분의 학생들이 모둠학습 방식이나 강의식으로 특정 주제를 살펴보는 데 도움을 얻을 수 있는가?

2. *확증편향을 피한다.* 여러분은 자신의 의견을 확인해줄 사람의 의견만 구하는 경향이 있는가? 자신과 일치하지 않는 의견을 가진 사람을 피하는 학생이 있다면, 여러분은 어떻게 그 학생을 도울 수 있는가?

3. *신념고수를 피한다.* 여러분은 시대에 뒤떨어져 바꿔야 되는 신념을 고수하고 있지 않은가? 학생들이 현재 상황과는 맞지 않지만 고수하고 있는 과거 경험에 근거한 신념을 가지고 있는가? 그렇다면 여러분은 어떻게 학생들을 도울 수 있는가?

4. *과신편향을 갖지 않는다.* 여러분은 과거 경험이나 가능성에 비추어볼 때 실제 가져야 하는 것보다 더 큰 자신감을 보이지 않는가? 여러분의 미래 학생이 이전 시험결과가 좋지 않았다는 사실은 그럴 듯한 변명으로 덮어버리고 지나친 자신감으로 더 열심히 공부하지 않는다면 어떻게 할 것인가?

5. *사후과대확증편향을 피한다.* 사람들이 사실이 밝혀진 후에 그 사건을 정확히 예측했었다고 잘못 말하는 경향성을 가지고 있다는 점을 숙지한다.

6. *여러분이 중·고등학교에서 가르칠 계획이라면, 청소년이 어떻게 의사결정을 하는지와 청소년의 의사결정에 영향을 미치는 요인에 대한 관련 자료를 읽고 생각하는 시간을 갖는다.* 어린 청소년들은 비행 위험이 있는 행동을 제재하기 위해 긍정적인 활동에 시간을 할애하도록 해야 한다.

"이것이 무엇이냐구요?" 이것은 이야기나 그림을 표현하는 규칙에 얽매이지 않은 어린 아이의 마음을 즉흥적이고 자유롭게 표현한 것이죠.

Sydney Harris, www.ScienceCartoonsPlus.com.

창의성 새롭고 독특한 방식으로 생각하고 문제를 독특하게 해결하는 능력

수렴적 사고 하나의 정답을 얻으려는 목적을 가지고 하는 생각. 수렴적 사고는 대개 전통적인 지능검사에서 요구되는 사고 양식

확산적 사고 동일한 질문에 많은 답을 하려는 목표를 가지고 하는 사고. 확산적 사고는 창의성의 특징이다.

험적 시스템은 청소년의 의사결정에 도움이 되지만 분석적 시스템은 그렇지 않다고 연구자들은 강조한다. 이 주장에 따르면, 청소년들에게는 특히 고위험을 지닌 실세계에서 결정에 대해 반영적이고 세부적이며 고차원적으로 인지분석 하는 것은 도움이 되지 않는다. 그러한 상황에서 청소년들은 결코 해서는 안 되는 아주 위험한 일이라는 점만 알면 된다. 그러나 청소년 인지 전문가들 중 일부는 청소년들이 분석적 시스템과 실험적 시스템 모두에서 도움을 얻을 수 있는 사례가 많다고 주장한다(Kuhn, 2009).

창의적 사고

사고의 중요한 점은 창의적으로 사고하는 것이다(Ambrose & Sternberg, 2016; Renzulli, 2017; Sternberg, 2017; Sternberg & Sternberg, 2016). **창의성**(creativity)은 새롭고 독특한 방식으로 생각하고 문제를 독특하게 해결하는 능력이다.

J. P. 길포드(Guilford, 1967)는 하나의 정답을 도출하며 전통 지능검사에서 요구하는 사고 유형을 특성을 가진 **수렴적 사고**(convergent thinking)와 동일한 질문에 많은 답을 하며 창의성의 특징을 더 가지고 있는 **확산적 사고**(divergent thinking)를 구분했다. 예를 들면, 전통 지능검사에서 전형적인 수렴적 사고 문항은 "60다임으로 25센트 동전을 몇 개 바꿀 수 있는가?"이다. 이런 문항의 정답은 하나이다. 반면 확산적 사고 문항에는 가능한 답이 많이 있을 수 있다. 예를 들어, 다음 문항에 대해 생각해보자. "당신이 어두운 방에 혼자 앉아 있다고 생각하면 어떤 이미지가 떠오르는가?" "클립의 독특한 활용법에는 무엇이 있을까?"

지능과 창의성이 관련이 있는가? 창의적인 학생 대부분이 상당히 똑똑한 편이지만(전통 지능검사에서 높은 IQ지수로 측정되는 것처럼), 그 반대가 늘 사실인 것은 아니다. 즉 아주 똑똑한 학생 중 상당수가 아주 창의적인 것은 아니다(Ambrose & Sternberg, 2016; Barbot & Tinio, 2015).

창의적 과정 창의적 과정은 다음 5단계의 순차적 과정으로 설명된다.

1. 준비. 학생들은 흥미를 가지는 문제에 빠지게 되며 호기심이 생기게 된다.
2. 배양. 학생들은 머릿속에서 아이디어를 뒤섞어가며 사고를 하고 그 아이디어 간 독특한 관계를 만든다.
3. 통찰. 학생들은 모든 퍼즐 조각이 잘 맞춰질 때 "아하!" 하는 순간을 경험하게 된다.
4. 평가. 이제 학생들은 그 아이디어가 추구할 가치가 있는지 결정해야 한다. 학생들은 그 아이디어가 새로운 것인지 아니면 너무 뻔한 것인지를 생각해야 한다.
5. 정교화. 마지막 단계는 가장 시간이 많이 걸리고 힘든 일이다. 이 단계는 미국의 유명한 20세기 발명가인 토머스 에디슨이 "창의성은 1%의 영감과 99%의 땀으로 이루어진다"고 말했던 사고과정이다.

미하이 칙센트미하이(Csikszentmihalyi, 1996)는 이 순차적인 다섯 단계가 창의적 아이디어를 개발하는 법에 대한 사고 틀을 제공하는 데 유용하다고 주장한다. 그러나 칙센트미하이는 창의적인 사람들이 항상 다섯 단계를 순차적인 순서로 따르는 것은 아니라는 점을 강조한다. 예를 들어, 정교화가 배양 단계에 개입될 수 있다. 신선한 통찰이 배양, 평가, 정교화 단계 중에 일어날 수 있다. 그리고 통찰은 몇 년이 걸릴 수 있고 몇 시간 만에 이루어질 수도 있다. 창의적 아이디어는 '아하'의 깊은 통찰로 구성되기도 한다. 어떤 경우에는 창의적 아이디어는 일렬의 여러 작은 통찰로 이루어질 수도 있다. 여러분의 창의적 사고 기술을 **자기평가** 1로 평가해보자.

교수법과 창의성 중요한 교수목표는 학생들이 더욱 창의적이 되도록 도와주는 것이다(Beghetto & Kaufman, 2017; Renzulli, 2017). 교사는 학생들이 어떤 영역에서 다른 영역보다 더 창의성을 보일 수 있다는 점을 알고 있어야 한다(Sternberg, 2017). 예를 들어 수학에서 창의적 사고 기술을 보이는 학생이 미술에서는 창의적 사고 기술을 보이지 않을 수 있다.

오늘날 특히 우려가 되는 점은 미국에서 창의적인 사고를 하는 학생 수가 감소세를 보이는 것이다. 약 30만 명의 미국 아동과 성인을 대상으로 실시된 연구에서 창의성 점수는 1990년까지 오르다 그 이후 점차 감소하고 있다(Kim, 2010). 이 감소세의 원인에는 미국 아동들이 창의적 활동을 하는 대신 텔레비전을 보거나 게임을 하는 데 상당한 시간을 소비하고 있으며, 학교에서 창의적 사고 기술에 대한 덜 강조하고 있는 점이 지적되고 있다(Gregorson, & Kaufman, Snyder, 2013). 그러나 몇몇 국가에서는 학교에서 창의적 사고에 대해 점점 더 강조하고 있다. 예를 들어 역사적으로 창의적 사고는 중국 학교에서 중요하게 여겨지지 않았다. 그러나 이제 중국 교육학자들은 교사가 창의적 활동을 하는 데 수업 시간을 더 많이 할애하도록 권장하고 있다(Plucker, 2010).

RESEARCH

여러분이 창의적인 사고를 하는 사람이고 일상 수업과정에 창의적 사고를 하도록 지도한다면 학생들에게 아주 도움이 될 것이다. 미하이 칙센트미하이(Csikszentmihalyi, 1996)는 여러분이 더욱 창의적 사고를 하도록 도와주는 다양한 전략 사용을 제안해왔다. 칙센트미하이는 예술, 기업경영, 정치, 교육, 과학 분야에서 독보적인 능력을 펼치고 있는 인사 90명과 인터뷰를 하여 창의적인 작업을 하는 방법을 밝혀내고자 하였다. 칙센트미하이는 그 연구에서 창의적인 사람들은 그가 몰입이라고 명명한 상태를 주기적으로 경험한다는 사실을 밝혀냈다. 몰입은 우리가 정신과 신체적인 도전에 깊이 빠져 있을 때 경험하는 즐거움이 고조된 순간이다. 칙센트미하이(Csikszentmihalyi, 2000)는 모든 사람이 몰입할 수 있는 능력이 있다고 한다. 칙센트미하이는 세상에서 가장 창의적인 인물들과의 인터뷰를 했던 내용을 바탕으로 더 창의적인 삶을 살게 하는 첫 번째 단계는 호기심과 관심

되돌아보기/앞날을 생각하기
스턴버그에 따르면, 창의적 사고는 전통 지능검사의 핵심 영역인 분석적 사고와 상당한 차이가 있다. 제4장 '개인변인'과 연계해 생각해보자.

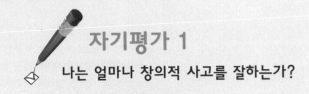

자기평가 1

나는 얼마나 창의적 사고를 잘하는가?

각 문항을 읽고 여러분이 이런 활동을 얼마나 자주하는지 생각해 본 후 솔직하게 답해보자. 그리고 각 문항에 해당하는 점수에 표시하라. (1점=전혀 하지 않는다, 2점=거의 하지 않는다, 3점=가끔 한다, 4점=많이 한다)

	1	2	3	4
1. 나는 새롭고 독특한 아이디어를 생각해내는 편이다.				
2. 나는 문제해결을 창의적으로 하려고 다른 사람들과 브레인스토밍을 한다.				
3. 나는 내적 동기가 높은 편이다.				
4. 나는 사물에 대해 유연하게 생각하며, 생각하는 것을 좋아한다.				
5. 나는 창의적인 프로젝트나 창의적인 인물에 관한 자료를 읽는다.				
6. 나는 매일 뭔가로 놀라고 다른 사람을 놀라게 하는 편이다.				
7. 나는 아침에 일어나 할 과제가 있다.				
8. 나는 정답을 바로 제시하지 않고 대안적 문제해결 방안을 찾아보는 편이다.				
9. 나는 혁신적이고 가치 있는 것을 만들 수 있는 능력이 있다고 자신한다.				
10. 나는 만족을 지연하고 창의적 아이디어와 결과물을 개발할 때까지 끈기 있게 노력하는 편이다.				
11. 나는 창의적 생각을 개발하는 데 위험도 감수하는 편이다.				
12. 나는 주변에 창의적인 사람들과 시간을 보내는 편이다.				
13. 내가 창의적이 되도록 자극을 주는 환경과 활동에 시간을 쓰는 편이다.				

여러분의 전반적인 응답 패턴을 살펴보자. 여러분의 창의성에 있어 강점과 약점은 무엇인가? 여러분의 강점은 계속해서 실천해나가고 약점은 향상시켜 학생들에게 창의적 롤모델이 되자.

을 기르는 것이라는 점을 지적한다. 다음에 호기심과 관심을 기르는 몇 가지 방법을 제시한다.

- 매일 무언가로부터 놀라도록 노력한다. 아마 그것은 여러분이 보고 듣고 읽는 것이 될 수 있다. 강의나 책에 몰입하라. 세상이 여러분에게 알려주는 것을 개방적으로 받아들여라. 인생은 경험의 연속이다. 그 경험 속에 넓고 깊게 빠져들어라. 그러면 여러분의 삶은 훨씬 풍요로워질 것이다.

- 매일 최소 한 명을 놀라게 하려고 노력한다. 여러분이 하는 많은 일들은 결과를 예측할 수 있고 패턴이 있다. 변화를 시도할 수 있는 다른 뭔가를 하라. 여러분이 평소 물어보지 않는 질문을 하라. 누군가에게 청해 한 번도 가 본적이 없는 박물관에 같이 가보라.

- 매일 여러분을 놀라게 한 것과 어떻게 여러분이 다른 사람을 놀라게 했는지 적어본다. 창의적인 사람들 대부분이 경험이 스쳐 사라지거나 잊어버리지 않게 하려고 일기를 쓰거나, 노트를 하거나 실험보고서를 쓴다. 구체적인 일에서 부터 시작하라. 매일 저녁 그날 있었던 가장 놀라웠던 일과 가장 놀라웠던 행동을 기록하라. 며칠 후, 노트를 다시 읽어보고 과거 경험을 되돌이켜 본다. 몇 주 후에 노트에 관심의 패턴이 보이게 될 것이고, 이것이 여러분이 더 깊이 탐구할 수 있는 분야가 될 수 있다.

- 무언가가 관심을 유발한다면, 그것을 따른다. 무엇인가가 여러분의 주의를 사로잡을 때, 그것(아이디어, 노래, 꽃 등)은 오래 가지 못한다. 우리는 그런 아이디어나 노래, 꽃을 더 탐구해나가기

에는 너무 바쁘다. 혹은 우리는 그 분야 전문가가 아니기 때문에 우리와 상관없는 일이라고 생각한다. 그러나 세상은 우리와 관련 있다. 우리는 가능한 한 세상의 많은 측면에 대해 배우려고 진지하게 노력을 하지 않으면 세상의 어떤 부분이 우리의 관심에 가장 맞는지 알 수 없다.

- 기대할 만한 구체적인 목표를 가지고 아침에 일어난다. 창의적인 사람들은 하루가 어서 시작되기를 고대하면서 일어난다. 왜 그럴까? 창의적인 사람들이 활기차고 열정적인 유형의 사람이어서가 아니라 매일 성취할 수 있는 의미 있는 것이 있다는 것을 알기 때문에 하루가 시작될 때까지 기다릴 수가 없는 것이다.

- 여러분의 창의성을 자극하는 환경에서 시간을 보내라. 칙센트미하이의 연구(Csikszent-mihalyi, 1996)에서 칙센트미하이는 사람들에게 전자 호출기를 나눠주고 무작위 추출된 시간에 수시로 호출기를 울리게 했다. 사람들은 어떻게 느꼈는지 물어보는 질문에 걷거나 운전하거나 수영할 때 가장 높은 수준의 창의성을 느꼈다고 응답했다. 필자는 조깅할 때 가장 창의적인 생각을 한다. 이런 활동들은 아이디어들 간 관련성을 만드는 작업에서 벗어난 자유 시간에 어느 정도의 주의집중을 하게 되면 반자동적으로 일어난다.

필자는 칙센트미하이에게 가장 창의적인 사고를 하는 장면에서 찍은 사진을 보내달라고 요청하였다. 위 사진은 칙센트미하이가 보내준 것이다. 여러분은 언제 어디에서 가장 창의적인 사고를 하는가? 여러분은 칙센트미하이가 추천한 전략들이 더 창의적인 사고가가 되는 데 도움이 된다고 생각하는가?

© Dr. Mihaly Csikszentmihalyi

모든 학생의 성공을 위한 교육법(ESSA)과 같은 법 조항을 충족하기 위해 시행되고 있는 성취기반 교육을 받고 있는 영재 아동에 대한 교육 문제가 현재 교육 분야 주요 쟁점이다. 이 법은 학생들이 표준화된 시험에서 좋은 점수를 받으려고 정보를 암기하도록 하여 학생들의 창의적 사고 발달을 해칠 수 있다는 우려 또한 커지고 있다.

최근에 교사들에게 어떻게 학생들의 창의적인 사고 기술을 개발하도록 지도하고 있는지 물어보았다. 다음은 교사들이 응답한 내용이다.

되돌아보기/앞날을 생각하기
전문가들은 미국의 영재교육에 대한 전면적인 개편이 필요하다고 주장한다. 제5장 '학습자의 다양성'과 연계해 생각해보자.

유치원 교사 저는 취학 전 아이들에게 음악을 가르치면서 아이들이 악기도서관에서 악기 한 가지를 골라 책에 나오는 캐릭터의 소리를 내어보도록 합니다. 그리고 학생들은 왜 그 악기를 골랐는지 이유를 말해야 합니다.

-코니 크리스티, 애노어초등학교(학령전 프로그램)

초등학교 교사 저는 사회 과목 수업을 하면서 학생들에게 모의여행사를 차려보도록 합니다. 우리는 먼저 전 세계를 여행하는 것에 대해 이야기하면서 지리학을 다룹니다. 그러고 나서 우리는 여행사의 업무에 대해 토론합니다. 학생들은 구체적인 여행사 직원의 업무가 무엇인지 그리고 실제 여

행사에서 무엇을 하는지에 대해 브레인스토밍을 합니다. 그리고 학생들은 여행사 직원이 되어 여행상품 안내 책자를 만들고 예약하는 등 업무를 해봅니다. 이 사회과 프로젝트는 재미도 있으면서 읽기, 쓰기, 연구, 예술, 마케팅 영역을 모두 다룰 수 있습니다.

-크레이그 젠슨, 쿠퍼마운틴초등학교

중학교 교사 저는 학생들에게 이야기를 들려주면서 이야기의 마지막 부분을 비워두고 학생들이 마지막 부분 이야기를 만들어보도록 합니다. 맞는 답도 틀린 답도 없습니다. 학생들이 창의적 사고를 확장해볼 기회를 줄 뿐입니다.

-마거릿 리어던, 포칸티코힐즈학교

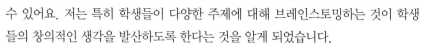

고등학교 교사 교사들은 자유롭고 안전한 환경을 제공함으로써 학생들의 창의적 사고를 신장시킬 수 있어요. 저는 특히 학생들이 다양한 주제에 대해 브레인스토밍하는 것이 학생들의 창의적인 생각을 발산하도록 한다는 것을 알게 되었습니다.

－데니스 피터슨, 디어리버고등학교

학생과 연계하기 : 최고의 실천
창의적 사고를 위한 지도 전략

주요 교수목표는 학생들이 더 나은 창의적 사고가 되도록 지도하는 것이다(Ambrose & Sternberg, 2016). 다음은 학생들의 창의적인 사고 기술 향상을 돕는 효과적인 전략이다.

교사가 정규 수업에서 창의적 사고를 하라

학생들의 창의적 사고는 창의적으로 사고하고 학생들이 창의적인 방식으로 사고하는 것을 관찰할 기회를 주는 교사가 학생 주변에 있을 때 향상될 수 있다. 교사의 창의적 사고 기술을 향상시켜 창의적 사고가가 되기 위해 칙센트미하이가 추천 방법을 주기적으로 되새겨가며 활용하자.

창의적 사고를 할 수 있는 활동을 모둠과 개별로 제공하라

브레인스토밍은 사람들이 모둠에서 창의적인 아이디어를 생성해내도록 하는 기술이다. 브레인스토밍에서 개별적으로 아이디어를 도출해내는 데 특정 주제에 적절한 아이디어는 무엇이든 말한다. 브레인스토밍 참여자들은 브레인스토밍 활동이 끝날 때까지 아이디어에 대해 비판하지 않도록 요구받는다.

창의성을 자극하는 환경을 제공하라

어떤 수업에서는 창의성이 길러지지만, 어떤 수업에서는 창의성이 금지되기도 한다(Beghetto & Kaufman, 2017; Renzulli, 2017). 창의성을 권장하는 교사는 학생들의 자연스러운 호기심에 따라 지도한다(Gottlieb & others, 2017; Skiba & others, 2017). 교사는 암기식 답변을 요하는 질문을 많이 하는 것보다 학생들이 통찰력 있는 문제해결 방안을 찾게 하는 연습과 활동을 제시한다. 교사는 또한 창의성이 가치를 발휘하는 장소로 학생들과 체험학습을 가면서 창의성을 길러주는 환경을 제공한다. 하워드 가드너(Gardner, 1993)는 과학과 발견, 어린이 박물관은 창의성을 불러일으키는 풍부한 기회를 제공한다고 강조한다. 학교와 교실 설계는 학생들의 창의성에 영향을 줄 수 있다(Baer, 2016). 독립적인 활동을 할 수 있도록 설계된 학교 환경은 공부를 하는 데 효과적이고 집중에는 도움이 된다. 하지만 주변 자원과 자료를 쉽게 이용할 수 있는 학교 환경이 학생들의 창의력 신장에 도움이 될 수 있다(Runco, 2016).

학생을 과잉통제하지 마라

테레사 아마빌(Amabile, 1993)은 학생들에게 해야 할 일을 하는 법을 정확히 알려주면 독창성을 발휘하는 것은 실수이며, 탐구를 하는 것은 시간낭비라고 느끼게 할 수 있다고 말한다. 학생들이 해야 하는 활동이 어떤 것인지 지시하는 대신 교사가 학생들에게 흥미 있는 일을 고르게 하고 의사를 지지해주면 교사가 학생들의 호기심에 미칠 부정적인 영향이 줄어들게 될 것이다. 그리고 아마빌은 교사들이 늘 학생들 주위를 돌아다니면 학생들은 활동수행을 계속해서 감시당하고 있다고 느낄 수 있다는 점을 지적한다. 교사의 지속적인 감시하에서 학생들의 창의적인 작업을 하는 데 위험을 감수하고 모험을 감행하는 정신은 약해진다.

내재적 동기를 가지도록 지도하라

스티커나 돈, 장난감과 같은 보상을 과도하게 사용하는 것은 학생들이 창의적 활동을 하면서 얻을 수 있는 내재적 즐거움을 상쇄시켜 창의성을 억압할 수 있다(Hennessey, 2011, 2017). 창의적인 학생들의 동기는 활동 그 자체를 하는 데 대한 자기만족이다. 보상을 얻기 위한 경쟁과 평가는 내재적 동기와 창의성을 약화시킬 수 있다. 하지만 물질적 보상이 배제될 필요는 없다. 동기, 교수, 학습에 대한 장(제10장 참조)에서 내·외재적 동기에 대해 좀 더 살펴보자.

학생들이 유연하게 사고할 수 있도록 지도하라

창의적 사고가들은 경직된 사고패턴에 갇혀있지 않고 많은 다양한 방법으로 문제에 접근하는 유연성을 보여준다. 학생들이 사고를 하는 데 이런 유연성을 연습할 수 있는 기회를 제시하라.

학생들의 자신감을 길러주어라

학생들의 창의성을 신장하기 위해 교사는 학생들이 혁신적이고 가치 있는 무엇인가를 만들 수 있는 능력이 있다고 스스로 믿을 수 있도록 지원해야 한다. 창의적 기술에 대한 학생들의 자신감을 길러주는 것은 반두라(Bandura, 2012, 2015)가 제시한 자기효능감의 개념과 부합한다. 자기효능감은 개인이 자신이 처한 환경을 통제해 긍정적인 결과를 얻을 수 있다는 신념이다. 우리는 자기효능감에 관해 동기, 교수, 학습을 다루는 장(제10장 참조)에서 좀 더 자세히 살펴볼 것이다.

학생의 시선 :
12세 영화 제작자와 줄줄 흐르는 빨간색 끈적이

보이스카우트에서 영화제작 배지를 받았을 때 스티븐은 열두 살이었다. 스티븐은 영화를 만들려면 무엇을 해야 하는지 상상하기 시작했고, 아버지는 스티븐에게 슈퍼 8 영화 카메라를 사주었다. 스티븐은 '라스트 총격전(The Last Gunfight)'이라는 영화를 만들었다. 어머니는 스티븐에게 집을 마음대로 사용하도록 해주었고 스티븐이 집을 영화 스튜디오로 바꾸도록 해주었다. 스티븐이 열여섯 살이 되어 '벽난로 불빛(The Firelight)'이라는 영화를 제작했을 때 '싱크대에서 흘러나오는 붉은 피같은 끈적거리는 물질'이 필요했고 어머니를 설득해 체리캔 30개를 샀다. 스티븐은 체리를 압력솥에 넣고 '줄줄 흐르는 빨간색 끈적이(oozy red goop)'를 만들었다.

이 이야기에 등장하는 스티븐은 바로 스티븐 스필버그이다. 스티븐의 어머니는 영화 제작에 대한 그의 상상력과 열정을 늘 지지해주었다. 물론 스필버그는 할리우드의 최고 감독 중 하나가 되어 '이티(E.T.)', '쥬라기 공원(Jurassic Park)', '쉰들러리스트(Schindler's List)' 같은 영화로 전 세계에서 인정을 받았다(출처 : Goleman, Kaufman, & Ray, 1993, p. 70).

학생들이 끈기를 가지고 만족을 지연하도록 지도하라

아주 성공한 창의적 결과물 대부분이 개발하는 데 몇 년씩 걸린다. 창의적인 인물 대부분은 수개월에서 몇 년간 노력에 대한 아무런 보상 없이 아이디어와 프로젝트에 몰두한다(Ambrose & Sternberg, 2016; Sternberg, 2017). 아이들이 하루 이틀 노력해서 스포츠나 음악, 예술 전문가가 되지 않는다. 어떤 분야 전문가가 되는 데 대개 몇 년씩 걸린다. 독특하고 가치 있는 결과물을 만들어내는 창의적 사고가가 되는 데도 오랜 기간 노력이 필요하다.

학생들이 위험을 감수하도록 하라

창의적인 인물들은 위험을 감수하며 이전에 밝혀지거나 발명되지 않은 뭔가를 밝혀내거나 발명하려고 노력한다(Sternberg, 2017). 창의적인 인물들은 결과를 보장할 수 없는 아이디어나 프로젝트에 많은 시간과 노력을 들이는 위험을 감수한다. 창의적인 인물들은 실패나 시행착오를 두려워하지 않는다. 창의적인 인물들은 실패를 배움의 기회로 삼는다. 그들은 성공적인 혁신을 이루기까지 20개 넘는 막다른 갈림길로 가기도 한다.

학생들에게 창의적인 인물을 소개하라

좋은 교수 전략은 지역사회에서 가장 창의적인 인물을 알아보고 그분들을 수업에 초청해 그들을 창의적이 되도록 하는 것이 무엇인지나 그들이 가진 창의적 기술을 알려달라고 부탁하는 것이다. 작가나 시인, 장인, 음악가, 과학자 등 많은 사람들이 간단한 도구나 결과물을 수업에 가지고 와서 소개할 수 있다.

테크놀로지를 활용하라

날로 그 수가 급증하고 있는 인터넷 사이트에서 학생들의 창의적 사고를 향상시키는 좋은 자료를 제공하고 있다. 다음에 사이트 중 몇 개를 추천한다.

- *유아를 위한 두들캐스트(Doodlecast for Kids)*. 이 앱은 아이들의 미술활동을 일상생활에서 할 수 있도록 해준다. 아이들은 그림을 그리면서 그림에 대해 이야기한다. 그리고 나서 만화영화로 만들어진 스케치를 동영상으로 재생한다.
- *스트립 디자이너(Strip Designer)*와 *코믹북(ComicBook)*은 학생들이 만화를 그리는 것을 지원하는 기능을 가진 아주 좋은 앱이다.
- *디지털 스토리텔링과 글쓰기(Digital Storytelling and Writing)*. 꼭두각시 인형 친구들을 등장인물과 배경을 설정하여 어린아이들도 이야기를 녹화할 수 있도록 되어 있다. 실제 책을 제작할 수 있는 나의 이야기 책 만들기(My Story Book Creator) 앱은 어린 아이들이 사용하기에 좋으며, 책 만들기(Book Creator) 앱은 학생들과 교사가 전자책으로 출판하거나 PDF로 변환하여 출력할 수 있도록 되어 있다.
- *뮤직숍(Music Shop)*은 더 큰 아이들이 다양한 곡을 녹음하는 데 활용될 수 있고, 토카 밴드(Toca Band)는 어린 아이들이 사용할 수 있는 유사한 기능을 가진 앱이다.

복습하기, 성찰하기 그리고 연습하기

❷   다양한 사고 유형과 사고의 교수 전략에 대해 설명한다.

복습하기

- 사고는 무엇인가?
- 집행기능은 어떻게 정의되는가, 집행기능은 어떻게 발달되는가, 집행기능의 발달에 영향을 미치는 것은 무엇인가?
- 귀납적 추론과 연역적 추론은 어떤 차이가 있는가?
- 비판적 사고의 핵심은 무엇인가? 학교에서 학생들에게 비판적으로 사고하도록 가르치는가? 의사결정은 무엇인가? 효과적인 의사결정을 방해하는 결점에는 무엇이 있는가?
- 창의적 사고는 무엇인가? 어떻게 교사는 학생들의 창의적 사고를 길러줄 수 있는가?

성찰하기

- 전문가들은 학생들에게 비판적으로 사고하도록 가르치는 학교가 거의 없다는 점을 우려하고 있다. 여러분은 이런 전문가의 견해를 지지할 만한 경험을 한 적이 있는가? 여러분이 이런 전문가의 의견에 동의한다면, 왜 비판적 사고에 대한 교육이 확산되지 못하고 있으며 효율적으로 지도되지 못하고 있다고 생각하는가?

연습하기

1. 샘슨 선생님은 학생들의 집행기능 기술을 향상시키고자 한다. 다음 중 목표달성을 지원할 수 있는 활동은 무엇인가?
   a. 학생들과 시 암송을 한다.
   b. 학생들에게 효율적으로 멀티태스킹하는 팁을 알려준다.
   c. 학생들이 생각을 조절하고, 목표를 설정하는 기회를 제시한다.
   d. 학생들에게 계산 문제를 풀게 한다.

2. 맥두걸 선생님의 학급에는 애완용 토끼 한 마리가 있다. 어느 날 아마리가 토끼를 쓰다듬다가 토끼에게 물렸다. 아마리는 토끼는 모두 사납다고 결론짓는다. 이것은 어떤 추론의 예인가?

   a. 유추

   b. 비판적 사고

   c. 연역적 추론

   d. 귀납적 추론

3. 다음 중 사회 수업에서 비판적 사고 기술을 함양할 수 있는 교수 전략으로 가장 적절한 것은 무엇인가?

   a. 학생들이 주요 역사적 사건의 연대표를 만들도록 한다.

   b. 학생들에게 교과서에 있는 역사적 사실을 회상해보도록 활동지를 제공한다.

   c. 학생들에게 "링컨은 가장 위대한 대통령이었다" 같은 주장에 대해 찬반 토론을 해보게 한다.

   d. 선다형 문제를 준다.

4. 다수 학생들은 교사가 학생에게 혐오 자극을 제시해 아이의 바람직하지 않은 행동빈도가 줄어들면 교사가 학생의 행동을 부적 강화한 것이라고 생각하며 교육심리학 수업을 듣는다. 여러분은 교사가 학생의 행동에 처벌을 준 것이라는 것을 알고 있을 것이다. 이런 오개념을 가진 학생들은 기말고사에서 관련 문제에서 오답을 선택하며, 종강을 할 때까지 오개념을 가지고 있을 수 있다. 이 현상을 가장 잘 설명하는 것은 무엇인가?

   a. 신념고수

   b. 확증편향

   c. 사후과대확증편향

   d. 해당사항 없음

5. 센트럴초등학교 5학년 전 학급에서 '정글북(Jungle Book)' 독서활동을 마쳤다. 다음 중 창의성을 가장 향상시킬 수 있는 과제는 무엇인가?

   a. 학생들은 모글리처럼 야생에서 컸으면 삶이 어떻게 달라졌는지에 대해 글을 써본다.

   b. 학생들은 '정글북'의 배경, 인물, 줄거리, 주제를 설명하는 다이어그램을 만든다.

   c. 학생들은 교사가 만든 원형을 보고 원숭이들이 살았던 사원 모형을 만든다.

   d. 학생들은 교사가 나눠준 활동지에 있는 책의 줄거리와 인물에 대한 질문에 답한다.

정답은 '연습하기 정답' 참조

학습목표 3
체계적으로 문제를 해결해나간다.

③ 문제해결

| 문제해결 단계 | 문제해결의 걸림돌 | 발달적 변화 | 문제기반 학습과 프로젝트기반 학습 |

문제해결 단계와 문제해결의 걸림돌, 문제해결 교수 방법을 다루면서 인지 과정에서 일어나는 문제해결에 대해 살펴보자.

문제해결(problem solving)은 목표를 달성하는 적절한 방법을 찾는 것이다. 학생들이 문제해결을 해야 하는 과제를 생각해보자. 문제해결 과제에는 과학경진대회 프로젝트 수행, 영어 수업 과제로 영어 에세이 작성, 지역사회를 친환경적으로 변화시키기, 사람들이 편견을 갖게 하는 요인에 대해 발표하기가 있다. 이런 과제에서 다루는 주제는 다양하나 과제수행 과정은 유사한 단계를 거친다.

문제해결 단계

효과적으로 문제를 해결하는 데 필요한 체계적이고 구체화된 단계가 꾸준히 개발되어 왔다. 문제해결 4단계는 다음과 같다(Bransford & Stein, 1993).

문제해결 목표를 달성하는 적절한 방법을 찾는 것

1. 문제를 발견하고 문제를 구조화한다. 문제를 해결하려면 문제가 있다는 것을 인식해야 한다. 과거에는 학교에서 주로 잘 정의된 문제해결 연습이 이루어졌다. 잘 정의된 문제는 잘 정의된 해결방안을 도출하는 체계적이고 구체적인 문제해결 과정을 자체적으로 지니고 있는 문제였다. 이제 교육자들은 학생들에게 풀 수 있는 잘 만들어진 문제 대신 문제를 정의하는 실생활 기술을 가르칠 필요가 있다고 점차 인식하게 되었다(Ashcraft & Radvansky, 2016).

많은 문제를 해결하는 중요한 첫 번째 단계는 주요 문제 내에 있는 다양한 문제를 정의하고 체계화시키는 것이다. 예를 들어, 과학 경진대회 프로젝트를 진행하는 데 프로젝트 마무리에 필요한 최종해결안을 채택하기 전 특정 문제들을 정의하고 해결해나가야 한다.

© Ariel Skelley/Blend Images/Getty Images RF

어떤 학생이 과학경진대회 프로젝트를 진행하려는 큰 목표를 가지고 있다고 가정해보자. 그 학생이 프로젝트를 진행할 분야로 생물학과 물리학, 컴퓨터공학, 심리학 중 무엇이 최선의 선택이 될까? 이 결정을 내리고 나면 학생은 문제 범위를 점차 좁혀갈 것이다. 예를 들어, 심리학의 어떤 영역을 탐구할 것인가? 지각이나 기억, 사고, 성격 중 어느 것이 좋을까? 기억 영역 내에서 학생은 다음과 같은 질문을 할 수 있다. "사람들이 경험했던 외상사건에 대한 기억은 얼마나 신뢰할 만한가?" 즉 학생은 구체적인 해결방안을 충분히 만들 수 있을 정도로 문제 범위를 좁혀가며 탐색하고 연구 문제를 정교화시켜나간다. 그런 대안을 탐색하는 것은 문제해결의 중요한 부분이다.

2. 효과적인 문제해결 전략을 개발한다. 학생이 문제를 발견하고 분명히 정의하고 나면, 문제해결전략을 개발해야 한다(Ericsson & others, 2016). 효율적인 전략 중에는 하위 목표 설정과 알고리즘, 발견법과 수단-목표 분석법이 있다.

하위 목표 설정(subgoaling)은 학생들이 최종 목표나 해결책을 달성하는 과정에 필요한 중간 목표를 세우는 것이다. 학생들은 문제를 잘게 쪼개거나 세부 목표를 세우지 못하기 때문에 문제해결을 잘하지 못한다. 다시 과학박람회에 출품할 프로젝트를 구상 중인 학생의 사례로 돌아가보자. 이 학생은 프로젝트 주제로 "사람들이 경험한 외상사건에 대한 기억은 신뢰할 만한가?"로 선정했다. 그렇다면 어떻게 하위 목표를 설정할 수 있을까? 하위 목표 중 하나는 기억 관련 서적과 연구물을 찾아 분석하는 것이다. 또 다른 하위 목표는 외상을 경험한 사람들과 인터뷰하는 것이다. 하위 목표 설정 전략은 과학 프로젝트를 완성하는 최종 목표달성 과정에 달성해야 할 추가 하위 목표를 설정하는 데 도움을 줄 것이다. 과학 프로젝트 마감이 3개월 후라면 학생들은 다음과 같은 하위 목표를 설정하게 될 것이다. 프로젝트 기한 2주 전에 프로젝트 초안을 완성한다. 프로젝트 기한 한 달 전에 조사를 마무리한다. 프로젝트 기한 두 달 전에 조사를 절반 이상 마무리한다. 오늘부터 2주 내 정신적 외상을 경험한 조사대상에 대한 인터뷰를 3개 마무리한다. 내일부터 도서관에서 문헌분석을 시작한다.

하위 목표를 설정할 때 마감기한부터 시간을 거슬러 올라가면서 계획을 세운다는 사실을 숙지하자. 이런 방법은 도움이 된다. 우선 학생들은 최종 목표에서 가장 가까운 하위 목표를 세우고, 문제해결을 시작하는 시점으로 거슬러 올라가 하위 목표를 설정한다.

알고리즘(algorithm)은 문제해결안을 보장하는 전략이다. 공식과 지시문, 가능한 모든 검증처럼 알고리즘의 형태는 다양하다.

학생들이 절차대로 곱셈이나 나눗셈 문제를 풀면서 알고리즘을 사용한다. 학생들은 지시에 따라 글을 표나 다이어그램으로 만들면서 알고리즘을 사용한다. 알고리즘은 구조화된 문제를 해결하는 데 도움이 된다. 그러나 실생활 문제 중 상당수는 절차대로 풀리지 않기 때문에

하위 목표 설정 학생들이 최종 목표나 해결책을 달성하는 과정에서 필요한 중간 목표를 세우는 것

알고리즘 문제해결안을 보장하는 전략

좀 느슨한 전략도 필요하다.

발견법(heuristics)은 문제해결안이 효과가 있을 것이라는 보장 없이 해결안을 제안하는 전략 혹은 경험으로 터득된 방법이다. 발견법은 가능한 해결안들을 좁혀가거나 효과적인 해결안을 찾는 데 도움이 된다. 산에서 하이킹을 하다 길을 잃었다고 가정해보자. '길을 잃지 않으려고' 흔히 쓰는 발견법은 내리막길로 그냥 내려오거나 가장 근방에 있는 시냇물을 찾는 것이다. 시냇물은 더 큰 개울로 이어져 있어 개울 근처에서 사람과 마주칠 수 있다. 즉 발견법은 인적이 드문 해안가로 가게 할 가능성도 배제할 수는 없지만, 대체로 효과가 있다.

발견법은 선다형 시험에서 유용하다. 예를 들어, 선택한 답에 대한 확신이 들지 않으면 가장 답일 가능성이 적은 선택지부터 제거하고, 남은 선택지만 가지고 정답 가능성을 추측해본다. 그리고 모르는 문제에 대한 힌트를 얻으려고 지문을 분석하거나 다른 문항의 선택지를 분석해볼 수 있다.

수단-목표 분석(means-end analysis)은 문제 목표를 확인하고 현 상황을 분석하고 어떻게 되어야 하는지(수단) 평가하여 수단과 목표의 두 조건 간 차이를 줄여가는 발견법이다. 수단-목표 분석은 차이 감소법으로도 불린다. 수단-목표 분석에는 앞에서 살펴본 하위 목표 설정도 사용된다. 수단-목표 분석은 문제해결에서 주로 사용된다. 과학경진대회 프로젝트를 준비하고 있는 학생의 예를 다시 생각해보자. 그 학생이 과학경진대회에 참가하고 싶지만(목표) 주제선정을 못 하고 있다고 생각해보자. 수단-목표 분석을 사용해 학생이 직면한 현 상태인 이제 막 과학경진대회 참가에 대해 생각하기 시작한 단계에 대해 분석해볼 수 있다. 그리고 그 학생은 현재 상태와 목적(목표) 간 차이를 감소하려는 계획을 작성할 수 있다. 그 학생의 '수단'은 그 지역에 거주하고 있는 과학자 여러 명을 만나 생각하고 있는 프로젝트에 대해 의논하는 것, 도서관에 가서 선정된 주제에 대해 공부하는 것, 인터넷으로 생각하고 있는 프로젝트 주제와 수행 방법에 관해 검색하는 것이 될 수 있다.

3. **문제해결 방안을 평가한다.** 문제가 해결되었다고 하지만 그 해결방안을 평가해보기 전에는 효과성 여부를 판단할 수 없다. 문제해결안의 효과를 결정하려면 분명한 기준을 생각해야 한다. 예를 들어, 과학경진대회 프로젝트를 효과적으로 해결하기 위해 학생이 설정할 수 있는 기준에는 무엇이 있을까? 프로젝트를 완수하는 것일까? 프로젝트에 대해 긍정적인 피드백을 받는 것일까? 상을 받는 것일까? 1등을 하는 것일까? 목표를 정하고, 계획을 수립하고, 계획대로 실행한 것에 대해 스스로 만족하는 것일까?

4. **시간을 두고 문제와 문제해결 방안을 재고하고 재정의한다.** 문제해결의 최종 단계는 문제와 해결방안을 계속해서 다시 생각하고 다시 정의하는 것이다. 문제해결을 잘하는 사람들은 과거에 수행했던 것을 개선시키고자 한다. 즉 과학경진대회 프로젝트를 완수한 학생은 프로젝트 수행 과정을 되돌아보고 개선점에 대해 생각한다. 그 학생은 과학경진대회 심사자나 다른 참가자로부터 피드백을 받아 프로젝트를 더 보완해 가까운 미래에 다른 대회에 참가해볼 수 있다.

발견법 문제해결안이 효과가 있을 것이라는 보장 없이 해결안을 제안하는 전략 혹은 경험으로 터득된 방법

수단-목표 분석 문제 목표를 확인하고 현 상황을 분석하고 어떻게 되어야 하는지(수단) 평가하여 수단과 목표의 두 조건 간 차이를 줄여가는 발견법

문제해결의 걸림돌

문제해결에 흔히 나타나는 걸림돌은 고착과 동기 및 끈기 부족이다. 효과적인 문제해결을 방해하는 또 다른 장애물인 부적절한 감정조절에 대해서도 살펴보겠다.

고착 문제를 해결하는 특정 전략에 고착되는 덫에 쉽게 빠질 수 있다. **고착**(fixation)은 이전부터 사용하던 전략만 고집하고 문제를 새로운 관점에서 보지 못하는 것이다. 기능적 고착은 관련 요소들을 일반적 기능의 관점으로 보기 때문에 문제를 해결하지 못하는 고착이다. 못을 박는 데 신발을 사용한 학생이 있다면, 이 학생은 문제를 해결하는 데 기능적 고착을 이겨낸 것이다.

정신습성(mental set)은 과거에 효과가 있던 특정 방식으로 문제를 해결하려는 고착이다. 필자는 저술을 하는 데 컴퓨터보다는 타자기를 사용하는 정신습성이 있었다. 타자기를 사용하는 것이 편하고 쓰려는 내용을 빠짐없이 작성할 수 있다고 여겼다. 이러한 정신습성을 깨는 데 오래 걸렸다. 이런 정신습성을 깨고 나서야 필자는 컴퓨터로 책을 쓰는 것이 더 쉽다는 것을 알게 되었다. 여러분도 수업에서 최신 컴퓨터나 동영상 기자재를 사용하는 데 이런 정신습성을 가질 수 있다. 이럴 때 사용할 수 있는 좋은 전략은 변화에 대해 개방적 마음을 가지고, 자신이 가진 마음가짐이 수업을 더 흥미롭고 생산적으로 만드는 최신 테크놀로지 활용 기술 사용을 저해하는 것은 아닌지 점검하는 것이다.

동기 및 끈기의 부족 학생들이 이미 문제해결 능력을 갖추고 있어도, 그 능력을 사용하려는 동기가 없으면 소용이 없다. 학생들이 문제에 대해 고민하고 끈기 있게 해결책을 찾아내도록 내적 동기를 가지는 것은 아주 중요하다. 일부 학생들은 문제를 회피하거나 너무 쉽게 문제해결을 포기해버린다.

교사의 중요한 임무는 학생들이 의미 있는 문제를 찾아 해결안을 발견하도록 격려하고 지지해주는 것이다. 학생들은 교과서에 있는 실생활에 의미가 없는 문제보다 개인의 삶과 관련된 문제의 해결에 동기가 고취된다. 문제기반 학습은 실세계와 개인적 접근을 도입한 것이다.

부적절한 감정조절 감정은 문제해결을 촉진하거나 저해한다. 문제해결을 잘하는 학생들은 동기 수준이 높아 의욕적이면서도 감정을 통제해 문제해결에 집중할 수 있다. 지나친 불안이나 두려움은 학생들의 문제해결력을 저해한다. 문제해결을 잘하는 사람은 실수를 두려워하지 않는다.

발달적 변화

유아는 효과적인 문제해결을 방해하는 몇 가지 발달상 문제가 있다. 특히 주목해야 할 것이 계획성 부족인데, 이 능력은 초·중등학교 시기에 발달하는 것이다. 유아가 계획성이 부족한 이유는 정확성을 기하지 않고 너무 빨리 문제를 해결하려는 경향이 있고, 한 활동에 장시간 집중하는 능력이 부족하기 때문이다. 계획을 수립하기 위해 멈춰 생각하려면 현재 행동을 억제해야 한다. 유아들은 하고 있던 행동을 억제하기 어려운데, 좋아하는 활동을 하고 있을 때 특히 그렇다. 유아의 문제해결력에서 나타나는 또 다른 발달 문제는 규칙을 알고 있어도 사용하지 못하기도 하는 것이다.

초·중등학생이 유아보다 문제해결력이 나은 이유는 **지식** 및 **전략**과 관련 있다. 초·중등학생이 해결해야 하는 문제는 더 복잡해서 문제를 정확히 해결하는 데 축적된 지식이 필요하다. 특정 주제에 대해 많이 알면 그 주제와 관련된 문제를 더 잘 해결할 수 있다. 특정 주제에 대한 축적된 지식이 증가되는 것은 제7장 '정보처리 접근'에서 다룬 전문가와 초보자에 대한 내용과 관련이 있다.

초·중등학생은 유아에 비해 효과적인 문제해결 전략을 더 가지고 있는 편이다. 제7장 '정보처리 접근'에서 다뤘던 초인지와 전략을 떠올려보자. 제7장에서 전략 사용은 나이가 들어감에 따라 발

DEVELOPMENT

되돌아보기/앞날을 생각하기
동기는 행동을 촉발하고 목표를 제시하고 유지하는 것이다. 제10장 '동기, 교수, 학습'과 연계해 생각해보자.

고착 이전부터 사용하던 전략만 고집하고 문제를 새로운 관점에서 보지 못하는 것

정신습성 과거에 효과가 있었던 특정 방식으로 문제를 해결하려는 고착의 한 종류

달되는 것으로 배운 바 있다. 문제해결 전략 사용 시 중요한 점은 다양한 전략 중 적절한 것을 선택하는 것인데, 전략의 레퍼토리는 초·중등학교 시기에 급속히 발달된다. 중·고등학생들은 문제해결 과제를 수행하는 과정을 점검하고 자원을 관리하는 능력이 향상되며, 문제해결과 관련 없는 정보를 걸러내는 능력이 개선된다.

문제기반 학습과 프로젝트기반 학습

지금까지 문제해결의 여러 측면을 살펴보았다. 이제 문제해결과 관련된 두 학습법에 대해 알아보자. 먼저 문제기반 학습을 살펴보고 나서 프로젝트기반 학습에 대해 알아보자.

문제기반 학습 **문제기반 학습**(problem-based learning)에서는 일상에서 일어나는 실제 문제를 해결하는 것을 강조한다. 문제기반 학습은 미국 인디애나폴리스 아동박물관의 YouthALIVE!라는 프로그램에 사용된 방법이다. 그 프로그램에서 학생들은 전시물에 대해 구상하고, 계획하고 설치하고, 동영상을 제작한다. 그래서 박물관 방문객들이 전시물을 이해하고 해석하게 돕는 프로그램을 만든다. 그리고 지역사회로 확대할 수 있는 전략을 모색하기 위해 브레인스토밍한다.

교사가 아이디어를 제시하고 필요한 기술을 시연하는 직접적 지도 방법과 달리 문제기반 학습에서 교사는 학생들이 문제에 관심을 가지고 스스로 해결안을 탐구하고 발견하도록 한다(Lozano & others, 2015; Winfrey Avant & Bracy, 2015). 문제기반 학습은 학생들이 스스로 사고 기술을 생각해낼 수 있다는 자신감 함양에 효과적이다.

문제기반 학습은 다음 5단계로 구성되어 있다. (1) 학생들이 문제에 관심을 가지도록 한다. (2) 모둠을 조직한다. (3) 개별 및 모둠별 조사활동을 지원한다. (4) 결과물과 전시물을 개발하여 발표한다. (5) 전체 활동을 분석하고 평가한다(Arends, 2004). 문제기반 학습의 5단계에 대한 구체적인 정보는 그림 8.4에 제시되어 있다.

프로젝트기반 학습 **프로젝트기반 학습**(project-based learning)에서는 학생들이 실생활에 있는 의미 있는 문제를 연구하며 실제 결과물을 제작한다(Tobias, Campbell & Greco, 2015). 프로젝트기반 학습과 문제기반 학습은 동의어로 받아들여지나, 프로젝트기반 학습은 구성주의적 학습 과정이 강조되고 문제기반 학습보다 최종 결과물에 더 중점을 둔다. 프로젝트기반 학습에서 탐구되는 문제 유형은 과학자와 수학자, 역사가, 작가, 기타 전문가들이 실제 연구하는 문제와 유사하다(Langbeheim, 2015).

프로젝트기반 학습 환경에는 다음과 같은 다섯 가지 주요 특징이 있다(Krajcik & Blumenfeld, 2006).

1. 질문 도출하기. 학습 과정은 해결할 핵심질문이나 문제로 시작된다.
2. 실생활에서 접할 수 있는 문제 탐구하기. 학생들은 핵심 질문에 대해 탐구하면서 상황기반 학습 환경에서 전문가들이 진행했던 문제해결 과정에 대해 배운다.
3. 협력하기. 학생들과 교사, 지역사회 인사들이 문제해결안을 찾는 데 협력한다.
4. 비계설정하기. 학습에 필요한 테크놀로지 활용기술을 학습하는 것은 학생들이 문제해결 상황에서 평균 이상으로 해내기 위한 도전이 된다.

문제기반 학습 일상에서 일어나는 실제 문제를 해결하도록 하는 학습법

프로젝트기반 학습 학생들이 실생활에 있는 의미 있는 문제를 연구하며 실제 결과물을 제작하는 학습법

단계	교사의 역할
1단계 학생들이 문제에 관심을 가지도록 한다.	수업목표를 명확히 전달하고, 학생들이 무엇을 해야 하는지 알려주며, 학생 주도적으로 문제를 해결하도록 동기를 고취시킨다.
2단계 모둠을 조직한다.	학생들이 문제 관련 학습 과제를 정의하고 조직하도록 한다.
3단계 개별 및 모둠별 조사활동을 지원한다.	학생들이 적절한 정보를 수집해서 실험을 실시하고, 문제를 설명할 근거와 해결안을 찾도록 한다.
4단계 결과물과 전시물을 개발하여 발표한다.	학생들이 과제 수행 계획을 작성하고 보고서 작성이나 동영상 제작과 같이 적절한 방식으로 결과물을 만들도록 지도하며 결과물을 다른 사람들과 공유하도록 한다.
5단계 전체 활동을 분석하고 평가한다.	학생들이 조사 방법과 사용된 전략, 문제해결 단계를 성찰하도록 한다.

그림 8.4 문제기반 학습 5단계

출처 : After Arends (2004), Table 11.1

5. **최종 결과물 제작하기.** 학생들은 핵심 질문에서 언급되었던 최종 결과물을 제작한다. 다음에 제시된 자기평가 2를 하면서 사고와 문제해결 기술을 평가해보자.

학생과 연계하기 : 최고의 실천
문제해결 지도 전략

1. 학생들에게 실제 생활 문제를 해결할 수 있는 폭넓은 기회를 제공한다. 이 방법을 여러분의 교수법 중 하나로 만들어라. 학생들의 삶과 관련된 문제를 개발하라. 그러한 실생활 문제는 학생들에게는 의미 없는 교과서에 나오는 문제와는 달라 '실제적'이라고 불린다.
2. 학생들의 효율적인 그리고 비효율적인 문제해결 전략을 관찰한다. 교사는 학생들에게 문제해결 기회를 줄 때 문제해결 4단계를 명심하라. 또한 고착과 편향, 동기 및 끈기 부족 같은 문제해결의 걸림돌에 대해 유념하라.

교사의 시선 : 전략도구 상자

나는 수학수업에서 거꾸로 생각하기, 비슷하지만 더 간단한 문제 만들기, 도표 그리기, 표 만들기, 패턴 찾기 같은 문제해결 전략을 사용한다. 수업에서 학생들과 다른 유형 문제에 어떤 전략이 가장 적절한지 논의한다. 학생들이 성공적으로 문제를 해결하면 어떤 전략이 사용되었는지 살펴보는데, 주로 하나 이상 전략을 사용한다. 목수가 공구상자에 망치나 톱을 용도별로 다양하게 갖추고 있는 것처럼 다양한 전략을 학생들에게 알려준다.

3. 학생들의 문제해결에 학부모를 참여시킨다. 미국 버클리에 있는 캘리포니아대학교에서는 '가족 수학'(스페인어로 *Matematica Para la Familia*)이라는 프로그램을 개발해서 학부모들이 긍정적으로 지원하면서 자녀들과 수학 학습을 경험하도록 했다(Schauble & others, 1996). 가족 수학 수업은 학년별로 진행된다(초등 1~2학년, 초등 3~5학년, 초등 6학년, 중학교 1~2학년). 활동 대부분은 학부모와 학생들이 협력학습을 하면서 진행되어 수학 내용뿐 아니라 부모와 자녀 간 이해에도 도움이 된다. 이 프로그램에는 미국에서 40만 이상 학부모와 학생들이 참여하였다.
4. 초등학생과 중·고등학생이 문제해결을 하면서 규칙과 지식, 전략 사용을 향상시킨다. 어린아이들은 문제해결에 필요한 규칙을 알고 있지만 사용하지는 않을 수 있으므로 교사는 학생들에게 알고 있는 규칙을 사용하도록 격려해줄 필요가 있다. 아이들이 지식 기반을 키우고 문제를 해결하도록 도와줄 수 있는 효율적인 전략에 대한 지식을 향상시키도록 격려하라.
5. 테크놀로지를 효율적으로 활용한다. 교사는 수업에 멀티미디어 프로그램을 사용하도록 하라. 이런 프로그램은 학생들의 사고와 문제해결 기술을 상당히 향상시켜줄 수 있다.

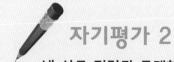

자기평가 2

내 사고 전략과 문제해결 전략은 얼마나 효과적인가?

효과적인 사고 전략과 문제해결 전략을 사용하는 교사는 그렇지 않은 교사보다 학생들에게 좋은 롤모델이 되고 학생들에게
이런 전략을 잘 사용한다. 사고 전략과 문제해결 전략에 대한 문항에 솔직하게 응답해보자. 그리고 각 문항에 해당하는 점
수에 표시하고, 전 문항 점수를 합산하라.
(1점 = 전혀 아니다, 2점 = 거의 아니다, 3점 = 약간 그렇다, 4점 = 매우 그렇다)

	1	2	3	4
1. 나는 효과적인 사고 전략과 비효과적 사고 전략이 무엇인지 알고 있는 편이다.				
2. 내가 사용하는 사고 전략을 주기적으로 점검하는 편이다.				
3. 나는 추론을 잘하는 편이다.				
4. 나는 개념을 형성하는 데 좋은 전략을 사용하는 편이다.				
5. 나는 문제를 비판적이고 깊이 있게 사고하는 데 능숙한 편이다.				
6. 나는 상대방의 생각을 수동적으로 받아들이기보다 나만의 생각을 구축하는 편이다.				
7. 나는 효과적으로 사고하는 과정에 테크놀로지를 활용하는 것을 선호하는 편이다.				
8. 나는 사고하는 것을 배울 수 있는 좋은 롤모델이 있다.				
9. 나는 사고 관련 최신 교육용 자료를 사용하는 편이다.				
10. 나는 책에 제시된 문제해결 4단계와 같은 문제해결 체제를 사용한다.				
11. 나는 문제를 발견하고 잘 구조화한다.				
12. 나는 의사결정을 올바르게 하는 편이며, 편견과 결점이 있는지 항상 점검하는 편이다.				
13. 나는 문제해결을 하면서 하위 목표 설정과 시간을 현시점부터 마감 기한으로 거슬러 올라가며 계획하는 편이다.				
14. 나는 고착과 동기나 끈기 부족, 감정 조절 실패 같은 문제해결의 걸림돌을 잘 통제하는 편이다.				
15. 나는 문제해결을 하면서 성공기준을 세우고 문제해결 목표를 얼마나 달성했는지 평가하는 편이다.				
16. 나는 장시간에 걸쳐 문제를 재고하고 재정의하는 연습이 되어 있는 편이다.				
17. 나는 문제해결 프로젝트를 수행하는 것을 선호하는 편이다.				
18. 나는 창의적 사고를 잘하는 편이다.				

총점 _____

점수화 및 해석

합산 점수가 66~72점이면, 여러분의 사고 전략은 매우 좋은 편이다. 합산점수가 55~65점이면, 여러분은 비교적 좋은 사
고 전략을 가지고 있다. 합산점수가 54점 이하이면, 여러분은 사고 전략을 배워서 사용하는 것이 좋다.

복습하기, 성찰하기 그리고 연습하기

③ 체계적으로 문제를 해결해나간다.

복습하기

- 문제해결은 무엇인가? 문제해결을 하는 주요 단계는 무엇인가?
- 문제해결의 걸림돌 세 가지는 무엇인가?
- 문제해결에 나타는 발달상 변화에는 무엇이 있는가?
- 문제기반 학습은 무엇인가? 프로젝트기반 학습은 무엇인가?

성찰하기

- 여러분이 어려운 문제를 해결해야 한다면, 앞서 다뤘던 문제해결 4단계를 따를 의향이 있는가? 여러분이 학생들에게 좋은 문제해결 모델이 되기 위해 무엇을 할 수 있는가?

연습하기

1. 다음 중 발견법을 사용하는 가장 좋은 예는 무엇인가?
   a. 베티나는 연속되는 숫자의 평균을 계산해야 한다. 베티나는 우선 전체 숫자의 총합을 구하고, 전체 숫자의 수로 나누기로 결정한다.
   b. 앤더스는 마트에 갔다가 엄마를 놓치게 되었다. 앤더스가 직원에게 가서 엄마를 잃어버렸다고 말하자 그 직원은 앤더스를 안내데스크로 데려가주고 안내방송을 해주었다.
   c. 사마리아는 미국 5대 호수의 영문 이름을 외워야 한다. 사마리아는 HOMES(휴런호, 온타리오호, 미시간호, 이리호, 슈페리어호)라는 두문자법을 사용해 기억한다.
   d. 마저리는 자기 방에 깔 카페트가 얼마나 커야 하는지 알아야 한다. 마저리는 직사각형 공간공식을 사용해 m²가 몇 평인지 변환한다.

2. 다음 중 기능적 고착에 대한 예로 가장 적절한 것은 무엇인가?
   a. 잭은 나사를 조여야 하는데 드라이버가 없다. 잭은 바지주머니에 동전을 가지고 있지만, 드라이버 대신 50원짜리 동전을 사용할 생각은 못하고 있다.
   b. 자비에는 곱셈을 배우는 대신 숫자를 여러 번 더하는 전략만 계속 사용하고 있다.
   c. 마리아는 삼각형 모양 공간 크기를 알아내는 데 직사각형 공간 크기 공식을 사용한다.
   d. 솔은 숲에서 길을 잃었다. 솔은 엄마가 숲에서 길을 잃으면 나무를 안고 있으라고 했던 것을 기억했다. 그래서 큰 나무 곁에서 30분간 서 있었고, 마침내 가족이 솔을 발견할 수 있었다.

3. 잭슨은 16세이며 어릴 때보다 훨씬 문제해결을 잘하는 편이다. 다음 중 잭슨이 청소년이 되면서 향상된 문제해결력을 가장 잘 설명하는 것은 무엇인가?
   a. 잭슨은 이제 사춘기가 아니기 때문에 호르몬 분비가 안정되었다.
   b. 잭슨은 문제해결 과제에 요구되는 것들을 더 잘 점검한다.
   c. 잭슨은 해결해야 할 문제가 주어지면 자극에 더 반응을 하며, 자극을 더 잘 분류하게 되었다.
   d. 잭슨은 잘 알고 있는 전략을 최소한으로 사용한다.

4. 다음 중 문제기반 학습에 대한 예로 가장 적절한 것은 무엇인가?
   a. 과학 수업에서 학생들은 날달걀을 학교 지붕에서 떨어뜨리면 깨지지 않도록 구두 상자를 사용한다.
   b. 학생들은 일상생활에서 수학 수업 내용이 적용된다는 것을 이해하는 데 필요한 단어를 배운다.
   c. 학생들은 점점 난이도가 높아지는 넛셈과 곱셈 문제를 푼다.
   d. 학생들은 역사 교과서 각 단원 마지막에 있는 질문에 답을 한다.

정답은 '연습하기 정답' 참조

학습목표 4
전이에 대해 정의하고, 교사로서 전이를 향상시킬 수 있는 방법을 설명한다.

4 전이

전이는 무엇인가   전이의 유형

중요하고 복잡한 인지 목표는 학생들이 어떤 상황에서 배운 것을 새로운 상황에 적용할 수 있는 것이다. 학교 교육에서 중요한 목표는 학생들이 교실 밖에서 적용할 수 있는 것을 배우는 것이다. 학생이 국어성적은 우수한데, 구직활동을 하면서 자기소개서를 잘 쓰지 못한다면 학교가 제대로 기능하지 못하는 것이다. 그리고 학생이 수학성적은 우수한데, 직장에서 업무상 필요한 계산이 안 된다면 학교는 효과적으로 학생들을 교육하지 못하고 있는 것이다.

전이는 무엇인가

전이(transfer)는 선행 경험과 지식을 새로운 상황에서 학습하거나 문제해결에 적용할 때 일어난다. 즉 학생이 수학에서 배운 개념을 과학 문제를 푸는 데 사용하면, 전이가 일어난 것이다. 그리고 학생이 학교에서 '공정성'의 개념에 대해 공부한 이후 교실 밖에서 타인을 좀 더 공정하게 대했다면 전이가 일어난 것이다.

전문가들은 전이가 일어나는 가장 좋은 방법은 '전이하는 법을 가르치는 것'이라고 주장한다 (Schwartz, Bransford & Sears, 2005). 전문가들은 그 사람이 수행을 해야 하는 상황에서 가르치면, 전이에 대한 고민은 해결될 것이라고 강조한다. 학생들이 실생활에서 겪을 수 있는 문제에 대비하게 하면 학생들의 현재 학습 수준과 학습목표 간 격차는 확연히 줄어든다(Bransford & others, 2005). 전이를 향상시키는 다른 전략은 개념에 대한 예시 1개는 충분치 않을 수 있으므로 2개 이상 제시하는 것이다. 또는 학생들에게 재현이나 시범, 문제해결 활동에 도움이 되는 매트릭스를 제공하는 것이다. 그리고 학생들 스스로 관련 정보를 더 찾아보게 해서 관련 정보의 전이 가능성을 높여주는 것이다(Sears, 2008). 전이를 향상시키는 또 다른 전략은 학생들에게 잘 구조화된 반대 사례를 제시해서 전문가의 문제해결 방안에 대해 수업을 하기 전 각 사례의 문제해결 방안을 작성해보도록 하는 것이다. 이 전략은 먼저 문제해결 방안을 작성해봄으로써 학생들이 그 문제와 관련된 사전지식을 그 문제의 특성과 연계해보도록 할 수 있다. 학생들이 전문가의 문제해결 방안을 보고 그 문제해결 방안이 핵심 특성과 어떻게 서로 연관되는지 알게 되면, 학생들은 그 문제해결 방안이 얼마나 효과적이며 추후 다른 상황에서 더 효율적으로 전이되는지 잘 이해할 수 있다.

전이의 유형

어떤 전이 유형이 있는가? 전이에는 (1) 근전이와 원전이, 그리고 (2) 저도전이와 고도전이가 있다 (Schunk, 2016).

근전이와 원전이 **근전이**(near transfer)는 수업 상황이 초기 학습이 일어났던 상황과 유사할 때 일어난다. 예를 들어, 수학 교사가 기하학 단원에서 논리적으로 개념을 증명하는 방법을 학생들에게 가르친 후 학생들이 그 개념을 배웠던 같은 상황에서 이 논증을 검증한다면, 이는 근전이가 된다.

원전이(far transfer)는 처음 학습이 일어난 상황과 매우 다른 상황으로 학습이 전이되는 것을 의

전이 선행 경험과 지식을 새로운 상황에서 학습하거나 문제해결에 적용하는 것

근전이 수업 상황이 초기학습 상황과 유사할 때 일어나는 전이

원전이 처음 학습이 일어난 상황과 매우 다른 상황으로 학습이 전이되는 것

미한다. 예를 들면, 학생이 기하학 수업 시간에 배운 것을 건축사무소에서 아르바이트를 하면서 건축설계에서 공간 문제를 분석하는 데 적용한다면 원전이가 된 것이다.

저도전이와 고도전이   가브리엘 살로몬과 데이비드 퍼킨스(Salomon & Perkins, 1989)는 전이를 저도이와 고도전이로 구분하였다. **저도전이**(low-road transfer)는 선행학습이 자동적이고 무의식적으로 다른 상황에 전이되는 것이다. 저도전이는 반성적 사고가 필요하지 않은 아주 숙련된 기술을 사용할 때 일어난다. 예를 들어, 책을 아주 잘 읽는 사람들은 모국어로 적힌 새로운 문장을 자동적으로 읽는다.

반면 **고도전이**(high-road transfer)는 의식적으로 일어나고 노력을 기울여야 한다. 학생들은 의식적으로 선행학습 상황에서 배운 것과 현재 직면한 새로운 상황을 연관 짓는다. 고도전이는 의식하면서 일어난다. 즉 학생들은 무엇을 하고 있는지 인식해야 하고 상황들 간 상관관계를 생각해야 한다. 고도전이는 선행경험에서 습득한 일반규칙이나 원리를 새로운 상황에서 새로운 문제에 적용해보는 것을 의미한다. 예를 들어, 학생들은 수학 시간에 하위 목표 설정(중간 목표 설정)에 대한 개념을 배우게 된다. 몇 달 후 학생들 중 몇몇은 많은 분량의 역사 과제에 하위 목표 설정을 하면 도움이 된다고 생각할 수 있다. 이것이 고도전이이다.

살로몬과 퍼킨스(Salomon & Perkins, 1989)는 고도전이를 전진전이와 후진전이로 세분화한다. **전진전이**(forward-reaching transfer)는 학생들이 선행지식을 어떻게 새로운 상황에 적용할지 생각할 때 일어난다(현재 상황에서 '전방'을 보며 새로운 상황에 정보를 적용하는 것이다). 전진전이가 일어나려면 학생들은 학습을 전이할 상황에 대해 알아야 한다. **후진전이**(backward-reaching transfer)는 학생들이 새로운 상황에서 나타난 문제을 해결하는 데 도움이 될 정보를 이전('과거') 상황을 돌이켜 생각해보면서 일어난다.

고도전이의 두 유형을 더 잘 이해하도록 영어 수업을 듣고 있는 학생을 머릿속으로 그려보자. 이 학생은 방금 문장과 문단을 구성하는 작문 기술을 배웠다. 이 학생은 내년에 학교 신문기자가 되면, 독자에게 매력적인 글을 쓰는 데 작문 전략을 어떻게 쓰면 좋을지 생각하기 시작한다. 이것이 전진전이이다. 이제 이 학생이 학교 신문 편집자로서 일하는 첫날이라고 생각해보자. 학생은 어떻게 신문 지면을 배치할지 고민하고 있다. 학생은 잠시 생각에 잠기더니 수업에서 이전에 배웠던 지리학과 기하학을 떠올려본다. 학생은 과거 경험을 되새겨 학생신문 지면 구성에 사용한다. 이것은 후진전이이다.

문화적 관행과 전이   문화적 관행은 얼마나 쉽게 혹은 어렵게 전이가 일어나는지와 관련 있다. 선행지식에는 학습자가 민족성, 사회경제적 지위, 성역할 같은 문화적 경험으로 습득한 지식이 포함되어 있다(National Research Council, 1999). 어떤 경우에는 이런 문화적 지식이 아이들의 학습을 지원하고 전이를 촉진하지만, 다른 경우에는 방해가 되기도 한다.

어떤 문화권 학생들에게는 지역사회에서 배운 것과 학교에서 배운 것이 서로 맞지 않아 전이가 최소한으로 일어난다. 예를 들어, 이야기(storytelling) 방식에 대해 생각해보자. 유럽계 미국인 가정 아이들은 학교에서 가르치는 직선적 표현 방식의 글쓰기나 말하기와 아주 밀접한 직선적 방식을 사용한다(Lee & Slaughter-Defoe, 1995). 이러한 방식에는 연대순으로 일련의 사건을 열거하는 것이 있다. 반면 아시아 태평양섬 원주민이나 인디언(북미 원주민)과 같은 민족은 비선형적이고 맥락적(전체적)/순환적 방식으로 이야기를 하기 때문에 비라틴계 백인 교사들은 그 이야기가 비조직적

DIVERSITY

저도전이 자동적이고 무의식적으로 나른 상황에서 학습이 전이되는 것

고도전이 의식하고 노력하여 어떤 상황에서 획득한 정보를 다른 상황에 적용하는 것

전진전이 습득한 정보를 미래 상황에 적용하는 것

후진전이 새로운 상황에서 문제해결에 필요한 정보를 과거 상황을 떠올려 찾는 것

이라고 생각할 수 있다(Clark, 1993). 그리고 아프리카계 미국인 가정의 아이들도 일반적으로 비선형적이고 주제 연관 이야기 방식을 사용한다(Michaels, 1986).

특정 생각을 지지하는 논증 방식도 문화마다 다르다. 중국인들은 주장하는 바를 뒷받침하는 근거를 먼저 제시하고 나서 핵심 요점이나 주장을 제시하는 방식을 선호한다(주제문을 제시하고 세부 근거 문장을 제시하는 방식과 반대). 비중국인 청자는 이런 방식을 '에둘러 말한다'고 판단한다(Tsang, 1989). 교사들은 의사소통 방식의 다양성을 혼란스럽다거나 유럽계 미국인 문화권의 방식보다 열등하다고 받아들이기보다 문화적 민감성을 가지고 문화적 다양성에 대해 알고 있어야 한다. 이것은 특히 학생들이 가정환경에서 학교 환경으로 전환을 하는 시기인 초등학교 저학년 시기에 중요하다.

최근 교사들에게 어떻게 학생들이 수업에서 습득한 지식을 외부 세계로 전이하도록 지도하는지 문의한 바 있다. 그에 대한 응답은 다음과 같다.

유치원 교사 우리가 수업에서 얻는 지식을 외부 세계와 연결시키는 방법은 아이들이 집에서 듣는 음악과 유사한 소리를 내는 악기들을 교실에 두는 것입니다. 예를 들어, 우리 유치원에는 다양한 국가 출신의 다문화 가정 아이들이 있는데, 아이들이 집에서 가족과 함께 듣는 음악은 콩가와 드럼, 기타로 연주된 것입니다. 우리는 이런 악기들을 교실에 두고 아이들이 그 악기들을 연주하도록 합니다.

–발레리 고햄, 키디쿼터스사

초등학교 교사 저는 2학년 학생들과 이민을 주제로 토의를 하면 먼저 학생들에게 새 교실이나 학교, 새 집, 새로운 지역사회 같은 새로운 장소로 이동하면 어떨지 잠시 생각해보게 합니다. 그리고 나서 학생들에게 새로운 장소로 이동한다고 가정했을 때 어떤 느낌을 가졌는지(예 : 기쁘다, 슬프다, 두렵다 등) 그리고 왜 그렇게 느꼈는지 질문을 합니다. 다음으로 학생들에게 실제 생활 속에서 이런 생각을 가져보도록 하고 이런 시기에 대한 그림을 그려보도록 합니다. 이 활동은 학생들이 수업에서 이민에 대해 배운 정보를 실생활 속에 하게 되는 유사한 경험에 전이하게 합니다.

–엘리자베스 프라셀라, 클린턴초등학교

중학교 교사 저는 사회 과목을 가르치면서 학생들에게 특정 주제에 대한 신문 기사들을 읽고 학생들이 읽은 기사에 대응되는 신문 기사를 써보도록 합니다. 이 활동은 학생들이 개인적으로 그 주제에 더 생각해보도록 합니다.

–케이시 마스, 에디슨중학교

고등학교 교사 고등학생들은 특히 장래 직업에 관심이 많습니다. 저는 진로진학 교사로서 학생들이 진로 교재 내용 중 개인이 가진 기술과 관심 수준을 파악하고, 그것에 맞는 직업을 탐색하는 '진로인식' 단원을 특히 좋아한다는 것을 알게 되었습니다.

–샌디 스완슨, 메노모니폴즈고등학교

학생과 연계하기 : 최고의 실천
전이 지도 전략

1. 학생들이 성공적인 인생을 살기 위해 무엇이 필요한지 생각해본다. 교사는 학생들이 내용지식을 방대하게 가지고 있지만, 그 내용을 현실세계에 어떻게 적용하는지 모른 채 고등학교를 졸업하기 바라지 않는다. 학생들이 무엇을 알아야 할지 생각해보는 전략은 이 장에서 다뤘던 '최종목표를 고려하는' 문제해결 전략을 사용한 것이다. 예를 들어, 고용주는 고등학교나 대학교 졸업자가 무엇을 할 수 있기 바라는가? 대학교 졸업생을 채용하는 기업 고용주 대상 조사에 따르면, 고용주가 인재채용 시 가장 기대하는 세 가지 기술은 (1) 의사소통 능력, (2) 대인관계 기술, (3) 팀워크 능력이었다(Collins, 1996). 그리고 고용주는 채용 인재가 전공지식과 기술에 능숙하고, 리더십이 있으며, 분석 기술이 있고, 융통성이 있으며, 우수한 컴퓨터 활용 능력을 갖추기를 기대한다고 응답했다. 교사가 학생들이 미래에 갖추어야 할 능력을 충분히 연습시켜 이런 기술을 연마해나가도록 하는 것은 학생들이 긍정적으로 전이를 하도록 지도하는 것이다.

2. 학생들에게 실제 세계를 학습할 기회를 많이 제공한다. 학교에서 이루어지는 학습은 교실이나 교과서 너머 실생활에 전이에 대해 고려하지 않은 인위적인 것이다. 교사는 학생들에게 실생활과 관련된 문제를 해결하고 사고할 기회를 가능한 많이 제공해야 한다. 교사는 다양한 분야에서 인사를 초청해 학급 학생들과 이야기하게 함으로써 실세계 문제를 수업에서 다룰 수 있다. 그리고 학교 진입 장벽을 낮춰 다양한 전문가와 지역 인사를 학교로 초청할 수 있다. 교사는 정규 교육과정을 지역사회와 연계하여 박물관이나 기업, 대학 등에 현장견학을 계획해 학생들을 실세계로 데리고 갈 수 있다. 예를 들어, 국립미술관 온라인 홈페이지에는 4만 5,000개가 넘는 이미지를 디지털로 무료 열람할 수 있다(https://images.nga.gov/en/page/show_home_page.html). '교사의 시선'에서 크리스 라스터 선생님의 학생지도 방법을 다룰 것이다. 크리스 라스터 선생님은 학생들이 배운 것을 교실 밖의 실생활에 전이하도록 지도하는 우수한 수업 전략을 가지고 있다.

교사의 시선 : 과학을 실감나게 체험하게 하고
학생을 지역사회와 연계하기

학생들은 크리스 선생님이 과학을 실감나게 가르친다고 말한다. 다음은 크리스 선생님이 사용하는 교과지식을 교실 밖으로 전이시키는 실세계와 연계된 혁신적인 교수 전략이다.

* *사이언스 블래스터(Science Basters)*. 학생들은 학교 방송국에서 상영할 영상을 제작하려고 대본을 쓰고 기획을 하고 영상을 촬영한다.
* *사이테크 사파리(Sci-Tech Safari)*. 여름에 학생들은 오케페노키 습지와 같은 아주 흥미로운 장소로 현장견학을 가서 체험학습을 한다.
* *인트레피드(Intrepid)*. 지역 산업체와 근처 공군기지에서 구한 부품으로 크리스 선생님과 동료 교사들이 실제와 뉴사하게 만든 모형 우주왕복선을 디고 27시간 모의 우주비행 준비 훈련에 열심히 임한다(Copeland, 2003).

3. *개념이 적용되도록 한다.* 교사가 더 많은 지식을 학생들 머릿속에 넣으려고 할수록 전이가 일어날 가능성은 줄어든다. 교사는 개념을 가르칠 때, 먼저 그 개념을 정의하고(또는 학생들과 함께 그 개념을 정의 내리고) 학생들에

크리스 선생님과 동료 교사가 만든 우주왕복선 조종실에서 학생을 지도하고 있다.
© Michael A. Schwarz

게 그 개념의 예를 들어보도록 하라. 학생들에게 그 개념을 개인적 삶이나 다른 상황에 적용해보도록 하라.

4. *깊이 있는 개념의 이해와 의미를 가르친다.* 개념을 이해하도록 하고 그 의미가 무엇인지 가르치는 것은 사실만 기억하도록 하는 것보다 전이가 잘 되도록 한다. 그리고 의미를 적극적으로 구성하고 자료를 이해하려고 노력할 때 학생들의 개념에 대한 이해는 향상된다.

5. *촉구를 사용해 학생들이 혼잣말로 설명해보도록 지도한다.* 연구자들은 혼잣말로 설명하는 것이 전이를 향상시킨다는 사실을 밝혀냈다. 예를 들어, 선행 연구에서 수학 익 힘 문제를 풀고 있는 3~5학년 학생들에게 어떻게 그 답을 도출하게 되었는지 풀이과정을 설명해보도록 하는 것은 새로운 유형의 수학 문제로 전이와 연관이 있다는 사실이 밝혀졌다(Rittle-Johnson, 2006).

6. *일반화할 수 있는 전략을 가르친다.* 전이는 기술과 지식뿐 아니라 전략도 해당된다(Schunk, 2016). 학생들은 전략을 배우지만 그 전략을 다른 상황에서 어떻게 적용해야 하는지 이해하지 못한다. 그 전략이 다른 상황에 적절할지 이해하지 못했을 수 있고, 다른 상황에서 활용하려면 어떻게 수정해야 하는지 모를 수 있으며, 그 전략을 적용할 기회가 없었을 수 있다(Pressley, 2007).

일반화할 수 있는 전이 향상을 위한 교수 전략은 3단계로 구성되어 있다(Phye & Sanders, 1994). 초기 습득 단계에서 학생들은 그 전략의 중요성에 대한 정보를 습득하게 되며 그 전략을 사용하는 방법을 알고 전략을 활용하는 연습을 하게 된다. 두 번째 보유 단계에서 학생들은 그 전략을 활용하는 연습을 더 하게 되며, 그 전략을 활용하는 법을 회상해 기억한 방법이 맞는지 점검하게 된다. 세 번째 전이 단계에서 학생들은 그 전략을 활용해 새로운 문제를 해결하게 된다. 학생들에게 주어진 문제는 같은 전략을 활용해 해결할 수 있지만 표면적으로는 새로운 것처럼 보이는 문제이다.

되돌아보기/앞날을 생각하기

교사는 학생들이 더 효과적인 학습 전략 사용을 지원하는 수많은 전략을 활용할 수 있다. 제7장 '정보처리 접근'과 연계해 생각해보자.

복습하기, 성찰하기 그리고 연습하기

❹ **전이에 대해 정의하고, 교사로서 전이를 향상시킬 수 있는 방법을 설명한다.**

복습하기
- 전이는 무엇인가? 왜 교사는 전이에 대해 생각해야 하는가?
- 전이의 유형에는 무엇이 있는가?

성찰하기
- 여러분은 학교에서 습득한 정규 교육과정이 학교 밖 생활에 전이가 되지 않은 경험을 한 적이 있는가? 여러분은 그런 상황이 왜 일어난다고 생각하는가?

연습하기
1. 다음 중 전이의 예가 아닌 것은 무엇인가?
   a. 마리아는 18세기에 쓰인 소설을 읽고 역사 수업에서 받은 문제에 답을 하는 데 소설을 읽고 알게 된 결혼 관습 정보를 사용한다.
   b. 프랭크는 수학 수업에서 열심히 공부하며 알고리즘에 대해 배운다.
   c. 대니얼은 과학 수업에서 멸종위기에 처한 양서류에 대해 배우고 과학 박람회 프로젝트 연구에 그 정보를 사용한다.
   d. 엠마는 국어 수업에서 사전 사용법을 배워 사회학 용어를 찾는 데 그 방법을 사용한다.

2. 다음 중 원전이의 예로 가장 적절한 것은 무엇입니까?
   a. 코리는 통계학 수업에서 배운 기술을 연구과제에서 데이터 분석을 하는 데 사용한다.
   b. 데비는 차 운전 경력이 오래되어 동생의 차를 생각을 거의 의식하지 않고 운전한다.
   c. 제이슨은 자동차에 발생한 문제를 진단하는 데 컴퓨터 수업에서 배운 문제해결 과정을 사용한다.
   d. 마이크는 텔레비전에 나온 스페인어 단어가 영어 단어와 비슷하게 생겼기 때문에 읽을 수 있다.

정답은 '연습하기 정답' 참조

교실과 연계하기 : 사례 분석하기

통계학 시험

카산드라는 이번 주 금요일에 수학 시험을 칠 것이다. 카산드라는 며칠 동안 저녁에 시험 범위에 있는 중심 경향과 타당도와 같은 척도에 대한 통계 공식을 저녁마다 공부했다. 시험공부를 하면서 카산드라는 반복해서 셀프테스트를 했다. 처음에는 두 개념이 헷갈렸지만, 여러 번 공부한 결과 이제 틀리지 않고 두 공식을 암송할 수 있다. 카산드라는 시험을 잘 칠 자신이 있다고 생각한다.

금요일, 카산드라는 시험지를 받자마자 먼저 잊어버리기 전에 공식을 시험지에 적어두었고, 그렇게 함으로써 시험을 잘 칠 수 있을 것이라고 생각했다. 공식을 적어두고 나서 카산드라는 시험 문제를 읽어나갔다. 1번 문제는 점수표가 제시되어 있으면서 그 점수의 평균과 중심값, 최빈값, 분산, 표준편차를 구하는 것이었다.

카산드라는 걱정스러운 표정으로 시험지에 적어둔 공식을 보았다. 카산드라는 어떤 공식이 어떤 통계값에 해당하는 것인지 알고 있다. 예를 들어, 평균을 구하는 공식이 Sx/n이라는 것을 알고 있다. 문제는 Sx가 무엇인지 모르는 것이다. 카산드라는 '/n'은 n으로 나누는 것이라는 것은 알고 있지만, 그렇다면 n이 뭐지? 나머지 공식을 보면서 같은 문제가 있다는 것을 카산드라는 뒤늦게 깨닫게 되었다. 카산드라는 시험지를 망연자실하게 보고 있다. 그렇게 열심히 공부하고 모든 공식을 기억하고 있지만, 카산드라는 시험 문제 단 하나도 풀 수 없었다.

1. 이 사례에서 주요 문제는 무엇인가?
2. 카산드라는 무엇을 잘못했는가?
3. 카산드라가 다음 시험에서 더 나은 점수를 얻으려면 어떤 다른 조취를 취해야 하는가?
4. 만약 여러분이 카산드라의 통계학 교사라면, 이런 시험 유형을 대비해 학생들에게 어떻게 시험준비를 하도록 지도할 수 있는가?
5. 다음 중 카산드라의 다음 통계학 시험에 가장 도움이 될 수 있는 전략은 무엇인가?
   a. 한 번에 한 공식을 집중해서 공부한다.
   b. 공식 암기에 너무 신경 쓰지 않는다.
   c. 평균과 중심값, 최빈값, 분산, 표준편차의 정의를 이해한다.
   d. 각 유형의 문제를 풀어본다.

6. 다음 교수 전략 중 학생들이 이런 유형 시험을 잘 칠 수 있도록 지도하는 데 가
장 적절한 것은 무엇인가?
   a. 수업에서 많은 연습 문제를 풀어보면서 학생들이 그 공식의 의미를 확실히 이
   해하도록 한다.

b. 학생들에게 평균과 중심값, 최빈값, 분산, 표준편차의 정의에 대해 퀴즈를 낸다.
c. 공식에 대한 퀴즈를 낸다.
d. 학생들이 공식을 암기하도록 기억 전략을 가르쳐준다.

학습과 연계하기 : 학습목표 달성하기

1 **개념 이해** : 개념 이해와 개념 형성을 위한 교수 전략을 설명한다.

> 개념이란 무엇인가
>
> 개념 형성 촉진하기

- 개념은 공통 속성에 기초한 사물과 사건, 특성의 사고 집합이다. 개념은 정보를 단순화하고, 요약하며 조직화한다. 개념은 기억과 의사소통, 시간 활용을 향상하는 데 도움이 된다.

- 교사가 학생들에게 개념 형성에 대해 가르치면서 개념의 핵심 특성, 개념의 정의와 예시(규칙-예시 전략 사용), 위계적 분류화, 개념도, 가설검증, 원형 대응에 대해 학생들과 토론하는 것이 도움이 된다.

2 **사고** : 다양한 사고 유형과 사고의 교수 전략에 대해 설명한다.

> 사고란 무엇인가
>
> 집행기능
>
> 추론
>
> 비판적 사고

- 사고는 기억에서 정보를 조작하고 변형하는 것과 관련이 있다. 사고의 유형에는 개념 형성하기, 추론하기, 비판적으로 사고하기, 의사결정하기, 창의적으로 생각하기, 그리고 문제해결하기가 있다.

- 집행기능은 뇌의 전전두엽 피질의 발달과 연관이 있는 여러 가지 고등인지 과정 모두를 포함하는 포괄적인 개념이다.
- 집행기능은 목표 지향적인 행동을 하고 자기통제를 훈련하는 자기 생각을 관리한다.
- 아동 초기에 집행기능은 인지적 억제와 인지적 유연성, 목표 설정, 만족지연에서 발달이 일어난다. 아동 중·후기에는 자기통제/억제, 작업기억, 유연성이 발달된다. 청소년기에는 인지적 통제력이 발달된다.
- 컴퓨터화된 훈련과 에어로빅, 발판화, 마음챙김, 육아, 교수와 같은 다양한 활동에는 집행기능을 증진시키는 요인이 있다.

- 귀납적 추론은 구체적인 것에서 일반적인 것으로 추론하는 것이다. 유추는 귀납적 추론을 이용하는 것이다. 연역적 추론은 일반적인 것에서 구체적인 것으로 추론하는 것이다. 귀납적 추론과 연역적 추론 모두 청소년기에 향상된다.

- 비판적 사고는 반성적이고 생산적으로 생각하고 증거를 평가하는 것이다. 마음챙김은 비판적 사고를 반영한 개념이다. 브룩스와 브룩스는 학생들에게 비판적이고 깊이 있게 사고하도록 가르치는 학교가 거의 없다고 주장한다. 이 연구자들은 학교들이 학생들에게 새로운 아이디어를 생

각해 사고를 확장해나가도록 하기보다 정답만 가르치고 있다고 주장한다.

| 의사결정 |

- 의사결정은 대안을 평가하고 그중에서 선택하는 것을 포함하는 사고이다. 의사결정의 한 종류는 다양한 결과의 손익을 재보는 것이다. 수많은 편향(확증편향, 신념고수, 과신편향, 사후과대확증편향)이 좋은 의사결정에 방해가 될 수 있다.
- 나이가 많은 청소년이 어린 청소년보다 의사결정 능력이 우수하며, 어린 청소년이 아동에 비해 의사결정 능력이 우수한 편이다. 청소년은 흥분해 있을 때보다 차분할 때 의사결정을 더 잘한다. 사회적 맥락, 특히 또래와 같이 있는 것이 청소년의 의사결정에 영향을 미친다. 청소년의 의사 결정의 특징을 설명하는 데 이중처리 모형이 제시되었다.

| 창의적 사고 |

- 창의성은 어떤 것을 새롭고 흥미로 방식으로 생각하고 문제를 독특하게 해결하는 능력이다.
- 길포드는 수렴적 사고(하나의 정답을 도출해야 하는 전통적 지능검사에서 요구하는 사고양식)와 확산적 사고(동일한 질문에 많은 답을 하려는 창의성의 특성)로 구분했다.
- 창의적인 학생 대부분이 지능이 상당히 높은 편이지만, 창의적이지 않은 학생이 지능이 낮다고는 말할 수 없다.
- 창의적인 과정은 5단계로 되어 있지만 항상 같은 순서로 진행되는 것은 아니다.
- 다음은 교사들이 학생들의 창의성을 증진시킬 수 있는 몇 가지 방법이다. 모둠과 개별로 창의적 사고를 할 수 있는 활동을 제공하라. 창의성을 자극하는 환경을 제공하라. 학생들을 과잉통제하지 마라. 내재적 동기를 가지도록 지도하라. 유연하게 사고할 수 있도록 지도하라. 학생들의 자신감을 길러주어라. 학생들이 위험을 감수하도록 하라. 학생들이 끈기를 가지고 만족을 지연하도록 지도하라. 학생들에게 창의적인 인물을 소개하라.

③ 문제해결 : 체계적으로 문제를 해결해나간다.

| 문제해결 단계 |

- 문제해결에는 목표를 달성하기 위한 적절한 방법을 찾는 것이 포함된다. 문제해결에 있어 네 가지 단계는 (1) 문제를 찾고 형성한다. (2) 좋은 문제해결 전략(하위목표 설정, 발견법, 알고리즘, 수단–목표 분석)을 계발한다. (3) 해결책들을 평가한다. (4) 문제와 해결책을 여러 번 다시 생각하고 다시 정의한다.

| 문제해결의 걸림돌 |

- 문제를 해결하는 데 장애물이 되는 것은 고착(기능적 고착과 정신적 마음가짐), 동기 및 끈기 부족, 그리고 감정 통제를 못 하는 것이다.

| 발달적 변화 |

- 문제해결에서 발달적 변화가 일어난다. 축적된 지식과 전략들의 효율적인 사용이 더 나이가 많은 아동과 청소년의 문제해결 능력을 향상시켜준다.

| 문제기반 학습과
프로젝트기반 학습 |

- 문제기반 학습은 일상에서 일어나는 것과 같은 진짜 문제를 해결하는 것을 강조한다. 프로젝트기반 학습에서는 학생들이 실제적이고 의미 있는 문제를 다루며 가시적인 결과물을 만들어낸다.

전이 : 전이에 대해 정의하고, 교사로서 전이를 향상시킬 수 있는 방법을 설명한다.

전이는 무엇인가

- 전이는 선행경험과 지식을 새로운 상황에서 학습하거나 문제해결에 적용할 때 일어난다. 학생들이 수업에서 배운 내용을 교실 밖 실생활에 적용하면 도움이 된다.

전이의 유형

- 전이의 유형에는 근전이, 원전이, 저도전이, 고도전이가 있다. 근전이는 상황이 유사하면 일어나고, 원전이는 상황이 아주 다르면 일어난다. 저도전이는 반성적 사고를 필요치 않는 아주 숙련된 기술을 사용할 때 일어난다. 고도전이는 의식적으로 일어나고 노력을 기울여야 한다. 고도전이는 전진전이와 후진전이로 세분화된다.
- 문화적 관행도 전이에서 중요하게 고려되어야 한다.

주요 용어

개념(concept)
개념도(concept map)
고도전이(high-road transfer)
고착(fixation)
과신편향(overconfidence bias)
귀납적 추론(inductive reasoning)
근전이(near transfer)
마음챙김(mindfulness)
문제기반 학습(problem-based learning)
문제해결(problem solving)
발견법(heuristics)
비판적 사고(critical thinking)

사고(thinking)
사후과대확증편향(hindsight bias)
수단-목표 분석(means-end analysis)
수렴적 사고(convergent thinking)
신념고수(belief perseverance)
알고리즘(algorithm)
연역적 추론(deductive reasoning)
원전이(far transfer)
원형 대응(prototype matching)
유추(analogy)
의사결정(decision making)
이중처리 모형(dual-process model)

저도전이(low-road transfer)
전이(transfer)
전진전이(backward-reaching transfer)
정신습성(mental set)
집행기능(executive function)
창의성(creativity)
프로젝트기반 학습(project-based learning)
하위 목표 설정(subgoaling)
확산적 사고(divergent thinking)
확증편향(confirmation bias)
후진전이(forward-reaching transfer)

포트폴리오 활동

이제 여러분은 이 장에서 다룬 개념들을 모두 이해하였을 것이다. 여러분의 사고 수준을 향상시키도록 다음 연습문제를 풀어보자.

독립적 성찰

1. **의사결정 기술을 평가하라** 여러분의 의사결정 방식을 생각해보자. 여러분은 다른 사람이 반대하는 상황에서 좋은 결정을 내릴 수 있는가? 여러분의 의사결정에 확증편향이나 신념보존, 과잉편향, 사후과대확증편향에 의해 어느 정도 영향을 받는지 논의해보자. 여러분은 의사결정 기술을 향상시키기 위해 무엇을 할 수 있는가?

연구 및 현장 경험

2. **창의성 연구** 아마빌이나 룬코 같은 창의성 분야 대표 학자들의 저서나 논문을 읽어보자. 그런 문헌에서 언급한 창의성의 핵심 내용은 무엇인가? 이런 연구가 교실 상황에서도 실시될 수 있는가?

협력 작업

3. **문제기반 학습 프로젝트를 만들어보라** 창의적으로 사고해보자. 학급 학생 3~4명으로 팀을 구성해 수학 외 과학이나 사회, 국어 같은 과목에서 문제해결이 필요한 탐색 문제를 만들어보자. 그 내용은 구체적으로 작성해둔다.

사회적 구성주의 접근

이 장의 개요

인간은 사회적 동물이다.

– 아리스토텔레스, 기원전 4세기 그리스 철학자

© shutterstock

교사와 연계하기 : 척 롤스

척 롤스는 조지아주 메이컨에 있는 애플링중학교의 국어 교사이다. 그는 동료교수에 대한 이야기를 들려주었다.

교사 1년차 시절 나는 어쩔 수 없이 '스위치 데이'라는 교내활동에 참여하게 되었다. 이 활동은 학생과 교사가 역할을 바꾸는 것인데, 교사 역할을 하기 원하는 학생들은 자신이 누구의 역할을, 왜 하고 싶은지에 대한 에세이를 제출하도록 되어 있었다. 나를 선택한 학생 중 크리스의 에세이는 놀라우리만큼 훌륭했고, 그는 나의 '스위치 데이' 파트너가 되었다. 크리스의 수업은 완벽하게 진행되었다. 크리스는 능숙하게 수업을 진행했고, 학생들은 이 색다른 수업에 열심

히 참여했다. 특히 크리스는 나의 말투나 버릇을 일부러 혹은 별 생각 없이 따라 했는데 그것을 지켜보는 것은 무척 흥미로웠다. 그는 나에 대해 무척 잘 알고 있었고, 이것을 이용해 친구들을 도왔다. 크리스는 그날 수업 주제였던 수의 일치 단원에 있어 전문가가 된 듯했고, 학생들은 이 내용을 잘 배울 수 있었다. 이 경험은 나에게 두 가지 교훈을 남겼다. 첫째, 새로운 것을 시도하는 것을 두려워하지 말라. 둘째, 동료교수는 통한다. 그러나 제대로 된 학생이, 적절한 주제에 대해 교사 역할을 할 수 있도록 환경을 마련해주어야 한다.

미리보기

아동은 스스로 생각할 수 있는 존재이나, 사회적 존재이다. 척 롤스의 이야기에서 알 수 있듯이 효과적인 학습은 아동들이 협력할 때 일어난다. 개인주의적 문화에서는 최근에서야 협력적 사고가 주목받고 있다. 이 장에서는 사회적 구성주의 접근에서 강조하는 협력적 사고에 대해 살펴볼 것이다.

학습목표 1
사회적 구성주의 접근과 다른 구성주의 접근을 비교한다.

① 교수에서의 사회적 구성주의 접근

| 광의의 구성주의 맥락에서 사회적 구성주의 | 상황인지 |

사회적 구성주의 접근은 학습에 있어 혁신을 불러왔다. 이러한 혁신에 대해 살펴보기 전에 사회적 구성주의를 포괄하는 구성주의의 기본 개념에 대해 정리해보자.

광의의 구성주의 맥락에서 사회적 구성주의

되돌아보기/앞날을 생각하기
구성주의적 접근과 직접 교수법 접근 중 어느 것이 더 효과적인 교수법인지는 교육학의 주요 쟁점 중 하나이다. 제1장 '교육심리학 : 효과적 교수를 위한 도구'와 연계해 생각해보자.

구성주의는 개인이 지식을 어떻게 구성하고 이해하는 과정을 강조한다. 앞선 장에서 피아제나 비고츠키는 모두 구성주의자라고 할 수 있다. 정보처리적 접근에서 아동 개개인이 구성주의적 방식으로 사고하기 위해 정보처리 전략을 사용할 수 있음을 다루었다. 이러한 구성주의적 접근에 따르면 학생들은 그들의 지식을 스스로 만들어낸다.

일반적으로 **사회적 구성주의 접근**(social constructivist approach)은 학습에 있어 사회적 맥락을 강조한다. 지식은 상호작용을 통해 형성되고 구성된다고 보는 것이다. 학생들은 타인과의 긴밀한 상호작용을 통해 그들이 이해한 바를 평가하고 정련할 수 있는 기회를 갖는다. 그들은 상대방의 사고방식에 자연스럽게 노출되며, 지식을 공유하고 창조하는 과정에 참여하게 된다(Gauvain, 2016; Hmelo-Silver & Chinn, 2016; Sinha & others, 2015). 이와 같이 사회적 맥락에서의 경험은 사고발달의 중요한 매커니즘을 제공한다(Adams, 2015).

특히 비고츠키의 사회적 구성주의 이론은 이 장의 내용과 관련이 깊다. 비고츠키의 이론은 사회역사적 맥락에서 성장하는 사회적 아동을 다룬다. 비고츠키는 개인주의적 관점에서 아동 발달을 논했던 피아제와 달리 협력, 사회적 상호작용, 사회문화적 활동의 중요성을 강조했다. 피아제의 인지적 구성주의적 접근에 따르면 학생들은 이전 지식과 정보를 변형, 조직, 재조직하면서 지식을 구

사회적 구성주의 접근 학습에 대한 사회적 맥락을 강조하며 지식은 상호작용하는 동안에 구성된다는 것을 강조한다. 비고츠키의 이론이 여기에 해당한다.

성해나간다. 비고츠키의 사회적 구성주의적 접근은 학생들이 타인과의 사회적 상호작용을 통해 지식을 구성한다고 주장한다. 이러한 지식의 내용은 학생들이 속해 있는 문화, 그들이 사용하는 언어, 그들이 지니고 있는 신념 및 기술에 의해 영향을 받는다(Yasnitsky & Van der Veer, 2016).

피아제에 따르면 교사는 학생들이 사고력을 탐색하고 발달시켜갈 수 있도록 지원해야 한다. 한편 비고츠키는 교사가 학생들로 하여금 교사 및 동료들과 함께 지식을 구성할 수 있는 기회를 가능한 한 많이 제공해야 한다고 말한다(Gauvain, 2016). 피아제와 비고츠키 모두 교사는 지도자나 주관자가 아니라 학습을 촉진하고 안내하는 역할을 감당해야 한다고 주장한다.

그러나 이들 두 학자의 이론은 서로 대비되어 구분된다기보다는 강조점에 있어 차이가 있는 것으로 이해해야 한다.

교육에 있어 사회적 구성주의 접근이란 무엇인가?
© shutterstock

사실 사회적 구성주의와 다른 구성주의적 접근 간 차이를 명확하게 나누는 것은 쉽지 않다. 예를 들어, 학생이 지식을 발견하도록 교사가 안내하는 상황에는 분명 사회적 상호작용이 존재한다. 그러나 만일 학생이 정보를 처리하는 상황에서 교사가 브레인스토밍을 통해 효과적인 기억 전략을 사용하도록 촉진한다면, 여기에도 사회적 상호작용이 관여되는 것으로 볼 수 있다.

비고츠키의 이론과 같은 일부 사회문화적 접근에서는 학습에 있어 문화의 영향력을 강조한다. 문화는 어떤 기술이 중요한지를 결정하기 때문이다(예 : 컴퓨터 기술, 의사소통 기술, 팀워크 기술; Gauvain, 2016). 한편 다른 학자들은 학생들이 협력적으로 문제를 해결하는 경우와 같은 교실 환경에만 초점을 둔다.

미국 공립학교 두 곳에서 아동의 협력학습에 대한 연구를 수행하였다(Matusov, Bell, & Rogoff, 2001). 한 학교에서는 전통적인 방식에 따라 아동이 학습을 할 때만 협력하도록 하였고, 다른 학교에서는 수업 시간 내내 협력이 이루어지도록 하였다. 수업 시간 내내 협력을 했던 학교의 아동들은 전통적인 방식으로 협력학습을 한 아동에 비해 서로의 생각을 이끌어내고 발전시키는 데 더욱 능숙했다. 전통적인 방식에서의 아동은 묻고 답하는 형식으로 협력학습을 진행했고, 상대방의 이해 수준을 테스트하는 데 그쳐 정보의 교류가 일어나지 않았다. 협력학습은 구체화된 학습목표를 가지고 수업을 하는 경우 가장 잘 진행되었다.

협력학습과 테크놀로지를 결합하려는 시도가 널리 이루어지고 있다(Huang, 2015; Wardlow & Harm, 2015). 예를 들어, 컴퓨터 지원 협력학습(Computer-Supported Collaborative Learning, CSCL)은 동료 상호작용을 증진시키고 테크놀로지를 통해 공동으로 지식을 구성할 수 있는 기회를 확대시킨다(Howland & others, 2015; Jeong & Hmelo-Silver, 2016; Xiong, So, & Toh, 2015).

되돌아보기/앞날을 생각하기
교사는 비고츠키 이론과 관련지어 다양한 전략을 사용할 수 있다. 제2장 '인지 및 언어 발달'과 연계해 생각해보자.

RESEARCH

TECHNOLOGY

상황인지

상황인지(situated cognition)는 사회적 구성주의 접근의 중요한 가정이다. 이는 사고가 개인의 마음 안에 존재하는 것이 아니라 사회적·물리적 맥락 안에 존재한다는 것을 의미한다. 즉 지식이란 그 지식이 만들어진 상황과 깊숙하고 긴밀하게 연결되어 있다(Gomez & Lee, 2015; Malinin, 2016).

상황인지 사고가 개인의 마음 안에 존재하는 것이 아니라 사회적 물리적 맥락에 존재한다는 개념

되돌아보기/앞날을 생각하기
문제기반 학습은 일상에서 일어나는 실제 문제와 같은 사례를 제시하고 이를 해결하는 것을 강조한다. 프로젝트기반 학습은 학생들이 실제 의미 있는 문제를 다루고 평가 가능한 결과물을 산출하도록 한다. 제8장 '복잡한 인지과정'과 연계해 생각해 보자.

따라서 학습 상황을 실제 세계와 가능한 한 비슷하게 구성하여 제시하는 것이 바람직하다. 예를 들어, 화산을 배우기 위해 한 집단에는 활화산을 연구하는 '과학자'의 임무를, 다른 집단에는 '화산 구조대' 임무를 맡길 수 있다. 인터넷 정보를 활용하여 '과학자' 역할을 맡은 집단에서는 활화산에 대한 뉴스를 조사하고, '화산 구조대' 역할을 맡은 집단에서는 화산이 거주지에 미치는 영향, 그리고 화산 분출되었을 때 사람들이 어떻게 그 위험으로부터 대피할 수 있는지에 대해 알아볼 수 있다. 이는 문제기반 학습, 프로젝트기반 학습 등 고등인지 과정을 다룬 장에서도 이와 유사한 사례가 언급되었다.

복습하기, 성찰하기 그리고 연습하기

① 사회적 구성주의 접근과 다른 구성주의 접근을 비교한다.

복습하기
- 피아제와 비고츠키의 이론의 기본적인 차이점은 무엇인가?
- 상황인지란 무엇인가?

성찰하기
- 제2장 '인지 및 언어 발달'에서 배운 것을 돌이켜볼 때, 피아제 이론과 비고츠키 이론 중 어떤 이론에 더 끌리는가? 이는 당신이 수업을 할 때 어떻게 반영될 수 있는가?

연습하기
1. 다음 중 사회적 구성주의의 예로 적절한 것은?
   a. 핸라티 선생님의 수업에서 학생들은 사회과 프로젝트를 함께 진행한다.
   b. 베이커 선생님의 수업에서 학생들은 과학의 기본 원리를 발견하기 위해 독립적으로 공부한다.
   c. 리노자 선생님의 수업에서 학생들은 하루에 1시간 과제를 부여받는다.
   d. 프랑수아 선생님의 수업에서 학생들은 각자 선택한 도서를 조용히 읽는 시간을 가진다.
2. 다음 중 상황인지에 대한 설명으로 가장 옳은 것은?
   a. 학생들은 사법제도에서 치안판사의 역할에 대한 책을 읽는다.
   b. 교사는 학생들이 지방법원의 치안판사를 만나 대화하고, 재판 과정을 참관하도록 계획한다.
   c. 학생들은 사법제도에서 치안판사의 역할에 대해 함께 공부하고 레포트를 작성하는 과제를 부여받는다.
   d. 교사는 학생들에게 치안판사가 하는 일에 대한 자료를 찾고, 이를 구두로 발표하도록 시킨다.

정답은 '연습하기 정답' 참조

학습목표 2
교사와 동료학생이 어떻게 학습에 함께 기여할 수 있는지 설명한다.

② 학습 공동 참여자로서의 교사와 동료학생

| 비계설정 | 인지적 도제 | 튜터링 | 협동적 학습 |

사회적 구성주의적 접근은 교사와 동료학생들이 학습에 기여할 수 있음을 강조한다. 이를 가능하게 하는 요소로 비계설정, 인지적 도제, 튜터링, 협동적 학습을 들 수 있다.

비계설정

제2장 '인지 및 언어 발달'에서 언급한 바와 같이 **비계설정**(scaffolding)이란 보다 숙련된 사람(교사혹은 동료)이 학생의 현재 수준에 적절한 안내를 제공함으로써 한 단계 높은 수준으로 발돋움할 수 있도록 지원하는 기법을 의미한다. 새로운 내용을 처음 배우는 단계에서는 직접 교수법을 사용할수 있다. 그러나 학생이 어느 정도 내용에 익숙해지게 되면 직접적인 안내를 줄이게 된다. 다리를건설할 때 비계가 사용되듯이 학습에서도 비계가 사용된다고 생각해보자. 비계는 필요할 때 사용되며 완공에 가까워짐에 따라 점차 제거된다. 연구에 따르면 교사와 동료들이 협동적 학습에서 비계설정을 사용하면 학습이 촉진되었다(Molenaar, Sleegers, & van Boxtel, 2014).

다음에서 살펴보게 될 튜터링은 교실에서 비계가 사용되는 대표적인 예이다. 교실에서 테크놀로지의 사용 역시 비계설정의 한 예가 될 수 있다(Jung & Suzuki, 2015). 비계는 반드시 적절한 정도로 제공되어야 한다. 이미 스스로 할 수 있는 학생들에게는 비계설정을 사용할 필요가 없다. 학생들이 어느 정도의 도움을 필요로 하는지 늘 관찰하라. Oppia.org에서 개별화된 학습에 활용할 수있는 테크놀로지 도구가 제공되고 있다. 교사들은 웹페이지와 비디오 사용을 통해 맞춤형 교수를제공할 수 있다.

되돌아보기/앞날을 생각하기
비계설정은 제2장 '인지 및 언어 발달'의 비고츠키의 근접 발달 영역과 연결되는 개념이다.

인지적 도제

발달심리학자인 바버라 로고프(Rogoff, 2003, 2015)는 핵심적인 교육적 수단으로서 인지적 도제를강조하였다. **인지적 도제**(cognitive apprenticeship)란 전문가가 관계 속에서 초보자의 지식이나 기능이 숙달되도록 지원하는 기법을 의미한다. 도제라는 용어는 능동적 학습의 중요성과 학습에 있어서의 상황적 속성을 역설한다(Peters-Burton & others, 2015). 인지적 도제에서 교사는 학생들에게전략의 모델을 보여준다. 그런 다음 학생들이 이를 따라할 수 있도록 돕는다. 마지막으로 학생들이스스로 이를 지속할 수 있도록 격려한다.

로고프에 따르면 중간소득 계층과 빈곤층 학생들의 인지적 도제에 대한 경험은 서로 다르다. 미국의 중간 혹은 상위소득 계층 부모들은 대부분 자녀들이 유치원 혹은 초등학교에 입학하기 전부터 인지적 도제를 사용한다. 어릴 때 그림책을 읽어주고, 언어적 의사소통을 하면서 목욕을 시킨다. 그러나 미국의 빈곤층 부모는 책읽기, 언어적 의사소통, 비계 사용에 있어 인지적 도제에 덜 관여하는 것으로 나타났다(Heath, 1989).

교실에서 인지적 도제는 매우 중요하다. 연구에 따르면 인지적 도제를 토대로 학생과 관계 맺는교사는 수업에서 비계를 많이 사용했고 학생들이 학습에 능동적으로 참여하도록 지도하였다. 그리고 이러한 교사가 가르치는 학생들은 학습에 있어 나은 결과를 보였다(Grindstaff & Richmond, 2008).

RESEARCH

튜터링

튜터링은 기본적으로 전문가와 초보자가 맺는 인지적 도제의 한 방식이다. 튜터링은 성인과 아동, 혹은 보다 능숙한 아동과 덜 능숙한 아동 사이에서 일어날 수 있다. 개인 튜터링은 많은 학생들에게 효과적이지만 특히 특정 과목에서 어려움을 겪는 학생들에게 효과적인 전략이다(Slavin & others, 2009).

인지적 도제 전문가가 관계 속에서 초보자의 지식이나 기능이 숙달되도록 지원하는 것

보조교사, 자원봉사자, 멘토   학급 전체의 요구를 만족시켜야 하는 교사 입장에서 다른 학생들에 비해 개인적인 도움을 보다 많이 필요로 하는 학생들이 있다는 것은 난처한 일이다. 보조교사, 자원봉사자, 멘토는 이러한 상황에 도움을 줄 수 있다. 일대일 튜터링이 필요한 학생들을 선별하고, 이러한 학생들의 학습을 지원할 수 있는 인력을 찾아라. 학부모, 대학생, 그리고 은퇴자들 가운데 교실 튜터링에 관심 있는 사람들이 있을 수 있다.

DEVELOPMENT

개별화된 튜터링 프로그램이 개발되어 있는데, 예를 들어 리딩 리커버리 프로그램은 1년간 공식적인 교육을 받았음에도 불구하고 읽기 학습에 어려움을 겪는 학생들을 대상으로 1일 30분간 일대일 개인교습을 진행하도록 구성되어 있다(Serry, Rose, & Liamputtong, 2014). 리딩 리커버리 프로그램은 147개 학교에서 효과를 거두었다. 이 프로그램에 참여한 학생들은 읽기 성취에서도 전반적으로 향상을 보였다(What Works Clearinghouse, 2014).

RESEARCH

또 다른 예로 로버트 슬래빈과 동료들(Slavin & Others, 1996, 2009)이 개발한 SFA(Success for All)를 들 수 있다. 이 프로그램은 다음과 같은 다섯 가지 요소로 구성되어 있다.

중학교 SFA 프로그램 참가자들. SFA 프로그램의 본질은 무엇인가?

© Success For All Foundation

- 체계적인 읽기 프로그램 : 발음(phonics), 어휘, 스토리텔링, 다시 말하기(retelling)를 중심으로 하는 소집단 활동
    - 1일 90분의 읽기 과정 : 1~3학년으로 재구성된 혼합 연령 동일 능력 집단 활동
    - 일대일 읽기 튜터링 : 학년 수준에 미달하는 학생들을 대상으로 이루어지는 전문 자격 교사의 튜터링 활동
    - 8주마다 주어지는 평가 : 학생의 읽기 능력의 변화를 확인하고, 각자의 수준에 맞추어 집단을 재배치하고 필요한 경우 튜터링을 배정함
    - 교사 및 튜터의 전문성 향상을 위한 3일간의 현직 훈련, 학기 초 가이드라인, 연간 후속 훈련 제공
    - 부모교육 및 가족의 학교 개입을 돕는 가족지원 팀

SFA에 대한 초기 연구에서는 이 프로그램이 학생들의 음운 인식 능력 향상에 도움이 되는 것으로 밝혀졌으나(What Works Clearinghouse, 2009), 최근 연구에서는 1983~2012년 사이에 이루어진 SFA 프로그램 효과성 연구들이 과학적이지 못했다는 지적이 제기되었다(What Works Clearinghouse, 2012).

RESEARCH

멘토 역시 학습 능력을 증진시키는 데 중요한 역할을 하는 것으로 나타났다(Weiler & others, 2016). 보통 연장자이며 보다 현명한 것으로 여겨지는 사람은 멘토가 되어 흔히 멘티(mentee) 혹은 프로테제(protégés)라 불리는 어린 사람들을 지도하고 가르치고 지원한다.

지도는 정기적 만남을 바탕으로 장기간에 걸친 시범, 설명, 도전, 격려로 이루어진다. 이 과정에서 멘토와 멘티는 상호 헌신에 기초한 연대감을 형성해가게 된다. 특히 멘티는 멘토에 대해 존경심과 신뢰감을 갖게 되며, 나아가 동일시를 경험하게 된다(Hamilton & Hamilton, 2004).

대부분의 멘토링 프로그램은 학교 밖에서 이루어지며, 미국 내 가장 큰 공식 멘토 프로그램인 Big Brothers and Big Sisters, Boys and Girls Clubs of America, YMCA, YWCA와 같은 조직에서 제공된다. 그러나 학교 내에서도 멘토 활동을 격려하는 움직임이 증가하고 있으며, 학생뿐 아니라 교사들도 자신보다 경력이 더 많은 교사들에게 멘토링을 받는 경우가 늘어나고 있다(What Works

되돌아보기/앞날을 생각하기
멘토링은 학생의 성장에 많은 기여를 한다. 아동 교육에서는 남성과 소수자 롤모델이 부족한 경향을 보인다. 제6장 '행동주의와 사회인지 이론'과 연계해 생각해보자.

Clearinghouse, 2009). 멘토는 일주일에 1시간 정도 학생들과 시간을 보내게 된다. 멘토링에 참여할 학생을 선별할 때는 고위험 학생이나 저성취 학생뿐 아니라 다른 학생들도 포함되도록 배려해야 한다. 멘토링을 어떻게 운영하는지에 따라 효과성이 달라질 수 있는데, 특히 멘토를 배정하는 과정에서 세심한 주의가 필요하고 멘토링이 잘 진행되는지 모니터하는 것이 필요하다(Rhodes & Lowe, 2009).

멘토링은 학생에게 어떻게 도움이 되는가?
© shutterstock

동료교수 동교학생들도 효과적인 튜터가 될 수 있다(Clark & others, 2015; Wilkinson & Gaffney, 2016). 동료교수란 학생들이 서로의 교사가 되어주는 것을 의미한다. 학년 간 동료교수(cross-age peer tutoring)에서는 상급생이 튜터 역할을 하게 되고, **동년배 동료교수**(same-age peer tutoring)에서는 같은 학년의 동료가 튜터 역할을 하게 된다. 일반적으로 학년 간 동료교수는 동년배 동료교수에 비해 효과가 좋은 것으로 알려져 있다. 상급생 튜터는 동년배 튜터에 비해 가르치는 데 능숙할 뿐 아니라, 동년배 튜터를 받는 학생들이 튜터와 자신을 비교하게 되면 심리적으로 불편함을 느낄 수 있기 때문이다.

동료교수를 통해 학생들은 학습에 적극적으로 참여하게 된다. 이때 교사는 튜터링이 잘 이루어지는지 점검하고 안내하는 역할을 맡게 된다. 연구에 따르면 동료교수는 학업성취에 긍정적인 효과를 지니며, 최근 연구에서는 영어권 학습자들의 수용언어와 활자에 대한 지식을 향상시키는 것으로 나타났다(Xu, 2015). 또한 메타분석에서도 동료교수의 효과성이 입증되었는데(Leung, 2015), 중학교 학생들의 향상이 가장 두드러졌고, 그다음은 대학생, 초등학생, 유치원 순서였다.

튜터링은 튜티뿐 아니라 튜터에게도 유익한데, 특히 상급생 튜터가 저성취 학생인 경우 그러하다. 비록 튜터보다는 튜티에게 도움이 되는 것이 튜터링이기는 하지만, 누군가에게 무엇을 가르치는 과정에서 자기 자신도 배우게 되기 때문이다(Roscoe & Chi, 2008). 미국 교육학회(American Educational Research Association)의 우수 연구로 선정된 한 연구(Fuchs & others, 1997)를 살펴보자. 이 연구는 읽기 과목에 대한 전 학급 동료교수(class-wide peer tutoring) 프로그램의 효과성을 평가했는데, 장애가 있는 저성취 학생, 장애가 없는 저성취 학생, 평균 성취도를 지닌 학생의 세 집단으로 학습자 유형을 분류하여 실험을 진행했다. 12개의 초등학교와 중학교에 동료교수를 실시하는 학급(실험집단)과 그렇지 않는 학급(통제집단)을 무선 할당하였다. 동료교수는 일주일에 세 번 이루어지는 정규 읽기 수업 시간 중 진행되었고 한 번에 35분 단위로 실시하였다. 이 실험은 15주간 진행되었고, 튜터들은 튜티들이 소리 내어 읽기, 방대한 자료 요약하기, 주제 찾기 등 다양한 읽기 전략을 습득하는 것을 도와주도록 훈련받았다. 읽기 성취도에 대한 사전, 사후 검사가 실시되었는데, 학습자 유형에 상관없이 동료교수를 진행한 학급의 평균은 그렇지 않은 학급에 비해 높은 향상을 보였다.

되돌아보기/앞날을 생각하기
학급동료는 아동 발달의 여러 측면에 있어 중요한 역할을 수행한다. 제3장 '사회적 맥락과 사회정서적 발달', 제10장 '동기, 교수, 학습'과 연계해 생각해보자.

RESEARCH

Giving Back은 50세 이상의 성인들이 아동들에게 인지 능력 및 대인관계 기술을 가르치는 멘토 역할을 하도록 돕는 비영리 조직이다. 이 사진은 Giving Back Mentoring에서 멘토가 어린 학생을 가르치는 장면이다.
© Giving Back, Inc.

PALS 프로그램에 참여하는 학생들

© Larry Wilson, PALS Tutoring Program, Vanderbilt
Kennedy Center, Vanderbilt University

동료지원학습 전략 동료지원학습 전략(Peer-Assisted Learning Strategies, PALS)는 존 F. 케네디 센터와 밴더빌트 대학교의 피바디칼리지의 특수교육과에서 공동 개발한 동료교수 프로그램이다. PALS에서 교사들은 어떤 학생들이 학습에 도움을 필요로 하는지, 그리고 어떤 학생들이 이들을 가장 적절하게 도울 수 있을지 알아본다. 이렇게 수집된 정보를 바탕으로 교사들은 동료교수에 참여할 학생들을 선정하여 팀을 구성하고, 각자에게 필요한 활동을 구조화시킨다. 팀은 정기적으로 재배정하여 모든 학생들이 한 번씩 '코치'와 '선수'의 역할을 경험할 수 있도록 기회를 배분한다.

PALS는 주당 2~4회 실시되는 25~30분간의 활동으로 구성된다. 일반적으로 한 반에 13~15개의 팀이 만들어지며, 유치원에서 초등학교 6학년까지의 읽기 및 수학 과목에 활용된다. 그러나 이 활동이 정규 교육과정을 대체하지는 않는다.

PALS 수학에서 학생들은 훈련이 필요한 부분(예 : 더하기, 빼기, 수 개념, 그래프 등)에 대해 문제를 풀게 된다. PALS 수학에서 학생들은 코치와 선수로 팀을 이룬다. 코치는 선수를 안내하도록 만들어진 문제지를 보며 선수에게 피드백을 제공한다. 그다음 학생들은 서로 풀었던 문제지를 교환하여 채점한다. 문제를 많이 맞힌 팀이 점수를 얻게 되는 것은 물론, 동료교수 활동 중 협동이 잘 이루어졌거나 설명을 잘하게 된 팀에게도 점수가 부여된다. PALS 수학과 PALS 읽기는 학생들의 수학 및 읽기 기술을 향상시키는 데 효과적임이 증명되었다(Fuchs, Fuchs, & Burish, 2000; Mathes, Torgesen, & Allor, 2001).

RESEARCH

DIVERSITY

코카콜라 Valued Youth 프로그램에 참여한 학생들. 이 프로그램의 특징과 성과는 무엇인가?

© IDRA Coca-Cola Valued Youth Program

PALS 프로그램은 위기 학생, 특히 초등학교 저학년, 소수인종, 도시 지역 학생들에게 효과적이다(Rohrbeck & others, 2003). 한 연구에 따르면 미국 내에서 스페인어를 사용하는 초등학교 3~6학년 학생들이 영어를 배울 때 PALS 프로그램이 적용되는 경우 읽기 이해도가 보다 높게 향상되었다(Saez, Fuchs, & Fuchs, 2005). 엄정한 준거를 통해 프로그램의 효과성을 검증한 최근 연구에서도 PALS는 읽기 성취에 긍정적인 결과를 가져오는 것으로 밝혀졌다(What Works Clearinghouse, 2007).

그밖에 동료교수 프로그램으로 상호적 동료교수(Reciprocal Peer Tutoring, RPT)와 학급 전체 동료교수(Class Wide Peer Tutoring, CWPT)를 들 수 있다(Ginsburg-Block, 2005). 상호적 동료교수(RPT)는 도시 지역 저 성취 초등학생에게 튜터와 튜티 역할을 번갈아 경험할 수 있도록 하기 위해 개발되었다. 학급 전체 동료교수(CWPT)는 튜터 훈련, 상호적 교수(reciprocal teaching), 동기전략(예 : 팀 경쟁) 등을 포함하는 프로그램이다(Bowman-Perrott, 2009). 최근 연구에 따르면 중학생을 대상으로 3년간 학급 전체 동료교수를 적용한 결과 주간 퀴즈시험의 성적이 향상되는 데 도움이 되었다(Kamps & others, 2008).

Valued Youth 프로그램 역시 효과적인 동료교수 프로그램이다. 미국과 브라질 24개 도시에서 진행되고 있는 이 프로그램은 중·고등학교 성취가 낮거나 학교 관련 문제로 위기에 처한 학생들에게 초등학생의 멘토가 되어보는 책임을 부여한다(IDRA, 2013; Simons, Finlay, & Yang, 1991). Valued Youth 프로그램은 현재 이문화 간 개발연구협회(Intercultural Development

Research Association)와 코카콜라로부터 후원을 받아 코카콜라 Valued Youth 프로그램으로 불린다. 이 프로그램은 1984년 시작되어 점차 확장되어 왔고, 65만 명 이상의 학생이 참여했다. 튜티로 참여한 학생도 도움을 받지만, 튜터가 되는 학생들에게도 성공 경험을 안겨줄 수 있다는 것이 이 프로그램의 장점이다. 이 프로그램에 참여한 학생들 가운데 극히 일부(미국은 1%, 브라질은 2.2%)의 학생들만이 학업 중단을 한 것으로 조사되었다(IDRA, 2013).

Valued Youth 프로그램의 튜터 중 한 사람은 "튜터링을 하면서 학교에 가고 싶어졌어요. 초등학생 튜티에게 공부를 가르쳐야 하니까요"라고 말한다. 그는 또한 과거와는 달리 학교에 결석하는 일이 드물게 되었다고 이야기한다. 결석을 하게 되면 튜티가 항상 어디에 있었는지 궁금해하고, 그를 보고 싶어 하기 때문이라고 한다. 그는 자신이 가르치는 튜티들을 정말 좋아하며, 만일 튜터로 활동하지 않았다면 학교를 자퇴했을 것이라고 하였다.

온라인 동료교수 온라인 동료교수법은 초·중·고등학교뿐 아니라 대학에서도 널리 활용되고 있다. 보통 온라인 동료교수는 교사가 학생을 참여시키면서 시작된다. 학생이 교사와 온라인에서 공부하는 것에 익숙해지면, 훈련받은 학생들이 온라인 튜터로서 투입된다. 면대면 튜터링과 마찬가지로 튜터들은 튜티들과의 협력학습을 성공적으로 해내기 위해 몇 가지 훈련과 지도를 받아야 한다. Microsoft Peer Coaching이라는 온라인 동료교수 프로그램의 경우, 교사들이 서로를 코치할 수 있도록 다양한 테크놀로지를 제공한다(Barron, Dawson, & Yendol-Hoppey, 2009). 교사들은 이러한 테크놀로지를 활용하여 교수학습 역량을 증진시킬 수 있다. 온라인 화상회의(예 : 스카이프, 구글 Hangouts)도 온라인 동료교수에 활용될 수 있다.

TECHNOLOGY

다음은 교사들과의 인터뷰를 통해 수집한 동료교수 및 멘토링 사례들이다.

유치원 교사 우리는 '보여주고 말하기' 같은 활동을 하면서 서로 가르치고 배울 수 있는 기회를 주고 있어요.

－미시 댄글러, 서버번힐즈학교

초등학교 교사 저는 2학년 학생들에게 다양한 방식으로 동료교수를 적용하고 있어요. 'Buddy Readers'는 읽기를 잘하는 학생과 읽기에 약한 학생이 짝을 지어 튜터링을 하는 활동이고, 'Resident Experts'는 수학, 과학, 사회과목에서 뛰어난 학생들이 각 과목에 도움을 필요로 하는 학생들을 가르쳐주는 활동이지요. 'Ask Three, Before Me'는 쓰기 과제를 마친 학생들이 그것을 저에게 제출하기 전에 3명의 다른 친구에게 보여주고 피드백을 받는 활동입니다.

－엘리자베스 프라셀라, 클린턴초등학교

중학교 교사 우리는 우선 튜터로서 다른 친구들을 잘 도울 수 있는 학생이 누구인지, 또 튜터가 되어 친구의 도움을 받는 것이 필요한 학생은 누구인지 파악하는 일을 먼저 합니다. 튜터가 선정되면 튜터링 활동에 대한 훈련이 이루어집니다. 이 훈련을 받지 않으면 튜터링 효과가 저하되기 때문이죠. 튜터링은 도움이 필요한 학생뿐 아니라, 튜터에게도 유용한데, 어떤 개념을 가장 잘 배우는 방법은 그것을 남에게 가르치는 것이기 때문입니다.

－마크 포드니스, 배미지중학교

학생과 연계하기 : 최고의 실천
동료교수를 위한 전략

성공적인 동료교수를 위해 다음과 같은 전략을 제안할 수 있다(Goodlad & Hirst, 1989; Jenkins & Jenkins, 1987).

1. 튜터 훈련에 시간을 투자한다. 동료교수가 성공적으로 운영되기 위해서는 튜터 훈련이 필수적이다. 역량 있는 동료튜터링의 전략에 대해 토의하라. 비계설정이 어떻게 일어나는지 직접 보여주며 설명하라. 명확하고 조직화된 지침을 제공하고, 자신들의 임무에 대해 궁금한 점이 있다면 적극적으로 질문하게 하라. 튜터들끼리 짝을 지어 훈련에서 배운 것을 연습하게 하라. 튜터와 튜티 역할을 번갈아 하면서 연습을 진행할 수 있다.
2. 가능한 한 동년배 집단 튜터링보다는 혼합연령 집단 튜터링을 사용한다.
3. 학생들이 튜터와 튜티의 역할을 모두 경험해볼 수 있도록 한다. 이는 학생들로 하여금 자신이 도움을 받을 수 있지만, 또한 도움을 줄 수도 있다는 것을 배울 수 있게 한다. 친한 친구들끼리 짝을 짓는 것은 좋지 않다. 관계에 신경 쓰느라 학습에 집중하기 어렵기 때문이다. 다음 '교사의 시선'에는 혼합연령 집단 튜터링의 활용 예시가 제시되어 있다.

교사의 시선 : 동물원에서의 혼합연령 집단 튜터링

네브래스카의 링컨에는 폴섬 어린이 동물원과 식물원을 학습 현장으로 활용하는 고등학교 과학 교사들이 있다. 이들은 교사, 학생, 동물원의 협력 관계를 중요시 한다. 'Bug Bash'는 이들의 대표적인 프로그램인데, 고등학생들이 초등학교 4학년 학생들에게 곤충에 대해 가르치는 활동이다.

4. 튜터가 튜티에게 시험을 볼 수 있게 하지 않는다. 이것은 학생들 간 협력 관계를 해칠 수 있다.
5. 동료교수법을 남용하지 않는다. 성취도가 높은 학생들은 너무 자주 튜터로 활동하게 하는 경우가 많다. 이 학생들은 도전적인 과제를 혼자서 해결하는 과정을 통해 또 다른 성장을 할 수 있음을 잊지 마라.
6. 학부모에게 자녀들이 동료교수 활동에 참여하고 있음을 알린다. 동료교수법의 장점에 대해 설명하고, 참관수업을 통해 동료교수가 어떻게 진행되는지 확인할 수 있도록 하라.

고등학교 교사 저희 학생들은 옆 초등학교 1학년 학생들의 멘토입니다. '돌멩이 수프'라는 동화를 교재로 해서 읽기 활동을 진행하는데, 초등학생들에게 도움이 되는 것은 물론 저희 학생들의 사회적 기술 향상에도 도움이 많이 됩니다.

–샌디 스완슨, 메노모니폴즈고등학교

협동적 학습

협동적 학습(cooperative learning)은 소집단에서 학생들이 서로 학습을 도울 때 일어난다. 협동적 학습을 위한 집단의 크기는 다양할 수 있지만, 일반적으로 4명이 적절하다. 경우에 따라 2명으로 진행할 수도 있다. 협력집단은 수 주에서 수개월에 걸쳐 진행되지만 전체 학기로 보면 일부분만을 차지하게 된다. 협동적 학습 집단에서 학생들은 각자 파트를 맡아 그 부분에 대해 가르친다(Akcay, 2016; Jurkowski & Hanze, 2015). 학생들은 누군가에게 가르치면서 더 깊이 있게 배울 수 있다.

RESEARCH

협동적 학습에 대한 연구 협동적 학습은 학업성취를 증진하는 데 효과적인 것으로 연구되어 왔다(Han, 2015). 최근 26개 논문에 대한 메타 연구에 따르면, 협동적 학습은 수학성취 및 수학에 대한 태도에 긍정적인 영향을 미친다(Capar & Tarim, 2015). 5학년 학생에 대한 최근 연구에서 협동적 학습 교수법은 강의 교수법에 비해 학생들의 성취 및 만족도를 증진시켰다(Mohammadjani & Tonkaboni, 2015). 또 다른 연구에서는 협동적 학습이 전통적인 교수법에 비해 4학년 학생의 어휘력을 향상시켰다(Bilen & Tavil, 2015).

효과적인 협동적 학습을 위해서는 다음의 두 가지 조건이 충족되어야 한다(Slavin, 1995, 2015).

협동적 학습 학생이 소집단에서 서로 학습하도록 돕는 동안에 일어나는 학습

- **집단 보상.** 성공적인 수행을 이뤄낸 집단에 적절한 보상을 줌으로써 서로 협력하는 것이 자신

들에게 좋은 결과를 가져다준다는 것을 가르칠 수 있다.

- **개인의 책무성.** 개별 퀴즈, 리포트 등을 통해 학생 개개인의 공헌을 평가하는 것이 필요하다. 개인의 책무성이 간과되면 일부 학생들은 자신이 맡은 부분을 다른 학생에게 미루는 '사회적 태만(social loafing)'을 보이게 되며, 집단에 공헌할 것이 많지 않은 학생들은 협력학습에 참여하지 못하고 낙오될 수도 있다.

집단 보상과 개인의 책무성이 모두 충족된 협동적 학습은 학생들의 성취 수준에 상관없이 학업성적에 향상을 가져올 것이며 기초적인 기술에서 문제해결에 이르기까지 다양한 범위의 학습에서 모두 효과를 얻을 수 있을 것이다(Johnson & Johnson, 2002).

동기 협동적 학습이 잘 이루어진다면 학습동기가 촉진된다(Gambrari, Yusuf, & Thomas, 2015; Johnson & others, 2014). 한 연구에서 5~6학년 이스라엘 학생들에게 숙제할 것과 나가서 놀 것 중 자신이 선택하도록 해주었을 때, 협동적 학습에 참여한 학생들만이 학생들은 나가서 놀기를 거부하였다(Sharan & Shaulov, 1990). 이는 또래들 간의 긍정적인 상호작용에 더해 선택의 자유가 주어짐에 따라 학생들의 긍정정서가 높아졌고, 결과적으로 학습동기를 자극했던 것으로 해석할 수 있다. 다른 연구에서는 대수의 개념에 대한 협동적 학습에 참여한 고등학교 학생들은 개별적으로 공부한 학생들에 비해 학습 달성도가 높았고, 내적 동기 수준도 강했다(Nichols & Miller, 1994).

RESEARCH

상호의존과 동료 가르치기 협동적 학습은 또한 상호의존과 학생들 간 관계성을 증진시킨다(Johnson & Johnson, 2015; Johnson & others, 2014). 초등학교 5학년을 대상으로 연구를 수행한 결과, 협동적 학습을 통해 자신의 파트너가 개념을 명료하게 설명하고 서로의 의견을 고려했던 경우 학생들은 소수점 문제에서 보다 정확한 전략을 사용하였다(Ellis, Klahr, & Siegler, 1994).

협동적 학습이 용이한 과제 협동적 학습에 용이한 과제, 개별학습에 용이한 과제에 차이가 있을까? 연구에 따르면 기계적인 암기학습이나 기초적인 수학 문제와 같은 간단한 과제들의 경우 보상 없이 진행되는 협동적 학습에서는 큰 효과를 거두지 못했다. 그러나 보다 복잡한 인지적 기술이 필요한 과제에서는 협동적 학습의 효과가 분명했다(Sears, 2006).

협동적 학습을 위한 다양한 접근 다양한 협동적 학습 방법이 고안되고 있다. STAD, 직소, 함께 배우기, 집단 조사, 협동작문 등이 그것이다. 자세한 내용은 그림 9.1을 참고하라.

협력적 공동체 구성 학교 공동체는 교사, 행정지원, 학생, 학부모 및 학교 주변 지역사회로 구성된다. 보다 넓게는 정부나 대학 입학 사정관, 미래의 고용주까지 포함될 수 있다. 데이비드와 로저 존슨(Johnson & Johnson, 2002, pp. 144-146)은 학습공동체가 효과적으로 운영되기 위해서는 협력과 긍정적 상호의존이 학급 내 학생들끼리뿐 아니라, 학급과 학급 간, 학교와 학부모 간, 학교와 지역사회 간 등 서로 다른 수준에서 자주 일어나야 한다고 주장했다.

- **학급 간 협력.** 전체 학급을 대상으로 협력과 상호의존을 촉발시키는 데에는 다양한 방법이 사용될 수 있다. 학급목표를 설정하고 보상을 주는 것도 그중 하나이다. 예를 들어, 모든 학급 구성원들이 목표를 달성하면 추가 점수를 부여할 수 있다. 그밖에 자유시간이나 쉬는 시간을

STAD

STAD(Student-Teams-Achievement Divisions)는 서로 다른 성취 수준을 지닌 학생들로 구성된 학습 집단으로서 팀 보상과 집단 책임감을 기본 원칙으로 한다(Slavin, 1995). 집단 구성원들의 수행이 이전에 비해 향상된 팀은 보상을 받는다. 한 팀은 일반적으로 4~5명으로 이루어진다. 보통 한 단원은 2~3차시에 걸쳐 다뤄지는데, 이때 학생들은 교사가 배부한 유인물로 학습을 진행한다. 학생들은 자신이 속한 팀의 구성원 모두가 주어진 내용을 숙지했는지 함께 점검해야 한다.

팀은 함께 문제를 풀고 공부하지만, 퀴즈는 개별적으로 시행된다. 팀 구성원 개개인의 성적이 모여 팀 성적이 되는데, 이때 개인별로 획득한 점수 자체를 더하는 것은 아니고 각자가 이전에 비해 향상된 정도를 바탕으로 팀 성적을 받게 된다. 이는

학생들이 보다 열심히 공부할 수 있도록 동기를 부여하는 데 효과적이다. 필요하다면 팀 성적과 개인 성적 모두가 공개되는 주간 뉴스레터를 발행할 수도 있다.

STAD는 수학, 읽기, 사회 등 다양한 과목에서 활용할 수 있으며, 다양한 연령대의 학생들에게 모두 적용할 수 있다. STAD는 학습목표가 명확한 수업, 혹은 구체적인 답이나 해결 방법이 있는 문제를 다룰 때 가장 효과적인 것으로 알려져 있다. 예를 들어 수학 계산, 언어 사용, 지리학, 과학적 사실 등이 그것이다.

직소 교실

이 책의 사회문화적 다양성에 대한 장(제5장 참조)에서 직소 교실 방법이 언급된 바 있다. 직소는 다양한 문화적 배경을 지닌 학생들이 한 프로젝트의 각기 다른 부분을 담당하여 공동의 목표를 달성하는 협력학습 방법이다.

엘리엇 애런슨과 동료들(Aronson & others, 1978)이 개발한 직소 I은 한 팀이 6명의 구성원으로 이루어진다. 그리고 이들은 각각 담당하는 파트를 배정받으며, 각 팀에서 같은 파트를 배정받은 구성원들이 함께 모여 그 내용에 대해 공부한다. 그다음 자신의 팀으로 다시 돌아가 각자가 공부한 내용을 서로에게 알려준다.

로버트 슬래빈(Slavin, 1995)은 직소 I을 수정하여 직소 II 방법을 고안하였다. 직소 I이 6명으로 구성되는 반면, 직소 II는 4~5명으로 구성된다. 그리고 팀 구성원들은 파트를 나누어 공부하지 않고, 전체 단원을 함께 공부한다. 또한 STAD와 같이 개인 성적을 합하여 팀 전체 성적을 구성하게 된다. 전체 단원을 다 공부하고 난 후, 학생들은 단원 중 어느 한 부분에 대해 전문가가 된다. 각 팀에서 동일한 부분의 전문가로 지정된 학생들은 함께 모여 이에 대해 토의한다. 그런 다음 이들은 각자 자신의 팀으로 돌아가 팀 구성원들이 해당 내용을 공부할 때 도움을 준다.

함께 배우기

함께 배우기(Learning Together)는 데이비드와 로저 존슨(Johnson & Johnson, 1994)에 의해 개발된 방법으로, 다음의 네 가지 요소로 구성된다. (1) 면대면 상호작용, (2) 긍정적 상호의존성, (3) 개인 책무성, (4) 대인관계 기술 향상이다. 슬래빈이 학업성취에 관심을 두었다면, 존슨의 협력학습은 사회정서적 측면의

발달과 집단 상호작용에 초점을 둔다. 함께 배우기는 서로 다른 특성을 지닌 4~5명의 학생으로 이루어진 이질적 집단을 구성하고 토의와 팀 빌딩 등의 활동으로 진행된다(Johnson & Johnson, 2009).

집단 조사

집단 조사(Group Investigation)는 슐로모 샤란(Sharan, 1990; Sharan & Sharan, 1992)에 의해 개발되었으며, 개별학습과 2~6명의 집단 활동으로 구성된다. 학생 개개인의 성적에는 집단 활동 점수가 포함된다. 교사가 문제를 제시하면 학생들은 이를 다루기 위해 무엇을 학습해야 할지 결정한다. 집단 구성원들은 각각 파트를 나누어 자신이 맡은 부분에 대한 조사를 시작한다.

그다음 집단원들이 모여 각자가 모아온 자료를 통합 및 요약하고 최종 결과를 발표한다. 교사는 이 과정에서 조사를 촉진하는 한편, 협력이 지속될 수 있도록 돕는다. 학생들은 교사와 함께 각자가 기여한 바를 평가한다. 샤란은 이 방법이 실제 세계에서 문제를 해결하는 방식과 상당히 유사하다고 주장한다.

협동작문

협동작문(Cooperative Scripting)은 2명의 학생이 교대로 정보를 요약하고 서로에게 이를 구두로 설명하는 방법이다(Dansereau, 1988; McDonald & others, 1985). 한 학생이 상대방에게 주어진 글을 들려주면, 상대방은 여기에

포함되어 있는 표현의 실수나 오류 등에 대해 피드백을 한다. 그다음은 서로 역할을 바꾸어 다음 글에 대한 평가를 진행한다.

그림 9.1 협동적 학습 방법

주거나, 스티커, 음식, 티셔츠, 학급 파티 등을 제공하는 방법도 가능하다. 교실에서의 협력은 교실 대청소, 학급은행 혹은 학급 전체에게 이익이 되는 활동을 팀으로 진행하도록 구성함으로써 촉진될 수 있다. 학급 상호의존성은 팀 작업을 통해 하나의 큰 프로젝트를 완성하는 활동을 통해 구조화될 수 있다. 예를 들어, 학급 뉴스레터 출간을 위해 팀별로 주제를 하나씩 맡기거나, 큰 세계지도 만들기 활동도 상호의존성을 높이는 방법이 될 수 있다. 지도 만들기는 다른 활동으로도 확장될 수 있다. 예를 들어, 학생들은 8개 조로 나누어 각자 담당할 지역을 나누고 맡은 지역에 대해 공부한다. 그다음 반 전체가 함께 8개의 지역으로의 여행 계획을 세

워본다. 여행갈 지역은 지도 위에 실을 연결하여 표시한다. 각 지역에 도착하면 해당 지역을 담당했던 팀에서 나와 그 지역의 특징을 발표한다.

- **학급 간 협력.** 교사들끼리 팀티칭을 조직하여 학급 간 협동하여 활동할 수 있는 프로젝트를 구성할 수 있다.
- **학교 내 협력.** 다양한 방식을 통해 학교 전체를 협동적 학습의 장으로 만들 수 있다. 학교의 교육철학과 미션에 이를 언급하고 학교 게시판에 게시하거나 학교 웹페이지에서 강조하는 방법이 가능하다. 교사들도 다양한 협력 팀에 소속되어 업무를 진행하고, 직원들은 매주 교수학습 팀 혹은 스터디 그룹에 속하여 활동하게 된다. 교사들은 학교에 발생하는 이슈를 다루기 위해 특별 전담반(task force)에 배정될 수 있다. 매주 학생들이 제작하는 학교 방송 학교 단위 프로젝트, 정기적으로 개최되는 전교 회의 등 다양한 활동을 통해 학교 내 상호의존성이 강화될 수 있다.
- **학교와 학부모 간 협력.** 학교와 학부모 간 협력은 공동의 목표를 설정하고 이를 달성하기 위한 전략을 합의하는 과정을 통해 촉진될 수 있다. 학부모는 학교가 이러한 목표를 성취할 수 있도록 자원을 공유하고, 학교는 학부모가 적극적으로 참여할 수 있는 다양한 기회를 제공해야 한다.
- **학교와 지역사회 간 협력.** 학교는 지역사회를 구성하는 한 부분이므로 학교와 지역사회 간 긍정적인 상호의존은 모두에게 바람직한 결과를 가져올 수 있다. 학교의 철학이 지역사회 상업 종사자들에게 공유될 수 있다면, 이들로부터 다양한 재정적 지원을 받을 가능성이 높아진다. 학교에서는 공원 청소 등과 같이 지역사회에 도움이 될 수 있는 봉사활동을 제공할 수 있다.

협동적 학습 평가 협동적 학습의 긍정적인 측면으로는 상호의존성의 증가, 다른 학생들과의 상호작용 촉진, 학습동기 증진, 가르침을 통한 학습의 향상 등을 들 수 있다(Johnson & Johnson, 2015; Slavin, 2015). 그러나 동시에 문제점도 있을 수 있다. 우선 혼자 공부하는 것을 더 선호하는 학생이 존재할 수 있다. 저성취 학생들과의 집단 활동으로 인해 성취 수준이 높은 학생들의 향상 속도가 더뎌지기도 한다. 또한 집단 내 일부 학생들이 대부분 혹은 모든 인지적 작업을 하는 동안 거의 아무것도 하지 않고 소위 사회적 태만을 부리는 학생들이 나타날 수 있다. 혹은 집단 내에서 친구들과의 교제만 즐기느라 집단 과제나 학습에 집중하지 못하는 학생도 존재한다. 몇몇 학자들은 많은 학생들이 효과적으로 협동하고, 생산적인 토론을 이끌며, 자신의 생각을 표현하거나 타인의 생각을 효과적으로 평가하는 데 필요한 기술을 지니지 못하고 있다고 지적한다(Blumenfeld, Kempler, & Krajcik, 2006). 협동적 학습을 운영하기에 앞서 이러한 단점들을 인식하고, 이것들이 최소화될 수 있도록 노력해야 할 것이다.

다음은 교사들과의 인터뷰를 통해 수집한 동료교수 및 멘토링 사례이다.

 유치원 교사 유치원에서는 미술 프로젝트나 요리시간 등에서 집단 활동을 종종 사용해요. 아이들은 각자 다른 역할을 하도록 책임을 부여받고, 공동의 목표를 달성하기 위해 어떻게 협력해야 하는지 배우게 됩니다.

－미시 댄글러, 서버번힐즈학교

초등학교 교사 저는 학습 파트너를 기초집단(base group)으로 운영합니다. 이 집단은 서로에 대한 신뢰감을 바탕으로 하여 성공적으로 활동을 진행할 수 있는 4명의 학생으로 구성되며, 성별, 능력,

흥미에 있어 균형을 이루고 있지요. 학습 파트너는 원래 읽기에 어려움을 호소하는 학생들과 지지적이고 공감적인 학생들을 같은 팀에 배정하여 읽기 학습을 촉진하기 위해 소개되었던 개념입니다.

–엘리자베스 프라셀라, 클린턴초등학교

중학교 교사 집단활동이 성공적으로 진행되기 위해서는 모든 집단원에게 맡겨진 역할이 있어야 합니다. 학생들은 집단 작업을 위해 항상 무언가를 해와야 한다는 책임감을 갖게 되지요. 집단 프로젝트는 읽기, 미술활동, 창의적으로 생각하기, 대중 앞에서 말하기 등의 활동으로 꾸려집니다. 이를 통해 학생들은 각자의 학습 스타일에 맞는 방식으로 자신들이 지닌 지식을 표현할 수 있게 됩니다.

–마크 포드니스, 배미지중학교

고등학교 교사 저는 학생들이 자신과 함께 활동할 집단원을 직접 선택하도록 하지 않는 것이 보다 바람직하다는 것을 알게 되었습니다. 그래서 제비뽑기 같은 것으로 집단원이 무작위로 선정되도록 하고, 각 프로젝트마다 집단을 새로 구성하지요. 대다수의 학생들이 협력학습에 대한 경험을 지니고 있습니다. 하지만 불행하게도 몇몇 학생들은 집단 활동에 참여하지 않고, 나머지 학생들에게 모든 것을 미룹니다. 교사들은 이러한 학생들이 나오지 않도록 감독하고, 모든 학생들이 집단에 기여하도록 독려해야 합니다.

–샌디 스완슨, 메노모니폴즈고등학교

복습하기, 성찰하기 그리고 연습하기

❷ 교사와 동료학생이 어떻게 학습에 함께 기여할 수 있는지 설명한다.

복습하기
- 비계설정이란 무엇인가?
- 인지적 도제란 무엇인가?
- 튜터링은 효과적인가? 어떤 사람들이 튜터의 역할을 대신할 수 있는가?
- 협동적 학습이란 무엇이며, 학생들에게 어떻게 도움이 될 수 있는가? 협동적 학습을 구조화하는 방법으로는 어떤 것들이 있는가?

성찰하기
- 만일 학부모가 협동적 학습에 할당된 시간이 너무 많아 개별학습이 잘 이루어지지 않는다고 항의한다면, 이에 어떻게 대응할 수 있겠는가?

연습하기
1. 다음 중 비계설정에 대한 예로 적절한 것은?
   a. 스티브는 친구인 블라디에게 숙제의 답을 알려주었다.
   b. 스티브는 친구인 블라디가 숙제를 마칠 수 있도록 블라디에게 필요한 최소한의 도움을 주었다.
   c. 스티브는 친구인 블라디가 숙제를 마칠 수 있도록 답의 힌트를 주었다.
   d. 스티브는 친구인 블라디에게 숙제는 자기 스스로 해야 한다고 말해주었다.
2. 다음 중 인지적 도제에 대한 예로 적절한 것은?
   a. 노비츠키 선생님은 질문을 많이 한다. 한 학생이 질문에 답을 하지 못하면, 그녀는 그 학생이 당황할까 봐 다른 학생에게로 질문을 넘긴다.

b. 에드거 선생님은 수업 이해도와 관련하여 학생들이 보이는 언어적·비언어적 반응에 모두 주의를 기울인다. 그녀는 질문을 한 후, 학생이 생각 중인지 혼란스러워하는지 파악한다. 또한 학생들이 답을 알아맞힐 수 있도록 종종 힌트를 준다.

c. 마델 선생님은 질문을 많이 한다. 만일 학생이 그녀의 질문에 답을 하지 못하면, 즉각적으로 답을 알려준다.

d. 사무엘 선생님은 주로 강의식으로 수업을 진행하고 학생들은 필기를 한다. 수업이 끝날 무렵 질문을 받는다.

3. 다음 중 튜터와 튜티 모두에게 효과적인 방식으로 동료교수법을 사용한 교사는?

a. 마라솔 선생님은 매주 4회, 각 30분 동안 6학년 학생들이 튜터가 되어 3학년 학생들의 수학 공부를 도와주도록 시킨다. 그녀는 튜터들에게 명확한 지침을 제공한다.

b. 매튜 선생님은 학생들이 2인조로 공부하도록 시킨다. 학생들은 누가 자신의 튜터가 되었으면 좋겠는지, 그리고 어떤 것을 튜터와 공부하고 싶은지 정할 수 있다. 대부분의 학생들은 자신과 친한 친구를 튜터로 고른다.

c. 레이나 선생님은 고학년 가운데 성취 수준이 낮은 학생들을 매주 한 번 저학년 교실로 불러, 철자법 시험 같은 임무를 주고 어린 학생들의 학습을 돕도록 하였다.

d. 테일러 선생님은 수학 교과에서 동료교수법을 종종 사용하는데, 몇몇 학생들이 교사인 자신보다도 내용을 더 쉽게 설명한다는 것을 알게 되었다. 이에 그녀는 우수한 학생들에게 튜터 역할을 더욱 많이 부여하였다.

4. 코터 선생님은 미국 남북전쟁에 대한 협동 작업을 프로젝트로 부여하였다. 그는 4명으로 이루어진 이질적 집단을 구성하고 각 집단에 프로젝트에 대한 지침을 제공하였다. 하나의 프로젝트를 제출하면 학생들은 집단 성적을 받게 된다. 코터 선생님은 일부 학생들이 집단 활동에 거의 참여하지 않았다는 것을 보고 놀랐다. 그가 잘못한 것은 무엇인가?

a. 평가에 개인 책무성이 포함되지 않은 점   b. 집단 성적을 준 점

c. 이질적 집단을 구성한 점   d. 역사 과목에서 협동적 학습을 사용한 점

정답은 '연습하기 정답' 참조

---

③ 소집단 작업 구조화

집단구성   팀빌딩 기술   소집단 상호작용 구조화

학습목표 3
소집단 작업 구조화에 있어 효과적인 방법에 대해 논의한다.

지금까지 집단 작업이 주는 이점에 대해 살펴보았다. 교실에서의 집단 활동이 효과성을 지니기 위해서는 교사의 주의 깊은 계획이 선행되어야 한다. 이를 위해 집단을 어떻게 구성해야 할지, 팀빌딩을 촉진하기 위해서는 어떻게 해야 하는지, 집단 상호작용을 구조화하는 방법으로는 어떤 것이 있는지를 고려해야 한다.

집단구성

많은 교사들이 소집단 구성 방법에 대해 궁금해한다. 그림 9.1에 제시된 대부분의 협동적 학습은 능력, 인종적 배경, 사회경제적 지위, 성별에 있어 이질적인 집단을 구성하도록 권장한다. 집단을 이질적으로 구성하게 되면 동료교수 및 지지의 기회가 극대화되고, 성별 간·인종 간 관계성을 증진할 수 있다. 또한 집단 내 최소한 1명은 주어진 과제를 해낼 수 있는 학생이 포함될 수 있다.

능력의 이질성   능력에 있어 이질적 집단을 구성해야 하는 이유는 저성취 학생들에게 도움이 되기 때문이다. 이들은 능력이 우수한 학생들과의 상호작용을 통해 효과적으로 학습을 수행하게 된다.

한편 이질적 능력 집단이 성취도가 높은 학생들에게는 도움이 되지 않는다는 견해가 있다. 그러나 대부분의 연구에서 성취도가 높은 학생들은 동질적 능력 집단뿐 아니라 이질적 능력 집단에서도 충분히 좋은 성적을 거두는 것으로 보고된다(Hooper & others, 1989). 성취도가 높은 학생의 경우 이질적 능력 집단에서는 '교사'의 역할을 담당하여 다른 학생들에게 개념을 설명해주는 경향이 있으나, 동질적 능력 집단에서는 교사 역할을 맡는 경우가 줄어든다.

이질적 능력 집단이 상위, 하위, 중간 수준의 학생들도 구성되는 경우 중간 능력 수준의 학생들은 상대적으로 집단 활동에서 배제되는 위험성을 지닌다. 상위 수준과 하위 수준의 학생들은 교사-학생 관계를 형성하여 상호작용을 원활하게 할 수 있지만, 중간 수준 학생들은 이러한 상호작용에서 소외되기 때문이다. 중간 수준의 학생들은 자신들과 유사한 능력 수준을 지닌 학생들과 집단을 이루게 될 때, 더 나은 수행을 거둘 수 있다.

DIVERSITY

인종, 사회경제적 배경, 성 이질성 협동적 학습은 서로 다른 인종 및 사회경제적 배경에 있는 학생들 간의 관계성을 증진시키기 위해 운영될 수 있다. 학생들은 서로에 대한 편견을 극복하게 된다. 그러나 다양한 가능성에 대해 검토되지 않은 채 집단이 구성된다면, 이러한 효과를 누리기 어렵다.

인종과 사회경제적 지위에 있어 이질적인 집단을 구성하는 경우, '뻔한' 집단이 되지 않도록 신경 써야 한다. 이를 위해 다양한 요소를 동시에 고려해야 하는데, 예를 들어, 중간소득 계층에 속하는 아프리카계 미국인 여학생과 저소득층의 비라틴계 백인 남학생을 같은 집단으로 구성함으로써 백인 남성들이 모두 고소득 계층인 것은 아님을 경험하게 할 수 있다. 집단원 중 소수집단 학생이 1명만 포함되는 것은 바람직하지 않다. 이는 집단원들이 그 학생이 지닌 다양한 측면을 바라보는 기회를 방해할 수 있다.

여러 성별이 섞인 집단에서 남학생들은 보다 적극적이고 지배적일 수 있다. 따라서 교사는 여학생들이 자신의 의견을 이야기할 수 있도록 격려하고, 남학생들은 여학생들의 의견을 경청함으로써 집단에 대한 여학생들의 기여도를 높일 수 있도록 조정할 필요가 있다. 일반적으로 집단 내 성비는 균형 있게 구성하는 것이 바람직하다.

팀빌딩 기술

교실에서 효과적인 협동적 학습이 이루어지기 위해서는 팀빌딩 기술을 익히는 시간이 필요하다. 학기 초 팀빌딩을 어떻게 시작할 것인지 고민해야 하며, 학생들이 다른 사람의 의견을 경청하고 팀 성과물에 기여하는 방법을 연습할 수 있게 해야 한다. 또한 팀 리더의 역할과 기능에 대해 토의하고, 팀 리더들이 문제 상황을 다룰 수 있도록 대비시켜야 한다.

소집단 상호작용 구조화

소집단의 활동을 촉진하기 위해 구성원들 각각에게 서로 다른 역할을 담당하게 해야 한다. 예를 들어, 학생들은 다음과 같은 역할을 부여받을 수 있다(Kagan, 1992).

- 격려자(encourager) : 열의가 없는 집단원을 격려하여 동기를 부여함
- 문지기(gatekeeper) : 집단 내 모든 구성원의 참여를 공평하게 함

학생과 연계하기 : 최고의 실천
학생 팀빌딩 기술 향상을 위한 전략

학생들이 성공적으로 팀빌딩 기술을 향상시키도록 돕기 위해 다음과 같은 전략을 제안할 수 있다(Aronson & Patnoe, 1997).

1. 학기 초에 어려운 과제의 협동적 학습을 시작해서는 안 된다. 교사들은 팀빌딩을 통해 협동하는 경험을 한 이후 협동적 학습을 하는 것이 효과적이었다고 보고한다. 팀빌딩은 보통 몇 주에 걸쳐 매일 짧게 진행하는 것이 적절하다. 많은 학생들이 집단으로 작업하는 것에 대해 충분한 경험을 하지 못했기 때문에, 어려운 집단 프로젝트를 진행하기에 앞서 팀빌딩을 통해 상호작용 하는 방법을 배울 수 있게 하는 것이 필요하다.

2. 반 전체 학생을 대상으로 하기보다는 2~6명가량의 학생들로 집단을 구성하여 팀빌딩을 진행한다. 팀 내에는 자기주장이 강한 학생과 상대적으로 더 수동적인 학생들이 섞여 있다. 팀빌딩의 목표는 모든 구성원이 팀 멤버로서 가치 있는 경험을 하는 것이다. 경쟁보다는 협력을 통해 집단 작업이 보다 효과적으로 이루어질 수 있음을 배울 수 있도록 해야 한다.

3. 팀빌딩 진행 과정에서 학생들이 타인의 의견을 경청하는 태도를 배울 수 있는 활동을 포함시킨다. 모든 학생에게 동시에 각자 이름으로 자신을 소개하도록 하여, 대화를 독점하지 않고 교대로 이야기해야 하는 필요성에 대해 느낄 수 있게 하라. 또한 자신이 들은 것을 몸짓으로 표현해보도록 요청해 볼 수 있다. 그밖에 말하는 사람을 바라보고, 방금 그 사람이 이야기한 것을 따라 말하거나(rephrasing) 요약하는 등의 활동이 포함될 수 있다.

4. 팀빌딩을 통해 공동의 결과물을 만드는 것을 연습해볼 수 있도록 한다. 종이와 펜을 돌려가며 하나의 그림을 완성하는 활동에 참여시켜라. 종이가 자기에게 돌아오면 학생들은 그림의 일부분을 그리게 된다. 그림이 완성되면 각자가 기여한 부분에 대해 이야기하는 시간을 마련한다. 이를 통해 학생들은 각 구성원들의 참여가 없었다면 결과물이 완성될 수 없었음을 깨닫게 될 것이다. '교사의 시선'에 9학년 역사 교사가 자신의 수업에서 이 방법을 어떻게 활용할 수 있었는지 소개되어 있다.

교사의 시선 : 학생의 눈높이 맞추기
지미 퍼로 선생님은 학급 전체의 시험 준비를 위해 서로 파트를 나누어 교과서를 요약하는 집단 활동을 운영한다. 퍼로 선생님은 베트남 전쟁으로 인해 두 다리를 잃었지만, 휠체어로 교실 안을 돌아다니며 학생들의 눈높이에서 그들과

9학년 역사 수업에서 학생들과 대화하고 있는 지미 퍼로 선생님

© Todd Lillard

의사소통을 한다. 주어진 단원에 대한 토의가 모두 이루어지면, 퍼로 선생님은 학생들이 제출한 작업물을 간결하고 명확하게 편집하여, 학생들이 요점을 집중할 수 있도록 돕는다(Marklein, 1998).

5. 팀빌딩을 통해 집단 리더의 가치에 대해 느끼는 경험이 필요할 수 있다. 이를 위해 집단 수행을 극대화하기 위해 리더는 어떤 역할을 담당해야 할지에 대해 학생들이 직접 토론해보도록 요청할 수 있다. 브레인스토밍을 통해 '집단을 체계화하는 것', '집단이 과제를 지속할 수 있게 하는 것', '교사와 집단 간 의사소통을 담당하는 것', '열정을 보여주는 것', '인내와 예의를 갖추는 것', '집단이 의견 불일치와 갈등을 다룰 수 있게 돕는 것' 등의 의견을 얻을 수 있다. 집단 리더는 교사가 직접 선발하거나, 학생들이 자체적으로 선출하도록 할 수 있다.

6. 팀 리더가 문제 상황을 다뤄보는 경험을 해봐야 한다. 예를 들어, 거의 말을 하지 않거나, 집단을 지배하거나, 상대방에 대한 욕을 하거나, 작업에 참여하기를 거부하거나, 혼자 작업하기를 원하는 집단 구성원들이 있을 수 있다. 모든 집단원들이 동시에 말하기를 원하는 경우도 있다. 교사는 집단 리더들을 모아 이러한 상황에 대한 역할극을 해보도록 하고, 각각의 상황을 가장 잘 다룰 수 있는 방법은 무엇인지 토론해보도록 기회를 제공해야 한다.

- 코치(coach) : 학문적인 내용을 담당하여 도움
- 확인자(checker) : 집단구성원들이 과제의 내용을 충분히 이해하는지 확인함
- 감독(taskmaster) : 집단이 과제에 집중하도록 독려함
- 기록자(recorder) : 아이디어와 결정사항을 기록함
- 소음 담당자(quiet captain) : 집단 내 소음을 감시함
- 물자 담당자(material monitor) : 활동에 필요한 물품을 관리함

이와 같은 역할 배분은 집단이 원활하게 기능하도록 할 뿐 아니라, 구성원들 각각에게 자신이 중요한 인물이라고 느끼게 해준다. 그러나 앞에 제시된 9개의 역할과 달리 그동안 바람직한 것으로 제안되었던 집단 인원은 5~6명이었음을 주목하라. 따라서 일부 집단구성원들은 여러 역할을 겸하

게 될 수도 있다. 물론 집단 안에 9개의 역할이 모두 존재해야 하는 것은 아니다.

그밖에 집단구성원의 역할을 '요약자(summarizers)'와 '경청자(listeners)'로 나누는 것도 가능하다. 연구에 따르면 단순히 듣는 것보다는, 들은 내용을 요약하는 것이 학습에 효과적이다. 따라서 집단에서 이러한 롤모델을 적용하게 된다면, 모든 구성원이 한 번씩 요약자가 되는 기회를 갖도록 구조화하는 것이 좋다(Dansereau, 1988).

사회적 구성주의에 대한 여러분의 입장은 어떠한지, 교사로서 학생들을 가르칠 때 이러한 전략들을 사용할지에 대해 알아보기 위해 **자기평가 1**을 작성해보자.

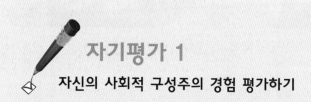

자기평가 1
자신의 사회적 구성주의 경험 평가하기

사회적 구성주의에 따른 사고 및 학습과 관련하여 당신은 어떤 경험을 하였는가? 학교나 다른 상황에서 이와 관련된 경험을 했을 수 있다. 과거의 기억을 떠올리며 다음에 제시된 각 상황에서의 사례를 적어보고, 당시 사회적 구성주의의 원칙이 어떻게 적용되었는지 살펴보자.

1. 우리 가족 :
_____
_____

2. 스카우트 같은 동호회나 프로그램 :
_____
_____

3. 초등학교 :
_____
_____

4. 대학 :
_____
_____

이 경험은 교수학습에 대한 당신의 의견에 어떻게 영향을 주었는가?

1. 학습은 개개인의 정신 안에서뿐 아니라 사회 및 물리적 맥락을 통해 일어난다는 견해 :
_____
_____

2. 비고츠키의 사회문화적 인지 이론 :
_____
_____

3. 비계설정 :
_____
_____

4. 동료교수 :

_____

_____

5. 협동적 학습 :

_____

_____

6. 소집단 활동 :

_____

_____

복습하기, 성찰하기 그리고 연습하기

❸ 소집단 작업 구조화에 있어 효과적인 방법에 대해 논의한다.

복습하기
- 학생들을 소집단에 배정할 때 어떤 점을 주의해야 하는가?
- 집단 안에서 팀빌딩을 촉진하기 위해 교사는 어떤 것을 할 수 있는가?
- 집단 구조를 증진시키기 위해서 어떤 종류의 역할 과제가 있는가?

성찰하기
- 당신이 교육심리학 기말고사를 대비하기 위해 5명의 친구들과 스터디 그룹을 만들기로 했다고 가정해보자. 당신은 이 집단을 어떻게 구조화하겠는가? 집단원들에게 어떤 역할을 배정할 수 있겠는가?

연습하기
1. 다음 중 집단구성이 적절하게 이루어진 것은?
   a. 비라틴계 백인으로 성취 수준이 높은 여학생 1명, 아프리카계 미국인으로 성취 수준이 중간인 남학생 3명
   b. 아프리카계 미국인으로 성취 수준이 높은 남학생 1명, 비라틴계 백인으로 성취 수준이 중간인 여학생 2명, 아시아계 미국인으로 성취 수준이 낮은 남학생 1명
   c. 아시아계 미국인으로 성취 수준이 높은 남학생 2명, 비라틴계 백인으로 성취 수준이 낮은 남학생 2명
   d. 아프리카계 미국인으로 성취 수준이 높은 여학생 2명, 아프리카계 미국인으로 성취 수준이 중간인 남학생 1명, 아프리카계 미국인으로 성취 수준이 낮은 여학생 1명

2. 워든 선생님은 학기 초 팀빌딩을 하기로 했다. 이를 위해 전체 학생들을 교실 밖으로 불러 인간매듭(human knot)을 만들어보자고 하였다. 학생들은 '매듭'이 끊어지지 않도록 협동해야 한다. 하지만 일부 학생들은 활동 중 불만을 표시하고 화를 내기도 했다. 워든 선생님은 학생들에게 리더를 뽑아 서로의 의견을 모으도록 권했다. '학생 팀빌딩 향상을 위한 전략'을 고려해볼 때, 워든 선생님이 잘못한 것은?
   a. 성정의 중요성을 강조하지 않은 점   b. 학생 수가 부족했던 점
   c. 이질적 집단을 구성하지 않은 점   d. 반 전체 학생을 내상으로 어려운 과제를 낸 점

3. 조지, 존, 폴, 캐시, 매킨지는 미국 남북전쟁에 대한 집단 프로젝트를 진행하고 있다. 조지는 자칭 남북전쟁 전문가이다. 프로젝트가 진행되는 동안 조지는 다른 학생들의 질문에 답을 했다. 존은 집단에 필요한 물품들을 가져오겠다고 자원했다. 프로젝트는 순조롭게 진행되었고 모든 학생들의 참여가 이루어졌다. 캐시는 각자의 기여가 모두 가치 있음을 상기시켰다. 그러던 중 집단원들은 지난 주말에 있었던 축구경기에 대해 이야기하기 시작했다. 폴은 "얘들아, 우리 프로젝트 진행해야 하는 거 알지?"라고 말했다. 그러나 그들은 토론에 몰두한 나머지 다소 소란스럽게 되었다. 이때 매킨지는 동료들에게 조용히 하자고 요청하였다. 이 가운데, 문지기 역할을 수행한 학생은 누구인가?
   a. 조지   b. 존   c. 매킨지   d. 캐시

정답은 '연습하기 정답' 참조

사회적 구성주의 교실

열정 넘치는 마리아나 선생님은 2학년 담임을 맡게 되었다. 그녀는 학생들이 능동적으로 학습에 참여하고 스스로 지식을 구성해야 하며, 그러기 위해서는 집단 활동이 필요하다고 생각했다. 이에 학급에 사회적 구성주의의 요소가 적용될 수 있도록 몇 가지 방침을 세웠다.

우선 학생들이 새로운 학습 내용을 접할 때 비계설정을 제공하되, 점차 자신(교사)의 도움을 줄여가도록 하였다. 동료교수 방법을 사용하여 학생들이 서로 배울 수 있도록 하였다. 이를 위해 성적이 우수한 학생들이 성적이 낮은 학생들을 도울 수 있도록 집단을 구성하였다.

마리아나 선생님은 협동적 학습 방법을 선호하였다. 그녀는 능력, 성별, 인종, 사회경제적 배경에 있어 이질적인 집단을 구성하였다. 그리고 각 집단원들이 코치, 격려자, 확인자, 감독, 기록자, 물자 담당자 등의 역할을 하나씩 담당하도록 부여했다. 많은 과목을 이러한 방식으로 운영했다. 과학 및 사회 과목에서는 때때로 직소 방법을 적용하여 모든 학생들이 특정 영역에서의 전문가가 될 수 있도록 하였다.

수학 과목의 경우 학교 전체가 Everyday Mathematics 프로그램을 채택하고 있었는데, 이 프로그램은 실제 세계에서의 적용을 중시했다. 마리아나 선생님은 이 또한 집단 활동으로 이루어질 수 있도록 하였다.

마리아나 선생님은 학생과 학부모들이 자신의 교육적 입장을 공유하고 모두가 적극적으로 '함께 배우기'에 동참하기를 바랐다. 그러나 몇몇 학생들은 "다시는 하기 싫어요", "내가 왜 저 애랑 같은 팀이 되어야 하나요? 저 애는 아무것도 몰라요", "재는 너무 으스대요", "저는 항상 저 애와 같은 조인데, 결국 제가 혼자 다 하게 돼요", "쟤 때문에 저는 아무것도 할 수가 없어요. 가만히 앉아서 보고 있어야만 해요" 등의 불평을 했다. 학부모들 역시 불만이 있었다. 많은 학부모가 전화와 편지로 왜 이렇게 수업을 하는지 이해할 수 없다고 항의했다. 학부모들은 자녀의 점수와 성적에 관심이 많았다. 한 학부모는 자신의 자녀가 더 이상 학습을 방해하는 다른 아동과 같은 집단이 되지 않게 해달라고 요청했다.

1. 이 사례의 주된 쟁점은 무엇인가?
2. 마리아나 선생님의 행동 중 부적절했던 것은 무엇인가?
3. 구성주의 수업을 진행하려면 어떤 부분이 보완되어야 하는가?
4. 학부모의 협조를 이끌어내기 위해서 필요한 것은 무엇입니까?
5. 다음 중 마리아나 선생님이 동료교수를 운영함에 있어 고려해야 하는 것은 무엇인가?
   a. 학생들이 자신의 파트너를 직접 선택하도록 하기
   b. 학부모의 의견과는 상관없이 성적이 우수한 학생들이 성적이 낮은 학생들을 도와야 한다고 주장하기
   c. 동년배 집단보다는 혼합연령 집단으로 동료교수를 운영하기
   d. 서로 좋아하지 않는 학생들끼리 동료교수를 하도록 하여, 집단 활동 시 친교로 시간을 허비하지 않도록 하기
6. 다음 중 마리아나 선생님이 학생 집단을 운영함에 있어 고려해야 하는 것은 무엇인가?
   a. 학생들을 편하게 해주기 위해 남학생과 여학생 집단을 따로 구성하기
   b. 학생들을 편하게 해주기 위해 인종별로 집단을 따로 구성하기
   c. 수줍음이 많은 학생에게 리더 역할을 부여하여 참여를 이끌어내기
   d. 한 번씩 집단을 재구성하여 중간 능력 수준 학생들이 집단 활동에서 배제되지 않도록 하기

학습과 연계하기 : 학습목표 달성하기

① 교수에서의 사회적 구성주의 접근 : 사회적 구성주의 접근과 다른 구성주의 접근을 비교한다.

광의의 구성주의 맥락에서 사회적 구성주의

- 피아제와 비고츠키의 이론은 구성주의에 속하는 것으로 볼 수 있다. 피아제의 이론은 인지적 구성주의 이론이고, 비고츠키의 이론은 사회적 구성주의 이론이다.
- 비고츠키의 모델을 교수학습에 적용하기 위해서는 학생들이 교사 혹은 동료 등 타인과의 사회적 상호작용을 통해 학습할 수 있는 기회가 주어져야 한다. 이러한 과정을 통해 학생들은 지식을 구성하게 된다. 피아제에 따르면 학생들은 이전 지식과 정보를 변형, 조직, 재조직하면서 지식을 구성한다.
- 피아제와 비고츠키의 모형에서 공통적으로 교사는 지시자가 아니라 촉진자이다. 인지적 구성주의와 사회 구성주의의 차이점이 언제나 명확한 것은 아니다. 모든 사회 구성주의적 접근은 사회적 요인이 학생의 지식 구성에 기여함을 강조한다.

- 상황인지는 사고가 개인의 마음 안에 존재하는 것이 아니라 사회적 물리적 맥락에 존재한다는 개념이다.

---

❷ 학습 공동 참여자로서의 교사와 동료학생 : 교사와 동료학생이 어떻게 학습에 함께 기여할 수 있는지 설명한다.

비계설정

- 비계설정이란 보다 숙련된 사람(교사 혹은 동료)이 학생의 현재 수준에 적절한 안내를 제공함으로써 한 단계 높은 수준으로 발돋움할 수 있도록 지원하는 기법을 의미한다.

인지적 도제

- 인지적 도제란 전문가가 관계 속에서 초보자의 지식이나 기능이 숙달되도록 지원하는 것을 의미한다.

튜터링

- 튜터링은 기본적으로 전문가와 초보자가 맺는 인지적 도제의 한 방식이다. 튜터링은 성인과 아동, 혹은 보다 능숙한 아동과 덜 능숙한 아동 사이에서 일어날 수 있다.
- 개인 튜터링은 많은 학생들에게 효과적이다. 학급 보조교사, 자원봉사자, 멘토는 교사와 학습을 지원하기 위해 튜터로 활동할 수 있다.
- 리딩 리커버리와 SFA는 효과적인 튜터링 프로그램의 예이다. 대부분의 경우 혼합연령 집단 튜터링은 동년배 집단 튜터링보다 효과적이다. 튜터링은 튜터와 튜티 모두에게 이로울 수 있다.

협동적 학습

- 협동적 학습은 학생들이 소집단에서 서로의 학습을 도와줄 때 일어난다. 연구자들은 특히 명확한 집단 목표와 개인의 책무성이 포함된 협동적 학습은 학생의 성취를 향상시키는 효과적인 전략임을 발견했다.
- 협동적 학습은 단순한 과제보다는 복잡한 과제에 적합하다. 협동적 학습을 통해 학습동기가 촉진될 수 있고, 학생들 간 상호의존성이 증진되며, 보다 깊은 수준의 이해가 이루어질 수 있다.
- 협동적 학습에는 STAD(Student Teams Achievement Divisions), 직소(I, II), 함께 배우기, 집단조사, 협동작문 등이 포함된다.
- 협동적 학습은 일반적으로 능력, 인종, 사회경제적 지위, 성에 있어 다양한 이질 집단으로 운영하도록 권고된다. 학급 내 소집단, 학급 전체, 학급 간, 학교 전체, 학교와 학부모, 학교와 지역사회 등 여러 수준에서 협동적 공동체를 구성함으로써 긍정적인 상호의존성이 발달될 수 있다.
- 협동적 학습은 많은 강점을 지니고 있으나, 몇 가지 문제점도 잠재되어 있다.

---

❸ 소집단 작업 구조화 : 소집단 작업 구조화에 있어 효과적인 방법에 대해 논의한다.

집단구성

- 소집단 구성 시에는 이질적 집단이 되도록 학생들을 배정해야 한다. 집단구성원들이 능력, 인종적 배경, 사회경제적 지위, 성별에 있어 다양성을 이루도록 해야 한다.

팀빌딩 기술

- 소집단 작업을 구조화하려면 팀빌딩 기술에 주목할 필요가 있다. 학기 초에 몇 주에 걸쳐 팀빌딩 활동을 진행하는 것은 좋은 전략이다. 학생들은 이를 통해 상대방의 의견을 경청하는 것을 배울 수 있다. 또한 팀 전체가 함께 기여하여 결과물을 만들어내는 경험을 해볼 수 있다. 팀 리더를 선

소집단 상호작용
구조화

정하는 것은 팀빌딩 진행에 도움이 된다.

• 학생들은 집단 안에서 각기 다른 역할을 담당해야 한다. 격려자, 문지기, 감독, 소음 담당자, 물자 담당자 등이 역할의 예시가 될 수 있다. 이들은 모두 집단이 원활하게 기능하는 데 기여한다.

주요 용어

사회적 구성주의 접근(social constructivist approach)   인지적 도제(cognitive apprenticeship)   협동적 학습(cooperative learning)
상황인지(situated cognition)

포트폴리오 활동

이제 여러분은 이 장에서 다룬 개념들을 모두 이해하였을 것이다. 여러분의 사고 수준을 향상시키도록 다음 연습문제를 풀어보자.

독립적 성찰

1. **사회적 구성주의에 대한 경험 평가하기** 다양한 사회적 구성주의 접근 중 학창 시절 당신이 실제 경험했던 것으로는 어떤 것이 있었는가? 유치원, 초등학교, 중학교, 고등학교 대학교 각각에서의 경험을 돌아보자. 그리고 비계설정, 인지적 도제, 튜터링, 협동적 학습 등에 대한 스스로의 경험이 충분했는지 부족했는지 평가해보라.

협력 작업

2. **개별활동과 집단활동 간 균형 맞추기** 4∼5명과 함께 교과과정 안에 집단활동과 개별활동은 어느 정도의 비중으로 포함되는 것이 적절한지 유치원, 초등학교, 중학교, 고등학교, 대학교 각각의 상황에서 대해 토의해보자. 또한 과목에 따라 집단활동을 적용하는 것이 더 나은 경우가 있는지 토의하고 집단의 견해를 기술해보라.

동기, 교수, 학습

이 장의 개요

교육의 기술은 결국 아동의 호기심을 깨우는 것이다.

– 아나톨 프랑스, 20세기 프랑스 소설가이자 시인

© Shutterstock/wavebreakmedia RF

교사와 연계하기 : 하이메 에스칼란테

볼리비아 출신 이민자인 하이메 에스칼란테 선생님은 이스트로스앤젤레스 가필드 고등학교의 수학 교사가 되었다. 가필드고등학교는 저소득 계층의 라틴계 학생들이 대다수였다. 그가 이곳에 처음 교사로 부임했을 때, 많은 학생들이 수학에 대해 자신 없어 했고, 교사들 역시 학생들에게 큰 기대를 하지 않았다. 에스칼란테 선생님은 학생들의 수학 실력 향상을 특별한 도전으로 여기고, ETS의 상급 배치고사(AP) 중 수학 과목에서 높은 성적을 받는 것을 목표로 학생들을 지도했다.

첫해에 에스칼란테 선생님의 수학 수업은 오전 8시에 시작했다. 그러나 그는 7시부터 교실 문을 열고 7시 30분부터 지도를 시작했다. 방과 후와 주말에도 수업은 계속되었다. 그는 많은 양의 유인물을 배부했고, 학생들에게 문제풀이 노트를 만들고 이를 서류철로 보관하도록 지도했다. 매일 아침 5분 퀴즈가 있었고 매주 금요일에는 시험을 보게 했다. 처음에는 14명의 학생이 참여하였으나, 2주 후에는 절반으로 줄었고 학기 말에는 5명의 학생만이 남게 되었다. 한 소년은 그만두며 "아침 7시까지 학교 오기 힘들어요. 왜 그래야 하나요?"라고 물었다.

AP 수학시험(5점이 최고 점수, 1점이 최저 점수)에서 3점 이상을 받게 되면 이는 대학 수준의 수학 실력을 갖추었다는 것을 의미했다. 3점 이상을 받은 학생들은 대부분의 주요 대학에서 해당 과목에 대한 학점을 획득할 수 있었다. 첫해에 에스칼란테 선생님에게 지도받았던 5명의 학생 중 2명은 4점, 2명은 2점, 1명은 1점을 받았다. 이는 에스칼란테 선생님이 부임하기 전에 비해 월등히 향상된 결과였다.

3년 후 에스칼란테 선생님이 가르친 15명의 학생은 AP 수학시험에서 더욱 좋은 성과를 거두었다. 1명이 5점, 4명이 4점, 9명이 3점, 1명이 1점을 받았던 것이다. 10년 후 에스칼란테 선생님의 수업을 수강하는 학생은 151명으로 크게 늘었다.

에스칼란테 선생님의 끈질기고 도전적이며 학습의욕을 고취시키는 노력은 가필드고등학교에 여러 가지 변화를 가져왔다. 과거에 가필드고등학교는 재정적으로 어렵고 학교폭력 문제가 만연하며 환경적으로 열악했던 곳이었으나, 이제는 미국 역

수학 수업을 하고 있는 하이메 에스칼란테 선생님
© AP Images

에서 수학 성적 7위를 차지하는 학교가 되었다. 에스칼란테 선생님의 열의와 강한 동기는 학생들에게 전달되었고, 이전에는 누구에게서도 기대받지 못했던 이 학생들이 결국에는 놀라운 성취를 보여주게 되었다. 에스칼란테 선생님의 이야기는 '스탠드업(Stand and Deliver)'이라는 영화로도 제작되었다. 또한 에스칼란테 선생님과 그의 학생들은 PBS의 '퓨처'라는 프로그램에도 출연하여 6~12학년을 위한 수학의 기본 개념을 소개하기도 했다. 현재 에스칼란테 선생님은 교직에서 은퇴하였으나, 수학 공부의 동기부여를 돕는 자문가로 활동하고 있다. 에스칼란테 선생님의 사례는 한 교사가 학생들의 동기와 성취에 얼마나 기여할 수 있는지를 보여주는 위대한 증거이다.

미리보기

동기는 미국 심리학회의 학습자 중심 심리 원칙의 핵심 요소이다. 실제로 동기는 교수학습에 있어 결정적인 역할을 담당한다. 동기가 낮은 학생은 학습에 노력을 기울여야 할 필요를 느끼지 못할 것이다. 하이메 에스칼란테 선생님의 사례에서 볼 수 있듯이 동기가 높은 학생은 학교에 오고 싶어 하고 학습 과정에 열중할 수 있다.

학습목표 1
동기를 정의하고, 동기에 대한 행동주의, 인본주의, 인지주의 및 사회적 관점을 비교한다.

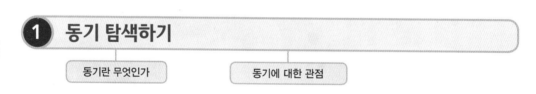

1 동기 탐색하기

동기란 무엇인가   동기에 대한 관점

캐나다인 테리 폭스는 역사상 가장 위대한 장거리 달리기 선수 중 한 사람이다(McNally, 1990). 그는 5개월간 매일 마라톤 거리에 해당하는 42.195킬로미터를 달려 캐나다 전역에 해당하는 5,406킬로미터를 뛰었다. 이러한 그의 위업을 더욱 놀랍게 만드는 것은 그가 암으로 인해 다리 하나를 절단하고 의족을 한 채 달렸다는 사실이다. 테리 폭스는 명백히 동기화된 사람이었다. 무엇이 이토록 강한 동기부여가 되었을까?

동기란 무엇인가

동기(motivation)란 열정을 북돋아 하나의 목표를 향해 행동을 지속하는 과정이다. 테리 폭스는 어떻게 그렇게 달릴 수 있었을까? 테리가 암으로 입원했을 때 그는 만일 살아나게 된다면 암 연구 기금 마련을 지원하기 위해 무엇이든 하겠다고 다짐했다. 암 투병으로 고통받는 사람들을 돕고 싶다는 마음이 그의 삶에 목적이자 달리기의 동기부여가 되었던 것이다.

테리 폭스의 행동은 열정적이었고, 목표 지향적이었으며, 지속적이었다. 캐나다 전역을 달리면서 그는 뜻밖의 난관에 부딪혀야 했다. 혹독한 역풍, 폭우와 폭설, 빙판으로 뒤덮인 길과 같은 것들 말이다. 이 때문에 그는 하루에 평균 13킬로미터 정도밖에 달릴 수 없었다. 처음 계획했던 것에 훨씬 못 미치는 거리였다. 그러나 그는 멈추지 않았고 두 달 후부터는 속도를 올릴 수 있었다. 그의 사례는 인간의 한계를 넘어서는 동기부여의 힘을 보여주는 증거와도 같다.

테리 폭스의 이야기는 *The Power of Purpose*라는 영화로 제작되어 학생들에게 많은 감동을 선사한다. 어떤 6학년 담임교사는 학생들에게 이 영화를 보여주고 감상을 써보도록 하였다. 한 학생은 "나는 어떤 나쁜 일이 벌어지더라도 계속해서 노력하고 노력해야 한다는 것을 배웠다. 몸이 다칠 수는 있지만, 그것이 우리의 영혼까지 죽일 수는 없다"라고 적었다.

> 인생은 선물이다… 그것을 받아들여라.
> 인생은 모험이다… 그것에 도전하라.
> 인생은 미스터리다… 그것을 밝혀라.
> 인생은 투쟁이다… 그것에 직면하라.
> 인생은 퍼즐이다… 그것을 풀어라.
> 인생은 기회다…. 그것을 잡아라.
> 인생은 미션이다… 그것을 완수하라.
> 인생은 목표다… 그것을 성취하라.
>
> – 작자 미상

동기에 대한 관점

동기를 설명하는 데에는 다양한 심리학적 관점이 존재한다. 행동주의, 인본주의, 인지주의, 사회적 관점에서 동기를 어떻게 설명하는지 살펴보자.

행동주의적 관점 행동주의적 관점은 학생들에게 동기를 부여하는 핵심 요소로 외적 보상과 처벌을 강조한다. **인센티브**(incentive)는 학생의 행동에 동기를 부여할 수 있는 긍정적 혹은 부정적 자극 및 사건이다. 인센티브 사용을 옹호하는 사람들은 인센티브가 흥미와 활기를 불러오며 적절한 행동에 대한 주의력을 향상시키고 부적절한 행동을 줄이는 데 효과적이라고 주장한다(Emmer & Evertson, 2017; Evertson & Emmer, 2017).

교사들이 활용할 수 있는 인센티브로는 점수, 학점과 같이 학습결과에 대한 피드백을 제공하는 것, 그리고 완성도 있게 마무리된 결과물에 별이나 도장을 찍어주는 것 등이 포함된다. 작품을 전시하거나, 상장을 수여하는 것, 우등생 명단에 올리는 것, 수행이 훌륭했음을 공개적으로 언급해주는 것과 같이 인정해주는 것도 인센티브가 될 수 있다. 또한 특별한 활동을 허락해주는 것도 인센티브로 가능한데, 예를 들어 컴퓨터 게임이나 현장학습을 허락해주는 것 등이 될 수 있다. 한편 이러한 인센티브가 정말로 효과적인지에 대해서는 이 장의 두 번째 절에서 내재적 동기와 외재적 동기에 대한 논의를 통해 알아볼 것이다.

인본주의적 관점 **인본주의적 관점**(humanistic perspective)에서는 학생의 성장 가능성과 자신의 운명을 선택할 자유, 그리고 긍정적 자질(예 : 타인에게 세심함)을 강조한다. 이 관점은 에이브러햄 매슬로(Maslow, 1954, 1971)의 이론과 밀접한 관련을 지니는데, 그는 하위 욕구가 만족되어야 상위 욕구가 나타날 수 있다는 욕구 위계론을 주장했다. 매슬로의 **욕구 위계**(hierarchy of needs)는 다음과 같은 순서로 제시된다(그림 10.1 참조).

동기 열정을 북돋아 하나의 목표를 향해 행동을 지속하는 과정

인센티브 학생의 행동에 동기를 부여할 수 있는 긍정적 혹은 부정적 자극 및 사건

인본주의적 관점 학생의 성장 가능성과 자신의 운명을 선택할 자유, 그리고 긍정적 자질을 강조하는 견해

욕구 위계 매슬로가 제안한 것으로 개인의 욕구는 생리적, 안전, 사랑과 소속감, 존중감, 자아실현의 순서로 나타난다는 개념

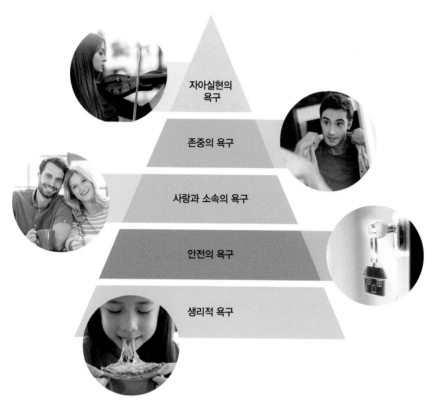

- 생리적 욕구 : 배고픔, 목마름, 수면
- 안전의 욕구 : 생존에 대한 보장(예 : 전쟁이나 범죄로부터 보호받는 것)
- 사랑과 소속의 욕구 : 안정감, 애정, 타인으로부터의 관심
- 존중의 욕구 : 자기 자신에 대해 긍정적으로 느끼는 것
- 자아실현의 욕구 : 자신의 잠재력을 발현하는 것

매슬로에 따르면 어떤 것을 성취하기 전에 음식에 대한 욕구가 채워져야 한다. 이러한 견해를 통해 가난하거나 가정에서 학대받는 아이들이 기본적 욕구가 충족된 아이들에 비해 낮은 학업성취를 보이는 이유를 짐작할 수 있다.

자아실현(self-actualization)은 매슬로의 욕구 위계 중 가장 상위에 존재하며 도달하기 어려운 욕구로, 인간으로서 자신이 지닌 잠재력을 개발하려는 동기를 의미한다. 매슬로는 자아실현은 하위

그림 10.1 매슬로의 욕구의 위계

에이브러햄 매슬로는 상위의 욕구를 충족시키기 전 하위 욕구가 충족되어야 한다고 주장하였다. 그림에서 하위 욕구는 피라미드의 하단에, 상위 욕구는 상단에 위치하고 있는 것을 확인할 수 있다.

© shutterstock

의 욕구들이 모두 충족되어야만 도달할 수 있으며, 대부분의 사람들은 존중의 욕구를 달성하고 나면 그 단계에 머무르며, 더 이상 상위에 있는 욕구에는 접근하지 않는 경향이 있다고 보았다. 이로 인해 자아실현을 이루는 사람은 드물다. 자아실현을 이룬 사람들은 자발적이고, 자기 중심적이기보다는 문제 중심적이고, 창조적인 특징을 보인다.

인간의 욕구가 위계적으로 존재한다는 개념은 상당히 매력적이다. 그러나 모든 사람들이 매슬로의 이론에 동의하는 것은 아니다. 예를 들어, 어떤 학생들은 존중의 욕구보다 지식이나 정보를 습득하고 이해하려는 인지적 욕구가 강한 것으로 보인다. 혹은 사랑이나 소속을 경험하지 못했음에도 불구하고 존중의 욕구를 충족한 학생들도 있다.

인지주의적 관점 동기에 대한 인지주의적 관점에 따르면 동기는 사고(thought)에 의해 형성된다. 최근 동기에 대한 인지적 접근이 각광을 받고 있다(Schunk, 2016; Wentzel & Miele, 2016). 인지적 접근에서는 학생의 목표 설정, 귀인양식, 성공에 대한 기대감, 환경을 효과적으로 통제할 수 있다는 신념, 노력의 결과에 대한 믿음 등을 강조한다(Graham & Taylor, 2016; Schunk & DiBenedetto, 2016).

행동주의적 관점은 학생의 동기가 외적 인센티브의 결과라고 보는 반면, 인지주의적 관점에서는 외적 영향력은 덜 강조된다. 인지주의적 관점은 학생들에게 자신이 이룬 성취를 통제하는 데 보다 많은 책임을 부여하라고 조언한다(Miele & Scholer, 2016; Ryan & Deci, 2016).

동기에 대한 인지주의적 접근은 R. W. 화이트(White, 1959)의 **역량동기**(competence motivation)의 개념과 상응한다. 역량동기란 인간은 자신을 둘러싼 환경을 효과적으로 다루고 세계를 이해하며 정보를 효과적으로 처리하기 위해 동기화됨을 의미한다. 화이트는 개인은 환경과 효과적으로 상호작용하기 위해 내적으로 동기화된다고 보았다. 역량동기는 왜 인간이 자신의 역량을 개발하는 데 그치지 않고 사회에 기여하며 과학적·기술적 혁신을 이루려고 노력하는지에 대한 답을 제공한다.

자아실현 매슬로의 욕구 위계 중 가장 상위에 존재하며 도달하기 어려운 욕구로, 인간으로서 자신이 지닌 잠재력을 개발하려는 동기

역량동기 인간은 자신을 둘러싼 환경을 효과적으로 다루고 세계를 이해하며 정보를 효과적으로 처리하기 위해 동기화된다는 개념

사회적 관점 당신은 많은 사람들과 어울리는 편인가? 아니면 집에 머물러 책 읽기를 좋아하는 편인가? **소속 혹은 관계 욕구**(need for affiliation or relatedness)는 다른 사람들과 안전하게 연결되려는 동기에서 비롯된다. 여기에는 따뜻하고 친밀한 개인적 관계를 수립하고, 유지하고, 회복하려는 행동이 포함된다. 소속과 관계에 대한 학생들의 욕구는 또래들과 어울리고, 친한 친구를 만들고, 부모와 애착을 형성하고, 교사와 긍정적인 관계를 가지려는 바람으로 표현된다(Rowe, Ramani, & Pomerantz, 2016; Wentzel, 2016; Wentzel & Ramani, 2016; Wubbels & others, 2016). 최근 연구에 따르면 관계성에 대한 지지와 만족감은 업무, 학업, 성취에 긍정적인 영향을 미친다(Linnenbrink-Garcia & Patall, 2016).

최근 소속 마인드셋(belonging mindset)이라는 개념이 제안되었다(Rattan & others, 2015). 많은 학생들이 학교생활 중 소속감을 확신하지 못하며, 특히 부정적인 고정관념으로 정형화된 학생들은 불편함을 느끼고 있다. 이러한 부정적인 소속감은 낮은 성취와 연결된다. 그러나 소수 집단의 학생들이 학교에 연결된 느낌과 소속감을 가지게 되면, 이는 신체적·정신적 건강 및 학업적 성공으로 이어진다(Walton & Cohen, 2011; Walton & others, 2014). 최근 연구에서는 소수 집단 학생들이 소속감에 대한 토의에 참여했을 때 학업성취가 향상되었다(Stephens, Hamedani, & Destin, 2014).

대인관계에서 돌봄과 지지를 받은 학생들은 보다 긍정적인 학업 태도와 가치를 지니며, 학교생활에 만족한다(Wentzel, 2016). 한 연구에서 학생의 동기와 성취도는 교사와 긍정적인 관계를 맺고 있는지에 대한 인식에 따라 달라지는 것으로 나타났다(McCombs, 2001). 또한 중학생을 대상으로 한 연구에서는 교사로부터 높은 지지를 받았다고 인식한 학생들은 수학에 대한 가치를 보다 높게 평정했다고 보고된 바 있다(Eccles, 1993).

동기에 대한 다양한 관점을 살펴보면, 한 가지 관점만을 채택할 필요가 없다는 것을 알 수 있다. 모든 관점이 교육과 관련된 유용한 정보를 제공한다.

메레디스 맥그리거는 콜로라도 페어뷰고등학교의 졸업반 학생으로, 과학 유망주이자 콜로라도 전역을 통틀어 최고의 장거리 선수 중 한 사람이다. 그녀는 평점 4.0을 유지하면서 학교의 다양한 조직에 참여하고, AfriAid Club을 공동 창립하기도 하였다. 또한 'USA 투데이'에서 선정한 올스타고등학생으로 뽑혔고, 인텔에서 수여하는 젊은 과학자상을 수상하기도 하였다(Wong Briggs, 2007). 메레디스가 이토록 놀라운 성취를 할 수 있었던 동기는 무엇일까?

© Kevin Moloney

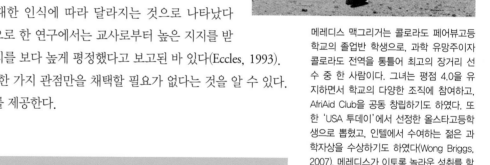

복습하기, 성찰하기 그리고 연습하기

① **동기를 정의하고, 동기에 대한 행동주의, 인본주의, 인지주의 및 사회적 관점을 비교한다.**

복습하기

• 동기화된 행동이란 무엇인가?
• 동기에 대한 네 가지 주요 관점에 대해 간략히 요약해보라.

성찰하기

• 당신이 무엇인가를 성취하기 위해 가장 동기화되었던 상황을 떠올려보라.
• 동기에 대한 네 가지 관점에 따르면 당신의 동기는 어떻게 설명될 수 있는가?

연습하기

1. 다음 중 동기에 대한 예로 가장 적절한 것은?
  a. 로비는 이번 학기에 잘 해내고 싶다는 의욕에 차 있다.
  b. 셰리는 의욕적으로 영어 수업에서 높은 목표를 설정하고, 상당한 노력을 기울여 A를 받았다.
  c. 카멜로는 자신이 성취하고자 하는 바에 주의집중을 잘한다.

소속 혹은 관계 욕구 다른 사람들과 안전하게 연결되려는 동기

d. 라티샤는 열심히 공부하며, 학업에 긍정적인 감정을 느끼고 있고, 다른 친구들과 함께 공부하는 것을 즐긴다.

2. 다음 중 인지적 관점에서의 동기에 대한 예로 가장 적절한 것은?

  a. 데이비드슨 선생님은 학생들이 착하게 행동하는 것을 보면 그러한 행동이 지속될 수 있도록 스티커를 준다.

  b. 맥로버츠 선생님은 학생들이 애를 쓰면 무엇이든 이룰 수 있다는 믿음을 갖도록 하기 위해 노력한 학생들에게는 항상 성공을 보장해준다.

  c. 케네스 선생님은 학생들이 자신이나 학급 친구들과 좋은 관계를 형성하면 학습에 대한 동기부여가 될 것이라고 생각하여, 정서적 지지를 제공한다.

  d. 샤인 선생님은 책상 서랍에 시리얼을 준비해두고 배고픈 학생들에게 음식을 제공한다.

정답은 '연습하기 정답' 참조

학습목표 2

성취 과정에 개입하는 주요 개념에 대해 논의한다.

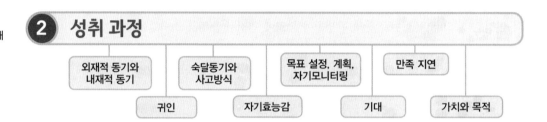

② 성취 과정

외재적 동기와 내재적 동기 | 숙달동기와 사고방식 | 목표 설정, 계획, 자기모니터링 | 만족 지연

귀인 | 자기효능감 | 기대 | 가치와 목적

최근 인지주의적 접근에 따른 동기에 대한 관심이 고조되고 있다. 여기에서는 학생의 성취에 관여하는 심리적 과정을 발견하는 것을 중요하게 여긴다(Linnenbrink-Garcia & Patall, 2016; Miele & Scholer, 2016; Roeser, 2016; Schunk & DiBenedetto, 2016). 이번 절에서는 학생의 성취 동기를 고양시킬 수 있는 효과적인 인지적 전략에 대해 소개할 것이다. 우선 외재적(외적) 동기와 내재적(내적) 동기를 구분해보고자 한다. 이러한 구분을 통해 동기에 대한 인지주의적 접근의 다른 통찰들을 보다 쉽게 이해할 수 있다. 또한 학생의 동기에 있어 기대가 어떠한 역할을 하는지도 살펴볼 것이다.

외재적 동기와 내재적 동기

외재적 동기(extrinsic motivation)란 무언가를 얻기 위한 수단으로 행동하는 것을 의미한다. 외재적 동기는 보상이나 처벌과 같은 외적 인센티브에 영향을 받는다. 좋은 점수를 받기 위해 시험공부를 열심히 하는 것이 예가 될 수 있다.

행동주의적 관점에서 특히 외재적 동기의 중요성이 강조된다. 인본주의적 접근과 인지주의적 접근에서는 상대적으로 내재적 동기를 중요시한다. **내재적 동기**(intrinsic motivation)란 오직 그 행동 자체를 목적으로 하는 내적 동기를 의미한다. 공부의 내용 자체가 재미있어 열심히 공부하는 것이 그 예가 될 수 있다.

최근 연구에 따르면 학급풍토가 긍정적으로 형성되면 내적인 학습 동기화가 강화될 수 있다(Ryan & Deci, 2009, 2016). 3~8학년 학생들을 대상으로 한 연구에 내재적 동기는 높은 시험 점수와 정적인 상관을 보였으나, 외재적 동기는 부적인 상관을 보였다(Lepper, Corpus, & Iyengar, 2005). 외재적 동기로만 목표가 설정되면 학생들의 독립성은 낮아지고 과제에 대한 지속력도 약화

외재적 동기 무언가를 얻기 위한 수단으로 행동하는 것

내재적 동기 오직 그 행동 자체를 목적으로 하는 내적 동기

되는 것으로 나타났다(Vansteenkiste & others, 2008).

부모가 내재적 동기를 사용하는지 외재적 동기를 사용하는지도 자녀의 동기부여와 관련성을 지닌다. 9~17세 학생들의 수학과 과학에 대한 한 연구에 따르면 부모가 외적 보상이나 자녀의 수행에 대한 결과물을 제공했을 때보다 학습의 즐거움과 몰입을 격려했을 때 학생들의 내재적 동기가 높아지는 것으로 나타났다(Gottfried & others, 2009).

학생들은 자신이 직접 선택할 수 있을 때 보다 동기화된다. 또한 자신의 능력보다 어려운 과제에 도전할 때, 통제가 아닌 정보를 얻을 수 있는 보상을 받을 때 내적으로 동기화되는 경향을 보인다. 칭찬 역시 내적 동기를 강화할 수 있다. 그것은 내재적 동기가 (1) 자기 결정성과 개인적 선택, (2) 최적의 경험과 몰입, (3) 흥미, (4) 인지적 관여라는 네 가지 유형으로 존재하기 때문이다. 이와 관련하여 외적 보상이 내재적 동기를 강화 혹은 약화시킬 수 있는지 살펴보고자 한다. 또한 연령이 증가함에 따라 내재적 동기와 외재적 동기의 효과성에 변화가 나타나는지 알아보면서 내재적 동기와 외재적 동기에 대한 생각을 정리해보자.

학생들이 직접 쓴 연극을 공연하고 있다. 이와 같이 자기 결정성을 발휘할 수 있는 기회는 학생들의 성취 동기를 고취시킨다.

© Digital Vision/Getty Images RF

자기결정성과 개인적 선택 내재적 동기는 자기결정성과 깊은 관련을 지니고 있다(Ryan & Deci, 2009, 2016). 이 견해에 따르면 인간은 외적으로 주어지는 성공이나 보상 때문이 아니라 스스로 의지를 가졌을 때 비로소 행동하고 싶어진다. 자기결정성 이론의 창시자인 리처드 라이언과 에드워드 데시(Ryan & Deci, 2009, 2016)는 학생들의 자기결정성을 촉진하는 환경을 제공하는 교사를 자율성 지지 교사라고 칭했다.

연구자들은 학생들에게 직접 선택하고 학습에 대한 책임을 질 수 있는 기회를 주었을 때, 내적 동기와 학업 자체에 대한 흥미가 증가한다는 것을 발견했다(Grolnick, Friendly, & Bellas, 2009). 한 연구에서 학생들로 하여금 목표를 스스로 설정하고, 어떻게 이 목표를 달성할 수 있을지 계획하고, 진행 상황을 모니터링하도록 하였다(deCharms, 1984). 이들은 자신의 행동과 스스로 설정한 목표에 보다 강한 책임감을 보였다. 또한 통제집단에 비해 더 많은 수가 고등학교를 졸업했고, 높은 학업성취를 보였다.

RESEARCH

최적 경험과 몰입 미하이 칙센트미하이(Csikszentmihalyi, 1990, 1993; Csikszentmihalyi & Csikszentmihalyi, 2006)는 내재적 동기와 관련하여 몰입이라는 개념을 제안하였다. 그는 20년 넘

학생과 연계하기 : 최고의 실천
자기결정성과 선택을 위한 전략

학생들의 자기결정성을 향상시키기 위해 다음과 같은 전략을 제안할 수 있다.

1. 학생들과 *이야기 나누는 시간*을 가지고, 학습 활동이 왜 중요한지 토의한다.
2. 학생들이 자신에게 의미 있는 것을 직접 선택할 수 있는 *기회*를 제공한다.
3. 학생들이 하기 싫어하는 것을 요청할 때는 그들의 감정에 주의를 기울인다.
4. 학생들이 개인적인 선택을 하도록 허용함으로써 학급을 효율적으로 운영한다. 리포트, 쓰기 과제, 연구 프로젝트의 주제를 직접 선택하도록 하라. 학습

결과 발표 방식(예: 교사에게 발표할지, 학급 전체를 대상으로 발표할지, 개인적으로 발표할지, 짝을 지어 발표할지 등)을 스스로 결정하게 하라.
5. 학생들이 개인적으로 혹은 집단으로 다른 학생들과 함께 다양한 활동을 할 수 있는 *학습센터*를 구축한다. 교사가 미리 개발해둔 메뉴를 보며 활동을 선택할 수 있도록 하라.
6. *관심 집단*을 구성하여 직접 선택하게 하고, 함께 관련 연구를 수행할 수 있도록 한다.

학생이 지각한 능력

	낮음	높음
학생이 지각한 도전감 낮음	무관심	지루함
높음	불안	몰입

그림 10.2 도전과 기술의 인식된 수준

게 최적 경험에 대해 연구했는데, 사람들은 최적 경험을 통해 깊은 즐거움과 행복감을 느끼는 것으로 보고하였다. 칙센트미하이는 이러한 최적 경험을 '몰입'이라 명명하였다. 그는 사람들이 특정 활동을 하는 동안 숙달감을 발달시키며 고도로 집중할 때 몰입 경험이 일어난다는 것을 발견했다. 또한 몰입은 개인이 너무 어렵지도, 너무 쉽지도 않은 도전에 임할 때 일어난다고 보았다. 예를 들어, 교사가 학생들에게 지나치게 어려운 것은 아니지만 적당히 도전이 되도록 난이도를 설정한 과학 프로젝트를 제시하고, 학생들이 그 프로젝트에 깊이 빠져 있을 때 몰입이 일어날 수 있다.

지각된 도전감과 능력 수준에 따라 다양한 결과가 나타날 수 있다(그림 10.2 참조; Brophy, 1998). 몰입은 학생들이 도전할 만한 영역에 대해 자신이 높은 능력을 지니고 있다고 지각할 때 일어나는 경향이 있다. 충분히 높은 능력을 지니고 있으나, 제시된 활동이 도전적이지 않으면 학생들은 지루함을 느낀다. 도전감과 능력 수준이 모두 낮을 때는 무기력을 느낀다. 도전적인 과제가 주어졌으나 이를 감당할 능력이 안 된다고 지각할 때 불안을 경험하게 된다.

흥미 교육심리학에서 흥미(interest)는 오랫동안 연구되어 온 개념으로, 내재적 동기보다는 구체적인 속성을 지닌다(Alexander & Grossnickle, 2016; Linnenbrink-Garcia & Patall, 2016). 흥미는 상대적으로 안정적인 개념인 개인적 흥미와 특정 과제의 속성에 따라 달라지는 **상황적 흥미**로 나누어질 수 있다. 어떤 학생이 오랜 시간 수학에서 성공 경험을 해왔고, 수학 실력을 갖추게 되었다면 이 학생은 수학에 대한 개인적 흥미를 지니게 될 것이다. 한편 상황적 흥미는 수학 수업을 재미있게 이끌었던 한 교사로 인해 발생될 수 있다.

흥미에 대한 연구는 학습이나 인지적 과정과의 관련성을 중심으로 이루어졌으나, 그밖에 학습

학생과 연계하기 : 최고의 실천
학생들의 몰입 수준을 높이기 위한 전략

학생들의 자기결정성을 향상시키기 위해 다음과 같은 전략을 제안할 수 있다.

1. *역량을 갖추고 스스로 동기부여 한다.* 특정 주제에 대해 전문가가 되어 가르치는 과정에서 열정을 보여라. 교사 자신이 내재적으로 동기화된 롤모델로서 학생들 앞에 설 필요가 있다. '교사의 시선'에서 론다 나참킨 선생님은 전문성과 열정이 학습을 흥미로운 활동으로 변화시킨 사례를 보여준다.

교사의 시선 : 학급을 이집트 무덤, 뉴욕, 올림푸스 산으로 만들다
론다 나참킨 선생님은 미국의 조지아 로스웰에 있는 리버이브스초등학교에서 1학년을 담당하고 있다. 그녀는 에너지가 넘치며 교실을 마치 힐리우드 세트장과 같이 만들어 수업을 운영한다. 교실을 이집트 무덤, 뉴욕, 올림푸스산과 같이 꾸몄다. 학부모들에게 자료를 보내 아누비스(이집트의 신)와 프로메테우스

론다 나참킨 선생님이 학생 패트릭 드론스의 작업을 도와주고 있다.
© Michael A. Schwarz

(신에게 불을 훔쳐온 그리스 티탄)가 누구인지 배울 수 있게 하고, 이러한 주제로 아이들과 대화할 수 있도록 도왔다. 론다 선생님은 다양한 버전의 동화와 이야기를 사용하여 읽기, 철자법, 개념 분석법 등을 가르친다(출처 : USA Today, 1999).

2. *최적으로 맞춰진 과제를 제공한다.* 학생들이 지닌 실력과 학생들에게 도전시키고자 하는 과제의 난이도가 적절하게 설정되고 꾸준히 제공되어야 한다. 학생들에게 합리적인 목표에 도전하고 이를 성취할 수 있도록 격려하라.

3. *교실 안에 방해요소를 제거한다.* 주의를 산만하게 하는 것들이 많다면 학생들의 몰입이 방해될 수 있다.

4. *자신감을 키워준다.* 학생들에게 교육적 지식을 전달하는 것은 물론 정서적 지지도 전달하라. 이는 학생들이 자신감 있게 과제에 임하고 불안을 낮추는 데 도움이 된다.

의 다양한 영역에서도 중요하게 다루어져 왔다(Fox & Dinsmore, 2016). 흥미는 깊이 있는 학습에 수반되는 특징으로 주요 개념의 기억을 용이하게 한다. 또한 간단한 질문에 대한 응답이나 단순 암기와 같은 단편적인 이해보다는 종합적이고 고차원적인 이해를 가능하게 한다(Wigfield & others, 2015). 연구에 따르면 자율성 지지, 교수자의 접근성, 관여 기회, 교과 내용 관련성 등과 같은 수많은 맥락적 요인들이 상황적 흥미와 관계가 있으며, 이는 결국 개인적 흥미로 이어진다(Linnenbrink-Garcia & Patall, 2016).

TECHNOLOGY

학생들의 흥미를 자극하기 위해 테크놀로지가 활용될 수 있다. 실제 세계나 실생활과 관련성이 높은 과제는 학생들의 흥미와 호기심을 촉발할 수 있다. 학생들은 테크놀로지에 기반을 둔 학습 경험을 실제 세계에서의 경험으로 인식하는 경향이 있다. 21세기 학습 환경은 테크놀로지를 활용하여 정보에 접근하고, 사고를 조직하고, 타인들과 협동학습을 진행하고, 이해당사자들과 의사소통하도록 변화할 것이다.

교실 환경에 테크놀로지를 통합함으로써 학습동기나 학업열의를 증가시킬 수 있다. 테크놀로지는 특히 실제학습을 가능하게 한다. 연구에 따르면 테크놀로지가 풍부하게 결합된 학습은 동기를 증가시키고(Swan & others, 2005), 학업열의를 고취하며(Silvernail & Lane, 2004), 행동에 변화를 가져오고(Apple Computer, 1995), 출석률에 긍정적인 영향(Apple Computer, 1995)을 준다. 또한 테크놀로지를 활용해 학습하는 경우 보다 체계적이고 독립적인 학습이 가능하다(Zucker & McGhee, 2005). 뿐만 아니라 도움이 필요한 특수 학습자들은 테크놀로지가 적절히 활용되는 경우 학업성취도가 증가하게 된다(Swan & other, 2006).

퀘스트 아틀란티스 리믹스의 컴퓨터 스크린. 온라인 롤플레잉 게임인 퀘스트 아틀란티스는 상업용 게임의 요소를 동기 및 정서 연구에 결합시켰다. 여기에는 3D 멀티 유저 환경이 지원되며, 신화를 모티브로 한 이야기가 펼쳐진다. 또한 사용자가 지정하여 홈페이지를 꾸밀 수 있고, 플레이어의 캐릭터가 성장함에 따라 다양한 상황이 전개될 수 있다. 학습 상황 탐색, 퀘스트, 미션, 시뮬레이션된 세계 등의 요소가 포함되어 있다. 또한 5개 대륙의 유저들이 상호작용 할 수 있는 커뮤니티도 제공된다.

출처 : Quest Atlantis

오락보다는 교육이나 훈련용으로 개발된 게임 형식의 소프트웨어들이 있다. 이러한 기능성 게임은 상황학습 및 실제학습을 가능하게 한다. 그중 하나로 9~12세 아동용 게임인 퀘스트 아틀란티스 리믹스(Quest Atlantis Remixed, http://atlantisremixed.org)를 들 수 있는데, 이것은 미국 국립 과학재단에서 후원하는 프로젝트로 3차원 멀티유저 환경으로 개발되었다. 퀘스트 아틀란티스 리믹스는 5개 대륙에서 수천 명의 유저를 확보하고 있다. 퀘스트 아틀란티스 리믹스를 통해 과학 및 사회 교과의 성적이 향상되었을 뿐 아니라 학업효능감 역시 증가한 것으로 보고된다(Gresalfi, 2015; Gresalfi & other, 2009).

인지적 관여와 자기책임　필리스 블루멘펠드와 동료들(Blumenfeld & others, 2006)은 내재적 동기의 또 다른 측면을 제안했다. 그들은 학생들이 인지적으로 관여하고 책임감을 갖도록 격려하는 학습 환경의 중요성을 강조했다. 학생들이 단순히 학점을 얻기 위해 공부를 하는 것이 아니라, 개념을 숙달하고 지속적으로 공부할 수 있도록 동기부여 해야 한다는 것이다. 특히 학생들이 흥미를 가질 수 있는 실제 세계에서의 상황과 같은 의미 있는 맥락 안에서 교과목의 내용과 기술을 결합하는 프로젝트 학습이 필요하다고 보았다(Gregory & Korth, 2016).

외재적 보상과 내재적 동기　지금까지 내재적 동기와 관련된 다양한 관점을 살펴보았다. 그렇다면 교실에서의 보상이 유용한 상황은 어떤 것들이 있는지, 특별히 내재적 동기를 증가시키는 보상

되돌아보기/앞날을 생각하기
바람직한 행동을 증가시키기 위해 효과적인 강화물을 선택해야 한다. 제6장 '행동주의와 사회인지 이론'과 연계해 생각해보자.

이 있는지 알아보자. 제6장 '행동주의와 사회인지 이론'에서 언급된 바와 같이 외재적 보상은 행동을 변화시키는 데 도움이 된다. 그러나 이러한 보상이 상황에 따라 학습을 저해하기도 한다. 미술에 이미 강한 흥미를 지닌 학생들에게 그림을 더 그리면 보상을 준다고 하자 보상을 받지 않았던 학생들에 비해 그림을 그리는 시간이 줄어들었던 유명한 실험이 있다(Lepper, Greene, & Nisbett, 1973).

그럼에도 불구하고 학급에서 보상의 활용은 유용할 수 있다(Cameron & Pierce, 2008). 보상은 두 가지 방식으로 사용될 수 있는데, (1) 과업에 참여한 것에 대한 대가로 학생들의 행동 통제를 목표로 하는 경우, (2) 숙달 정도에 대한 피드백으로서 보상을 제공하는 것이 그것이다. 과제 수행에 대한 완성도에 따라 보상이 제공되면, 학생들의 유능감이 증가할 수 있다. 대가로서 사용되는 보상은 학생 자신의 잘하고 싶어 하는 동기보다는 외재적 보상에 의해 행동이 유발된다는 인식을 조성한다.

학생들의 행동을 통제하기 위해 보상을 사용하는 것과 숙달 정도에 대한 피드백으로서 보상을 사용하는 것을 보다 명확하게 구분하기 위해 다음의 예를 살펴보자(Schunk, 2016). 한 교사가 과제를 완수할 때마다 점수를 주는 방식의 보상을 적용하고 있다. 이 점수가 나중에 어떤 특전으로 교환될 수 있다면 학생들은 점수를 더 많이 얻기 위해 동기화될 것이다. 그러나 점수는 학생들의 역량을 보여주는 지표이기도 하다. 점수가 모일수록 학생들은 자신의 능력이 더 향상되고 있다고 느낄 것이다. 반면에 점수가 단순히 어떤 과제를 수행한 시간에 따라 제공된다면, 그 과제는 단지 수단에 그치게 된다. 이러한 경우 점수는 개인의 역량에 대한 정보를 담고 있지 않기 때문에, 학생들은 보상을 그들의 행동을 통제하기 위한 도구라고 인식하게 된다.

즉 숙달 정도에 대한 피드백으로서의 보상은 학생들의 유능감을 향상시켜 내재적 동기에 긍정적인 영향을 미칠 수 있다(Cameron & Pierce, 2008). 그러나 비난과 같이 지나치게 부정적인 피드백은 학생들에게 무능하다는 메시지를 전달하기 때문에 내재적 동기를 저해시킨다. 특히 자신이 유능해지리라는 믿음이 없고 자기 능력을 확신하지 못하는 학생들에게는 매우 부적절하다(Stipek, 2002). 하지만 이것이 교정을 위한 비판적인 피드백을 금지하라는 뜻은 아니다. 교정을 위한 비판적 피드백은 교육의 핵심 요소 중 하나이기 때문이다.

주디 캐머런(Cameron, 2001)은 보상이 항상 내재적 동기를 감소시키는 것은 아니라고 주장했다. 그녀는 100여 편에 달하는 논문을 분석하여 언어적 보상(칭찬이나 긍정적 피드백)은 내재적 동기를 증가시킨다는 것을 밝혀냈다. 유형의 보상(우등의 표시로 주는 금별, 금전적 보상)이라 할지라도 과제 수행의 결과로서 주어지거나 예상치 못하게 주어진다면 내재적 동기가 유지되었다. 캐머런의 연구에 타당도가 떨어진다는 비판도 있다. 예를 들어, 보상이 동기에 부정적으로 영향을 미치는 경우에 대해서는 구체적으로 밝히지 않았다(Deci, Koestner, & Ryan, 2001).

요약하면 보상이 유능감과 어떻게 연결되는지가 중요하다. 보상을 받음으로써 유능감을 증진시킬 수 있다면, 동기나 흥미도 촉진될 것이다. 그렇지 않다면 동기를 증가시키지 않거나, 오히려 보상이 한 번이라도 생략된다면 동기를 떨어뜨리는 결과를 가지고 올 것이다(Schunk, 2016).

DEVELOPMENT

내재적 동기와 외재적 동기의 발달 많은 심리학자와 교육자들은 학생들이 성장함에 따라 내재적 동기를 발달시키는 것이 중요하다고 주장한다(Wigfield & others, 2015). 그러나 초등학생에서 고등학생까지의 동기를 조사한 연구 결과에 따르면 내재적 동기는 오히려 감소하는 것으로 나타난다(Wigfield & others, 2015). 한 연구에서는 특히 6학년에서 7학년으로 진급할 때 내재적 동기가 큰 폭으로 감소하고 외재적 동기가 증가하는 경향을 보였다(Harter, 1981). 또한 8학년이 되었을 때 학습이 지루하다고 느끼는 학생들이 크게 증가했다(Harter, 1996). 이러한 연구에서 내적으로 동기화된 학생들은 외적으로 동기화된 학생들에 비해 더 나은 수행을 보였다.

학년이 증가함에 따라 외재적 동기가 높아지는 이유는 무엇일까? 그에 대한 이유의 하나로 학교의 성적 부여 시스템을 생각해볼 수 있다. 학년이 높아지면서 성적이 강조되기 때문에 상대적으로 내적 동기는 감소하는 것이다.

재클린 에클스는 동료들(Eccles, 2004, 2007; Wigfield & others, 2015)과 함께 내재적 동기를 감소시키는 학교의 환경적 요소에 대해 연구했다. 중·고등학교는 초등학교에 비해 보다 냉담하고 형식적이며 평가적·경쟁적인 특징을 지닌다. 과제나 표준화 검사 등에 대한 상대평가로 인해 학생들은 다른 사람과 자신의 수행을 점수로 비교하게 된다.

개인-환경 적합성(person-environment fit)은 학생들이 중·고등학교에서 부적절함을 느끼게 될 때 자기 자신과 학교를 보다 부정적으로 평가하게 된다는 개념이다(Eccles, 2004, 2007). 에클스는 교사가 이를 통제하려고 하면 학생들은 자율성을 더욱 원하게 되며, 교사-학생 관계가 냉담할 경우 학생들은 다른 성인에게서 지지를 원하게 된다는 것을 밝혔다. 또한 자의식이 강한 학생일수록 성적에 집착했고, 이러한 경쟁적 비교는 그들의 수행에 악영향을 미쳤다.

학생들에게 보다 우호적인 환경을 제공하기 위해 교사는 어떤 역할을 해야 할까? 학생을 보다 잘 이해하고 그들의 흥미를 교과 내용과 연결시키려는 노력이 필요할 것이다.

고등학교 진학에 따른 학생의 정서적 어려움에 대한 연구는 비교적 많지 않은 편이지만, 중학교로의 이행에서와 유사한 문제점이 발견된다는 연구가 있다(Eccles, Wigfield, & Schiefele, 1998). 고등학교는 일반적으로 중학교에 비해 규모가 크고 보다 관료적이다. 이러한 환경은 소속감을 저해하고 교사와 학생이 서로를 깊이 있게 알아갈 기회를 제한한다. 따라서 학생과 교사 간 불신이 쉽게 깊어질 수 있고, 학생들의 목표나 가치에 대한 의사소통이 이루어지기 어렵다. 이러한 환경은 특히 학업 수행에 어려움을 겪는 학생들의 동기에 부정적인 영향을 미친다.

이러한 점을 고려해볼 때 중·고등학교 학생들이 내재적 동기를 발달시키도록 돕기 위해서는 교사가 보다 인간적이고 덜 형식적이며 도전할 수 있는 환경을 조성할 필요가 있다.

RESEARCH

> **되돌아보기/앞날을 생각하기**
> 중학교 혹은 고등학교로의 진학은 다양한 변화가 동반된다는 측면에서 스트레스가 될 수 있다. 제3장 '사회적 맥락과 사회정서적 발달'과 연계해 생각해보자.

내재적 동기와 외재적 동기에 대한 결론 학업동기에 대한 방대한 연구 결과들을 통해 내릴 수 있는 결론은 교사가 학생들이 내재적으로 동기화될 수 있도록 격려해야 한다는 것이다. 또한 학생의 인지적 관여와 학습에 대한 자기 책임을 촉진할 수 있는 학습 환경을 제공해야 한다. 실제 현실에는 내재적 동기와 외재적 동기가 동시에 존재하며 이 둘을 양극단에서 서로 대립되는 개념으로 이해하는 것은 적절하지 않다. 내재적 동기와 외재적 동기는 학생들의 삶에 있어 모두 중요하며(Cameron & Pierce, 2008), 이들은 동시에 작용하는 것으로 보는 것이 현실적이다. 즉 학생들은 교과 내용 자체를 좋아하기 때문에 열심히 공부하기도 하지만(내재적 동기), 동시에 좋은 성적을 얻기 위해 공부하기도 한다(외재적 동기; Schunk, 2016). 물론 많은 교육심리학자들이 조언하는 바와 같이 외재적 동기만 강조하는 것은 좋은 전략이 아니다.

이상에서 살펴본 내재적·외재적 동기에 대한 논의를 바탕으로 학습 동기화에 관여하는 인지적 과정에 대해 보다 자세히 살펴보고자 한다. 다음 일곱 가지 주제에서 내재적 동기와 외재적 동기가 어떻게 기능하는지 알아보자. 일곱 가지 주제는 (1) 귀인, (2) 숙달동기와 사고방식, (3) 자기효능감, (4) 목표 설정, 계획, 자기모니터링, (5) 기대, (6) 만족 지연, (7) 합목적적 사고이다.

귀인 양식	실패한 이유에 대한 설명
내적-안정적-통제 불가능	적성에 안 맞아서
내적-안정적-통제 가능	공부를 안 해서
내적-불안정적-통제 불가능	시험 날 몸이 아파서
내적-불안정적-통제 가능	시험에 나왔던 그 부분만 공부를 안 해서
외적-안정적-통제 불가능	학교가 높은 기준을 요구해서
외적-안정적-통제 가능	선생님이 문제를 잘못 내서
외적-불안정적-통제 불가능	운이 나빠서
외적-불안정적-통제 가능	친구들이 안 도와주어서

그림 10.3 귀인 양식에 따른 실패에 대한 설명

학생들이 과제나 시험에서 낮은 성적을 받게 되면, 이러한 결과에 대한 이유를 찾는다. 그 이유에는 와이너가 제안한 세 가지 주요 범주(통제 소재, 안정성, 통제 가능성)로 구성된 8개의 귀인 양식이 존재한다.

출처: *Metaphors, Theories, and Research* by Bernard Weiner, p. 253. Copyright 1992 by Sage Publications Inc. Books. Reproduced with permission of Sage Publications Inc Books in the format Textbook via Copyright Clearance Center.

귀인

귀인 이론(attribution theory)에서는 개인이 자신의 행동과 수행에 대한 근본적인 이유를 발견하기 위해 동기화된다고 주장한다. 귀인이란 주어진 결과에 대한 자기 나름의 원인 규명이다. 귀인 이론가들은 학생들이 직관적인 과학자와 같은 태도로 자신에게 벌어진 일의 원인을 찾기 위해 노력한다고 본다(Graham & Taylor, 2016; Graham & Williams, 2009). 예를 들어, 학생들은 "내가 이 과목을 잘 해내지 못했을까?", "내가 좋은 성적을 받은 건 공부를 열심히 해서일까, 아니면 선생님이 시험을 쉽게 내서일까, 아니면 둘 다 일까?"와 같은 질문을 할 수 있다. 특히 모범생이 낮은 점수를 받는 것과 같이 예상치 못했던 실패, 혹은 중요한 상황에서의 실패를 경험하면 학생들은 그 이유를 알고 싶어 한다. 가장 빈번하게 사용되는 원인은 자신의 능력, 노력, 과제 난이도, 운, 기분, 다른 사람들의 도움 혹은 방해 등이다.

버나드 와이너(Weiner, 1986, 1992)는 귀인을 다음의 세 가지 차원으로 규명했다. (1) **통제 소재**(locus): 원인이 되는 행위의 주체가 내부에 있는가, 외부에 있는가, (2) **안정성**(stability): 원인이 늘 동일한가, 변화하는가, (3) **통제 가능성**(controllability): 개인이 그 원인을 통제할 수 있는 여부. 예를 들어, 적성은 내적이고, 안정적이고, 통제 불가능한 것으로 인식될 수 있다. 한편 운이나 기회는 외적이고, 가변적이며, 통제 불가능한 것으로 인식될 수 있다. 그림 10.3은 통제 소재, 안정성, 통제 가능성의 세 가지 차원을 조합하여 여덟 가지 경우의 귀인 양식을 소개하고, 그에 따라 실패를 어떻게 설명할 수 있는지 제시한다.

귀인이 학생들의 이후 노력과 성취에 영향을 주는지 알아보기 위해 제인과 수잔의 경우를 살펴보자. 두 학생은 모두 수학 시험에서 좋지 않은 성적을 받게 되었다. 그러나 이러한 부정적인 결과에 대한 두 학생의 귀인 양식은 달랐다(Graham & Weiner, 1996, p. 72).

제인은 수학 시험을 망치고 그 원인이 무엇일까 고민했다. 그녀는 실패의 원인을 교사나 운으로 돌리지 않고 자기 자신에게서 찾았고, 불안정한 것이라고 보았다. 그 결과, 그녀는 자신이 수학 시험을 망친 이유가 자신의 준비 부족이라고 인식하게 되었다. 즉 그녀는 실패를 내적이고, 불안정적이며, 통제 가능한 요인으로 본 것이다. 이 요인은 불안정한 것이기 때문에 미래에는 성공할 것이라는 기대를 할 수 있었다. 이러한 기대로 인해 그녀는 수학 시험 실패로 인한 자아존중감의 저하를 극복할 수 있었다. 또한 새롭게 목표 설정을 하고 다음 시험을 위해 더 노력하겠다고 다짐할 수 있었다. 그 결과, 제인은 수학 공부에 도움을 받을 수 있는 튜터를 구하게 되었고, 공부시간을 늘리게 되었다.

수잔 역시 수학 시험에서 낮은 점수를 받고, 실패의 원인을 찾고자 했다. 그녀는 실패를 내적이고 안정적이며 통제 불가능한 요인으로 보았고, 그 결과 능력 부족으로 인해 시험을 잘 치르지 못했다고 인식하게 되었다. 수잔은 실패의 원인을 내적으로 보았기 때문에 자아존중감의 하락을 경험하게 되었다. 그것은 안정적이기 때문에 미래에도 실패가 지속될 것이라고 생각하게 되었고, 이 상황을 나아지게 하기 위해 그녀가 할 수 있는 것은 없는 것으로 보였다. 또한 통제 불가능하기 때문에 스스로가 부끄럽고 한심하게 느껴졌다. 게다가 부모님과 선생님은 그녀에게 안 됐다고만 말했을 뿐, 이를 극복하기 위해 어떤 방법이 유용할지에 대한 조언은 하지 않았다. 그녀는 자신이 무능하다는 생각을 더욱 깊게 하게 되었다. 수잔은 성공에 대해 기대할 수 없고, 자아존중감이 낮아지며, 우울한 기분이 되었고, 결국 공부를 더 열심히 하는 대신 학교를 자퇴해야 되겠다고 마음먹게 되었다.

귀인 이론 개인은 자신의 행동과 수행에 대한 근본적인 이유를 발견하려고 한다는 이론

수잔과 같이 귀인하는 학생들을 돕기 위해 교사들이 사용할 수 있는 최선의 전략은 무엇일까? 교육심리학자들은 학생들에게 계획된 일련의 성공경험을 제공하라고 권한다. 여기에는 전략에 대한 모델링과 정보, 연습, 피드백이 포함된다. 이를 통해 학생들이 (1) 실패에 대해 걱정하기보다는 눈앞에 놓인 과제에 집중할 수 있도록 도울 수 있고, (2) 실수를 발견하기 위해 자신의 수행을 하나씩 되짚어보고, 다른 방법을 발견하기 위해 문제를 분석함으로써 실패를 적절히 다룰 수 있는 경험을 제공할 수 있으며, (3) 실패를 능력 부족이 아닌 노력 부족으로 귀인할 수 있게 한다(Dweck & Elliott, 1983).

이때 손쉽게 과제를 처리하고 성공을 체험하는 것보다는 실수를 극복하기 위해 애쓰는 것을 경험하는 것이 더 중요하다(Brophy, 2004). 이를 통해 학생들은 좌절을 극복하고 어려움에 직면하더라도 노력을 지속적으로 기울이며, 실패를 건설적으로 다루는 방법을 터득하게 될 것이다.

숙달동기와 사고방식

인지적 관여와 향상을 위한 자기 동기부여는 청소년의 숙달동기에 주요 특징이다(Dweck & Master, 2009). 이러한 아동은 노력을 기울이면 긍정적인 결과를 얻을 수 있다는 성장 사고방식을 지니고 있다.

숙달동기 발달심리학자 발랜 헨더슨과 캐롤 드웩(Henderson & Dweck, 1990)은 아동이 어려운 환경에 노출되었을 때 보이는 반응이 두 가지로 나누어짐을 발견하였다. **숙달 지향**(mastery orientation)의 아동은 능력보다는 과업 자체에 집중했다. 그들은 학습 전략에 주목하고 결과보다는 성취 과정에 초점을 두었다. 한편 **무기력 지향**(helpless orientation)의 아동은 궁지에 몰린 듯 반응했다. 그들은 자신의 능력 부족으로 이러한 어려움에 처했다고 생각했고, 이미 많은 성공 경험을 통해 자신들의 능력이 입증된 상황에서 조차 "나는 원래 이걸 못해요"라고 말했다. 또한 그들은 한 번의 실패에도 높은 불안을 느꼈고, 그로 인해 수행은 더욱 나빠졌다. 그림 10.4는 무기력한 학생들이 보일 수 있는 몇 가지 행동을 묘사하고 있다(Stipek, 2002).

반면 숙달 지향의 아동은 자기 지시를 통해 집중하고, 주의 깊게 생각하고, 이전에 도움이 되었던 전략을 기억해내는 모습을 보였다. 그들은 어려운 과제가 주어졌을 때 그것에 위협당하기보다는 도전하고 싶어 하며 흥미로워했다(Anderman & Anderman, 2010).

동기와 관련지어 숙달을 지향하느냐, 수행을 지향하느냐 역시 중요한 주제이다. **수행 지향**(performance orientation) 아동은 성취감보다는 누군가를 이기는 것에 관심을 둔다. 그들은 다른 사람을 이기는 것이 성공이라고 믿는다. 그렇다고 하여 숙달 지향 아동이 이기는 것을 싫어하거나, 수행 지향 아동이 성취감이 가져다주는 자기효능감을 경험하지 못한다는 것은 아니다. 이는 양자 중 어느 쪽에 더 무게를 싣느냐의 문제에 가깝다. 숙달 지향에서 '이기는 것'은 전부가 아니며, 수행 지향에서 능력의 향상이나 자기효능감은 '이기는 것'에 비해 부차적인 것으로 인식된다.

아동낙오방지법(NCLB)은 평가와 책무성을 강조한다고 언급한 바 있다. 비록 아동낙오방지법으로 인해 교사들이 동기화되고 공부를 열심히 하는 학생들이 생겨나기는 했으나, 학습동기 전문가들은 이것이 숙달 지향 동기보다는 수행 지향 동기를 자극한다는 점에서 우려를 표한다(Meece, Anderman, & Anderman, 2006).

학생 :

- "나는 할 수 없어"라고 말한다.
- 교사의 가르침에 주의를 기울이지 않는다.
- 도움이 필요한 순간에도 도움을 요청하지 않는다.
- 아무것도 하지 않는다(예 : 창밖을 응시함).
- 어떤 노력도 하지 않고 무성의하게 추측하거나 대답한다.
- 성공에 대한 자신감을 내비치지 않는다.
- 지루하고 무관심해 보인다.
- 노력하라는 교사의 권고에도 반응이 없다.
- 쉽게 낙담한다.
- 교사의 질문에 자발적으로 대답하지 않는다.
- 수업을 받지 않으려고 꾀를 쓴다(예 : 양호실 가기).

그림 10.4 **무기력을 암시하는 행동**

출처 : Stipek, Deborah, Table 5.3. "Behaviors Suggesting Learned Helplessness." Motivations to Learn, p. 69, 2002 by Upper Saddle River, NJ: Pearson Education, Inc., 2002.

숙달 지향 난이도가 높거나 도전적인 환경에서 학습 전략에 주의를 기울이고 결과보다는 과정에 초점을 둠으로써 과업 지향적으로 반응하는 태도

무기력 지향 도전적이고 어려운 과제에 대해 난관에 봉착한 듯 느끼고 그 원인을 자신의 능력 부족으로 귀인 하는 태도

수행 지향 성취감보다는 남을 이기는 것에 관심을 두는 태도. 이들에게 있어 성공이란 타인을 이기는 것이다.

되돌아보기/앞날을 생각하기
아동낙오방지법은 영재 교육에 부적합하며 학생들의 창의력을 저해한다는 측면에서 비판을 받는다. 제5장 '학습자의 다양성' 및 제8장 '복잡한 인지 과정'과 연계해 생각해보자.

사고방식 자신의 성장을 바라보는 인지적 관점을 의미하는 드웩의 개념. 고정 사고방식과 성장 사고방식으로 구분된다.

한편 숙달 목표와 성취 목표가 늘 상충하는 것은 아니라는 점을 기억하라 필요가 있다. 학생들은 숙달 지향이면서 동시에 성취 지향적으로 동기화될 수 있다. 연구에 따르면 수행 목표와 연합된 숙달 목표를 지닌 경우 성공적인 학습에 도움이 되었다(Schunk, Pintrich, & Meece, 2008).

사고방식　캐롤 드웩(Dweck, 2006, 2012, 2015, 2016)은 학업성취와 관련하여 동기의 최근 이론으로 **사고방식**(mindset)의 중요성을 강조했다. 사고방식이란 개인이 자신의 성장에 대해 지니는 인지적 관점을 의미하며, 다음과 같이 두 가지 종류로 나눌 수 있다. (1) **고정 사고방식**(fixed mindset)이란 자신의 능력과 자질이 이미 정해져 있으며, 변할 수 없다는 믿음을 말한다. (2) **성장 사고방식**(growth mindset)이란 자신의 능력과 자질이 변할 수 있으며, 노력을 통해 성장할 수 있다는 믿음을 말한다. 고정 사고방식은 무기력 지향과, 성장 사고방식은 숙달 지향 동기와 유사하다.

드웩(Dweck, 2006)은 자신의 저서 **마인드셋 : 스탠퍼드 인간성장 프로젝트**(mindset)에서 사고방식은 개인이 낙관적일지 비관적일지에 영향을 미치며 목표를 설정하고 이를 달성하기 위해 얼마나 노력할지에도 영향을 준다고 보았다. 또한 학교나 스포츠에서 성취와 성공을 포함하여 삶의 여러 부분에도 영향을 미친다고 주장하였다. 드웩은 아동이 상호작용하는 부모, 교사, 코치 등이 고정형 사고방식을 지녔는지, 성장형 사고방식을 지녔는지에 따라 아동의 사고방식이 형성되는 것으로 보았다. 이 책에 소개되어 있는 패트리샤 미란다의 성장 사고방식을 살펴보면 다음과 같다.

그녀는 통통하고 운동과는 거리가 멀었지만, 레슬링을 하고 싶어 하는 아이였다. 매트에서 실컷 내던져진 후 그녀는 '이거 장난 아니네'라고 느꼈다. 처음에는 울었지만, 이내 굳게 다짐했다. "나는 계속 노력해야 해. 노력하고 집중하고 믿고 노력한다면, 나도 레슬링 선수로 인정받을 수 있어." 그녀는 어떻게 이와 같이 결심할 수 있었을까? 그녀는 도전이 결여된 환경에서 자랐다. 어머니는 40세라는 젊은 나이에 동맥류로 세상을 떠났다. 당시 열 살이었던 미란다는 "인생이 쉽게만 흘러갈 거라고 생각해선 안 돼"라고 스스로에게 말했다. 레슬링을 통해 도전을 맞닥뜨린 미란다는 기꺼이 그것을 받아들였다.

그녀의 노력은 보상을 받았다. 스물네 살에 미란다는 미국 올림픽 국가대표로 선정되었고 동메달을 땄다. 그다음은 어땠을까? 미란다는 예일대학교 로스쿨에 입학했다. 사람들은 그녀가 이미 정상에 선 영역에서 커리어를 이어가라고 설득했지만, 그녀는 바닥부터 다시 시작해서, 자신이 이번에는 어디까지 성장할 수 있는지를 지켜보는 것이 좀 더 매력 있다고 느꼈다. (Dweck, 2006, pp. 22-23)

패트리샤 미란다(파란색 옷)가 2004년 올림픽에서 동메달을 따는 순간. 성장 사고방식의 특징은 무엇이며, 고정 사고방식과 어떻게 다른가?

© Hasan Sarbakhshian/AP Images

시카고에서 2학년을 담당하고 있는 마르바 콜린스 선생님이 학생들에게 성장 사고방식을 길러주었던 사례를 살펴보자. 그녀의 학생들 중 많은 수가 다음 학년으로 진급하지 못하고 2학년 과정을 다시 다니고 있다. 그녀는 학생들에게 다음과 같이 이야기한다.

너희들 대부분이 이름을 쓸 줄 모르지. 알파벳도 모르고, 읽을 줄도 모르지. … 선생님이 한 가지 약속을 할게. 너희 중 누구도 다음 학년으로 진급하지 못하는 사람은 없을 거야. 작년에는 잘 되지 않았지. 하지만 이제 실패와는 안녕이야. 얘들아, 너희는 이제 성공하게 될 거야. 너희는 여기에서 어려운 책도 읽게 될 거고, 그걸 이해하게 될 거다. 너희는 매일 쓰게 될 거야. … 하지만 내가 너희를 도울 수 있도록 너희도 나를 도와줘야 해. 아무것도 하지 않으면 아무 일도 일어나지 않는단다. 성공은 저절로 우리에게 오지 않아. 우리가 성공에게로 다가가야 해. (Dweck, C. S., *Mindset*. New York: NY: Random House, 2006)

그녀가 담당한 2학년 학생들은 보통 읽기 성취 수준이 최저인 학생들이었지만, 그해 말에는 5학년 수준까지 도달하게 되었다. 콜린스는 저소득층이 많이 사는 빈민 지역의 학생들을 주로 맡았다. 열악한 환경이었지만 그녀는 실패를 용납하지 않았고, 학생들에게 일상에서 자신의 행동에 책임을 지도록 가르쳤다. 콜린스는 어떤 분야에서 성공하는 것은 한 번으로 그치는 것이 아니라 습관이 되며, 결단력과 끈기가 세상을 움직이는 힘이라는 것, 그리고 다른 사람을 배려함으로써 성공할 수 있다는 것을 가르쳤다.

페닝턴학교에서 마르바 콜린스 선생님이 교직원 및 이사회를 대상으로 워크숍을 진행하고 있다.

© Margaret Thomas/The Washington Post/Getty Images

최근 드웩은 동료들과 함께 저소득 계층 학생들이 고소득 계층에 비해 성장 사고방식을 갖는 비율이 낮다는 것을 밝혔다(Claro, Paunesku, & Dweck, 2016). 그러나 저소득 계층 학생 중에서도 성장 사고방식을 지닌 학생들은 성취를 통해 빈곤이 주는 부정적 영향력을 보다 효과적으로 극복하였다.

또한 드웩과 동료들(Blackwell & Dweck, 2008; Blackwell, Trzesniewski, & Dweck, 2007; Dweck, 2012, 2015, 2016; Dweck & Master, 2009)은 성취와 성공을 향한 학생들의 동기를 증진시키려는 노력이 뇌의 가소성과 어떠한 관련이 있는지 연구했다. 어떤 연구에서는 학생들을 두 집단으로 나누어 여덟 번의 수업을 진행했다. 한 집단에서는 학습 전략을 가르쳤고, 다른 집단에서는 학습 전략과 함께 성장 사고방식을 지니는 것에 대한 중요성을 함께 가르쳤다(Blackwell, Trzesniewski, & Dweck, 2007). 두 번째 집단에는 "두뇌는 성장할 수 있다(You Can Grow Your Brain)"이라는 주제로 훈련이 제공되었는데, 두뇌도 근육과 같이 연습을 통해 성장할 수 있으며 신경세포들의 연결을 강화함으로써 변화하게 된다는 것을 강조하였다. 이 집단의 학생들은 배우려고 노력할수록 뇌세포가 더 증가한다고 교육받았다. 두 집단 모두 수업 진행 전에는 수학 점수가 감소하는 추세였다. 수업이 시작되고 학습 전략만 배운 집단은 이러한 감소 추세가 계속되었다. 그러나 학습 전략과 성장 사고방식의 중요성을 모두 배운 집단에서는 수학 성취도가 증가하였다. 또 다른 연구에서는 저성취 고등학생들에게 열심히 배우고 공부하면 뇌에 어떠한 변화가 일어나는지에 대한 온라인 자료를 읽도록 시켰다(Paunesku & others, 2015). 실험 결과, 이러한 자료를 읽은 학생들은 평균 학점이 증가하였다.

DIVERSITY

드웩의 또 다른 연구에서는 '브레이놀로지(Brainology)'라는 컴퓨터 기반 워크숍을 통해 학생들이 자신의 지능을 변화시키는 방법을 가르칠 것을 제안한다(Blackwell & Dweck, 2008). 이 워크숍은 6개의 모듈로 구성되어 있는데, 뇌가 어떻게 기능하는지와 뇌기능을 어떻게 향상시킬 수 있는지를 배울 수 있다. 뉴욕시의 20개 학교에서 이 프로그램을 시행해본 결과, 많은 학생들이 이 프로그램에 대해 우호적인 평가를 내렸다. 한 학생은 "노력할수록 나의 뇌가 좋아진다는 것을 알고 나서 공부를 열심히 하게 되었어요."라고 말했다(Dweck & Master, 2009, p. 137).

캐롤 드웩. 그녀가 학생의 성취에서 가장 중요하다고 여기는 것은 무엇인가?

© Carol Dweck

자기효능감 자신이 상황을 제어할 수 있고
성공적인 결과를 만들어낼 수 있다는 신념

드웩이 동료들과 수행했던 최근 연구에서 역시 성장 사고방식이 부정적인 고정관념으로 인해
성취가 저하되는 것을 방지해줄 수 있음이 밝혀졌다. 예를 들어, 수학 능력이 학습되는 것이라고
믿는 여성은 수학에 대한 부정적인 성 고전관념으로부터 자유로웠다(Good, Rattan, & Dweck,
2012). 뿐만 아니라 의지는 사실상 한계가 없는 사고방식과 같아 스트레스 환경에서 얼마나 유
혹을 버텨내고 주어진 과제에 몰두할 수 있는지를 예측하는 것으로 밝혀졌다(Dweck, 2012; Job,
Dweck, & Walton, 2010; Miller & others, 2012). 대학생을 대상으로 한 종단 연구에서는 자신의
성장에 한계를 두지 않는 경우 자기조절 능력(시간 관리, 덜 미루기, 건강한 식이습관, 덜 충동적인
소비)이 보다 뛰어난 것으로 나타났다(Job & others, 2015). 이러한 학생들은 많은 과목을 수강하
면서도 높은 성적은 얻었다.

자기효능감

RESEARCH

앞서 살펴봤던 행동주의와 사회인지 이론에 대한 장(제6장 참조)에서 앨버트 반두라의 자기효능감
의 개념을 소개한 바 있다. **자기효능감**(self-efficacy)이란 자신이 상황을 제어할 수 있고 성공적인
결과를 만들어낼 수 있다는 신념을 의미한다. 반두라(Bandura, 1997, 2001, 2009, 2010a, 2012,
2015)는 자기효능감이 성취 여부를 결정짓는 핵심 요인이라고 주장했다. 자기효능감은 숙달동기
나 내재적 동기와 매우 비슷하다. 자기효능감은 '나는 할 수 있다'는 믿음인 반면, 무기력은 '나는
할 수 없다'는 믿음이다. 자기효능감이 높은 학생은 "나는 오늘 수업에서 나온 내용을 배울 수 있
다는 것을 알아", "나는 이 활동을 잘 할 수 있을 거라고 예상해"라고 말한다.

데일 셩크(Schunk, 2008, 2016)는 자기효능감을 학생 성취의 다양한 측면에 적용하였다. 그는
자기효능감이 학생의 선택에 영향을 준다고 보았다. 학습에 있어 자기효능감이 낮은 학생은 많은
학습과제를 피하려 할 것이며, 특히 도전적인 과제는 시도하려 하지 않을 것이다. 반면 자기효능감
이 높은 학생은 이러한 학습과제에 열심히 임하며, 보다 오랜 기간 노력을 쏟을 것이다(Schunk &
DiBenedetto, 2016). 한 연구에 따르면 자기효능감이 높은 청소년들은 보다 높은 학업적 포부를 지
녔고, 과제를 하는 데 많은 시간을 사용했으며, 학습 활동을 최적 경험과 연합시키는 경향이 강했
다(Bassi & others, 2007).

자기효능감이 높은 학생, 교사, 학교의 특징
은 무엇인가?

© shutterstock

교사 자신의 자기효능감은 학생들의 학습경험에 주요
한 영향을 미친다(Wyatt, 2016). 학생들은 자기 회의로
괴로워하는 교사보다 자기효능감이 높은 교사로부터 더
많은 것을 배운다. 단, 교사가 자신이 실수한 것을 학생들
에게 솔직하게 이야기하고, 실수로부터 배우는 모습을 보
여주는 것은 학생들에게 큰 도움이 된다. 자기효능감이
낮은 교사는 학급 내 여러 가지 문제에 얽매이는 경향이
있으며, 학생의 낮은 성취를 학생이 공부하지 않기 때문
이라고 생각한다. 자기효능감이 낮은 교사는 학급 경영에
자신감이 없고, 학생들의 나쁜 품행에 지나치게 스트레스
를 받고 화를 낸다. 또한 학생들이 성장할 수 있다는 데
비관적이며, 자신의 직업을 감시하는 것이라고 생각한다.
그들은 종종 학생들의 훈육을 위해 처벌을 사용하고 자유

학생과 연계하기 : 최고의 실천
학생들의 자기효능감을 향상시키기 위한 전략

학생들의 자기효능감을 향상시키기 위해 다음과 같은 전략을 제안할 수 있다 (Stipek, 2002).

1. **구체적인 전략을 가르친다.** 학생들에게 개요 세우기, 요약하기와 같은 구체적인 전략을 가르쳐서 자신의 과제에 집중할 수 있는 능력을 배양시켜라.
2. **목표를 설정하도록 안내한다.** 장기목표를 설정한 다음, 그에 맞는 단기목표를 정하도록 도와라. 단기목표는 학생들이 스스로 향상 정도를 평가하는 데 도움이 된다.
3. **숙달을 강조한다.** 과제에 열중한 것만으로 보상을 제공하기보다는 수행에 기초한 보상을 제공하여, 숙달의 중요성을 느낄 수 있게 하라.
4. **전략훈련과 목표를 결합시킨다.** 셩크와 동료들(Schunk, 2001; Schunk & Rice, 1989; Schunk & Swartz, 1993)은 전략훈련과 목표 설정의 결합이 학생의 자기효능감과 능력 향상에 도움이 된다는 것을 밝혔다. 학생들에게 학습 전략이 그들의 수행과 어떻게 관련되는지에 대해 피드백하라.
5. **학생들에게 지지를 제공한다.** 교사, 부모, 동료의 긍정적 지지는 학생들의 자기효능감 향상에 도움이 된다. '교사의 시선'에서 조애나 스미스 선생님의 사례에는 실패 증후군에 빠진 학생들을 어떻게 도울 수 있는지 소개되어 있다.

교사의 시선 : 실패 증후군에 빠진 학생에게 자신감 불어넣기

격려는 '실패 증후군(failure syndrom)'에 빠진 학생들을 돕는 데 도움이 된다. 실패 증후군에 빠지면 조금만 어려운 과제가 나와도 쉽게 포기한다. 이러한 학생들을 변화시키는 것은 쉽지 않게 느껴지지만, 진심으로 그들에게 다가가려고 노력한다면 달라질 수 있다. 일기 과제나 스스로에 대해 이야기할 기회를 통해 그들이 읽는 책을 알아봄으로써, 또는 내가 먼저 그들에게 나를 개방함으로써 개인적인 관계를 맺을 수 있다. 이러한 학생들에게는 많은 격려가 필요하다. 당신이 그들에게 관심이 있다는 것을 알게 하고, 그들의 실패에 슬퍼한다는 것을 알려야 할 필요가 있다. 또한 당신이 그들을 믿는다는 것을 전달해야 한다. 이러한 교사의 노력이 동반되어야 학생들은 실패 증후군으로부터 극복할 수 있다.

6. **학생들이 자신의 인지적 능력을 믿을 수 있게 도와준다.** 그동안 공부를 하면서 성공적이지 못했던 경험을 한 학생들이 있다. 그들이 잘 해낼 수 있음을 믿는다고 이야기해준다면, 학생들의 자기효능감을 향상시킬 수 있으며 학습동기도 높일 수 있다.

를 구속하며, 직업을 다시 선택할 수 있다면 교사를 하지 않겠다고 말한다.

효율적인 학교는 성취에 대한 높은 기대와 기준을 지닌다(Walsh, 2008). 교사들은 학생들이 높은 학업적 성취를 거둘 수 있는 능력이 있는 것으로 기대하고, 학생들에게 도전적인 학업적 기준을 설정하며, 그들이 이러한 기준에 도달할 수 있도록 돕는다. 반면 저성취 학교에서는 학생들이 학업적으로 성공하리라고 크게 기대하지 않으며, 교사들 역시 학생들을 가르치고 학생들의 학업적 성장을 감독하는 데 소홀하다. 그들은 대다수의 학생들을 가르칠 수 없는 존재라고 본다(Brookover & others, 1979). 이러한 학교에서 학생들은 낮은 자기효능감을 갖게 되며, 공부는 쓸모없는 것이라고 생각하게 된다.

> **되돌아보기/앞날을 생각하기**
> 반두라의 사회인지적 이론은 행동, 환경, 개인적/인지적 요인 간 상호 연결의 중요성을 강조한다. 제6장 '행동주의와 사회인지 이론'과 연계해 생각해보자.

목표 설정, 계획, 자기모니터링

목표 설정은 성취의 핵심 요소라고 인식되어 왔다(Hofer & Fries, 2016; Martin & Collie, 2016; Senku, 2016). 연구자들은 구체적이고 근접성이 있으며 도전적인 목표를 설정하면, 자기효능감 및 성취도가 향상됨을 발견했다(Bandura, 1997; Schunk, 2016). "나는 성공하고 싶다"와 같은 목표는 구체성이 결여되고 어렴풋하게 설정된 목표이다. 이를 보다 구체적이고 명확하게 수정한다면, "나는 이번 학기 말에 우등생 명단에 들고 싶다"와 같이 진술할 수 있다.

장기목표와 단기목표 학생들은 장기목표와 단기목표를 모두 세울 수 있다. 장기목표로는 '고등학교 졸업하기'나 '대학 진학하기' 등을 들 수 있다. 장기목표를 설정했다면, 그에 맞는 단기목표도 세워야 한다. 예를 들어 '다음 수학 시험에서 A 받기', '일요일 오후 4시까지 숙제 다 하기'와 같은 목표는 단기목표가 될 수 있다. 앞서 언급한 바와 같이, 장기목표보다는 단기목표에 초점을 두면 학생들이 스스로의 성장을 확인하기 쉬워진다. 데이비드 맥낼리(McNally, 1990)는 자신의 저서 *Even Eagles Need a Push*에서 학생들이 목표를 설정하고 계획을 세울 때, 우리는 한 번에 하루만 산다는 것을 강조하라고 조언한다. 맥낼리는 집이나 대성당도 한 번에 하나의 벽돌을 쌓아올려 지어지며, 예술가도 한 번의 붓질을 할 뿐이라는 것을 강조한다. 학생들 역시 작은 것을 해내는 것에 집중해야 한다.

도전적인 목표   또 다른 전략은 학생들이 도전적인 목표를 설정하도록 격려하는 것이다. 도전적인 목표는 자기 향상에 몰입하게 한다. 도전으로 인해 과제에 대한 강한 흥미와 관여가 유발된다. 달성하기 너무 쉬운 목표는 흥미를 감소시키고 노력을 하지 않게 만든다. 그러나 목표는 학생의 능력 수준에 맞추어 적절하게 설정되어야 한다. 비현실적으로 높은 목표는 실패의 반복으로 이어져 결과적으로 학생의 자기효능감을 저하시킬 것이다.

DEVELOPMENT

RESEARCH

발달적 변화와 목표 설정   유감스럽게도 많은 학생들이 중학교에 진학하면서 숙달 목표보다는 수행 목표 동기를 발달시킨다(Wigfield & others, 2015). 수행 목표는 성적 하락이나 자율성 저하를 가져올 수 있다. 중학교에서 적용되는 전체 학급 혹은 학급 내 능력별 집단구성은 학생들이 서로의 성적을 비교하게 하여 평가에 대한 두려움을 증가시키고 경쟁심을 부추길 수 있다.

한 연구에 따르면 교사와 학생 모두 중학교는 초등학교에 비해 과제 중심 목표보다는 수행 중심의 목표를 더 많이 사용한다고 보고하였다(Midgley, Anderman, & Hicks, 1995). 중학교와 초등학교 모두에서 과제 중심 목표는 교사 및 학생의 효능감을 증진시키는 데 도움이 된다. 따라서 중학교에서는 학생들의 효능감이 저하된다. 이는 중학교에서 과제 중심 목표를 보다 많이 설정하도록 독려할 필요가 있음을 의미한다(Anderman, Austin, & Johnson, 2002). 최근 일본의 한 연구에서는 중·고등학교 선생님들이 숙달 목표를 세워 수업을 운영한 경우 학생들의 내재적 동기가 증가했고 학업적 자기개념이 높아졌다고 밝혔다. 반면 수행 목표를 설정한 학급에서는 내적 동기 및 학업적 자기개념의 수준이 낮았다(Murayama & Elliot, 2009).

계획과 자기 모니터링   계획은 학생에게도 중요하다. 학생들이 목표를 설정하는 것으로만 그쳐서는 안 되며, 자신의 목표에 어떻게 달성할 수 있을지 계획을 세우도록 격려해야 한다. 계획을 잘 세우는 사람은 시간을 효율적으로 사용하고, 우선순위를 적절하게 정할 줄 알며, 조직화되어 있다. 특히 중·고등학교에서는 학생들이 스스로 자신의 시간을 관리하고, 우선순위를 정하고, 조직화하는 것을 연습할 기회를 제공해야 한다.

기대

기대감은 학생의 동기에 강력한 영향을 미칠 수 있다. 학생의 기대와 교사의 기대에 대해 살펴보면 다음과 같다.

학생의 기대   학생들이 얼마나 열심히 공부를 할 것인지는 그들이 성취에 대해 어떻게 기대하고 있는지에 달려있다. 성공할 것이라고 기대하게 되면, 학생들은 목표를 달성하기 위해 보다 열심히 노력하는 경향이 있다. 재클린 에클스(Eccles, 1987, 1993)는 학생들의 기대를 "자신에게 주어질 과제를 얼마나 잘 할 것인지에 대한 믿음"라고 정의했다(Wigfield & others, 2006). 이러한 믿음은 특정 영역에서 얼마나 잘 할 것인가, 다른 사람에 비해 얼마나 잘 할 것인가, 그리고 다른 활동에 비해 얼마나 잘 할 것인가의 세 가지 측면으로 이루어진다.

학생들이 공부를 얼마나 열심히 하는가는 학생들이 목표에 얼마나 큰 가치를 부여하는가와도 관련된다(Wigfield, Tonks, & Klauda, 2016). 수십 년간 많은 학자들은 기대와 가치의 조합을 통해 학생들의 학업 동기를 설명하기 노력해왔다(Atkinson, 1957; Eccles, 1993, 2007; Feather, 1966; Linnenbrink-Gracia & Patall, 2016; Wigfield, Tonks, & Klauda, 2016). 재클린 에클스(Eccles, 1993, 2007)는 기대와 가치는 수행, 지속성, 과제 선택에 직접적으로 영향을 미치며, 동시에 자신의 능력, 과제 난이도, 개인적 목표에 대한 지각에 영향을 받는다고 보았다(Wigfield & others, 2006, pp. 938-939).

교사의 기대 교사의 기대는 학생의 동기와 수행에 영향을 미친다. 교사가 학생의 성취에 대해 높은 기대를 갖고 이를 학생이 알고 있다면, 학생들은 보다 많이 성취하고, 학습자로서의 자아존중감과 역량이 고양되며, 문제 행동을 덜 하게 된다(Wigfield & others, 2006, p. 976). 12개 학급을 관찰한 결과, 높은 기대를 가진 교사는 그렇지 않은 교사에 비해 학생들이 학습에 체계를 갖출 수 있도록 더 많은 시간을 사용했고, 높은 수준의 질문을 했으며, 학생들의 행동을 보다 효과적으로 다루었다(Rubie-Davies, 2007).

RESEARCH

교사들은 종종 공부를 못하는 학생보다는 잘하는 학생들에게 더 긍정적인 기대를 한다. 이러한 교사의 기대는 학생들에 대한 태도로 드러난다. 예를 들어, 공부를 잘하는 학생에게는 더 열심히 공부할 것을 요구하고, 질문에 답할 수 있도록 더 오래 기다려주며, 그들의 질문에 보다 상세하게 대답한다. 또한 공부 잘하는 학생을 덜 혼내고, 더 많이 칭찬하며, 더 친근하게 대하고, 더 자주 접촉하고, 교사와 가까운 자리에 앉게 하고, 학생이 잘못했을 때 학생에게 보다 유리한 방향으로 해석한다(Brophy, 2004). 최근 연구에서 예비 초등교사들은 수학 과목에 있어 남학생보다 여학생에게 낮은 기대를 지니는 것으로 나타났다(Mizala, Martinez & Martinez, 2015). 그러나 학생이 아

시카고의 랭스턴휴즈초등학교의 학생과 교사. 이 학교의 교사들은 학생들에 대해 높은 기대를 가지고 있다. 교사의 기대는 학생의 성취에 어떠한 영향을 미치는가?

© Ralf-Finn Hestoft/Corbis/Getty Images

프리카계 미국인인 경우에는 여학생보다 남학생에 대해 낮은 기대를 보였다(Rowley & others, 2014).

교사로서 자신이 학생들에 대해 어떠한 기대를 가지고 있는지 확인하고, 저성취 학생들에게 긍정적인 기대를 가지기 위해 노력할 필요가 있다. 교사들은 적절한 지원이 주어지면 성적이 낮거나 능력이 부족한 학생들에 대해서도 높은 기대를 가질 수 있는 것으로 나타났다(Weinstein, Madison, & Kuklinski, 1995).

어린 아동의 만족 지연에 대한 월터 미셀과 동료들의 연구는 어떠한가? 이 연구에서 미취학 시기 만족 지연 능력과 이후의 발달적 성과는 어떠한 관련이 있었는가?

© Amy Kiley Photography

만족 지연

만족 지연은 특히 장기목표 달성에 중요한 요소이다(Imuta, Hayne, & Scarf, 2014; Mischel, 2014; Schlam & others, 2013). **만족 지연**(delay of gratification)이란 보다 크고 가치 있는 미래의 보상을 위해 즉각적인 보상을 보류하는 것을 의미한다. 청소년들에게 있어 오늘 당장 친구들과 노는 것은 이번 주말까지가 기한인 과제를 하는 것보다 매력 있기 때문에 만족 지연을 하지 않는다면 학업성취에 있어 부정적인 결과를 받게 된다.

월터 미셀은 동료들(Mischel, Ebbsen, & Zeiss, 1972; Mischel & Moore, 1973; Zayas, Mischel, & Pandey, 2014)과 함께 만족 지연에 대한 유명한 실험을 수행한 바 있다. 이 실험에서 미취학 아동들은 마시멜로가 놓여 있는 탁자가 있는 방에 초대되었다. 연구자는 여기에 놓여 있는 마시멜로를 하나 먹을 수 있지만, 자신이 돌아올 때까지 기다린다면 2개의 마시멜로를 먹을 수 있다고 말했다. 대부분의 아동은 오래 기다리지 못했지만, 일부는 연구자가 돌아올 15분 동안 기다리는 모습을 보였다. 평균적으로는 1분 안에 마시멜로를 먹은 것으로 나타났다.

이 아동을 추적하여 종단 연구를 수행한 결과, 만족 지연을 할 수 있었던 아들은 학업적으로 보다 성공적이었고, 높은 SAT 점수를 받았으며, 대학에서도 높은 평점을 얻었고, 청소년 시기와 성인 초기에 스트레스를 보다 효과적으로 다루는 것으로 밝혀졌다(Mischel, 2014). 그들은 성인이 되어서도 만족 지연을 하지 못했던 집단에 비해 보다 높은 수입을 얻었고, 법률을 잘 준수했고, 체질량 지수가 낮았고, 행복했다(Mischel, 2014; Moffitt, 2012; Moffitt & others, 2011; Schlam & others, 2013). 미셀(Mischel, 2014)은 미취학 아동의 만족 지연이 학업적 성공이나 청소년기 대처 및 성인기 역량과 관련이 있기는 하나, 만족 지연 능력은 청소년기나 성인이 되어서도 증진될 수 있음을 강조하였다.

가치와 목적

긍정적인 가치와 목적의식을 지닌 학생은 그렇지 않은 학생에 비해 만족 지연을 더 잘할 수 있다. 앞서 살펴본 기대에 대한 절에서와 같이 얼마나 열심히 공부하는가는 학생들이 목표에 얼마나 가치를 두고 있는가와 관련이 깊다. 문화적 성취 지향 역시 학생들의 가치에 영향을 줄 수 있다. 여기에서 '가치'란 무엇일까? 가치란 사물이나 상황이 어떻게 되어야 하는가에 대한 신념과 태도이다. 가치는 무엇을 중요한지 판단하는 과정에 개입한다. 가치는 종교, 돈, 성, 다른 사람을 돕는 것, 가족, 친구, 자기훈련, 속임수, 교육, 직업 등 인간 삶의 모든 영역과 연관된다. 사회적 맥락과 사회정서 발달을 다루는 장에서 도덕에 대한 두 가지 교육적 접근(인성교육, 가치 명료화)을 배운 바 있다. 학생의 발달에 있어 가치는 매우 중요하다.

학생이 가치를 형성하는 과정에서 목적의식이 핵심적인 역할을 수행한다는 점을 기억해야 한다. 윌리엄 데이먼은 자신의 저서 *The Path to Purpose: Helping Our Children Find Their Calling in Life*(Damon, 2008)에서 목적이란 자신에게 의미 있는 것을 성취하고 자신을 넘어 세상에 기여하려는 의도라고 정의했다. 목적을 찾기 위해서는 "내가 이것을 왜 하고 있지? 이것이 왜 중요하지? 이것은 나에게, 그리고 나를 넘어선 세상에게 있어 어떤 의미지? 나는 이것을 왜 이 목적을 달성하려

되돌아보기/앞날을 생각하기
인성교육은 학생들에게 기본적인 도덕적 문해력(moral literacy)을 가르치고, 무엇을 위해 살고 일해야 하는지에 대한 성찰을 통해 가치 명료화를 이루도록 돕는 직접적 접근이다. 제3장 '사회적 맥락과 사회정서적 발달'과 연계해 생각해보자.

만족 지연 보다 크고, 가치 있는 미래의 보상을 위해 즉각적인 보상을 보류하는 것

고 하지?"라는 질문에 답할 수 있어야 한다(Damon, 2008, pp. 33-34).

데이먼은 12~22세를 대상으로 인터뷰를 진행했는데, 이 중 20%의 사람들만이 자신의 인생이 어디로 가기를 원하는지, 그들이 성취하고 싶은 것은 무엇인지, 그리고 왜 그것을 성취하고 싶은지에 대해 분명한 비전을 지니고 있는 것으로 나타났다. 대부분의 사람들(약 60%)은 어느 정도 목적 지향적인 활동(예 : 봉사학습, 진로 상담사와의 토론 등)을 하고는 있었으나, 자신의 목적을 달성하기 위한 활동에 매진하거나 현실적인 계획을 세우고 있지는 못했다. 그리고 나머지 약 20% 이상의 사람들은 어떠한 포부도 표현하지 않았고, 포부를 지녀야 할 이유도 알지 못한다고 대답했다.

데이먼은 대부분의 교사나 학부모들이 공부를 열심히 하는 것과 좋은 성적을 얻는 것이 얼마나 중요한지에 대해서는 이야기하지만, 이러한 것들이 앞으로의 인생에 어떤 의미가 있는지에 대해서는 이야기하지 않는다는 것을 알게 되었다. 공부를 열심히 하고 좋은 성적을 받아야 하는 목적 말이다. 데이먼은 단기목표에만 집중하여 보다 장기적이고 큰 그림을 보지 못하면, 어떤 인생을 살아가고 싶은지 탐색하기 어렵다고 말한다. 학생들이 각자의 인생에 대한 목적을 깨달을 수 있도록 하기 위해서 데이먼(Damon, 2008, p. 135)은 다음과 같은 질문을 던져보라고 제안한다.

네 인생에서 가장 중요한 것은 무엇이니?

너는 왜 그러한 것에 관심을 가지니?

장기목표를 가지고 있니?

이러한 목표가 어떤 점에서 중요할까?

훌륭한 인생을 산다는 건 어떤 걸까?

훌륭한 사람이 된다는 것은 어떤 걸까?

네 인생을 돌아봤을 때, 너는 어떻게 기억되고 싶니?

최근 학생들의 성취를 위해 교사들이 사용하는 전략을 살펴보면 다음과 같다.

 유치원 교사 우리 유치원에서는 연간 성취목표를 설정합니다. 목표는 주 단위로 구체화되어 학부모 통신문으로 발급되지요. 아이들이 이러한 목표를 달성하도록 동기부여를 하기 위해 각자 이와 관련된 자기만의 목표를 설정하게 되고, 매주 시작할 때 이것을 같은 반 친구들과 공유합니다. 아이들은 매주 자신의 목표에 책임감을 갖고 학습 과정에 열심히 참여하게 됩니다.

－미시 댄글러, 서버번힐즈학교

 초등학교 교사 저는 학기 초 저의 교육목표를 학생들에게 알립니다. 아이들에게도 학기 말 자신이 달성하고자 하는 목표를 적어오게 한 후, 이것을 각자의 자화상 옆에 붙이도록 합니다. 아이들의 자화상과 목표는 1년 내내 게시하여 각자에게 있

목표에 이르는 길 위에 서 있는 하리 프라바카

하리 프라바카는 국제적 보건의료 전문가를 꿈꾼다. 프라바카는 2006년 공중보건과 작문을 복수전공으로 하여 존스홉킨스대학교를 졸업했다. 성적 우수자(GPA 3.9점)였던 그녀는 보건의료 분야와 관련된 대외 활동에 활발히 참여했다. 고등학교 졸업 무렵 인도 소수민족 건강재단(India Tribal India Health Foundation, www.tihf.org)을 설립하고 인도 농촌 지역 내 저가 의료 서비스를 지원하였다. 학생이면서 재단의 임원으로 다양한 역할을 수행하면서 그녀는 일주일에 15시간가량을 재단 활동에 사용했다. 다음은 프라바카의 인터뷰 내용이다(Johns Hopkins University, 2006).

국제기구를 조직한다는 것은 무척 어려운 일이었습니다. 할 일은 너무 많은데 시간은 턱없이 부족했죠. 하지만 환자들과 만나 그들이 나아지는 모습을 보면 이 일이 얼마나 가치 있는지 느낄 수 있었습니다.

프라바카는 현재 하버드 의과대학에 진학하여 수련의 과정을 밟고 있다.

(출처 : Johns Hopkins University, 2006; Lunday, 2006; Marshall Scholarship2, 2007; Prabhakar, 2007)

하리 프라바카가 자신이 설립한 인도 소수민족 건강재단의 의료봉사에 참여하고 있다.

© Hari Prabhakar

어 중요한 것을 상기할 수 있게 합니다. 학생들과 저의 목표를 지원할 수 있는 학급규칙을 다 같이 만들기도 합니다.

-엘리자베스 프라셀라, 클린턴초등학교

중학교 교사 중학교 시기에는 학생들이 시험성적을 위해 공부하는 것이 아니라, 학습 그 자체를 위해 공부하도록 동기부여하는 것이 중요합니다. 저는 의도적으로 수업 교재에 평가 과정에 대한 내용은 싣지 않습니다. 여기에는 흥미를 끌 수 있는 내용이나 일반 상식, 수업 내용과 관련 있는 놀라운 이야기가 포함됩니다. 여기에 시험에 관련된 내용은 없지만, 학생들은 이 교재로 수업하는 것을 매우 기대하게 됩니다.

-마크 포드니스, 배미지중학교

고등학교 교사 저는 미술반 학생에게 최고의 찬사를 보냅니다. 누구든 "와, 정말 환상적이네! 멋지다!"라는 말을 들으면 기뻐하지요. 또한 잘된 작품은 미술대회나 전시회에 출품합니다. 여기에서 상을 받는 것은 학생들에게 큰 동기부여가 됩니다.

-데니스 피터슨, 디어리버고등학교

복습하기, 성찰하기 그리고 연습하기

❷ 성취 과정에 개입하는 주요 개념에 대해 논의한다.

복습하기
- 외재적 동기와 내재적 동기는 무엇인가? 이들은 학생들의 성취와 어떤 관련이 있는가?
- 귀인 이론의 특징은 무엇이며, 귀인 양식은 학생들의 성취와 어떤 관련이 있는가?
- 숙달 성향은 무기력 성향, 수행 성향과 어떻게 다른가? 성장 사고방식이 학생들의 성취에 중요한 이유는 무엇인가?
- 자기효능감이란 무엇인가? 자기효능감을 향상시키기 위한 교수 전략으로는 어떤 것이 있는가?
- 목표 설정, 계획, 자기모니터링은 학생의 성취 동기 향상에 얼마나 중요한가?
- 학생과 교사의 기대는 각각 학생의 동기에 어떤 영향을 미치는가?
- 만족 지연이란 무엇이며, 아동의 발달에 어떠한 영향을 미치는가?
- 가치와 목적이 의미하는 것은 무엇인가? 학생들이 목적의식을 갖는 것은 왜 중요한가?

성찰하기
- 션과 데이브는 농구 팀에서 빠지게 되었다. 다음 해 션은 입단을 다시 시도했으나, 데이브는 그러지 않았다. 이 두 학생이 다르게 행동하게 된 이유를 귀인과 관련지어 설명해보라.

연습하기
1. 다음 중 내재적 동기에 대한 예로 가장 적절한 것은?
   a. 에릭은 독서 능력을 향상시키기 위해 소설책 '해리 포터'를 읽고 있다.
   b. 조던은 해리와 그 친구들에게 무슨 일이 일어날지 궁금해서 소설책 '해리 포터'를 읽고 있다.
   c. 조시는 이번 달에 있을 학급 피자파티 때까지 할당량을 달성하기 위해 소설책 '해리 포터'를 읽고 있다.
   d. 마샤는 '해리 포터' 읽기가 선생님이 내주신 과제이고, 이 과제를 성실히 수행하여 선생님을 기쁘게 해드리고 싶어 소설책 '해리 포터'를 읽고 있다.
2. 조앤은 과학 시험에 불합격했다. "그럴 줄 알았어. 난 아무튼 과학에서 한 번도 잘한 적이 없다니까. 앞으로도 그러겠지"라고 말했다. 다음 중 실패에 대한 조앤의 귀인 양식은?

    a. 외적-안정적-통제 가능   b. 외적-불안정적-통제 불가능

    c. 내적-안정적-통제 가능   d. 내적-안정적-통제 불가능

3. 다음 중 수행 목표 지향에 대한 예로 가장 적절한 것은?

    a. 알리샤는 모든 시험에서 누가 더 높은 점수를 받는지 가장 친한 친구와 경쟁하면서, 고득점을 얻는 것을 즐기고 있다.

    b. 카산드라는 수학을 싫어하며 자신이 수학을 잘하리라고도 믿지 않아 힘들어질 기미가 보이자마자 포기했다.

    c. 에드는 수학에서 고전을 면치 못하고 있으나 주어진 내용을 잘 배우고 싶어 하고, 어려운 문제를 만나게 되면 도움을 요청한다.

    d. 마틴은 선생님이 시키는 대로 공부를 하며 제법 잘 해내지만, 자신의 점수나 자신이 얼마나 배웠는지에는 관심이 전혀 없다.

4. 제이콥은 수학에서 고군분투하고 있으며 자기효능감이 매우 낮아져 있다. 다음 중 제이콥에게 가장 적절한 역할 모델이 될 수 있는 사람은?

    a. 데이비드는 지역의 엔지니어로 수학 공부가 앞으로 진로에 얼마나 유용한지 이야기해준다.

    b. 자말은 학교친구로 그 역시 수학을 어려워하지만 주요 개념을 이해하기 시작했다.

    c. 잭슨 선생님은 제이콥의 수학 선생님으로 수학을 매우 사랑한다.

    d. 수잔은 학교 친구로 최소한의 노력으로도 A를 받는다.

5. 가장 부적절한 목표를 지닌 학생은?

    a. 마크는 고등학교 2학년 진급을 앞두고 상담교사가 제안해준 대로 자신에게 조금 버거운 두 과목을 수강하기로 결정했다.

    b. 샘은 수학에서 늘 낮은 성적을 받았기 때문에 고등학교 2학년에 진급해서는 기하학 수업을 수강했다.

    c. 실비아는 고등학교 2학년에 진급하여 수학 AP 과목이 어렵다는 것은 알지만 수강하기로 결정했다.

    d. 젤다는 수학을 잘하지만 A를 받기 위해 쉬운 수학 과목을 선택했다.

6. 마틴 선생님은 다양한 성취 수준을 지닌 8학년 학급에서 역사 과목을 가르치고 있다. 드마커스는 항상 높은 성적을 거두는 영재 학생이다. 조는 학습장애를 지니고 있다. 마틴 선생님은 조와 드마커스가 동등한 수준으로 수행하기를 기대하는 것은 공평하지 않다고 생각하게 되었다. 그러나 조에게 적절한 비계설정이 제공된다면 조도 성공적으로 학습을 할 수 있다고 믿었다. 이에 그녀는 조를 자신의 책상 옆에 앉히고 그가 잘할 때마다 칭찬을 했으며, 필요한 경우 건설적인 비판을 했다. 그녀의 기대는 이러한 학생들의 성취에 어떠한 영향을 미쳤을까?

    a. 두 학생 모두 비슷한 성취를 하게 된다.

    b. 성적이 높은 드마커스는 높은 성취를, 조는 상당히 높은 성취를 하게 된다.

    c. 조는 높은 성취를, 드마커스는 낮은 성취를 하게 된다.

    d. 두 학생 모두 비슷하게 낮은 성취를 하게 된다.

7. 다음 중 성적이 높고, 청소년기에 문제 행동은 없으며, 성인이 되었을 때 직업적으로 성공하고, 신체적·정신적으로 건강할 것 같은 경우는?

    a. 우등상으로 금별을 받은 아동

    b. 만족을 지연하는 효과적인 전략을 지도받은 아동

    c. 내용을 기계적으로 암기하도록 정기적으로 교육받은 아동

    d. 현실적인 자아존중감을 갖도록 지도받은 아동

8. 다음 중 11학년 체이스에게 자신의 목적을 고민할 수 있게 하는 교사의 질문은?

    a. 이번 주에 치렀던 시험에서 왜 공부를 더 열심히 하지 않았니?

    b. 너의 삶에서 가장 중요한 것은 무엇이니?

    c. 이번 학기에 더 높은 성적을 얻으려면 남은 시간 동안 무엇을 해야 할까?

    d. 학생회장이 될 확률을 높이려면 어떻게 해야 할까?

정답은 '연습하기 정답' 참조

학습목표 3
대인관계 및 사회문화적 맥락이 어떻게 동기를 고양시키거나 약화시킬 수 있는지 설명한다.

③ 동기, 관계, 사회문화적 맥락

사회적 동기   사회적 관계   사회문화적 맥락

성취 동기에 더해 학생들은 사회적 동기도 지니고 있다. 사회적 차원에서 학생들의 사회적 동기, 관계, 사회문화적 맥락을 살펴보자.

사회적 동기

사회적 동기(social motive)란 사회적 세계에서의 경험을 통해 학습된 욕구와 바람이다. 학생들의 사회적 욕구는 또래들에게 인기 있고자 하고 가까운 친구를 사귀고자 하며 자신이 좋아하는 대상에게 매력 있는 존재가 되고자 하는 바람이 반영된 것이다. 모든 학생들은 소속과 관계에 대한 욕구를 지니고 있으나, 유난히 이러한 욕구가 강한 학생들이 있다. 어떤 학생들은 많은 친구들에게 둘러싸여 있고 싶어 한다. 중·고등학교 학생들 중 일부는 이성친구와 자주 데이트를 하지 못하면 인생에서 무언가 중요한 것을 잃어버린 것 같은 느낌을 받기도 한다. 한편 소속감에 대한 욕구가 그리 강하지 않은 학생들도 있다. 주변에 친한 친구가 없어도 크게 힘들어하지 않고, 연애 상대가 없다 해서 특별히 불안해하지 않는다.

매일의 학교생활에서 학생들은 사회적 관계를 형성하고 유지하기 위해 노력한다. 연구에 따르면 사회적으로 능숙한 행동을 보이는 학생들은 학업에 있어서도 보다 뛰어난 경향이 있다(Kindermann, 2016; Wentzel & Muenks, 2016). 그러나 사회적 관계의 질이 학업동기에 미치는 영향에 대한 연구는 많이 이루어지지 않았다.

교사의 인정과 또래의 인정은 모두 대부분의 학생에게 있어 중요한 사회적 동기이다(Wentzel, 2016). 초등학교 시기 학생들은 또래보다는 부모를 기쁘게 하기 위해 동기화된다(Berndt, 1979). 초등학교 고학년이 되면 또래의 인정은 부모의 인정과 거의 비슷한 수준으로 중요해진다. 8~9학년이 되면 또래집단에 순응하고자 하는 욕구는 부모님의 말씀을 따르려는 욕구를 능가한다. 12학년 정도에는 자율성이 높아지고 본인의 뜻에 따라 결정하게 되면서 또래를 따르려는 욕구가 다소 감소한다.

청소년 시기는 학업동기 및 사회적 동기에 있어 특별히 중요한 시기이다(Juvonen & Knifsend, 2016). 학업 및 사회적 상황에 대한 새로운 압력으로 인해 자신의 역할에 보다 큰 책임감을 느끼게 된다. 성취에 있어 강한 요구를 받게 되면 학업 문제에 신경 쓰느라 사회적 관심이 점차 줄어들 수 있다. 혹은 어떤 영역에 대한 포부로 인해 다른 영역의 목표 달성이 저해되기도 하기 때문에 학업 성취에 지나치게 몰두하다가 사회적 반감을 사기도 한다. 초기 청소년 시기에 학생들은 자신의 시간을 사회적 목표를 위해 사용할지, 학업 목표를 위해 사용할지 결정해야 한다. 이 결정의 결과는 청소년들이 얼마나 교육을 받게 될지, 장차 어떠한 진로를 만들어갈지에 장기적으로 영향을 미치게 된다.

교실에서의 동기와 관련되는 학생들의 사회적 세계에는 어떠한 특징이 있는가?

© shutterstock

DEVELOPMENT

사회적 동기 사회적 세계에서의 경험을 통해 학습된 욕구와 바람

사회적 관계

학생들이 부모, 또래, 친구들과 맺는 관계는 그들의 삶에 상당한 영향을 미친다. 교사, 멘토, 타인들과의 상호작용 역시 그들의 성취 및 사회적 동기에 깊은 영향을 준다.

양육방식과 학생들의 동기 간 관계에 대한 연구가 다수 수행된 바 있다(Rowe, Ramani, & Pomerantz, 2016). 가족의 인구배경학적 특성, 자녀 양육 훈련, 가정에서 제공되는 다양한 경험에 대해 살펴보면 다음과 같다(Eccles, Wigfield, & Schiefele, 1998).

인구배경학적 특성 교육 수준이 높은 부모는 그렇지 않은 부모에 비해 자녀 교육에 대한 부모의 개입이 중요하다고 믿는 경향이 있다. 그들은 자녀의 교육에 적극적으로 참여하고, 자녀를 지적으로 자극할 수 있는 교육적 자료를 가정에 구비해놓는다(Schneider & Coleman, 1993). 부모가 자녀보다는 다른 일이나 타인에게 시간과 에너지를 많이 쓰는 경우, 아이들은 동기부여에 어려움을 겪는다. 한 부모 가정이나 부모가 생계에만 매달려야 하는 경우, 그리고 대가족에서 자라는 경우 아동의 성취는 저하될 수 있다. 부모의 과잉간섭 역시 학생들의 성취에 부정적인 영향을 미친다.

부모훈련 학생의 동기부여에 있어 인구배경학적 요인보다 중요한 것은 부모의 자녀양육 훈련이다(Wigfield & others, 2015). 학생의 성취와 동기부여를 증진시키는 부모훈련은 다음과 같다.

- 자녀에 대해 잘 알고, 이를 바탕으로 적절한 수준의 도전을 제공하고 지지하는 것
- 정서적으로 안정되고 따뜻한 분위기를 만들어, 부모의 가치와 목표를 자녀가 자연스럽게 내면화 할 수 있도록 동기화하는 것
- 동기화된 성취 행동의 모델이 되는 것. 근면하게 생활하고, 도전적인 과업을 이루기 위해 노력을 지속적으로 기울이는 것

가정에서의 특수한 경험 일반적인 자녀양육 훈련에 더해 가정에서 다양한 활동과 자원을 제공한다면, 학생들이 다방면에 관심을 갖고 이를 지속적으로 추구하는 데 영향을 줄 수 있다(Wigfield & others, 2015). 예를 들어, 취학 전 아동에게 책을 읽어주고 집에 읽을거리를 마련해두는 것은 이후 아동의 읽기 성취와 동기와 긍정적인 상관을 보였다(Wigfield & Asher, 1984). 실제로 유치원 시기 아동이 지니고 있는 학습 습관과 능력은 초등학교 및 중학교의 학업동기와 성취도를 예측하는 요인 중 하나인 것으로 밝혀졌다(Entwisle & Alexander, 1993). 부모가 초등학교 시절 자녀에게 학업 성취나 운동을 얼마나 강조했는지, 그리고 이러한 활동에 참여할 기회와 자원을 얼마나 마련해주었는지는 이후 청소년 시기 이러한 활동과 관련된 과목이나 교과 외 활동을 선택하는 데 영향을 주었다(Simpkins & others, 2004).

또래 또래는 다양한 방식으로 학업동기에 영향을 미칠 수 있다(Grenhow & Askari, 2016; Wentzel & Muenks, 2016). 학업적 목표뿐 아니라 사회적 목표 역시 학업성취의 중요한 고려사항이다.

또래들에게 적절히 수용되고 훌륭한 사회적 기술을 지니고 있는 학생은 학교에서 높은 성과를 보이며, 높은 수준의 학업성취 및 학업동기를 지닌다. 반면 과도하게 공격적이어서 배척되는 학생들은 낮은 성적, 중도탈락 등 학업에 있어 다양한 문제를 보인다(Dodge, 2010). 최근 연구에 따르면, 공격적이고 파괴적인 친구를 사귄 청소년은 고등학교를 졸업할 확률이 낮았다(Veronneau &

되돌아보기/앞날을 생각하기
구조화되고 조직화된 가족 환경을 유지하고 자녀의 행동을 효과적으로 모니터링하는 가족관리는 아동의 성적, 자기책임감과 긍정적인 상관을 지닌다. 제3장 '사회적 맥락과 사회정서적 발달'과 연계해 생각해보자.

RESEARCH

되돌아보기/앞날을 생각하기
아동의 또래지위는 인기 있는 집단, 보통집단, 무시되는 집단, 배척받는 집단, 논쟁거리인 집단의 다섯 가지 유형으로 나누어진다. 제3장 '사회적 맥락과 사회정서적 발달'과 연계해 생각해보자.

또래관계는 학생들의 학업에 어떠한 영향을
미치는가?
© shutterstock

RESEARCH

학생의 학업동기에 있어 교사의 역할은 무
엇인가?
© shutterstock

others, 2008). 반면 학업에 관심이 많은 친구를 지닌 청소년
은 높은 학업성취를 보이는 경향이 있었다(Crosnoe & others,
2008).

교사 교사는 학생의 학업동기에 중요한 역할을 담당한다
(Fox & Dinsmore, 2016; Wubbels & others, 2016). 연구자
들이 교실을 관찰한 결과, 효과적이고 호감형의 교사들은 학
생들이 성장할 수 있도록 지지할 뿐 아니라 자기조절학습 할
수 있도록 격려했다(Martin & Collie, 2016). 교사의 격려는
긍정적인 수업환경을 조성했으며 학생들을 지속적으로 지도
하고, 열심히 공부하도록 자극하며, 자기효능감을 발달시키
도록 도왔다.

학교에서 낮은 성취를 보이는 학생들은 일관적으로 교사와 부정적인 상호작용을 한다(Stipek,
2002). 그들은 숙제를 해오지 않고, 집중하지 않으며, 빈둥거리고, 부적절한 행동을 함으로써 문제
를 빈번하게 일으킨다. 이러한 학생들을 비판하고 훈육하는 것은 자연스러워 보이지만, 지나친 비
판과 훈육은 교실을 불쾌한 장소로 인식하게 할 가능성이 있다.

연구에 따르면 지지받는다고 느끼는 학생들, 그리고 돌보는 교사들은 그렇지 않은 학생과 교사
들에 비해 높은 수준의 학업동기를 지닌다(Wentzel, 2016). 한 연구자는 교사와 긍정적인 관계를
지니는 것으로 인식하는 중학교 학생들을 대상으로 자신을 돌보는 교사의 특징에 대해 질문하였다
(Wentzel, 1997). 그림 10.5에 제시된 바와 같이 학생들은 자신을 하나의 인격체로서 대해주고 관
심 가져주는 교사에게 호감을 느꼈다. 흥미롭게도 학생들은 교사가 수업하는 중에도 자신들에게
관심을 가지는지를 중요하게 생각했다. 교사가 진지하게 노력하고 적절한 수준의 높은 기준을 가
지고 있을 때, 학생들에게 관심을 갖게 된다.

학업동기는 교사의 정서적·인지적 지지, 의미 있고 흥미로운 학습자료, 자율성과 주도성에 대
한 격려가 충분한 숙달 지향의 환경에서 도전적인 과제를 제공할 때 최적화된다(Wentzel, 2016).
여러 연구에 의하면 학업이 의미를 지닐 때 학생의 주의와 흥미가 유지될 수 있으며, 이로 인해 학
습에 관여하게 된다. 또한 이러한 경우 학교로부터 소외감을 느낄 가능성이 줄어든다(Blumenfeld,
Krajcik, & Kempler, 2006). 반두라의 학업효능감에서 살펴봤듯
이 동기와 성취에 대한 학교 전체의 풍토는 학생들의 동기에 영향
을 미친다. 학생들의 성취에 높은 기대와 기준을 지니고 있는 학
교는 학생들에게 학업적·정서적 지지를 제공하는 학교와 마찬가
지로 학생들의 성취를 동기화시킬 수 있다(Reksten, 2009).

교사와 부모 과거에는 교사가 학부모를 교육의 파트너로 인식
하거나, 어떻게 하면 학생의 학업성취 기회를 증대하기 위해 함
께 협력할 수 있을지에 대해 관심을 두지 않았다. 최근에는 교사
와 학부모 간 파트너십의 중요성이 부각되고 있다(Nitecki, 2015;
Regional Educational Laboratory Mid-Atlantic, 2015). 학부모에
게 체계적으로, 그리고 자주 자녀의 성장 과정에 대해 알리고 학

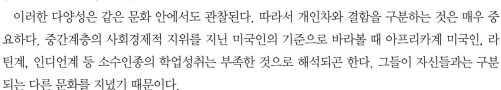

	돌보는 교사	돌보지 않는 교사
수업 방법	수업이 재미있게 진행되도록 노력함 특수한 방식으로 가르침	지루하게 가르치고, 집중하기 어려움 학생들이 수업에 주의를 기울이지 않음
의사소통 방식	소통하고, 주의를 기울이며, 질문을 하고 경청함	무시하고, 방해하고, 소리 지름
공정성과 존중	정직하고 공정하며, 약속을 지킴 학생을 믿고 진실을 말함	곤란하게 하고, 모욕감을 줌
개인에 대한 배려	무엇이 잘못되고 있는지 묻고, 문제에 대해 이야기할 수 있게 말을 걸어줌 친구같이 행동하고, 도움이 필요한지 물어봄 이해할 때까지 기다려주고, 학생들에게 먼저 다가감	이름을 잊어버리고, 학생이 잘못하고 있어도 개입하지 않음 문제를 설명하거나 질문에 답하지 않음 학생들을 도우려고 하지 않음

그림 10.5 돌보는 교사에 대한 학생들의 인식

부모가 자녀의 학습에 관여하게 되면, 아동은 높은 수준의 학업성취를 달성하게 되는 경향이 있다 (Horvat & Baugh, 2015). 최근 한 종단 연구에 따르면, 10학년 학생들의 자신에 대한 긍정적 기대, 학생의 성공에 대한 학부모, 국어 교사, 수학 교사의 기대는 4년 후 이들의 중등교육 이후의 교육 수준을 예측했다(Gregory & Huang, 2013). 이 연구에서 이러한 기대는 사회경제적 지위나 학업성취보다도 더 나은 예측력을 지니는 것으로 나타났다.

되돌아보기/앞날을 생각하기
조앤 엡스타인은 가정-학교 연계를 강화할 수 있는 다양한 전략을 제안한 바 있다. 제3장 '사회적 맥락과 사회정서적 발달'과 연계해 생각해 보자.

사회문화적 맥락

학업성취 수준은 같은 인종 안에서도 다양하게 나타날 수 있다(Banks, 2015; Koppelman, 2017). 예를 들어, 많은 아시아계 미국인이 학업성취를 중요하게 생각하지만 그렇지 않은 학생들도 있다 (Golnick & Chinn, 2017).

DIVERSITY

이러한 다양성은 같은 문화 안에서도 관찰된다. 따라서 개인차와 결함을 구분하는 것은 매우 중요하다. 중간계층의 사회경제적 지위를 지닌 미국인의 기준으로 바라볼 때 아프리카계 미국인, 라틴계, 인디언계 등 소수인종의 학업성취는 부족한 것으로 해석되곤 한다. 그들이 자신들과는 구분되는 다른 문화를 지녔기 때문이다.

하지만 학업에서의 개인차는 인종보다는 사회경제적 지위와 보다 긴밀한 연관성을 지니고 있다 (Ballentine & Roberts, 2009). 많은 연구들에 의하면 사회경제적 지위는 인종에 비해 학업성취를 보다 잘 예언한다(Entwisle, Alexander, & Olson, 2010; Rowley, Kurtz-Costes, & Cooper, 2010). 인종에 상관없이 중간 혹은 상위 수준의 소득을 지닌 경우 저소득 계층에 비해 학업에 우호적인 환경을 갖게 된다. 성공에 대한 기대가 높고, 학업적 포부가 강하며, 노력의 중요성을 인식하는 등이 이러한 환경의 예가 될 수 있다. 저소득 계층 학생의 낮은 성취에 큰 영향을 미치는 것은 가정에 학습에 도움을 줄 수 있는 최신의 컴퓨터와 같은(혹은 컴퓨터가 전혀 없거나) 적절한 자원이 없기 때문이다(Schunk, Pintrich, & Meece, 2008).

RESEARCH

산드라 그레이엄(Graham, 1986, 1990)은 사회경제적 지위의 중요성을 밝힌 연구도 많지만, 그에 못지않게 일반 동기 이론의 측면에서 소수인종 학생들의 학업동기의 중요성을 증명한 연구도 많다고 지적했다. 그녀는 귀인 이론을 바탕으로 아프리카계 미국인 학생들이 자신의 성공이나 실패를 어떻게 인식하는지 살펴보았다. 중간 수준 소득 계층의 아프리카계 미국인 학생들은 중간 수

RESEARCH

UCLA 교육심리학자인 산드라 그레이엄이 남학생들과 동기에 대해 이야기하고 있다. 그녀는 중간 소득 계층의 아프리카계 미국인 학생들은 백인 학생들과 마찬가지로 높은 성취 기대를 지니고 있으며, 성공의 요인을 운과 같은 외적 요인이 아니라 노력과 같은 내적 요인으로 귀인한다는 것을 밝혀냈다.

© Sandra Graham

헨리 개스킨스 박사가 3명의 고등학생과 이야기하고 있다. 그는 1983년 워싱턴 D.C.에 소수인종 학생들을 위한 방과 후 프로그램을 열었다. 개스킨스 박사와 같은 자원봉사자들은 소수인종 청소년들이 교육의 중요성을 깨달을 수 있도록 돕는다.

© Joan Marcus Photography

준 소득 계층의 백인 학생들과 마찬가지로 높은 학업적 기대를 지니고 있었고, 실패의 원인을 운보다는 노력 부족으로 인식하고 있었다.

많은 소수인종 학생들에게 있어 장애가 되는 것은 인종차별이나 자신이 소속된 집단과 주류 문화 간 가치의 충돌이라고 볼 수 있다(Banks, 2015). 또한 주변에 성공을 체험하고 학생들에게 긍정적인 모델이 되어줄 수 있는 어른이 많지 않다는 점도 장애로 작용할 수 있다. 특히 이들이 빈곤에 처해 있을 때 이러한 경향은 더욱 심화된다. 학생들에게 멘토가 되어줄 수 있는 존재가 많지 않은 것이다. 아프리카계 미국인과 카리브해 지역 출신의 청소년에 대한 연구에 따르면 교사가 자신을 인종차별 한다고 느끼는 경우 학업성취가 낮아지는 경향이 있었다(Thomas & others, 2009).

소수인종 학생들이 주로 다니는 학교의 특징에 대해서도 자세히 살펴볼 필요가 있다(Wigfield & others, 2015). 아프리카계 미국인의 3분의 1 이상, 라틴계 학생의 약 3분의 1가량은 대도시 빈민 지역에 세워진 학교에 다니고 있다. 백인이 5%, 아시아계 미국인이 22%인 것에 비해 높은 비율이다. 또한 이러한 소수인종 학생들은 대부분 저소득 계층에 속한다(절반 이상이 무상급식 혹은 저가급식 대상임). 이들 도시 빈민 지역에 위치하는 학교에는 생활여건이 좋은 학생들이 오지 않고, 질 높은 학업적 서비스나 학생들의 사고력을 촉진할 수 있는 수준 높은 수업을 받기 어렵다. 학습동기가 높고 충분히 높은 성적을 받을 수 있는 학생이라 할지라도 이러한 환경에서는 자신의 잠재력을 펼치지 못하게 된다.

저소득 계층의 소수 인정 학생들이 학업성취 노력을 지원하는 것은 교육자들에게 중요한 관심사 중 하나이다(Zusho, Daddino, & Garcia, 2015; Rowley & others, 2014). 이 장의 시작 부분 교사와 연계하기에서 하이메 에스칼란테 선생님에 대한 글이 소개되어 있었다. 그는 LA 지역 라틴계 학생들이 수학에서 탁월한 성취를 보일 수 있도록 동기부여를 했다.

워싱턴 D.C.의 아프리카계 미국인 학생들의 동기부여에 기여한 사람으로 헨리 개스킨스 박사를 들 수 있다. 내과의사인 그는 소수인종 학생들을 위한 방과 후 프로그램을 열었다. 매주 토요일에 4시간 동안 80명의 학생들이 개스킨스 박사와 그의 아내, 그리고 2명의 성인 자원봉사자 및 학업성적이 우수한 또래들로부터 학업적 지원을 받았다. 튜터는 개인적으로 가능한 경우 학용품 비용으로 5달러 기부를 할 수 있다. 교과목 내용을 배우기도 하지만, 학업목표를 세우고 이 목표를 달성하기 위한 계획을 어떻게 세워야 하는지에 대해서도 배울 수 있다. 개스킨스 박사는 학생들이 자신의 성장 정도를 스스로 모니터링하도록 격려한다. 이 프로그램에 참여하는 학생의 학부모들은 고등학교를 중도탈락했거나, 자녀들의 학업성취를 도울 수 없거나, 도우려는 마음이 없는 경우가 대다수이다.

각 지역에 헨리 개스킨스 박사와 같은 사람들이 있다. 그들은 낮은 사회경제적 지위를 지녔고 부모로부터 학업적 도움을 받을 수 없는 학생들을 위한 멘토링과 튜터링을 제공한다. 이들 중 다수는 학교와의 연계 없이 활동한다. 이러한 도움이 필요한 학생이 있다면, 지역 내 역량 있고, 동기부여를 할 수 있는 개스킨스 박사와 같은 인물이 있는지 열심히 찾아볼 필요가 있다. 사회적으로 혜택을 받지 못하는 학생들을 위해 멘토링이나 튜터링을 제공할 생각이 있는지 물어봐주기를 기다리고 있을지 모른다.

복습하기, 성찰하기 그리고 연습하기

③　대인관계 및 사회문화적 맥락이 어떻게 동기를 고양시키거나 약화시킬 수 있는지 설명한다.

복습하기

- 사회적 동기와 소속에 대한 욕구란 무엇인가?
- 학생들의 학업성취가 부모, 또래, 교사와의 관계와 어떻게 관련되는가?
- 인종과 사회경제적 지위는 학교에서의 성취 동기에 어떻게 영향을 미치는가?

성찰하기

- 당신은 초등학교 교사이다. 당신의 반에는 저소득층 아동이 있는데, 자신의 잠재력을 발휘하는 데 어려움을 겪고 있다. 당신은 이들이 성공적으로 학교를 다닐 수 있도록 어떻게 도와줄 수 있는가?

연습하기

1. 다음 중 학업성취에 있어 또래의 기대에 가장 큰 영향을 받는 학생은?
   a. 2학년 패트릭
   b. 5학년 로스
   c. 8학년 셸든
   d. 고등학교 2학년 로즈
2. 다음 중 학생들의 동기에 가장 긍정적인 영향을 주는 학급은?
   a. 데이비드 선생님은 학생들의 개인 생활에는 관심을 두지 않고 학업 수행에만 신경을 쓴다. 그녀의 수업은 재미 있지는 않지만 매우 도전적이다.
   b. 넬슨 선생님은 학생들의 학업 수준뿐 아니라 개인적인 생활에 대해서도 알기 위해 노력한다. 그는 학생들에게 매우 큰 관심을 쏟으며, 모든 학생이 우수한 성과를 낼 정도로 쉽게 수업을 진행한다.
   c. 사이먼 선생님은 학생들의 학업 수준뿐 아니라 개인적인 생활에 대해서도 알기 위해 노력한다. 그는 학생들에게 흥미롭고 도전적인 과제를 내준다.
   d. 윌리엄스 선생님의 수업은 무척 어렵고 경쟁적이다. 학생들은 점수를 더 받기 위해 매일 경쟁한다.
3. 다음 중 강한 성취 동기를 지녔으리라 기대하기 어려운 학생은?
   a. 리는 중간 수준 소득 계층의 아프리카계 미국인이다.
   b. 페드로는 중간 수준 소득 계층의 라틴계이다.
   c. 로스는 부유한 아프리카계 미국인이다.
   d. 션은 저소득 계층의 백인이다.

정답은 '연습하기 정답' 참조

④ 성취에서의 어려움 탐색하기

학습목표 4
성취에 어려움을 겪는 학생들을 도울 수 있는 방법을 제안한다.

목표나 계획을 세우지 않고, 달성도를 적절히 모니터링하지 않는 경우 학업 문제가 표면화될 수 있다(Senko, 2016). 그러나 저성취 학생이나 성공에 대한 기대가 약한 경우, 실패를 회피함으로써 자기가치감을 보호하려고 하는 경우, 학업 미루기, 완벽주의, 불안에 압도되는 경우, 또는 학교에 무관심하거나 소외된 경우 역시 학업 문제가 발생한다. 이러한 장애물은 초등학교 시기 표면화되며

훈련 방법	주안점	목표
효능감 훈련	자기효능감 향상	구체적이고, 접근 가능하며, 도전적인 목표를 설정하고 이를 달성하기 위해 노력하도록 가르친다. 학생의 진도율을 체크하고 "나는 네가 할 수 있다는 걸 믿는다"와 같은 격려를 통해 학생을 지원한다. 성인 혹은 또래 가운데 모델링이 될 수 있는 사례를 적용하라. 학생 개개인에게 맞는 지도법을 사용한다. 사회적 비교는 최소한으로 사용하라. 효율적으로 가르치되 교사로서 자신감을 가진다. 실패 증후군을 지닌 학생을 실패자로 바라보기보다는 도전하는 사람으로 바라본다.
전략 훈련	영역 특수·과업 특수 기술 및 전략 향상	학생들이 효과적인 학습 전략 및 문제해결 전략을 습득하고 사용할 수 있도록 도와준다. 학생들에게 무엇을 해야 하는지, 언제, 왜, 그것을 해야 하는지 가르친다.

그림 10.6 실패 증후군을 지닌 학생의 동기 향상을 위한 인지적 재훈련 방법

중·고등학교를 지나면서 더욱 분명해진다. 이러한 학생들을 돕기 위해 교사, 상담가, 멘토, 학부모들가 사용할 수 있는 다양한 전략에 대해 살펴보자.

저성취 학생과 성공에 대한 기대가 미약한 학생

제레 브로피(Brophy, 1998)는 성공에 대한 기대가 낮은 저성취 학생을 다음과 같이 기술했다. 이 학생들은 교사가 설정한 목표와 도전을 달성할 수 있다고 끊임없이 안심시켜야 한다. 또한 그들이 성공하는 데 필요한 도움과 지원을 제공해주어야 한다. 그러나 진정한 노력을 기울여야만 성장할 수 있다는 것 또한 알려주어야 한다. 개별화된 교재나 활동을 제공하고 각 학생의 능력에 맞는 적정 수준의 도전을 제시해야 한다. 학습목표를 설정할 수 있도록 돕고, 이러한 목적을 달성할 수 있도록 지원을 해야 한다. 현재는 학급목표를 달성할 능력을 갖추고 있지 못했다 하더라도 상당한 노력을 기울이면 실력을 향상할 수 있다는 것을 인식할 수 있게 도와야 한다.

실패 증후군(failure syndrome)은 성공에 대한 기대가 낮고 어렵다는 신호만 보여도 곧 포기하는 것을 의미한다. 실패 증후군을 지닌 학생은 최선의 노력을 기울였으나 실패한 저성취 학생과는 다르다. 실패 증후군 학생들은 충분한 노력을 하지 않고, 시작할 때부터 열성이 없다. 이에 조금이라도 어려워질 기미가 보이면 바로 포기해버린다. 실패 증후군 학생들은 자기효능감이 낮고 고정 사고방식을 지니고 있다.

실패 증후군을 보이는 학생들의 동기를 향상시키기 위해 필요한 전략들이 존재한다. 특히 그림 10.6에 제시된 효능감 훈련과 전략 훈련과 같은 인지적 재훈련이 유익할 수 있다.

실패를 회피함으로써 자기 가치를 지키려는 학생

자기가치감을 보호하거나 실패를 피하는 데 골몰하느라 목표를 추구하는 데 집중하지 못하고 비효율적 전략을 사용하는 경우가 있다(De Castella, Byrne, & Covington, 2013). 이러한 비효율적인 전략은 다음과 같은 행동으로 설명될 수 있다(Covington & Dray, 2002).

- 수행을 하지 않음. 실패를 피하는 가장 분명한 방법은 노력하지 않는 것이다. 수행을 하지 않는 학생들은 교사의 질문에 대답하고 싶은 열망은 강하나, 자신의 이름이 불리는 것은 원하지 않는다. 그래서 교사의 눈에 띄지 않도록 책상에 엎드려 있거나 교사와의 눈 맞춤을 피한다. 이러한 행동은 사소한 속임수 같은 것으로 치부될 수 있으나, 지속되면 중도탈락이나 잦은 결석과 같은 만성적 문제 행동으로 이어질 수 있다.

실패 증후군 성공에 대한 기대가 낮고 어렵다는 신호만 보여도 곧 포기하는 것

- 미루기. 시험을 치르는 마지막 순간까지 공부를 미루고 실패의 원인을 시간관리 부족으로 돌리는 경우가 있다. 이는 자신의 무능력이 드러나지 않게 하기 위해 초점을 흐리는 시도 중 하나이다. 너무 많은 일을 벌려놓고 다른 것을 하느라 이것을 하지 못했다고 변명하는 것도 이와 동일한 심리적 기제로 해석할 수 있다.
- 달성할 수 없는 목표 세우기. 지나치게 높은 목표를 설정하여 실제로 그것을 달성하는 것이 불가능한 경우가 있다. 이러한 목표를 달성할 수 있는 사람은 아무도 없기 때문에, 자신이 무능력하다는 것을 숨길 수 있다.

실패를 피하려는 노력은 자기손상 전략으로 드러날 수 있다(Akin & Akin, 2014; Callan, Kay, & Dawtry, 2014). 자기손상 전략이란 노력하지 않거나, 마지막 순간까지 일을 미루거나, 시험 전날 밤 놀러나가는 등의 행동을 하여 스스로를 교묘하게 손상시키는 것을 의미한다. 이로 인해 실망스러운 결과를 받게 되더라도 학생은 이를 자신의 능력 부족이라기보다는 당시의 상황 때문인 것으로 변명할 수 있다. 최근 메타 연구에서는 자기손상 전략이 저성취와 관련 있음을 밝혀냈다(Schwinger & others, 2014).

자기가치감을 보호하고 실패를 피하려는 학생들을 돕기 위해 다음과 같은 전략을 사용할 수 있다(Covington & Teel, 1996).

- 도전적이지만 현실적인 목표를 세울 수 있도록 지도하기
- 노력과 자신감 간 관계를 강화하도록 돕기. 자신이 노력하고 있다는 것에서 자신감을 갖도록 격려하고 사회적 비교는 최소화하도록 도와준다.
- 자신의 능력에 대해 긍정적인 믿음을 갖도록 격려하기. 단, 그들에게 높은 능력을 가졌다고 평가하거나 그들이 높은 능력을 지녔음을 칭찬하는 것은 도움이 되지 않는다.

미루는 학생

학생들이 잠재력을 발휘하지 못하는 이유 중 하나는 미루기 행동 때문이다(Ebadi & Shakoorzadeh, 2015; Grunschel & Schopenhauer, 2015). 메타 연구 결과에 따르면 학업 미루기는 낮은 자기효능감, 낮은 성실성, 주의산만, 낮은 학업동기와 관련이 있었다(Steel, 2007). 학업 미루기는 시간관리 부족, 집중의 어려움, 공포나 불안(예 : 과업에 압도되거나 낮은 성적을 받는 것에 대한 두려움), 부정적인 신념, 개인적 문제(예 : 재정적 문제, 이성친구와의 문제 등), 지루함, 비현실적인 기대와 완벽주의(예 : 레포트를 작성하기 전 관련된 주제에 대해 모두 읽어야 한다는 생각), 실패에 대한 두려움(예 : A를 받지 못하면 실패자라는 생각) 등과도 관련 있다(University of Buffalo Counseling Services, 2016).

학업 미루기의 다양한 형태는 다음과 같다(University of Illinois Counseling Center, 2016).

- 과업을 무시하고 그것이 사라지기를 바람
- 과업과 관련된 작업을 과소평가하거나 자신의 능력과 자원을 과대평가함
- 컴퓨터 게임이나 인터넷 서핑에 지나치게 많은 시간을 사용함
- 가치는 있으나 우선순위가 낮은 활동을 먼저 함(예 : 공부하기 전에 방 청소하기)
- 조금씩 자주 미룬다고 해서 큰 문제는 없을 것이라고 생각함

"고등학교 졸업 후 대학에서 12년을 보냈어요. 전공은 미루기입니다."

Ralph Hagen. www.cartoonstock.com

학생과 연계하기 : 최고의 실천
학업 미루기를 하는 학생들을 위한 전략

학업 미루기 행동을 줄이기 위해 아래와 같은 전략을 사용할 수 있다.

1. *학업 미루기는 문제라는 것을 인식하게 한다.* 미루기를 문제 행동으로 받아들이지 않는 경향이 있다. 자신이 미루고 있다는 것을 인정할 때 비로소 문제를 어떻게 해결해야 할지 생각할 수 있다.

2. *가치와 목표를 명확히 하도록 격려한다.* 학업 미루기가 자신의 가치와 목표를 달성하는 데 도움이 되지 않음을 이해하게 한다.

3. *시간을 보다 효과적으로 사용하는 방법을 가르친다.* 학생들이 연간(혹은 학기), 월간, 주간, 일일 계획을 세울 수 있게 하라. 시간을 어떻게 사용하면 좋을지, 시간을 보다 현명하게 사용하는 방법으로 어떤 것이 있을지 스스로 모니터링하도록 안내한다.

4. *과업을 작은 단위로 나누게 한다.* 미루는 학생들은 종종 과업을 너무 크게 인식하고, 이에 압도되어 자신들이 그것을 해낼 수 없다고 느낀다. 이러한 경우 과업을 작은 단위로 나누고 각 단위를 완수하기 위한 세부목표를 단계별로 세울 수 있게 하는 것이 도움이 될 수 있다. 이 전략을 통해 온전히 감당할 수 없어 보이던 과업이 감당 가능하게 된다는 것을 알 수 있다.

5. *행동 전략을 사용하게 한다.* 가장 중요한 과업과 활동에 집중을 방해하는 행동을 찾아볼 수 있게 하는 것이 좋다. 이러한 방해 행동을 언제, 어디에서 하는지 구체화하고, 계획적으로 줄여나가 스스로 조절할 수 있게 해야 한다. 다른 행동적 전략으로는 교사, 학부모, 멘토에게 연락하도록 하는 것, 그리고 목표를 달성했을 때 스스로 정한 보상을 제공하는 것이 있다.

6. *학생들이 인지적 전략 사용 방법을 배우도록 한다.* 미루기를 유혹하는 말들로 어떤 것이 있는지 살펴보도록 한다. "내일 할 거야", "한두 시간 TV 본다고 뭐 문제가 되겠어?", "나는 할 수 없어"와 같은 말이 이러한 예가 될 수 있다. 이러한 유혹을 이겨낼 수 있는 자기만의 방식을 고안해야 한다. "이제 정말 남은 시간이 얼마 없어. 다른 것들은 그다음에 하자", "이것을 우선 끝내고나면 내일 더 놀 수 있어"와 같은 생각을 하는 것이 도움이 된다.

- 과업의 일부만 붙잡고 있음(예 : 첫 문단만 계속 썼다 지웠다 하면서 본문은 시작하지 않음)
- 두 가지 대안 중 하나를 선택해야 할 때 지나치게 고민하다가 무력해짐(예 : 생물 숙제를 먼저 할까 국어 숙제를 먼저 할까 고민하다가 둘 다 하지 않음)

그림 10.7 완벽주의자와 건전하게 노력하는 사람의 차이

완벽주의자

달성하기 어렵고 비합리적인 기준을 정한다.

완벽한 것 이외의 것에는 만족하지 않는다.

실패하거나 실망했을 때 역기능적으로 우울해진다.

실패나 반감에 대한 공포에 사로잡혀 에너지 수준이 약화된다.

실수를 무가치함의 근거로 인식한다.

비판받으면 과도하게 방어적이 된다.

건전하게 노력하는 사람

높은 기준을 세우나 달성 가능하다.

결과뿐 아니라 과정도 즐긴다.

실패해도 다시 회복하며 짧게 실망하고 곧 에너지를 되찾는다.

일정 범위 내에서 보통 수준의 불안과 실패 및 반감에 대한 두려움을 지닌다. 오히려 그들을 에너지로 활용한다.

실패를 성장과 배움의 기회로 인식한다.

도움이 되는 비판에 긍정적으로 반응한다.

완벽주의 학생

앞서 언급한 바와 같이 완벽주의는 미루기 행동의 원인이 될 수 있다. 완벽주의자는 실수를 용납할 수 없는 것으로 여기며 주어진 과업을 매우 높은 수준으로 해내야 한다는 생각을 갖고 있다. 그림 10.7에 건전하게 노력하는 사람과 완벽주의자가 어떻게 다른지 소개되어 있다. 완벽주의자는 낮은 생산성, 건강상의 문제, 관계에서의 어려움, 낮은 자아존중감을 지닐 가능성이 크다(Bonvanie & others, 2015; Harrison & Craddock, 2016). 우울, 불안, 섭식장애 역시 완벽주의자들이 흔하게 겪는 문제이다(Teixeira & others, 2016). 최근 연구에 따르면 부모의 완벽주의는 자녀의 높은 불안과 관련이 깊었다(Affrunti & Woodruff-Borden, 2014).

불안이 높은 학생

불안은 모호하고 매우 불쾌한 두려움과 걱정이다. 학교에서 시험과 같은 도전적인 상황에 직면하면 걱정하게 되는 것이 당연하다. 연구에 따르면 성공적인 학생들조차 중간 수준의 불안을 지니고 있었다(Bandura, 1997). 한편 어떤 학생들은 지나치게 높은 수준의 불안과 걱정을 지속적으로 경험하며, 그로 인해 자신의 능력을 발휘하는 데 방해를 받는다(Ramirez & others, 2016). 11학년 학생을 대상으로 한 최근 연구에 따르면 시험불안이 높은 경우 학업성취도가 낮았다(Steinmayr & others, 2016).

지나친 불안은 부모의 비현실적인 성취 기대 및 압력으로부터 기인한다(Wigfield & others, 2015). 학년이 높아지면서 불안도 증가하는데, 이는 평가가 보다 자주 이루어지고, 그로 인한 사회적 비교 및 실패 경험이 증가하기 때문일 것이다(Wigfield & others, 2015). 이러한 환경이 조성되어 있는 학교에서 학생들의 불안은 증가하는 경향을 보인다.

높은 수준의 불안을 감소시킬 수 있는 개입 프로그램들이 다양하게 개발되어 왔다(Garcia-Lopez & others, 2014). 이 가운데 상당수는 이완 훈련에 초점을 둔다. 이 프로그램들은 불안을 낮추는 데에는 효과가 있으나, 이것이 항상 성취도의 향상으로 연결되는 것은 아니다. 한편 부정적이고 자기 훼손적인 사고를 변화시켜 보다 긍정적이고 과제 중심적 사고를 하도록 돕는 데 목적을 두는 프로그램도 있다(Watson & Tharp, 2014). 이러한 프로그램은 이완에 초점을 두는 프로그램에 비해 학업성취도 향상에 효과적이다(Wigfield & others, 2006).

무관심하거나 소외된 학생

제레 브로피(Brophy, 1998)는 동기부여에 있어 가장 어려운 문제는 학습에 무관심하고, 흥미가 없거나 학습으로부터 소외된 학생들이라고 말한다. 그들에게 있어 학업성취는 그다지 중요한 가치를 지니지 않는다. 무관심한 학생들을 돕기 위해서는 학업성취에 대한 그들의 태도를 재사회화하려는 지속적인 노력이 요구된다(Murdock, 2009).

최근 학생들의 동기부여를 위해 교사들이 사용하는 전략을 살펴보면 다음과 같다.

유치원 교사 아동들은 잘못하는 것이 두렵거나 교사의 기대를 만족시키지 못할 것에 대한 걱정으로 동기화되지 못합니다. 이를 없애기 위해 아이들이 한 모든 노력에 칭찬 세례를 주지요.

－미시 댄글러, 서버번힐즈학교

초등학교 교사 동기화되지 않았던 학생들이라도 무언가에 관심을 갖게 되면 달라집니다. 늘 뒤로 물러서 집단토론에 참여하지 않는 학생이 한 사람 있었는데, 이 학생이 타이타닉과 같은 배를 좋아한다는 것을 알게 되었습니다. 그래서 학습 활동에 이와 관련된 내용을 포함시켰더니 이 학생이 자신감 있게 집단 활동에 참여했고, 자신과 같은 관심사를 가진 학생들과도 친하게 되었지요.

－헤더 졸닥, 리지우드초등학교

중학교 교사 학생들을 동기화시키기 위해서는 도전을 제공해야 합니다. 예를 들어, 저는 미국 남북전쟁을 가르칠 때 학생들에게 대학교 1학년 역사 강의라고 생각하고 수업을 하자고 말합니다. 다른 내용을 배울 때보다 학습 자료가 상당히 방대하고 어려워지지만, 나중에 기말고사 성적을 확인해보면 이 부분에 대한 점수가 월등히 높지요. 자신들이 대학 수준에 도전하고 있다는 생각으로 동기화되었기 때문입니다.

－마크 포드니스, 배미지중학교

고등학교 교사 학생들이 좋아하는 것을 바탕으로 관계를 맺는 것이 동기를 향상시키는 핵심입니다. 예를 들어, 수업 중 흥미를 보이지 않는 학생과 이야기를 해보니 옷을 좋아한다고 하더군요. 그래서 저는 학생에게 지금 입고 있는 옷을 고양이에게 입힐 수 있을지 물어보았습니다. 저는 고양이를 좋아하거든요. 그랬더니 지금 입은 옷은 베이비팻 브랜드라고 설명해주며, 이와 관련된 온갖 정보를 다 알려주었어요. 그 후 학생은 수업에 잘 참여했고, 과제도 평균 이상으로 해내고 있습니다.

－샌디 스완슨, 메노모니폴즈고등학교

이번 장은 학생의 동기에 대해 다루어보았다. 교사로서 당신 역시 동기화되는 것이 중요하다. 스스로의 동기 수준을 평가하기 위해 **자기평가 1**을 완성해보라.

복습하기, 성찰하기 그리고 연습하기

❹ **성취에 어려움을 겪는 학생들을 도울 수 있는 방법을 제안한다.**

복습하기
- 학업적 기대가 낮은 저 성취 학생들의 특징은 어떠한가? 교사로서 그들을 어떻게 도울 수 있는가?
- 실패를 피하고 자기가치감을 보호하기 위한 전략에는 어떤 것들이 있는가? 교사로서 그들을 어떻게 도울 수 있는가?
- 학업을 미루는 학생들의 특징은 어떠한가? 교사로서 그들을 어떻게 도울 수 있는가?

- 완벽주의 성향을 지닌 학생들의 특징은 어떠한가? 교사로서 그들을 어떻게 도울 수 있는가?
- 불안은 무엇이며, 불안은 학업에 어떠한 부정적인 영향을 미치는가? 불안이 높은 학생들을 도울 수 있는 프로그램으로는 어떤 것들이 있는가?
- 교사로서 무관심하거나 소외된 학생들을 어떻게 도울 수 있는가?

성찰하기
- 과거 학창시절에 학교 생활에 동기가 낮았던 친구들을 떠올려보자. 그들은 왜 그런 특성을 보였다고 생각하는가? 그들을 돕기 위한 교수 전략으로는 어떤 것이 있는가?

연습하기
1. 다음 중 실패 증후군에 해당하는 학생은?
   a. 안드레아는 공부를 잘 따라오지 못하고 노력도 거의 하지 않는다.
   b. 머시는 매우 열심히 공부하여 간신히 C 학점을 받는다.
   c. 사만다는 공부를 매우 잘하나 그렇게 열심히 하지는 않는다.
   d. 비비는 자신의 수행에 결코 만족하는 일이 없다.

2. 스콧은 선생님께 이름 불리는 것이 싫어 늘 책상에 엎드려 있다. 이와 같이 실패를 피함으로써 자기가치감을 보호하려는 노력을 무엇이라고 부르는가?
   a. 실패 증후군
   b. 비완벽주의
   c. 학업 미루기
   d. 달성할 수 없는 목표 설정하기

3. 학업 미루기를 극복할 수 있도록 돕는 전략으로 가장 적절한 것은?
   a. 큰 프로젝트를 여러 부분으로 나누고, 각 부분마다 기한을 정하기
   b. 한 학기에 여러 개의 큰 프로젝트를 부여하고 시간 관리 하는 법을 배우도록 지도하기
   c. 교과 외 과제는 부여하지 않기
   d. 숙제보다는 자신이 하고 싶은 일의 목록을 나열하도록 하기

4. 베키는 만점을 받지 못하게 되자 매우 화가 났다. 그녀는 과제에서 받은 비판적인 피드백 하나하나에 기분이 상했다. 베키가 완벽주의를 극복할 수 있도록 돕는 전략으로 가장 적절한 것은?
   a. 베키에게 긍정적이든 부정적이든 건설적인 피드백을 많이 주고, 이를 바탕으로 자신의 과제를 수정하도록 하기
   b. 베키가 주어진 모든 과제에서 만점을 받을 능력이 있다는 것을 확신시키기
   c. 베키가 어떤 과제에서는 만점을 받을 수 없다는 것을 알게 하고, 그것에 익숙해지게 하기
   d. 베키가 화나지 않도록 점수 이외에 어떤 피드백도 하지 말기

5. 카멜라는 학교생활에 큰 두려움을 갖고 있어 공부에 집중하지 못한다. 다음 중 그녀의 불안을 낮출 수 있는 가장 효과적인 방법은?
   a. 부정적이고 자기에게 해로운 생각을 보다 긍정적이고 과제 중심적인 생각으로 바꾸도록 돕기
   b. 더 높은 목표를 설정하도록 격려하기
   c. 학업 미루기를 줄이도록 지도하기
   d. 현실에 직면하여 더 집중할 수 있게 하기

6. 다음 중 무관심하거나 소외된 학생을 동기부여 하는 방법으로 가장 적절한 것은?
   a. 대학 진학이 얼마나 숭요한지 강소하기
   b. 학생의 관심사를 알아내어 이를 과제에 포함시키기
   c. 보다 동기화된 학생들과 비교하기
   d. 완벽주의를 줄이기 위한 전략을 기술하기

7. 다음 중 학생들이 인생의 목적을 고민하도록 하는 질문으로 가장 적절한 것은?
   a. 좋은 성적을 얻기 위해 무엇을 할 수 있을까?
   b. 네 인생에서 가장 중요한 것은 무엇이니?
   c. 단기목표를 더 잘 설정하려면 어떻게 해야 할까?
   d. 공부 시간을 더 확보하려면 어떻게 해야 할까?

정답은 '연습하기 정답' 참조

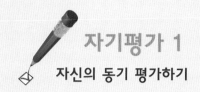

자기평가 1
자신의 동기 평가하기

다음은 자신의 동기 특성을 분석할 수 있는 19가지 진술문이다. 각각을 1점(매우 그렇지 않다)~5점(매우 그렇다)으로 평정해보자.

	1	2	3	4	5
1. 내 인생에 있어 동기의 위계를 인식하고 있으며, 나에게 가장 중요한 것이 무엇인지 알고 있다.					
2. 나는 내재적으로 동기화되어 있다.					
3. 나는 성공에 대한 높은 기대와 기준을 가지고 있다.					
4. 내 인생에는 몰입하는 순간이 많았다.					
5. 나에게 동기부여해주는 사람들을 알고 있으며, 그들의 어떤 행동이 나를 동기부여하는지 알고 있다.					
6. 나는 노력을 강조하는 성취 관련 귀인을 한다.					
7. 나는 무기력 혹은 수행 지향 동기보다는 숙달 지향 동기를 지니고 있다.					
8. 나는 고정 사고방식보다는 성장 사고방식을 지니고 있다.					
9. 나는 자기가치감을 보호하거나 실패를 피하기 위해서가 아니라, 성공에 대한 포부로 인해 배우고 성취하려고 한다.					
10. 나는 일반적으로 높은 자기효능감을 지니고 있다.					
11. 나는 교사로서의 수업 능력과 학급 운영에 대해 높은 자기효능감을 지니고 있다.					
12. 나는 보통 목표를 설정하고, 그 목표를 달성하기 위한 계획을 세우고, 내가 목표를 향해 나아가고 있는지 체계적으로 모니터링한다.					
13. 나는 구체적이고, 접근성이 높으며, 도전적인 목표를 설정한다.					
14. 나는 시간 관리를 잘하고, 주별 계획에 따라 수행하며, 시간 사용을 모니터링하고, 할 일 목록을 만든다.					
15. 나는 즉각적인 만족을 추구하기보다는 효과적으로 만족 지연을 할 수 있다.					
16. 나는 미래의 성공을 위해 실수로부터 배우는 것을 잘한다.					
17. 나는 불안이나 다른 감정으로 인해 동기가 저하되지 않도록 조절할 수 있다.					
18. 나는 동기부여를 위한 지지 체계를 가지고 있으며, 나의 동기가 지속될 수 있도록 도와주는 사람들과 긍정적이고 가까운 관계를 유지하고 있다.					
19. 나는 때맞춰 과제를 수행하며 미루지 않는다.					
20. 나는 완벽주의자가 아니다.					

점수화 및 해석

자신의 응답 패턴을 분석해보자. 각 문항에 4점 혹은 5점을 주었다면, 당신은 동기부여를 통해 과업을 잘 수행하고 있으며, 학생들에게 훌륭한 모델이 될 수 있다. 반면에 3점 미만에 체크한 문항이 있다면, 이를 어떻게 향상시킬 수 있을지 생각해보자.

교실과 연계하기 : 사례 분석하기

읽기 인센티브 프로그램

캐서린 선생님은 경제적으로 낙후된 지역의 초등학교 2학년 담임을 맡고 있다. 대부분의 학생들은 읽기 성적이 좋지 않다. 일부는 방과 후 책이나 글을 읽을 기회가 거의 없고, 학교에서 쉬는 시간에 책을 읽는 학생도 거의 없다. 읽기 능력이 향후 학교 공부에 지대한 영향을 미친다는 것을 잘 알고 있는 캐서린 선생님은 이에 대해 고민하기 시작했다.

그녀는 학생들이 읽기 활동을 많이 할 수 있도록 읽기 인센티브 프로그램을 운영하게 되었다. 교실 벽에 대형 차트를 붙이고, 학생들의 향상도를 체크했다. 책 한 권을 끝낼 때마다 학생의 이름 옆에 별표 스티커를 붙여주었다. 한 달에 5권의 책을 읽은 학생에게는 학급 보물상자에서 작은 선물을 주었다. 또한 정해진 기한 내에 가장 많은 책을 읽은 학생에게는 보다 큰 선물이 수여되었다. 캐서린 선생님이 새로운 인센티브 프로그램에 대해 이야기하자 학생들은 무척 좋아했다.

조이가 "그거 멋지네요! 저는 별을 제일 많이 받을래요"라고 말했다.

그러자 피터가 말했다. "아니, 넌 그럴 수 없을걸. 새미가 제일 많은 별을 받을 거야. 그 애는 늘 책에 코를 박고 있거든. 우리 반에서 새미가 책을 제일 많이 읽어."

새미는 독서가였다. 자기 학년을 넘어서는 책도 잘 읽었고, 도서관에 비치된 청소년용 소설을 특히 좋아했다. 양이 상당하여 다 읽기까지 시간이 꽤 걸리는 책들이었다. 하지만 새미는 이러한 책들을 읽는 것을 정말 즐겼다. 캐서린 선생님은 새미가 더 이상 교실에 비치된 책들에 흥미를 잃게 된 것을 보고, 자신의 책을 가져다주기도 하였다.

프로그램 첫 주는 상당히 흥미진진했다. 학생들은 매일 캐서린 선생님에게 자기가 읽은 책에 대해 이야기했고, 차트가 별로 채워지기 시작했다. 첫 주가 지날 무렵, 새미를 제외한 모든 학생은 적어도 1개 이상의 별을 받게 되었다. 그 달 마지막 주에는 많은 학생들이 쉬는 시간에 책을 읽었다. 학생들은 적어도 하나의 선물을 받으려고 열망했고, 많은 학생들이 이 달의 '최고 독서가'를 꿈꾸며 닥치는 대로 책을 읽어댔다. 월말이 되었을 때, 25명의 학생 중 23명이 5개의 별을 받았다. 예외는 고작 1개의 별을 받은 새미와, 수두에 걸려 학교에 오지 못했던 마이클 뿐이었다. 조

이의 바람대로 조이는 15개의 별을 모아 최고의 독서가가 되었다. 학생들은 기쁨에 가득 차 선물을 골랐다.

다음 달, 책 읽기의 열기는 계속되었다. 새미도 합세하여 30개의 별을 받았고, 최고의 독서가가 되었다. 조이는 25개로 그 뒤를 이었다. 모든 학생들이 최소 5개의 별을 모았고, 모두가 선물을 받았다. 모두가 정말 책을 많이 읽었기 때문에 캐서린 선생님은 금요일 오후 파티를 열어 팝콘을 먹으며 애니메이션 보는 시간을 가졌다.

그 후 몇 달간 유사한 패턴이 반복되었다. 차트는 금세 별로 가득 찼고, 캐서린 선생님은 학생들이 학기 말 전국 성취도평가에서 좋은 성적을 거둘 수 있을 만큼 충분히 책을 읽고 있다고 생각했다. 그녀는 학생들의 성장에 흥분했다. 그녀는 시험이 끝나면 인센티브 프로그램을 마무리하고 학생들이 어떻게 책을 읽는지 지켜보았다. 그런데 이렇게 하자 쉬는 시간에 책을 읽는 학생은 거의 없었다. 새미마저 더 이상 책을 읽지 않고, 대신 그림을 그렸다.

1. 이 사례의 쟁점은 무엇인가?

2. 외재적 동기와 내재적 동기의 관점에서 이 사례를 분석해보라.

3. 목표 지향 관점에서 이 사례를 분석해보라.

4. 새미가 첫 달에는 1개의 별을 받았다가 그다음 달 30개의 별을 받게 된 이유는 무엇이라고 생각하는가? 새미가 더 이상 쉬는 시간에 책을 읽지 않는 이유는 무엇인가?

5. 이러한 방식의 인센티브 프로그램의 문제점은 무엇인가? 학생들의 읽기 동기를 저해하지 않는 인센티브 프로그램으로는 어떤 것이 있는가?

학습과 연계하기 : 학습목표 달성하기

① 동기 탐색하기 : 동기를 정의하고, 동기에 대한 행동주의, 인본주의, 인지주의 및 사회적 관점을 비교한다.

동기란 무엇인가

동기에 대한 관점

- 동기화된 행동이란 열정을 북돋아 하나의 목표를 향해 행동을 지속하는 것이다.

- 동기에 대한 행동적 관점에서는 외적 보상과 처벌을 학생들의 동기를 결정짓는 핵심요소로 강조한다. 인센티브는 학생의 행동을 동기화할 수 있는 긍정적 혹은 부정적 자극 및 사건이다.

- 인본주의적 관점에서는 학생의 성장 가능성과 자신의 운명을 선택할 자유, 그리고 긍정적 자질(예 : 타인에게 세심함)을 강조한다.

- 매슬로의 욕구 위계에 따르면 하위 욕구가 만족되어야 상위 욕구가 나타날 수 있다. 욕구는 생리적 욕구, 안전의 욕구, 사랑과 소속의 욕구, 존중의 욕구, 자아실현의 욕구 순서로 존재한다.

자아실현은 하위의 욕구들이 모두 충족되어야만 도달할 수 있으며 인간으로서 자신이 지닌 잠재력을 개발하려는 동기를 의미한다.

- 동기에 대한 인지주의적 관점에 따르면 동기는 사고에 의해 형성된다. 인지적 접근에서는 성취에 대한 내적 동기, 귀인, 환경을 효과적으로 통제할 수 있다는 신념, 목표 설정, 계획, 그리고 목표를 향한 발전 과정의 모니터링을 강조한다. 동기에 대한 인지주의적 접근은 R. W. 화이트의 역량동기의 개념과 상응한다.
- 사회적 관점은 또래들과 어울리고, 친한 친구를 만들고, 부모와 애착을 형성하고, 교사와 긍정적인 관계를 가지려는 바람을 포함하는 소속 혹은 관계 욕구를 강조한다.

② 성취 과정 : 성취 과정에 개입하는 주요 개념에 대해 논의한다.

외재적 동기와 내재적 동기

- 외재적 동기란 무언가를 얻기 위한 수단으로 행동하는 것 혹은 불쾌한 결과를 피하기 위해 행동하는 것을 의미한다. 내재적 동기란 오직 그 행동 자체를 목적으로 하는 내적 동기를 의미한다. 대부분의 전문가들은 교사가 내재적으로 동기화될 수 있는 교실 환경을 만들어야 한다고 권장한다.
- 내재적 동기에서는 자기결정성을 강조한다. 학생들에게 직접 선택하고 학습에 대한 책임을 질 수 있는 기회를 준다면 내재적 동기가 증가한다.
- 칙센트미하이는 삶에서의 최적 경험을 몰입이라는 용어로 설명한다. 이는 숙달감과 어떤 활동에 고도로 집중하는 경험을 의미한다. 몰입은 학생들이 너무 어렵지도, 너무 쉽지도 않은 도전에 임할 때 일어난다.
- 흥미는 내재적 동기에 비해 보다 구체적인 개념으로, 깊이 있는 학습과 관련이 있다.
- 교사는 학생들이 인지적으로 관여하고 책임감을 갖도록 격려하는 학습환경을 제공할 필요가 있다.
- 보상이 상황에 따라 학습을 저해하기도 한다. 보상이 외적 통제를 위해 사용되는 것이 아니라, 과제 숙련도에 대한 정보를 전달할 때 효과적이다.
- 연구에 따르면 학생들은 초등학교에서 고등학교로 학년이 올라감에 따라 내재적 동기가 감소하는데, 특히 중학교 시기에 급감한다.
- 개인-환경 적합성은 학생들이 중·고등학교에서 부적절함을 느끼게 될 때 자기 자신과 학교를 보다 부정적으로 평가하게 된다는 개념이다.
- 종합하면 교사는 학생들이 내재적으로 동기화될 수 있도록 격려하는 학습환경을 제공해야 한다. 그러나 실제 현실에는 내재적 동기와 외재적 동기가 동시에 존재하며 이 둘을 양극단에서 서로 대립되는 개념으로 이해하는 것은 적절하지 않다.

귀인

- 귀인 이론에서는 개인이 자신의 행동과 수행에 대한 근본적인 이유를 발견하기 위해 동기화된다고 주장한다.
- 바이너(Weiner, 1986, 1992)는 귀인을 (1) 통제 소재, (2) 안정성, (3) 통제 가능성의 세 가지 차원으로 규명했다. 세 차원의 조합에 따라 실패와 성공에 대해 각기 다른 설명이 제공된다.

숙달동기와 사고방식

- 숙달 지향 학생은 난이도가 높은 과제에 도전하고 이를 흥미로워하며 학습 전략에 주의를 기울인다. 또한 결과보다는 과정에 초점을 둔다. 무기력 지향 학생들은 도전적이고 어려운 과제에

대해 난관에 봉착한 듯 느끼고 자신의 능력이 부족하다고 생각한다. 수행 지향 학생들은 성취감보다는 남을 이기는 것에 관심을 둔다. 숙달 지향은 무기력이나 수행 지향보다 학업 상황에 긍정적인 영향을 미친다.

- 사고방식이란 자신의 성장을 바라보는 인지적 관점을 의미하며, 고정 사고방식과 성장 사고방식으로 구분된다. 드웩은 청소년들이 성장 사고방식을 지니도록 안내하는 것이 발달에 핵심이라고 보았다. 성장 사고방식을 지닌 학생들은 노력을 통해 자신의 능력이 향상될 수 있다고 믿는다.

자기효능감

- 자기효능감이란 자신이 상황을 제어할 수 있고 성공적인 결과를 만들어낼 수 있다는 신념을 의미한다. 반두라는 자기효능감이 성취 여부를 결정짓는 핵심 요인이라고 주장했다. 셩크는 자기효능감이 학생의 과제 선택에 영향을 준다고 보았다. 학습에 있어 자기효능감이 낮은 학생은 많은 학습과제를 피하려 할 것이며, 특히 도전적인 과제는 시도하려 하지 않을 것이다. 학생들에게 '나는 할 수 있다'는 신념을 심어주는 것은 중요한 교수 전략이다.
- 자기효능감이 낮은 교사는 학급 내 여러 가지 문제에 얽매이는 경향이 있다.

목표 설정, 계획, 자기 모니터링

- 연구자들은 구체적이고 근접성이 있으며 도전적인 목표를 설정하면, 자기효능감 및 성취도가 향상됨을 발견했다.
- 계획을 잘 세우는 사람은 시간을 효율적으로 사용하고, 우선순위를 적절하게 정할 줄 알며, 조직화되어 있다. 학생들이 스스로 자신의 시간을 관리하고, 우선순위를 정하고, 조직화하는 것을 연습하는 기회를 준다면 학습과 성취에 긍정적인 작용을 할 것이다.
- 자기모니터링은 학습과 성취에 있어 핵심적인 요인이다.

기대

- 학생의 성공에 대한 기대와 무엇을 성취하고자 하는가를 나타내는 가치는 동기에 영향을 미친다. 기대와 가치의 조합은 다양한 종류의 학업 동기를 만들어낸다.
- 교사의 기대는 학생들의 동기와 성취에 강력한 영향을 미친다. 교사들은 공부를 못 하는 학생보다는 잘하는 학생들에게 더 높은 기대를 하는 경향이 있다. 교사는 자신이 학생들에 대해 어떠한 기대를 가지고 있는지 확인하고, 모든 학생들에게 긍정적인 기대를 가지기 위해 노력할 필요가 있다.

만족 지연

- 만족 지연이란 보다 크고, 가치 있는 미래의 보상을 위해 즉각적인 보상을 보류하는 것을 의미한다. 이는 아동 및 청소년의 목적 달성 능력에 중요한 역할을 담당한다.
- 종단 연구에 다르면 만족 지연을 잘한 미취학 아동은 학업적으로 보다 성공적이었고, 청소년 시기 문제가 적었으며, 성인기에 더 나은 신체적·정신적 건강을 지녔을 뿐 아니라 직업적으로 성공하는 것으로 나타났다.

가치와 목적

- 가치란 사물이나 상황이 어떻게 되어야 하는가에 대한 신념과 태도로, 개인으로서 우리에게 중요한 의미를 지닌다.
- 목적이란 자신에게 의미 있는 것을 성취하고 자신을 넘어 세상에 기여하려는 의도이다. 데이먼은 목적의식을 갖고 인생에서 무엇을 하기 원하는지 고민하는 학생들이 거의 없음을 발견했다. 그는 학부모나 교사들이 학생들에게 '왜'라는 질문을 함으로써 자신의 인생에 대해 보다 깊이 있게 탐색하도록 격려해야 한다고 주장했다.

3 **동기, 관계, 사회문화적 맥락** : 대인관계 및 사회문화적 맥락이 어떻게 동기를 고양시키거나 약화시킬 수 있는 지 설명한다.

사회적 동기

- 사회적 동기란 사회적 세계에서의 경험을 통해 학습된 욕구와 바람이다.
- 소속감이나 관계에 대한 욕구는 사람들과 안정적으로 연결되고자 하는 동기이다. 소속감에 대한 욕구는 개인에 따라 다르다. 많은 친구들과 어울리고 연애하고 싶어 하는 학생이 있는가 하면, 사회적 욕구가 크게 강하지 않은 학생도 있다.

사회적 관계

- 학업성취와 사회적 동기의 관점에서 교사, 또래, 친구, 부모로부터 인정받는 것은 중요하다. 또래 순응은 초기 청소년 시기에 정점을 이루는데, 이 시기는 학업을 추구하느냐, 사회적 관계를 추구하느냐를 결정짓는 중요한 때이다.
- 학생의 동기에 영향을 주는 부모의 역할로는 인구배경학적 특징(예 : 교육 수준, 생계 유지에 소요하는 시간, 가족 구조), 자녀양육 훈련(예 : 적절한 수준의 도전과 지지 제공하기), 가정에서의 다양한 경험 제공(예 : 읽을거리 마련하기) 등으로 살펴볼 수 있다.
- 또래는 사회적 비교, 사회적 유능감, 또래와의 협동학습, 또래집단 영향 등을 통해 학생들의 동기에 영향을 줄 수 있다.
- 교사의 지지와 돌봄은 학생의 동기에 강력한 영향을 미치는 것으로 연구되어 왔다. 교사의 수업 방식과 사회정서적 지지는 학생의 학업성취에 영향을 미칠 수 있다. 학생의 학업동기를 강화시키기 위해서 교사와 학부모는 교육 파트너로서 협력해야 한다.

사회문화적 맥락

- 교사는 교실 내 다양한 문화적 배경을 지닌 학생들이 존재함을 인식하고 다양성의 가치를 중요하게 여겨야 한다. 또한 사회경제적 지위의 영향력과 인종의 영향력을 세심하게 구분할 줄 알아야 한다.
- 학업성취 격차는 인종보다는 사회경제적 지위와 보다 긴밀한 관련성을 지닌다. 사회경제적으로 낙후된 지역의 학교는 중간소득 계층 지역에 비해 교육의 질이 낮다.
- 교사 및 또래로부터 받는 일상의 인종차별은 아프리카계 미국인 중학생의 성적 하락과 관련이 깊다.

4 **성취에서의 어려움 탐색하기** : 성취에 어려움을 겪는 학생들을 도울 수 있는 방법을 제안한다.

저성취 학생과 성공에 대한 기대가 미약한 학생

- 성공에 대한 기대가 낮은 저성취 학생을 위해서 교사는 학생들을 안심시켜야 하고 적절한 지원을 제공해주어야 한다. 한편 진정한 노력을 기울여야만 성장할 수 있다는 것 또한 알려주어야 한다.
- 실패 증후군(성공에 대한 기대가 낮고 어렵다는 신호만 보여도 곧 포기하는 학생)에는 효능감 훈련과 전략 훈련과 같은 인지적 재훈련이 유익할 수 있다.

실패를 회피함으로써 자기 가치를 지키려는 학생

- 자기가치감을 보호하고 실패를 회피하려고 동기화된 학생들은 수행하지 않기나 미루기, 도달할 수 없는 목표 설정하기 등과 같은 비효율적인 전략을 종종 사용한다. 이러한 학생들을 돕기 위해 비현실적이지만 도전적인 목표 설정하기, 노력과 자기가치감 간 관계 강화하기, 자신의 능력

에 대한 긍정적인 신념 발달시키기를 지도할 필요가 있다.

미루는 학생

- 학업 미루기는 다양한 형태로 나타날 수 있다. 과업을 무시하고 그것이 사라지기를 바라기, 과업과 관련된 작업을 과소평가하기, 주의집중을 방해하는 활동에 지나치게 많은 시간을 사용하기, 가치는 있으나 우선순위가 낮은 활동을 먼저 하기 등이 그것이다.
- 학업 미루기 행동을 줄이기 위해 학업 미루기는 문제라는 것을 인식하게 해야 한다. 또한 가치와 목표를 명확히 하도록 격려하고, 시간을 보다 효과적으로 사용하는 방법을 가르쳐야 한다. 과업을 작은 단위로 나누게 하고, 행동 전략과 인지적 전략 사용 방법을 배우도록 하는 것도 도움이 된다.

완벽주의 학생

- 완벽주의자는 실수를 용납할 수 없는 것으로 여기며 주어진 과업을 매우 높은 수준으로 해내야 한다는 생각을 갖고 있다. 완벽주의자는 신체적·정신적 건강에 있어 취약할 수 있다.
- 완벽주의 성향을 지닌 학생들을 돕기 위해서는 완벽하기 위해 노력하는 것의 장점과 단점을 나열해보도록 하고, 완벽하지 않으면 의미가 없다는 자기 비판적 성향을 재고하게 하며, 성취할 수 있는 것에 대해 현실적이 되도록 도와야 하고, 비판을 수용하는 방법에 대해 이야기할 수 있게 해야 한다.

불안이 높은 학생

- 불안은 모호하고 매우 불쾌한 두려움과 걱정이다. 지나친 불안은 부모의 비현실적인 성취 기대 및 압력으로부터 기인한다.
- 학년이 높아지면서 불안도 증가하는데, 이는 평가가 보다 자주 이루어지고, 그로 인한 사회적 비교 및 실패 경험이 증가하기 때문이다.
- 부정적이고 자기 훼손적인 사고를 긍정적이고 과제 중심적 사고로 변화시키는 인지적 개입 프로그램은 이완에 초점을 두는 프로그램에 비해 학업성취도 향상에 효과적이다.

무관심하거나 소외된 학생

- 무관심한 학생들을 돕기 위해서는 학생과 긍정적인 관계를 맺기 위해 노력하고, 내적 흥미를 자극할 수 있는 학습 활동을 제시하며, 학업을 보다 즐겁게 할 수 있는 교수법을 사용해야 한다. 지역사회 내 성인이나 무관심하거나 소외된 학생들이 믿고 따를 수 있는 선배 학생을 멘토로 하여 이들을 지원하도록 하는 것도 도움이 된다.

주요 용어

귀인 이론(attribution theory)
내재적 동기(intrinsic motivation)
동기(motivation)
만족 지연(delay of gratification)
무기력 지향(helpless orientation)
사고방식(mindset)
사회적 동기(social motivation)

소속 혹은 관계의 욕구(need for affiliation or relatedness)
수행 지향(performance orientation)
숙달 지향(mastery orientation)
실패 증후군(failure syndrome)
역량동기(competence motivaton)
외재적 동기(extrinsic motivation)

욕구 위계(hierarchy of needs)
인본주의적 관점(humanistic perspective)
인센티브(incentive)
자기효능감(self-efficacy)
자아실현 (self-actualization)

포트폴리오 활동

이제 여러분은 이 장에서 다룬 개념들을 모두 이해하였을 것이다. 여러분의 사고 수준을 향상시키도록 다음 연습문제를 풀어보자.

독립적 성찰

1. **학생들에게 동기를 부여하기** 충분히 동기를 부여하는 교실을 설계해보자. 이를 위해 어떤 자료가 사용될 수 있는가? 당신의 교실과 학습센터는 어떻게 꾸며져 있는가? 수업은 어떻게 진행되고 있는가? 학생들이 참여하는 활동으로는 어떤 것이 있는가? 당신의 교실에 대해 설명해보라.

연구 및 현장 경험

2. **학생 동기에 직면하기** 당신이 수업하려는 학년의 교사들을 관찰하고, 교사가 학생들의 동기 부여를 위해 사용하는 전략을 적어보라. 가장 효과적인 것은 무엇인가? 가장 효과가 없는 것은 무엇인가? 왜 그렇게 생각하는가? 동기부여가 특히 어려운 학생은 어떤 학생인가? 왜 그렇다고 생각하는가? 당신이 학생들의 학습동기를 북돋기 위해 색다르게 한 것은 무엇인가?

협력 작업

3. **동기에 대한 사례 연구** 다음과 같은 다양한 학생들의 동기부여를 위해 계획을 세우려고 한다. (1) 7세 타냐는 학업성적이 좋지 않으며, 성공에 대한 기대가 낮다. (2) 10세 사무엘은 자기가치감을 높은 수준으로 유지하기 위해 상당한 시간을 공부에 투여하나, 실패에 대한 공포가 심하다. (3) 13세 산드라는 눈에 띄지 않는 학생이고 자신의 능력을 과소평가한다. (4) 16세 로버트는 학교 공부에 관심이 거의 없고 현재 고모와 살고 있다(부모와는 거의 연락이 되지 않음).

학급관리

이 장의 개요

① 학급을 왜 효과적으로 관리해야 하는가

학습목표 1 학습관리가 왜 도전적이고 필요한지에 대한 이유를 설명한다.

초등학교와 중학교 교실의 관리 문제
혼잡하고, 복잡한, 그리고 잠재적으로 혼란스러운 교실
제대로 시작하기
긍정적인 교실 분위기와 수업 강조하기
관리목표와 전략

② 학급의 물리적 환경 설계하기

학습목표 2 학급의 물리적 환경에 관한 긍정적인 설계를 설명한다.

교실 배치의 원칙
배치 유형

③ 학습을 위한 긍정적 환경 조성하기

학습목표 3 긍정적인 교실 환경을 조성하기 위한 방법을 논의한다.

일반적인 전략
규칙과 절차 만들기, 가르치기, 그리고 유지하기
학생들이 서로 협력하도록 하기
학급관리와 다양성

④ 좋은 의사소통자 되기

학습목표 4 학생과 교사 모두에게 좋은 몇 가지 의사소통 접근을 확인한다.

말하기 기술
경청 기술
비언어적 의사소통

⑤ 문제 행동 다루기

학습목표 5 교사는 문제 행동을 다루는 데 사용할 수 있는 몇 가지 효과적인 접근을 마련한다.

관리 전략
공격성 다루기

거짓 또는 오해의 말이 갑작스러운 경솔한 행동과 같은
재앙을 만들어낼 때, 민감하게 균형을 잡아야 하는
우리의 시대 의사소통에서의 정확성은 더 중요하다.

– 제임스 터버, 20세기 미국 문화인류학자

© Ariel Skelley/Blend Images LLC RF

교사와 연계하기 : 애드리안 론자리츠

애드리안 론자리츠는 캘리포니아주 샌머테이오에 있는 작은 유치원 하트우드를 소유하고 운영하고 있다. 오후에 그녀는 또한 5~12세 아동을 위한 미술 수업을 진행하고 있다. 다음은 학급관리에 대한 그녀의 생각을 이야기한 것이다.

내가 학급관리에 대해 받은 가장 소중한 조언은 이 순서대로 세 가지 질문을 통해 문제나 난이도에 접근하는 것이다. (1) 환경 때문인가? (2) 교사 때문인가? (3) 아동 때문인가? 예를 들어, 만일 우려하는 문제가 그 집단의 집중되지 않은 에너지라면, 나는 먼저 스스로에게 물어볼 것이다. **환경 때문인가?** 과잉 자극을 준 것은 아닌가? 할 것을 충분히 했는가? 교실을 재배치할 필요가 있었는가? 조용한 활동을 위해 더 친숙한 공간을 만들었는가? 또는 나는 그들에게 야외 활동에 더 많은 시간을 허락했는가? 등 많은 경우에 다음 질문은 할 필요가 없었다.

교사 때문인가? 내가 피곤했었는가? 신경질적이었는가? 활기차지 못했는가? 나는 그 활동을 설명할 시간을 갖지 못했는가? 나는 교실 규칙을 제시하고, 감독하고, 시행하는 것에 일관적이지 않았는가? 나는 그날 그들의 요구에 충분히 주의를 기울이지 않았는가?

아동 때문인가? 내가 만일 모든 다른 가능성을 검토했고, 그 문제가 환경 또는 교사의 문제가 아닌 아동의 문제라고 확신했다면, 나는 일어날 수도 있는 것들을 조사해야 한다. 문제의 원인이 될 수 있는 그 아동의 가정에서 어떤 일들이 발생되었는가? 그 아동이 친구들과 유대감을 형성하는 데 도움이 필요한가? 아동이 수업과 관련하여 실패를 두려워하고 유의미 학습을 회피하는가?

이 접근은 어떤 사람의 행동을 변화시키는 것보다 환경 또는 그 자신을 변화시키는 것이 더 쉽기 때문에 강력한 것이다. 이것은 또한 모든 다른 방법을 찾을 때까지 아동의 그 문제는 없어지지 않기 때문에 효과적이다.

미리보기

교육계에서는 학급관리에 실패하기 전까지는 아무도 훌륭한 학급관리에 신경을 쓰지 않는다고 일반적으로 말하고 있다. 학급이 효과적으로 관리될 때 원활하게 운영될 수 있고 학생들은 활동적으로 수업에 참여할 수 있다. 학급이 부실하게 관리될 때 대외 활동을 학습하는 데 혼란스러운 환경이 될 수 있다. 우리의 적용 범위는 학급을 왜 효과적으로 관리해야 하는지를 조사하는 것으로써 시작되며, 그리고 학급의 물리적 환경을 설계하는 것에 대한 전략으로 넘어갈 것이다. 다음으로 학습을 위한 긍정적 환경 조성하기의 중요성과 효과적인 의사소통자가 되기 위한 방법을 논의하고자 한다. 이 장은 학생들이 문제 행동을 할 때 무엇을 해야 할지에 대한 정보로 마무리되고 있다.

학습목표 1
학급관리가 왜 도전적이고 필요한지에 대한 이유를 설명한다.

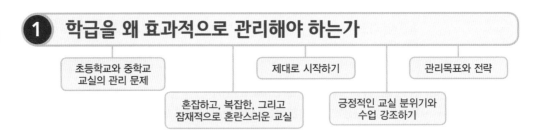

① 학급을 왜 효과적으로 관리해야 하는가

- 초등학교와 중학교 교실의 관리 문제
- 혼잡하고, 복잡한, 그리고 잠재적으로 혼란스러운 교실
- 제대로 시작하기
- 긍정적인 교실 분위기와 수업 강조하기
- 관리목표와 전략

효과적인 학급관리는 아동의 학습 기회를 최대화한다(Evertson & Emmer, 2017). 학급관리 전문가들은 학급을 관리하기 위해 가장 좋은 방법에 대한 생각을 바꾸어야 한다고 보고하고 있다. 이전의 관점에서는 학생들의 행동을 통제하기 위한 규칙을 만들고 적용하는 것을 강조하였다. 새로운 관점에서는 자기조절의 기회를 만들어주고 관계를 향상시킬 수 있도록 학생들의 요구를 충족시키는 것에 더 중점을 두고 있다(Noddings, 2007). 학생들을 엄격한 규칙에 수동적으로 따르게 하는 학급관리는 그들의 활동적인 학습, 고차적인 사고 그리고 사회적 지식의 개념에 참여를 약화시킬 수 있다(Jones & Jones, 2016). 학급관리의 최근 경향성은 학생들을 더 자기 수양(self-discipline)으로 안내하고 외적으로는 덜 통제할 것을 강조하고 있다(Emmer & Evertson, 2017). 역사적으로 학급관리에서 교사들은 관리자로서 고려되어 왔다. 학급관리에 대한 학습 중심 접근에서 교사는 안내자, 조정자 그리고 촉진자이다(Emmer & Evertson, 2017). 새로운 학급관리 모델이 허용 방식으로 빠지라는 것을 의미하는 것은 아니다. 보살핌과 학생들의 자기 조절을 강조하는 것은 교사가 교실에서 일어나는 것들에 대한 책임에서 물러나야 한다는 것을 의미하는 것은 아니다.

학급관리의 다양한 측면을 탐구하면서 여러분은 다른 관계자들과 관리 쟁점에 대해 협의하면서 일하는 것이 중요함을 알게 될 것이다. 또한 여러분의 수업은 학교 문화의 광범위한 맥락의 일부이며, 규율과 갈등 관리 같은 분야에서는 당신의 정책이 학교와 다른 교사들의 정책을 반영하고 일관성을 유지해야 할 필요가 있다는 것을 인식하게 될 것이다. 우리는 초등학교와 중학교 교실에서 관리 쟁점이 때로는 어떻게 다른지 조사함으로써 효과적인 학급관리에 관해 살펴볼 것이다.

초등학교와 중학교 교실의 관리 문제

초등학교와 중학교 교실은 많이 비슷한 관리 쟁점을 갖는다. 모든 교육 수준에서 훌륭한 관리자는 최적 학습의 교실을 설계하고, 학습을 위한 긍정적 환경을 조성하고, 규칙을 세우고 유지하며, 학생들이 협력하도록 하며, 문제를 효과적으로 다루고 좋은 의사소통 전략을 사용한다.

그러나 동일한 학급관리 원칙이라도 두 학교의 형태가 서로 다르게 구조화되어 있기 때문에 초등학교와 중학교에서 서로 다르게 적용된다(Emmer & Evertson, 2017; Evertson & Emmer, 2017; Weinstein & Novodvorsky, 2015; Weinstein & Romano, 2015). 많은 초등학교의 교사는 입학식 날에 동일한 20~25명의 아이들을 관리해야 하는 도전에 직면하게 된다. 중학교나 고등학교의 교사는 매일 약 50분 동안에 서로 다른 20~25명 청소년으로 구성된 5개 또는 6개의 집단을 관리하는 도전에 직면하게 된다. 중학교 학생들과 비교했을 때 초등학교 학생들은 하나의 작은 교실 공간에서 동일한 학생들과 더 많은 시간을 보내고, 하루 종일 동일한 사람들과 상호작용을 갖기에 한정적이고 지루한 감정과 다른 문제들을 야기한다. 그러나 100~150명의 학생과 함께해야 하는 중학교 교사는 초등학교 교사보다는 더욱 광범위한 문제와 직면할 가능성이 있다. 또한 중학교 교사는 교실에서 각 학생들과 시간을 적게 가지기 때문에 학생들과 개인적 관계를 확립하는 데 더 어려움이 있을 수 있다. 중학교 교사는 수업 시간이 짧기 때문에 학급 수업을 빠르게 나가야 하고 효과적으로 시간을 관리할 필요가 있다.

중학생들의 문제는 더 오래 지속되고 더 깊이 뿌리박혀 있을 수 있어서 초등학생들보다 더 대처

조지아주 뉴먼에 있는 페어몬트대안학교의 중학교 영어와 법률 교사인 카멜라 윌리엄스 스콧은 학생들이 판사, 법률가, 집행관, 카메라 조작원으로 '법정의 다른 쪽'을 경험하도록 하기 위해 학생 운영 사법제도인 청소년 비디오 코트 TV(Juvenile Video Court TV)를 만들었다. 그녀는 특히 제도 안에 갱단의 리더를 포함하는 것을 목표로 하고 있는데, 이는 그들이 학교를 운영하고 있기 때문이다. 카멜라는 학생들의 비판적 사고를 안내할 수 있는 의미 있는 질문을 사용하는 것을 좋아한다. 그녀는 교사로서의 성공과 수업에 있어서의 규율 문제가 없는 것은 주요한 요인은 상호 존중이라고 믿는다(Wong Briggs, 1999).

© Michael A. Schwarz

DEVELOPMENT

초등 및 중학교 학생들을 가르치는 데 있어서 다른 관리 문제는 무엇이 있는가?

© shutterstock

하기가 어렵다. 또한 중학교에서 규율 문제는 종종 더 엄격하고, 학생들은 잠재적으로 더 무모하고 심지어 위험하다. 대부분 중학생들은 더 진보된 추론 기술을 갖고 있기 때문에 더 상세한 논리적인 규칙이나 규율의 설명을 요구할지 모른다. 중학교에서는 복도에서의 사교활동이 교실로 이어질 수 있다. 매시간이 또 다른 '정착(settling down)' 과정이다. 우리는 효과적으로 학급관리를 하기 위한 방법을 더 조사함으로써 초등학교와 중학교 간에 이들 차이를 명심해야 한다. 우리가 다음으로 보는 것과 같이 초등학교와 중학교 수준 모두에게서 교실은 혼잡하고 복잡하고 잠재적으로 혼란스러울 수 있다.

혼잡하고, 복잡한, 그리고 잠재적으로 혼란스러운 교실

캐롤 와인스타인과 앤드류 미냐노(Weinstein & Mignano, 2007)는 잠재적 문제를 환기시키고자 이 절의 제목을 '혼잡하고, 복잡한, 그리고 잠재적으로 혼란스러운 교실'로 사용하고 있으며, 교실의 복잡성과 잠재된 문제를 반영하는 월터 도일(Doyle, 1986, 2006)의 여섯 가지 특징을 강조하고 있다.

- **교실은 다차원적이다.** 교실은 읽기, 쓰기 그리고 수학과 같은 학업 활동에서부터 게임하기, 친구와 대화하기, 논쟁하기와 같은 사회적 활동까지 많은 활동으로 설정되어 있다. 교사들은 기록을 보관하고 학생들 일정에 맞춰야 한다. 배정하고 감독하고 수집하고 평가하는 일을 하게 된다. 교사가 학생들을 고려할 때 그들의 개인적 욕구가 충족될 가능성이 더 있게 된다.
- **활동은 동시에 일어난다.** 많은 교실활동은 동시에 일어난다. 한 학생집단은 그 책상에서 쓰기를 하고 있고, 또 다른 학생집단은 교사와 이야기를 토론하고 있을지 모르며, 한 학생은 다른 학생을 괴롭히고 있을 수 있고, 다른 학생들은 방과 후에 그들이 가야 할 곳 등에 대해 이야기하고 있을 수 있다.
- **시간은 빠르게 발생한다.** 사건은 교실에서 자주 빠르게 발생하며 자주 즉각적인 반응을 요구한다. 예를 들어, 두 학생이 갑자기 노트북의 소유권으로 논쟁하거나, 한 학생은 다른 학생이 자신의 답을 따라 했다고 불평하고, 한 학생은 불필요한 말을 하거나 한 학생이 다른 학생의 팔에 펠트펜으로 표시하고, 두 학생은 다른 학생을 놀리고 괴롭히기 시작하거나 또는 한 학생이 당신에 무례하게 굴 수 있다.
- **사건은 종종 예측할 수가 없다.** 당신이 신중하게 그날의 활동을 계획하고 가장 조직적으로 했을지라도, 당신이 결코 기대할 수 없는 사건, 즉 화재 경보가 울리거나 한 학생이 아프거나 두 학생이 싸우거나 컴퓨터가 작동되지 않거나 이전에 예고되지 않은 집회가 개최되거나 겨울 중순에 난방이 꺼지는 등의 일이 발생할 수 있다.
- **사생활이 거의 없다.** 교실은 교사가 규율 문제, 예상치 못한 사건, 그리고 혼란스러운 환경을 어떻게 다루는지 학생들이 관찰할 수 있는 공적인 장소이다. 몇몇 교사들은 그들이 '어항' 안이나 끊임없이 무대 위에 있는 것처럼 느껴진다고 보고한다. 한 학생에게 일어나는 일의 대부분은 다른 학생들이 관찰할 수 있으며, 학생들이 발생되는 일에 귀속되기도 한다. 어떤 경우에 그들은 교사가 학생들을 규율하는 방식이 불공평하다고 인식할지 모른다. 또 다른 한편으로 그들은 학생의 감정에 대한 교사의 민감성에 감사할지도 모른다.
- **교실은 역사를 갖고 있다.** 학생들은 교실에서 초기에 발생된 것에 관한 기억을 갖는다. 어떤 학생이 다른 사람보다 더 특권을 받았는지 그리고 교사가 약속을 지켰는지 아닌지, 학기 초에 교사가 규율 문제를 어떻게 다루었는지 기억한다. 과거는 미래에 영향을 미치기 때문에 교사는

내일의 학습을 손상시키기보다는 지원할 수 있는 방식으로 오늘의 학급을 관리하는 것이 더 중요하다. 이것은 학년 초 몇 주가 효과적인 관리 원칙을 확립하는 데 있어 중요하다는 것을 의미한다.

학급이 효과적으로 관리되지 않으면 교실의 혼잡하고 복잡한 특성으로 인해 문제가 발생할 수 있다. 사실 그러한 문제는 학교에 대한 대중의 주요한 관심사이다.

제대로 시작하기

교실의 복잡성을 관리하는 하나의 열쇠는 학교에서 처음 몇 주일을 조심스럽게 활용해야 한다는 것이다. 이 목표를 달성하기 위해 당신은 첫날과 그 이후에도 학급을 어떻게 관리할 예정인지 결정하는 계획을 학년 전에 미리 참여할 필요가 있다(Evertson & Poole, 2008; Sterling, 2009). 학년 초에 교사는 (1) 교실에서의 규칙과 절차를 전달하고 학생들이 그것에 따라 서로 협력하고, (2) 학생들이 모든 학습 활동에서 효과적으로 참여하기를 원할 것이다.

학교 첫 주에 이러한 기대, 규칙 그리고 일과들을 확립할 수 있는 시간을 갖는 것은 수업을 원활하게 운영하게 하며 긍정적 교실 환경을 발달시키기 위한 분위기를 설정하는 데 도움이 될 것이다.

학생과 연계하기 : 최고의 실천
학년의 좋은 시작을 위한 전략

학교 초기에 적용할 수 있는 몇 가지 유능한 교수 전략은 다음과 같다(Emmer & Evertson, 2009, 2017).

1. **행동에 대한 기대를 세우고 학생들의 불확실성을 해결한다.** 학교 초에 학생들은 교사가 교실에서 기대하고 있는 것이 무엇인지 확신할 수 없을 것이다. 학생들은 교사가 교실에서 좋아하는 것과는 차이가 있는, 다른 교사들과의 경험에 기반을 둔 기대를 갖고 있을지 모른다. 학교에서 처음 며칠은 학생들의 학업과 행동에 대한 기대를 세운다. 학교에서 처음 며칠과 몇 주일 동안에는 교육 내용에 중점을 두지 않아야 한다. 학생들이 교실에서 교사가 기대하는 것이 무엇인지 알 수 있도록 교실 규칙, 절차 그리고 요구를 분명하면서도 구체적으로 알려주는 시간을 반드시 가져야 한다. '교사의 시선'에서 중학교 역사 교사인 척 롤스가 학년 초에 무엇을 하는지를 설명하고 있다.

교사의 시선 : 긍정적 태도로 자신을 확립하기
처음 몇 주일은 일렬로 된 책상과 하루 일과로 시작하는 일일 과제로, 상당히 구조화되어 있다. 나는 초기 환경을 가능한 한 사무적이고 단순하고 구조화되게 만들려고 노력한다. 게임이나 쉬운 대등한 거래는 교실에서 누가 책임져야 하는지 엄격하게 정하고, 아이들이 그것을 받아들일 수 있게 된 이후에 한다. 종종 학생들은 그렇게 하지 않기도 한다. 나는 아이들에게 무섭게 말하지 않는

다. 그들은 여전히 안전하고 편안함을 느낄 필요가 있다. 중요한 것은 적어도 아이들 마음속에 계획적이고 자신감 있으며 엄격하지만 교과목 전문가로서 당신을 인식시키는 것이다.

누군가 오래 남는 인상은 첫 수업의 15초 또는 45초에서 만들어진다고 말한다. 이것은 사실이다.

2. **반드시 학생들이 성공을 경험하도록 한다.** 학교 첫 주에 학습 내용, 활동, 과제는 학생들의 성공을 보장하도록 설계해야 한다. 이것은 학생들이 긍정적 태도를 발달시키고 이후에 더 어려운 과제를 대처할 수 있는 자신감을 갖도록 돕는다.
3. **이용 가능하게 하고 눈에 띄게 한다.** 학생들이 정보가 필요할 때 접근할 수 있다는 것을 보여주어야 한다. 자습 또는 집단 과제를 하는 동안에 책상으로 가서 서류정리를 마치는 대신에 교사에게 물어볼 수 있도록 한다. 교실을 돌아다니면서 학생들의 진행을 점검하고 필요할 때 도움을 제공해야 한다.
4. **책임을 져야 한다.** 교사가 교실 규칙과 기대를 분명히 설명했을지라도 어떤 학생들은 잊어버릴 수 있으므로 학교 초기 몇 주 동안에 교사는 어떤 학생들이 그 규칙을 시행하는지 아닌지 알아보는 테스트를 반드시 해야 할 것이다. 교실에서 허용되는 것과 허용되지 않는 것 사이의 경계를 지속적으로 설정해야 한다.

그림 11.1 효과적인 학급관리
'능률적인 기계' 또는 '활동적인 벌집'은?

(왼쪽 상단) © Monkey Business Images/Shutterstock;
(왼쪽 하단) © goodluz/Shutterstock RF; (오른쪽 상단)
© LStockStudio/Shutterstock; (오른쪽 하단) © Diyana
Dimitrovar/Shutterstock

긍정적인 교실 분위기와 수업 강조하기

학교의 가장 큰 문제 중 하나는 규율 부족이라는 대중의 믿음에도 불구하고 교육심리학은 학습을 지지하는 긍정적인 교실 환경을 개발하고 유지하도록 하는 방법을 강조하고 있다(Jones & Jones, 2016). 이것은 대응적인 징계 전술에 몰두하기보다는 예방적이고 주도적인 전략을 사용하는 것을 포함하고 있다.

고전 연구에서 제이콥 쿠닌(Jacob Kounin, 1970)은 교사들이 학생의 부적절한 행동에 어떻게 반응해야 하는지를 발견하는 데 관심을 두고 있다. 쿠닌은 효과적인 관리자와 비효과적인 관리자가 부적절한 행동에 비슷한 방식으로 반응했다는 것을 발견하고 놀랐다. 효과적인 관리자가 비효율적인 관리자보다 훨씬 잘한 것은 그룹의 활동을 관리하는 것이었다. 교육심리학 연구자들은 교실활동을 능숙하게 안내하고 구조화한 교사가 그들의 징계 역할을 강조하는 교사보다 더 효과적이라는 것을 일관되게 발견하였다(Panayiotou & others, 2014; Wong & others, 2012).

이를 통해 우리는 반성적이면서 비판적으로 사고하고, 종종 협동적 학습 경험에서 다른 학생들과 상호작용하며 의미 있는 과제에 능동적으로 참여하는 학습자로서 학생들을 바라볼 것을 강조한다. 역사적으로 효과적으로 관리된 교실은 '능률적인 기계(well-oiled machine)'로서 기술되지만 오늘날 효과적으로 관리된 교실에 대한 더 적절한 비유는 '활동적인 벌집(beehive of activity)'(그림 11.1 참조)이라고 한다(Randolph & Evertson, 1995). 이것은 교실이 매우 시끄럽고 혼란스럽다는 것을 함축하는 것은 아니다. 오히려 학생들은 의자에 앉아서 조용하고 수동적이기보다는 차라리 동기화되어 능동적으로 학습하고 분주하게 과제에 참여해야 한다. 그들은 각각 지식을 구성하고 이해하기 위해 교사와 자주 상호작용을 해야 한다.

RESEARCH

학생과 연계하기 : 최고의 실천
학업적 학습 시간을 증가하기 위한 전략

학업적 학습 시간을 증가하기 위한 전략은 활동 흐름을 유지하고, 전환시간을 최소화하며 학생들에게 책임감을 갖게 하는 것이다(Weinstein, 2007; Weinstein & Romano, 2015).

1. *활동 흐름을 유지한다.* 교실 분석에서 제이콥 쿠닌(Kounin, 1970)은 활동 흐름을 시작하고 유지하는 교사들의 능력을 연구했다. 그리고 그는 활동 흐름과 학생의 참여와 부적절한 행동 사이의 연관성을 찾았다. 그는 어떤 교사는 활동 끝내기, 다시 시작하기 그리고 나서 처음으로 되돌아가기와 같이 급격한 변동, 즉 '일관성 부족(flip-flopping)'으로 운영한다는 것을 발견하였다. 또 다른 교사는 실제로 주의를 기울이지 않아도 되는 작은 사건으로 인해 진행 중인 활동에서 산만해졌다. 예를 들어, 교사가 칠판에 수학 문제를 설명하는 상황에서 학생들은 그 문제를 공부하는 동안 그의 왼쪽 팔꿈치를 주목하는 것이다. 교사는 수업의 흐름을 끊는 학생들에게 가서 그에게 똑바로 앉은 것을 말했다. 어떤 교사는 학생들이 이미 이해하고 있는 것들을 '과잉 설명'하거나 적절한 행동에 대해 길게 계속하셨다. 이 모든 상황(주의산만과 과잉설명 하는 급격한 변동)은 교실의 흐름을 방해할 수 있다.

2. *전환 시간을 최소화한다.* 하나의 활동에서 다른 활동으로 이동하는 데 있어서 분열적 행동이 발생할 여지가 더 많아진다. 교사는 전환 절차를 수립하고 수업 끝에 명시하여 앞으로 있을 전환에 학생들을 준비시킴으로써 전환하는 동안에 있을 수 있는 분열의 가능성을 감소시킬 수 있다.
3. *학생들에게 책임감을 갖게 한다.* 만일 학생들이 공부에 책임감을 가져야 한다는 것을 알게 된다면, 수업 시간을 더 잘 이용할 가능성이 크다. 과제와 요건을 분명히 전달하는 것은 학생들의 책임감을 촉진한다. 그들이 무엇을, 왜 해야 하는지, 그 활동을 얼마나 해야 하는지, 만일 필요하다면 어떻게 도움을 구해야 하는지, 그리고 끝마쳤을 때 무엇을 해야 하는지를 학생들에게 설명해야 한다. 학생들이 목표를 설정하고, 계획을 세우고, 그들의 향상을 점검하도록 돕는 것 또한 학생들의 책임감을 증가시킨다. 그리고 좋은 성적을 유지하는 것은 교사가 학생들에게 그들의 수행에 대해 책임감을 갖도록 도울 수 있다.

최근 긍정적인 교실 환경을 조성할 수 있는 방법에 대해 교사들에게 물어보았다. 그들은 다음과 같은 답변을 했다.

유치원 교사　우리는 아이들을 자주 칭찬하고 조용한 목소리로 이들과 함께 이야기하고 정해진 일정을 완성하며 아이들이 따라올 만한 규칙들을 분명히 설정하여 영·유아원들에게 긍정적인 교실 환경을 만들어줍니다.

－미시 댄글러, 서버번힐즈학교

초등학교 교사　2학년생들에게 긍정적인 교실 환경을 조성하기 위해 저는 먼저 "여기는 긍정적인 학습 공간입니다"라는 문구가 적힌 배너를 교실의 한 벽면에 걸어 둡니다. 이 문구는 제가 하는 모

든 일의 근간이 됩니다. 학기 첫날이 되면 저는 학생들에게 저에게 배울 것이고 서로에게 배울 것이고 스스로에게 배울 것이라고 이야기합니다. 학생들과 함께 교실을 학습하는 자들의 공동체로 만들어 신뢰와 존중 그리고 이해의 느낌이 구축되도록 합니다. 이러한 가치들이 자리를 잡으며 학습이 시작되죠.

－엘리자베스 프라셀라, 클린턴초등학교

중학교 교사　6학년생들을 위해 긍정적인 환경을 구축하는 최상의 방법은 교실의 좌석 배치에 관심을 쏟는 일부터 시작합니다. 저는 옆자리에 앉아 있는 친구를 알아볼 수 있는 학생

과 그렇지 못한 학생을 알아봅니다. 중학교에서는 학생들끼리 교류를 하는 그룹이 형성됩니다. 그래서 3주 간격으로 나는 좌석 배치를 바꿉니다.

－마거릿 리어던, 포칸티코힐즈학교

고등학교 교사　저는 학생들에게 기대치를 높이 하고 이를 강화하는 방식으로 교실 분위기를 긍정적으로 형성합니다. 예컨대, 학생들이 과제를 마감 시간에 맞춰 제출하도록 합니다. 기한보다 늦게

제출한 과제는 받지 않습니다. 과제 분량이 많아 늦어진다면 먼저 저에게 와서 연장을 요청하라고 말하곤 합니다. 그리고 이러한 기한 연장은 예외적인 것이기 때문에 이러한 예외적인 상황을 자주 이용해서는 안 된다고 말합니다. 고등학생들은 규칙과 기대치가 분명한 점에 대해 반응이 좋은 편입니다.

－조셉 말리, 사우스벌링턴고등학교

관리목표와 전략

효과적인 학급관리는 두 가지 주요한 목표를 갖는다. 학생들이 학습에 더 많은 시간을 보내고 비목표 지향 활동에 더 적은 시간을 할애하도록 돕는 것이며, 학생들이 학업과 정서적 문제를 일으키지 못하도록 막는 데 있다.

학습에 더 많은 시간을 보내고 비목표 지향 활동에 더 적은 시간을 할애하도록 돕기   효과적인 학급관리는 교사의 수업 시간과 학생의 학습시간을 최대화하도록 도울 것이다. 캐롤 와인스타인과 잉그리드 노보드보르스키(Weinstein & Novodvorsky, 2015)는 학년 동안 전형적인 42분 중학교 수업에서 다양한 교실 활동에 사용할 수 있는 시간을 설명하였다. 실제 연간 학습 시간은 단지 약 62시간이었으며, 이것은 전형적인 수업의 의무적인 학교 시간의 약 절반이다. 비록 이 시간 수치는 단지 통계치일 뿐이지만 그들은 학습에 이용할 수 있는 시간이 보여지는 것보다 훨씬 적다고 제안하고 있다. 학습에는 시간이 걸린다.

학업 및 정서 문제가 발생하지 않도록 하기   잘 관리된 교실은 유의미한 학습을 증진시킬 뿐만 아니라 학업 및 정서 문제가 발생하지 않도록 돕는다(Eisenman, Edwards, & Cushman, 2015). 잘 관리된 교실은 학생들에게 적절하게 도전적인 과제를 바쁘게 수행하게 하며, 학생들이 흡수되고 배우려는 동기를 부여받고, 명확한 규칙과 규제를 수립하는 활동을 계속하게 한다. 그러한 교실에서 학생들은 학업과 정서적 문제를 덜 일으킬 수 있다. 반대로 형편없이 관리된 교실은 학생들의 학업과 정서적 문제를 더 악화시킬 수 있다. 학업적으로 동기부여가 되지 않은 학생은 동기부여가 훨씬 덜 될 수 있다. 내성적인 학생은 더 은둔적이게 된다. 불량 학생은 더 비열해지게 된다.

TECHNOLOGY

무선 리모컨을 사용하여 학생들은 질문에 답하고 버튼을 한 번 클릭하는 것으로 응답을 기록할 수 있다. 여기에서 제시하고 있는 것과 같은 교실 응답 시스템은 교육 및 학급관리에서 점점 더 많이 사용되고 있다.

© Turning Technologies, LLC

수업 관리하기   학급관리는 학생들의 행동을 관리할 뿐만 아니라 수업을 관리하는 것을 포함하고 있다(Jones & Jones, 2016; Martella & Marchand-Martella, 2015). 이상적으로 두 가지가 관련되어 있다. 학습과제에 참여하는 학생은 행동 문제를 일으키는 것을 덜 할 가능성이 있다. 최근에 교실응답 시스템(classroom response system)은 학급관리의 일환으로서 사용되고 있다(Baumann, Marchetti, & Soltoff, 2015; Brookhart, 2015).

교실응답 시스템을 사용함으로써 교사는 전체 수업에서 학생들에게 질문을 제기하고 연습시킬 수 있으며, 이해의 정도를 빠르게 검토하는 데 사용될 수 있게 모든 학생에 관한 자료를 즉각적으로 수집할 수 있게 한다(Miles & Soares da Costa, 2016). 사실상 형성평가는 교사가 학생들의 오개념과 실수를 확인하고 즉시 정정할 수 있게 한다. 게다가 이것은 학생들의 능동적인 참여를 격려하고 학생들에게 그들이 아는 것과 모르는 것을 조사할 수 있도록(자신의 학습을 통제할 수 있도록) 도와준다. 대부분 학생응답 시스템은 또한 자동적으로 등급이 입력될 수 있는, 학생들의 반응에 대한 성적을 산출한다.

많은 회사들이 학생응답 시스템을 제공하고 있으며, 이들 중에 가장 인기 있는 것 두 가지는 Turningpoint's Audience Response System(www.turningtechnologies.com/higher-eucation)과 Quizdom's Student Response System(www.qwizdom.com/education_solutions_

되돌아보기/앞날을 생각하기
학급관리는 효과적인 계획을 포함해야 하며 무엇을 해야 하고 언제 해야 하는지, 또는 '학급'과 '시간'에 초점을 맞추는 것을 포함해야 한다.

applications.htm)이다.

특수한 하드웨어 유형을 요구하는 학생응답 시스템은 예전에 비해 덜 사용되고 있다. 그들은 교사가 갖고 있는 기기 유형(컴퓨터, 노트북, 휴대폰 등)과 관계없이 사용될 수 있는 시스템으로 대체되고 있다. Poll Everywhere(www.polleverywhere.com)는 기부금을 기반으로 한 예이다. K~12 학생들을 위한 가장 좋은 해결책 중 하나는 놀랍게도 플리커(http://plickers.com)와 같은 수준이 낮은 기술이다. 이것을 사용하기 위해 교사는 학생들이 들고 있는 카드가 답을 나타내는 것을 스캔할 수 있는 스마트 폰과 같은 모바일 장치가 필요하다. 앱(응용프로그램)은 무료이며, 교사는 이미 기기를 갖고 있으며 카드는 학교에서 출력할 수 있다.

대다수의 연구에서 비교적 간단한 시스템이 효과적인 학급관리의 도구가 될 수 있는 것으로 나타났다(Cohn, Stephen, & Fraser, 2016; Hooker & others, 2016). 공통적인 결과는 학생 참여 증가, 학생 지식에 대한 교사 인식 및 내용에 대한 학생 이해가 포함되어 있다.

RESEARCH

복습하기, 성찰하기 그리고 연습하기

① 학급관리가 왜 도전적이고 필요한지에 대한 이유를 설명한다.

복습하기
- 관리 원칙이 초등학교와 중학교에 다르게 적용되어야 하는 이유는 무엇인가?
- 교실이 비좁고, 복잡하며 혼란스러운 공간으로 변해버릴 수 있는 여섯 가지 이유는 무엇인가?
- 교사들이 학기 시작을 원활하게 할 수 있는 전략은 무엇인가?
- 전문가들이 말하는 학급관리를 하는 데 있어 기본적인 접근 방식은 무엇인가? 학급관리에 있어 무능력한 교사와 비교해볼 때 능력 있는 교사가 남다른 점은 무엇이라고 쿠닌은 이야기하는가?
- 효과적인 학급관리의 두 가지 주요 목표는 무엇인가?

성찰하기
- 초등학교와 고등학교 학급 중 어느 학급이 관리하기가 더 수월한가? 그 이유는 무엇인가?

연습하기
1. 다음에 제시된 상황과 관련해서 교실 환경의 특성을 가장 잘 묘사한 항목은 무엇인가? 홀리와 알렉스는 갈등 관계에 있다. 홀리는 지워지지 않는 블랙 펜으로 알렉스의 셔츠에 커다란 낙서를 남겼다. 브론슨 선생님은 이 장면을 봤지만 대응하지 않았다. 2주 후 다른 갈등 사건이 발생했고 그때 알렉스는 홀리의 셔츠 뒷면에 펜으로 커다란 낙서를 남겼다. 이번에 브론슨 선생님은 알렉스에게 당분간 출석하지 말하는 벌칙을 내렸다. 알렉스는 불공정한 처사에 화가 났다.
   a. 교실은 다차원적이다.
   b. 교실마다 지나온 역사가 있다.
   c. 프라이버시가 거의 없다
   d. 일은 순식간에 발생한다.
2. 맥클루 선생님은 학생들에 대한 자신의 기대치가 높다는 점을 학생들이 알아주었으면 한다. 이에 따라 맥클루 선생님은 학기 첫 주간 치르는 시험의 난이도를 아주 높게 책정한다. 맥클루 선생님이 학기를 순조롭게 출발하는 데 있어 등한시한 원칙은 무엇인가?
   a. 효용 가치가 있어야 하고 가시적이어야 한다.
   b. 책임져야 한다.
   c. 행동에 대한 기대치를 설정한 다음 불확실성을 해결한다.
   d. 학생들이 성공을 경험하도록 한다.

3. 다음에 제시된 교사 사례 중 학급관리에 있어 가장 문제가 발생할 만한 상황은?
   a. 나이트 선생님은 학생들이 지루해하지 않도록 수업하는 내내 다양한 활동을 도입하는데 매번 활동 전환에 필요한 시간이 소요된다.
   b. 퀸 선생님의 학생들은 수업이 끝나는 시간에 상당한 분량의 과제를 완성해야 함을 알고 있다.
   c. 레이피트 선생님의 학생들은 협동이 필요한 활동에 항상 적극적으로 임한다.
   d. 제퍼슨 선생님은 학년 초에 규칙과 절차들을 설정한 다음 이를 지속적으로 실행한다.

4. 과목 수업 시간을 운영하는 데 있어 다음에 제시된 교사 사례들 중 어느 것이 가장 효과적인가?
   a. 창 선생님은 교실에 규율을 잡는 데 중점을 둔다. 학생들이 규율에서 벗어난 행동을 하는 것을 볼 때마다 창 선생님의 학생들은 질책을 받는다.
   b. 조지 선생님은 한 가지 활동을 꾸준하게 시행하는 데 다른 활동이 도입되면 이미 도입한 활동을 멈추었다가 다시 이전 활동으로 돌아온다.
   c. 렌지 선생님은 활동을 끝내기까지 제한 시간을 먼저 알려준 다음 5분 남은 시점에서 학생들에게 제한 시간이 얼마 남지 않았음을 알리고 특정한 음악을 틀어준다. 음악이 끝날 즈음이면 학생들은 다음 활동으로 넘어갈 준비를 하고 있어야 한다.
   d. 퍼디 선생님은 학생들이 집중할 수 있도록 바닥에 가지런히 발을 놓고 허리를 핀 자세로 앉아 있도록 한다.

정답은 '연습하기 정답' 참조

학습목표 2
학급의 물리적 환경에 관한 긍정적인 설계를 설명한다.

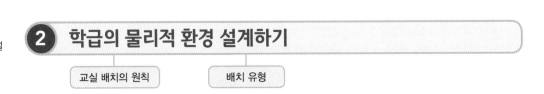

② 학급의 물리적 환경 설계하기

교실 배치의 원칙   배치 유형

효과적인 학급관리를 생각할 때 미숙한 교사는 종종 물리적 환경을 간과한다. 이 절에서 볼 수 있듯이 게시판에 몇 가지 항목을 배치하는 것보다는 학급의 물리적 환경을 훨씬 더 포함하여 설계해야 한다.

교실 배치의 원칙

여러분이 교실을 배치하고자 할 때 사용될 수 있는 네 가지 기본적인 원칙은 다음과 같다(Evertson & Emmer, 2009, 2017).

- **이동량이 많은 지역의 혼잡을 줄여야 한다.** 주위산만과 분열은 이동량이 많은 혼잡한 지역에서 종종 발생한다. 여기에는 그룹 작업 영역, 학생 책상, 교사 책상, 연필깎이, 책장, 컴퓨터 기지, 보관 위치가 포함된다. 이들 영역을 서로서로 가능한 한 많이 분리시키고 반드시 그들이 쉽게 접근할 수 있도록 해야 한다.

- **당신은 반드시 모든 학생을 쉽게 볼 수 있도록 해야 한다.** 중요한 관리 과제는 학생들을 세심하게 관찰하는 것이다. 이를 위해 교사는 동시에 모든 학생을 볼 수 있도록 할 필요가 있다. 교사의 책상, 교수 위치, 학생들의 책상 그리고 모든 학생의 학습 영역 간에 분명한 약간의 경계선이 반드시 있어야 한다.

- **자주 사용되는 교재와 학생용품을 쉽게 이용할 수 있도록 한다.** 이렇게 하면 준비 및 정리 시간뿐만

강당 유형 모든 학생이 선생님과 마주보며 앉는 교실 배치 유형

대면 유형 학생들이 서로 마주보며 앉는 교실 배치 유형

분리 유형 소수의 학생(주로 3~4명)이 테이블에 앉아 있지만 서로 마주보고 앉지 않는 교실 배치 유형

아니라 활동 흐름의 감속되거나 중단되는 것을 최소화할 수 있다.

- 학생들이 반 전체에 대한 발표를 쉽게 관찰할 수 있게 한다. 반 전체 대한 발표가 있을 때, 교사와 학생들이 어디에 위치해 있을지 정해야 한다. 이러한 활동의 경우 학생들이 의자를 움직이거나 목을 쭉 빼고 있게 해서는 안 된다. 학생들이 자신의 위치에서 얼마나 잘 볼 수 있는지 알아보려면 교실의 다른 부분에 있는 좌석에 앉아 있어야 한다.

배치 유형

교실의 물리적 공간을 어떻게 구성할 것인지 생각하면서 학생들이 주로 어떤 종류의 교육 활동(전체 수업, 소규모 집단, 개인 과제 등)에 참여할 것인지 스스로에게 물어봐야 한다. 그러한 활동 유형을 가장 잘 지원할 수 있는 물리적 배치를 고려해야 한다(Weinstein, 2007).

일반적인 교실 배치 그림 11.2는 다섯 가지 범주의 교실 배치 유형을 보여주고 있다. 강당, 대면, 상쇄, 세미나, 군집(Renne, 1997). 전통적인 **강당 유형**(auditorium style)에서는 모든 학생이 교사와 마주보며 앉는다(그림 11.2A 참조). 이 배치는 마주보는 학생들과의 접촉을 금지하고, 교사는 자유롭게 교실 안 어디든 이동할 수 있다. 강당 유형은 교사가 강의를 하거나 또는 누군가 반 전체에 대해 발표해야 할 때 종종 사용된다.

대면 유형(face-to-face style)에서는 학생들이 서로 마주보며 앉는다(그림 11.2B 참조). 다른 학생들로부터의 산만함은 강당 유형보다 이 배치에서 더 높다.

분리 유형(offset style)에서는 소수의 학생(주로 3~4명)이 테이블에 앉아 있지만 서로 마주보고 앉지 않는다(그림 11.2C 참조). 이것은 대면 유형보다는 산만함을 덜 일으키고 협력학습 활동에 더 효과적일 수 있다.

세미나 유형(seminar style)에서는 많은 학생 수(10명 또는 그 이상)가 원, 사각 또는 U자 형태로 된 배치로 앉는다(그림 11.2D 참조). 이것은 학생들이 서로 이야기하거나 대화하기를 원할 때 특히 효과적이다.

군집 유형(cluster style)에서는, 소수의 학생들이 (주로 8명을 넷으로) 가까이 묶인 그룹으로, 소규모로 학습한다(그림 11.2E 참조). 이러한 배치는 특히 공동학습 활동에 효과적이다.

책상을 군집화하는 것은 학생들 간에 사회적 상호작용을 촉진한다. 반대로 책상의 줄은 학생 간 사회적 상호작용을 감소시키며 학생의 주의가 교사를 향하도록 하고 있다. 줄로 책상을 배치하는 것은 개인 과제를 수행할 때 학생들에게 이익이 될 수 있으며, 반면에 군집화된 책상은 협동적 학

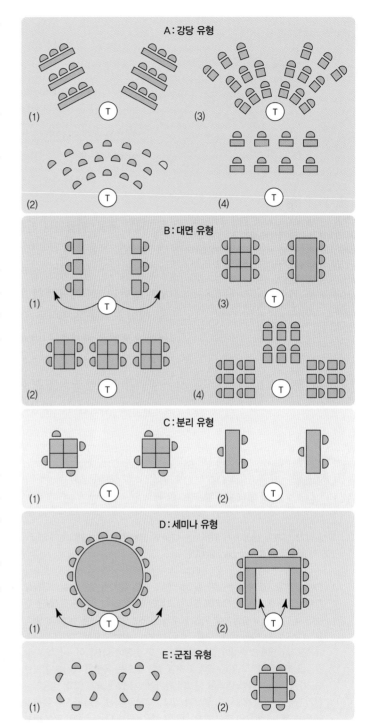

그림 11.2 교실 좌석 배치의 유형

세미나 유형 많은 학생 수(10명 또는 그 이상)가 원, 사각 또는 U자 형태로 배열해 앉는 교실 배치 유형

군집 유형 소수 학생들이 (주로 8명을 넷으로) 가까이 묶인 그룹으로, 소규모로 학습하는 교실 배치 유형

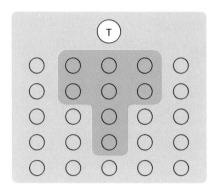

그림 11.3 행동 구역

'행동 구역(action zone)'은 강당 유형의 배치 앞좌석과 중앙 좌석을 말한다. 이 자리에 앉은 학생들은 주변 지역에 앉은 학생들보다 교사와 더 상호작용하고, 질문을 하고, 토론을 시작할 가능성이 높다.

출처 : Carl H. Rinne, *Excellent Classroom Management*, 1st ed., p. 110. © 1997 Wadsworth, a part of Cengage Learning, Inc. Reproduced by permission. www.cengage.com/permissions

습을 촉진할 수 있다. 자리가 줄로 조직화된 교실에서 교사는 교실의 앞이나 중앙에 앉아 있는 학생과 상호작용을 가장 많이 할 가능성이 있다(Adams & Biddle, 1970; 그림 11.3 참조). 앞이나 중앙에 위치한 학생은 선생님과 가장 상호작용을 잘 할 수 있기 때문에 이러한 영역을 '행동 구역(action zone)'이라고 부르고 있다. 예를 들어, 이 영역에 있는 학생은 가장 자주 질문을 하고 토의를 시작할 가능성이 높다. 만일 줄 배치를 사용하고자 한다면, 가능한 한 교실 주변을 돌아다니면서 '행동 구역'의 바깥쪽에 앉아 있는 학생들과 눈을 마주치고 주변 자리의 학생들에게 직접 의견을 말해주며 모든 학생에게 앞이나 중앙 자리에 앉도록 동등한 기회를 주기 위해서 주기적으로 학생들이 자리를 바꿀 수 있도록 해야 한다.

개인화된 교실 학급관리 전문가 캐롤 와인스테인과 앤드류 미냐노(Weinstein & Mignano, 2007)에 따르면, 교실은 즐겁지만 공간을 사용하는 사람들에 대해 아무것도 드러내지 않는 비개인적인 모텔방과 너무 흡사하다. 이러한 익명성은 특히 6~7개의 다른 수업이 하루 만에 공간을 사용할 수 있는 중학교 교실에서 특히 그렇다. 개인화된 교실을 위해 학생들의 사진, 예술작품, 문서로 된 과제, 생일 목록표(초기 아동기와 초등학교 학생의 경우), 그리고 학생들의 정체성에 대한 다양한 긍정적인 표현을 게시한다. 게시판은 '그 주의 학생'을 위해 따로 마련해두거나 또는 각 학생이 개인적으로 선택한 이번 주 최고의 학생 작품을 표시하는 데 사용되어야 한다.

우리가 설명한 교실들 중 어느 것도 당신의 교실과 정확히 일치하지 않을 수 있다. 그러나 우리가 설명한 기본 원칙을 명심하면 학습을 위한 최적의 교실 배치를 만드는 데 도움을 받을 수 있다.

학생과 연계하기 : 최고의 실천
교실 배치 설계를 위한 전략

교실 배치 설계를 성공하기 위해서는 다음의 단계를 따라야 한다(Weinstein, 2007; Weinstein & Mignano, 2007).

1. 학생들이 참여할 수 있는 활동을 고려한다. 만일 유치원 또는 초등학생들을 가르치고자 한다면, 큰 소리로 읽기, 소집단 읽기 교육, 공유 시간, 집단 수학 교육 그리고 미술공예를 위한 환경을 만드는 것이 요구될 수 있다. 중학교 과학 교사는 전체-집단 교육, '직접 해보는' 실험실 활동 그리고 미디어 프레젠테이션에 맞추어야 할지 모른다. 종이 왼편에 학생들이 수행해야 할 활동을 기입한다. 각 활동 옆에 고려될 필요가 있는 특별한 배치를 기입한다. 가령 미술과 과학 영역은 싱크대 가까이에서 할 필요가 있고, 컴퓨터는 전기 콘센트 가까이에서 할 필요가 있다. '교사의 시선'에서 조지아주 페리에 있는 페리중학교의 과학 교사 윌리엄 윌리포드는 다음과 같이 교실 배치에 대한 추천을 하고 있다.

교사의 시선 : 바퀴벌레와 미니캠

나의 교실은 각각 4명의 학생이 함께하는 테이블로 구성되어 있다. 이렇게 하면 많은 이동 시간 또는 움직임 없이 개인 또는 집단 활동을 할 수 있다. 나의 현재 과목은 과학이기 때문에 이곳에는 물고기가 있는 수족관, 도마뱀이 있는 테라리움, 사마귀, 그리고 마다가스카르 바퀴벌레가 있는 새장이 있다. 기기들과 미니실험을 할 수 있는 테이블도 있다. 미니캠(Minicam)은 학생들이 교실에

페리 중학교에서 과학을 가르치고 있는 윌리엄 윌리포드 선생님

© William Williford, Perry Middle School, Perry, GA

입장할 때 TV에 있는 이미지로, 지렁이 또는 거미에 집중하게 할 수 있다. 이것은 과학에 대한 탐구, 질문 및 생각을 촉진할 수 있도록 교실을 배치하고자 하는 아이디어이다.

2. *평면도를 작성한다.* 실제로 더 많은 가구를 옮기기 전에 여러 가지 평면도를 그려보고 나서 당신이 생각하기에 가장 공부가 잘될 것 같은 것 하나를 선택한다.

3. *학생들을 교실 배치를 계획하는 데 포함시킨다.* 학교 시작 전에 환경 계획의 대부분을 할 수 있지만, 일단 시작되면, 학생들에게 배치의 어떤 면이 좋은지 물어본다. 만일 학생들이 합리적인 개선을 제안한다면, 그것을 시도해

야 한다. 학생들은 종종 적절한 교실과 자신의 물건을 보관할 수 있는 장소를 원한다고 보고한다.

4. *배치를 시도하고 그것을 재설계하는 데 있어서 유연해야 한다.* 학년 초 몇 주간은 배치가 얼마나 효과적인지 평가한다. 그 배치가 일으킬 수 있는 문제에 주의를 기울여야 한다.

복습하기, 성찰하기 그리고 연습하기

❷ **학급의 물리적 환경에 관한 긍정적인 설계를 설명한다.**

복습하기
- 교실 설계와 배치의 기본 원리는 무엇인가?
- 표준 배치 유형은 무엇인가?

성찰하기
- 이상적인 교실을 어떻게 설계하고 배치할 것인가? 어떻게 개인화할 것인가?

연습하기
1. 크레이그 선생님은 학생들이 소그룹으로 작업하는 것을 좋아한다. 그래서 그녀는 학생의 책상을 작은 원이나 무리로 배치한다. 전체 발표 수업에서 이들 배치가 갖는 문제는 무엇인가?
   a. 크레이그 선생님은 모든 학생을 볼 수 없을 것이다.
   b. 어떤 학생들은 의자를 돌려서 봐야 할 것이다.
   c. 교실이 너무 혼잡할 것이다.
   d. 사각 지대가 있을 것이다

2. 제임스 선생님은 학생들이 그에게 뿐만 아니라 서로가 이야기할 수 있기를 바란다. 어떤 종류의 교실 배치가 그의 요구에 가장 적합한가?
   a. 강당 유형　　　　　　　　　　b. 군집 유형
   c. 분리 유형　　　　　　　　　　d. 세미나 유형

정답은 '연습하기 정답' 참조

---

❸ 학습을 위한 긍정적 환경 조성하기

| 일반적인 전략 | 규칙과 절차 만들기,
가르치기, 그리고 유지하기 | 학생들이 서로
협력하도록 하기 | 학급관리와
다양성 |

학습목표 3
긍정적인 교실 환경을 조성하기 위한 방법을 논의한나.

학생들은 학습을 위한 긍정적 환경을 필요로 한다. 우리는 규칙을 효과적으로 확립하고 유지하기 위한 방법, 학생들이 서로 협력할 수 있는 긍정적 전략, 그리고 교실에서 다양성을 관리하기 위한 제안과 같은 이러한 환경을 제공하기 위한 몇 가지 일반적인 학급관리 전략을 논의할 것이다.

되돌아보기/앞날을 생각하기
대부분의 경우 권위적 양육은 독재적, 방임적 또는 허용적 양육보다 더 아동의 긍정적인성취와 관련이 있다. 제3장 '사회적 맥락과 사회정서적 발달'과 연계해 생각해보자.

일반적인 전략

일반적인 전략에는 권위형을 사용하고 효과적으로 교실 활동을 관리하는 것이 포함되어 있다.

권위적 학급관리 유형(authoritative classroom management style)은 사회적 맥락과 사회정서적 발달에 관한 장(제13장 참조)에서 논의하고 있는 다이애나 바움린드(Baumrind, 1971, 1996)의 부모 양육방식에서 파생된 것이다. 권위적인 부모처럼 권위 있는 교사는 자립적이고 만족을 지연시키고 동료들과 잘 지내고 높은 자존감을 나타내는 경향이 있는 학생들을 두고 있다. 권위적 학급관리 전략은 학생들에게 독립적인 사고자와 행위자가 되도록 촉진시키지만 그들은 여전히 효과적인 감독을 포함하고 있다. 권위적인 교사는 학생들과 상당한 언어적 의견을 교환하며 학생들에게 배려하는 태도를 보여준다. 하지만 필요할 때는 여전히 한계를 둔다. 권위적인 교사는 규칙과 규율을 명확히 하고, 학생들에게서 나온 의견으로 이러한 기준을 수립한다.

권위형은 독재적과 허용적 두 가지 비효과적인 전략과 대비된다. **독재적 학급관리 유형**(authoritarian classroom management style)은 제한적이고 처벌적이다. 주로 교육과 학습보다는 교실에서 순서를 지키는 것에 중점을 둔다. 독재적인 교사는 확고한 제한을 두고 학생들을 통제하며 학생들과 언어적 교환이 거의 없다. 독재형 학급의 학생들은 수동적인 학습자가 될 경향이 있으며, 활동 시작을 실패하거나 사회적 비교에 대해 불안을 표현하고 빈약한 의사소통 기술을 갖는다. **허용적 학급관리 유형**(permissive classroom management style)은 학생들에게 상당한 자율성을 제공하지만 그들의 학습 기술을 발달시키거나 행동을 관리하기 위한 지원을 거의 하지 않는다. 놀라울 것 없이 허용적인 교실에 학생들은 부적절한 학업적 기술과 낮은 자기통제를 갖는 경향이 있다.

전반적으로 권위형은 독재형 또는 허용형보다는 학생들에게 더 이득이 될 것이다. 권위형은 학생이 능동적이고, 자기조절 학습자가 될 수 있도록 도울 것이다. 권위형을 적용하는 것 이외에도 학생과 연계하기에 기술된 전략은 학급관리에 도움이 될 수 있다.

규칙과 절차 만들기, 가르치기, 그리고 유지하기

원활하게 기능하기 위해 교실은 규칙과 절차를 명확히 정의할 필요가 있다. 학생들에게 특히 어떻게 행동해야 하는지 알려줄 필요가 있다. 규칙과 절차를 명확히 정의하지 않으면 불가피한 갈등은 혼란을 일으킬 수 있다. 예를 들어, 이러한 절차 또는 일과를 생각해보자. 학생들이 교실에 들어왔을 때 바로 자리에 앉게 할 것인가? 혹은 앉으라고 말할 때까지 몇 분 동안 어울리도록 하게 할 것인가? 학생들이 도서관에 가기를 원할 때 그들을 보낼 것인가? 학생들이 자리에서 공부할 때 서로 돕게 할 것인가? 혹은 개별적으로 공부하게 할 것인가?

규칙과 절차 모두 행동에 대한 기대를 설명하고 있다(Evertson & Emmer, 2009, 2017). 규칙은 일반적 또는 특수적 기대이거나 행동에 대한 기준에 중점을 두고 있다. 일반적 규칙의 예는 '다른 사람을 존중하는 것'이다. 보다 더 특수적 규칙의 예는 '교사가 교실에 있을 때 핸드폰을 항상 꺼두는 것'이다. 절차 또는 일과는 행동에 대한 기대를 전달하는 것이지만, 이는 항상 특별 활동에 적용되며, 그것의 목표는 행동을 금지시키거나 또는 일반적 기준을 규정하기보다는 무언가 이루게 하는 것이다(Evertson & Emmer, 2009, 2017). 교사는 할당한 숙제를 걷는 것, 과제를 늦게 제출하는 것, 연필깎이를 사용하는 것 또는 물품을 사용하는 것에 대한 절차를 확립해야 할지 모른다. 교사는 하루를 시작하기 위한 절차(예 : 교실에 '정착하기' 위한 절차, 즉 수수께끼 또는 학교 행사에 대한 간략한 메모와 같은 사회적 항목), 교실 떠나기(예 : 화장실에 가는 것), 교실로 돌아오기

권위적 학급관리 유형 학생들에게 독립적인 사고자와 행위자가 되도록 촉진시키지만 여전히 효과적인 감독을 받는 관리 유형. 권위적인 교사는 학생들과 상당한 언어적 의견을 교환하며 학생들에게 배려적인 태도를 보여준다. 하지만 필요할 때는 여전히 한계를 둔다.

독재적 학급관리 유형 주로 교육과 학습보다는 교실에서 순서를 지키는 것에 중점을 두는 제한적이고 처벌적인 관리 유형

허용적 학급관리 유형 학생들에게 상당한 자율성을 제공하지만 그들의 학습 기술을 발달시키거나 행동을 관리하기 위한 지원을 거의 하지 않는 관리 유형

(예 : 점심시간 이후), 그리고 하루를 끝내기(예 : 책상을 치우고 제시간에 출발하기)를 발달시킬 수 있다.

규칙은 바뀌지 않는 경향이 있다. 왜냐하면 다른 사람과 그들의 재산을 존중하는 것, 자신의 일은 자신이 책임지기와 같이 규칙은 우리가 다른 사람, 자신, 그리고 자신의 일을 다루는 기본적인 방법을 말하고 있기 때문이다. 반면에 교실의 일과나 활동은 변화하기 때문에 절차는 바뀔지 모른다.

완전파악 쿠닌이 설명한 관리 방식으로, 교사는 학생들에게 무슨 일이 일어나고 있는지 알고 있어야 함을 보여준다. 그러한 교사들은 정기적으로 학생들을 면밀히 감시하고, 그것이 통제되지 않게 되기 전에, 일찍 부적절한 행동을 감지한다.

학생과 연계하기 : 최고의 실천
효과적인 학급관리자가 되기 위한 전략

효과적인 학급관리자는 다음과 같다.

1. *완전히 파악하고 있음을 보여준다.* 앞서 논의되었던 쿠닌(Kounin, 1970)은 관리 전략을 설명하면서 **완전 파악**(witness)이라는 용어를 사용했는데, 그는 교사들이 교실을 관리함에 있어 교실 안에 벌어지는 모든 일을 교사들이 완전 파악하고 있음을 학생들이 알게 해주는 것이 중요하다고 말한다. 지켜보는 눈이 있는 교사들은 꾸준하게 학생들의 행동을 면밀히 관찰한다. 이를 통해 교사들은 수습할 수 없는 지경이 되기 전에 미리 부적절한 행동을 감지할 수 있게 된다. '완전 파악을 하지 않는' 교사들은 사태가 일정한 정도를 넘어 확산되기까지 부적절한 행동에 대해 전혀 눈치채지 못할 가능성이 크다.

2. *동시 발생적인 상황에 효과적으로 대처한다.* 쿠닌에 따르면 어떤 교사들은 한 번에 하나의 일만 처리할 수 있는 원 트랙 마인드를 지니고 있다. 이러한 비효율적인 전략은 수업의 흐름을 자주 끊기게 하는 원인으로 작용한다. 예컨대, 한 교사는 한 그룹의 학생들과 독서 지도를 하고 있는 과정에서 반대편의 남학생 2명이 서로 치고 받는 것을 목격했다. 그 교사는 곧바로 자리에서 일어나 교실의 반대편으로 걸어가 이 두 남학생을 엄격하게 질책한 다음 다시 독서 그룹으로 돌아왔다. 독서 그룹의 학생들은 그 사이 주의가 분산되어 산만한 행동을 보이기 시작했다. 반대로 효과적인 운영자들은 이렇게 동시 발생적인 상황을 수업 분위기에 해가 덜 가는 방식으로 다룬다. 예컨대, 독서 그룹 상황에서 효과적인 관리자들은 질문을 하러 온 그룹 밖의 학생들에 재빨리 응대하며 독서 그룹의 흐름이 끊기지 않는 방식으로 대처했다. 교실을 돌아다니며 자리에 앉아서 과제를 수행하는 학생들 각각을 살피는 동안에도 이 교사들은 나머지 학생의 동태를 계속 살폈다.

3. *수업의 원활함과 지속성을 유지한다.* 효과적인 관리자들은 수업의 흐름이 원활하도록 애쓰고 학생들의 관심을 유지시키며 학생들이 쉽게 주의를 다른 곳으로 돌릴 만한 거리들을 제공하지 않는다. 이 장 앞부분에서 우리는 일관성 부족(flip-flopping)과 과잉설명(overdwelling)을 비롯한 수업 흐름을 망칠 수 있는 비효과적인 사례들을 언급한 바 있다. 수업의 흐름을 방해할 수 있는 또 다른 교사 행동에는 '세분화(fragmentation)'가 있다. 여기서 교사는 전체가 수행할 수 있는 활동임에도 불구하고 이를 세분화하여 수행하도록 한다. 예컨대, 교사는 6명으로 구성된 그룹에게 모여서 과제를 수행하라고 해놓고선 여섯 학생 각각에게 발표를 하라는 등의 지시를 내릴 수 있다.

4. *다양한 도전적인 활동에 학생들을 참여시킨다.* 이와 더불어 쿠닌은 효과적인 학급 관리자들이 학생들을 도전적이지만 너무 어렵지 않은 활동에 참여시킨다는 점에 주목했다. 이 학생들은 그들 주위를 맴돌며 살펴보는 교사들의 직접적인 감독이 없어도 독자적으로 과제를 수행하는 모습을 자주 보여주었다. 교사의 시선을 통해 미네소타주의 배미지에서 7학년 사회 과목 교사

로 활동하는 수상 경력이 있는 마크 포드니스 교사는 학급관리에 대해 다음과 같은 조언을 제시한다.

교사의 시선 : 좋은 교사는 규율 문제가 거의 없다

학생들이 바람직하지 않은 행동을 하지 않도록 유도할 수 있는 가장 좋은 방법은 교수법의 효율성을 높이는 것이다. 가장 훌륭한 교사들은 규율의 문제를 거의 지니고 있지 않은데, 이들이 훌륭한 규율 집행자여서가 아니라 훌륭한 교사이기 때문이다. 이 점을 강조하기 위해 나는 한 여학생을 교실 밖으로 내보내 옆 교실들에 가서 교실 안 상황들을 보도록 했다. 이 학생은 자신이 본 내용에 놀라워하며 돌아왔다. 이 학생은 평소 품행이 좋다고 생각했던 동료 학생들이 다른 교실에서 과제를 수행하지 않거나 분위기를 망치고 있는 것을 봤던 것이다. 대체 교사가 최선을 다해 공백을 메우기 위해 가르치던 한 교실에서 학생들이 보여준 행동은 이 학생의 말을 빌자면 그야말로 '충격' 그 자체였다. 그러나 다른 수업에서 이 교사는 소설과 관련해 흥미진진한 수업을 진행했고 당시 이 교사는 어떤 특정한 규율 전략을 사용한 것처럼 보이지 않았음에도 불구하고 똑같은 학생들이 수업에 열중하고 있었다.

초임 교사들과 베테랑 교사들 모두 규율을 자신들이 가장 고민하는 교수과제로 꼽는 것은 비슷하다. 그러나 최고의 전략은 기본적인 교수 전략을 사용하는 것이다. 7학년 학생들에게 수업을 잘 진행하는 교사들의 특징이 무엇인지 물어본 적이 있다. 학생들이 꼽은 자질은 다음과 같았다. 철저한 수업 준비, 흥미, 재미, 조직화, 공정함, 배려, 친절함 그리고 활력 등이 그것이다.

중학교 사회과 교실에서 학생들을 가르치고 있는 마크 포드니스 선생님
© Mark Fodness

학생들에게 규칙이나 절차를 학습시키기 위해 가장 좋은 방법은 무엇인가? 교사는 규칙과 절차를 만들어야 하고, 그러고 나서 그것을 그 반에 알려야 하는가? 학생들은 규칙과 절차를 만드는 데 참여할 수 있어야 하는가?

어떤 교사는 학생들이 자신의 행동에 대해 더 많은 책임감을 가질 수 있기를 희망하면서 규칙을 정하는 데 학생을 포함시키는 것을 좋아한다(Emmer & Evertson, 2009, 2017). 학생 참여는 규칙을 만든 이유와 특정 규칙이 갖는 의미에 대한 토론을 포함하여 다양한 형태를 취할 수 있다. 교사는 학생들에게 왜 규칙이 필요한지에 대해 토론하게 하고 여러 개별 규칙으로 옮길 수 있다. 교사는 학생들에게 관련된 일반적인 행동 영역을 설명하거나 설명하도록 요구함으로써 규칙을 명확히 할 수 있다. 학생들은 보통 그 규칙의 구체적인 예를 제공할 수 있다.

어떤 교사들은 반 전체에게 교실 규칙에 대한 토론을 하게 한다. 토론하는 동안에 교사와 학생들은 교실에 가능한 규칙을 제안하고, 교사는 이것을 OHP, 칠판 또는 차트 용지의 큰 부분에 기록한다. 그 이후에 교사와 학생들은 그것을 광범위한 범주로 분류하고 범주에 대한 제목을 붙인다. 교실에서의 이런 활동이 학생들에게 각 규칙에 따른 역할을 하게 하는 것으로 이어진다.

어떤 학교에서는 학생들이 전체 학교의 규칙을 정하는 데 참여할 수 있다. 어떤 경우에는 각 교실 또는 학년 수준의 학생 대표자가 교사 및 학교 관리자의 지침을 통해 학교 전체의 규칙을 작성하는 데 참여한다. 하지만 개별 교실 내에서, 특히 초등학교에서는 학생들이 규칙을 만드는 데 참여하는 것이 일반적이지는 않다. 대부분의 교사들은 규칙을 만들고 제시하는 것을 선호하지만, 앞서 언급했듯이 규칙에 관한 토론을 장려할 수도 있다. 중학교, 특히 고등학교에서는 학생들에게 보다 높은 인지 및 사회정서적 기술이 있으므로 학생이 규칙 설정에 기여할 가능성이 크다.

많은 효과적인 학급의 교사들은 학생들에게 규칙을 명확하게 제시하고 그에 대한 설명과 예를 제시한다. 합리적인 규칙을 정한 교사들은 학생들에게 이해할 만한 근거를 제공하고, 그들에게 일관되게 시행하여 그 반의 대다수가 따르게 할 것이다.

학생과 연계하기 : 최고의 실천
학급 규칙과 절차 확립하기 위한 전략

교실에 대한 규칙과 절차를 수립할 때 명심해야 할 네 가지 원칙이 있다(Weinstein, C. S. Middle and Secondary Classroom Management 3/E. Boston, MA: McGraw-Hill, 2007).

1. *규칙과 절차는 합리적이고 필요해야 한다.* 확립하고자 하는 규칙과 절차가 있다면 이들 학년 수준에 적절한지 스스로에게 물어보아야 한다. 또한 규칙 또는 절차에는 타당한 이유가 있는지 스스로 물어보아야 한다. 예를 들어, 한 중학교 교사가 학생들은 정각에 수업에 들어와야 한다는 규칙을 갖고 있다. 그러면 학생들에게 만일 늦는다면 처음 위반했을지라도 구류될 것이라고 분명히 말한다. 교사는 학년 초에 학생들에게 그 규칙을 설명하고 그 규칙에 대한 타당성에 대해 말한다. 만일 늦는다면 그들은 중요한 자료를 놓칠지도 모른다.

2. *규칙과 절차는 이해할 수 있어야 한다.* 만일 일반적인 규칙을 갖고 있다면 교사는 그것이 무엇을 의미하는지 명백하게 명시해야 한다. 예를 들어, 한

교사가 '준비가 되어 있는' 규칙을 갖고 있다. 이러한 일반 수준에서의 규칙 대신에 교사는 '준비가 되어 있는'이 무엇을 의미하는지 구체화하고, 규칙(숙제, 공책, 펜, 연필, 교과서를 매일 갖고 다니는 것)을 포함한 구체적 절차를 설명한다.

3. *규칙과 절차는 교육과 학습목표와 일치되어야 한다.* 반드시 규칙과 절차가 학습에 방해되지 않도록 해야 한다. 어떤 교사는 너무 질서정연하고 조용한 교실을 만드는 것을 중요하게 생각하여 학생들이 서로 상호작용하고 공동 학습 활동에 참여하는 것을 제한한다.

4. *학급 규칙은 학교 규칙과 일맥상통해야 한다.* 예를 들어, 홀, 카페테리아에서 특정 행동이 필요한지 아닌지와 같은 학교 규칙이 무엇인지 알아야 한다. 많은 학교에서는 무엇이 용납되고 무엇이 그렇지 않은지 분명히 설명하는 안내서를 갖고 있다. 교사가 그 안내서에 익숙해져야 한다. 어떤 교사는 결석, 무단결석, 싸움, 흡연, 약물 남용, 욕설 등과 관련된 학교 규칙을 분명하게 이해하도록 학년 초에 학생들과 함께 안내서를 검토한다.

학생들이 서로 협력하도록 하기

교사는 학생들이 질서를 유지하기 위해 항상 규율에 의지하지 않고도 교사와 협력하고 교실 규칙을 준수하기를 원한다. 학생들을 어떻게 서로 협력시킬 것인가? 여기에는 세 가지 주요한 전략이 있다. 학생들과 긍정적 관계를 발달시키고, 학생들에게 책임을 분담하게 하며, 적절한 행동에 보상을 주는 것이다.

긍정적인 관계 맺기　대부분 가장 좋아하는 교사를 생각할 때 우리는 학습 여부와 상관없이 우리에게 관심을 가져주었던 사람을 생각하게 된다. 학업 수행 과정에서 학생들이 협력하도록 도와주는 것을 떠나서 학생에게 개인으로서 진심으로 관심을 보여야 한다(Jones & Jones, 2016). 학업성취나 학급 일에 관한 강압적 요구는 집중하면서 학생의 사회정서적 요구는 무시하기가 쉽다.

　한 연구에서 효과적인 규칙과 절차를 갖는 것과 더불어 성공적인 학급관리자는 또한 학생들에게 관심을 갖는 태도를 보인다는 것을 발견하였다(Emmer, Evertson, & Anderson, 1980). 이러한 관심은 학생들에게 안전과 보호 그리고 공평하게 다루어진다고 느끼게 하는 교실 환경의 일부분으로서 입증되었다. 교사는 학생들의 요구와 불안에 민감해야 하고(예 : 학생에게 진단검사를 해주는 것보다는 학년 초 며칠 동안은 즐거운 활동을 만들어준다), 좋은 의사소통 기술을 갖게 하며(듣기 기술 포함), 학생들 앞에서 자신의 감정을 효과적으로 표현하도록 하게 한다. 그러면 교실 분위기가 편안하고 좋아진다. 예를 들어, 학업 수행에 중점은 두지만 교사는 학생들에게 휴식시간을 주고 자유 시간에 독서, 컴퓨터 사용, 그리기를 할 수 있도록 허용한다. 그림 11.4는 학생들과 긍정적 관계를 발달시키기 위한 몇 가지 교수 지침을 제시하고 있다.

> **되돌아보기/앞날을 생각하기**
> 서로 다른 강화를 사용하여 바람직하지 않은 행동을 줄이는 것은 응용행동분석가가 권장하는 첫 번째 전략이다. 제6장 '행동주의와 사회인지 이론'과 연계해 생각해보자.

책임을 분담하게 하기　이 장의 앞부분에서 우리는 교실에서 권위 있는 분위기를 조성하는 것과 학생들이 수업에 참여할 수 있도록 허용해야 하는 것에 대한 문제에 대해 논의했다. 학급관리에 관한 일부 전문가들은 의사결정을 내리는 데 있어 학생들에게 책임을 분담하게 하는 것이 그들의사결정에 대한 책임이 커진다고 주장한다(Blumenfeld, Kempler, & Krajcik, 2006).

적절한 행동 보상하기　우리는 행동주의와 사회인지 이론에 대한 장(제6장 참조)에서 보상에 관해 광범위하게 논의하였다. 여러분은 그 장에서 보상에 관한 논의, 특히 '교육에서 응용행동분석' 부분을 읽고, 보상이 학급을 효과적으로 관리하는 데 어떻게 사용되어야 하는지에 대해 다시 생각하게 될지 모른다(Alberto & Troutman, 2017). 동기, 교수, 학습에 관한 장(제10장 참조)에서 보상에 관한 논의는 또한 학급관리, 특히 보상과 내재적 동기에 대한 정보와 관련된다. 학급을 관리하는 데 있어 보상을 사용하기 위한 몇 가지 지침은 다음과 같다.

효과적인 강화물 선택　학생에게 가장 좋은 영향을 미치는 강화물을 찾고 강화를 개인적 요구에 맞추어야 한다(Alberto & Troutman, 2017). 한 학생에게는 가장 효과적인 보상이 칭찬일지 모르며, 다른 학생에게는 좋아하는 활동을 하게 하는 것일지도 모른다. 즐거운 활

그림 11.4 학생과 긍정적인 관계 구축을 위한 지침

1. 문 앞에서 학생에게 친절하게 "안녕"이라고 인사하라.
2. 학생의 인생에서 일어나는 일에 대해 잠깐이라도 일대일로 이야기하라.
3. 학생에게 간략한 격려의 메모를 써라.
4. 수업시간에 학생의 이름을 더 사용하라.
5. 학생과 함께 있는 것에 대한 열정을 보여라(낮시간, 주, 해).
6. 보다 많은 개인적인 자기개방을 감행하는 것은, 학생들이 당신을 진실된 사람으로 보는 데 도움이 된다. 하지만 선을 넘지 말고 너무 멀리 가지도 말아야 한다. 학생들에게 당신 자신에 대한 정보를 공개할 때 학생들의 이해 수준과 정서적 약점을 항상 고려하라.
7. 비록 사소한 일이라고 하더라도 학생들이 말하는 것에 신중하게 주의를 기울이는 적극적인 경청자가 되어라.
8. 학생들에게 당신이 그들을 지지하고 돕기 위해 그곳에 있다는 것을 알려라.
9. 긍정적이고 신뢰할 수 있는 관계를 발전시키는 데는 시간이 걸린다는 것을 명심하라. 특히 고위험 환경에서 온 학생들은 처음에는 당신의 의도를 믿지 않을 수도 있다.

학생과 연계하기 : 최고의 실천
책임을 나누어 맡도록 학생들을 안내하기 위한 전략

다음은 학생들에게 학급에서 책임을 분담하도록 하기 위한 몇 가지 지침이다.

1. 학교와 학급의 시작에 관한 계획과 실행에 학생들을 참여시킨다. 그러한 참여는 학생들의 자신감과 소속의 욕구가 충족될 수 있도록 돕는다.
2. 학생들에게 자신의 행동을 판단하도록 장려한다. 학생의 태도에 대한 판단을 내리기보다는 학생들에게 자신의 행동을 평가하도록 동기 부여하는 질문을 해야 한다. 예를 들어, "그 행동은 학급 규칙을 반영한 것이니?" 또는 "규칙이 무엇이니?"라고 질문할 수도 있다. 그러한 질문이 학생들에게 책임을 지게 한다. 처음에 어떤 학생들은 다른 학생들을 비난하거나 화제를 바꾸려고 노력한다. 그런 상황에서 책임감을 받아들이도록 집중력을 유지하고 학생에게 책임을 인정하도록 안내한다. 학생들이 하룻밤 사이에 책임

감을 발달시키지 않는다는 것을 기억하라. 많은 학생의 부적절한 행동은 그것을 그만두게 하는 데 시간이 오래 걸리는 뿌리 깊은 습관이다. 이에 학생들이 기대했던 것(하기는 어렵지만 좋은 충고가 있는)보다 한 번 더 참아야 한다.
3. 변명을 받아들이지 않는다. 변명은 단지 책임을 지나치거나 회피하는 것이다. 변명에 대한 어떤 논의조차 제공하지 마라. 오히려 학생들에게 다음에 비슷한 상황이 발생하면 그들이 할 수 있는 일이 무엇인지를 물어보아야 한다.
4. 학급 회의를 열어 학생들이 의사결정에 참여하게 한다. 윌리엄 글래서(Glasser, 1969)는 그의 고전 책, *Schools Without Failure*에서 학급 회의는 학생들의 행동 문제 또는 교사나 학생과 관련된 어떤 실제적 쟁점을 다루는 데 사용될 수 있다고 주장한다.

동은 종종 학생들의 협력을 얻는 데 특히 중요하다는 것을 기억해야 한다. 학생들에게 "네가 수학 문제를 다 풀면, 미디어 영역에 가서 컴퓨터 게임을 할 수 있어"라고 말할 수 있다.

효과적인 촉진과 행동조성 만약 학생들이 효과적으로 수행하기를 기대한다면, 그들이 결코 그렇게 하지 않을 수도 있다는 것을 기억해야 한다. 좋은 전략은 향상에 대해 보상하는 것으로, 학생들의 행동을 촉진하고 행동조성하는 데 사용된다(Alberto & Troutman, 2017). 어떤 촉진은 "줄을 서는 것에 대한 규칙을 기억하세요"와 같은 힌트 또는 암시의 형태로 제공된다. 행동조성은 학생들에게 특정 목표 행동에 근접하게 성공한 것에 대한 보상을 주는 것을 포함하고 있다. 따라서 처음에 한 학생에게 수학 문제의 60%를 제대로 맞춘 것에 대해 보상을 할 수 있고, 그다음에는 70%에 보상할 수 있다.

학생의 행동을 통제하기 위한 것이 아닌 숙달에 대한 정보 제공하기 위한 보상 사용 학생들의 숙달에 대한 정보를 알려주는 보상은 그들의 내재적 동기와 책임감을 증가시킨다(Vargas, 2009). 하지만 학생들의 행동을 통제하기 위해 사용되는 보상은 자기조절과 책임감을 촉진할 가능성이 적다. 예를 들어, 학생들이 아주 많이 생산적이고 유능한 활동을 수행했기 때문에, 그 주의 학생으로 뽑히는 것은 그 학생의 학습에 도움이 될 수 있다. 하지만 책상에 그냥 앉아 있었다는 것으로 보상을 주는 것은 학생들에게 도움이 되지 않을 수 있다. 그러한 보상은 교사가 학생을 통제하기 위한 노력이며, 상당히 통제된 학습 환경에 있는 학생들은 담보 잡혀 있는, 즉 '볼모'처럼 행동을 할 경향이 있다.

되돌아보기/앞날을 생각하기
능력에 대해 어떤 보상을 전달할 것인지 고려하는 것이 중요하다. 제10장 '동기, 교수, 학습'과 연계해 생각해보자.

학급관리와 다양성

DIVERSITY

학생들의 다양성 증가는 학급관리를 더 도전적이게 만든다(Coronel & Gomez-Hurtado, 2015). 학교에서 규율 문제로 인해 추천받은 사람으로 유색 인종, 특히 아프리카계 미국인과 라틴계 아이들, 그리고 저소득층 배경의 아이들이 편중되어 있다(Rueda, 2015). 아프리카계 미국인 학생, 특히

남학생들이 경험하는 많은 징계 조치가 특히 우려된다(Simmons-Reed & Cartledge, 2014). 아프리카계 미국인 남학생들은 비라틴계 백인 남학생들보다 정학을 받거나 제적되는 것이 3배나 더 되는 것 같다(Chatmon & Gray, 2015).

많은 학자들은 교사와 학생, 교사 간의 잘못된 의사소통과 학생들의 문화적·사회경제적 다양성에 대한 교사의 민감성 부족이 이러한 불균형에 기여한다고 주장하고 있다(Banks, 2015; Koppelman, 2017). 문화적 불일치는 특히 비라틴계 백인이고, 중산층 배경을 가진 교사들이 압도적으로 많고, 저소득층 배경의 유색인종 학생들이 대다수인 학교에서 나타날 가능성이 크다.

문화적으로 반응적인 교수를 수행하고 학생의 문화적·사회경제적 다양성에 민감해야 한다는 것을 입증하는 것은 교사가 학급에서 규율 문제를 감소시키는 데 도움이 될 수 있다(Holloway & Jonas, 2016). 점점 더 많은 프로그램에서 사회문화적으로 다양한 학생에게 더 큰 문화적 민감성을 보여주는 것이 학업 및 정서적 문제 위험에 처한 사람들에게 도움이 된다는 것을 보여주고 있다(Zusho, Daddino, & Garcia, 2016).

> **되돌아보기/앞날을 생각하기**
> 문화 반응적(또는 문화적으로 적합한) 교수는 문화적으로 학습자의 문화적 배경과 연결을 추구한다. 제1장 '교육심리학 : 효과적인 교수를 위한 도구'와 연계해 생각해보자.

복습하기, 성찰하기 그리고 연습하기

❸ 긍정적인 교실 환경을 조성하기 위한 방법을 논의한다.

복습하기
- 학습에 긍정적인 환경을 조성하는 데 필요한 일반적인 전략은 무엇인가?
- 좋은 교실 규칙들이 지닌 전반적인 특징은 무엇인가?
- 학생들의 협력을 이끌어내는 최고의 접근 방식은 무엇인가?
- 교사가 학급관리와 다양성에 대해 알고자 할 때 중요한 것은 무엇인가?

성찰하기
- 교실에서 '좋은' 행동의 기준에서 협상의 여지가 없는 것은 어떤 것인가? 어떤 일에 유연한 자세를 보일 수 있는가? 설명해보자.

연습하기
1. 록펠러 선생님은 학생들의 행동에 대한 기대치가 높다. 학생들이 그녀의 기대에 부응하지 않을 경우 상당히 엄격한 벌칙을 내리며 이유를 듣지 않으려 한다. 이유를 설명하려는 학생에게 그녀가 일관적으로 내보이는 반응은 "듣고 싶지 않아. 규칙을 어긴 사람은 너야. 그러니 그 결과도 감당해야지"이다. 록펠러 선생님의 운영 방식을 가장 잘 설명한 것은?
   a. 권위적   b. 독재적
   c. 허용적   d. 방임적
2. 다음 중 분명히 명시된 교실 절차를 가장 잘 설명하는 사례는?
   a. 남의 물건에 손대지 않는다.
   b. 들어올 때는 과제 폴더 안에 숙제 전부를 집어넣는다.
   c. 다른 사람의 소유물을 존중한다.
   d. 일어나라는 허락이 있기 전까지 의자에 앉아 있는다.
3. 다음의 교실 교칙과 절차 안에서 학생들의 협조를 얻을 수 있는 교사로 가장 유력한 것은?
   a. 빈즈 선생님과 그녀의 학생들은 학년 초에 규칙과 절차 목록을 만들었다. 그러나 이 선생님은 마련한 규칙과 절차들을 실행에 옮기지 못했다. 규칙에 맞는 행동을 했을 때 주어지는 상도 없었고 부적절한 행동을 했을 때 따르는 벌칙도 없었다.
   b. 콘스탄자 선생님은 수업 환경이 항상 깔끔하기를 바란다. 그 결과 그녀는 학생들이 사소한 잘못을 저질러도 벌을 준다.

c. 크레이머 선생님의 학생들은 수업 규칙을 마련하는 과정에 참여했다. 이들은 모두 각각의 규칙이 필요하고 절차들을 통해 일이 좀 더 원활하게 돌아갈 것이라는 점에 의견을 같이했다. 학생들이 규칙을 어기면 교사는 학생들에게 그들의 행동이 적절한 것인지를 묻는다.

d. 피터만 선생님의 학급은 학생들이 따라야 할 규칙과 절차들이 많다. 예컨대, 교실에 들어오면 먼저 지정된 폴더 안에 숙제를 넣은 채로 제출하고 P.E 신발로 갈아 신어야 한다. 만약 학생들이 순서를 뒤바꿔서 이행하면 질책을 받는다.

4. 사회 과학 과목의 토론 시간 동안 아프리카계 미국인 흑인 남학생이 비라틴계 백인교사는 많은 소수민족들이 겪는 차별과 어려움을 잘 이해하지 못하는 것 같다고 말한다. 비라틴계 백인 교사가 이에 대해 보일 수 있는 가장 적절한 반응은 무엇인가?

a. 그 학생이 말한 내용을 복기하기보다는 말한 내용을 무시한다.

b. 그 학생에게 과민 반응하는 것 같다고 말한다.

c. 이 토론에 그 학생이 중요한 역할을 하고 있음에 대해 고마움을 표시하고, 그러한 어려움과 차별을 더 잘 이해할 수 있기를 바란다고 말한다.

d. 그 학생이 교사의 지식을 존중하지 않음이 달갑지 않다고 말한다.

정답은 '연습하기 정답' 참조

학습목표 4
학생과 교사 모두에게 좋은 몇 가지 의사소통 접근을 확인한다.

(4) 좋은 의사소통자 되기

말하기 기술   경청 기술   비언어적 의사소통

말하기 기술

만일 당신이 효과적인 말하기 기술을 가지고 있고 학생들과 함께 말하기 기술을 개발한다면 당신과 학생들은 상당히 이익을 얻을 수 있을 것이다. 먼저 수업 시간에 말하기 관한 몇 가지 전략을 살펴보자.

수업 시간 및 학생들과의 대화 교사가 수업 시간에 혹은 개별적으로 학생들과 이야기할 때에 명심해야 할 가장 중요한 것 중 하나는 정보를 명확하게 전달하는 것이다(Grice, Skinner, & Mansson, 2016; Hogan & others, 2017). 말하기에서 **명료함**은 잘 가르치기 위해 필수적이다.

수업 시간에 명확하게 말하기 위한 좋은 전략은 다음과 같다(Florez, 1999).

1. 학생들 수준에 적절하고 이해되기 쉬운 단어를 선택한다.
2. 너무 빠르거나 너무 느리지 않은 적절한 속도로 말한다.
3. 의사소통을 정확히 하고 애매함은 피한다.
4. 좋은 계획과 논리적 사고 기술을 수업 시간에 명확하게 말하기 위한 토대로 사용한다.

효과적인 언어 의사소통의 장벽 효과적인 언어 의사소통의 장벽은 다음과 같다(Gordon, 1970).

• 비난하기. 다른 사람에 대한 가혹하고 부정적인 평가는 일반적으로 의사소통을 감소시킨다. 비난하기의 예로, "네가 그 시험에서 낙제한 것은 네 잘못이야. 공부를 했어야지"라고 학생들

에게 말하는 것이다. 비난하기 대신에 학생들에게 시험을 잘 보지 못한 이유를 평가하도록 물어보고 낮은 성적에 대한 이유를 노력 부족의 탓으로 두도록 해야 한다.

- **욕설하기와 표찰하기.** 이것은 다른 사람에게 창피를 주려는 행위의 방식이다. 학생들은 욕설하기와 표찰하기를 많이 사용한다. 그들은 다른 학생들에게 "너는 루저(실패자)야" 또는 "너는 바보야"라고 말할 수 있다. 학생들의 그런 욕설하기와 표찰하기를 점검해야 한다. 이러한 진술의 형태를 들었을 때, 그들에게 다른 학생들의 감정을 고려하여 대화를 하도록 개입해야 한다.

- **조언하기.** 조언하기는 문제의 해결책을 주는 반면 다른 사람을 얕보는 것이다. 예를 들어, 교사는 "그건 풀기 쉬워. 왜 그런지 이해할 수가 없네"라고 말할지 모른다.

- **지시하기.** 당신이 원하는 것을 다른 사람에게 지시하는 것은 저항을 만들어내기 때문에 주로 효과적이지 못하다. 예를 들어, 교사는 학생들에게 "지금 당장, 이곳을 청소해!"라면서 소리 지를지 모른다. 대신에 "우리가 끝나면 청소하는 규칙을 기억하세요"와 같은 차분하면서도, 확고한 알림은 더 잘할 수 있게 한다.

- **위협하기.** 위협은 다른 사람을 언어적 힘으로 통제하고자 하는 것이다. 예를 들어, 교사는 "내 말을 듣지 않으면, 여기서 너를 비참하게 만들 거야"라고 말할지 모른다. 더 나은 전략은 학생에게 좀 더 차분하게 접근하고 학생과 더 잘 듣는 것에 대해 이야기하는 것이다.

- **교화하기.** 이것은 다른 사람에게 자신이 무엇을 해야 하는지에 대해 설교하는 것을 의미한다. 예를 들어, 교사는 "너는 제때에 숙제를 제출해야 한다는 것을 알고 있지. 너는 이 일에 대해 미안해할 필요가 있어"라고 말할지 모른다. 교화하기는 학생들의 죄책감과 불안을 증가시킨다. 이런 경우 더 좋은 전략은 **해야 한다**와 **필요가 있다**와 같은 단어를 사용하지 않는 것으로, 대신에 제때에 숙제를 제출하지 않은 이유에 대해 명령하는 방식 없이 학생들과 이야기하는 것이다.

학생들에게 말하기 기술을 연습할 수 있는 기회를 주는 것은 초등 및 중등교육의 활용도 측면에서 매우 낮은 편이다. 집단 앞에서 말하는 것에 대한 두려움은 성인의 수많은 두려움 중에 하나임이 일관되게 기록되어 있다. 학생들이 더 효과적으로 말할 수 있도록 교사는 어떻게 도울 수 있다고 생각하는가?

© shutterstock

효과적으로 연설하기 교사는 매일 수업에서 학생들에게 공식적·비공식적인 방식으로 말할 뿐만 아니라 교육 및 지역사회 회의에서 강연을 할 기회가 있을 수 있다. 연설을 하기 위한 좋은 전략을 아는 것은 불안을 크게 줄여주고 효과적으로 연설을 하는 데 도움을 줄 수 있다(Pearson & others, 2017; Zarefsky, 2016).

또한 대부분 학생 때 우리의 경험을 비추어보면 특정 강의를 들어야 하는 게 아니라면 수업 중에 말할 기회가 거의 없다는 것을 기억할 것이다. 그러나 학생들은 공식 발표를 통해 말할 기회를 얻을 수 있을 뿐만 아니라 패널 토론과 토론에도 참여할 수 있다. 이러한 모든 활동은 학생들에게 말하기, 조직 및 사고 능력을 향상시킬 수 있는 기회를 제공한다(Ford-Brown & Kindersley, 2017; Seiler, Beall, & Mazer, 2017)

효과적으로 연설을 하기 위한 다음의 지침은 학생들과 교사들에게 도움이 될 수 있다(Alverno College, 1995).

- **청중과 소통해라.** 청중에게 직접 이야기하고, 노트를 읽거나 암기된 대본을 암송하지 않아야 한다.

- **목적을 말해라.** 이 주제의 이야기를 대화 내내 계속해서 한다.

- **연설을 효과적으로 해라.** 눈 맞춤, 지지적인 몸짓, 그리고 효과적인 음성의 조절을 사용한다.

적극적 경청 화자의 말을 집중해서 듣는 것으로 전달되는 메시지의 인지적 내용과 정서적 내용을 모두 기록하는 경청 방식

- 매체를 효과적으로 사용해라. 이것은 청중들에게 핵심 개념을 이해하게 하고 대화의 속도를 다양하게 하도록 도울 수 있다.

경청 기술

만일 당신과 학생들이 좋은 경청 기술을 갖고 있다면 학급을 효과적으로 관리하는 것은 더 쉬워질 것이다. 경청은 관계를 형성하고 유지하는 데 있어서 중요한 기술이다(Devito, 2017; Manning, 2017). 당신이 좋은 경청자라면 학생, 부모, 다른 교사 그리고 관리자는 당신에게 끌릴 것이다. 만일 학생이 좋은 경청자라면, 그들은 수업에서 더 많은 이득을 얻게 될 것이며, 보다 좋은 사회적 관계를 갖게 될 것이다. 서투른 경청자는 '기관차(hog)' 대화를 한다. 그들은 누군가와 '함께(with)'라기보다는 '에게(to)'로 이야기한다. 좋은 경청자는 적극적 경청을 한다(Beebe, Beebe, & Ivy, 2016). 그들은 단지 정보를 수동적으로 받아들이지 않는다. **적극적 경청**(active listening)은 메시지의 인지적 내용과 정서적 내용에 중점을 두고 화자에게 온전히 집중하는 것을 의미한다.

몇 가지 좋은 적극적 경청은 다음과 같다.

- 눈 맞춤을 유지하면서 화자에게 관심을 기울인다.
- 바꾸어 말한다.
- 주제와 패턴을 통합한다.
- 유능한 방법으로 피드백한다.

비언어적 의사소통

말하는 것 이외에도 또한 팔짱을 끼고, 시선을 보내고, 입을 움직이고, 다리를 꼬고, 다른 사람을 만지는 방식으로 의사소통을 한다. 사실 여러 의사소통 전문가는 대인관계에서 의사소통이 비언어적으로 이루어진다고 주장한다(Pearson & others, 2017). 구석에 앉아 조용히 책을 읽는 사람조차도 비언어적으로 무언가, 즉 아마도 혼자 있고 싶다는 것을 전달하고 있다. 학생들이 멍하니 창밖을 내다보는 것은 그들이 지루하다는 것을 나타낼 것이다. 비언어적 의사소통을 감추는 것은 어렵다. 그것이 여러분과 다른 사람들이 실제로 어떻게 느끼는지 알려줄 수 있다는 것을 인지해야 한다.

자, 그럼 얼굴 표정, 개인 공간, 그리고 침묵을 검토하는 것으로 비언어적 의사소통에 대해 좀 더 알아보자. 사람들의 얼굴은 감정을 드러내고 실제로 그들에게 문제가 되는 것이 무엇인지 알려준다(Alberts, Nakayama, & Martin, 2016). 미소를 짓거나, 눈살을 찌푸리거나 또는 당황하는 모습 모두 의사소통이다.

우리 각자는 다른 사람에게 침범받고 싶지 않을 때 개인 공간을 갖는다. 놀랍지도 않지만 교실의 혼잡성을 감안할 때 학생들은 자료와 소지품을 둘 수 있는 자신만의 공간을 갖는 것이 중요하다고 보고하였다. 확실히 모든 학생은 자신의 책상 또는 공간을 갖고 있었다. 학생들에게 이러한 개인 공간을 가질 자격이 있으며, 다른 사람의 공간에 대해서도 그들이 예의 바르게 존중해야 한다는 것을 말해준다.

급변하는 현대 문화에서 어떤 사람에게 뭔가를 말한 후에 2초 이상 침묵이 흐르게 하는 것은 종종 마치 그 사람에게 뭔가 잘못하고 있는 것처럼 취급된다. 학생들에게 질문을 한 후에 교사는 답

되돌아보기/앞날을 생각하기
질문을 한 후에 3~5초 또는 그 이상 기다리는 것은 종종 학생의 더 좋은 반응을 생성할 수 있다.

이 두 사진에서 교사의 비언어적 행동을 어떻게 설명할 것인가?

© shutterstock

을 알려주기 전에 학생들이 사색에 잠겨 생각할 만한 충분한 침묵을 유지할 필요가 있다. 침묵이 있음으로써 좋은 경청자는 소통을 위해 말하는 사람의 눈, 얼굴 표정, 포즈, 그리고 제스처를 관찰할 수 있다. 다른 사람이 무엇을 전달하고자 하는지에 대해 생각한다. 그리고 가장 적절한 반응이 무엇일지 검토한다. 물론 침묵이 과장될 수 있고 때때로 부적절할 수도 있다. 언어적 반응을 하지 않으면서 시간을 초과하여 듣는 것은 좀처럼 알아차릴 수 없다.

학급관리 및 의사소통을 위해 사용되는 몇 가지 특정 기술 도구에는 다음이 포함된다.

- 학생 행동을 추적하기 위한 Class Dojo(www. classdojo.com)
- 제어 장치로 학생들 컴퓨터를 관리하고 그들에게 접근하기 위한 Faronics Insight(www. faronics.com/products/insight)
- 부모와 학생의 접촉을 위한 통신 앱 Remind(www. remind.com)

TECHNOLOGY

최근 교사들을 대상으로 수업에서 효과적이었던 소통 기술을 설명해달라고 요청했다. 그들은 다음과 같은 답변을 했다.

 유치원 교사 우리 예비 학교에서는 아이들이 할 수 없는 것이 아니라 할 수 있는 것을 알게 아는 방식으로 소통합니다. 예컨대 아이들에게 "조용히 해!"라고 하는 대신에 "듣는 귀를 사용하자"라고 이야기합니다.

－하이디 카우프만, 메트로웨스트 YMCA 아동돌봄 및 교육 프로그램

초등학교 교사 저는 2학년 학생들에게 집중을 유도하기 위해 부르고 반응하는 방법을 다양하게 구사합니다. 예컨대, "하나, 둘, 셋, 모두 선생님을 바라보세요"라고 하면 아이들은 "하나, 둘, 선생님을 보고 있어요"라고 답합니다. 등교 첫날 아이들은 선생님이 이렇게 말할 때는 멈추고 선생님을 바라보며 새로운 지시나 내용을 들으라는 가르침을 받습니다.

－재닌 귀다 포트레, 클린턴초등학교

중학교 교사 효과적으로 소통하는 핵심적인 방법 중 하나는 잘 듣는 기술입니다. 저는 발표자가 선생이든, 학생이든 그 누구든지 간에 발표를 할 때는 책상 위의 모든 물건들을 치우고 경청하여 발표자를 존중해야 한다고 가르칩니다. 이 전략을 통해 반 전체가 노트에 낙서를 한다거나 책을 읽도록 하지 않고 발표를 하는 사람의 발표 내용을 듣고 이를 존중하도록 합니다.

–마크 포드니스, 배미지중학교

고등학교 교사 저는 학생들에게 언어적으로 복잡한 지시들(식사용 냅킨을 올바르게 접는 방법과 같은)을 함으로써 효과적인 의사소통자가 되는 것의 중요성을 보여주고, 다음으로 그들에게 어떤 누구와도 이야기 하거나 질문하는 것 없이 그 일을 할 것을 요구하고 있습니다. 이 활동 후 지시가 비효율적인 의사소통으로 이루어지면 그 일을 하는 것이 왜 불가능했는지에 대해 토론을 하게 합니다. 이 활동은 학생들에게 효과적으로 의사소통하는 가치를 빠르게 보여줍니다.

–샌디 스완슨, 메노모니폴즈고등학교

복습하기, 성찰하기 그리고 연습하기

❹ **학생과 교사 모두에게 좋은 몇 가지 의사소통 접근을 확인한다.**

복습하기

- 효과적인 발표에 장벽이 되는 것에는 무엇이 있는가? 훌륭한 발표를 하는 원칙에는 무엇이 있는가? 적극적 경청은 무엇이고 적극적 경청의 기술을 개발하기 위해 교사와 학생들은 무엇을 할 수 있는가?
- 교사가 알아야 할 비언어적인 의사소통이 지닌 중요한 측면들에는 무엇이 있는가?

성찰하기

- 당신이 지닌 소통의 강점과 약점은 무엇인가? 의사소통의 기술을 개선하기 위해 할 수 있는 일은 무엇인가?

연습하기

1. 카미카엘 선생님은 잭으로 인해 화가 나 있다. 잭은 5학년 학생인데 지난주 잭은 연속 세 번이나 숙제 제출을 하지 않았던 것이다. 카미카엘 선생님은 잭과 함께 이 상황을 이야기하고 약속한 기한에 맞춰 숙제를 제출하는 것이 얼마나 중요한지 전달하려 한다. 다음 중 어느 것이 이러한 상황에 가장 대응하는 방법일까?
   a. "알았어, 잭. 내일 숙제 제출해라."
   b. "무슨 일이라도 있니, 잭? 벌써 세 번을 미뤘잖아. 넌 이 숙제를 충분히 할 수 있어. 그냥 게을러서 안 한 거야? 정말 그래? 정말 말도 안 돼. 유급하고 싶은 거야?"
   c. "잭, 넌 이 숙제를 충분히 할 수 있는 아이야. 숙제를 제출하지 않으면 내가 곤란해질 것이라고 생각해서 제출 안 한 거야?"
   d. "잭, 네가 숙제를 제출하지 않으면 선생님은 네가 이 내용을 충분히 이해했는지 평가할 수가 없어. 숙제를 제출하지 않으면 안 된단다. 오늘을 넘기기 전에 반드시 숙제를 가져와. 더 이상 연기는 안 돼."
2. 에드워드와 제임스는 미국 역사에 대한 관심을 학생들에게서 유도할 수 있는 가장 나은 방법이 무엇인지 이야기하고 있다. 능동적인 경청을 가장 잘 나타낸 사례는?
   a. 에드워드가 과목 수업에 전자 매체를 이용하는 것이 얼마나 중요한지를 이야기하는 가운데 제임스는 기본적인 자료가 훨씬 더 중요하고 정확하다는 주장을 피력하며 말에 끼어든다.
   b. 에드워드가 전자매체와 과목 수업 내용을 통합시키는 일의 중요성을 이야기하는 중간에 제임스가 요란한 소리를 내며 말도 안 되는 소리라고 말한다.

　　c. 에드워드가 말하는 동안 제임스는 에드워드의 눈을 계속 바라보며 간헐적으로 고개를 끄덕인다. 그러나 실제로
　　　제임스는 전자 매체가 학생들을 수업에 참여시킬 것이라는 에드워드의 주장을 반격할 궁리에 빠져 있다.

　　d. 에드워드가 말하는 동안, 제임스는 시종일관 에드워드의 눈을 쳐다보면서 간헐적으로 고개를 끄덕이며 앞에 다
　　　가선 자세로 있다. 에드워드가 말을 끝내자 제임스는 "그러니까 네가 말하는 요지는 우리가 전자 매체를 사용
　　　할수록 학생들이 수업에 더욱 관심을 가질 것이라는 말이구나"라고 말한다.

3. 에드워드가 미국 역사 수업에 전자 매체를 매개시키는 일의 중요성을 이야기하고 있을 때 제임스는 자신의 시계
　를 문 쪽으로 향하게 한 다음 책상에 자신의 손가락을 튕긴다. 제임스는 어떤 메시지를 전달하고 있는 것인가?

　　a. 관심　　　　　　　　　　　　　　　　　　b. 경멸
　　c. 염려　　　　　　　　　　　　　　　　　　d. 지루함

정답은 '연습하기 정답' 참조

⑤ 문제 행동 다루기

> 관리 전략　　　　공격성 다루기

학습목표 5
교사는 문제 행동을 다루는 데 사용할 수 있는 몇 가지 효과적인 접근을 마련한다.

아무리 계획을 열심히 세우고 긍정적 교실 환경을 조성했을지라도 문제 행동은 나타날 것이다. 학생들을 적시에 효과적인 방법으로 다루는 것이 중요하는 것이다.

관리 전략

학급관리 전문가 캐롤린 에버슨과 에드워드 에머(Evertson & Emmer, 2009, 2017)는 문제 행동에 대한 작은 개입과 적당한 개입을 구분하였다. 다음의 논의는 그들의 접근 방식을 설명하고 있다.

작은 개입　몇몇 문제는 오직 작은 개입을 요구한다. 이들 문제는 드물지만, 주로 학급 활동과 학습에 피해를 주지 않는 행동을 포함하고 있다. 예를 들어, 학생이 선생님을 불필요하게 부른다거나 허락 없이 자리를 이탈하거나 허용되지 않을 때에도 사교적인 대화를 나누거나 또는 수업 중에 사탕을 먹는 일 같은 것이다. 문제 행동에 단지 작은 개입이 필요할 때 이들 전략은 효과적일 수 있다(Evertson & Emmer, 2009, pp. 188-190).

- 비언어적 단서 사용하기. 학생들과 눈을 맞추려고 하고 손가락을 입술에 대거나 머리를 흔들거나 혹은 그만두라는 손짓과 같은 신호를 보내는 것이다.
- 계속해서 활동 바꾸기. 때로는 활동 간의 전환이 너무 오래 걸리거나 학생들이 할 일이 없을 때 활동이 중단된다. 이러한 상황에서 학생들은 자리를 이탈하거나 사교적이 되며 농담을 하거나 통제에서 벗어나기 시작할 수 있다. 이 상황에서 좋은 전략은 학생들의 작은 잘못된 행동을 수정할 것이 아니라 오히려 보다 적

학급관리의 선도적인 전문가 캐롤린 에버슨은 에블린 해리스와 함께 학급관리 프로그램인 COMP를 만들었다. COMP는 학습을 위한 긍정적인 환경을 개발하는 데 우리가 강조한 많은 주제를 포함하고 있다. COMP는 학생의 학습을 지원하고 학생이 자신의 결정, 행동 및 학습에 대한 책임을 지는 것을 강조한다. COMP는 문제 예방, 관리 및 교육 통합, 학생 참여 및 교사 간의 전문적인 협력을 위한 전략도 포함한다. 이 프로그램은 교육 워크숍, 교실 적용 및 협렵적 성찰을 통해 구현되고 있다. 연구에 의하면 COMP가 교사와 학생의 행동에 긍정적인 변화를 갖게 하는 것으로 드러났다(Evertson & Harris, 1999).

© Carolyn Everston

시에 다음 활동을 시작하는 것이다. 효과적으로 하루를 계획함으로써 장시간 전환과 활동에서 이러한 차이를 없앨 수 있어야 한다.

- **학생들 쪽으로 가까이 이동하기.** 학생들이 잘못된 행동을 할 때 학생 근처로 조금 움직이는 것만으로도 잘못을 저지르는 것을 멈추게 할 것이다.

- **행동 재설정하기.** 학생이 과제를 하지 않으면 그들이 무엇을 해야 하는지 알려주어야 한다. "기억하지? 누구나 수학 문제를 풀어야 해"라고 말해야 할지 모른다.

- **필요한 교육 제공하기.** 때때로 학생들은 할당된 과제를 어떻게 해야 하는지 이해하지 못할 때 작은 부적절한 행동을 한다. 과제를 효과적으로 할 수 없게 하는 것은 그들이 시간을 부적절한 행동으로 채울 때이다. 이 문제를 해결하는 것은 학생들의 공부를 주의 깊게 관찰하고 필요할 때 안내를 제공하는 것이다.

- **학생에게 그만두라고 단호하게 말하기.** 눈을 직접 마주치면서 학생들에게 단호하게 그 행동을 그만두라고 말한다. "학생이 할 때까지 의견을 간략하게 설명하고 상황을 모니터한다. 바람직한 행동을 촉진하기 위해 이들 전략을 재설정하고 결합한다."

- **학생들에게 선택하게 하기.** 학생들에게 적절한 행동을 할지 또는 부정적 결과를 받을지 선택하도록 함으로써 학생의 손에 책임을 맡긴다. 학생들에게 적절한 행동이 무엇인지 그리고 이것을 수행하지 않는 것에 대한 결과가 어떤 것인지 반드시 말해주어야 한다.

적당한 개입 몇몇 잘못된 행동은 방금 설명했던 것보다 더 강력한 개입을 요구한다. 예를 들어, 학생들이 특권을 남용하거나 활동을 방해하거나 농땡이를 부린다거나 수업 또는 다른 학생들의 공부를 방해할 때이다. 이런 유형의 문제를 다루기 위한 적당한 개입이 있다(Evertson & Emmer, 2009, pp. 177-178).

- **특권 또는 원하는 활동 박탈하기.** 어쩔수 없이 당신은 교실을 돌아다닐 수 있거나 또는 친구들과 함께 프로젝트를 진행하는 것과 같은 특권을 남용하는 학생을 접하게 될 것이다. 이런 경우 특권을 철회할 수 있다.

- **학생을 격리시키거나 이동시키기.** 행동주의 및 사회인지 이론에 관한 장(제6장 참조)에서 우리는 학생들에게서 정적 강화를 제거하는 것을 포함하는 타임아웃을 논의하였다. 만일 타임아웃 사용을 선택하였다면 몇 가지 선택권을 갖게 된다. 교사는 (1) 그 학생을 교실에 두지만 학생이 정적 강화에 접근을 못하게 하는 것, (2) 그 학생을 활동 영역 밖으로 또는 교실 밖으로 내보내는 것, 또는 (3) 그 학생을 학교에서 지정한 타임아웃 방에 배치하는 것을 할 수 있다. 만일 타임아웃을 사용하고자 한다면, 예를 들어 "너는 데릭을 때렸기 때문에 30분 동안 타임아웃하고 있어야 해"처럼 그 학생의 어떤 행동이 타임아웃을 일으켰는지 분명히 확인해야 한다. 잘못된 행동이 다시 발생하면 그것을 재확인하고 타임아웃을 다시 주어야 한다. 타임아웃 이후에 그 학생이 타임아웃 동안에 얼마나 잘 행동했는지에 대해서는 언급하지 않아야 한다. 그저 그 학생을 방해했던 그 활동으로 되돌려보내야 한다.

- **벌칙 부과하기.** 적은 양의 반복적인 지루한 일이 부적절한 행동에 대한 벌칙으로 사용될 수 있다. 쓰기에서 그 페이지 이외에도 더 쓰게 한다. 수학에서는 그 문제 이외에 더 풀게 한다. 체육에서는 한 바퀴 이상 더 달리게 한다. 벌칙이 갖는 문제는 그 교과에 대한 학생들의 관심을 손상시킬 수 있다는 것이다.

학생들의 부적절한 행동에 대해 점심시간, 휴식시간, 학교 시작 전, 학교 시작 된 후에 구류를 제공할 수 있다. 교사는 일반적으로 농땡이 부리는 것, 시간 낭비하는 것, 규칙 위반을 반복하는 것, 과제를 완성하지 않는 것, 그리고 수업을 방해하는 것에 대해 주로 구류를 부여할 수 있다. 어떤 구류는 교실에서 한다. 어떤 학교에는 학생들이 보낼 수 있는 구류 시설이 있다. 교실에서 구류가 발생하면 교사는 그것을 감독해야 할 것이다. 부적절한 행동이 심각하지 않는다면 구류의 기간은 10~15분 정도로 초기에는 짧게 해야 한다. 타임아웃을 사용할 때마다 교사는 구류 기록을 해야 할 것이다.

"선생님은 말할 때마다 왜 우리에게 문제가 있다고 하는지 모르겠어요. 저는 항상 문제가 있는 사람인가요?"

Abbott, George. *Phi Delta Kappan*, vol. 74, no. 2, October 1992. p. 171. Reprinted by permission of George Abbott.

자원으로서 다른 사람 이용하기 학생들에게 더 적절한 행동을 하도록 하는 데 있어서 교사를 도울 수 있는 사람들로는 동료, 부모, 교장 또는 상담자 그리고 멘토가 있다.

동료 중재 몇몇 동료 학생은 때론 학생들을 더 적절하게 처신하도록 하는 데 매우 효과적일 수 있다. 동료 중재자는 학생들의 싸움을 해결하고 바람직하지 못한 행동을 바꾸는 데 도움이 되도록 훈련될 수 있다. 예를 들어, 두 학생이 서로 싸우기 시작한다면 지정된 동료 중재자가 그 분쟁을 중재하도록 도울 수 있다.

학부모와 교사 간 회의 학생의 부모에게 전화하거나 또는 직접 만나서 상의할 수 있다. 단지 학부모에게 알리는 것만으로도 때로는 학생의 행동을 개선시킬 수 있다. 학교에서 학생들의 부적절한 행동에 대해 학부모에게 방어적인 자세를 취하거나 또는 비난을 가하지 마라. 그냥 그 문제에 대해 간단하게 설명해주고 학부모가 당신에게 해줄 수 있는 지원에 얼마나 감사하게 생각하는지만 말하면 된다.

교장 또는 상담자에게 도움 요청하기 많은 학교가 특별한 문제 행동에 대한 결과를 규정하고 있다. 그 행동을 성공적으로 다루지 못했다면, 학교 당국에 도움을 요청하는 것을 고려해야 한다. 이 것은 교장 또는 상담자에게 학생을 추천하는 것으로, 부모가 교장과 상의하는 것뿐만 아니라 학생에게 구류 또는 경고를 하는 것도 포함하고 있다. 하지만 많은 학교에서 그러한 도움이 매번 실용적인 것은 아니다.

멘토 찾아주기 앞서 우리는 학생들의 인생에서 그들에게 관심을 갖고 그들의 발달을 지지해주는 적어도 한 사람은 있어야 함에 대한 중요성을 강조하였다. 몇몇 학생, 특히 고위험 빈곤 배경을 가진 사람들은 그러한 사람을 갖지 못하고 있다. 멘토는 그런 학생들에게 문제 행동을 감소시키는 데 필요한 안내를 제공할 수 있다(Penmanen & others, 2016; Roscore, 2015). 또 다른 최근 연구에 따르면 멘토가 부모 또는 프로그램 직원에 의해 추천되었을 때보다는 부모가 아닌 성인 멘토(예 : 교사, 가족 친구, 대가족 구성원)를 소셜 네트워크를 통해 지명했을 때와 같이 청소년이 멘토링을 주도했을 때 또는 청소년과 같은 인종집단 중 한 사람이었을 때 멘토링 관계가 더 오래 지속될 가능성이 높은 것으로 나타났다(Schwartz & others, 2013). 또한 이들 연구에서 청소년이 주도한 멘토링이 지속되었을 때, 멘토링은 3년 후 교육 및 직업적 성공으로 연결되었다.

당신의 반에도 멘토링을 통해 혜택을 볼 수 있는 학생들이 있을 것이다. 고위험, 저소득층의 학생들을 위한 잠재적인 멘토가 있는지 지역사회를 둘러보거나 학생들에게 멘토로 원하는 사람에 대한 생각을 물어보아야 한다.

최근 교실에서 학생들이 부적절한 행동을 하는 경우 어떻게 대처하는지 교사들에게 물어보았다. 그들은 다음과 같은 답변을 했다.

유치원 교사 우리는 취학 전 아동들에게 잘못된 행동은 언제나 책임이 뒤따른다는 점을 가르칩니다. 먼저 그러한 행동이 왜 잘못된 것인지 이유를 설명하고 다음번에 어떻게 바르게 행동해야 하는지를 설명하죠. 잘못된 행동이 드러나면 우리는 그 부모에게 통지를 보냅니다. 그렇게 해도 효과가 없으면 마지막 수단으로 타임아웃을 선택합니다.

－미시 댄글러, 서버번힐즈학교

초등학교 교사 저는 매 학년 초에 전체 학부모들에게 전화하는 것을 중요한 일과로 삼는데, 이는 학부모들과 친화적인 관계를 구축하고자 함입니다. 따라서 학년이 시작되면 맨 처음으로 하는 일이 전화를 걸어 학부모와 교사 간의 소통을 시도하는 일이죠. 통화하는 동안 먼저 저를 소개하고 아이에 대해 긍정적인 점들을 표현하고 혹시 교사에 대해 궁금한 점은 없는지 물어봅니다. 학생의 부적절한 행동으로 학부모에게 전화할 일이 생기면 이미 그 부모와 긍정적인 관계를 형성한 뒤이기 때문에 학부모는 그 문제를 다루는 데 있어 더욱 협조적으로 됩니다.

－재닌 귀다 포트레, 클린턴초등학교

중학교 교사 만약 어떤 학생이 다른 급우들에게 해를 끼칠 수도 있는 문제를 일으키면 그 학생을 다른 곳으로 보내든지 아니면 그 반 전체를 없앱니다. 학생들은 안전 문제로 어른들을 찾습니다.

－펠리시아 피터슨, 포칸티코힐즈학교

고등학교 교사 저는 우리 학생 모두를 존중합니다. 설사 그 학생이 문제가 있는 학생이라도 상관없이 말이죠. 예컨대, 잘못된 행동의 소지를 보게 되면 저는 교실 밖에서 문제의 학생과 개별적으로 만나서 "선생님이 말하는 동안 네가 샐리에게 말을 걸어서 보기 나쁘더라. 좀 더 조심해줄 수 있겠니? 수업을 중단하고 싶지는 않구나. 그것은 네게도 무척 당황스러운 일이 될 것 같구나"와 같이 말합니다. 대부분의 학생들은 이러한 상황에서 제가 보여준 존중감을 받아들이는 편입니다.

－조셉 말리, 사우스벌링턴고등학교

공격성 다루기

학교에서의 폭력은 점점 주된 큰 관심사가 되고 있다. 여러 학교에서 학생들이 싸우거나 다른 학생들을 괴롭히거나 서로 위협하고 교사들에게 언어적으로 또는 총기로 위협하는 일이 이제는 일반적이다. 이러한 행동이 교사의 불안과 분노를 유발할 수 있지만, 이를 대비하고 조용히 다룰 수 있는 것이 중요하다. 논쟁이나 감정적인 대립을 피하는 것이 갈등을 해결하는 데 도움이 될 것이다.

사회적 폭력 이제 그 문제를 효과적으로 다루는 방법에 대한 다양한 유형의 공격적인 행동 문제와 교사 전략을 탐구해보자.

싸움 학급관리 전문가 캐롤린 에버슨과 에드먼드 에머(Evertson & Emmer, 2009, 2017)는 싸우는 학생을 다루기 위한 제안을 다음과 같이 제시하고 있다. 초등학교에서 보통은 상해 없이 싸우는 것을 멈추게 할 수 있다. 만일 교사가 개입할 수 없는 몇 가지 이유가 있다면 즉시 다른 교사 또는 관리자에게 도움을 구해야 한다. 교사가 개입할 때 큰소리로 "그만해!"라고 언어적 경고를 준다. 싸우는 학생을 떨어지게 하고 그들을 분리시키면서 다른 학생들에게 떠나라고 말하거나 하던 일로 돌아가라고 말한다. 만일 중학교 학생들의 싸움에 개입해야 한다면, 아마도 1~2명의 또 다른 성인의 도움이 필요할 것이다. 학교는 싸움과 관련된 정책을 가지고 있어야 한다. 이를 실시하고 필요하다면 교장 또는 학부모를 참여시킨다.

일반적으로 싸움을 한 학생들을 진정시키기 위해서 냉각 기간을 갖도록 하는 것이 가장 좋다. 그러고 나서 싸움에 대한 견해를 들어본다. 필요하다면 목격자에게도 질문한다. 싸움의 부적절함, 서로 다른 사람의 관점을 수용할 때의 이점, 협력의 가치를 강조하는 회의를 싸운 학생들과 갖는다.

괴롭힘 상당수의 학생들이 괴롭힘에 의해 희생된다(Connell, Morris, & Piquero, 2015; Naidoo & others, 2016; Wang & others, 2016; Wu, Luu, & Luh, 2016). 6~10학년에 이르는 1만 5,000명 이상의 학생을 대상으로 한 국가 조사에서 3명의 학생 중 1명이 가끔 또는 자주 괴롭힘의 피해자가 되었거나 가해자로 참여한 경험이 있다고 말했다(Nansel & others, 2001). 이들 연구에서 괴롭힘은 힘이 없는 누군가를 방해하고자 하는 언어적 또는 신체적 행동으로 정의하고 있다. 그림 11.5에서 보는 것처럼 외모 또는 말투에 대해 얕보는 것이 가장 자주 발생하는 괴롭힘의 유형이다. 남학생은 여학생보다 더 괴롭힘을 할 가능성이 있지만, 괴롭힘에 대한 피해자를 고려할 때 성별 차이가 있는지는 분명하지 않았다(Peets, Hodges, & Salmivalli, 2011).

누가 주로 괴롭힘을 당할 것 같은가? 방금 설명했던 연구에서 남학생과 어린 중학교 학생들이 가장 피해를 입는 것으로 나왔다(Nansel & others, 2001). 괴롭힘을 당한 아이들은 더 많은 외로움 느끼거나 친구를 사귀는 데 있어서도 어려움이 있었으며, 반면 괴롭혔던 학생들은 낮은 성적을 받았으며 담배를 피우거나 알코올을 마시는 것으로 보고되었다.

연구자들은 불안해하고 사회적으로 고립된, 그러면서 공격적인 아동이 자주 괴롭힘의 피해자가 된다는 것을 발견하였다(Rubin & others, 2016). 불안해하고 사회적으로 고립된 아동은 위협적이지 않고, 괴롭힘을 당하더라도 보복할 가능성이 낮기 때문에 희생될지도 모른다. 반면에 공격적인 아동은 그들의 행동이 괴롭히도록 자극하기 때문에 괴롭힘의 대상이 될지 모른다. 과체중과 비만인 아동이 자주 괴롭힘을 당한다(Puhl & King, 2013).

빈곤, 가족, 학교 그리고 또래집단 같은 사회적 맥락 또한 괴롭힘에 영향을 준다(Prinstein & Giletta, 2016; Troop-Gordon & Ladd, 2015). 최근 메타분석에서 긍정적인 부모양육 행동(좋은 의사소통, 따뜻한 관계성을 갖는 것, 아동의 감독에 관여하고 참여하는 것 포함)의 부족과 부정적인 부모양육 행동(아동학대, 즉 신체적 학대와 무시 포함)의 존재가 학교에서 괴롭힘을 당하거나 피해자가 될 가능성과 더 관련 있는 것으로 나타났다(Lereya, Samara, & Wolke, 2013).

RESEARCH

그림 11.5 미국 청소년의 괴롭힘 행동
이 그래프는 미국 청소년들이 가장 자주 겪는 괴롭힘 유형을 보여준다. 이 비율들은 괴롭힘을 당한 학생들이 특정 유형의 괴롭힘을 경험했다고 말한 정도를 반영한다. 성별에 있어서 남학생이 여학생보다는 치거나 때리거나 밀어붙일 가능성이 더 높다는 점에 주목해야 한다.

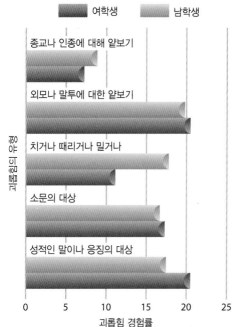

또래집단 같은 사회적 맥락 또한 괴롭힘에 중요한 역할을 한다(Troop-Gordon & Ladd, 2015). 연구자들은 70~80%가 피해자와 가해자가 같은 학교 교실에 있다는 것을 발견했다(Salmivalli & Peets, 2009). 급우들은 종종 괴롭힘을 당하는 사건을 알고 있으며, 많은 경우에 괴롭힘을 목격한다 (Barhight & others, 2015). 많은 경우 가해자는 동료 집단 사이에서 더 높은 지위를 얻고자 피해자를 괴롭히기도 하고, 다른 사람들에게 권력을 자랑하기 위해 괴롭히기도 한다. 많은 가해자가 또래 집단에게 거부당하지 않았다.

괴롭힘의 결과는 무엇인가? 최근의 연구에 따르면 5학년 때 또래에 의한 희생은 10학년 때의 신체 및 정신 건강 악화와 관련이 있는 것으로 드러났다(Bogart & others, 2014). 연구자들은 괴롭힘을 당한 아동이 괴롭힘을 당한 적이 없는 아동보다 우울을 더 많이 경험하고, 자살을 더 많이 생각하며 자살을 더 많이 시도한다는 것을 발견하였다(Undheim, 2013; Yen & others, 2014). 최근 연구에서 초등학교 시기에 또래에 의한 희생은 청소년기의 내재적 문제에 중요한 지표가 된다고 설명하고 있다(Schwarz & others, 2015). 또한 종단 연구에서는 6세에 괴롭힘을 당한 아동이 그들이 12~13세가 되었을 때 과체중이 될 가능성이 높다는 것을 발견하였다(Sutin & others, 2016). 또 다른 최근 연구에서도 아동기 때의 괴롭힘에 의한 희생이 50년 후에 피해자들에게 정신건강 서비스 이용을 증가시키는 것과 관련된다는 것을 밝혔다(Evans-Lacko & others, 2016).

괴롭힘이 자살과 연관되는 경우를 생각해보자. 휴스턴에 있는 2층 건물에서 뛰어내린 8세, 휴스턴에서 목을 맨 13세, 매사추세츠에서 자살한 무자비하게 괴롭힘에 시달리던 10대 소녀가 있다. 게다가 최근 분석에서 괴롭힘이 지속적인 관계를 형성하는 데 있어서 또는 직장에서 문제를 해결하는 데 있어서의 어려움을 겪는 것을 포함하여 장기간 영향을 미치는 것으로 결론지었다(Wolke & Lereya, 2015).

또래에 의한 괴롭힘과 인터넷에 의한 괴롭힘(사이버 괴롭힘이라고도 불림)에 대한 관심이 증가되고 있다(Barlett, 2015; Vollink, Dehue, & McGuckin, 2016; Wolke, Lereya, & Tippett, 2016). 3학년과 6학년을 대상으로 한 최근 연구에서 사이버 공격에 참여하는 것은 외로움, 낮은 자존감, 보다 소수의 사람들과의 상호 간 우정 그리고 보다 낮은 또래 인기와 관계가 있는 것으로 드러났다 (Schoffstall & Cohen, 2011). 더 나아가 최근 연구에서는 사이버 괴롭힘이 전통적 괴롭힘보다 자살 생각과 더 강하게 연관된다는 것을 발견하였다(van Geel, Vedder, & Tanilon, 2014). 게다가 종단 연구에서는 사회적·정서적 어려움을 경험하는 청소년이 통상적으로 괴롭힘만 하기보다는 사이버 괴롭힘과 전통적 괴롭힘 둘 다 할 가능성이 있다는 것을 발견하였다(Cross, Lester, & Barnes, 2015). 이들 연구에서 두 가지 방법을 모두 사용한 청소년이 전통적 괴롭힘만을 사용하는 청소년들보다는 더 많이 학교를 결석하였다.

괴롭힘과 피해자를 방지하고 처리하는 방법에 대한 관심이 높아지고 있다(Cantone & others, 2015; Flannery & others, 2016; Menesini, Palladino, & Nocentini, 2016; Olweus, 2013; Saarento, Boulton, & Salmivalli, 2014). 학교를 중심으로 한 개입은 학교 전체에서 괴롭힘 방지 캠페인을 벌이는 것부터 개인별 사회기술 훈련 제공까지 매우 다양하다(Alsaker & Valanover, 2012). 가장 유망한 괴롭힘 중재 프로그램 중 하나가 댄 올베우스(Olweus, 2003, 2013)에 의해 만들어졌다. 이 프로그램은 6~15세를 대상으로 괴롭힘의 기회와 보상을 감소시키는 것을 목표로 하는 데 중점을 둔다. 학교 교직원들에게 또래관계를 개선시키고, 학교를 안전한 곳으로 만들 수 있는 방법을 교육시킨다. 이 프로그램을 적절히 실시한 경우 괴롭힘을 30~70%까지 줄일 수 있었다(Ericson, 2001; Olweus, 2003, 2013). 이 프로그램을 실시하는 방법에 대한 정보는 콜로라도대학교의 괴롭힘 방지

학생과 연계하기 : 최고의 실천
교실 괴롭힘 방지를 위한 전략

괴롭힘을 방지하기 위한 전략은 다음과 같다.

1. 가해 학생에게 확실한 태도를 보인다. 가능하면 가해 학생을 개인적으로 만나는 것이 좋다. 가해 학생을 공개적인 곳에서(다른 학생들이 있는 교실이나 운동장) 대할 필요가 있다면, 가해 학생에게 다가가서 당신이 본 것을 설명하고 그 행동이 허용되지 않는 이유를 설명해주고, 그에 따른 조치를 적용한다. 경고, 타임아웃, 피해자에 대한 사과, 특권 박탈 등을 적용할 수 있다.

2. 나이가 많은 학생들에게 괴롭힘을 감시하게 하고 이것이 발생하면 개입하도록 한다. 감시를 맡아야 학생은 또래들의 신임을 받고 있는 학생들 중에서 선발한다.

3. 괴롭힘은 교실 밖에서도 발생하는 경우가 많으므로 당신이 실제로 그 장면을 목격하지 못할 수도 있음을 인지한다. 또한 괴롭힘의 피해자들이 어른들에게 보고하지 않는 경우도 많다. 운동장과 버스, 학교 복도 등과 같이 감시 대상에서 제외되는 영역에서 학생들이 괴롭힘을 당하는 경우가 많다.

4. 교실이나 다른 장소에서 괴롭힘이 목격되었다면, 이 일이 학교 당국이나 부모에게 보고해야 할 정도로 심각한지를 판단해야 한다. 어떤 학생이 괴롭힘에 여러 차례 개입하는 것을 봤다면, 가해 학생의 부모와 면담을 하고, 괴롭힘을 그만둘 수 있도록 부모에게 협조를 요청한다.

5. 다른 교사 및 학교 행정담당자와 협력하여 학교 차원에서 괴롭힘 예방을 위한 규칙과 제재조치를 수립하여 학교 여기저기에 게시한다.

6. 학교와 교사들이 사이버 괴롭힘에 대해 학생들과 효과적으로 소통할 수 있는 방법에 대해 교육을 받는다. 사이버 괴롭힘을 예방하기 위한 정보는 www.stopcyberbullying.org에서 찾을 수 있다. 또한 이 주제에 대해 도움이 될 만한 도서로는 *Bullying Beyond the Schoolyard: Preventing and Responding to Cyberbullying*(Hinduja & Patchin, 2015)이 있다.

괴롭힘을 줄이기 위한 전략으로는 무엇이 있는가?

© Digital Vision/Getty Images RF

센터(www.colorado.edu/espv/blueprints)에서 확인할 수 있다. 최근의 연구 검토에서 올베우스 방법과 같이 학교 전체에 초점을 맞춘 괴롭힘 방지 개입이 학급의 교육과정이나 사회기술훈련을 수반하는 개입보다는 더 효과적이라는 결론을 내렸다(Cantone & others, 2015). 또한 괴롭힘을 감소시키기 위한 최근 초등학교와 중등학교 교사의 개입은 가해자의 공감을 증가시키고 자신의 행동을 비난하는 데 중점을 둠으로써 괴롭힘을 그만두도록 하는 가해자의 의도를 증가시키는 데 효과적이었다(Garandeau & others, 2016). 이들 연구에서 가해자를 나무라는 것은 효과가 없었다.

교사에 대한 반항 또는 적대감 에드먼드 에머와 캐롤린 애버슨(Emmer & Evertson, 2009, 2017)은 반항적이고 적대적인 학생들을 다루기 위한 다음과 같은 전략을 논의하였다. 만일 학생들이 이런 행동을 하고도 처벌을 받지 않는다면, 이것은 지속될 수 있고 심지어 확산될 수 있다. 그래서 비밀리에 그 사건을 완화시키려 하고, 가능하다면 그 학생을 개인적으로 다루려고 노력해야 한다. 만일 반항 또는 적대감이 극단적이지 않고 수업 중에 발생했다면 세력 다툼을 막기 위해 몇 분 이내로 그것을 해결하기 위해 객관적 입장에서 말하려고 노력해야 한다. 차후 적절한 시간에 학생들을 만나서 나쁜 행동이 어떤 결과를 가져올 수 있는지 분명히 설명해주어야 한다.

극히 드문 경우지만 학생을 도움을 주는 사무실로 보내야 하는 경우도 있으며, 이 학생들은 상당히 비협조적일 것이다. 비록 그럴지라도 대부분의 경우 교사가 침착함을 유지하면서 학생과 세력 다툼을 하지 않는다면, 그 학생도 진정이 될 것이며 학생들과 그 문제에 대해 이야기할 수 있다.

복습하기, 성찰하기 그리고 연습하기

❺   **교사는 문제 행동을 다루는 데 사용할 수 있는 몇 가지 효과적인 접근을 마련한다.**

복습하기

- 수업 환경에서 문제 행동을 다루는 데 필요한 경미하고도 온건한 수준의 개입들에는 무엇이 있을까? 다른 누가 도움을 줄 수 있을까?
- 싸우고 왕따시키고 반항하는 행동에 대해 교사가 할 수 있는 일은 무엇일까? 학교에 기반을 둔 효과적인 왕따 개입 프로그램에는 무엇이 있을까?

성찰하기

- 앞으로 가르칠 계획인 학생들 사이에서 발생한 문제 행동에 대해 얼마나 걱정하고 있는가? 현재의 교수 기술, 성격 그리고 가치관 등으로 볼 때 문제 행동에 대처하는 데 필요한 준비를 위해 어떤 조취를 취할 수 있을까?

연습하기

1. 마틴 선생님은 학생들에게 내일 숙제를 완성하라고 말하고 있다. 그가 말하는 동안 샐리와 셸리는 방과후 계획에 대해 말하고 있다. 마틴이 취해야 할 행동은 무엇인가?
    a. 하던 말을 중단하고 문제의 여학생들을 보며 "너희들 잘 들어. 너희는 방과 후 시간을 나와 함께 보내게 될 거다"라고 말한다.
    b. 하던 말을 중단하고 문제의 여학생들을 보며 "이 반 애들과 함께 공유하고 싶은 이야기라도 있는 거야?"라고 묻는다.
    c. 말을 계속 이어가며 샐리와 셸리를 바라본다. 그래도 효과가 없으면 서서히 그들에게 다가간다.
    d. 하던 말을 중단하고 이 학생들이 말을 중단할 때까지 조용히 기다린다. 문제의 학생들을 바라보고 "고마워"라고 말한다.

2. 켄은 5학년 학생이고 같은 반 친구들이 좋아하지 않는다. 같은 반 친구들은 켄의 생김새를 놀리고 그가 옷차림과 융통성이 부족한 점 그리고 정서적으로 자기 규율이 부족한 점을 가지고 놀린다. 이러한 놀림은 쉬는 시간 동안 운동장에서 대부분 발생한다. 친구들이 놀리면 대부분의 경우 켄은 결국 울음을 터뜨리고 상황은 더욱 악화된다. 이러한 왕따 행동을 감소시킬 수 있는 가장 좋은 방법은 다음 중 어느 것인가?
    a. 왕따 학생들을 대상으로 한 학내 활동을 정지시킨다.
    b. 켄을 아이들과 분리시켜 켄이 왕따를 더 이상 당하지 않도록 한다.
    c. 왕따 학생들에게 쉬는 시간의 권리를 빼앗는다.
    d. 왕따 학생들과 켄 모두를 위해 사회성 강화 훈련을 한다.

정답은 '연습하기 정답' 참조

교실과 연계하기 : 사례 분석하기

시끄러운 학생

웰치 선생님은 중학교 언어미술 교사로 새로 부임하였다. 여기로 오기 전에는 학교의 행동규범을 반영한 학급관리를 개발하였다. 그녀는 학생들이 선생인 자신과 학급 친구들을 존중할 것이라고 예상하였다. 또한 학교의 자산과 학습 환경도 존중할 것으로 예상하였다. 더불어 또한 학생들이 자신의 손과 발 그리고 소지품을 스스로 간수할 것이라고 생각하였다. 사소한 행동적 위반행위가 있으면 말로 경고하였다. 추가로 위반할 경우 단계별로 더 심각한 결과가 발생한다. 즉 방과 후에 남도록 하거나, 교장실로 보내거나, 학부모를 부르게 된다. 웰치 선생님은 자신의 관리 계획에 흡족해했다. 그녀는 수업 첫날 학생들에게 이 계획을 나눠주었다. 또한 개학 첫 주에 있는 연례 홈커밍 행사에서 부모에게도 이 계획을 나눠주었다.

웰치 선생님이 맡은 7학년 학급 학생인 다리우스는 그녀가 '시끄러운 학생'이라고 말하는 학생이다. 다리우스는 사교성이 많아 수업 시간에는 공부를 하기보다 다른 학생들과 이야기를 나누며 보내는 시간이 훨씬 많다. 웰치 선생님은 다리우스의 자리를 옮겨도 보고, 한 번도 이야기하는 모습을 본 적이 없는 학생 옆에 앉혀도 보았지만 어떻게 해도 다리우스의 수다는 줄어들지 않았다. 다리우스는 계속 새로운 친구를 사귀고 떠들었으며, 때로는 수업진행에 방해를 주기도 했다. 웰치 선생님은 다리우스를 여학생 옆에 앉혀도 보았지만 상황은 더욱 나빠졌다.

다리우스는 매우 사교적일 뿐 아니라 성격도 밝았다. 7학년임에도 불구하고 기하학 시간은 수학 성적이 우수한 8학년 학생들과 함께 수업을 들었다. 이 학교에서는 이런 일은 보통 일이 아니었으며 예전에는 절대로 이런 일이 없었다. 다리우스는 기하학 수업을 맡은 자키넬리 선생님과 사이가 좋았다. 기하학 수업에서는 수업을 방해하거나 어떤 식으로도 잘못된 행동을 하지 않았다. 자키넬리 선생님은 다리우스가 다른 수업에서는 언제나 행동을 제대로 하지 않는다는 이야기를 듣고 놀랐다.

자키넬리 선생님은 웰치 선생님의 멘토가 되었다. 그녀는 웰치 선생님을 도와 수업관리 계획을 쓸 수 있게 하였고, 웰치 선생님이 어려움을 겪을 때에는 고충을 들어주는 역할을 하였다. 웰치 선생님이 자신이 맡은 8학년 수업에 대해 이야기할 때, 자키넬리 선생님은 8학년 기하학 수업에 참여할 수 있는 것이 "특권이지 권리가 아니다"라고 말하였다. 나아가 그녀는 웰치 선생님에게 자신의 학생이 언제나 올바르게 행동할 것을 기대한다고 말하였다.

다음날 다리우스는 수업 시간에 평소보다 더 수다를 떨었다. 웰치 선생님은 다리우스에게 그만 떠들라고 했다. 다리우스는 입을 다물었지만 5분도 안 되어 다시 떠들기 시작했다. 다리우스가 다시 떠들기 시작하자 웰치 선생님은 다리우스 옆에서 큰 소리로 말했다. "그만해. 다리우스. 이제 네가 더 이상 기하학 수업을 듣지 못하도록 할 거야. 너도 알겠지만 기하학 수업은 특권이지 권리가 아니야."

다리우스는 깜짝 놀랐다. 수업이 끝날 때까지 조용히 앉아 있었지만 참여는 하지 않았다. 웰치 선생님이나 다른 학생들과 눈도 마주치지 않았다. 학교를 마칠 때까지 어떻게 보냈는지 몰랐다. 다리우스는 부모님에게 이 일을 어떻게 설명해야 할지 난감했다.

다리우스가 엄마에게 언어미술 시간에 자신이 한 행동 때문에 기하학 수업에서 빠지게 되었다고 설명하자, 엄마는 즉시 웰치 선생님을 만나러 갔다. 다리우스의 엄마는 웰치 선생님에게 다리우스를 기하학 수업에서 제외시킨다는 것은 다리우스가 (그리고 다른 모든 학생들이) 누릴 수 있는 적절한 무상 공교육의 권리를 부정하는 것이라고 말하려고 하였다. 웰치 선생님은 자신의 주장을 굽히지 않고 학급 배치를 변경할 수 있으며 그렇게 할 것을 고집하였다.

1. 이 사례에서 무엇이 문제인가?

2. 기하학 수업에서 제외시키는 것이 다리우스에게 적절한 결과인가? 그 이유는 무엇인가?

3. 기하학 수업에서 제외시키는 것이 다리우스의 행동에 긍정적인 영향을 미칠 것이라고 생각하는가? 그 이유는 무엇인가?

4. 이번 조치가 학교에서 다리우스의 동기부여에 대해 어떤 영향을 미칠 것이라고 생각하는가?

5. 이런 상황이 웰치 선생님과 다리우스의 관계에 어떤 영향을 미칠 것이라고 생각하는가?

6. 이제 다리우스의 엄마는 어떻게 할 것 같은가?

7. 자키넬리 선생님이 이 상황을 들었을 때 어떻게 반응하겠는가?

8. 교장 선생님은 어떻게 반응하겠는가?

9. 웰치 선생님은 무엇을 해야 할까?

10. 다리우스를 조용하게 하기 위한 웰치 선생님의 전략은 어떤 특징이 있는가?
    a. 이 전략은 사소한 중재의 예이다.
    b. 이 전략은 중간 정도 중재의 예이다.
    c. 이 전략은 심각한 중재의 예이다.
    d. 이 전략은 효과적인 중재의 예이다

11. 웰치 선생님이 다리우스의 떠드는 행동을 해결하기 위해서 할 수 있었던 가장 효과적인 방법은 무엇인가?
    a. 다리우스에게 반성문을 쓰게 한다.
    b. 다리우스의 입에 테이프를 붙인다.
    c. 나머지 시간 동안 다리우스를 친구들과 분리시킨다.
    d. 다리우스를 교장실로 보내 훈육을 받게 한다.

1 학급을 왜 효과적으로 관리해야 하는가 : 학급관리가 왜 도전적이고 필요한지에 대한 이유를 설명한다.

초등학교와 중학교 교실의 관리 문제

- 여러 관리 문제는 초등학교나 중학교 학급이 비슷하다. 하지만 초등학교와 중학교 학급의 차이는 학급이 관리되어야 할 방식에 대해 의미를 갖는다.
- 초등학교 교사는 종종 하루 종일 20~25명의 학생을 본다. 중학교 교사는 매일 약 50분 동안 100~150명의 학생을 본다. 초등학교에서 한정된 공간, 지루함, 동일한 사람들과의 상호작용은 문제를 야기할 수 있다.
- 중학교 교사들은 수업 진도를 빠르게 나가야 한다. 또한 문제의 범위가 넓고 학생들은 고질적인 문제를 갖고 있어 이를 수정하기가 더욱 어렵다. 이러한 문제는 초등학교 학생들의 경우보다 더 심각할 수 있다. 중학교 학생들은 규칙과 훈육에 대해 더 정교하고 논리적인 설명을 요구할 수도 있다.

혼잡하고, 복잡한, 그리고 잠재적으로 혼란스러운 교실

- 교실이 혼잡하고 복잡한 그리고 잠재적으로 혼란스러울 가능성이 있는 여섯 가지 이유는 (1) 다차원적이고, (2) 동시다발적인 활동이 진행되며, (3) 사건이 빠른 속도로 발생하며, (4) 예측 불가능한 사건이 일어나고, (5) 프라이버시가 없으며, (6) 학급의 역사가 있다는 것이다.

제대로 시작하기

- 학생들과 제대로 시작하기 위한 좋은 전략은 (1) 행동에 대한 기대를 설정하고 학생들이 불확실하게 알고 있는 것을 명확하게 설명하며, (2) 학생들이 성공을 경험하도록 하며, (3) 항상 학생들이 다가올 수 있게 하며 눈에 띄는 곳에 있고, (4) 책임을 지는 것이다.

긍정적인 교실 분위기와 수업 강조하기

- 교육심리학의 초점은 훈육에 있었다. 오늘날에는 학습에 도움이 되는 긍정적인 학급 환경을 조성하고 유지하는 데 중점을 둔다. 이렇게 하려면 반응적인 훈육 전략에 몰입하는 것이 아니라 사전 대처적인 관리 전략을 이용해야 한다.
- 역사적으로 잘 관리되는 학급은 '능률적인 기계'라는 개념으로 표현하였으나, 오늘날에는 '활동적인 벌집'으로 보는 경우가 많다. 쿠닌은 좋은 학급관리자는 집단의 활동을 효과적으로 관리한다는 것을 발견하였다.

관리목표와 전략

- 학급관리를 위한 목표와 전략은 (1) 학생들이 더 많은 시간을 학습에 할애하고, 목표 지향적이지 않은 활동에는 시간을 덜 할애하도록 도우며(활동의 흐름을 유지하고, 이동 시간을 최소화하고, 학생들이 책임을 질 수 있게 함), (2) 학생들에게 학업 및 정서 문제가 발생하지 않도록 하는 것을 포함한다.

2 학급의 물리적 환경 설계하기 : 학급의 물리적 환경에 관한 긍정적인 설계를 설명한다.

교실 배치의 원칙

- 학급의 물리적인 환경을 위한 효과적인 설계의 기본 원칙으로는 (1) 이동이 많은 영역에서 혼잡 줄이기, (2) 교사가 모든 학생들을 쉽게 볼 수 있도록 하기, (3) 자주 사용되는 교육 자료와 학생

용품을 쉽게 접근할 수 있도록 하기, (4) 모든 학생이 반 전체에 대한 발표를 볼 수 있도록 하기 등이 있다.

| 배치 유형 |

- 교실 배치 유형으로는 강당형, 대면형, 분리형. 세미나형, 군집형 등이 있다. 교실을 맞춤형으로 하고 앞으로 할 활동을 고려하며 평면도를 그리고 교실 설계에 학생들을 참여시키며 배치를 실험해보고 재설계하는 것에 대해 유연한 태도를 갖는 것이 중요하다.

③ 학습을 위한 긍정적 환경 조성하기 : 긍정적인 교실 환경을 조성하기 위한 방법을 논의한다.

| 일반적인 전략 |

- 독재형이나 허용형이 아닌 권위형 학급관리를 이용한다. 권위형은 학생들과 많은 말을 주고받으며, 학생들을 돌보는 태도를 갖고, 필요한 경우 학생들의 행동에 제한을 둔다.
- 권위형 교수법은 학생들을 유능한 행동과 관련된다. 또한 학생들의 인종 및 사회경제적 차이에 민감한 것이 효과적으로 학급을 관리하는 데 있어서 중요한 측면이다.
- 쿠닌의 연구에서는 효과적인 학급관리와 연관된 다른 특징들을 보여주었다. 즉 함께하는 태도를 보여주기, 겹치는 상황에 대처하기, 수업에 있어서 원활성과 연속성을 유지하기, 다양한 도전적인 활동에 학생들을 참여시키기 등이다.

| 규칙과 절차 만들기,
가르치기, 그리고
유지하기 |

- 규칙과 절차를 구분하고 규칙에 대한 논의와 수립에 있어서 학생들을 참여시키는 것이 적절한지 검토한다. 학급규칙은 (1) 합리적이고 필요하며, (2) 명확하고 이해할 수 있어야 하며, (3) 교육과 학습목표에 부합하며, (4) 학교 규칙과 일맥상통해야 한다.

| 학생들이
서로 협력하도록 하기 |

- 학생들이 서로 협력하도록 하게 하려면 (1) 학생들과 긍정적인 관계를 수립하고, (2) 학생들로 하여금 책임을 분담하게 하고(학생들을 학교 및 학급 활동 계획과 실행에 참여하게 하고, 학생들에게 자신의 행동을 스스로 판단하게 하며, 변명을 받아들이지 말고, 자기책임 전략이 효과를 발휘할 수 있는 시간을 줌), (3) 적절한 행동에 대해 보상한다(효과적인 강화를 선택하고, 촉진과 행동조성을 효과적으로 사용하며, 보상을 이용하여 숙달에 대한 정보를 제공함).

| 학급관리와 다양성 |

- 학생들의 구성이 더욱 다양해지면서 학급관리가 더욱 복잡해졌다. 교사가 학생들의 문화적 배경을 잘 모르는 경우가 많고 결과적으로 학생들과 제대로 의사소통을 하지 못하는 경우가 많다.
- 교사로는 비라틴아메리카계 백인이 압도적으로 많았으며, 학생은 주로 소수민족 출신일 때 학교에서 문화적 불일치가 특히 많이 발생한다. 교사가 문화에 관심을 갖는 교수법을 실시하면 학급에서 훈육 문제를 줄이는 데 도움이 될 수 있다.

④ 좋은 의사소통자 되기 : 학생과 교사 모두에게 좋은 몇 가지 의사소통 접근을 확인한다.

| 말하기 기술 |

- 효과적으로 말하기에 대한 장벽으로는 말을 부정확하고 애매하게 하거나 문법적 오류가 많거나 학생 수준에 맞지 않는 어휘를 사용하거나 너무나 빨리 혹은 느리게 말하는 것 등이 있다.
- 교사와 학생이 효과적으로 말하기의 기술을 갖추고 있고 교사가 말하기 기술을 학생들과 함께 개발하고자 노력한다면 교사와 학생 모두에게 도움이 될 수 있다.

- 교실에서 그리고 학생들에게 효과적으로 말을 하려면 명확한 전달자가 되어야 하며 관중과 공감대가 형성되어야 하고 미디어를 효과적으로 사용하고 의사소통의 장벽(비난하기, 욕설하기, 지시하기, 위협하기 등)을 피해야 한다. 효과적으로 말하는 방법을 알면 교사와 학생 모두에게 도움이 된다.

경청 기술

- 경청하기는 화자에게 온전히 집중하고, 메시지의 인지적 내용과 정서적 내용에 초점을 맞출 때 이루어진다. 좋은 경청 전략으로는 (1) 눈을 계속 맞추는 등 화자에게 관심을 기울이고, (2) 바꾸어 말하며, (3) 주제와 패턴을 통합하고, (4) 유능한 방법으로 피드백을 하는 것 등이 있다.

비언어적 의사소통

- 여러 의사소통 전문가는 다수의 의사소통이 비언어로 이루어진다고 강조한다. 비언어적 의사소통은 감추기는 어렵기 때문에, 그것이 여러분과 다른 사람이 실제로 어떻게 느끼는지 알려줄 수 있다는 것을 인지해야 한다.
- 비언어적 의사소통은 얼굴 표정과 눈으로 의사소통, 접촉, 공간(일정 거리를 유지하는 것)와 침묵 등을 포함한다.

❺ 문제 행동 다루기 : 교사는 문제 행동을 다루는 데 사용할 수 있는 몇 가지 효과적인 접근을 마련한다.

관리 전략

- 개입은 작은 또는 적당한 것으로 규정될 수 있다.
- 작은 개입은 비언어적 단서 사용하기, 계속해서 활동 바꾸기, 학생들 쪽으로 가까이 이동하기, 행동 재설정하기, 필요한 교육하기, 학생들에게 직접적이고 단호하게 그 행동을 그만둘 것을 말하기, 그리고 학생들에게 선택하게 하기를 포함하고 있다.
- 적당한 개입은 특권 또는 원하는 활동을 박탈하기, 학생들 격리시키거나 또는 이동시키기, 벌칙 부과하기 또는 구금을 포함하고 있다. 좋은 관리 전략은 지원 자원을 갖는 것이다. 이들은 중재자로서 동료를 사용하기, 부모에게 지원 요청하기, 교장 또는 상담자에게 도움을 요청하기, 학생들에게 멘토 찾아주기를 포함하고 있다.

공격성 다루기

- 폭력은 학교에서 주요한 관심사로 확대되고 있다. 교사는 공격적인 행동을 하는 일부 학생에 대해 침착하게 그들을 대처할 수 있도록 준비를 해야 한다. 논쟁이나 또는 정서적 충돌은 피하도록 노력해야 한다.
- 싸움, 괴롭힘 그리고 교사에 대한 반항, 적대심을 다루기 위한 유용한 지침은 학교 전체 규칙을 만들어 게시하기, 괴롭힘에 대한 처벌하기, 그 학생을 개인적으로 다루거나 비밀리에 적대적 사건 완화하기, 그리고 필요하다면 또 다른 학생을 도움을 받는 사무실로 보내기를 포함하고 있다. 학교기반의 괴롭힘 개입 프로그램으로는 올베우스 괴롭힘 예방과 학교 괴롭힘 방지가 있다.

주요 용어

강당 유형(auditorium style)

군집 유형(cluster style)

권위적 학급관리 유형(authoritarian classroom management style)

대면 유형(face-to-face style)

분리 유형(offset style)

세미나 유형(seminar style)

완전파악(wihtitness)

적극적 경청(active listening)

독재적 학급관리 유형(authoritative classroom management style)

허용적 학급관리 유형(permissive classroom management style)

포트폴리오 활동

이제 여러분은 이 장에서 다룬 개념들을 모두 이해하였을 것이다. 여러분의 사고 수준을 향상시키도록 다음 연습문제를 풀어보자.

독립적 성찰

1. **서로 존중하는 교사-학생 간의 관계 형성** 교사는 학생들에게 얼마나 자신을 노출하고 개방적이 되어야 하는가? 교사들이 학생들과 긍정적인 관계를 형성하는 일이 중요하긴 하지만 교사가 학생에게 지나치게 가까워지는 정도가 있는가? 이 문제에 관해 개인적인 고찰을 작성해보자. 이때 개인적인 생각을 접목시켜 앞으로 교사로서의 임무 수행에 이를 어떻게 접목할지도 고려해본다.

연구 및 현장 경험

2. **학교 규율 정책 연구** 초등학교, 중학교 그리고 고등학교의 교내 상담가들을 인터뷰한다. 교내 규율 정책에 대해 물어보고 규율 정책이 어떻게 작동하는지 평가한다. 더불어 이제까지 다뤄본 학생 중 가장 어려웠던 학생 문제는 무엇이었는지 물어본다. 사례 연구로 이 문제를 작성한다.

협력 작업

3. **교실 규칙 작성** 당신이 생각하기에 학생이라면 반드시 따라야 할 규칙들을 목록으로 작성한다. 학생들이 이 규칙을 어긴 경우 어떻게 대응할지를 생각해본다. 그런 다음 3~4명의 같은 반 친구들과 서로 작성한 규칙 목록들을 놓고 의견을 나눈다. 친구들의 피드백에 근거해 당신이 작성한 규칙들을 검토해본다.

CHAPTER 12

표준화 시험과 학급평가

이 장의 개요

① 표준화 시험

학습목표 1 표준화 시험의 의미와 목적에 대해 논의한다.

표준화 시험의 의미
표준화 시험의 목적
표준화 시험의 선택

② 교사의 역할

학습목표 2 표준화 시험에서 교사의 역할을 확인한다.

표준화 시험에 대비하여 학생 준비시키기
시험 결과에 대한 설명
표준화 시험 점수를 수업 계획과 개선에 이용하기

③ 평가의 맥락인 학급

학습목표 3 평가의 맥락으로서 학급에 대해 논의한다.

교수의 핵심 부분으로서의 평가

④ 전통적 시험

학습목표 4 전통적 시험을 출제하는 방법을 설명한다.

선택형 문제
논술형 문제

⑤ 대안적 평가

학습목표 5 대안적 평가의 유형을 설명한다.

대안적 평가의 영향
수행평가
포트폴리오 평가

⑥ 성적처리 및 수행 보고

학습목표 6 성적처리에 대한 건강한 접근을 형성한다.

성적처리의 목적
성적처리 시스템의 구성 요소
학부모에게 학생의 진보와 성적 보고하기
성적에 대한 쟁점

> 우리가 가진 재능은 사람마다 다르다. 그러나
> 자신의 재능을 발달시킬 기회는 모든 사람에게 동등하다.
>
> -존 F. 케네디, 20세기 미국 대통령

© Ocean/Corbis RF

교사와 연계하기 : 바바리 베리 & 비키 패로

바바라 베리 선생님은 미시간 입실란티에 소재한 입실란티고등학교의 프랑스어 및 인문학 교사이자 외국어과 부장이다. 바바라 선생님은 학교에서 실시하는 표준화 시험에 대해 다음과 같이 말한다.

나는 프랑스어를 가르치는데, 우리 반에 언어 영재였던 학생이 있었다. 이 학생은 저소득층 출신 학생이며, 국립대학교에 있는 영재교육원에 등록되어 있다. 이 학생의 언어영역 모의고사 점수는 항상 1등급이었다. 그러나 수학점수는 평균보다 높았지만, 좋은 등급이 아니었다. 그래서 그 학생에게 수학교육과 대학생 멘토를 붙여주었다. 수학 멘토는 수학 내용을 가르친 것이 아니라 학생이 스스로 공부할 수 있는 수학 자료를 제공하였다. 학생은 혼자서 공부하다가 풀지 못하는 문제를 만났을 때 멘토를 찾아가 문제해결 방법에 대해 논의하였고, 그러는 동안에 스스로 해법을 찾을 기회를 자주 가졌다. 마침내 그 학생은 SAT에서 언어와 수학에서 좋은 등급을 받았고 원하는 대학에 진학하였다. 나와 멘토는 그 학생에게 수학을 가르친 것이 아니라 학생이 스스로 수학 문제를 해결하도록 도와주었다.

한편 비키 패로 선생님은 최근 텍사스 보먼트에 위치한 라마대학교에서 교육심리학 학위를 딴 포머고등학교 교사이다. 비키 선생님은 학급에서 이루어지는 평가 과정과 시험 문제를 출제할 때 해야 할 것과 하지 말아야 할 것에 대해 다음과 같이 말한다.

평가는 끊임없이 이루어지는 과정이다. 평가는 시험을 치거나 성적을 처리하는 것보다 더 넓은 의미를 가진다. 평가는 교사가 학생의 학습 여부를 결정할 때 수행하는 모든 것을 포함한다. 교사가 활동 중에 교실을 순환하면서 질문을 통해 학생들이 이해하는지 모니터링하고, 개념이 헷갈려서 눈살을 찌푸리는 학생들이나 개념을 파악하고 미소 짓는 학생이 누구인지 알아채는 것도 평가에 해당한다. 이와 같은 평가가 없다면, 교사는 교육이 효과적인지 또는 수정되어야 하는지를 알 수 있는 방법이 없다. 효과적인 평가는 교사가 모든 학생에게 최적의 학습 경험을 제공하는 데 필요한 가치 있는 정보를 제공하는 것이다.

시험의 모든 문항은 학습목표와 관련되어야 한다. 이것은 교사가 의도한 학습 결과에 대해 사소하거나 중요하지 않을 수 있는 질문 또는 정답이 없는 질문을 피하도록 도와준다. 수업 시간에 충분히 다루지 않는 내용은 학생에게 시험에 중요하지 않을 수도 있다는 메시지를 준다.

시험 문항의 난이도를 잘 조절해야 하며, 논술형 문제를 채점하기 위한 모범답안도 미리 작성해두어야 한다. 논술형 문제가 잘 만들어지고 모범 답안이 미리 작성되었을 때 학생이 받는 점수를 보고 학생의 이해 수준을 알 수 있다.

미리보기

학교에서는 다양한 형태의 평가가 이루어진다. 학급에서 이루어지는 평가를 이해하기 전에 우선 평가의 도구로 사용되는 표준화 시험에 대한 이해와 표준화 시험을 사용할 때 교사가 취하는 역할에 대해 이해하는 것이 요구된다. 그런데 표준화 시험에 대해 알지 못하는 교사들도 다수 있기 때문에 표준화 시험 결과가 잘 활용되지 못하고 있는 실정이다. 표준화 시험에 대해 간략히 검토한 다음 학급에서 이루어지는 평가에 대해 살펴보자.

학급에서 이루어지는 학생평가 또는 학습평가는 최근 교육계에 많은 관심을 불러일으키고 있다. 이러한 관심은 교사가 기존의 시험이나 평가에 사용해야 하는 표준의 통합뿐만 아니라 전통적 시험과 대안적 평가의 사용에 초점이 맞추어지고 있다. 여기서는 학급평가가 이루어지는 학급의 다양한 특징을 검토하는 것과 비교하는 것, 교육에서의 학업성취도의 역할, 끝으로 성적처리 및 수행보고 방법에 대해 알아보자.

학습목표 1
표준화 시험의 의미와 목적에 대해 논의한다.

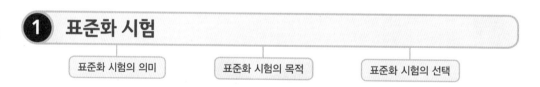

1 표준화 시험

표준화 시험의 의미　　표준화 시험의 목적　　표준화 시험의 선택

표준화 시험의 의미

표준화 시험(standardized test)은 일정한 절차에 따라 실시되고 채점되며, 학생들의 수행 점수를 다른 학생의 점수와 비교할 수 있게 해준다. 기초학력평가, 국가수준학업성취도 평가, 대학수학능력시험이 표준화 시험이라고 볼 수 있다. 한편 학생들의 적성이나 성격적 특성을 파악하기 위해 실시하는 다양한 종류의 표준화된 심리검사는 표준화 검사라고 부른다.

미국의 경우 학업성취 관련 표준화 시험에 대한 의존도가 점점 높아지는 경향이 있다. 반면 한국은 일제고사를 폐지하면서 기초학력평가와 대학수학능력시험만 표준화 시험의 형태를 가지고 나머지는 각 학교에서 자체 평가하는 방식을 취하고 있다. 그럼에도 불구하고 성격검사나 태도검사

표준화 시험 시험을 실시하고 채점하기 위한 절차가 엄격히 정해져 있는 시험

와 같이 심리적 특성을 측정하려는 표준화 검사에 대한 의존은 점점 증가하는 추세이다. 따라서 예비교사들은 표준화 시험이나 검사에 대한 이해가 요구된다.

표준화 시험의 목적

표준화 시험의 목적은 다음과 같다.

- **학생의 상대적 실력과 진보에 대한 정보를 제공한다.** 표준화 시험은 학생이 얼마나 잘 수행하고 있는지에 대한 정보를 제공한다. A반에 높은 점수를 받은 김모범 학생과 B반에서 중간 점수를 받은 이평범 학생이 있다고 가정할 때 표준화 시험이 없다면 김모범 학생이 이평범 학생보다 더 공부를 잘한다고 여겨질 수 있다. 그런데 만약 이평범 학생이 표준화 시험에서 김모범 학생보다 더 높은 점수를 받았다면, 이평범 학생이 더 잘한다고 봐야 할 것이다. 또한 표준화 시험은 각 학생이 1년 동안 얼마나 진보했는지에 관한 정보도 제공한다.
- **학생의 강점과 약점을 진단한다.** 표준화 시험은 학생의 학습에서 강점과 약점에 관한 정보를 제공한다.
- **특수반에 학생을 배치할 수 있는 근거를 제공한다.** 표준화 시험 점수에 근거하여 학생을 기초학력미달 학생으로 판정을 내리거나 특수반으로 배치할 수 있다. 초등학교에서는 기초학력미달 학생에게 읽기 교육을 강화하기 위해 특별반에 배치할 수도 있다. 고등학교에서는 표준화 시험 점수를 토대로 학생을 수준별 학급에 배치할 수 있다.
- **수업을 계획하고 개선하기 위한 정보를 제공한다.** 교사들은 학생에 관한 기타 정보와 함께 표준화 시험 점수를 토대로 수업을 계획하고 개선할 수 있다.

되돌아보기/앞날을 생각하기
교사는 수업을 계획할 때 평가를 포함시켜야 한다.

DEVELOPMENT

표준화 시험의 선택

우리나라의 경우 표준화 시험은 교사가 선택할 여지가 거의 없다. 국가나 시도 교육청 단위에서 정하는 시험에 학생들을 준비시키는 것이 더 중요하게 작용한다. 이러한 표준화 시험은 크게 규준참조 시험과 준거참조 시험으로 분류된다.

규준참조 시험과 준거참조 시험 **규준참조 시험**(norm-referenced test)은 각 학생들의 점수를 모든 학생들의 점수와 비교하면서 상대적 위치를 보여주는 것이다. 표준화 시험을 개발할 때 많은 학생을 표집하여 시험을 실시하며, 그들로부터 나온 정보를 토대로 채점 기준을 마련한다. 표준화 시험의 개발자는 주로 전국의 동일 연령 학생을 모집단으로 삼고 표집을 한다. 교사는 개발된 표준화 시험을 학생에게 실시하여 채점 기준에 따라 각 학생의 등급을 부여한다. 또한 미국이나 한국에서 실시하는 다양한 형태의 성취도 시험도 대부분 규준참조적이다.

준거참조 시험(criterion-referenced test)은 다른 학생의 점수와 비교하지 않고 각 학생이 가지고 있는 특성을 측정한다. 준거참조 시험은 학생이 특정한 능력이나 속성을 어느 정도 가지고 있는지를 평가하기 위해 절대기준을 사용하는 것이다. 예를 들어, 자동차 운전면허를 획득하고자 할 때 응시자는 반드시 기능시험에서 정해진 점수 이상(보통 2종일 경우 80점)을 획득해야 한다. 기능시험은 300미터를 주행하면서 차량조작 능력, 차로 준수·급정지, 직각 주차, 좌·우회전, 신호교차로, 경사로, 전진(가속)라는 총 7개의 항목을 평가한다. 준거참조 시험은 어떤 학생이 다른 학생들

규준참조 시험 표준화된 시험으로, 한 학생의 점수는 다른 학생들(규준집단)이 어떻게 수행하는지와 비교되면서 해석된다.

준거참조 시험 학생의 수행을 미리 정해놓은 준거와 비교하는 표준화된 시험

에 비해 어느 정도 잘하는지를 아는 것뿐만 아니라 교사가 그 학생이 이해하는 것과 이해하지 못하는 것을 아는 데 도움을 준다. 다른 학생들과 비교하기보다는 학생이 측정하고자 하는 영역에서 어느 정도 능력을 가지고 있는지에 초점을 두기 때문이다.

타당도와 신뢰도 : 선택 기준   교사가 표준화 시험이나 검사를 선택할 때는 타당도와 신뢰도가 높은 것을 골라야 한다.

타당도   타당도(validity)는 시험이나 검사가 측정하고자 하는 것을 실제로 측정하는 정도와 시험의 원점수에 대한 추론이 정확하고 적절한 정도를 가리키는 개념이다. 표준화 시험의 타당도는 내용 타당도, 준거 타당도, 구인 타당도 세 가지로 표시된다.

내용 타당도(content validity)는 시험이나 검사가 측정하고자 하는 것을 실제로 측정할 수 있도록 문항을 가지고 있다는 것으로, 좋은 시험이나 검사는 반드시 높은 수준의 타당도를 가진다.

준거 타당도(criterion validity)는 동일한 것을 측정하기 위해 만들어진 다른 시험이나 준거에 의해 측정될 학생의 수행 정도를 예측하는 시험이나 검사의 능력을 가리킨다. 준거 타당도에는 공인 타당도와 예언 타당도가 있다. **공인 타당도**(concurrent validity)는 새로운 표준화 시험을 만들 때 기존의 유사한 검사에서 획득한 점수와 얼마나 상관되어 있는지 확인함으로써 얻어진다. **예언 타당도**(predictive validity)는 표준화 시험에서 획득한 점수가 미래의 수행을 예측하는 정도에 의해 계산된다. 예를 들어, 대학수학능력시험 점수가 높은 학생이 대학에서 높은 학점을 받고 대학수학능력시험 점수가 낮은 학생이 낮은 학점을 받을 때 대학수학능력시험의 예언 타당도가 높다고 말한다.

마지막으로 **구인 타당도**(construct validity)는 시험이 특정한 구인을 측정하고 있음으로 보여주는 증거가 있는 정도를 가리킨다. 여기서 구인은 지능, 학습 양식, 성격, 불안처럼 사람이 가지고 있으나 직접 관찰할 수 없는 특질이나 특성을 가리킨다. 구인 타당도는 어떤 시험을 개발할 때 중요하다. 구인 타당도를 판단할 때 검사 개발자는 이론적으로 유사한 변인, 무관한 변인, 상반되는 변인을 동시에 측정하여 상관계수를 구한다. 이때 유사한 변인과는 높은 정상관이 있고, 무관한 변인과는 상관이 유의하지 않고, 상반되는 변인과는 높은 역상관을 가질 때 구인 타당도가 있다고 판단한다.

신뢰도   신뢰도(reliability)는 학생들이 어떤 시험에서 일관되게 같은 점수를 얻는 정도를 가리킨다. 시험의 신뢰도가 높다는 것은 점수가 안정되고 측정오류가 없다는 것을 의미한다(Popham, 2017). 신뢰도를 측정하는 방법에 따라 그 종류가 다양하다.

시험-재시험 신뢰도(test-retest reliability)는 학생이 동일한 시험을 두 번 실시받았을 때 같은 점수를 받는 정도를 가리킨다. 예를 들어, 중학생들에게 어떤 수학 시험을 오늘 실시하고 한 달 뒤에 다시 실시하였을 때 각 학생들의 시험 점수들이 서로 같다면, 이 수학 시험의 시험-재시험 신뢰도는 높다. 그러나 학생들이 두 번째 시험에서 더 높은 점수를 받는 경향이 있기 때문에 시험-재시험 신뢰도는 약점을 가진다.

동형시험 신뢰도(alternate-forms reliability)는 하나의 시험을 A형과 B형으로 만들어 두 점수 사이의 일치도를 계산한 것이다. 학생들이 두 유형의 시험에서 획득한 점수가 서로 비슷할 때 동형시험 신뢰도는 높다. 학생들이 형식이 다른 2개의 시험을 실시받기 때문에 익숙함으로 인해 두 번째 검사에서 더 높은 점수를 받을 가능성은 사라지지만, 학생이 유사한 시험을 두 번 실시받아서 더 좋은 점수를 받을 가능성은 여전히 남아있다.

되돌아보기/앞날을 생각하기
교사는 학생의 학습과 성취를 평가하기 위해 시험 문제를 만들 때 타당하고 신뢰할 수 있는 양질의 평가를 수행하는 것이 중요하다.

타당도   시험이 측정하고자 하는 것을 실제로 측정하는 정도와 시험 점수에 관한 추리가 정확하고 적절한지에 관한 것

내용 타당도   측정하고자 하는 내용을 얼마나 잘 반영하고 있는지에 관한 시험의 능력

준거 타당도   다른 평가나 준거에 의해 측정될 학생의 수행을 예측하는 시험의 능력

공인 타당도   한 시험의 점수와 동시에 이용할 수 있는 다른 준거(시험)의 점수 사이의 관계 정도, 준거 타당도의 한 종류

예언 타당도   학생의 시험 점수와 미래 수행 사이의 관계

구인 타당도   어떤 시험이 특정한 구인을 측정하고 있음으로써 보여주는 증거가 있는 정도. 구인은 지능, 학습양식, 성격, 불안처럼 사람이 가지고 있으나 직접 관찰할 수 없는 특질이나 특성을 가리킨다.

신뢰도   시험에서 일관성 있게 비슷한 점수를 얻을 수 있는 정도

시험-재시험 신뢰도   학생이 동일한 시험을 두 번 이상 받았을 때 동일한 점수를 얻는 정도

동형시험 신뢰도   동일한 변인을 측정하지만 그 형식이 다른 두 가지 시험을 한 집단에게 실시하여 얻은 관찰점수들 사이에 서로 일치하는 정도를 통해 얻는 신뢰도

반분 신뢰도(split-half reliability)는 하나의 시험을 두 부분(예 : 짝수 문항과 홀수 문항)으로 나누어 두 점수 사이의 일치도를 계산한 것이다. 반분 신뢰도가 높을 때 내적 일관성이 있다고 판단된다.

복습하기, 성찰하기 그리고 연습하기

① 표준화 시험의 의미와 목적에 대해 논의한다.

복습하기
- 표준화 시험의 의미는 무엇인가? 표준화 시험의 목적은 무엇인가?
- 규준참조 시험과 준거참조 시험의 의미는 무엇인가? 타당도와 신뢰도의 뜻은 무엇인가?

성찰하기
- 신뢰도가 높지만 타당하지 않은 시험 점수에 관한 예를 제시하라.

연습하기
1. 다음 중 수업을 계획하고 개선하기 위한 정보를 제공하기 위한 목적으로 표준화 시험 결과를 이용하는 예로 가장 적절한 것은?
   a. 링컨초등학교에서 특수교육을 받아야 하는 학생이 누구인지를 확인하기 위해 매년 학생들이 표준화 성취 시험을 친다.
   b. 제퍼슨초등학교에서 시·도교육청에서 실시하는 표준화 시험에서 학생들이 얻은 성취도에 따라 성과급을 다르게 책정한다.
   c. 휘트니 선생님은 시·도교육청에서 실시하는 역사 과목 점수를 보고 자신의 수업이 얼마나 잘 이루어지고 있는지 판단하고 학생들이 시·도교육청에서 요구하는 점수를 받도록 돕는다.
   d. 워커 선생님은 학생들을 어느 모둠에 배치하는 것이 좋은지 판단하기 위해 읽기 시험 점수를 활용한다. 워커 선생님은 1년 동안 유사한 시험을 여러 번 실시하여 학생의 진보를 확인하고 점수에 따라 모둠을 바꾸어준다.

정답은 '연습하기 정답' 참조

---

② 교사의 역할

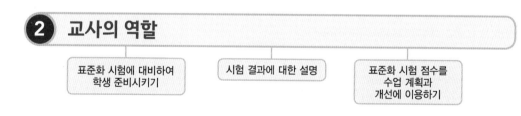

표준화 시험이나 검사와 관련하여 교사가 맡은 역할은 학생이 성실히 시험에 임하도록 학생을 준비시키고, 시험 결과를 이해 및 해석하고, 시험 결과를 학생들에게 효과적으로 전달하는 것이다. 또한 시험 점수를 토대로 학생에게 어떠한 개입을 할 것인지 계획하고 실행한다.

표준화 시험에 대비하여 학생 준비시키기

표준화 시험을 칠 학생들은 최선을 다해 준비할 수 있는 기회를 보장받아야 한다. 이를 위해 학생이 시험에 대비하여 좋은 능력을 갖추고 있는지 확인하는 것이 필요하다(Popham, 2017). 시험에

학생과 연계하기 : 최고의 실천
학생의 시험 치기 기술을 향상시키기 위한 전략

학생들에게 가르치면 좋을 시험 치기 기술은 다음과 같다(Waugh & Gronlund, 2013).

1. 지시문을 신중하게 읽는다.
2. 각 문제를 신중하게 읽는다.
3. 시간을 잘 파악하여 주어진 시간 내에 시험을 끝낸다.
4. 어려운 문제는 건너뛰고 나중에 다시 푼다.
5. 빈칸으로 남겨두지 말고 주어진 정보를 바탕으로 추측한다(단, 추측한 답에 감점이 없을 때).
6. 선다형 문제에서 가능한 많은 오답지를 지워나가면서 정답을 찾는다.
7. 정답을 표시할 때 ('빈칸을 채워라'와 같은) 지시를 잘 따른다. 보기가 있을 때는 보기대로 따르면 된다.
8. 시험지에 표시한 것과 답안지에 표시한 것이 일치하는지 확인한다.
9. 시간이 남을 때는 되돌아가서 정답을 다시 확인한다.

'교사의 시선'에는 미네소타주 뉴엠시에 있는 초등학교의 4학년 담임인 웬들러 선생님이 학생 평가에 대한 자신의 경험을 묘사하고 있다.

교사의 시선 : 학생을 평가할 때
시험이나 검사에만 의존하지 말고 그 이상을 보기

표준화 시험 결과는 학생의 매우 작은 부분의 한 가지 측면만 보여준다. 학생의 일상생활을 관찰하면 보다 더 풍부한 자료를 얻을 수 있다. 시험 결과만 보고 학생을 낙인찍는 것은 불공정하다. 학교에서 학생들이 표준화 시험처럼 빈 동그라미를 메꾸는 문항을 접하는 경우는 거의 없다. 그러므로 표준화 시험을 실시하기 전에 학생들에게 검사의 형식과 닮은 예시 문항을 먼저 풀어볼 기회를 주는 것이 공평하다. 특정한 형식의 시험을 치는 성인은 그 시험에 맞추어 미리 준비를 한다. 학생들은 왜 다르게 취급받아야 하는가?

대한 학생의 긍정적인 태도도 중요하다. 시험이나 검사의 성격과 목적을 설명하고, 그것이 시련이 아니라 기회이자 도전이라는 것을 설명해주는 것이 필요하다. 교사는 학생이 시험에 대해 불안을 느끼도록 만들지 않게 말을 조심해야 한다. 불안 때문에 시험에서 최고의 수행을 하지 못할 것 같은 학생은 상담교사에게 보내서 시험불안을 줄이는 방법에 관해 상담받을 기회를 제공할 수 있다. 또한 기계적 암기를 강조하는 '반복학습(drill and kill)'[1] 접근법보다는 생각해야 해결할 수 있는 도전적 과제를 사용한다(Bonney & Sternberg, 2016).

표준화 시험에 대비하여 학생을 준비시키는 교사는 다음의 사항에 주의해야 한다(McMillan, 2014). 시험에 대비하여 수업하지 말아야 하며, 학급에서 치는 시험에 표준화 시험 형식을 적용하지 말 것이며, 시험이 부담스럽다고 말하지 말고, 단 한 번의 시험 결과에 따라 모든 것이 결정된다고 말해서도 안 되고, 동일한 형태의 과거 시험을 이용하여 학생을 준비시키지 말 것이며, 시험에 대한 부정적인 태도를 심어주지 말아야 한다.

미국의 40개의 주정부는 교사 희망자에게 미국 교육평가원(Educational Testing Service)에서 주관하는 교사자격시험(The Praxis® Tests)에 응시하여 합격한 뒤에 교사 자격증을 취득할 것을 요구한다. 이 시험도 표준화 시험이다. 최근에 나는 현직 교사들에게 교사 자격증을 위한 표준화 시험에 대한 자신들의 경험을 물어보았다. 다음은 이들의 반응이다.

유치원 교사 어린이집이나 유치원 교사들은 표준화 시험을 칠 필요가 없습니다. 그러나 어린 아동들을 가르칠 것을 선택한 교사 희망자들을 위한 자격과정이 있습니다.

–발레리 고햄, 키디쿼터스사

---

1   역자 주 : 반복 연습하여 생각 없이 자동적으로 반응하도록 학습하는 것

초등학교 교사 솔직히 말해 저는 19년 전에 그 시험을 쳤기 때문에 시험에 대해 기억이 거의 없습니다. 기억나는 것은 그 시험이 매우 어려웠기 때문에 시험 치기 전에 수학, 읽기, 쓰기 영역에서 가능한 모두 다 반복 학습했다는 것입니다. 또한 저는 제가 받아온 교육과 교사로서 갖추고 싶은 철학에 대해 생각하고 성찰해보았습니다.

―크레이그 젠슨, 쿠퍼마운틴초등학교

중학교 교사 교사자격시험을 칠 때 저는 매우 힘들고 스트레스를 많이 받았습니다. 시험을 대비하여 수험서를 구입하여 2주 동안 공부했습니다. 덕분에 충분히 준비가 되었었지요. 그러나 이 시험은 관련 정보가 있거나 없거나에 관계없이 아직도 어렵습니다.

―케이시 마스, 에디슨중학교

고등학교 교사 이런 종류의 시험을 칠 때는 컴퓨터 스크린에 짧은 시간 동안에 답을 쓰는 능력이 중요합니다. 저는 비디오 게임을 하면서 짧은 시간에 응답하는 시험에 대한 압박감을 이겨내는 것을 연습했습니다.

―제니퍼 해터, 브레멘고등학교

시험 결과에 대한 설명

기본적인 기술 통계를 알고 있으면 표준화 시험 결과를 설명하는 데 도움이 된다. 표준화 시험 결과를 이해하고 설명 할 수 있는 능력은 학급의 학생에 관한 학부모―교사 면담을 가질 때 유용할 것이다. 그러나 여기서는 기술 통계치에 대한 설명은 간단히 하고 시험 결과를 어떻게 설명하는가에 초점을 둔다.

시험 결과 해석하기 기술 통계를 이해하면 시험 결과를 효과적으로 설명할 수 있는 기초가 된다. **원점수**(raw score)는 학생이 시험에서 올바르게 답한 항목의 수이다. 원점수 그 자체는 다른 학생과 비교했을 때 시험이 얼마나 쉽고 어려운지에 대한 정보를 제공하지 않기 때문에 유용하지 않은 정보이다. 여기서는 학생의 원점수에 관한 기술 통계 자료보다는 시험의 결과로 주어지는 다양한 종류의 점수에 초점을 둔다. 여기에는 백분위 점수, 학년동등 점수, 표준 점수가 포함된다.

백분위 점수 백분위 점수(percentile-rank score)는 학생이 받은 점수 이하에 있는 학생 수의 비율을 나타내며, 1~99% 이내 어느 지점에 있는지 알게 해준다. 백분위 점수는 순위를 나타내기 때문에 정수로 표기된다. 어떤 시험에서 학생이 받은 백분위 점수가 81이라면, ⏌ 학생보다 못하거나 같은 점수를 받은 학생의 비율이 81%라는 뜻이다. 백분위 점수는 시험에서 학생이 정확하게 응답한 문항의 수나 비율을 보여주지 않고, 다른 학생들에 비해 어느 정도 잘했는지를 보여줄 뿐이다. 예를 들어, 어느 학생이 수학에서 원점수가 70점이라도 그 시험이 어려웠다면 이 학생의 백분위 점수는 90점이 될 수도 있다. 반면 그 학생의 사회과목 원점수가 80점이나 백분위 점수는 60점이 될 수도 있다. 수능시험 결과표에도 백분위 점수가 표기가 되므로 교사들은 백분위 점수의 정확한 의미를 알고 있어야 한다.

원점수 학생이 검사에서 정확하게 응답한 문항의 수

백분위 점수 특정 점수 이하로 몇 %의 사례가 분포되어 있는지를 백분율로 보여주는 점수

학년동등 점수 학생의 수행을 학년 및 개월로 전환하여 산출한 점수. 여기서 한 학년은 10개월로 가정한다.

표준 점수 원점수가 평균으로부터 얼마나 위나 아래에 있는지에 관한 정보를 제공하기 위해 원점수에서 평균값을 뺀 뒤에 표준편차로 나눈 점수

학년동등 점수 학년동등 점수(grade-equivalent score)는 한 학년을 10개월로 정하여 학생의 성적을 몇 학년 몇 개월인지로 표기하는 것이다. 따라서 학년동등 점수에서 4.5점은 4학년 5개월에 해당하는 성적을 받았음을 가리킨다. 6.0점은 6학년 시작을 의미한다. 일부 시험결과 보고서에서는 소수점이 생략되기도 하므로 45는 4.5와 같고 60은 6.0과 동일한 의미를 가진다.

학년동등 점수는 학년 배치를 위해 사용되어서는 안 되고 학생의 진도가 어디에 있는지를 확인하기 위한 용도로 사용되어야 한다.

표준 점수 표준 점수(standard score)는 평균으로부터 얼마나 차이가 나는지를 보여준다. 표준 점수에서 사용된 표준이라는 용어는 특정 수준의 수행이나 기대가 아니라 표준 정규 분포를 지칭한다(McMillan, 2002). 학생의 상대적 위치를 보여주는 것 외에도 표준 점수는 여러 유형의 시험에 대한 비교를 허용한다. 수능시험에서도 표준 점수를 제공하는데, 이것은 난이도가 다른 두 가지 이상의 선택과목 점수를 비교할 때 유용하다. 예를 들어, 물리 시험이 어려웠고 생물 시험이 쉬웠다고 가정할 때 물리 시험에서의 원점수는 전반적으로 낮을 것이고 생물 시험에서의 원점수는 높을 것이다. 이러한 원점수를 가지고 대학에서 학생을 선발한다면, 생물 과목을 선택한 학생에게 유리해진다. 그러나 각각의 원점수를 표준 점수로 바꾸면 물리를 선택한 학생들 속에서 상대적 위치와 생물을 선택한 학생들 속에서 상대적 위치를 반영하게 되므로 생물을 선택한 학생의 유리함이 사라진다.

시험 결과 과대해석 금지 시험 점수를 백분위 점수 및 학년동등 점수로 받았을 때 작은 점수 차이를 과대해석하지 않도록 주의해야 한다. 모든 시험에는 어느 정도 오류가 있으며, 이를 **측정의 표준오차**(standard error of measurement)라고 한다. 이러한 오차 때문에 어떤 시험결과 보고서에는 백분위 점수 범위, 즉 단일 점수가 아니라 점수의 범위로 백분위 점수를 표시한다. 예를 들어, 미국의 대도시에서 실시하는 학업성취도 시험(Metropolitan Achievement Test)에서는 백분위 점수 밴드를 사용하는 경향이 있으며, 이 시험에서 백분위 점수 80점은 백분위 점수 75~85점과 다르다고 볼 수 없다. 따라서 두 학생의 백분위 점수에서 6~8점 차이가 있다고 하더라도 실제로는 차이가 없을 수 있다. 마찬가지로 학년동등 점수에서 2~5개월 차이가 있다고 하더라도 두 학생의 성취도에서 의미 있는 차이가 없을 수 있다.

표준화 시험 점수를 수업 계획과 개선에 이용하기

교사는 새로운 학년이 시작되기 전에 수업을 계획하는 방법으로 또는 교과 내용 및 기술을 한 학기나 1년 동안 가르친 뒤에 그 수업의 효과성을 평가하는 방법으로 학생의 표준화 시험 점수를 이용할 수 있다(McMillan, 2007). 표준화 시험 결과만 단독으로 이용하기보다는 다른 출처의 정보와 함께 사용하는 것이 더 좋다.

교사가 새 학기 수업을 시작하기 전에 전년도 표준화 시험 결과를 이용한다면 학생들의 평상시 능력을 알 수 있고 학생들의 수준에 맞추어 수업을 진행하고 적절한 자료를 선택하는 데 도움이 된다. 교사는 표준화 시험 점수를 본 뒤에 한 학생 또는 전체 학급 학생에 대해 너무 낮거나 너무 높은 기대를 가져서도 안 된다. 학생에 대한 기대는 적절하고 합리적이어야 한다. 교사는 읽기 기초학력이 낮은 학생에게는 그들이 이해할 수 있는 읽기 자료를 제공해주어야 한다.

표준화 시험은 때때로 반편성이나 조편성을 할 때 사용된다. 협동적 학습에서는 다양한 능력을 가진 학생들로 한 조를 편성한다. 그러나 단 한 번의 시험 점수만 이용하는 것은 바람직하지 않다. 항상 다른 정보도 함께 반영해야 한다.

표준화 시험은 학생의 특정 과목의 강점과 약점을 정확하게 보여주기도 한다. 표준화 시험 점수를 통해 교사가 어느 과목 어느 부분에서 더 집중적으로 가르쳐야 하는지 결정하는 데 도움을 줄 수 있다. 표준화 시험에서 학생의 학업성취도가 예상치보다 상당히 낮으면 특별히 주의를 기울이고 상담도 제공할 필요가 있다.

학기가 끝난 뒤에 치는 표준화 시험은 수업의 효과와 교과과정을 평가하는 데 이용될 수 있다. 학생들은 수업 시간에 강조한 부분에서 점수를 잘 받아야 마땅하다. 그런데 그렇지 않다면 시험 출제와 수업을 분석하여 왜 그런지를 확인해야 한다.

학생과 연계하기 : 최고의 실천
시험 결과를 학부모에게 설명하기 위한 전략

학부모에게 학생의 시험 결과를 설명하는 전략은 다음과 같다(McMillan, 2014).

1. 시험 점수만 따로 제시하지 않는다. 수업에서 실시한 수행평가와 전반적인 활동을 시험 점수와 함께 제시하라. 이렇게 하면 학부모가 표준화 시험 점수를 지나치게 강조하도록 만들지 않게 된다.
2. 학생의 시험 결과를 학부모에게 설명할 때는 이해하기 쉬운 언어를 사용한다. 애매모호한 용어를 부모에게 사용하지 마라. 자신의 말로 시험결과를 설명하는 것이 요구된다.
3. 시험 점수는 절댓값이 아니라 대략적인 값이라는 것을 학부모에게 알려준다. 학생의 시험 점수에 영향을 줄 수 있는 학생 내적 요인과 외적 요인을 알려줘라.
4. 학부모들이 가장 잘 이해하는 점수는 백분위 점수이다.
5. 학부모를 면담하기 전에 먼저 학생의 시험 점수를 어떻게 설명할 것인지 생각할 시간을 가진다. 교사는 자기 자신이 시험 점수를 학부모에게 어떻게 설명할 것인지 잘 알고 있어야 한다. 시험 점수만 학부모에게 보여주는 것은 바람직하지 않다.

6. 학생의 강점, 약점, 진보에 대해 학부모가 질문할 수 있으므로 미리 준비한다.
7. 학부모에게 말해주거나 가르치려고 하지 말고 함께 논의하려는 자세를 가진다. 시험 점수에 대해 설명한 뒤에 부모에게 질문을 묻도록 유도하라.

학부모와 효과적으로 소통하는 방법에 관한 내용을 다룬 '교사의 시선'을 읽어 보자.

교사의 시선 : 학부모 지원의 중요성
미국 서부 버지니아주의 헌팅턴에 있는 중학교의 영어교사인 비키는 자신의 수업 전략이 성공하도록 이끄는 결정적인 요소는 학부모 지원이라고 말한다. 비키 선생님은 학생 교육용 연간 계획을 세울 때 학부모를 중요한 파트너로 모시기 위해 학부모 설명회를 개최한다. 여기서 비키 선생님과 학부모는 학생들의 강점과 약점에 대해 의논한다. 비키 선생님은 표준화된 스탠퍼드 학업성취도 검사와 학부모가 제공한 정보에 기초하여 수업 계획을 세우며, 학생의 약점을 보완하기 위해 무엇이 필요한지 확인한다.

복습하기, 성찰하기 그리고 연습하기

❷ 표준화 시험에서 교사의 역할을 확인한다.

복습하기
- 학생을 표준화 시험에 대비시키는 좋은 방법은 무엇인가?
- 수업을 계획하고 개선하기 위해 표준화 시험을 이용하는 방법은 무엇인가?

성찰하기
- 수업을 계획하고 개선하기 위해 표준화 시험을 이용할 때는 학생들의 학년과 교과목도 함께 고려해야 한다.

연습하기

1. 수업을 개선하기 위해 표준화 시험 결과를 이용하는 것은 다음 중 어느 것인가?

   a. 카터 선생님은 교실에서 학생들의 자리를 정하는 데 표준화 시험 점수를 이용하였다.

   b. 마크 선생님은 학생들이 수업 시간에 강조한 부분에서 좋은 점수를 받지 못하자 표준화 시험이 잘못 출제되었다고 주장하였다.

   c. 릴리 선생님은 각 학생의 표준화 시험 점수를 자세히 살펴본 뒤에 학생들의 강점과 약점을 찾고 각 학생에게 어떤 도움을 줄 수 있는지 생각했다.

   d. 코니 선생님은 학생들이 교실에서 어떻게 하는지 학부모에게 설명하기 위해 표준화 시험 점수를 이용하였다.

정답은 '연습하기 정답' 참조

학습목표 3
평가의 맥락으로서 학급에 대해 논의한다.

③ 평가의 맥락인 학급

교수의 핵심 부분으로서의 평가

학교에서 이루어지는 평가에 대해 생각할 때 사람들은 무슨 생각할까? 아마 시험이 가장 먼저 떠오를 것이다. 그러나 교실을 평가의 맥락이라고 본다면, 우리는 오늘날의 평가 전략은 시험 치기보다 훨씬 더 많은 것을 포함한다는 것을 알게 될 것이다.

교수의 핵심 부분으로서의 평가

교사는 우리가 상상하는 것보다 더 많은 시간을 평가하는 데 보낸다. 미국의 아동낙오방지법(NCLB)에서 요구하는 고부담 시험(예 : SAT나 주에서 주관하는 시험)은 교사가 각종 시험을 평가 계획 속에 포함시키도록 유도하였다(McMillan, 2014). 실제로 많은 교사들은 그러한 시험에 학생을 대비시키기 위해 상당한 시간을 할애하고 있다. 최근 K~12 교사를 대상으로 실시한 미국의 설문조사에 따르면, 대부분의 미국 교사는 시험을 위해 너무 많은 시간을 소비하고 있다(Grunwald & Associates, 2014). 교사의 70%는 학생들이 주정부에서 주관하는 시험을 위해 공부하느라 너무 많은 학습시간을 빼앗기고 있다고 응답했다. 다음은 미국 전역에서 조사한 결과이다.

- 교육자와 학생들은 모두 평가는 중요하지만 어디까지나 학습을 지원하기 위한 것이어야 한다고 말한다.
- 교사는 자신의 수업(teaching)에 관해 보고할 때 평가 결과를 자주 사용한다.
- 교사는 교실에서 이루어지는 수행평가가 주정부에서 주관하는 시험보다 학생들에게 더 나은 피드백과 지원을 제공한다고 주장한다.

평가에 많은 시간을 할애하는 만큼 평가는 잘 수행해야 한다(Popham 2017). 평가 전문가인 제임스 맥밀란(McMillan, 2014)은 유능한 교사는 학습목표와 관련하여 학생들을 자주 평가하고 이에 따라 수업을 적절하게 수정하는 교사라고 주장한다. 평가는 학생들이 알고 있는 것과 할 수 있는 것에 대해 알려줄 뿐만 아니라 학생의 학습과 동기에도 영향을 준다. 이러한 아이디어는 평가를 보

수업 전	수업 중(형성평가)	수업 후(총괄평가)
학생들이 필요한 선행 지식과 기술을 갖고 있는가?	학생들이 주의를 기울이고 있는가?	학생들이 얼마나 배웠는가?
학생들이 흥미를 느낄 수 있는 것은 무엇인가?	학생들은 수업 내용을 이해하고 있는가?	나는 무엇을 더 해야 하는가?
무엇이 학생들의 동기를 유발할 수 있는가?	어느 학생에게 질문을 던져야 하는가?	학급 학생들이 이해하지 못한 내용을 복습해야 하는가?
각 단원을 얼마나 다뤄야 하는가?	어떤 종류의 질문을 해야 하는가?	어떤 성적을 주어야 하는가?
어떤 교수 전략을 사용해야 하는가?	학생의 질문에 어떻게 대답해야 하는가?	학생들에게 무엇을 말해주어야 하는가?
어떻게 학생에게 성적을 처리해야 하는가?	언제 수업을 마쳐야 하는가?	다음 수업에 어떤 변화를 줄 것인가?
어떤 유형의 모둠학습을 사용해야 하는가?	추가의 도움이 필요한 학생은 누구인가?	시험 점수는 학생이 알거나 할 수 있는 것을 반영하는가?
학습목표 또는 목적은 무엇인가?	어떤 학생이 혼자 남겨져야 하는가?	학생들이 잘못 이해하는 것이 있는가?

그림 12.1 수업 전, 중, 후에 교사가 하는 일
이 표는 평가를 향상시키기 위해 교사가 수업 전, 도중, 후에 대답해야 하는 질문이다.

Adapted from McMillan, James. *Essential Assessment Concepts for Teachers and Administrators*, p. 3 (Figure 1.1). Copyright 2001 by Corwin Press, Inc.

는 관점이 바뀌고 있음을 보여준다. 즉 평가를 수업이 끝난 뒤에 이루어지는 소외된 결과물로 보는 관점에서 벗어나 수업과 평가가 통합되어야 한다는 개념으로 바뀌었다.

수업 전, 중(형성), 후(총괄)의 세 가지 시간 틀(O'Shea, 2009)로 수업과 평가를 통합하는 것을 생각해보자. 미국교사연맹, 전국교육협의회, 전국교육협회가 1990년대 초반에 공동으로 개발한 교육평가의 교사 역량 표준은 이 세 가지 시간 틀에서 학생평가에 대해 교사가 지니는 책임을 설명한다(그림 12.1 참조).

수업 전 평가 교사는 고급수학을 가르치기 전에 학생들이 이전 단계의 수학 문제를 얼마나 잘 풀 수 있는지 확인하고 싶어 할 것이다. 교사는 학생들이 이전에 친 표준화 수학 시험에서 획득한 등급과 점수를 살펴보면서 동시에 며칠 동안 수업 시간에 학생들을 얼마나 잘 수행하는지 관찰할 것이다. 평가 결과 학생들이 선행 지식과 기술이 부족한 것으로 나타나면, 쉬운 자료로 시작하는 것이 좋다. 학생들이 수업 전 평가에서 매우 잘 수행한다면, 더 높은 단계에서 수업을 시작해도 된다. 이 수업 전 평가가 없다면, (수업 내용 수준이 너무 높을 때) 학생이 압도당하거나 (수업 내용 수준이 너무 낮으면) 지루할 위험이 있다.

수업 전 평가는 주로 비공식적 관찰로 이루어진다. 학기 초 처음 몇 주 동안 학생의 특성과 행동을 관찰할 기회가 많다. 학생이 내향적인지 외향적인지, 어휘력이 좋은지 약한지, 효과적으로 말하고 듣는지, 다른 사람을 배려하는지 자기중심적인지, 적절하거나 부적절한 행동을 취하는지 등을 신속하게 파악할 수 있다. 또한 긴장, 지루함, 좌절감, 이해 부족을 드러내는 학생의 비언어적인 행동에 초점을 두고 관찰할 수도 있다.

수업 전 평가는 학생에 대한 인식을 왜곡시킬 수 있는 잘못된 기대를 교사가 형성하지 않도록 막아준다. 교사가 학생에 대한 기대를 형성하지 않는 것은 사실상 불가능하다. 교사의 기대는 학생

형성평가 수업이 끝난 뒤가 아니라 수업 중에 실시하는 평가

학습에 잠재적으로 강력한 영향을 주기 때문에 교사는 학생의 이전 성적이나 시험 점수를 볼 때 신중해야 한다. 아무튼 교사는 학생에 대한 기대를 사실에 기초하여 형성하려고 노력해야 한다. 학생에 대한 지나친 긍정적인 기대도 해롭기 때문이다.

학생에 대해 현실적 기대를 형성하기 위한 전략에는 (1) 학생에 대한 첫인상은 후속 관찰 및 정보에 의해 지지되거나 수정될 수 있는 하나의 가설로 간주하는 것, (2) 다른 교사나 학생들이 말하는 소문에 지나치게 의존하지 않는 것, (3) 진단시험을 실시하여 학생의 지식과 기술 수준을 확인하는 것, (4) 학생의 포트폴리오를 참고하는 것이다.

되돌아보기/앞날을 생각하기
학업성취도가 높은 학생은 주로 자기 조절 학습자이다. 제6장 '행동주의와 사회인지 이론'과 연계해 생각해보자.

초인지 조절은 학업 문제를 해결하는 데 도움을 주는 다양한 전략을 학습해야 가능하다. 학생이 과제를 얼마나 잘 수행하는지 점검하는 것도 중요한 초인지 전략이다. 제7장 '정보처리 접근'과 연계해 생각해보자.

수업 중 평가 학급평가에서 가장 두드러진 추세 중 하나는 형성평가의 사용이 증가하는 것인데, 이것은 교육이 완료된 후가 아니라 교육 과정에서 평가하는 것을 의미한다. **형성평가**(formative assessment)는 학습에 대한 평가보다는 학습을 위한 평가를 강조하는 전문 용어이다(Loughland & Kilpatrick, 2015; Mandinach & Lash, 2016). 유능한 교사가 되려면 학생이 가진 이해와 지식을 효과적으로 평가할 수 있어야 하는데, 형성평가가 여기서 매우 중요한 역할을 한다. 수업 중에 학생을 계속해서 관찰하고 모니터링하면 교사는 다음에 무엇을 해야 하는지 알 수 있게 된다(Decristan & others, 2015; Shirley & Irving, 2015). 교사는 수업 중 평가를 통해 학생들이 어려운 과제에 도전하고 자신의 생각을 확장하도록 안내할 수 있다. 또한 수업 중 평가를 통해 교사로부터 관심을 받아야 하는 학생이 누구인지 알아낼 수도 있다.

수업 중 평가는 학급을 원활하게 운영하고 학생들이 적극적으로 학습하도록 돕기 위해 무엇을 하고 말하고 물어야 하는지에 대해 결정을 내리는 것과 동시에 이루어진다. 이렇게 하기 위해 교사는 학생들의 대답을 듣는 것, 학생들이 이해하거나 혼돈하고 있는지 확인하기 위해 다른 학생을 관찰하는 것, 다음 질문의 구성하는 것, 그리고 교실 주변을 둘러보면서 학생의 잘못된 행동을 찾는 것이 필요하다(McMillan, 2014).

구두 질문은 수업 중 평가에서 특별히 중요한 부분이다. 어떤 교사는 학생의 사고와 탐구를 자극할 뿐만 아니라 지식과 기술 수준을 평가하기 위해 하루에 300~400개의 질문을 던진다.

질문을 할 때는 지나치게 광범위하고 일반적인 질문을 피하고 항상 같은 학생을 지명하는 대신 전체 학급에 질문해야 한다. 질문을 한 후에는 '기다리는 시간'을 충분히 주고, 이어지는 질문을 통해 학생들이 더 깊게 생각하도록 이끌고, 특히 학생들이 묻는 질문을 깊이 존중해야 한다.

형성평가란 무엇인가? 형성평가는 왜 중요한가?

© Hero/Corbis/Glow Images RF

형성평가가 증가하는 이유는 이러한 평가가 학생들로 하여금 매일 자신의 진보를 평가하도록 이끌기 때문이다(Brown, Andrade, & Chen, 2015). 학생들 스스로 하는 자기평가의 주요 목표는 학생들이 자신의 학업성취도 평가에 관여하게 되어 자신의 진보 상황을 보다 신속하게 판단할 수 있도록 하는 데 있다. 전문대 학생들에 대한 최근 연구에 따르면, 자기평가 과정을 밟은 대학생들은 전통적인 평가 과정(Mahlberg, 2015)에 비해 자기통제가 더 높고 대학 교육을 계속 받을 가능성이 더 높아졌다.

학생들이 자신의 진도를 평가하도록 독려하면 자신감과 학습 동기를 높일 수 있다. 학생들의 성찰과 그들의 진도 상황을 점검하는 것이 학생 자기평가의 핵심 요소이다. 자기 점검은 행동주의와 사회인지 이론을 다룬 장(제6장 참조)에서 나온 자기조절과 정보처리 접근을 다룬 장(제7장 참조)에서 논의한 초인지의 적용과 관련이 있다. 학생의 자기평가를 학급평

가에 통합하는 가장 큰 과제 중 하나는 학생들이 자기평가에 익숙해지도록 만드는 것이다. 훌륭한 교수 전략은 학생 자기 평가지, 체크리스트 및 기타 준비 자료를 작성하여 진행 상황을 평가하는 것이다.

형성평가에서는 효과적인 피드백을 제공하는 것이 필수이며, 좋은 수업의 핵심요소이다 (Mandinach & Lash, 2016). 효과적으로 피드백을 제공하기 위해서는 학생들이 배우는 동안 지속적으로 평가하면서 동시에 학생들의 초점이 빗나가지 않도록 정보적 피드백을 제공해야 한다.

형성평가 중에 긍정적인 피드백을 제공하는 것이 학생의 자기조절학습을 증가 시킨다는 것이 연구를 통해 발견되었다(Boud, Lawson, & Thompson, 2015). 형성평가에서 피드백을 제공하는 일환으로 학생들이 진보를 이끌기 위한 교육적 '교정'이 사용될 수 있다. 교육적 교정은 학생에게 평가, 피드백, 더 많은 수업을 제공하는 것이다(McMillan, 2014). 형성평가에서 피드백의 중요한 측면 중 하나는 피드백이 즉각적이고 구체적이며 개별화되어야 한다는 것이다. 그림 12.2는 피드백의 일부로 칭찬을 주는 일과 주지 말아야 할 일을 설명한다.

해야 되는 것	하지 말아야 하는 것
구체적인 성취에 초점 두기	일반적인 성취에 초점 두기
성공을 노력과 능력에 귀인하기	성공을 운이나 타인의 도움에 귀인하기
자연스럽게 칭찬하기	예측 가능하게 칭찬하기
이전의 성취를 언급하기	이전의 성취를 무시하기
개별화하고 다양화하기	모든 학생에게 똑같이 칭찬하기
즉각적으로 칭찬하기	상당히 늦게 칭찬하기
성공으로 이끈 좋은 전략에 대해 칭찬하기	전략은 무시하고 오로지 결과만 강조하기
신뢰성을 가지고 정확하게 칭찬하기	미흡한 수행에도 칭찬하기
사적으로 칭찬하기	공개적으로 칭찬하기
진보에 초점 두기	현재의 수행에만 초점 두기

그림 12.2 형성평가에서 피드백을 줄 때 해야 되는 것과 하지 말아야 하는 것

출처 : J. H. McMillan, *Classroom Assessment*, Table 5.5, "Do's and Don'ts of Effective Praise," p. 143, © 2007 by Pearson Education, Inc.

수업 후 평가 총괄평가(summative assessment, 또는 형식적 평가)는 한 학기 수업이 끝난 뒤에 학생의 성과를 문서로 남길 목적으로 이루어지는 평가이다. 수업 후 평가는 학생들이 교재를 얼마나 잘 배웠는지, 학생들이 다음 단원에 준비되어 있는지, 어떤 성적을 받아야 하는지, 부모에게 무슨 말을 할지, 교사 자신의 수업을 어떻게 바꾸어야 하는지에 대한 정보를 제공한다(McMillan, 2014).

총괄평가 학생의 수행을 기록하기 위해 수업이 끝난 뒤에 실시하는 평가. 형식적 평가라고도 불린다.

복습하기, 성찰하기 그리고 연습하기

❸ 평가의 맥락으로서 학급에 대해 논의한다.

복습하기
- 수업 전, 중, 후에 실시하는 평가에 대해 설명하라.
- 학급평가의 질을 판단할 때 어떠한 기준을 사용할 수 있는가?
- 학생들의 학습을 평가하는 최근의 경향은?

성찰하기
- 과거에 당신이 학창시절에 만났던 좋은 선생님을 떠올려보자. 그 선생님은 학급에서 학생들을 어떻게 평가했는가?

연습하기
1. 다음 중 형성평가의 예로 가장 적절한 것은?
   a. 해리슨 선생님은 한 단원의 끝 부분에서 학생들에게 보고서를 작성하도록 시킨다. 해리슨 선생님은 이 보고서를 통해 학생이 배운 단원을 얼마나 잘 이해하고 있는지 평가할 수 있다.
   b. 카트린 선생님은 수업 도중에 학생들에게 개방형 질문을 묻는다. 이렇게 함으로써 카트린 선생님은 학생들이 수업 내용을 어느 정도 이해하는지 평가할 수 있다.
   c. 매닝 선생님은 수업이 끝날 무렵에 퀴즈 게임을 한다. 이렇게 함으로써 매닝 선생님은 학생들이 수업 내용을 어느 정도 이해하는지 평가할 수 있다.

d. 스미스 선생님은 수업 시작 전에 학생들이 무엇을 이미 할 수 있는지 확인하기 위해 간단한 평가를 실시한다. 이렇게 하여 스미스 선생님은 학생들의 근접 발달 영역에 맞추어 수업을 진행할 수 있다.

2. 켄 선생님은 생물 시간에 해부에 대해 가르친다. 학생들은 다양한 동물의 해부에 대해 배우고 있다. 다음 중 해부와 관련한 수행평가에 해당하는 것은?

  a. 학생이 다양한 동물의 해부학적 구조에 대해 구두시험에 응답하는 것

  b. 학생이 개구리와 돼지의 해부학적 구조를 비교하는 서술형 시험에 응답하는 것

  c. 동물을 해부하고 각 부위의 이름을 대는 것

  d. 생물 과목에서 선다형 시험을 치고 응답하는 것

정답은 '연습하기 정답' 참조

학습목표 4
전통적 시험을 출제하는 방법을 설명한다.

④ 전통적 시험

|선택형 문제| |논술형 문제|

전통적 시험은 학생들이 선택지에서 정답을 선택하고, 숫자를 계산하고, 짧은 응답을 구성하거나 논술을 쓰는 지필 평가이다. 여기서는 전통적 시험을 (1) 선택형 문제와 (2) 논술형 문제로 구분하여 다룬다.

선택형 문제

선택형 문제(selected-response item)는 학생들의 답변을 빠르게 채점할 수 있는 객관적인 형식을 가지고 있다. 정답을 확인하는 채점표가 만들어져 있으며 시험 감독관이 직접 관리하거나 컴퓨터를 이용하여 시험을 칠 수 있다. 선다형, 진위형 및 연결 문제는 선택형 시험에서 널리 사용되는 유형이다.

선다형 문제 **선다형 문제**(multiple-choice item)는 문제와 선택지라는 두 부분으로 구성되어 있다. 문제는 질문이나 설명글이다. 오답지를 **혼란지**라고 부르기도 한다. 학생이 해야 할 일은 오답지 중 하나를 선택하는 것이 아니라 정답을 선택하는 것이다. 예를 들면 다음과 같다.

호주의 수도는 어디입니까? (문제)

    a. 시드니(혼란지)

    b. 캔버라(정답)

    c. 멜버른(혼란지)

    d. 브리즈번(혼란지)

수전 브룩하트(Brookhart, 2015)는 최근에 선다형 문제가 가진 두 가지 이점을 다음과 같이 설명한다. 첫째, 많은 양의 필답 또는 구술 답변을 요구하는 것이 아니기 때문에 쓰기 또는 말하기 능력이 충분히 발달되지 않은 학생들의 사고력을 측정할 수 있다. 둘째, 교사가 선다형 문제를 사용함으로써 학생들은 정해진 시간 안에 개방형 질문보다 훨씬 더 많은 선다형 문제에 답할 수 있다. 이를

선택형 문제 학생의 반응이 빨리 채점될 수 있는 객관식 검사 문항. 정답을 가진 채점표가 있어서 검사자나 컴퓨터에 의해 채점될 수 있다.

선다형 문제 질문과 그에 대한 가능한 여러 가지 응답이라는 두 부분으로 구성된 객관식 시험 문항

통해 교사는 학생들이 배우는 내용의 더 많은 측면에 대해 질문할 수 있다.

4학년 이하의 학생들은 별도의 답안지가 아닌 시험지에 바로 답하도록 해야 한다. 초등학교 저학년 학생들에게 답안지를 별도로 사용할 때 시험 문제를 천천히 풀고 어디쯤을 풀고 있었는지를 잊어버리는 경향이 있기 때문이다. 고학년 학생들의 경우 별도의 답안

지를 사용하면 대개 한쪽에 모든 답변을 적을 수 있기 때문에 점수 계산할 때 시간이 줄어든다. 많은 지역에서 교사가 수업 시간에 활용할 수 있는 상업용 답안지를 출판하고 있다. 객관식 시험을 수작업으로 골라낼 경우 정답의 위치에서 답안지를 자르거나 구멍을 내어서 채점도구를 준비하는 것이 좋다. 대부분의 학급에서는 정확하게 표시된 답변의 수를 계산한다. 선다형 문제의 강점과 한계는 그림 12.3에 제시되어 있다.

강점	한계
1. 간단한 학습 성과와 복잡한 학습 성과 둘 다 측정할 수 있다.	1. 좋은 문항을 만드는 것은 시간이 걸린다.
2. 문제가 고도로 구조화되고 명확하다.	2. 그럴듯한 오답지를 만드는 것이 어렵다.
3. 넓은 영역에서 성취도를 측정할 수 있다.	3. 선다형 형식은 문제해결의 유형을 측정하고 아이디어를 조직하고 표현하는 능력을 평가하는 데 비효과적이다.
4. 오답지도 진단 정보를 제공한다.	4. 읽기 능력에 의해 영향을 받을 수 있다.
5. 진위형 문제보다 추측에 덜 영향받는다.	
6. 채점이 쉽고 객관적이며 신뢰할 수 있다.	

그림 12.3 선다형 문항의 강점과 한계

출처 : Norman E. Gronlund, *Assessment of Student Achievement*, "Strengths and limitations of multiple-choice items," p. 60, © 1998.

진위형 문제 진위형 문제는 학생에게 문항이 참인지 거짓인지를 묻는다. 예를 들면 다음과 같다.

시드니는 호주의 수도이다.　　　참　／　거짓

진위형 문제를 구성하는 것은 쉽기 때문에 단점이 생길 가능성이 있다. 교사는 때때로 진위형 문제를 구성할 때 본문에서 문항을 직접 가져오거나 약간 수정한다. 내용을 거의 이해하지 못하고 기계적 암기를 조장하는 경향이 있으므로 이러한 문항을 피하는 게 좋다. 진위형 문제의 강점과 한계는 그림 12.4에 제시되어 있다.

학생과 연계하기 : 최고의 실천
선다형 문제를 해결하기 위한 전략

양질의 선다형 문제를 출제하기 위한 전략은 다음과 같다(Gronlund & Waugh, 2009; McMillan, 2014).

1. 문제는 질문 형식으로 만든다.
2. 선택지는 3~4개를 만든다.
3. 가능한 문제는 긍정형으로 만든다. 특히 초등학생들은 부정형 문제를 잘못 이해하는 경향성이 높다.
4. 설명 내용은 문제에 포함시키고 선택지는 가능한 한 간략하게 만든다.
5. 선택지는 문제와 문법적으로 일치해야 한다. 정답은 문제와 문법적으로 볼 때 적합해야 한다.
6. 각 문항마다 몇 개의 답을 찾아야 하는지 명시한다. 그렇지 않으면 학생들은 하나의 문항에는 단 하나의 정답만 있다고 가정한다.
7. 정답의 번호를 다르게 만든다. 학생들은 정답을 모를 경우 가운데 있는 선택지를 고르는 경향성이 높다.

8. 선택지의 길에서 정답을 찾을 수 있는 단서를 제공하지 않도록 조심한다.
9. 서로 차이가 나지 않는 선택지들로 문항을 구성하지 않아야 한다. 예를 들어, 다음의 문제에서 첫 번째 선택지가 두 번째 선택지보다 더 낫다.
   (질문) 화씨로 물이 어는 온도는?
   a. 25℉　　　　　　　　b. 32℉
   c. 39℉　　　　　　　　d. 46℉
   (질문) 화씨로 물이 어는 온도는?
   a. 31℉　　　　　　　　b. 32℉
   c. 33℉　　　　　　　　d. 34℉
10. 선택지에서 '모두' 또는 '해당사항 없음'이라는 선택지를 자주 사용하지 않는다.
11. 질문을 만들 때 교과서에 있는 낱말을 글자 그대로 사용하지 않는다.
12. 학생이 고등사고를 하도록 이끄는 문항을 꼭 포함시킨다.

강점

1. 두 가지 가능한 선택 사항이 있는 경우에 유용하다.
2. 선다형 문제보다 읽기 능력에 덜 의존한다.
3. 주어진 시험 시간 동안에 더 많은 수의 문제를 풀 수 있다.
4. 채점이 쉽고, 객관적이며, 신뢰할 수 있다.

한계

1. 높은 수준의 지식과 사고력을 측정하는 문항을 만들기 어렵다.
2. 학생이 어떤 지문이 거짓이라고 응답한 것이 정답이라고 하더라도 학생이 무엇이 정답인지를 알고 있다는 증거가 되지 못한다.[1]
3. 오답을 통해 진단적 정보를 제공할 수가 없다.
4. 추측하여 정답을 찾을 가능성이 가장 높은 문제 유형이다.

그림 12.4 진위형 문제의 강점과 한계

출처 : Norman E. Gronlund, *Assessment of Student Achievement*, "Strengths and limitations of true/false items" p. 79, © 1998. Reproduced by permission of Pearson Education, Inc.

연결형 문제 많은 교사가 어린 학생들에게 자주 사용하는 연결형 문제는 학생들이 하나의 항목 그룹을 두 번째 항목 그룹과 정확하게 연결하도록 요구한다. 연결은 특히 두 가지 정보 집합 간의 연결 또는 연관성을 평가하는 데 적합하다. 전형적인 연결형 문항은 왼쪽 편에 용어 목록이 배치되어 있고, 오른쪽 편에 용어 정의 또는 설명이 배치되는 형식을 가진다. 학생은 각각 용어와 그 용어에 해당하는 정의나 설명 사이에 선을 그어야 한다. 또한 각 용어 옆에 빈칸이 있고, 학생들은 정확한 설명 또는 정의의 번호나 문자를 기입하도록 만들어진 형식도 있다. 연결형 문항을 사용할 때, 하위 항목 수를 8개 또는 10개 이하로 제한하는 것이 좋다. 즉 각 세트당 5~6개 이상의 항목을 사용하지 않는 것이 좋다.

연결형 시험 문항은 (1) 작은 형태로 공간이 거의 필요 없기 때문에 많은 정보를 효율적으로 평가하기 쉽고, (2) 정답지를 사용하여 쉽게 채점할 수 있다는 점 때문에 교사에게 편리하다(Popham, 2017). 그러나 연결형 문항은 학생들에게 사소한 정보를 연결하도록 하는 경향이 있다.

논술형 문제

논술형 문제(constructed-response item)는 학생들이 문항에서 답을 선택하기보다 정보를 작성하도록 요구한다. 논술형 문제에서 가장 자주 사용되는 형식은 단답형과 논술이다. 논술형 문제는 채점할 때 출제자와 채점교사의 판단을 요구한다.

단답형 문제 **단답형 문제**(short-answer item)는 학생들이 단어, 어구 또는 몇 개의 문장을 써서 즉각적으로 응답하는 논술형 문제이다. 예를 들어 학생에게 "누가 페니실린을 발견했습니까?"라고 질문할 수 있다. 단답형 문제는 회상하여 답하는 것도 가능하고 다양한 자료를 주고 문제를 해결하도록 요구하여 그 능력을 평가할 수도 있다. 단답형 문제의 단점은 채점할 때 판단에 오류가 있을 수 있고 기계적 학습을 주로 측정할 때 사용된다는 것이다.

문장 완성은 학생들이 문장을 완성함으로써 자신의 지식과 기술을 표현한 단답형 문제의 변형이다. 예를 들어, 학생은 다음 문장을 완성하도록 요청받을 수 있다.

페니실린을 발견한 사람의 이름은 ______________이다.

논술 문제 **논술 문제**(essay item)를 통해 학생들은 질문에 보다 자유롭게 답할 수 있지만 앞의 문제 형식들보다 더 많은 쓰기 능력을 요구한다. 논술 문제는 특히 학생들의 내용 이해, 높은 수준의 사고 능력, 정보 구성 능력, 작문 능력을 평가하는 데 유용하다. 다음은 고등학교 논술 문제의 예이다.

정부에 대한 민주적 접근 방식의 강점과 약점은 무엇인가?
방금 읽은 소설의 주요 주제를 설명하라.
"미국은 성 편견 국가이다"에 대해 논하라.

논술 문제는 학생들이 몇 문장에서 여러 페이지에 이르기까지 무엇이든 쓸 수 있도록 요구할 수 있다. 어떤 경우 교사는 모든 학생에게 동일한 논술 질문에 답하도록 요구한다. 어떤 경우 교사는

논술형 문제 학생이 선택지에서 한 가지 반응을 고르는 것이 아니라 필요한 정보를 기입하도록 요구하는 문항

단답형 문제 학생에게 한 단어, 짧은 구, 몇 개의 문장으로 응답할 것을 요구하는 문항으로 응답자가 답을 작성해야 한다.

논술 문제 객관식 문항과 다르게 '쓰기'를 요구하는 검사 문항이며, 학생이 질문에 응답할 때 더 많은 자유를 가지는 방식

1 역자 주 : 정답이 무엇인지 모르는 상태에서도 오답은 찾을 수 있기 때문

학생들에게 여러 문제 중에서 그들이 쓰고 싶은 문제를 선택하게 하여 다른 학생과의 응답과 비교하기 어렵게 만들 수도 있다.

좋은 논술 문제를 만들기 위한 제안은 다음과 같다(Sax, 1997).

- **직설적으로 질문한다.** 문제를 너무 꼬지 말아야 한다. 논술답안을 채점할 때 채점기준표를 사용할 수도 있다.
- **채점 기준을 정한다.** 채점할 때 각 문제에 대한 원하는 대답의 길이와 중요성을 미리 정해놓는다.
- **과제를 구조화하고 명확하게 한다.** 학생들이 작성해야 할 내용을 분명히 한다. "조지 워싱턴은 누구입니까?"는 부족한 항목이다. 이것은 "미국의 초대 대통령"이라고 대답할 수 있다. 이와 같은 경우 학생들이 더 많이 쓰도록 하고 싶은 것이 있는지 스스로 물어봐야 한다. 더 구조화된 논술 문제는 학생이 생각을 많이 하도록 만든다. 예를 들어, "조지 워싱턴은 결코 거짓말하지 않았다"는 주장을 뒷받침하거나 반박하는 자료를 가지고 논하라고 요구할 수 있다. 다양한 자료나 사건을 이용하여 워싱턴이 얼마나 진실했는지에 대해 자신의 주장을 펼칠 수 있다.
- **직접적인 방법으로 질문한다.** 너무 까다롭게 하지 않는다. 논술 및 기타 시험에서 학생의 점수를 매기는 데 사용되는 용어 채점기준표가 있다. 이 문맥에서 채점기준표란 단순히 점수 체계를 의미한다. 논술형 문제의 강점과 한계는 그림 12.5에 제시되어 있다.

강점

1. 분석, 종합, 평가라는 가장 높은 수준의 사고력을 측정할 수 있다.
2. 아이디어를 통합하고 적용하는 것이 강조된다.
3. 논술형 문제를 출제하는 것이 선다형 문제를 출제하는 것보다 빠르고 쉽다.

한계

1. 각 문제에 답하는 데 필요한 시간 때문에 성취도를 정확하게 측정하기 어렵다.
2. 논술 문제에 응답할 때 학생이 자유롭게 아이디어를 선택하고 조직하고 표현하기 때문에 학생들이 논술한 내용과 의도한 학습 성과가 서로 일치하지 않을 수 있다.
3. 쓰기 능력과 부풀리기를 잘하면 점수가 높아지고 글씨가 나쁘고 철자가 틀리고 문법적으로 오류가 있을 때 점수가 낮아질 수 있다.
4. 채점하는 데 시간이 많이 낭비되고, 주관적이고 신뢰성이 낮을 수 있다.

그림 12.5 논술형 문제의 강점과 한계

출처 : Norman E. Gronlund, *Assessment of Student Achievement*, "Strengths and limitations of essay questions" p. 103, © 1998. Reproduced by permission of Pearson Education, Inc.

학생과 연계하기 : 최고의 실천
논술형 문제를 채점하기 위한 전략

논술을 채점하기 위한 전략은 다음과 같다(Sax, 1997).

1. *학생들의 답지를 채점하기 전에 미리 좋은 답안 또는 수용 가능한 답안이 무엇인지를 정해놓는다*(McMillan, 2011). 논술은 전체적 채점과 분석적 채점으로 나뉠 수 있다. 전체적 채점은 학생의 답에 대해 전반적인 판단을 내려서 하나의 숫자나 글자 등급을 매기는 것을 의미한다. 이때 학생의 답에 대한 전반적인 인상을 기초로 평가를 내릴 수도 있고, 미리 설정한 하나의 기준에 따라 점수를 줄 수도 있다. 분석적 채점은 여러 개의 기준에 따라 점수를 매긴 다음 모두 합산하여 점수를 매기는 방법이다. 이는 시간 낭비가 많을 수 있기 때문에 3~4개 이상의 기준을 만들지 않는 것이 좋다.
2. *답지가 어느 학생의 것인지 모르는 상태로 채점할 수 있는 방법을 준비한다.* 학생에게 종이 한 장을 더 주고 그 종이에 학생의 이름과 번호를 쓰게 한 다음 답지에는 학생의 번호만 쓰게 하는 방법도 있다. 이렇게 함으로써 학생에 대한 긍정적 또는 부정적 선입견이 작동하지 않게 만들 수 있다.
3. *같은 번호의 문제는 한 번에 함께 채점한다.* 즉 한 학생의 다음 문제에 대한 답을 읽기 전에 동일한 문제에 대한 전체 학생의 답을 모두 읽고 채점한다. 모든 문제에 대한 채점 기준을 기억하기보다는 한 문제에 대한 채점 기준을 기억하기가 쉽기 때문이다. 또한 한 학생의 모든 답을 다 읽는다면, 처음 몇 문제에 대한 평가가 이후 문제에 대한 평가에 영향을 줄 수도 있다.
4. *부적절하거나 부정확한 응답을 어떻게 처리할 것인지 결정한다.* 어떤 학생은 논술에서 허세를 부리는 경우가 있다. 어떤 학생은 한 주제에 대해 자기가 아는 것을 모두 다 쓰려고 시간을 보낸다. 어떤 학생은 문법적 오류가 많고, 철자가 틀리고, 글씨가 읽기 어렵다. 이러한 경우 무엇에 얼마만큼 감점할 것인지 미리 계획해두어야 한다.
5. *가능하다면 학생들에게 시험답안을 보여주기 전에 답을 다시 읽어본다.* 이렇게 함으로써 채점오류를 범하거나 뭔가를 놓치는 일을 예방할 수 있다.
6. *답지에 메모를 남긴다.* 긴 논술 문제에 점수 하나만 달랑 적어놓으면 학생에게 아무런 피드백을 제공하지 못한다. 또는 문법이나 철자가 틀린 곳에 동그라미를 치거나 교정을 하는 것은 학생에게 아무런 도움을 주지 못한다. 적절한 곳에 메모를 남기는 것이 좋은 전략이다.

복습하기, 성찰하기 그리고 연습하기

❹ 전통적 시험을 출제하는 방법을 설명한다.

복습하기
- 선다형, 진위형, 연결형 문제를 만들 때 기억해야 하는 중요한 점은 무엇인가?
- 논술형 문항은 무엇이며, 단답형 문제와 논술 문제의 차이는 무엇인가?

성찰하기
- 초·중·고등학교에서 오랜 역사에 걸쳐 전통적 시험을 실시하고 있는 이유는 무엇인가?

연습하기
1. 덴트 선생님을 마르시아가 논술시험에서 응답한 것에 대해 40/50-B라는 점수를 주었다. 그리고 철자와 문법적 오류만 지적하고 그 외에 다른 말은 전혀 쓰지 않았다. 이러한 평가에 대한 비판으로 가장 적절한 것은?
    a. 논술에서 이렇게 높은 점수를 주어서는 안 된다.
    b. 논술은 수치로 평가되어서는 안 된다.
    c. 무엇이 잘되었고 무엇 때문에 감점되었는지에 대한 설명이 없다.
    d. 논술에서는 철자와 문법적 오류를 지적하지 않는다.

정답은 '연습하기 정답' 참조

학습목표 5
대안적 평가의 유형을 설명한다.

❺ 대안적 평가

대안적 평가의 경향   수행평가   포트폴리오 평가

앞서 다룬 전통적 시험을 대체할 수 있는 다른 평가 방법이 있다(McMillan 2014; Popham, 2017). 이와 관련하여 몇 가지 경향을 살펴보겠다.

대안적 평가의 경향

현재의 경향 중 하나는 시험이나 논술로 측정할 수 없는 학생의 역량을 평가하기 위해 학생에게 실생활 문제를 해결하거나 프로젝트를 완수하거나 다른 기술을 발휘하도록 요구하는 것이다(Chai & others, 2015; Cirit, 2015). 또 다른 추세는 학생들이 배운 것을 증명할 수 있는 학습 포트폴리오를 만드는 것이다(Cote & Emmett, 2015; Qvortrup & Keiding, 2015). 이러한 대안적 평가는 현대 관점의 학습 및 동기 부여 방식과 일치하도록 만들기 위해 필요하다.

대안적 평가는 학생들에게 시험을 치르거나 논술을 쓰는 것보다 더 많은 선택권을 제공한다 (Hoachlander, 2015; Kim & Covino, 2015). 중학교 국어 교사나 미술 교사가 고안한 몇 가지 대안적 평가를 고려해보자(Combs, 1997). 그녀는 학생들에게 독후감, 삽화, 비디오 및 모델 중에서 선택할 수 있는 메뉴를 제공했다. 예를 들어, 미스터리에 관한 단원에서 학생들은 미스터리 이야기의 저자에 대한 보고서를 작성하거나, 독창적인 미스터리를 직접 쓰거나, 어린이용 미스터리 책을 만들거나 사설탐정과의 인터뷰를 진행할 수 있다. 각 옵션에는 상세한 지침과 우수성 평가하기 위한

중세시대 모델

그림 12.6 중학교 국어 시간에 사용되는 대안적 평가의 예

안내

중세시대의 인물 중 한 사람의 모형을 만들어라. 선택한 인물에 대한 묘사(누구이며, 중세시대에 그 사람이 왜 중요한지)를 반쪽 이상 한쪽 이내 분량으로 작성하라. 모형에는 적절한 복장, 소품, 기타 특징이 포함되어야 한다.

채점 안내

25점 모델이 중세시대 인물이며 그 사람의 복장, 소품, 기타 특징을 잘 묘사한 정도

10점 예술성

15점 노력한 정도

50점 반쪽 이상 한쪽 이내 분량으로 작성한 글에 대한 평가

가족사 모델 : 가계도

안내

가계도 그림을 이용하여 자신의 가족사를 표현하라. 가족 구성원에 대한 정보를 가능한 상세히 기술하라. 예를 들어, 생일, 사망일(돌아가셨다면), 직업, 출생지, 업적 등을 적어라. 더불어 가족사에 관한 일화(예 : 지금 거주지로 이사한 이유, 특이한 별명, 명예, 수상경력 등)를 두 가지 이상 적어라. 반드시 자신의 가족사에 대해 써야 한다(상업적으로 사용되는 타인의 가족사를 무단복제하거나 표절해서도 안 된다). 가계도를 깔끔하고 멋지게 만들어라.

채점 안내

25점 가계도에 3대 이상의 조상이 들어있다.

25점 이름뿐만 아니라 생일, 사망일, 출생지 등이 포함되어 있다.

25점 가계도에 재미있는 일화 또는 가족 중 유명한 사람에 대한 일화가 2편 이상이 있다.

15점 가계도가 깔끔하며 멋지게 되어 있다.

10점 철자 및 어법이 정확하다.

채점 가이드가 함께 제공된다. 그림 12.6은 중세와 가족 역사에 초점을 둔 대안평가를 위한 지침과 채점 가이드를 보여준다.

참평가(authentic assessment)란 현실 또는 실제 생활과 최대한 유사한 상황에서 학생의 지식이나 기술을 평가하는 것을 의미한다. 전통적 시험은 실제 상황과는 거리가 먼 지필 시험을 사용한다. 최근 추세는 현실을 보다 정확히 반영하는 문제로 학생들을 평가하는 것이다. 일부 사람들은 수행평가와 참평가라는 용어를 같은 의미로 사용하기도 한다. 그러나 모든 수행평가가 참평가인지가 명확하지 않다(McMillan, 2014).

참평가에 대해 비평하는 사람들은 객관식 및 논술 시험과 같은 일반적인 평가에 비해 참평가가 반드시 우월하지 않다고 주장한다(Terwilliger, 1997). 그들은 참평가의 지지자들이 참평가의 타당도를 뒷받침하는 자료를 거의 제시하지 못한다고 말한다. 그들은 또한 참평가가 지식과 기본 기술을 충분히 검토하지 못한다고 지적한다.

수행평가

전통적인 객관식 평가에서 수행평가로의 전환은 '알기'에서 '보여주기'로 바뀐 것을 의미한다(Burz & Marshall, 1996). 수행평가는 일반적으로 학생들의 실제 활동(댄스, 음악, 미술, 체육 등), 과제, 프로젝트, 구두 발표, 실험 및 포트폴리오 등을 포함한다. 그림 12.7은 과학에서의 수행평가의 예를 보여준다(Solano-Flores & Shavelson, 1997).

예술, 음악, 체육과 같은 일부 분야는 오래전부터 수행평가를 사용해왔다. 이러한 수행평가를 전

참평가 가능한 실제 세계나 실생활과 가까운 맥락에서 학생의 지식이나 기능을 평가하는 것

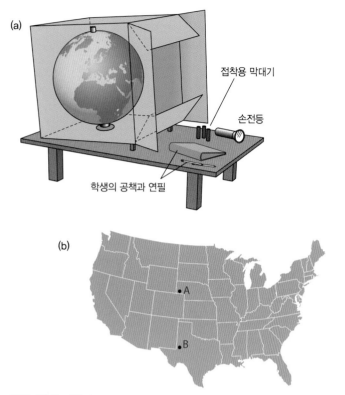

(c) 관찰/결과	점수
막대기 C가 미국의 동부에 있다.	1
막대기 C가 미국의 중서부에 있다.	1
막대기 C가 펜실베이니아와 메인주 사이 어딘가에 있다.	1

자료수집/관찰학습		점수
손전등 위치	손전등을 적도에서 비춘다.	2
손전등 움직임	손전등을 동에서 서로 움직인다.	2
지구본 돌리기	지구본을 돌린다.	1
	지구본을 서에서 동으로 돌린다.	2
막대기	막대기 C를 그림자가 서로 일치될 때까지 지도/지구본 위에서 움직인다.	1
	막대기 C를 그림자가 미국의 동부/동북부 지역에서 서로 일치될 때까지 지도/지구본 위에서 움직인다.	2
그림자	막대기 A와 B의 그림자를 참고한다.	1

그림 12.7 과학 과목에서의 수행평가

(a) 학습도구로 마분지 상자 속에 있는 회전 가능한 지구본, 접착용 막대기 3개, 손전등 1개를 준비한다. 학생은 지구본에서 미국의 특정한 두 지역에 막대기 A와 B를 세운다. 학생에게 막대기 A와 B 지역이 정오일 때 막대기 C의 그림자는 어떻게 보일지 질문한다. 학생은 막대기 C의 그림자가 미국 내에 있기 위해서는 막대기 C가 어디쯤에 있어야 하는지를 찾아야 한다. 학생은 손전등을 비추어 막대기의 그림자가 지구본 위에 나타나도록 함으로써 태양을 모방해야 한다. (b) 학생에게 막대기 C가 어디쯤에 있어야 한다고 생각하는지를 묻고 그 지점을 지도 위에 표시하라고 요구한다. 관찰되는 반응은 학생이 자신의 해결안을 노트에 기록한 것, 학생이 실제로 한 활동, 그 활동 속에 담긴 추론이다. (c) 학생의 수행을 평가하는 기준은 결과의 정확성과 관찰, 기록, 관찰학습을 한 결과의 정확성이다.

통적인 '학문 분야'에 도입하는 것이 가장 큰 변화이다. 사실 최근에 학생들의 학습과 진전에 관한 시도교육청 평가에 수행평가를 포함시키려는 노력이 증가하고 있다(Darling-Hammond & Falk, 2013; Parsi & Darling-Hammond, 2015).

수행평가의 특징 수행평가는 정확하고 객관적인 정답이 없고 높은 수준의 사고를 평가할 수 있는 개방적인 활동을 강조하는 내용을 포함한다(Peterman & others, 2015). 수행평가는 직접적인 평가 방법, 자체 평가, 집단 성과뿐만 아니라 개인의 성과, 그리고 장기간의 평가를 포함한다.

전통적 평가는 학생들이 알고 있는 것을 강조하지만, 수행평가는 학생들이 알고 있는 것과 할 수 있는 것을 평가한다. 수행평가는 정확하고 객관적인 정답을 요구하지 않는다. 예를 들어, 학생이 수업 시간에 말하기, 그림 그리기, 체육 훈련을 하거나 과학 프로젝트를 설계할 때 '정답'은 없다. 많은 수행평가는 학생들에게 정답의 폭을 좁히기보다는 자신의 대답을 구성할 수 있는 상당한 자유를 준다. 이로 인해 수행평가에서 채점은 힘들지만, 쟁점이나 주제에 대해 깊이 생각할 수 있는 높은 수준의 사고 능력을 평가할 수 있다.

수행평가는 작문 기술 평가를 위한 작문 샘플 평가 및 말하기 능력 평가를 위한 구두 발표 평가와 같은 직접적인 평가 방법을 사용한다. 학생의 구두 발표를 관찰하는 것은 지필평가에서 말하기 기술에 대한 일련의 질문을 하는 것보다 직접적인 평가이다.

어떤 수행평가는 학생들로 하여금 자신의 성과를 스스로 평가하는 것을 포함한다. 이러한 강조는 교사의 책임을 학생의 어깨에 보다 정연하게 자리매김하게 한다. **채점기준표**(rubric)는 학생들이 자체 평가를 수행하는 데 도움이 된다. 채점기준표는 학술 논문, 프로젝트 또는 시험의 채점을 위한 특정 기준을 열거한 안내서이다. 예를 들어 학생들은 자신이 만든 스크랩북을 평가받아야 할 수 있다. 평가를 위한 하나의 기준인 "충분한 세부 사항을 제공합니까?"는 다음과 같은 응답을 한다. 우수(독자에게 시간, 장소 및 이벤트에 대한 충분한 세부 정보를 넣었다), 양호(일부 세부 정보를 넣었지만 몇 가지 주요 세부 정보가 누락되었다), 보통(충분한 세부사항을 넣지는 않았지만 몇 가지는 포함했다), 미흡(세부사항이 거의 없다)으로 나누어 채점한다.

어떤 수행평가는 학생들이 개별적으로 수행하는 방식뿐만 아니라 학생들이 그룹으로 얼마나 효과적으로 수행하는지 평가한다. 따라서 학생이 개별적으로 과학 프로젝트를 수행하는 대신 그룹을 만들 수 있다. 학생평가에는 개인의 기여도와 그룹의 성과가 모두 포함될 수 있다. 그룹 프로젝트는 종종 복잡하며 협력, 의사소통 및 리더십을 평가할 수 있다.

끝으로 수행평가는 장기간에 걸쳐 이루어질 수 있다. 전통적 시험에서 평가는 단일 시간에서 이루어진다. 예를 들어, 교사는 객관식 시험을 실시하고 학생들은 한 시간 정도 시간을 투자할 수 있다. 대조적으로 수행평가는 며칠, 몇 주, 심지어 몇 달이 걸리는 지속적인 과제를 포함한다. 예를 들어, 학생이 과학 프로젝트를 진행하는 과정에서 한 달에 한 번씩 평가를 받고, 프로젝트가 완료되면 최종 평가를 받을 수 있다.

수행평가를 위한 지침 수행평가 지침은 (1) 명확한 목적 수립, (2) 관찰 가능한 기준 확인, (3) 적절한 환경 설정, (4) 평가 또는 채점이라는 네 가지 주제를 다룬다(Russell & Airas-ian, 2012).

수행평가가 명확한 목적을 가지고 있는지, 그리고 평가를 통해 정확한 결정을 내릴 수 있는지 확인한다. 수행평가의 목적에는 학생들의 점수를 매기고, 학생의 진보를 평가하고, 수행에서 중요한 단계를 인식하고, 학습 포트폴리오에 포함될 결과물을 만들고, 대학이나 기타 프로그램에 입학하는 데 도움을 줄 수 있는 학생의 작품을 만들 기회를 제공하는 것이 포함된다.

수행 기준(performance criteria)은 학생들이 평가받는 동안에 효과적으로 수행해야 하는 구체적인 행동이다. 수행 기준을 미리 정해놓으면 교사는 학생이 해야 할 일을 대충 포괄적으로 설명(예 : '구두 발표' 또는 '과학 프로젝트 완료')하는 데서 멈추지 않고 어떻게 수행해야 좋은 점수를 받을 수 있는지 상세히 말해줄 수 있다. 수행 기준은 교사가 보다 체계적이고 집중적으로 학생의 수행을 관찰할 수 있도록 도와주기도 한다. 교사는 지침에 의존하여 관찰할 수밖에 없다. 수행 기준이 없다면, 교사의 관찰은 체계적이지 않을 수 있고 무계획적일 수 있다. 수입 시직에 수행 기준을 학생들에게 알려줌으로써 학생들은 자신의 학습에 집중하는 방법을 알 수 있다.

수행 기준을 명확하게 설명했으면 활동 또는 과제를 관찰할 환경을 구체적으로 명시하는 것이 중요하다. 교실에서 교사가 만든 특별한 상황 또는 교실 밖의 상황에서 학급 활동이 어떻게 진행되고 있는지 그 흐름을 직접 관찰하고 싶을 수 있다. 단 한 번의 활동이 학생의 지식이나 능력을 공정하게 보여주지 못하기 때문에 여러 번 관찰하는 것이 좋다.

채점기준표 학습과제물, 프로젝트 보고서, 시험답안을 채점하기 위한 기준을 담은 지침. 주로 채점기준이 담긴 도표

수행 기준 평가의 한 부분으로 학생이 효과적으로 수행할 필요가 있는 구체적 행동

초등학생의 미술작품을 평가하기 위한 수행 기준을 만드는 데 필요한 지침에는 어떤 것이 있을까?

© BananaStock/age fotostock RF

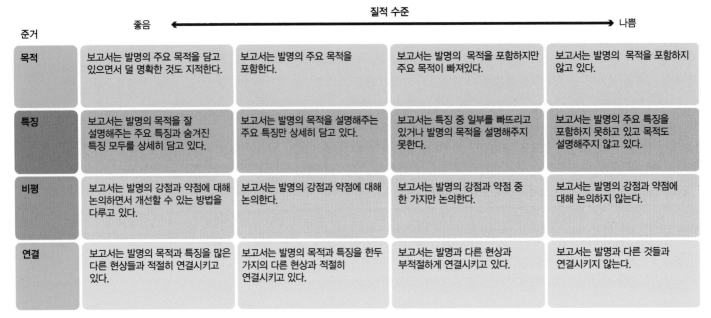

준거	좋음 ←		질적 수준	→ 나쁨
목적	보고서는 발명의 주요 목적을 담고 있으면서 덜 명확한 것도 지적한다.	보고서는 발명의 주요 목적을 포함한다.	보고서는 발명의 목적을 포함하지만 주요 목적이 빠져있다.	보고서는 발명의 목적을 포함하지 않고 있다.
특징	보고서는 발명의 목적을 잘 설명해주는 주요 특징과 숨겨진 특징 모두를 상세히 담고 있다.	보고서는 발명의 목적을 설명해주는 주요 특징만 상세히 담고 있다.	보고서는 특징 중 일부를 빠뜨리고 있거나 발명의 목적을 설명해주지 못한다.	보고서는 발명의 주요 특징을 포함하지 못하고 있고 목적도 설명해주지 않고 있다.
비평	보고서는 발명의 강점과 약점에 대해 논의하면서 개선할 수 있는 방법을 다루고 있다.	보고서는 발명의 강점과 약점에 대해 논의한다.	보고서는 발명의 강점과 약점 중 한 가지만 논의한다.	보고서는 발명의 강점과 약점에 대해 논의하지 않는다.
연결	보고서는 발명의 목적과 특징을 많은 다른 현상들과 적절히 연결시키고 있다.	보고서는 발명의 목적과 특징을 한두 가지의 다른 현상과 적절히 연결시키고 있다.	보고서는 발명과 다른 현상과 부적절하게 연결시키고 있다.	보고서는 발명과 다른 것들과 연결시키지 않는다.

그림 **12.8** 발명을 평가하기 위한 채점기준표

주 : 채점기준표에서 질적 수준을 보여주는 4개의 칸에 이름을 붙이거나 점수를 부여할 수 있다. 예를 들어, 1칸은 4점(매우 우수) 2칸은 3점(우수), 3칸은 2점(보통), 4칸은 1점(부족)을 줄 수 있다.

마지막으로 활동을 채점하거나 평가해야 한다. 채점기준표는 활동을 판단하기 위해 사용되는 기준, 활동의 우수성 범위가 어떻게 나타나야하는지, 어떤 점수가 주어져야 하는지, 그리고 그 점수가 의미하는 바가 무엇인지, 그리고 여러 수준의 우수성을 어떻게 기술하고 구분해야 하는지를 포함한다.

채점기준표를 준비할 때 다음을 참고하라(Re: Learning by Design, 2000).

1. 채점용 척도는 숫자를 이용한다. 높은 숫자는 일반적으로 최고의 활동에 할당된다. 척도는 일반적으로 4, 5 또는 6을 가장 높은 점수로 사용하고, 가장 낮은 점수는 1 또는 0까지 사용한다

2. 신뢰도를 높이고 편향된 점수를 피하기 위해 각 수행 기준에 대한 설명을 제공한다.

3. 채점기준표가 범용인지, 장르별인지, 과제별인지 결정한다. 범용일 경우 채점기준표는 의사소통 또는 문제해결과 같은 광범위한 성능을 판단하는 데 사용할 수 있다. 장르별 채점기준표인 경우, 논술, 연설, 의사소통 형태의 서사, 개방형 또는 폐쇄형 문제 종류와 같은 구체적인 수행 유형에 적용된다. 과제별 채점기준표는 단일 수학 문제 또는 특정 주제에 대한 연설과 같이 단일 작업에만 한정된다.

4. 채점기준표가 종단적이어야 하는지를 결정한다. 이러한 유형의 채점기준표는 시간의 경과에 따라 교육목표 달성 정도를 평가하기 위한 것이다. 채점기준표를 개발하기 위한 한 가지 전략은 학생이 완성한 과거 과제에서 사례를 찾아 이를 견본으로 삼고 역추적하는 것이다(McMillan, 1997, p. 218). "이 견본을 분석하여 이것이 왜 다른 것과 다르게 더 좋은 것인지를 알 수 있다. 이 견본은 판정을 내리기 위한 앵커(anchor) 보고서로 사용될 수도 있고, 학생들을 이해시키기 위해 보여줄 수도 있다." 앵커는 채점기준표의 각 차원에 적용되는 특정 수행지표를 정하는 데 사용되는 견본이다. 그림 12.8은 발명에 대한 보고서에 점수를 매기는 채점기준표이다. 그림 12.9는 채점기준표를 만들 때 명확성의 중요성을 보여준다.

준거 : 청중의 주의 끌기
질적 수준

	높음		낮음
(a)	창의적 도입	지루한 도입	도입이 없음
(b)	놀라운 사실이나 상세한 정보를 제공한다. (예 : 일련의 질문, 간단한 시제품, 화려한 이미지, 주제를 선택한 사적인 이유 등)	한두 문장으로 도입을 한 뒤에 곧 바로 발표를 시작한다.	청중의 주의를 끌기 위해 노력하지 않고 곧 바로 발표를 시작한다.

그림 12.9 구두 발표를 위한 채점기준표에서 명확성 높이기

(a)에서는 학생이 좋은 평가를 받기 위해 무엇을 해야 하는지 구체적이고 명확하게 밝히지 않는다. (b)에서는 준거에 따라 어떻게 평가될 것인지 구체적이고 상세한 정보를 제공한다.

포트폴리오 평가

최근 몇 년 동안 포트폴리오 평가에 대한 관심이 극적으로 증가했다(Qvortrup & Keiding, 2015; Ugodulunwa & Wakjissa, 2015). 포트폴리오는 전통적인 학습평가에서 크게 벗어난다. 그림 12.10은 포트폴리오와 전통적인 시험과 비교한 것이다.

포트폴리오(portfolio)는 학생의 능력과 성과를 보여주는 체계적인 모음집이다. 포트폴리오는 학생의 진보와 업적에 대한 이야기를 모아놓은 것이다. 폴더에 넣은 과제 또는 스크랩북에 붙인 기념품 모음집 이상의 것이다. 포트폴리오에 포함시키기 위해서는 각 과제를 진보와 목적을 보여주는 방식으로 작성하고 구성해야 한다. 포트폴리오에는 예제, 과제 일지 항목, 비디오테이프, 미술작품, 교사의 의견, 포스터, 인터뷰, 시, 시험 결과, 문제해결, 외국어 회화 녹음, 자체 평가, 학생의 능력과 업적이 포함될 수 있다. 포트폴리오는 종이, 사진, 오디오 테이프, 비디오, 컴퓨터 디스크 또는 CD-ROM으로 수집할 수 있다. 오늘날은 인터넷에서 클라우드 기반 포트폴리오 도구를 사용하여 포트폴리오를 만들 수 있다.

포트폴리오 학생의 작품들을 체계적이고 조직적으로 수집한 것으로 학생의 역량과 성취를 증명할 수 있는 자료

그림 12.10 전통적 시험과 포트폴리오 비교

출처 : From Johnson, Nancy Jean, and Leonie Marie Rose, Portfolios. Lanham, MD: Rowman & Littlefield Education, 1997.

전통적 시험	포트폴리오
• 학습, 시험, 수업이 서로 분리됨	• 평가와 수업이 학습과 연계됨
• 동떨어졌거나 친숙하지 않은 짧은 문장을 사용하기 때문에 선행지식이 학습에 주는 영향을 평가하지 못함	• 참평가 활동을 사용함으로써 선행지식을 학생의 학습에서 매우 중요한 요인으로 여김
• 문자 정보를 요구하는 자료에만 의존	• 의미를 구성하는 데 있어서 중요한 추론과 비판적 사고를 증명할 기회를 제공
• 평가 과정에서 협력을 방해	• 교사와 학생 모두 참여하는 협력적 접근을 표방함
• 보고서에 기입할 성취도를 확인하기 위해 탈맥락화된 능력을 주로 다룸	• 학습은 의사소통 기술을 통합하는 것을 요구한다는 인식을 가지고 다면적 활동을 사용
• 학생이 학급에서 활동한 것과 무관한 내용으로 평가	• 학생이 학급에서 활동하는 것을 온전하게 반영
• 정해진 내용과 사전에 준비된 상황에서 학생을 평가	• 예측할 수 없는 상황에서 적절히 수행하는 학생의 능력을 평가
• 모든 학생을 동일한 차원에서 평가	• 개인차를 인정하면서 학생을 평가
• 성취도만 강조	• 향상, 노력, 성취도 모두 강조
• 학생들이 자신의 학습을 스스로 감독하는 능력을 평가하는 도구가 거의 없음	• 학생들이 자신의 학습을 스스로 감독하는 자기평가를 적용
• 기계적으로 채점하며 교사의 의견이 반영되지 않음	• 학생이 자신의 진보나 성과를 평가하고 후속 학습 목표를 설정하는 일에 참여
• 학습에 대한 정서적 반응을 평가하는 문항이 거의 없음	• 학습에 대한 감정을 반추하는 기회 제공

학생들의 포트폴리오에 포함할 수 있는 것은 학습기록물, 재제작, 인증, 제작물 네 가지이다 (Barton & Collins, 1997).

- 학습기록물(artifact)은 교실의 통상적인 수업 시간에 생성되는 학습지 및 숙제와 같은 문서 또는 산출물이다. 학습기록물은 이미지 파일, 비디오 파일 및 오디오 파일을 통해 디지털화할 수 있다. 파일을 온라인으로 클라우드 저장소에 저장할 수 있다.
- 재제작(reproduction)은 특수 프로젝트 및 인터뷰와 같이 교실 밖에서 학생이 활동한 결과물을 문서화한 것이다. 예를 들어, 과학자의 연구에 관해 지역의 과학자와 인터뷰한 뒤에 학생이 덧붙인 설명이 재제작이다.
- 인증(attestation)은 학생의 진도를 인증한다는 교사 또는 다른 책임자의 증명서를 의미한다. 예를 들어, 교사는 학생의 구두발표에 대한 평가 노트를 작성해서 학생에게 주고 학생은 그것을 포트폴리오에 넣을 수 있다.
- 제작물(production)은 학생이 포트폴리오를 위해 특별히 준비하는 문서이다. 제작물은 목표, 반성, 설명글이라는 세 가지 유형의 자료로 구성된다. 학생들은 포트폴리오를 통해 달성하고자 하는 것에 대한 목표를 작성하고, 자신의 활동에 대한 반성을 기록하고 진행 상황을 설명하며, 포트폴리오의 각 작업 및 중요성을 설명하는 주석을 단다.

효과적으로 포트폴리오 사용하기 평가를 위해 포트폴리오를 효과적으로 사용하는 방법은 다음과 같다. (1) 포트폴리오의 목적 설정, (2) 포트폴리오에 관한 의사결정에 학생이 참여하기, (3) 학생과 함께 포트폴리오 검토하기, (4) 평가 기준을 설정하기, (5) 포트폴리오 채점하기, 그리고 (6) 학생의 자기반성이다.

목적 설정 포트폴리오는 다양한 목적으로 사용될 수 있다. 두 가지 주요 목적은 학생의 성장을 기록하는 것과 최우수 작품을 보여주는 것이다. '발달 포트폴리오'라고 불리기도 하는 **성장 포트폴리오**(growth portfolio)는 학습목표를 달성하는 과정에서 학생의 성장을 보여주기 위해 장기적인(한 해 또는 그 이상) 과제로 이루어진다. 성장 포트폴리오는 시간이 지남에 따라 학생이 얼마나 많이 변화했는지 또는 얼마나 배웠는지에 대한 구체적인 증거를 제공하는 데 매우 유용하다. 학생들은 포트폴리오를 검토하면서 자신의 발달을 스스로 확인할 수 있다. 성장 포트폴리오의 한 예는 알래스카 주노(Arter 1995)의 초등학교 성적에서 사용되는 통합 언어 예술 포트폴리오이다. 성장과 성취를 보여주는 방법으로 성적표와 성적을 대신하도록 고안되었다. 성장은 읽기, 쓰기, 말하기 및 듣기 능력이 발달의 연속성상 어디에 위치하는지를 추적함으로써 알 수 있다. 연속선상에서 학생의 위치는 당해 연도에 미리 지정된 시간대에 표시된다. 학생이 만든 작품이 학생의 발달 수준에 대한 판단 근거로 사용된다.

　최우수 작품 포트폴리오(best-work portfolio)는 학생의 가장 뛰어난 작품을 보여준다. 이것은 심지어 학생의 '전시용 포트폴리오'라고 한다. 최우수 작품 포트폴리오는 발달 포트폴리오보다 선별적이며 학생의 최신 작품을 포함하는 경우가 많다. 최우수 작품 포트폴리오는 학부모-교사 면담, 학생들의 미래의 교사, 상급학교 진학에 특히 유용하다.

포트폴리오 자료 선택에서 학생들의 참여 많은 교사는 학생들이 스스로 포트폴리오의 내용에 관해 결정을 내리도록 허락한다. 학생들에게 자신의 포트폴리오의 내용을 선택할 수 있도록 허락되

성장 포트폴리오 학습목표 달성 과정을 보여주기 위해 만든 학생의 작품집으로 한 학년 또는 그 이상 긴 시간 동안 모아놓은 것

최우수 작품 포트폴리오 학생의 가장 우수한 작품을 모아놓은 포트폴리오

면, 학생이 각 작품을 선택한 이유에 대해 간략한 설명을 작성하고 자기반성을 하도록 장려하는 것이 좋은 전략이다.

학생과 함께 검토하기 학생들에게 연초에 어떤 포트폴리오가 있으며 어떻게 사용될 것인지 설명한다. 또한 학생의 진보 상황을 검토하고 학생이 향후 포트폴리오 관련 작업을 어떻게 할 것인지 계획을 세우는 데 도움을 주기 위해 1년 내내 학생-교사 회의를 개최해야 한다(McMillan, 2014).

평가 기준 설정하기 명확하고 체계적인 수행 기준이 있어야 포트폴리오를 효과적으로 사용할 수 있다. 학생들의 학습목표가 명확할 때 수행 기준을 수월하게 설정할 수 있다. 교사는 학생들이 갖추어주었으면 하는 지식과 기술이 무엇인지 본인에게 물어보아야 한다. 수업과 수행 기준도 설정된 평가 기준에 맞춰서 이루어져야 한다.

채점하기 포트폴리오를 심사하고 채점하는 데 상당한 시간이 걸린다. 교사는 포트폴리오의 개별 항목뿐만 아니라 전체를 평가해야 한다. 포트폴리오의 목적이 다음 학년 교사에게 학생에 관한 정보를 제공하는 것이면 포트폴리오의 채점이나 요약이 필요하지 않을 수 있다. 그러나 포트폴리오의 목적이 진단하기, 향상 성찰하기, 효과적인 수업이라는 증거 제공하기, 학생들이 자신의 작품에 대해 성찰하도록 동기 부여하기, 성적 처리하기 등이라면, 간략한 채점이 필요하다. 체크리스트와 등급 척도는 채점하기 위한 목적으로 사용된다.

평가에서 포트폴리오의 역할 평가하기 학습 포트폴리오에는 여러 가지 장점이 있다. 먼저 포트폴리오는 학생의 작품과 성취가 얼마나 복잡하고 완전한지를 보여줄 수 있다. 둘째, 학생들이 자발적으로 의사결정하고 자기 성찰할 기회를 부여한다. 셋째, 학생들에게 깊게 비판적으로 생각하도록 동기를 부여한다. 끝으로 학생들의 진보와 향상을 평가할 수 있는 좋은 도구를 제공한다.

학습 포트폴리오에는 몇 가지 약점이 있다. 조정하고 평가하는 데 상당한 시간이 걸린다. 복잡성과 독창성으로 인해 평가가 어려워지고, 신뢰도가 기존의 시험보다 훨씬 낮은 경우가 자주 있다. 그리고 대규모 평가(예 : 주 전체 평가)에서 사용할 때 비용이 많이 든다. 그러나 이러한 약점을 염두에 두고도 대부분의 교육심리학자와 교육협회(예 : 국가교육협회)는 포트폴리오 사용을 지지한다.

유치원 교사 우리는 아이들이 많은 작품(글이나 그림)을 모으기 위해 1년에 세 번의 포트폴리오를 만듭니다. 이 포트폴리오를 나란히 배열하여 아이들의 발달을 비교하고 평가합니다. 부모님들은 간담회 때 포트폴리오를 통해 자녀들이 어떻게 진보하였는지를 보게 되죠. 우리는 아동이 발달상 지체를 가질 가능성이 있는지를 평가하기 위해 포트폴리오를 이용합니다.

–발레리 고햄, 키디쿼터스사

초등학교 교사 우리 4학년 학생들은 '최우수 작품' 글쓰기 포트폴리오와 '초고' 글쓰기 포트폴리오를 만듭니다. 이 두 가지 포트폴리오에 필요한 자료를 수집하는 과정은 대략 5주 정도 걸리며, 도중에 글쓰기 교육도 받죠. 학년 말에 학생들은 초고와 최우수 작품을 검토하면서 얼마나 진보했는지를 확인합니다.

–셰인 슈워츠, 클린턴초등학교

중학교 교사 저는 학생들에게 자신의 시험, 퀴즈, 보고서, 프로젝트, 논술, 기타 중요한 숙제 등을

모으도록 시킵니다. 포트폴리오 과정에서 중요한 부분은 학생들이 포트폴리오를 집에 가지고 가서 부모님과 함께 평가한 다음 그것을 어떻게 개선할 것인지를 목표를 세운 다음 학교로 다시 가지고 오게 합니다.

-케이시 마스, 에디슨 중학교

고등학교 교사 저는 직업 체험을 하는 학생들에게 포트폴리오를 사용합니다. 학생들은 1년에 네

번의 직업체험을 하며, 여기에는 직무 과제에 대한 직장 관리자의 평가, 직무 자체에 대한 학생의 성찰, 완수한 직무, 학생이 주도한 인터뷰에 대한 피드백이 포함됩니다. 저는 학생들에게 포트폴리오를 잘 만들어서 다음에 취업할 때 사용하라고 권합니다.

-샌디 스완슨, 메노모니폴즈고등학교

복습하기, 성찰하기 그리고 연습하기

⑤ 대안적 평가의 유형을 설명한다.

복습하기

• 무엇이 평가를 참되게 만드는가? 참평가에 대한 비판은 무엇인가?
• 수행평가의 특징은 무엇인가? 수행평가를 사용하기 위한 지침은 무엇인가?
• 포트폴리오는 무엇이며 평가에서 어떻게 사용되는가? 포트폴리오의 강점과 약점은 무엇인가?

성찰하기

• 여러분이 교육심리학을 가르친다고 가정해보자. 세 가지 문항에 대한 답을 평가하기 위해 어떻게 채점기준표를 만들 것인가?

연습하기

1. 대학생인 니콜은 교사자격증을 획득하기 위해 사범대학에 다니고 있다. 교사자격증 취득을 위해 수행평가를 받아야 한다. 어떻게 수행평가를 하는 것이 가장 적합한가?
   a. 선다형 시험   b. 논술 시험
   c. 사례 연구에 기초한 시험   d. 실제 수업을 직접 관찰

2. 카일은 저널리즘 수업의 포트폴리오를 작성하고 있다. 포트폴리오에는 그가 학교신문에 기고했던 기사를 평가한 선생님의 평가 노트가 포함되어 있다. 이 노트는 다음 중 어떤 것의 예인가?
   a. 학습기록물   b. 인증
   c. 제작물   d. 재제작

정답은 '연습하기 정답' 참조

학습목표 6
성적처리에 대한 건강한 접근을 형성한다.

⑥ 성적처리 및 수행 보고

성적처리의 목적 | 성적처리 시스템의 구성 요소 | 학부모에게 학생의 진보와 성적 보고하기 | 성적에 대한 쟁점

성적처리(grading)는 학생의 학습이나 수행의 질을 표시하기 위해 글로 된 평가 정보를 문자, 숫자, 또는 기타 기호로 옮기는 것을 의미한다.

성적처리의 목적

성적을 처리하는 것은 학생의 학습 및 성취를 의미 있는 정보로 바꾸는 과정이다. 학생의 성적을 처리하는 것은 네 가지 기본 목적을 제공한다(Russell & Airasian, 2012).

- **행정적 목적.** 성적은 학생들의 학급 순위, 졸업 학점, 그리고 학생이 다음 학년으로 진급해도 되는지의 여부를 결정하는 데 도움을 준다.
- **정보적 목적.** 성적은 학생의 업무에 관해 학생, 학부모, 기타 사람들(상급학교 입학사정관)과 소통하는 데 사용될 수 있다. 성적은 학생이 수업목표와 학습목표를 얼마나 잘 달성했는지에 대한 교사의 전반적인 결론을 나타낸다.
- **동기적 목적.** 많은 학생들이 높은 성적을 받고 싶은 열망과 낮은 성적에 대한 두려움 때문에 좋은 성적을 받고 싶어서 더 열심히 공부한다.
- **지도적 목적.** 성적은 학생, 학부모, 상담사가 학생을 위한 적절한 과목과 수준을 선택할 수 있도록 도와준다. 성적은 학생이 특별한 서비스를 받아야 하는지와 미래에 학생들이 받을 수 있는 교육 수준이 어느 것인지에 대한 정보를 제공한다.

성적처리 시스템의 구성 요소

성적은 교사의 판단을 반영한다. 교사가 내리는 세 가지 주요 판단 유형은 성적처리 시스템의 기초가 된다(Russell & Airasian, 2012). 첫째, 성적처리를 위해 사용할 비교 기준은 무엇인가? 둘째, 학생 수행의 어떤 측면에 기초하여 성적을 처리할 것인가? 셋째, 성적처리를 위한 증거의 비중에 차이를 둘 것인가?

비교 표준 다른 학생의 수행이나 미리 정해진 수행 기준과 비교히어 학생들이 성적을 처리할 수 있다.

학생 간의 수행 비교 규준 지향 성적처리(norm-referenced grading system)는 상대평가 시스템으로 학생의 수행을 같은 수업의 다른 학생 또는 다른 수업의 다른 학생의 수행과 비교하면서 성적을 처리하는 시스템이다. 이러한 시스템에서 학생들은 대부분의 급우들보다 더 나은 수행을 하면 우수한 성적을 얻고, 더 낮은 수행을 하면 낮은 성적을 받는다. 규준 지향 성적처리는 일반적으로 정상분포 곡선에 따라 성적을 처리하는 것이다. 규준 지향 성적처리에서 채점 척도는 몇 퍼센트의 학생

성적처리 학생의 학습이나 수행의 질을 표시하기 위해 기술적인 평가 정보를 문자, 숫자, 기타 표시로 바꾸는 것

규준 지향 성적처리 한 학생의 수행을 교실의 다른 학생들 또는 다른 교실의 학생들의 수행과 비교하는 것에 기초한 등급 매기기 체계

준거 지향 성적처리 다른 학생의 수행 수준과 관계없이 수행 수준에 따라 정해진 점수(또는 등급)를 부여하는 채점 방법

이 특정 성적을 받는지를 결정한다. 이 척도는 주로 가장 높은 비율의 학생들이 C를 받도록 되어 있다.

대부분의 경우 15%의 학생이 A, 25%의 학생이 B, 40%의 학생이 C, 15%의 학생이 D, 5% 학생이 F 성적을 받게 된다. 성적을 처리하는 과정에서 교사는 종종 점수 범위에서 차이를 찾는다. 6명의 학생이 92~100점까지, 10명의 학생이 81~88점 사이의 점수를 얻었고, 88~92점 사이의 점수가 없는 경우 교사는 A를 92~100점까지, B를 81~88점으로 지정한다. 규준 지향 성적처리는 학생들의 동기 부여를 낮추고, 불안감을 증가시키며, 학생들 사이의 부정적인 상호작용을 증가시키고, 학습을 방해하기 때문에 비판받는다. 따라서 규준 지향 성적처리는 널리 사용되지 않는다.

사전 정해진 기준과 수행의 비교 준거 지향 성적처리(criterion-referenced grading)는 다른 학생의 수행과 비교하지 않고, 일정 수준의 수행에 특정 점수를 부여할 때 사용된다. 때로는 준거 지향 성적처리를 절대 채점(absolute grading)이라고도 한다. 일반적으로 준거 지향 성적처리는 시험에서 얻은 점수의 비율 또는 구두 발표에서 미리 정해놓은 수행 기준에 도달한 정도에 근거한다. 준거 지향 성적처리는 규준 지향 성적처리에 비해 권장된다.

이론적으로 볼 때 미리 정해진 기준은 절대적이라고 생각되지만, 실제로는 그렇지 않을 수도 있다(McMillan, 2014). 예를 들어, 학교 시스템은 종종 A=94~100% 정확도, B=87~93%, C=77~86%, D=70~76%, F=70% 이하의 성적 시스템을 개발한다. 이 시스템은 모든 학생들이 A 점수를 받기 위해 94점을 받아야 하고 70점 이상을 받지 못하는 모든 학생은 F를 받는다는 의미에서 절대적이지만, 교사들과 학생들에 따라 94점, 87점, 77점, 70점이 의미하는 바가 엄청나게 다르다. 어떤 교사는 시험을 매우 어렵게 출제하고 다른 교사는 매우 쉽게 출제할 수 있기 때문이다.

많은 교사들은 앞에서 언급한 것과 다른 성적처리 시스템을 사용하고 F 점수를 부여하는 기준이 다르다. 일부 교사는 낮은 성적이 학생들의 동기 부여를 방해한다고 주장하고 F와 D를 주는 것을 꺼린다. 어떤 교사들은 학생의 점수가 50점 미만이 되지 않으면 낙제시키지 않는다.

수행의 측면 학기 동안에 학생들은 성적처리의 기초가 될 수 있는 많은 과제를 수행했을 것이다. 시험 및 퀴즈 성적뿐만 아니라 질의응답, 프로젝트, 인터뷰, 숙제와 같은 다양한 대안적 평가 방법도 여기에 포함된다. 최근 미국에서는 포트폴리오로 하나만 가지고 성적을 평가하거나 성적의 일부로 포함하는 경향이 높아지고 있다. 어떤 교육자들은 성적은 학생의 학업적 수행만 가지고 처리되어야 한다고 주장한다. 다른 교사들은 성적은 주로 학업적 수행에 근거해야 하지만 학생의 동기, 노력 및 참여율에 대한 교사의 평가도 포함될 수 있다고 본다.

많은 교사들은 시험 점수만 가지고 학생의 성적을 평가한다. 그러나 많은 평가 전문가는 여러 시험 점수와 다른 종류의 평가(McMillan, 2014)에서 얻은 점수들을 함께 반영하여 최종 성적을 매기기를 추천한다. 예를 들어, 지리 과목의 성적은 두 번의 외부 시험, 교내 기말시험, 퀴즈 8개, 숙제, 각종 보고서 2개, 1개의 프로젝트에서 얻은 점수를 종합해서 처리된다. 일련의 시험과 다양한 유형의 평가를 기반으로 성적을 매기는 것은 학생의 강점과 약점을 균형 잡는 데 도움이 될 뿐 아니라 내부 또는 외부 원인으로 인한 측정 오류를 보정하는 데 도움이 된다.

어떤 교육자들은 교사가 평가한 학생의 동기, 노력, 참여 등을 강조하고, 특히 경계선의 학생들에게 가산점을 주기도 한다. 따라서 교사는 학생의 동기가 높고 상당한 노력을 기울였으며 수업에 적극적으로 참여한 경우 B를 B⁺로 줄 수 있고, 학생의 동기가 부족하고 노력을 거의 기울이지 않

앉으며 적극적으로 참여하지 않았다면 *B⁻*를 줄 수 있다. 그러나 다른 교육자들은 성적이 학업적 수행에만 근거해야 한다고 강조한다. 등급별 노력과 같은 요소를 포함하는 것과 관련한 문제점 중 하나는 노력 평가의 신뢰도와 타당도를 결정하는 데 어려움이 있다는 것이다. 노력의 측정 또는 개선책은 채점기준표와 예를 개발하여 더 체계적이고 신뢰할 수 있게 만들 수 있다(McMillan, 2014).

학부모에게 학생의 진보와 성적 보고하기

학부모에게 학급에서 학생이 얼마나 진보하고 수행을 잘하고 있는지를 알려줄 때 가장 자주 사용되는 것이 성적이다. 특히 학생들의 진보를 알리는 데 있어서 중요한 것이 성적표이다.

"성적표 한 장을 분쇄하는 데 얼마입니까?"

© Martha F. Campbell. Reprinted by permission.

성적표 성적표는 학생의 진보와 성적등급을 학부모에게 알려주는 표준 방법이다(McMillan, 2014). 성적표의 형식은 학교 시스템마다, 그리고 많은 경우에 학년마다 다르다. 어떤 성적표는 문자로 매긴 등급을 기록한다(일반적으로 *A*, *B*, *C*, *D*, *F*이고, 경우에 따라 플러스와 마이너스를 허용하기도 함). 어떤 성적표는 숫자로 등급을 부여한다(수학 91점, 영어 85점). 다른 성적표는 몇 개 과목에서 통과 또는 탈락했는지를 보여준다. 그러나 다른 성적표에는 학생들이 도달한 기술이나 목표를 나타내는 체크리스트가 있다. 일부 성적표에는 노력, 협업 및 적절하고 부적절한 행동과 같은 정의적 특성에 대한 범주가 있다.

중간 보고 또 다른 성적 보고는 학부모에게 학생의 학업성취도를 주간, 격주 또는 월간으로 보고하는 것이다(McMillan, 2014). 이러한 서면 보고서는 시험과 퀴즈, 프로젝트, 구두 보고서 등에 대한 학생들의 수행 능력을 포함할 수 있다. 또한 중간 보고는 학생들의 동기, 협력 그리고 행동에 대한 정보와 학부모가 학생들의 성적을 향상시키는 데 어떻게 도울 수 있는지에 대한 제안을 포함할 수 있다.

학부모-교사 면담 학부모-교사 면담도 성적과 평가에 관한 정보를 교환하는 또 다른 방법이다. 이러한 회의들은 책임감이고 기회이기도 하다. 부모는 자녀가 학교에서 어떻게 지내고 있고 발전하는지를 알 권리가 있다. 회의는 교사가 학부모와 파트너가 되어서 자녀들이 좀 더 효과적으로 배울 수 있도록 하는 정보를 준다.

성적에 대한 쟁점

숙제나 과제를 제출하지 않았을 때 0점을 주어야 하는가? 교사들이 학점을 줄 때 엄격하게 숫자를 따라야 하는가? 등급제는 폐지되어야 하는가? 성적 부풀리기가 너무 심한가? 이것들은 오늘날 많은 교육자들에게 중요한 문제이다.

"아이의 성적이 나쁘다고 당신이 놀라는 이유를 모르겠네요. 날마다 당신은 아이에게 학교에서 뭐하냐고 물었고, 아이는 '하는 게 없어요'라고 매일 대답했었어요."

© Art Bouthillier. Reprinted with permission.

숙제나 과제를 제출하지 않았을 때 0점을 주어야 하는가 한 가지 성적의 쟁점은 제출하지 않은 과제나 숙제에 대해 학생에게 0점을 주어야 하는가 아니면 약간의 점수를 주어

학생과 연계하기 : 최고의 실천
학부모 – 교사 면담을 위한 최고의 전략

학생의 진보에 대해 학부모에게 면담할 때 사용할 수 있는 전략은 다음과 같다 (Payne, 2003).

1. *미리 준비한다.* 부모를 만나기 전에 학생의 수행에 대해 검토한다. 부모에게 무슨 말을 할지 미리 준비한다.
2. *긍정적으로 사고한다.* 학생의 수행이 나쁘더라도 학생이 수행을 잘할 수 있는 한 가지를 찾아두어야 한다. 이것은 학생의 부족한 점을 무시하거나 아부하라는 것이 아니다. 부정적인 것만 말하기보다 긍정적인 면도 함께 말하자는 것이다.
3. *객관적인 태도를 유지한다.* 부모에게 학생의 긍정적 측면을 말해줄 때도 객관적이고 정직해야 한다. 부모에게 잘못된 희망을 심어주지 말아야 한다.
4. *좋은 의사소통 기술을 연습한다.* 좋은 의사소통은 적극적 경청자가 되고 부모에게 말할 기회를 충분히 제공하는 것이다. 부모와 학생이 교사의 성적처리 기준을 명확히 알도록 만들어야 한다. '교사의 시선'이라는 다음의 이야기 속에 이러한 내용이 잘 담겨져 있다.

교사의 시선 : 성적처리 전략

나는 내 수업에서 좋은 성적을 받으려면 학생이 어떻게 수행해야 하는지 그 기준을 부모와 학생이 잘 아는 것이 매우 중요하다고 생각한다. 나는 학생들이 자신이 받을 성적을 스스로 통제할 수 있다는 것을 이해시키려 노력한다. 학생이 성적처리 시스템이 일관성이 없고 예측 불가능하다고 생각한다면, 학생은 당혹감과 불안을 느끼고 동기유발이 안 될 수 있다. 학생이 자신의 성적은 자신의 손에 달려있다는 것을 알게 함으로써 나는 교실에서 '촉진자'가 된다. 학생은 나를 자신들이 성취하는 것을 도와주는 사람으로 여기지 자신들의 등급을 평가하기 위해 앉아 있는 어떤 사람으로 보지 않는다.

5. *다른 학생에게 대해 말하지 않는다.* 학부모 – 교사 면담의 초점은 그 학부모의 아이이다. 다른 학생과 비교하지 말자.

야 하는가에 대한 논쟁이다. 다른 점수들과 미제출 과제에 대한 0점을 합산하면 평균점수가 크게 왜곡된다. 많은 전문가들은 과제 미제출에 0점을 주었을 때 0점과 제출한 과제에 대한 최저 점수 65점 또는 70점 사이의 간격이 너무 커서 과제나 숙제점수가 의도한 것보다 더 많은 가중치를 가지게 되기 때문에 미제출 과제에 0점을 주지 않을 것을 권장한다(McMillan, 2014). 미제출 과제에 0점이 아니라 60점을 주는 것이 더 합리적이라는 것이다.

교사가 성적처리를 할 때 수치화해야 하는가 성적을 처리할 때 우려되는 것은 너무 많은 교사가 성적을 '아무 생각 없이' 수치화하는 것이며, 이러한 일은 널리 퍼져 있는 성적 산출 컴퓨터 프로그램을 사용할 때 더 자주 일어난다. 수치화된 점수와 성적을 평균점수로 표현하는 과정은 매우 객관적이다. 그러나 성적 처리는 교사의 전문적인 판단의 문제이다. 성적을 곧바로 수치화할 때 사소한 과제나 숙제 또는 늦게 제출한 과제 때문에 평균점수가 낮아질 수 있는데, 이러한 경우 성적은 학생이 가진 실제 지식이나 기술을 정확히 반영하지 못할 수 있다. 따라서 교사는 수행 기준과 관련하여 학생들이 알고, 이해하고, 수행할 수 있는 것을 반영하는 성적을 처리하기 위해 노력하는 것이 중요하다(McMillan, 2014).

성적처리는 폐지되어야 하는가 학생에 대한 평가는 필요하지만 경쟁적인 성적처리는 학생의 학습을 오히려 저하시키기 때문에 학생의 성적을 등급으로 매기는 제도를 폐지하라는 요구가 있다. 비평가들은 등급으로 성적을 처리하는 것은 대다수의 학생, 특히 평균 이하의 성적을 받는 학생을 낙담시킨다고 주장한다. 비평가들은 종종 학생들의 강점을 강조하고, 개선할 구체적인 방법을 찾고, 긍정적인 피드백을 제공하여 학생들이 최대한의 노력을 기울일 수 있도록 하는 건설적인 평가가 필요하다고 주장한다. 또한 비평가들은 등급에 따른 성적은 종종 학생들이 시험에 나올 내용만 공부하도록 동기를 부여한다고 지적한다.

학급평가 전문가인 마이클 러셀과 피터 애라지안(Russell & Airasian, 2012)의 결론에 따르면, 성적은 우리 사회의 학생, 교사, 그리고 대중들이 중요하다고 여기는 강력한 상징이다. 현재 시행되고 있는 등급제를 좋아하거나 또는 가까운 시일에 수정되어야 한다고 생각하거나와 상관없이 학생들을 진지하고 공평하게 평가하는 것이 중요하다. 좋아하는 학생에게 상을 주기 위해 또는 싫어하는 학생에게 벌주기 위해 등급제를 이용해서는 안 된다. 항상 객관적인 학습의 증거에 기초하여 학생들이 특정 과목을 얼마나 잘 배웠는지를 기준으로 성적을 처리해야 한다.

성적 부풀리기가 너무 심한가 어떤 교사는 학습동기를 죽일 수 있으므로 학생에게 낮은 성적을 주는 것을 꺼린다. 어떤 비평가에 따르면, 평범한 성적에 대해 높은 등급을 부여하는 성적 부풀리기가 학생들이 실제로 배운 것보다 더 많이 배우고 성취했다는 믿음을 갖게 만들 수 있다. 그 결과 많은 학생들은 자신의 실제 능력보다 훨씬 잘 수행할 수 있고 더 높은 성적을 얻을 수 있다. 자신을 높게 평가한 덕분에 실제 수행 능력도 높아질 수 있다는 것이다. 이것은 성적 부풀리기가 해롭다고 말할 수 없다는 뜻이다.

복습하기, 성찰하기 그리고 연습하기

❻ 성적처리에 대한 건강한 접근을 형성한다.

복습하기
- 성적처리의 목적은 무엇인가?
- 교사가 사용하는 성적처리 시스템에 깔린 기본 가정은 무엇인가? 각 가정을 설명하라. 학생의 진보를 부모에게 보고할 때 선택할 수 있는 방법은 무엇인가?
- 성적처리에 대해 어떠한 논쟁이 있는가?

성찰하기
- 교사가 성적처리를 매우 잘하고 있는지를 판정하기 위한 기준은 무엇인가?

연습하기
1. 워커 선생님은 수학을 가르친다. 첫 수업 시간에 학생들에게 25명의 학생 중에서 5명이 A, 6명이 B, 7명이 C, 3명이 D를 받게 될 것이라고 말한다. 워커 선생님이 취한 성적처리 체계는 무엇인가?
   a. 준거 참조   b. 규준 참조
   c. 표준 기반   d. 가중치 부여

정답은 '연습하기 정답' 참조

표준화 시험의 압박

프리오 선생님은 스틸톤시에 있는 풀라스키초등학교에서 3학년을 가르친다. 이 학교의 초등학교 3학년 학생은 주에서 주관하는 표준화 시험을 처음으로 치러야 한다. 이 시험은 학교가 학생들에게 수학, 과학, 영어, 사회 과목을 얼마나 잘 가르쳤는지를 확인하기 위해 주에서 매년 3월에 실시하는 것이다. 이 시험은 학생 개인, 학급, 학교, 교육지원청 단위로 점수를 산출하며 주 전체의 평균 점수와 비교한다. 주에서는 교육지원청 단위의 점수를 이용하여 각 학교에 배분하는 지원금을 정한다. 주에서 정한 기초학력기준에 미달하는 학생의 수가 많은 학교는 지원금을 적게 받을 수 있다. 최근에 이 지역 교육지원청은 주에서 실시하는 표준화 시험에서 학생들이 최저기준을 통과할 수 있도록 얼마나 잘 도왔는지를 교사 평가의 주요 목적에 포함시켰다.

학생의 시험 점수가 교사평가 과정의 한 부분이 되어버렸다. 스틸톤시의 교사들은 주의 기초학력기준을 통과한 학생의 비율에 기초하여 가점(merit point)을 받는다. 가점을 더 받은 교사는 학군 이동, 행사 참여를 위한 연가, 자기개발 활동을 위한 휴식 등을 요구할 때 우선권을 보장받을 수 있다. 프리오 선생님은 이 시험에서 학생들의 수행이 좋아 매년 가점을 받아왔다.

교육지원청은 학생의 성취도를 평가하기 위해 주 주관 표준화 시험뿐만 아니라 국가 수준에서 비교하는 시험도 활용한다. 이 시험에서 얻은 각 학생의 점수는 국가 단위의 평균점수와 비교되며, 백분위 점수나 학년동등 점수로 표기된다. 이 시험은 주로 학년 초에 실시되며, 교육지원청은 이 점수를 이용하여 특수교육이 필요한 학생을 선발하거나 보강 프로그램을 찾는 데 이용한다.

프리오 선생님은 학생들이 표준화 시험을 자주 치는 것을 좋아하지 않는다. 그녀는 "우리 교사가 하는 일은 표준화 시험에 대비하여 학생들을 잘 준비시키는 것뿐이다"라고 말한다. 그렇지만 그녀도 학생들에게 적절한 시험 치기 전략을 가르쳐주고 있다고 밝힌다. 학생들이 답안지에 응답하는 방법과 정해진 시간 내에 시험을 마무리하는 방법 등을 가르쳐준다. 프리오 선생님은 지난 몇 년간 친 시험 문제를 면밀히 검토하여 수업계획서를 만든다. 그녀는 3월 시험을 치기 전에 전년도에 시험에 나온 부분을 모두 가르치며 재미난 내용은 학기말에 가르치려고 한다. 주 주관 시험을 치기 일주일 전에 프리오 선생님은 학부모에게 편지를 보내어 시험 치는 일주일 동안은 자녀를 적당히 재우고 아침을 먹여달라고 요구한다.

과거에는 일부 학생들은 주 주관 시험을 치지 않았다. 학습장애 학생과 영어에 익숙하지 않은 학생들은 시험을 면제받았다. 그러나 최근에 주정부는 능력이나 언어 문제와 관계없이 모든 학생이 시험을 치도록 규정을 바꿨다. 이것이 프리오 선생님을 걱정하게 만들었다. 모든 학생이 시험을 쳐야 한다면 기준을 통과하지 못하는 학생이 틀림없이 있을 것이고, 그렇게 되면 프리오 선생님은 가점을 받지 못할 것이기 때문이다.

국가 주관 성취도 시험 결과를 받은 뒤에 프리오 선생님은 더 많은 학생들이 기초학력기준을 통과하도록 돕기 위한 새로운 전략을 짰다. 그녀는 자기 반의 학생들의 점수와 국가의 평균점수를 비교하여 학생들을 3개의 소집단으로 나누었다. 첫 번째 소집단은 상위 60%의 학생들로, 내버려둬도 기초학력미달이 되지 않을 학생들이다. 두 번째 소집단은 백분위 40%와 60% 사이에 있는 학생들이다. 마지막 소집단은 하위 40%에 해당하는 학생들이며 이들은 그녀가 아무리 노력해도 기초학력기준을 통과할 가능성이 낮은 학생들이다. 이들 중 일부 학생은 성적이 조금 오르겠지만, 그녀의 노력에 비해 돌아오는 소득이 적을 것으로 판단된다. 그래서 그녀는 중간 집단을 집중적으로 도우면 기초학력기준을 통과할 학생이 많아질 것이고 자신은 가점을 받을 수 있을 것이라 생각한다.

1. 이 사례에서 뚜렷이 드러나는 시험에 대한 문제는 무엇인가?

2. 프리오 선생님이 표준화 시험을 준비시키기 위해 학생들에게 시킨 것 중 적절한 것은 무엇인가?

3. 프리오 선생님이 표준화 시험을 준비시키기 위해 학생들에게 시킨 것 중 부적절한 것은 무엇인가?

4. 어떤 선생님이 백분위 점수 60점을 받았다면, 이것은 무엇을 의미하는가?
   a. 학생이 맞춘 문제의 수가 60%이다.
   b. 학생의 점수와 같거나 더 잘한 학생의 수가 전체 학생의 60%이다.
   c. 학생의 점수와 같거나 더 못한 학생의 수가 전체 학생의 60%이다.
   d. 학생의 점수와 같거나 더 잘한 학생의 수가 학급 학생의 60%이다.

5. 주 주관 시험은 고부담 시험인가? 그 근거는 무엇인가?

6. 프리오 선생님이 세 집단 중 중간 집단에 집중하려고 하는 이유는 무엇인가?

7. 당신은 프리오 선생님의 전략에 동의하는가? 그 이유는 무엇인가?

학습과 연계하기 : 학습목표 달성하기

 ① 표준화 시험 : 표준화 시험의 의미와 목적에 대해 논의한다.

표준화 시험의 의미

- 표준화 시험에는 시험 실시와 채점에 필요한 엄격한 절차가 있다.
- 많은 표준화 시험은 각 학생의 수행을 국가 전체 학생들의 수행과 비교할 수 있게 해준다.

표준화 시험의 목적

- 표준화 시험의 목적은 각 학생의 진보에 관한 정보를 제공하고, 학생의 강점과 약점을 진단하고, 어떤 학생을 특수 프로그램에 배치하기 위한 증거를 제공하고, 수업을 계획하고 개선하기 위한 정보를 제공하고, 책무성을 제고하는 데 있다.
- 책무성에 대한 관심이 주 주관 고부담 시험을 실시하게 만들었다. 학생에 관해 중대한 결정을 할 때는 한 가지 시험 결과에 의존하기보다는 여러 시험의 결과를 참고한다.

표준화 시험의 선택

- 표준화 시험을 선택할 때 가장 중요하게 고려할 것은 그 시험이 규준참조인지 준거참조인지를 확인하는 것이다. 또한 시험의 타당도와 신뢰도가 높을수록 좋다.
- 규준참조 시험은 각 학생들의 점수를 모든 학생들의 점수와 비교하면서 상대적 위치를 보여주는 시험이다. 국가 주관 시험은 전국의 학생을 모집단으로 한다.
- 준거참조 시험은 규준이 아니라 준거와 학생의 수행을 비교하며 특정한 영역에서 학생이 어느 정도의 기술과 지식을 가지고 있는지 평가한다.
- 타당도는 시험이나 검사가 측정하고자 하는 것을 실제로 측정하는 정도와 점수에 대한 추론이 정확하고 적절한 정도를 가리킨다. 타당도에는 내용 타당도, 준거 타당도, 구성 타당가 있다.
- 신뢰도는 학생의 수행을 일관되게 같은 점수를 얻는 정도를 가리킨다. 신뢰도가 높은 시험은 안정적이며 측정오류가 적다. 신뢰도에는 시험-재시험신뢰도, 동형시험 신뢰도, 반분 신뢰도가 있다.

2 교사의 역할 : 표준화 시험에서 교사의 역할을 확인한다.

표준화 시험에 대비하여 학생 준비시키기

- 교사는 학생이 좋은 시험 치기 기술을 가지고 있는지 확인하고, 시험에 대해 긍정적인 태도를 가지고 학생과 의사소통하며, 시험을 시련이 아니라 기회로 묘사하고, 학생의 불안을 야기할 수 있는 언행을 피한다.

시험 결과에 대한 설명

- 기술통계는 데이터를 의미 있게 기술하고 요약하는 수학적 절차이다.
- 원점수는 학생이 시험에서 맞춘 문항의 수이며 자주 사용되지 않는다.
- 백분위 점수는 그 점수와 같거나 이하에 분포한 학생 수의 백분율을 가리킨다. 학년동등 점수는 학생이 받은 점수가 학년 중 어디에 해당하는지를 가리킨다.
- 표준 점수는 평균으로부터 얼마나 차이가 나는지를 가리키는 표준편차와 관련된 점수이다(z점수가 표준 점수의 한 예이다).
- 시험결과를 과대 해석하지 말아야 한다. 학생의 한 가지 점수는 일련의 범주 속에 속하는 하나일 뿐이라고 생각하는 것이 요구된다. 표준화 시험의 점수를 가지고 학생이 학급에서 어떻게 수행할 것인지 판단하는 근거로 삼지 마라.

표준화 시험 점수를 수업 계획과 개선에 이용하기

- 표준화 시험 점수를 수업 전이나 후에 수업을 계획하고 개선하기 위해 사용할 수 있다. 표준화 시험 점수를 조편성을 할 때 이용할 수 있다. 그러나 시험 점수에 기초하여 학생에 대해 비현실적인 기대를 가지지 말아야 한다.
- 시험의 세부사항을 잘 살피면 학생이 특정 영역에서 어떤 강점 또는 약점을 가지고 있는지 확인할 수 있으며, 교사는 이를 수업에 활용하여 필요한 정보의 양을 조절할 수 있다.

3 **평가의 맥락인 학급** : 평가의 맥락으로서 학급에 대해 논의한다.

| 교수의 핵심 부분으로서의 평가 |

- 수업 전 평가, 수업 중 평가, 수업 후 평가는 수업에서 핵심 부분이어야 한다. 수업 전 평가는 주로 해석이 필요한 비형식적 관찰로 이루어진다. 이 때 비언어적 단서에도 주의를 기울여야 한다.
- 학생에 대한 지각을 왜곡할 수 있는 잘못된 기대를 갖지 않도록 조심해야 한다. 학생에 대한 첫인상은 하나의 가설이므로 추가 관찰을 통해 지지하거나 수정해야 한다. 일부 교사는 주제 영역을 얼마나 알고 있는지 확인하기 위해 사전 시험을 실시한다.
- 최근에 학생의 전 학년도 포트폴리오를 참고하는 경향이 높아지고 있다. 형성평가는 수업 중에 일어나는 평가로, 학습에 대한 평가(assessment of learning)가 아니라 학습을 위한 평가(assessment for learning)이다.
- 형성평가의 한 일환으로 학생이 날마다 얼마나 향상되는지를 보여주는 자기 평가가 최근 유행하고 있다.
- 총괄평가(또는 형식적 평가)는 수업 후에 이루어지는 평가로 학생이 학습과제를 완성했는지, 다음 단계로 진행해도 되는지, 교사의 수업이 얼마나 잘 이루어졌는지, 그리고 학생이 어떤 성적을 받아야 하는지를 결정하고 기록하기 위한 것이다.

4 **전통적 시험** : 전통적 시험을 출제하는 방법을 설명한다.

| 선택형 문제 |

- 선다형 문제는 질문과 선택지로 구성된다. 여러 개의 선택지가 있고 그중에 정답이 있다. 정답이 아닌 선택지를 혼란지라 부르기도 한다.
- 진위형 문제는 만들기 쉬우나 기계적 암기를 조장할 수 있다.
- 연결형 문제는 어린 학생에게 자주 사용된다.

| 논술형 문제 |

- 논술형 문제는 주어진 보기 중에서 고르는 것이 아니라 정보를 글로 작성하도록 요구한다. 단답형 문제와 논술 문제가 가장 널리 사용된다. 단답형 문제는 하나의 단어, 몇 구절, 몇 문장으로 답하는 것인데 때로는 기계적 암기를 야기하기도 한다.
- 논술 문제는 학생에게 자유롭게 응답할 수 있게 해준다. 논술 문제는 개념에 대한 이해, 고등 사고 기술, 조직화 기술, 작문 기술을 평가하는 데 도움이 된다.

5 **대안적 평가** : 대안적 평가의 유형을 설명한다.

| 대안적 평가의 경향 |

- 참평가는 현실세계 또는 실생활과 잘 어울리는 맥락에서 학생의 지식과 기술을 평가하는 것이다. 비평가들은 참평가가 전통적 시험보다 더 좋은 것이 아니라고 주장하기도 한다. 참평가의 타당도를 뒷받침할 자료가 부족하기 때문이다.

| 수행평가 |

- 고등사고력에 관한 수행평가는 하나의 정답을 찾는 것이 아니라 개방형 활동을 통해 실제 행하는 것을 강조한다. 수행평가용 과제는 종종 현실적이며, 많은 경우(전부는 아님) 수행평가는 참평가이다.

- 수행평가는 장시간에 걸쳐서 이루어지는 직접적인 평가 방법, 자기 평가, 개별 평가, 집단 평가 등을 포함한다.
- 수행평가를 위한 네 가지 지침에는 (1) 명확한 목적 수립, (2) 관찰 가능한 기준 확인, (3) 적절한 환경 설정, (4) 평가 또는 채점이 있다.

포트폴리오 평가

- 포트폴리오는 학생이 자신의 기술과 성취를 보여주기 위한 만든 작품 모음집이다. 포트폴리오에 수록되는 것에는 학습기록물, 재제작, 인증, 제작물이 있다.
- 평가에서 포트폴리오를 효과적으로 사용하려면 (1) 포트폴리오의 목적 설정, (2) 포트폴리오 선택에서 학생 참여, (3) 학생과 함께 검토, (4) 평가 기준 설정, (5) 포트폴리오 채점이 요구된다.
- 포트폴리오의 목적은 성장 포트폴리오를 통해 성장을 기록하는 것과 최우수 작품 포트폴리오를 전시하는 것에 둔다.

⑥ 성적처리 및 수행 보고 : 성적처리에 대한 건강한 접근을 형성한다.

성적처리의 목적

- 성적처리는 행정적(학급 순위, 졸업학점), 정보적(학부모, 교사, 학생과 소통), 동기적(높은 성적을 받고 싶은 열망), 그리고 지도적(학생을 위해 적절한 코스나 수준 선택) 목적을 가진다.

성적처리 시스템의 구성 요소

- 성적처리 시스템에는 (1) 성적처리를 위해 사용할 비교 기준(규준참조와 준거참조 중에서는 준거참조 성적처리를 권함), (2) 학생 수행의 측면, (3) 성적처리를 위한 증거의 비중이라는 세 가지 유형이 있다.

학부모에게 학생의 진보와 성적 보고하기

- 성적표는 학생의 진보와 성적을 보고하는 표준 방법이다. 학생이 도달한 기술이나 목표를 보여주는 체크리스트는 유치원과 초등학교 저학년에서 자주 사용된다. 알파벳으로 된 점수는 초등학교 고학년과 중학교에서 사용된다.

성적에 대한 쟁점

- 주요 쟁점은 (1) 숙제나 과제를 제출하지 않았을 때 0점을 주어야 하는지, (2) 성적처리 할 때 수치로 표시해야 하는지, (3) 성적처리는 폐지되어야 하는지이다.

주요 용어

공인 타당도(concurrent validity)
구인 타당도(construct validity)
규준 지향 성적처리(norm-referenced grading system)
규준참조 시험(norm-referenced test)
내용 타당도(content validity)
논술 문제(essay item)
논술형 문제(constructed-response item)
단답형 문제(short-answer item)
동형시험 신뢰도(alternate-forms reliability)
반분 신뢰도(split-half reliability)
백분위 점수(percentile-rank score)

선다형 문제(multiple-choice item)
선택형 문제(selected-response item)
성장 포트폴리오(growth portfolio)
성적처리(grading)
수행 기준(performance criteria)
시험-재시험 신뢰도(test-retest reliability)
신뢰도(reliability)
예언 타당도(predictive validity)
원점수(raw score)
준거 지향 성적처리(criterion-referenced grading)
준거참조 시험(criterion-referenced test)
준거 타당도(criterion validity)

참평가(authentic assessment)
채점기준표(rubric)
총괄평가(summative assessment)
최우수 작품 포트폴리오(best-work portfolio)
타당도(validity)
포트폴리오(portfolio)
표준 점수(standard score)
표준화 시험(standardized test)
학년동등 점수(grade-equivalent score)
형성평가(formative assessment)

포트폴리오 활동

이제 여러분은 이 장에서 다룬 개념들을 모두 이해하였을 것이다. 여러분의 사고 수준을 향상시키도록 다음 연습문제를 풀어보자.

연구 및 현장 경험

1. **표준화 시험에 대해 어떠한 비평이 있는가?** 다음의 두 가지 비판에 대해 동의하시는지 여부와 그 이유를 간략히 서술하라.
   a. 고부담 선택형 시험은 수업과 학습을 지나치게 단순화시킬 것이다.
   b. 국가 주관 시험을 실시하는 것은 지방정부와 교육지원청의 교육 프로그램을 저해할 것이다.

2. **전통적 시험과 대안적 평가 균형 맞추기** 대안적 평가를 사용할 때 얻는 것과 잃는 것에 대해 간략히 서술하라.

협력 작업

3. **평가 계획 세우기** 친구와 함께 학급평가를 실제로 실시할 계획을 세워라.

ㄱ

가설 연역적 추론 피아제의 형식적 조작기의 개념으로, 청소년은 문제해결을 위해 가설을 만들고 결론에 체계적으로 도달할 수 있다는 개념

가치 명료화 사람들에게 삶의 목적이 무엇이며 그것을 위해 어떤 작업을 할 것인지를 명료화하도록 돕는 도덕교육적 접근. 학생들은 자신의 가치를 정의하고 타인의 가치를 이해하도록 격려된다.

각본 특정한 상황에 대한 스키마

간섭 이론 우리가 망각하는 것은 기억 저장고에서 기억을 실제로 잃기 때문이 아니라 우리가 기억하기 위해 노력하는 도중에 다른 정보가 들어오기 때문이라고 설명하는 이론

감각기억 외부 세계로부터 들어온 정보를 처리하지 않은 상태로 매우 짧은 기간 동안 보관하는 기억

감각운동기 피아제 인지 발달 단계의 첫 번째 단계로, 출생에서 2세까지 지속된다. 이 단계에서 유아는 자신의 감각 경험과 신체 운동을 통합함으로써 세상에 대한 이해를 구성한다.

감사 다른 사람이 베푼 친절과 도움에 대한 반응으로 고마움을 느끼는 것

강당 유형 모든 학생이 선생님과 마주보며 앉는 교실 배치 유형

강화(보상) 행동이 일어날 가능성을 높이는 결과

강화계획 언제 반응이 강화될 것인지 결정하는 부분 강화계획

개념 공통 속성에 기초한 사물과 사건, 특성의 사고 집합

개념도 개념의 연계성과 위계구조를 시각적으로 표상한 것

개별화 교육 계획(IEP) 장애 학생을 위해 특별히 고안된 프로그램을 상세히 설명한 서면화된 진술

개인과 상황 간 상호작용 인성을 개념화하기 위해서는 단지 인성이나 성격만이 아니라 관련 상황의 측면도 고려하는 것이 최선이라는 관점

개인주의 집단 목표보다는 개인에게 우선순위를 부여하는 일련의 가치

고도전이 의식하고 노력하여 어떤 상황에서 획득한 정보를 다른 상황에 적용하는 것

고전적 조건화 중립 자극이 의미 있는 자극과 연합되어 유사 반응을 일으키는 능력을 얻게 되는 연합학습의 한 형태

고정관념 위협 누군가의 행동이 자신의 집단에 대한 부정적인 고정관념을 확인하는 것은 아닌가 하는 불안

고착 이전부터 사용하던 전략만 고집하고 문제를 새로운 관점에서 보지 못하는 것

공법 94-142 모든 장애 학생이 무상의 적절한 공교육을 받고, 이러한 교육을 시행하는데 도움이 되는 기금 제공을 규정한 전 장애 아동교육법

공인 타당도 한 시험의 점수와 동시에 이용할 수 있는 다른 준거(시험)의 점수 사이의 관계 정도. 준거 타당도의 한 종류

과신편향 과거 경험이나 가능성에 비추어볼 때 실제 가져야 할 신뢰성보다 더 큰 신뢰를 가지는 경향성

관찰학습 타인을 관찰하여 기술, 전략, 신념을 습득하면서 학습하는 것

교육심리학 교육적 장면에서 교수와 학습을 이해하는 데 초점을 둔 심리학 영역 중 한 분야

구문론 적절한 구와 문장을 형성하기 위해 단어들이 결합되어야 하는 방식

구성주의적 접근 학습에 대한 학습자중심의 접근으로 교사의 안내를 받으면서 학생이 적극적으로 지식과 이해를 구성하는 개인 활동의 중요성을 강조함

구인 타당도 어떤 시험이 특정한 구인을 측정하고 있음으로써 보여주는 증거가 있는 정도. 구인은 지능, 학습양식, 성격, 불안처럼 사람이 가지고 있으나 직접 관찰할 수 없는 특질이나 특성을 가리킨다.

구체적 조작기 피아제 이론의 인지 발달 단계에서 세 번째 단계로, 7~11세 사이에 일어난다. 이 단계에서 아동은 조작적으로 생각하며 직관적 사고가 사라지고 논리적으로 추론한다. 논리적 추론은 오직 구체적 상황에서만 가능하며, 분류 기능도 나타난다. 그러나 추상적인 문제를 해결하는 데 어려움을 가진다.

군집 유형 소수 학생들이 (주로 8명을 넷으로) 가까이 묶인 그룹으로, 소

규모로 학습하는 교실 배치 유형

권위적 양육 아동의 독립성을 고취하면서도 그 행동을 제한하고 통제하며 방대한 언어적 상호작용을 하는 긍정적인 양육 방식으로서, 아동의 사회적 유능과 관련된다.

권위적 학급관리 유형 학생들에게 독립적인 사고자와 행위자가 되도록 촉진시키지만 여전히 효과적인 감독을 받는 관리 유형. 권위적인 교사는 학생들과 상당한 언어적 의견을 교환하며 학생들에게 배려적인 태도를 보여준다. 하지만 필요할 때는 여전히 한계를 둔다.

권한 부여 사람들에게 성공할 수 있는 지적 대처 기술을 제공하여 보다 더 공정한 세상을 만드는 것

귀납적 추론 구체적인 것에서 일반적인 것으로 하는 추론

귀인 이론 개인은 자신의 행동과 수행에 대한 근본적인 이유를 발견하려고 한다는 이론

규준 지향 성적처리 한 학생의 수행을 교실의 다른 학생들 또는 다른 교실의 학생들의 수행과 비교하는 것에 기초한 등급 매기기 체계

규준참조 시험 표준화된 시험으로, 한 학생의 점수는 다른 학생들(규준집단)이 어떻게 수행하는지와 비교되면서 해석된다.

근전이 수업 상황이 초기학습 상황과 유사할 때 일어나는 전이

근접 발달 영역(ZPD) 비고츠키의 용어로, 아동이 혼자 힘으로 완수하기는 너무 어렵지만 성인이나 숙련된 아동의 안내와 도움을 받아 학습할 수 있는 과제의 범위

기억 시간이 지나도 정보를 보유하는 것으로 부호화, 저장, 그리고 인출을 포함한다.

기억 범위 한 번 제시된 여러 숫자를 오차 없이 기억을 할 수 있는 숫자의 개수

기질 개인의 독특한 행동 양식이자 반응 방식

까다로운 아동 부정적으로 반응하는 경향이 있고 자주 울고 불규칙적인 생활을 하며 새로운 경험 수용에 느린 기질 양식

ㄴ

낙관적/비관적 양식 미래에 대해 긍정적(낙관적) 혹은 부정적(비관적) 기대를 갖는 것과 관련된다.

난독증 읽고 철자를 쓰는 능력의 심각한 장애

난산증 발달성 산술장애로 알려져 있으며, 수학 계산에 어려움을 수반하는 학습장애

내용 타당도 측정하고자 하는 내용을 얼마나 잘 반영하고 있는지에 관한 시험의 능력

내재적 동기 오직 그 행동 자체를 목적으로 하는 내적 동기

네트워크 이론 기억에서 정보가 어떻게 조직되고 연결되는지를 설명하는 이론. 이 이론은 기억 네트워크에서 교점을 강조

논술 문제 객관식 문항과 다르게 '쓰기'를 요구하는 검사 문항이며, 학생이 질문에 응답할 때 더 많은 자유를 가지는 방식

논술형 문제 학생이 선택지에서 한 가지 반응을 고르는 것이 아니라 필요한 정보를 기입하도록 요구하는 문항

뇌량 좌반구와 우반구를 연결하는 뇌의 한 부분

뇌성마비 근육협응 부족, 흔들림, 또는 불확실한 말 등을 수반하는 장애

뇌전증 감각운동 발작이나 동작 경련이 반복적으로 나타나는 것이 특징인 신경학적 장애

ㄷ

다문화 교육 다양성을 중요시하고 다양한 문화집단의 관점을 통상적인 기준으로 포함하는 교육

다운증후군 추가적인 염색체(47개)로 인해 유전학적으로 전해지는 지적장애의 형태

단기기억 제한된 용량을 가진 기억 체계. 이때 정보가 시연되거나 다른 방식으로 처리된다면 그 정보는 더 오래 기억되지만, 그렇지 않을 경우에는 30초 동안만 유지된다.

단답형 문제 학생에게 한 단어, 짧은 구, 몇 개의 문장으로 응답할 것을 요구하는 문항으로 응답자가 답을 작성해야 한다.

단서 의존 망각 효과적인 인출 단서의 부족으로 인해 발생하는 인출의 실패

단순언어장애(SLI) 다른 신체적·감각적 혹은 정서적 장애가 없는 언어발달 문제를 수반한다. 어떤 경우 이 장애를 발달언어장애라고 한다.

대면 유형 학생들이 서로 마주보며 앉는 교실 배치 유형

더딘 아동 활동 수준이 낮고 다소 부정적이며 낮은 정서적 반응을 보이는 기질 양식

도덕성 발달 사람들 간 상호작용에 대한 규칙 및 인습과 관련한 발달

도덕성 발달 영역 이론 도덕성 발달은 사회적 지식과 추론의 영역을 포함한다.

독립변인 실험에서 조작되어 피험자에게 영향을 주는 요인

독재적 양육 제한적이고 처벌적인 양육 방식으로 부모와 아동 간에 언어적 상호작용이 거의 없다. 이 유형은 아동의 사회적 무능과 관련된다.

독재적 학급관리 유형 주로 교육과 학습보다는 교실에서 순서를 지키는 것에 중점을 두는 제한적이고 처벌적인 관리 유형

돌봄의 관점   사람들 간 연결과 관계에 초점을 둔 도덕적 관점으로 길리건의 접근은 이 관점을 반영한다.

동기   열정을 북돋아 하나의 목표를 향해 행동을 지속하는 과정

동형시험 신뢰도   동일한 변인을 측정하지만 그 형식이 다른 두 가지 시험을 한 집단에게 실시하여 얻은 관찰점수들 사이에 서로 일치하는 정도를 통해 얻는 신뢰도

동화   피아제 이론의 개념으로 새로운 정보를 기존의 지식(스키마)에 통합하는 것

ㅁ

마음 이론   자신과 타인의 정신 과정에 대한 인식

마음챙김   삶에서 일상적인 활동이나 과제를 하는 동안 정신적으로 깨어 있고 현재에 초점을 두고 인지적으로 융통성이 있는 상태. 마음챙김이 있는 학생은 자신이 살아가는 상황에 대해 적극적으로 자각한다.

만족 지연   보다 크고, 가치 있는 미래의 보상을 위해 즉각적인 보상을 보류하는 것

말과 언어장애   여러 말 관련 문제(조음장애, 음성장애, 유창성장애)와 언어 관련 문제(정보를 수용하고 생각을 표현하는 데 따르는 어려움)

몬테소리 접근   활동 선택과 이동에 있어 아동에게 상당한 자유와 자발성을 부여하는 교육철학

무기력 지향   도전적이고 어려운 과제에 대해 난관에 봉착한 듯 느끼고 그 원인을 자신의 능력 부족으로 귀인 하는 태도

무선 배치   실험 연구에서 참가자를 무작위로 실험집단이나 통제집단에 배치하는 것

무학년(무연령) 프로그램   학급 간 능력별 집단구성의 한 가지 변형으로 여기서 학생들은 나이나 학년 수준과 상관없이 특정 교과에서 능력에 따라 집단화된다.

문제기반 학습   일상에서 일어나는 실제 문제를 해결하도록 하는 학습법

문제해결   목표를 달성하는 적절한 방법을 찾는 것

분화기술적 연구   민족집단 또는 문화집단에서의 행동을 심층적으로 서술하고 해석하는 연구로, 연구대상 집단의 삶에 직접 참여하는 것을 포함한다.

문화   세대를 거쳐 전해 내려오는 특정 집단 사람들의 행동 양식, 신념 및 기타 모든 산물

문화적으로 공정한 지능검사   문화적 편파로부터 자유로운 지능검사

민족성   문화유산, 국적, 인종, 종교, 및 언어와 같은 특성의 공유된 형태

ㅂ

반분 신뢰도   전체 시험문항들을 짝수 문항과 홀수 문항으로 나누듯이 두 부분으로 나누어 구하는 신뢰도. 두 부분으로 나누어진 문항들에서 각 학생들이 얼마나 비슷한 점수를 얻었는지를 비교함으로써 신뢰도를 구한다.

반응대가   바람직하지 못한 행동을 한 사람에게서 긍정적 강화물을 빼앗는 것

발견법   문제해결안이 효과가 있을 것이라는 보장 없이 해결안을 제안하는 전략 혹은 경험으로 터득된 방법

발달   임신의 순간부터 시작하여 전생애 동안에 계속되는 생물학적·인지적·사회정서적 변화의 패턴이다. 대부분의 발달은 쇠퇴(죽음)도 포함하지만 주로 성장과 관련이 있다.

발달적으로 적합한 교육   아동의 전형적인 발달 패턴(연령 적합성)과 아동의 개별적 독특성(개인적 적합성)에 초점을 두는 교육

방임적 양육   부모가 아동과 거의 시간을 함께하지 않는 비참여적 양육 방식. 아동의 사회적 무능과 관련된다.

백분위 점수   특정 점수 이하로 몇 %의 사례가 분포되어 있는지를 백분율로 보여주는 점수

변연계   정서와 보상을 경험할 수 있는 뇌 영역

보존   피아제 이론의 구체적 조작기에 발달하는 개념으로, 사물의 외양이 바뀌더라도 그것의 어떤 특성은 그대로 유지된다는 개념

본성과 양육 논쟁   본성은 유기체의 생물학적 유전을 가리키고, 양육은 환경적 영향을 말한다. '본성' 지지자들은 생물학적 유전이 발달에 가장 중요한 영향을 미치는 것이라고 주장하고, '양육' 지지자들은 환경적 경험이 가장 중요하다고 주장한다.

봉사학습   지역사회에 대한 사회적 책무성과 봉사를 촉진하는 데 초점을 두는 교육의 한 형식

부적 강화   반응 후 혐오 자극이나 불쾌 자극이 제거되어 반응의 빈도가 증가한다는 원리에 근거한 강화

부호화   정보가 기억 속으로 들어가는 과정

부호화 특수성 원리   부호화나 학습 과정 중에 형성된 연합이 효과적인 인출 신호로 기능할 수 있다는 이론

분리 유형   소수의 학생(주로 3~4명)이 테이블에 앉아 있지만 서로 마주보고 앉지 않는 교실 배치 유형

분산된 주의   한 번에 한 가지 이상의 활동에 주의를 기울이는 것

분열된 발달   발달이 영역에 따라 고르지 못한 상황

비계설정   학습을 돕기 위한 지원의 수준을 변경하는 기법. 학생의 현재 수행 수준에 맞추어 교사나 더 유능한 또래가 안내나 지원의 양을 조절하는 것

비교문화 연구   한 문화에서 일어나는 일과 하나 이상의 다른 문화에서 일

어나는 일을 비교하는 연구. 그들은 사람들이 비슷한 정도와 특정 문화에 특정한 정도의 행동에 대한 정보를 제공한다.

비판적 사고 반성적이고 생산적으로 생각하고 증거를 평가하는 사고

ㅅ

사고 개념을 형성하고, 추론하고, 비판적으로 생각하고, 의사결정하고, 창의적으로 생각하고, 문제를 해결하기 위해 기억에서 정보를 조작하고 변형하는 것

사고방식 자신의 성장을 바라보는 인지적 관점을 의미하는 드웩의 개념. 고정 사고방식과 성장 사고방식으로 구분된다.

사례 연구 한 개인에 대한 심층적 고찰

사회경제적 지위(SES) 직업, 교육, 경제적 특성이 비슷한 사람들의 집단화

사회인습적 추론 행동 통제 및 사회체계 유지를 위한 사회적 합의에 의해 만들어진 인습적 규칙에 초점을 둔다.

사회인지 이론 행동과 사회적 요인, 인지적 요인 모두가 학습에 중요한 기능을 한다고 반두라가 주장한 이론

사회적 구성주의 접근 학습에 대한 사회적 맥락을 강조하며 지식은 상호작용하는 동안에 구성된다는 것을 강조한다. 비고츠키의 이론이 여기에 해당된다.

사회적 동기 사회적 세계에서의 경험을 통해 학습된 욕구와 바람

사후과대확증편향 사실이 밝혀진 후에 그 사건을 정확히 예측했었다고 잘못 말하는 경향성

삼원지능 이론 지능은 분석적 지능, 창의적 지능, 실제적 지능이라는 세 부분으로 구성된다는 스턴버그의 견해

상관 연구 두 가지 이상의 사건이나 특성들 간의 관계의 강도를 기술하는 연구

상징적 기능 하위 단계 전조작적 사고의 첫 번째 하위 단계로, 눈에 보이지 않는 대상을 표상하는 능력이 발달하고, 상징적 사고가 증가하고, 자아중심성이 나타난다.

상황인지 사고가 개인의 마음 안에 존재하는 것이 아니라 사회적 물리적 맥락에 존재한다는 개념

생태학적 이론 브론펜브레너의 이론에 따르면, 발달은 미시체계, 중간체계, 외체계, 거시체계, 시체계라는 다섯 가지의 환경체계에 의해 영향을 받는다.

서술기억 언어로 소통이 가능한 구체적인 사실이나 사상에 대한 의식적 기억

서열 위치 효과 중간에 위치한 항목보다 시작 부분과 끝 부분에 위치한 항목을 더 잘 회상한다는 이론

서열화 어떤 양적 차원에 따라 차례대로 배열하는 능력과 관련 있는 구체적 조작

선다형 문제 질문과 그에 대한 가능한 여러 가지 응답이라는 두 부분으로 구성된 객관식 시험 문항

선택적 주의 부적절한 경험은 무시하면서 관련 있는 경험의 특정한 측면에 집중하는 것

선택형 문제 학생의 반응이 빨리 채점될 수 있는 객관식 검사 문항. 정답을 가진 채점표가 있어서 검사자나 컴퓨터에 의해 채점될 수 있다.

성격 세계에 적응하는 방식을 특징짓는 개인의 독특한 사고, 정서, 행동

성격의 5요인 개방성, 성실성, 외향성, 친화성, 신경증(정서적 안정성)

성장 포트폴리오 학습목표 달성 과정을 보여주기 위해 만든 학생의 작품집으로 한 학년 또는 그 이상 긴 시간 동안 모아놓은 것

성적처리 학생의 학습이나 수행의 질을 표시하기 위해 기술적인 평가 정보를 문자, 숫자, 기타 표시로 바꾸는 것

세미나 유형 많은 학생 수(10명 또는 그 이상)가 원, 사각 또는 U자 형태로 배열해 앉는 교실 배치 유형

소멸 이론 새로운 학습은 신경화학적 '기억 흔적'을 만드는 것이고, 이러한 흔적은 결국에는 사라지고 없어진다는 이론. 소멸 이론에 따르면 시간의 경과가 망각의 원인이다.

소속 혹은 관계 욕구 다른 사람들과 안전하게 연결되려는 동기

수단-목표 분석 문제 목표를 확인하고 현 상황을 분석하고 어떻게 되어야 하는지(수단) 평가하여 수단과 목표의 두 조건 간 차이를 줄여가는 발견법

수렴적 사고 하나의 정답을 얻으려는 목적을 가지고 하는 생각. 수렴적 사고는 대개 전통적인 지능검사에서 요구되는 사고 양식

수용언어 언어의 수용 및 이해

수초화 정보가 신경계를 통과하는 속도를 높이기 위해 수초로 뇌의 많은 세포를 감싸는 과정

수행 기준 평가의 한 부분으로 학생이 효과적으로 수행할 필요가 있는 구체적 행동

수행 지향 성취감보다는 남을 이기는 것에 관심을 두는 태도. 이들에게 있어 성공이란 타인을 이기는 것이다.

숙달 지향 난이도가 높거나 도전적인 환경에서 학습 전략에 주의를 기울이고, 결과보다는 과정에 초점을 둠으로써 과업 지향적으로 반응하는 태도

순한 아동 일반적으로 긍정적인 분위기 속에 있고 하루 일과를 빠르게 계획하며 새로운 경험에 쉽게 적응하는 기질 양식

스키마 사람의 마음속에 이미 존재하는 정보로, 개념, 지식, 사건에 대한 정보를 포함한다.

스키마 이론 우리가 새로운 정보를 구성할 때 그 정보를 마음속에 있던 기존의 정보에 맞춘다는 이론

시연 시연은 어떤 정보가 기억 속에 머무는 시간을 증가시키기 위해서 정보를 계속 의식적으로 반복하는 것

시험-재시험 신뢰도 학생이 동일한 시험을 두 번 이상 받았을 때 동일한 점수를 얻는 정도

신경구성주의적 견해 뇌 발달이 생물학적 과정과 환경적 경험 모두에 의해 영향을 받는다는 것을 강조한다. 즉 뇌는 가소성을 가지며 경험에 의존하며, 뇌 발달은 인지 발달과 밀접하게 연관되어 있다.

신념고수 반대 증거가 있음에도 불구하고 신념을 바꾸지 않고 고수하려는 경향성

신뢰도 시험에서 일관성 있게 비슷한 점수를 얻을 수 있는 정도

신피아제 이론가 피아제가 몇 부분에서는 옳았지만 그의 이론은 상당한 개정이 필요하다고 믿는 발달심리학자들. 그들은 주의, 기억, 전략을 통한 정보처리를 강조한다.

실패 증후군 성공에 대한 기대가 낮고 어렵다는 신호만 보여도 곧 포기하는 것

실험실 현실 세계의 복잡한 요인 중 많은 부분이 배제된 통제된 연구 장소

실험 연구 인과관계를 파악할 수 있는 연구. 실험에서 연구하려는 행동에 영향을 준다고 여겨지는 요인은 조작하고 나머지 요인들은 동일하게 유지되도록 한다.

실험집단 실험에 참여하는 집단으로 계획적으로 조작된 경험을 하게 된다.

심오한/표면적 양식 학생이 학습 자료에 접근할 때 그 자료의 의미를 이해하도록 돕는 방식(심오한 양식)과 단지 학습할 필요가 있는 것으로 안내하는 방식(표면적 양식)

쓰기장애 글씨 쓰기가 어려운 학습장애

ㅇ

아스퍼거 증후군 비교적 경증의 스펙트럼장애로, 아동은 비교적 구두언어 기술이 양호하며, 비언어적 언어 문제가 경증이고, 관심사와 관계의 범위가 제한적이며, 그리고 종종 집착적이고 반복적인 루틴을 유지한다.

알고리즘 문제해결안을 보장하는 전략

앳킨슨과 쉬프린 기억 모형 기억에 관한 모형으로 감각기억, 단기기억, 장기기억이라는 세 단계의 기억을 포함하는 기억 모형

양적 연구 특정 주제에 대한 정보를 얻기 위해 수학적 계산을 사용한다.

언어 구어, 문어, 기호를 포함하는 상징체계에 기초한 의사소통의 한 형식

언어장애 아동의 수용 또는 표현 언어의 장애

역량동기 인간은 자신을 둘러싼 환경을 효과적으로 다루고 세계를 이해하며 정보를 효과적으로 처리하기 위해 동기화된다는 개념

연구자로서의 교사 교사-연구자라고도 불린다. 이 개념은 학급교사가 자신의 교수실천을 향상시키기 위해 스스로 연구를 수행하는 것을 가리킨다.

연속성과 불연속성 논쟁 발달이 점진적인 누적적 변화(연속성)인지, 아니면 구별되는 별개의 단계(불연속성)인지에 관한 문제

연역적 추론 일반적인 것에서 구체적인 것으로 하는 추론

연합학습 두 가지 사건이 연결되거나 연합되어 있는 학습

영재 아동 예술, 음악 또는 수학과 같은 일부 영역에서 평균 이상의 지능(일반적으로 IQ 130 이상으로 정의됨) 및/또는 우수한 재능을 지닌 아동

예언 타당도 학생의 시험 점수와 미래 수행 사이의 관계

완전파악 쿠닌이 설명한 관리 방식으로, 교사는 학생들에게 무슨 일이 일어나고 있는지 알고 있어야 함을 보여준다. 그러한 교사들은 정기적으로 학생들을 면밀히 감시하고, 그것이 통제되지 않게 되기 전에, 일찍 부적절한 행동을 감지한다.

외재적 동기 무언가를 얻기 위한 수단으로 행동하는 것

욕구 위계 매슬로가 제안한 것으로 개인의 욕구는 생리적, 안전, 사랑과 소속감, 존중감, 자아실현의 순서로 나타난다는 개념

원전이 처음 학습이 일어난 상황과 매우 다른 상황으로 학습이 전이되는 것

원점수 학생이 검사에서 정확하게 응답한 문항의 수

원형 대응 어떤 항목이 그 범주에 속하는지 여부를 가장 대표 항목인 원형과 비교해 결정하는 것

유창성장애 보통 '말더듬'으로 언급되는 것을 수반하는 장애

유추 서로 다른 것들 사이에 존재하는 유사성을 찾아서 만드는 비유

음성장애 쉬거나, 거칠거나, 지나치게 크거나, 지나치게 높거나 낮은 말소리를 산출하는 장애

음운론 언어의 소리 체계

응용행동분석 인간의 행동을 변화시키기 위해 조작적 조건화 원리를 적용하는 것

의미기억 어떤 개인이 과거에 대한 경험과는 무관하게 가지고 있는 세상에 대한 일반적 지식

의미론 단어와 문장의 의미

의사결정 대안을 평가해 그중에서 선택하는 것

이중처리 모형 의사결정은 서로 경쟁적인 분석과 실험의 두 가지 시스템에 의해 영향을 받는데, 이중처리 모형에서 실험적 시스템은 실제 경험을 점검하고 관리하여 청소년의 의사결정에 도움을 준다.

이타주의 이기심 없이 다른 사람을 도우려는 마음

이행성 관계에 대해 유추하고 논리적으로 결합할 수 있는 능력

인본주의적 관점 학생의 성장 가능성과 자신의 운명을 선택할 자유, 그리고 긍정적 자질을 강조하는 견해

인성교육 도덕교육에 대한 직접적인 접근으로서, 학생들에게 기본적인 도덕적 소양을 가르쳐 비도덕적인 행동이나 타인에 대해 해를 끼치지 않도록 하는 내용으로 구성된다.

인센티브 학생의 행동에 동기를 부여할 수 있는 긍정적 혹은 부정적 자극 및 사건

인습적 추론 콜버그의 도덕성 발달에서 두 번째인 중간 단계. 이 수준에 있는 개인은 특정 기준을 준수하지만(내적) 그 기준은 부모나 사회의 법과 같은 것이다(외적). 인습적 수준은 상호 개인 간 기대, 관계, 개인 간 순응(3단계)과 사회 체제 도덕성(4단계) 두 단계로 되어 있다.

인지적 도덕교육 도덕적 추론이 발달함에 따라 학생들은 민주주의와 정의와 같은 것을 존중해야 한다는 신념에 기초를 두는 도덕교육적 접근. 콜버그의 이론은 인지적 도덕교육을 위한 다양한 노력의 기초 역할을 한다.

인지적 도제 전문가가 관계 속에서 초보자의 지식이나 기능이 숙달되도록 지원하는 것

인지행동적 접근 개인이 외적 요인에 의해 통제받는 것이 아니라 행동을 자기 스스로 관찰하고, 관리하고, 조절하여 행동을 변화시키는 것

일화기억 생활 사건이 언제 어디서 일어났는지에 관한 정보를 저장한 기억

ㅈ

자기교수법 자신의 행동을 스스로 교정하는 것을 목표로 하는 인지행동적 기법

자기조절학습 학습목표를 달성하기 위해 사고, 감정, 행동을 자기 스스로 생성하고 유지하며 점검하는 것

자기존중감 자기이미지와 자기가치로 불리며, 개인의 자신에 대한 총체적 개념

자기효능감 개인이 상황을 통제해 긍정적인 결과를 얻을 수 있다는 신념

자기효능감 자신이 상황을 제어할 수 있고 성공적인 결과를 만들어낼 수 있다는 신념

자동화 정보를 적은 노력이나 혹은 거의 노력하지 않고 처리하는 능력

자아실현 매슬로의 욕구 위계 중 가장 상위에 존재하며 도달하기 어려운 욕구로, 인간으로서 자신이 지닌 잠재력을 개발하려는 동기

자연과 양육 이슈 발달이 주로 자연(유기체의 생물학적 유전)에 의해 영향을 받느냐 아니면 양육(환경적 경험)에 의해 영향을 받는가에 대한 논쟁과 관련된다.

자연 관찰 실험실이 아니라 실제 세계에서 수행되는 관찰

자폐성장애 중증의 발달자폐스펙트럼장애로 생후 3년 안에 발병하며, 사회관계에서 결함, 비정상적인 의사소통, 제한적이고 반복적이며 전형적인 행동 패턴 등을 포함한다.

자폐스펙트럼장애(ASD) 전반적 발달장애라고도 하는데, 그 범위는 자폐성장애라고 하는 중증 장애와 아스퍼거 증후군이라고 하는 경증 장애까지 다양하다. 이들 장애 아동은 사회적 상호작용, 언어 및 비언어 의사소통, 그리고 반복적 행동의 문제를 특징으로 한다.

작업기억 우리가 의사결정하고, 문제를 해결하고, 읽거나 들은 언어를 해석할 때 정보를 조작하고 배열하고, 구성하도록 해주는 정신적 작업대

잠재적 교육과정 듀이의 개념으로서 특정한 도덕교육 프로그램이 없이 모든 학교에서 은밀하게 전달되는 도덕적 분위기

장기기억 많은 양의 정보를 비교적 영구적인 방식으로 오랜 기간 저장하는 기억 형태

장애인교육법(IDEA) 평가, 자격 결정, 적절한 교육, 개별화 교육 계획(IEP) 그리고 최소 제한 환경(LRE)에서의 교육을 포함한, 모든 장애 아동을 위한 서비스의 광범위한 요건을 상세하게 규정한 것이다.

저도전이 자동적이고 무의식적으로 다른 상황에서 학습이 전이되는 것

적극적 경청 화자의 말을 집중해서 듣는 것으로 전달되는 메시지의 인지적 내용과 정서적 내용을 모두 기록하는 경청 방식

적합도 아동의 기질과 아동이 대처해야 하는 환경적 요구 간의 조화

전략 구성 정보처리를 위한 새로운 절차의 생성

전이 선행 경험과 지식을 새로운 상황에서 학습하거나 문제해결에 적용하는 것

전인습적 추론 콜버그 이론에서 가장 낮은 수준. 이 수준에서의 도덕성은 종종 보상과 처벌에 초점이 맞추어진다. 전인습적 추론에서의 두 단계는 처벌과 복종 지향(1단계)과 개인주의, 도구적 목적, 교환(2단계)이다.

전전두엽 피질 전두엽의 가장 위쪽에 위치한 곳으로 추론, 의사결정 및 자기 통제에 관여한다.

전조작기 피아제 단계의 두 번째 단계. 대략 2~7세까지 지속되며, 상징적 사고는 증가하지만, 조작적 사고는 아직 나타나지 않는다.

전진전이 습득한 정보를 미래 상황에 적용하는 것

절차기억 기능이나 인지작용의 형태로 존재하는 비서술적 지식. 절차기억은 최소한 구체적 사건이나 사상의 형태의 정보를 말할 때처럼 의식적으로 말해질 수는 없다.

정교화 부호화와 관련이 있으며 정보를 깊고 광범위하게 처리하는 것

정보처리 접근 아동이 정보를 조작하고, 점검하고, 정보에 대한 전략을 세우는 과정을 설명하는 인지적 접근 방법. 이 접근의 핵심은 주의, 기억 그리고 사고와 같은 인지적 과정이다.

정상분포 양극단에 분포한 극소수의 점수들을 제외한 대부분의 점수가 중앙에 분포하는 좌우대칭의 분포

정서지능 정서를 정확하고 적절히 표현하고, 정서 및 정서적 지식을 이해하고, 자신과 타인의 정서와 느낌을 감찰하고 식별하며, 이렇게 해서 얻은 정보를 통해 자신의 사고와 행동을 안내할 수 있는 능력

정서 특히 자신의 복지와 관련해 중요한 상호작용을 할 때 느끼는 개인의 감정

정서행동장애 개인 또는 학교 문제와 관련된 관계성, 공격성, 우울, 두려움, 기타 부적절한 사회정서적 특징을 수반하는 심각하고 지속적인 문제

정신 과정 타인에게 관찰되지 않는 사고와 정서, 동기

정신습성 과거에 효과가 있었던 특정 방식으로 문제를 해결하려는 고착의 한 종류

정신연령(MA) 타인에 대한 개인의 정신발달 수준

정의의 관점 개인의 권리에 초점을 둔 도덕적 관점으로, 콜버그 이론은 이 관점이다.

정적 강화 반응에 보상 자극이 수반되어 반응의 빈도가 증가하는 원리에 근거한 강화

정체성 상실 헌신은 하지만 유의미한 대안을 탐색하지 않는 정체성 상태

정체성 성취 유의미한 대안을 탐색하고 헌신하는 상태

정체성 유예 대안을 탐색하는 과정에 있지만 아직 헌신을 하지 않는 상태

정체성 혼미 개인이 유의미한 대안을 탐색도 헌신도 하지 않는 정체성 상태

조기 경험과 후기 경험 논쟁 조기 경험(특히 유아기)과 후기 경험 중 어느 것에 의해 아동 발달이 결정되는지에 관한 논쟁

조음장애 발음을 정확하게 할 수 없는 문제

조작적 조건화 행동 결과가 같은 행동이 일어날 가능성을 변화시키는 학습형태

조절 피아제 이론의 개념으로 새로운 정보와 경험에 맞추기 위해 기존의 스키마를 조정하는 것

조직화 피아제 이론의 개념으로 분절된 행동과 사고를 더 잘 기능하는 고등 인지 체계로 묶는 것. 여러 항목을 집단화하고 배열하여 범주로 나누는 것

조플린 계획 독서 수업을 위한 표준 무학년 프로그램

종속변인 실험에서 측정되는 변인

주의력결핍 과잉행동장애(ADHD) 아동이 일정한 기간 동안 다음 중 한 가지 이상의 행동을 일관적으로 보이는 장애. (1) 주의력 부족, (2) 과잉행동, (3) 충동성

주의 정신 자원을 한데로 모으는 것

준거 지향 성적처리 다른 학생의 수행 수준과 관계없이 수행 수준에 따라 정해진 점수(또는 등급)를 부여하는 채점 방법

준거참조 시험 학생의 수행을 미리 정해놓은 준거와 비교하는 표준화된 검사

준거 타당도 다른 평가나 준거에 의해 측정될 학생의 수행을 예측하는 시험의 능력

중심화 전조작적 사고의 특징으로, 다른 모든 측면은 고려하지 않고 하나의 특징에 주의를 집중(중심화)하는 것

지능 문제해결 기술이며, 경험으로부터 적응해 배울 수 있는 능력

지능지수(IQ) 정신연령(MA)을 생활연령(CA)으로 나누고 100을 곱한 값

지속적 주의 긴 시간 동안 주의를 기울이는 것으로 각성 상태라고도 불린다.

지시적 교수법 교사의 지도와 통제가 많고, 학생의 향상에 대한 교사의 기대가 높고, 학생이 학업과제를 하는 데 최대한 많은 시간을 투자하고, 교사의 노력이 야기하는 부정적 효과를 최소화하려는 구조화된 교사중심의 교수법

지적장애 18세 이전에 발생하는 질병으로 낮은 지능(일반적으로 전통적으로 시행되는 지능검사에서 70점 미만)과 일상생활에 적응의 어려움을 수반한다.

지체장애 근육, 뼈 또는 관절 문제로 인해 움직임의 제한과 동작 제어 불능

직관적 사고 하위 단계 전조작기 사고의 두 번째 하위 단계로서, 약 4~7세 사이에 나타난다. 아동은 원시적인 추론을 사용하기 시작하며 모든 종류의 질문에 대한 답을 알고 싶어 한다. 이 시기 아동은 자신의 지식에 대해 확신을 가지고 있으나, 자신이 알고 있는 것을 어떻게 알게 되었는지는 알지 못한다.

직소 교실 서로 다른 문화적 배경을 가진 학생들이 공통의 목표에 도달하기 위해 과제의 서로 다른 부분을 협력해서 하는 것

질적 연구 면접, 사례 연구, 개인적 저널이나 일기와 같이 기술적 자료를 활용하여 정보를 수집하며, 이러한 정보를 통계적으로 분석하지 않는다.

집단주의 집단을 지지하는 일련의 가치

집행기능 뇌의 전전두엽 피질의 발달과 연관되어 있는 여러 고등인지 과정을 모두 포함하는 포괄적 개념. 집행기능은 목표 지향적 행동을 하고 자기통제를 훈련하기 위해 자신의 사고를 관리하는 것도 포함한다.

집행적 주의 행동을 계획하고 목표에 주의를 집중하여 오류를 감지하고 수정하는 것, 과제의 진행 점검하기, 새롭거나 어려운 상황에 대처하기 등과 같은 일련의 과정을 포함한다.

ㅊ

차별화된 수업 학생의 지식, 준비도, 흥미 등 다양한 특성에서 개인차가 있음을 인식하며, 교육과정 계획과 교수 실천에 이런 개인차를 반영한다.

참여 관찰 연구자가 교실활동이나 교실상황에 적극적으로 참여하는 동안에 이루어지는 관찰

참평가 가능한 실제 세계나 실생활과 가까운 맥락에서 학생의 지식이나 기능을 평가하는 것

창의성 새롭고 독특한 방식으로 생각하고 문제를 독특하게 해결하는 능력

채점기준표 학습과제물, 프로젝트 보고서, 시험답안을 채점하기 위한 기준을 담은 지침. 주로 채점기준이 담긴 도표

처리수준 이론 기억의 처리가 표층 수준에서 심층 수준에 이르기까지 연속선상에서 일어나며, 심층 처리는 표층 처리보다 더 잘 기억한다는 이론

처벌 행동이 일어날 가능성을 감소시키는 결과

청킹 여러 정보가 하나의 단위로 기억될 수 있도록 정보를 계층적으로 묶거나 모으는 것

체계적 둔감법 고전적 조건화에 기반을 둔 방법으로, 불안을 느끼는 상황을 순차적 과정으로 시각화하면서 편안함과 연합하여 불안을 감소시키는 방법

초언어적 의식 언어에 관한 지식

초인지 인지에 관한 인지, 혹은 '아는 것에 대해 아는 것'

촉구 반응이 나타나기 직전 반응이 일어날 가능성을 높여주는 자극이나 단서를 추가로 제공하는 것

총괄평가 학생의 수행을 기록하기 위해 수업이 끝난 뒤에 실시하는 평가. 형식적 평가라고도 불린다.

최소 제한 환경(LRE) 장애가 없는 아동이 교육을 받는 환경과 최대한 유사한 환경에서 교육을 받도록 하는 것

최우수 작품 포트폴리오 학생의 가장 우수한 작품을 모아놓은 포트폴리오

충동적/성찰적 양식 충동적으로 빠르게 행동하는 사람의 인지양식과 답의 정확성을 생각하기 위해 더 많은 시간을 보내는 사람의 인지양식

ㅌ

타당도 시험이 측정하고자 하는 것을 실제로 측정하는 정도와 시험 점수에 관한 추리가 정확하고 적절한지에 관한 것

타임아웃 학생을 정적 강화를 주는 상황에서 빼내는 것

통제집단 실험에서 조작된 요인을 제외하고는 실험집단과 모든 점에서 동일한 경험을 한다.

ㅍ

퍼지 흔적 이론 기억은 (1) 축어적 기억 흔적과, (2) 퍼지(또는 요점) 흔적이라는 두 가지 유형의 기억 표상을 고려함으로써 가장 잘 이해될 수 있다고 보는 이론. 이 이론에 따르면, 나이가 많은 아동이 어린 아동보다 기억을 더 잘하는 이유는 정보의 요점을 유출해냄으로써 만들어진 퍼지 흔적을 이용하기 때문이다.

편견 어떤 집단에 속하는 다수의 사람들이 개인에게 갖는 근거 없는 부정적 태도

편도체 뇌에서 정서를 담당하는 기관

편재화 뇌의 각 반구의 기능 특수화

평형화 아동이 사고의 한 단계에서 다음 단계로 어떻게 전환되는지 설명하기 위해 피아제가 제시한 메커니즘. 그 전환은 아동이 인지 갈등을 경험하거나 또는 세상을 이해하기 위해 노력할 때 일어나는 불균형으로 인해 일어난다. 결국 아동은 갈등을 해결하고 사고의 균형, 즉 평형화에 도달하게 된다.

포트폴리오 학생의 작품들을 체계적이고 조직적으로 수집한 것으로 학생의 역량과 성취를 증명할 수 있는 자료

포함 특수교육을 필요로 하는 아동을 일반학급에서 정규수업을 받도록 하는 것

표준 점수 원점수가 평균에서 얼마나 위나 아래에 있는지에 관한 정보를 제공하기 위해 원점수에서 평균값을 뺀 뒤에 표준편차로 나눈 점수

표준화 검사 검사를 실시하고 채점하기 위한 절차가 엄격히 정해져 있는 검사. 다양한 영역에서 연령이나 학년이 같은 학생들 간의 비교가 가능하다.

표준화 시험 시험을 실시하고 채점하기 위한 절차가 엄격히 정해져 있는 시험

표현언어 자신의 생각을 표현하고 다른 사람과 소통하기 위한 언어를 사용하는 능력

프로그램 평가 연구 특정 프로그램의 효과에 대한 의사결정을 위한 연구

프로젝트기반 학습 학생들이 실생활에 있는 의미 있는 문제를 연구하며 실제 결과물을 제작하는 학습법

프리맥의 원리 빈번히 일어나지 않는 행동을 빈번히 일어나는 행동으로 촉진하는 원리

ㅎ

하위 목표 설정 학생들이 최종 목표나 해결책을 달성하는 과정에서 필요한 중간 목표를 세우는 것

학급 간 능력별 집단구성(트래킹) 반을 편성할 때 학생의 능력이나 성취도를 기준으로 삼는 방법

학급 내 능력별 집단구성 학급 내에서 학생들의 능력차를 고려해 둘 혹은 세 집단으로 학생들을 배치

학년동등 점수 학생의 수행을 학년 및 개월로 전환하여 산출한 점수. 여기서 한 학년은 10개월로 가정한다.

학습 경험을 통해 얻은 행동, 지식, 사고 기술의 비교적 영구적인 변화

학습 및 사고 양식 자신의 능력을 사용하는 방법에 관한 개인적 선호도

학습장애 구두언어나 문자언어의 이용이나 이해를 수반하는 학습에 있어서 어려움. 이 어려움은 듣기, 생각하기, 읽기, 쓰기, 철자 등에서 나타날 수 있다. 학습장애는 또한 수학을 하는 데 어려움을 수반할 수도 있다. 학습장애로 분류하기 위해서는 학습 문제가 주로 시각, 청각 또는 운동 장애나 지적장애, 정서장애, 또는 환경적·문화적 또는 경제적 불이익에서 초래된 것이 아니어야 한다.

행동 계약 강화계획내용을 서면으로 작성하는 것

행동조성 특정 목표 행동에 맞는 연속적인 유사 행동을 강화하면서 새로운 행동을 가르치는 것

행동주의 행동은 정신 과정이 아닌 관찰 가능한 경험으로 설명되어야 한다는 관점

허용적 양육 부모의 참여가 있지만 아동의 행동에 거의 제한을 두지 않는 양육 방식. 아동의 사회적 무능과 관련된다.

허용적 학급관리 유형 학생들에게 상당한 자율성을 제공하지만 그들의 학습 기술을 발달시키거나 행동을 관리하기 위한 지원을 거의 하지 않는 관리 유형

현장 연구 학급이나 학교에서 주어진 문제를 해결하기 위해, 교수 전략이나 다른 교육적 전략을 향상시키기 위해, 또는 특정한 상황에서 의사결정하기 위해 사용되는 연구

협동적 학습 학생이 소집단에서 서로 학습하도록 돕는 동안에 일어나는 학습

형성평가 수업이 끝난 뒤가 아니라 수업 중에 실시하는 평가

형식적 조작기 피아제의 네 번째 인지 발달 단계로, 대략 11~15세 사이에 나타나며, 이들의 사고는 좀 더 추상적이고, 관념적이며 논리적이 된다.

형태론 단어 형성과 관련 있는 의미의 단위

혼합 방법 연구 다른 종류의 연구 설계나 방법을 혼합하여 수행하는 연구

화용론 여러 다른 맥락에서 적절한 언어 사용

확산적 사고 동일한 질문에 많은 답을 하려는 목표를 가지고 하는 사고. 확산적 사고는 창의성의 특징이다.

확증편향 우리의 생각을 반박하는 정보가 아니라 지지하는 정보를 찾아 사용하려는 경향성

후생적 관점 발달을 유전과 환경 사이의 지속적인 양방향 상호작용적이라고 보는 관점

후인습적 추론 세 번째 단계인 최고의 도덕 수준. 이 수준에서 도덕성은 보다 내적이다. 후인습적 수준은 사회 계약 혹은 효용, 개인의 권리(5단계), 보편적 윤리 원칙(6단계)으로 되어 있다.

후진전이 새로운 상황에서 문제해결에 필요한 정보를 과거 상황을 떠올려 찾는 것

연습하기 정답

제 1 장

교육심리학 탐구
1. b
2. c

효과적 교수
1. d
2. b

교육심리학 연구
1. a   2. d
3. c   4. d

제 2 장

아동 발달 개관
1. d   2. c
3. a   4. d

인지 발달
1. b
2. d
3. c

언어 발달
1. a
2. b
3. b

제 3 장

현대 이론
1. b
2. c

발달의 사회적 맥락
1. b
2. d
3. a

사회정서적 발달
1. c
2. b
3. b

제 4 장

지능
1. c   2. b
3. d   4. b
5. b

학습 및 사고 양식
1. a
2. d
3. a

성격과 기질
1. b
2. b

제 5 장

문화와 민족성
1. c   2. c
3. a

다문화 교육
1. d   2. d
3. a   4. a

장애 아동
1. c   2. b
3. a   4. b
5. c   6. b
7. b   8. d

장애 아동과 관련된 교육 문제
1. b
2. c

영재 아동
1. a
2. a
3. b

제 6 장

학습이란 무엇인가
1. b
2. b

행동주의 학습 이론
1. d
2. b

교육에서 응용행동분석
1. a   2. a
3. d   4. d

사회인지 학습 이론
1. b   2. a
3. a   4. d

제 7 장

정보처리 접근의 특성
1. b
2. a
3. a

주의
1. a
2. a

기억
1. a　　　　2. b
3. a　　　　4. d

전문성
1. b
2. a
3. b

초인지
1. d
2. c
3. a

제 8 장

개념 이해
1. b
2. c

사고
1. d　　　　2. c
3. a　　　　4. a
5. a

문제해결
1. b　　　　2. a
3. b　　　　4. a

전이
1. b
2. c

제 9 장

교수에서의 사회적 구성주의 접근
1. a
2. b

학습 공동 참여자로서의 교사와 동료학생
1. b　　　　2. b
3. a　　　　4. a

소집단 작업 구조화
1. b
2. d
3. d

제 10 장

동기 탐색하기
1. b
2. b

성취 과정
1. b　　　　2. d
3. a　　　　4. b
5. d　　　　6. b
7. b　　　　8. b

동기, 관계, 사회문화적 맥락
1. c
2. c
3. d

성취에서의 어려움 탐색하기
1. a　　　　2. b
3. a　　　　4. a
5. a　　　　6. b
7. b

제 11 장

학급을 왜 효과적으로 관리해야 하는가
1. b　　　　2. d
3. a　　　　4. c

학급의 물리적 환경 설계하기
1. b
2. d

학습을 위한 긍정적 환경 조성하기
1. b　　　　2. b
3. c　　　　4. c

좋은 의사소통자 되기
1. d
2. d
3. d

문제 행동 다루기
1. c
2. d

제 12 장

표준화 시험
1. b

교사의 역할
1. c

평가의 맥락인 학급
1. b
2. c

전통적 시험
1. c

대안적 평가
1. d
2. b

성적처리 및 수행 보고
1. b

참고문헌

A

Abbassi, E., & others (2015). Emotional words can be embodied or disembodied: The role of superficial vs. deep types of processing. *Frontiers in Neuroscience, 6,* 975.

ABC News (2005). *Larry Page and Sergey Brin.* Retrieved December 12, 2005, from http://abcnews.go.com?Entertainment/12/8/05

Abrami, P.C., & others (2015). Strategies for teaching students to think critically: A meta-analysis. *Review of Educational Research, 85,* 275–314.

Achieve, Inc. (2005). *Rising to the challenge: Are high school graduates prepared for college and work?* Washington, DC: Author.

Adams, A. (2015). A cultural historical theoretical perspective of discourse and design in the science classroom. *Cultural Studies of Science Education, 10,* 329–338.

Adams, R., & Biddle, B. (1970). *Realities of teaching.* New York: Holt, Rinehart & Winston.

Affrunti, N.W., & Woodruff-Borden, J. (2014). Perfectionism in pediatric anxiety and depression. *Clinical Child and Family Psychology Review, 17,* 299–317.

Ahrons, C. (2007). Family ties after divorce: Long-term implications for children. *Family Process, 46,* 53–65.

Airasian, P., & Walsh, M.E. (1997, February). Constructivist cautions. *Phi Delta Kappan,* pp. 444–450.

Akcay, N.O. (2016). Implementation of cooperative learning model in preschool. *Journal of Education and Learning, 5,* 83–93.

Akin, A., & Akin, U. (2014). Examining the relationship between authenticity and self-handicapping. *Psychology Reports, 115,* 795–804.

Alba-Fisch, M. (2016). Collaborative divorce: An effort to reduce the damage of divorce. *Journal of Clinical Psychology, 72,* 444–457.

Alberto, P.A., & Troutman, A.C. (2017). *Applied behavior analysis for teachers* (9th ed.). Upper Saddle River, NJ: Pearson.

Alberts, J.K., Nakayama, T.K., & Martin, J.N. (2016). *Human communication in society* (4th ed.). Upper Saddle River, NJ: Pearson.

Alderson-Day, B., & Fernyhough, C. (2014). More than one voice: Investigating the phenomenological properties of inner speech requires a variety of methods. *Consciousness and Cognition, 24,* 113–114.

Aleven, V., McLaughlin, E.A., Glenn, R.A., & Koedinger, K.R. (2017). Instruction based on adaptive learning technologies. In R.E. Mayer & P.A. Alexander (Eds.), *Handbook of research on learning and instruction* (2nd ed.). New York: Routledge.

Alexander, B.T., Dasinger, J.H., & Intapad, S. (2015). Fetal programming and cardiovascular pathology. *Comprehensive Physiology, 5,* 997–1025.

Alexander, P.A. (2003). The development of expertise. *Educational Researcher, 32*(8), 10–14.

Alexander, P.A., & Grossnickle, E.M. (2016). Positioning interest and curiosity within a model of academic development. In K. Wentzel & D. Miele (Eds.), *Handbook of motivation at school* (2nd ed.). New York: Routledge.

All Kinds of Minds (2009). *Learning Base: Self-regulating learning.* Retrieved August 15, 2009, from www.allkindsofminds.org/learning

Allington, R.L. (2015). *What really matters for middle school readers.* Upper Saddle River, NJ: Pearson.

Allyn, P. (2016). *Core ready lesson sets for grades 6–8.* Upper Saddle River, NJ: Pearson.

Alsaker, F.D., & Valanover, S. (2012). The Bernese Program Against Victimization in Kindergarten and Elementary School. *New Directions in Youth Development, 133,* 15–28.

Alverno College (1995). *Writing and speaking criteria.* Milwaukee, WI: Alverno Productions.

Amabile, T.M. (1993). Commentary. In D. Goleman, P. Kaufman, & M. Ray, *The creative spirit.* New York: Plume.

Ambrose, D., & Sternberg, R.J. (2016). *Creative intelligence in the 21st century.* Rotterdam, The Netherlands: Sense Publishers.

Ambrose, D., & Sternberg, R.J. (2016a). *Giftedness and talent in the 21st century.* Rotterdam, The Netherlands: Sense Publishers.

Ambrose, D., & Sternberg, R.J. (2016b). Previewing a collaborative exploration of giftedness and talent in the 21st century. In D. Ambrose & R.J. Sternberg (Eds.), *Giftedness and talent in the 21st century.* Rotterdam, The Netherlands: Sense Publishers.

Ambrose, L., & Machek, G.R. (2015). Identifying creatively gifted students: Necessity of a multi-method approach. *Contemporary School Psychology, 19,* 121–127.

American Psychiatric Association (2013). *DSM-V.* Arlington, VA: Author.

Anastasi, A., & Urbino, S. (1997). *Psychological testing* (11th ed.). Upper Saddle River, NJ: Prentice-Hall.

Anderman, E.M., & Anderman, L.H. (2010). *Classroom motivation.* Upper Saddle River, NJ: Merrill.

Anderman, E.M., Austin, C.C., & Johnson, D.M. (2002). The development of goal orientation. In A. Wigfield & J.S. Eccles (Eds.), *Development of achievement motivation.* San Diego: Academic Press.

Anderman, L.H., & Klassen, R.M. (2016). Being a teacher: Efficacy, emotions, and interpersonal relationships in the classroom. In L. Corno & E.A. Anderman (Eds.), *Handbook of educational psychology* (3rd ed.). New York: Routledge.

Anderson, L.W., & Krathwohl, D.R. (Eds.) (2001). *A taxonomy for learning, teaching, and assessing.* New York: Longman.

Anderson, S.B., & Guthery, A.M. (2015). Mindfulness-based psychoeducation for parents of children with attention-deficit/hyperactivity disorder: An applied clinical project. *Journal of Child and Adolescent Psychiatric Nursing, 28,* 43–49.

Anglin, D.M., & others (2016, in press). Ethnic identity, racial discrimination, and attenuated psychotic symptoms in an urban population of emerging adults. *Early Intervention in Psychiatry.* doi:10.1111/eip.12314

Annas, J., Narváez, D., & Snow, N. (Eds.) (2016). *Advances in virtue development.* New York: Oxford University Press.

Ansary, N.S., McMahon, T.J., & Luthar, S.S. (2012). Socioeconomic context and emotional-behavioral achievement links: Concurrent and prospective associations among low- and high-income youth. *Journal of Research on Adolescence, 22,* 14–30.

Ansary, N.S., McMahon, T.J., & Luthar, S.S. (2016, in press). Trajectories of emotional-behavioral difficulty and academic competence: A 6-year, person-centered, prospective study of affluent suburban adolescents. *Development and Psychopathology*. doi:10.1017/S0954579416000110

Appel, M., & Kronberger, N. (2012). Stereotypes and the achievement gap: Stereotype threat prior to test taking. *Educational Psychology Review, 24,* 609–635.

Apple Computer (1995). *Changing the conversation about teaching, learning and technology: A report on 10 years of ACOT research.* Retrieved April 8, 2005, from http://images.apple.com/education/k12/leadership/acot/pdf/10yr.pdf

Applebee, A., & Langer, J. (2006). *The partnership for literacy: A study of professional development, instructional change and student growth.* Retrieved August 5, 2008, from http://cela.albany.edu/publication/IRAResearch

Arends, R.I. (2004). *Learning to teach* (6th ed.). New York: McGraw-Hill.

Aries, R.J., & Cabus, S.J. (2015). Parental homework involvement improves test scores? A review of the literature. *Review of Education, 3,* 179–199.

Arkes, J. (2015). The temporal effects of divorces and separations on children's academic achievement and problem behavior. *Journal of Divorce and Remarriage, 56,* 25–42.

Arnett, J.J. (2006). Emerging adulthood: Understanding the new way of coming of age. In J.J. Arnett & J.L. Tanner (Eds.), *Emerging adults in America.* Washington, DC: American Psychological Association.

Arnett, J.J. (Ed.) (2012). *Adolescent psychology around the world.* New York: Psychology Press.

Arnett, J.J. (2015). *Emerging adulthood* (2nd ed.). New York: Oxford University Press.

Aronson, E.E. (1986, August). *Teaching students things they think they already know about: The case of prejudice and desegregation.* Paper presented at the meeting of the American Psychological Association, Washington, DC.

Aronson, E.E., Blaney, N., Stephan, C., Sikes, J., & Snapp, M. (1978). *The jigsaw classroom.* Thousand Oaks, CA: Sage.

Aronson, E.E., & Patnoe, S. (1997). *The jigsaw classroom* (2nd ed.). Boston: Addison-Wesley.

Aronson, J. (2002). Stereotype threat: Contending and coping with unnerving expectations. *Improving academic achievement.* San Diego: Academic Press.

Arter, J. (1995). *Portfolios for assessment and instruction.* ERIC Document Reproduction Service No. ED388890.

Ashcraft, M.H., & Radvansky, G.A. (2016). *Cognition* (6th ed.). Upper Saddle River, NJ: Pearson.

Aslan, S., & Reigeluth, C.M. (2015/2016). Examining the challenges of learner-centered education. *Phi Delta Kappan, 97,* 65–70.

Aspen Institute (2013). *Two generations, one future.* Washington, DC: Aspen Institute.

Atkinson, J.W. (1957). Motivational determinants of risk-taking behavior. *Psychological Review, 64,* 359–372.

Atkinson, R.C., & Shiffrin, R.M. (1968). Human memory: A proposed system and its control processes. In K.W. Spence & J.T. Spence (Eds.), *The psychology of learning and motivation* (Vol. 2). San Diego: Academic Press.

Audesirk, G., Audesirk, T., & Byers, B.E. (2017). *Biology* (11th ed.). Upper Saddle River, NJ: Pearson.

Azmitia, M. (2015). Reflections on the cultural lenses of identity development. In K.C. McLean & M. Syed (Eds.), *Oxford handbook of identity development.* New York: Oxford University Press.

B

Babbie, E.R. (2017). *The basics of social research* (7th ed.). Boston: Cengage.

Baddeley, A. (2000). Short-term and working memory. In E. Tulving & F.I.M. Craik (Eds.), *The Oxford handbook of memory.* New York: Oxford University Press.

Baddeley, A.D. (2007). *Working memory, thought and action.* Oxford: Oxford University Press.

Baddeley, A.D. (2012). Prefatory. *Annual Review of Psychology* (Vol. 63). Palo Alto, CA: Annual Reviews.

Baddeley, A.D. (2013). On applying cognitive psychology. *British Journal of Psychology, 104,* 443–456.

Baer, J. (2015). The importance of domain-specific expertise in creativity. *Roeper Review, 37,* 165–178.

Baer, J. (2016). Creativity doesn't develop in a vacuum. *New Directions in Child and Adolescent Development, 151,* 9–20.

Bain, R.B. (2005). "They thought the world was flat?": Applying the principles of *How People Learn* in teaching high school history. In M.S. Donovan & J.D. Bransford (Eds.), *How students learn.* Washington, DC: National Academies Press.

Ballentine, J.H., & Roberts, K.A. (2009). *Our social world* (2nd ed.). Thousand Oaks, CA: Sage.

Bandura, A. (1965). Influence of models' reinforcement contingencies on the acquisition of imitative responses. *Journal of Personality and Social Psychology, I,* 589–596.

Bandura, A. (1986). *Social foundations of thought and action.* Englewood Cliffs, NJ: Prentice Hall.

Bandura, A. (1997). *Self-efficacy: The exercise of control.* New York: W.H. Freeman.

Bandura, A. (2001). Social cognitive theory. *Annual Review of Psychology* (Vol. 51). Palo Alto, CA: Annual Reviews.

Bandura, A. (2009). Social and policy impact of social cognitive theory. In M. Mark, S. Donaldson, & B. Campbell (Eds.), *Social psychology and program/policy evaluation.* New York: Guilford.

Bandura, A. (2010). Self-efficacy. In D. Matsumoto (Ed.), *Cambridge dictionary of psychology.* Cambridge, UK: Cambridge University Press.

Bandura, A. (2010). Self-reinforcement. In D. Matsumoto (Ed.), *Cambridge dictionary of psychology.* Cambridge, UK: Cambridge University Press.

Bandura, A. (2012). Social cognitive theory. *Annual Review of Clinical Psychology* (Vol. 8). Palo Alto, CA: Annual Reviews.

Bandura, A. (2015). *Moral disengagement.* New York: Worth.

Bangert, K., Kulik, J., & Kulik, C. (1983). Individualized systems of instruction in secondary schools. *Review of Educational Research, 53,* 143–158.

Banks, J.A. (2003). *Teaching strategies for ethnic studies* (7th ed.). Boston: Allyn & Bacon.

Banks, J.A. (2006). *Cultural diversity and education* (5th ed.). Boston: Allyn & Bacon.

Banks, J.A. (2008). *Introduction to multicultural education* (4th ed.). Boston: Allyn & Bacon.

Banks, J.A. (2014). *Introduction to multicultural education* (5th ed.). Upper Saddle River, NJ: Pearson.

Banks, J.A. (2015). *Cultural diversity and education* (6th ed.). Upper Saddle River, NJ: Pearson.

Banks, J.A., & others (2005). Teaching diverse learners. In L. Darling-Hammond & J. Bransford (Eds.), *Preparing teachers for a changing world.* San Francisco: Jossey-Bass.

Barbarin, O.A., Chinn, L., & Wright, Y.F. (2014). Creating developmentally auspicious school environments for African American boys. *Advances in Child Development and Behavior, 47,* 333–365.

Barber, W., King, S., & Buchanan, S. (2015). Problem-based learning and authentic assessment in digital pedagogy: Embracing the role of collaborative communities. *Electronic Journal of e-Learning, 13,* 59–67.

Barbot, B., & Tinio, P.P. (2015). Where is the "g" in creativity? A specialization-differentiation hypothesis. *Frontiers of Human Neuroscience.* doi:10.3389/fnhym.2014.01041

Barhight, L.R., Hubbard, J.A., Grassetti, S.N., & Morrow, M.T. (2015). Relations between actual group norms, perceived peer behavior, and bystander children's intervention to bullying. *Journal of Clinical Child and Adolescent Psychology.* doi:10.1080/15374416.2015.1046180.

Barlett, C.P. (2015). Predicting adolescents' cyberbullying behavior: A longitudinal risk analysis. *Journal of Adolescence, 41,* 86–95.

Barron, A.E., Dawson, K., & Yendol-Hoppey, D. (2009). Peer coaching and technology integration: An evaluation of the Microsoft Peer Coaching Program. *Mentoring and Tutoring: Partnership in Learning, 17,* 83–102.

Bart, W.M., & Kato, K. (2008). Normal curve. In N.J. Salkind (Ed.), *Encyclopedia of educational psychology.* Thousand Oaks, CA: Sage.

Bart, W.M., & Peterson, D.P. (2008). Stanford-Binet test. In N.J. Salkind (Ed.), *Encyclopedia of educational psychology.* Thousand Oaks, CA: Sage.

Bartlett, J. (2015, January). Personal conversation. Richardson, TX: Department of Psychology, University of Texas at Dallas.

Barton, J., & Collins, A. (1997). Starting out: Designing your portfolio. In J. Barton & A. Collins (Eds.), *Portfolio assessment: A handbook for educators.* Boston: Addison-Wesley.

Bassi, M., Steca, P., Della Fave, A., & Caprara, G.V. (2007). Academic self-efficacy beliefs and quality of experience on learning. *Journal of Youth and Adolescence, 36,* 301–312.

Batdi, V. (2014). The effects of a problem-based learning approach on students' attitude levels: A meta-analysis. *Educational Research and Reviews, 9,* 272–276.

Bates, J.E. (2012a). Behavioral regulation as a product of temperament and environment. In S.L. Olson & A.J. Sameroff (Eds.), *Biopsychosocial regulatory processes in the development of childhood behavioral problems.* New York: Cambridge University Press.

Bates, J.E. (2012b). Temperament as a tool in promoting early childhood development. In S.L. Odom, E.P. Pungello, & N. Gardner-Neblett (Eds.), *Infants, toddlers, and families in poverty.* New York: Guilford.

Bates, J.E., & Pettit, G.S. (2015). Temperament, parenting, and social development. In J.E. Grusec & P.D. Hastings (Eds.), *Handbook of socialization* (2nd ed.). New York: Guilford.

Bauer, P.J. (2009). Neurodevelopmental changes in infancy and beyond: Implications for learning and memory. In O.A. Barbarin & B.H. Wasik (Eds.), *Handbook of child development and early education.* New York: Guilford.

Bauer, P.J., & Larkina, M. (2016). Predicting remembering and forgetting of autobiographical memories in children and adults: A prospective study. *Memory, 24,* 1345–1368.

Baumann, Z.D., Marchetti, K., & Soltoff, B. (2015). What's the payoff? Assessing the efficacy of student response systems. *Journal of Political Science Education, 11,* 249–263.

Bauman-Waengler, J. (2016). *Articulation and phonology in speech sound disorders* (5th ed.). Upper Saddle River, NJ: Pearson.

Baumeister, R.F., Campbell, J.D., Krueger, J.I., & Vohs, K.D. (2003). Does high self-esteem cause better performance, interpersonal success, happiness, or healthier lifestyles? *Psychological Science in the Public Interest, 4*(1), 1–44.

Baumrind, D. (1971). Current patterns of parental authority. *Developmental Psychology Monographs, 4*(1, Pt. 2).

Baumrind, D. (1996, April). Unpublished review of J.W. Santrock's *Children* (5th ed.). New York: McGraw-Hill.

Bear, D.R., & others (2016). *Words their way* (6th ed.). Upper Saddle River, NJ: Pearson.

Beaty, J.J., & Pratt, L. (2015). *Early literacy in preschool and kindergarten* (4th ed.). Upper Saddle River, NJ: Pearson.

Becker, D.R., Miao, A., Duncan, R., & McClelland, M.M. (2014). Behavioral self-regulation and executive function both predict visuomotor skills and early academic achievement. *Early Childhood Research Quarterly, 29,* 411–424.

Bednar, R.L., Wells, M.G., & Peterson, S.R. (1995). *Self-esteem* (2nd ed.). Washington, DC: American Psychological Association.

Beebe, S.A., Beebe, S.J., & Ivy, D.K. (2016). *Communication* (6th ed.). Upper Saddle River, NJ: Pearson.

Beebe, S.A., Beebe, S.J., & Redmond, M. (2017). *Interpersonal communication* (8th ed.). Upper Saddle River, NJ: Pearson.

Beghetto, R.A., & Kaufman, J.C. (Eds.) (2017). *Nurturing creativity in the classroom* (2nd ed.). New York: Cambridge University Press.

Belsky, J., & Pluess, M. (2016). Differential susceptibility to context: Implications for developmental psychopathology. In D. Cicchetti (Ed.), *Developmental psychopathology* (3rd ed.). New York: Wiley.

Bem, S.L. (1977). On the utility of alternative procedures for assessing psychological androgyny. *Journal of Consulting and Clinical Psychology, 45,* 196–205.

Bendixen, L. (2016). Teaching for epistemic change in elementary school classrooms. In J. Greene & others (Eds.), *Handbook of epistemic change.* New York: Routledge.

Benner, A.D., Boyle, A.E., & Sadler, S. (2016). Parental involvement and adolescents' educational success: The roles of prior achievement and socioeconomic status. *Journal of Youth and Adolescence, 45,* 1053–1064.

Bennett, K., & Dorjee, D. (2016). The impact of a mindfulness-based stress reduction course (MBSR) on well-being and academic achievement of sixth-form students. *Mindfulness, 7,* 105–114.

Benson, P.L., Scales, P.C., Hamilton, S.F., & Sesma, A. (2006). Positive youth development. In W. Damon & R. Lerner (Eds.), *Handbook of child psychology* (6th ed.). New York: Wiley.

Berg, A.T., Rychlik, K., Levy, S.R., & Testa, F.M. (2014). Complete remission of childhood-onset epilepsy: Stability and prediction over two decades. *Brain, 137,* 3213–3222.

Berger, I., Remington, A., Leitner, Y., & Leviton, A. (2015). Brain development and the attention spectrum. *Frontiers in Human Neuroscience, 9,* 23.

Berk, L.E. (1994). Why children talk to themselves. *Scientific American, 271*(5), 78–83.

Berk, L.E., & Spuhl, S.T. (1995). Maternal interaction, private speech, and task performance in preschool children. *Early Childhood Research Quarterly, 10,* 145–169.

Berko, J. (1958). The child's learning of English morphology. *Word, 14,* 150–177.

Berko Gleason, J. (2009). The development of language: An overview. In J. Berko Gleason & N. Ratner (Eds.), *The development of language* (7th ed.). Boston: Allyn & Bacon.

Berko Gleason, J., & Ratner, N.B. (Eds.) (2009). *The development of language* (7th ed.). Boston: Allyn & Bacon.

Berndt, T.J. (1979). Developmental changes in conformity to peers and parents. *Developmental Psychology, 15,* 608–616.

Bernier, R., & Dawson, G. (2016). Autism spectrum disorders. In D. Cicchetti (Ed.), *Developmental psychopathology* (3rd ed.). New York: Wiley.

Berninger, V.W. (2006). A developmental approach to learning disabilities. In W. Damon & R. Lerner (Eds.), *Handbook of child psychology* (6th ed.). New York: Wiley.

Berninger, V., Nagy, W., Tanimoto, S., Thompson, R., & Abbott, R. (2015). Computer instruction on handwriting, spelling, and composing for students with specific learning disabilities in grades 4 to 9. *Computers and Education, 81,* 154–168.

Berninger, V.W., Raskind, W., Richards, T., Abbott, R., & Stock, P. (2008). A multidisciplinary approach to understanding developmental dyslexia within working-memory architecture: Genotypes, phenotypes, brain, and instruction. *Developmental Neuropsychology, 33,* 707–744.

Berninger, V.W., Richards, T., & Abbott, R.D. (2015). Differential diagnosis of dysgraphia, dyslexia, and OWL LD: Behavioral and neuroimaging evidence. *Reading and Writing, 8,* 1119–1153.

Bernthal, J.E., Bankson, N.W., & Flipsen, P. (2017). *Articulation and phonological disorders* (8th ed.). Upper Saddle River, NJ: Pearson.

Best, D.L. (2010). Gender. In M.H. Bornstein (Ed.), *Handbook of developmental cultural science.* New York: Psychology Press.

Betts, J., McKay, J., Maruff, P., & Anderson, V. (2006). The development of sustained attention in children: The effect of age and task load. *Child Neuropsychology, 12,* 205–221.

Bialystok, E. (2001). *Bilingualism in development: Language, literacy, and cognition.* New York: Cambridge University Press.

Bialystok, E. (2007). Acquisition of literacy in preschool children. A framework for research. *Language Learning, 57,* 45–77.

Bialystok, E. (2011, April). *Becoming bilingual: Emergence of cognitive outcomes of bilingualism in immersion education.* Paper presented at the meeting of the Society for Research in Child Development, Montreal.

Bialystok, E. (2014). Language experience changes language and cognitive ability: Implications for social policy. In B. Spolsky, O. Inbar-Lourie, & M. Tannenbaum (Eds.), *Challenges for language education and policy.* New York: Routledge.

Bialystok, E. (2015). The impact of bilingualism on cognition. In R. Scott & S. Kosslyn (Eds.), *Emerging trends in the social and behavioral sciences.* New York: Wiley.

Bianco, F., Lecce, S., & Banerjee, R. (2016). Conversations about mental states and theory of mind development during middle childhood: A training study. *Journal of Experimental Child Psychology, 149,* 41–61.

Biggs, D.A., & Colesante, R.J. (2015). The moral competence tests: An examination of samples in the United States. *Journal of Moral Education, 44,* 497–515.

Bigler, R.S., Hayes, A.R., & Liben, L.S. (2014). Analysis and evaluation of the rationales for single-sex schooling. *Advances in Child Development and Behavior, 47,* 225–260.

Bigorra, A., Garolera, M., Guijarro, S., & Hervas, A. (2016). Long-term far-transfer effects of working memory training in children with ADHD: A randomized controlled trial. *European Child and Adolescent Psychiatry, 25,* 853–867.

Bilen, D., & Tavil, Z.M. (2015). The effects of cooperative learning strategies on vocabulary skills of fourth-grade students. *Journal of Education and Training Studies, 6,* 151–165.

Bill and Melinda Gates Foundation (2008). *Report gives voice to dropouts.* Retrieved July 5, 2008, from www.gatesfoundation.org/ UnitedStates/Education/Transforming-HighSchools/Related.

Bill and Melinda Gates Foundation (2016). *College-ready education.* Retrieved January 6, 2016, from www.gatesfoundation.org

Birman, B.F., & others (2007). State and local implementation of the "No Child Left Behind Act." In *Volume II—Teacher quality under "NCLB": Interim report.* Jessup. MD: U.S. Department of Education.

Bjorklund, D.F. (2012). *Children's thinking* (5th ed.). Boston: Cengage.

Bjorklund, D.F., & Rosenblum, K. (2000). Middle childhood: Cognitive development. In A. Kazdin (Ed.), *Encyclopedia of psychology.* Washington, DC, & New York: American Psychological Association and Oxford University Press.

Blackwell, L.S., & Dweck, C.S. (2008). *The motivational impact of a computer-based program that teaches how the brain changes with learning.* Unpublished manuscript, Department of Psychology, Stanford University, Palo Alto, CA.

Blackwell, L.S., Trzesniewski, K.H., & Dweck, C.S. (2007). Implicit theories of intelligence predict achievement across an adolescent transition: A longitudinal study and an intervention. *Child Development, 78,* 246–263.

Blair, C., & Raver, C.C. (2015). School readiness and self-regulation: A developmental psychobiological approach. *Annual Review of Psychology* (Vol. 66). Palo Alto, CA: Annual Reviews.

Blair, C., Raver, C.C., & Finegood, E.D. (2016). Self-regulation and developmental psychopathology: Experiential canalization of brain and behavior. In D. Cicchetti (Ed.), *Developmental psychopathology* (3rd ed.). New York: Wiley.

Blakely-McClure, S.J., & Ostrov, J.M. (2016). Relational aggression, victimization, and self-concept: Testing pathways from middle childhood to adolescence. *Journal of Youth and Adolescence, 45,* 376–390.

Blakemore, J.E.O., Berenbaum, S.A., & Liben, L.S. (2009). *Gender development.* New York: Psychology Press.

Blankenship, T.L., & others (2015). Working memory and recollection contribute to academic achievement. *Learning and Individual Differences, 43,* 164–169.

Blood, J.D., & others (2015). The variable heart: High frequency and very low frequency correlates of depressive symptoms in children and adolescents. *Journal of Affective Disorders, 186,* 119–126.

Bloom, B. (1985). *Developing talent in young people.* New York: Ballantine.

Bloom, B.S. (1971). Mastering learning. In J.H. Block (Ed.), *Mastery learning.* New York: Holt, Rinehart & Winston.

Bloom, B.S., Engelhart, M.D., Frost, E.J., Hill, W.H., & Krathwohl, D.R. (1956). *Taxonomy of educational objectives.* New York: David McKay.

Bloom, L. (1998). Language acquisition in its developmental context. In W. Damon (Ed.), *Handbook of child psychology* (5th ed., Vol. 2). New York: Wiley.

Blumenfeld, P.C., Kempler, T.M., & Krajcik, J.S. (2006). Motivation and cognitive engagement in learning environments. In R.K. Sawyer (Ed.), *Cambridge handbook of learning sciences.* New York: Cambridge University Press.

Blumenfeld, P.C., Krajcik, J.S., & Kempler, T.M. (2006). Motivation in the classroom. In W. Damon & R. Lerner (Eds.), *Handbook of child psychology* (6th ed.). New York: Wiley.

Blumenfeld, P.C., Pintrich, P.R., Wessels, K., & Meece, J. (1981, April). *Age and sex differences in the impact of classroom experiences on self-perceptions.* Paper presented at the biennial meeting of the Society of Research in Child Development, Boston.

Boaler, J. (2016). *Mathematical mindsets.* San Francisco: Jossey-Bass.

Bodrova, E., & Leong, D.J. (2007). *Tools of the mind* (2nd ed.). Upper Saddle River, NJ: Prentice Hall.

Bodrova, E., & Leong, D.J. (2015). Vygotskian and post-Vygotskian views of children's play. *American Journal of Play, 7,* 371–388.

Boekaerts, M. (2009). Goal-directed behavior in the classroom. In K.R. Wentzel & A. Wigfield (Eds.), *Handbook of motivation at school.* New York: Routledge.

Bogart, L.M., & others (2014). Peer victimization in the fifth grade and health in the tenth grade. *Pediatrics, 133,* 440–447.

Bonney, C.R., & Sternberg, R.J. (2017). Learning to think critically. In R.E. Mayer & P.A. Alexander (Eds.), *Handbook of learning and instruction* (2nd ed.). New York: Routledge.

Bonvanie, I.J., & others (2015). Short report: Functional somatic symptoms are associated with perfectionism in adolescents. *Journal of Psychosomatic Research, 79,* 328–330.

Borich, G.D. (2017). *Effective teaching methods* (9th ed.). Upper Saddle River, NJ: Pearson.

Bostic, J.Q., & others (2015). Being present at school: Implementing mindfulness in schools. *Child and Adolescent Clinics of North America, 24,* 245–259.

Boud, D., Lawson, R., & Thompson, D.G. (2015). The calibration of student adjustment through self-assessment: Disruptive effects of assessment patterns. *Higher Education Research and Development, 34,* 45–59.

Boutot, E.A. (2017). *Autism spectrum disorder* (2nd ed.). Upper Saddle River, NJ: Pearson.

Bowman-Perrott, L. (2009). Classwide peer tutoring: An effective strategy for students with emotional and behavioral disorders. *Intervention in School and Clinic, 44,* 259–267.

Boyatzis, R.E., Batista-Foguet, J.M., Fernandez-I-Marin, X., & Truninger, M. (2015). EI competencies as a related but different characteristic than intelligence. *Frontiers in Psychology, 6,* 72.

Boyles, N.S., & Contadino, D. (1997). *The learning differences sourcebook.* Los Angeles: Lowell House.

Boynton, P.M. (2017). *Research companion.* New York: Routledge.

Brainerd, C.J., Forrest, T.J., Karibian, D., & Reyna, V.F. (2006). Fuzzy-trace theory and memory development. *Developmental Psychology, 42,* 962–979.

Brainerd, C.J., & Reyna, V.E. (2014). Dual processes in memory development: Fuzzy-trace theory. In P. Bauer & R. Fivush (Eds.), *Wiley-Blackwell handbook of children's memory.* New York: Wiley.

Brainerd, C.J., & others (2015). Episodic memory does not add up: Verbatim-gist superposition predicts violation of the additive law of probability. *Journal of Memory and Language, 84,* 224–245.

Brams, H., Mao, A.R., & Doyle, R.L. (2009). Onset of efficacy of long-lasting psychostimulants in pediatric attention-deficit/hyperactivity disorder. *Postgraduate Medicine, 120,* 69–88.

Branscum, P., & Crowson, H.M. (2016, in press). The association between environmental and psychosocial factors toward physical activity and screen time of children: An application of the Integrative Behavioral Model. *Journal of Sports Science.* doi: 10.1080/02640414.2016.1206666

Bransford, J., Darling-Hammond, L., & LePage, P. (2005). Introduction. In L. Darling-Hammond & J. Bransford (Eds.), *Preparing teachers for a changing world.* New York: Jossey-Bass.

Bransford, J., Derry, S., Berliner, D., Hammerness, K., & Beckett, K.L. (2005). Theories of learning and their role in teaching. In L. Darling-Hammond & J. Bransford (Eds.), *Preparing teachers for a changing world.* San Francisco: Jossey-Bass.

Bransford, J.D., & Stein, B.S. (1993). *The IDEAL problem solver.* New York: W.H. Freeman.

Bransford, J., & others (2006). Foundations and opportunities for an interdisciplinary science. In R.K. Sawyer (Ed.), *The Cambridge handbook of the learning sciences.* New York: Cambridge University Press.

Bredekamp, S. (2017). *REVEL for effective practices in early childhood education* (3rd ed.). Upper Saddle River, NJ: Pearson.

Brenner, J.D. (2016). Traumatic stress from a multi-level developmental psychopathology perspective. In D. Cicchetti (Ed.), *Developmental psychopathology* (3rd ed.). New York: Wiley.

Brewer, M.B., & Campbell, D.I. (1976). *Ethnocentrism and intergroup attitudes.* New York: Wiley.

Bridgeland, J.M., Dilulio, J.J., & Wulsin, S.C. (2008). *Engaged for success.* Washington, DC: Civic Enterprises.

Briggs, T.W. (1999, October 14). Honorees find keys to unlocking kids' minds. Retrieved March 10, 2000, from www.usatoday.com/education

Brock, R.L., & Kochanska, G. (2016). Interparental conflict, children's security with parents, and long-term risk of internalizing problems: A longitudinal study from ages 2 to 10. *Development and Psychopathology, 28,* 45–54.

Brody, N. (2000). Intelligence. In A. Kazdin (Ed.), *Encyclopedia of psychology.* Washington, DC, & New York: American Psychological Association and Oxford University Press.

Brody, N. (2007). Does education influence intelligence? In P.C. Kyllonen, R.D. Roberts, & L. Stankov (Eds.), *Extending intelligence.* Mahwah, NJ: Erlbaum.

Bronfenbrenner, U. (1995). Developmental ecology through space and time: A future perspective. In P. Moen, G.H. Elder, & K. Luscher (Eds.), *Examining lives in context.* Washington, DC: American Psychological Association.

Bronfenbrenner, U., & Morris, M.A. (2006). The ecology of developmental processes. In W. Damon & R. Lerner (Eds.), *Handbook of child psychology* (6th ed.). New York: Wiley.

Brookhart, S.M. (1997). A theoretical framework for the role of classroom assessment in motivating student effort and achievement. *Applied Measurement in Education, 10,* 161–180.

Brookhart, S.M. (2008). *Assessment and grading in classrooms.* Upper Saddle River, NJ: Prentice Hall.

Brookhart, S.M. (2015). Making the most of multiple choice. *Educational Leadership, 73,* 36–39.

Brookhart, S.M., & Nitko, A.J. (2015). *Educational assessment of students* (7th ed.). Upper Saddle River, NJ: Pearson.

Brookover, W.B., Beady, C., Flood, P., Schweitzer, U., & Wisenbaker, J. (1979). *School social systems and student achievement: Schools make a difference.* New York: Praeger.

Brooks, J.G., & Brooks, M.G. (1993). *The case for constructivist classrooms.* Alexandria, VA: Association for Supervision and Curriculum Development.

Brooks, J.G., & Brooks, M.G. (2001). *In search of understanding: The case for constructivist classrooms.* Upper Saddle River, NJ: Merrill.

Brophy, J. (1998). *Motivating students to learn.* New York: McGraw-Hill.

Brophy, J. (2004). *Motivating students to learn* (2nd ed.). Mahwah, NJ: Erlbaum.

Brown, A.L., & Campione, J.C. (1996). Psychological learning theory and the design of innovative environments. In L. Schauble & R. Glaser (Eds.), *Contributions of instructional innovation to understanding learning.* Mahwah, NJ: Erlbaum.

Brown, G.T.L., Andrade, H.L., & Chen, F. (2015). Accuracy in student self-assessment: Directions and cautions for research. *Assessment in Education: Principles, Policy, and Practice, 22,* 444-457.

Bruning, R., & Horn, C. (2001). Developing motivation to write. *Educational Psychologist, 35,* 25–37.

Bucher, R.D. (2015). *Diversity consciousness* (4th ed.). Upper Saddle River, NJ: Pearson.

Burchinal, M.R., & others (2015). Early child care and education. In R.M. Lerner (Ed.), *Handbook of child psychology and developmental science* (7th ed.). New York: Wiley.

Burden, P.R., & Byrd, D.M. (2016). *Methods for effective teaching* (7th ed.). Upper Saddle River, NJ: Pearson.

Burkart, J.M., Schubiger, M.N., & van Schaik, C.P. (2016, in press). The evolution of general intelligence. *Behavioral and Brain Sciences.* doi:10.1017/S0140525X16000959

Burke, K. (2010). *How to assess authentic learning* (5th ed.). Thousand Oaks, CA: Sage.

Burkham, D.T., Lee, V.E., & Smerdon, B.A. (1997). Gender and science learning early in high school: Subject matter and laboratory experiences. *American Educational Research Journal, 34,* 297–331.

Bursuck, W.D., & Damer, M. (2015). *Teaching reading to students who are at risk or have disabilities* (3rd ed.). Upper Saddle River, NJ: Pearson.

Burt, K.B., Coatsworth, J.D., & Masten, A.S. (2016). Competence and psychopathology in development. In D. Cicchetti (Ed.), *Developmental psychopathology* (3rd ed.). New York; Wiley.

Burz, H.L., & Marshall, K. (1996). *Performance-based curriculum for mathematics: From knowing to showing.* ERIC Document Reproduction Service No. ED400194.

Busching, R., & Krahe, B. (2015). The girls set the tone: Gendered classroom norms and the development of aggression in adolescence. *Personality and Social Psychology Bulletin. 41,* 659–676.

Buss, D.M. (2012). *Evolutionary psychology* (4th ed.). Boston: Allyn & Bacon.

Buss, D.M. (2015). *Evolutionary psychology* (5th ed.). Upper Saddle River, NJ: Pearson.

Busso, D.S., & Pollack, C. (2015). No brain left behind: Consequences of neuroscience discourse for education. *Learning, Media, and Technology, 40,* 168–186.

Butcher, K.R., & Jameson, J.M. (2016). Computer-based instruction (CBI) within special education. In J.K. Luiselli & A.J. Fischer (Eds.), *Computer-assisted instruction and web-based innovations in psychology, special education, and health.* New York: Elsevier.

C

Cain, M.S., Leonard, J.A., Gabrieli, J.D., & Finn, A.S. (2016, in press). Media multitasking in adolescence. *Psychonomic Bulletin & Review.* doi: 10.3758/s13423-016-1036-3

Cairncross, M., & Miller, C.J. (2016, in press). The effectiveness of mindfulness-based therapies for ADHD: A meta-analytic review. *Journal of Attention Disorders.* doi:10.1177/1087054715625301

Calet, N., Gutierrez-Palma, N., & Defior, S. (2015). A cross-sectional study of fluency and reading comprehension in Spanish primary school children. *Journal of Research in Reading, 38,* 272–285.

California State Department of Education (1994). *Golden State examination science portfolio.* Sacramento: California State Department of Education.

Calkins, S.D., & Perry, N.B. (2016). The development of emotion regulation. In D. Cicchetti (Ed.), *Developmental psychopathology* (3rd ed.). New York: Wiley.

Callan, M.J., Kay, A.C., & Dawtry, R.J. (2014). Making sense of misfortune: Deservingness, self-esteem, and patterns of self-defeat. *Journal of Personality and Social Psychology, 107,* 142–162.

Calvert, S.L. (2015). Children and digital media. In R.M. Lerner (Ed.), *Handbook of child psychology and developmental science* (7th ed.). New York: Wiley.

Camacho, D.E., & Fuligni, A.J. (2015). Extracurricular participation among adolescents from immigrant families. *Journal of Youth and Adolescence, 44,* 1251–1262.

Cameron, J.R. (2001). Negative effects of reward on intrinsic motivation—A limited phenomenon. *Review of Educational Research, 71,* 29–42.

Cameron, J.R., & Pierce, D. (2008). Intrinsic versus extrinsic motivation. In N.J. Salkind (Ed.), *Encyclopedia of educational psychology.* Thousand Oaks, CA: Sage.

Campbell, D.T., & LeVine, D.T. (1968). Ethnocentrism and intergroup relations. In R. Abelson & others (Eds.), *Theories of cognitive consistency.* Chicago: Rand McNally.

Campbell, L., Campbell, B., & Dickinson, D. (2004). *Teaching and learning through multiple intelligences* (3rd ed.). Boston: Allyn & Bacon.

Cantone, E., & others (2015). Interventions on bullying and cyberbullying in schools: A systematic review. *Clinical Practice and Epidemiology in Mental Health, 11* (Suppl. 1), S58–S76.

Capar, G., & Tarim, K. (2015). Efficacy of the cooperative learning method on mathematics achievement and attitude: A meta-analysis research. *Educational Sciences: Theory and Practice, 15,* 553–559.

Cardelle-Elawar, M. (1992). Effects of teaching metacognitive skills to students with low mathematics ability. *Teaching and Teacher Education, 8,* 109–121.

Carey, D.P. (2007). Is bigger really better? The search for brain size and intelligence in the twenty-first century. In S. Della Sala (Ed.), *Tall tales about the mind and brain: Separating fact from fiction.* Oxford, UK: Oxford University Press.

Carlson, S.M., & White, R. (2013). Executive function and imagination. In M. Taylor (Ed.), *Handbook of imagination.* New York: Oxford University Press.

Carlson, S.M., Zelazo, P.D., & Faja, S. (2013). Executive function. In P.D. Zelazo (Ed.), *Oxford handbook of developmental psychology.* New York: Oxford University Press.

Carnegie Council on Adolescent Development (1995). *Great transitions.* New York: Carnegie Foundation.

Carnegie Foundation (1989). *Turning points: Preparing youth for the 21st century.* New York: Author.

Carpendale, J.I., & Chandler, M.J. (1996). On the distinction between false belief understanding and subscribing to an interpretive theory of mind. *Child Development. 67,* 1686–1706.

Carrell, S.E., Malmstrom, F.V., & West, J.E. (2008). Peer effects in academic cheating. *Journal of Human Resources, 43,* 173–207.

Carroll, J.B. (1963). A model of school learning. *Teachers College Record, 64,* 723–733.

Cartmill, E., & Goldin-Meadow, S. (2016). Gesture. In D. Matsumoto, H.C. Hwang, & M.G. Frank (Eds.), *APA handbook of nonverbal communication.* Washington, DC: American Psychological Association.

Carver, C.S., & Scheier, M.F. (2017). *Perspectives on personality* (8th ed.). Upper Saddle River, NJ: Pearson.

Case, R. (2000). Conceptual structures. In M. Bennett (Ed.), *Developmental psychology.* Philadelphia: Psychology Press.

CASEL (2016). *Collaborative for Academic, Social, and Emotional Learning.* Retrieved August 12, 2016, from www.casel.org

Casey, B.J. (2015). The adolescent brain and self-control. *Annual Review of Psychology* (Vol. 66). Palo Alto, CA: Annual Reviews.

Casey, B.J., Galvan, A., & Somerville, L.H. (2016). Beyond simple models of adolescence to an integrated circuit-based account: A commentary. *Developmental Cognitive Neuroscience, 17,* 128–130.

Casey, E.C., & others (2016, in press). Promoting resilience through executive function training for homeless and highly mobile preschoolers. In S. Prince-Embury & D. Saklofske (Eds.), *Resilience intervention for diverse populations.* New York: Springer.

Cassidy, A.R. (2016). Executive function and psychosocial adjustment in healthy children and adolescents: A latest variable modeling investigation. *Child Neuropsychology, 22,* 292–317.

Ceci, S.J., & Williams, W.M. (1997). Schooling, intelligence, and income. *American Psychologist, 52,* 1051–1058.

Center for Instructional Technology (2006). Writing multiple-choice questions that demand critical thinking. Retrieved January 12, 2006, from http://cit.necc.mass.edu/atlt/ TestCritThink.htm

Centers for Disease Control and Prevention (2007). *Autism and developmental disabilities monitoring (ADDM) network.* Atlanta: Author.

Centers for Disease Control and Prevention (2012). CDC estimates 1 in 88 children in the United States has been identified as having an autism spectrum disorder. *CDC Division of News & Electronic Media, 404,* 639–3286.

Centers for Disease Control and Prevention (2016). *ADHD.* Retrieved January 12, 2016, from www.cdc.gov/ncbddd/adhd/data.html

Cerillo-Urbina, A.J., & others (2015). The effects of physical exercise in children with attention deficit hyperactivity disorder: A systematic review and meta-analysis of randomized controlled trials. *Child Care, Health, and Development, 41,* 779–788.

Chai, C.S., & others (2015). Assessing multidimensional students' perceptions of twenty-first century learning practices. *Asia Pacific Education Review, 16,* 389–398.

Chall, J.S. (1979). The great debate: Ten years later with a modest proposal for reading stages. In L.B. Resnick & P.A. Weaver (Eds.), *Theory and practice of early reading*. Mahwah, NJ: Erlbaum.

Chance, P. (2014). *Learning and behavior* (7th ed.). Boston: Cengage.

Chang, M., Choi, N., & Kim, S. (2015). School involvement of parents of linguistic and racial minorities and their children's mathematics performance. *Educational Research and Evaluation, 21*, 209–231.

Chao, R.K. (2005, April). *The importance of Guan in describing control of immigrant Chinese.* Paper presented at the meeting of the Society for Research in Child Development, Atlanta.

Chao, R.K. (2007, March). *Research with Asian Americans: Looking back and moving forward.* Paper presented at the meeting of the Society for Research in Child Development, Boston.

Chapin, J.R. (2015). *Practical guide to middle and secondary social studies* (4th ed.). Upper Saddle River, NJ: Pearson.

Chaplin, T.M. (2015). Gender and emotion expression: A developmental contextual perspective. *Emotion Review, 7*, 14–21.

Chaplin, T.M., & Aldao, A. (2013). Gender differences in emotion in children: A meta-analytic review. *Psychological Bulletin, 139*, 735–765.

Chappuis, J., Stiggins, R.J., Chappuis, S., & Arter, J.A. (2017). *Classroom assessment for student learning.* Upper Saddle River, NJ: Pearson

Charney, R.S. (2005). *Exploring the first "R": To reinforce.* Retrieved October 26, 2006, from www.nea.org/classmanagement/ifc050201.html

Chatmon, C., & Gray, R. (2015). Lifting up our kings: Developing Black males in a positive and safe place. *Voices in Urban Education, 42*, 50–56.

Chavarria, M.C., & others (2014). Puberty in the corpus callosum. *Neuroscience, 265*, 1–8.

Checa, P., & Fernandez-Berrocal, P. (2015). The role of intelligence quotient and emotional intelligence in cognitive control processes. *Frontiers in Psychology, 6*, 1853.

Chen, C., & Stevenson, H.W. (1989). Homework: A cross-cultural comparison. *Child Development, 60*, 551–561.

Chen, X., & Liu, C. (2016). Culture, peer relationships, and developmental psychopathology. In D. Cicchetti (Ed.), *Developmental psychopathology* (3rd ed.). New York: Wiley.

Chess, S., & Thomas, A. (1977). Temperamental individuality from childhood to adolescence. *Journal of Child Psychiatry, 16*, 218–226.

Chevalier, N., & others (2015). Myelination is associated with processing speed in early childhood: Preliminary insights. *PLoS One, 10*, e139897

Chi, M.T.H. (1978). Knowledge structures and memory development. In R.S. Siegler (Ed.), *Children's thinking: What develops?* Hillsdale, NJ: Erlbaum.

Chiang, H.L., & others (2015). Altered white matter tract property related to impaired focused attention, sustained attention, cognitive impulsivity, and vigilance in attention-deficit/hyperactivity disorder. *Journal of Psychiatry and Neuroscience, 40*, 140106.

Chiappetta, E.L., & Koballa, T.R. (2015). *Science instruction in the middle and secondary schools* (8th ed.). Upper Saddle River, NJ: Pearson.

Child Trends Data Bank (2015, October). *Participation in school athletics.* Washington, DC: Child Trends.

Children's Defense Fund (1992). *The state of America's children.* Washington, DC: Author.

Chiou, W.B., Chen, S.W., & Liao, D.C. (2014). Does Facebook promote self-interest? Enactment of indiscriminate one-to-many communication on online social networking sites decreases prosocial behavior. *Cyberpsychology, Behavior, and Social Networking, 17*, 68–73.

Chomsky, N. (1957). *Syntactic structures.* The Hague: Mouton.

Choukas-Bradley, S., & Prinstein, M.J. (2016). Peer relationships and the development of psychopathology. In M. Lewis & D. Rudolph (Eds.), *Handbook of developmental psychopathology* (3rd ed.). New York: Springer.

Cianciolo, A.T., & Sternberg, R.J. (2016, in press). Practical intelligence and tacit knowledge: A prototype view of expertise. In K.A. Ericsson & others (Eds.), *Cambridge handbook on expertise and expert performance.* New York: Cambridge University Press.

Cicchetti, D., & Toth, S.L. (2015). A multilevel perspective on child maltreatment. In R.M. Lerner (Ed.), *Handbook of child psychology and developmental science* (7th ed.). New York: Wiley.

Cicchetti, D., & Toth, S.L. (2016). Child maltreatment and developmental psychopathology: A multi-level perspective. In D. Cicchetti (Ed.), *Developmental psychopathology* (3rd ed.). New York: Wiley.

Cil, E. (2015). Effect of two-tier diagnostic tests on promoting learners' conceptual understanding of variables in conducting scientific experiments. *Applied Measurement in Education, 28*, 253–273.

Cirit, N.C. (2015). Assessing ELT pre-service teachers via Web 2.0 tools: Perceptions toward traditional, online, and alternative assessment. *Turkish Online Journal of Educational Technology, 14*(3), 9–19.

Clark, B. (2008). *Growing up gifted* (7th ed.). Upper Saddle River, NJ: Prentice Hall.

Clark, D.A., Donnellan, M.B., Robins, R.W., & Conger, R.D. (2015). Early adolescent temperament, parental monitoring, and substance use in Mexican-origin adolescents. *Journal of Adolescence, 41*, 121–130.

Clark, E.V. (2014). Pragmatics in acquisition. *Journal of Child Language, 41* (Suppl. 1), S105–S116.

Clark, E.V. (2017). *Language in children.* New York: Psychology Press.

Clark, K.B., & Clark, M.P. (1939). The development of the self and the emergence of racial identification in Negro preschool children. *Journal of Social Psychology, 10*, 591–599.

Clark, L. (Ed.) (1993). *Faculty and student challenges in facing cultural and linguistic diversity.* Springfield, IL: Charles C. Thomas.

Clarke, A.J., Burgess, A., Menezes, A., & Mellis, C. (2015). Senior students' experience as tutors of their junior peers in the hospital setting. *BMC Research Notes, 8*, 743.

Clarke-Stewart, A.K., & Parke, R.D. (2014). *Social development* (2nd ed.). New York: Wiley.

Claro, S., Paunesku, D., & Dweck, C.S. (2016). Growth mindset tempers the effect of poverty on academic achievement. *Proceedings of the National Academy of Sciences USA, 113*, 8664–8868.

Clements, D.H., & Sarama, J. (2008). Experimental evaluation of the effects of a research-based preschool mathematics curriculum. *American Educational Research Journal, 45*, 443–494.

Cloud, J. (2007, August 27). Failing our geniuses. *Time*, 40–47.

Coe, R., Aloisi, C., Higgins, S., & Major, L.E. (2014). *What makes great teaching? Review of the underpinning research.* London: Sutton Trust.

CogMed (2013). *CogMed: Working memory is the engine of learning.* Upper Saddle River, NJ: Pearson.

Cohn, S.T., & Fraser, B.J. (2016). Effectiveness of student response systems in terms of learning environment, attitudes, and achievement. *Learning Environments Research, 19*, 153–167.

Colangelo, N.C., Assouline, S.G., & Gross, M.U.M. (2004). *A nation deceived: How schools hold back America's brightest students.* Retrieved October 16, 2006, from http://nationdeceived.org/

Colby, A., Kohlberg, L., Gibbs, J., & Lieberman, M. (1983). A longitudinal study of moral judgment. *Monograph: The Society for Research in Child Development, 48* (21, Serial No. 201).

Colby, S.L., & Ortman, J.M. (2015, March). Projections of the size and composition of the U.S. population: 2014 to 2060. *Current Population Reports.* Washington, DC: United States Census Bureau.

Cole, M. (2006). Culture and cognitive development in phylogenetic, historical, and ontogenetic perspective. In W. Damon & R. Lerner (Eds.), *Handbook of child psychology* (6th ed.). New York: Wiley.

Cole, M.W., Yarkoni, T., Repovs, G., Anticevic, A., & Braver, T.S. (2012). Global connectivity of prefrontal cortex predicts cognitive control and intelligence. *Journal of Neuroscience, 32,* 8988–8999.

Cole, P.M. (2016). Emotion and the development of psychopathology. In D. Cicchetti (Ed.), *Developmental psychopathology* (3rd ed.). New York: Wiley.

Cole, P.M., & Tan, P.Z. (2015). Emotion socialization from a cultural perspective. In J.E. Grusec & P.D. Hastings (Eds.), *Handbook of socialization* (2nd ed.). New York: Wiley.

College Board (2015). *SAT.* Princeton, NJ: Educational Testing Service.

Collins, M. (1996, Winter). The job outlook for '96 grads. *Journal of Career Planning,* pp. 51–54.

Combs, D. (1997, September). Using alternative assessment to provide options for student success. *Middle School Journal,* pp. 3–8.

Comer, J.P. (1988). Educating poor minority children. *Scientific American, 259,* 42–48.

Comer, J.P. (2004). *Leave no child behind.* New Haven, CT: Yale University Press.

Comer, J.P. (2006). Child development: The underweighted aspect of intelligence. In P.C. Kyllonen, R.D. Roberts, & L. Stankov (Eds.), *Extending intelligence.* Mahwah, NJ: Erlbaum.

Comer, J.P. (2010). Comer School Development Program. In J. Meece & J. Eccles (Eds.), *Handbook of research on schools, schooling, and human development.* New York: Routledge.

Committee for Children (2016). *Second Step.* Retrieved August 12, 2016, from www.cf-children.org/second-step

Common Core State Standards Initiative (2016). *Common Core.* Retrieved February 25, 2016, from www.core standards.org/

Condition of Education (2015). *Participation in education.* Washington, DC: U.S. Department of Education.

Conley, M.W. (2008). *Content area literacy: Learners in context.* Boston: Allyn & Bacon.

Conn, K.M., Fisher, S.G., & Rhee, H. (2016, in press). Parent and child independent report of emotional responses to asthma-specific vignettes: The relationship between emotional states, self-management behaviors, and symptoms. *Journal of Pediatric Nursing, 31,* e83–e90.

Connell, N.M., Morris, R.G., & Piquero, A.R. (2016). Predicting bullying: Exploring the contribution of negative life experiences in predicting adolescent bullying behavior. *International Journal of Offender Therapy and Comparative Criminology, 60,* 1082–1096.

Conti, E., & others (2015). The first 1000 days of the autistic brain: A systematic review of diffusion imaging studies. *Frontiers in Human Neuroscience, 9,* 159.

Cooper, H. (1998, April). *Family, student, and assignment characteristics of positive homework experiences.* Paper presented at the meeting of the American Educational Research Association, San Diego.

Cooper, H. (2006). *The battle over homework.* Thousand Oaks, CA: Corwin.

Cooper, H. (2007). *The battle over homework: Common ground for administrators, teachers, and parents* (3rd ed.). Thousand Oaks. CA: Corwin Press.

Cooper, H. (2009). Homework. In T. Bidell (Ed.), *Chicago companion to the child.* Chicago: University of Chicago Press.

Cooper, H., & Patall, E.A. (2007). Homework. In S. Mathison & E.W. Ross (Eds.), *Battleground schools* (pp. 319–326). Westport, CT: Greenwood Press.

Cooper, H., Robinson, J.C., & Patall, E.A. (2006). Does homework improve academic achievement? A synthesis of research, 1987–2003. *Review of Educational Research, 76,* 1–62.

Copeland, L. (2003, December). Science teacher just wanted to do some good, and he has. *USA Today.* Retrieved December 12, 2003, from www.usatoday.com/news/education/2003-12-30-laster-usal_x.htm

Corno, L. (1998, March 30). Commentary. *Newsweek,* p. 51.

Cornoldi, C., Carretti, B., Drusi, S., & Tencati, C. (2015). Improving problem solving in primary school students: The effect of a training program focusing on metacognition and working memory. *British Journal of Educational Psychology, 85,* 424–439.

Coronel, J.M., & Gomez-Hurtado, I. (2015). Nothing to do with me! Teachers' perceptions of cultural diversity in Spanish secondary schools. *Teachers and Teaching: Theory and Practice, 21,* 400–420.

Cossentino, J. (2008). Montessori schools. In N.J. Salkind (Ed.), *Encyclopedia of educational psychology.* Thousand Oaks, CA: Sage.

Cote, J.E. (2015). Identity-formation research from a critical perspective: Is a social science developing? In K.C. McLean & M. Syed (Eds.), *Oxford handbook of identity development.* New York: Oxford University Press.

Cote, K., & Emmett, T. (2015). Effective implementation of e-portfolios: The development of e-portfolios to support online learning. *Theory Into Practice, 54,* 352–363.

Council of Chief State School Officers (2005). *Marilyn Jachetti Whirry.* Retrieved February 8, 2006, from www.cesso.org

Courage, M.L. (2015). Translational science and multitasking: Lessons from the lab and everyday world. *Developmental Review, 35,* 1–4.

Courage, M.L., Bakhtiar, A., Fitzpatrick, C., Kenny, S., & Brandeau, K. (2015). Growing up multitasking: The costs and benefits for cognitive development. *Developmental Review, 35,* 5–41.

Covington, M.V., & Dray, E. (2002). The development course of achievement motivation: A need-based approach. In A. Wigfield & J.S. Eccles (Eds.), *Development of achievement motivation.* San Diego: Academic Press.

Covington, M.V., & Teel, K.T. (1996). *Overcoming student failure.* Washington, DC: American Psychological Association.

Cracolice, M.S., & Busby, B.D. (2015). Preparation for college general chemistry: More than just a matter of content knowledge acquisition. *Journal of Chemical Education, 92,* 1790–1797.

Craig, F., & others (2016). A review of executive function deficits in autism spectrum disorder and attention-deficit/hyperactivity disorder. *Neuropsychiatric Disease and Treatment, 12,* 1191–1202.

Craik, F.I.M., & Lockhart, R.S. (1972). Levels of processing: A framework for memory research. *Journal of Verbal Learning and Verbal Behavior, 11,* 671–684.

Crain, T.L., Schonert-Reichl, K.A., & Roeser, R.W. (2016, in press). Cultivating teacher mindfulness: Effects of a randomized controlled trial on work, home, and sleep outcomes. *Journal of Occupational Health Psychology.* doi:10.1037/ocp0000043

Crone, L.A. (2017). *The adolescent brain.* New York: Routledge.

Crosnoe, R. (2011). *Fitting in, standing out.* New York: Cambridge University Press.

Crosnoe, R., & Benner, A.D. (2015). Children at school. In R.M. Lerner (Ed.), *Handbook of child psychology and developmental science* (7th ed.). New York: Wiley.

Crosnoe, R., Bonazzo, C., & Wu, N. (2015). *Healthy learners: A whole child approach to disparities in early education.* New York: Teachers College Press.

Crosnoe, R., Riegle-Crumb, C., Field, S., Frank, K., & Muller, C. (2008). Peer group contexts of girls' and boys' academic experiences. *Child Development, 79,* 139–155.

Cross, C.T., Woods, T.A., & Schweingruber, H. (Eds.) (2009). *Mathematics learning in early*

childhood: Paths toward excellence and equity. Washington, DC: National Academies Press.

Cross, D., Lester, L., & Barnes, A. (2015). A longitudinal study of the social and emotional predictors and consequences of cyber and traditional bullying victimization. *International Journal of Public Health, 60,* 207–217.

Crouter, A.C. (2006). Mothers and fathers at work. In A. Clarke-Stewart & J. Dunn (Eds.), *Families count.* New York: Cambridge University Press.

Crowley, K., Callahan, M.A., Tenenbaum, H.R., & Allen, E. (2001). Parents explain more to boys than to girls during shared scientific thinking. *Psychological Science, 12,* 258–261.

Csikszentmihalyi, M. (1990). *Flow.* New York: Harper & Row.

Csikszentmihalyi, M. (1993). *The evolving self.* New York: Harper & Row.

Csikszentmihalyi, M. (1996). *Creativity.* New York: HarperCollins.

Csikszentmihalyi, M. (2000). Creativity: An interview. In A. Kazdin (Ed.), *Encyclopedia of psychology.* Washington, DC, & New York: American Psychological Association and Oxford University Press.

Csikszentmihalyi, M., & Csikszentmihalyi, I.S. (Eds.) (2006). *A life worth living.* New York: Oxford University Press.

Csikszentmihalyi, M., Rathunde, K., & Whalen, S. (1993). *Talented teenagers: The roots of success and failure.* Cambridge, UK: Cambridge University Press.

Cucina, J.M., Peyton, S.T., Su, C., & Byle, K.A. (2016). Role of mental abilities and mental tests in explaining school grades. *Intelligence, 54,* 90–104.

Cuevas, J. (2015). Is learning styles-based instruction effective? A comprehensive analysis of recent research on learning styles. *Theory and Research in Education, 13,* 308–333.

Cummings, E.M., & Miller, L.M. (2015). Emotional security theory: An emerging theoretical model for youths' psychological and physiological responses across multiple developmental contexts. *Current Directions in Psychological Science, 24,* 208–213.

Cummings, E.M., & Valentino, K.V. (2015). Developmental psychopathology. In R.M. Lerner (Ed.), *Handbook of child psychology and developmental science* (7th ed.). New York: Wiley.

Cunningham, B., Hoyer, K.M., & Sparks, D. (2015, February). Gender differences in science, technology, engineering, and mathematics (STEM) interest, credits earned, and NAEP performance in the 12th grade. *Stats in Brief,* National Center for Education Statistics 2015–075, pp. 1–27.

Cunningham, P.M. (2017). *Phonics they use* (7th ed.). Upper Saddle River, NJ: Pearson.

Cunningham, P.M., & Allington, R.L. (2016). *Classrooms that work* (6th ed.). Upper Saddle River, NJ: Pearson.

Curran, K., DuCette, J., Eisenstein, J., & Hyman, I.A. (2001, August). *Statistical analysis of the cross-cultural data: The third year.* Paper presented at the meeting of the American Psychological Association, San Francisco, CA.

Curtis, L.A., & Bandy, T. (2016). *The Quantum Opportunities Program: A randomized controlled evaluation.* Washington, DC: Milton S. Eisenhower Foundation.

Curtis, M.E., & Longo, A.M. (2001, November). *Teaching vocabulary development to adolescents to improve comprehension.* Retrieved April 26, 2006, from www.readingonline.org/articles/curtis

D

Dahl, R.E. (2004). Adolescent brain development: A period of vulnerabilities and opportunities. *Annals of the New York Academy of Sciences, 1021,* 1–22.

Dale, B., & others (2014). Utility of the Stanford-Binet Intelligence Scales, Fifth Edition, with ethnically diverse preschoolers. *Psychology in the Schools, 51,* 581–590.

Damasio, A.R. (1994). Descartes' error and the future of human life. *Scientific American, 271,* 144.

Damon, W. (2008). *The path to purpose: Helping our children find their calling in life.* New York: Free Press.

Dansereau, D.F. (1988). Cooperative learning strategies. In C.E. Weinstein, E.T. Goetz, & P.A. Alexander (Eds.), *Learning and study strategies.* Orlando, FL: Academic Press.

Dariotis, J.K., & others (2016). A qualitative evaluation of student learning and skills use in a school-based mindfulness and yoga program. *Mindfulness, 7,* 76–89.

Darling-Hammond, L. (2001, August). *What's at stake in high-stakes testing?* Paper presented at the meeting of the American Psychological Association, San Francisco.

Darling-Hammond, L. (2007). Race, inequality and educational accountability: The irony of "No Child Left Behind." *Race, Ethnicity, and Education, 10,* 245–260.

Darling-Hammond, L., & Baratz-Snowden, J. (Eds.) (2005). *A good teacher in every classroom: Preparing the highly qualified teachers our children deserve.* San Francisco: Jossey-Bass.

Darling-Hammond, L., & Bransford, J. (Eds.) (2005). *Preparing teachers for a changing world.* San Francisco: Jossey-Bass.

Darling-Hammond, L., & Falk, B. (2013). *Teacher learning through assessment.*

Washington, DC: Center for American Progress.

Darling-Hammond, L., & others (2005). Educational goals and purposes: Developing a curricular vision for education. In L. Darling-Hammond & J. Bransford (Eds.), *Preparing teachers for a changing world.* San Francisco: Jossey-Bass.

Davies, J., & Brember, I. (1999). Reading and mathematics attainments and self-esteem in years 2 and 6—an eight-year cross-sectional study. *Educational Studies, 25,* 145–157.

Davies, P.T., Martin, M.J., & Sturge-Apple, M.L. (2016). Emotional security theory and developmental psychopathology. In D. Cicchetti (Ed.), *Developmental psychopathology* (3rd ed.). New York: Wiley.

Davison, M.L., & others (2015). Criterion-related validity: Assessing the value of subscores. *Journal of Educational Measurement, 52,* 263–279.

De Castella, K., Byrne, D., & Covington, M. (2013). Unmotivated or motivated to fail? A cross-cultural study of achievement motivation, fear of failure, and student disengagement. *Journal of Educational Psychology, 105,* 861–880.

de Haan, M., & Johnson, M.H. (2016). Typical and atypical human functional brain development. In D. Cicchetti (Ed.), *Developmental psychopathology* (3rd ed.). New York: Wiley.

De La Paz, S., & McCutchen, D. (2017). Learning to write. In R.E. Mayer & P.A. Alexander (Eds.), *Handbook of research on learning and instruction* (2nd ed.). New York: Routledge.

Deary, I. (2012). Intelligence. *Annual Review of Psychology* (Vol. 63). Palo Alto, CA: Annual Reviews.

Deary, I.J., Strand, S., Smith, P., & Fernandes, C. (2007). Intelligence and educational achievement. *Intelligence, 35,* 13–21.

Decety, J., & Cowell, J. (2016). Developmental social neuroscience. In D. Cicchetti (Ed.), *Developmental psychopathology* (3rd ed.). New York: Wiley.

deCharms, R. (1984). Motivation enhancement in educational settings. In R. Ames & C. Ames (Eds.), *Research on motivation in education* (Vol. 1). Orlando: Academic Press.

Deci, E.I., Koestner, R., & Ryan, R.M. (2001). Extrinsic rewards and intrinsic motivation in education: Reconsidered once again. *Review of Educational Research, 71,* 1–28.

Decristan, J.K., & others (2015). Embedded formative assessment and classroom process quality: How do they interact in promoting science understanding? *American Educational Research Journal, 52,* 1133–1159.

Del Campo, L., Buchanan, W.R., Abbott, R.D., & Berninger, V.W. (2015). Levels of phonology related to reading and writing in middle and late childhood. *Reading and Writing, 28,* 183–198.

Delisle, J.R. (1987). *Gifted kids speak out.* Minneapolis: Free Spirit Publishing.

Dell, A.G., Newton, D.A., & Petroff, J.G. (2017). *Assistive technology in the classroom* (3rd ed.). Upper Saddle River, NJ: Pearson.

Demby, S.L. (2016, in press). Parenting coordination: Applying clinical thinking to the management of post-divorce conflict. *Journal of Clinical Psychology.* doi:10.1002/jclp.22261

Dempster, F.N. (1981). Memory span: Sources of individual and developmental differences. *Psychological Bulletin, 89,* 63–100.

DeNavas-Walt, C., & Proctor, B.D. (2015). *Income and poverty in the United States: 2014.* Washington, DC: U.S. Census Bureau.

Deng, Y., & others (2016). Gender differences in emotional response: Inconsistency between experience and expressivity. *PLoS One, 11*(6), e0158666.

Denham, S.A., Bassett, H.H., & Wyatt, T. (2015). The socialization of emotional competence. In J.E. Grusec & P.D. Hastings (Eds.), *Handbook of socialization* (2nd ed.). New York: Guilford.

Derman-Sparks, L., & The Anti-Bias Curriculum Task Force (1989). *Anti-bias curriculum.* Washington, DC: National Association for the Education of Young Children.

DeRosa, D.A., & Abruscato, J.A. (2015). *Teaching children science* (8th ed.). Upper Saddle River, NJ: Pearson.

DeRosier, M.E., & Marcus, S.R. (2005). Building friendships and combating bullying: Effectiveness of S.S. GRIN at one-year follow-up. *Journal of Clinical Child and Adolescent Psychology, 34,* 140–150.

Devito, J.A. (2017). *Essentials of human communication* (9th ed.). Upper Saddle River, NJ: Pearson.

Dewey, J. (1933). *How we think.* Lexington, MA: D.C. Heath.

DeZolt, D.M., & Hull, S.H. (2001). Classroom and school climate. In J. Worell (Ed.), *Encyclopedia of women and gender.* San Diego: Academic Press.

Diamond, A. (2013). Executive functions. *Annual Review of Psychology* (Vol. 64). Palo Alto, CA: Annual Reviews.

Diamond, A., & Lee, K. (2011). Interventions shown to aid executive function development in children 4 to 12 years old. *Science, 333,* 959–964.

Diaz, C. (2005). Unpublished review of J.W. Santrock's *Educational psychology* (3rd ed.). New York: McGraw-Hill.

Dickinson, D. (1998). *How technology enhances Howard Gardner's eight intelligences.*

Retrieved February 15, 2002, from www.america-tomorrow.com/ati/nhl80402.htm

Dickinson, D., Wolf, M., & Stotsky, S. (1993). "Words Move": The interwoven development of oral and written language in the school years. In Jean Berko Gleason (Ed.), *The development of language* (3rd ed.). New York: Macmillan.

Ding, X.P., & others (2014). Elementary school children's cheating behavior and its cognitive correlates. *Journal of Experimental Child Psychology, 121,* 85–95.

Dodge, K.A. (2010). *Current directions in child psychopathology.* Boston: Allyn & Bacon.

Doe, C. (2015). Student interpretation of diagnostic feedback. *Language Assessment Quarterly, 12,* 110–135.

Dohla, D., & Heim, S. (2016). Developmental dyslexia and dysgraphia: What can we learn from one about the other? *Frontiers in Psychology, 6,* 2045.

Domjan, M. (2015). *Principles of learning and behavior* (6th ed.). Boston: Cengage.

Dovis, S., Van der Oord, S., Wiers, R.W., & Prins, P.J. (2015). Improving executive functioning in children with ADHD: Training multiple executive functions within the context of a computer game. A randomized double-blind placebo controlled trial. *PLoS One, 10 (4),* e0121651.

Doyle, W. (1986). Classroom organization and management. In M.C. Wittrock (Ed.), *Handbook of research on teaching* (3rd ed.). New York: Macmillan.

Doyle, W. (2006). Ecological approaches to classroom management. In C.M. Evertson & C.S. Weinstein (Eds.), *Handbook of classroom management.* Mahwah, NJ: Erlbaum.

Duan, X., Dan, Z., & Shi, J. (2013). The speed of information processing of 9- to 13-year-old intellectually gifted children. *Psychology Reports, 112,* 20–32.

Duff, D., Tomblin, J.B., & Catts, H. (2015). The influence of reading on vocabulary growth: A case for a Matthew effect. *Journal of Speech, Language, and Hearing Research, 58,* 853–864.

Duggan, K.A., & Friedman, H.S. (2014). Lifetime biopsychosocial trajectories of the Terman gifted children: Health, well-being, and longevity. In D.K. Simonton (Ed.), *Wiley-Blackwell handbook of genius.* New York: Oxford University Press.

Duncan, G.J., Magnuson, K., & Votruba-Drzal, E. (2015). Children and socioeconomic status. In M.H. Bornstein & T. Leventhal (Eds.), *Handbook of child psychology and developmental science* (7th ed., Vol. 4). New York: Wiley.

Duncan, G.J., & others (2007). School readiness and later achievement. *Developmental Psychology, 43,* 1428–1446.

Dunlosky, J., & others (2013). Improving students' learning with effective learning

techniques: Promising directions from cognitive and educational psychology. *Psychological Science in the Public Interest, 14,* 4–58.

Dupere, V., & others (2015). Stressors and turning points in high school and dropout: A stress process, life course framework. *Review of Educational Research, 85,* 591–629.

Durston, S., & Casey, B.J. (2006). What have we learned about cognitive development from neuroimaging. *Neuropsychologia, 44,* 2149–2157.

Durston, S., & others (2006). A shift from diffuse to focal cortical activity with development. *Developmental Science, 9,* 1–8.

Dweck, C.S. (2006). *Mindset.* New York: Random House.

Dweck, C.S. (2012). Mindsets and human nature: Promoting change in the Middle East, the school yard, the racial divide, and willpower. *American Psychologist, 67,* 614–622.

Dweck, C.S. (2015a, September 23). Carol Dweck revisits the "growth mindset." *Education Week, 35*(5), 24–26.

Dweck, C.S. (2015b, December). The remarkable reach of "growth mindsets." *Scientific American, 27,* 36–41.

Dweck, C.S. (2016, March 11). *Growth mindset revisited.* Invited presentation at Leaders to Learn From. Washington, DC: Education Week.

Dweck, C.S., & Elliott, E. (1983). Achievement motivation. In P. Mussen (Ed.), *Handbook of child psychology* (4th ed., Vol. 4). New York: Wiley.

Dweck, C.S., & Master, A. (2009). Self-theories and motivation: Students' beliefs about intelligence. In K.R. Wentzel & A. Wigfield (Eds.), *Handbook of motivation at school.* New York: Routledge.

E

Eagly, A.H. (2012). Women as leaders: Paths through the labyrinth. In M.C. Bligh & R. Riggio (Eds.), *When near is far and far is near: Exploring distance in leader-follower relationships.* New York: Wiley Blackwell.

Eagly, A.H. (2013). Science and politics: A reconsideration. In M.K. Ryan & N.R. Branscombe (Eds.), *Sage handbook of gender and psychology.* Thousand Oaks, CA: Sage.

Eagly, A.H., & Crowley, M. (1986). Gender and helping behavior: A meta-analytic review of the social psychological literature. *Psychological Bulletin, 100,* 283–308.

Eagly, A.H., & Steffen, V.J. (1986). Gender and aggressive behavior: A meta-analytic review of the social psychological literature. *Psychological Bulletin, 100,* 309–330.

Ebadi, S., & Shakoorzadeh, R. (2015). Investigation of academic procrastination prevalence and its relationship with academic self-regulation and achievement motivation among high-school students in Tehran city. *International Education Studies, 8*(10), 193–199.

Eccles, J.S. (1987). Gender roles and women's achievement-related decisions. *Psychology of Women Quarterly, 11,* 135–172.

Eccles, J.S. (1993). School and family effects on the ontogeny of children's interests, self-perceptions, and activity choice. In J. Jacobs (Ed.), *Nebraska symposium on motivation, 1992; Developmental perspectives on motivation.* Lincoln, NE: University of Nebraska Press.

Eccles, J.S. (2004). School, academic motivation, and stage-environment fit. In R. Lerner & L. Steinberg (Eds.), *Handbook of adolescent psychology* (2nd ed.). New York: Wiley.

Eccles, J.S. (2007). Families, schools, and developing achievement-related motivations and engagement. In J.E. Grusec & P.D. Hastings (Eds.), *Handbook of socialization.* New York: Guilford.

Eccles, J.S., & Roeser, R.W. (2015). School and community influences on human development. In M.H. Bornstein & M.E. Lamb (Eds.), *Developmental science* (7th ed.). New York: Psychology Press.

Eccles, J.S., Wigfield, A., & Schiefele, U. (1998). Motivation to succeed. In W. Damon (Ed.), *Handbook of child psychology* (5th ed., Vol. 4). New York: Wiley.

Echevarria, J.J., Richards-Tutor, C., & Vogt, M,J. (2015). *Response to intervention (RTI) and English learners: Using the SIOP model* (2nd ed.). Upper Saddle River, NJ: Pearson.

Educational Cyber Playground (2006). *Ringleader Alan Haskvitz.* Retrieved July 1, 2006, from http://www.edu-cyberpg.com/ringleaders/al.html

Edwards, A.R., Esmonde, I., Wagner, J.F., & Beattie, R.C. (2017). Learning science. In R.E. Mayer & P.A. Alexander (Eds.), *Handbook of research on learning and instruction* (2nd ed.). New York: Routledge.

Egalite, A.J., Kisida, B., & Winters, M.A. (2015). Representation in the classroom: The effect of own-race teachers on student achievement. *Economics of Education Review, 44*(April), 44–52.

Eisenberg, N., Duckworth, A., Spinrad, L., & Valiente, C. (2014). Conscientiousness and healthy aging. *Developmental Psychology, 50,* 1331–1349.

Eisenberg, N., Fabes, R.A., & Spinrad, T.L. (2006). Prosocial development. In W. Damon & R. Lerner (Eds.), *Handbook of child psychology* (6th ed.). New York: Wiley.

Eisenberg, N., Smith, C.L., & Spinrad, T.L. (2016). Effortful control: Relations with emotion regulation, adjustment, and socialization in childhood. In K.D. Vohs & R.F. Baumeister (Eds.), *Handbook of self-regulation* (3rd ed.). New York: Guilford.

Eisenberg, N., & Spinrad, T.L. (2016). Multidimensionality of prosocial behavior: Rethinking the conceptualization and development of prosocial behavior. In L. Padilla-Walker & G. Carlo (Eds.), *Prosocial behavior.* New York: Oxford University Press.

Eisenberg, N., Spinrad, T.L., & Knafo-Noam, A. (2015). Prosocial development. In R.M. Lerner (Ed.), *Handbook of child psychology and developmental science* (7th ed.). New York: Wiley.

Eisenberg, N., Spinrad, T.L., & Valiente, C. (2016). Emotion-related self-regulation and children's social, psychological, and academic functioning. In L. Balter & C.S. Tamis-LeMonda (Eds.), *Child psychology* (3rd ed.). New York: Routledge.

Eisenhower Foundation (2010). *Quantum Opportunities program* . Retrieved June 26, 2010, from http://www.eisenhowerfoundation.org/qop.php

Eisenman, G., Edwards, S., & Cushman, C.A. (2015). Bringing reality to classroom management in teacher education. *Professional Educator, 39*(1).

Eklund, K., Tanner, N., Stoll, K., & Anway, L. (2015). Identifying emotional and behavioral risk among gifted and nongifted children: A multi-gate, multi-informant approach. *School Psychology Quarterly, 30,* 197–211.

Elam, K.K., Sandler, I., Wolchik, S., & Tein, J.Y. (2016). Non-residential father-child involvement, interparental conflict, and mental health of children following divorce: A person-focused approach. *Journal of Youth and Adolescence, 45,* 581–593.

Elkind, D. (1976). *Child development and education: A Piagetian perspective.* New York: Oxford University Press.

Elkind, D. (1978). Understanding the young adolescent. *Adolescence, 13,* 127–134.

Ellis, S., Klahr, D., & Siegler, R.S. (1994, April). *The birth, life, and sometimes death of good ideas in collaborative problem-solving.* Paper presented at the meeting of the American Educational Research Association, New Orleans.

Emmer, E.T., & Evertson, C. (2009). *Classroom management for middle and secondary teachers* (8th ed.). Boston: Allyn & Bacon.

Emmer, E.T., & Evertson, C.M. (2017). *Classroom management for middle and high school teachers* (10th ed.). Upper Saddle River, NJ: Pearson.

Emmer, E.T., Evertson, C.M., & Anderson, L.M. (1980). Effective classroom management at the beginning of the school year. *Elementary School Journal, 80,* 219–231.

Engler, B. (2009). *Personality theories* (8th ed.). Belmont, CA: Wadsworth.

Enright, M.S., Schaefer, L.V., Schaefer, P., & Schaefer, K.A. (2008). Building a just adolescent community. *Montessori Life, 20,* 36–42.

Entwisle, D.R., & Alexander, K.L. (1993). Entry into the school: The beginning school transition and educational stratification in the United States. *Annual Review of Sociology, 19,* 401–423.

Entwisle, D.R., Alexander, K.L., & Olson, L. (2010). The long reach of socioeconomic status in education. In J. Meece & J. Eccles (Eds.), *Handbook of research on schools, schooling, and human development.* New York: Routledge.

Epstein, J. (1998, April). *Interactive homework: Effective strategies to connect home and school.* Paper presented at the meeting of the American Educational Research Association, San Diego.

Epstein, J.L. (2001). *School, family, and community partnerships.* Boulder, CO: Westview Press.

Epstein, J.L. (2009). *School, family, and community partnerships* (3rd ed.). Thousand Oaks, CA: Corwin Press.

Ericson, N. (2001, June). *Addressing the problem of juvenile bullying.* Washington, DC: Office of Juvenile Justice and Delinquency Prevention, Office of Justice Programs, U.S. Department of Justice.

Ericsson, K.A. (2014). A view from the expert-performance approach. In D.K. Simonton (Ed.), *Wiley handbook of genius.* New York: Wiley.

Ericsson, K.A., Krampe, R.T., & Tesch-Romer, C. (1993). The role of deliberate practice in acquisition of expert performance. *Psychological Review, 100,* 363–406.

Ericsson, K.A., & Moxley, J.H. (2013). Experts' superior memory: From accumulation of chunks to building memory skills that mediate improved performance and learning. In T.J. Perfect & D.S. Lindsay (Eds.), *SAGE handbook of applied memory.* Thousand Oaks, CA: Sage.

Ericsson, K.A., & others (Eds.) (2016). *Cambridge handbook of expertise and expert performance.* New York: Cambridge University Press.

Erikson, E.H. (1968). *Identity: Youth and crisis.* New York: W.W. Norton.

Ernst, J.V., & Glennie, E. (2015). Redesigned high schools for transformed STEM learning: Performance assessment pilot outcome. *Journal of STEM Education: Innovations and Research, 16*(4), 27–35.

Espelage, D.L., & Colbert, C.L. (2016). School-based interventions to prevent bullying and promote social behaviors. In K.R. Wentzel & G.B. Ramani (Eds.), *Handbook of social influences in school contexts.* New York: Routledge.

Estes, T.H., & Mintz, S.L. (2016). *Instruction* (7th ed.). Upper Saddle River, NJ: Pearson.

Evans, G.W. (2004). The environment of childhood poverty. *American Psychologist, 59,* 77–92.

Evans, G.W., & English, K. (2002). The environment of poverty: Multiple stressor exposure, psychophysiological stress, and socioeconomic disadvantage. *Child Development, 73,* 1238–1248.

Evans, S.Z., Simons, L.G., & Simons, R.L. (2016). Factors that influence trajectories of delinquency throughout adolescence. *Journal of Youth and Adolescence, 45,* 156–171.

Evans-Lacko, S., & others (2016, in press). Childhood bullying victimization is associated with the use of mental health services over five decades: A longitudinal nationally representative study. *Psychological Medicine.* doi:10.1017/S0033291716001719

Evertson, C.M., & Emmer, E.T. (2009). *Classroom management for elementary teachers* (8th ed.). Boston: Allyn & Bacon.

Evertson, C.M., & Emmer, E.T. (2017). *Classroom management for elementary teachers* (10th ed.). Upper Saddle River, NJ: Pearson.

Evertson, C.M., & Harris, A.H. (1999). Support for managing learning-centered classrooms: The classroom organization and management program. In H.J. Freiberg (Ed.), *Beyond behaviorism: Changing the classroom management paradigm.* Boston: Allyn & Bacon.

Evertson, C.M., & Poole, I.R. (2008). Proactive classroom management. In T. Good (Ed.), *Twenty-first century education: A reference handbook.* Los Angeles, CA: Sage.

F

Fahey, P.F., Wu, H.C., & Hoy, W.K. (2010). Individual academic optimism of teachers: A new concept and its measure. In W.K. Hoy & M. DiPaola (Eds.), *Analyzing school contexts.* Greenwich, CT: Information Age.

Fakhoury, M. (2015). Autistic spectrum disorders: A review of clinical features, theories, and diagnosis. *International Journal of Neuroscience, 43,* 70–77.

Fazio, L.K., DeWolf, M., & Siegler, R.S. (2016). Strategy use and strategy choice in fraction magnitude comparison. *Journal of Experimental Psychology, 42,* 1–16.

Feather, N.T. (1966). Effects of prior success and failure on expectations of success and subsequent performance. *Journal of Personality and Social Psychology, 3,* 287–298.

Feeney, S., Moravcik, E., & Nolte, S. (2016). *Who am I in the lives of children?* (10th ed.). Upper Saddle River, NJ: Pearson.

Feng, Y. (1996). Some thoughts about applying constructivist theories to guide instruction. *Computers in the Schools, 12,* 71–84.

Fenzel, L.M., Blyth, D.A., & Simmons, R.G. (1991). School transitions, secondary. In R.M. Lerner, A.C. Petersen, & J. Brooks-Gunn (Eds.), *Encyclopedia of adolescence* (Vol. 2). New York: Garland.

Ferguson, C.J. (2013). Spanking, corporal punishment, and negative long-term outcomes: A meta-analytic review of longitudinal studies. *Clinical Psychology Review, 33,* 196–208.

Fernandez-Alonso, R., Suarez-Alvarez, J., & Muniz, J. (2015). Adolescents' homework performance in mathematics and science: Personal factors and teaching practice. *Journal of Educational Psychology, 107,* 1075–1085.

Fernandez-Berrocal, P., & Checa, P. (2016). Editorial: Emotional intelligence and cognitive abilities. *Frontiers in Psychology, 7,* 955.

Fernandez-Jaen, A., & others (2015). Cortical thickness differences in the prefrontal cortex in children and adolescents with ADHD in relation to dopamine transporter (DAT1) genotype. *Psychiatry Research., 233,* 409–417.

Ferrer, E., & others (2013). White matter maturation supports the development of reasoning ability through its influence on processing speed. *Developmental Science, 16,* 941–951.

Fidalgo, R., Harris, K.R., & Braaksma, M. (2016). *Design principles for teaching effective writing.* Leiden, The Netherlands: Brill.

Fields, R.D. (2015). A new mechanism of neural plasticity: Activity-dependent myelination. *Nature Reviews: Neuroscience, 16,* 756–767.

Finion, K.J., & others (2015). Emotion-based preventive intervention: Effectively promoting emotion knowledge and adaptive behavior among at-risk preschoolers. *Development and Psychopathology, 27,* 1353–1365.

Fiorella, L., & Mayer, R.E. (2015). *Learning as thinking and thinking as learning.* Washington, DC: American Psychological Association.

Fischer, K.W., & Immordino-Yang, M.H. (2008). Introduction: The fundamental importance of the brain and learning for education. In *The Jossey-Bass reader on the brain and learning.* San Francisco: Jossey-Bass.

Fischhoff, B., Bruine de Bruin, W., Parker, A.M., Millstein, S.G., & Halpern-Felsher, B.L. (2010). Adolescents' perceived risk of dying. *Journal of Adolescent Health, 46,* 265–269.

Fisher, B.W., Gardella, J.H., & Teurbe-Tolon, A.R. (2016). Peer cybervictimization among adolescents and the associated internalizing and externalizing problems: A meta-analysis. *Journal of Youth and Adolescence, 45,* 1727–1743.

Fisher, D., & Frey, N. (2016). *Improving adolescent literacy* (4th ed.). Upper Saddle River, NJ: Pearson.

Fitzpatrick, J. (1993). *Developing responsible behavior in schools.* South Burlington, VT: Fitzpatrick Associates.

Fives, H., & Buehl, M.M. (2016). Teaching motivation: Self-efficacy and goal orientation. In K. Wentzel & D. Miele (Eds.), *Handbook of motivation at school* (2nd ed.). New York: Routledge.

Flannery, D.J., & others (2016). Bullying prevention: A summary of the report of the National Academies of Sciences, Engineering, and Medicine: Committee on the Biological and Psychological Effects of Peer Victimization: Lessons for bullying prevention. *Prevention Science, 17,* 1044–1053.

Flavell, J.H. (2004). Theory-of-mind development: Retrospect and prospect. *Merrill-Palmer Quarterly, 50,* 274–290.

Flavell, J.H., Friedrichs, A., & Hoyt, J. (1970). Developmental changes in memorization processes. *Cognitive Psychology, 1,* 324–340.

Flavell, J.H., Green, F.L., & Flavell, E.R. (1995). The development of children's knowledge about attentional focus. *Developmental Psychology, 31,* 706–712.

Flavell, J.H., Green, F.L., & Flavell, E.R. (1998). The mind has a mind of its own: Developing knowledge about mental uncontrollability. *Cognitive Development, 13,* 127–138.

Flavell, J.H., Miller, P.H., & Miller, S. (2002). *Cognitive development* (4th ed.). Upper Saddle River. NJ: Prentice Hall.

Florez, M.A.C. (1999). Improving adult English language learners' speaking skills. *ERIC Digest,* EDO-LE-99-01, 1–5.

Flower, L.S., & Hayes, J.R. (1981). Problem-solving and the cognitive processes in writing. In C. Frederiksen & J.F. Dominic (Eds.), *Writing: The nature, development, and teaching of written communication.* Mahwah, NJ: Erlbaum.

Flynn, J.R. (1999). Searching for justice: The discovery of IQ gains over time. *American Psychologist, 54,* 5–20.

Flynn, J.R. (2007). The history of the American mind in the 20th century: A scenario to explain gains over time and a case for the irrelevance of g. In P.C. Kyllonen, R.D. Roberts, & L. Stankov (Eds.), *Extending intelligence.* Mahwah, NJ: Erlbaum.

Flynn, J.R. (2011). Secular changes in intelligence. In R.J. Sternberg & S.B. Kaufman (Eds.), *Cambridge handbook of intelligence.* New York: Cambridge University Press.

Flynn, J.R. (2013). *Are we getting smarter?* New York: Cambridge University Press.

Fogarty, R. (Ed.) (1993). *The multiage classroom.* Palatine, IL: IRI/Skylight.

Ford, D.Y. (2014). Why education must be multicultural: Addressing a few misperceptions with counterarguments. *Gifted Child Today, 37,* 59–62.

Ford, D.Y. (2015a). Multicultural issues: Recruiting and retaining Black and Hispanic students in gifted education: Equality versus equity in schools. *Gifted Child Today, 38,* 187–191.

Ford, D.Y. (2015b). Culturally responsive gifted classrooms for culturally different students: A focus on invitational learning. *Gifted Child Today, 38,* 67–69.

Ford-Brown, L.A., & Kindersley, D.K.D. (2017). *DK communication.* Upper Saddle River, NJ: Pearson.

Fox, E., & Alexander, R.A. (2017). Learning to read. In R.E. Mayer & P.A. Alexander (Eds.), *Handbook of research on learning and instruction* (2nd ed.). New York: Routledge.

Fox, E., & Dinsmore, D.L. (2016). Teacher influences on the development of students' personal interest in academic domains. In K.R. Wentzel & G.B. Ramani (Eds.), *Handbook of social influences in school contexts.* New York: Routledge.

Francks, C. (2016, in press). Exploring human brain lateralization with molecular genetics and genomics. *Annals of the New York Academy of Sciences.* doi: 10.1111/nyas.12770

Frankenberg, E., & Orfield, G. (Eds.) (2007). *Lessons in integration.* Charlottesville, VA: University of Virginia Press.

Frederikse, M., Lu, A., Aylward, E., Barta, P., Sharma, T., & Perlsons, G. (2000). Sex differences in inferior lobule volume in schizophrenia. *American Journal of Psychiatry, 157,* 422–427.

Freeman, J., & Garces-Bascal, R.M. (2015). Gender differences in gifted children. In M. Neihart & others (Eds.), *Social and emotional development of gifted children.* Waco, TX: Prufrock Press.

Frey, B. (2005). Standard deviation. In S.W. Lee (Ed.), *Encyclopedia of school psychology.* Thousand Oaks. CA: Sage.

Friedman, H.S., & Schustack, M.W. (2016). *REVEL for personality* (6th ed.). Upper Saddle River, NJ: Pearson.

Friedman, N.P., & others (2007). Greater attention problems during childhood predict poorer executive functioning in late adolescence. *Psychological Science, 18,* 893–900.

Fritz, K.M., & O'Connor, P.J. (2016). Acute exercise improves mood and motivation in young men with ADHD symptoms. *Medicine and Science in Sports and Exercise, 48,* 1153–1160.

Fuchs, D., Fuchs, L.S., & Burish, P. (2000). Peer-assisted strategies: An empirically-supported practice to promote reading. *Learning Disabilities Research and Practice, 9,* 203–212.

Fuchs, D., Fuchs, L.S., Mathes, P.G., & Simmons, D. C. (1997). Peer-assisted learning strategies: Making classrooms more responsive to diversity. *American Educational Research Journal, 34,* 174–206.

Fuchs, L.S., & others (2016a). Effects of intervention to improve at-risk fourth-graders' understanding, calculations, and word problems with fractions. *Elementary School Journal, 116,* 625–651.

Fuchs, L.S., & others (2016b). Pathways to third-grade calculation versus word-reading competence: Are they more alike or different? *Child Development, 87,* 558–567.

Fuchs, L.S., & others (2016c, in press). Supported self-explaining during fraction intervention. *Journal of Educational Psychology.*

Fuhs, M.W., Nesbitt, K.T., Farran, D.C., & Dong, N. (2014). Longitudinal associations between executive functioning and academic skills across content areas. *Developmental Psychology, 50,* 1698–1709.

Fuligni, A.J., & Tsai, K.M. (2015). Developmental flexibility in the age of globalization: Autonomy and identity development among immigrant adolescents. *Annual Review of Psychology* (Vol. 66). Palo Alto, CA: Annual Reviews.

Furth, H.G., & Wachs, H. (1975). *Thinking goes to school.* New York: Oxford University Press.

Fuson, K.C., Kalchman, M., & Bransford, J.D. (2005). Mathematical understanding: An introduction. In M.S. Donovan & J.D. Bransford (Eds.), *How students learn.* Washington, DC: National Academies Press.

G

Galambos, N.L., Berenbaum, S.A., & McHale, S.M. (2009). Gender development in adolescence. In R.M. Lerner & L. Steinberg (Eds.), *Handbook of adolescent psychology.* New York: Wiley.

Galdiolo, S., & Roskam, I. (2016). From me to us: The construction of family alliance. *Infant Mental Health, 37,* 29–44.

Galinsky, E. (2010). *Mind in the making.* New York: Harper Collins.

Gallant, S.N. (2016). Mindfulness meditation practice and executive functioning: Breaking down the benefit. *Consciousness and Cognition, 40,* 116–130.

Gallo, E.F., & Posner, J. (2016). Moving towards causality in attention-deficit/hyperactivity disorder: Overview of neural and genetic mechanisms. *Lancet Psychiatry, 3,* 555–567.

Galvan, A., & Tottenham, N. (2016). Adolescent brain development. In D. Cicchetti (Ed.), *Developmental psychopathology* (3rd ed.). New York: Wiley.

Gambrari, I.A., Yusuf, M.O., & Thomas, D.A. (2015). Effects of computer-assisted STAD, LTM, and ICI cooperative learning strategies on Nigerian secondary school students' achievement, gender, and motivation in physics. *Journal of Education and Practice, 19,* 16–28.

Gambrell, L.B., Morrow, L.M., & Pressley, M. (Eds.) (2007). *Best practices in literacy instruction.* New York: Guilford.

Gandara, P. (2002). *Peer group influence and academic aspirations across cultural/ethnic groups of high school students.* Santa Cruz, University of California, Center for Research on Education, Diversity & Excellence.

Garandeau, C.F., Vartio, A., Poskiparta, E., & Salmivalli, C. (2016). School bullies' intention to change behavior following teacher interventions: Effects of empathy arousal, condemning of bullying, and blaming the perpetrator. *Prevention Science, 17,* 1034–1043.

Garcia-Lopez, L.J., Diaz-Castela, M.D., Muela-Martinez, J.A., & Espinosa-Fernandez, L. (2014). Can parent training for parents with high levels of expressed emotion have a positive effect on their child's social anxiety improvement? *Journal of Anxiety Disorders, 28,* 812–822.

Gardner, H. (1983). *Frames of mind.* New York: Basic Books.

Gardner, H. (1993). *Multiple intelligences.* New York: Basic Books.

Gardner, H. (1998). Multiple intelligences: Myths and messages. In A. Woolfolk (Ed.), *Readings in educational psychology* (2nd ed.). Boston: Allyn & Bacon.

Gardner, H. (2002). The pursuit of excellence through education. In M. Ferrari (Ed.), *Learning from extraordinary minds.* Mahwah, NJ: Erlbaum.

Gardner, M., Brooks-Gunn, J., & Chase-Lansdale, P.L. (2016). The two-generation approach to building human capital: Past, present, and future. In E. Votruba-Drzal & E. Dearing (Eds.), *Handbook of early childhood development programs, practices, and policies.* New York: Wiley.

Gardner, M., & Steinberg, L. (2005). Peer influence and risk taking, risk preference, and psychology, *Developmental Psychology, 41,* 625–635.

Garmon, A., Nystrand, M., Berends, M., & LePore, P.C. (1995). An organizational analysis of the effects of ability grouping. *American Educational Research Journal, 32,* 687–715.

Gates, W. (1998, July 20). Charity begins when I'm ready [interview]. *Fortune* magazine.

Gauvain, M. (2016). Peer contributions to cognitive development. In K. Wentzel & G.B. Ramani (Eds.), *Handbook of social influences in school contexts.* New York: Routledge.

Gay, G. (1997). Educational equality for students of color. In J.A. Banks & C.M. Banks (Eds.), *Multicultural education* (3rd ed.). Boston: Allyn & Bacon.

Gelman, R. (1969). Conservation acquisition: A problem of learning to attend to relevant attributes. *Journal of Experimental Child Psychology, 7,* 67–87.

Gelman, S.A., & Opfer, J.E. (2004). Development of the animate-inanimate distinction. In U. Goswami (Ed.), *Blackwell handbook of childhood cognitive development.* Malden, MA: Blackwell.

Genesee, F., & Lindholm-Leary, K. (2012). The education of English language learners. In K. Harris, S. Graham, & T. Urdan (Eds.), *APA educational psychology handbook.* Washington, DC: American Psychological Association.

GenYes (2010). Retrieved January 14, 2010, from http: genyes.com

Gershoff, E.T. (2013). Spanking and development: We know enough now to stop hitting our children. *Child Development Perspectives, 7,* 133–137.

Gershoff, E.T., & Grogan-Kaylor, A. (2016). Spanking and child outcomes: Old controversies and new meta-analyses. *Journal of Family Psychology, 30,* 453–469.

Gerst, E.H., & others (2016, in press). Cognitive and behavioral rating measures of executive function as predictors of academic outcomes in children. *Child Neuroscience.* doi:10.1 080/09297049.2015.1120860

Geurten, M., Lejeune, C., & Meulemans, T. (2016). Time's up! Involvement of metamemory knowledge, executive functions, and time monitoring in children's prospective memory performance. *Child Neuropsychology, 22,* 443–457.

Gilligan, C. (1982). *In a different voice.* Cambridge, MA: Harvard University Press.

Gilligan, C. (1992, May). *Joining the resistance: Girls' development in adolescence.* Paper presented at the symposium on development and vulnerability in close relationships, Montreal, Quebec.

Gilligan, C. (1998). *Minding women: Reshaping the education realm.* Cambridge, MA: Harvard University Press.

Gilligan, C., Spencer, R., Weinberg, M.K., & Bertsch, T. (2003). On the listening guide: A voice-centered relational model. In P.M. Carnic & J.E. Rhodes (Eds.), *Qualitative research in psychology.* Washington, DC: American Psychological Association.

Ginsburg-Block, M. (2005). Peer tutoring. In S.W. Lee (Ed.), *Encyclopedia of school psychology.* Thousand Oaks, CA: Sage.

Glasser, W. (1969). *Schools without failure.* New York: Harper & Row.

Gleichgerrcht, E., & others (2015). Educational neuromyths among teachers in Latin America. *Mind, Brain, and Education, 9,* 170–178.

Glesne, C. (2016). *Becoming qualitative researchers* (5th ed.). Upper Saddle River, NJ: Pearson.

Gliner, J.A., Morgan, G.A., & Leech, N.L. (2017). *Research methods in applied settings.* New York; Routledge.

Globallab (2016). *Global student laboratory.* Retrieved August 21, 2016, from https://globallab.org/en/project/catalog/#.V7nsGal08kw

Gluck, M.A., Mercado, E., & Myers, C.E. (2016). *Learning and memory* (3rd ed.). New York: Worth.

Goddings, A-L., & Mills, K. (2017). *Adolescence and the brain.* New York: Routledge.

Godfrey, H.K., & Grimshaw, G.M. (2016, in press). Emotional language is all right: Emotional prosody reduces hemispheric asymmetry for linguistic processing. *Laterality.* doi 10.1080/1357650X.2015.1096940

Godfrey, K.E. (2011–12). *Investigating grade inflation and non-equivalence.* New York: College Board.

Goffin, S.G., & Wilson, C.S. (2001). *Curriculum models and early childhood education.* Upper Saddle River, NJ: Prentice Hall.

Gold, J., & Lanzoni, M. (Eds.) (1993). [Video] *Graduation by portfolio—Central Park East Secondary School.* New York: Post Production, 29th St. Video, Inc.

Goldberg, J.S., & Carlson, M.J. (2015). Patterns and predictors of coparenting after unmarried parents part. *Journal of Family Psychology, 29,* 416–426.

Goldberg, W.A., & Lucas-Thompson, R. (2008). Maternal and paternal employment, effects. In M.M. Haith & J.B. Benson (Eds.), *Encyclopedia of infant and early childhood development.* Oxford, UK: Elsevier.

Goldman-Rakic, P. (1996). *Bridging the gap.* Presentation at the workshop sponsored by the Education Commission of the States and the Charles A. Dana Foundation, Denver.

Goldner, L. (2016). Protégés' personality traits, expectations, the quality of the mentoring, and relationships and adjustment: A Big Five analysis. *Child & Youth Forum, 45,* 85–105.

Goleman, D. (1995). *Emotional intelligence.* New York: Basic Books.

Goleman, D., Kaufman, P., & Ray, M. (1993). *The creative spirit.* New York: Plume.

Gollnick, D.M., & Chinn, P.C. (2017). *Multicultural education in a pluralistic society* (10th ed.). Upper Saddle River, NJ: Pearson.

Gomez, K., & Lee, U-S. (2015). Situated cognition and learning environments: Implications for teachers online and offline in the new digital media age. *Interactive Learning Environments, 23,* 634–652.

Gong, Y., Ericsson, K.A., & Moxley, J.H. (2015). A refined technique for identifying chunk characteristics during recall of briefly presented chess positions and their relations to chess skill. *PLoS One, 10,* e0118756.

Gonzales, N.A., & others (2016). Culturally adapted preventive interventions for children and adolescents. In D. Cicchetti (Ed.), *Developmental psychopathology* (3rd ed.). New York: Wiley.

González, N., & Moll, L.C., & Amanti, C. (Eds.) (2005). *Funds of knowledge: Theorizing practices in households, communities, and classrooms.* Mahwah, NJ: Erlbaum.

Good, C., Rattan, A., & Dweck, C.S. (2012). Why do women opt out? Sense of belonging and women's representation in mathematics. *Journal of Personality and Social Psychology, 102,* 700–717.

Good, R.H., & Kaminski, R.A. (2003). Dynamic indicators of basic early literacy skills (6th ed.). Longmont, CO: Sopris West Educational Services.

Goodkind, S. (2013). Single-sex public education for low-income youth of color: A critical theoretical review. *Sex Roles, 69,* 363–381.

Goodlad, S., & Hirst, B. (1989). *Peer tutoring: A guide to learning by teaching.* New York: Nichols.

Gordon, T. (1970). *Parent effectiveness training.* New York: McGraw-Hill.

Gottfried, A.E., Marcoulides, G.A., Gottfried, A.W., & Oliver, P.H. (2009). A latent curve model of motivational practices and developmental decline in math and science academic intrinsic motivation. *Journal of Educational Psychology, 101,* 729–739.

Gottlieb, R., Jahner, E., Immordino-Yang, M.H., & Kaufman, S.B. (2017). How social-emotional imagination facilitates deep learning and creativity in the classroom. In R.A. Beghetto & J.C. Kaufman (Eds.), *Nurturing creativity in the classroom.* New York: Cambridge University Press.

Graham, S. (1986, August). *Can attribution theory tell us something about motivation in Blacks?* Paper presented at the meeting of the American Psychological Association, Washington, DC.

Graham, S. (1990). Motivation in African Americans. In G.L. Berry & J.K. Asamen (Eds.), *Black students.* Newbury Park, CA: Sage.

Graham, S. (2005, February 16). Commentary in *USA Today*, p. 2D.

Graham, S. (2017, in press). Writing research and practice. In D. Lapp & D. Fisher (Eds.), *Handbook of research on teaching the English language arts* (2nd ed.). New York: Routledge.

Graham, S., & Harris, K.R. (2016). Evidence-based practice and writing instruction. In C. MacArthur, S. Graham, & J. Fitzgerald (Eds.), *Handbook of writing research* (2nd ed.). New York: Guilford.

Graham, S., & Harris, K.R. (2017, in press). Self-regulated strategy development: Theoretical bases, critical instruction elements, and future research. In R. Fidalgo, K.R., Harris, & M. Braaksma (Eds.), *Design principles for teaching effective writing.* Hershey, PA: Brill.

Graham, S., Harris, K.R., McArthur, C., & Santangelo, T. (2017, in press). Self-regulation and writing. In D. Schunk & J. Greene (Eds.), *Handbook of self-regulation of learning and performance* (2nd ed.). New York: Routledge.

Graham, S., & Perin, D. (2007). A meta-analysis of writing instruction for adolescent students. *Journal of Educational Psychology, 99,* 445–476.

Graham, S., Rouse, A., & Harris, K.R. (2017, in press). Scientifically supported writing practices. In A. O'Donnell (Ed.), *Oxford handbook of educational psychology.* New York: Oxford University Press.

Graham, S., & Taylor, A.Z. (2016). Attribution theory and motivation in school. In K. Wentzel & D. Miele (Eds.), *Handbook of motivation at school* (2nd ed.). New York: Routledge.

Graham, S., & Weiner, B. (1996). Theories and principles of motivation. In D.C. Berliner & R.C. Calfee (Eds.), *Handbook of educational psychology.* New York: Macmillan.

Graham, S., & Williams, C. (2009). An attributional approach to motivation in school. In K. Wentzel & A. Wigfield (Eds.), *Handbook of motivation at school.* New York: Routledge.

Gravetter, F.J., & Forzano, L.B. (2016). *Research methods for the behavioral sciences* (5th ed.). Boston: Cengage.

Gravetter, F.J., & Wallnau, L.B. (2017). *Statistics for the behavioral sciences* (10th ed.). Boston: Cengage.

Gray, J. (1992). *Men are from Mars, women are from Venus.* New York: HarperCollins.

Gredler, M. (2009). *Learning and instruction* (6th ed.). Upper Saddle River, NJ: Merrill.

Green, C.G., Landry, O., & Iarocci, G. (2016). Developments in the developmental approach to intellectual disability. In D. Cicchetti (Ed.), *Developmental psychopathology* (3rd ed.). New York: Wiley.

Greenhow, M. (2015). Effective computer-aided assessment of mathematics: Principles, practice, and results. *Teaching Mathematics and Its Applications, 34,* 117–137.

Greenough, W.T. (1997, April 21). Commentary in article, "Politics of biology." *U.S. News & World Report,* p. 79.

Greenough, W.T. (2000). Brain development. In A. Kazdin (Ed.), *Encyclopedia of psychology.* Washington, DC, & New York: American Psychological Association and Oxford University Press.

Gregorson, M., Kaufman, J.C., & Snyder, H. (Eds.) (2013). *Teaching creativity and teaching creatively.* New York: Springer.

Gregory, A., & Huang, F. (2013). It takes a village: The effects of 10th grade college-going expectations of students, parents, and teachers four years later. *American Journal of Community Psychology, 52,* 41–55.

Gregory, A., & Korth, J. (2016). Teacher-student relationships and behavioral engagement in the classroom. In K.R. Wentzel & G.B. Ramani (Eds.), *Handbook of social influences in school contexts.* New York: Routledge.

Gregory, R.J. (2016). *REVEL for psychological testing* (7th ed.). Upper Saddle River, NJ: Pearson.

Grenell, A., & Carlson, S.M. (2016). Pretense. In D. Couchenour & K. Chrisman (Eds.), *Encyclopedia of contemporary early childhood education.* Thousand Oaks, CA: Sage.

Grenhow, C., & Askari, E. (2016). Peers and social media networks: Exploring adolescents' social functioning and academic outcomes. In K.R. Wentzel & G.B. Ramani (Eds.), *Handbook of social influences in school contexts.* New York: Routledge.

Gresalfi, M. (2015). Designing to support critical engagement with statistics. *ZDM: The International Journal of Mathematics Education, 47,* 933–946.

Gresalfi, M., Barab, S.A., Siyahhan, S., & Christensen, T. (2009). Virtual worlds, conceptual understanding, and me: Designing for consequential engagement. *On the Horizon, 17*(1), 21–34.

Grice, G.L., Skinner, J.F., & Mansson, D.H. (2016). *Mastering public speaking* (9th ed.). Upper Saddle River, NJ: Pearson.

Griffen, R. (2013). An analysis of student academic performance at Advancement Via Individual Determination (AVID) national demonstration schools and AVID schools. *ERIC,* #ED561515.

Griffin, J.A., Freund, L.S., & McCardle, P. (Eds.) (2015). *Executive function in preschool age children.* Washington, DC: American Psychological Association.

Griffiths, H., & Fazel, M. (2016). Early intervention crucial in anxiety disorders in children. *Practitioner, 260,* 17–20.

Grigg, W.S., Lauko, M.A., & Brockway, D.M. (2006). *The nation's report card: Science, 2005* (NCES 2006-466). U.S. Department of Education, DC: U.S. Government Printing Office.

Grigorenko, E.L., & others (2016). The trilogy of G x E. Genes, environments, and their interactions: Conceptualizations, operationalization, and application. In D. Cicchetti (Ed.), *Developmental psychopathology* (3rd ed.). New York: Wiley.

Grindal, M., & Nieri, T. (2016). The relationship between ethnic-racial socialization and adolescent substance abuse: An examination of social learning as a causal mechanism. *Journal of Ethnicity in Substance Abuse, 15,* 3–24.

Grindstaff, K., & Richmond, G. (2008). Learners' perceptions of the roles of peers in a research experience: Implications for the apprenticeship process, scientific inquiry, and collaborative work. *Journal of Research in Science Teaching, 45,* 251–272.

Grolnick, W.S., Friendly, R.W., & Bellas, V.M. (2009). Parenting and children's motivation at school. In K.R. Wentzel & A. Wigfield (Eds.), *Handbook of motivation at school.* New York: Routledge.

Gronlund, N.E., & Waugh, C.K. (2009). *Assessment of student achievement* (9th ed.). Upper Saddle River, NJ: Prentice Hall.

Groppe, K., & Elsner, B. (2016, in press). Executive function and weight status in children: A one-year prospective investigation. *Child Neuropsychology.* doi:10.1080/09297049.2015.1089981

Grunschel, C., & Schopenhauer, L. (2015). Why are students (not) motivated to change academic procrastination? An investigation based on the transtheoretical model of change. *Journal of College Student Development, 56,* 187–200.

Grunwald & Associates (2014). *Make assessment matter.* Bethesda, MD: Author.

Guastello, D.D., & Guastello, S.J. (2003). Androgyny, gender role behavior, and emotional intelligence among college students and their parents. *Sex Roles, 49,* 663–673.

Guilford, J.P. (1967). *The structure of intellect.* New York: McGraw-Hill.

Guillaume, A.M. (2016). *K-12 classroom teaching* (5th ed.). Upper Saddle River, NJ: Pearson.

Gur, R.C., & others (1995). Sex differences in regional cerebral glucose metabolism during a resting state. *Science, 267,* 528–531.

Gurol, M., & Kerimgil, S. (2010). Academic optimism. *Procedia—Social and Behavioral Sciences, 9,* 929–932.

Gurwitch, R.H., Silovksy, J.F., Schultz, S., Kees, M., & Burlingame, S. (2001). *Reactions and guidelines for children following trauma/ disaster.* Norman, OK: Department of Pediatrics, University of Oklahoma Health Sciences Center.

H

Haines, S.J., & others (2015). Fostering family-school and community-school partnerships in inclusive schools: Using practice as a guide. *Research and Practice for persons with severe disabilities, 40,* 227–239.

Hakuta, K. (2001, April 5). *Key policy milestones and directions in the education of English language learners.* Paper prepared for the Rockefeller Foundation Symposium, Leveraging change: An emerging framework for educational equity, Washington, DC.

Hakuta, K. (2005, April). *Bilingualism at the intersection of research and public policy.* Paper presented at the meeting of the Society for Research in Child Development, Atlanta.

Hakuta, K., Butler, Y.G., & Witt, D. (2000). *How long does it take English learners to attain proficiency?* Berkeley, CA: The University of California Linguistic Minority Research Institute Policy Report 2000–1.

Hale-Benson, J.E. (1982). *Black children: Their roots, culture, and learning styles.* Baltimore: Johns Hopkins University Press.

Hall, G.S. (1904). *Adolescence* (Vols. 1 & 2). Englewood Cliffs, NJ: Prentice Hall.

Hallahan, D.P., Kauffman, J.M., & Pullen, P.C. (2015). *Exceptional learners* (13th ed.). Upper Saddle River, NJ: Pearson.

Halonen, J. (2010). Express yourself. In J.W. Santrock & J. Halonen, *Your guide to college success* (6th ed.). Belmont, CA: Wadsworth.

Halonen, J.A., & Santrock, J.W. (2013). *Your guide to college success* (7th ed.). Boston: Cengage.

Halpern, D.F. (2012). *Sex differences in cognitive abilities* (2nd ed.). New York: Psychology Press.

Halpern, D.F., & others (2011). The pseudoscience of single-sex schooling. *Science, 333,* 1706–1717.

Hambleton, R.K. (1996). Advances in assessment models, methods, and practices. In D.C. Berliner & R.C. Calfee (Eds.), *Handbook of educational psychology.* New York: Macmillan.

Hamilton, R., & Duschi, R. (2017). Teaching science. In R.E. Mayer & P.A. Alexander (Eds.),

Handbook of research on learning and instruction (2nd ed.). New York: Routledge.

Hamilton, S.F., & Hamilton, M.A. (2004). Contexts for mentoring: Adolescent-adult relationships in workplaces and communities. In R. Lerner & L. Steinberg (Eds.), *Handbook of adolescent psychology* (2nd ed.). New York: Wiley.

Han, M. (2015). An empirical study on the application of cooperative learning to English listening classes. *English Language Teaching, 8,* 177–184.

Harley, T.A. (2017). *Talking the talk* (2nd ed.). New York: Routledge.

Harris, J., Golinkoff, R.M., & Hirsh-Pasek, K. (2011). Lessons from the crib for the classroom: How children really learn vocabulary. In S.B. Neuman & D.K. Dickinson (Eds.), *Handbook of early literacy research.* New York: Guilford.

Harris, K.R., & Graham, S. (2017, in press). Self-regulated strategy development: Theoretical bases, critical instructional elements, and future research. In R. Fidalgo, K.R. Harris, & M. Braaksma (Eds.), *Design principles for teaching effective writing.* Leiden, The Netherlands: Brill.

Harris, K.R., Graham, S., & Adkins, M. (2015). Practice-based professional development and self-regulated strategy development for tier 2, at-risk writers in second grade. *Contemporary Educational Psychology, 40,* 5–16.

Harris, K.R., Graham, S., Mason, L., & Friedlander, B. (2008). *Powerful writing strategies for all students.* Baltimore: Paul H. Brookes.

Harris, K.R., & others (2017, in press). Self-regulated strategy development in writing: A classroom example of developing executive functioning and future directions. In L. Meltzer (Ed.), *Executive functioning in education* (2nd ed.). New York: Guilford.

Harris, P.L. (2006). Social cognition. In W. Damon & R. Lerner (Eds.), *Handbook of child psychology* (6th ed.). New York: Wiley.

Harrison, F., & Craddock, A.E. (2016). How attempts to meet others' unrealistic expectations affect health: Health-promoting behaviors as a mediator between perfectionism and physical health. *Psychology, Health, and Medicine, 21,* 386–400.

Hart, B., & Risley, T.R. (1995). *Meaningful differences.* Baltimore: Paul H. Brookes.

Hart, C.H., Yang, C., Charlesworth, R., & Burts, D.C. (2003, April). *Early childhood teachers' curriculum beliefs, classroom practices, and children's outcome: What are the connections?* Paper presented at the biennial meeting of the Society for Research in Child Development, Tampa, FL.

Hart, D., Matsuba, M.K., & Atkins, R. (2014). The moral and civic effects of learning to

serve. In L. Nucci, T. Krettenauer, & D. Narváez (Eds.), *Handbook of moral and character education* (2nd ed.). New York: Routledge.

Harter, S. (1981). A new self-report scale of intrinsic versus extrinsic orientation in the classroom: Motivational and informational components. *Developmental Psychology, 17,* 300–312.

Harter, S. (1996). Teacher and classmate influences on scholastic motivation, self-esteem, and level of voice in adolescents. In J. Juvonen & K.R. Wentzel (Eds.), *Social motivation.* New York: Cambridge University Press.

Harter, S. (2006). The self. In W. Damon & R. Lerner (Eds.), *Handbook of child psychology* (6th ed.) New York: Wiley.

Harter, S. (2016). I-self and me-self processes affecting developmental psychopathology and mental health. In D. Cicchetti (Ed.), *Developmental psychopathology.* New York: Wiley.

Hartshorne, H., & May, M.S. (1928–1930). *Moral studies in the nature of character: Studies in deceit, Vol. 1; Studies in self-control, Vol. 2; Studies in the organization of character, Vol. 3.* New York: Macmillan.

Hartup, W.W. (1983). The peer system. In P.H. Mussen (Ed.), *Handbook of child psychology* (4th ed., Vol. 4). New York: Wiley.

Hastings, P.D., Miller, J.G., & Truxel, N.R. (2015). Making good: The socialization of children's prosocial development. In J.E. Grusec & P.D. Hastings (Eds.), *Handbook of socialization* (2nd ed.). New York: Guilford.

Hawkins, G.E., Hayes, B.K., & Heit, E. (2016). A dynamic model of reasoning and memory. *Journal of Experimental Psychology: General. 145,* 155–180.

Hayes, J.R., & Flower, L.S. (1986). Writing research and the writer. *American Psychologist, 41,* 1106–1113.

Heath, S.B. (1989). Oral and literate traditions among Black Americans living in poverty. *American Psychologist, 44,* 367–373.

Heiman, G.W. (2015). *Behavioral sciences STAT* (2nd ed.). Boston: Cengage.

Heller, C., & Hawkins, I. (1994). Spring, Teaching tolerance. *Teachers College Record.* p. 2.

Helles, A., Gillberg, C.I., Gillberg, C., & Bilistedt, E. (2015). Asperger syndrome in males over two decades: Stability and predictors of diagnosis. *Journal of Child Psychology and Psychiatry, 56,* 711–718.

Henderson, V.L., & Dweck, C.S. (1990). Motivation and achievement. In S.S. Feldman & G.R. Elliott (Eds.), *At the threshold: The developing adolescent.* Cambridge, MA: Harvard University Press.

Hendricks, C.C. (2017). *Improving schools through action research* (4th ed.). Upper Saddle River, NJ: Pearson.

Hennessey, B. (2017). Intrinsic motivation and creativity: Have we come full circle? In R.A. Beghetto & J.C. Kaufman (Eds.), *Nurturing creativity in the classroom* (2nd ed.). New York: Cambridge University Press.

Henson, K. (1988). *Methods and strategies for teaching in secondary and middle schools.* New York: Longman.

Hertzog, N.B. (1998, January/February). Gifted education specialist. *Teaching Exceptional Children,* pp. 39–43.

Hetherington, E.M. (1995, March). *The changing American family and the well-being of others.* Paper presented at the meeting of the Society for Research in Child Development, Indianapolis.

Hetherington, E.M. (2006). The influence of conflict, marital problem solving, and parenting on children's adjustment in nondivorced, divorced, and remarried families. In A. Clarke-Stewart & J. Dunn (Eds.), *Families count.* New York: Oxford University Press.

Heward, W.L., Alber-Morgan, S., & Konrad, M. (2017). *Exceptional children* (11th ed.). Upper Saddle River, NJ: Pearson.

Hickok, G., & Small, S. (Eds.) (2016). *Neurobiology of language.* New York: Elsevier.

Hiebert, E.H., & Raphael, T.E. (1996). Psychological perspectives on literacy and extensions to educational practice. In D.C. Berliner & R.C. Calfee (Eds.), *Handbook of educational psychology.* New York: Macmillan.

Higgins, A., Power, C., & Kohlberg, L. (1983, April). *Moral atmosphere and moral judgment.* Paper presented at the biennial meeting of the Society for Research in Child Development, Detroit.

Hilgard, E.R. (1996). History of educational psychology. In D.C. Berliner & R.C. Calfee (Eds.), *Handbook of educational psychology.* New York: Macmillan.

Hill, E.M. (2016). The role of narcissism in health-risk and health-protective behaviors. *Journal of Health Psychology, 21,* 2021–3032.

Hill, K., & Roth, T.L. (2016). Epigenetic mechanisms in the development of behavior. In D. Cicchetti (Ed.), *Developmental psychopathology* (3rd ed.). New York: Wiley.

Hill, P.L., & Roberts, B.W. (2016). Personality and health: Reviewing recent research and setting a directive for the future. In K.W. Schaie & S. Willis (Eds.), *Handbook of the psychology of aging* (8th ed.). New York: Elsevier.

Hillman, C.H., & others (2014). Effects of the FITKids randomized controlled trial on executive control and brain function. *Pediatrics, 134,* e1063–e1071.

Hinduja, S.K., & Patchin, J.W. (2015). *Bullying beyond the schoolyard: Preventing and responding to cyberbullying* (2nd ed.). Thousand Oaks, CA: Corwin.

Hirsch, E.D. (1996). *The schools we need: And why we don't have them.* New York: Doubleday.

Hirsch, J.K., Wolford, K., Lalonde, S.M., Brunk, L., & Parker-Morris, A. (2009). Optimistic explanatory style as a moderator of the association between negative life events and suicide ideation. *Crisis, 30,* 48–53.

Hirsh-Pasek, K., & Golinkoff, R.M. (2016). Early language and literacy: Six principles. In S. Gilford (Ed.), *Head Start teacher's guide.* New York: Teacher's College Press.

Hirsh-Pasek, K., & others (2015). Putting education in educational apps: Lesson for the science of learning. *Psychological Science in the Public Interest, 16,* 3–34.

Hirsh-Pasek, K., & others (2015). The contribution of early communication to low-income children's language success. *Psychological Science, 26,* 1071–1083.

Hmelo-Silver, C.E., & Chinn, C.A. (2016). Collaborative learning. In L. Corno & E.M. Anderman (Eds.), *Handbook of educational psychology* (3rd ed.). New York: Routledge.

Hoachlander, G. (2014/2015). Integrating S, T, E, and M. *Educational Leadership, 72,* 74–78.

Hocutt, A.M. (1996). Effectiveness of special education: Is placement the critical factor? *Future of Children, 6*(1), 77–102.

Hofer, M., & Fries, S. (2016). A multiple goal perspective on academic motivation. In K. Wentzel & D. Miele (Eds.), *Handbook of motivation at school* (2nd ed.). New York: Routledge.

Hoff, E. (2015). Language development. In M.H. Bornstein & M.E. Lamb (Eds.), *Developmental science: An advanced textbook* (7th ed.). New York: Psychology Press.

Hoff, E., & others (2014). Expressive vocabulary development in children from bilingual homes: A longitudinal study from two to four years. *Early Childhood Research Quarterly, 29,* 433–444.

Hofmeister, P., & Vasishth, S. (2014). Distinctiveness and encoding effects in online sentence comprehension. *Frontiers in Psychology, 5,* 1237.

Hogan, J.M., Andrews, P.H., Andrews, J.R., & Williams. G. (2017). *Public speaking and civic engagement* (4th ed.). Upper Saddle River, NJ: Pearson.

Hollingworth, L.S. (1916). Sex differences in mental tests. *Psychological Bulletin, 13,* 377–383.

Holloway, S.D., & Jonas, M. (2016). Families, culture, and schooling: A critical review of theory and research. In K.R. Wentzel & G.B. Ramani (Eds.), *Handbook of social influences in school contexts.* New York: Routledge.

Holmes, C.J., Kim-Spoon, J., & Deater-Deckard, K. (2016). Linking executive function and peer problems from early childhood through middle adolescence. *Journal of Abnormal Child Psychology, 44,* 31–42.

Holzman, L. (2017). *Vygotsky at work and play* (2nd ed.). New York: Routledge.

Homa, D. (2008). Long-term memory. In N.J. Salkind (Ed.), *Encyclopedia of educational psychology.* Thousand Oaks, CA: Sage.

Hooker, J.F., Derker, K.J., Summers, M.E., & Parker, M. (2016). The development and validation of the Student Response System Benefit Scale. *Journal of Computer Assisted Learning, 32,* 120–127.

Hooper, S., Ward, T.J., Hannafin, M.J., & Clark, H.T. (1989). The effects of aptitude composition on achievement during small group learning. *Journal of Computer-Based Instruction, 16,* 102–109.

Horowitz, F.D., & others (2005). Educating teachers for developmentally appropriate practice. In L. Darling-Hammond & J. Bransford (Eds.), *Preparing teachers for a changing world.* San Francisco: Jossey-Bass.

Horvat, E.M., & Baugh, D.E. (2015). Not all parents make the grade in today's schools. *Phi Delta Kappan, 96*(7), 8–13.

Howe, M.L. (2015). An adaptive view of memory development. In R.M. Lerner (Ed.), *Handbook of child psychology and developmental science* (7th ed.). New York: Wiley.

Howell, D.C. (2017). *Fundamental statistics for the behavioral sciences* (9th ed.). Boston: Cengage.

Howes, C., & Ritchie, S. (2002). *A matter of trust: Connecting teachers and learners in the early childhood classroom.* New York: Teachers College Press.

Howland, S.M., & others (2015). Educational technology research journals: "International Journal of Computer-Supported Collaborative Learning," 2006–2014. *Educational Technology, 55,* 42–47.

Hoy, A.W., Hoy, W.K., & Kurtz, N.M. (2008). Teacher's academic optimism: The development and test of a new construct. *Teaching and Teacher Education, 24,* 821–832.

Hoy, W.K., Tarter, C.J., & Hoy, A.W. (2006). Academic optimism in schools: A force for student achievement. *American Educational Research Journal, 43,* 425–446.

Huang, Y-M. (2015). Exploring the factors that affect the intention to use collaborative technologies: The differing perspectives of sequential/global learners. *Australasian Journal of Educational Technology, 31,* 278–292.

Huerta, J., & Watt, K.M. (2015). Examining the college preparation and intermediate outcomes of college success of AVID graduates enrolled in universities and community colleges. *American Secondary Education, 43,* 20–35.

Huerta, J., Watt, K.M., & Butcher, J.T. (2013). Examining Advancement Via Individual Determination (AVID) and its impact on middle school rigor and student preparedness. *American Secondary Education, 41,* 24–37.

Hughes, C., & Devine, R.T. (2015). Individual differences in theory of mind: A social perspective. In R.M. Lerner (Ed.), *Handbook of child psychology and developmental science* (7th ed.). New York: Wiley.

Hughes, C., Marks, A., Ensor, R., & Lecce, S. (2010). A longitudinal study of conflict and inner state talk in children's conversations with mothers and younger siblings. *Social Development, 19,* 822–837.

Hulme, C., & Snowling, M.J. (2016, in press). Reading disorders and dyslexia. *Current Opinion in Pediatrics.* doi:10.1097/ MOP.0000000000000411

Humphrey, N., Curran, A., Morris, E., Farrell, P., & Woods, K. (2007). Emotional intelligence and education: A critical review. *Educational Psychology, 27,* 235–254.

Hunt, E. (2006). Expertise, talent, and social encouragement. In K.A. Ericsson, N. Charness, P.J. Feltovich, & R.R. Hoff man (Eds.), *The Cambridge handbook of expertise and expert performance.* New York: Cambridge University Press.

Hunt, E.B. (1995). *Will we be smart enough? A cognitive analysis of the coming work force.* New York: Russell Sage.

Huston, A.C. (2015). Thoughts on "Probability values and human values in evaluating single-sex education." *Sex Roles, 72,* 446–450.

Huston, A.C., & Ripke, M.N. (2006). Experiences in middle childhood and children's development. In A.C. Huston & M.N. Ripke (Eds.), *Developmental contexts in middle childhood.* New York: Cambridge University Press.

Huttenlocher, P.R., & Dabholkar, A.S. (1997). Regional differences in synaptogenesis in human cerebral cortex. *Journal of Comparative Neurology, 37*(2), 167–178.

Hyde, J.S. (2007). *Half the human experience* (7th ed.). Boston: Houghton Mifflin.

Hyde, J.S. (2014). Gender similarities and differences. *Annual Review of Psychology* (Vol. 66). Palo Alto, CA: Annual Reviews.

Hyde, J.S., Lindberg, S.M., Linn, M.C., Ellis, A.B., & Williams, C.C. (2008). Gender similarities characterize math performance. *Science, 321,* 494–495.

Hyman, I., Eisenstein, J., Amidon, A., & Kay, B. (2001, August 28). An update on the cross-cultural study of corporal punishment and abuse. In F. Farley (Chair), *Cross cultural aspects of corporal punishment and abuse: A research update.* Symposium presented at the

2001 Annual Convention of the American Psychological Association, San Francisco, CA.

Hyson, M., Copple, C., & Jones, J. (2006). Early childhood development and education. In W. Damon & R. Lerner (Eds.), *Handbook of child psychology* (6th ed.). New York: Wiley.

I

Ibrahim, W., Atif, Y., Shualb, K., & Sampson, D. (2015). A web-based course assessment tool with direct mapping to student outcomes. *Educational Technology & Society, 18*(2), 46–59.

IDRA (2013, October). *The Valued Youth Program newsletter.* San Antonio, TX: IDRA.

Ikram, U.Z., & others (2016). Perceived ethnic discrimination and depressive symptoms: The buffering effects of ethnic identity, religion, and ethnic social network. *Social Psychiatry and Psychiatric Epidemiology, 51,* 679–688.

Imuta, K., Hayne, H., & Scarf, D. (2014). I want it all and I want it now: Delay of gratification in preschool children. *Developmental Psychobiology, 56,* 1541–1552.

International Montessori Council (2006). *Larry Page and Sergey Brin, founders of Google.com, credit their Montessori education for much of their success on prime-time television.* Retrieved March 24, 2006, from www. Montessori.org/enews/barbara_walters.html

Irvine, J.J. (1990). *Black students and school failure.* New York: Greenwood Press.

ISTE (2007a). *National educational technology standards for students* (2nd ed.). Eugene. OR: Author.

ISTE (2007b). *National educational technology standards for teachers.* Eugene, OR: Author.

ISTE (2016, June). *Redefining learning in a technology-driven world.* Arlington, VA: ISTE.

Izard, C.E., & others (2008). Accelerating the development of emotional competence in Head Start children: Effects on adaptive and maladaptive behavior. *Development and Psychopathology, 20,* 369–397.

J

Jachyra, P., Atkinson, M., & Washiya, Y. (2015). "Who are you, and what are you doing here?": Methodological considerations in ethnographic health and physical education research. *Ethnography and Education, 10,* 242–261.

Jackson, S.L. (2016). *Research methods* (5th ed.). Boston: Cengage.

Jacoby, N., Overfeld, J., Brinder, E.B., & Heim, C.M. (2016). Stress neurobiology and developmental psychopathology. In D. Cicchetti (Ed.), *Developmental psychopathology* (3rd ed.). New York: Wiley.

James, W. (1899/1993). *Talks to teachers.* New York: W.W. Norton.

Janssen, F.J., Westbroek, H.B., & van Driel, J.H. (2014). How to make guided discovery learning practical for student teachers. *Instructional Science, 42,* 67–90.

Jarjour, I.T. (2015). Neurodevelopmental outcome after extreme prematurity: A review of the literature. *Pediatric Neurology, 52,* 143–152.

Jaroslawska, A.J., & others (2016). Following instructions in a virtual school: Does working memory play a role? *Memory and Cognition, 44,* 580–589.

Jenkins, J., & Jenkins, L. (1987). Making peer tutoring work. *Educational Leadership, 44,* 68–74.

Jenkins, J.M., & Astington, J.W. (1996). Cognitive factors and family structure associated with theory of mind development in young children. *Developmental Psychology, 32,* 70–78.

Jennings, P.A. (2015). *Mindfulness for teachers.* New York: Norton.

Jeong, H., & Hmelo-Silver, C.E. (2016). Seven affordances of Computer-Supported Collaborative Learning: How to support collaborative learning? How can technologies help? *Educational Psychologist, 51,* 247–265.

Jiang, Y. (2014). Exploring teacher questioning as a formative assessment strategy. *RELC Journal, 45,* 287–304.

Jin, H., & Wong, K.Y. (2015). Mapping conceptual understanding of algebraic concepts: An exploratory investigation involving grade 8 Chinese students. *International Journal of Science and Mathematics Education, 13,* 683–703.

Job, V., Bernecker, K., Miketta, S., & Friese, M. (2015). Implicit theories about willpower predict the activation of a rest goal following self-control exertion. *Journal of Personality and Social Psychology, 109,* 694–706.

Job, V., Dweck, C.S., & Walton, G.M. (2010). Ego-depletion—Is it all in your head? Implicit theories about willpower affect self-regulation. *Psychological Science, 21,* 1686–1693.

Johns Hopkins University (2006). *Research: Tribal connection.* Retrieved January 31, 2008, from http://www.krieger.jhu.edu/research/spotlight/prabhakar.html

Johnson, D.W., & Johnson, R.T. (2002) *Multi-cultural and human relations.* Boston: Allyn & Bacon.

Johnson, D.W., & Johnson, R.T. (2009). *Joining together* (10th ed.). Upper Saddle River, NJ: Pearson.

Johnson, D.W., & Johnson, R.T. (2015). Cooperation and competition and intercultural competence. In J. Bennett (Ed.), *Encyclopedia of intercultural competence.* Thousand Oaks, CA: Sage.

Johnson, D.W., & others (2014). The relationship between motivation and achievement in interdependent situations. *Journal of Applied Social Psychology, 44,* 622–633.

Johnson, J.S., & Newport, E.L. (1991). Critical period effects on universal properties of language: The status of subjacency in the acquisition of a second language. *Cognition, 39,* 215–258.

Johnson, M.H. (2016). Developmental neuroscience, psychophysiology, and genetics. In M.H. Bornstein & M.E. Lamb (Eds.), *Developmental science* (7th ed.). New York: Psychology Press.

Johnson-Laird, P.N. (2008). Mental models and deductive reasoning. In J.E. Adler & L.J. Rips (Eds.), *Reasoning.* New York: Cambridge University Press.

Jonassen, D.H. (2006). *Modeling with technology: Mindtools for conceptual change.* Columbus, OH: Merrill/Prentice-Hall.

Jonassen, D.H. (2010). *Mindtools.* Retrieved February 11, 2010, from http://web.missouri.edu/jonassend/mindtools.html

Jonassen, D.H., & Grabowski, B.L. (1993). *Handbook of individual differences, learning, and instruction.* Mahwah, NJ: Erlbaum.

Jones, B.F., Rasmussen, C.M., & Moffitt, M.C. (1997). *Real-life problem solving.* Washington, DC: American Psychological Association.

Jones, S.M., Bub, K.L., & Raver, C.C. (2013). Unpacking the black box of the CSRP intervention: The mediating roles of teacher-child relationship quality and self-regulation. *Early Education Development, 24,* 1043–1064.

Jones, V., & Jones, L. (2016). *Comprehensive classroom management* (11th ed.). Upper Saddle River, NJ: Pearson.

Jordan, N.C., Glutting, J., & Ramineni, C. (2010). The importance of number sense to mathematics achievement in first and third grades. *Learning and Individual Differences, 20,* 82–88.

Josephson Institute of Ethics (2008). *The ethics of American youth, 2008.* Los Angeles: Josephson Institute.

Jouriles, E.N., McDonald, R., & Kouros, C.D. (2016). Interparental conflict and child adjustment. In D. Cicchetti (Ed.), *Developmental psychopathology* (3rd ed.). New York: Wiley.

Joyce, B.R., Weil, M., & Calhoun, E. (2015). *Models of teaching* (9th ed.). Upper Saddle River, NJ: Pearson.

Jung, I., & Suzuki, Y. (2015). Scaffolding strategies for Wiki-based collaboration: Action research in a multicultural Japanese language program. *British Journal of Educational Technology, 46,* 829–838.

Jurkowski, S., & Hanze, M. (2015). How to increase the benefits of cooperation: Effects of training in transactive communication on cooperative learning. *British Journal of Educational Psychology, 85,* 357–371.

Juvonen, J., & Knifsend, C. (2016). School-based peer relationships and achievement motivation. In K. Wentzel & D. Miele (Eds.), *Handbook of motivation at school* (2nd ed.). New York: Routledge.

K

Kaderavek, J.N. (2015). *Language disorders in children* (2nd ed.). Upper Saddle River, NJ: Pearson.

Kaendler, C., Wiedmann, M., Rummel, N., & Spada, H. (2015). Teacher competencies for the implementation of collaborative learning in the classroom: A framework and research review. *Educational Psychology Review, 27,* 505–536.

Kagan, J. (1965). Reflection-impulsivity and reading development in primary grade children. *Child Development, 36,* 609–628.

Kagan, J. (2002). Behavioral inhibition as a temperamental category. In R.J. Davidson, K.R. Scherer, & H.H. Goldsmith (Eds.), *Handbook of affective sciences.* New York: Oxford University Press.

Kagan, J. (2010). Emotions and temperament. In M.H. Bornstein (Ed.), *Handbook of developmental cultural science.* New York: Psychology Press.

Kagan, J. (2013). Temperamental contributions to inhibited and uninhibited profiles. In P.D. Zelazo (Ed.), *Oxford handbook of developmental psychology.* New York: Oxford University Press.

Kagan, S. (1992). *Cooperative learning.* San Juan Capistrano, CA: Resources for Teachers.

Kagitcibasi, C. (2007). *Family, self, and human development across cultures.* Mahwah, NJ: Erlbaum.

Kail, R.V. (2007). Longitudinal evidence that increases in processing speed and working memory enhance children's reasoning. *Psychological Science, 18,* 312–313.

Kamii, C. (1985). *Young children reinvent arithmetic: Implications of Piaget's theory.* New York: Teachers College Press.

Kamii, C. (1989). *Young children continue to reinvent arithmetic.* New York: Teachers College Press.

Kamps, D.M., & others (2008). The efficacy of ClassWide peer tutoring in middle schools. *Education and Treatment of Children, 31,* 119–152.

Kana, R.K., & others (2016, in press). Aberrant functioning of the theory-of-mind network in children and adolescents with autism. *Molecular Autism.* doi:10.1186/s13229-015-0052-x

Kara, F., & Celikler, D. (2015). Development achievement test: Validity and reliability study for achievement test on matter

changing. *Journal of Education and Practice, 6*(24), 21–26.

Karmiloff-Smith, A. (2017). *Thinking developmentally from constructivism to neuroconstructivism.* New York: Routledge.

Karniol, R., Grosz, E., & Schorr, I. (2003). Caring, gender-role orientation, and volunteering. *Sex Roles, 49,* 11–19.

Katz, L. (1999). Curriculum disputes in early childhood education. *ERIC Clearinghouse on Elementary and Early Childhood Education,* Document EDO-PS-99-13.

Kauffman, J.M., & Landrum, T.J. (2009). *Characteristics of emotional and behavioral disorders of children and youth* (9th ed.). Boston: Allyn & Bacon.

Kauffman, J.M., McGee, K., & Brigham, M. (2004). Enabling or disabling? Observations on changes in special education. *Phi Delta Kappan, 85,* 613–620.

Kavanaugh, R.D. (2006). Pretend play and theory of mind. In L.L. Balter & C.S. Tamis-LeMonda (Eds.), *Child psychology* (2nd ed.). New York: Psychology Press.

Kayaoglu, M.N. (2015). Teacher researchers in action research in a heavily centralized education system. *Educational Action Research, 23,* 140–161.

Kazdin, A.E. (2017). *REVEL for research design in clinical psychology* (5th ed.). Upper Saddle River, NJ: Pearson.

Keating, D.P. (1990). Adolescent thinking. In S.S. Feldman & G.R. Elliott (Eds.), *At the threshold: The developing adolescent.* Cambridge, MA: Harvard University Press.

Kellogg, R.T. (1994). *The psychology of writing.* New York: Oxford University Press.

Kelly, D., & others (2013). *Performance of U.S. 15-year-old students in mathematics, science, and reading literacy in an international context.* Washington, DC: National Center for Education Statistics.

Kelly, S. (2008). Tracking. In N.J. Salkind. (Ed.), *Encyclopedia of educational psychology.* Thousand Oaks, CA: Sage.

Kennedy, J. (2015). Using TPCK as a scaffold to self-assess the novice online teaching experience. *Distance Education, 36,* 148–154.

Keogh, B.K. (2003). *Temperament in the classroom.* Baltimore: Paul H. Brookes.

Kharitonova, M., Winter, W., & Sheridan, M.A. (2015). As working memory grows: A developmental account of neural bases of working memory capacity in 5- to 8-year-old children and adults. *Journal of Cognitive Neuroscience, 27,* 1775–1788.

Killen, M., & Smetana, J.G. (2015). Morality: Origins and development. In R.M. Lerner (Ed.), *Handbook of child psychology and developmental science* (7th ed.). New York: Wiley.

Kim, A-Y. (2015). Exploring ways to provide diagnostic feedback with ESL placement test: Cognitive diagnostic assessment of L2 reading ability. *Language Testing, 2,* 227–258.

Kim, H.J., Yang, J., & Lee, M.S. (2015). Changes in heart rate variability during methylphenidate treatment in attention deficit hyperactivity disorder children: A 12-week prospective study. *Yonsei Medical Journal, 56,* 1365–1371.

Kim, K.H. (2010, May). Unpublished data. School of Education, College of William & Mary, Williamsburg, VA.

Kim, M., & Covino, K. (2015). When stories don't make sense: Alternative ways to assess young children's narratives in social contexts. *Reading Teacher, 68,* 357–361.

Kindermann, T.A. (2016). Peer group influences on students' academic motivation. In K.R. Wentzel & G.B. Ramani (Eds.), *Handbook of social influences in school contexts.* New York: Routledge.

King, C.T., Chase-Lansdale, P.L., & Small, M. (Eds.) (2015). Two generations, one future: An anthology from the Ascend Fellowship. Washington, DC: Ascend at the Aspen Institute.

King, L. (2007, June 7). The standards complaint. *USA Today,* p. 11D.

Kirschner, P.A., Kreijns, K., Phielix, C., & Fransen, J. (2015). Awareness of cognitive and social behavior in a CSCL environment. *Journal of Computer Assisted Learning, 31,* 59–77.

Kitsantas, A., & Cleary, T.J. (2016). The development of self-regulated learning in secondary school: A social cognitive instructional perspective. In K. Wentzel & D. Miele (Eds.), *Handbook of motivation at school* (2nd ed.). New York: Routledge.

Kivel, P. (1995). *Uprooting racism: How White people can work for racial justice.* Philadelphia: New Society.

Klein, S. (2012). *State of public school segregation in the United States, 2007–2010.* Washington, DC: Feminist Majority Foundation.

Klimstra, T.A., Luyckx, K., Germeijs, V., Meeus, W.H., & Goossens, L. (2012). Personality traits and educational identity formation in late adolescents: Longitudinal associations and academic progress. *Journal of Youth and Adolescence, 41,* 346–361.

Klug, J., & others (2016). Secondary school students' LLL competencies and their relation with classroom structure and achievement. *Frontiers in Psychology, 7,* 680.

Kluhara, S.A., Graham, S., & Hawken, L.S. (2009). Teaching writing to high school students: A national survey. *Journal of Educational Psychology, 101,* 136–160.

Kobak, R.R., & Kerig, P.K. (2015). Introduction to the special issue: Attachment-based treatments for adolescents. *Attachment and Human Development, 17,* 111–118.

Koehler, M.J., & Mishra, P. (2010). Introducing technological pedagogical content knowledge (TPCK), AACTE's Committee on Innovation and Technology (Eds.), *The handbook of technological pedagogical content knowledge for educators.* New York: Routledge.

Koenig, M.A., & others (2015). Reasoning about knowledge: Children's evaluations of generality and verifiability. *Cognitive Psychology, 83,* 22–39.

Kohlberg, L. (1976). Moral stages and moralization: The cognitive-developmental approach. In T. Lickona (Ed.), *Moral development and behavior.* New York: Holt, Rinehart & Winston.

Kohlberg, L. (1986). A current statement of some theoretical issues. In S. Modgil & C. Modgil (Eds.), *Lawrence Kohlberg.* Philadelphia: Falmer.

Koppelman, K.L. (2017). *Understanding human differences* (5th ed.). Upper Saddle River, NJ: Pearson.

Kormi-Nouri, R., & others (2015). Academic stress as a health measure and its relationship to patterns of emotion in collectivist and individualist cultures: Similarities and differences. *International Journal of Higher Education, 4,* 92–104.

Kostons, D., & van der Werf, G. (2015). The effects of activating prior topic and metacognitive knowledge on text comprehension scores. *British Journal of Educational Psychology, 85,* 264–275.

Kounin, J.S. (1970). *Discipline and management in classrooms.* New York: Holt, Rinehart & Winston.

Kozol, J. (1991). *Savage inequalities.* New York: Crown.

Kozol, J. (2005). *The shame of the nation.* New York: Crown.

Krajcik, J.S., & Blumenfeld, P.C. (2006). Project-based learning. In R.K. Sawyer (Ed.), *The Cambridge handbook of learning sciences.* New York: Oxford University Press.

Krathwohl, D.R., Bloom, B.S., & Masia, B.B. (1964). *Taxonomy of educational objectives. Handbook II: Affective domain.* New York: David McKay.

Kreutzer, L.C., & Flavell, J.H. (1975). An interview study of children's knowledge about memory. *Monographs of the Society for Research in Child Development, 40* (1, Serial No. 159).

Kroger, J. (2015). Identity development through adulthood: The move toward "wholeness." In K.C. McLean & M. Syed (Eds.),

Oxford handbook of identity development. New York: Oxford University Press.

Kucian, K., & von Aster, M. (2015). Developmental dyscalculia. *European Journal of Pediatrics, 174,* 1–13.

Kuebli, J. (1994, March). Young children's understanding of everyday emotions. *Young Children,* pp. 36–48.

Kuhn, D. (2009). Adolescent thinking. In R.M. Lerner & L. Steinberg (Eds.), *Handbook of adolescent psychology* (3rd ed.). New York: Wiley.

Kuhn, D., & Franklin, S. (2006). The second decade: What develops (and how)? In W. Damon & R. Lerner (Eds.), *Handbook of child psychology* (6th ed.). New York: Wiley.

Kuhn, D., Katz, J., & Dean, D. (2004). Developing reason. *Thinking & Reasoning, 10*(2), 197–219.

Kuhn, S., & Lindenberger, U. (2016). Research on human plasticity in adulthood: A lifespan agenda. In K.W. Schaie & S.L. Willis (Eds.), *Handbook of the psychology of aging* (8th ed.). New York: Elsevier.

Kunzmann, R. (2003). From teacher to student: The value of teacher education for experienced teachers. *Journal of Teacher Education, 54,* 241–253.

Kyllonen, P.C. (2016). Human cognitive abilities. In L. Corno & E.M. Anderman (Eds.), *Handbook of educational psychology* (6th ed.). New York: Routledge.

L

Ladd, G.W., Birch, S.H., & Buhs, E.S. (1999). Children's social and scholastic lives in kindergarten: Related spheres of influence? *Child Development, 70*(6), 1373–1400.

Lai, Y., & others (2015). Effects of mathematics anxiety and mathematical metacognition on word problem solving in children with and without mathematical learning difficulties. *PLoS One, 10,* e0130570.

Laible, D., Thompson, R.A., & Froimson, J. (2015). Early socialization. In J.E. Grusec & P.D. Hastings (Eds.), *Handbook of socialization* (2nd ed.). New York: Guilford.

Lalley, J.P., & Gentile, J.R. (2009). Classroom assessment and grading to assure mastery. *Theory Into Practice, 48,* 28–35.

Lamela, D., Figueiredo, B., Bastos, A., & Feinberg, M. (2016). Typologies of post-divorce coparenting and parental well-being, parenting quality, and children's psychological adjustment. *Child Psychiatry and Human Development, 47,* 716–728.

Lanciano, T., & Curci, A. (2014). Incremental validity of emotional intelligence ability in predicting academic achievement.

American Journal of Psychology, 127, 447–461.

Landa, S. (2000, Fall). If you can't make waves, make ripples. *Intelligence Connections Newsletter of the ASCD, X* (1), 6–8.

Lane, J.D., Evans, E.M., Brink, K.A., & Wellman, H.M. (2016). Developing concepts of ordinary and extraordinary communication. *Developmental Psychology, 52,* 19–30.

Langbeheim, E. (2015). A project-based course on Newton's laws for talented junior high-school students. *Physics Education, 50,* 410–415.

Langel, N. (2015). Kent Intermediate School District, Kent Innovation High School. In S. Page (Ed.), *Connect* (Issue 2). Philadelphia: Center on Innovations in Learning, Temple University.

Langer, E. (1997). *The power of mindful learning.* Reading, MA: Addison-Wesley.

Langer, E. (2005). *On becoming an artist.* New York: Ballantine.

Lansford, J.E. (2013). Single- and two-parent families. In J. Hattie & E. Anderman (Eds.), *International guide to student achievement.* New York: Routledge.

Laranjo, J., Bernier, A., Meins, E., & Carlson, S.M. (2010). Early manifestations of theory of mind: The roles of maternal mind-mindedness and infant security of attachment. *Infancy, 15,* 300–323.

Larson, R.W. (2007). Development of the capacity for teamwork in youth development. In R.K. Silbereisen & R.M. Lerner (Eds.), *Approaches to positive youth development.* Thousand Oaks, CA: Sage.

Larson, R.W. (2014). Studying experience: Pursuing the "something more." In R.W. Lerner & others (Eds.), *The developmental science of adolescence: History through autobiography.* New York: Springer.

Larson, R.W., & Dawes, N.P. (2015). How to cultivate adolescents' motivation: Effective strategies employed by the professional staff of American youth programs. In S. Joseph (Ed.), *Positive psychology in practice.* New York: Wiley.

Larson, R.W., & Verma, S. (1999). How children and adolescents spend time across the world: Work, play, and developmental opportunities. *Psychological Bulletin, 125,* 701–736.

Larson, R., Wilson, S., & Rickman, A. (2009). Globalization, societal change, and adolescence across the world. In R.M. Lerner & L. Steinberg (Eds.), *Handbook of adolescent psychology* (3rd ed.). New York: Wiley.

Larzelere, R.E., & Kuhn, B.R. (2005). Comparing child outcomes of physical punishment and alternative discipline tactics: A meta-analysis. *Clinical Child and Family Psychology Review, 8,* 1–37.

Leaper, C. (2013). Gender development during childhood. In P.D. Zelazo (Ed.), *Oxford handbook of developmental psychology.* New York: Oxford University Press.

Leaper, C. (2015). Gender development from a social-cognitive perspective. In R.M. Lerner (Ed.), *Handbook of child psychology and developmental science* (7th ed.). New York: Wiley.

Leaper, C., & Brown, C.S. (2008). Perceived experiences with sexism among adolescent girls. *Child Development, 79,* 685–704.

Leaper, C., & Brown, C.S. (2015). Sexism in schools. In L.S. Liben & R.S. Bigler (Eds.), *Advances in Child Development and Behavior.* San Diego: Elsevier.

Leaper, C., & Farkas, T. (2015). The socialization of gender during childhood and adolescence. In J.E. Grusec & P.D. Hastings (Eds.), *Handbook of socialization* (2nd ed.). New York: Guilford.

Leary, M.R. (2017). *REVEL for introduction to behavioral research methods* (7th ed.). Upper Saddle River, NJ: Pearson.

Lee, C.D., & Slaughter-Defoe, D. (1995). Historical and sociocultural influences of African American education. In J.A. Banks, & C.M. Banks (Eds.), *Handbook of research on multicultural education.* New York: Macmillan.

Lee, R., Zhai, F., Brooks-Gunn, J., Han, W.J., & Waldfogel, J. (2014). Head Start participation and school readiness: Evidence from the Early Childhood Longitudinal Study-Birth Cohort. *Developmental Psychology, 50,* 202–215.

Lee, T.-W., Wu, Y.-T., Yu, Y., Wu, H.-C., & Chen, T.-J. (2012). A smarter brain is associated with stronger neural interaction in healthy young females: A resting EEG coherence study. *Intelligence, 40,* 38–48.

Lehr, C.A., Hanson, A., Sinclair, M.F., & Christensen, S.I. (2003). Moving beyond dropout prevention towards school completion. *School Psychology Review, 32,* 342–364.

Lehrer, R., & Schauble, L. (2015). The development of scientific thinking. In R.M. Lerner (Ed.), *Handbook of child psychology and developmental science* (7th ed.). New York: Wiley.

Lepper, M.R., Corpus, J.H., & Iyengar, S.S. (2005). Intrinsic and extrinsic orientations in the classroom: Age differences and academic correlates. *Journal of Educational Psychology, 97,* 184–196.

Lepper, M.R., Greene, D., & Nisbett, R. (1973). Undermining children's intrinsic interest with intrinsic rewards: A test of the overjustification hypothesis. *Journal of Personality and Social Psychology, 28,* 129–137.

Lereya, S.T., Samara, M., & Wolke, D. (2013). Parenting behavior and the risk of becoming a victim and a bully/victim: A meta-analysis study. *Child Abuse and Neglect, 37*(12), 1091–1098.

Lerner, R.M., Boyd, M., & Du, D. (2008). Adolescent development. In I.B. Weiner & C.B. Craighead (Eds.), *Encyclopedia of psychology* (4th ed.). New York: Wiley.

Lesaux, N., & Siegel, L. (2003). The development of reading in children who speak English as a second language. *Developmental Psychology, 39,* 1005–1019.

Leslie, S.J., Cimpian, A., Meyer, M., & Freeland, E. (2015). Expectations of brilliance underlie gender distributions across academic disciplines. *Science, 347,* 262–265.

Leu, D.J., & Kinzer, C.K. (2017). *Phonics, phonemic awareness, and word analysis for teachers* (10th ed.). Upper Saddle River, NJ: Pearson.

Leung, K.C. (2015). Preliminary empirical model of crucial determinants of best practices for peer tutoring on academic achievement. *Journal of Educational Psychology, 107,* 558–579.

Lever-Duffy, J., & McDonald, J. (2015). *Teaching and learning with technology* (5th ed.). Upper Saddle River, NJ: Pearson.

Levin, J. (1980). *The mnemonics '80s: Key-words in the classroom.* Theoretical paper No. 86. Wisconsin Research and Development Center for Individualized Schooling, Madison.

Levin, J.A., Fox, J.A., & Forde, D.R. (2015). *Elementary statistics in social research* (12th ed.). Upper Saddle River, NJ: Pearson.

Levstik, L. (2017). Learning history. In R.E. Mayer & P.A. Alexander (Eds.), *Handbook of research on learning and instruction* (2nd ed.). New York: Routledge.

Lewanda, A.F., & others (2016). Preoperative evaluation and comprehensive risk assessment for children with Down syndrome. *Pediatric Anesthesia, 26,* 356–362.

Lewis, A.C. (2007). Looking beyond NCLB. *Phi Delta Kappan, 88,* 483–484.

Lewis, K.M., & others (2013). Problem behavior and urban, low-income youth: A randomized controlled trial of Positive Action in Chicago. *American Journal of Prevention, 44,* 622–630.

Lewis, M. (2016). Self-conscious emotions: Embarrassment, pride, shame, guilt, and hubris. In L.F. Barrett, M. Lewis, & J.M. Haviland-Jones (Eds.), *Handbook of emotion* (4th ed.). New York: Guilford.

Lewis, R.B., Wheeler, J.J., & Carter, S.L. (2017). *Teaching students with special needs* (9th ed.). Upper Saddle River, NJ: Pearson.

Liben, L.S. (1995). Psychology meets geography: Exploring the gender gap on the national geography bee. *Psychological Science Agenda, 8,* 8–9.

Liben, L.S. (2015). Probability values and human values in evaluating single-sex education. *Sex Roles, 72,* 401–426.

Lillard, A.S. (2017). *Montessori* (3rd ed.). New York: Oxford University Press.

Linnenbrink-Garcia, L., & Patall, E.A. (2016). Motivation. In L. Corno & E.M. Anderman (Eds.), *Handbook of educational psychology* (3rd ed.). New York: Routledge.

Lipsitz, J. (1984). *Successful schools for young adolescents.* New Brunswick, NJ: Transaction Books.

Litton, E.F. (1999). Learning in America: The Filipino-American sociocultural perspective. In C. Park & M.M. Chi (Eds.), *Asian-American education: Prospects and challenges.* Westport, CT: Bergin & Garvey.

Lockl, K., & Schneider, W. (2007). Knowledge about the mind: Links between theory of mind and later metamemory. *Child Development, 78,* 147–167.

Logan, J. (1997). *Teaching stories.* New York: Kodansha International.

Logie, R.H., & Cowan, N. (2015). Perspectives on working memory: Introduction to the special issue. *Memory and Cognition, 43,* 315–324.

Los, B. (2015). *A historical syntax of English.* New York: Oxford University Press.

Loughland, T., & Kilpatrick, L. (2015). Formative assessment in primary science. *Education 3–13, 43,* 128–141.

Lozano, E., & others (2015). Problem-based learning supported by semantic techniques. *Interactive Learning Environments, 23,* 37–54.

Lubinski, D. (2009). Exceptional cognitive ability: The phenotype. *Behavior Genetics, 39,* 350–358.

Luders, E., Narr, K.L., Thompson, P.M., & Toga, A.W. (2009). Neuroanatomical correlates of intelligence. *Intelligence, 37,* 156–163.

Luiselli, J.K., & Fischer, A.J. (Eds.) (2016). *Computer-assisted and web-based instruction in psychology, special education, and health.* New York: Elsevier.

Lunday, A. (2006). *Two Homewood seniors collect Marshall, Mitchell scholarships.* Retrieved January 31, 2008, from http://www.jhu.edu/~gazette/2006/04dec06/04schol.html

Lurla, A., & Herzog, E. (1985, April). *Gender segregation across and within settings.* Paper presented at the biennial meeting of the Society for Research in Child Development, Toronto.

Luthar, S.S. (2006). Resilience in development: A synthesis of research across five decades. In D. Cicchetti & D.J. Cohen (Eds.), *Developmental psychopathology* (2nd ed.). Hoboken, NJ: Wiley.

Luthar, S.S., Barkin, S.H., & Crossman, E.J. (2013). "I can, therefore I must": Fragility in the upper-middle classes. *Development and Psychopathology, 25,* 1529–1549.

Luthar, S.S., Crossman, E.J., & Small, P.J. (2015). Resilience in the face of adversities. In R.M. Lerner (Ed.), *Handbook of child psychology and developmental science* (7th ed.). New York: Wiley.

Lyon, T.D., & Flavell, J.H. (1993). Young children's understanding of forgetting over time. *Child Development, 64,* 789–800.

Lyytinen, H., & others (2015). Dyslexia—early identification and prevention: Highlights from the Jyvaskyla Longitudinal Study of Dyslexia. *Current Developmental Disorders Reports, 2,* 330–338.

M

Maccoby, E.E. (1998). *The two sexes: Growing up apart, coming together.* Cambridge, MA: Harvard University.

Maccoby, E.E. (2007). Historical overview of socialization research and theory. In J.E. Grusec & P.D. Hastings (Eds.), *Handbook of socialization.* New York: Guilford.

Maccoby, E.E., & Jacklin, C.N. (1974). *The psychology of sex differences.* Palo Alto, CA: Stanford University Press.

Madjar, N., Shklar, N., & Moshe, L. (2016). The role of parental attitudes in children's motivation toward homework assignments. *Psychology in the Schools, 53,* 173–188.

Mager, R. (1962). *Preparing instructional objectives* (2nd ed.). Palo Alto, CA: Fearon.

Magnusson, S.J., & Palincsar, A.S. (2005). Teaching to promote the development of scientific knowledge and reasoning about light at the elementary school level. In *How students learn.* Washington, DC: National Academies Press.

Mahlberg, J. (2015). Formative self-assessment college classes improves self-regulation and retention in first/second year community college students. *Community College Journal of Research and Practice, 39,* 772–783.

Mahoney, J., Parente, M.E., & Zigler, E. (2010). After-school program engagement and in-school competence: Program quality, content, and staffing. In J. Meece & J. Eccles (Eds.), *Handbook of schools, schooling, and human development.* New York: Routledge.

Malinin, L.H. (2016). Creative practices embodied, embedded, and enacted in architectural settings: Toward a model of creativity. *Frontiers in Psychology, 6,* 1978.

Maloy, R.W., Verock, R-E., Edwards, S.A., & Woolf, B.P. (2017). *Transforming learning with new technologies* (3rd ed.). Upper Saddle River, NJ: Pearson.

Mammarella, I.C., Hill, F., Devine, A., Caviola, S., & Szucs, D. (2015). Math anxiety and developmental dyscalculia: A study of working memory processes. *Journal of Clinical and Experimental Neuroscience, 37,* 878–887.

Mandinach, E.B., & Lash, A.A. (2016). Assessment illuminating paths of learning. In L. Corno & E.M. Anderman (Eds.), *Handbook of educational psychology* (3rd ed.). New York: Routledge.

Mandler, G. (1980). Recognizing: The judgment of previous occurrence. *Psychological Review, 87,* 252–271.

Manis, F.R., Keating, D.P., & Morrison, F.J. (1980). Developmental differences in the allocation of processing capacity. *Journal of Experimental Child Psychology, 29,* 156–169.

Manning, J. (2017). *Practical approach to communication.* Upper Saddle River, NJ: Pearson.

Marchel, M.A., Fischer, T.A., & Clark, D.M. (2015). *Assistive technology for children and youth with disabilities.* Upper Saddle River, NJ: Pearson.

Marcia, J.E. (1980). Identity in adolescence. In J. Adelson (Ed.), *Handbook of adolescent psychology.* New York: Wiley.

Marcia, J.E. (1998). Optimal development from an Eriksonian perspective. In H.S. Friedman (Ed.), *Encyclopedia of mental health* (Vol. 2). San Diego: Academic Press.

Mares, M-L., & Pan, Z. (2013). Effects of *Sesame Street*: A meta-analysis of children's learning in 15 countries. *Journal of Applied Developmental Psychology, 34,* 140–151.

Margolis, A., & others (2013). Using IQ discrepancy scores to examine neural correlates of specific cognitive abilities. *Journal of Neuroscience, 33,* 14135–14145.

Marino, C., & others (2016). Modeling the contribution of personality, social identity, and social norms to problematic Facebook use in adolescents. *Addictive Behaviors, 63,* 51–56.

Marklein, M.B. (1998, November 24). An eye-level meeting of the minds. *USA Today,* p. 9D.

Marks, A.K., Ejesi, K., McCullough, M.B., & Garcia Coll, C. (2015). Developmental implications of discrimination. In R.M. Lerner (Ed.), *Handbook of child psychology and developmental science* (7th ed.). New York: Wiley.

Marshall Scholarships (2007). *Scholar profiles: 2007.* Retrieved January 31, 2008, from http://www.marshallscholarship.org/profiles2007.html

Marshall, P.S., Hoelzle, J.B., Hyederdahl, D., & Nelson, D.W. (2016, in press). The impact of failing to identify suspect effort in patients undergoing adult attention-deficit/hyperactivity disorder (ADHD) assessment. *Psychological Assessment.* doi:10.1037/pas0000340

Martella, R.C., & Marchand-Martella, N.E. (2015). Improving classroom behavior through effective instruction: An illustrative example using SRA FLEX literacy. *Education and Treatment of Children, 38,* 241–271.

Martin, A.J., & Collie, R.J. (2016). The role of teacher-student relationships in unlocking students' academic potential: Exploring motivation, engagement, resilience, adaptability, goals, and instruction. In K.R. Wentzel & G.B. Ramani (Eds.), *Handbook of social influences in school contexts.* New York: Routledge.

Martin, C.L., & Ruble, D.N. (2010). Patterns of gender development. *Annual Review of Psychology* (Vol. 31). Palo Alto, CA: Annual Reviews.

Martin, C.L., & others (2013). The role of sex of peers and gender-typed activities in young children's peer affiliative networks: A longitudinal analysis of selection and influence. *Child Development, 84,* 921–937.

Martin, M.O., Mullis, I.V.S., Foy, P., & Stanco, G.M. (2012). *TIMSS 2011 international results in science.* TIMSS & PIRLS International Study Center, Boston College.

Marton, F., Hounsell, D.J., & Entwistle, N.J. (1984). *The experience of learning.* Edinburgh: Scottish Academic Press.

Mary, A., & others (2016). Executive and attentional contributions to theory of mind deficit in attention deficit/hyperactivity disorder (ADHD). *Child Neuropsychology, 22,* 345–365.

Maslow, A.H. (1954). *Motivation and personality.* New York: Harper & Row.

Maslow, A.H. (1971). *The farther reaches of human nature.* New York: Viking Press.

Masten, A.S. (2013). Risk and resilience in development. In P.D. Zelazo (Ed.), *Oxford handbook of developmental psychology.* New York: Oxford University Press.

Masten, A.S. (2014a). Global perspectives on resilience in children and youth. *Child Development, 85,* 6–20.

Masten, A.S. (2014b). *Ordinary magic: Resilience in development.* New York: Guilford.

Masten, A.S. (2016, in press). Pathways to integrated resilience science. *Psychological Inquiry.* doi:10.1080/1047840X.2015.1012041

Masten, A.S., & Cicchetti, D. (2016). Resilience in development: Progress and transformation. In D. Cicchetti (Ed.), *Developmental psychopathology* (3rd ed.). New York: Wiley.

Masten, A.S., & Labella, M.H. (2016). Risk and resilience in child development. In L. Balter & C.S. Tamis-LeMonda (Eds.), *Child psychology* (3rd ed.). New York: Taylor and Frances.

Masten, A.S., & others (2008). School success in motion: Protective factors for academic achievement in homeless and highly mobile children in Minneapolis. *Center for Urban and Regional Affairs Reporter, 38,* 3–12.

Mathes, P.G., Torgesen, J.K., & Allor, J. H. (2001). The effects of peer-assisted literacy strategies for first-grade readers with and without additional computer-assisted instruction in phonological awareness. *American Educational Research Journal, 38,* 371–410.

Matsumoto, D., & Juang, L. (2017). *Culture and psychology* (6th ed.). Boston: Cengage.

Matusov, E., Bell, N., & Rogoff, B. (2001). *Schooling as a cultural process: Working together and guidance by children from schools differing in collaborative practices.* Unpublished manuscript, Department of Psychology, University of California at Santa Cruz.

Maxim, G.W. (2014). *Dynamic social studies for constructivist classrooms* (10th ed.). Upper Saddle River, NJ: Pearson.

Maxwell, L.A. (2014, 08/20). U.S. school enrollment hits majority-minority milestone. *Education Week,* 1–7.

Mayer, R.E. (1997). Multimedia learning: Are we asking the right questions? *Educational Psychologist, 32,* 1–19.

Mayer, R.E. (2004). Should there be a three-strike rule against pure discovery learning? *American Psychologist, 59,* 14–19.

Mayer, R.E. (2004). Teaching of subject matter. *Annual Review of Psychology* (Vol. 55). Palo Alto, CA: Annual Reviews.

Mayer, R.E. (2008). *Learning and instruction* (2nd ed.). Upper Saddle River, NJ: Prentice Hall.

Mayer, R.E., & Alexander, P.A. (Eds.) (2017). *Handbook of research on learning and instruction* (2nd ed.). New York: Routledge.

McAllum, R. (2014). Reciprocal teaching: Critical reflection on practice. *Kairaranga, 15,* 26–35.

McCall, A. (2007). Supporting exemplary social studies teaching in elementary schools. *Social Studies, 97,* 161–167.

McClelland, M.M., Acock, A.C., Piccinin, A., Rhea, S.A., & Stallings, M.C. (2013). Relations between preschool attention span-persistence and age 25 educational outcomes. *Early Childhood Research Quarterly, 28,* 314–324.

McClelland, M.M., Diaz, G., & Lewis, K. (2016). Self-regulation. In *SAGE encyclopedia of contemporary early childhood education.* Thousand Oaks, CA: Sage.

McClelland, M.M., Wanless, S.B., & Lewis, K.W. (2016). Self-regulation. In H. Friedman (Ed.), *Encyclopedia of mental health* (2nd ed.). New York: Elsevier.

McCombs, B.L. (2001, April). *What do we know about learners and learning? The learner-centered framework.* Paper presented at the meeting of the American Educational Research Association, Seattle.

McCombs, B.L. (2010). Learner-centered practices: Providing the context for positive learner development. In J. Meece & J. Eccles (Eds.), *Handbook of research on schools, schooling, and human development.* New York: Routledge.

McCombs, B.I. (2015). Learner-centered online instruction. *New Directions for Teaching and Learning, 144,* 57–71.

McDonald, B.A., Larson, C.D., Dansereau, D., & Spurlin, J.E. (1985). Cooperative dyads: Impact on text learning and transfer. *Contemporary Educational Psychology, 10,* 369–377.

McDonnell, C.G., & others (2016). Mother-child reminiscing at risk: Maternal attachment, elaboration, and child autobiographical memory specificity. *Journal of Experimental Child Psychology, 143,* 65–84.

McGraw-Hill (2015). *Building blocks 2015.* New York: McGraw-Hill Higher Education.

McKay, R. (2008). Multiple intelligences. In N.J. Salkind (Ed.), *Encyclopedia of educational psychology.* Thousand Oaks, CA: Sage.

McKeown, M., & Beck, I.L. (2010). The role of metacognition in understanding and supporting reading comprehension. In D.J. Hacker, J. Dunlosky, & A.C. Graesser (Eds.), *Handbook of metacognition in education.* New York: Psychology Press.

McLean, K.C., & Breen, A.V. (2009). Processes and content of narrative identity development in adolescence: Gender and well-being. *Developmental Psychology, 45,* 702–710.

McLoyd, V., Purtell, K.M., & Hardaway, C.R. (2015). Race, class, and ethnicity as they affect emerging adulthood. In R.M. Lerner (Ed.), *Handbook of child psychology and developmental science* (7th ed.). New York: Wiley.

McMillan, J.H. (1997). *Classroom assessment.* Boston: Allyn & Bacon.

McMillan, J.H. (2002). *Essential assessment concepts for teachers and administrators.* Thousand Oaks, CA: Corwin Press.

McMillan, J.H. (2007). *Classroom assessment* (4th ed.). Boston: Allyn & Bacon.

McMillan, J.H. (2008). *Educational research: Fundamentals for the consumer* (5th ed.). Boston: Allyn & Bacon.

McMillan, J.H. (2011). *Classroom assessment* (5th ed.). Boston: Allyn & Bacon.

McMillan, J.H. (2014). *Classroom assessment* (6th ed.). Upper Saddle River, NJ: Pearson.

McMillan, J.H. (2016). *Fundamentals of educational research* (7th ed.). Upper Saddle River, NJ: Pearson.

McNally, D. (1990). *Even eagles need a push.* New York: Dell.

Meece, J.L., Anderman, E.M., & Anderman, L.H. (2006). Classroom goal structure, student motivation, and academic achievement.

Annual Review of Psychology (Vol. 57). Palo Alto, CA: Annual Reviews.

Meichenbaum, D., Turk, D., & Burstein, S. (1975). The nature of coping with stress. In I. Sarason & C. Spielberger (Eds.), *Stress and anxiety*: Washington, DC: Hemisphere.

Meins, E., & others (2013). Mind-mindedness and theory of mind: Mediating processes of language and perspectival symbolic play. *Child Development, 84*, 1777–1790.

Memari, A., Ziaee, V., Mirfaxeli, F., & Kordi, R. (2012). Investigation of autism comorbidities and associations in a school-based community sample. *Journal of Child and Adolescent Psychiatric Nursing, 25*, 84–90.

Menesini, E., Palladino, B.E., & Nocentini, A. (2016). Let's not fall into the trap: Online and school based program to prevent cyberbullying among adolescents. In T. Vollink, F. DeHue, & C. McGuckin (Eds.), *Cyberbullying.* New York: Psychology Press.

Merenda, P. (2004). Cross-cultural adaptation of educational and psychological testing. In R.K. Hambleton, P.F. Merenda, & C.D. Spielberger (Eds.), *Adapting educational and psychological tests for cross-cultural assessment.* Mahwah, NJ: Erlbaum.

Merrell, K.W., Carrizales, D., Feuerborn, L., Gueldner, B.A., & Tran, O.K. (2007). *Strong kids—grades 6–8: A social and emotional learning curriculum.* Baltimore: Brookes.

Metzger, M. (1996, January). Maintaining a life. *Phi Delta Kappan, 77*, 346–351.

Michaels, S. (1986). Narrative presentations: An oral presentation for literacy with first graders. In J. Cook-Gumperz (Ed.), *The social construction of literacy.* New York: Cambridge University Press.

Middleton, J., & Goepfert, P. (1996). *Inventive strategies for teaching mathematics.* Washington, DC: American Psychological Association.

Midgley, C., Anderman, E., & Hicks, L. (1995). Differences between elementary school and middle school teachers and students: A goal theory approach. *Journal of Early Adolescence, 15*, 90–113.

Miele, D.B., & Scholer, A.A. (2016). Self-regulation of motivation. In K. Wentzel & D. Miele (Eds.), *Handbook of motivation at school* (2nd ed.). New York: Routledge.

Miles, N.G., & Soares da Costa, T.P. (2016). Acceptances of clickers in a large multimodal biochemistry class as determined by student evaluations of teaching: Are they just an annoying distraction for distance students? *Biochemistry and Molecular Biology Education, 44*, 99–108.

Miller, E.B., Farkas, G., & Duncan, G.J. (2016). Does Head Start differentially benefit children with risk by the program's service model? *Early Child Research Quarterly, 34*, 1–12.

Miller, E.B., Farkas, G., Vandell, D.L., & Duncan, G.J. (2014). Do the effects of Head Start vary by parental preacademic stimulation? *Child Development, 85*, 1385–1400.

Miller, E.M., & others (2012). Theories of willpower affect sustained learning. *PLoS One, 7*(6),

Miller, G.A. (1956). The magical number seven, plus or minus two: Some limits on our capacity for information processing. *Psychological Review, 48*, 337–442.

Miller-Jones, D. (1989). Culture and testing. *American Psychologist, 44*, 360–366.

Mills, D., & Mills, C. (2000). *Hungarian kindergarten curriculum translation.* London: Mills Production.

Mills, G.E., & Gay, L.R. (2016). *Educational research* (11th ed.). Upper Saddle River, NJ: Pearson.

Mills, M.T. (2015). Narrative performance of gifted African American school-aged children from low-income backgrounds. *American Journal of Speech-Language Pathology, 24*, 36–46.

Miltenberger, R.G. (2016). *Behavior modification* (6th ed.). Boston: Cengage.

Minuchin, P.P., & Shapiro, E.K. (1983). The school as a context for social development. In P.H. Mussen (Ed.), *Handbook of child psychology* (4th ed., Vol. 4). New York: Wiley.

Mischel, W. (2014). *The marshmallow test: Mastering self-control.* Boston: Little Brown.

Mischel, W., Ebbesen, E.B., & Zeiss, A.R. (1972). Cognitive and attentional mechanisms in delay of gratification. *Journal of Personality and Social Psychology, 21*, 204–218.

Mischel, W., & Moore, B. (1973). Effects of attention to symbolically presented rewards on self-control. *Journal of Personality and Social Psychology, 28*, 172–179.

Mishra, P., & Koehler, M.J. (2006). Technological pedagogical content knowledge: A new framework for teacher knowledge. *Teachers College Record, 108*, 1017–1054.

Mitchell, A.B., & Stewart, J.B. (2013). The efficacy of all-male academies: Insights from critical race theory (CRT). *Sex Roles, 69*, 382–392.

Mitee, T.L., & Obaitan, G.N. (2015). Effect of mastery learning on senior secondary school students' cognitive learning outcome in quantitative chemistry. *Journal of Education and Practice, 6*(5), 34–38.

Mizala, A., Martinez, F., & Martinez, S. (2015). Pre-service elementary school teachers' expectations about student performance: How their beliefs are affected by their mathematics anxiety and student's gender. *Teaching and Teacher Education, 50*, 70–78.

Moffitt, T.E. (2012). *Childhood self-control predicts adult health, wealth, and crime.* Paper presented at the Symposium on Symptom Improvement in Well-Being, Copenhagen.

Moffitt, T.E., & others (2011). A gradient of childhood self-control predicts health, wealth, and public safety. *Proceedings of the National Academy of Sciences U.S.A., 108*, 2693–2698.

Mohammadjani, F., & Tonkaboni, F. (2015). A comparison between the effect of cooperative learning teaching method and lecture teaching method on students' learning and satisfaction level. *International Education Studies, 9*, 107–112.

Mohammadzadeh, A., & others (2016). Understanding intentionality in children with attention-deficit/hyperactivity disorder. *Attention Deficit and Hyperactivity Disorders, 8*, 73–78.

Molinero, C., & others (2016, in press). Usefulness of the WISC-IV in determining intellectual giftedness. *Spanish Journal of Psychology.* doi:10.1017/sjp.2015.63

Moll, L.C., & González, N. (2004). Engaging life: A funds of knowledge approach to multicultural education. In J.A. Banks & C.A.M. Banks (Eds.), *Handbook of research on multicultural education* (2nd ed.). San Francisco: Jossey-Bass.

Monahan, K.C., & others (2016). Integration of developmental neuroscience and contextual approaches to the study of adolescent development. In D. Cicchetti (Ed.), *Developmental psychopathology* (3rd ed.). New York: Wiley.

Moore, D.S. (2013). Behavioral genetics, genetics, and epigenetics. In P.D. Zelazo (Ed.), *Handbook of developmental psychology.* New York: Oxford University Press.

Moore, D. (2015). *The developing genome.* New York: Oxford University Press.

Moore, M.W., Brendel, P.C., & Fiez, J.A. (2014). Reading faces: Investigating the use of a novel face-based orthography in acquired alexia. *Brain and Language, 129C*, 7–13.

Moran, S., & Gardner, H. (2006). Extraordinary achievements. In W. Damon & R. Lerner (Eds.), *Handbook of child psychology* (6th ed.). New York: Wiley.

Moriguchi, Y., Chevallier, N., & Zelazo, P.D. (2016). Editorial: Development of executive function during childhood. *Frontiers in Psychology, 7*, 6.

Moroni, S., & others (2015). The need to distinguish quantity and quality in research on parental involvement: The example of parental help with homework. *Journal of Educational Research, 108*, 417–431.

Morris, A., Cui, L., & Steinberg, L. (2013). Arrested development: The effects of incarceration on the development of psychosocial maturity. *Development and Psychopathology, 24*(3), 1073–1090.

Morris, A.S., & others (2013). Effortful control, behavioral problems, and peer relations: What predicts academic adjustment in kindergartners from low-income families? *Early Education and Development, 24,* 813–828.

Morrison, G.S. (2017). *Fundamentals of early childhood education* (8th ed.). Upper Saddle River, NJ: Pearson.

Mowbray, R., & Perry, B. (2015). Improving lecture quality through training in public speaking. *Innovations in Education and Teaching International, 52,* 207–217.

Moyer, J.R., & Dardig, J.C. (1978). Practical task analysis for teachers. *Teaching Exceptional Children, 11,* 16–18.

Mudigoudar, B., Weatherspoon, S., & Wheless, J.W. (2016). Emerging antiepileptic drugs for severe pediatric epilepsies. *Seminars in Pediatric Neurology, 23,* 167–179.

Müller, U., & Kerns, K. (2015). Development of executive function. In R.M. Lerner (Ed.), *Handbook of child psychology and developmental science* (7th ed.). New York: Wiley.

Mullis, I.V.S., Martin, M.O., Foy, P., & Arora, A. (2012). *TIMSS 2011 international results in mathematics.* TIMSS & PIRLS International Study Center, Boston College.

Mullis, I.V.S., Martin, M.O., Foy, P., & Drucker, K.T. (2012a). *PIRLS 2011: International results in reading.* Boston: TIMSS & PIRLS International Study Center, Boston College.

Mulvey, K.L., & Killen, M. (2016). Keeping quiet just wouldn't be right: Children and adolescents' evaluations of challenges to peer relational and physical aggression. *Journal of Youth and Adolescence, 45,* 1824–1835.

Murawska, J.M., & Zollman, A. (2015). Taking it to the next level: Students using inductive reasoning. *Mathematics Teaching in the Middle School, 20,* 416–422.

Murayama, K., & Elliott, A.J. (2009). The joint influence of personal achievement goals and classroom goal structures on achievement-relevant outcomes. *Journal of Educational Psychology, 101,* 432–447.

Murdock, T.B. (2009). Achievement motivation in racial and ethnic context. In K.R. Wentzel & A. Wigfield (Eds.), *Handbook of motivation at school.* New York: Routledge.

Murry, V.M., Hill, N.E., Witherspoon, D., Berkel, C., & Bartz, D. (2015). Children in diverse social contexts. In R.M. Lerner (Ed.), *Handbook of child psychology and developmental science* (7th ed.). New York: Wiley.

Myers, D.G. (2010). *Psychology* (9th ed). New York: Worth.

Myerson, J., Rank, M.R., Raines, F.Q., & Schnitzler, M.A. (1998). Race and general cognitive ability: The myth of diminishing returns in education. *Psychological Science, 9,* 139–142.

N

NAASP (1997, May/June). Students say: What makes a good teacher. *Schools in the Middle,* pp. 15–17.

Nagel, M., & Scholes, L. (2017). *Understanding development and learning.* New York: Oxford University Press.

Naidoo, S., Satorius, B.K., de Vines, H., & Taylor, M. (2016). Verbal bullying changes among students following an educational intervention using the integrated model for behavior change. *Journal of School Health, 86,* 813–822.

Nam, C.S., Li, Y., Yamaguchi, T., & Smith-Jackson, T.L. (2012). Haptic user interfaces for the visually impaired: Implications for haptically enhanced science learning systems. *International Journal of Human-Computer Interaction, 28,* 784–798.

Nansel, T.R., & others (2001). Bullying behaviors among U.S. youth: Prevalence and association with psychosocial adjustment. *Journal of the American Medical Association, 285,* 2094–2100.

Narváez, D. (2014). *The neurobiology and development of human morality.* New York: Norton.

Narváez, D. (2015). The neurobiology of moral sensitivity: Evolution, epigenetics, and early experience. In D. Mowrer & P. Vanderberg (Eds.), *The art of morality.* New York: Routledge.

Narváez, D. (2016). The ontogenesis of moral becoming. In A. Fuentes & A. Visala (Eds.), *Verbs, bones, and brains.* Notre Dame, IN: University of Notre Dame Press.

Nash, J.M. (1997, February 3). Fertile minds. *Time,* pp. 50–54.

NASSPE (2012). *Single-sex schools/schools with single-sex classrooms/what's the difference?* Retrieved from www.singlesexschools.org/schools-schools.com

Nathan, M.J., & Petrosino, A.J. (2003). Expert blind spot among preservice teachers. *American Educational Research Journal, 40*(4), 905–928.

National Assessment of Educational Progress (2000). *Reading achievement.* Washington in National Center for Education Statistics.

National Assessment of Educational Progress (2007). *The nation's report card.* Washington, DC: National Center for Education Statistics.

National Assessment of Educational Progress (2015). *Nation's report card.* Washington, DC: U.S. Department of Education.

National Association for the Education of Young Children (1996). NAEYC position statement: Responding to linguistic and cultural diversity—Recommendations for effective early childhood education. *Young Children, 51,* 4–12.

National Association for the Education of Young Children (NAEYC) (2009). *Developmentally appropriate practice in early childhood programs serving children from birth through age 8.* Washington, DC: NAEYC.

National Center for Education Statistics (2008). *Children and youth with disabilities in public schools.* Washington, DC: U.S. Department of Education.

National Center for Education Statistics (2014). *School dropouts.* Washington, DC: Author.

National Center for Education Statistics (2015). *The condition of education.* Washington, DC: U.S. Department of Education.

National Center for Education Statistics (2016). *School dropouts.* Washington, DC: Author.

National Center for Education Statistics (2016). *Students with disabilities.* Washington, DC: U.S. Department of Education.

National Center for Learning Disabilities (2006). *Learning disabilities.* Retrieved March 6, 2006, from http://www.ncld.org/

National Council for the Social Studies (1994). *Expectations of excellence: Curriculum standards for social studies.* Waldorf, MD: NCSS.

National Council for the Social Studies (2000). *National standards for social studies teachers.* Baltimore: Author.

National Council of Teachers of English/ International Reading Association (1996). *Standards for the English Language Arts.* Urbana, IL: NCTE/IRA.

National Council of Teachers of English (2014). How standardized tests shape—and limit—student learning. A policy research brief. *ERIC,* #ED556345.

National Council of Teachers of Mathematics (2000). *Principles and standards for school mathematics.* Reston, VA: NCTM.

National Council of Teachers of Mathematics (2007a). *Navigating through number and operations in grades 3–5.* Reston, VA: NCTM.

National Council of Teachers of Mathematics (2007b). *Mathematics teaching today: Professional standards for teaching mathematics, revision.* Reston, VA: NCTM.

National Council of Teachers of Mathematics (2007c). *Making sense of mathematics: Children sharing and comparing solutions to challenging problems.* Reston, VA: NCTM.

National Institute of Mental Health (2016). *Autism spectrum disorder (ASD).* Retrieved January 7, 2016, from http://www.nimh.nih.gov/health/topics/autism-spectrum-disorders-asd/index.shtml

National Institutes of Health (1993). *Learning disabilities* NIH publication (No. 93–3611). Bethesda, MD: Author.

National Reading Panel (2000). *Teaching children to read.* Washington, DC: National Institute of Child Health and Human Development.

National Research Council (1999). *How people learn.* Washington, DC: National Academies Press.

National Research Council (2001). *Knowing what students know.* Washington, DC: National Academies Press.

National Research Council (2005). *How students learn.* Washington, DC: National Academies Press.

Navsaria, D., & Sanders, L.M. (2015). Early literacy promotion in the digital age. *Pediatric Clinics of North America, 62,* 1273–1295.

Nel, N.M., Romm, N.R.A., & Tiale, L.D.N. (2015). Reflections on focus group sessions regarding inclusive education: Reconsidering focus group research possibilities. *Australian Educational Researcher, 42,* 35–53.

Nelson, C.A. (2011). Brain development and behavior. In A.M. Rudolph, C. Rudolph, L. First, G. Lister, & A.A. Gersohon (Eds.), *Rudolph's pediatrics* (22nd ed.). New York: McGraw-Hill.

Nesbitt, K.T., Farran, D.C., & Fuhs, M.W. (2015). Executive function skills and academic gains in prekindergarten: Contributions of learning-related behaviors. *Developmental Psychology, 51,* 865–878.

Neugarten, B.L. (1988, August). *Policy issues for an aging society.* Paper presented at the meeting of the American Psychological Association, Atlanta.

Neumann, N., Lotze, M., & Eickhoff, S.B. (2016). Cognitive expertise: An ALE meta-analysis. *Human Brain Mapping, 37,* 262–272.

Neville, H.J. (2006). Different profiles of plasticity within human cognition. In Y. Munakata & M.H. Johnson (Eds.), *Attention and Performance XXI: Processes of change in brain and cognitive development.* Oxford. UK: Oxford University Press.

NICHD Early Child Care Research Network (2005). Predicting individual differences in attention, memory, and planning in first graders from experiences at home, child care, and school. *Developmental Psychology, 41,* 99–114.

Nichols, J.D., & Miller, R.B. (1994). Co-operative learning and student motivation.

Contemporary Educational Psychology, 19, 167–178.

Niess, M., & Gillow-Wiles, H. (2014). Transforming science and mathematics teachers' technological pedagogical knowledge using a learning trajectory instructional approach. *Journal of Technology and Teacher Education, 22,* 497–520.

Nikola-Lisa, W., & Burnaford, G.E. (1994). A mosaic: Contemporary schoolchildren's images of teachers. In P.B. Joseph & G.E. Burnaford (Eds.), *Image of schoolteachers in twentieth century America.* New York: St. Martin's Press.

Nilsson, K.K., & de Lopez, K.J. (2016). Theory of mind in children with specific language impairment: A systematic review and meta-analysis. *Child Development, 87,* 143–153.

Ning, L.F., & others (2015). Meta-analysis of differentially expressed genes in autism based on gene expression data. *Genetics and Molecular Research, 14,* 2146–2155.

Nisbett, R.E., & others (2012). Intelligence: New findings and theoretical developments. *American Psychologist, 67,* 130–159.

Nitecki, E. (2015). Integrated school-family partnerships in preschool: Building quality involvement through multidimensional relationships. *School Community Journal, 25,* 195–219.

Noddings, N. (2007). *When school reform goes wrong.* New York: Teachers College Press.

Noddings, N. (2008). Caring and moral education. In L. Nucci & D. Narváez (Eds.), *Handbook of moral and character education.* Clifton, NJ: Psychology Press.

Nolen-Hoeksema, S. (2011). *Abnormal psychology* (5th ed.). New York: McGraw-Hill.

Norris, K. & Soloway, E. (1999). *Teachers and technology: A snapshot survey.* Denton, TX: University of North Texas, Texas Center for Educational Technology.

North American Montessori Teachers' Association (2016). *Montessori schools.* Retrieved January 6, 2016, from www.montessori-namta.org

Novak, B.E., & Lynott, F.J. (2015). Homework in physical education: Benefits and implementation. *Strategies: A Journal for Physical and Sports Educators, 28,* 22–26.

Nucci, L. (2006). Education for moral development. In M. Killen & J. Smetana (Eds.), *Handbook of moral development.* Mahwah, NJ: Erlbaum.

Nunez, J.C., & others (2015). Relationships between perceived parental involvement in homework, student homework behaviors, and academic achievement: Differences among elementary, junior high, and high school students. *Metacognition and Learning, 10,* 375–406.

O

O'Brien, M., & others (2014). Women's work and child care: Perspectives and prospects. In E.T. Gershoff, R.S. Mistry, & D.A. Crosby (Eds.), *Societal contexts of child development.* New York: Oxford University Press.

O'Connor, T.G. (2016). Developmental models and mechanisms for understanding the effects of early experience on psychological development. In D. Cicchetti (Ed.), *Developmental psychopathology* (3rd ed.). New York: Wiley.

O'Shea, M. (2009). *Assessment throughout the year.* Upper Saddle River, NJ: Merrill.

Oakes, J., & Saunders, M. (2002). *Access to textbooks, instructional materials, equipment, and technology: Inadequacy of California's schools.* Los Angeles: Department of Education, UCLA.

Oakhill, J., Berenhaus, M.S., & Cain, K. (2016). Children's reading comprehension and comprehension difficulties. In A. Pollastek & R. Treiman (Eds.), *Oxford handbook of reading.* New York: Oxford University Press.

Obel, C., & others (2016). The risk of attention deficit hyperactivity disorder in children exposed to maternal smoking during pregnancy—a re-examination using a sibling design. *Journal of Clinical Psychology and Psychiatry, 57,* 532–537.

Odhiambo, E.A., Nelson, L.E., & Chrisman, K. (2016). *Social studies and young children.* Upper Saddle River, NJ: Pearson.

Ogbu, J., & Stern, P. (2001). Caste status and intellectual development. In R.J. Sternberg & E.L. Grigorenko (Eds.), *Environmental effects on cognitive abilities.* Mahwah, NJ: Erlbaum.

Olszewski-Kubilius, P., & Thomson, D. (2015). Talent development as a framework for gifted education. *Gifted Child Today, 38,* 49–59.

Olweus, D. (2003). Prevalence estimation of school bullying with the Olweus bully/victim questionnaire. *Aggressive Behavior, 29*(3), 239–269.

Olweus, D. (2013). School bullying: Development and some important challenges. *Annual Review of Clinical Psychology* (Vol. 9). Palo Alto, CA: Annual Reviews.

Oostdam, R., Blok, H., & Boendermaker, C. (2015). Effects of individualized and small-group guide oral reading interventions on reading skills and reading attitudes of poor readers in grades 2-4. *Research Papers in Education, 30,* 427–450.

Ornstein, P.A., Coffman, J.L., & Grammer, J.K. (2007, April). *Teachers' memory-relevant conversations and children's memory performance.* Paper presented at the biennial meeting of the Society for Research in Child Development, Boston.

Ornstein, P.A., Coffman, J.L., Grammer, J.K., San Souci, P.P., & McCall, L.E. (2010). Linking the classroom context and the development of children's memory skills. In J. Meece & J. Eccles (Eds.), *Handbook of research on schools, schooling, and human development.* New York: Routledge.

Orpinas, P., McNicholas, C., & Nahapetyan, L. (2015). Gender differences in trajectories of relational aggression perpetration and victimization from middle to high school. *Aggressive Behavior, 41,* 401–412.

Orrock, J., & Clark, M.A. (2016, in press). Using systems theory to promote academic success of African American males. *Urban Education.* doi:10.1177/0042085915613546

Osadebe, P.U. (2015). Construction of valid and reliable test for assessment of students. *Journal of Education and Practice, 6,* 51–66.

Ostrov, J.M., Keating, C.F., & Ostrov, J.M. (2004). Gender differences in preschool aggression during free play and structured interactions: An observational study. *Social Development, 13,* 255–277.

Owens, R.E., Farinella, K.A., & Metz, D.E. (2015). *Introduction to communication disorders* (5th ed.). Upper Saddle River, NJ: Pearson.

P

Pace, A., Hirsh-Pasek, K., & Golinkoff, R.M. (2016). How high quality language environments create high quality learning environments. In S. Jones & N. Lesaux (Eds.), *The leading edge of early childhood education.* Cambridge, MA: Harvard University Press.

Pace, A., Levine, D., Morini, G., Hirsh-Pasek, K., & Golinkoff, R.M. (2016). The story of language acquisition: From words to world and back again. In L. Balter & C. Tamis-LeMonda (Eds.), *Child psychology* (3rd ed.). New York: New York University Press.

Pahlke, E., Hyde, J.S., & Allison, C.M. (2014). The effects of single-sex compared with coeducational schooling on students' performance and attitudes: A meta-analysis. *Psychological Bulletin, 140,* 1042–1072.

Paivio, A. (1971). *Imagery and verbal processes.* Fort Worth, TX: Harcourt Brace.

Paivio, A. (1986). *Mental representations: A dual coding approach.* New York: Oxford University Press.

Paivio, A. (2013). Dual-coding theory, word abstractness, and emotion: A critical review of Kousta et al. (2011). *Journal of Experimental Psychology: General, 142,* 282–287.

Palincsar, A.S., & Brown, A.L. (1984). Reciprocal teaching of comprehension-fostering and comprehension-monitoring activities. *Cognition and Instruction, 1,* 117–175.

Pan, B.A., & Uccelli, P. (2009). Semantic development. In J. Berko Gleason & N. Ratner (Eds.), *The development of language* (7th ed.). Boston: Allyn & Bacon.

Pan, C.Y., & others (2016, in press). Effects of physical exercise intervention on motor skills and executive functions with ADHD: A pilot study. *Journal of Attention Disorders.* doi:10.1177/1087054715569282

Panayiotou, A., & others (2014). Teacher behavior and student outcomes: Results of a European study. *Educational Assessment, Evaluation, and Accountability, 26,* 73–93.

Pang, V.O. (2005). *Multicultural education.* (3rd ed.). New York: McGraw-Hill.

Papert, S. (1980). *Mindstorms, children, computers, and powerful ideas.* New York: Basic Books.

Park, K.M., & Park, H. (2015). Effects of self-esteem improvement program on self-esteem and peer attachment in elementary school children with observed problematic behaviors. *Asian Nursing Research, 9,* 53–59.

Parkay, F.W. (2016). *Becoming a teacher* (10th ed.). Upper Saddle River, NJ: Pearson.

Parker, W.C., & Beck, T.A. (2017). *Social studies in elementary education* (15th ed.). Upper Saddle River, NJ: Pearson.

Parsi, A., & Darling-Hammond, L. (2015). *Performance assessments: How state policy can advance assessments for 21st century learning.* White paper. ERIC, #ED562629.

Pascual, A., Extebarria, I., Ortega, I., & Ripalda, A. (2012). Gender differences in adolescence in emotional variables relevant to eating disorders. *International Journal of Psychology and Psychological Therapy, 12,* 59–68.

Patton, G.C., & others (2011). A prospective study of the effects of optimism on adolescent health risks. *Pediatrics, 127,* 308–316.

Paunesku, D., & others (2015). Mind-set interventions are a scaleable treatment for academic underachievement. *Psychological Science, 26,* 784–793.

Paus, T., & others (2008). Morphological properties of the action-observation cortical network in adolescents with low and high resistance to peer influence. *Social Neuroscience, 3,* 303–316.

Pavlov, I.P. (1927). *Conditioned reflexes.* New York: Dover.

Pawluk, D., & others (2015). Guest editorial: Haptic assistive technology for individuals who are visually impaired. *IEE Trans Haptics, 8,* 245–247.

Payne, D.A. (2003). *Applied educational assessment* (2nd ed.). Belmont, CA: Wadsworth.

Pearson, J., Nelson, P., Titsworth, S., & Hosek, A. (2017). *Human communication* (6th ed.). New York: McGraw-Hill.

Peets, K., Hodges, E.V.E., & Salmivalli, C. (2011). Actualization of social cognitions into aggressive behavior toward disliked targets. *Social Development, 20,* 233–250.

Peng, P., & Fuchs, D. (2016). A meta-analysis of working memory deficits in children with learning difficulties: Is there a difference between the verbal domain and numerical domain? *Journal of Learning Disabilities, 49,* 3–20.

Pennanen, M., & others (2016). What is "good" mentoring? Understanding mentoring practices of teacher induction through case studies of Finland and Australia. *Pedagogy, Culture, and Society, 24,* 27–53.

Pennington, C.R., Heim, D., Levy, A.R., & Larkin, D.T. (2016). Twenty years of stereotype threat research: A review of psychological mediators. *PLoS One, 11*(1), E0146487.

Perry, D.G., & Pauletti, R.E. (2011). Gender and adolescent development. *Journal of Research on Adolescence, 21,* 61–74.

Persky, H.R., Daane, M.C., & Jin, Y. (2003). *The nation's report card: Writing 2002.* Washington. DC: U.S. Department of Education.

Peterman, K., Cranston, K.A., Pryor, M., & Kermish-Allen, R. (2015). Measuring primary students' graph interpretation skills via a performance assessment: A case study in instrument development. *International Journal of Science Education, 37,* 2787–2808.

Peters-Burton, E.E., & others (2015). The effect of cognitive apprenticeship-based professional development on teacher self-efficacy of science teaching, motivation, knowledge, calibration, and perceptions of inquiry-based teaching. *Journal of Science Teacher Education, 26,* 525–548.

Peterson, E.R., Rayner, S.G., & Armstrong, S.J. (2009). Researching the psychology of cognitive style and learning style: Is there really a future? *Learning and Individual Differences, 19,* 518–523.

Philipsen, N.M., Johnson, A.D., & Brooks-Gunn, J. (2009). Poverty, effects on social and emotional development. *International Encyclopedia of Education* (3rd ed.). St. Louis: Elsevier.

Phye, G.D., & Sanders, C.E. (1994). Advice and feedback: Elements of practice for problem solving. *Contemporary Educational Psychology, 19,* 286–301.

Piaget, J. (1954). *The construction of reality in the child.* New York: Basic Books.

Piaget, J., & Inhelder, B. (1969). *The child's conception of space.* New York: Norton.

Pianta, R.C. (2016). Classroom processes and teacher-student interaction: Integrations with a developmental psychopathology perspective. In D. Cicchetti (Ed.),

Developmental psychopathology (3rd ed.). New York: Wiley.

Pisani, F., & Spagnoli, C. (2016). Neonatal seizures: A review of outcomes and outcome predictors. *Neuropediatrics, 47,* 12–19.

Plucker, J. (2010, July 19). Commentary in P. Bronson & A. Merryman, The creativity crisis. *Newsweek,* 45–46.

Pluess, M., & Bartley, M. (2015). Childhood conscientiousness predicts the social gradient of smoking in adulthood: A life course analysis. *Journal of Epidemiology and Community Health, 69,* 330–338.

Poehlmann-Tynan, J., & others (2016). A pilot study of contemplative practices with economically disadvantaged preschoolers: Children's empathic and self-regulatory behaviors. *Mindfulness, 7,* 46–58.

Pollack, W. (1999). *Real boys.* New York: Owl Books.

Polson, D. (2001). Helping children learn to make responsible choices. In B. Rogoff, C.G. Turkanis, & L. Lartlett (Eds.), *Learning together.* New York: Oxford University Press.

Popham, W.J. (2008). *Classroom assessment* (5th ed.). Boston: Allyn & Bacon.

Popham, W.J. (2017). *Classroom assessment* (8th ed.). Upper Saddle River, NJ: Pearson.

Poropat, A.E. (2016). The role of personality and temperament in learning. In L. Corno & E.M. Anderman (Eds.), *Handbook of educational psychology* (3rd ed.). New York: Routledge.

Posamentier, A.S., & Smith, B.S. (2015). *Teaching secondary mathematics* (9th ed.). Upper Saddle River, NJ: Pearson.

Posner, M.I., & Rothbart, M.K. (2007). *Educating the human brain.* Washington, DC: American Psychological Association.

Poulos, A.M., & Thompson, R.F. (2015). Localization and characterization of essential associative memory trace in the mammalian brain. *Brain Research, 1621,* 252–259.

Powell, R.A., Honey, P.L., & Symbaluk, D.G. (2017). *Introduction to learning and behavior* (5th ed.). Boston: Cengage.

Powers, C.J., Bierman, K.L., & Coffman, D.L. (2016). Restrictive educational placements increase adolescent risks for students with early-starting conduct problems. *Journal of Child Psychology and Psychiatry, 57,* 899–908.

Powers, K.E., Chavez, R.S., & Heatherton, T.F. (2016). Individual differences in response of dorsomedial prefrontal cortex predict daily social behavior. *Social Cognitive and Affective Neuroscience, 11,* 121–126.

Prabhakar, H. (2007). Hopkins Interactive Guest Blog: *The public health experience at Johns Hopkins.* Retrieved January 31, 2008, from http://hopkins.typepad.com/guest/2007/03/the_public_heal.html

Presidential Task Force on Psychology and Education (1992). *Learner-centered psychological principles: Guidelines for school redesign and reform* (draft). Washington, DC: American Psychological Association.

Pressley, M. (1983). Making meaningful materials easier to learn. In M. Pressley & J.R. Levin (Eds.), *Cognitive strategy research: Educational applications.* New York: Springer-Verlag.

Pressley, M. (2007). Achieving best practices. In L.B. Gambrell, L.M. Morrow, & M. Pressley (Eds.), *Best practices in literary instruction.* New York: Guilford.

Pressley, M., Allington, R., Wharton-McDonald, R., Block, C.C., & Morrow, L.M. (2001). *Learning to read: Lessons from exemplary first grades.* New York: Guilford.

Pressley, M., Borkowski, J.G., & Schneider, W. (1989). Good information processing: What it is and what education can do to promote it. *International Journal of Educational Research, 13,* 857–867.

Pressley, M., Cariligia-Bull, T., Deane, S., & Schneider, W. (1987). Short-term memory, verbal competence, and age as predictors of imagery instructional effectiveness. *Journal of Experimental Child Psychology, 43,* 194–211.

Pressley, M., & Harris, K.R. (2006). Cognitive strategies instruction: From basic research to classroom instruction. In P.A. Alexander & P.H. Winne (Eds.), *Handbook of educational psychology* (2nd ed.). Mahwah, NJ: Erlbaum.

Pressley, M., & Hilden, K. (2006). Cognitive strategies. In W. Damon & R. Lerner (Eds.), *Handbook of child psychology* (6th ed.). New York: Wiley.

Pressley, M., Levin, J.R., & McCormick, C.B. (1980). Young children's learning of a foreign language vocabulary: A sentence variation of the keyword method. *Contemporary Educational Psychology, 5,* 22–29.

Pressley, M., & McCormick, C.B. (2007). *Child and adolescent development for educators.* New York: Guilford.

Pressley, M., Mohan, L., Fingeret, L., Reffitt, K., & Raphael Bogaert, L. (2007). Writing instruction in engaging and effective elementary settings. In S. Graham, C.A. MacArthur, & J. Fitzgerald (Eds.), *Best practices in writing instruction.* New York: Guilford.

Pressley, M., Raphael, L., Gallagher, D., & DiBella, J. (2004). Providence-St. Mel School: How a school that works for African-American students works. *Journal of Educational Psychology, 96,* 216–235.

Pressley, M., Schuder, T., SAIL Faculty and Administration, German, J., & El-Dinary, P.B. (1992). A researcher-educator collaborative interview study of transactional

comprehension strategies instruction. *Journal of Educational Psychology, 84,* 231–246.

Pressley, M., & others (2001). A study of effective first grade literacy instruction. *Scientific Studies of Reading, 15,* 35–58.

Pressley, M., & others (2003). *Motivating primary grades teachers.* New York: Guilford.

Price, K.W., Meisinger, E.S., Louwerse, M.M., & D'Mello, S. (2016). The contributions of oral and silent reading fluency to reading comprehension. *Reading Psychology, 37,* 167–201.

Prinstein, M.J., & Giletta, M. (2016). Peer relations and developmental psychopathology. In D. Cicchetti (Ed.), *Developmental psychopathology* (3rd ed.). New York: Wiley.

PSU (2006). Anchored instruction. Retrieved January 6, 2006, from www.ed.psu.edu/nasa/achrtxt.html

Puhl, R.M., & King, K.M. (2013). Weight discrimination and bullying. *Best Practice and Research: Clinical Endocrinology and Metabolism, 27,* 117–127.

Putallaz, M., & others (2007). Overt and relational aggression and victimization: Multiple perspectives within the school setting. *Journal of School Psychology, 45,* 523–547.

Q

Qu, Y., & Pomerantz, E.M. (2015). Divergent school trajectories in early adolescence in the United States and China: An examination of underlying mechanisms. *Journal of Youth and Adolescence, 44,* 2095–2109.

Quality Counts (2001). *A better balance: Standards, tests, and the tools to succeed.* Bethesda, MD: Education Week on the Web.

Quinn, P.C. (2016). What do infants know about cats, dogs, and people? Development of a "like-people" representation for non-human animals. In L. Freund & others (Eds.), *Social neuroscience and human-animal interaction.* Washington, DC: American Psychological Association.

Quinn, P.C., & Bhatt, R.S. (2016). Development of perceptual organization in infancy. In J. Wagemans (Ed.), *Oxford handbook of perceptual organization.* New York: Oxford University Press.

Qvortrup, A., & Keiding, T.B. (2015). Portfolio assessment: Production and reduction in complexity. *Assessment & Evaluation in Higher Education, 40,* 407–419.

R

Rabiner, D.L., Murray, D.W., Skinner, A.T., & Malone, P.S. (2010). A randomized trial of two promising computer-based interventions for students with attention difficulties. *Journal of Abnormal Child Psychology, 38,* 131–142.

Raeff, C. (2017). *Exploring the dynamics of human development.* New York: Oxford University Press.

Raffaelli, M., & Ontai, L.L. (2004). Gender socialization in Latino families: Results from two retrospective studies. *Sex Roles, 50,* 287–299.

Rajiah, K., & Saravanan, C. (2014). The effectiveness of psychoeducation and systematic desensitization to reduce test anxiety among first-year pharmacy students. *American Journal of Pharmacy Education, 78,* 163.

Rakoczy, H., Warneken, F., & Tomasello, M. (2007). "This way!", "No! That way!"—3-year-olds know that two people can have mutually incompatible desires. *Cognitive Development, 22,* 47–68.

Ramey, C.T., Bryant, D.M., Campbell, F.A., Sparling, J.J., & Wasik, B.H. (1988). Early intervention for high-risk children. The Carolina Early Intervention Program. In R.H. Price, E.L. Cowen, R.P. Lorion, & J. Ramos-McKay (Eds.), *14 ounces of prevention.* Washington, DC: American Psychological Association.

Ramey, S.L., Ramey, C.T., & Lanzi, R.G. (2009). Early intervention: Background, research findings, and future directions. In J.W. Jacobson, J.A. Mulick, & J. Rojahn (Eds.), *Handbook of intellectual and developmental disabilities.* New York: Springer.

Ramirez, G., & others (2016). On the relationship between math anxiety and math achievement in early elementary school: The role of problem solving strategies. *Journal of Experimental Child Psychology, 141,* 83–100.

Randolph, C.H., & Evertson, C.M. (1995). Managing for learning: Rules, roles, and meanings in a writing class. *Journal of Classroom Instruction, 30,* 17–25.

Rapin, I. (2016). Dyscalculia and the calculating brain. *Pediatric Neurology, 61,* 11–20.

Rattan, A., Savani, K., Chugh, D., & Dweck, C.S. (2015). Leveraging mindsets to promote academic achievement: Policy recommendations. *Perspectives on Psychological Science, 10,* 721–726.

Rawson, K., Thomas, R.C., & Jacoby, L.L. (2015). The power of examples: Illustrative examples enhance concept learning of declarative concepts. *Educational Psychology Review, 27,* 483–504.

Razza, R.A., Martin, A., & Brooks-Gunn, J. (2012). The implications of early attentional regulation for school success among low-income children. *Journal of Applied Developmental Psychology, 33,* 311–319.

Re: Learning by Design (2000). *Design resource center.* Re: Learning by Design. Retrieved July 16, 2002, from http://www.relearning.org

Regalado, M., Sareen, H., Inkelas, M., Wissow, L.S., & Halfon, N. (2004). Parents' discipline of young children: Results from the National Survey of Early Childhood Health. *Pediatrics, Supplement, 113,* 1952–1958.

Regional Educational Laboratory Mid-Atlantic (2015). Engaging families in partnership programs to promote student success: Q & A for Dr. Joyce L. Epstein. *ERIC Number: ED562603.*

Reid, G., Fawcett, A., Manis, F., & Siegel, L. (2009). *The SAGE handbook of dyslexia.* Thousand Oaks, CA: Sage.

Reis, S.M., & Renzulli, J.S. (2014). Challenging gifted and talented learners with a continuum of research-based intervention strategies. In M.A. Bray & T.J. Kehle (Eds.), *Oxford handbook of school psychology.* New York: Oxford University Press.

Reksten, L.E. (2009). *Sustaining extraordinary student achievement.* Thousand Oaks, CA: Corwin Press.

Renne, C.H. (1997). *Excellent classroom management.* Belmont, CA: Wadsworth.

Renzulli, J.S. (1998). A rising tide lifts all ships: Developing the gifts and talents of all students. *Phi Delta Kappan, 80,* 1–15.

Renzulli, J.S. (2017). Developing creativity across all areas of the curriculum. In R.A. Beghetto & J.C. Kaufman (Eds.), *Nurturing creativity in the classroom* (2nd ed.). New York: Cambridge University Press.

Reyna, V.F., & Rivers, S.F. (2008). Current theories of risk and rational decision making. *Developmental Review, 28,* 1–11.

Reyna, V.F., Weldon, R.B., & McCormick, M.J. (2015). Educating intuition: Reducing risky decisions using fuzzy-trace theory. *Current Directions in Psychological Science, 24,* 392–398.

Reyna, V.F., & Zayas, V. (Eds.) (2014). *Neuroscience of risky decision making.* Washington, DC: American Psychological Association.

Reynolds, G.D., & Romano, A.C. (2016). The development of attention systems and memory in infancy. *Frontiers in Systems Neuroscience, 10,* 15.

Rhodes, J.E., & Lowe, S.R. (2009). Mentoring in adolescence. In R.M. Lerner & L. Steinberg (Eds.), *Handbook of adolescent psychology* (3rd ed.). New York: Wiley.

Ricco, R.B. (2015). The development of reasoning. In R.M. Lerner (Ed.), *Handbook of child psychology* (7th ed.). New York: Wiley.

Ristic, J., & Enns, J.T. (2015). Attentional development: The past, the present, and the future. In R.M. Lerner (Ed.), *Handbook of child psychology and developmental science.* New York: Wiley.

Rittle-Johnson, B. (2006). Promoting transfer: Effects of self-explanation and direct instruction. *Child Development, 77,* 1–15.

Roberts, B.W., Wood, D., & Caspi, A. (2008). Personality development. In O.P. John, R.W. Robins, & L.A. Pervin (Eds.), *Handbook of personality* (3rd ed.). New York: Guilford.

Robins, R.W., Trzesniewski, K.H., Tracey, J.L., Potter, J., & Gosling, S.D. (2002). Age differences in self-esteem from age 9 to 90. *Psychology and Aging, 17,* 423–434.

Robinson-Zanartu, C., Doerr, P., & Portman, J. (2015). *Teaching 21 thinking skills for the 21st century.* Upper Saddle River, NJ: Pearson.

Robitaille, Y.P., & Maldonado, N. (2015). Teachers' experiences relative to successful questioning and discussion techniques. *American Journal of Contemporary Research, 5,* 7–16.

Roblyer, M.D. (2016). *Integrating educational technology into teaching* (7th ed.). Upper Saddle River, NJ: Pearson.

Roche, S. (2016). Education for all: Exploring the principle and process of inclusive education. *International Review of Education, 62*(2), 131–137.

Rodriguez-Triana, M.J., & others (2015). Scripting and monitoring meet each other: Aligning learning analytics and learning design to support teachers in orchestrating CSCL situations. *British Journal of Educational Psychology, 46,* 330–343.

Roeser, R.W. (2016). Beyond all splits: Mindfulness in students' motivation, learning, and self/identity development in school. In K.R. Wentzel & D.B. Miele (Eds.), *Handbook of motivation at school* (2nd ed.). New York: Routledge.

Roeser, R.W., & Eccles. J.S. (2015). Mindfulness and compassion in human development: Introduction to the special section. *Developmental Psychology, 51,* 1–6.

Roeser, R.W., & Zelazo, P.D. (2012). Contemplative science, education and child development. *Child Development Perspectives, 6,* 143–145.

Roeser, R.W., & others (2014). Contemplative education. In L. Nucci & others (Eds.), *Handbook of moral and character education.* New York: Routledge.

Rogoff, B. (2003). *The cultural nature of human development.* New York: Oxford University Press.

Rogoff, B. (2015). Human teaching and learning involve cultural communities, not just individuals. *Behavioral and Brain Sciences, 38,* e60.

Rogoff, B., Turkanis, C.G., & Bartlett, L. (Eds.) (2001). *Learning together: Children and adults in a school community.* New York: Oxford University Press.

Rohrbeck, C.A., Ginsburg-Block, M.D., Fantuzzo, J.W., & Miller, T.R. (2003). Peer-assisted learning interventions with elementary school students: A meta-analytic review. *Journal of Educational Psychology, 95,* 240–257.

Rommel, A.S., & others (2015). Is physical activity causally associated with symptoms of attention-deficit/hyperactivity disorder? *Journal of the American Academy of Child and Adolescent Psychiatry, 54,* 565–570.

Rosander, P., & Backstrom, M. (2014). Personality traits measured at baseline can predict academic performance in upper secondary school three years later. *Scandinavian Journal of Psychology, 55,* 611–618.

Rosch, E.H. (1973). On the internal structure of perceptual and semantic categories. In T.E. Moore (Ed.), *Cognition and the acquisition of language.* New York: Academic Press.

Roscoe, J.L. (2015). Advising African American and Latino students. *Research and Teaching in Developmental Education, 31*(2), 48–60.

Roscoe, R.D., & Chi, M.T.H. (2008). Tutor learning: The role of explaining and responding to questions. *Instructional Science, 36,* 321–350.

Rosenblum, G.D., & Lewis, M. (2003). Emotional development in adolescence. In G. Adams & M. Berzonsky (Eds.), *Blackwell handbook of adolescence.* Malden, MA: Blackwell.

Roseth, C.J. (2016). Character education, moral education, and moral-character education. In L. Corno & E.M. Anderman (Eds.), *Handbook of educational psychology* (6th ed.). New York: Routledge.

Roth, B., & others (2015). Intelligence and school grades: A meta-analysis. *Intelligence, 53,* 118–137.

Rothbart, M.K. (2004). Temperament and the pursuit of an integrated developmental psychology. *Merrill-Palmer Quarterly, 50,* 492–505.

Rothbart, M.K., & Bates, J.E. (2006). Temperament. In W. Damon & R. Lerner (Eds.), *Handbook of child psychology* (6th ed.). New York: Wiley.

Rothbart, M.K., & Posner, M.I. (2015). The developing brain in a multitasking world. *Developmental Review, 35,* 42–63.

Rothman, R. (2016). Accountability for what matters. *State Education Standard, 16,* 10–13.

Rouse, A., & Graham, S, (2017, in press). Teaching writing to adolescents: The use of evidence-based practices. In K. Hinchman & D. Appelman (Eds.), *Adolescent literacy.* New York: Guilford.

Rowe, M. (1986). Wait time: Slowing down may be a way of speeding up! *Journal of Teacher Education, 37,* 43–50.

Rowe, M., Ramani, G., & Pomerantz, E.M. (2016). Parental involvement and children's motivation and achievement: A domain-specific perspective. In K. Wentzel & D. Miele (Eds.), *Handbook of motivation at school* (2nd ed.). New York: Routledge.

Rowell, L.L., Polush, E.Y., Riel, M., & Bruewer, A. (2015). Action researchers' perspectives about the distinguishing characteristics of action research: A Delphi and learning circles mixed-methods study. *Educational Action Research, 23,* 243–270.

Rowley, S.J., Kurtz-Costes, B., & Cooper, S.M. (2010). The role of schooling in ethnic minority achievement and attainment. In J. Meece & J. Eccles (Eds.), *Handbook of research on school, schooling, and human development.* New York: Routledge.

Rowley, S.J., & others (2014). Framing Black boys: Parent, teacher, and student narratives of the academic lives of Black boys. *Advances in Child Development and Behavior, 47,* 301–332.

Rubie-Davies, C.M. (2007). Classroom interactions: Exploring the practices of high-and low-expectation teachers. *British Journal of Educational Psychology, 77,* 289–306.

Rubin, K.H., Bukowski, W.M., & Bowker, J. (2015). Children in peer groups. In R.M. Lerner (Ed.), *Handbook of child psychology and developmental science* (7th ed.). New York: McGraw-Hill.

Rubin, K.H., & others (2016). Peer relationships. In M.H. Bornstein & M.E. Lamb (Eds.), *Developmental science* (7th ed.). New York: Psychology Press.

Rueda, E. (2015). The benefits of being Latino: Differential interpretations of student behavior and the social construction of being well behaved. *Journal of Latinos and Education, 14,* 275–290.

Rumberger, R.W. (1995). Dropping out of middle school: A multilevel analysis of students and schools. *American Education Research Journal, 3,* 583–625.

Runco, M.A. (2016). Commentary: Overview of developmental perspectives on creativity and the realization of potential. *New Directions in Child and Adolescent Development, 151,* 97–109.

Russell, M.K., & Airasian, P.W. (2012). *Classroom assessment* (7th ed.). New York: McGraw-Hill.

Ryan, R.M., & Deci, E.L. (2009). Promoting self-determined school engagement, motivation, learning, and well-being. In K.R. Wentzel & A. Wigfield (Eds.), *Handbook of motivation at school.* New York: Routledge.

Ryan, R.M., & Deci, E.L. (2016). Facilitating and hindering motivation, learning, and well-being in schools: Research and observations from self-determination theory. In K.R. Wentzel & D.B. Miele (Eds.), *Handbook of motivation at school* (2nd ed.). New York: Routledge.

S

Saarento, S., Boulton, A.J., & Salmivalli, C. (2015). Reducing bullying and victimization: Student- and classroom-level mechanisms of change. *Journal of Abnormal Child Psychology, 43,* 61–76.

Saarni, C. (1999). *The development of emotional competence.* New York: Guilford.

Saarni, C., Campos, J., Camras, L.A., & Witherington, D. (2006). Emotional development. In W. Damon & R. Lerner (Eds.), *Handbook of child psychology* (6th ed.).

Sabers, D.S., Cushing, K.S., & Berliner, D.C. (1991). Differences among teachers in a task characterized by simultaneity, multi-dimensionality, and immediacy. *American Educational Research Journal, 28,* 63–88.

Sackett, P.R., Borneman, M.J., & Connelly, B.S. (2009). Responses to issues raised about validity, bias, and fairness in high-stakes testing. *American Psychologist, 64,* 285–287.

Sadker, D.M., & Zittleman, K. (2015). *Teachers, schools, and society* (4th ed.). New York: McGraw-Hill.

Sadker, M.P., & Sadker, D.M. (1994). *Failing at fairness: How America's schools cheat girls.* New York: Scribner.

Saenz, L.M., Fuchs, L.S., & Fuchs, D. (2005). Peer-assisted learning strategies for English language learners with learning disabilities. *Exceptional Children, 71,* 231–247.

Salk, R.H., Petersen, J.L., Abramson, L.Y., & Hyde, J.S. (2016). The contemporary face of gender differences and similarities in depression throughout adolescence: Development and chronicity. *Journal of Affective Disorders, 205,* 28–35.

Salkind, N.J. (2017). *Exploring research, books a la carte* (9th ed.). Upper Saddle River, NJ: Pearson.

Salmivalli, C., & Peets, K. (2009). Bullies, victims, and bully–victim relationships in middle childhood and adolescence. In K.H. Rubin, W.M. Bukowski, & B. Laursen (Eds.), *Handbook of peer interactions, relationships, and groups.* New York: Guilford.

Salomon, G., & Perkins, D. (1989). Rocky roads to transfer: Rethinking mechanisms of a neglected phenomenon. *Educational Psychologist, 24,* 113–142.

Salovey, P., & Mayer, J.D. (1990). Emotional intelligence. *Imagination, Cognition, and Personality, 9,* 185–211.

Salvia, J., Ysseldyke, J.E., & Witmer, S. (2017). *Assessment in special and inclusive education* (13th ed.). Boston: Cengage.

Samovar, L.A., Porter, R.E., McDaniel, E.R., & Roy, C.S. (2017). *Communication between cultures* (9th ed.). Boston: Cengage.

San, I. (2016). Assessment for learning: Turkey case. *Universal Journal of Educational Research, 4,* 137–143.

Sanger, M.N. (2008). What we need to prepare teachers for the moral nature of their work. *Journal of Curriculum Studies, 40,* 169–185.

Sanson, A.V., & Rothbart, M.K. (2002). Child temperament and parenting. In M.H. Bornstein (Ed.), *Handbook of parenting* (2nd ed.). Mahwah, NJ: Erlbaum.

Santarnecchi, E., Rossi, S., & Rossi, A. (2015). The smarter, the stronger: Intelligence level correlates with brain resilience to systematic insults. *Cortex, 64,* 293–309.

Santos, C.G., & others (2016). The heritable path of human physical performance from single polymorphisms to the "next generation." *Scandinavian Journal of Medicine and Science in Sports, 26,* 600–612.

Santrock, J.W., & Halonen, J.A. (2009). *Your guide to college success* (6th ed.). Belmont, CA: Wadsworth.

Sarraj, H., Bene, K., Li, J., & Burley, H. (2015). Raising cultural awareness of fifth-grade students through multicultural education: An action research study. *Multicultural Education, 22*(2), 39–45.

Sax, G. (1997). *Principles of educational and psychological measurement and evaluation* (4th ed). Belmont, CA: Wadsworth.

Say, G.N., Karabekirogiu, K., Babadagi, Z., & Yuce, M. (2016). Maternal stress and perinatal factors in autism and attention deficit/hyperactivity disorder. *Pediatrics International, 58,* 265–269.

Scarr, S., & Weinberg, R.A. (1983). The Minnesota Adoption Studies: Genetic differences and malleability. *Child Development, 54,* 253–259.

Schaefer, R.T. (2015). *Racial and ethnic groups* (14th ed.). Upper Saddle River, NJ: Pearson.

Schaie, K.W., & Willis, S.L. (Eds.) (2016). *Handbook of the psychology of aging* (8th ed.). New York: Elsevier.

Schauble, L., Beane, D.B., Coates, G.D., Martin, L.M.W., & Sterling, P.V. (1996). Outside classroom walls: Learning in informal environments. In L. Schauble & R. Glaser (Eds.), *Innovations in learning.* Mahwah, NJ: Erlbaum.

Schlam, T.R., Wilson, N.L., Shoda, Y., Mischel, W., & Ayduk, O. (2013). Preschoolers' delay of gratification predicts their body mass 30 years later. *Journal of Pediatrics, 162*(1), 90–93.

Schmidt, J., Shumow, L., & Kackar-Carm, H. (2007). Adolescents' participation in service activities and its impact on academic, behavioral, and civic outcomes. *Journal of Youth and Adolescence, 36,* 127–140.

Schneider, B., & Coleman, J.S. (1993). *Parents, their children, and schools.* Boulder, CO: Westview Press.

Schneider, W. (2004). Memory development in childhood. In U. Goswami (Ed.), *Blackwell handbook of childhood cognitive development.* Malden, MA: Blackwell.

Schneider, W. (2015). *Memory development from early childhood through emerging adulthood.* Zurich, Switzerland: Springer International Switzerland.

Schneider, W., & Pressley, M. (1997). *Memory development between 2 and 20* (2nd ed.). Mahwah, NJ: Erlbaum.

Schoffstall, C.L., & Cohen, R. (2011). Cyber aggression: The relation between online offenders and offline social competence. *Social Development, 20*(3), 587–604.

Schonert-Reichl, K.A., & others (2015). Enhancing cognitive and socio-emotional development through a simple-to-administer mindfulness-based school program for elementary school children: A randomized controlled trial. *Developmental Psychology, 51,* 52–56.

Schrum, L., & Berenfeld, B. (1997). *Teaching and learning in the information age: A guide to telecommunications.* Boston: Allyn & Bacon.

Schunk, D.H. (2001). Social cognitive theory and self-regulated learning. In B.J. Zimmerman & D.H. Schunk (Eds.), *Self-regulated learning and achievement* (2nd ed.). Mahwah, NJ: Erlbaum.

Schunk, D.H. (2008). *Learning theories: An educational perspective* (5th ed.). Upper Saddle River, NJ: Prentice Hall.

Schunk, D.H. (2016) *Learning theories: An educational perspective* (7th ed.). Upper Saddle River, NJ: Pearson.

Schunk, D.H., & DiBenedetto, M.K. (2016a). Expectancy-value theory. In K. Wentzel & D. Miele (Eds.), *Handbook of motivation at school* (2nd ed.). New York: Routledge.

Schunk, D.H., & DiBenedetto, M.K. (2016b). Self-efficacy theory in education. In K.R. Wentzel & D.B. Miele (Eds.), *Handbook of motivation at school* (2nd ed.). New York: Routledge.

Schunk, D.H., Pintrich, P.R., & Meece, J.L. (2008). *Motivation in education: Theory, research, and applications* (3rd ed.). Upper Saddle River, NJ: Prentice Hall.

Schunk, D.H., & Rice, J.M. (1989). Learning goals and children's reading comprehension. *Journal of Reading Behavior, 23,* 351–364.

Schunk, D.H., & Swartz, C.W. (1993). Goals and progressive feedback: Effects on self-efficacy and writing achievement. *Contemporary Educational Psychology, 18,* 337–354.

Schunk, D.H., & Zimmerman, B.J. (2006). Competence and control beliefs: Distinguishing the means and ends. In P.A. Alexander & P.H.

Winne (Eds.), *Handbook of educational psychology* (2nd ed.). Mahwah, NJ: Erlbaum.

Schwartz, D.L., Bransford, J.D., & Sears, D. (2005). Efficiency and innovation in transfer. In J. Mestre (Ed.), *Transfer of learning: Research and perspectives.* Greenwich, CT: Information Age Publishing.

Schwartz, S.E., Rhodes, J.E., Spencer, R., & Grossman, J.B. (2013). Youth initiated mentoring: Investigating a new approach to working with vulnerable adolescents. *American Journal of Community Psychology, 52,* 155–169.

Schwartz, S.J., & others (2015). Trajectories of cultural stressors and effects on mental health and substance use among Hispanic immigrant adolescents. *Journal of Adolescent Health, 56,* 433–439.

Schwartz-Mette, R.A., & Rose, A.J. (2016). Depressive symptoms and conversational self-focus in adolescents' friendships. *Journal of Abnormal Child Psychology, 44,* 87–100.

Schwinger, M., Wirthwein, L., Gunnar, L., & Steinmayr, R. (2014). Academic self-handicapping and achievement: A meta-analysis. *Journal of Educational Psychology, 106,* 744–761.

Scott, S.V., & Rodriquez, L.F. (2015). "A fly in the ointment": African American male preservice teachers' experiences with stereotype threat in teacher education. *Urban Education, 50,* 689–717.

Sears, D.A. (2006, June). Effects of innovation versus efficiency tasks on recall and transfer in individual and collaborative learning contents. In *Proceedings of the 7th International Conference on Learning Sciences,* pp. 681–687.

Sears, D.A. (2008). Unpublished review of J.W. Santrock's *Educational Psychology* (4th ed.). New York: McGraw-Hill.

Seesjarvi, E., & others (2016). The nature and nurture of melody: A twin study of musical pitch and rhythm perception. *Behavior Genetics, 46,* 506–515.

Seiler, W.J., Beall, M.L., & Mazer, J.P. (2017). *Communication* (10th ed.). Upper Saddle River, NJ: Pearson.

Seligman, M.E.P. (2007). *The optimistic child.* New York: Mariner.

Seligson, T. (2005, February 20). They speak for success. *Parade Magazine.*

Selkie, E.M., Fales, J.L. & Moreno, M.A. (2016). Cyberbullying prevalence among U.S. middle and high school-aged adolescents: A systematic review and quality assessment. *Journal of Adolescent Health, 58,* 125–133.

Senden, M.G., Sikstrom, S., & Lindholm, T. (2015). "She" and "he" in news media messages: Pronoun use reflects gender biases in semantic contexts. *Sex Roles, 72,* 40–49.

Senko, C. (2016). Achievement goal theory: A story of early promises, eventual discords, and future possibilities. In K.R. Wentzel & D.B. Miele (Eds.), *Handbook of motivation at school* (2nd ed.). New York: Routledge.

Serry, T., Rose, M., & Liamputtong, P. (2014). Reading Recovery teachers discuss Reading Recovery: A qualitative investigation. *Australian Journal of Learning Difficulties, 19*, 61–73.

Sezgin, F., & Erdogan, O. (2015). Academic optimism, hope, and zest for work as predictors of teacher self-efficacy and perceived success. *Educational Sciences: Theory and Practice, 15*, 7–19.

Shakeshaft, N.G., & others (2015). Thinking positively: The genetics of high intelligence. *Intelligence, 48*, 123–132.

Sharan, S. (1990). Cooperative learning and helping behavior in the multi-ethnic classroom. In H.C. Foot, M.J. Morgan, & R.H. Shute (Eds.), *Children helping children*. New York: Wiley.

Sharan, S., & Sharan, S. (1992). *Expanding cooperative learning through group investigation*. New York: Teachers College Press.

Sharan, S., & Shaulov, A. (1990). Cooperative learning, motivation to learn, and academic achievement. In S. Sharan (Ed.), *Cooperative learning*. New York: Praeger.

Shaul, M.S. (2007). *No Child Left Behind Act: States face challenges measuring academic growth that education's initiatives may help address*. Washington, DC: Government Accountability Office.

Shaw, P., & others (2007). Attention-deficit/hyperactivity disorder is characterized by a delay in cortical maturation. *Proceedings of the National Academy of Sciences, 104*(49), 19649–19654.

Shaywitz, S.E., Morris, R., & Shaywitz, B.A. (2008). The education of dyslexic children from childhood to young adulthood. *Annual Review of Psychology* (Vol. 59). Palo Alto, CA: Annual Reviews.

Shen, J., Poppink, S., Cui, Y., & Fan, G. (2007). Lesson planning: A practice of professional responsibility and development. *Educational Horizons, 85*, 248–258.

Shen, J., Zhen, J., & Poppink, S. (2007). Open lessons: A practice to develop a learning community for teachers. *Educational Horizons, 85*, 181–191.

Shenhav, A., & Greene, J.D. (2014). Integrative moral judgment: Dissociating the roles of the amygdala and the ventromedial prefrontal cortex. *Journal of Neuroscience, 34*, 4741–4749.

Shields, P.M., & others (2001). *The status of the teaching profession, 2001*. Santa Cruz, CA: The Center for the Future of Teaching and Learning.

Shields, S.A. (1991). Gender in the psychology of emotion: A selective research review. In K.T. Strongman (Ed.), *International review of studies on emotion* (Vol. 1). New York: Wiley.

Shiraev, E., & Levy, D.A. (2010). *Crosscultural psychology* (4th ed.). Boston: Allyn & Bacon.

Shirley, M.L., & Irving, K.E. (2015). Connected classroom technology facilitates multiple components of formative assessment practice. *Journal of Science Education and Technology, 24*, 56–68.

Shirts, R.G. (1997). *BaFa, BaFa, a cross-cultural simulation*. Del Mar, CA: SIMILE II.

Sieberer-Nagler, K. (2016). Effective classroom—management and positive teaching. *English Language Learning, 9*, 163–172.

Siegel, L.S. (2003). Learning disabilities. In I.B. Weiner (Ed.), *Handbook of psychology* (Vol. 7). New York: Wiley.

Siegler, R.S. (1998). *Children's thinking* (3rd ed.). Upper Saddle River, NJ: Prentice Hall.

Siegler, R.S. (2016a). Continuity and change in the field of cognitive development and in the perspective of one cognitive developmentalist. *Child Development Perspectives, 10*, 128–133.

Siegler, R.S. (2016b). How does change occur? In R. Sternberg, S. Fiske, & D. Foss (Eds.), *Scientists make a difference: One hundred eminent behavioral and brain scientists talk about their most important contributions*. Cambridge, UK: Cambridge University Press.

Siegler, R.S., & Braithwaite, D.W. (2017). Numerical development. *Annual Review of Psychology* (Vol. 68). Palo Alto, CA: Annual Reviews.

Siegler, R.S., & Robinson, M. (1982). The development of numerical understandings. In H.W. Reese & L.P. Lipsitt (Eds.), *Advances in child development and behavior* (Vol. 12). New York: Academic Press.

Silinskas, G., & others (2015). The development of dynamics of children's academic performance and mothers' homework-related affect and practices. *Developmental Psychology, 51*, 419–433.

Silva, C. (2005, October 31). When teen dynamo talks, city listens. *Boston Globe*, pp. B1, B4.

Silva, K., Shulman, E., Chein, J., & Steinberg, L. (2016, in press). Peers increase late adolescents' exploratory behavior and sensitivity to positive and negative feedback. *Journal of Research on Adolescence*. doi:10.1111/jora.12219

Silvernail, D.L., & Lane, D.M.M. (2004). *The impact of Maine's one-to-one laptop program on middle school teachers and students*. (Report #1). Gorham, ME: Maine Education Policy Research Institute, University of Southern Maine Office.

Simmons, E.S., Lanter, E., & Lyons, M. (2014). Supporting mainstream educational success. In F.R. Volkmer & others (Eds.), *Handbook of autism and pervasive developmental disorders*. New York: Wiley.

Simmons-Reed, E.A., & Cartledge, G. (2014). School discipline disproportionality: Culturally competent interventions for African American males. *Interdisciplinary Journal of Teaching and Learning, 4*, 95–109.

Simons, J., Finlay, B., & Yang, A. (1991). *The adolescent and young adult fact book*. Washington, DC: Children's Defense Fund.

Simpkins, S.D., Fredricks, J.A., Davis-Kean, P.E., & Eccles, J.S. (2004). Healthy mind, healthy habits: The influence of activity involvement in middle childhood. In A.C. Huston & M.N. Ripke (Eds.), *Middle childhood: Contexts of development*. New York: Cambridge University Press.

Simpkins, S.D., Fredricks, J.A., & Eccles, J.S. (2015). Families, schools, and developing achievement-related motivation. In J.E. Grusec & P.D. Hastings (Eds.), *Handbook of socialization* (2nd ed.). New York; Guilford.

Singh, N.N., & others (2016). Effects of Samatha meditation on active academic engagement and math performance of students with attention/deficit/hyperactivity disorder. *Mindfulness, 7*, 68–75.

Sinha, S.R., & others (2015). Collaborative learning engagement in a computer-supported inquiry learning environment. *International Journal of Computer-Supported Collaborative Learning, 10*, 273–307.

Skiba, M.T., Sternberg, R.J., & Grigorenko, E.L. (2017). Roads not taken, new roads to take. In R.A. Beghetto & J.C. Kaufman (Eds.), *Nurturing creativity in the classroom* (2nd ed.). New York: Cambridge University Press.

Skinner, B.F. (1938). *The behavior of organisms*. New York: Appleton-Century-Crofts.

Skinner, B.F. (1954). The science of learning and the art of teaching. *Harvard Educational Review, 24*, 86–97.

Skinner, B.F. (1957). *Verbal behavior*. New York: Appleton-Century-Crofts.

Skinner, B.F. (1958). Teaching machines. *Science, 128*, 969–977.

Skotko, B.G., Levine, S.P., Macklin, E.A., & Goldstein, R.D. (2016). Family perspectives about Down syndrome. *American Journal of Medical Genetics A, 170A*, 930–941.

Slavin, R.E. (1995). *Cooperative learning: Theory, research, and practice* (2nd ed.). Boston: Allyn & Bacon.

Slavin, R.E. (2015). Cooperative learning in elementary schools. *Education, 43*, 5–14.

Slavin, R.E., Madden, N.A., Chambers, B., & Haxby, B. (2009). *2 million children* (2nd ed.). Thousand Oaks, CA: Sage.

Slavin, R.E., Madden, N.A., Dolan, L.L., & Wasik, B.A. (1996). *School: Success for all.* Newbury Park, CA: Corwin Press.

Sloutsky, V. (2015). Conceptual development. In R.M. Lerner (Ed.), *Handbook of child psychology and developmental science* (7th ed.). New York: Wiley.

Smith, A., Steinberg, L., Strang, N., & Chein, J. (2015). Age differences in the impact of peers on adolescents' and adults' neural responses to reward. *Developmental Cognitive Neuroscience, 11,* 75–82.

Smith, R.A., & Davis, S.F. (2016). *REVEL for the psychologist as a detective* (6th ed.). Upper Saddle River, NJ: Pearson.

Smith, R.L., Rose, A.J., & Schwartz-Mette, R.A. (2010). Relational and overt aggression in childhood and adolescence: Clarifying mean-level gender differences and associations with peer acceptance. *Social Development, 19,* 243–269.

Smith, T.E., & others (2016) *Teaching students with special needs in inclusive settings* (7th ed.). Upper Saddle River, NJ: Pearson.

Snell, M.E., & Janney, R.E. (2005). *Practices for inclusive schools: Collaborative teaming* (2nd ed.). Baltimore: Brookes.

Snow, C.E., & Kang, J.Y. (2006). Becoming bilingual, biliterate, and bicultural. In W. Damon & R. Lerner (Eds.), *Handbook of child psychology* (6th ed.). New York: Wiley.

Snow, R.E., Como, L., & Jackson, D. (1996). Individual differences in affective and conative functions. In D.C. Berliner & R.C. Calfee (Eds.), *Handbook of educational psychology.* New York: Macmillan.

Sobel, D.M., & Letourneau, S.M. (2016). Children's developing knowledge of and reflection about teaching. *Journal of Experimental Child Psychology, 143,* 111–122.

Soderqvist, S., & Bergman, N.S. (2015). Working memory training is associated with long-term attainments in math and reading. *Frontiers in Psychology, 6,* 1711.

Solano-Flores, G., & Shavelson, R.J. (1997, Fall). Development of performance assessments in science: Conceptual, practical, and logistical issues. *Educational Measurement,* pp. 16–24.

Soloman, H.J., & Anderman, E.M. (2017). *Learning with motivation.* In R.E. Mayer & P.A. Alexander (Eds.), *Handbook of research on learning and instruction* (2nd ed.). New York: Routledge.

Sommer, T.E., Sabol, T.J., Chase-Lansdale, P.L., & Brooks-Gunn, J. (2016). Two-generation education programs for parents and children. In S. Jones & N. Lesaux (Eds.), *The leading edge of early childhood education.* Cambridge, MA: Harvard Education Press.

Soravia, L.M., & others (2016, in press). Prestimulus default mode activity influences depth of processing and recognition in an emotional memory task. *Human Brain Mapping.* doi:10.1002/hbm.23076

Sousa, D.A. (1995). *How the brain learns: A classroom teacher's guide.* Reston, VA: National Association of Secondary School Principals.

Spence, J.T., & Buckner, C.E. (2000). Instrumental and expressive traits, trait stereotypes, and sexist attitudes: What do they signify? *Psychology of Women Quarterly, 24,* 44–62.

Spence, J.T., & Helmreich, R. (1978). *Masculinity and femininity: Their psychological dimensions.* Austin: University of Texas Press.

Spencer, S.J., Logel, C., & Davies, P.G. (2016). Stereotype threat. *Annual Review of Psychology* (Vol. 67), 415–437.

Spiegler, M.D. (2016). *Contemporary behavior therapy* (6th ed.). Boston: Cengage.

Sporer, N., Brunstein, J.C., & Kieschke, U. (2009). Improving students' reading comprehension skills: Effects of strategy instruction and reciprocal teaching. *Learning and Instruction, 19,* 272–286.

Spring, J. (2014). *American education* (16th ed.). New York: McGraw-Hill.

Sroufe, L.A., Cooper, R.G., DeHart, G., & Bronfenbrenner, U. (1992). *Child development: Its nature and course* (2nd ed.). New York: McGraw-Hill.

Stahl, S. (2002, January). *Effective reading instruction in the first grade.* Paper presented at the Michigan Reading Recovery conference. Dearborn, MI.

Stanford Center for Assessment, Learning, and Equity (SCALE) (2013). *edTPA.* Palo Alto, CA: Author.

Stanovich, K.E. (2013). *How to think straight about psychology* (10th ed.). Upper Saddle River, NJ: Pearson.

Starr, C. (2015). An objective look at early sexualization and the media. *Sex Roles, 72,* 85–87.

Steel, P. (2007). The nature of procrastination: A meta-analytic and theoretical review of quintessential self-regulatory failure. *Psychological Bulletin, 133,* 65–94.

Steele, C.M., & Aronson, J.A. (2004). Stereotype threat does not live by Steele and Aronson (1995) alone. *American Psychologist, 59,* 47–48.

Steinberg, L. (2015a). How should the science of adolescent brain pathology inform legal policy? In J. Bhabha (Ed.), *Coming of age.* Philadelphia: University of Pennsylvania Press.

Steinberg, L. (2015b). The neural underpinnings of adolescent risk-taking: The roles of reward-seeking, impulse control, and peers. In G. Oettigen & P. Gollwitzer (Eds.), *Self-regulation in adolescence.* New York: Cambridge University Press.

Steinberg, L.D. (2014). *Age of opportunities.* Boston: Houghton Mifflin Harcourt.

Steinmayr, R., Crede, J., McElvany, N., & Wirthwein, L. (2016). Subjective well-being, test anxiety, academic achievement: Testing for reciprocal effects. *Frontiers in Psychology, 6,* 1994.

Stephens, J.M. (2008). Cheating. In N.J. Salkind (Ed.), *Encyclopedia of educational psychology.* Thousand Oaks, CA: Sage.

Stephens, N.M., Hamedani, M.G., & Destin, M. (2014). Closing the social-class achievement gap: A difference-education intervention improves first-generation students' academic performance and all students' college transition. *Psychological Science, 25,* 943–953.

Sterling, D.R. (2009). Classroom management: Setting up the classroom for learning. *Science Scope, 32,* 29–33.

Sternberg, R.J. (1986). *Intelligence applied.* San Diego: Harcourt Brace Jovanovich.

Sternberg, R.J. (2004). Individual differences in cognitive development. In U. Goswami (Ed.), *Blackwell handbook of childhood cognitive development.* Malden, MA: Blackwell.

Sternberg, R.J. (2010). Componential models of creativity. In M. Runco & S. Spritzker (Eds.), *Encyclopedia of creativity.* New York: Elsevier.

Sternberg, R.J. (2012). Human intelligence. In V.S. Ramachandran (Ed.), *Encyclopedia of human behavior* (2nd ed.). New York: Elsevier.

Sternberg, R.J. (2013). Contemporary theories of intelligence. In I.B. Weiner & others (Eds.), *Handbook of psychology* (2nd ed., Vol. 7). New York: Wiley.

Sternberg, R.J. (2014). Teaching about the nature of intelligence. *Intelligence, 42,* 176–179.

Sternberg, R.J. (2015a). Competence versus performance models of people and tests: A commentary on Richardson and Norgate. *Applied Developmental Science, 19,* 170–175.

Sternberg, R.J. (2015b). Styles of thinking and learning: Personal mirror or personal image: A review of the malleability of intellectual styles. *American Journal of Psychology, 128,* 115–122.

Sternberg, R.J. (2016). Multiple intelligences in the new age of thinking. In S. Goldstein, D. Princiotta, & J. Naglieri (Eds.), *Handbook of intelligence.* New York: Springer.

Sternberg, R.J. (2016a). What does it mean to be intelligent? In R.J. Sternberg & others

(Eds.), *Scientists making a difference*. New York: Cambridge University Press.

Sternberg, R.J. (2016b). Theories of intelligence. In S. Pfeiffer (Ed.), *APA handbook of giftedness and talent*. Washington, DC: American Psychological Association.

Sternberg, R.J. (2016c). Wisdom. In S.J. Lopez (Ed.), *Encyclopedia of positive psychology* (2nd ed.). New York: Wiley.

Sternberg, R.J. (2017). Teaching for creativity. In R.A. Beghetto & J.C. Kaufman (Eds.), *Cambridge companion in nurturing creativity* (2nd ed.). New York: Cambridge University Press.

Sternberg, R.J., Jarvin, L., & Grigorenko, E.L. (2009). *Teaching for intelligence, creativity, and success*. Thousand Oaks, CA: Corwin.

Sternberg, R.J., & Spear-Swerling, P. (1996). *Teaching for thinking*. Washington, DC: American Psychological Association.

Sternberg, R.J., & Sternberg, K. (2017). *Cognitive psychology* (7th ed.). Boston: Cengage.

Stevenson, H.W. (1992, December). Learning from Asian schools. *Scientific American*, pp. 6, 70–76.

Stevenson, H.W. (1995). Mathematics achievement of American students: First in the world by 2000? In C.A. Nelson (Ed.), *Basic and applied perspectives in learning, cognition, and development*. Minneapolis: University of Minnesota Press.

Stevenson, H.W. (2000). Middle childhood: Education and schooling. In A. Kazdin (Ed.), *Encyclopedia of psychology*. Washington, DC, & New York: American Psychological Association and Oxford University Press.

Stevenson, H.W. (2001). *Commentary on NCTM standards*. Department of Psychology, University of Michigan, Ann Arbor.

Stevenson, H.W., & Hofer, B.K. (1999). Education policy in the United States and abroad: What we can learn from each other. In G.J. Cizek (Ed.), *Handbook of educational policy*. San Diego: Academic Press.

Stevenson, H.W., Lee, S., Chen, C., Stigler, J.W., Hsu, C., & Kitamura, S. (1990). Contexts of achievement. *Monographs of the Society for Research in Development, 55* (Serial No. 221).

Stiggins, R. (2008). *Introduction to student-involved assessment for learning* (5th ed.). Upper Saddle River, NJ: Prentice Hall.

Stipek, D.J. (2002). *Motivation to learn* (4th ed.). Boston: Allyn & Bacon.

Stipek, D.J. (2005, February 16). Commentary in *USA TODAY*, p. 1D.

Stipek, D.J., Feiler, R., Daniels, D., & Milburn, S. (1995). Effects of different instructional approaches on young children's achievement and motivation. *Child Development, 66*, 209–223.

Straus, M.A. (1991). Discipline and deviance: Physical punishment of children and violence and other crimes in adulthood. *Social Problems, 38*, 133–154.

Strentze, T. (2007). Intelligence and socioeconomic success: A meta-analytic review of longitudinal research. *Intelligence, 35*, 401–426.

Suad Nasir, N., Rowley, S.J., & Perez, W. (2016). Cultural, racial/ethnic, and linguistic diversity and identity. In L. Corno & E.M. Anderman (Eds.), *Handbook of educational psychology* (3rd ed.). New York: Routledge.

Sue, D., Sue, D.W., & Sue, D.M. (2016). *Understanding abnormal behavior* (11th ed.). Boston: Cengage.

Sue, D., Sue, D.W., & Sue, D.M. (2017). *Essentials of understanding abnormal behavior* (3rd ed.). Boston: Cengage.

Suen, H.K. (2008). Measurement. In N.J. Salkind (Ed.), *Encyclopedia of educational psychology*. Thousand Oaks, CA: Sage.

Sullivan, A.L., & Simonson, G.R. (2016). A systematic review of school-based social-emotional interventions for refugee and war-traumatized youth. *Review of Educational Research, 86*, 503–530.

Sutin, A.R., Robinson, E., Daly, M., & Terracciarno, A. (2016, in press). Parent-reported bullying and child weight gain between 6 and 15. *Child Obesity*. doi:10.1089/chi.2016.0185

Swan, K., Kratcoski, A., Schenker, J., & van't Hooft, M. (2009). Interactive whiteboards and student achievement. In M. Thomas and E.C. Schmid (Eds.), *Interactive whiteboards for education and training: Emerging technologies and applications*. Hershey, PA: IGI Global.

Swan, K., van't Hooft, M., Kratcoski, A., & Unger, D. (2005). Uses and effects of mobile computing devices in K-8 classrooms: A preliminary study. *Journal of Research on Technology and Education, 38*(1), 99–112.

Swan, K., & others (2006). Ubiquitous computing: Rethinking teaching, learning and technology integration. In S. Tettegah & R. Hunter (Eds.), *Education and technology: Issues in applications, policy, and administration*. New York: Elsevier.

Swanson, H.L. (1999). What develops in working memory? A life-span perspective. *Developmental Psychology, 35*, 986–1000.

Swanson, H.L. (2016). Cognition and cognitive disabilities. In L. Corno & E.M. Anderman (Eds.), *Handbook of educational psychology* (3rd ed.). New York: Routledge.

T

Tamis-LeMonda, C.S., & others (2008). Parents' goals for children: The dynamic coexistence of individualism and collectivism in cultures and individuals. *Social Development, 17*, 183–209.

Tannen, D. (1990). *You just don't understand: Women and men in conversation*. New York: Ballantine.

Tarhan, L., & Acar, B. (2007). Problem-based learning in an eleventh-grade chemistry class: "Factors affecting cell potential." *Research in Science & Technological Education, 25*, 351–369.

Tarman, B., & Kuran, B. (2015). Examination of the cognitive level of questions in social studies textbooks and the views of teachers based on Bloom taxonomy. *Educational Sciences: Theory and Practice, 15*, 213–222.

Taylor, B.G., & Mumford, E.A. (2016). A national descriptive portrait of adolescent relationship abuse: Results from the National Survey on Teen Relationships and Intimate Violence. *Journal of Interpersonal Violence, 31*, 963–988.

Taylor, B.K. (2015). Content, process, and product: Differentiated instruction. *Kappa Delta Pi Record, 51*, 13–17.

Taylor, C., & others (2016). Examining ways that a mindfulness-based intervention reduces stress in public school teachers: A mixed-methods study. *Mindfulness, 7*, 115–129.

Teixeira, M.D., & others (2016). Eating behaviors, body image, perfectionism, and self-esteem in a sample of Portuguese girls. *Revista Brasileira de psiquiatria, 38*, 135–140.

Tenenbaum, H.R., Callahan, M., Alba-Speyer, C., & Sandoval, L. (2002). Parent-child science conversations in Mexican-descent families: Educational background, activity, and past experience as moderators. *Hispanic Journal of Behavioral Science, 24*, 225–248.

Tennyson, R., & Cocchiarella, M. (1986). An empirically based instructional design theory for teaching concepts. *Review of Educational Research, 56*, 40–71.

Terman, D.L., Larner, M.B., Stevenson, C.S., & Behrman, R.E. (1996). Special education for students with disabilities: Analysis and recommendations. *Future of Children, 6*(1), 4–24.

Terwilliger, J. (1997). Semantics, psychometrics, and assessment reform: A close look at "authentic" assessments. *Educational Researcher, 26*, 24–27.

Theunissen, M.H., Vogels, A.G., & Reijneveld, S.A. (2015). Punishment and reward in parental discipline for children aged 5 to 6 years: Prevalence and groups at risk. *Academic Pediatrics, 15*, 96–102.

Thillay, A., & others (2015). Sustained attention and prediction: Distinct brain maturation trajectories during adolescence. *Frontiers in Human Neuroscience, 9,* 519.

Thomas, A., & Chess, S. (1991). Temperament in adolescence and its functional significance. In R.M. Lerner, A.C. Petersen, & J. Brooks-Gunn (Eds.), *Encyclopedia of adolescence* (Vol. 2). New York: Garland.

Thomas, M.S.C., & Johnson, M.H. (2008). New advances in understanding sensitive periods in brain development. *Current Directions in Psychological Science, 17,* 1–5.

Thomas, O.N., Caldwell, C.H., Fiason, N., & Jackson, J.S. (2009). Promoting academic achievement: The role of racial identity in buffering perceptions of teacher discrimination on academic achievement among African American and Caribbean Black adolescents. *Journal of Educational Psychology, 101,* 420–431.

Thomas, R.M. (2005). *Teachers doing research: An introductory guidebook.* Boston: Allyn & Bacon.

Thompson, P.A., & others (2015). Developmental dyslexia: Predicting individual risk. *Journal of Child Psychology and Psychiatry, 56,* 976–987.

Thompson, R.A. (2015). Relationships, regulation, and development. In R.M. Lerner (Ed.), *Handbook of child psychology* (7th ed.). New York: Wiley.

Tobias, E.S., Campbell, M.R., & Greco, P. (2015). Bringing curriculum to life. Enacting project-based learning in music programs. *Music Education Journal, 102,* 39–47.

Toldson, I.A., & Lewis, C.W. (2012). *Challenge the status quo: Academic success among school-age African-American males.* Washington, DC: Congressional Black Caucus Foundation.

Tompkins, G.E. (2015). *Literacy in the early grades* (4th ed.). Upper Saddle River, NJ: Pearson.

Tompkins, G.E. (2016). *Language arts* (9th ed.). Upper Saddle River, NJ: Pearson.

Trahan, L.H., Stuebing, K.K., Fletcher, J.M., & Hiscock, M. (2014). The Flynn effect: A meta-analysis. *Psychological Bulletin, 140,* 1332–1360.

Tran, T.D., Luchters, S., & Fisher, J. (2016, in press). Early childhood development: Impact of national human development, family poverty, parenting practices, and access to early childhood education. *Child Care and Human Development.* doi: 10.1111/cch.12395

Trochim, W., Donnelly, J.P., & Arora, K. (2016). *Research methods: The essential knowledge base* (2nd ed.). Boston: Cengage.

Troop-Gordon, W., & Ladd, G.W. (2015). Teachers' victimization-related beliefs and strategies: Associations with students' aggressive behavior and peer victimization. *Journal of Abnormal Child Psychology, 43,* 45–60.

Trzesniewski, K.H., & others (2006). Low self-esteem during adolescence predicts poor health, criminal behavior, and limited income prospects during adulthood. *Developmental Psychology, 42,* 381–390.

Tsal, Y., Shalev, L., & Mevorach, C. (2005). The diversity of attention deficits in ADHD. *Journal of Learning Disabilities, 38,* 142–157.

Tsang, C.L. (1989). Bilingual minorities and language issues in writing. *Written Communication, 9*(1), 1–15.

Tulving, E. (2000). Concepts of memory. In E. Tulving & F.I.M. Craik (Eds.), *The Oxford handbook of memory.* New York: Oxford University Press.

Turiel, E. (2015). Moral development. In R.M. Lerner (Ed.), *Handbook of child psychology and developmental science* (7th ed.). New York: Wiley.

Turnbull, A., Rutherford-Turnbull, H., Wehmeyer, M.L., & Shogren, K.A. (2016). *Exceptional lives* (8th ed.). Upper Saddle River, NJ: Pearson.

Tzeng, J-Y. (2014). Mapping for depth and variety: Using a "six W's" scaffold to facilitate concept mapping for different history concepts with different degrees of freedom. *Educational Studies, 40,* 253–275.

U

U.S. Department of Education (2000). *To assure a free and appropriate education of all children with disabilities.* Washington, DC: U.S. Office of Education.

U.S. Office for Civil Rights (2016). *Frequently asked questions about sexual harassment, including sexual violence.* Retrieved August 21, 2016, from www2.ed.gov/about/offices/list/ocr/qa-sexharass.html

U.S. Office of Education (1998). *The benchmark study.* Washington, DC: Office of Education & Minority Affairs.

Ugodulunwa, C., & Wakjissa, S. (2015). Use of portfolio assessment technique in teaching map sketching and location in secondary school geography in Jos, Nigeria. *Journal of Education and Practice, 6*(17), 23–30.

Underwood, M.K. (2011). Aggression. In M.K. Underwood & L. Rosen (Eds.), *Social development.* New York: Guilford.

Undheim, A.M. (2013). Involvement in bullying as predictor of suicidal ideation among 12- to 15-year-old Norwegian adolescents. *European Child and Adolescent Psychiatry, 22,* 357–265.

Ungar, M. (2015). Practitioner review: Diagnosing childhood resilience: A systematic diagnosis of adaption in diverse social ecologies. *Journal of Child Psychology and Psychiatry, 56,* 4–17.

UNICEF (2016). *The state of the world's children 2016.* Geneva, Switzerland: Author.

University of Buffalo Counseling Services (2016). *Procrastination.* Buffalo, NY: Author.

University of Illinois Counseling Center (2016). *Overcoming procrastination.* Urbana-Champaign, IL: Department of Student Affairs.

University of Texas at Austin Counseling and Mental Health Center (2016). *Perfectionism versus healthy striving: Coping strategies.* Austin, TX: Author.

Updegraff, K.A., & Umana-Taylor, A.J. (2015). What can we learn from the study of Mexican-origin families in the United States? *Family Process, 54,* 205–216.

USA Today (1999). All-USA TODAY Teacher Team. Retrieved January 15, 2004, from www.usatoday.com/news/education/1999

USA Today (2000, October 10). All-USA first teacher team. Retrieved November 15, 2004, from http://www.usatoday.com/life/teacher/teach/htm

USA Today (2003, October 15). From kindergarten to high school, they make the grade. Retrieved April 22, 2006, from www.usatoday.com/news/education/2003-10-15-2003-winners

V

Valle, A., & others (2015). Multiple goals and homework involvement in elementary school students. *Spanish Journal of Psychology, 18,* E81.

Vallone, R.P., Griffin, D.W., Lin, S., & Ross, L. (1990). Overconfident prediction of future actions and outcomes by self and others. *Journal of Personality and Social Psychology, 58,* 582–592.

Van de Walle, J.A., Karp, K.S., & Bay-Williams, J.M. (2016). *Elementary and middle school mathematics* (9th ed.). Upper Saddle River, NJ: Pearson.

Van Geel, M., Vedder, P., & Tanilon, J. (2014). Relationship between peer victimization, cyberbullying, and suicide in children and adolescents: A meta-analysis. *JAMA Pediatrics, 168,* 435–442.

Van Lamsweerde, A.E., Beck, M.R., & Johnson, J.S. (2016). Visual working memory organization is subject to top-down control. *Psychonomic Bulletin and Review, 23,* 1181–1189.

Van Tassel-Baska, J. (2015). Theories of giftedness: Reflections on James Gallagher's work. *Journal for the Education of the Gifted, 38*, 18–23.

Vandell, D.L., Larson, R.W., Mahoney, J.L., & Watts, T. (2015). Children in organized activities. In R.M. Lerner (Ed.), *Handbook of child psychology and developmental science* (7th ed.). New York: Wiley.

Vansteenkiste, M., Timmermans, T., Lens, W., Soenens, B., & Van den Broeck, A. (2008). Does extrinsic goal framing enhance extrinsic goal-oriented individuals' learning and performance? An experimental test of the match perspective versus self-determination theory. *Journal of Educational Psychology, 100,* 387–397.

Vargas, J. (2009). *Behavior analysis for effective teaching.* New York: Routledge.

Veenman, M.V.J. (2017). Learning to self-monitor and self-regulate. In R.E. Mayer & P.A. Alexander (Eds.), *Handbook of research on learning and instruction* (2nd ed.). New York: Routledge.

Veira, J.M., & others (2016). Parents' work-family experiences and children's problem behaviors: The mediating role of parent-child relationship. *Journal of Family Psychology, 30,* 419–430.

Verhagen, J., & Leseman, P. (2016). How do verbal short-term memory and working memory relate to the acquisition of vocabulary and grammar? A comparison between first and second language learners. *Journal of Experimental Child Psychology, 141,* 65–82.

Veronneau, M-H., Vitaro, F., Pedersen, S., & Tremblay, R.E. (2008). Do peers contribute to the likelihood of secondary graduation among disadvantaged boys? *Journal of Educational Psychology, 100,* 429–442.

Vollink, T., Dehue, F., & McGuckin, C. (Eds.) (2016). *Cyberbullying.* New York: Psychology Press.

Vukelich, C., Christie, J., Enz, B.J., & Roskos, K.A. (2016). *Helping young children learn language and literacy* (4th ed.). Upper Saddle River, NJ: Pearson.

Vygotsky, L.S. (1962). *Thought and language.* Cambridge, MA: MIT Press.

Vysniauske, R., Verburgh, L., Oosteriaan, J., & Molendijk, M.L. (2016, in press). The effects of physical exercise on functional outcomes in the treatment of ADHD. *Journal of Attention Disorders.* doi:10.1177/1087054715627489

Wadsworth, M.E., & others (2016). Poverty and the development of psychopathology. In D. Cicchetti (Ed.), *Developmental psychopathology* (3rd ed.). New York: Wiley.

Wagner, R.K., & Sternberg, R.J. (1986). Tacit knowledge and intelligence in the everyday world. In R.J. Sternberg & R.K. Wagner (Eds.), *Practical intelligence.* Cambridge, UK: Cambridge University Press.

Waiter, G.D., & others. (2009). Exploring possible neural mechanisms of intelligence differences using processing speed and working memory tasks. *Intelligence, 37,* 199–206.

Walsh, J. (2008). Self-efficacy. In N.J. Salkind (Ed.), *Encyclopedia of educational psychology.* Thousand Oaks, CA: Sage.

Walton, G.M., & Cohen, G.I. (2011). A brief social-belonging intervention improves academic and health outcomes of minority students. *Science, 331,* 1447–1451.

Walton, G.M., & others (2014). Two brief interventions to mitigate a "chilly climate" transform women's experience, relationships, and achievement in engineering. *Journal of Educational Psychology, 107,* 468–485.

Wang, C., & others (2016, in press). Longitudinal relationships between bullying and moral disengagement among adolescents. *Journal of Youth and Adolescence.* doi:10.1007/s10964-016-0577-0

Wang, Q., & Pomerantz, E.M. (2009). The motivational landscape of early adolescence in the United States and China: A longitudinal study. *Child Development, 86,* 1272–1287.

Wang, Z., Devine, R.T., Wong, K.K., & Hughes, C. (2016). Theory of mind and executive function during middle school across cultures. *Journal of Experimental Child Psychology, 149,* 6–22.

Wardlow, L., & Harm, E. (2015). Using appropriate digital tools to overcome barriers to collaborative learning in classrooms. *Educational Technology, 55,* 32–35.

Wasserberg, M.J. (2014). Stereotype threat effects on African American children in an urban elementary school. *Journal of Experimental Education, 82,* 502–517.

Waterman, A.S. (2015). Identity as internal processes: How the "I" comes to define the "me." In K.C. McLean & M. Syed (Eds.), *Oxford handbook of identity development.* New York: Oxford University Press.

Watson, D.L., & Tharp, R.G. (2014). *Self-directed behavior* (10th ed.). Boston: Cengage.

Waugh, C.K., & Gronlund, N.E. (2013). *Assessment of student achievement* (10th ed.). Upper Saddle River, NJ: Pearson.

Weaver. J.M., & Schofield, T.J. (2015). Mediation and moderation of divorce effects on children's behavior problems. *Journal of Family Psychology, 29,* 39–48.

Webb, L.D., & Metha, A. (2017). *Foundations of American education* (8th ed.). Upper Saddle River, NJ: Pearson.

Webb, N.M., & Palincsar, A.S. (1996). Group processes in the classroom. In D.C. Berliner & R.C. Calfee (Eds.), *Handbook of educational psychology.* New York: Macmillan.

Wei, R.C., Pecheone, R.L., & Wilczak, K.L. (2015). Measuring what really matters. *Phi Delta Kappan, 97*(1), 8–13.

Weiler, L.M., & others (2015). Time-limited, structured youth mentoring and adolescent problem behaviors. *Applied Developmental Science, 19,* 196–205.

Weiner, B. (1986). *An attributional theory of motivation and emotion.* New York: Springer.

Weiner, B. (1992). *Human motivation: Metaphors, theories, and research.* Newbury Park, CA: Sage.

Weinstein, C.S. (2007). *Middle and secondary classroom management* (3rd ed.). Boston: McGraw-Hill.

Weinstein, C.S. (2015). *Middle and secondary school classroom management* (5th ed.). New York: McGraw-Hill.

Weinstein, C.S., & Mignano, A. (2007). *Elementary classroom management* (4th ed.). Boston: McGraw-Hill.

Weinstein, C.S., & Novodvorsky, I. (2015). *Middle and secondary classroom management* (5th ed.). New York: McGraw-Hill.

Weinstein, C.S., & Romano, M. (2015). *Elementary classroom management* (6th ed.). New York: McGraw-Hill.

Weinstein, R.S. (2004). *Reaching higher: The power of expectations in schooling.* Cambridge, MA: Harvard University Press.

Weinstein, R.S., Madison, S.M., & Kuklinski, M.R. (1995). Raising expectations in schooling: Obstacles and opportunities for change. *American Educational Research Journal, 32*(1), 121–159.

Wellman, H.M. (2011). Developing a theory of mind. In U. Goswami (Ed.), *Wiley-Blackwell handbook of childhood cognitive development* (2nd ed.). New York: Wiley.

Wellman, H.M. (2015). *Making minds.* New York: Oxford University Press.

Wellman, H.M., Cross, D., & Watson, J. (2001). Meta-analysis of theory-of-mind development: The truth about false belief. *Child Development, 72,* 655–684.

Welshman, D. (2000). *Social studies resources.* St. Johns, Newfoundland: Leary Brooks Jr. High School.

Wendelken, C., Gerrer, E., Whitaker, K.J., & Bunge, S.A. (2016). Fronto-parietal network reconfiguration supports the development of reasoning ability. *Cerebral Cortex, 26,* 2178–2190.

Wenglinsky, H. (2002). The link between teacher classroom practices and student academic performance. *Education Policy Analysis Archives, 10,* 12.

Wentzel, K.R. (1997). Student motivation in middle school: The role of perceived psychological caring. *Journal of Educational Psychology, 89,* 411–419.

Wentzel, K.R. (2016). Teacher-student relationships. In K.R. Wentzel & D.B. Miele (Eds.), *Handbook of motivation at school* (2nd ed.). New York: Routledge.

Wentzel, K.R., Barry, C.M., & Caldwell, K.A. (2004). Friendships in middle school: Influences on motivation and school adjustment. *Journal of Educational Psychology, 96,* 195–203.

Wentzel, K.R., & Erdley, C.A. (1993). Strategies for making friends: Relations to social behavior and peer acceptance in early adolescence. *Developmental Psychology, 29,* 819–826.

Wentzel, K.R., & Miele, D.B. (Eds.) (2016). *Handbook of motivation at school.* New York: Routledge.

Wentzel, K.R., & Muenks, G.B. (2016). Peer influence on students' motivation, academic achievement, and social behavior. In K.R. Wentzel & G.B. Ramani (Eds.), *Handbook of social influences in school contexts.* New York: Routledge.

Wentzel, K.R., & Ramani, G.B. (Eds.) (2016). *Handbook of social influences in school contexts.* New York: Routledge.

What Works Clearinghouse (2007). *Peer-assisted learning strategies.* Rockville, MD: Author.

What Works Clearinghouse (2009, August). *Success for All.* Washington, DC: Institute of Education Sciences. Also available on ERIC, #ED506157.

What Works Clearinghouse (2012). *Success for All. What Works Clearinghouse intervention report.* Princeton, NJ: What Works Clearinghouse.

What Works Clearinghouse (2014). *WWC review of the report "Evaluation of the i3 scale-up of Reading Recovery year one report, 2011–2012." What Works Clearinghouse single study review.* Princeton, NJ: What Works Clearinghouse.

Wheeler, J.J., Mayton, M.R., & Carter, S.L. (2015). *Methods of teaching students with autism spectrum disorders.* Upper Saddle River, NJ: Pearson.

White, R.W. (1959). Motivation reconsidered: The concept of confidence. *Psychological Review, 66,* 297–333.

Widyatiningtyas, R., Kusumah, Y.S., Sumamo, U., & Sabandar, J. (2015). The impact of problem-based learning approach to senior high school students' mathematics critical thinking ability. *Indonesian Mathematical Society Journal on Mathematics Education, 6,* 30–38.

Wigfield, A., & Asher, S.R. (1984). Social and motivational influences on reading. In P.D. Pearson, R. Barr, M.L. Kamil, & P. Mosenthal (Eds.), *Handbook of reading research.* New York: Longman.

Wigfield, A., Tonks, S.M., & Klauda, S.L. (2016) Expectancy-value theory. In K.R. Wentzel & D.B. Miele (Eds.), *Handbook of motivation at school* (2nd ed.). New York: Routledge.

Wigfield, A., & others (2015). Development of achievement motivation and engagement. In R.M. Lerner (Ed.), *Handbook of child psychology and developmental science* (7th ed.). New York: Wiley.

Wiggins, G. (2013/2014). How good is good enough? *Educational Leadership, 71*(4), 10–16.

Wiggins, G., & Wilbur, D. (2015). How to make your questions essential. *Educational Leadership, 73,* 10–15.

Wilhelm, J.D. (2014). Learning to love the questions: How essential questions promote creativity and deep learning. *Knowledge Quest, 42,* 36–41.

Wilkinson, I.A.G., & Gaffney, J.S. (2016). Literacy for schooling. In L. Corso & E.M. Anderman (Eds.), *Handbook of educational psychology* (3rd ed.). New York: Routledge.

Willingham, D.T., Hughes, E.M., & Dobolyi, D.G. (2015). The scientific status of learning styles theories. *Teaching of Psychology, 42,* 266–271.

Willoughby, M.T., & others (2016, in press). Developmental delays in executive function from 3 to 5 years of age predict kindergarten academic readiness. *Journal of Learning Disabilities.* doi:10.1177/0022219415619754

Winfrey Avant, D., & Bracy, W. (2015). Teaching note—using problem-based learning to illustrate the concepts of privilege and oppression. *Journal of Social Work Education, 51,* 604–614.

Winn, I.J. (2004). The high cost of uncritical teaching. *Phi Delta Kappan, 85,* 496–497.

Winne, P.H. (2001). Self-regulated learning viewed from models of information processing. In B.J. Zimmerman & D.H. Schunk (Eds.), *Self-regulated learning and academic achievement.* Mahwah, NJ: Erlbaum.

Winne, P.H. (2005). Key issues in modeling and applying research on self-regulated learning. *Applied Psychology: An International Review, 54,* 232–238.

Winner, E. (1986, August). Where pelicans kiss seals. *Psychology Today,* pp. 24–35.

Winner, E. (1996). *Gifted children: Myths and realities.* New York: Basic Books.

Winner, E. (2006). Development in the arts. In W. Damon & R. Lerner (Eds.), *Handbook of child psychology* (6th ed.). New York: Wiley.

Winner, E. (2014). Child prodigies and adult genius: A weak link. In D.K. Simonton (Ed.), *Wiley-Blackwell handbook of genius.* New York: Wiley.

Winsler, A., Carlton, M.P., & Barry, M.J. (2000). Age-related changes in preschool children's systematic use of private speech in a natural setting. *Journal of Child Language, 27,* 665–687.

Wiske, M.S., Franz, K.R., & Breit, L. (2005). *Teaching for understanding with technology.* New York: Wiley.

Witelson, S.F., Kigar, D.L., & Harvey, T. (1999). The exceptional brain of Albert Einstein. *The Lancet, 353,* 2149–2153.

Wittmer, D.S., & Honig, A.S. (1994). Encouraging positive social development in young children. *Young Children, 49,* 4–12.

Wolfers, T., & others (2016). Quantifying patterns of brain activity: Distinguishing unaffected siblings from participants with ADHD and healthy individuals. *Neuroimage.Clinical, 12,* 227–233.

Wolke, D., & Lereya, S.T. (2015). Long-term effects of bullying. *Archives of Disease in Childhood, 100,* 879–885.

Wolke, D., Lereya, S.T., & Tippett, N. (2016). Individual and social determinants of bullying and cyberbullying. In T. Vollink, F. Dehue, & C. McGuckin (Eds.), *Cyberbullying.* New York: Psychology Press.

Wong, H., Wong, R., Rogers, K., & Brooks, A. (2012). Managing your classroom for success. *Science and Children, 49*(9), 60–64.

Wong, M.D., & others (2014). Successful schools and risky behaviors among low-income adolescents. *Pediatrics, 134,* e389–e396.

Wong Briggs, T. (1999, October 14). *Honorees find keys to unlocking kids' minds.* Retrieved March 10, 2000, from www.usatoday.com/education

Wong Briggs, T. (2004, October 14). Students embrace vitality of *USA Today's* top 20 teachers. *USA Today,* p. 7D.

Wong Briggs, T. (2005). Math teacher resets the learning curve. Retrieved March 6, 2006, from www.usatoday.com/news/education/2005-04-05-math-teacher_x.htm

Wong Briggs, T. (2007, October 18). An early start for learning. *USA Today,* p. 6D.

Work Group of the American Psychological Association Board of Educational Affairs (1997). *Learner-centered psychological principles: A framework for school reform and redesign.* Washington, DC: American Psychological Association.

Write: Outloud (2009). Retrieved January 16, 2009, from *USA Today* www.donjohnston.com/products/write_outloud/index.html

Wu, H-K., & Huang, Y-L. (2007). Ninth-grade student engagement in teacher-centered and student-centered technology-enhanced learning environments. *Science Education, 91,* 727–749.

Wu, L., Sun, S., He, Y., & Jiang, B. (2016). The effect of interventions targeting screen time reduction: A systematic review and meta-analysis. *Medicine, 95*(27), e4029.

Wu, W.C., Luu, S., & Luh, D.L. (2016). Defending behaviors, bullying roles, and their associations with mental health in junior high school students: A population-based study. *BMC Public Health, 16*(1), 1066.

Wubbels, T., & others (2016). Teacher-student relationships and student achievement. In K.R. Wentzel & G.B. Ramani (Eds.), *Handbook of social influences in school contexts.* New York: Routledge.

Wyatt, M. (2016) "Are they becoming more reflective and/or efficacious?" A conceptual model mapping how teachers' self-efficacy beliefs might grow. *Educational Review, 68,* 114–137.

X

Xing, S., & others (2016). Right hemisphere gray matter structure and language outcomes in chronic left hemisphere stroke. *Brain, 139*(Pt. 1), 227–241.

Xiong, Y., So, H-J., & Toh, Y. (2015). Assessing learners' perceived readiness for computer-supported collaborative learning (CSCL): A study on initial development and validation. *Journal of Computing in Higher Education, 27,* 215–239.

Xu, Y. (2015). Examining the effects of adapted peer tutoring on social and language skills of young English language learners. *Early Child Development and Care, 185,* 1587–1600.

Y

Yanchinda, J., Yodmongkol, P., & Chakpitak, N. (2016). Measurement of learning process by semantic association technique on Bloom's taxonomy vocabulary. *International Education Studies, 9,* 107–122.

Yasnitsky, A., & Van der Veer, R. (Eds.) (2016). *Revisionist revolution in Vygotsky studies.* New York: Psychology Press.

Yeh, Y-C. (2009). Integrating e-learning into the direction-instruction model to enhance the effectiveness of critical-thinking instruction. *Instructional Science, 37,* 185–203.

Yen, C.F., & others (2014). Association between school bullying levels/types and mental health problems among Taiwanese adolescents. *Comprehensive Psychiatry, 55,* 405–413.

Yeung, W.J. (2012). Explaining the black-white achievement gap: An international stratification and developmental perspective. In K.R. Harris, S. Graham, & T. Urdan (Eds.), *APA handbook of educational psychology.* Washington, DC: American Psychological Association.

Yinger, R.J. (1980). Study of teacher planning. *Elementary School Journal, 80,* 107–127.

Z

Zarefsky, D. (2016). *Public speaking* (8th ed.). Upper Saddle River, NJ: Pearson.

Zayas, V., Mischel, W., & Pandey, G. (2014). Mind and brain in delay of gratification. In V.F. Reyna & V. Zayas (Eds.), *The neuroscience of decision making.* Washington, DC: American Psychological Association.

Zelazo, P.D., & Lyons, K.E. (2012). The potential benefits of mindfulness training in early childhood: A developmental social cognitive neuroscience perspective. *Child Development Perspectives, 6,* 154–160.

Zelazo, P.D., & Muller, U. (2011). Executive function in typical and atypical children. In U. Goswami (Ed.), *Wiley-Blackwell handbook of childhood cognitive development* (2nd ed.). New York: Wiley.

Zeng, R., & Greenfield, P.M. (2015). Cultural evolution over the last 40 years in China: Using the Google Ngram viewer to study implications of social and political change for cultural values. *International Journal of Psychology, 50,* 47–55.

Zhang, L-F., & Sternberg, R.J. (2012). Learning in cross-cultural perspective. In T. Husen & T.N. Postlethwaite (Eds.), *International encyclopedia of education* (3rd ed.). New York: Elsevier.

Zhang, Q., & Sanchez, E.I. (2013). High school grade inflation from 2004 to 2011. *ACT Research Report Services 2013* (3). Iowa City, IA: ACT.

Zhong, P., Liu, W., & Yan, Z. (2016). Aberrant regulation of synchronous network activity by the attention deficit hyperactivity disorder-associated human dopamine D4 receptor variation D4.7 in the prefrontal cortex. *Journal of Physiology, 594,* 135–147.

Zhou, Q., Lengua, L.J., & Wang, Y. (2009). The relations of temperament reactivity and effortful control to children's adjustment problems in the United States and China. *Developmental Psychology, 45,* 724–239.

Zimmerman, B.J., Bonner, S., & Kovach, R. (1996). *Developing self-regulated learners.* Washington, DC: American Psychological Association.

Zirpoli, T.J. (2016). *Behavior management* (7th ed.). Upper Saddle River, NJ: Pearson.

Zosuls, K.M., Lurye, L.E., & Ruble, D.N. (2008). Gender: Awareness, identity, and stereotyping. In M.M. Haith & J.B. Benson (Eds.), *Encyclopedia of infancy and early childhood.* New York: Oxford University Press.

Zuberer, A., Brandeis, D., & Drechsler, R. (2015). Are treatments for neurofeedback training in children with ADHD related to successful regulation of brain activity? A review on the learning of regulation of brain activity and a contribution to the discussion on specificity. *Frontiers in Human Neuroscience, 9,* 135.

Zucker, A.A., & McGhee, R. (2005) *A study of one-to-one computer use in mathematics and science instruction at the secondary level in Henrico County Public Schools.* Washington, DC: SRI International.

Zusho, A., Daddino, J., & Garcia, C-B. (2016). Culture, race, ethnicity, and motivation. In K.R. Wentzel & G.B. Ramani (Eds.), *Handbook of social influences in school contexts.* New York: Routledge.

찾아보기

John Santrock과 그의 손주 Luke, Alex, Jordan

Courtesy of Dr. John Santrock

John W. Santrock

미국 미네소타대학교에서 박사학위를 받았다. 그는 찰스턴대학교에서 처음 근무하였고, 이후 댈러스에 있는 텍사스대학교의 교육심리학과로 이직하였다. 지금도 많은 학부생들을 가르치고 있으며, 대학교의 우수교육자상도 수상했다. 2010년에 텍사스대학교 대학생을 위한 산트록장학금을 개설하여 발달심리학을 전공하는 대학생들 중 우수한 학생들이 학술대회에 참여할 수 있도록 지원하고 있다.

또한 학술지 *Child development and developmental psychology* 의 편집위원으로 활동하고 있다. 아버지의 양육권에 관한 그의 연구는 널리 인용되고 있으며, 양육권 분쟁에서 융통성을 발휘하고 대안을 찾는 데 도움을 주고 있다. *Children(13th edition), Adolescence(16th edition), A Topical Approach to Life-Span Development(8th edition), Essentials of Life-Span Development(5th edition)* 등 여러 권의 저서를 출간하였다.

그는 여러 해 동안 테니스 선수로 활동했으며, 테니스 팀의 코치로도 활동하였다. 그가 테니스 선수로 활동할 때 플로리다의 마이애미대학교는 137연승이라는 대기록을 달성하였다. 그의 아내인 Mary Jo는 특수교육 분야에서 석사학위를 받았고, 교사와 부동산 중개업자로 활동하고 있다. 그는 기술 마케팅 전문가로 활동하는 Tracy와 의료기구 판매 전문가인 Jennifer라는 두 딸을 두었다. 최근 두 딸 모두 엄마를 따라 부동산중개업자로 활동하기 시작했다. 스물 넷이 된 손녀 Jordan은 회계회사에서 근무하고 있으며, 열한 살 된 Alex와 열 살 된 Luke라는 손자 둘도 있다. 최근 20년 동안 그는 표현주의 그림을 그리면서 시간을 보내고 있다.

역자 소개

김정섭
Indiana University 교육심리학 박사
부산대학교 교육학과 교수

강승희
부산대학교 교육학 박사
부경대학교 평생교육·상담학과 교수

김성봉
한양대학교 교육학 박사
제주대학교 교육대학원 교육학과 교수

김진아
전북대학교 교육학 박사
전북대학교 강의전담교수

윤채영
부산대학교 교육학 박사
신라대학교 교육학과 조교수

이은주
University of North Carolina at Chapel Hill 교육심리학 박사
경북대학교 교육학과 교수

최현주
고려대학교 교육학 박사
울산대학교 교육학과 교수